Max-Planck-Institut für ausländisches öffentliches Recht und Völkerrecht

FONTES IURIS GENTIUM

Begründet von Viktor Bruns

Herausgegeben von
Rudolf Bernhardt · Karl Doehring · Jochen Abr. Frowein

Series A · Sectio II · Tomus 8

Deutsche Rechtsprechung in völkerrechtlichen Fragen

Decisions of German Courts Relating to Public International Law

Décisions des cours allemandes en matière de droit international public

1976 – 1980

Bearbeitet im Max-Planck-Institut
für ausländisches öffentliches Recht und Völkerrecht
von

Axel Berg · Karl Doehring · Werner Meng
Werner Morvay · Torsten Stein · Monika Vierheilig

Springer-Verlag Berlin Heidelberg GmbH 1982

Bis Band AII4 ist diese Reihe im Carl Heymanns Verlag KG, Köln–Berlin, erschienen

ISBN 978-3-642-68583-5 ISBN 978-3-642-68582-8 (eBook)
DOI 10.1007/978-3-642-68582-8

CIP-Kurztitelaufnahme der Deutschen Bibliothek

Deutsche Rechtsprechung in völkerrechtlichen Fragen = Decisions of German courts relating to public international law = Décisions des cours allemandes en matière de droit international public
bearb. im Max-Planck-Inst. für Ausländ. Öffentl. Recht u. Völkerrecht.
– Berlin ; Heidelberg ; New York : Springer

NE: Max-Planck-Institut für Ausländisches Öffentliches Recht und Völkerrecht (Heidelberg);
1. PT; 2. PT 1976 – 1980 / von Axel Berg . . . – 1982.
(Fontes iuris gentium : Ser. A : Sect. 2 ; T. 8)

NE: Berg, Axel [Mitarb.]; Fontes iuris gentium / A / 02

Ursprünglich erschienen bei Springer-Verlag Berlin Heidelberg New York 1982
Softcover reprint of the hardcover 1st edition 1982

2140/3130-543210

Vorwort

Der vorliegende Band der Fontes Iuris Gentium enthält die Bearbeitung der Rechtsprechung deutscher Gerichte in völkerrechtlichen Fragen aus den Jahren 1976–1980; nur in Einzelfällen sind Entscheidungen aus dem Jahre 1975 nachgetragen worden. Die Gesamtreihe der Bearbeitung, die mit den Entscheidungen des deutschen Reichsgerichts aus dem Jahre 1879 begonnen wurde, umfaßt jetzt mehr als einhundert Jahre deutscher Rechtsprechung. Die zusammenfassende Bearbeitung der Entscheidungen aus jeweils fünf Jahren soll auch in Zukunft beibehalten werden; der Band mit den Entscheidungen aus den Jahren 1981–1985 befindet sich bereits in der laufenden Bearbeitung.

Das System der Darstellung (Teil I: Analytisches und systematisches Repertorium; Teil II: Auszüge aus den Entscheidungen) ist in der bisherigen Form beibehalten worden, d. h. der Inhalt der deutschen Leitsätze wird soweit wie möglich in kurzen Sätzen oder stichwortartig in englischer und französischer Sprache wiedergegeben, um dem ausländischen Benutzer die Auswertung zu erleichtern.

Die Auswahl der Gerichtsentscheidungen ist nicht auf die Auswertung nur der höchstrichterlichen Rechtsprechung beschränkt. Wiederum mußte aber auf eine erschöpfende Wiedergabe aller Entscheidungen und insbesondere derjenigen verzichtet werden, die nur einen geringen Bezug zum Völkerrecht haben. Die Auswahl ist dabei nicht danach getroffen worden, ob eine Entscheidung in jedem Fall rechtlich unangreifbare Aussagen enthält, sondern danach, ob und inwieweit der entschiedenen Rechtsfrage grundsätzliche Bedeutung für die Handhabung des Völkerrechts durch deutsche Gerichte zukommt.

Eine gewisse Sonderstellung nehmen die Entscheidungen zum Asylrecht ein, deren große Zahl den Umfang der Probleme deutlich macht, die sich derzeit aus der sehr großzügigen Asylpraxis der Bundesrepublik Deutschland ergeben. Obwohl diese Entscheidungen wegen der Ausgestaltung des Asylrechts als Grundrecht der Verfassung formell zum innerstaatlichen Recht ergangen sind, wurden sie wegen ihres völkerrechtlichen Bezuges aufgenommen.

Der Wortlaut der Leitsätze ist im wesentlichen den Gerichtsentscheidungen selbst entnommen und wurde nur abgewandelt, wenn dies für das Verständnis der *ratio decidendi* — insbesondere im Hinblick auf ausländische Benutzer — unumgänglich erschien. Die Leitsätze sind in Abänderung der früheren Praxis zum Teil doppelt unter verschiedenen systematischen Positionen in Teil I aufgenommen worden. Das Register ermöglicht darüber hinaus, die gesuchte Sachfrage unter dem entsprechenden Stichwort im gesamten Teil I aufzufinden. Die Urteilsauszüge wurden wie bisher in Teil II des Bandes in demjenigen Umfang wiedergegeben, der für das Verständnis der Leitsätze erforderlich ist.

Die Bearbeiter danken den Herren CHRISTOPH VON KATTE, HANS KRÜCK und PETER SEIDEL, die während der Zeit ihrer Zugehörigkeit zum Institut an der Zusammenstellung dieses Bandes mitgewirkt haben.

AXEL BERG KARL DOEHRING WERNER MENG
WERNER MORVAY TORSTEN STEIN MONIKA VIERHEILIG

Preface

The present volume of Fontes Iuris Gentium covers the decisions of German courts with respect to questions of international law during the years 1976 to 1980; only in individual instances have decisions from 1975 also been included. This series, which began with the analysis of the decisions of the German Reichsgericht from 1879, contains more than 100 years of German court decisions. This systematic analysis of decisions in five year periods is to be continued in the future; the volume covering decisions from the years 1981 to 1985 is currently in preparation.

The system of presentation (Part I: analysis and systematization of the judicial decisions; Part II: extracts from the decisions) has been followed in the present volume in its previously form, *i.e.* the content of the German abstracts has been reproduced in English and French in short sentences and key words, to the extent that this has been possible, in order to aid the foreign user in the evaluation of the material.

The selection of the court decisions is not restricted to decisions of the highest courts. Once again, however, it has appeared necessary to limit the number of cases analyzed and, in particular, to exclude those which have only a minimal relation to international law. In the selection process the decisive consideration was not whether the decision contained legally unassailable statements but rather whether and to what extent the legal questions at issue were of fundamental importance for an understanding of the treatment of international law by German courts. The court decisions concerning the right of asylum enjoy a somewhat exceptional position; their large number reflects the various problems arising out of the current very liberal State practice adopted by the Federal Republic of Germany with regard to granting asylum. Although formally, these decisions are domestic law decisions because under the Constitution (Basic Law) the right to asylum is conceived of as a basic right, they are selected for their importance under international law.

The analytical abstracts are based to as great a degree as possible upon the original text of the court decision with modifications being made in the original text only in those situations where the exact wording of the text might lead to a misunderstanding — particularly by a foreign user — of the *ratio decidendi.* In contrast to previous practice, some of the abstracts are repeated under various headings in Part I. With the additional aid of the index it is possible to locate the particular legal point in question wherever it may be raised in Part I by reference to the corresponding key word. As in previous volumes, the extracts from the court decisions have been reproduced in Part II of the volume to the extent that they appear to be necessary to ensure a complete understanding of the meaning of the analytical abstracts.

The compilers wish to thank CHRISTOPH VON KATTE, HANS KRÜCK and PETER SEIDEL who each helped with the compilation of this volume during their time at the Institute.

AXEL BERG KARL DOEHRING WERNER MENG
WERNER MORVAY TORSTEN STEIN MONIKA VIERHEILIG

Préface

Ce volume des Fontes Iuris Gentium est consacré à l'exposé de la jurisprudence des tribunaux allemands en matière de droit international pour la période 1976–1980; ce n'est qu'exceptionnellement qu'ont été insérées des décisions rendues en 1975. L'ensemble des volumes parus recouvre plus que 100 ans de jurisprudence allemande depuis les décisions rendues en 1879 par la Cour Suprême d'Allemagne jusqu'aux décisions les plus récentes. Nous resterons fidèles, pour l'avenir, à cette présentation résumée des décisions, englobant chaque fois des périodes de cinq ans.

Le système de présentation (1° Partie: Répertoire analytique et systématique, 2° Partie: Extraits des décisions) adopté récemment a été maintenu: le contenu des principes allemands est donc reproduit en anglais et français, sous forme de courtes phrases ou de mots-clés, afin de faciliter l'accès de l'ouvrage à l'utilisateur étranger.

Le choix des décisions n'est pas limité à la jurisprudence des hautes instances. Il est, cependant, une fois de plus, apparu nécessaire de renoncer à une reproduction complète de toutes les décisions, surtout de celles qui ne se rapportent que de façon très limitée au droit international public. Ce qui a été déterminant pour le choix des décisions n'a pas été le fait qu'une décision contienne des arguments juridiquement inattaquables, mais bien plutôt le point de savoir si, et dans quelle mesure, la question tranchée est d'un intérêt essentiel pour l'application, par les tribunaux allemands, du droit international.

Une position particulière a été attribuée aux décisions ayant trait au droit d'asile dont le nombre très élevé souligne la multiplicité des problèmes qui résultent actuellement du traitement très généreux pratiqué par la République fédérale d'Allemagne dans cette matière. Bien que ces décisions ont été prises formellement dans le contexte du droit national dû au fait que le droit d'asile a été pris la forme d'un droit fondamental dans la Constitution allemande (la Loi fondamentale), elles ont néanmoins été incorporées dans le présent volume pour leur étroite relation au droit international public.

L'énoncé des principes a été, comme ce fut le cas jusqu'à présent, emprunté aux décisions des tribunaux et n'a été modifié que quand cela était nécessaire à la reproduction authentique du sens de la décision, eu égard, surtout, à l'utilisateur étranger. Contrairement à la pratique suivie jusqu'ici l'énoncé des principes se trouve dès lors parfois à deux ou plusieurs endroits et sous deux ou plusieurs rubriques dans la première partie du volume. En plus, grâce à l'index, on peut trouver la question que l'on cherche dans l'ensemble de la première partie en consultant le mot-clé correspondant de l'index.

Les extraits des décisions sont reproduits, comme par le passé, dans la deuxième partie du volume, et cela dans la mesure nécessaire à la compréhension parfaite des principes.

Nous tenons à remercier MM. Christoph von Katte, Hans Krück et Peter Seidel pour leur collaboration à la préparation du présent volume lors de leur activité à l'Institut.

Axel Berg   Karl Doehring   Werner Meng
Werner Morvay   Torsten Stein   Monika Vierheilig

Préface

Inhaltsverzeichnis

Table of Contents

Table des matières

Abkürzungen – Abbreviations – Abréviations

a. A.	=	anderer Ansicht
Abk.	=	Abkommen
ABl.	=	Amtsblatt
ABlEG	=	Amtsblatt der Europäischen Gemeinschaften
ÄndG	=	Gesetz zur Änderung
a. F.	=	alte Fassung
AG	=	Amtsgericht
AGBGB	=	Ausführungsgesetz zum Bürgerlichen Gesetzbuch
AHK	=	Alliierte Hohe Kommission
Angekl.	=	Angeklagter
AnwBl.	=	Anwaltsblatt. Nachrichten für die Mitglieder des Deutschen Anwaltvereins
AO	=	Abgabenordnung
AöR	=	Archiv des öffentlichen Rechts
ArbG	=	Arbeitsgericht
ArbGG	=	Arbeitsgerichtsgesetz
AS	=	Amtliche Sammlung
ASt. (Ast.)	=	Antragsteller
AufenthG/EWG	=	Gesetz über Einreise und Aufenthalt von Staatsangehörigen der Mitgliedstaaten der EWG
AuslG (AusländerG)	=	Ausländergesetz
AVG	=	Angestelltenversicherungsgesetz
AWD	=	Außenwirtschaftsdienst des Betriebs-Beraters
AZO	=	Allgemeine Zollordnung
BAnz.	=	Bundesanzeiger
BayAGBGB	=	Ausführungsgesetz zum Bürgerlichen Gesetzbuch Bayern
BayBG	=	Bayerisches Beamtengesetz
BayBS	=	Bereinigte Sammlung des bayerischen Landesrechts
BayObLG(St)	=	Bayerisches Oberstes Landesgericht (Entscheidungen in Strafsachen)
BayObLG(Z)	=	Bayerisches Oberstes Landesgericht (Entscheidungen in Zivilsachen)
BayVBl.	=	Bayerisches Verwaltungsblatt
BayVerfGH(E)	=	Bayerischer Verfassungsgerichtshof (Entscheidungen)
BayVGH	=	Bayerischer Verwaltungsgerichtshof
BB	=	Der Betriebs-Berater
BdF	=	Bundesminister der Finanzen
BEG	=	Bundesentschädigungsgesetz
Bek.	=	Bekanntmachung
Ber . . .	=	Berufungs . . .
BerGer.	=	Berufungsgericht

Beschl.	= Beschluß
BetrVG	= Betriebsverfassungsgesetz
Bf.	= Beschwerdeführer
BfA	= Bundesversicherungsanstalt für Arbeit
BFH(E)	= Bundesfinanzhof (Sammlung der Entscheidungen und Gutachten)
BGB	= Bürgerliches Gesetzbuch
BGBl.	= Bundesgesetzblatt
BGH(St)	= Bundesgerichtshof (Entscheidungen in Strafsachen)
BGH(Z)	= Bundesgerichtshof (Entscheidungen in Zivilsachen)
BHaftG	= Preußen. Gesetz über die Haftung des Staates und anderer Verbände für Amtspflichtverletzungen von Beamten bei Ausübung der öffentlichen Gewalt (Beamtenhaftungsgesetz)
BPatG	= Bundespatentgericht
BRAGO	= Bundesgebührenordnung für Rechtsanwälte
BRAO	= Bundesrechtsanwaltsordnung
BR-Drs. (Drucks.)	= Bundesrats-Drucksache
BSG(E)	= Bundessozialgericht (Entscheidungen)
BStBl.	= Bundessteuerblatt
BT	= Bundestag
BT-Drs. (Drucks.)	= Bundestags-Drucksache
BVerfG(E)	= Bundesverfassungsgericht (Entscheidungen)
BVerfGG	= Bundesverfassungsgerichtsgesetz
BVerwG(E)	= Bundesverwaltungsgericht (Entscheidungen)
BVFG	= Bundesvertriebenengesetz
BWVPr.	= Baden-Württembergische Verwaltungspraxis
BZBl.	= Bundeszollblatt
CMR	= Contrat de transport international de marchandises par routes [Beförderungsvertrag im internationalen Straßengüterverkehr]
DAG	= Deutsches Auslieferungsgesetz
DAngVers.	= Die Angestelltenversicherung
DB	= Durchführungsbestimmung
DDR	= Deutsche Demokratische Republik
DJ	= Deutsche Justiz
DJZ	= Deutsche Juristenzeitung
DÖV	= Die Öffentliche Verwaltung
DRiZ	= Deutsche Richterzeitung
DRV	= Deutsche Rentenversicherung
DStZ	= Deutsche Steuer-Zeitung
DVAuslG	= Verordnung zur Durchführung des Ausländergesetzes
DVBl.	= Deutsches Verwaltungsblatt
DVO	= Durchführungsverordnung
E	= Entwurf
EFG	= Entscheidungen der Finanzgerichte
EG	= Einführungsgesetz

EGBGB	= Einführungsgesetz zum Bürgerlichen Gesetzbuch
EGGVG	= Einführungsgesetz zum Gerichtsverfassungsgesetz
EGMR	= Europäischer Gerichtshof für Menschenrechte
EGOWiG	= Einführungsgesetz zum Gesetz über Ordnungswidrigkeiten
EGStGB	= Einführungsgesetz zum Strafgesetzbuch
EKMR	= Europäische Kommission zum Schutze der Menschenrechte
EMRK	= Europäische Menschenrechtskonvention
ENA	= Europäisches Niederlassungsabkommen
Entsch.	= Entscheidung(en); Entschädigung
ESt(G)	= Einkommensteuer (Gesetz)
ESVGH	= Entscheidungssammlung des hessischen und des baden-württembergischen Verwaltungsgerichtshofs
EuR	= Europarecht
EuGH(E)	= Gerichtshof der Europäischen Gemeinschaften (Entscheidungen)
EuGRZ	= Europäische Grundrechte Zeitschrift
EWG(V)	= Europäische Wirtschaftsgemeinschaft (Vertrag)
FA	= Finanzamt
FamG	= Familiengericht
FamRZ	= Zeitschrift für das gesamte Familienrecht
FG	= Finanzgericht
FGG	= Gesetz über Angelegenheiten der freiwilligen Gerichtsbarkeit
FGO	= Finanzgerichtsordnung
Fn.	= Fußnote
FreihEntzG	= Freiheitsentziehungsgesetz
FRG	= Fremdrentengesetz
G	= Gesetz(e)
GA (GoltdA)	= Goltdammer's Archiv für Strafrecht
GABl.	= Gemeinsames Amtsblatt des Landes Baden-Württemberg
GBl. DDR	= Gesetzblatt der DDR
GDR	= German Democratic Republic
GewA (GewArch)	= Gewerbearchiv
GG	= Grundgesetz für die Bundesrepublik Deutschland
GK	= Genfer (Flüchtlings-)Konvention
GKG	= Gerichtskostengesetz
GMBl.	= Gemeinsames Ministerialblatt
GoltdA	= siehe GA
GRUR Int.	= Gewerblicher Rechtsschutz und Urheberrecht, Internationaler Teil
GVBl.	= Gesetz- und Verordnungsblatt
GVG	= Gerichtsverfassungsgesetz
GWB	= Gesetz gegen Wettbewerbsbeschränkungen
HansOLG	= Hanseatisches Oberlandesgericht
HessSOG	= Hessisches Gesetz zum Schutz der öffentlichen Sicherheit und Ordnung
HessVGH	= Hessischer Verwaltungsgerichtshof
HFR	= Höchstrichterliche Finanzrechtsprechung

HRR	= Höchstrichterliche Rechtsprechung
i.d.F.	= in der Fassung
InfAuslR	= Informationsbrief Ausländerrecht
IPR	= Internationales Privatrecht
IPRspr.	= Die deutsche Rechtsprechung auf dem Gebiete des internationalen Privatrechts
i.S.	= im Sinne (von)
i.V.m.	= in Verbindung mit
JbÖffR	= Jahrbuch des öffentlichen Rechts
JMBl.	= Justizministerialblatt
JR	= Juristische Rundschau
JuS	= Juristische Schulung
JVBL.	= Justizverwaltungsblatt
JW	= Juristische Wochenschrift
JZ	= Juristenzeitung
KG	= Kammergericht
KGHRR	= siehe HRR
Kl.(in)	= Kläger(in)
KO	= Konkursordnung
Komm.	= Kommentar
KSt.	= Körperschaftsteuer
LAG	= Lastenausgleichsgesetz
LG	= Landgericht
LM	= Nachschlagewerk des BGH, hrsg. von Lindenmaier, Möhring u.a.
LSG	= Landessozialgericht
LVA	= Landesversicherungsanstalt
MDR	= Monatsschrift für Deutsches Recht
m.w.N.	= mit weiteren Nachweisen
NAK	= Niederlassungsabkommen
NATO	= North Atlantic Treaty Organisation
n.F.	= neue Fassung
NJW	= Neue Juristische Wochenschrift
ns. (NS)	= nationalsozialistisch
OECD	= Organisation for Economic Cooperation and Development
OFH	= Oberster Finanzgerichtshof
ÖJZ	= Österreichische Juristen-Zeitung
OLG(St)	= Oberlandesgericht (Entscheidungen zum Straf- und Strafverfahrensrecht)
OLG(Z)	= Oberlandesgericht (Entscheidungen in Zivilsachen)
OVG	= Oberverwaltungsgericht
OVGE	= Entscheidungen der Oberverwaltungsgerichte Münster und Lüneburg
OWiG	= Gesetz über Ordnungswidrigkeiten
PLO	= Palestine Liberation Organization
PostG	= Gesetz über das Postwesen
PStG	= Personenstandsgesetz

RabelsZ	= (Rabels) Zeitschrift für ausländisches und internationales Privatrecht
Rdn.	= Randnummer
RentV	= Rentenversicherung
RepG	= Reparationsschädengesetz
R.F.A.	= République Fédérale d'Allemagne
RG(St)	= Reichsgericht (Entscheidungen in Strafsachen)
RG(Z)	= Reichsgericht (Entscheidungen in Zivilsachen)
RGBl.	= Reichsgesetzblatt
RGRK	= Das Bürgerliche Gesetzbuch, Kommentar, hrsg. von Reichsgerichtsräten und Bundesrichtern
Richtl.	= Richtlinien
RIW	= Recht der internationalen Wirtschaft
RIW/AWD	= Recht der internationalen Wirtschaft/Außenwirtschaftsdienst des Betriebs-Beraters
RPfleger	= Der deutsche Rechtspfleger
RPflG	= Gesetz über Maßnahmen auf dem Gebiete der Gerichtsverfassung und des Verfahrensrechts (Rechtspflegergesetz)
Rs. (RS)	= Rechtssache
Rspr.	= Rechtsprechung
RStBl.	= Reichssteuerblatt
RuStAG	= Reichs- und Staatsangehörigkeitsgesetz
RVO	= Reichsversicherungsordnung
RzW	= Rechtsprechung zum Wiedergutmachungsrecht
SG	= Sozialgericht
SJZ	= Süddeutsche Juristenzeitung
SKStGB	= Systematischer Kommentar zum Strafgesetzbuch
Slg.	= Sammlung
SozR	= Sozialrecht
StA	= Staatsanwalt(schaft)
StAngRegG	= Gesetz zur Regelung von Fragen der Staatsangehörigkeit (Staatsangehörigkeitsregelungsgesetz)
StAnpG	= Steueranpassungsgesetz
StAZ	= Das Standesamt
StGB	= Strafgesetzbuch
Stpfl.	= Steuerpflichtiger
StPO	= Strafprozeßordnung
StrK	= Strafkammer
st. Rspr.	= ständige Rechtsprechung
USt.(G)	= Umsatzsteuer(gesetz)
UStR	= Umsatzsteuer-Rundschau
VA/VerwA	= Verwaltungsakt
VersR	= Versicherungsrecht
VerwRspr. (VwRspr.)	= Verwaltungsrechtsprechung
VG	= Verwaltungsgericht
VGH	= Verwaltungsgerichtshof

VO(en)	= Verordnung(en)
VOBl.	= Verordnungsblatt
VormG	= Vormundschaftsgericht
VwGO	= Verwaltungsgerichtsordnung
Vwv (VwV)	= Verwaltungsvorschriften
VwVfG	= Verwaltungsverfahrensgesetz
WiGBl.	= Gesetzblatt der Verwaltung des Vereinigten Wirtschaftsgebietes
WM	= Wertpapier-Mitteilungen
WPflG	= Wehrpflichtgesetz
WRV	= Weimarer Reichsverfassung
WuW	= Wirtschaft und Wettbewerb
WZG	= Warenzeichengesetz
ZaöRV	= Zeitschrift für ausländisches öffentliches Recht und Völkerrecht
ZfZ	= Zeitschrift für Zölle und Verbrauchssteuern
ZG	= Zollgesetz
ZGB	= Schweizerisches Zivilgesetzbuch
ZPO	= Zivilprozeßordnung
ZRP	= Zeitschrift für Rechtspolitik
ZS	= Zivilsenat
ZStrW (ZStW)	= Zeitschrift für die gesamte Strafrechtswissenschaft (Staatswissenschaft)
ZuSEntschG	= Gesetz über die Entschädigung von Zeugen und Sachverständigen
ZZP	= Zeitschrift für Zivilprozeß

Erster Teil

Analytisches und systematisches Repertorium

First Part

Analytical and Systematical Digest

Première Partie

Répertoire analytique et systématique

I. Allgemeine Grundsätze – General Principles – Principes généraux

Nr. 50 BVerfG 13. 12. 1977 (2 BvM 1/76) BVerfGE 46, 342

Bei der Ermittlung von Normen des Völkergewohnheitsrechts ist in erster Linie auf das völkerrechtlich erhebliche Verhalten derjenigen Staatsorgane abzustellen, die kraft Völkerrechts oder kraft innerstaatlichen Rechts dazu berufen sind, den Staat im völkerrechtlichen Verkehr zu repräsentieren. Daneben kann sich eine solche Praxis aber auch aus den Akten anderer Staatsorgane, wie des Gesetzgebers oder der Gerichte ergeben, soweit ihr Verhalten unmittelbar völkerrechtlich erheblich ist und etwa zur Erfüllung einer völkerrechtlichen Verpflichtung oder zur Ausfüllung eines völkerrechtlichen Gestaltungsspielraumes dienen kann. Für Entscheidungen nationaler Gerichte gilt dies insbesondere dort, wo – wie im Bereich gerichtlicher Immunität fremder Staaten – das innerstaatliche Recht ihnen die unmittelbare Anwendung von Völkerrecht gestattet.

Finding of rules of customary international law – relevant practice – acts of State organs entitled to represent the State in its international relations – acts of other authorities entitled to apply international law

Vérification des règles du droit international coutumier – pratique décisive – actes des organes de l'Etat qui participent à la direction de ses relations extérieures – actes des autres organes autorisés à appliquer le droit international public

II. Völkerrecht und innerstaatliches Recht – International Law and Municipal Law – Droit international public et droit interne

1. Allgemeine Regeln – General Rules – Règles générales

Nr. 50 BVerfG 13. 12. 1977 (2 BvM 1/76) BVerfGE 46, 342

Eine allgemeine Regel des Völkerrechts, die nach Art. 25 GG Bestandteil des Bundesrechts ist, ist dann gegeben, wenn sich in dem entsprechenden Bereich eine gefestigte Praxis nachweisen läßt, die von den Staaten allgemein in der Überzeugung geübt wird, dazu von Völkerrechts wegen verpflichtet zu sein.

Coming into being of general rules of international law – general practice accepted as law

Naissance des règles générales du droit international public – pratique générale acceptée comme étant le droit

Nr. 32 OLG Frankfurt 30. 6. 1977 (6 U 184/74) RIW/AWD 1977, 720

Das Bestehen einer allgemeinen Regel des Völkerrechts im Sinne von Art. 25 GG kann nur dann angenommen werden, wenn sie von der weitaus größten Zahl der Staaten anerkannt wurde.

General rules of international law under art. 25 Basic Law

Règles générales du droit international public selon l'art. 25 Loi fondamentale

Nr. 97 BayVGH 7. 6. 1979 (72 XII 77) BayVBl. 1979, 691

Ein völkerrechtlicher Vertrag, der durch ein Transformationsgesetz nach Art. 59 Abs. 2 GG einfaches Bundesrecht geworden ist, hat auch insoweit keinen Verfassungsrang, als er Bestimmungen enthält, die allgemeine Regeln des Völkerrechts darstellen. Die allgemeinen Regeln des Völkerrechts im Sinne von Art. 25 GG stehen im Rang unter der Verfassung.

General rules of international law under art. 25 of the Basic Law not part of constitutional law

Les règles générales du droit international public selon l'art. 25 de la Loi fondamentale ne font pas partie du droit constitutionnel

Nr. 3 BVerfG 13. 1. 1976 (1 BvR 631/69, 24/70) BVerfGE 41, 126

Art. 25 GG verschafft den allgemeinen Regeln des Völkerrechts Geltung in der Bundesrepublik mit Vorrang vor den deutschen Gesetzen. Er verändert aber nicht den Inhalt der Völkerrechtsregel und der daraus etwa herzuleitenden Ansprüche, besonders nicht deren Adressaten. Soweit daher eine völkerrechtliche Entschädigungspflicht der ausländischen Mächte für die von ihnen verursachten Reparationsschäden in Betracht kommt, hat Art. 25 GG diese Ansprüche nicht in Ansprüche gegen den deutschen Staat umgewandelt.

Art. 25 Basic Law – incorporation of general rules of international law into municipal law – effects – liability for reparation damages

Art. 25 Loi fondamentale – l'incorporation des règles générales du droit international public dans le droit interne – effets – responsabilité pour dommages causés par réparations

Nr. 11 BGH 20. 10. 1976 (3 StR 298/76) BGHSt 27, 30

Nach Art. 25 GG gehen die allgemeinen Regeln des Völkerrechts als Bestandteil des Bundesrechts den Gesetzen vor. Daraus folgt, daß innerstaatliches Recht gegenüber den allgemeinen Regeln des Völkerrechts im Kollisionsfall zurücktritt, nicht aber, daß das innerstaatliche Recht in einem solchen Fall wegen Verstoßes gegen Art. 25 GG verfassungswidrig ist.

General rules of international law and municipal law – consequences of conflict

Règles générales du droit international public et droit interne – conséquences d'un conflit

Nr. 151 OLG Frankfurt 21. 10. 1980 (5 W 24/80) RIW/AWD 1980, 874

Das Verbot, völkerrechtswidrige Urteile anzuerkennen, ist eine allgemeine Regel des Völkerrechts, die über Art. 25 Abs. 1 GG in das deutsche Recht transformiert ist.

No recognition of a foreign judgment violating international law

Pas de reconnaissance d'un jugement étranger violant le droit international public

Nr. 158 KG 26. 11. 1980 (Kart 18/80) RIW/AWD 1981, 406

Der Grundsatz der »sinnvollen Anknüpfung« im internationalen Verwaltungsrecht und das völkerrechtliche Nichteinmischungsprinzip sind allgemeine Regeln des Völkerrechts, die die Befugnis der Staaten zur Regelung extraterritorialer Sachverhalte begrenzen.

Extraterritorial jurisdiction – limitation by international law – reasonable link – principle of non-intervention

Juridiction extraterritoriale – limitation par le droit international public – critère de rattachement raisonnable – principe de non-intervention

Nr. 97 BayVGH 7. 6. 1979 (72 XII 77) BayVBl. 1979, 691

Die Genfer Konvention über die Rechtsstellung der Flüchtlinge vom 28. Juli 1951 ist durch Transformationsgesetz nach Art. 59 Abs. 2 GG Bundesrecht geworden und hat nicht Verfassungsrang. Dies gilt auch insoweit, als die Konvention etwa in der Bestimmung des Flüchtlings und in dem Ausweisungs- und Zurückweisungsverbot des Art. 33 Abs. 1 allgemeine Regeln des Völkerrechts im Sinne von Art. 25 Satz 1 GG enthalten sollte, denn auch diese stehen im Rang unter dem Verfassungsrecht.

Geneva Convention on Refugees does not form part of constitutional law even where it may contain general rules of international law

La Convention de Genève sur les réfugiés ne fait pas partie du droit constitutionnel même en tant qu'elle contiendrait des règles générales du droit international public

Nr. 50 BVerfG 13. 12. 1977 (2 BvM 1/76) BVerfGE 46, 342

Ein gerichtlicher Beweisbeschluß darüber, welche Geschäftsvorgänge über das Konto der Botschaft eines fremden Staates laufen, kann Gegenstand einer Vorlage an das Bundesverfassungsgericht nach Art. 100 Abs. 2 GG sein, weil dieses Vorlageverfahren auch dazu dient, der Gefahr von Verletzungen der allgemeinen Regeln des Völkerrechts durch Gerichte der Bundesrepublik vorzubeugen.

Reference to the Federal Constitutional Court under art. 100 sec. 2 Basic Law – lower court's order to take evidence on foreign embassy's bank account – prevention of possible violation of general rules of international law

Recours préjudiciel à la Cour constitutionnelle fédérale selon art. 100 para. 2 de la Loi fondamentale – décision d'un tribunal ordonnant la preuve sur le compte de banque d'une ambassade étrangère – prévention d'une violation des règles générales du droit international public

2. Konflikt zwischen Völkerrecht und innerstaatlichem Recht – Conflicts between International Law and Municipal Law – Conflits entre le droit international public et le droit interne

Nr. 11 **BGH 20. 10. 1976 (3 StR 298/76) BGHSt 27, 30**

Nach Art. 25 GG gehen die allgemeinen Regeln des Völkerrechts als Bestandteil des Bundesrechts den Gesetzen vor. Daraus folgt, daß innerstaatliches Recht gegenüber den allgemeinen Regeln des Völkerrechts im Kollisionsfall zurücktritt, nicht aber, daß das innerstaatliche Recht in einem solchen Fall wegen Verstoßes gegen Art. 25 GG verfassungswidrig ist.

General rules of international law and municipal law – consequences of conflict

Règles générales du droit international public et droit interne – conséquences d'un conflit

3. Anwendbarkeit von Verträgen im innerstaatlichen Recht – Applicability of Treaties in Municipal Law – Applicabilité des traités en droit interne

Nr. 3 **BVerfG 13. 1. 1976 (1 BvR 631/69, 24/70) BVerfGE 41, 126**

Völkerrechtliche Verträge begründen in der Regel nur Rechtsbeziehungen im Verhältnis der vertragschließenden Staaten. Die Festlegung von Rechtspflichten oder Rechtsansprüchen für einzelne Bürger ist nach allgemeiner Ansicht eine Ausnahme, die nur bei entsprechend klarem Inhalt im Vertragstext als vereinbart gilt.

Treaties – obligations for individuals only if expressly provided

Traités – obligations incombant aux individus seulement dans les cas expressément prévus

Nr. 15 **BVerwG 10. 12. 1976 (VII B 163.76) VerwRSpr. 28 (1976) 775**

Für die innerstaatliche Wirksamkeit eines völkerrechtlichen Vertrages, den die Bundesrepublik abschließt und der Gegenstände der ausschließlichen Gesetzgebung der Länder betrifft, bedarf es der Transformation durch einen Akt der Landesgesetzgebung.

Treaties of the Federal Republic on matters under exclusive legislative power of the Länder – direct applicability only in case of transformation by the Länder

Traités de la République fédérale concernant des matières soumises à la législation exclusive des Länder – applicabilité directe seulement en cas de transformation par les Länder

Nr. 97 **BayVGH 7. 6. 1979 (72 XII 77) BayVBl. 1979, 691**

Die Genfer Konvention über die Rechtsstellung der Flüchtlinge vom 28. Juli 1951 ist durch Transformationsgesetz nach Art. 59 Abs. 2 GG Bundesrecht geworden und hat nicht Verfassungsrang. Dies gilt auch insoweit, als die Konvention etwa in der

Bestimmung des Flüchtlings und in dem Ausweisungs- und Zurückweisungsverbot des Art. 33 Abs. 1 allgemeine Regeln des Völkerrechts im Sinne von Art. 25 Satz 1 GG enthalten sollte, denn auch diese stehen im Rang unter dem Verfassungsrecht.

Geneva Convention on Refugees forms part of municipal but not of constitutional law

La Convention de Genève sur les réfugiés fait partie du droit interne mais pas du droit constitutionnel

4. Übertragung von Hoheitsrechten – Transfer of Sovereign Rights – Transfert de droits souverains

Nr. 36 **BVerwG 16. 9. 1977 (VII C 72.75) BVerwGE 54, 291**

Obwohl Art. 24 Abs. 1 GG die Übertragung von Hoheitsrechten des Bundes auf zwischenstaatliche Einrichtungen »durch Gesetz« vorsieht, muß der Hoheitsverzicht nicht immer durch ein förmliches Gesetz erklärt werden. Das förmliche Gesetz selbst soll entscheiden, ob und in welchem Umfang ein Hoheitsrecht übertragen werden soll. Ist dies geschehen, so ist die Entscheidung auch dann »durch Gesetz« erfolgt, wenn sie erst durch das Hinzutreten rangniederen Rechts wirksam wird, das vom Willen des Gesetzgebers mit umschlossen ist. Der Hoheitsverzicht kann demnach auch durch eine Rechtsverordnung erfolgen, die auf einem förmlichen Gesetz beruht.

Transfer of sovereign rights under art. 24 Basic Law by secondary legislation

Transfert de pouvoirs selon l'art. 24 de la Loi fondamentale par voie de règlement

Nr. 36 **BVerwG 16. 9. 1977 (VII C 72.75) BVerwGE 54, 291**

Ein gemäß Art. 24 Abs. 1 GG ergangenes Gesetz kann nicht nur besagen, daß die Übertragung von Hoheitsrechten auf die zwischenstaatliche Einrichtung überhaupt zulässig ist, sondern auch, daß die Maßnahmen der zwischenstaatlichen Einrichtung einer anderen als der jeweiligen nationalen Gerichtsbarkeit der Vertragsstaaten unterworfen werden dürfen.

Transfer of sovereign rights under art. 24 Basic Law to international organizations – establishment of foreign jurisdiction regarding acts of the organization

Transfert de pouvoirs aux organisations internationales selon l'art. 24 de la Loi fondamentale – pouvoir d'établir une juridiction étrangère relative aux actes de l'organisation

III. Völkerrechtliche Verträge – Treaties – Traités internationaux

1. Ratifikation – Ratification – Ratification

Nr. 121 BGH 31. 1. 1980 (III ZR 152/78) NJW 1980, 1222

Der Weltpostvertrag entfaltet kraft stillschweigender Ratifikation durch faktische Handhabung im Verhältnis der Deutschen Bundespost zur Postverwaltung der UdSSR Wirkungen auch für die Zeit vor dem förmlichen Beitritt der UdSSR. Diese Wirkungen erstrecken sich über das Innenverhältnis der beiden Postverwaltungen hinaus – z. B. in Haftungsfällen – auch auf das Verhältnis der Postverwaltungen zu den Postbenutzern.

Universal Postal Convention — tacit ratification by *de facto* application – effects for individuals

Convention Postale Universelle – ratification tacite par application *de facto* – effets pour les individus

Nr. 124 BGH 7. 2. 1980 (4 ARs 14/79) BGHSt 29, 211

Das Europäische Übereinkommen zur Bekämpfung des Terrorismus ist von der Bundesrepublik nur gegenüber Staaten anwendbar, die dieses Übereinkommen ratifiziert haben. Das gilt auch hinsichtlich der Bestimmung des Art. 2 des Gesetzes zu dem Abkommen, wonach bestimmte, schwere Straftaten nicht als politische Straftaten im Sinne des Auslieferungsrechts gelten. Die in dem Übereinkommen enthaltene Ratifizierungsklausel besagt gemäß den allgemein anerkannten Grundsätzen des Völkerrechts, daß ein Unterzeichnerstaat, solange er deren Erfordernissen nicht genügt hat, an das Übereinkommen nicht gebunden ist und somit weder die im Übereinkommen enthaltenen Pflichten übernommen hat, noch die sich aus ihm ergebenden Rechte in Anspruch nehmen kann. Für das innerstaatliche Recht der Bundesrepublik bedeutet das Fehlen der Ratifikation des Vertragspartners, daß das deutsche Auslieferungsgesetz einschließlich des Verbotes, politische Täter auszuliefern, weiterhin uneingeschränkt zu beachten ist.

Extradition – political offence – European Convention on the Suppression of Terrorism – no application before ratification by the requesting State

Extradition – délit politique – Convention européenne pour la répression du terrorisme – pas d'application avant ratification par l'Etat requérant

2. Auslegung – Interpretation – Interprétation

a) Allgemeine Grundsätze – General principles – Principes généraux

Nr. 50 BVerfG 13. 12. 1977 (2 BvM 1/76) BVerfGE 46, 342

Völkervertragliche Regelungen sind, zumal wenn ihre Auslegung zu Zweifeln Anlaß gibt, im Lichte der allgemeinen Regeln und Grundsätze des Völkerrechts auszulegen und anzuwenden, die den Sachbereich der vertraglichen Regelung betreffen.

Interpretation of treaties with respect to the rules and principles of general international law

Interprétation des traités en vue des règles et principes du droit international public

Nr. 90 BFH 20. 2. 1979 (VII R 16/78) RIW/AWD 1979, 351

Die Auslegung völkerrechtlicher Verträge beschränkt sich nicht nur auf die Ermittlung des Wortsinns; Entstehungsgeschichte und Sinnzusammenhang sind ebenfalls zu beachten. Dabei ist der objektive Sinn einer Vorschrift festzustellen, wobei diesem Auslegungsziel alle Auslegungsmethoden (grammatische, systematische, teleologische und historische) zu dienen bestimmt sind. Wichtig für die Auslegung ist auch der Effektivitätsgrundsatz, der besagt, daß Vertragsbestimmungen dahin auszulegen sind, daß ihr Zweck nach Möglichkeit erreicht wird. Eine solche, nicht nur am Buchstaben orientierte Auslegung eines völkerrechtlichen Vertrages verstößt nicht gegen anerkannte Grundsätze des Rechtsstaatsprinzips nach dem Grundgesetz.

Basic principles of interpretation – rule of efficiency compatible with constitutional rule of law

Principes fondamentaux de l'interprétation – la règle de l'effet utile est compatible avec les principes constitutionnels de l'Etat de droit

Nr. 134 FG Münster 18. 4. 1980 (IV 229/80 Z–A) EFG 1980, 469

Der Effektivitätsgrundsatz ist für die Auslegung völkerrechtlicher Verträge anerkannt. Er besagt, daß Vertragsbestimmungen dahin auszulegen sind, daß ihr Zweck nach Möglichkeit erreicht wird, sie einen praktischen Nutzen haben und ihre Nutzwirkung sich entfalten kann.

Rule of efficiency as principle of interpretation of treaties

Règle de l'effet utile comme principe d'interprétation des traités

Nr. 139 BSG 24. 6. 1980 (1 RA 83/79) RzW 1981, 56

Bei der Auslegung völkerrechtlicher Verträge, insbesondere bei zwischenstaatlichen Sozialversicherungsabkommen, ist in erster Linie vom Wortlaut des Vertragstextes auszugehen. Diesem kommt bei der Auslegung im allgemeinen größere Bedeutung zu als dem Wortlaut des Gesetzes bei der Auslegung innerstaatlichen Rechts. Dies schließt nicht aus, neben dem Wortlaut des Abkommens auch den Willen der Vertragsparteien zu berücksichtigen, wie er sich aus Entstehung, Inhalt und Zweck des Vertrages ergibt. Auch ist die Auffassung des beim Abschluß eines Abkommens beteiligten Fachministers wegen dessen Kenntnis der Zusammenhänge und der mit dem

Abkommen verbundenen Vorstellungen beider Vertragsteile von nicht geringer Bedeutung.

Interpretation of treaties – social security agreements – prime importance of the terms – opinion of the competent ministry having negotiated the treaty

Interprétation des traités – accords sur les assurances sociales – importance dominante des termes – l'opinion du ministère compétent ayant négocié le traité

Nr. 130 OLG Düsseldorf 27. 3. 1980 (18 U 192/79) RIW/AWD 1981, 558

Das Übereinkommen über den Beförderungsvertrag im internationalen Straßengüterverkehr (CMR) hat durch das Zustimmungsgesetz nach Art. 59 Abs. 2 GG seine Eigenschaft als zwischenstaatlicher Vertrag nicht verloren. Dies bedingt insbesondere bei Abkommen, die – wie dieses Übereinkommen – privatrechtliche Beziehungen der Angehörigen von Vertragsstaaten regeln, die Anwendung besonderer Auslegungsgrundsätze, die das Völkerrecht entwickelt hat. Die Anwendung des Völkerrechts bei der Auslegung eines solchen Abkommens bezweckt, einen effektiv möglichst gleich wirkenden Schutz bei allen Vertragspartnern zu gewährleisten und dem Grundsatz der Harmonie der Rechtsanwendung in allen Vertragsstaaten Geltung zu verschaffen. Deshalb soll die Auslegung in erster Linie aus dem Abkommen selbst erfolgen, sich nach dem aus dem Gesamtinhalt, dem Zweck und der Entstehungsgeschichte zu ermittelnden, übereinstimmenden Willen der vertragsschließenden Staaten richten und bei Zweifeln dem Wortlaut entscheidende Bedeutung beimessen.

Basic principles of interpretation with respect to the application of treaties in municipal law – Convention on the Contract for the International Carriage of Goods by Road (CMR)

Principes fondamentaux de l'interprétation relatifs à l'application des traités en droit interne – Convention relative au contrat de transport international de marchandises par route (CMR)

Nr. 80 OLG Nürnberg 29. 11. 1978 (4 U 147/77) OLGZ 12, 217

Das NATO-Truppenstatut und das Zusatzabkommen schließen nur vertragliche Ansprüche bei der Regulierung von Stationierungsschäden aus. Wenn dies im Unterzeichnungsprotokoll auf vertragsähnliche Ansprüche erweitert wird, so muß ein solcher Zusatz eng ausgelegt und als bloße Abrundung und Ergänzung angesehen werden, da es grundsätzlich nicht der Sinn eines Unterzeichnungsprotokolls sein kann, Regelungen des Vertrages und des Zusatzabkommens in wesentlichem Umfang abzuändern. Im Rahmen des NATO-Truppenstatuts ist daher auch die Geltendmachung von Bereicherungsansprüchen möglich.

Claims under NATO-SOFA and Supplementary Agreement – interpretation of terms used in Protocol of Signature – action for the return of unjustified gain

Demandes d'indemnité selon la Convention sur le statut des forces (OTAN) et l'Accord complémentaire – interprétation des notions employées dans le Protocole de signature – action pour cause d'enrichissement illégitime

b) Bedeutung des innerstaatlichen Rechts – Relevance of municipal law – Importance de droit interne

Nr. 153 OVG Münster 28. 10. 1980 (18 A 1863/79) NJW 1981, 1920

Völkerrechtliche Verträge haben im deutschen innerstaatlichen Bereich den Rang lediglich einfachen Gesetzesrechts und unterliegen daher gegebenenfalls einer durch die Verfassung gebotenen einschränkenden Auslegung durch die Gerichte auch dann, wenn diese Auslegung mit den vom deutschen Staat übernommenen völkerrechtlichen Verpflichtungen nicht vereinbar sein sollte.

Restrictive interpretation of treaties if so required by the constitution

Interprétation restrictive de traités si une telle interprétation est exigée par la constitution

Nr. 130 OLG Düsseldorf 27. 3. 1980 (18 U 192/79) RIW/AWD 1981, 558

Verwendet ein Abkommen – wie das Übereinkommen über den Beförderungsvertrag im internationalen Straßengüterverkehr (CMR) – unbestimmte Rechtsbegriffe, kann darin weder eine Verweisung auf nationale Rechtsnormen noch eine Regelungslücke gesehen werden. Wenn auch im Rahmen der Auslegung eines solchen unbestimmten Rechtsbegriffs innerstaatliche Rechtsbegriffe herangezogen werden können, so ist vor allem dabei auf das Auslegungsziel einer harmonischen Rechtsanwendung in sämtlichen Vertragsstaaten zu achten.

Interpretation of terms not definitely determined – corresponding terms in municipal law

Interprétation des termes imprécises – termes correspondants dans le droit interne

Nr. 90 BFH 20. 2. 1979 (VII R 16/78) RIW/AWD 1979, 351

Sofern in Rechtshilfeabkommen vorgesehen ist, daß der ersuchte Staat Amtshilfeersuchen nicht nachkommen muß, soweit dadurch Geschäftsgeheimnisse verletzt würden, können für die Auslegung solcher Abkommen die nationalen Bestimmungen über das Steuergeheimnis nicht herangezogen werden. Das Geschäftsgeheimnis in diesem Sinne kann vielmehr im Hinblick auf das Bestehen des internationalen Steuergeheimnisses nur eine engere Bedeutung haben als der Begriff des Geschäftsgeheimnisses im Rahmen des innerstaatlichen Steuergeheimnisses.

Agreements on mutual assistance in fiscal matters – interpretation of "business secrets" – corresponding term in municipal law not decisive

Accords d'entraide judiciaire en matière fiscale – interprétation de «secrets commerciaux» – terme correspondant dans le droit interne pas décisif

IV. Staaten – States – Etats

1. Staatsbegriff – Notion of State – Notion de l'Etat

Nr. 56 **VG Köln 3. 5. 1978 (9 K 2565/77) DVBl. 1978, 510**

Ein Staat im Sinne des Völkerrechts liegt vor, wenn drei Voraussetzungen erfüllt sind: Es muß ein Staatsgebiet vorhanden sein, zu dem Staatsgebiet muß ein Staatsvolk gehören, und das Staatsvolk muß einer Staatsgewalt unterstehen. Als »Staatsgebiet« gelten dabei nur natürliche Teile der Erdoberfläche und nicht auch künstliche Plattformen. Als »Staatsvolk« kommt nur ein Zusammenschluß von Personen in Betracht, der eine ständige Form des Zusammenlebens im Sinne einer Schicksalsgemeinschaft darstellt. Das »Fürstentum Sealand« ist nach diesen Grundsätzen kein Staat im Sinne des Völkerrechts.

Notion of "State" in international law: territory, people and government – definition of "territory" and "people" – artificial islands – "Principality of Sealand" no State

Notion de l'Etat en droit international public: territoire, population et organisation politique – définition de «territoire» et «population» – îles artificielles – «Principauté de Sealand» n'est pas un Etat

2. Staatsgebiet – State Territory – Territoire de l'Etat

Nr. 8 **BGH 23. 9. 1976 (IX ZR 170/71) RzW 1977, 35**

Das Gebiet der Freien Stadt Danzig gehörte staats- und völkerrechtlich nicht zum deutschen Reichsgebiet; es war ein selbständiger deutscher Staat.

The Free City of Danzig was not part of the German Reich

La ville libre de Dantzig n'appartenait pas au Reich allemand

V. Wirkungen und Grenzen staatlicher Souveränität – Effects and Limits of State Sovereignty – Effets et limites de la souveraineté étatique

1. Immunität – Immunity – Immunité

a) Acta iure imperii / acta iure gestionis

Nr. 50 BVerfG 13. 12. 1977 (2 BvM 1/76) BVerfGE 46, 342

Nach derzeit geltendem allgemeinem Völkerrecht ist ein Staat nicht verpflichtet, einem fremden Staat in einem gerichtlichen Erkenntnisverfahren gegen diesen Staat, das über dessen nicht-hoheitliches Verhalten befindet, Befreiung von der Gerichtsbarkeit zu gewähren. Auf der anderen Seite verwehrt es das allgemeine Völkerrecht auch nicht, einem fremden Staat, sei es im Erkenntnisverfahren, sei es im Vollstreckungsverfahren, unbeschränkte Immunität zuteil werden zu lassen.

Under current general international law States are neither obliged nor prohibited to grant immunity for acts *jure gestionis*

Selon le droit international public actuel les Etats ne sont ni obligés ni empêchés d'accorder l'immunité en vue des actes non souverains

Nr. 2 LG Frankfurt 2. 12. 1975 (3/8 O 186/75) NJW 1976, 1044

Einem ausländischen Staat kommt Befreiung von der deutschen Gerichtsbarkeit nur zu in bezug auf seine hoheitliche Betätigung, nicht jedoch in bezug auf seine nichthoheitliche Betätigung. Dieses dem allgemeinen Völkerrecht entsprechende, in der Bundesrepublik gültige Rechtsprinzip gilt nicht etwa nur in solchen Fällen, in denen sich aus dem Sachverhalt ein besonderer Inlandsbezug ergibt.

Foreign States enjoy immunity from jurisdiction only for acts *jure imperii* – principle applies irrespective of any relations of the facts to the forum State

Les Etats étrangers jouissent de l'immunité de la juridiction seulement en vue des actes souverains – ce principe s'applique sans égard à des relations quelconques entre les faits et l'Etat du for

Nr. 2 LG Frankfurt 2. 12. 1975 (3/8 O 186/75) NJW 1976, 1044

Die Qualifikation der Staatstätigkeit als hoheitlich oder nicht-hoheitlich ist grundsätzlich nach dem nationalen Recht des Gerichtsstaates, nicht nach dem nationalen Recht des handelnden Staates vorzunehmen.

Immunity – characterization of acts as *jure gestionis* or *jure imperii* according to the municipal law of the forum State

Immunité – caractérisation des actes comme souverains ou non-souverains selon le droit interne de l'Etat du for

Nr. 68 BGH 26. 9. 1978 (VI ZR 267/76) NJW 1979, 1101

Im Bereich hoheitlicher Tätigkeit (*acta iure imperii*) genießen souveräne Staaten nach Völkergewohnheitsrecht uneingeschränkte Immunität. Diese umfaßt auch die handelnden Organe. Die Qualifikation als hoheitliche bzw. nicht-hoheitliche Tätigkeit ist grundsätzlich nach dem nationalen Recht des angerufenen Gerichts vorzunehmen. Nach deutschem Recht ist die Tätigkeit von Scotland Yard als Ausübung polizeilicher Gewalt unzweifelhaft hoheitlich. Sie darf daher, auch wenn sie nach dem nationalen Recht Großbritanniens als privatrechtliche Betätigung anzusehen wäre, nicht von der Immunität ausgenommen werden.

States and their agencies enjoy immunity for sovereign acts – qualification as *acta jure imperii* according to the municipal law of the forum State

Les Etats et leurs organes jouissent de l'immunité pour leurs actes souverains – la qualification d' *acta iure imperii* relève du droit interne de l'Etat du for

Nr. 2 LG Frankfurt 2. 12. 1975 (3/8 O 186/75) NJW 1976, 1044

Für die Beurteilung einer Handlung als nicht-hoheitliche Staatstätigkeit kommt es nicht auf ihren Zweck oder darauf an, ob sie in erkennbarem Zusammenhang mit hoheitlichen Aufgaben steht. Maßgebend ist allein die Natur der staatlichen Handlung bzw. des entstandenen Rechtsverhältnisses, also ob der ausländische Staat in Ausübung seiner Hoheitsgewalt oder aber wie eine Privatperson tätig geworden ist.

Immunity – characterization of acts as *jure gestionis* according to their nature, irrespective of their purpose or connection with foreign functions

Immunité – caractérisation des actes comme non-souverains selon leur nature, pas selon leur but ou leur rapport avec des fonctions de souveraineté

Nr. 32 OLG Frankfurt 30. 6. 1977 (6 U 184/74) RIW/AWD 1977, 720

Ein in der Bundesrepublik eingerichtetes spanisches Fremdenverkehrsamt genießt vor deutschen Gerichten keine unbeschränkte Immunität, auch wenn es sich um eine weisungsgebundene und unselbständige Einrichtung des spanischen Staates handelt, die keine eigene Rechtspersönlichkeit besitzt. Lediglich eine beschränkte Immunität des Fremdenverkehrsamtes ist insoweit anzuerkennen, als es sich um hoheitliche Tätigkeit handelt. Die Unterscheidung staatlicher Tätigkeiten in solche *iure imperii* und solche *iure gestionis* im Hinblick auf die Immunität vor innerstaatlichen Gerichten entspricht der modernen Völkerrechtslehre und der Staatenpraxis. Maßgeblich für diese Entscheidung ist die Natur des staatlichen Handelns oder des entstandenen Rechtsverhältnisses, wobei die Maßstäbe des nationalen Rechts für die Beurteilung dieser Fragen heranzuziehen sind. Etwas anderes würde nur gelten, wenn zwischen Spanien und der Bundesrepublik ein entsprechender Vertrag geschlossen worden wäre.

Immunity of States – foreign States enjoy immunity from jurisdiction only for acts *jure imperii* – characterization according to their nature

Immunité des Etats – les Etats étrangers jouissent de l'immunité de la juridiction seulement en vue des actes souverains – caractérisation selon leur nature

Nr. 151 OLG Frankfurt 21. 10. 1980 (5 W 24/80) RIW/AWD 1980, 874

Wirtschaftliche Unternehmen eines ausländischen Staates, denen dieser die Stellung einer selbständigen juristischen Person verliehen hat, genießen keine Immunität. Dies gilt auch dann, wenn das Unternehmen mit dem ausländischen Staat wirtschaftlich eng verflochten ist.

No immunity for private commercial enterprises of a State

Pas d'immunité pour entreprises commerciales de droit privé d'un Etat

b) Zwangsvollstreckung – Execution – Exécution

Nr. 50 BVerfG 13. 12. 1977 (2 BvM 1/76) BVerfGE 46, 342

Es gibt unter den Staaten derzeit keine Praxis, die hinreichend allgemein sowie von der notwendigen Rechtsüberzeugung getragen wäre, um eine allgemeine Regel des Völkergewohnheitsrechts zu begründen, derzufolge dem Gerichtsstaat die Zwangsvollstreckung gegen einen fremden Staat schlechthin verwehrt wäre.

Execution of judgment against foreign State not generally prohibited under customary international law

L'exécution d'un jugement contre un Etat étranger n'est pas généralement exclue par le droit international coutumier

Nr. 2 LG Frankfurt 2. 12. 1975 (3/8 O 186/75) NJW 1976, 1044

Die eingeschränkte Immunität des ausländischen Staates gegenüber einer Inanspruchnahme als Schuldner im Inland gilt auch für die Beurteilung der Zulässigkeit des Arrestverfahrens und die Vollstreckung der vom Gläubiger begehrten gerichtlichen Anordnung. Soweit die Gerichtsbarkeit reicht, ist auch der Arrest in das inländische Vermögen eines anderen Staates zulässig.

The exception from immunity made for acts *jure gestionis* extends also to the execution of a distraint order

L'exception de l'immunité établie en vue des actes non-souverains s'étend aussi à l'exécution d'une contrainte

Nr. 50 BVerfG 13. 12. 1977 (2 BvM 1/76) BVerfGE 46, 342

Es besteht eine gefestigte, allgemeine, von Rechtsüberzeugung getragene Übung der Staaten, wonach es dem Gerichtsstaat von Völkerrechts wegen verwehrt ist, die Zwangsvollstreckung aus gerichtlichen Titeln gegen den fremden Staat in Vermögenswerte dieses Staates, die sich im Inland befinden und hoheitlichen Zwecken dieses Staats dienen, ohne dessen Zustimmung zu betreiben.

Immunity – assets of a foreign State serving sovereign functions are exempt from execution under international law

Immunité – les biens d'un Etat étranger destinés à servir aux fonctions souveraines sont exempts de l'exécution selon le droit international public

Nr. 2 LG Frankfurt 2. 12. 1975 (3/8 O 186/75) NJW 1976, 1044

Der Zwangsvollstreckung aus einem Arrest sind lediglich diejenigen Sachen eines fremden Staates entzogen, welche als solche dem öffentlichen Dienst dieses Staates gewidmet sind. Eine nur mögliche zukünftige Verwendung von Geld- und Wertpapierkonten zur Finanzierung staatlicher Aufgaben vermag keine sachliche Immunität zu begründen.

Assets of a foreign State serving public functions are exempt from execution – possible future attribution to public purpose is not sufficient

Les biens d'un Etat étranger destinés à servir aux fonctions publiques sont exempts de l'exécution – la future possibilité d'une telle affectation ne suffit pas

c) Diplomatische Vertretungen – Diplomatic missions – Missions diplomatiques

Nr. 50 BVerfG 13. 12. 1977 (2 BvM 1/76) BVerfGE 46, 342

Nach gefestigter Auffassung darf von Völkerrechts wegen bei Maßnahmen der Sicherung oder Zwangsvollstreckung gegen einen fremden Staat nicht auf die seiner diplomatischen Vertretung zur Wahrnehmung ihrer amtlichen Funktion dienenden Gegenstände zugegriffen werden. Die völkerrechtliche Norm *ne impediatur legatio* schließt derartige Maßnahmen insoweit aus, als durch sie die Erfüllung der diplomatischen Aufgaben beeinträchtigt werden könnte. Das allgemeine Völkerrecht zieht dabei den Schutzbereich für diese Funktionsfähigkeit zugunsten des fremden Staates sehr weit und stellt auf die typische, abstrakte Gefahr, nicht aber auf die konkrete Gefährdung der Funktionsfähigkeit der diplomatischen Vertretung durch Maßnahmen des Empfangsstaates ab.

Immunity – *ne impediatur legatio* – property serving the embassy's official functions are exempt from execution under international law – extensive protection

Immunité – *ne impediatur legatio* – objets destinés à servir aux fonctions officielles d'une ambassade sont exempts de l'exécution selon le droit international public – protection extensive

Nr. 50 BVerfG 13. 12. 1977 (2 BvM 1/76) BVerfGE 46, 342

Der Entsendestaat ist aus eigener Hoheitsgewalt grundsätzlich nicht in der Lage, Sachen oder Rechte, die unmittelbar der Ausübung seiner diplomatischen Funktionen oder des Betriebes der diplomatischen Vertretung dienen, mit Wirkung für die Rechtsordnung des Empfangsstaates als hoheitlich zu qualifizieren. Ermöglicht ihm die Rechtsordnung des Empfangsstaates insoweit nur ein Verhalten nach Maßgabe des Privatrechts, so darf dies gleichwohl den völkerrechtlichen Immunitätsschutz zugunsten der Funktionsfähigkeit seiner diplomatischen Vertretung nicht verkürzen.

Immunity of assets serving diplomatic functions may not be curtailed by the fact, that these assets are attributed to the sphere of private law by the receiving State

L'immunité des biens destinés à servir aux fonctions diplomatiques ne doit pas être restreinte à cause du fait, que ces biens sont attribués à la sphère du droit privé par l'Etat accréditaire

Nr. 50 BVerfG 13. 12. 1977 (2 BvM 1/76) BVerfGE 46, 342

Die finanzielle Abwicklung der Ausgaben einer Botschaft über ein laufendes Konto, das bei einer Bank des Empfangsstaates unterhalten wird, gehört unmittelbar zur Aufrechterhaltung der diplomatischen Funktionen des Entsendestaates, auch wenn die solchen Ausgaben zugrunde liegenden Geschäfte als nicht-hoheitlich anzusehen wären. Die aus einem solchen Konto begründeten Forderungen des Entsendestaates gegen die Bank genießen daher kraft allgemeinen Völkerrechts Immunitätsschutz. Das allgemeine Völkerrecht verwehrt es andererseits nicht, vom Entsendestaat zu verlangen, daß er glaubhaft macht, daß ein solches Konto der Aufrechterhaltung der Funktion seiner diplomatischen Vertretung dient. Dafür wird es der Gerichtsstaat von Völkerrechts wegen allerdings genügen lassen müssen, wenn eine diesbezügliche Versicherung durch ein zuständiges Organ des Entsendestaates erfolgt.

Immunity – embassy's bank account serving its diplomatic functions is exempt from execution under general international law – assertion of the official character of the account by sending State is sufficient

Immunité – le compte de banque d'une ambassade destiné à servir à sa fonction diplomatique est exempt de l'exécution selon le droit international public – l'affirmation de l'affectation officielle du compte par l'Etat accréditant est suffisante

Nr. 50 BVerfG 13. 12. 1977 (2 BvM 1/76) BVerfGE 46, 342

Für die Frage der Immunität eines Botschaftskontos kommt es nicht auf die wirtschaftliche Lage des Entsendestaates an, also etwa darauf, ob er in der Lage wäre, trotz Zwangsvollstreckung in dieses Konto den Botschaftsbetrieb durch finanzielle Zuwendungen, die auf anderem Wege erbracht werden, aufrechtzuerhalten. Es kommt insoweit allein auf die abstrakte Gefährdung durch Vollstreckungsmaßnahmen dieser Art an.

Foreign embassy's bank account enjoys immunity irrespective of the sending State's financial situation

Le compte de banque d'une ambassade étrangère jouit de l'immunité sans égard à la situation financière de l'Etat accréditant

Nr. 50 BVerfG 13. 12. 1977 (2 BvM 1/76) BVerfGE 46, 342

Schon eine gerichtliche Beweiserhebung im Rahmen eines Zivilprozesses darüber, welche Geschäftsvorgänge über das Konto der Botschaft eines fremden Staates laufen, könnte eine völkerrechtswidrige Einmischung in die inneren Angelegenheiten des fremden Staates und eine Verletzung der Regeln des völkerrechtlichen Gesandtschaftsrechts darstellen.

Immunity – taking of evidence on the operation of a foreign embassy's bank account may interfere in the internal affairs of the foreign State

Immunité – l'administration des preuves sur l'opération du compte de banque d'une ambassade étrangère peut intervenir dans les affaires internes de l'Etat étranger

2. Personalhoheit – Personal Jurisdiction – Juridiction sur les nationaux

Nr. 11 **BGH 20. 10. 1976 (3 StR 298/70) BGHSt 27, 30**

Es gibt keinen allgemeinen Grundsatz des Völkerrechts, der die Anwendung des Weltrechtsprinzips auf den unbefugten Vertrieb von Betäubungsmitteln verbietet. Selbst wenn man aus dem Grundsatz der Nichteinmischung in die inneren Angelegenheiten eines anderen Staates den Satz ableitet, daß es zur Ausdehnung der staatlichen Strafgewalt auf Auslandstaten ausländischer Straftäter eines legitimierenden Anknüpfungsgrundes bedarf, so fehlt es doch an eindeutigen völkerrechtlichen Maßstäben für das Gewicht solcher Gründe und das Ausmaß und die Grenzen der durch sie bewirkten Normsetzungsbefugnis des nationalen Gesetzgebers.

General rules of international law – criminal jurisdiction – principle of non-intervention – extension of jurisdiction on offences committed by foreigners abroad

Règles générales du droit international public – juridiction pénale – principe de non-intervention – extension de la juridiction aux infractions commises par des étrangers à l'étranger

Nr. 107 **BGH 31. 7. 1979 (1 StR 21/79) BGHSt 29, 85**

Eine Pönalisierung von Unterhaltspflichtverletzungen ist nicht Gemeingut der zivilisierten Welt. Dies ergibt sich auch aus der Tatsache, daß völkerrechtliche Verträge, die Unterhaltspflicht betreffend, keine Verpflichtungen der Vertragsstaaten zu strafrechtlichen Regelungen enthalten. Daher ist deutsches Strafrecht nicht anwendbar, wenn ein in der Bundesrepublik lebender Ausländer seine gesetzliche Unterhaltspflicht gegenüber einem, im Ausland lebenden, Unterhaltsberechtigten verletzt.

German criminal law not applicable over aliens in case of neglect to provide maintenance

Droit pénal allemand non applicable aux étrangers négligeant leurs obligations alimentaires

Nr. 19 **OLG Stuttgart 5. 1. 1977 (1 Ws 327/76) NJW 1977, 1601**

Das deutsche Strafrecht kommt nicht zur Anwendung, wenn ein in der Bundesrepublik lebender Ausländer seine Unterhaltspflichten gegenüber seinen im Ausland lebenden nichtdeutschen Unterhaltsberechtigten verletzt, denn das deutsche Strafrecht dient in erster Linie dem Schutz inländischer Belange. Auch ist eine Pönalisierung der Verletzung der Unterhaltspflicht nicht ein Gemeingut der Staaten. Es ist darüber hinaus nicht die Aufgabe des deutschen Strafrechts, die finanziellen Interessen eines anderen Staates vor Beeinträchtigung zu bewahren.

Limits of German jurisdiction over aliens in case of neglect to provide maintenance

Limites de la juridiction allemande sur des étrangers négligeant leur obligation alimentaire

Nr. 65 OLG Frankfurt 31. 8. 1978 (2 ARs 184/78) NJW 1978, 2460

Die Strafverfolgung eines in der Bundesrepublik lebenden Ausländers wegen Verletzung der Unterhaltspflicht gegenüber seinen im Ausland lebenden, nichtdeutschen Unterhaltsberechtigten unterliegt nicht der deutschen Gerichtsbarkeit.

Limits of German jurisdiction over aliens in case of neglect to provide maintenance

Limites de la juridiction allemande sur des étrangers négligeant leur obligation alimentaire

Nr. 35 OLG Saarbrücken 12. 9. 1977 (Ws 345/77) NJW 1978, 2460

Die vorübergehende Einbehaltung eines ausländischen Reisepasses berührt Hoheitsrechte des ausstellenden Staates nicht nachhaltig und ist deshalb auch nicht völkerrechtswidrig.

Temporary seizure of a foreign passport does not violate international law

Saisie temporaire d'un passeport étranger ne viole pas le droit international public

Nr. 141 VG Berlin 7. 7. 1980 (16 A 104/80) MDR 1980, 964

Die Einbehaltung eines Passes eines Ausländers ist ein unzulässiger Eingriff in die Paßhoheit des ausstellenden Staates und eine nicht gerechtfertigte Einschränkung der Rechte des betroffenen Ausländers.

Seizure of a foreign passport – violation of sovereignty of the issuing State

Saisie d'un passeport étranger – violation de la souveraineté de l'Etat délivrant

3. Anerkennung fremder Hoheitsakte und Territorialitätsgrundsatz bei Ausübung der Staatsgewalt – Recognition of Foreign Sovereign Acts and Principle of Territoriality in the Exercise of State Sovereignty – Reconnaissance des actes d'autorités étrangères et principe de la territorialité dans l'exécution du pouvoir étatique

a) Gerichtsbarkeit – Jurisdiction of courts – Pouvoir juridictionnel

Nr. 151 OLG Frankfurt 21. 10. 1980 (5 W 24/80) RIW/AWD 1980, 874

Ein Urteil, das die Normen des Völkerrechts über die Befreiung bestimmter Personen von der Gerichtsbarkeit des ausländischen Urteilsstaates verletzt, ist völkerrechtswidrig. Das Verbot, völkerrechtswidrige Urteile anzuerkennen, ist eine allgemeine Regel des Völkerrechts, die über Art. 25 GG in das deutsche Recht transformiert ist. Daher ist die Urteilsanerkennung zu verweigern, wenn die völkerrechtlichen Normen über die Befreiung von der Gerichtsbarkeit des ausländischen Urteilsstaates nicht eingehalten werden.

No recognition of a foreign judgment violating the sovereign immunity of a State

Pas de reconnaissance d'un jugement étranger violant l'immunité d'un Etat

b) Ordre public – Public policy – Ordre public

Nr. 92 BGH 11. 4. 1979 (IV ZR 93/78) NJW 1980, 529

Der Grundsatz der Gewährung rechtlichen Gehörs vor Gericht, der für das Verfahren vor deutschen Gerichten durch Art. 103 Abs. 1 GG verfassungsrechtlich verbürgt ist, gehört als tragender Rechtsgrundsatz des deutschen Verfahrensrechts zum deutschen *ordre public*, so daß seine Nichtbeachtung durch ein ausländisches Gericht die Nichtanerkennung des Urteils dieses Gerichts in Deutschland nach sich zieht.

Public policy – recognition of foreign judgments – observation of fundamental rules of procedure – right to be heard

Ordre public – reconnaissance d'arrêts étrangers – observation des règles fondamentales de procédure – le droit d'être entendu

Nr. 41 BGH 29. 9. 1977 (III ZR 164/75) BGHZ 69, 295

Ein Vertrag, in dem sich jemand verpflichtet, einer Person die Flucht aus der DDR in die Bundesrepublik zu ermöglichen (»Fluchthilfevertrag«), ist nicht deshalb sittenwidrig und gemäß § 138 BGB nichtig, weil die Gesetze der DDR die Republikflucht verbieten. Zwar kann ein Verstoß gegen ausländisches Recht die Nichtigkeit nach § 138 BGB zur Folge haben, wenn die verletzten ausländischen Bestimmungen mittelbar auch deutsche Interessen schützen oder ihre Umgehung allgemein zu achtenden Interessen aller Völker zuwiderhandelt. Angesichts der sowohl in Art. 11 GG als auch im Protokoll Nr. 4 zur EMRK und in Art. 12 des UN-Paktes über bürgerliche und politische Rechte gewährleisteten Freizügigkeit verletzt ein Verstoß gegen diese DDR-Bestimmungen aber weder deutsche Interessen noch allgemein zu achtende Interessen aller Völker.

A contract violating foreign laws may be contrary to public policy and invalid – assistance to those seeking escape from GDR does not violate public policy or common interests of all nations – free exit guaranteed by international covenants

Un contrat violant des lois étrangères peut être contraire aux bonnes moeurs et nul – l'assistance aux personnes désirant de se réfugier de la R.D.A. ne contrevient ni aux bonnes moeurs ni aux intérêts communs des nations – la sortie libre est garantie par des conventions internationales

c) Sonstiges – Other – Autres

Nr. 158 KG 26. 11. 1980 (Kart 18/80) RIW/AWD 1981, 403

Der Grundsatz der sinnvollen Anknüpfung im internationalen Verwaltungsrecht und das völkerrechtliche Nichteinmischungsprinzip begrenzen den extraterritorialen Geltungsbereich der deutschen Wettbewerbsgesetzgebung. Die Untersagung einer Unternehmensfusion ist nicht zulässig, wenn sie unmittelbar nur zwischen ausländischen Beteiligten stattfindet, der veräußerte Vermögensteil im Ausland gelegen ist und dessen Produktion dem inländischen Beteiligten nur zu einem geringen Teil zur Verfügung steht.

Extraterritorial jurisdiction – antitrust law – limitations by international law – reasonable link – principle of non-intervention

Juridiction extraterritoriale – droit des fusions – limitation par le droit international public – critère de rattachement raisonnable – principe de non-intervention

VI. Staatsangehörigkeit – Nationality – Nationalité

1. Erwerb und Verlust – Acquisition and Loss – Acquisition et perte

Nr. 136 OVG Rheinland-Pfalz 29. 4. 1980 (VII A 60/79) AS 15, 418

Jeder Staat hat das Recht, die Bedingungen seiner Staatsangehörigkeit nach seinem Ermessen zu regeln.

Every State has the right to determine the conditions of its nationality according to its discretion

Chaque Etat a le droit de déterminer les conditions de sa nationalité selon sa discrétion

Nr. 131 BVerfG 15. 4. 1980 (2 BvR 842/77) BVerfGE 54, 53

Obwohl die Aberkennung der deutschen Staatsbürgerschaft aus rassenideologischen Gründen während des Dritten Reiches als krasses Unrecht und von Anfang an nichtig anzusehen ist, wird ein Betroffener von der Bundesrepublik so lange nicht als Deutscher betrachtet, als er von seiner Möglichkeit keinen Gebrauch macht, einen Einbürgerungsantrag zu stellen oder (nach dem 8. Mai 1945) seinen Wohnsitz in Deutschland zu nehmen (Art. 116 Abs. 2 GG).

Deprivation of German nationality for reasons of racist ideology during 1933–1945 is void from the outset – however victim is not regarded as German by the Federal Republic, unless meeting the requirements of art. 116 sec. 2 Basic Law

La privation de la nationalité allemande pour raisons d'idéologie raciste pendant 1933–1945 est nulle dès le début – néanmoins la victime n'est pas regardée allemande par la République fédérale que si elle satisfait aux conditions de l'art. 116 para. 2 de la Loi fondamentale

Nr. 79 OVG Münster 28. 11. 1978 (XV A 589/77) MDR 1979, 608

In dem Erwerb einer fremden Staatsangehörigkeit auf Antrag ist nicht generell ein Verzicht auf den Wiedereinbürgerungsanspruch nach Art. 116 Abs. 2 Satz 1 GG zu sehen. Auch eine Verwirkung des Wiedereinbürgerungsanspruches kann nicht angenommen werden.

No automatic loss (renunciation or forfeiture) of the right to renaturalization (art. 116 Basic Law) by acquisition of foreign nationality

Pas de perte automatique (renonciation ou déchéance) du droit à rénaturalisation (art. 116 Loi fondamentale) du fait d'acquisition d'une nationalité étrangère

Nr. 99 BGH 20. 6. 1979 (IV ZR 106/78) BGHZ 75, 32

Gegen die im Anschluß an die 1938 erfolgte Eingliederung der sudetendeutschen Gebiete in das Deutsche Reich vorgenommene Sammeleinbürgerung der dort lebenden deutschen Volkszugehörigen bestehen keine völkerrechtlichen und damit – über Art. 25 GG – verfassungsrechtlichen Bedenken. Die Tschechoslowakei hat diese Sammeleinbürgerung 1945 anerkannt, als sie den Sudetendeutschen die tschechoslowakische Staatsangehörigkeit rückwirkend entzog. Die Wiederverleihung dieser Staatsangehörigkeit im Jahre 1953 an die in der Tschechoslowakei verbliebenen deutschen Volkszugehörigen hat die völkerrechtliche Wirkung dieser Anerkennung nicht berührt.

Collective naturalization of Sudeten Germans compatible with international law – recognized by Czechoslovakia

La naturalisation collective des allemands des Sudètes était compatible avec le droit international public et reconnue par la Tchécoslovaquie

Nr. 99 BGH 20. 6. 1979 (IV ZR 106/78) BGHZ 75, 32

Durch den deutsch-tschechoslowakischen Vertrag vom 11. September 1973 hat sich an der deutschen Staatsangehörigkeit der Sudetendeutschen nichts geändert.

German nationality of Sudeten Germans not affected by German-Czechoslovakian Treaty of 1973

Nationalité allemande des allemands des Sudètes pas affectée par le Traité germano-tchécoslovaque de 1973

2. Mehrfache Staatsangehörigkeit – Multiple Nationality – Nationalité multiple

Nr. 136 OVG Rheinland-Pfalz 29. 4. 1980 (VII A 60/79) AS 15, 418

In der völkerrechtlichen Literatur ist nahezu unbestritten, daß Mehrstaatigkeit wenn nicht schon völkerrechtswidrig, so doch zumindest völkerrechtlich unerwünscht ist und sowohl im Interesse der Staaten wie auch der betroffenen Bürger nach Möglichkeit vermieden oder beseitigt werden sollte.

Tendency in international law against multiple nationality

Tendance en droit international public contre la nationalité multiple

Nr. 99 BGH 20. 6. 1979 (IV ZR 106/78) BGHZ 75, 32

Für die Anknüpfung an die Staatsangehörigkeit im deutschen internationalen Privatrecht ist bei Personen, die neben einer ausländischen auch die deutsche Staatsangehörigkeit besitzen, nicht stets die letztere maßgebend, wie es den im Bereich des öffentlichen Rechts geltenden Grundsätzen und der im Ausland verbreiteten Praxis entspräche. Vielmehr ist an die ausländische Staatsangehörigkeit anzuknüpfen, wenn die Beziehung des Mehrstaaters zu seinem ausländischen Heimatstaat wesentlich enger ist als die zum Inland.

Multiple nationality – conflict of laws – nationality of the forum State – effective nationality

Nationalité multiple – droit international privé – nationalité de l'Etat du for – nationalité effective

Nr. 59 BayObLG 29. 6. 1978 (1. Zs BReg 1 Zs 50/77) BayObLGZ 1978, 162

Bei der Entscheidung, an welche Staatsangehörigkeit bei Mehrstaatern anzuknüpfen ist, gilt der Grundsatz des Vorranges der deutschen Staatsangehörigkeit. Nur in Einzelfällen kann auf die effektive Staatsangehörigkeit abgestellt werden.

Multiple nationality – German nationality has priority in German courts

Nationalité multiple – priorité de la nationalité allemande devant les tribunaux allemands

Nr. 153 OVG Münster 28. 10. 1980 (18 A 1863/79) NJW 1981, 1920

Die Bestimmungen über den Verlust der bisherigen Staatsangehörigkeit bei Einbürgerung in einen anderen Vertragsstaat in Art. 1 Abs. 1 des Europäischen Übereinkommens über die Verringerung der Mehrstaatigkeit sind unter Beachtung des Art. 6 Abs. 1 GG (Schutz von Ehe und Familie) verfassungskonform im Wege der teleologischen Reduktion dahin gehend auszulegen, daß der Grundsatz der Vermeidung von Mehrstaatigkeit der Einbürgerung eines mit einem deutschen Staatsangehörigen verheirateten Ausländers nicht zwingend entgegensteht. Dies gilt auch dann, wenn eine solche Auslegung mit den von der Bundesrepublik übernommenen völkerrechtlichen Verpflichtungen, insbesondere im Hinblick darauf nicht vereinbar sein sollte, daß die Bundesrepublik von der Vorbehaltsmöglichkeit in Art. 2 der Anlage zu dem Übereinkommen keinen Gebrauch gemacht hat.

Naturalization of aliens married to German nationals – restrictive interpretation of the Convention on the Reduction of Cases of Multiple Nationality required by constitutional law

Naturalisation des étrangers mariés avec des ressortissants allemands – interprétation restrictive de la Convention sur la réduction des cas de pluralité de nationalités exigée par la constitution

3. Staatenlose – Stateless Persons – Apatrides

Nr. 116 VGH Baden-Württemberg 3. 12. 1979 (I 2060/79) BWVPr. 1980, 164

Auch Staatenlosen kann die Einbürgerung in den deutschen Staatsverband aus entwicklungspolitischen Gründen verweigert werden. Aus dem Übereinkommen über die Rechtsstellung von Staatenlosen vom 28. September 1954, wonach die Staaten zur Erleichterung und Beschleunigung der Einbürgerung verpflichtet sind, ergibt sich insoweit nichts anderes.

Refusal of naturalization of stateless persons – Convention Relating to the Status of Stateless Persons

Refus de la naturalisation des apatrides – Convention relative au statut des apatrides

VII. Diplomatischer Schutz – Diplomatic Protection – Protection diplomatique

Nr. 160 **BVerfG 16. 12. 1980 (2 BvR 419/80) BVerfGE 55, 349**[1]

Die Organe der Bundesrepublik und insbesondere die Bundesregierung haben von Verfassungs wegen die Pflicht zum Schutz deutscher Staatsangehöriger gegenüber fremden Staaten. Hinsichtlich der Frage, ob und in welcher Weise Auslandsschutz gewährt wird, hat die Bundesregierung ein weites Ermessen. Die Verwaltungsgerichte sind darauf beschränkt, Handlungen und Unterlassungen der Bundesregierung auf Ermessensfehler hin nachzuprüfen (Fall Rudolf Hess).

Duty of Federal Republic to protect German nationals vis-à-vis foreign States – wide discretion of Federal Government – limited judicial review of acts and omissions of Federal Government – Rudolf Hess case

Obligation de la République fédérale de protéger les ressortissants allemands vis-à-vis les Etats étrangers – discrétion large du Gouvernement fédéral – contrôle judiciaire limité des actes et omissions du gouvernement fédéral – affaire Rudolf Hess

Nr. 94 **OVG Münster 14. 5. 1979 (I A 615/78) OVGE 39, 131**

Der Schutz der Deutschen gegenüber anderen Staaten ist nach der Verfassungstradition eine Grundpflicht des Staates. Dieser Schutzpflicht des Staates entspricht ein Schutzrecht des Einzelnen, dessen Verletzung gemäß Art. 19 Abs. 4 GG den Rechtsweg eröffnet; aus dem Völkerrecht läßt sich ein derartiger Anspruch des Bürgers dagegen nicht herleiten. Der Bundesrepublik steht ein weites Ermessen zu, ob und in welcher Weise sie Auslandsschutz gewähren will. Die über das Schutzbegehren entscheidende Behörde hat die Interessen des schutzsuchenden Deutschen und der Allgemeinheit gegeneinander abzuwägen (Fall Rudolf Hess).

Duty of State to protect German nationals vis-à-vis foreign States – right of individual to protection – basis in constitutional but not in international law – wide discretion of Federal Republic – interests of individual and public interests to be balanced – Rudolf Hess case

Obligation de l'Etat de protéger les ressortissants allemands vis-à-vis les Etats étrangers – droit de l'individu à protection – base dans le droit constitutionnel mais pas dans le droit international public – discrétion large de la République fédérale – les intérêts individuels et publics doivent être balancés – affaire Rudolf Hess

---

[1] Siehe auch die entsprechende Entscheidung – see also the concurring decision – cf. également la décision correspondante, BVerwG, 24. 2. 1981 (7 C 60. 79), JZ 1981, 390.

Nr. 1 **KG 6. 1. 1975 (19 U 2242/74) RzW 1979, 16**

Volksdeutsche, die nicht die deutsche Staatsangehörigkeit besaßen, standen im Zweiten Weltkrieg nicht allgemein unter dem Schutz des Deutschen Reiches.

Ethnic Germans during World War II not generally under the protection of the German Reich

Membres de groupes allemands ethniques pas généralement sous la protection du Reich allemand pendant la deuxième guerre mondiale

Nr. 1 **KG 6. 1. 1975 (19 U 2242/74) RzW 1979, 16**

Das Deutsche Reich hatte auf Grund der Besetzung Polens während des Zweiten Weltkrieges nach Völkerrecht weder das Recht noch die Pflicht zum diplomatischen Einschreiten gegenüber Maßnahmen anderer Staaten, welche diese auf ihrem eigenen Gebiet gegen polnische Staatsangehörige, Schutzangehörige oder Staatenlose aus Polen ergriffen. Der diplomatische Schutz solcher Personen lag vielmehr allein bei der polnischen Exilregierung in London.

Occupation of Poland during World War II – no right or obligation of German Reich to diplomatic protection of Polish nationals – only Polish Government in exile entitled to diplomatic protection

Occupation de la Pologne pendant la deuxième guerre mondiale – pas de droit ou d'obligation du Reich allemand de protection diplomatique de ressortissants polonais – seul le gouvernement polonais en exile a eu le droit de protection diplomatique

VIII. Organe des diplomatischen und konsularischen Verkehrs – Agencies of Diplomatic and Consular Affairs – Organes des relations diplomatiques et consulaires

Nr. 152 **OVG Münster 27. 10. 1980 (4 B 764/80) NJW 1981, 1173**

Die Prozeßvertretung von Staatsangehörigen des Entsendestaates gehört nicht zu den Aufgaben einer diplomatischen Mission oder konsularischen Vertretung, es sei denn, die besonderen Voraussetzungen des Art. 5 *lit.* i des Wiener Übereinkommens über konsularische Beziehungen liegen vor. Angehörige einer diplomatischen Mission oder konsularischen Vertretung bedürfen daher für die geschäftsmäßige Prozeßvertretung einer Erlaubnis nach Art. 1 § 1 Rechtsberatungsgesetz.

Diplomatic or consular functions under the Vienna Conventions – representation of nationals of the sending State before tribunals of the receiving State

Fonctions diplomatiques et consulaires selon les Conventions de Vienne – représentation des ressortissants de l'Etat d'envoi devant les tribunaux de l'Etat de résidence

IX. Fremdenrecht – Legal Status of Aliens – Statut juridique des étrangers

1. Aufenthaltsrecht und Ausweisung – Residence Permit and Expulsion – Droit de séjour et expulsion

Nr. 69 **BVerfG 26. 9. 1978 (I BvR 525/77) BVerfGE 49, 168**

Der Aufenthalt von Ausländern im Bundesgebiet kann grundsätzlich zeitlich beschränkt werden. Die Tatsache eines mehrjährigen rechtmäßigen und beanstandungsfreien Aufenthaltes kann aber einen Vertrauenstatbestand schaffen, aufgrund dessen der Ausländer erwarten kann, daß ihm ein weiteres Verbleiben in der Bundesrepublik erlaubt werde. Der im Rechtsstaatsprinzip verfassungskräftig verankerte Grundsatz des Vertrauensschutzes gilt auch für Ausländer.

Renewal of residence permit – protection of the confidence an alien might legitimately have after long-term stay

Renouvellement du permis de séjour – protection de la confiance qu'un étranger peut légitimement avoir après un long séjour

Nr. 47 **VGH Bad.-Württ. 21. 11. 1977 (I 1498/77) BWVPr. 1978, 60**

Es ist eine Grundentscheidung des Gesetzgebers, daß die Bundesrepublik kein Einwanderungsland ist. Deshalb ist die dauernde Niederlassung ausländischer Staatsangehöriger im Bundesgebiet kein Regelfall, sondern kann nur eine in begrenztem Umfang mögliche Ausnahme von dem Grundsatz sein, nach dem der Aufenthalt von Ausländern in der Bundesrepublik nur vorübergehender Natur sein soll.

Residence of aliens in the Federal Republic is in principle temporary

Le séjour des étrangers en République fédérale est en principe temporaire

Nr. 70 **BVerwG 27. 9. 1978 (1 C 48.77) BVerwG 56, 254**[1]

Die Bestimmungen des § 2 Abs. 1 AuslG, wonach eine Aufenthaltserlaubnis erteilt werden darf, wenn die Anwesenheit des Ausländers Belange der Bundesrepublik Deutschland nicht beeinträchtigt, und des § 7 Abs. 3 AuslG, wonach die Aufenthaltserlaubnis mit Bedingungen und Auflagen versehen werden kann, widersprechen nicht höherrangigem Recht. Auch die allgemeinen Regeln des Völkerrechts stehen nicht entgegen. Die Wohlwollensklausel des deutsch-griechischen Niederlassungs- und Schifffahrtsvertrages schränkt jedoch das behördliche Ermessen sowohl hinsichtlich der Erteilung der Aufenthaltserlaubnis als auch hinsichtlich der damit in Zusammenhang stehenden Beifügung von Nebenbestimmungen ein.

---

[1] Gleichlautend – cf. concurring judgment – cf. l'arrêt conforme BVerwG 27. 9. 1978 (1 C 22.76), BVerwGE 56, 273, zum deutsch-spanischen Niederlassungsvertrag.

Compatibility of Provisions of Aliens Act with constitutional law and public international law – restriction of discretionary power by treaty clause of benevolence

Compatibilité des dispositions de la Loi sur les étrangers avec le droit constitutionnel et le droit international public – limites du pouvoir discrétionnaire imposées par la clause de bienveillance prévue en traités

Nr. 104 OVG Berlin 12. 7. 1979 (I B 119/77) NJW 1980, 539

Bedingungen und Auflagen zur Aufenthaltserlaubnis nach § 7 Abs. 3 AuslG sind durch Art. 2 des Protokolls Nr. 4 zur EMRK nicht ausgeschlossen. Die vom Ausländergesetz dadurch ermöglichte Einschränkung der Freizügigkeit ist im Sinne des Protokolls gesetzlich vorgesehen; das Gesetz ist auch so präzise formuliert, daß der Bürger sein Verhalten danach einrichten kann.

Conditions restricting residence permit according to art. 7 sec. 3 of the Aliens Act compatible with art. 2 of Protocol No. 4 to ECHR

Les conditions restreignant le permit de séjour selon l' art. 7 para. 3 de la Loi sur les étrangers sont compatibles avec l'art. 2 du protocole no. 4 à la C.E.D.H.

Nr. 155 BVerwG 17. 11. 1980 (1 B 818.80) BayVBl. 1981, 153

Das deutsch-türkische Niederlassungsabkommen verpflichtet die Bundesrepublik zur teilweisen berufsrechtlichen Gleichbehandlung von Türken, nicht aber zu wohlwollender Behandlung ihrer Anträge auf Aufenthaltsgenehmigung. Insoweit ist das Verwaltungsermessen nur durch deutsches Recht begrenzt.

The duty of non-discrimination in business is no clause of benevolence concerning permit of residence

Le devoir de non-discrimination professionnelle n'est pas une clause de bienveillance concernant l'accord d'un permis de séjour

Nr. 145 OVG Hamburg 21. 7. 1980 (OVG Bf V 21/80) InfAuslR 1980, 306

Das deutsch-türkische Niederlassungsabkommen und das Europäische Niederlassungsabkommen verpflichten die deutschen Behörden nicht, bei ihrer Ermessensausübung zur Erteilung einer Aufenthaltsgenehmigung ein besonderes Wohlwollen walten zu lassen. Sie verpflichten nur zu teilweiser berufsrechtlicher Gleichbehandlung.

The duty of non-discrimination in business is no clause of benevolence concerning permit of residence

Le devoir de non-discrimination professionnelle n'est pas une clause de bienveillance concernant l'accord d'un permis de séjour

2. Inländerbehandlung und Mindeststandard – National Treatment and Minimum Standard – Traitement national et standard minimum

Nr. 42 OVG Hamburg 30. 9. 1977 (OVG Bf I 43/75) GewA 1978, 242

Wenn die vertragschließenden Staaten in einem Niederlassungsabkommen Inländerbehandlung bei der Berufszulassung vereinbart haben, so bedeutet das nicht, daß sie damit das Recht zur selbständigen Regelung des Aufenthaltsrechts aufgeben wollten. Eine solche Vereinbarung vermag weder eine aufenthaltsrechtliche Gleichstellung zu bewirken, noch macht sie die erforderliche Aufenthaltserlaubnis zur Erwerbstätigkeit überflüssig; sie setzt diese vielmehr voraus.

National treatment granted by bilateral treaty – business licences – immigration laws not affected

Traitement national garanti par traité bilatéral – licences professionnelles – les lois relatives au séjour ne sont pas affectées

Nr. 128 BGH 28. 2. 1980 (III ZR 131/77) BGHZ 76, 387

Die Versagung des Staatshaftungsanspruchs gegenüber Ausländern, deren Heimatstaat deutschen Staatsbürgern einen solchen Anspruch nicht gewährt, ist Ausdruck des völkerrechtlichen Gegenseitigkeitsprinzips, das der Wahrnehmung eigener staatlicher Belange gegenüber anderen Staaten dient. Die verbleibende persönliche Haftung des schädigenden Beamten gegenüber dem Ausländer (§ 839 BGB) wahrt den völkerrechtlich geforderten »Mindeststandard«, nach dem der Aufenthaltsstaat Leben, Freiheit und Vermögen eines Ausländers nicht schutzlos lassen darf.

Principle of reciprocity in international law – application of rules on State liability to aliens – minimum standard guaranteed

Principe de réciprocité en droit international public – application des règles sur la responsabilité d'Etat aux étrangers – le standard minimum est garanti

Nr. 127 BGH 28. 2. 1980 (III ZR 165/78) BGHZ 76, 375

Bei Amtspflichtverletzungen gegenüber einem Ausländer, für dessen Heimatstaat die Gegenseitigkeit nicht verbürgt ist, entfällt die unmittelbare Staatshaftung, und die verantwortlichen Beamten haften persönlich. Mit der persönlichen Haftung der Beamten entspricht die Rechtslage dem völkerrechtlich geforderten Mindeststandard, nach dem der Aufenthaltsstaat Leben, Freiheit und Vermögen des Ausländers nicht schutzlos lassen darf.

Principle of reciprocity in international law – application of rules on State liability to aliens – minimum standard guaranteed

Principe de réciprocité en droit international public – application des règles sur la responsabilité d'Etat aux étrangers – le standard minimum est garanti

Nr. 154 BGH 30. 10. 1980 (III ZR 174/79) NJW 1981, 518

Die Versagung der Staatshaftung gegenüber Ausländern für den Fall, daß dessen Heimatstaat nicht die Gegenseitigkeit gewährleistet, verletzt nicht den völkerrechtlichen Mindeststandard, da es bei der persönlichen Haftung des Amtsträgers bleibt. Die Forderung nach Gegenseitigkeit ist ein zulässiges Kriterium der Ungleichbehandlung, das nicht gegen die Diskriminierungsverbote des UN Pakts über bürgerliche und politische Rechte und der EMRK verstößt.

State liability – requirement of reciprocity – no violation of minimum standard – no discrimination violating the UN Covenant and the ECHR

Responsabilité d'Etat – exigence de réciprocité – pas de violation du standard minimum – pas de discrimination violant le pacte de l'O.N.U. et la C.E.D.H.

Nr. 126 **BGH 28. 2. 1980 (III ZR 103/78) BGHZ 76, 11**

§ 7 BHaftG ist Ausdruck des völkerrechtlichen Gegenseitigkeitsprinzips, das der Wahrnehmung eigener staatlicher Belange gegenüber anderen Staaten dient. Die Vorschrift gibt die Möglichkeit, anderen Staaten die Gleichstellung ihrer Staatsangehörigen als Gegenleistung dafür anzubieten, daß sie Deutschen entsprechende Rechte gewähren. Der Ausschluß der Staatshaftung nach § 7 BHaftG entfällt, wenn der geschädigte Ausländer nachträglich Deutscher wird.

Principle of reciprocity in international law – application of rules on State liability to aliens

Principe de réciprocité en droit international public – application des règles sur la responsabilité d'Etat aux étrangers

3. Gerichtsverfahren – Judicial Procedures – Procédures judiciaires

Nr. 4 **BVerfG 7. 4. 1976 (2 BvR 728/75) BVerfGE 42, 120**

Der Ausländer hat in Verfahren vor Gerichten der Bundesrepublik die gleichen prozessualen Grundrechte, den gleichen Anspruch auf ein rechtsstaatliches Verfahren und umfassenden und effektiven gerichtlichen Schutz wie jeder Deutsche. Mangelhafte Kenntnisse der deutschen Sprache dürfen nicht zu einer Verkürzung der verfassungsrechtlichen Rechtsschutzgarantien führen.

National treatment of aliens concerning fundamental procedural rights – no prejudice due to ignorance of German language

Traitement national des étrangers concernant les droits fondamentaux de procédure – aucun préjudice à raison d'ignorance de la langue allemande

Nr. 55 **BVerwG 14. 4. 1978 (1 B 113/78) HFR 1979, 112**

Eine in deutscher Sprache ordnungsgemäß erteilte Rechtsmittelbelehrung setzt die Rechtsmittelfrist auch gegenüber Ausländern in Lauf, die der deutschen Sprache unkundig sind. Die Zulässigkeit der Wiedereinsetzung in den vorigen Stand beurteilt sich danach, ob dem Ausländer ein Vorwurf gemacht werden kann, daß er die Rechtsmittelfrist versäumt hat. Dabei sind seine Sprachschwierigkeiten zu berücksichtigen.

Cautioning as to rights in German language – possibility of reinstatement

Indication des voies de recours en langue allemande – possibilité de levée de la forclusion

Nr. 101 **VGH Bad.-Württ. 28. 6. 1979 (X 702/79)BWVPr. 1979, 254**

Versäumt ein Ausländer die Widerspruchsfrist, so ist seine mangelnde Kenntnis der deutschen Sprache allein noch kein hinreichender Grund, ihm die Wiedereinsetzung in den vorherigen Stand zu gewähren. Die Wiedereinsetzung ist jedoch zu gewähren, wenn die Schwierigkeiten für den Ausländer, rechtzeitig eine genaue Übersetzung eines Behördenbescheides oder Rechtshilfe zu erhalten, so außergewöhnlich groß waren, daß ihre Ausräumung mit einem nach den Umständen angemessenen, vernünftigen Maß an Mühe, Sorgfalt und Aufwand nicht zu bewerkstelligen war.

Time for appealing exceeded by reason of language difficulties – conditions of reinstatement

Délai d'appel dépassé à cause de l'ignorance de la langue allemande – conditions de levée de la forclusion

Nr. 24 BayObLG 4. 2. 1977 (BReg. 3 Z 12/77) BayVBl. 1977, 284

Die durch das Gericht gegenüber dem Betroffenen erfolgte mündliche Bekanntmachung der Entscheidung über eine Beschwerde gegen die Anordnung einer Abschiebungshaft setzt die Rechtsmittelfrist auch ohne Rechtsmittelbelehrung in Lauf. Eine Rechtsmittelbelehrung ist nicht Voraussetzung für den Lauf der Rechtsmittelfrist. Denn eine Rechtsmittelbelehrung ist weder nach der EMRK, noch nach dem Internationalen Pakt über bürgerliche und politische Rechte, noch nach nationalem Verfassungs- oder Verfahrensrecht erforderlich. Auch für diejenigen Ausländer, die Staatsangehörige eines Mitgliedstaates der Europäischen Wirtschaftsgemeinschaft sind, läßt sich aus dem AufenthaltG/EWG kein Recht auf eine Rechtsmittelbelehrung herleiten.

Detention for deportation – cautioning as to rights not mandatory under international or municipal law

Détention aux fins de déportation – l'avis sur les droits et formalités d'appel pas exigé en droit international public ni en droit interne

Nr. 10 KG 6. 10. 1976 ([2] Ss 315/76 [70/76]) JR 1977, 129

Eine Revisionserklärung, die nicht in deutscher Sprache abgegeben wird, entspricht nicht der Formvorschrift des § 341 StPO mit der Folge, daß Eingaben in fremder Sprache aufgrund des § 184 GVG unbeachtlich sind und keine Frist wahren.

Appeal filed in foreign language is not admissible

Un pourvoi qui est formé en langue étrangère n'est pas admissible

4. Rechtsstellung der Ausländer im übrigen – Other Principles of the Legal Status – Autres principes du statut juridique

Nr. 128 BGH 28. 2. 1980 (III ZR 131/77) BGHZ 76, 387

Das Grundgesetz (Art. 14) schützt nicht das Eigentum ausländischer juristischer Personen, auch wenn sie im Inland zugelassen sind. Das deutsche Enteignungsrecht ist jedoch auch auf die Beeinträchtigung solchen Eigentums anzuwenden, das aufgrund völkerrechtlicher Verträge in einer dem Art. 14 GG entsprechenden Weise geschützt ist.

Property of foreign legal persons – no protection under Basic Law – protection under international treaties – application of German expropriation law

Propriété des personnes morales étrangères – pas de protection par la Loi fondamentale – protection par un traité international – applicabilité du droit allemand sur l'expropriation

Nr. 141 VG Berlin 7. 7. 1980 (16 A 104/80) MDR 1980, 964

Die Einbehaltung eines Passes eines Ausländers ist ein unzulässiger Eingriff in die Paßhoheit des ausstellenden Staates und eine nicht gerechtfertigte Einschränkung der Rechte des betroffenen Ausländers.

Seizure of a foreign passport – violation of sovereignty of the issuing State and of the rights of the alien

Saisie d'un passeport étranger – violation de la souveraineté de l'Etat délivrant et des droits de l'étranger

Nr. 54 VG Ansbach 2. 2. 1978 (XII [XI]/77) DÖV 1979, 63

Das Grundrecht auf Kriegsdienstverweigerung (Art. 4 Abs. 3 GG) ist ein dem Recht auf Gewissensfreiheit entspringendes allgemeines Menschenrecht, das grundsätzlich auch dem Ausländer zukommt.

Right to conscientious objection as universal human right applicable to aliens

Droit de l'objection de conscience comme droit de l'homme universel applicable aux étrangers

Nr. 88 BayVGH 15. 2. 1979 (81 XII 78) BayVBl. 1979, 677

Das Grundrecht auf Kriegsdienstverweigerung aus Gewissensgründen gemäß Art. 4 Abs. 3 GG gilt auch für Ausländer, allerdings nur insoweit, als es sich um die Leistung von Wehrdienst in Streitkräften der Bundesrepublik handelt. Lehnt jedoch ein Ausländer den Kriegsdienst mit der Waffe in der Armee seines Heimatlandes aus Gewissensgründen im Sinne dieser Vorschrift ab und droht ihm deshalb dort Gefahr für seine Freiheit, weil das Strafrecht seines Herkunftlandes einer solchen Gewissensnot nicht Rechnung trägt, so ist dies gleichwohl nach Art. 16 Abs. 2 GG asylrechtlich erheblich.

Right of asylum – imminent punishment for conscientious objection in foreign countries as political persecution

Droit d'asile – punition imminente pour objection de conscience dans un pays étranger comme persécution politique

X. Asylrecht – Asylum – Droit d'asile

1. Allgemeines – In General – En général

Nr. 140 BVerfG 2. 7. 1980 (1 BvR 147, 181, 182/80) BVerfGE 54, 341

Durch die Erhebung zum Grundrecht (Art. 16 Abs. 2 Satz 2 GG) hat das Grundgesetz das Asylrecht über das Völkerrecht und das Recht anderer Staaten hinaus als subjektives öffentliches Recht ausgestaltet, an das Gesetzgebung, Verwaltung und Rechtsprechung gebunden sind.

Grant of asylum by Basic Law goes beyond the standard afforded by international law

L'accord de l'asile par la Loi fondamentale surmonte le standard exigé par le droit international public

Nr. 14 VG Ansbach 9. 12. 1976 (3220 II [IV]/73) DÖV 1977, 637

Der Begriff des politisch Verfolgten im Sinne des Art. 16 Abs. 2 Satz 2 GG ist vom einfachen Gesetzgeber durch die Übernahme der Genfer Konvention über die Flüchtlinge näher bestimmt worden und richtet sich nach deren Art. 1 A 2.

Right of asylum – political persecution – definition according to Geneva Convention on Refugees

Droit d'asile – persécution politique – définition selon la Convention de Genève sur les réfugiés

2. Politische Verfolgung – Political Persecution – Persécution politique

a) Begriff – Notion – Notion

Nr. 159 VG Berlin 10. 12. 1980 (VG 19 A 252/80) NJW 1981, 540

Nach Art. 16 Abs. 2 Satz 2 GG genießen politisch Verfolgte Asylrecht. Politisch Verfolgter im Sinne dieser Bestimmung ist ein Nicht-Deutscher (Ausländer oder Staatenloser), der die begründete Furcht hegen muß, daß er in seinem Heimatstaat oder im Lande seines gewöhnlichen Aufenthaltes wegen seiner Rasse, Religion, Nationalität, Zugehörigkeit zu einer bestimmten sozialen Gruppe oder wegen seiner politischen Überzeugung aufgrund bestimmter Tatsachen mit beachtlicher Wahrscheinlichkeit staatliche Verfolgungsmaßnahmen – und zwar mit unmittelbarer Gefahr für Leib und Leben, persönlicher Freiheit, wirtschaftlicher Existenz oder andere fundamentale Menschenrechte und Grundfreiheiten – erleidet, so daß es ihm nicht zuzumuten ist, in seinen Heimatstaat zurückzukehren.

Asylum – definition of political persecution

Droit d'asile – définition de la persécution politique

Nr. 149 VGH Bad.-Württ. 10. 10. 1980 (A 12, S 24/80) BWVPr. 1981, 92

Für die Abgrenzung einer politischen Verfolgung von strafrechtlichen Maßnahmen kommt es grundsätzlich entscheidend auf das Ziel und den Zweck der Norm an, die Grundlage der Maßnahmen ist. Will der Staat mit der Bestrafung den Betroffenen wegen seiner Rasse, Religion, Nationalität, seiner Zugehörigkeit zu einer bestimmten sozialen Gruppe oder wegen seiner politischen Überzeugung treffen, ist die Strafverfolgung asylrechtlich erheblich. Dient die Bestrafung hingegen nur der Aufrechterhaltung der öffentlichen Sicherheit und Ordnung, so hat sie keinen politischen Einschlag und ist demgemäß in der Regel asylrechtlich ohne Bedeutung. Etwas anderes gilt nur dann, wenn ausnahmsweise besondere Umstände hinzutreten, aufgrund derer zu erwarten ist, daß in die Bestrafung wegen eines nichtpolitischen Delikts asylrechtlich erhebliche Gesichtspunkte einfließen werden, so daß die Gefahr besteht, daß der Betroffene nicht nur wegen der von ihm begangenen Straftat belangt werden wird.

Asylum – distinction between political persecution and penal prosecution – purpose of the repressive action

Droit d'asile – distinction entre persécution politique et poursuite pénale – but de la mesure répressive

Nr. 140 BVerfG 2. 7. 1980 (1 BvR 147, 181, 182/80) BVerfGE 54, 341

Zu dem asylrechtlich geschützten Bereich der persönlichen Freiheit gehören grundsätzlich auch die Rechte auf freie Religionsausübung und ungehinderte berufliche und wirtschaftliche Betätigung. Soweit nicht eine unmittelbare Gefahr für Leib, Leben oder persönliche Freiheit besteht, können Beeinträchtigungen der bezeichneten Rechtsgüter allerdings ein Asylrecht nur dann begründen, wenn sie nach ihrer Intensität und Schwere die Menschenwürde verletzen und über das hinausgehen, was die Bewohner des Heimatstaates aufgrund des dort herrschenden Systems allgemein hinzunehmen haben.

Liberties protected by asylum include free exercise of religion as well as professional and economic activities – right of asylum depends on the severity of the encroachments on these liberties

Les libertés protégées par l'asile comprennent le libre exercice de la religion et les activités professionnelles et économiques – le droit d'asile dépend de la gravité de la lésion de ces libertés

Nr. 91 BayVGH 15. 3. 1979 (158 XII 78) DÖV 1980, 50

Ein Asylsuchender muß persönlich verfolgt sein. Verfolgungsmaßnahmen, die sich gegen eine Gruppe richten, können nur dann ein Asylrecht der einzelnen Gruppenangehörigen begründen, wenn für diese Personen selbst Gründe für die Furcht vor politischer Verfolgung bestehen.

Right of asylum requires individual persecution – mere belonging to persecuted group not sufficient

Droit d'asile présuppose persécution individuelle – l'appartenance seule à un groupe persécuté ne suffit pas

Nr. 54 VG Ansbach 2. 2. 1978 (XII [XI]/77) DÖV 1979, 63

Die Unterdrückung und Bestrafung auch größerer Bevölkerungsteile, insbesondere unter den Voraussetzungen des Art. 1 Abs. 2 der Genfer Flüchtlingskonvention kann ebenso wie die sogenannte Einzelverfolgung eine asylrechtlich relevante politische Verfolgung darstellen.

Asylum – persecution – oppression of greater parts of the population

Droit d'asile – persécution – oppression de grandes parties d'un peuple

Nr. 14 VG Ansbach 9. 12. 1976 (3220 II [IV]/73) DÖV 1977, 637

Politisch Verfolgter im Sinne des Asylrechts ist nur, wer individuell von einem Eingriff betroffen wird. Der Eingriff muß also durch die Eigenschaften oder Handlungen der Einzelperson ausgelöst werden und auf sie zielen. Er muß über die Beschränkungen hinausgehen, denen die Bevölkerung in ihrer Allgemeinheit ausgesetzt ist bzw. ganze Personengruppen unterliegen.

The notion of political persecution requires individual persecution

La notion de la persécution politique exige la persécution individuelle

b) Kriegsdienstverweigerung – Conscientious objection – Objection de conscience

Nr. 88 **BayVGH 15. 2. 1979 (81 XII 78) BayVBl. 1979, 677**

Das Grundrecht auf Kriegsdienstverweigerung aus Gewissensgründen gemäß Art. 4 Abs. 3 GG gilt auch für Ausländer, allerdings nur insoweit, als es sich um die Leistung von Wehrdienst in Streitkräften der Bundesrepublik handelt. Lehnt jedoch ein Ausländer den Kriegsdienst mit der Waffe in der Armee seines Heimatlandes aus Gewissensgründen im Sinne dieser Vorschrift ab und droht ihm deshalb dort Gefahr für seine Freiheit, weil das Strafrecht seines Herkunftlandes einer solchen Gewissensnot nicht Rechnung trägt, so ist dies gleichwohl nach Art. 16 Abs. 2 GG asylrechtlich erheblich.

Right of asylum – imminent punishment for conscientious objection in foreign countries as political persecution

Droit d'asile – punition imminente pour objection de conscience dans un pays étranger comme persécution politique

Nr. 91 **BayVGH 15. 3. 1979 (158 XII 78) DÖV 1980, 50**

Wer wegen seiner Religion verfolgt wird, hat einen Anspruch auf Asyl in der Regel nur dann, wenn er deswegen eine Gefahr für Leib, Leben, Freiheit oder die wirtschaftliche Existenz zu befürchten hat. Auch die Kriegsdienstverweigerung aus Gewissensgründen ist asylrechtlich nur dann erheblich, wenn sie mit Freiheitsstrafe geahndet wird.

Right of asylum – persecution for reason of religion or conscientious objection

Droit d'asile – persécution à raison de religion ou d'objection de conscience

Nr. 54 **VG Ansbach 2. 2. 1978 (XII [XI]/77) DÖV 1979, 63**

Die drohende Bestrafung eines Asylbewerbers in seinem Heimatland wegen Kriegsdienstverweigerung aus Gewissensgründen im Sinne des Art. 4 Abs. 3 GG stellt eine asylrechtlich bedeutsame politische Verfolgung dar. Eine solche Bestrafung beinhaltet unmittelbar einen Verstoß gegen Art. 1 Abs. 2 der Genfer Flüchtlingskonvention, ohne daß dabei das Strafmaß von Bedeutung wäre. Auf die Höhe der Bestrafung kann es dagegen unter asylrechtlichen Gesichtspunkten bei der Kriegsdienstverweigerung aus anderen als Gewissensgründen ankommen.

Asylum – punishment for conscientious objection as political persecution – measure of punishment

Droit d'asile – punition pour objection de conscience comme persécution politique – mesure de la peine

Nr. 14 **VG Ansbach 9. 12. 1976 (3220 II [IV]/73) DÖV 1977, 637**

Die Kriegsdienstverweigerung gehört nicht zu den im Sinne des asylrechtlichen Verfolgungstatbestandes geschützten Rechten. Die Frage nach diesen Rechten kann nicht allein nach der Rechtsordnung der Bundesrepublik und einiger weiterer Staaten entschieden werden, da dies eine Einmischung in die inneren Verhältnisse der anderen Staaten bedeuten würde, in denen das Recht auf Kriegsdienstverweigerung nicht besteht.

Conscientious objection not protected by right of asylum

Objection de conscience pas protégée par le droit d'asile

Nr. 100 BayVGH 27. 6. 1979 (391 IX 76) InfAuslR 1979, 77
Die sittlich fundierte Entscheidung, sich nicht an völkerrechtswidrigen, nach rechtsstaatlicher Auffassung persönlich strafwürdigen militärischen Einsätzen zu beteiligen, ist als asylrechtlich beachtlicher Grund für die Verweigerung des Wehrdienstes bei der PLO anzuerkennen.

Asylum – conscientious objection against participation in military actions of PLO which are contrary to international law

Asile – objection de conscience contre la participation aux actions militaires contraires au droit international public

c) Republikflucht – Flight from communist countries – Fuite de pays communistes

Nr. 93 BVerwG 24. 4. 1979 (I C 49.77) DÖV 1979, 827
Die Bestrafung wegen Republikflucht nach dem ungarischen Strafgesetzbuch stellt eine politische Verfolgung im Sinne des Asylrechts dar.

Right of asylum – punishment for fleeing Hungary as political persecution

Droit d'asile – punition à raison de la fuite de la Hongrie comme persécution politique

Nr. 112 VG Ansbach 28. 9. 1979 (AN 46-XII/79) InfAuslR 1980, 68
Die unverhältnismäßig schwere Bestrafung wegen illegaler Ausreise aus Äthiopien ist als politische Verfolgung zu betrachten, gleich ob sie konkret die politische Überzeugung des Asylbewerbers treffen soll oder nicht.

Asylum – severe punishment for illegal leaving of Ethiopia as political persecution

Droit d'asile – punition sévère pour sortie illégale de l'Ethiopie comme persécution politique

d) Wahrscheinlichkeit der Verfolgung – Probability of persecution – Probabilité de la persécution

Nr. 49 BVerwG 29. 11. 1977 (1 C 33.71) BVerwGE 55, 82
Für die Zuerkennung des Asylrechts kommt es darauf an, ob der Asylsuchende wegen des geltend gemachten Verfolgungsanlasses begründete Furcht vor politischer Verfolgung im Heimatland hegt. Das ist dann zu bejahen, wenn dem Asylsuchenden bei verständiger Würdigung der gesamten Umstände seines Falles politische Verfolgung mit beachtlicher Wahrscheinlichkeit droht, so daß ihm nicht zuzumuten ist, im Heimatland zu bleiben oder dorthin zurückzukehren.

Asylum – reasons for well-founded fear of persecution

Droit d'asile – raisons pour craindre d'être persécuté

Nr. 49 **BVerwG 29. 11. 1977 (1 C 33.71) BVerwGE 55, 82**

Es ist nicht entscheidend, ob der Asylbewerber die vom Verfolgerstaat angenommene politische Überzeugung auch tatsächlich besitzt, vielmehr reicht die begründete Furcht vor Verfolgung zur Begründung des Asylanspruchs aus.

Asylum – irrelevance of the actual political opinion of the refugee

Droit d'asile – insignificance de l'opinion politique réelle du réfugié

Nr. 93 **BVerwG 24. 4. 1979 (I C 49.77) DÖV 1979, 827**

Für die Beantwortung der Frage, ob eine Verfolgung wegen politischer Überzeugung droht, sind allein die Gründe maßgeblich, aus denen der Verfolgerstaat die Verfolgung betreibt. Es ist nicht erforderlich, daß der Asylbegehrende die vom Verfolgerstaat angenommene Überzeugung auch tatsächlich besitzt.

Right of asylum – persecution for reason of political opinion – motives of persecuting State, not existence of opinion, decisive

Droit d'asile – persécution à raison d'opinions politiques – les motifs de l'Etat persécutant, pas l'existence des opinions, sont décisifs

Nr. 100 **BayVGH 27. 6. 1979 (391 IX 76) InfAuslR 1979, 77**

Die Rechtsprechung des Bundesverwaltungsgerichts zur Republikflucht ist nicht so zu verstehen, daß auf die Motive des Asylbewerbers für seine Flucht überhaupt nicht mehr abzustellen sei. Vielmehr sollen ausnahmsweise auch asylrechtlich an sich nicht schützenswerte Motive des Flüchtlings seinen Anspruch auf Asyl dann nicht ausschließen, wenn der Verfolgerstaat dem Flüchtling ohne Rücksicht auf dessen wahre Beweggründe eine politische Gegnerschaft unterstellt und diese mit unverhältnismäßig harten Strafen bedroht.

Asylum – motives of refugee not decisive if persecuting State insinuates political antagonism

Asile – les motifs d'un réfugié ne sont pas décisifs si l'Etat persécutoire insinue l'antagonisme politique

Nr. 93 **BVerwG 24. 4. 1979 (I C 49.77) DÖV 1979, 827**

Das Asylrecht hängt davon ab, ob einer Person bei der Rückkehr in den Heimatstaat mit Wahrscheinlichkeit eine Verfolgung droht. Es ist nicht Voraussetzung des Asylrechts, daß eine solche Verfolgung bereits in die Wege geleitet worden ist.

Right of asylum – imminence of persecution in case of return to home country

Droit d'asile – imminence de persécution en cas de retour au pays d'origine

Nr. 140 **BVerfG 2. 7. 1980 (1 BvR 147, 181, 182/80) BVerfGE 54, 341**

Einem Asylbewerber, der in der Vergangenheit bereits politisch verfolgt worden ist, kann bei Änderung der politischen Verhältnisse im Heimatstaat der Schutz des Art. 16 Abs. 2 Satz 2 GG nur dann versagt werden, wenn bei Rückkehr in diesen Staat eine Wiederholung von Verfolgungsmaßnahmen mit hinreichender Wahrscheinlichkeit ausgeschlossen ist.

Refusal of asylum after previous persecution on ground of change of political situation in the home State

Refus d'asile après persécution antérieure à raison d'un changement de la situation politique dans le pays d'origine

3. Nachfluchtgründe – Réfugié sur place

Nr. 49 **BVerwG 29. 11. 1977 (1 C 33.71) BVerwGE 55, 82**

Wer innerhalb oder außerhalb seines Heimatstaates Anschauungen so bekundet, daß er deswegen politische Verfolgung im Heimatstaat ernstlich befürchten muß, ist asylberechtigt. Bei einem Ausländer, der wegen seines Verhaltens nach Verlassen seiner Heimat politische Verfolgung durch den Heimatstaat befürchten muß, kann nicht ohne weiteres davon ausgegangen werden, er habe den Verfolgungsgrund nur deswegen geschaffen, um Asyl zu erhalten. Auch kann das Vorhandensein einer für den Verfolgerstaat möglicherweise noch nicht erkennbar in Erscheinung getretenen politischen Überzeugung Verfolgungsgefahr ernstlich befürchten lassen, wenn in dem Heimatland des Asylbewerbers Träger dieser Überzeugung politische Verfolgung erleiden.

Asylum – *réfugié sur place*

Droit d'asile – réfugié sur place

Nr. 49 **BVerwG 29. 11. 1977 (1 C 33.71) BVerwGE 55, 82**

Ist der Asylsuchende im Zusammenhang mit seinem Beitritt zu einer Emigrantenorganisation als Träger einer in seinem Heimatland als staatsfeindlich angesehenen Anschauung erkennbar hervorgetreten, liegen Umstände vor, nach denen ein Asylanspruch in Betracht kommen kann. Entscheidend ist in solchen Fällen, ob in Würdigung aller Umstände die Befürchtung begründet ist, der Beitritt zu der Emigrantenorganisation habe eine der politischen Überzeugung des Asylbewerbers geltende Verfolgung im Heimatstaat zur Folge.

Asylum – membership in a political organization of emigrants

Droit d'asile – association à une organisation politique des émigrés

4. Verfolgung durch Dritte – Persecution by Third Parties – Persécution par des tiers

Nr. 140 **BVerfG 2. 7. 1980 (1 BvR 147, 181, 182/80) BVerfGE 54, 341**

Wenn der Staat Einzelne oder Gruppen zu Verfolgungsmaßnahmen anregt oder derartige Handlungen unterstützt, billigt oder tatenlos hinnimmt und damit dem Betroffenen den erforderlichen Schutz versagt, können auch Handlungen von Privatpersonen als politische Verfolgung im Sinne von Art. 16 Abs. 2 Satz 2 GG anzusehen sein.

Conditions under which the activities of private persons may be regarded as political persecution

Conditions sous lesquelles les activités de personnes privées peuvent être regardées comme persécution politique

Nr. 91 **BayVGH 15. 3. 1979 (158 XII 78) DÖV 1980, 50**

Die das Asylrecht begründende Verfolgung muß grundsätzlich eine staatliche sein. Das folgt aus dem völkerrechtlichen Herkommen des Asylrechts und aus dem zur Auslegung heranzuziehenden Abkommen über die Rechtsstellung der Flüchtlinge. Gleichwohl kann ein Anspruch auf Asyl auch dann gegeben sein, wenn die Verfolgung zwar nicht vom Staat ausgeht, dieser den von Dritten Verfolgten aber nicht schützen will oder nicht schützen kann.

Right of asylum – persecution by State authorities – failure of State authorities to protect against persecution by private persons

Droit d'asile – persécution par les autorités étatiques – défaut de protection étatique en cas de persécution par des personnes privées

Nr. 143 **VGH Kassel 14. 7. 1980 (VII TH 177/80) NJW 1980, 2660**

Wer seine Furcht vor politischer Verfolgung in der Türkei nur mit den Terrorakten einander bekämpfender politischer Gruppierungen begründet, dem steht das Grundrecht aus Art. 16 Abs. 2 Satz 2 GG eindeutig nicht zu.

Asylum – political persecution – terrorist acts of rivaling groups not sufficient

Droit d'asile – persécution politique – actes terroristes de groupes rivalisants ne suffisent pas

Nr. 100 **BayVGH 27. 6. 1979 (391 IX 76) InfAuslR 1979, 77**

Der von der Palästinensischen Befreiungsbewegung El Fatah im Libanon ausgeübte Druck zur Beteiligung an rechtswidrigen militärischen Einsätzen ist bei der Prüfung des Asylrechts als Verfolgungsmaßnahme einer staatlichen Gewalt anzusehen.

Asylum – pressure exercised by the Palestinian Liberation Movement El Fatah to be regarded as persecution by State authorities

Asile – pressions exercées par le Mouvement palestinien de libération El Fatah doivent être regardées comme persécution par une autorité étatique

5. Mißbräuchliches Asylbegehren – Abusive Application – Requête abusive

Nr. 13 **OVG Rheinland-Pfalz 12. 11. 1976 (2 B 73/76) As 16, 334**

Die Befugnis, einen Asylantrag zu stellen und die damit verbundenen rechtlichen Vergünstigungen in Anspruch zu nehmen, steht unter dem Vorbehalt des Rechtsmißbrauchs. Allerdings kann der Einwand der unzulässigen und damit unbeachtlichen Rechtsausübung nur in ganz besonders gelagerten Ausnahmefällen durchgreifen, da sonst die Gefahr der Aushöhlung der Bestimmungen der §§ 28 ff. AuslG zu groß ist.

Right of asylum – criteria of abuse – strict interpretation

Droit d'asile – critères d'abus de droit – interprétation restrictive

Nr. 102 VGH Kassel 28. 6. 1979 (VII TH 72/79) VerwRspr. 31 (1976), 332

Nicht nur offensichtlich rechtsmißbräuchliche Asylanträge, sondern darüber hinaus auch alle anderen eindeutig aussichtslosen Asylanträge sind im allgemeinen ausländerrechtlichen Verfahren unbeachtlich. Eindeutig aussichtslos ist ein Asylantrag, wenn er offensichtlich rechtsmißbräuchlich gestellt ist, wenn der Vortrag des Antragstellers, politisch verfolgt zu werden, nicht schlüssig oder frei erfunden ist bzw. mit den gesicherten Feststellungen der Asylbehörde in offenem Widerspruch steht.

Conditions for considering an application for asylum as manifestly abusive or ill-founded

Conditions auxquelles une demande d'asile doit être considérée comme abusive ou manifestement mal fondée

Nr. 81 VGH Bad.-Württ. 11. 12. 1978 (I 3093/78) ESVGH 29, 15

Der Aufenthalt eines um politisches Asyl nachsuchenden Ausländers ist bis zum rechtskräftigen Abschluß des Anerkennungsverfahrens zu dulden, sofern das Asylgesuch nicht offensichtlich rechtsmißbräuchlich gestellt ist. Offensichtlich rechtsmißbräuchlich ist ein Asylbegehren nur dann, wenn durch das Verhalten des Ausländers eindeutig feststeht, daß er mit dem Asylgesuch ausschließlich asylfremde Ziele, also die Absicht verfolgt, auf diese Weise die Einreise- und Aufenthaltsbestimmungen in der Bundesrepublik zu umgehen. Der Umstand, daß die Anerkennungsbehörde und das erstinstanzliche Gericht das Asylgesuch als unbegründet abgelehnt haben, kann nicht als Anhaltspunkt für die Rechtsmißbräuchlichkeit gewertet werden.

Conditions for considering an application for asylum as manifestly abusive

Conditions pour considérer une requête d'asile comme évidemment abusive

Nr. 71 OVG Münster 27. 9. 1978 (IV A 640/78) NJW 1978, 509

Die Ausländerbehörden dürfen bei ihrer Entscheidung über die weitere Duldung des Aufenthalts eines Asylbewerbers den Asylantrag nur dann ausnahmsweise als unbeachtlich behandeln, wenn das Asylbegehren eindeutig und offensichtlich rechtsmißbräuchlich gestellt wurde. Dies ist nur dann der Fall, wenn Umstände den sicheren Schluß zulassen, daß unter dem Deckmantel des Asyls ausschließlich asylfremde Zwecke (z. B. vorläufige Arbeitsmöglichkeit oder Bezug von Sozialhilfe) verfolgt werden. Die bloße Wahrscheinlichkeit rechtsmißbräuchlichen Verhaltens reicht nicht aus; ein Mißbrauch ist auch nicht ohne weiteres daraus herzuleiten, daß sich das Asylbegehren als offensichtlich unbegründet erkennen läßt.

Petition for asylum may be disregarded by the immigration authorities only if it is manifestly abusive

Une requête d'asile ne peut être négligée par la police des étrangers qu'en cas d'une requête évidemment abusive

Nr. 66 OVG Hamburg 1.9. 1978 (OVG Bs I 90/78) VerwRspr. 30 (1980), 476

Die Grenz- und Ausländerbehörden dürfen der Entscheidung der Anerkennungsbehörde über ein Asylgesuch nicht durch Abschiebung des Asylbewerbers vorgreifen. Das gilt dann nicht, wenn der Betroffene einen Anerkennungsgrund gar nicht geltend macht oder aber das Asylgesuch mißbräuchlich gestellt wird. Letzteres ist jedenfalls gegeben, wenn sich feststellen läßt, daß die tatsächlichen Behauptungen des Betroffenen in dem Asylgesuch offensichtlich nicht zutreffen.

Application for asylum is abusive and may be disregarded if allegations of fact given in its support are obviously wrong

Une requête d'asile est abusive et négligeable si les faits avancés par sa justification sont évidemment inexacts

Nr. 114 VGH München 26. 10. 1979 (10 Cs-1600/79) DÖV 1980, 457[1]

Grenzbehörden und Ausländerbehörden müssen bei ausländerrechtlichen Maßnahmen auch Asylbegehren beachten, die sie für offensichtlich unbegründet halten.

Applications for asylum have to be respected even if they appear manifestly ill-founded

Les demandes d'asile doivent être prises en considération, même si elles paraissent manifestement mal fondées

6. Anderweitiger Schutz – Protection by other States – Protection par d'autres Etats

Nr. 112 VG Ansbach 28. 9. 1979 (AN 46-XII/79) InfAuslR 1980, 68

»Anderweitigen Schutz« im Sinne des § 28 AuslG hat ein Flüchtling nur gefunden, wenn seine Rechtsstellung im Zufluchtsland derjenigen nach gewährtem Asylrecht wenigstens annähernd gleichkommt. Dazu gehört die Gewährung der Mindestrechte der Genfer Konvention, hierunter auch die berufliche und soziale Absicherung des Asylbewerbers sowie eine gesicherte und dauernde Aufenthaltsmöglichkeit.

Asylum – protection found elsewhere as reason for refusal – requirements – minimum standard of the Geneva Convention

Droit d'asile – protection autre part comme motif de refus – conditions – standard minimum de la Convention de Genève

Nr. 111 VG Ansbach 25. 9. 1979 (AN 3115-II/78) InfAuslR 1980, 62

»Anderweitigen Schutz« im Sinne des § 28 AuslG hat ein Flüchtling dann nicht gefunden, wenn der aufnehmende Staat ihn nicht ausreichend vor Beobachtung und gewaltsamer Rückführung durch Sicherheitskräfte seines Heimatlandes schützen kann.

Asylum – protection found elsewhere as reason for refusal – effective protection required

Droit d'asile – protection autre part comme motif de refus – protection effective exigée

Nr. 111 VG Ansbach 25. 9. 1979 (AN 3115-II/78) InfAuslR 1980, 62

In der Ausstellung eines sogenannten Konventionspasses nach Art. 28 der Genfer Flüchtlingskonvention kann nicht die Gewährung von anderweitigem Asylschutz im Sinne des § 28 AuslG gesehen werden.

[1] Siehe hierzu auch – cf. also – cf. aussi BVerfG 25. 2. 1981 (1 BvR 413, 768, 820/80), BVerfGE 56, 216.

Asylum not granted elsewhere merely by issue of passport provided for in art. 28 Geneva Convention

Droit d'asile pas accordé autre part par délivrance seule d'un passeport selon l'art. 28 de la Convention de Genève

XI. Flüchtlinge – Refugees – Réfugiés

Nr. 115 BVerfG 14. 11. 1979 (1 BvR 654/79) BVerfGE 52, 391

Die Genfer Flüchtlingskonvention enthält keine ausdrückliche Bestimmung über eine allgemeine Bindungswirkung der in einem Vertragsstaat ausgesprochenen Flüchtlingsanerkennung. Eine solche Anerkennung bewirkt daher für die im Auslieferungsverfahren zuständigen deutschen Stellen keine rechtliche Bindung, muß aber doch als Beweisanzeichen für tatsächlich zu befürchtende politische Verfolgung berücksichtigt werden. Die Konvention verpflichtet die Vertragsstaaten, deren Ziele nicht zu gefährden und ihre Verwirklichung zu fördern. So ist allgemein anerkannt, daß derartige Verträge Neben- und Verhaltenspflichten begründen, die nach Treu und Glauben zu erfüllen sind. Daher verbietet es das Ziel der Konvention, die Anerkennungserteilung eines Vertragspartners für schlechthin unerheblich zu erachten.

Geneva Convention – recognition as refugee not binding upon other States but may prove persecution

Convention de Genève – reconnaissance comme réfugié ne préjudice pas autres Etats mais peut faire la preuve d'une persécution

Nr. 137 BayObLG 27. 5. 1980 (B Reg 4/St 120/80) BayObLGSt 1980, 38

Die Frage, ob ein Flüchtling unmittelbar aus einem Verfolgerland einreist, ist in aller Regel auch dann zu bejahen, wenn er zwar direkt aus einem freien Drittland einreist, dieses aber nur als Durchgangsland berührt hat und kein schuldhaft verzögerter Aufenthalt vorliegt.

Status of refugee – entry after transit through non-persecuting State

Qualité de réfugié – entrée après avoir traversé un Etat non-persécuteur

Nr. 17 VG Stuttgart 15. 12. 1976 (VRS VII 226/76) NJW 1977, 1604

Es ist nach deutschen aufenthaltsrechtlichen Vorschriften zu beurteilen, ob ein ausländischer Flüchtling sich rechtmäßig im Sinne der Genfer Konvention im Gebiet der Bundesrepublik aufhält bzw. niedergelassen hat.

Refugees – Geneva Convention – interpretation of "lawfully staying" according to municipal law

Réfugiés – Convention de Genève – interprétation du terme «résidant régulièrement» selon le droit interne

XII. Auslieferung – Extradition – Extradition

1. Allgemeines – General Principles – Principes généraux

Nr. 87 **BVerfG 14. 2. 1979 (1 BvR 924/78) BVerfGE 50, 244**

Die Auslieferung stellt sich im Verhältnis der beiden hieran beteiligten Staaten als ein völkerrechtlicher Vertrag dar. Dies gilt auch dann, wenn es sich um die konkrete Abmachung über die Auslieferung eines bestimmten Ausländers im Rahmen eines allgemeinen Auslieferungsvertrags handelt. Danach ist das Auslieferungsersuchen rechtlich als Vertragsangebot, die Auslieferungsbewilligung als Vertragsannahme zu qualifizieren. Es gilt demgemäß der vertragsrechtliche Grundsatz, daß die Ablehnung eines Angebots dieses gegenstandslos macht. Eine Auslieferung desselben Ausländers kann nur aufgrund eines neuen Vertragsangebots, also eines weiteren Auslieferungsersuchens des die Auslieferung begehrenden Staates erfolgen.

Every single extradition is a treaty under international law notwithstanding the existence of a general extradition treaty between the two countries

L'extradition individuelle est un traité international nonobstant l'existence d'un traité général de l'extradition entre les deux pays

Nr. 46 **BVerfG 20. 10. 1977 (2 BvR 630/77) BVerfGE 46, 214**

Ein Auslieferungsantrag begründet Rechte und Pflichten regelmäßig nur für die Vertragsstaaten. Der Ausgelieferte selbst kann aus einem solchen Vertrag lediglich dann Rechte herleiten, wenn dies im Vertrag vereinbart ist. Daran gemessen dient die Auslieferungsausnahme bei politischen Delikten in Art. 6 Abs. 1 des deutsch-griechischen Auslieferungsvertrages nicht dem Schutz desjenigen, der ausgeliefert werden soll.

Extradition treaties establish rights and duties only for the contracting States – political offence-exception

Les traités d'extradition constituent des droits et obligations seulement pour les Etats contractants – la clause du «délit politique»

Nr. 83 **OVG Münster 9. 1. 1979 (IV B 40/79) OVGE 34, 18**

Auslieferungsverträge begründen Rechte und Pflichten regelmäßig nur für die Vertragsstaaten. Der Verfolgte selbst kann aus einem solchen Vertrag eigene Rechte nur dann herleiten, wenn dies im Vertrag vereinbart ist. Dem deutsch-englischen Auslieferungsvertrag kommt eine Schutzwirkung zugunsten des Verfolgten nicht zu.

Extradition treaties establish rights and duties only for the contracting States

Les traités d'extradition constituent des droits et obligations seulement pour les Etats contractants

Nr. 46 BVerfG 20. 10. 1977 (2 BvR 631/77) BVerfGE 46, 214

Die inländischen Gerichte können die Gesetzmäßigkeit des vom ausländischen ausliefernden Staat angewandten Verfahrens ebensowenig nachprüfen wie die sachliche Rechtmäßigkeit der Auslieferung. Die Anwendung des Auslieferungsvertrages durch den ausliefernden Staat ist ausschließliche Angelegenheit seiner Organe und unterliegt als solche kraft einer allgemeinen Regel des Völkerrechts nicht der Rechtmäßigkeitsüberprüfung durch deutsche Gerichte.

Extradition – courts of the requesting State cannot review the application of the extradition treaty by the requested State

Extradition – les tribunaux de l'Etat requérant ne peuvent pas contrôler l'application du traité d'extradition par l'Etat requis

Nr. 61 OLG Köln 11. 8. 1978 (Ausl. 36/78) DRiZ 1978, 372

Nach kontinentaleuropäischer Rechtsauffassung ist der ersuchte Staat im Rechtshilfeverkehr grundsätzlich nicht befugt, den Schuldverdacht nachzuprüfen. Von diesem Grundsatz kann nur dann abgewichen werden, wenn einem möglichen Asylrecht des Verfolgten ein besonders hohes Gewicht beizumessen ist, die Möglichkeit einer politischen Verfolgung den Umständen nach nicht völlig fern liegt oder ganz allgemein bestimmte Tatsachen mit dem Tatverdacht nicht zu vereinbaren sind.

Extradition – requested State may in principle not verify the presumption of guilt – exceptions to this rule

Extradition – l'Etat requis ne peut pas, en principe, vérifier le soupçon de culpabilité – les exceptions à cette règle

Nr. 31 BGH 23. 6. 1977 (4 ARs 7/77) BGHSt 27, 222

Im internationalen Rechtshilfeverkehr haben zwischenstaatliche Verträge grundsätzlich Vorrang vor dem innerstaatlichen Recht, soweit sie Regeln für den zu erledigenden Rechtshilfefall enthalten. Die innerstaatlichen Vorschriften können nur zur Ergänzung der vertraglichen Bestimmungen herangezogen werden, soweit dem der Vertrag nicht entgegensteht.

Mutual assistance in criminal matters – treaties take precedence over corresponding municipal law

Entraide judiciaire en matière pénale – les traités l'emportent sur les lois internes correspondantes

2. Spezialität – Speciality Rule – Règle de la spécialité

a) Allgemeines – In general – Généralités

Nr. 78 OLG Hamm 24. 11. 1978 (1 Ws 264/78) NJW 1979, 2484

Nach dem völkerrechtlichen Grundsatz der Spezialität ist die Bedingung, an die eine ausländische Regierung bei der Bewilligung von Rechtshilfe in Strafsachen deren Verwertung geknüpft hat, zu beachten. Es ist davon auszugehen, daß die Spezialität der

Auslieferung nur dazu dient, die Rechte des um Auslieferung ersuchten Staates zu sichern, hingegen nicht den Schutz des Ausgelieferten, der deswegen auch Rechte aus ihr nicht ableiten kann. Der völkerrechtliche Grundsatz der Spezialität ist jedoch von Amts wegen zu beachten.

Rule of speciality is only to ensure rights of the requested State – the rule to be observed *ex officio*

La règle de la spécialité ne doit garantir que des droits de l'Etat demandé – la règle doit être respectée d'office

b) Auswirkungen auf das Asylrecht – Effects on asylum – Effets pour le droit d'asile

Nr. 61 **OLG Köln 11. 8. 1978 (Ausl. 36/78) DRiZ 1978, 372**

Selbst auf ein anerkanntes Asylrecht kann sich nicht berufen, wer durch den auslieferungsrechtlichen Spezialitätsgrundsatz wirksamen Schutz vor politischer Verfolgung genießt. Ein solcher wirksamer Schutz kann angenommen werden, wenn der ersuchende Staat ein erhebliches Interesse an einem reibungslosen Auslieferungsverkehr besitzt und in der Vergangenheit den Spezialitätsgrundsatz stets gewahrt hat.

Extradition – asylum may not be claimed by those effectively protected from persecution under the speciality rule

Extradition – le droit d'asile ne peut pas être invoqué par ceux efficacement protégés par le principe de la spécialité

Nr. 53 **OLG Oldenburg 2. 2. 1978 (Ausl. 3/77) NJW 1978, 1120**

Der Grundsatz der Spezialität im Auslieferungsrecht verbietet es, strafbare Handlungen, für die die Auslieferung nicht bewilligt ist, strafschärfend zu berücksichtigen. Dasselbe gilt erst recht für die Berücksichtigung anderer Umstände, die nicht durch den sachlichen Beweggrund der Verbrechensbekämpfung gedeckt sind. Liegen tatsächliche Anhaltspunkte dafür nicht vor, an der Beachtung des Spezialitätsgrundsatzes durch den um Auslieferung ersuchenden Staat zu zweifeln, so bietet dieser Grundsatz ausreichenden Schutz dagegen, daß politische Zwecke maßgebenden Einfluß auf die Strafzumessung erlangen.

Extradition – asylum – speciality rule offers sufficient protection against politically motivated measure of punishment

Extradition – droit d'asile – le principe de la spécialité offre une protection suffisante contre une mesure de la peine motivée par des buts politiques

Nr. 12 **OLG Hamm 25. 10. 1976 ([2] 4 Ausl. 20/74) GA 1978, 18**

Die Auslieferung eines Asylberechtigten an den Verfolgerstaat ist unzulässig. Asylrecht genießen auch die wegen nicht politischer Straftaten Verfolgten, wenn diese im Falle ihrer Auslieferung in ihrem Heimatstaat aus politischen Gründen Verfolgungsmaßnahmen mit Beschränkung ihrer persönlichen Freiheit ausgesetzt wären. Der Grundsatz der Spezialität bietet keinen Schutz dagegen, daß politische Zwecke maßgebenden Einfluß bei der Strafzumessung erlangen.

Extradition – asylum – speciality rule offers no protection against politically motivated measure of punishment

Extradition – droit d'asile – le principe de la spécialité ne protège pas l'inculpé contre une mesure de la peine motivée par des buts politiques

c) Einzelne Anwendungsfälle – Particular cases – Cas d'espèce

Nr. 132 BGH 16. 4. 1980 (3 StR 64/68 [S]) MDR 1980, 684

Kann der Grundsatz der Spezialität der Auslieferung (hier nach Art. 25 des deutsch-jugoslawischen Auslieferungsvertrages) durchbrochen werden, sofern der Betroffene während 45 Tagen die Möglichkeit hatte, das Gebiet des Staates, an den er ausgeliefert wurde, zu verlassen, so setzt dies seine endgültige Freilassung voraus, d. h. die Aufhebung des Haftbefehls oder die verbindliche Erklärung der Strafverfolgungsbehörde, daß ein noch bestehender Haftbefehl während der 45-Tage-Frist nicht vollstreckt wird. Es genügt nicht, daß der Haftbefehl lediglich unter der Auflage außer Vollzug gesetzt wird, den Wohnsitz nicht zu verlassen.

Rule of speciality – exceptions – opportunity to leave the territory – final discharge required – conditional release not sufficient

Règle de la spécialité – exceptions – possibilité de quitter le territoire – élargissement définitif exigé – mise en liberté provisoire ne suffit pas

Nr. 108 BGH 15. 8. 1979 (2 StR 465/79) BGHSt 29, 94

Ein Eröffnungsbeschluß in einem neuen Verfahren wegen anderer Taten, die vor der Auslieferung liegen, gehört zu denjenigen Verfolgungshandlungen, denen nach dem Spezialitätsgrundsatz die beschränkte Auslieferungsbewilligung entgegensteht. Ein solcher Eröffnungsbeschluß ist rechtsunwirksam.

Extradition – speciality rule – indictment for offences not covered by the extradition

Extradition – règle de la spécialité – mise en accusation pour des faits n'ayant pas motivés l'extradition

Nr. 29 BGH 24. 5. 1977 (4 ARs 6/77) BGHSt 27, 191

Eine Auslieferung ist unzulässig, wenn sie dazu führt, daß der Verfolgte unmittelbar nach der Verbüßung der Strafe und ehe er das Land, an das er ausgeliefert wird, wieder verlassen kann, zum Wehrdienst mit der Waffe herangezogen wird und Bestrafung zu gewärtigen hat, falls er aus Gewissensgründen diesen Dienst verweigert. Die Auslieferung ist jedoch zulässig, wenn der darum ersuchende Staat nach dem Grundsatz der Spezialität die förmliche Zusage gibt, den Verfolgten nicht zum Wehrdienst heranzuziehen.

Extradition – imminent additional punishment for conscientious objection – rule of speciality – promise of the requesting State not to call up the person claimed for military service

Extradition – punition additionnelle imminente pour objection de conscience – règle de la spécialité – engagement de l'Etat requérant de ne pas appeler l'individu réclamé aux armes

Nr. 18 **BGH 21. 12. 1976 (4 ARs 41/76) BGHSt 27, 81**

An ein Ersuchen um nachträgliche Zustimmung zur Strafverfolgung eines bereits Ausgelieferten können geringere Anforderungen gestellt werden, als an das ursprüngliche Auslieferungsersuchen. Kann ein entsprechender Haftbefehl oder Gerichtsbeschluß nicht vorgelegt werden, weil die Gerichte des ersuchenden Staates sich durch den Spezialitätsgrundsatz an der Vornahme derartiger Maßnahmen der Strafverfolgung gehindert sehen, so kann es im Interesse eines geordneten Auslieferungsverkehrs ausnahmsweise ausreichen, wenn gegenüber den deutschen Behörden auf andere Weise zuverlässig der Nachweis geführt wird, daß ein dringender Tatverdacht wegen weiterer auslieferungsfähiger Straftaten besteht.

Extradition – rule of speciality – request for consent to additional prosecution – less strict formal requirements

Extradition – règle de la spécialité – demande de consentement à une poursuite pénale additionnelle – exigences formelles moins rigides

Nr. 120 **OLG Stuttgart 29. 1. 1980 (3 Ws 14/80) NJW 1980, 1240**

Wenn ein um Auslieferung zur Strafvollstreckung ersuchter ausländischer Staat die Auslieferung nur wegen eines Teiles der von dem Strafurteil erfaßten Tatbestände bewilligt, so muß eine in dem Urteil verhängte Gesamtfreiheitsstrafe wegen des von Amts wegen zu beachtenden Grundsatzes der Spezialität aufgelöst und in entsprechender Anwendung des § 460 StPO unter Ausscheidung der Einzelstrafen für die von der Auslieferung nicht umfaßten Tatbestände eine neue Gesamtstrafe gebildet werden.

Principle of speciality and carrying out of sentences of imprisonment – adjustment of collective penalty

Principe de la spécialité et l'exécution des peines d'emprisonnement – ajustement d'une peine globale

Nr. 40 **BGH 29. 9. 1977 (4 ARs 16/77) BGHSt 27, 266**

Die Weiterlieferung eines italienischen Staatsangehörigen, der auf deutsches Auslieferungsersuchen von Spanien unter ausdrücklichem Spezialitäts-Vorbehalt ausgeliefert worden ist, nach Italien ist nur mit Zustimmung der spanischen Regierung zulässig. Sie darf auch nicht unter dem Vorbehalt für zulässig erklärt werden, daß diese Zustimmung erteilt werden wird. Der Aufrechterhaltung der Auslieferungshaft steht das Fehlen der Zustimmung jedoch nicht entgegen, solange keine Anhaltspunkte dafür vorliegen, daß diese verweigert werden wird. Die Auslieferungshaft ist noch keine Maßnahme der Strafverfolgung oder Strafvollstreckung und widerspricht daher nicht dem Spezialitäts-Vorbehalt.

Re-extradition to a third State inadmissible without the consent of the extraditing State – rule of speciality – provisional arrest permitted

Réextradition à un Etat tiers inadmissible sans l'assentiment de l'Etat qui a livré l'inculpé – règle de la spécialité – arrestation provisoire permise

3. Politisches Delikt – Political Offence – Délit politique

Nr. 61 **OLG Köln 11. 8. 1978 (Ausl. 36/78) DRiZ 1978, 372**

Ist der Begriff des politischen Delikts in dem maßgeblichen Auslieferungsvertrag nicht definiert, so ist er durch Auslegung nach dem Rechtsverständnis des ersuchten Staates zu bestimmen. Dazu kann in der Bundesrepublik die Begriffsbestimmung in § 3 Abs. 2 des deutschen Auslieferungsgesetzes ergänzend herangezogen werden; andererseits könnte der Begriff der politischen Tat heute zum Nachteil des Verfolgten enger gefaßt werden, als es im deutschen Auslieferungsgesetz von 1929 geschehen ist.

Definition of political offence according to the municipal law of the requested State in absence of a definition in the extradition treaty

Définition du délit politique selon le droit interne de l'Etat requis en absence d'une définition dans le traité d'extradition

Nr. 61 **OLG Köln 11. 8. 1978 (Ausl. 36/78) DRiZ 1978, 372**

Eine Straftat ist nicht schon deshalb als politisches Delikt im Auslieferungsrecht zu behandeln, weil dabei politische Motivationen eine Rolle gespielt haben. Nicht nur die Beweggründe des Täters, sondern auch die Art des unmittelbar angegriffenen Rechtsgutes entscheidet über die Zuordnung einer Straftat zum Kreis der politischen Delikte. Daher können auch als Zusammenhangstaten nur solche Straftaten angesehen werden, die sich unmittelbar gegen den Bestand bzw. die äußere oder innere Sicherheit eines Staates richten.

"Purely" political offences and connected offences – political motivations alone are not sufficient

Délits politiques absolus et délits connexes – des motifs politiques seuls ne suffisent pas

Nr. 46 **BVerfG 20. 10. 1977 (2 BvR 630/77) BVerfGE 46, 214**

Die Mitgliedschaft in einer kriminellen Vereinigung (§ 129 StGB), deren Zielsetzung auf die Begehung von Mord, Brandstiftung und anderen schwersten Verbrechen gerichtet ist, kann nicht allein deshalb als politische Straftat angesehen werden, weil dabei politische Motivationen eine Rolle gespielt haben können.

Political offence and common offence – political motivations alone not sufficient

Délit politique et délit de droit commun – motifs politiques seuls ne suffisent pas

Nr. 61 **OLG Köln 11. 8. 1978 (Ausl. 36/78) DRiZ 1978, 372**

Straftaten wie die Gründung oder Mitgliedschaft in einer terroristischen Vereinigung und der Transport von Waffen oder Sprengstoff können noch nicht als unmittelbarer Angriff gegen den Bestand eines Staates angesehen werden. Sie dienen nur der Vorbereitung eines solchen Angriffs und sind daher selbst nicht als politische Handlungen zu privilegieren.

Political offence exception – crimes preparing a political offence do not fall themselves under this category

L'exception du délit politique – les infractions préparant un délit politique ne peuvent pas être attribuées à cette catégorie

Nr. 115 BVerfG 14. 11. 1979 (1 BvR 654/79) BVerfGE 52, 391

Dem Verfolgten obliegt im Auslieferungsverfahren keine Beweislast hinsichtlich seiner politischen Verfolgung. Doch ist er gehalten, bei der Sachverhaltsaufklärung nach seinen Möglichkeiten mitzuwirken, auch wenn Gericht und Staatsanwaltschaft für die erforderliche Sachverhaltsermittlung zu sorgen haben.

Extradition – political offence exception – burden of proof

Extradition – délit politique – charge de preuve

Nr. 62 BGH 17. 8. 1978 (4 ARs 8/78) BGHSt 28, 110

»Verbrechen gegen das Leben«, die vom Auslieferungsverbot bei politischen Taten ausgenommen sind, sind nur solche Taten, bei denen der Täter bewußt menschliches Leben vernichtet hat oder vernichten wollte, einschließlich der Teilnahme und des Versuchs. Diese Ausnahme vom grundsätzlichen Auslieferungsverbot bei politischen Taten soll diejenigen Straftaten erfassen, deren politische Beziehung in den Hintergrund tritt gegenüber ihrer besonderen Verwerflichkeit. Die bloße Mitgliedschaft in einer terroristischen Vereinigung, deren Zwecke und Tätigkeit darauf gerichtet sind, auch vorsätzliche Verbrechen gegen das Leben zu begehen, kann nicht als »Teilnahme an Verbrechen gegen das Leben« angesehen werden, unabhängig davon, ob man eine solche Mitgliedschaft überhaupt als politische Straftat einstufen kann.

No extradition for political offences – exception made for deliberate offences against life – membership in terrorist group intending such offences does not fall under this exception

Pas d'extradition pour délits politiques – exception faite pour des attentats à la vie – l'adhésion à un groupe terroriste intendant de tels attentats ne tombe pas sous le coup de cette exception

Nr. 124 BGH 7. 2. 1980 (4 ARs 14/79) BGHSt 29, 211

Das Europäische Übereinkommen zur Bekämpfung des Terrorismus ist von der Bundesrepublik nur gegenüber Staaten anwendbar, die dieses Übereinkommen ratifiziert haben. Das gilt auch hinsichtlich der Bestimmung des Art. 2 des Gesetzes zu dem Abkommen, wonach bestimmte, schwere Straftaten nicht als politische Straftaten im Sinne des Auslieferungsrechts gelten. Die in dem Übereinkommen enthaltene Ratifizierungsklausel besagt gemäß den allgemein anerkannten Grundsätzen des Völkerrechts, daß ein Unterzeichnerstaat, solange er deren Erfordernissen nicht genügt hat, an das Übereinkommen nicht gebunden ist und somit weder die im Übereinkommen enthaltenen Pflichten übernommen hat, noch die sich aus ihm ergebenden Rechte in Anspruch nehmen kann. Für das innerstaatliche Recht der Bundesrepublik bedeutet das Fehlen der Ratifikation des Vertragspartners, daß das deutsche Auslieferungsgesetz einschließlich des Verbotes, politische Täter auszuliefern, weiterhin uneingeschränkt zu beachten ist.

Extradition – political offence – European Convention on the Suppression of Terrorism – no application before ratification by the requesting State

Extradition – délit politique – Convention européenne sur la répression de terrorisme – pas d'application avant ratification par l'Etat requérant

Nr. 97 **BayVGH 7. 6. 1979 (72 XII 77) BayVBl. 1979, 691**

Weder aus dem Übereinkommen vom 16. Dezember 1970 zur Bekämpfung der widerrechtlichen Inbesitznahme von Luftfahrzeugen noch aus dem Europäischen Übereinkommen vom 27. Januar 1977 zur Bekämpfung des Terrorismus ist die Bundesrepublik verpflichtet, einen Luftpiraten, der Asyl begehrt, auszuliefern. Beide Übereinkommen lassen ein etwa bestehendes Asylrecht des Luftpiraten unberührt, auch wenn nach dem Europäischen Übereinkommen die Luftpiraterie ausdrücklich nicht als politisches Delikt angesehen wird.

Political offence – right of asylum not affected by international and European agreements on hijacking and terrorism

Délit politique – droit d'asile pas affecté par les accords internationaux et européens sur la piraterie aérienne et le terrorisme

4. Beiderseitige Strafbarkeit – Double Criminality – Double incrimination

Nr. 28 **BGH 31. 3. 1977 (4 ARs 8/77) BGHSt 27, 168**

Als »Tat« im Sinne des Auslieferungsrechts (hier: Grundsatz der beiderseitigen Strafbarkeit) ist die Tat im prozeßrechtlichen Sinne des § 264 StPO zu verstehen, d. h. der einheitliche geschichtliche Lebensvorgang, innerhalb dessen der Täter den Straftatbestand verwirklicht hat. Dem entspricht auch der Begriff der »Handlung« in Art. 2 Abs. 1 des Europäischen Auslieferungsübereinkommens.

Extradition – double criminality – definition of "offence"

Extradition – double incrimination – définition de «l'infraction»

Nr. 28 **BGH 31. 3. 1977 (4 ARs 8/77) BGHSt 27, 168**

Bei der Prüfung, ob der in einem ausländischen Urteil dargestellte Sachverhalt den Tatbestand einer deutschen Strafvorschrift erfüllt, dürfen nicht zu strenge Maßstäbe angelegt werden. Für die Zulässigkeit der Auslieferung muß es genügen, wenn sich aus der Gesamtheit der Urteilsgründe und sonstigen dem Gericht vorliegenden Erkenntnisquellen der dringende Verdacht ergibt, daß der Verfolgte den Straftatbestand auch nach deutschem Recht erfüllt hat.

Extradition – double criminality – strong suspicion of an offence under the German Penal Code sufficient

Extradition – double incrimination – des soupçons sérieux d'une infraction selon le Code pénal allemand sont suffisants

Nr. 28 **BGH 31. 3. 1977 (4 ARs 8/77) BGHSt 27, 168**

Für die Beurteilung, ob und in welchem Umfang die Auslieferungsvoraussetzungen vorliegen, sind allein die deutschen Rechtsverhältnisse zugrunde zu legen. Liegen danach mehrere Straftaten vor, die nicht alle die Bedingung der beiderseitigen Strafbarkeit erfüllen, so steht dem nicht entgegen, daß nach dem Recht des ersuchenden Staates wegen dieser Taten eine einheitliche Strafe verhängt worden ist.

Extradition – double criminality – complex or separate offences – appreciation according to the law of the requested State

Extradition – double incrimination – concours formel ou pluralité d'infractions – appréciation selon le droit de l'Etat requis

XIII. Europäische Menschenrechtskonvention – European Convention on Human Rights – Convention européenne des droits de l'homme

1. Allgemeines – In General – Généralités

Nr. 3 **BVerfG 13. 1. 1976 (1 BvR 631/69, 24/70) BVerfGE 41, 126**

Die Verletzung der Europäischen Menschenrechtskonvention kann nicht mit der Verfassungsbeschwerde gerügt werden.

No constitutional complaint against violation of the ECHR

Pas de recours constitutionnel contre la violation de la C.E.D.H.

2. Freiheitsentzug (Art. 5) – Deprivation of Liberty (Art. 5) – Privation de liberté (art. 5)

Nr. 142 **Hans. OLG Bremen 11. 7. 1980 (1 W 34/80 c) InfAuslR 1980, 260**

Ein Beschluß über eine Haftanordnung muß dem Betroffenen nach Art. 5 Abs. 2 EMRK mit einer Übersetzung in eine ihm verständliche Sprache zugestellt werden. Die bloße mündliche Eröffnung des Beschlusses und eine vorsorgliche mündliche Rechtsmittelbelehrung mit Hilfe eines Dolmetschers genügen nicht.

Art. 5 sec. 2 – order for arrest – written translation necessary

Art. 5 para. 2 – mandat d'arrêt – traduction écrite nécessaire

3. Gerichtsverfahren (Art. 6) – Judicial Proceedings (Art. 6) – Procédure judiciaire (art. 6)

a) Anwendungsbereich – Scope of application – Champ d'application

Nr. 83 **OVG Münster 9. 1. 1979 (IV B 40/79) OVGE 34, 18**

Nach dem Wortlaut des Art. 6 Abs. 3 EMRK, der die Rechte des Angeklagten betrifft, erstreckt sich der Anwendungsbereich dieser Vorschrift nur auf das Strafverfahren. Im Auslieferungsverfahren kann der Betroffene aus dieser Bestimmung keine Rechte herleiten.

Art. 6 sec. 3 ECHR not applicable to extradition proceedings

Art. 6 para. 3 C.E.D.H. pas applicable à la procédure d'extradition

b) Angemessene Frist – Reasonable time – Délai raisonnable

Nr. 45 **BGH 12. 10. 1977 (3 StR 287/77) BGHSt 27, 274**

Aus einer Verletzung des Anspruchs des Angeklagten auf Anhörung und Entscheidung innerhalb angemessener Frist (Art. 6 Abs. 1 Satz 1 EMRK) kann ein Verfahrenshindernis nicht hergeleitet werden. Nur innerhalb des dem Richter vom Gesetz belassenen Spielraums, etwa bei der Strafzumessung, darf eine überlange Verfahrensdauer berücksichtigt werden.

Hearing within reasonable time – consequence of violation of art. 6 – proceedings not impeded

Procès dans un délai raisonnable – conséquence de la violation de l'art. 6 – procédure n'est pas empêchée

Nr. 45 **BGH 12. 10. 1977 (3 StR 287/77) BGHSt 27, 274**

Aus Art. 6 Abs. 1 Satz 1 EMRK kann nicht hergeleitet werden, es dürfe wegen überlanger Verfahrensdauer auf eine bloße Verwarnung mit Strafvorbehalt erkannt werden, obwohl die gesetzlichen Voraussetzungen hierfür nach den Vorschriften des Strafgesetzbuches nicht vorliegen.

Art. 6 sec. 1 ECHR – hearing within a reasonable time – exceeding does not justify deviation from provisions of the German Penal Code

Art. 6 para. 1 C.E.D.H. – délai raisonnable – dépassement ne justifie pas la déviation des dispositions du Code pénal allemand

c) Unschuldsvermutung – Presumption of innocence – Présomption de l'innocence

Nr. 109 **OLG Frankfurt 6. 9. 1979 (16 U 75/79) NJW 1980, 597**

Art. 6 Abs. 2 EMRK wendet sich unmittelbar nur an die vom Verfahren betroffenen Behörden; Privatpersonen werden durch die EMRK nicht zu bestimmten Handlungen verpflichtet, der EMRK kommt in diesem Zusammenhang keine unmittelbare Drittwirkung zu. Die Rechte aus Art. 6 Abs. 2 EMRK können zwar zum Prüfungsmaßstab für Erklärungen und Handlungen privater Dritter verwendet werden. Sie müssen aber gegen die Rechte aus Meinungsfreiheit, Pressefreiheit und angemessener Wahrnehmung berechtigter Interessen abgewogen werden.

The presumption of innocence according to art. 6 sec. 2 ECHR applies only to State action but might nevertheless be relevant for review of private activities

La présomption de l'innocence selon l'art. 6 para. 2 C.E.D.H. ne s'applique qu'aux actes de l'Etat mais peut être considérée à l'occasion du contrôle juridique des activités privées

Nr. 77 OLG Hamburg 2. 11. 1978 (3 U 120/78) NJW 1980, 842

Die Unschuldsvermutung des Art. 6 Abs. 2 EMRK gebietet in besonderem Maße eine Rücksichtnahme auf die Stellung des Beschuldigten in der Öffentlichkeit und in seinen sozialen Bezügen. Dies gilt insbesondere im Hinblick auf Maßnahmen der öffentlichen Fahndung.

Art. 6 sec. 2 ECHR – public reputation of the accused – public measures of investigation

Art. 6 para. 2 C.E.D.H. – réputation publique de l'accusé – mesures publiques de poursuite

Nr. 135 OLG Frankfurt 23. 4. 1980 (2 Ws 90/80) NJW 1980, 2031

Wird ein Strafverfahren wegen Geringfügigkeit eingestellt, so kommt es bei der Entscheidung über die notwendigen Auslagen des Angeklagten in erster Linie darauf an, ob das Verfahren voraussichtlich zu einer Verurteilung geführt hätte. Auch im Hinblick auf die in Art. 6 Abs. 2 EMRK normierte Unschuldsvermutung läßt sich gegen diese Praxis nichts einwenden.

Art. 6 sec. 2 ECHR – presumption of innocence – suspension of prosecution – apportionment of costs

Art. 6 para. 2 C.E.D.H. – présomption de l'innocence – ordonnance de non-lieu – charge des frais

d) Recht auf Verteidigung – Right to defence – Droit à la défense

Nr. 150 OLG Hamburg 15. 10. 1980 (1 Ss 216/80) MDR 1981, 165

Das durch Art. 6 Abs. 3c EMRK garantierte Recht auf Verteidigung beinhaltet auch die Pflicht der Gerichte zur Rücksichtnahme auf unverschuldete Verspätungen des Verteidigers.

Art. 6 sec. 3c ECHR – right to defence – presence of counsel

Art. 6 para. 3c C.E.D.H. – droit à la défense – présence d'un avocat

Nr. 118 OLG Zweibrücken 19. 12. 1979 (1 Ws 377/79) NJW 1980, 2143

Gemäß Art. 6 Abs. 3c EMRK hat der Angeklagte das Recht, unentgeltlich den Beistand eines Pflichtverteidigers zu erhalten, wenn er nicht über die Mittel zur Bezahlung eines Verteidigers verfügt und wenn dies im Interesse der Rechtspflege erforderlich ist. Zur Verteidigung des Angeklagten gehört auch die Verständigung mit seinem Verteidiger. Ein Pflichtverteidiger hat daher einen Anspruch auf Erstattung der Dolmetscherkosten, die er für die Verständigung mit seinem Mandanten aufwendet. Dies gilt jedoch nicht für einen Wahlverteidiger, der ohne Einschaltung des Gerichts einen Dolmetscher zuzieht, um sich mit seinem Mandanten zu verständigen.

Art. 6 sec. 3 c ECHR – reimbursement for expenses for counsel and interpreter

Art. 6 para. 3 c C.E.D.H. – remboursement des frais pour un défenseur et un interprète

e) Beiziehung eines Dolmetschers – Assistance of an interpreter – Assistance d'un interprète

Nr. 113 OLG Frankfurt 16. 10. 1979 (3 Ws 830/79) NJW 1980, 1238[1]

Ein ausländischer, der deutschen Sprache nicht mächtiger Angeklagter kann aufgrund von Art. 6 Abs. 3 e EMRK nicht verlangen, daß das schriftliche Urteil in eine für ihn verständliche Sprache übersetzt wird.

Art. 6 sec. 3e ECHR – no right to written translation of judgment

Art. 6 para. 3 e C.E.D.H. – pas de droit à une traduction écrite du jugement

Nr. 110 OLG Stuttgart 25. 9. 1979 (1 Ws 304/79) NJW 1980, 1233

Art. 6 Abs. 3 e EMRK gewährt dem Ausländer insbesondere dann keinen Anspruch auf eine Übersetzung des schriftlichen Urteils in eine ihm verständliche Sprache, wenn dieses Urteil mit dem zulässigen Rechtsmittel angefochten wurde und die Rechtsmittelbegründungsfrist abgelaufen ist.

Art. 6 sec. 3 e ECHR – no right to written translation of judgment after lodging of appeal

Art. 6 para. 3 e C.E.D.H. – pas de droit à une traduction écrite du jugement après l'acte d'appel

Nr. 10 KG 6. 10. 1976 ([2] Ss 315/76 [70/76]) JR 1977, 129

Art. 6 EMRK besagt nicht, daß eine Rechtsmittelerklärung, die entgegen § 184 GVG in fremder Sprache abgegeben wird, formgerecht ist. Daraus ist vielmehr abzuleiten, daß der Angeklagte die Beiziehung eines Dolmetschers verlangen kann, um mit dessen Hilfe die Rechtsmittelerklärung in deutscher Sprache abgeben zu können.

Art. 6 ECHR – no right to bring appeals in a foreign language – right to assistance of an interpreter

Art. 6 C.E.D.H. – pas de droit de former un recours dans une langue étrangère – droit à l'assistance d'un interprète

Nr. 119 OLG Düsseldorf 10. 1. 1980 (1 Ws 831/79) NJW 1980, 2655

Art. 6 Abs. 3 c EMRK verleiht dem ausländischen Angeklagten einen sich in zwei Stufen gliedernden Anspruch gegen den Staat als Träger der Gerichtsbarkeit. Beherrscht der Ausländer die Gerichtssprache nicht, so kann er verlangen, daß das Ge-

[1] Übereinstimmend – cf. concurring judgment – cf. l'arrêt conforme, OLG Hamburg 18. 4. 1978 (1 WS 145/78), NJW 1978, 2462.

richt einen Dolmetscher hinzuzieht und daß dies nicht von einer Vorschußzahlung abhängig gemacht wird oder mit Mehrkosten für den Ausländer verbunden ist.

Art. 6 sec. 3e ECHR – right to free assistance of an interpreter

Art. 6 para. 3e C.E.D.H. – droit à l'assistance gratuite d'un interprète

Nr. 146 **OLG Düsseldorf 15. 9. 1980 (3 Ws 453/79) MDR 1981, 74**

Das in Art. 6 Abs. 3e EMRK gewährte Recht auf unentgeltliche Beiziehung eines Dolmetschers beinhaltet die endgültige Freistellung von Dolmetscherkosten. Daher dürfen Dolmetscherkosten, die allein durch die Fremdsprachigkeit des Angeklagten verursacht worden sind, dem Verurteilten auch nachträglich nicht in Rechnung gestellt werden.

Art. 6 sec. 3e ECHR – right to completely free assistance of an interpreter

Art. 6 para. 3e C.E.D.H. – droit à l'assistance entièrement gratuite d'un interprète

Nr. 103 **LG Ansbach 11. 7. 1979 (Qs 36/79 OWi) NJW 1979, 2484**

Aus Art. 6 Abs. 3 EMRK ergibt sich, daß auch im Bußgeldverfahren jeder Betroffene das Recht hat, unentgeltlich die Beiziehung eines Dolmetschers zu verlangen, wenn er der Gerichtssprache nicht mächtig ist.

Art 6 sec. 3e ECHR – right to free assistance of an interpreter – proceedings against administrative fines

Art. 6 para. 3e C.E.D.H. – droit à l'assistance gratuite d'un interprète – procédure concernant des amendes administratives

4. Schutz des Privat- und Familienlebens (Art. 8) – Protection of Privacy and Family Life (Art. 8) – Protection de la vie privée et familiale (art. 8)

Nr. 98 **BVerwG 7. 6. 1979 (1 CB 5.78) DÖV 1980, 829**

Der Anspruch auf Achtung des Privat- und Familienlebens nach Art. 8 EMRK reicht nicht weiter als das Gebot des Schutzes von Ehe und Familie durch das Grundgesetz (Art. 6 Abs. 1 GG). Ausländerbehördliche Maßnahmen, die mit dem Schutzgebot des Art. 6 Abs. 1 GG vereinbar sind, sind aufgrund der in Art. 8 Abs. 2 EMRK geregelten Schranken des Anspruchs auf Achtung des Familienlebens statthaft. Sie stellen auch keine unmenschliche und erniedrigende Behandlung im Sinne des Art. 3 EMRK dar.

Protection of family life under art. 8 ECHR identical with that under art. 6 sec. 1 Basic Law

Protection de la vie familiale selon l'art. 8 C.E.D.H. accorde la même protection que l'art 6 para. 1 Loi fondamentale

5. Zusatzprotokolle – (Additional) Protocols – Protocoles additionnels

Nr. 127 **BGH 28. 2. 1980 (III ZR 165/78) BGHZ 76, 375**

Das Grundgesetz gestattet es, daß der jeweils zuständige Gesetzgeber in den Grenzen der Verfassung und der allgemeinen Regeln des Völkerrechts ausländische juristische Personen im Inland anders behandeln darf als inländische juristische Personen. Dies besagt jedoch nicht, daß eine ausländische juristische Person des Privatrechts die in der Rechtsprechung entwickelten Entschädigungsgrundsätze des enteignungsgleichen Eingriffs nicht beanspruchen dürfe. Denn das in Art. 14 GG verfassungsrechtlich verbürgte Institut des Eigentums wirkt mittelbar gegen eine Ungleichbehandlung. Das entspricht auch dem völkerrechtlichen Grundsatz der Achtung wohlerworbener Privatrechte, der in Art. 1 des Zusatzprotokolls zur EMRK Eingang gefunden hat. Hiernach hat auch jede juristische Person ein Recht auf Achtung ihres Eigentums.

Art. 1 of the Protocol to the ECHR – foreign legal person under private law – right of compensation in case of expropriation – principle of respectation of vested rights

Art. 1 du Protocole additionnel à la C.E.D.H. – personne morale privée étrangère – droit d'indemnisation en cas d'expropriation – principe du respect des droits acquis

Nr. 104 **OVG Berlin 12. 7. 1979 (I B 119/77) NJW 1980, 539**

Bedingungen und Auflagen zur Aufenthaltserlaubnis nach § 7 Abs. 3 AuslG sind durch Art. 2 des Protokolls Nr. 4 zur EMRK nicht ausgeschlossen. Die vom Ausländergesetz dadurch ermöglichte Einschränkung der Freizügigkeit ist im Sinne des Protokolls gesetzlich vorgesehen; das Gesetz ist auch so präzise formuliert, daß der Bürger sein Verhalten danach einrichten kann.

Conditions restricting residence permit according to art. 7 sec. 3 of the Aliens Act compatible with art. 2 of Protocol No. 4 to ECHR

Les conditions restreignant le permit de séjour selon l' art. 7 para. 3 de la Loi sur les étrangers sont compatibles avec l'art. 2 du protocole no. 4 à la C.E.D.H.

XIV. Europäische Gemeinschaften – European Communities – Communautés européennes

1. Rechtsetzungsbefugnisse der Gemeinschaften – Legislative Powers of the Communities – Pouvoirs législatifs des Communautés

Nr. 76 **FG Hamburg 30. 10. 1978 (IV 14/78 N) RIW/AWD 1979, 269**

Enthält der EWG-Vertrag keine Vorschriften bezüglich bestimmter nationaler Abgaben (hier: Einfuhrumsatzsteuer), sondern ermächtigt lediglich den Rat, auf Vorschlag der Kommission Harmonisierungsvorschriften zu erlassen, so sind die nationalen Gerichte nicht befugt, unter Berufung auf einen nicht justitiablen Begriff des »jetzt erreichten Standes der Integration« der Gesetzgebung der zuständigen Gemeinschaftsorgane vorzugreifen.

National courts may not anticipate the EEC Council's legislation referring to the "attained state of integration"

Les tribunaux nationaux ne peuvent pas anticiper sur la législation du Conseil de la C.E.E. en se référant à «l'état atteint de l'intégration»

Nr. 106 **Hess. FG 27. 7. 1979 (VII 36/76) EFG 1980, 94**

Entscheidungen, die die EG-Kommission nach Art. 189 EWGV an einen Mitgliedstaat richtet, sind nicht den Verwaltungsakten des deutschen Rechts vergleichbar, sondern haben, wenn sie auch keine Gesetze im formellen Sinne sind, Rechtsnormqualität.

Decisions addressed to member States under art. 189 EEC Treaty are rules of law, not administrative acts

Décisions destinées aux Etats membres selon l'art. 189 du Traité C.E.E. sont des règles de droit, pas des actes administratifs

Nr. 64 **BFH 29. 8. 1978 (VII R 56/75) BFHE 126, 341**

Macht die Bundesrepublik von einer gemeinschaftsrechtlichen Ermächtigung zur Erhebung oder Erstattung von Finanzausgleichsbeträgen durch Erlaß einer Verordnung Gebrauch, so ist sie dabei an den Inhalt der Ermächtigung gebunden. Die sich aus dieser Verordnung ergebenden Ansprüche unterliegen der Regelungsbefugnis der Organe der Europäischen Gemeinschaften und durften weder in förmlicher noch zeitlicher Hinsicht vom nationalen Gesetzgeber eingeschränkt werden.

Authorization of member States to refund monetary compensatory amounts – national regulation subject to the scope of the authorization

Autorisation des Etats membres à restituer des montants compensatoires monétaires – règlement national lié par l'étendue de l'autorisation

2. Gemeinschaftsrecht und innerstaatliches Recht – Community Law and Municipal Law – Droit communautaire et droit interne

a) Gemeinschaftsrecht und Verfassungsrecht – Community law and constitutional law – Droit communautaire et droit constitutionnel

Nr. 105 **BVerfG 25. 7. 1979 (2 BvL 6/77) BVerfGE 52, 187**

Im Verfahren der inzidenten Normenkontrolle nach Art. 100 Abs. 1 GG ist eine Prüfung, ob der Anwendung von Vorschriften des EWG-Vertrages Normen oder Grundsätze des Grundgesetzes entgegenstehen, nur statthaft, wenn insoweit das deutsche Zustimmungsgesetz zum Vertrag Prüfungsgegenstand ist. Es ist dieses Zustimmungsgesetz, das den Rechtsanwendungsbefehl für die Geltung des sogenannten primären Gemeinschaftsrechts für den Hoheitsbereich der Bundesrepublik erteilt hat. Die Unanwendbarkeit primären Gemeinschaftsrechts aus Gründen entgegenstehenden Bundesverfassungsrechts ist nicht ohne – gegebenenfalls teilweise – Unvereinbarkeit des Zustimmungsgesetzes mit dem Grundgesetz denkbar. Verfassungsrechtliche Bedenken gegen das Zustimmungsgesetz zum EWG-Vertrag bestehen jedoch nicht.

Application of the EEC Treaty in member States – constitutional review restricted to provisions of the law giving assent to the EEC Treaty

L'application du Traité C.E.E. dans les Etats membres – contrôle constitutionnel limité aux dispositions du loi approuvant le Traité C.E.E.

Nr. 105 BVerfG 25. 7. 1979 (2 BvL 6/77) BVerfGE 52, 187

Die seit 1974 eingetretenen politischen und rechtlichen Entwicklungen im europäischen Bereich können dazu führen, daß die vom Bundesverfassungsgericht[1] aufgestellten Grundsätze für die Überprüfung der Normen des abgeleiteten Gemeinschaftsrechts anhand der vom Grundgesetz garantierten Grundrechte nicht mehr uneingeschränkt Geltung beanspruchen können.

Constitutional review of secondary community law – fundamental rights – relevance of political and legal development since 1974

Contrôle constitutionnel du droit communautaire dérivé – droits fondamentaux – importance du développement politique et juridique depuis 1974

Nr. 30 BVerfG 8. 6. 1977 (2 BvR 499/74, 1042/75) BVerfGE 45, 142

Eine Entscheidung der Kommission der EWG, mit der die Bundesrepublik ermächtigt wird, durch ihre zuständigen Organe eine Preisintervention zu beschränken, bewirkt nicht selbst diese Beschränkung, sondern es bedarf hierzu eines Aktes der deutschen Staatsgewalt. Macht die Bundesrepublik von einer solchen Ermächtigung der EWG-Kommission durch Erlaß einer Verordnung Gebrauch, wird der hierauf beruhende Eingriff in subjektive Rechtspositionen zwar gemeinschaftsrechtlich zulässig, aber erst durch Erlaß der Verordnung vollzogen. Die Bundesrepublik hat insoweit nicht einen durch Akte der Gemeinschaftsorgane bereits erfolgten Eingriff lediglich hingenommen, sondern ihn selbst bewirkt. Daher unterliegt eine solche Verordnung auch den Maßstäben des Grundgesetzes.

EEC decision authorizing the Federal Republic to take certain measures – measures taken are attributed to the Federal Republic and subject to constitutional control

Décision de la C.E.E. autorisant la République fédérale de prendre certaines mesures – les mesures effectuées sont attribuées à la République fédérale et soumises au contrôle constitutionnel

Nr. 30 BVerfG 8. 6. 1977 (2 BvR 499/74, 1042/75) BVerfGE 45, 142

Ein vermögensrechtlicher Anspruch, der seine rechtliche Grundlage im Gemeinschaftsrecht findet, ist nicht schon deshalb dem Schutzbereich der Eigentumsgarantie des Grundgesetzes (Art. 14 GG) entzogen. Das Grundgesetz schützt gegenüber hoheitlichen Eingriffen der Bundesrepublik selbst solches Eigentum, das aufgrund einer

---

[1] A II 7, S. 47 ff. (Nr. 93).

fremden Rechtsordnung besteht, sofern diese Rechtsordnung nicht der deutschen öffentlichen Ordnung (*ordre public*) widerspricht. Dies gilt für Rechtspositionen, die aufgrund des Rechts der Europäischen Gemeinschaften bestehen um so mehr, als das Recht dieser Gemeinschaften nicht als fremdes Recht zu qualifizieren ist. Der Rechtsanspruch auf Gewährung eines Interventionspreises gemäß der Agrarmarktordnung der EWG unterfällt nicht dem Schutzbereich des Art. 14 Abs. 1 GG und nimmt also am Eigentumsschutz des Grundgesetzes nicht teil. Die Gewährung verrechtlicht etwas, das ohne die Agrarmarktordnung eine bloße Erwerbschance wäre, denn sie ist dem Anbieter der Ware nicht eingeräumt, um einen vorhandenen vermögenswerten Rechts- oder Güterbestand zu sichern, sondern um im Allgemeininteresse bestimmte Abläufe des Marktgeschehens tendenziell zu steuern.

Financial claims based on community law may be subject to the constitutional guaranty of property rights – EEC intervention price systems within the scope of the common agricultural market do not establish such a right

Un droit pécuniaire basé sur le droit communautaire peut faire l'objet de la garantie constitutionnelle du droit de propriété – les mécanismes d'intervention de la C.E.E. relatifs aux prix agricoles ne créent pas un tel droit

b) Ergänzende Anwendung innerstaatlichen Rechts – Supplementary application of municipal law – Application supplémentaire du droit interne

Nr. 117 **BFH 18. 12. 1979 (VII R 18/77) BFHE 129, 450**

Im Rahmen der EWG gilt der Grundsatz, daß das Gemeinschaftsrecht durch die Mitgliedstaaten durchgeführt wird. Die EWG verfügt grundsätzlich über keine eigene Exekutive, ihr fehlt insbesondere der gemeinschaftseigene Verwaltungsunterbau. Der Vollzug des Gemeinschaftsrechts durch die Mitgliedstaaten erfolgt kraft eigenen Rechts und im eigenen Namen. An der Verwaltungszuständigkeit der Mitgliedstaaten haben auch die gemeinschaftsrechtlichen Vorschriften über die Übertragung eigener Einnahmen auf die Gemeinschaften nichts geändert.

Enforcement of community law according to municipal law of procedure notwithstanding community legislation on the communities' own resources

Exécution du droit communautaire selon le droit interne de procédure nonobstant la législation communautaire sur les ressources propres des Communautés

Nr. 133 **FG Hamburg 16. 4. 1980 (IV 90/79 H) EFG 1980, 455**

Das Verwaltungsverfahren bei der Durchführung des Gemeinschaftsrechts richtet sich nach nationalem Recht, soweit nicht das Gemeinschaftsrecht selbst Regelungen trifft. Nach dem gegenwärtigen Stand nimmt es das Gemeinschaftsrecht deshalb hin, daß gegen das Gemeinschaftsrecht verstoßende bestandskräftige Verwaltungsakte nicht mehr abänderbar sind, auch wenn gemeinschaftswidrige Verwaltungsakte in verschiedenen Mitgliedstaaten nach unterschiedlichen Kriterien abänderbar sind.

Municipal law of procedure applicable to enforcement of community law notwithstanding differences between national systems – lapse of time

Droit interne de procédure applicable à l'exécution du droit communautaire nonobstant les différences entre les systèmes nationaux – péremption

Nr. 123 BFH 5. 2. 1980 (VII R 101/77) BFHE 130, 90

Finden sich im Gemeinschaftsrecht (hier: Gemeinschaftszollrecht) offene Lücken, so handelt es sich im Regelfall nicht um Gesetzeslücken im Sinne der rechtswissenschaftlichen Methodenlehre, die durch die gesetzesimmanente Fortbildung des Gemeinschaftsrechts geschlossen werden müßten. Vielmehr ist, soweit sich nicht im Einzelfall durch Auslegung des Gemeinschaftsrechts etwas anderes ergibt, das entsprechende einzelstaatliche Recht anwendbar.

Lacunae in community law are in principle not filled by the progressive development of that law but by the application of municipal law

Lacunes dans le droit communautaire ne sont, en principe, pas à combler par son développement progressif mais par l'application du droit interne

Nr. 39 BFH 27. 9. 1977 (VII K 1/76) DVBl. 1978, 501

Da gemeinschaftsrechtliche Bestimmungen auf dem Gebiet der Gewährleistung des Rechtsschutzes fehlen, ist die Ausgestaltung des Verfahrens für Klagen, die den Schutz der dem Bürger aus der unmittelbaren Wirkung des Gemeinschaftsrechts erwachsenden Rechte gewährleisten sollen, Sache der innerstaatlichen Rechtsordnung der einzelnen Mitgliedstaaten der EWG.

Protection of rights of individuals directly arising from community law – German law of procedure applicable in absence of respective community law

Protection des droits de l'individu résultant directement du droit communautaire – droit de procédure allemand applicable en absence des règles communautaires respectives

Nr. 34 BVerwG 26. 8. 1977 (VII C 71.74) NJW 1978, 508

Es ist feststehende Rechtsprechung, daß die Verwaltungsbehörden grundsätzlich nicht verpflichtet sind, ein durch unanfechtbar gewordenen Verwaltungsakt abgeschlossenes Verfahren deshalb wieder aufzugreifen, weil sich der unanfechtbar gewordene Verwaltungsakt nachträglich aufgrund höchstrichterlicher Rechtsprechung als rechtswidrig erweist. Das gilt auch für den Fall, daß die Rechtswidrigkeit des angefochtenen Verwaltungsakts aufgrund einer Auslegung europäischen Rechts durch den EuGH feststeht. Auch das Gemeinschaftsrecht verbietet es nicht, einem Bürger, der von einem innerstaatlichen Gericht die Entscheidung einer innerstaatlichen Stelle wegen Verstoßes gegen das Gemeinschaftsrecht anficht, den Ablauf der im innerstaatlichen Recht vorgesehenen Fristen für die Rechtsverfolgung entgegenzuhalten.

Municipal law of procedure applicable to suits based on the violation of community law – lapse of time

Droit interne de procédure applicable aux actions basées sur la violation du droit communautaire – péremption

Nr. 75 FG Hamburg 30. 10. 1978 (IV 41/77 S-H) EFG 1979, 239

Art. 5 EWGV verpflichtet die Mitgliedstaaten nicht, ohne Rücksicht auf die nationalen Rechtsordnungen unanfechtbare Verwaltungsakte ohne zeitliche Begrenzung aufzuheben oder zu ändern, wenn sich nach Unanfechtbarkeit der Bescheide deren Rechtswidrigkeit z. B. aufgrund einer Entscheidung des EuGH herausstellt. Zwar verpflichtet Art. 5 EWGV die Mitgliedstaaten, alle geeigneten Maßnahmen zur Erfüllung der sich aus dem Vertrag ergebenden Verpflichtungen zu treffen. Der EWG-Vertrag geht aber davon aus, daß gemeinschaftsrechtliche Ansprüche im Rahmen der nationalen Verfahrensvorschriften durchgesetzt werden, soweit das Gemeinschaftsrecht nicht selbst Verfahrensvorschriften enthält. Nach Gemeinschaftsrecht ist es deshalb zulässig, daß die Mitgliedstaaten die Aufhebung oder Änderung von nach nationalem Recht mit Rechtsbehelfen nicht mehr angreifbaren Abgabenbescheiden verweigern, deren Erlaß gegen Gemeinschaftsrecht verstoßen hat, vorausgesetzt, daß keine anderen Maßstäbe angelegt werden als bei gleichartigen Verfahren, die das innerstaatliche Recht betreffen. Insoweit ist es gemeinschaftsrechtlich zulässig, wenn die Mitgliedstaaten dem Prinzip der Rechtssicherheit den Vorrang vor dem Prinzip der Übereinstimmung ihrer Handlungen mit dem Gemeinschaftsrecht einräumen.

Art. 5 EEC Treaty does not prohibit the application of municipal law of procedure concerning lapse of time to suits based on the violation of community law

Art. 5 du Traité C.E.E. ne s'oppose pas à l'application du droit interne de procédure concernant la péremption aux actions basées sur la violation du droit communautaire

Nr. 117 BFH 18. 12. 1979 (VII R 18/77) BFHE 129, 450

Das Gemeinschaftsrecht enthält weder ein geschriebenes noch ein ungeschriebenes Aufrechnungsverbot. Forderungen auf Gewährung von Ausfuhrerstattungen und Forderungen auf Rückerstattung zu Unrecht gezahlter Erstattungen können gegeneinander aufgerechnet werden. Schuldner der Erstattungen und Gläubiger der Rückforderungsansprüche im Sinne der innerstaatlichen Aufrechnungsvorschriften ist jeweils der Mitgliedstaat (hier die Bundesrepublik), unabhängig davon, ob die Erstattungen aus Gemeinschaftsmitteln gezahlt werden müssen bzw. gezahlt worden sind.

Community law does not prohibit compensation of claims – national rules applicable to claims under community law

Le droit communautaire n'interdit pas la compensation des créances – règles de droit interne applicable aux créances de droit communautaire

Nr. 38 KG 26. 9. 1977 (Ar [B] 207/77 – 2 Ws [B] 282/77) RIW 1978, 55

Trotz der scheinbar gegenteiligen Fassung des Art. 189 Abs. 2 EWGV kann auch bei Verordnungen der EWG eine nationale Gesetzgebung (Durchführungsvorschriften) notwendig sein. Dabei bleibt es dem deutschen Gesetzgeber unbenommen, für die Bundesrepublik auch solche gesetzlichen Regelungen zu treffen, für deren Erlaß der Rat der Europäischen Gemeinschaften für seinen Bereich keine Kompetenz besitzt. Soweit den Mitgliedstaaten ein Entscheidungsspielraum bleibt, unterliegt der staatliche Gesetzgeber keinen gemeinschaftsrechtlichen Bindungen. Dies gilt insbesondere für die Befugnis, strafrechtliche Sanktionsvorschriften für Verstöße gegen EWG-Vorschriften zu erlassen; denn insoweit ist es bei der Zuständigkeit des innerstaatlichen Gesetzgebers geblieben.

Member States' power to inact legal rules supplementing community regulations – penal sanctions

Compétence législative des Etats membres en matière des règles complémentaires aux règlements communautaires – sanctions pénales

3. Unmittelbare Anwendbarkeit des Gemeinschaftsrechts – Direct Applicability of Community Law – Applicabilité directe du droit communautaire

Nr. 156 Niedersächsisches FG 17. 11. 1980 (V 235/80 V) EFG 1981, 209[1]

Ob Richtlinien der EWG mit detailregelndem Charakter in den Mitgliedstaaten der Gemeinschaft unmittelbare Geltung haben, kann nicht als abschließend geklärt angesehen werden. Welche Rechtsansicht sich im Ergebnis durchsetzen wird, ist noch offen. Wird ein Steuerbescheid unter Hinweis auf die unmittelbare Wirkung einer entgegenstehenden EWG-Richtlinie, die noch nicht in innerstaatliches Recht umgesetzt ist, angefochten, so erscheint seine Rechtmäßigkeit jedenfalls »ernstlich zweifelhaft« im Sinne von § 69 FGO mit der Folge, daß seine Vollziehung auszusetzen ist.

EEC directives – direct applicability in municipal law is still an unsettled question

Directives de la C.E.E – l'applicabilité directe en droit interne n'est pas une chose définitivement décidée

4. Diskriminierungsverbot – Principle of Non-Discrimination – L'interdiction de discrimination

Nr. 37 OVG Münster 16. 9. 1977 (VIII A 469/76) DVBl. 1978, 506

Das Diskriminierungsverbot des Art. 7 EWGV beinhaltet lediglich ein Verbot der Schlechterstellung bei gleichliegenden typischen Situationen, nicht aber auch ein Gebot der Gleichstellung in jeder atypischen Situation. Gegenüber dem Regelfall eines deutschen Ausbildungsförderungsempfängers wird ein Ausländer durch die Vorschriften des Bundesausbildungsförderungsgesetzes nicht schlechter gestellt. Daß ihm nicht der wenigen deutschen Förderungsempfängern zugute kommende Vorteil gewährt wird, Ausbildungsförderung zu erhalten, ohne erwerbstätig bzw. Kind schuldlos nichterwerbstätiger Eltern zu sein, stellt keine generelle Schlechterstellung der Ausländer, sondern nur einen Ausschluß von Leistungen dar, der Deutschen in atypischen Situationen gewährt wird.

Art. 7 EEC Treaty – principle of non-discrimination – not applicable to promotion of vocational training

Art. 7 Traité C.E.E. – principes de non-discrimination – pas applicable à la promotion de la formation professionnelle

Nr. 33 AG Reutlingen 29. 7. 1977 (9 Cs 331/77) EuGRZ 1977, 415

Die Mitgliedstaaten sind nach europäischem Gemeinschaftsrecht nicht gehindert, die Einreise und den Aufenthalt von Staatsangehörigen der Mitgliedstaaten der Europäischen Gemeinschaften zu regeln und dabei die zu ihrer Durchsetzung erforderlichen Sanktionen vorzusehen. Die Sanktionen müssen aber verhältnismäßig sein und müssen

---

[1] Aufgehoben durch – reversed by – cassée par BFH 16. 7. 1981 (V B 51/80), BFHE 133, 470.

den Grundsatz der Gleichbehandlung gemäß Art. 7 EWGV von In- und Ausländern beachten.

Freedom of movement – non-discrimination – national legislation regarding residence of EEC nationals

Liberté de circulation – non-discrimination – législation nationale en matière de séjour des ressortissants des Etats membres de la C.E.E.

5. Freizügigkeit und Niederlassungsrecht – Freedom of Movement and Establishment – Liberté de circulation et d'établissement

Nr. 48 BayObLG 22. 11. 1977 (BReg 4 St 51/77) BayObLGSt 1977, 183

Die Staatsangehörigen der Mitgliedstaaten der EWG sind durch die Vorschriften über die Freizügigkeit der Arbeitnehmer von dem Erfordernis einer Aufenthaltserlaubnis nicht freigestellt. Die Aufenthaltserlaubnis hat für diesen Personenkreis allerdings keine rechtsbegründende Wirkung, sondern ist nur ein Mittel zum Nachweis des Aufenthaltsrechts.

Nationals of EEC member States not dispensed with requirement of residence permit – declaratory character of permit

Les ressortissants des Etats membres de la C.E.E. ne sont pas dégagés de l'exigence d'un permis de séjour – caractère déclaratoire du permis

Nr. 48 BayObLG 22. 11. 1977 (BReg 4 St 51/77) BayObLGSt 1977, 183

Die in § 47 Abs. 1 Nr. 2 AuslG genannte Aufenthaltserlaubnis, an deren Fehlen eine Strafdrohung geknüpft ist, erfaßt auch die besondere Form der Aufenthaltserlaubnis nach § 3 AufenthG/EWG. Wenn das Fehlen dieser nur deklaratorisch wirkenden Aufenthaltserlaubnis danach ebenso wie das Fehlen der konstitutiven Erlaubnis nach allgemeinem Ausländerrecht strafbar ist, liegt hierin kein Verstoß gegen den EWG-Vertrag, sofern die Strafe nicht so sehr außer Verhältnis zur Schwere der Tat steht, daß sie eine Behinderung der Freizügigkeit darstellt.

Nationals of EEC member States without residence permit punishable under the Aliens Act – no violation of EEC Treaty, if freedom of movement not seriously impeded

Les ressortissants des Etats membres de la C.E.E. peuvent être punis selon la Loi sur les étrangers – le Traité C.E.E. n'est pas violé, si la liberté de circulation n'est pas empêchée

Nr. 33 AG Reutlingen 29. 7. 1977 (9 Cs 331/77) EuGRZ 1977, 415

Dem Gesetz über Einreise und Aufenthalt von Staatsangehörigen der Mitgliedstaaten der EWG vom 22. Juli 1969 ist insoweit die Gültigkeit abzuerkennen, als es bestimmt, daß für die Staatsangehörigen der Mitgliedstaaten eine »Aufenthaltserlaubnis« erforderlich ist und daß diese bei sechsmonatiger Abwesenheit erlischt. Die rechtliche Regelung in Art. 48 EWGV hat Vorrang gegenüber einer entgegenstehenden innerstaatlichen Rechtsvorschrift. Die Feststellung der Unvereinbarkeit des Aufenthaltsgesetzes mit den Vorschriften des EWG-Vertrags ist von dem mit dem Verfahren befaßten Gericht zu treffen, da die Verwerfungskompetenz des Bundesverfassungsgerichts gemäß Art. 100 Abs. 1 GG in bezug auf vorrangiges europäisches Gemeinschaftsrecht nicht eingreift.

Freedom of movement – primacy of community law

Liberté de circulation – primauté de droit communautaire

Nr. 57 OLG Stuttgart 19. 5. 1978 (4 Ss 903/77) NJW 1978, 1758

Das Recht auf Freizügigkeit der Arbeitnehmer (Art. 48 EWGV) wird nicht dadurch unzulässig beschränkt, daß nach den Vorschriften des innerstaatlichen Rechts der Ausländer während seines Aufenthalts verpflichtet ist, einen Paß oder amtlichen Personalausweis zu führen, daß er einer förmlichen Aufenthaltserlaubnis bedarf und daß Verstöße gegen diese Vorschriften bestraft werden. Es widerspricht auch nicht dem Gemeinschaftsrecht, wenn die Mitgliedstaaten Verstöße eigener Staatsbürger gegen die Ausweispflicht nur als Ordnungswidrigkeiten und nicht als Straftaten verfolgen. Allerdings dürfen derartige Gesetzesverstöße nicht zur Ablehnung des Aufenthaltsrechts führen, denn dieses Recht steht den Betroffenen unmittelbar kraft Gemeinschaftsrecht zu.

Freedom of movement and establishment – not infringed by the requirement of documents establishing identity

Liberté de circulation et d'établissement – pas violée par l'exigence de pièce d'identité

Nr. 86 OVG Rheinl.-Pfalz 23. 1. 1979 (2 B 274/78) DÖV 1979, 830
(nur Leitsatz)

Angehörige der Mitgliedstaaten der Europäischen Gemeinschaften haben nach § 10 AufenthG/EWG ein Recht auf Einreise und Aufenthalt nur dann, wenn sie im Besitz eines gültigen Reisepasses oder amtlichen Personalausweises sind. Diese Vorschrift steht im Einklang mit dem Gemeinschaftsrecht.

Freedom of movement conditional upon holding a passport or identity card

La liberté de circulation dépend de la possession d'un passeport ou d'une carte d'identité

Nr. 96 BVerwG 28. 5. 1979 (1 B 238.77) DÖV 1980, 828

Auch wenn nach der Rechtsprechung des EuGH zur Freizügigkeit das Fehlen formeller Voraussetzungen für den Aufenthalt allein nicht die Ausweisung eines EWG-Ausländers rechtfertigt, sind die EWG-Staaten nicht gehindert, einen über den gemeinschaftsrechtlichen Ausweisungsschutz hinausgehenden Schutz weiterhin davon abhängig zu machen, daß der Ausländer die für den Aufenthalt erforderlichen Formalitäten beachtet.

Protection against expulsion exceeding the standard of EEC law – formal requirements of residence

Protection contre l'expulsion excédant celle du droit de la C.E.E. – conditions formelles de séjour

Nr. 74 BVerwG 27. 10. 1978 (1 C 91.76) BVerwGE 57, 61

Die Vorschriften des AufenthG/EWG sind zur Durchführung der aufenthaltsrechtlichen Bestimmungen der Europäischen Gemeinschaften erlassen worden, insbesondere zur Durchführung des Art. 48 Abs. 3 EWGV, nach dem Einschränkungen der Freizügigkeit aus Gründen der öffentlichen Ordnung, Sicherheit oder Gesundheit gerechtfertigt sein müssen. Sie sind folglich im Sinne der entsprechenden gemeinschaftsrechtlichen Bestimmungen und der dazu ergangenen Rechtsprechung des EuGH auszulegen. Danach sind die Ausnahmen von dem Grundsatz der Freizügigkeit eng zu verstehen.

Art. 48 sec. 3 EEC Treaty – interpretation of the German law relating to the residence of EEC-aliens according to community law and jurisdiction

Art. 48 para. 3 du Traité C.E.E. – interprétation de la Loi allemande relative au séjour des ressortissants des Etats membres de la C.E.E. selon le droit et la juridiction communautaires

Nr. 74 BVerwG 27. 10. 1978 (1 C 91.76) BVerwGE 57, 61

Die Freizügigkeit genießenden Angehörigen der Mitgliedstaaten der Europäischen Gemeinschaften, die wegen einer Straftat verurteilt worden sind, dürfen in der Regel nicht ausgewiesen werden, wenn der Strafrichter nach § 56 Abs. 1 StGB die Vollstreckung der Strafe zur Bewährung ausgesetzt hat. Für eine Ausweisung ist eine konkrete Gefahr neuer Störungen der öffentlichen Sicherheit oder Ordnung durch den Ausländer erforderlich. Aus der Strafaussetzung zur Bewährung kann sich ergeben, daß eine die Ausweisung rechtfertigende Wiederholungsgefahr nicht vorliegt.

Art. 48 sec. 3 EEC Treaty – expulsion generally excluded, if execution of penal sentence is postponed for probation

Art. 48 para. 3 du Traité C.E.E. – en principe l'expulsion n'est pas admise en cas de condamnation avec sursis

Nr. 95 VG Neustadt 17. 5. 1979 (2 K 7/79) NJW 1980, 543

Unter Berücksichtigung der Garantie der Freizügigkeit in Art. 48 Abs. 3 Buchst. c EWGV darf eine früher verfügte und bestandskräftig gewordene unbefristete Ausweisungsverfügung für die Zukunft nicht aufrechterhalten und einer erneuten Einreise entgegengehalten werden, wenn der Ausländer ungeachtet einer früheren strafrechtlichen Verurteilung gegenwärtig keine Gefahr für die öffentliche Sicherheit und Ordnung darstellt. Die Freizügigkeitsgarantie verlangt, dem Mitgliedstaat die Beweislast für die andauernde Gefährdung aufzuerlegen.

Art. 48 sec. 3 EEC Treaty – freedom of movement – limitations justified on grounds of public policy – prior unlimited deportation order must be lifted, if the alien no longer endangers public security

Art. 48 para. 3 du Traité C.E.E. – libre circulation – limitations justifiées par des raisons d'ordre public – arrêté d'expulsion antérieur illimité doit être levé si l'étranger ne porte plus atteinte à l'ordre public

Nr. 89 VG Köln 15. 2. 1979 (1 K 3320/77) DVBl. 1980, 383

Die Art. 48 ff. des EWG-Vertrages sowie die zu ihrer Durchführung erlassenen Rechtsakte verleihen den von ihnen erfaßten Personen subjektive Rechte, die die innerstaatlichen Gerichte zu schützen haben. Aus dem so garantierten Recht auf freie Wahl des Arbeitsplatzes folgt, daß die Sicherheitsüberprüfung eines italienischen Staatsangehörigen grundsätzlich nur im gleichen Umfang möglich ist wie die Überprüfung eines Deutschen. Art. 48 Abs. 3 EWGV läßt jedoch weitergehende Beschränkungen zu, wenn diese aus Gründen der öffentlichen Ordnung, Sicherheit und Gesundheit gerechtfertigt sind. Die der militärischen Verteidigungsbereitschaft dienende Sicherheitsüberprüfung ist dem Bereich der öffentlichen Sicherheit im Sinne des Art. 48 Abs. 3 zuzuordnen. Die Ermächtigung eines Italieners zum Umgang mit Verschlußsachen kann daher zusätzlich von dem Einverständnis des Heimatstaates abhängig gemacht werden, wie dies das NATO-Dokument C-M 55 (15) bindend vorschreibt.

Workers – freedom of movement – rights – limitation justified by public security – security clearance according to NATO requirements

Travailleurs – libre circulation – droits – limitations justifiées par des raisons de sécurité publique – enquête de sécurité selon les exigences de l'O.T.A.N.

Nr. 144 **BVerwG 15. 7. 1980 (1 C 45.77) BVerwGE 60, 284**

Maßgebend für die gemeinschaftsrechtliche Niederlassungsfreiheit ist die Zielsetzung des Vertrages zur Gründung der Europäischen Wirtschaftsgemeinschaft und der sich aus ihr ergebende Sinn und Zweck der in dem Vertrag enthaltenen Freizügigkeitsregelungen. Nach Art. 2 EWGV ist es Aufgabe der Gemeinschaft, durch die Errichtung eines Gemeinsamen Marktes und die schrittweise Annäherung der Wirtschaftspolitik der Mitgliedstaaten eine harmonische Entwicklung des Wirtschaftslebens innerhalb der Gemeinschaft, eine beständige und ausgewogene Wirtschaftsausweitung, eine größere Stabilität, eine beschleunigte Hebung der Lebenshaltung und engere Beziehungen zwischen den Staaten zu fördern, die in dieser Gemeinschaft zusammengeschlossen sind. Daraus folgt, daß das Niederlassungsrecht (Art. 52 ff. EWGV) sich nur auf den Aufenthalt zum Zwecke wirtschaftlicher Tätigkeit im Sinne des Art. 2 EWGV bezieht, wie auch die Freizügigkeit der Arbeitnehmer (Art. 48 ff. EWGV) und die Freiheit des Dienstleistungsverkehrs (Art. 59 ff. EWGV) nur für Betätigungen gilt, die einen Teil des Wirtschaftslebens im Sinne von Art. 2 des Vertrages ausmachen.

Freedom of movement and establishment guaranteed only within the limits drawn by the object and purposes of the EEC Treaty – activities which are part of the economic life

La liberté de circulation et d'établissement n'est garantie que dans les limites tracées par l'objet et les buts du Traité C.E.E. – activités faisant part de la vie économique

Nr. 86 **OVG Rheinl.-Pfalz 23. 1. 1979 (2 B 274/78) DÖV 1979, 836** (nur Leitsatz)

Art. 48 EWGV gewährt das Recht der Freizügigkeit nur Arbeitnehmern. Fragen der Ausbildung sind nicht Gegenstand des Gemeinschaftsrechts. Der Aufenthalt zur Ausbildung außerhalb einer Arbeitnehmertätigkeit (Studium) fällt nicht unter das Recht der Freizügigkeit. Daran ändert auch eine gelegentliche Nebenbeschäftigung nichts.

Freedom of movement not guaranteed for students

La liberté de circulation n'est pas garantie pour les étudiants

Nr. 86 **OVG Rheinl.-Pfalz 23. 1. 1979 (2 B 274/78) DÖV 1979, 836 (nur Leitsatz)**

Zivile Angehörige der in der Bundesrepublik stationierten Truppen eines EWG-Mitgliedstaates halten sich nicht aufgrund des Gemeinschaftsrechts in der Bundesrepublik auf. Ihre Familienangehörigen können daher von ihnen auch kein Aufenthaltsrecht nach den gemeinschaftsrechtlichen Freizügigkeitsregelungen ableiten, sofern sie die Voraussetzungen für deren Anwendung nicht in der eigenen Person erfüllen.

Freedom of movement does not apply to civilian component of allied armed forces stationed in the Federal Republic

La liberté de circulation ne s'applique pas à l'élément civil d'une force armée alliée stationnée en République fédérale

Nr. 5 **OVG Rheinl.-Pfalz 16. 6. 1976 (2 A 7/75) AS 17, 298**

Zwar hat der EuGH entschieden, daß die Ausweisung eines Angehörigen eines Mitgliedstaates der EWG zum Zweck der Abschreckung anderer Ausländer mit Art. 3 der Richtlinie Nr. 64/221 des Rats der EWG vom 25. Februar 1964 unvereinbar ist. Das gilt jedoch nur im Anwendungsbereich der genannten Richtlinie. Diese betrifft nur solche Ausländer, die sich in der Bundesrepublik aufhalten oder in deren Gebiet begeben, um eine selbständige oder unselbständige Erwerbstätigkeit auszuüben oder um Dienstleistungen entgegenzunehmen. Nicht dagegen werden von ihr Angehörige der Mitgliedstaaten der Europäischen Gemeinschaften erfaßt, die sich lediglich zu Besuchszwecken in einem anderen Mitgliedstaat aufhalten. Das entspricht dem Inhalt des Vertrages zur Gründung der Europäischen Wirtschaftsgemeinschaft vom 25. März 1957, der in seinen Art. 48ff. lediglich die Freizügigkeit der Arbeitnehmer, die Niederlassungsfreiheit sowie den freien Dienstleistungs- und Kapitalverkehr vorsieht.

Nationals of EEC member States – expulsion on ground of general deterrence prohibited – visitors not protected

Ressortissants des Etats membres de la C.E.E. – expulsion à raison de prévention collective défendue – visiteurs pas protégés

6. Vorabentscheidung nach Art. 177 EWG-Vertrag – Preliminary Ruling under Art. 177 EEC Treaty – Recours préjudiciel d'après l'art. 177 du Traité C.E.E.

Nr. 144 **BVerwG 15. 7. 1980 (1 C 45.77) BVerwGE 60, 284**

Ist an der vom nationalen Gericht gefundenen Auslegung des Gemeinschaftsrechts ein vernünftiger Zweifel nicht möglich, entfällt die Pflicht zur Vorlage an den EuGH aus Art. 177 Abs. 1a und 3 EWGV.

Interpretation of community law by national courts – no reasonable doubt – no reference to the European Court of Justice

Interprétation du droit communautaire par les tribunaux nationaux – pas de doute raisonnable – pas de recours préjudiciel à la Cour de Justice européenne

Nr. 27 OLG Hamburg 10. 3. 1977 (3 U 9/76) GRUR Int. 1978, 139

Eine Vorlagepflicht gemäß Art. 177 Abs. 3 EWGV besteht nicht, wenn die zu treffende Entscheidung mit dem Rechtsmittel der Revision angefochten werden kann. Sie wird auch nicht dadurch begründet, daß der Bundesgerichtshof die Annahme der Revision ablehnen könnte.

No obligation to refer a question to the European Court of Justice if the decision is subject to appeal, notwithstanding the Federal Court's right to reject the appeal

Aucune obligation de saisir la Cour de Justice européenne si la décision est susceptible d'appel, sans égard au droit de la Cour fédérale de rejeter l'appel

Nr. 48 BayObLG 22. 11. 1977 (BReg 4 St 51/77) BayObLGSt 1977, 183

Für eine Anrufung des EuGH ist kein Raum, wenn dieser über die Auslegung der einschlägigen Vorschriften oder die Frage der Vereinbarkeit des innerstaatlichen Rechts mit dem Gemeinschaftsrecht aus Anlaß eines gleichgelagerten Falles bereits entschieden hat.

No reiterated submission of questions to the European Court of Justice

Pas de saisie répétée de la Cour de Justice européenne relative à une question déjà décidée

Nr. 147 OLG Karlsruhe 25. 9. 1980 (2 Ss 154/80) Die Justiz 1981, 23

Ist eine Rechtsfrage durch den EuGH bereits anläßlich eines früheren Verfahrens geklärt, bedarf es nicht in jedem weiteren Anwendungsfall einer erneuten Vorlage an den Gerichtshof.

No reiterated submission of questions to the European Court of Justice

Pas de saisie répétée de la Cour de Justice européenne relative à une question déjà décidée

Nr. 122 OLG Stuttgart 4. 2. 1980 (2 Ss [14] 802/79) NJW 1980, 1242

Der Senat für Bußgeldsachen beim Oberlandesgericht ist zwar ein letztinstanzliches Gericht im Sinne von Art. 177 Abs. 3 EWGV. Eine Vorlagepflicht ist aber nur dann gegeben, wenn die entscheidungserhebliche Auslegung des Gemeinschaftsrechts bei Berücksichtigung von Sinn und Zweck der anzuwendenden Bestimmung des EWG-Vertrages, der hierzu ergangenen Entscheidung des EuGH und der Meinungen im Schrifttum fraglich ist. Die Vorlagepflicht entfällt, wenn das anzuwendende Gemeinschaftsrecht nicht fraglich ist.

Court of last instance within the meaning of art. 177 sec. 3 EEC Treaty – conditions for compulsory reference to the European Court of Justice – no reference if community law to be applied is not ambiguous

Tribunal de dernière instance au sens de l'art. 177 para. 3 Traité C.E.E. – conditions d'un recours préjudiciel obligatoire à la Cour de Justice européenne – acte clair

Nr. 105 BVerfG 25. 7. 1979 (2 BvL 6/77) BVerfGE 52, 187

Die nach Maßgabe des Art. 177 EWGV ergangenen Urteile des EuGH sind für alle mit demselben Ausgangsverfahren befaßten staatlichen Gerichte bindend. Insoweit sind sie für das Bundesverfassungsgericht auch im Verfahren der inzidenten Normenkontrolle nach Art. 100 Abs. 1 GG bindend. Diese Bindung schließt es jedenfalls aus, Vorschriften des EWG-Vertrags (primäres Gemeinschaftsrecht) für den Hoheitsbereich der Bundesrepublik im Widerspruch zu einer entsprechenden Vorabentscheidung des EuGH auszulegen oder als anwendbar festzustellen.

Preliminary rulings under art. 177 EEC Treaty are binding upon all national courts dealing with the main action

Les décisions préjudicielles en application de l'art. 177 Traité C.E.E. lient tous les tribunaux nationaux qui sont saisis de la même affaire

Nr. 30 BVerfG 8. 6. 1977 (2 BvR 499/74, 1042/75) BVerfGE 45, 142

Entscheidungen des EuGH, eingeholt gemäß Art. 177 EWGV im Rahmen von Gerichtsverfahren, die später den Gegenstand einer Verfassungsbeschwerde bilden, binden auch das Bundesverfassungsgericht.

Binding effect of preliminary rulings of the European Court of Justice upon the Federal Constitutional Court

Force obligatoire des arrêts préjudiciels de la Cour de Justice européenne envers la Cour fédérale constitutionnelle

7. Innerdeutscher Handel – German Internal Trade – Commerce intérieur allemand

Nr. 26 FG Hamburg 8. 3. 1977 (IV 46/75 H) RIW 1977, 438

Der Ausschluß von Erstattungen für Warenlieferungen aus der Bundesrepublik in die DDR stellt keine gegen Art. 7 EWGV verstoßende Diskriminierung dar, selbst wenn für Lieferungen aus anderen EWG-Mitgliedstaaten in die DDR Erstattungen gewährt werden. Die unterschiedliche Behandlung ist durch die Sonderstellung gerechtfertigt, die der Bundesrepublik aufgrund des Protokolls über den innerdeutschen Handel zugebilligt ist, denn dieses Protokoll ist Bestandteil des EWG-Vertrags.

Trade between the Federal Republic and the GDR – exclusion of reimbursement – no discrimination under art. 7 EEC Treaty

Commerce entre la République fédérale et la R.D.A. – l'exclusion de remboursement n'est pas discriminatoire selon l'art. 7 Traité C.E.E.

Nr. 125 BFH 12. 2. 1980 (VII R 35/77) BFHE 130, 97

Die gemeinschaftsrechtlichen Vorschriften über Ausfuhrerstattungen und Währungsausgleichsbeträge finden auf den innerdeutschen Handel im Sinne des Protokolls vom 25. März 1957 keine Anwendung. Zum innerdeutschen Handel zählt nicht nur die unmittelbare Lieferung von Waren in die DDR, sondern auch ihre Lieferung über ein drittes Land im Rahmen sog. Dreiecksgeschäfte, wenn die Waren sich im Drittland nicht im freien Verkehr befunden haben. Insoweit deckt sich der Begriff des »Verbringens einer Ware« im Sinne des innerstaatlichen Rechts mit dem gemeinschaftsrechtlichen Begriff der »Überführung in den freien Verkehr«.

EEC – export refunds – Protocol on German internal trade – transactions into GDR via non-member countries

C.E.E. – restitutions à l'exportation – Protocole relatif au commerce intérieur allemand – livraison des marchandises en R.D.A. via des pays tiers

XV. Seerecht – Law of the Sea – Droit de la mer

Nr. 43 **BFH 5. 10. 1977 (I R 250/75) BFHE 123, 341**

Die Souveränität des Küstenstaates erstreckt sich auf einen der Küste entlangführenden Streifen, das sogenannte Küstenmeer. In einer sich an das Küstenmeer anschließenden Zone, der sogenannten Anschlußzone, hat der Küstenstaat gewisse Kontrollrechte, um Verstöße gegen Zoll-, Finanz-, Einwanderungs- oder Gesundheitsvorschriften in seinem Hoheitsgebiet oder Küstenmeer zu verhindern oder zu ahnden. Diese Kontrollrechte ziehen aber keine Änderung des rechtlichen Zustandes dieser Zone als Teil der Hohen See nach sich.

Sovereignty of coastal State extends to territorial waters – rights of coastal State in contiguous zone – contiguous zone as part of the high seas

La souveraineté de l'Etat côtier s'étend à la mer territoriale – droits de l'Etat côtier dans la zone contiguë – zone contiguë faisant part de la haute mer

Nr. 43 **BFH 5. 10. 1977 (I R 250/75) BFHE 123, 341**

Der Küstenstaat kann im Bereich des Festlandsockels Hoheitsrechte in bezug auf die natürlichen Reichtümer ausüben, diese Rechte berühren aber die völkerrechtliche Lage des darüber befindlichen Wassers als offene See nicht. Ein Schiff, das sich im Bereich des Festlandsockels außerhalb des Küstenmeers aufhält, ist immer noch auf Hoher See und unterliegt nicht der Souveränität des Küstenstaates.

The rights of the coastal State over the continental shelf do not affect the legal status of the superjacent waters as high seas

Les droits de l'Etat côtier sur le plateau continental ne portent pas atteinte au régime des eaux surjacentes en tant que haute mer

Nr. 43 **BFH 5. 10. 1977 (I R 250/75) BFHE 123, 341**

Schiffe auf Hoher See gelten im Völkerrecht nach herrschender Meinung als schwimmende Gebietsteile des Staates, dessen Flagge sie führen. Sie unterliegen daher den Rechtsvorschriften des Flaggenstaates. Die Fiktion des schwimmenden Gebietsteils des Flaggenstaates gilt jedoch dann nicht mehr, wenn sich das Schiff in fremden Hoheitsgewässern befindet. Schiffe, die nicht hoheitlichen Zwecken dienen, sind in fremden Eigengewässern nicht exterritorial und grundsätzlich der Rechtsordnung des Aufenthaltsstaates unterworfen.

Ships on the high seas as part of the territory of the flag State subject to its laws – in territorial waters ships not serving sovereign purposes are subject to the laws of the coastal State

Bateaux en haute mer comme partie du territoire de l'Etat du pavillon sujets à ses lois – en mer territoriale les bateaux qui ne servent pas aux fins souveraines sont soumis aux lois de l'Etat côtier

XVI. Kriegsrecht und Kriegsfolgen – Law of War and Consequences of War – Droit de la guerre et conséquences de la guerre

1. Kriegszustand – State of War – Etat de guerre

Nr. 82 BSG 14. 12. 1978 (1 RA 73/77) BSGE 47, 263

Unter Krieg im völkerrechtlichen Sinne ist ein Zustand zwischen zwei Staaten oder Staatengruppen zu verstehen, der dadurch gekennzeichnet ist, daß – regelmäßig durch den Abbruch der diplomatischen Beziehungen – die Geltung des allgemeinen Friedensvölkerrechts suspendiert ist und der grundsätzliche Wille zur Vornahme von Gewalthandlungen besteht, auch wenn derartige Handlungen tatsächlich nicht vorgenommen werden.

Principal features of "war" under international law – potential use of force

Eléments essentiels de la «guerre» en droit international public – recours potentiel à la force

Nr. 82 BSG 14. 12. 1978 (1 RA 73/77) BSGE 47, 263

Prinzipiell können nur Staaten oder Gruppen von Staaten Krieg im Sinne des Völkerrechts führen. Ein bewaffneter Konflikt zwischen einem Staat und Gruppen innerhalb dieses Staates wie etwa Aufständischen ist zwar ein Bürgerkrieg, aber kein Krieg im völkerrechtlichen Sinne. Diese Auseinandersetzung kann allenfalls dadurch zum Kriege im völkerrechtlichen Sinne werden, daß die Aufständischen entweder durch die von ihnen bekämpfte Regierung oder durch dritte Staaten als Kriegführende anerkannt werden. Daran gemessen war der Spanische Bürgerkrieg kein Krieg im völkerrechtlichen Sinne.

"War" under international law – only between States – Spanish Civil War

«Guerre» selon le droit international public – seulement entre des Etats – Guerre civile espagnole

Nr. 82 BSG 14. 12. 1978 (1 RA 73/77) BSGE 47, 263

Das Deutsche Reich war nicht Partei bzw. direkt Beteiligter am Spanischen Bürgerkrieg in dem Sinne, daß Zweck und Ziel der Auseinandersetzung unmittelbar seine eigenen gewesen wären und es selbst zur Erreichung dieser Ziele die gewaltsame Auseinandersetzung initiiert hätte. Auch wenn der Spanische Bürgerkrieg seinem gesamtpolitischen Zusammenhang nach ein Teilaspekt der Auseinandersetzung der europäischen Großmächte war und gerade auch vom Deutschen Reich als »Generalprobe« für den Zweiten Weltkrieg angesehen wurde, so waren doch die ihn auslösenden Ziele rein innerstaatlicher Natur. Ebensowenig ist der Bürgerkrieg unter maßgeblicher Beteiligung des Deutschen Reiches ausgebrochen.

The German Reich was not a party to the Spanish Civil War – lack of own objects

Le Reich allemand ne faisait pas partie de la Guerre civile espagnole à défaut des buts propres

2. Kriegsgefangene – Prisoners of War – Prisonniers de guerre

Nr. 25 BSG 8. 3. 1977 (11 RA 72/76) BSGE 43, 218

Mit der Entlassung aus der Kriegsgefangenschaft hat der Kriegsgefangene nach völkerrechtlichen Grundsätzen ein Recht auf Rückkehr in sein Heimatland.

Release from captivity – right to return to home country

Captivité – mise en liberté – droit de rapatriement

Nr. 25 BSG 8. 3. 1977 (11 RA 72/76) BSGE 43, 218

Die Kriegsgefangenschaft endet im allgemeinen nicht schon durch bloße Freilassung im Gewahrsamsland, wenn dieses nicht auch das Heimatland ist. Eine Beendigung ist ferner zu verneinen, wenn der Kriegsgefangene nur formell »entlassen« und zwangsweise in ein Arbeitsverhältnis überführt wird.

Prisoners of war – criteria for the termination of captivity – subsequent compulsory service in civil employment

Prisonnier de guerre – critères pour la terminaison de la captivité – service obligatoire subséquent dans un emploi civil

3. Besetzung – Occupation – Occupation

Nr. 1 KG 6. 1. 1975 (19 U 2242/74) RzW 1979, 16

Die Besetzung und Eingliederung Danzigs sowie weiterer Teile Polens in das Deutsche Reich während des Zweiten Weltkrieges waren ebenso wie die Verleihung der deutschen Staatsangehörigkeit an die Bewohner dieser Gebiete nicht rechtmäßig.

Danzig and Polish territories – unlawful occupation and annexation during World War II – unlawful grant of German nationality to inhabitants

Dantzig et territoires polonais – occupation et annexion illégales pendant la deuxième guerre mondiale – octroi illégal de la nationalité allemande aux habitants

XVII. Deutschlands Rechtslage nach 1945 – Legal Status of Germany after 1945 – Statut juridique de l'Allemagne après 1945

1. Besetzung – Occupation – Occupation

a) Besatzungsrecht – Laws enacted by Occupying Powers – Lois établies par les puissances d'occupation

Nr. 73 BVerwG 27. 10. 1978 (1 C 47. 74) BVerwGE 57, 40

Die von den früheren Besatzungsmächten zur Devisenbewirtschaftung und Kontrolle des Güterverkehrs erlassenen Vorschriften (hier: Art. 1 Nr. 1 Buchstabe c Militärregierungsgesetz Nr. 53 für die britische Zone – MRG 53 –) gelten fort mit der Maßgabe, daß die darin eingeräumten Befugnisse seit dem Wegfall des Besatzungsregimes nicht mehr für die vormaligen Besatzungsmächte ausgeübt werden und daß sie nach den organisatorischen Vorschriften des Bundesbankgesetzes wahrgenommen werden. Solche Vorschriften sind danach revisibles Besatzungsrecht, das ohne Rücksicht auf seine Vereinbarkeit mit dem Grundgesetz fortgilt und demgemäß hinsichtlich seiner Gültigkeit nicht auf seine Übereinstimmung mit dem Grundgesetz geprüft werden kann. Nur soweit das Besatzungsrecht dies zuläßt, ist bei seiner Anwendung und Auslegung deutsches Recht, insbesondere Verfassungsrecht, zu beachten.

Laws enacted by the former occupying powers – continued application – no constitutional review

Les lois établies par les anciennes forces d'occupation restent en vigueur – pas de contrôle constitutionnel

b) Reparationen – Reparations – Réparations

Nr. 3 BVerfG 13. 1. 1976 (1 BvR 631/69, 24/70) BVerfGE 41, 126

Kommt nach Völkerrecht eine Wiedergutmachungspflicht des an einem Kriege schuldigen Staates für die Kriegsschäden in Betracht, so bedarf es doch zur Begründung einer konkreten Reparationsschuld einer vertraglichen Verpflichtung zwischen den beteiligten Staaten oder wenigstens einer Anerkennung der gegnerischen Reparationsforderungen durch den verantwortlichen Staat.

A definite obligation to pay reparations is created only by way of treaty or acknowledgment

L'obligation définitive de payer des réparations n'est constituée que par voie de traité ou de reconnaissance

Nr. 3 **BVerfG 13. 1. 1976 (1 BvR 631/69, 24/70) BVerfGE 41, 126**

Eine treuhänderische Wahrnehmung der Befugnisse des besetzten deutschen Staates durch die Besatzungsmächte, die diesem selbst zuzurechnen wäre, käme nur dann in Betracht, wenn es sich um die »normale« Ausübung staatlicher Gewalt im ausschließlichen Interesse des vertretenen Staates und für seine Zwecke handelte. Reparationseingriffe fallen dagegen in den Bereich der völkerrechtlichen Hoheitsbefugnisse, welche die Besatzungsmächte für sich in Anspruch genommen haben.

Reparation measures by occupation powers not exercised on behalf of German authority

Les actes de réparation exécutés par les puissances d'occupation ne peuvent pas être considérés comme actes de l'autorité publique allemande

Nr. 3 **BVerfG 13. 1. 1976 (1 BvR 631/69, 24/70) BVerfGE 41, 126**

Die Reparationsschäden sind entweder von den Besatzungsmächten oder – beim Auslandsvermögen – auch von anderen ausländischen Staaten verursacht worden, die hierbei dem Besatzungs- und Völkerrecht, nicht aber der deutschen Rechtsordnung unterstanden. Für solche Eingriffe kann die deutsche öffentliche Gewalt grundsätzlich nicht verantwortlich gemacht werden, und zwar auch dann nicht, wenn deutsche Stellen auf Anordnung der Besatzungsmächte an ihrer Durchführung mitwirken mußten.

Reparation measures by occupation powers are governed by international law – no liability of German authorities for cooperation under constraint

Les mesures de réparation des puissances d'occupation étaient régies par le droit international public – pas de responsabilité des autorités allemandes obligées de coopérer

Nr. 3 **BVerfG 13. 1. 1976 (1 BvR 631/69, 24/70) BVerfGE 41, 126**

Eine unmittelbare Haftung der Bundesrepublik für die Reparationsschäden ergibt sich nicht aus allgemeinem Völkerrecht in Verbindung mit Art. 25 GG. Das Völkerrecht kennt keinen Rechtssatz, wonach der besetzte Staat unabhängig von der innerstaatlichen Rechtslage verpflichtet wäre, für die den Bewohnern seines Gebietes durch die Besatzungsmacht verursachten Schäden einzustehen.

No liability of the occupied State under general international law for damages caused by the occupation powers

Pas de responsabilité de l'Etat occupé selon les règles générales du droit international public pour dommages causés par les puissances d'occupation

2. Bundesrepublik Deutschland und DDR – Federal Republic of Germany and GDR – République fédérale d'Allemagne et R.D.A.

a) Allgemeines – In general – Généralités

Nr. 26 **FG Hamburg 8. 3. 1977 (IV 46/75 H) RIW 1977, 438**

Das Grundgesetz verbietet, daß die Bundesrepublik einen Rechtstitel schafft oder sich an der Begründung eines Rechtstitels beteiligt, der ihr bei dem Streben nach dem von der Verfassung aufgegebenen Ziel der Wiederherstellung der staatlichen Einheit beider deutscher Staaten entgegengehalten werden kann. Es wäre daher verfassungswidrig, wenn die Bundesrepublik einem völkerrechtlichen Vertrag zustimmen würde, der Warenlieferungen aus dem freien Verkehr der Bundesrepublik in das Gebiet der DDR rechtlich wie den Handel mit einem Drittland behandelte.

Constitutional obligation not to jeopardize the goal of reunification – trade between the Federal Republic and the GDR not to be treated like foreign trade

Obligation constitutionnelle de ne pas compromettre le but de la réunification – commerce entre la République fédérale et la R.D.A. pas à traiter comme commerce extérieure selon le droit constitutionnel

Nr. 84 **BGH 10. 1. 1979 (IV B 19/77) StAZ 1979, 119**

Die obersten Gerichte der Bundesrepublik haben seit jeher die Auffassung vertreten, daß die staatsrechtliche Einheit Deutschlands weiterbesteht und die DDR daher im Verhältnis zur Bundesrepublik grundsätzlich nicht als Ausland angesehen werden kann. Daran hat sich auch nach dem Inkrafttreten des Grundlagenvertrages zwischen der Bundesrepublik und der DDR nichts geändert. Daraus folgt aber noch nicht, daß der in einem Gesetz der Bundesrepublik verwendete Begriff des Inlands stets auch die DDR mitumfaßt.

The GDR is not a foreign country, nevertheless the term "interior" used in a statute of the Federal Republic does not always cover the GDR

La R.D.A. n'est pas un pays étranger, mais le terme «intérieur» employé dans une loi de la République fédérale ne comprend pas la R.D.A. dans tous les cas

b) Grenzverlauf – Course of the frontier – Ligne de la frontière

Nr. 23 **BGH 2. 2. 1977 (2 ARs 26/76)** (nicht veröffentlicht)

Nach der geschichtlichen Entwicklung seit 1945 verläuft die Grenze zwischen der Bundesrepublik und der DDR bei Elbkilometer 540.5 am Ostufer der Elbe.

Frontier between the Federal Republic and the GDR – Elbe river

Frontière entre la République fédérale et la R.D.A. – Elbe

c) Staatsangehörigkeit – Nationality – Nationalité

Nr. 157 **BGH 26. 11. 1980 (3 StR 393/80) BGHSt 30, 1**

Bürger der DDR sind Deutsche im Sinne des Grundgesetzes (Art. 116 Abs. 1 GG). Der mit der DDR geschlossene Grundlagenvertrag hat hieran nichts geändert. Dies folgt aus dem Zusatzprotokoll zum Grundlagenvertrag, wonach Staatsangehörigkeitsfragen durch den Vertrag nicht geregelt worden sind.

GDR citizens are "Germans" according to art. 116 sec. 1 Basic Law – Treaty on Basic Relations with GDR has no influence on nationality

Les citoyens de la R.D.A. sont des «Allemands» selon l'art. 116 para. 1 de la Loi fondamentale – Traité sur les relations fondamentales avec la R.D.A. n'a pas d'influence sur la nationalité

Nr. 22 **OLG Karlsruhe 1. 2. 1977 (3 W 64/76) Die Justiz 1977, 275**

Das in der Bundesrepublik geltende Staatsangehörigkeitsrecht geht auch nach Inkrafttreten des Grundlagenvertrags mit der DDR von einer einheitlichen Staatsbürgerschaft aus. Es ist deshalb nach interlokalem Privatrecht zu bestimmen, welches Recht im Verhältnis zur DDR anzuwenden ist.

Treaty on Basic Relations with GDR did not affect the uniform German nationality

Le Traité sur les relations fondamentales avec la R.D.A. n'a pas affecté la nationalité allemande uniforme

Nr. 67 **OVG Münster 5. 9. 1978 (XV A 592/76) JZ 1979, 136**

Die in der DDR nach den dortigen Vorschriften erworbene Staatsangehörigkeit vermittelt in der Regel die (gesamt-)deutsche Staatsangehörigkeit.

Acquisition of German nationality by acquisition of GDR nationality

La nationalité acquise en R.D.A. transmet la nationalité allemande

Nr. 52 **VG Stuttgart 1. 2. 1978 (VII 196/76) NJW 1978, 2465**

Erwirbt ein Bürger der DDR auf seinen Antrag hin eine ausländische Staatsbürgerschaft und verliert dadurch nicht die Staatsbürgerschaft der DDR, so kann darin nicht zugleich die freiwillige Aufgabe der von der DDR vermittelten Staatsangehörigkeit der Bundesrepublik gesehen werden.

Acquisition of foreign nationality by GDR-citizen does not imply the automatic loss of the nationality of the Federal Republic

L'acquisition d'une nationalité étrangère par un citoyen de la R.D.A. n'implique pas la perte automatique de la nationalité de la République fédérale

Nr. 52 **VG Stuttgart 1. 2. 1978 (VII 196/76) NJW 1978, 2465**

Die Verfassung verbietet es nicht, solche Rechtsetzungen und Rechtsakte der DDR auf dem Gebiet der Staatsangehörigkeit, die nicht den Entzug der Staatsbürgerschaft der DDR betreffen, bei Anwendung des Reichs- und Staatsangehörigkeitsgesetzes zu beachten. Dies bedeutet nicht zugleich die völkerrechtliche Anerkennung der DDR-Staatsbürgerschaft als eine von der deutschen Staatsangehörigkeit abgehobene Staatsangehörigkeit eines zweiten deutschen Staates, denn dagegen bestünden Bedenken im Hinblick auf das Wiedervereinigungsgebot des Grundgesetzes.

Constitution in principle does not prohibit recognition of GDR-legislation regarding nationality – exception of rules concerning the loss of nationality

En principe la Constitution n'interdit pas la reconnaissance de la législation de la R.D.A. concernant la nationalité – les règles concernant la perte de la nationalité sont exceptées

d) Strafrecht – Criminal law – Droit pénal

Nr. 157 **BGH 26. 11. 1980 (3 StR 393/80) BGHSt 30, 1**

Das Gebiet der DDR ist nicht Inland im Sinne der territorialen Abgrenzung der Strafhoheit (§ 3 StGB). Diese Auffassung steht nicht in Widerspruch zu der rechtsverbindlichen Auslegung des Grundlagenvertrages durch das Bundesverfassungsgericht, nach der die DDR zu Deutschland gehört und deshalb im Verhältnis zur Bundesrepublik nicht als Ausland angesehen werden kann. Denn das Bundesverfassungsgericht hat hervorgehoben, daß sich die beiden deutschen Staaten als Teilstaaten neu organisiert haben und daß sich die Staatsgewalt der Bundesrepublik nur auf den Bereich der in Art. 23 GG genannten Länder einschließlich Berlins erstreckt. Dem entspricht die Beschränkung des Geltungsbereiches des Strafrechts auf das Gebiet der Bundesrepublik mit der Folge, daß in der DDR begangene Straftaten so zu behandeln sind, als wären sie Auslandsstraftaten.

GDR is not a foreign country, nevertheless it is not included by the territorial application of the criminal law of the Federal Republic

La R.D.A. n'est pas un pays étranger, quand même elle n'est pas inclue dans l'application territoriale du droit pénal de la République fédérale

Nr. 63 OLG Düsseldorf 21. 8. 1978 (5 Ws 76/78) NJW 1979, 59

Auf in der DDR begangene Straftaten sind die Regeln des deutschen internationalen Strafrechts sinngemäß anwendbar. Der strafrechtliche Begriff des Inlands schließt das Gebiet der DDR nicht ein. Die Auffassung, daß im Verhältnis zwischen der Bundesrepublik und der DDR das sog. interlokale Strafrecht anzuwenden sei, ist als überholt anzusehen. Das interlokale Strafrecht geht im wesentlichen von der Annahme aus, daß in mehreren Teilbereichen eines Staatsverbandes, die ein unterschiedliches Strafrecht haben, dieselbe Strafgewalt ausgeübt wird und dieselben Rechtsgrundsätze gelten. Nur unter diesen Voraussetzungen konnte der bisherige, auch die DDR umfassende Inlandsbegriff aufrechterhalten werden. Diese Grundbedingungen sind jedoch zwischen den beiden deutschen Staaten politisch und auch rechtlich heute nicht mehr gegeben. Der sog. Grundlagenvertrag zwischen der Bundesrepublik und der DDR vom 21. Dezember 1972 erkennt an, daß die DDR ein unabhängiger und selbständiger Staat im Sinne des Völkerrechts ist und die Hoheitsgewalt jedes der beiden deutschen Staaten sich auf ein eigenes Staatsgebiet beschränkt. Daraus folgt, daß für die Frage der Strafrechtsanwendung als Inland nur das Staatsgebiet der Bundesrepublik anzusehen und die DDR dementsprechend insoweit wie Ausland zu behandeln ist. Von einem solchen »funktionellen« Inlandsbegriff bleibt die Tatsache unberührt, daß die DDR auch durch den Grundlagenvertrag staats- und verfassungsrechtlich nicht Ausland geworden ist.

GDR is not a foreign country – rules of the Criminal Code concerning offences committed abroad are nevertheless applicable

La R.D.A. n'est pas un pays étranger – les règles du Code pénal concernant les délits commis à l'étranger sont néanmoins applicables

Nr. 157 BGH 26. 11. 1980 (3 StR 393/80) BGHSt 30, 1

Dem Schutzbereich des deutschen Strafrechts unterliegen auch Bürger der DDR als Opfer von Straftaten der politischen Verdächtigung. Daran hat der Grundlagenvertrag nichts geändert. Denn die Bundesrepublik wollte mit dem Grundlagenvertrag keineswegs ihren Anspruch aufgeben, allen Deutschen, auch soweit sie in der DDR ansässig sind, Schutz zu gewähren.

Criminal law of the Federal Republic protects also GDR citizens

Le droit pénal de la République fédérale protège aussi les citoyens de la R.D.A.

Nr. 63 OLG Düsseldorf 21. 8. 1978 (5 Ws 76/78) NJW 1979, 59

Obwohl das Gebiet der DDR nicht als Inland im Sinne der Anwendung des Strafrechts der Bundesrepublik zu gelten hat, ist ein deutscher Bewohner der DDR als »Deutscher mit Wohnsitz im Inland« anzusehen, wenn er als ein durch eine Straftat »Verletzter« zwar zur Tatzeit Bewohner der DDR war, nach der Tat aber seine Bindungen zur DDR löste und damit Bürger der Bundesrepublik wurde. Zwar führt das dazu, daß der Inlandsbegriff des Strafrechts der Bundesrepublik unterschiedlich zu interpretieren ist. Das läßt sich aber im Hinblick auf die zu erfüllenden Forderungen des Verfassungsrechts der Bundesrepublik nicht vermeiden.

GDR is not a foreign country – conditions under which Germans domiciled in GDR are under the protection of the laws of the Federal Republic

La R.D.A. n'est pas un pays étranger – conditions sous lesquelles les Allemands domiciliés en R.D.A. se trouvent sous la protection des lois pénales de la République fédérale

e) Fluchthilfe – Escape from GDR – Fuite de la R.D.A.

Nr. 41 BGH 29. 9. 1977 (III ZR 164/75) BGHZ 69, 295 [1]

Ein Vertrag, in dem sich jemand verpflichtet, einer Person die Flucht aus der DDR in die Bundesrepublik zu ermöglichen (»Fluchthilfevertrag«), verstößt nicht gegen ein gesetzliches Verbot und ist daher nicht gemäß § 134 BGB nichtig. In der Bundesrepublik ist weder das Verlassen der DDR noch die Hilfe dazu verboten. Die Verletzung ausländischer Gesetze fällt nicht unter § 134 BGB. Zwar ist die DDR, deren Gesetze die sog. »Republikflucht« verbieten, im Verhältnis zur Bundesrepublik nicht als Ausland anzusehen. Angesichts der tiefgreifenden Verschiedenheiten, die zwischen der Rechtsordnung der Bundesrepublik und den in der DDR herrschenden rechtlichen Vorstellungen bestehen, können die dort erlassenen Gesetze aber nicht dem inländischen Recht hinzugerechnet werden, dessen Verletzung die Nichtigkeit eines Vertrages gemäß § 134 BGB nach sich zieht.

Assistance to those seeking escape from GDR – a contract stipulating such assistance does not violate municipal law – GDR legislation prohibiting free exit is not part of the municipal law

Assistance aux personnes désirant de se réfugier de la R.D.A. – un contrat stipulant une telle assistance ne viole pas le droit interne – la législation de la R.D.A. interdisant la sortie libre ne fait pas partie du droit interne

Nr. 41 BGH 29. 9. 1977 (III ZR 164/75) BGHZ 69, 295

Die in Art. 11 GG allen Deutschen gewährleistete Freizügigkeit beinhaltet auch, ungehindert durch die deutsche Staatsgewalt in das Gebiet der Bundesrepublik einreisen zu können. Dieses Recht haben alle Deutschen im Sinne des Art. 116 GG, auch soweit sie in der DDR wohnen. Der Vertrag über die Grundlagen der Beziehungen

---

[1] Bestätigt in – affirmed by – confirmée par BGH 21. 2. 1980 (III ZR 185/77) Warn. 1980, 116 Nr. 48.

zwischen der Bundesrepublik Deutschland und der DDR vom 21. September 1972 hat daran nichts geändert.

Federal Republic and GDR – freedom of entry into the Federal Republic (art. 11 Basic Law) guaranteed also to Germans domiciled in the GDR – guaranty unaffected by the Treaty on Basic Relations between both States

République fédérale et R.D.A. – la liberté d'entrer dans la République fédérale est garantie aussi aux allemands résidants en R.D.A. – cette garantie n'était pas affectée par le Traité sur les relations fondamentales entre les deux Etats

Nr. 41 **BGH 29. 9. 1977 (III ZR 164/75) BGHZ 69, 295**

Das Transitabkommen vom 21. Dezember 1971 zwischen der Bundesrepublik und der DDR, nach dessen Art. 16 und 17 die Bundesrepublik verpflichtet ist, einen Mißbrauch der Transitwege zwischen der Bundesrepublik und Berlin (West) zu verhindern, regelt ausschließlich Beziehungen zwischen der Bundesrepublik und der DDR, ohne Rechte und Pflichten privater Personen zu begründen. Das Transitabkommen enthält daher kein Verbotsgesetz im Sinne des § 134 BGB, das einen sog. »Fluchthilfevertrag« nichtig werden lassen könnte.

Federal Republic and GDR – Agreement on the Transit Traffic between the Federal Republic and West Berlin does not create rights and duties for individuals – private contracts not affected

République fédérale et R.D.A. – l'Accord sur la circulation en transit entre la République fédérale et Berlin Ouest n'établi pas des droits et obligations pour les individus – les contrats de droit privé ne sont pas affectés

f) Verschiedenes – Miscellaneous – Divers

Nr. 16 **BVerwG 14. 12. 1976 (VII A 4.75) VerwRspr. 29 (1977/78) 1024**

Im Verhältnis zur Bundesrepublik ist die DDR auch nach Abschluß des Grundlagenvertrages vom 21. Dezember 1972 nicht als Ausland anzusehen und zu behandeln, sondern als ein »anderer Teil Deutschlands«. Die »Ständige Vertretung« der Bundesrepublik bei den Behörden der DDR ist daher nicht als »Auslandsvertretung« im Sinne der Zuständigkeitsregelungen der Verwaltungsgerichtsbarkeit anzusehen.

Legal nature of the Permanent Mission of the Federal Republic in the GDR

Nature juridique de la Mission Permanente de la République fédérale dans la R.D.A.

Nr. 58 **BSG 27. 6. 1978 (4 RJ 89/77) BSGE 46, 293**

Die DDR ist weder Ausland, noch Gebiet eines auswärtigen Staates im Sinne der Reichsversicherungsordnung

GDR is not a foreign country – social security law

La R.D.A. n'est pas un pays étranger – droit de la sécurité sociale

Nr. 7 **OLG Köln 26. 7. 1976 (16 Wx 85/76) StAZ 1977, 15**

Kommt für die Legitimation eines Kindes die Anwendung ausländischen Rechts in Betracht, so ist der Begriff »ausländisch« nicht im staatsrechtlichen Sinne zu verstehen.

Denn maßgebend ist nur, daß nicht das Recht der Bundesrepublik angewendet wird. In diesem Sinne ist das Recht der DDR wie ausländisches Recht zu behandeln.

Application of foreign law in case of legitimation of a child – law of the GDR to be applied as foreign law

Application du droit étranger en cas de légitimation d'un enfant – droit de la R.D.A. appliqué comme droit étranger

Nr. 26 **FG Hamburg 8. 3. 1977 (IV 46/75 H) RIW 1977, 438**

Zwischen der Bundesrepublik und der DDR bestehen besondere Beziehungen, die sich nach dem in der Bundesrepublik geltenden Recht von den Beziehungen zwischen einander fremden Staaten deutlich abheben und es ausschließen, die DDR als Ausland zu behandeln. Dementsprechend ist auch der innerdeutsche Handel kein Außenhandel.

GDR is not a foreign country – trade between the GDR and the Federal Republic is not foreign trade

La R.D.A. n'est pas un pays étranger – le commerce entre la R.D.A. et la République fédérale n'est pas commerce extérieur

3. Berlin

a) Viermächteabkommen – Quadripartite Agreement – Accord quadripartite

Nr. 21 **BFH 25. 1. 1977 (VII R 11/74) ZfZ 1977, 308**

Im Land Berlin gilt der besatzungsrechtliche Status weiter. Daran haben auch das Viermächte-Abkommen vom 3. September 1971 und die damit in Verbindung stehenden Protokolle, Noten und Briefe nichts geändert.

Legal status of Berlin as occupied territory not affected by Quadripartite Agreement of 1971

Le statut juridique de Berlin comme territoire occupé n'est pas affecté par l'Accord quadripartite de 1971

Nr. 44 **FG Berlin 7. 10. 1977 (III 912/77) EFG 1978, 102**

An dem völkerrechtlich in den Jahren 1944/45 zustande gekommenen Viermächtestatus für ganz Berlin haben auch die am 3. Juni 1972 in Kraft getretenen Viermächtevereinbarungen vom 3. September 1971 nichts geändert.

Legal status of Berlin as established in 1944/45 not changed by the Quadripartite Agreement of 1971

Le statut juridique de Berlin comme établi en 1944/45 n'était pas modifié par l'Accord quadripartite de 1971

Nr. 51 **LAG Berlin 16. 1. 1978 (9 Sa 77/77) DVBl. 1978, 220**

Das Viermächteabkommen über Berlin vom 3. September 1971 hat den Status der Bürger West-Berlins hinsichtlich ihrer Staatsangehörigkeit nicht verändert. Die im Viermächteabkommen abgegebene Garantie der Bindungen zwischen den Westsektoren Berlins und der Bundesrepublik umfaßt jedoch den Bereich der Staatsangehörigkeit mit. Im Zusammenhang mit dem Schreiben der Botschafter der drei Westmächte an den deutschen Bundeskanzler vom 3. September 1971 und der Erklärung der Alliierten Kommandantur über Berlin vom 5. Mai 1955, welche eindeutig die Wahrung der Rechtseinheit auch auf dem Gebiet der Staatsangehörigkeit zum Ziel haben, ergibt sich, daß die Bürger West-Berlins und der Bundesrepublik weiterhin eine gemeinsame Staatsangehörigkeit besitzen.

Berlin – nationality of citizens of West-Berlin not affected by the Quadripartite Agreement of 1971 – ties between the Federal Republic and West-Berlin include common nationality of citizens of the Federal Republic and West-Berlin

Berlin – la nationalité des citoyens de Berlin (Ouest) n'est pas affectée par l'Accord quadripartite de 1971 – les liens entre la République fédérale et Berlin (Ouest) comprennent la nationalité commune des citoyens de la République fédérale et de Berlin (Ouest)

b) Grundgesetz und sonstiges Bundesrecht – Basic Law and other federal regulation – Loi fondamentale et autre législation fédérale

Nr. 129 **BGH 3. 3. 1980 (AnwZ [B] 21/79) MDR 1980, 666**

Berlin ist trotz des Vorbehalts der Besatzungsmächte ein Land der Bundesrepublik. Deshalb gilt das Grundgesetz grundsätzlich auch in Berlin.

Berlin as Land of the Federal Republic – extension of Basic Law to Berlin

Berlin comme Land de la République fédérale – extension de la Loi fondamentale à Berlin

Nr. 20 **KG 24. 1. 1977 (11 WM 4072/76) NJW 1977, 1694**

Berlin ist trotz des Vorbehalts der Besatzungsmächte ein Land der Bundesrepublik; das Grundgesetz gilt grundsätzlich auch in Berlin. Aus der Staatsqualität des Landes Berlin folgt, daß ihm im Verhältnis zum Oberstaat die Gesetzgebungskompetenz fehlt, soweit sie nach dem Grundgesetz dem Bund zusteht und dieser – in den Fällen der konkurrierenden Gesetzgebung – davon Gebrauch macht.

Berlin as a Land of the Federal Republic – applicability of the Basic Law to Berlin – distribution of legislative competences

Berlin comme Land de la République fédérale – applicabilité de la Loi fondamentale – distribution des pouvoirs législatifs

Nr. 138 **KG 28. 5. 1980 (18 UF 1332/80) FamRZ 1980, 821**

In Berlin gilt außer der Verfassung von Berlin auch der Grundrechtsteil des Bonner Grundgesetzes. Entgegenstehende alliierte Vorbehalte bestehen insoweit nicht. Das bedeutet, daß Art. 6 Abs. 2 GG, der das Grundrecht der Erziehung und Pflege der Kinder garantiert, für Berlin bindend ist.

Fundamental rights under Basic Law applicable in Berlin

Droits fondamentaux de la Loi fondamentale applicables à Berlin

Nr. 20 **KG 24. 1. 1977 (11 WM 4072/76) NJW 1977, 1694**

Im Wege der sog. Mantelgesetzgebung nach Berlin übernommenes Bundesrecht wird aufgrund der in der Verfassung von Berlin (Art. 87 Abs. 2) ausgesprochenen Eigenbindung als Gliedstaat der Bundesrepublik übernommen.

Legal status of Berlin – adoption of statutes of the Federal Republic

Statut juridique de Berlin – réception des lois de la République fédérale

c) Gerichtsbarkeit – Jurisdiction of courts – Pouvoir juridictionnel

Nr. 72 **BVerfG 11. 10. 1978 (2 BvR 1055/76) BVerfGE 49, 329**

Im Hinblick auf den Berlin-Vorbehalt des Genehmigungsschreibens der Militärgouverneure zum Grundgesetz übt das Bundesverfassungsgericht derzeit seine Gerichtsbarkeit nicht über Akte der öffentlichen Gewalt des Landes Berlin aus. Dies gilt auch für Akte der öffentlichen Gewalt des Landes Berlin, die außerhalb Berlins vollzogen werden.

Acts of Berlin authorities – no jurisdiction of the Federal Constitutional Court – reserved powers of the allies

Mesures de autorités de Berlin – pas de compétence de la Cour constitutionnelle fédérale – réserves des alliés

Nr. 72 **BVerfG 11. 10. 1978 (2 BvR 1055/76) BVerfGE 49, 329**

Hebt das Bundesverfassungsgericht die Entscheidung eines obersten Gerichtshofs des Bundes auf und veranlaßt es diesen, die Ausgangsentscheidung eines Berliner Gerichts anders zu behandeln, so liegt hierin keine Einwirkung auf die Staatsgewalt des Landes Berlin vor. Denn eine solche inhaltliche Korrektur der Entscheidung einer Berliner Vorinstanz und die Bindung der Berliner Gerichte und Behörden hieran haben ihre Rechtsgrundlage nicht in der Entscheidung des Bundesverfassungsgerichts, sondern in den bundesrechtlichen Vorschriften der Verfahrensordnungen, die auch in Berlin gelten.

Decision of the Federal Constitutional Court has no illegal influence on Berlin authorities if overruling a decision of a federal court revising decision of a Berlin court

Une décision de la Cour constitutionnelle fédérale ne porte pas illégalement influence sur les autorités de Berlin, si elle annuelle une décision de la Cour fédérale revisant un jugement d'une cour de Berlin

Nr. 138 **KG 28. 5. 1980 (18 UF 1332/80) FamRZ 1980, 821**

In Berlin (West) sind die Gerichte nicht nur befugt, nachkonstitutionelles Bundesrecht auf seine Vereinbarkeit mit verfassungsrechtlichen Normen zu überprüfen. Sie sind außerdem berufen, eine als verfassungswidrig erkannte Vorschrift (hier das Verbot der Übertragung des elterlichen Sorgerechts auf beide Elternteile nach der Scheidung) im konkreten Fall nicht anzuwenden. Eine Vorlage an das Bundesverfassungsgericht gemäß Art. 100 Abs. 1 GG kommt wegen des Vorbehaltes der Alliierten für Berlin nicht in Frage.

No judicial review by the Federal Constitutional Court – reserved powers of the allies

Pas de contrôle juridictionnel par la Cour constitutionnelle fédérale – réserves des alliés

Nr. 85 **ArbG Berlin 22. 1. 1979 (31 BV 2/78) NJW 1979, 1678**

Hält ein Berliner Gericht ein nachkonstitutionelles Bundesgesetz, auf dessen Gültigkeit es bei der Entscheidung ankommt, für verfassungswidrig und ist vor dem Bundesverfassungsgericht bereits ein Verfahren zur Prüfung der Verfassungsmäßigkeit dieses Gesetzes anhängig, so hat das Berliner Gericht sein Verfahren bis zur Erledigung des vor dem Bundesverfassungsgericht anhängigen Verfahrens auszusetzen. Durch die bloße Aussetzung ohne Vorlage werden keine alliierten Vorbehalte berührt.

Obligation of Berlin courts to suspend the hearing until decision of the Federal Constitutional Court in a parallel case – reserved powers of the allies

Obligation des cours de Berlin de suspendre les débats jusqu'à la décision de la Cour constitutionnelle fédérale dans un cas parallèle – réserves des alliés

d) Reichsbahngelände – Reichsbahn estate – Terrain de la Reichsbahn

Nr. 148 **FG Berlin 10. 10. 1980 (III 310/78) EFG 1981, 494**

Die auf dem Gebiet von Berlin (West) gelegenen Betriebsstätten der Deutschen Reichsbahn gehören staatsrechtlich nicht zum Gebiet der DDR oder zum Gebiet von Berlin (Ost). Das Reichsbahngelände in Berlin (West) unterliegt der Oberhoheit der westlichen Schutzmächte. Sie üben in den ihnen durch das Londoner Protokoll vom 12. September 1944 zugewiesenen Sektoren in Berlin die oberste Gewalt aus. Dies gilt auch für das Gelände der Deutschen Reichsbahn in Berlin (West).

Territorial status of the »Deutsche Reichsbahn« (railway) installations in West-Berlin

Situation juridique des installations de la »Deutsche Reichsbahn« (chemin de fer) à Berlin (Ouest)

Nr. 44 **FG Berlin 7. 10. 1977 (III 912/77) EFG 1978, 102**

Das Tabaksteuer-Erhebungsgebiet erstreckt sich im Land Berlin auch auf das dort befindliche Reichsbahngelände, zu dem auch das S-Bahngelände gehört. Hierbei ist unerheblich, daß die S-Bahn im Land Berlin unter Anleitung der in Berlin (Ost) gelegenen Reichsbahndirektion Berlin betrieben wird.

Taxing power of the Federal Republic applies to »Reichsbahn« areas in West-Berlin

Souveraineté fiscale de la République fédérale s'applique au terrain de la »Reichsbahn« situé en Berlin (Ouest)

4. Ostgebiete – Eastern Territories of the German Reich – Territoires de l'est du Reich allemand

Nr. 9 **BSG 30. 9. 1976 (4 RJ 87/74) BSGE 42, 249**

Der Vertrag zwischen der Bundesrepublik Deutschland und der Volksrepublik Polen vom 12. Juli 1970 (Warschauer Vertrag) hat die Rechte und Verantwortlichkeiten der Vier Mächte in bezug auf Deutschland als Ganzes einschließlich der Wiedervereinigung und einer friedensvertraglichen Regelung nicht berührt. Die Bundesrepublik konnte über den staats- und völkerrechtlichen Status der 1945 von Polen übernommenen deutschen Ostgebiete nicht verfügen. Demgemäß sind diese Gebiete durch Art. I des Warschauer Vertrages auch nicht »Ausland« im Sinne der Reichsversicherungsordnung geworden. Renten sind an die in diesen Gebieten wohnenden Versicherten nicht auszuzahlen.

Status of the Eastern territories of the German Reich – rights and responsibilities of the Four Powers – Treaty of Warsaw – not foreign territory within the meaning of social security law

Statut des territoires de l'est du Reich allemand – droits et responsabilités des Quatre Puissances – Traité de Varsovie – pas de territoire étranger dans le sens du droit des assurances sociales

XVIII. Stationierungsstreitkräfte – Allied Armed Forces Stationed in the Federal Republic – Forces armées alliées stationnées en République fédérale

Nr. 6 **OLG Stuttgart 19. 7. 1976 (3 Ws 9/76) NJW 1977, 1019**

Der gemäß Art. 19 Abs. 1 des Zusatzabkommens zum NATO-Truppenstatut generell erklärte und nicht innerhalb der Frist zurückgenommene Verzicht auf Ausübung der deutschen Strafgewalt beseitigt nicht die deutsche Gerichtsbarkeit als solche, sondern lediglich das Vorrecht auf ihre Ausübung. Nach Abschluß des Strafverfahrens durch die Militärgerichte des Entsendestaates kann die deutsche Strafgerichtsbarkeit unter der Einschränkung des Art. VII Abs. 8 des Truppenstatuts (*ne bis in idem*) wieder tätig werden.

Art. 19 sec. 1 Supplementary Agreement to the NATO-SOFA – waiver of the primary right to exercise jurisdiction – legal effect

Art. 19 para. 1 de l'Accord complétant la Convention sur le statut des forces (O.T.A.N.) – renonciation au droit de priorité de juridiction – effet légal

Nr. 6 **OLG Stuttgart 19. 7. 1976 (3 Ws 9/76) NJW 1977, 1019**

Wird der generell erklärte Verzicht auf Ausübung der deutschen Strafgewalt gemäß Art. 19 Abs. 1 des Zusatzabkommens zum NATO-Truppenstatut nicht zurückgenommen, so besteht für die deutschen Justizbehörden ein Verfahrenshindernis nicht erst ab Eröffnung der Hauptverhandlung vor dem Militärgericht des Entsendestaates, sondern bereits während der Dauer eines beim Gerichtsherren des Militärgerichts anhängigen Verfahrens, sofern das Militärstrafrecht des Entsendestaates ebenso wie das deutsche Strafrecht ein solches Verfahren bei den Strafverfolgungsbehörden als »Strafverfahren« im Sinne des Art. VII Abs. 8 des Truppenstatuts ansieht. Der Einstellungsbeschluß in einem solchen Verfahren ist einem Freispruch im Sinne des Art. VII Abs. 8 gleichzusetzen, der auch den deutschen Strafanspruch verbraucht.

NATO-SOFA – criminal jurisdiction – procedure before a military convening authority as trial in the sense of art. VII, sec. 8 – an accused who has been acquitted by this authority may not be tried again by the authorities of the receiving State

Convention sur le statut des forces (O.T.A.N.) – juridiction pénale – procédure devant l'autorité militaire chargée d'ouvrir l'instruction comme procédure pénale au sens de l'art. VII, para. 8 – un inculpé, qui a été acquitté par cette autorité, ne peut plus être jugé par les autorités de l'Etat de séjour

Nr. 60 BGH 8. 8. 1978 (1 StR 275/78) BGHSt 28, 96

Scheidet ein Angehöriger der Stationierungsstreitkräfte aus der US-Armee aus, ohne daß gegen ihn ein militärgerichtliches Verfahren wegen Straftaten, die er während seiner Armeezugehörigkeit begangen hat, durchgeführt worden ist, unterliegt er auch dann der deutschen Gerichtsbarkeit, wenn die Staatsanwaltschaft den Verzicht auf das Vorrecht zur Ausübung der Gerichtsbarkeit (Art. 19 Zusatzabkommen zum NATO-Truppenstatut) nicht zurückgenommen hatte.

Members of allied forces leaving these forces are subject to German criminal jurisdiction even if the waiver (art. 19 Supplementary Agreement to the NATO-SOFA) has not been recalled

Les membres des forces alliées quittant ces forces sont sujets à la juridiction pénale allemande même si la renonciation visée à l'art. 19 de l'Accord complétant la convention sur le statut des forces n'était pas révoquée

Nr. 80 OLG Nürnberg 29. 11. 1978 (4 U 147/77) OLGZ 12, 217

Das NATO-Truppenstatut und das Zusatzabkommen schließen nur vertragliche Ansprüche bei der Regulierung von Stationierungsschäden aus. Wenn dies im Unterzeichnungsprotokoll auf vertragsähnliche Ansprüche erweitert wird, so muß ein solcher Zusatz eng ausgelegt und als bloße Abrundung und Ergänzung angesehen werden, da es grundsätzlich nicht der Sinn eines Unterzeichnungsprotokolls sein kann, Regelungen des Vertrages und des Zusatzabkommens in wesentlichem Umfang abzuändern. Im Rahmen des NATO-Truppenstatuts ist daher auch die Geltendmachung von Bereicherungsansprüchen möglich.

Claims under NATO-SOFA and Supplementary Agreement – interpretation of terms used in Protocol of Signature – action for the return of unjustified gain

Demandes d'indemnité selon la Convention sur le statut des forces (O.T.A.N.) et l'Accord complémentaire – interprétation des notions employées dans le Protocole de signature – action pour cause d'enrichissement illégitime

Nr. 89 VG Köln 15. 2. 1979 (1 K 3320/77) DVBl. 1980, 383

Das NATO-Dokument C-M 55 (15), demzufolge die Ermächtigung eines Angehörigen eines anderen NATO-Staates zum Umgang mit Verschlußsachen nicht nur vom Ergebnis der eigenen Sicherheitsüberprüfung, sondern auch von der Einverständniserklärung des Heimatstaates abhängig zu machen ist, stellt eine völkerrechtlich verbindliche Regelung dar.

NATO recommendation (Document C-M 55 (15)) on security clearance is binding under international law

La recommandation de l'O.T.A.N. (document C-M 55 (15)) sur l'enquête de sécurité est obligatoire selon le droit international public

Zweiter Teil

Auszüge aus den Entscheidungen

Second Part

Extracts of the Decisions

Deuxième Partie

Extraits des décisions

Nr. 1 **KG 6. 1. 1975 (19 U 2242/74) RzW 1979, 16**

Die Parteien streiten über eine Entschädigung nach dem BEG für die Internierung des Vaters des Kl., des Herrn Efraim L., auf der Insel Mauritius.

Der Kl. ist alleiniger Erbe seines 1967 verstorbenen Vaters geworden. Dieser war in Zdunska Wola/Polen als russischer Staatsangehöriger geboren und jüdischer Herkunft, besaß allem Anschein nach später die polnische Staatsangehörigkeit und verzog 1925 von Berlin nach Danzig. Dort wurde er im August 1940 angeblich als Staatenloser mit einem von der Danziger Polizei am 8. 11. 1939 ausgestellten Fremdenpaß einem von der Gestapo zusammengestellten Transport auswanderungswilliger Juden nach dem damaligen Palästina zugeleitet. Bei dem Versuch der illegalen Einwanderung nach Palästina wurde das Auswanderungsschiff »Atlantic«, auf dem sich der Erblasser befand, von einem britischen Kriegsschiff abgefangen. Die Auswanderer wurden von den britischen Mandatsbehörden zunächst im Lager Atlith in Palästina interniert und am 9. 12. 1940 von den britischen Mandatsbehörden nach der Insel Mauritius im Indischen Ozean deportiert. Sie kamen am 24. 12. 1940 auf Mauritius an und wurden dort unter schlechten Lebensbedingungen im Lager Beau Bassin interniert. Herr Efraim L. erblindete während der Internierungszeit. Nach Kriegsende durfte er Mauritius am 11. 8. 1945 verlassen und am 26. 8 nach Palästina einwandern.

Das EntschAmt Berlin hat dem Erblasser wegen seines Berufsschadens nach anfänglicher Ablehnung mit der Begründung, er sei nicht Vertriebener im Sinne des § 1 BVFG und daher nach § 64 BEG nicht anspruchsberechtigt, auf Grund eines im Vorprozeß 193 O. Entsch. 305/62 vor dem LG Berlin geschlossenen Vergleiches vom 20. 5. 1965 eine Berufsschadensrente gewährt; in jenem Vorprozeß hatte der Erblasser unter anderem eine ausführliche eidesstattliche Versicherung über seine Zugehörigkeit zum deutschen Sprach- und Kulturkreis abgegeben.

Über den weiter vom Erblasser angemeldeten Anspruch auf Entschädigung für Freiheitsschaden von Juli 1939 bis August 1945 schloß er – der seinerzeit anwaltlich vertreten war – am 1. 11. 1966 einen Vergleich mit der EntschBehörde. Er erhielt danach zum Ausgleich des Anspruches wegen Freiheitsschadens 300 DM. Aus dem Aktenvermerk ergibt sich, daß die Behörde damals nur für den Transport von Danzig ab 26. 8. 1940 bis nach Rumänien etwa bis zum 30. 10. 1940 einen Anspruch auf Haftentschädigung nach dem BEG für begründet hielt.

Nach dem Tode des Erblassers trat der jetzige Prozeßbevollmächtigte des Kl. mit einer Eingabe vom 21. 4. 1970 an das EntschAmt Berlin heran und regte eine vergleichsweise Erledigung des seiner Ansicht nach noch offenen EntschAnspruches wegen der Internierung des Erblassers auf Mauritius an. Dabei wies er auf eine inzwischen von der Landesregierung in Rheinland-Pfalz genehmigte vergleichsweise Zahlung von 100 DM für jeden vollen Monat der Internierung auf der Insel Mauritius an Verfolgte aus Danzig, welche die Voraussetzungen des § 4 BEG erfüllen, hin.

Das EntschAmt Berlin teilte mit, es habe die vom Lande Rheinland-Pfalz getroffene Regelung der Haftentschädigungsansprüche der ehemaligen Angehörigen der Freien Stadt Danzig für die Internierung auf der Insel Mauritius übernommen. Es lehnte gleichwohl eine Haftentschädigung für die Internierung des Erblassers mit einem Bescheid ab, weil er nach der Auskunft des Internationalen Suchdienstes des Roten Kreuzes in Arolsen während der Internierung polnischer Staatsangehöriger gewesen sei und als solcher nicht den Schutz des Deutschen Reiches verloren habe, ferner die britische

Regierung seinerzeit nicht durch das mit ihr im Kriegszustand befindliche NS-Regime zu der Freiheitsentziehung veranlaßt worden sei (§ 43 BEG).

Der Antragsteller hat gegen den Bescheid Klage erhoben und im wesentlichen vorgebracht: Der BGH habe in seinem Urteil RzW 1963, 228 einerseits frühere Danziger ohne Rücksicht darauf, ob sie Danziger Staatsangehörige, Staatenlose oder Polen gewesen seien, den deutschen Staatsangehörigen gleichgestellt, sofern sie als deutsche Volkszugehörige die deutsche Staatsangehörigkeit nach den für die Ostgebiete erlassenen Vorschriften erworben hätten und davon nur wegen ihrer jüdischen Herkunft ausgeschlossen gewesen seien; er habe andererseits Entsch-Ansprüche solcher Personen für die Internierung auf Mauritius verneint, weil die Verleihung der deutschen Staatsangehörigkeit an Danziger nach der Besetzung von den mit Deutschland kriegführenden Mächten nicht anerkannt worden sei und deshalb eine Intervention der die deutschen Interessen vertretenden Schweizer Schutzmacht für solche Personen erfolglos geblieben wäre. Die Begründung des BGH für die Ablehnung der Haftentschädigung an den genannten Personenkreis sei inzwischen dadurch gegenstandslos geworden, daß später aufgefundene Dokumente der Schweizer Regierung und des Auswärtigen Amtes in Berlin zeigten, daß das Deutsche Reich bei der britischen Regierung tatsächlich interveniert und die britische Regierung eine Intervention nicht zurückgewiesen habe; lediglich deshalb, weil die Internierten auf Mauritius Juden gewesen seien, seien sie von Deutschland nicht geschützt worden (Hinweise auf die Ermittlungen des 19. ZS des KG in dem durch Urteil vom 13. 7. 1967 – RzW 1968, 28 – entschiedenen Falle und des OLG München in dem durch Urteil vom 18. 5. 1967 – unveröffentlicht – entschiedenen Falle). Demgemäß habe das LG Koblenz in RzW 1969, 553, einer staatenlosen Verfolgten aus Danzig eine Haftentschädigung für die Internierung auf Mauritius zugesprochen, das LG Hildesheim in einem unveröffentlichten Urteil sich dem angeschlossen und das Land Rheinland-Pfalz – in dem die überwiegende Zahl der Mauritius-Verfahren anhängig gewesen sei – 1970 Vergleiche mit »den im Gebiet der ehemals Freien Stadt Danzig wohnhaft gewesenen Antragstellern«, die auf britische Veranlassung auf der Insel Mauritius interniert worden seien, geschlossen. Der Erblasser sei deutscher Volkszugehöriger gewesen, wie schon im Zusammenhang mit der Entschädigung wegen Berufsschadens nachgewiesen worden sei, und hätte die deutsche Staatsangehörigkeit durch Eintragung in die deutsche Volksliste und damit den Schutz des Deutschen Reiches erworben, wenn er nicht Jude gewesen wäre. Er habe daher Anspruch auf Haftentschädigung für 53 Monate Internierung.

Ein Abhilfe gegenüber dem Vergleich vom 1. 11. 1966 würde inhaltlich erfordern, daß die frühere Regelung des Freiheitsschadensanspruches des Erblassers hinsichtlich der Internierung auf Mauritius und des Transportes dorthin zu seinem Nachteil in sich fehlerhaft oder auf Grund neuer Erkenntnisse unrichtig erscheint und daß dem Kl. als seinem Rechtsnachfolger ein Festhalten daran nicht zugemutet werden kann (BGH, RzW 1972, 341 Nr. 10, 342; 344 Nr. 11; Zweitverfahrens-Richtlinien Abschnitt I in RzW 1973, 50).

a) Diese Voraussetzungen liegen auf keinen Fall bezüglich des Anspruchstatbestandes des § 43 I 2 Nr. 2 BEG vor. Behörde und LG haben zu Recht verneint, daß etwa die ns. deutsche Regierung die damals mit ihr im Kriegszustand befindliche britische Regierung zu der Internierung des Erblassers unter Mißachtung rechtsstaatlicher Grundsätze »veranlaßt« haben könnte. Das LG hat dabei zutreffend auf das Urteil des BGH in RzW 1958, 400, verwiesen. Ergänzend ist zu betonen, daß nach der st. Rspr.

des BGH ein adäquater Ursachenzusammenhang zwischen der ns. Verfolgung im Inland und der Internierung im Ausland für sich allein noch keinen Anspruch auf Entschädigung wegen Freiheitsschaden begründen kann (vgl. unter anderem BGH, RzW 1965, 517 Nr. 20; 1971, 116 Nr. 12 und 118 Nr. 13); dem tritt der Senat bei.

b) Eine Abhilfe wäre auch nicht im Hinblick auf den anderen Anspruchstatbestand des § 43 I 2 Nr. 1 BEG möglich, da dessen Merkmale ebenfalls nach wie vor nicht erfüllt sind. Eine weitere Anspruchsgrundlage kommt nicht in Betracht, weil nach der st. Rspr. des BGH Entschädigung wegen einer Freiheitsentziehung durch einen ausländischen Staat nur unter den besonderen Voraussetzungen des § 43 I 2 Nr. 1 oder Nr. 2 verlangt werden kann (außer den zuletzt genannten Urteilen namentlich BGH, RzW 1963, 368 Nr. 18).

Zwar verstießen die Art und Weise der Internierung der illegalen jüdischen Palästina-Einwanderer auf der Insel Mauritius und die Durchführung des Transportes dorthin gegen rechtsstaatliche Grundsätze. Das hat der Senat in dem in RzW 1968, 28 Nr. 19, veröffentlichten Urteil näher dargelegt.

Der vorliegende Sachverhalt unterscheidet sich allerdings von jenem Fall von 1968 dadurch, daß der Erblasser Efraim L. unstreitig *nicht* die deutsche Staatsangehörigkeit besessen hatte. Er hätte grundsätzlich weder als polnischer Staatsangehöriger noch als Staatenloser unter dem Schutz des deutschen Staates i. S. des § 43 I 2 Nr. 1 gestanden (BGH, RzW 1957, 236 Nr. 30, 1958, 70 Nr. 27). Darunter ist der Schutz zu verstehen, den das Deutsche Reich nach völkerrechtlichen Grundsätzen seinen Staatsangehörigen und Schutzbefohlenen im Ausland zu gewähren berechtigt war (BGH, a.a.O. und RzW 1959, 254 Nr. 13; 1960, 380 Nr. 40; 1962, 269 Nr. 19; 1963, 368 Nr. 18; 1965, 517 Nr. 20; 1966, 557 Nr. 24; 1971, 116 Nr. 12 und 118 Nr. 13), und zwar in Form diplomatischer Maßnahmen, die unmittelbar darauf gerichtet waren, die Freiheitsentziehung eines im Ausland befindlichen eigenen Staatsangehörigen oder Schutzbefohlenen zu verhindern oder zu beseitigen (BGH, RzW 1966, 557 Nr. 24, 559). Auch aus den in einzelnen völkerrechtlichen Bestimmungen vorgesehenen Schutzpflichten ließ sich eine Pflicht des deutschen Staates als Besatzungsmacht in Polen zum diplomatischen Einschreiten gegenüber Maßnahmen ausländischer Staaten, welche diese auf ihrem eigenen unbesetzten Gebiet gegen polnische Staatsangehörige bzw. Schutzangehörige oder gegen Staatenlose ergriffen, nicht herleiten; das ergibt sich aus dem insoweit einleuchtenden völkerrechtlichen Gutachten des Dr. *Hecker* und entspricht der höchstrichterlichen Rechtsprechung (z. B. BGH, RzW 1965, 517 Nr. 20).

Der Erblasser wäre allerdings im Zweifel entschädigungsrechtlich einem deutschen Staatsangehörigen gleichzustellen gewesen. Falls er nämlich – was nach den bisher vorliegenden Unterlagen naheliegt – der deutschenVolkstumsgruppe zuzurechnen gewesen wäre, würde er ohne die ns. Verfolgung in der Zeit der deutschen Besetzung Danzigs und Polens die deutsche Staatsangehörigkeit und damit den völkerrechtlichen Schutz des Deutschen Reiches erlangt haben, wie aus dem Gutachten des Dr. *Hecker* hervorgeht. Zwar standen Volksdeutsche, die nicht die deutsche Staatsangehörigkeit besaßen, nicht allgemein unter dem Schutz des Reiches, und der Gesetzgeber wollte solchen Personen durch die Vorschrift des § 43 I 2 Nr. 1 BEG nicht allgemein Entschädigung für rechtsstaatswidrige Internierungen im Ausland gewähren (BGH, RzW 1958, 70 Nr. 27; 1966, 557 Nr. 24, 559). Jedoch ist in Übereinstimmung mit der st. Rspr. des BGH ein Volksdeutscher, dem im Gegensatz zu anderen Angehörigen seiner Bevölkerungsgruppe der Erwerb der deutschen Staatsangehörigkeit nur wegen seiner jüdischen Herkunft vorenthalten worden ist, so zu behandeln, als ob er deutscher Staatsangehöriger geworden wäre und den Schutz des deutschen Staates erlangt hätte (BGH, RzW 1959, 396 Nr. 39; 1963, 228 Nr. 23; 1963, 368 Nr. 18; 1964, 118 Nr. 13; 1964, 169 Nr. 33; 1965, 517 Nr. 20; 1966, 557 Nr. 24).

Selbst wenn hiernach der Erblasser – der polnischer Staatsangehöriger, allenfalls Staatenloser war – so zu behandeln sein sollte, als ob er die deutsche Staatsangehörigkeit und damit den Schutz des Deutschen Reiches erworben hätte, würde der Verlust dieses Schutzes aus Verfolgungsgründen entsprechend den Ausführungen des BGH in dem Urteil RzW 1963, 228 Nr. 23, nicht ursächlich geworden sein für seine rechtswidrige Internierung auf Mauritius durch die britischen Behörden. Denn das Deutsche Reich bzw. die die deutschen Interessen im Kriege vertretende Schutzmacht, die Schweiz, hätte zugunsten bisher polnischer Staatsangehöriger oder zugunsten bisheriger Bewohner der Freien Stadt Danzig keine Verbesserungen bei der Durchführung der Internierung auf Mauritius gegenüber den britischen Behörden durchsetzen können. Das beruhte – wie der BGH, a.a.O., im einzelnen ausgeführt hat – darauf, daß Großbritannien ebenso wie die meisten anderen Staaten außerhalb des von den Achsenmächten beherrschten Gebiets die Einverleibung Danzigs und der bisher polnischen Ostgebiete in das Deutsche Reich sowie die Verleihung der deutschen Staatsangehörigkeit an Bewohner dieser Gebiete nicht anerkannte und daher deutsche diplomatische Schritte zugunsten der Flüchtlinge aus Danzig nicht zugelassen haben würde.

In Übereinstimmung damit hat der Sachverständige Dr. *Hecker* in seinem Gutachten überzeugend dargelegt, daß der diplomatische Schutz – um den es sich hier allein handelt – für außerhalb des Gebietes der Achsenmächte lebende bisher polnische Staatsangehörige und Bewohner Danzigs völkerrechtlich allein bei der polnischen Exilregierung in London lag und von ihr *de facto* ausgeübt wurde (in gewissem Umfange sogar zugunsten polnischer Internierter auf Mauritius, die zum Eintritt in die polnische Exilarmee freigelassen wurden: Gutachten S. 15) und daß eine etwaige Intervention des Deutschen Reiches für solche Personen auch nicht etwa unter dem Gesichtspunkt der einstweiligen Pflichten einer Besatzungsmacht nach der Haager Landkriegsordnung berechtigt gewesen wäre.

Der Senat ist deshalb in Übereinstimmung mit dem BGH in RzW 1963, 228 Nr. 23, und dem OLG Zweibrücken in RzW 1969, 476 Nr. 22 – gegen das der BGH allerdings die Revision zugelassen hat (RzW 1970, 333 Nr. 42 a) – der Überzeugung, daß die britischen Behörden ein etwaiges diplomatisches Eingreifen der die deutschen Interessen im Kriege vertretenden Schweizer Schutzmacht zugunsten der auf Mauritius Internierten aus Danzig, sofern sie nicht schon vor dem Kriege die deutsche Staatsangehörigkeit erworben hatten, zurückgewiesen hätten und somit das Deutsche Reich den Erblasser nicht vor der rechtsstaatswidrigen Durchführung der Internierung hätte schützen können.

Eine deutsche Intervention zugunsten des Erblassers und der anderen nichtdeutschen Internierten auf Mauritius wäre allenfalls ohne Rechtsgrund aus humanitären oder politischen Erwägungen in Betracht gekommen. Das Unterlassen eines solchen Eingreifens, wie es in dem Urteil des LG Koblenz in RzW 1969, 553 Nr. 17, irrtümlich als ausreichend für eine Entschädigung nach § 43 I 2 Nr. 1 BEG angesehen worden ist, kann aber nicht dem Verlust des Schutzes des Deutschen Reiches im Sinne dieser Bestimmung gleichgesetzt werden. Denn dieses Erfordernis geht, wie der Sachverständige Dr. *Hecker* richtig betont hat, über die jedem Staat mögliche Intervention ohne Rechtsgrund hinaus. Es verlangt vielmehr – wie die schon erwähnten Urteile des BGH bestätigen – die völkerrechtlich anerkannte Befugnis eines bestimmten Staates auf Grund besonderer Rechtsbeziehung zu einer einzelnen Person zu ihrem Schutz im Ausland durch diplomatische Maßnahmen. Eine solche völkerrechtlich anerkannte Befugnis würde das Deutsche Reich zugunsten des Erblassers indessen selbst dann nicht gehabt haben, wenn er entschädigungsrechtlich wie ein deutscher Staatsangehöriger zu behandeln wäre, weil die Besetzung und Eingliederung Danzigs sowie weiter Teile Polens und die Verleihung der deutschen Staatsangehörigkeit an Bewohner dieser Gebiete völkerrechtlich nicht berechtigt war . . .

Nr. 2 LG Frankfurt 2. 12. 1975 (3/8 O 186/75) NJW 1976, 1044

Die Ast. schloß mit dem Verteidigungsministerium der Republik Nigeria im Februar 1975 einen schriftlichen Vertrag über die Lieferung von 240 000 t Zement nach Nigeria. Der Vertrag sah vor, daß zugunsten des Verkäufers ein unwiderrufliches, übertragbares, teilbares und bestätigtes Akkreditiv eröffnet wurde. Im März 1975 eröffnete die Ag., die Central Bank of Nigeria, zugunsten des oben bezeichneten Verkäufers ein unwiderrufliches Dokumentenakkreditiv, das in Österreich beziehungsweise bei der Bank der Ast. zahlbar sein sollte. Das Akkreditiv verweist am Ende auf die einheitlichen Richtlinien und Gebräuche für Dokumentenakkreditive in der Fassung von 1962 (Broschüre 222 der Internationalen Handelskammer). In einer Anlage zu diesem Akkreditiv heißt es, daß zusätzlich zu dem bezifferten Kaufpreis Liegegeld "without any limit" bei Vorlage der aufgeführten Dokumente zu zahlen sei. Die D-Bank in F. teilte der Ag. mit, daß sie den Gegenwert des jeweiligen Akkreditivbetrages dem bei ihr geführten DM-Konto der Ag. belasten werde. Die Ast. lieferte mit 17 Schiffen, die in der Zeit vom 27. 4. bis 1. 9. 1975 in Lagos eintrafen, fast 140 000 t Zement. Der Kaufpreis für diese Teilmenge wurde gegen Vorlage der Dokumente bezahlt. Wegen einer inzwischen eingetretenen stärkeren Verstopfung des Hafens von Lagos erließ das nigerianische Transportministerium am 9. 8. 1975 Vorschriften, wonach die Lieferanten bzw. Verfrachter die nigerianischen Hafenbehörden mindestens 2 Monate vor der Abfahrt von Schiffen nach Nigeria unter Angabe zahlreicher Einzelheiten unterrichten und die Hafenbehörden die Verschiffung genehmigen oder andere Daten festlegen sollten. Mit Fernschreiben vom 23. 9. 1975 unterrichtete die D-Bank die Bank der Ast., daß die Ag. Überliegegelderzahlungen gegen die Vorlage der vorgeschriebenen Dokumente eingestellt habe und solche Zahlungen nur noch leiste, wenn die Dokumente zuvor zur Zahlung von der Ag. freigegeben worden seien.

Die Ast. hat u.a. vorgetragen, ihr stehe gegen die Ag. auf Grund des Akkreditivs eine Forderung wegen des fällig gewordenen Liegegeldes und für künftig noch entstehendes Liegegeld für die 10 noch nicht entladenen Schiffe zu. Auf ihren Antrag ist der dingliche Arrest in das Vermögen der Ag. angeordnet worden. Die Ag. hat gegen den Arrestbeschluß Widerspruch eingelegt und u.a. die Einreden fehlender inländischer Gerichtsbarkeit und Unzuständigkeit des Gerichts erhoben. Dem ist das LG nicht gefolgt.

Die deutsche Gerichtsbarkeit und die örtliche Zuständigkeit des Gerichtes für das Arrestbegehren sind gegeben. Die Ag. ist entgegen ihrer Rechtsauffassung von der deutschen Gerichtsbarkeit nicht befreit. Nach § 20 GVG erstreckt sich die deutsche Gerichtsbarkeit nicht auf Personen, die nach den allgemeinen Regeln des Völkerrechtes oder auf Grund völkerrechtlicher Vereinbarungen oder sonstiger Rechtsvorschriften von ihr befreit sind. Diese Voraussetzungen für eine Exemtion sind im vorliegenden Fall nicht gegeben. Es kann dahingestellt bleiben, ob die Ag. auf Grund der ihr gesetzlich übertragenen Aufgaben hoheitliche Funktionen wahrnimmt und als juristische Person im Staatseigentum nach nigerianischer Rechtsauffassung zugleich oder gar ausschließlich als Behörde des Staates in Erfüllung öffentlichrechtlicher Aufgaben handelt. Die Ast. hat zutreffend darauf hingewiesen, daß nach allgemeiner Meinung in der Rechtsprechung, in der prozeßrechtlichen Literatur und im völkerrechtlichen Schrifttum rechtlich selbständige Organisationen eines ausländischen Staates keine Immunität genießen (RGZ 110, 315 [317]; RGZ 157, 389 [395]; BGHZ 18, 1 [9]=NJW 1955, 1435; *Baumbach-Lauterbach,* ZPO, 33. Aufl. [1975], § 20 GVG Anm. IAa; *Stein-Jonas-Pohle,* ZPO, 19. Aufl. [1964], Vorb. § 1 Anm. VB 3; *Wieczorek,* ZPO, 1957, § 19 GVG Anm. B II; *Rosenberg-Schwab,* ZPO, 11. Aufl. [1974], S. 84; *Riezler,* Internationales ZPR, 1949, S. 404; *Dahm,* VölkerR I, 1958, S. 228; vgl. weiter die Nachw. bei *Habscheid,* in: Berichte der Dt. Gesellschaft für VölkerR, Heft 8, S. 171 Fußn. 18, insbesondere zur Rechtsprechung der ausländischen Gerichte). Es bedarf hier keiner Beurteilung, ob die Ag., die nach Art. 3 II des Zentralbankgesetzes von 1958 als eine juristische Person errichtet wurde und nach der schriftlichen Erklärung des Leiters ihrer Bankenabteilung im eigenen Namen klagen und verklagt werden und im Rahmen der gesetzlichen Bestimmungen zum Zweck ihrer Aufgaben bewegliches und unbewegliches Vermögen erwerben, besitzen und veräußern kann, gleichwohl wegen ihrer Bindung an Weisungen der Regierung und der Wahrnehmung finanzpolitischer Staatsaufgaben nach nigerianischer Rechtsauffassung zumindest insoweit nur als eine »juristisch unselbständige Abteilung« ihres Staates anzusehen ist und deshalb an seiner Immunität teilhaben könnte (vgl. *Dahm,* S. 228; *Habscheid,* S. 169 ff.). Für ihr rechtsgeschäftliches Handeln im vorliegenden Fall könnte die Ag. auch als unselbständige Behörde des Staates Nigeria die Befreiung von der deutschen Gerichtsbarkeit nicht mit Erfolg beanspruchen.

Nach den Entscheidungen des BVerfG von 1962 und 1963 (BVerfGE 15, 25 ff.=NJW 1963, 435; BVerfGE 16, 27 ff.=NJW 1963, 1732) kommt einem ausländischen Staat Freiheit von deutscher Gerichtsgewalt nur zu in bezug auf seine hoheitliche Betätigung (*acta jure imperii*), nicht jedoch in bezug auf seine nichthoheitliche Betätigung (*acta gestiones*), weil keine allgemeine Regel des Völkerrechtes besteht, nach der die inländische Gerichtsbarkeit für Klagen gegen einen ausländischen Staat in bezug auf seine nichthoheitliche Betätigung ausgeschlossen ist. Dieses seit den genannten Entscheidungen in der Bundesrepublik gültige Rechtsprinzip der allein auf die hoheitliche Betätigung beschränkten Immunität der ausländischen Staaten gilt nicht etwa nur in solchen Fällen, in denen sich aus dem Sachverhalt ein besonderer Anknüpfungspunkt nach Deutschland, wie bei der Entscheidung des BVerfG vom 30. 4. 1963 ergibt. Eine derartige Einschränkung hat das BVerfG bei seiner Feststellung des Fehlens einer völkerrechtlichen Regel für eine unbeschränkte Exemtion der ausländischen Staaten nicht gemacht. Die frühere Rechtsauffassung des RG, daß einem ausländischen Staat nur bei Unterwerfung oder im Falle einer dinglichen Klage bezüglich eines im Inland gelegenen Grundstückes die Anerkennung einer unbeschränkten Immunität zu versagen sei (vgl. RGZ 62, 165 [167]), ist nach den Entscheidungen des BVerfG nicht mehr maßgebend. Mangels gegenteiliger völkerrechtlicher Regel sind daher ausländische Staaten von der inländischen Gerichtsbarkeit nicht gemäß § 20 GVG ausgenommen, soweit sie wegen einer nichthoheitlichen Betätigung in Anspruch genommen werden. Im übrigen bestehen im vorliegenden Fall auch inländische Anknüpfungspunkte auf Grund des Versprechens der Ag., in F. Zahlung aus dem Akkreditiv zu Lasten ihrer hiesigen Vermögensgegenstände zu leisten.

Die eingeschränkte Immunität des ausländischen Staates gegenüber einer Inanspruchnahme als Schuldner im Inland gilt auch für die Beurteilung der Zulässigkeit des Arrestverfahrens als summarisches Erkenntnisverfahren und die Vollstreckung der von dem Gläubiger begehrten gerichtlichen Anordnung (vgl. *Habscheid,* S. 249 ff. und 264 ff.; *Riezler,* S. 402). Soweit die Gerichtsbarkeit reicht, ist auch der Arrest in das inländische Vermögen eines anderen Staates zulässig. Der Zwangsvollstreckung aus einem Arrest sind lediglich diejenigen Sachen entzogen, welche als solche dem öffentlichen Dienst des Staates gewidmet sind. Im vorliegenden Fall richtet sich das Arrestbegehren der Ast. jedoch gegen inländische Geld- und Wertpapierkonten der Ag., also Gegenstände, die nicht »im öffentlichen Dienst« der Ag. stehen (vgl. *Riezler,* S. 401; *Habscheid,* S. 266). Eine mögliche zukünftige Verwendung dieser Gegenstände zur Finanzierung staatlicher Aufgaben vermag keine sachliche Immunität zu begründen.

Die von der Ast. geltendgemachten Ansprüche sind ihr nicht aus einer hoheitlichen Betätigung der Ag., sondern aus deren privatrechtlichem Handeln, der bankgeschäftlichen Eröffnung eines Dokumentenakkreditivs erwachsen. Daß die Ag. dies auf eine dahin gehende Weisung des Verteidigungsministeriums von Nigeria zur Erfüllung des Kaufvertrages vom 12. 2. 1975 getan hat, ist für die Beurteilung der Handlung als nichthoheitliche Staatstätigkeit nicht maßgebend, denn die Unterscheidung zwischen hoheitlicher und nichthoheitlicher Staatstätigkeit kann nicht nach dem Zweck der staatlichen Betätigung und danach vorgenommen werden, ob diese Betätigung in erkennbarem Zusammenhang mit hoheitlichen Aufgaben steht. Da letztlich die Tätigkeit des Staates und auch der Ag. nach ihrem Vortrag zum größten Teil hoheitlichen Zwecken und Aufgaben dient und mit ihnen in einem erkennbarem Zusammenhang steht, kann maßgebend für die Unterscheidung zwischen *acta iure imperii* und *iure gestiones* nicht der Zweck, sondern »nur die Natur der staatlichen Handlung oder des entstandenen Rechtsverhältnisses sein«, so daß es darauf ankommt, »ob der ausländische Staat in Ausübung der ihm zustehenden Hoheitsgewalt, also öffentlichrechtlich, oder wie eine Privatperson, also privatrechtlich, tätig geworden ist« (so BVerfGE 16, 27=NJW 1963, 1732, unter Hinweis auf die gleiche oder ähnliche Rechtsprechung der Gerichte Italiens, Belgiens, der Schweiz, Österreichs und Ägyptens). Die Qualifikation der Staatstätigkeit als hoheitlich oder nichthoheitlich, ist grundsätzlich nach nationalem Recht vorzunehmen, soweit es nicht ausnahmsweise völkerrechtlich geboten sein kann, die Betätigung eines ausländischen Staates, weil sie dem Kernbereich der Staatsgewalt zuzurechnen ist, als *acta jure imperii* zu werten (BVerfGE 16, 27=NJW 1963, 1732).

Aus dieser Einschränkung der grundsätzlichen Maßgeblichkeit des nationalen Rechtes schließt die *Kammer,* daß das BVerfG damit das deutsche Recht gemeint hat, denn anderenfalls bedürfte es nicht der Berücksichtigung eines völkerrechtlichen Gebotes, wenn für die Qualifikation ohnehin das nationale Recht des handelnden fremden Staates maßgebend wäre. Die gegenteilige Auffassung von *Canaris* in seinem von der Ag. vorgelegten Gutachten hält die Kammer nach Sachlage nicht für gerechtfertigt. Da das deutsche Recht für die Beurteilung der Reichweite der inländischen Gerichtsbarkeit maßgebend ist, kann die nach der angeführten Entscheidung des BVerfG mangels völkerrechtlicher Abgrenzungskriterien nach nationalem Recht vorzunehmende Qualifikation der Betätigung des ausländischen Staates sonach grundsätzlich nur nach deutschem Recht erfolgen (so im Ergebnis BGHZ 40, 197 [203]=NJW 1964, 203; OLG München, NJW 1975, 2144). Selbst wenn aber das nigerianische Recht für die Qualifikation der Tätigkeit der Ag. maßgebend und danach die Eröffnung des Akkreditivs zum Bereich der Staatsgewalt gehören sollte, könnte einer derartigen Erweiterung der Immunitätsinanspruchnahme für eine solche privatrechtliche Tätigkeit in Deutschland mit dem auch im Völkerrecht anerkannten Rechtsgrundsatz von Treu und Glauben begegnet werden (so ausdrücklich BVerfGE 16, 27=NJW 1963, 1732). Das Gegenseitigkeitsprinzip und mangelndes deutsches Eigeninteresse können demgegenüber entgegen der Auffassung von *Canaris* keine selbständigen Gründe für eine Immunitätsgewährung sein, zumal im vorliegenden Fall ein Inlandsbezug wegen des in F. zahlbar gestellten Akkreditivs und des deshalb hierauf anwendbaren deutschen Rechtes vorliegt und schließlich nach deutschem Recht für das Arrestbegehren ein Gerichtsstand im Inland gegeben ist. Nach der somit nach deutschem Recht vorzunehmenden Qualifikation gehören der Abschluß eines Kaufvertrages und die Erfüllung der Zahlungspflicht des nigerianischen Verteidigungsministeriums als Käufer bzw. die Eröffnung eines Dokumentenakkreditivs ihrer rechtsgeschäftlichen Natur nach nicht zum Bereich der Staatsgewalt im engeren und eigentlichen Sinne, so daß es auch nicht ausnahmsweise – im Hinblick auf die von der Ag. geltendgemachte nigerianische Rechtsauffassung – völkerrechtlich geboten sein kann, die privatrechtliche Mitwirkung der Ag. bei der Beschaffung von Baumaterial für die Errichtung der Militäranlagen durch die Übernahme der Zahlungsverpflichtung gegenüber der Ast. als *acta iure imperii* zu qualifizieren. Die Ag. ist daher insoweit nach dem maßgebenden deutschen Recht von der deutschen Gerichtsbarkeit nicht befreit.

Nr. 3 BVerfG 13. 1. 1976 (1 BvR 631/69, 24/70) BVerfGE 41, 126

Gegenstand der vorliegenden Verfahren ist die innerstaatliche Regelung der Entschädigung für Vermögensverluste, die während des Zweiten Weltkriegs und danach dadurch verursacht worden sind, daß die Siegermächte zum Zwecke der Reparation oder der Schwächung der deutschen Volkswirtschaft das deutsche Auslandsvermögen konfiszierten sowie im Inland Industrieanlagen und andere in deutscher Hand befindliche Vermögenswerte wegnahmen, beschädigten oder zerstörten (im folgenden: Reparationsschäden). Die Verfassungsbeschwerden richten sich dagegen, daß das Reparationsschädengesetz für diese Schäden keine volle oder angemessene Enteignungsentschädigung vorsieht, sondern nach dem Vorbild des Lastenausgleichsgesetzes nur einen nach sozialen Gesichtspunkten bemessenen Ausgleich gewährt, insbesondere juristische Personen von den Entschädigungsleistungen ausschließt.

Nach dem Zweiten Weltkrieg haben die Siegermächte in großem Umfang deutsches Privatvermögen eingezogen oder zerstört, um einerseits die Kriegsgegner des Deutschen Reiches für ihre Kriegsschäden zu entschädigen und andererseits das wirtschaftliche Kriegspotential Deutschlands entscheidend zu verringern.

Auf der Potsdamer Konferenz im Juli und August 1945 beschlossen die Vereinigten Staaten von Amerika, die Sowjetunion und Großbritannien, die gesamte deutsche Industrie, die für eine Kriegsproduktion benutzt werden könnte, auszuschalten oder unter Kontrolle zu stellen. Produktionsanlagen, die nicht erforderlich waren, um die Nachkriegsbedürfnisse Deutschlands auf dem von den Siegermächten genehmigten niedrigen Niveau zu befriedigen, sollten aus Deutschland entfernt oder zerstört werden. Das gesamte deutsche Auslandsvermögen in den damals feindlichen, in den mit Deutschland verbündeten und in den neutralen Staaten, das weitgehend bereits während des Krieges beschlagnahmt worden war, sollte konfisziert und die Handelsflotte weggenommen werden (vgl. die Mitteilung über die Konferenz – sog. Potsdamer Abkommen – in: Amtsblatt des Kontrollrats – ABlKR –, Ergänzungsblatt Nr. 1, S. 13 ff., Teil III und IV). Frankreich, das gemeinsam mit den anderen drei Besatzungsmächten in der Berliner Erklärung vom 5. Juni 1945 die oberste Gewalt in Deutschland übernommen hatte (vgl. ABlKR, ErgBl. 1, S. 10), beteiligte sich an der Durchführung dieser Politik.

Im März 1946 beschloß der Kontrollrat für alle vier Besatzungszonen einen Industrieplan (vgl. *Harmssen,* Reparationen, Sozialprodukt, Lebensstandard, Versuch einer Wirtschaftsbilanz, 1948, Heft 1, S. 91 ff.), wonach das Produktionsniveau der deutschen Industrie auf 50–55% des Vorkriegsstandes im Jahre 1938 gesenkt werden sollte. Der Plan enthielt entsprechende Produktionsverbote und -beschränkungen und führte im einzelnen auf, in welchen Wirtschaftszweigen Demontagen vorzunehmen waren. Die gemeinsame Reparationspolitik der vier Besatzungsmächte endete jedoch schon im Mai 1946, als die drei westlichen Besatzungsmächte den Abtransport demontierter Industrieanlagen vorübergehend einstellten, weil die im Potsdamer Abkommen vorgesehene Wirtschaftseinheit aller Besatzungszonen nicht zustande gekommen war (vgl. Europa-Archiv 1950, S. 3285). Darüber hinaus setzte sich in den Vereinigten Staaten und in Westeuropa bald die Erkenntnis durch, daß der wirtschaftliche Wiederaufbau Europas gefährdet war, wenn der Industrieplan wie vorgesehen durchgeführt wurde. Daher wurde West-Deutschland in die amerikanische Wirtschaftshilfe nach dem sog. Marshallplan einbezogen (vgl. die Kurzfassung des Schlußberichts der Marshallplan-Konferenz, Europa-Archiv 1947, S. 922 ff.). Weiter erließen die amerikanische und die britische Besatzungsmacht nach dem Zusammenschluß ihrer Besatzungszonen im August 1947 einen revidierten Industrieplan, der nur noch eine Senkung der Produktion etwa auf den Stand von 1936 vorsah; die französische Besatzungsmacht änderte die ursprüngliche Planung für ihre Zone entsprechend (vgl. *Harmssen,* a.a.O., S. 95 ff., 110 ff.).

Im September 1948 erklärte die amerikanische Militärregierung die Demontagen in ihrer Zone für beendet. In den beiden anderen westlichen Besatzungszonen wurde das Demontageprogramm wiederholt weiter gekürzt. Nach dem Jahre 1951 sind in der Bundesrepublik keine Demontagen mehr vorgenommen worden.

Anders verlief die Entwicklung hinsichtlich des deutschen Auslandsvermögens. In den ehemaligen Feindstaaten wurde es den deutschen Eigentümern nach dem Kriege nahezu ausnahmslos entzogen (liquidiert), und zwar durchgängig ohne Entschädigung (vgl. *v. Schmoller/Maier/Tobler,* Handbuch des Besatzungsrechts, 1957, Bd. 1, § 51). Die Absicht der Siegermächte, auch das deutsche Auslandsvermögen in den neutralen Staaten für Reparationszwecke zu verwenden, scheiterte zunächst am Widerstand dieser Länder; sie erkannten den vom Kontrollrat im Gesetz Nr. 5 vom 30. Oktober 1945 (ABlKR Nr. 2, S. 27) angeordneten Übergang dieses Vermögens auf eine Kommission für das deutsche Auslandsvermögen nicht an (vgl. *v. Schmoller/Maier/Tobler,* a.a.O., S. 8 f.). Deswegen sperrten nunmehr die Vereinigten Staaten die Guthaben der neutralen Länder (Schweiz, Schweden, Spanien, Portugal). Unter diesem Druck verpflichteten sich diese in den sog. Washingtoner Abkommen oder Safe-Haven-Abkommen gegenüber den westlichen Besatzungsmächten, das deutsche Vermögen zu liquidieren und den Liquidationserlös ganz oder zum Teil an die Alliierten abzuführen (vgl. »Deutsches Vermögen im Ausland«, Bd. 1, S. 390 ff., 360 ff., 414 f., Bd. 3, S. 447 ff.). Dabei war grundsätzlich eine Entschädigung der deutschen Eigentümer vereinbart, ohne diese näher zu regeln. Diese Abkommen wurden später durch Verträge zwischen der Bundesrepublik und den neutralen Staaten wesentlich modifiziert.

Nach einer in den Verfassungsbeschwerdeverfahren vorgelegten Schätzung des Bundesausgleichsamtes belaufen sich die deutschen Reparationsschäden (ohne die Schäden der öffentlichen Hand und der in der DDR lebenden Deutschen) in Preisen von 1938 auf 18,8 Mrd. RM. Davon entfallen 14,1 Mrd. RM auf 7000 juristische und 4,7 Mrd. RM auf 74 000 natürliche Personen. Diese Schäden sind in Höhe von 13,1 Mrd. RM im Ausland und in Höhe von 5,7 Mrd. RM im Inland eingetreten. Im Vergleich dazu beliefen sich die im Lastenausgleichsgesetz geregelten Schäden – Vertreibungsschäden, Kriegssachschäden und Ostschäden – auf einen Gesamtbetrag von 105 Mrd. RM und betrafen über 5 Millionen Geschädigte.

Die Reparationsmaßnahmen im Inland beeinträchtigten über die unmittelbar geschädigten Unternehmen hinaus auch die übrige Wirtschaft, etwa durch den Ausfall von Zulieferindustrien, und hatten entsprechende Nachteile für die betroffenen Arbeitnehmer sowie für die gesamte Bevölkerung zur Folge. Auf längere Sicht veranlaßten die Demontagen allerdings die betroffenen Industrien, ihre Betriebsstätten mit modernen Ausrüstungen und Anlagen auszustatten, die ihnen im internationalen Wettbewerb zugute kamen. Freilich mußten die Remontagen zu einem wesentlichen Teil mit Fremdmitteln finanziert werden, was die Ertragslage dieser Unternehmen beeinträchtigen konnte. Die Konfiskation des Auslandsvermögens behinderte die deutsche Exportwirtschaft und führte zu erheblichen Ausfällen an Deviseneinnahmen. Im Zuge des Wiederaufbaus des Außenhandels mußten sogar erhebliche Devisenbeträge aufgewendet werden, um deutsche Niederlassungen im Ausland zurückzuerwerben oder neu zu gründen. Es gibt keine Feststellungen darüber, welche Vorteile ausländischen Volkswirtschaften insgesamt zu Lasten der deutschen Volkswirtschaft durch die Reparationsmaßnahmen zugute gekommen sind (vgl. *Harmssen,* Am Abend der Demontage, 1951, S. 32 ff., und den Schriftlichen Bericht einer Untersuchung über das deutsche Auslandsvermögen, Verhandlungen des Deutschen Bundestags, 1. Wp., Bd. 12, Anl. 3 zum StenBer. der 217. Sitzung, S. 9541 ff. [9547]).

Ebenso wie vorher schon andere amtliche deutsche Stellen hatte nach der Gründung der Bundesrepublik die Bundesregierung wiederholt an die westlichen Besatzungsmächte appelliert, die Demontagen zu beenden und das Auslandsvermögen zurückzugeben. Um diesen Demarchen die Grundlage zu entziehen, erließ die Alliierte Hohe Kommission am 31. August 1951 das Gesetz Nr. 63 (ABlAHK S. 1107 – vgl. dazu BVerfGE 29, 348 [365 ff.]). Dieses Gesetz betrifft alle Vermögensgegenstände, die als deutsches Eigentum im Ausland beschlagnahmt und enteignet oder unter der Kontrolle einer der Besatzungsmächte zum Zwecke der Reparation oder Restitution aus Deutschland entfernt worden sind (Art. 1). Die Rechte der früheren Eigentümer und sonstigen Berechtigten an diesen Vermögensgegenständen gelten als erloschen (Art. 2). Weiter ist bestimmt:

»Art. 3: Die Erhebung von Ansprüchen oder Klagen, die sich auf die Übertragung, Liquidierung oder Übergabe unter dieses Gesetz fallender Vermögensgegenstände gründen oder beziehen,

(a) gegen Personen, die Eigentum oder Besitz an diesen Vermögensgegenständen übertragen oder erworben haben, oder gegen diese Vermögensgegenstände,
(b) gegen eine internationale Stelle, die Regierung eines ausländischen Staates oder eine in Übereinstimmung mit den Anweisungen einer solchen Stelle oder Regierung handelnden Person
ist unzulässig«.

Die durch dieses Gesetz geschaffene Rechtslage wurde in den sog. Pariser Verträgen zwischen der Bundesrepublik und den drei westlichen Besatzungsmächten, die zur Ablösung des Besatzungsregimes führten, im wesentlichen bestätigt. Die einschlägigen Vorschriften sind im Sechsten Teil des Vertrags zur Regelung aus Krieg und Besatzung entstandener Fragen (Überleitungsvertrag) vom 26. Mai 1952 in der Fassung des am 23. Oktober 1954 in Paris unterzeichneten Protokolls über die Beendigung des Besatzungsregimes in der Bundesrepublik Deutschland (BGBl. 1955 II, S. 213 ff., S. 405 ff.) enthalten. Danach bleibt die Regelung der Reparationsfrage dem Friedensvertrag oder besonderen Abkommen vorbehalten, jedoch verpflichten sich die drei Mächte, zu keiner Zeit Reparationen aus der laufenden Produktion zu verlangen (Art. 1). Bis zu einer solchen vertraglichen Regelung gelten u. a. folgende Bestimmungen:

»Art. 2: ... Die Bundesrepublik wird das Gesetz Nr. 63 der Alliierten Hohen Kommission nur mit Zustimmung der Drei Mächte aufheben oder ändern ...

Art. 3: (1) Die Bundesrepublik wird in Zukunft keine Einwendungen gegen die Maßnahmen erheben, die gegen das deutsche Auslands- oder sonstige Vermögen durchgeführt worden sind oder werden sollen, das beschlagnahmt worden ist für Zwecke der Reparation oder Restitution oder auf Grund des Kriegszustandes oder auf Grund von Abkommen, die die Drei Mächte mit anderen alliierten Staaten, neutralen Staaten oder ehemaligen Bundesgenossen Deutschlands geschlossen haben oder schließen werden ...

(3) Ansprüche und Klagen gegen Personen, die auf Grund der in Absatz (1) und (2) dieses Artikels bezeichneten Maßnahmen Eigentum erworben oder übertragen haben, sowie Ansprüche und Klagen gegen internationale Organisationen, ausländische Regierungen oder Personen, die auf Anweisung dieser Organisationen oder Regierungen gehandelt haben, werden nicht zugelassen.

Art. 5: Die Bundesrepublik wird Vorsorge treffen, daß die früheren Eigentümer der Werte, die auf Grund der in Artikel 2 und 3 dieses Teiles bezeichneten Maßnahmen beschlagnahmt worden sind, entschädigt werden«.

Die innerstaatliche Regelung einer Entschädigung für Reparationsschäden ist erst sehr spät ergangen. Hierzu hatte das von den drei westlichen Besatzungsmächten erlassene Dritte Gesetz zur Neuordnung des Geldwesens (Umstellungsgesetz) vom 20. Juni 1948 (WiGBl. Beil. Nr. 5, S. 13) folgendes vorgesehen:

»§ 29: Die zur Durchführung des Lastenausgleichs erforderlichen Mittel sind durch besondere Vermögensabgaben aufzubringen, deren Erträge zu diesem Zweck einem außeretatmäßigen Ausgleichsfonds zuzuführen sind. Das Nähere regeln die nach der Präambel zum Währungsgesetz bis zum 31. Dezember 1948 zu erlassenden deutschen Gesetze über den Lastenausgleich. Diese bestimmen auch, inwieweit für die durch die Geldreform entstehenden Verluste oder andere Verluste eine Entschädigung zu gewähren ist. Hierbei sind insbesondere Verluste auf Grund des Kontrollratsgesetzes Nr. 5 und infolge von Reparationsentnahmen zu berücksichtigen«.

Das Lastenausgleichsgesetz vom 14. August 1952 (BGBl. I, S. 446) berücksichtigte die Reparationsschäden jedoch nicht, sondern behielt in § 366 global die Regelung der dort nicht erfaßten Kriegs- und Kriegsfolgeschäden besonderen Gesetzen vor. Nach dem Allgemeinen Kriegsfolgengesetz vom 5. November 1957 (BGBl. I, S. 1747) konnten an Reparationsgeschädigte Härtebeihilfen (nur an natürliche Personen) und Wiederaufbaudarlehen (an natürliche und juristische Personen) gewährt werden, während die Entschädigungsregelung ausdrücklich vorbehalten blieb (§ 3 Abs. 1 Nr. 2, §§ 68 ff., § 85).

Erst in der dritten (1961) und in der vierten (1963) Legislaturperiode brachten Abgeordnete des Deutschen Bundestags Gesetzentwürfe für ein Reparationsschädengesetz ein (vgl. BTDrucks. III/2964; IV/1762). Diese sahen die Entschädigung der natürlichen und juristischen Personen vor. Nach dem zweiten Entwurf sollten die Schäden im wesentlichen mit den in der Reparationskartei des Bundeswirtschaftsministeriums festgehaltenen Zeitwerten der weggenommenen Güter festgestellt und die Beträge im Verhältnis 1:1 von Reichsmark auf Deutsche Mark umgestellt werden. Die Entschädigung war degressiv gestaffelt: von 100% des Schadens für Schäden bis 50 000 Mark bis zu 20% für Schäden über 15 Mio. Mark.

Demgegenüber brachten die Bundesregierungen in der vierten (1963) und fünften (1967) Legislaturperiode des Bundestags ihrerseits jeweils Entwürfe für ein Reparationsschädengesetz ein, die sich eng an das Vorbild des Lastenausgleichsgesetzes anlehnten und dementsprechend nur zugunsten natürlicher Personen Entschädigungsleistungen vorsahen (vgl. BTDrucks. IV/1456; V/2432). Den zweiten Regierungsentwurf hat der Bundestag ohne grundlegende Änderungen verabschiedet. Er trat als Gesetz zur Abgeltung von Reparations-, Restitutions-, Zerstörungs- und Rückerstattungsschäden (Reparationsschädengesetz – RepG) vom 12. Februar 1969 (BGBl. I, S. 105) rückwirkend am 1. Januar 1969 in Kraft.

Das Reparationsschädengesetz unterscheidet – abgesehen von hier nicht interessierenden Schadensfällen – zwischen Reparationsschäden und Zerstörungsschäden. Reparationsschäden im Sinne des Reparationsschädengesetzes sind Schäden, die im Gebiet des Deutschen Reiches westlich der Oder-Neiße-Linie auf Betreiben der Besatzungsmächte – wenn auch unter Mitwirkung deutscher Stellen – durch Wegnahme von Wirtschaftsgütern eingetreten sind, sofern diese Wirtschaftsgüter einer fremden Volkswirtschaft zugeführt wurden oder eine dahin gehende Absicht bestand (§ 2 Abs. 1 Nr. 2). Als Reparationsschäden bezeichnet das Gesetz ferner Schäden, die in den ehemaligen deutschen Ostgebieten und im Ausland durch die Wegnahme von Wirtschaftsgütern infolge Maßnahmen fremder Staaten gegen deutsches Vermögen, besonders auf Grund der Feindvermögensgesetzgebung eingetreten sind, auch wenn es sich hierbei zugleich um Vertreibungs- und Ostschäden im Sinne der §§ 12 und 14 LAG handelt (§ 2 Abs. 1 Nr. 1 und Abs. 3). Durch diese begriffliche Einbeziehung der Vertreibungs- und Ostschäden, die von der üblichen, auch in dieser Entscheidung zugrunde gelegten Terminologie abweicht, erhalten die davon Betroffenen aber keine doppelte Entschädigung für die entsprechenden Verluste, weil alle Schäden einer Person nach dem Reparationsschädengesetz und dem Lastenausgleichsgesetz einheitlich festgestellt und entschädigt werden (vgl. §§ 14, 25 i.V.m. § 32 Abs. 2 und § 35 Abs. 1 Nr. 2 RepG).

Unter Zerstörungsschäden versteht das Gesetz Schäden, die dadurch entstanden sind, daß Wirtschaftsgüter zum Zwecke der Beseitigung deutschen Wirtschaftspotentials in anderer Weise als durch Kriegshandlungen zerstört, beschädigt oder weggenommen worden sind, ohne sie einer anderen Volkswirtschaft zuzuführen (§ 4).

Die für beide Schadensgruppen gleiche Regelung ist abschließend: eine Entschädigung wird nur gewährt, wenn und soweit dieses Gesetz sie vorsieht (§ 1 Abs. 1). Die Vorschriften über die Entschädigungsberechtigung, die Feststellung der Schäden und die Berechnung der Entschädigung stimmen inhaltlich und weitgehend auch im Wortlaut mit den entsprechenden Bestimmungen des Lastenausgleichsgesetzes überein.

Juristische Personen erhalten keine Entschädigung: § 13 RepG (vgl. § 229 Abs. 3 LAG): »(1) Die Schäden müssen einer natürlichen Person entstanden sein«. – § 38 RepG: »(1) Anspruchsberechtigter muß eine natürliche Person sein«. Lediglich die Anteilseigner reparationsgeschädigter juristischer Personen können für eine Wertminderung ihrer Anteile eine Entschädigung erhalten, wenn sie natürliche Personen sind und die juristische Person außerhalb des Gebietes der Bundesrepublik ansässig war (§ 6 Abs. 2, § 12 Abs. 3 Nr. 2 Buchst. c, Abs. 4, Abs. 6 RepG – siehe auch § 12 Abs. 1 Nr. 2 Buchst. e, Abs. 2 Nr. 3, Abs. 10 LAG).

Soweit danach Schäden gewerblicher Betriebe zu entschädigen sind, werden sie mit dem steuerlichen Einheitswert der entzogenen oder zerstörten Güter bewertet (§ 19 RepG – siehe auch §§ 41 ff. LAG). Sind die Schäden in der Bundesrepublik entstanden, so wird der zu entschädigende Gesamtbetrag aller Schäden eines Unternehmens durch den sog. Einheitswertvergleich nach oben begrenzt: Grundsätzlich wird der Schaden nur bis zur Höhe des Betrages berücksichtigt, um den der für den 1. Januar 1940 ermittelte steuerliche Einheitswert des Betriebsvermögens (Anfangsvergleichswert) den für den Währungsstichtag am 21. Juni 1948 festgestellten und um 30 vom Hundert verminderten steuerlichen Einheitswert des Betriebsvermögens (Endvergleichswert) übersteigt. Danach unterbleibt eine Schadensfeststellung und damit eine Entschädigung trotz tatsächlich eingetretener Schäden, wenn der Endvergleichswert dem Anfangsvergleichswert entspricht oder ihn übersteigt. Durch diese Regelungen werden die Schäden sowie die zwischen den Stichtagen eingetretenen Verluste ohne weiteres gegen die in demselben Zeitraum erzielten Gewinne aufgerechnet, wobei es auf die Ursache der Vermögensbewegung nicht ankommt.

Von dem auf die beschriebene Weise ermittelten Schadensbetrag wird nach einer stark degressiv gestaffelten Tabelle der Entschädigungsbetrag (Grundbetrag) errechnet (§ 33 RepG, siehe auch § 246 LAG). Er entspricht bis zu 4800 DM dem Schadensbetrag und fällt dann bei den jeweiligen Schadensgruppen stufenweise bis zu einer Quote von annähernd 6,5% bei Schadensbeträgen über 2 Mio. Mark. Geschädigte, die einen verhältnismäßig großen Teil ihres Vermögens über Krieg und Zusammenbruch hinweg gerettet oder bis zur Währungsreform entsprechendes Vermögen neu erworben haben, erhalten keine oder eine gegenüber den Tabellenwerten verminderte Entschädigung (Kürzung des Grundbetrags – vgl. § 35 Abs. 1 Nr. 1 RepG, siehe auch § 249 Abs. 1 LAG).

Abweichend vom Lastenausgleichsgesetz werden die Leistungen des Reparationsschädengesetzes aus Haushaltsmitteln des Bundes finanziert (§ 56 Abs. 1). Demgegenüber werden die Mittel für die Lastenausgleichsleistungen aus einem besonderen Ausgleichsfonds aufgebracht, der zu einem wesentlichen Teil durch die Ausgleichsabgaben gespeist wird (§§ 5 ff. LAG). Hierzu gehört die Vermögensabgabe, die von natürlichen und juristischen Personen gezahlt werden muß und in der Regel 50 vom Hundert des abgabepflichtigen Vermögens nach dem Stand vom 21. Juni 1948 beträgt (§ 3 Nr. 1,

§ 16 Abs. 1, § 21 Abs. 1 i.V.m. § 31 LAG). Sie wird bis zum 31. März 1979 in gleichen vierteljährlichen Teilbeträgen entrichtet (§ 34 Abs. 1 LAG). Kriegssachschäden, Vertreibungsschäden und Ostschäden, die abgabepflichtige natürliche oder juristische Personen selbst erlitten haben, werden nach näherer Regelung der §§ 39 ff. LAG durch eine Ermäßigung der Vermögensabgabe berücksichtigt (vgl. dazu BVerfGE 12, 151 [152 f.]). Dagegen wird für Reparationsschäden im Lastenausgleichsgesetz keine Abgabeermäßigung gewährt. Auch das Reparationsschädengesetz sieht keine den §§ 39 ff. LAG entsprechende Regelung vor.

Die Beschwerdeführerin zu 1), eine Aktiengesellschaft, stellt schwere Werkzeugmaschinen her. Ihre fünf Werke wurden bis zum Jahre 1948 vollständig demontiert und der Sowjetunion, Jugoslawien, Albanien und Frankreich zugesprochen. Die Produktion mußte vorübergehend völlig eingestellt werden. Die Beschwerdeführerin beziffert ihren Schaden auf rd. 37 Mio. Mark.

Die Verfassungsbeschwerde richtet sich in erster Linie gegen das Reparationsschädengesetz im ganzen. Die Beschwerdeführerin macht geltend, die Übernahme der Grundsätze des sozialen Lastenausgleichs, besonders die Abgrenzung der Entschädigungsberechtigung ebenso wie die Methode der Schadensfeststellung und Entschädigungsberechnung führe dazu, daß für die überwiegend am Vermögen gewerblicher Unternehmen entstandenen Reparationsschäden in den meisten Fällen überhaupt keine und im übrigen nur eine minimale Entschädigung geleistet werde. Hilfsweise greift die Beschwerdeführerin einzelne Regelungen des Gesetzes an, und zwar den Ausschluß der juristischen Personen von den Entschädigungsleistungen in § 13 Abs. 1 und § 38 Abs. 1 RepG sowie die Vorschriften über die Schadensfeststellung, soweit sie den Einheitswertvergleich und die Bewertung von Betriebsgrundstücken betreffen (§ 19 Abs. 2 Nr. 1, Abs. 3 Nr. 1–3, Abs. 4 RepG i.V.m. § 13 Abs. 6 Nr. 1 Buchst. c des Feststellungsgesetzes). Schließlich wendet sich die Beschwerdeführerin dagegen, daß das Reparationsschädengesetz den juristischen Personen sogar eine Ermäßigung der Vermögensabgabe vorenthält, wie sie nach §§ 39 ff. LAG auch juristischen Personen gewährt wird.

Die Beschwerdeführerin fühlt sich durch die angegriffenen Regelungen im ganzen und im einzelnen in ihren Grundrechten aus Art. 14 und Art. 3 Abs. 1 GG verletzt.

Sie ist der Ansicht, die Bundesrepublik schulde ihr eine nach dem Maßstab des Art. 14 Abs. 3 Satz 3 GG unter gerechter Abwägung der Interessen der Allgemeinheit und der Beteiligten bemessene Entschädigung für ihre Reparationsschäden. Diesen Entschädigungsanspruch habe ihr das angefochtene Gesetz unter Verletzung ihres Grundrechts aus Art. 14 GG entzogen. Im vorliegenden Verfahren bedürfe es keiner Klärung, ob die von der Verfassung vorgeschriebene Abwägung den vollen Ausgleich der eingetretenen Vermögensverluste erfordere oder ob auch eine unter dem Verkehrswert der entzogenen Vermögensgüter liegende Entschädigung angemessen sei; denn jedenfalls lasse die Verfassungsnorm nicht zu, daß überhaupt keine Entschädigung geleistet werde.

Die Beschwerdeführerin begründet ihren Anspruch auf eine Enteignungsentschädigung zum einen in Anlehnung an eine im wesentlichen von Prof. *Erich Kaufmann* entwickelte Rechtsauffassung (vgl. u.a. Die Reparationsschäden, AöR 1963, Bd. 88, S. 1 ff.; Zur Abgeltung der Reparationsschäden, 1964; Ein letztes Wort zur Frage der Reparationsschäden, nicht veröffentlicht) wie folgt:

Nach dem Ende des Zweiten Weltkriegs sei die Bundesrepublik verpflichtet gewesen, den Siegermächten Reparationen zu leisten. Diese Verpflichtung ergebe sich aus der militärischen Niederlage des Deutschen Reiches, ohne daß es dafür einer formellen Zustimmung des besiegten Staates bedurft hätte. Sie treffe den Staat, der sich nach Ende der Kriegshandlungen auf dem Territorium des unterlegenen Staates bilde. Dabei habe das Potsdamer Abkommen die Verantwortlichkeit der Bundesrepublik auf die Reparationsforderungen derjenigen Staaten begrenzt, denen die sog. Potsdamer Westmasse (im wesentlichen die Entnahmen aus den drei westlichen Besatzungszonen und aus dem deutschen Vermögen im Ausland mit Ausnahme der der Sowjetunion vorbehaltenen osteuropäischen Staaten) zugesprochen worden sei. Die Besatzungsmächte hätten zur Erfüllung der Reparationsschuld des deutschen Staates auf deutsches Privateigentum zurückgreifen dürfen. Dazu habe sie die von ihnen in der Berliner Erklärung vom 5. Juni 1945 übernommene oberste Gewalt in Deutschland legitimiert, bei der es sich insoweit um treuhänderisch ausgeübte deutsche Staatsgewalt gehandelt habe. Die Reparationsmaßnahmen seien daher rechtmäßige Enteignungen gewesen, die sich die Bundesrepublik wie eigene Eingriffe in das Eigentum ihrer Bürger zurechnen lassen müsse, zumal da nach dem Kriege auch einer handlungsfähigen deutschen Regierung angesichts der Reparationsforderungen der Siegermächte nichts anderes übriggeblieben wäre, als im Wege der Enteignung auf Privateigentum zurückzugreifen. Wie sich aus zahlreichen Erklärungen der Besatzungsmächte sowie aus § 29 des Umstellungsgesetzes – besonders dem englischen Text dieser Vorschrift – ergebe, sei es stets die Absicht der Besatzungsmächte gewesen, allen Reparationsgeschädigten eine adäquate und effektive Entschädigung durch die Bundesrepublik zu sichern.

Die nur auf diese Weise zu begründende Rechtmäßigkeit der Reparationseingriffe der Besatzungsmächte dürfe nach Art. 3 des Sechsten Teils des Überleitungsvertrags von keiner deutschen Stelle in Zweifel gezogen werden; ebenso sei es unzulässig, den Besatzungsmächten die Absicht einer das Völkerrecht und ihr eigenes Verfassungsrecht verletzenden entschädigungslosen Konfiskation zu unterstellen.

Die Entschädigungspflicht der Bundesrepublik folge auch daraus, daß die Reparationseingriffe zur Tilgung ihrer Reparationsschuld geführt hätten, besonders zu dem im Überleitungsvertrag erklärten Verzicht der Drei Mächte auf Reparationen aus der laufenden Produktion. Dadurch hätten sich die Reparationsmaßnahmen zugunsten der Bundesrepublik ausgewirkt; nach Enteignungsrecht habe aber der durch die Enteignung Begünstigte die Entschädigung zu zahlen.

In Art. 5 des Sechsten Teils des Überleitungsvertrags habe die Bundesrepublik ihre Entschädigungspflicht ausdrücklich anerkannt. Diese Vereinbarung gewähre den Reparationsgeschädigten einen unmittelbaren Rechtsanspruch mindestens darauf, daß die Bundesrepublik eine gesetzliche Regelung vornehme, die den Reparationsgeschädigten eine den Anforderungen des Art. 14 Abs. 3 Satz 3 GG genügende Entschädigung gewähre. Dies ergebe sich ferner aus der Entstehungsgeschichte der Vereinbarung und daraus, daß die Bundesregierung die Abrede selbst wiederholt in diesem Sinne interpretiert habe.

Zum anderen beruft sich die Beschwerdeführerin zur Begründung ihres Entschädigungsanspruchs nach Enteignungsrecht auf eine von Prof. *Ignaz Seidl-Hohenveldern* und Prof. *Hans Peter Ipsen* vertretene Rechtsansicht (in: Entschädigungspflicht der Bundesrepublik für reparationsentzogenes Auslandsvermögen, 1962). Danach verletzten die Reparationsmaßnahmen der Besatzungsmächte das Völkerrecht, das den Schutz des

Privateigentums auch im Kriege garantiere; sie seien daher rechtlich unwirksam gewesen. Erst der im Überleitungsvertrag von der Bundesrepublik erklärte Verzicht auf alle sich daraus gegen die Enteignerstaaten oder ihre Angehörigen ergebenden Rechte habe diesen Makel geheilt, so daß erst dadurch der volle Rechtsverlust der betroffenen deutschen Eigentümer eingetreten sei. Hierin liege ein eigener Eingriff der Bundesrepublik in die aus dem Eigentum fließenden Rechte der Reparationsgeschädigten, ohne daß es darauf ankäme, welchen Wert diese Rechte bei Abschluß des Überleitungsvertrags tatsächlich noch gehabt hätten.

Art. 134 Abs. 4 GG und die daraus in der Rechtsprechung des Bundesverfassungsgerichts entwickelten Grundsätze zur Abwicklung des Staatsbankrotts des Deutschen Reiches dürften auf die Entschädigungsansprüche der Reparationsgeschädigten nicht angewendet werden, weil die Bundesrepublik originärer Schuldner dieser Ansprüche sei.

Ihr Grundrecht aus Art. 3 Abs. 1 GG sieht die Beschwerdeführerin in mehrfacher Hinsicht verletzt und führt hierzu aus:

Der allgemeine Gleichheitssatz verbiete es dem Gesetzgeber, ungleiche Tatbestände nach denselben Grundsätzen zu regeln, ohne ihre Besonderheit hinreichend zu berücksichtigen. Deswegen hätte er den Reparationsgeschädigten eine höhere Entschädigung gewähren müssen, als sie das Lastenausgleichsgesetz für die dort geregelten ganz anderen Schadensfälle vorsehe. Im Gegensatz zu den Kriegsschäden seien die Reparationsschäden durch einzelne gezielte Eingriffe in das Eigentum hervorgerufen worden. Die Vertreibung der deutschen Bevölkerung im Osten habe gegen das Völkerrecht verstoßen und sei rechtswidrig gewesen, während es sich bei den Reparationseingriffen um rechtmäßige Enteignungen gehandelt habe. Vor allem hätten nur die Reparationsschäden eine Tilgung der Reparationsschuld und damit eine Begünstigung der Bundesrepublik bewirkt. Weiter führe die Anwendung der gleichen Konzeption wegen der verschiedenen Struktur der Schäden dazu, daß sich die Bundesrepublik einer Entschädigung der Reparationsschäden nahezu völlig entziehe, während die in der Mehrzahl bei natürlichen Personen eingetretenen Schadensfälle des Lastenausgleichsgesetzes in weit größerem Umfange berücksichtigt würden. Schließlich seien die Reparationsschäden in der Regel erst nach dem Kriege und während der Wiederaufbauphase, also überwiegend später als die im Lastenausgleichsgesetz geregelten Schäden eingetreten. Dies habe die Reparationsgeschädigten im Wettbewerb beim Wiederaufbau zusätzlich benachteiligt.

Andererseits stelle das Reparationsschädengesetz die Reparationsgeschädigten ohne einleuchtenden Grund schlechter als die Besatzungsgeschädigten, die Rückerstattungsberechtigten und die Anteilseigner der Deutschen Reichsbank und der Deutschen Golddiskontbank, die für ihre Verluste wesentlich günstiger abgefunden worden seien.

Schließlich benachteilige das angefochtene Gesetz die meisten Reparationsgeschädigten gegenüber denjenigen, die für ihre in neutralen Staaten eingetretenen Schäden eine nach der Beurteilung des Bundesverfassungsgerichts gerecht abgewogene Entschädigung im Sinne des Art. 14 Abs. 3 Satz 3 GG erhalten hätten (vgl. BVerGE 6, 290 [298] – deutsch-schweizerisches Vermögensabkommen). Überdies habe die Bundesrepublik Reparationsforderungen der Siegermächte an das deutsche Vermögen in den neutralen Staaten selbst beglichen, indem sie dieses Vermögen, soweit die Eigentümer zur Tilgung der Reparationsforderungen Ablösungsbeiträge bezahlt hätten, von der Vermögensabgabe freigestellt habe.

Selbst wenn man in Widerspruch zur Rechtsauffassung der Beschwerdeführerin davon ausgehe, daß die Reparationsgeschädigten lediglich eine Entschädigung nach den Grundsätzen des Lastenausgleichs verlangen könnten, verletze es den allgemeinen Gleichheitssatz, daß für die Reparationsschäden im Gegensatz zu den im Lastenausgleichsgesetz geregelten Schäden keine Ermäßigung der Vermögensabgabe vorgesehen sei. Die gesetzliche Regelung bedürfe mindestens insoweit einer entsprechenden Änderung. Allerdings würde die Beschwerdeführerin bei einer schlichten Erstreckung der §§ 39 ff. LAG auf die Reparationsschäden keine Ermäßigung erhalten, jedoch müßten einzelne die Ermäßigung begrenzende Berechnungsvorschriften – betreffend die Bewertung von Betriebsgrundstücken beim Einheitswertvergleich sowie die Beschränkung der pauschalen Kürzung des Endvergleichswerts auf Kleinvermögen (§ 41 LAG i.V.m. § 13 Abs. 6 Nr. 1 Buchst. c Feststellungsgesetz, § 47b Abs. 5 LAG) –, wenn sie nicht schon an sich als verfassungswidrig aufzuheben seien, den besonderen Verhältnissen der Reparationsgeschädigten angepaßt werden.

Nach Ansicht der Beschwerdeführerin verletzt das angefochtene Gesetz auch die Vorschrift über den Eigentumsschutz in Art. 1 Abs. 1 des Zusatzprotokolls der Europäischen Konvention zum Schutze der Menschenrechte und Grundfreiheiten vom 20. März 1952 (BGBl. 1956 II, S. 1880).

Die Betriebsstätten der Beschwerdeführerin zu 2), einer Gesellschaft mit beschränkter Haftung, wurden nach dem Kriege von der französischen Besatzungsmacht vollständig demontiert. Die Beschwerdeführerin gibt den Zeitwert der zerstörten und weggenommenen Wirtschaftsgüter (in Preisen von 1938) mir rd. 8,9 Mio. RM und den Wiederbeschaffungswert mit über 60 Mio. DM an.

Ihre Verfassungsbeschwerde richtet sich ebenfalls in erster Linie gegen das Reparationsschädengesetz im ganzen und hilfsweise gegen einzelne Vorschriften (§ 13 Abs. 1, § 38 Abs. 1, § 19 – vor allem Abs. 3 Nr. 4 –, §§ 25, 31, 33, 35 RepG). Sie fühlt sich durch diese Regelungen in ihren Grundrechten aus Art. 14 und Art. 3 Abs. 1 GG verletzt. Ferner rügt sie Verstöße gegen Art. 1 Abs. 3, Art. 19, Art. 25 und Art. 142a GG.

Die Beschwerdeführerin begründet ihre Verfassungsbeschwerde weitgehend mit den gleichen Erwägungen wie die Beschwerdeführerin zu 1) und trägt zusätzlich vor:

Der Entschädigungsanspruch der Reparationsgeschädigten gegen die Bundesrepublik ergebe sich schon aus Art. II Nr. 1 der Proklamation Nr. 3 des Kontrollrats vom 20. Oktober 1945 (ABlKR Nr. 1, S. 22), wonach nur im Zuge eines adäquaten Rechtsverfahrens in das Eigentum eingegriffen werden dürfe. Ein solches Verfahren setze entsprechend dem 5. Amendment der Verfassung der Vereinigten Staaten von Amerika eine angemessene Entschädigung des Eigentümers voraus, die mindestens dem Verkehrswert der entzogenen Güter entsprechen müsse.

Die französische Besatzungsmacht habe der Beschwerdeführerin einen Entschädigungsanspruch für ihre Reparationsschäden zuerkannt, den die Bundesrepublik nach Art. 2 des Ersten Teils des Überleitungsvertrags erfüllen müsse.

Schließlich stehe der Beschwerdeführerin der Entschädigungsanspruch auch aus den Gesichtspunkten der Aufopferung, der ungerechtfertigten Bereicherung und der Geschäftsführung ohne Auftrag zu.

Das Reparationsschädengesetz verstoße gegen Art. 25 GG; denn nach allgemeinem Völkerrecht löse die Inanspruchnahme von Privateigentum zu Reparationszwecken einen Entschädigungsanspruch gegen den Staat aus, der die Reparationen schulde. Weiter sei Art. 142a GG verletzt. In dieser Bestimmung sei verfassungskräftig festgestellt, daß der Überleitungsvertrag mit dem Grundgesetz vereinbar sei, so daß die Entschädigungsklausel des Überleitungsvertrags im Sinne des Art. 14 GG auszulegen und selbst mit Verfassungsrang ausgestattet sei . . .

Als Prüfungsmaßstab für die Verfassungsmäßigkeit des Ausschlusses juristischer Personen von den Entschädigungsleistungen für Reparationsschäden kommen nur Art. 14 Abs. 1 und 3 sowie Art. 3 Abs. 1 GG in Betracht. Den Schutz dieser Grundrechte können im vorliegenden Zusammenhang gemäß Art. 19 Abs. 3 GG auch die Beschwerdeführerinnen als juristische Personen des Privatrechts in Anspruch nehmen (vgl. BVerfGE 23, 153 [163] m.w.N. – Berliner Handels-Gesellschaft; 35, 348 [360] – Armenrecht für juristische Personen).

Die Verletzung der Europäischen Menschenrechtskonvention kann nicht mit der Verfassungsbeschwerde gerügt werden (BVerfGE 34, 384 [395]; 10, 271 [274]).

Die Verfassungsbeschwerden sind, soweit sie zulässig sind, unbegründet.

Der Ausschluß juristischer Personen von der Entschädigung für Reparationsschäden in § 13 Abs. 1, § 38 Abs. 1 RepG verletzt nicht die grundrechtliche Gewährleistung des Eigentums nach Art. 14 GG, insbesondere nicht das in Art. 14 Abs. 3 Satz 2 und 3 GG enthaltene Entschädigungsgebot bei Enteignungen.

Bei einer Gesamtbetrachtung kann das Verhalten der Bundesrepublik in bezug auf die Reparationsschäden einschließlich der gesetzlichen Regelung der Entschädigung nicht an Art. 14 GG gemessen werden; denn es handelt sich hier um die Bewältigung außergewöhnlicher Probleme, die ihren Ursprung in historischen Vorgängen aus der Zeit vor der Entstehung der Bundesrepublik haben. Das Grundgesetz hat – wie sich auch aus Art. 134 Abs. 4, Art. 135a GG ergibt (vgl. BVerfGE 15, 126 [140 ff.] – *Waldenfels*) – den Ausgleich der wirtschaftlichen und politischen Lasten, die aus dem Krieg und dem Zusammenbruch des Deutschen Reiches herrühren, weitgehend der eigenverantwortlichen Gestaltung des Gesetzgebers überlassen. Gegenstand der Eigentumsgarantie könnten erst die vom Gesetzgeber neu begründeten Ansprüche gegen die Bundesrepublik sein.

In bewußter Abkehr von den Verhältnissen unter dem nationalsozialistischen Regime hat das Grundgesetz die Menschenwürde und die Menschenrechte zur Grundlage der neuen Staatsordnung erhoben und die Freiheitssphäre des Einzelnen durch die effektive Geltung der Grundrechtsnormen und durch die Einrichtung der Verfassungsgerichtsbarkeit in einem bisher ungekannten Ausmaß gegen Eingriffe der öffentlichen Gewalt gesichert. In diesen Rahmen gehören auch die verfassungsrechtlichen Garantien des Art. 14 GG, die das Eigentum schützen, um dem Grundrechtsträger einen Freiheitsraum für seine eigenverantwortliche Betätigung im vermögensrechtlichen Bereich offenzuhalten (BVerfGE 24, 367 [389] – *Deich*urteil). Die hierin normierten strengen Anforderungen an die Voraussetzungen staatlicher Eingriffe in das Eigentum, besonders die Junktimklausel in Verbindung mit den Grundsätzen für die Bemessung der Entschädigung, sind auf die Neuordnung des Verhältnisses zwischen der öffentlichen Gewalt und dem Bürger ausgerichtet; sie beziehen sich also auf Maßnahmen, welche die neuen Träger der Staatsgewalt in der Zukunft im Zuge der allgemeinen Erfüllung öffentlicher Aufgaben treffen werden. Die insoweit bewußt hoch angesetzten Schranken können nicht gelten für die Bereinigung innerstaatlicher Eingriffe, die von früheren Rechtsträgern der deutschen Staatsgewalt zu verantworten sind; erst recht vermögen sie die Bundesrepublik nicht an der Abwicklung von Eingriffen fremder Hoheitsträger zu hindern, die durch den Krieg und seine Folgen verursacht sind.

Dem stand schon das katastrophale Ausmaß des staatlichen Zusammenbruchs und der daraus erwachsenen Anforderungen an den Staat entgegen. Das Deutsche Reich befand sich bei Kriegsende im Zustand eines totalen Staatsbankrotts, der sich aus dem Mißverhältnis zwischen dem Leistungsvermögen und den Passiven des Reiches sowie aus seinem politischen Schicksal ergeben hatte (vgl. BVerfGE 15, 126 [135 ff.]; 19, 150 [159 ff.] – reichsbezogene Verbindlichkeiten). Die Träger der staatlichen Neuordnung mußten zunächst die Grundlagen für den politischen, wirtschaftlichen und sozialen Wiederaufbau schaffen, besonders als entscheidende Voraussetzung eines geordneten sozialen und politischen Lebens die staatlichen Finanzen sanieren. Hierbei sahen sie sich zum einen der gewaltigen Masse bereits rechtlich begründeter Reichsverbindlichkeiten gegenüber, die wesentlich aus der gleichen Politik herrührten, die den Zusammenbruch des Reiches herbeigeführt hatte; zum anderen trafen sie die Verpflichtung zur Wiedergutmachung nationalsozialistischen Unrechts und die kaum übersehbaren Lasten aus dem großen Komplex der Kriegs- und Kriegsfolgeschäden, besonders aus der Versorgung der Kriegsopfer, der Eingliederung der Vertriebenen, der Hilfe für die Kriegssachgeschädigten sowie der Entschädigung für die Heimkehrer und die Besatzungsgeschädigten. In dieser Lage schied eine vollständige Erfüllung aller dieser Verbindlichkeiten von vornherein aus; bei der Beurteilung eines Staatsbankrotts, der notwendig die Existenz des gesamten Gemeinwesens in Mitleidenschaft zieht, steht »im Vordergrund . . . nicht die Abrechnung über die Vergangenheit, sondern die Schaffung einer Grundlage für die Zukunft« (BVerfGE 15, 126 [141]). Danach können Regelungen des Gesetzgebers der Bundesrepublik, die der Bereinigung der umschriebenen Hinterlassenschaft des nationalsozialistischen Regimes dienen, nicht mit den Maßstäben gemessen werden, wie sie für den Zwangseingriff in das Eigentum von Bürgern zur Erfüllung einer normalen öffentlichen Aufgabe gelten. Eine Bindung an diese Maßstäbe hätte den staatlichen Wiederaufbau unmöglich gemacht. Darüber hinaus würde sie zu dem mit dem Wertsystem des Grundgesetzes unvereinbaren Ergebnis führen, daß angesichts der begrenzten öffentlichen Mittel dem Ausgleich der meßbaren materiellen Schäden an Eigentum oder anderen Vermögenswerten der Vorrang vor dem Ausgleich nicht meßbarer immaterieller Schäden an Leben, Gesundheit, Freiheit usw. zukäme (BVerfGE 27, 253 [285] – Besatzungsschäden).

Daher hat das Bundesverfassungsgericht bereits in der Entscheidung vom 14. November 1962 ausgesprochen, daß Art. 14 GG einer gesetzlichen Regelung der bei Inkrafttreten des Grundgesetzes bereits bestehenden Reichsverbindlichkeiten nach den genannten Grundsätzen für die Bereinigung des Staatsbankrotts nicht entgegensteht (BVerfGE 15, 126 [bes. 143 ff.]). Der Gesetzgeber war nur gehalten, die Forderungen gegen das Reich nach Maßgabe des Möglichen zu erfüllen. Mit dieser Maßgabe durfte er ihre Befriedigung ganz oder zum Teil verweigern. Dabei ist hervorzuheben, daß die Entscheidung diese Befugnis des Gesetzgebers unmittelbar aus der Regelungskompetenz der Art. 134 Abs. 4 GG entnommen und der nachträglich eingefügten Vorschrift des Art. 135 a GG nur den Charakter einer Legalinterpretation des Art. 134 GG zugeschrieben hat (BVerfGE 15, 126 [144]).

Diese aus der Ausnahmesituation des Staatsbankrotts entwickelten Grundsätze rechtfertigen nach der Rechtsprechung des Bundesverfassungsgerichts eine Kürzung oder Erfüllungsverweigerung ohne Verstoß gegen Art. 14 GG nicht nur bei den eigentlichen Reichsverbindlichkeiten, die schon vor dem Zusammenbruch rechtlich begründet waren, einschließlich der in Reichstiteln verbrieften Ansprüche (siehe BVerf-

GE 23, 153 [166 ff.]). Solche Regelungen sind auch bei den sog. reichsbezogenen Verbindlichkeiten kommunaler Gebietskörperschaften statthaft, die erst nach dem Zusammenbruch daraus entstanden, daß diese Körperschaften anstelle des handlungsunfähigen Reiches dessen Verwaltungsfunktionen wahrnehmen mußten (BVerfGE 19, 150 [159 ff., 163 ff.]). Darüber hinaus gelten sie sinngemäß für die Abwicklung des gesamten Komplexes der Kriegs- und Kriegsfolgeschäden. Der Bundesgesetzgeber war »nur gehalten, die Schäden im Rahmen des Möglichen zu berücksichtigen, d. h. soweit die notwendige staatliche Konsolidierung und der Wiederaufbau des wirtschaftlichen, sozialen und privaten Lebens eine finanzielle Belastung zuließ. Der Gesetzgeber durfte und mußte bei den Einzelregelungen zum einen das Gesamtvolumen der Kriegs- und Kriegsfolgeschäden sowie der sonstigen durch das nationalsozialistische Regime verursachten Verpflichtungen, insbesondere zur Wiedergutmachung, berücksichtigen, zum anderen auf die Erfüllung der neuen Aufgaben Bedacht nehmen, die sich aus dem Wiederaufbau von Staat und Wirtschaft ergaben; dabei stand die Entscheidung über die Priorität grundsätzlich in seinem Ermessen« (BVerfGE 27, 253 [285]).

Wie das Bundesverfassungsgericht in der letztgenannten Entscheidung näher dargelegt hat, bedeutet das Fehlen einer Bindung an Art. 14 GG freilich nicht, daß der Gesetzgeber völlig frei entscheiden konnte, ob er überhaupt Regelungen für die Kriegs- und Kriegsfolgeschäden erlassen wollte und welchen Inhalt diese haben sollten. »Die Wertordnung des Grundgesetzes, die den freien, sich in der Gemeinschaft entfaltenden Menschen in den Mittelpunkt der staatlichen Ordnung stellt, verlangt besonders im Hinblick auf das in Art. 20 Abs. 1 GG zum Ausdruck gekommene Sozialstaatsprinzip, daß die staatliche Gemeinschaft in der Regel Lasten mitträgt, die aus einem von der Gesamtheit zu tragenden Schicksal, namentlich durch Eingriffe von außen, entstanden sind und mehr oder weniger zufällig nur einige Bürger oder bestimmte Gruppen getroffen haben. Dies bedeutet keine automatische Abwälzung solcher Lasten auf den Staat mit der Wirkung, daß dieser nunmehr den Betroffenen unmittelbar zum vollen Ausgleich verpflichtet wäre; vielmehr kann sich aus den genannten Rechtsgrundsätzen zunächst nur die Pflicht zu einer Lastenverteilung, zu einem innerstaatlichen Ausgleich der Belastung nach Maßgabe einer gesetzlichen Regelung ergeben. Erst eine solche gesetzliche Regelung kann konkrete Ausgleichsansprüche der einzelnen Geschädigten begründen« (BVerfGE 27, 253 [283, siehe auch 270 f.]; 11, 50 [56] – Hausratsentschädigung).

Diese Rechtsprechungsgrundsätze gelten in vollem Umfang auch für die gesetzliche Regelung der Entschädigung von Reparationsschäden (vgl. auch BGHZ 52, 371 [373 ff.]). Es kann nicht ernstlich bestritten werden, daß die Reparationsschäden in unmittelbarem Zusammenhang mit dem Krieg und der politischen und militärischen Niederlage des Deutschen Reiches stehen: Die Reparationseingriffe sollten einerseits der Wiedergutmachung der Schäden dienen, die der vom Deutschen Reich begonnene und verlorene Krieg den Feindmächten zugefügt hatte, andererseits das wirtschaftliche Potential der deutschen Industrie entscheidend schwächen, um eine Fortsetzung oder Wiederaufnahme der Feindseligkeiten von deutscher Seite ein für allemal zu verhindern. Angesichts dieser doppelten Zielsetzung steht der Zuordnung der Reparationsschäden zum Komplex der Kriegs- und Kriegsfolgeschäden auch nicht entgegen, daß die Reparationseingriffe überwiegend erst nach dem Ende der militärischen Auseinandersetzung vorgenommen worden sind; es gilt insoweit nichts anderes als für die Besatzungsschäden (BVerfGE 27, 253 [284]).

Nach Ansicht der Beschwerdeführerinnen sind trotz dieses Zusammenhangs mit dem Zusammenbruch des Deutschen Reiches aus einer Reihe von Gründen originäre Entschädigungspflichten der Bundesrepublik gegenüber den Reparationsgeschädigten entstanden, die außerhalb des Staatskonkurses stehen und weiter reichen als ein sozialer Ausgleich. Sie berufen sich dabei unter verschiedenen rechtlichen Gesichtspunkten vor allem darauf, daß die Reparationseingriffe zur Begleichung einer deutschen Reparationsschuld vorgenommen worden seien oder jedenfalls deren Tilgung bewirkt hätten. Dem ist unbeschadet der Prüfung der geltend gemachten Anspruchsgrundlagen im einzelnen generell folgendes entgegenzuhalten:

Soweit nach Völkerrecht eine Wiedergutmachungspflicht des an einem Kriege schuldigen Staates für die Kriegsschäden in Betracht kommt, bedarf es doch im konkreten Fall zur Begründung einer in dem genannten Sinne relevanten Reparationsschuld einer vertraglichen Verpflichtung zwischen den beteiligten Staaten oder wenigstens einer Anerkennung der Reparationsforderungen der Gegenseite durch den verantwortlichen Staat. Im Gegensatz etwa zu den Regelungen im Versailler Vertrag (vgl. Art. 231 ff. des Vertrags, RGBl. 1919, S. 687 [985]) ist eine entsprechende Stipulation nach dem Zweiten Weltkrieg nicht zustande gekommen. In Art. 1 Abs. 1 des Sechsten Teils des Überleitungsvertrags wird die Regelung der Reparationsfrage ausdrücklich dem Friedensvertrag zwischen Deutschland und seinen ehemaligen Gegnern oder anderen zukünftigen, speziell diese Frage betreffenden Abkommen vorbehalten.

Selbst wenn man mit den Beschwerdeführerinnen von der Existenz einer nicht nur moralisch, sondern auch rechtlich begründeten Reparationsschuld ausgeht, traf diese Schuld unmittelbar das Deutsche Reich, dessen Kriegsmaßnahmen die wiedergutzumachenden Schäden der Feindmächte verursacht hatten. Handelte es sich also der Sache nach um eine Reichsverbindlichkeit, so fällt deren innerstaatliche Abwicklung eindeutig in den Bereich des Staatsbankrotts.

Dagegen kann nicht geltend gemacht werden, die Bundesrepublik sei objektiv in Höhe der Reparationsschäden oder jedenfalls der entzogenen Vermögenswerte von der Reparationsschuld befreit worden und von weiteren Reparationsforderungen der Siegermächte verschont geblieben. Dieser Argumentation kommt im vorliegenden Zusammenhang schon deswegen keine entscheidende Bedeutung zu, weil die angebliche Begünstigung an der geschilderten Bankrottlage nichts geändert hat. Angesichts der durch den Zusammenbruch herbeigeführten Situation wäre kein Träger deutscher Staatsgewalt imstande gewesen, Reparationsforderungen der Siegermächte aus öffentlichen Mitteln zu erfüllen oder sich die Mittel durch Zugriff auf private Vermögenswerte im Wege einer »normalen«, an die Grundsätze des Art. 14 Abs. 3 GG gebundenen Enteignung gegen Entschädigung zu verschaffen. Es kann auch keine Rede davon sein, daß sich die Finanzkraft der Bundesrepublik durch die angebliche Tilgung einer Reparationsschuld auf dem Wege über die Reparationseingriffe tatsächlich verbessert hätte. Im Gegenteil hat die Schwächung des außenwirtschaftlichen und industriellen Potentials notwendig den Wiederaufbau der deutschen Wirtschaft verzögert. Dies mußte sich zwangsläufig nachteilig auf die öffentlichen Finanzen auswirken, nämlich einerseits das Steueraufkommen mindern und andererseits die Anforderungen an öffentliche Wirtschaftshilfen erhöhen.

Ebensowenig kann der Gesichtspunkt der Tilgung einer Reparationsschuld einen grundsätzlichen Unterschied zwischen den Reparationsschäden und anderen Kriegsfolgeschäden begründen, der die Reparationsschäden aus der Verstrickung in den Staatsbankrott löst. Dies gilt gerade im Verhältnis zu den im Lastenausgleichsgesetz erfaßten Schäden. Es ist nicht ersichtlich, warum bei einer künftigen Verrechnung der von deutscher Seite an die Siegermächte bereits erbrachten Leistungen auf die Reparationsschuld die infolge der Vertreibung entzogenen Vermögenswerte nicht ebenso berücksichtigt werden müßten wie das durch die Reparationseingriffe in Anspruch genommene Vermögen. Das Potsdamer Abkommen schließt dies schon deswegen nicht aus, weil es nicht bestimmt, wie hoch die deutsche Reparationsschuld festzusetzen ist und welche Deutschland nach dem Kriege auferlegten Lasten darauf verrechnet werden können.

Schließlich gibt es auch keine deutsche Rechtstradition, wonach Reparationsschäden und andere Kriegsschäden im Rahmen innerstaatlicher Entschädigungsregelungen seit jeher streng auseinanderzuhalten seien. Gerade die Kriegsfolgenregelung nach dem Ersten Weltkrieg, auf die sich die Beschwerdeführerin zu 1) insoweit beruft, ergibt, daß damals Verdrängungsschäden (Vertreibungsschäden) und Verluste infolge von Plünderungen oder Brandschatzungen nicht anders behandelt worden sind als Schäden durch Konfiskation des Auslandsvermögens oder durch die Wegnahme von Wirtschaftsgütern zu Reparationszwecken im Inland (vgl. die Gewaltschädenverordnung vom 28. Oktober 1923 – RGBl. I, S. 1018 – und das Liquidationsschädengesetz i.d.F. vom 20. November 1923 – RGBl. I, S. 1148 – i.V.m. dem Kriegsschädenschlußgesetz vom 30. März 1928 – RGBl. I, S. 120 –; siehe auch BGHZ 52, 371 [375 f.]).

Auch bei einer Prüfung der verschiedenen von den Beschwerdeführerinnen vorgebrachten Gründe im einzelnen läßt sich kein Sonderstatus der Reparationsgeschädigten begründen, kraft dessen ihnen bei Erlaß des Reparationsschädengesetzes ein Rechtsanspruch auf Entschädigung gegen die Bundesrepublik zugestanden hätte, der außerhalb des Staatsbankrotts zu befriedigen wäre und in den Schutzbereich des Art. 14 GG fallen könnte. Ein solcher Anspruch ist weder unmittelbar durch die Reparationseingriffe selbst in Verbindung mit Enteignungs- und Aufopferungsrecht entstanden, noch läßt er sich aus dem Völkerrecht, aus bürgerlichem Recht, aus speziellem Besatzungsrecht oder aus dem Überleitungsvertrag herleiten.

Es gibt keinen allgemeinen Rechtsgrundsatz eines vor- oder überstaatlichen Eigentumsschutzes, der die Bundesrepublik verpflichtete, unmittelbar für die Reparationseingriffe einzustehen (vgl. auch BVerfGE 15, 126 [144] m.w.N.).

Ansprüche aus Enteignung, enteignungsgleichem Eingriff oder Aufopferung entfallen hier schon aus den gleichen Gründen, wie sie das Bundesverfassungsgericht bereits für die Besatzungsschäden dargelegt hat (BVerfGE 27, 253 [272]; 27, 326 [334 f.] – Freiheitsentziehung durch die Besatzungsmacht). Zwar ist gewiß den durch einen Reparationsschaden unmittelbar Betroffenen ein besonderes Opfer auferlegt worden, wenngleich auch andere Bürger wie beispielsweise die Arbeitnehmer demontierter Betriebe mittelbar Vermögensnachteile hinnehmen mußten, die unter Umständen schwerer wiegen konnten als der Verlust von Wirtschaftsgütern. Dieses Sonderopfer beruht aber nicht, wie solche Ansprüche voraussetzen, auf dem Eingriff einer *deutschen* Stelle. Die Reparationsschäden sind entweder von den Besatzungsmächten oder – beim Auslandsvermögen – auch von anderen ausländischen Staaten verursacht worden, die hierbei dem Besatzungs- und Völkerrecht, nicht aber der deutschen Rechtsordnung unterstanden (vgl. BVerfGE 6, 290 [296]). Für solche Eingriffe kann die deutsche öffentliche Gewalt grundsätzlich nicht verantwortlich gemacht werden, und zwar auch dann nicht, wenn deutsche Stellen auf Anordnung der Besatzungsmächte an ihrer Durchführung mitwirken mußten (BVerfGE 1, 10 [11]; 27, 253 [272] m.w.N., [273]; siehe auch BGHZ 52, 371 [378 ff.]; BVerwG, Urteil vom 27. Juni 1974 – III C 65.72 –, Umdruck S. 8 f.; RGZ 121, 7 [9]).

Auf eine mögliche Begünstigung der Bundesrepublik durch die Reparationsmaßnahmen kommt es dabei schon deswegen nicht an, weil dieser Gesichtspunkt allenfalls für die Frage Bedeutung hat, welche von mehreren in Betracht kommenden deutschen Körperschaften die Entschädigung für eine von deutschen Stellen vorgenommene Enteignung leisten muß (vgl. BGHZ 13, 81; *Kreft,* Aufopferung und Enteignung, Heft 84/85 der Schriftenreihe der Juristischen Studiengesellschaft Karlsruhe, S. 25 f.; a. A. *Ipsen,* in: Entschädigungspflicht der Bundesrepublik für reparationsentzogenes Auslandsvermögen, 1962, S. 186 ff., 205 ff.). Anderenfalls würde dem deutschen Staat eine Haftung für fremde, seinem Einfluß gänzlich entzogene Maßnahmen aufgebürdet, die ihn mit nicht kalkulierbaren finanziellen Risiken belastete (vgl. hierzu BVerfGE 4, 219 [235] – »Junktim-Klausel«).

Die Reparationseingriffe können der Bundesrepublik auch nicht mit der Begründung zugerechnet werden, die Besatzungsmächte, die nach der Berliner Erklärung vom 5. Juni 1945 die oberste Gewalt in Deutschland übernommen hatten, hätten diese Eingriffe – zugleich oder ausschließlich – in Ausübung deutscher Staatsgewalt vorgenommen. Wie das Bundesverfassungsgericht bereits entschieden hat, kann eine treuhänderische Wahrnehmung der Befugnisse des besetzten deutschen Staates, die diesem selbst zuzurechnen wäre, allenfalls in Betracht kommen, soweit es sich um die »normale« Ausübung staatlicher Gewalt durch die Besatzungsmächte im ausschließlichen Interesse des vertretenen Staates und für seine Zwecke handelte, z. B. bei Maßnahmen zur Sicherung der Ernährung und Unterbringung der Bevölkerung (BVerfGE 27, 253 [273]). Wenn diese Voraussetzung schon bei den Maßnahmen zur Beschlagnahme von Häusern und Wohnungen für Zwecke der alliierten Streitkräfte nicht erfüllt war, so erst recht nicht bei den Reparationseingriffen: Die Zerstörung oder wesentliche Beeinträchtigung zahlreicher Industriebetriebe, die Konfiskation nahezu des gesamten Auslandsvermögens, die Wegnahme der Handelsflotte, die mit alledem beabsichtigte einschneidende Minderung des deutschen Wirtschaftspotentials und Senkung des Lebensstandards der deutschen Bevölkerung war gewiß keine normale Ausübung deutscher Staatsgewalt und widersprach offensichtlich dem deutschen Interesse; die Reparationseingriffe fallen daher in den Bereich der völkerrechtlichen Hoheitsbefugnisse, welche die Besatzungsmächte für sich in Anspruch genommen haben.

Ein anderes Ergebnis läßt sich auch nicht auf die Erwägung stützen, hiermit habe die Reparationsschuld des deutschen Staates getilgt werden sollen. Abgesehen von den dagegen bestehenden grundsätzlichen Einwendungen könnten die Reparationseingriffe schon deswegen nicht als Maßnahmen zur regulären Erfüllung einer deutschen Staatsschuld angesehen werden, weil sie nicht ausschließlich und vielleicht nicht einmal in erster Linie dazu dienten, die Kriegsgegner des Deutschen Reiches für ihre Verluste zu entschädigen, sondern mindestens ebensosehr dem militärischen und politischen Ziel, das wirtschaftliche Kriegspotential Deutschlands ein für allemal zu zerstören.

Schließlich läßt sich entgegen der Ansicht der Beschwerdeführerin zu 1) eine Zurechnung der Reparationsmaßnahmen zum Bereich deutscher Staatsgewalt nicht aus Art. 3 des Sechsten Teils des Überleitungsvertrags entnehmen. Diese Vertragsbestimmung verpflichtet die Bundesrepublik nur, »in Zukunft« keine Einwendungen gegen diese Maßnahmen zu erheben, nicht aber dazu, sie rückwirkend als rechtmäßig zu betrachten, und erst recht nicht dazu, sie als treuhänderische Ausübung deutscher Staatsgewalt anzuerkennen.

Eine unmittelbare Haftung der Bundesrepublik für die Reparationsschäden ergibt sich auch nicht aus allgemeinem Völkerrecht in Verbindung mit Art. 25 GG. Das Völkerrecht kennt keinen Rechtssatz, wonach der besetzte Staat unabhängig von der innerstaatlichen Rechtslage verpflichtet wäre, für die den Bewohnern seines Gebietes durch die Besatzungsmacht verursachten Schäden einzustehen (vgl. BVerfGE 27, 253 [273] m.w.N.). Soweit eine völkerrechtliche Entschädigungspflicht der ausländischen Mächte für die von ihnen verursachten Reparationsschäden in Betracht kommt, hat Art. 25 GG diese Ansprüche nicht in Ansprüche gegen den deutschen Staat umgewandelt. Diese Verfassungsnorm verschafft den allgemeinen Regeln des Völkerrechts Geltung in der Bundesrepublik mit Vorrang vor den deutschen Gesetzen; sie verändert aber nicht den Inhalt der Völkerrechtsregel und der daraus etwa herzuleitenden Ansprüche, besonders nicht deren Adressaten (BVerfGE a.a.O. [274]; siehe auch BVerfGE 18, 441 [448] – Hypothekengewinnabgabe für Ausländer; BGHZ 52, 371 [384]).

Ebensowenig läßt sich nach bürgerlichem Recht (§§ 812 ff. BGB) eine unmittelbare Haftung der Bundesrepublik für die Reparationsschäden begründen (im Ergebnis ebenso BGHZ a.a.O.).

Nach Ansicht der Beschwerdeführerin zu 2) ist die Bundesrepublik in Höhe der Reparationsleistungen ungerechtfertigt bereichert, weil sie dadurch von ihrer Reparationsschuld befreit sei (vgl. auch *Wahl,* Die ungerechtfertigte Bereicherung der Bundesrepublik Deutschland als Rechtsgrundlage für die Ansprüche der Reparationsgeschädigten, JZ 1971, S. 715).

Jedoch bestehen schon Zweifel, ob es grundsätzlich mit der Ratio des Enteignungsbegriffs vereinbar ist, auf hoheitliche Eingriffe, die – wenn von deutschen Stellen vorgenommen – als Enteignungen im Sinne des Art. 153 Abs. 2 WRV oder des Art. 14 Abs. 3 GG angesehen werden müßten, das zivilrechtliche Rechtsinstitut der ungerechtfertigten Bereicherung anzuwenden. Denn diese Verfassungsnormen schützen nicht nur den Bürger gegen ungerechtfertigte Eingriffe der öffentlichen Hand in sein Eigentum, sondern regeln zugleich die Voraussetzungen rechtmäßiger Eingriffe einschließlich der Entschädigungsgrundsätze. Scheidet aber eine Entschädigungspflicht des deutschen Staates nach Enteignungsrecht aus, weil die fraglichen hoheitlichen Eingriffe nicht von deutschen Stellen ausgegangen sind, dann könnte es diesem aus der Verfassung gewonnenen Ergebnis widersprechen, auf dem Wege über das Bereicherungsrecht die Eingriffe dennoch dem deutschen Staat zur Last zu legen: Wegen der verschiedenen Haftungsmaßstäbe in § 812 BGB (Herausgabe des Erlangten) einerseits, in Art. 153 WRV (volle bis gar keine Entschädigung) und Art. 14 GG (gerecht abgewogene Entschädigung, die niedriger sein kann als der Verkehrswert) andererseits müßte die Bundesrepublik für die gegen ihren Willen erfolgten Zugriffe ausländischer Hoheitsträger auf das Privatvermögen deutscher Bürger unter Umständen mehr leisten, als wenn sie die Eingriffe selbst vorgenommen hätte, um damit eine Verpflichtung gegenüber dem Ausland zu erfüllen.

Diese Bedenken gegen die Übertragung des Rechtsinstituts der ungerechtfertigten Bereicherung auf Sachverhalte der vorliegenden Art bedürfen jedoch keiner abschließenden Klärung; denn die Entziehung etwaiger Ansprüche der Reparationsgeschädigten aus §§ 812 ff. BGB durch das Reparationsschädengesetz würde auch aus anderen Erwägungen Art. 14 GG nicht verletzen. Da – wie dargelegt – eine Reparationsschuld nur als Verbindlichkeit des Deutschen Reiches entstanden sein könnte, hätte entsprechend eine Tilgung der Schuld unmittelbar nur diesen Schuldner – das Deutsche Reich – bereichert. Daraus innerstaatlich erwachsende Bereicherungsansprüche wären also ebenfalls Reichsverbindlichkeiten, deren Erfüllung die Bundesrepublik ohne Verstoß gegen Art. 14 GG ganz oder teilweise verweigern dürfte.

Gleiches gilt für die ebenfalls aus der angeblichen Tilgung der Reparationsschuld hergeleiteten bürgerlich-rechtlichen Ansprüche aus Geschäftsführung ohne Auftrag (vgl. auch BGHZ 52, 371 [384]).

Auch aus dem Besatzungsrecht ergeben sich keine Ansprüche der Reparationsgeschädigten auf Entschädigung gegen die Bundesrepublik.

Die von den Beschwerdeführerinnen herangezogenen Äußerungen – die Direktive der amerikanischen Regierung an ihren Oberbefehlshaber in Deutschland vom 15. Juni 1947, Ausführungen des amerikanischen Senats und amerikanischer Behörden, die französische Note an die Schweiz vom 19. November 1959 betreffend den Zugriff französischer Besatzungsstellen auf Schweizer Eigentum – müssen außer Betracht bleiben, weil sie keine rechtsverbindlichen Weisungen an die Adresse der Bundesrepublik oder deutscher Stellen enthalten.

Es liegt auch keine individuelle Zusicherung einer konkreten Entschädigungsverpflichtung gegenüber der Beschwerdeführerin zu 2) seitens einer Besatzungsstelle vor, die nach Art. 2 Abs. 1 des Ersten Teils des Überleitungsvertrags von allen deutschen Behörden und Gerichten zu beachten wäre. Nach dem eigenen Vortrag dieser Beschwerdeführerin hat lediglich eine örtliche Besatzungsbehörde ihr gegenüber die Rechtsansicht geäußert, daß die Bundesrepublik alle Reparationsgeschädigten entschädigen müsse.

Entgegen der Auffassung der Beschwerdeführerin zu 2) scheidet Art. II Nr. 1 der Proklamation Nr. 3 des Kontrollrats vom 20. Oktober 1945: "No person shall be deprived of live, liberty or property without due process of law" als Rechtsgrundlage aus, weil diese Proklamation die Umgestaltung der deutschen Rechtspflege betrifft. Auch die Rechtsgarantie in der zitierten Vorschrift ist als Anweisung für das zukünftige Verhalten der deutschen Behörden und Gerichte gegenüber den deutschen Bürgern zu verstehen. Eine Regelung der Folgen von Eingriffen der Besatzungsmächte läßt sich daraus nicht entnehmen.

§ 29 des Umstellungsgesetzes enthält nur eine nicht weiter präzisierte Anweisung und Ermächtigung für den deutschen Gesetzgeber, bestimmte Kriegsfolgelasten, darunter auch die Reparationsverluste im Rahmen eines allgemeinen Lastenausgleichs zu regeln. Daraus ergibt sich gewiß, daß er die Reparationsgeschädigten nicht übergehen durfte; jedoch blieb die Abgrenzung der Entschädigungsleistungen bei dieser Gruppe ebenso wie im übrigen seiner Entscheidung überlassen. Etwas anderes folgt auch nicht aus dem englischen Wortlaut:

> "Equalization of Burdens: The funds required to carry through the equalization of burdens shall be provided by means of special levies on property, the receipts from which shall be paid for this purpose to an equalization fund outside the budget. Further provisions shall be made in the German legislation on equalization of burdens to be enacted by 31st December 1948, as laid down in the preamble to the Currency Law. Such legislation shall also prescribe the extent to which compensation shall be granted for losses resulting from the monetary reform or otherwise. In this connection, special consideration shall be given to losses occasioned by

Control Council Law No. 5 and by reparations removals". (Amtsblatt der Militärregierung Deutschland, Britisches Kontrollgebiet, Nr. 25, S. 862 [872]).

Der Meinung der Beschwerdeführerinnen, dieser Text unterscheide ausdrücklich zwischen dem aus Billigkeitsgründen vorgesehenen Lastenausgleich und der Entschädigung für Reparationsverluste im Sinne einer effektiven, adäquaten Entschädigung, ist zunächst entgegenzuhalten, daß nach § 34 Abs. 1 Satz 1 des Umstellungsgesetzes der deutsche Wortlaut maßgebend ist. Im übrigen gibt auch die englische Fassung keine Anhaltspunkte für eine hinreichende Konkretisierung des behaupteten Anspruchs (siehe auch BGHZ 52, 371 [375]).

Der Überleitungsvertrag hat ebenfalls keine hinreichend konkretisierten Entschädigungsansprüche der Reparationsgeschädigten gegen die Bundesrepublik begründet.

In Betracht kämen insoweit zunächst die sog. Verzichtsklauseln des Vertrags, nämlich die Verpflichtung der Bundesrepublik,

a) das AHK-Gesetz Nr. 63 nicht ohne Zustimmung der Drei Mächte aufzuheben oder zu ändern (Art. 2 Satz 2 Teil VI),

b) in Zukunft keine Einwendungen gegen die Reparationsmaßnahmen zu erheben sowie Ansprüche und Klagen wegen dieser Maßnahmen gegen Erwerber der entzogenen Vermögenswerte, ausländische Regierungen usw. nicht zuzulassen (Art. 3 Abs. 1 und 3 Teil VI).

Die Beschwerdeführerinnen meinen, durch diese Bestimmungen, die im Zustimmungsgesetz in deutsches Recht transformiert worden seien, habe die Bundesrepublik selbst den Reparationsgeschädigten vermögenswerte Rechte entzogen und sei deswegen unmittelbar aus Art. 14 Abs. 3 GG zu einer angemessenen Enteignungsentschädigung verpflichtet. Auch insoweit ist jedoch eine Entschädigungspflicht der Bundesrepublik zu verneinen.

Allerdings könnte entgegen der Ansicht der Bundesregierung zumindest in der Vereinbarung des Art. 2 des Sechsten Teils des Überleitungsvertrags, wonach das AHK-Gesetz Nr. 63 weitergilt und nur mit Zustimmung der Drei Mächte aufgehoben oder geändert werden darf, ein Verzicht der Bundesrepublik auf materielle Rechte der Reparationsgeschädigten liegen; denn nach Art. 2 Abs. 1 dieses Gesetzes gelten die von den Reparationseingriffen betroffenen Rechte als »erloschen«. Der materielle Verzicht wird zudem durch die in Art. 3 des Sechsten Teils des Überleitungsvertrags eingegangene Verpflichtung der Bundesrepublik ergänzt, Ansprüche und Klagen wegen der Reparationsmaßnahmen nicht zuzulassen. Als neuer Eingriff oder als »Komplettierung« der früheren Eingriffe wären diese Vereinbarungen aber nur dann anzusehen, wenn den Reparationsgeschädigten im Zeitpunkt des Vertragsabschlusses überhaupt noch irgendwelche Rechte in bezug auf die entzogenen oder zerstörten Vermögenswerte zustanden, die sie ohne den Abschluß des Vertrags hätten durchsetzen können.

Die ursprünglichen Eingriffe in das private Eigentum oder Vermögen – sei es durch Konfiskation des deutschen Auslandsvermögens, sei es durch Demontage, Wegnahme oder Zerstörung im Inland – waren jedenfalls mit dem AHK-Gesetz Nr. 63 legalisiert worden (vgl. BVerfGE 29, 348 [365 ff.] – deutsch-niederländischer Finanzvertrag; siehe auch BVerfGE 6, 290 [300]). Damit hatten die früheren Inhaber das Eigentum oder sonstige Rechte an den entzogenen Vermögenswerten endgültig verloren. Es könnte sich also nur noch fragen, ob ihnen wegen dieser Vermögensentziehung nach Völkerrecht, etwa nach Art. 46 der Haager Landkriegsordnung (vgl. dazu BVerfGE 27, 253 [276 f.]), Ansprüche auf Schadensersatz oder Entschädigung gegen die Enteignerstaaten zustanden, deren Bestand auch durch das AHK-Gesetz Nr. 63 nicht berührt worden ist. Dies kann jedoch dahingestellt bleiben, weil die Vertragsabreden des Überleitungsvertrags auch dann mit Art. 14 GG vereinbar waren, falls man zugunsten der Beschwerdeführerinnen von der Existenz solcher Ansprüche im Zeitpunkt des Vertragsabschlusses ausgeht. Der etwaige Verzicht auf ihre Durchsetzung muß nämlich im Zusammenhang mit der eingangs geschilderten Gesamtsituation beurteilt werden, die sich aus dem Zusammenbruch des Deutschen Reiches ergeben hatte und bei Abschluß des Überleitungsvertrags weiterwirkte.

Die Ursache der Eingriffe in das Vermögen der Reparationsgeschädigten lag in der Niederlage des Deutschen Reiches; außerdem waren die Eingriffe von den ausländischen Mächten faktisch längst vollzogen und durch Besatzungsrecht legalisiert. Die Bundesrepublik ebenso wie andere Träger deutscher Staatsgewalt hatten sich niemals mit diesen Eingriffen einverstanden erklärt, ohne jedoch imstande zu sein, ihre Auffassung gegenüber den Siegermächten durchzusetzen. Die Annahme der Beschwerdeführerinnen, ohne die Verzichtsklauseln hätte die Bundesrepublik nach Wiedererlangung ihrer Souveränität die Maßnahmen der Besatzungsmächte innerstaatlich rückgängig machen und in Verhandlungen mit den beteiligten Staaten eine Regelung zugunsten der Reparationsgeschädigten erreichen können, verkennt die damalige politische Lage. Die Bundesrepublik sollte erst durch das Vertragswerk, dessen wesentlichen Bestandteil der Überleitungsvertrag bildet, ihre Souveränität und damit den Status eines gleichgeordneten Vertragspartners erlangen (BVerfGE 27, 253 [281 f.]). Ohne den Verzicht auf eine Rückabwicklung der Reparationsmaßnahmen wären die Drei Mächte nicht zur Aufhebung des Besatzungsregimes bereit gewesen; eine Weigerung, die Verzichtsklauseln aufzunehmen, hätte daher an der Weitergeltung des AHK-Gesetzes Nr. 63 nichts geändert.

Ebensowenig bestand vor Abschluß des Überleitungsvertrags für die Reparationsgeschädigten die Möglichkeit, etwaige individuelle Ersatz- oder Entschädigungsansprüche der bezeichneten Art gegen die ausländischen Staaten durchzusetzen (vgl. BGHZ 52, 371 [382]). Einer erfolgreichen Geltendmachung im Inland stand – abgesehen von der Problematik der Gerichtsbarkeit und Zuständigkeit – die Klagesperre des Art. 3 des AHK-Gesetzes Nr. 63 entgegen, die von den deutschen Gerichten zu beachten war. Zudem hätten Urteile deutscher Gerichte zugunsten der Reparationsgeschädigten regelmäßig der Vollstreckung in den Enteignerstaaten bedurft. Die hierfür erforderliche Zustimmung dieser Staaten zu erhalten, wäre ebenso aussichtslos gewesen wie die Erhebung von Klagen in diesen Ländern. Demgemäß hätte selbst eine nachträgliche Aufhebung der AHK-Gesetzes Nr. 63 im Zweifel den Reparationsgeschädigten nichts genützt. Entgegen der Ansicht von *Seidl-Hohenveldern* (in: Entschädigungspflicht der Bundesrepublik für reparationsentzogenes Auslandsvermögen, 1962, S. 70 ff.) haben die Verzichtsklauseln den Reparationsgeschädigten auch nicht die zuvor bestehende Chance genommen, ihre Rechte in verbündeten oder neutralen Staaten erfolgreich geltend zu machen. Österreich ist unabhängig vom Überleitungsvertrag durch Art. 22 des Staatsvertrags vom 15. Mai 1955 (zitiert nach *Siegler,* Österreichs Souveränität, Neutralität und Prosperität, 1967, S. 273 [276 ff.]) daran gehindert, das deutsche Vermögen an die früheren Eigentümer zurückzugeben. Ähnlich ist es Japan durch Art. 20 seines Friedensvertrags verwehrt, das deutsche Vermögen freizugeben. Hierbei ist es unerheblich, daß das Distriktgericht Tokio in einer Entscheidung vom 29. März 1958 Ansprüche eines früheren deutschen Eigentümers auf solches Vermögen *zusätzlich* mit Rücksicht auf die Verzichtsklauseln des Überleitungsvertrags abgewiesen hat (vgl. *Seidl-Hohenveldern,* a.a.O., S. 75). Für das deutsche Vermögen in den neutralen Staaten sind nicht die Verzichtsklauseln des Überleitungsvertrags maßgebend, sondern die auf Grund der Ermächtigung in Art. 4 Abs. 3 des Sechsten Teils von der Bundesrepublik abgeschlossenen besonderen Abkommen.

Im ganzen bedeuteten die Verzichtsklauseln danach auf der einen Seite, daß die Bundesrepublik die nicht von ihr geschaffene, faktisch irreparable Lage wie bisher auch für die Zukunft hinnahm. Auf der anderen Seite war das in diesen Abreden liegende Zugeständnis – neben anderen Vereinbarungen – notwendig, um das Besatzungsregime zu beenden und insgesamt einen Zustand zu erreichen, der wesentlich »näher zum Grundgesetz« war (BVerfGE 27, 253 [282]; siehe auch BVerfGE 4, 157 [169 f.]). Es kann offenbleiben, ob derartige der Abwicklung von Kriegsfolgen dienende Vereinbarungen, bei denen die deutsche Seite zwangsläufig den früheren Feindstaaten mit gemindertem Verhandlungsspielraum gegenüberstand, grundsätzlich nach Enteignungsrecht beurteilt werden können, das für andere Sachverhalte und Rechtsbeziehungen geschaffen ist (vgl. BVerfGE 27, 253 [276]; 29, 348 [360]; siehe auch zum Begriff der Enteignung BVerfGE 38, 175 [179 f.]; 20, 351 [359]). Denn hier entfiel eine Bindung der Bundesrepublik an Art. 14 GG jedenfalls, weil die fraglichen Klauseln und der Vertragsabschluß im ganzen der Abwicklung von Vorgängen aus der Zeit vor der Entstehung des Grundgesetzes dienten. Ebenso wie die Bundesrepublik innerstaatlich die aus dem politischen und finanziellen Staatsbankrott resultierenden Forderungen ohne Verstoß gegen Art. 14 GG kürzen oder zum Erlöschen bringen konnte, durfte sie auch nach außen auf mögliche Rechte der Reparationsgeschädigten verzichten, ohne deswegen zu einer Enteignungsentschädigung verpflichtet zu sein.

Die aufgezeigten Grenzen der Haftung der Bundesrepublik für die aus dem Zusammenbruch des Reiches herrührenden Verbindlichkeiten gelten grundsätzlich nicht für Verpflichtungen, die erst die Bundesrepublik selbst eingegangen ist: Auch Ansprüche aus bundesgesetzlichen Regelungen zur Entschädigung von Kriegs- und Kriegsfolgeschäden können bei Erfüllung der übrigen Voraussetzungen in den Schutzbereich des Art. 14 GG fallen (vgl. BVerfGE 23, 153 [166]). Die Beschwerdeführerinnen wollen insoweit aus Art. 5 des Sechsten Teils des Überleitungsvertrags, der sog. Entschädigungsklausel, einen Rechtsanspruch aller Reparationsgeschädigten – juristischer sowohl wie natürlicher Personen – auf eine angemessene, an Art. 14 Abs. 3 GG orientierte Entschädigung herleiten.

Es ist nicht Sache des Bundesverfassungsgerichts, die Entschädigungsklausel im Verhältnis der Vertragspartner auszulegen, d.h. über den Inhalt der völkerrechtlichen Vertragspflichten der Bundesrepublik aus dieser Klausel verbindlich zu entscheiden. Vielmehr ist für die Frage der Grundrechtsverletzung allein maßgebend, ob die Klausel in Verbindung mit dem Zustimmungsgesetz über die vertragliche Bindung hinaus *individuelle* Ansprüche Dritter, nämlich der Reparationsgeschädigten begründet hat. Dies ist in Übereinstimmung mit dem Bundesgerichtshof (BGHZ 52, 371 [383 f.]) und dem Bundesverwaltungsgericht (Urteil vom 27. Juni 1974 – III C 65.72 – Umdruck S. 14 f.) zu verneinen.

Wie das Bundesverfassungsgericht in der Entscheidung vom 7. Juli 1975 zu den sog. Ostverträgen näher dargelegt hat, begründen völkerrechtliche Verträge in der Regel nur Rechtsbeziehungen im Verhältnis der vertragschließenden Staaten. Die Festlegung von Rechtspflichten oder Rechtsansprüchen für einzelne Bürger ist nach allgemeiner Ansicht eine Ausnahme, die nur bei entsprechend klarem Anhalt im Vertragstext als vereinbart gilt (vgl. BVerfGE 40, 141 [164 f.]; 29, 348 [360]).

Anders als bei den Ostverträgen (vgl. BVerfGE 40, 141 [163 ff.]) spricht hier gegen das Vorliegen einer solchen Ausnahme noch nicht entscheidend der hochpolitische Charakter des Vertragswerks im ganzen und des Überleitungsvertrags im besonderen, der sich aus der Ablösung des Besatzungsregimes und der grundlegenden Neuordnung der Beziehungen zwischen den Vertragspartnern ergibt. Im Gegensatz zu den Ostverträgen enthält der Überleitungsvertrag (ebenso wie die anderen Teile des Vertragswerks) zahlreiche Einzelregelungen; die Frage der Auswirkung auf individuelle Rechtspositionen ist daher weniger aus der Gesamtbeurteilung des Vertrags als aus der Prüfung der jeweiligen einzelnen Vertragsabrede zu beantworten.

Der Wortlaut der Entschädigungsklausel gibt jedoch keinen hinreichenden Anhaltspunkt für die Begründung individueller Rechte. Wenngleich die »früheren Eigentümer« als Begünstigte der beabsichtigten Entschädigung erwähnt werden, fehlt es an einer für die Annahme individueller Ansprüche hinreichenden Konkretisierung. Nach der unbestimmten Fassung: »Vorsorge« für eine Entschädigung »zu treffen«, ist Inhalt der Vertragsbestimmung nur die Verpflichtung der Bundesrepublik, eine innerstaatliche Regelung zu erlassen, durch die erst Ansprüche auf bestimmte Entschädigungsleistungen begründet werden sollen. Vor allem ist dem Wortlaut nichts darüber zu entnehmen, in welcher Weise die »Vorsorge« zu gestalten ist, d. h. über Voraussetzungen, Art und Umfang der Entschädigung. Die Ansicht der Beschwerdeführerinnen, das Wort »Entschädigung« bedeute ohne erläuternden Zusatz mindestens »angemessene«, am Verkehrswert der entzogenen Güter orientierte Entschädigung im Sinne des Art. 14 Abs. 3 GG, findet im Vertragstext keine Stütze.

Hiergegen spricht auch, daß die Besatzungsmächte dem deutschen Gesetzgeber bereits in § 29 des Umstellungsgesetzes den nicht weiter präzisierten Auftrag erteilt hatten, die Entschädigung für Reparationsverluste im Rahmen des allgemeinen Lastenausgleichs zu regeln. Bei der Unterzeichnung des Protokolls vom 23. Oktober 1954, das den am 26. Mai 1952 unterzeichneten Überleitungsvertrag in vielen Einzelheiten änderte und im Verhältnis der Vertragspartner in Kraft setzte, lag die Verkündung des Lastenausgleichsgesetzes schon zwei Jahre zurück. Wenn die Entschädigungsklausel – wie die Beschwerdeführerinnen meinen – individuelle Ansprüche der Reparationsgeschädigten auf eine von den Lastenausgleichsleistungen grundsätzlich zu unterscheidende, höhere Entschädigung begründen sollte, so hätte dies unter den geschilderten Umständen klar zum Ausdruck kommen müssen.

Für diese Auslegung spricht weiter der Vergleich mit einer ähnlichen Entschädigungsregelung in Art. 297 (i) des Versailler Vertrages (RGBl. 1919, S. 687 [1134]): "Germany undertakes to compensate her nationals in respect of the sale or retention of their property, rights or interests in Allied or Associated States".

Das Reichsgericht hat es abgelehnt, daraus bestimmte Rechte Einzelner herzuleiten, weil sich dies nicht mit der völkerrechtlich gebotenen Klarheit aus dem Vertrag selbst ergebe (vgl. RGZ 121, 7 [9]).

Auch die Würdigung der Klausel im Zusammenhang des Vertrags bestätigt diese Auslegung. Der Überleitungsvertrag enthält eine Reihe von Regelungen, in denen die Bundesrepublik Entschädigungspflichten übernommen hat, wie z. B. im Dritten Teil, der die innere Rückerstattung betrifft, sowie in Art. 3 des Neunten Teils hinsichtlich der Besatzungsschäden. Im Gegensatz zu der ins einzelne gehenden, präzisen Umschreibung dieser Pflichten erscheint die Entschädigungsklausel des Art. 5 des Sechsten Teils als vage und unbestimmt; dies läßt darauf schließen, daß die Bestimmung der Voraussetzungen sowie von Art und Umfang der Entschädigung hier der vereinbarten gesetzlichen Regelung vorbehalten blieb.

Die fehlende Konkretisierung individueller Entschädigungsansprüche kann auch nicht durch die Annahme gewonnen werden, die Drei Mächte hätten mit der Klausel eine eigene, nach Völkerrecht bereits bestehende Verpflichtung zur Entschädigung der Reparationsgeschädigten auf die Bundesrepublik abgewälzt. Weder der Wortlaut der Klausel noch andere Umstände geben einen Anhaltspunkt dafür, daß die Drei Mächte generell die Völkerrechtswidrigkeit der Reparationseingriffe eingeräumt oder jedenfalls eine eigene völkerrechtliche Entschädigungspflicht dafür anerkannt hätten, die nach der Vereinbarung von der Bundesrepublik übernommen werden sollte. Vielmehr spricht auch der Zusammenhang der Klausel mit § 29 des Umstellungsgesetzes mehr dafür, daß die Besatzungsmächte die Abwicklung der Reparationsschäden anders als etwa die Regelung der Besatzungsschäden als eine interne Angelegenheit der deutschen Seite angesehen haben.

Auch nach der Entstehungsgeschichte der Klausel und des Art. 4 Abs. 3 des Sechsten Teils des Überleitungsvertrags, wie sie aus den Berichten von drei an den Verhandlungen beteiligten Personen hervorgeht (vgl. Debevoise [US-Delegation], auszugsweise abgedruckt bei *Pfeiffer,* Gleichheitsgrundsatz und Reparationsentschädigung, 1968, S. 41 ff., Fußnote 109; *Kaufmann,* Ein letztes Wort zur Frage der Reparationsschäden, S. 28 ff.; *Wolff,* Zur Abgeltung der Reparationsschäden, in: Schriftenreihe des Bundesministeriums der Finanzen, Heft 5, 1964, S. 75 ff.), kommt die Abwälzung einer eigenen Entschädigungspflicht der Drei Mächte auf die Bundesrepublik allenfalls bezüglich der Reparationsschäden in den neutralen Staaten in Betracht. In den Vorentwürfen zum Vertrag hatten die Alliierten vorgesehen, daß die Bundesrepublik die in den Washingtoner Abkommen vereinbarten Entschädigungspflichten gegenüber den deutschen Eigentümern übernehmen und für die Verluste in den neutralen Staaten volle Entschädigung leisten müsse, während die Bundesregierung anbot, »für eine ihrer Zahlungsfähigkeit und ihrem Grundgesetz entsprechende Schadloshaltung« der Reparationsgeschädigten zu sorgen. In dem Unterausschuß, dem die drei genannten Berichterstatter angehörten, kam eine Einigung nicht zustande, weil die Drei Mächte darauf bestanden, daß die Bundesrepublik die Verluste in den neutralen Staaten voll entschädigen müsse, während die deutsche Delegation dies unter Hinweis auf Art. 3 und Art. 14 GG ablehnte, wobei *Wolff* hinzugefügt haben will, daß auch die Vertriebenen Reparationsgeschädigte seien und nicht schlechter als andere behandelt werden dürften. Nachdem auch ein Lenkungsausschuß die Meinungsverschiedenheiten nicht ausräumen konnte, wurde die Frage dem Bundeskanzler und den drei Hohen Kommissaren zur Entscheidung vorgelegt. Hierbei schlug der amerikanische Hohe Kommissar McCloy vor, im Vertrag nur zu sagen, daß die Bundesrepublik Vorsorge für eine Entschädigung treffen werde (*Kaufmann,* a.a.O., S. 30 f.; *Wolff,* a.a.O., S. 91). Hinsichtlich der Verluste in den neutralen Ländern sollte die Bundesrepublik die Entschädigungsfrage mit diesen selbst aushandeln. Demgemäß wurde der Komplex der Reparationsschäden in den neutralen Staaten getrennt behandelt, nämlich in einer Spezialvorschrift wie folgt geregelt:

»Art. 4: (1)–(2) . . .

(3) Bezüglich des in Portugal, Spanien, Schweden und der Schweiz in Anspruch genommenen deutschen Auslandsvermögens, über das von den Drei Mächten geschlossene Abkommen in Kraft sind oder sein werden, kann die Bundesrepublik zur Durchführung dieser Abkommen mit den genannten Staaten Vereinbarungen über Art und Umfang der Entschädigung schließen, die an die früheren deutschen Eigentümer der Werte in diesen Ländern zu zahlen ist. Die Drei Mächte sind berechtigt, an den Verhandlungen darüber teilzunehmen . . .«.

Für alle übrigen Reparationsschäden blieb es bei der allgemein gehaltenen Formel des Art. 5.

Den von den Beschwerdeführerinnen herangezogenen Erklärungen früherer Bundesregierungen zur Auslegung der Entschädigungsklausel (vgl. vor allem den Schriftsatz an das Bundesverfassungsgericht vom 31. Oktober 1952 im Verfahren 1 P BvV 1/52, hier zitiert nach »Der Kampf um den Wehrbeitrag«, Bd. 2, 2. Halbband, S. 684 [702]) läßt sich ebenfalls nicht entnehmen, daß durch den Überleitungsvertrag individuelle Entschädigungsansprüche der Reparationsgeschädigten gegen die Bundesrepublik begründet werden sollten. Vielmehr bringen sie zum Ausdruck, daß der Vertrag der Bundesrepublik die Möglichkeit eröffnet habe, eine ihrem Grundgesetz entsprechende innerstaatliche Entschädigungsregelung zu schaffen. Soweit dabei die Rechtsansicht vertreten wird, diese Regelung sei unter Berücksichtigung der Leistungsfähigkeit der Bundesrepublik und des in Art. 20 Abs. 1 GG niedergelegten Sozialstaatsprinzips entsprechend dem Maßstab des Art. 14 Abs. 3 GG zu gestalten, kommt dem für die verfassungsrechtliche Prüfung des Reparationsschädengesetzes schon deswegen keine ausschlaggebende Bedeutung zu, weil bei Abgabe der Erklärungen die maßgebenden Entscheidungen des Bundesverfassungsgerichts zum Kriegsfolgenrecht nocht nicht vorlagen. Entgegen der Ansicht der Beschwerdeführerin zu 1) lassen sich keine Anhaltspunkte dafür finden, daß die bezeichnete Rechtsauffassung über die verfassungsrechtlichen Anforderungen an die innerstaatliche Entschädigungsregelung Gegenstand der Vereinbarungen mit den Drei Mächten oder Vertragsgrundlage war.

Schließlich vermag auch die von der Beschwerdeführerin zu 2) herangezogene Vorschrift des Art. 142a GG den behaupteten Entschädigungsanspruch nicht zu stützen. Diese Verfassungsnorm ist bereits durch das Siebzehnte Gesetz zur Ergänzung des Grundgesetzes vom 24. Juni 1968 (BGBl. I, S. 709), also vor Inkrafttreten des Reparationsschädengesetzes wieder aufgehoben worden. Auch in der Zeit ihrer Geltung bezog sie sich nur auf die darin genannten, am 26. und 27. Mai 1952 in Bonn und Paris unterzeichneten Verträge (Vertrag über die Beziehungen zwischen der Bundesrepublik Deutschland und den Drei Mächten – BGBl. 1954 II, S. 61 – und Vertrag über die Gründung der Europäischen Verteidigungsgemeinschaft – BGBl. 1954 II, S. 343 – mit ihren Zusatz- und Nebenabkommen), die wegen der Ablehnung der Europäischen Verteidigungsgemeinschaft durch Frankreich niemals zustande gekommen sind. Daß ein wesentlicher Teil der in diesem Vertragswerk enthaltenen einzelnen Regelungen später in die den Überleitungsvertrag einschließenden sog. Pariser Verträge aufgenommen wurden, ist unerheblich. Die »Klarstellung« im Sinne des Art. 79 Abs. 1 Satz 2 GG kann sich nur auf die jeweils konkret bezeichneten Verträge beziehen und ist als Ausnahmevorschrift eng auszulegen. Es bedarf daher keiner Auseinandersetzung mit der strittigen Frage der rechtlichen Bedeutung einer solchen »Klarstellung« (vgl. *Maunz,* in: Maunz/Dürig, Grundgesetz, Rdnr. 8 ff. zu Art. 79).

Der Ausschluß juristischer Personen von der Entschädigung für Reparationsschäden verstößt auch nicht gegen Art. 3 Abs. 1 GG. Ebenso ist es mit dieser Verfassungsnorm noch vereinbar, daß das Reparationsschädengesetz für diese Reparationsgeschädigten keine Vergünstigung vorsieht, die der Ermäßigung der Vermögensabgabe nach §§ 39 ff. LAG entspricht.

Die Regelung über die Entschädigung der Reparationsschäden, zu deren Erlaß der Bundesgesetzgeber sowohl durch den Überleitungsvertrag als auch durch das Gebot des innerstaatlichen Ausgleichs der Kriegslasten verpflichtet war, ist an Art. 3 Abs. 1 GG zu messen. Jedoch ist bei der verfassungsrechtlichen Prüfung starke Zurückhaltung gegenüber dem Gesetzgeber geboten. Die Bundesrepublik stand bei ihrer Entstehung vor ungeheuren sozialen Aufgaben, die nach Art oder Ausmaß historisch ohne Parallele waren – die Eingliederung der Vertriebenen und Flüchtlinge, die Entschädigung der Verfolgten, die Sorge für die Kriegsopfer usw. Alle diese Aufgaben sind neben dem allgemeinen Wiederaufbau in relativ kurzer Zeit tatsächlich bewältigt worden. Die dafür geschaffenen Regelungen können nicht mit der gleichen Elle gemessen werden wie Gesetze über Sozialleistungen unter normalen Verhältnissen. Wie das Bundesverfassungsgericht in ständiger Rechtsprechung entschieden hat, steht dem Gesetzgeber vielmehr bei der Regelung der Kriegs- und Kriegsfolgelasten wegen des Staatsbankrotts auch im Hinblick auf Art. 3 Abs. 1 GG eine sehr weite Gestaltungsfreiheit zu; in BVerfGE 27, 253 [286] ist hierzu unter Bezug auf frühere Entscheidungen ausgeführt:

> »Ergibt sich aus der dargestellten katastrophalen Situation nach dem Zusammenbruch des Deutschen Reiches schon allgemein, daß dem Gesetzgeber für die Regelung der Kriegs- und Kriegsfolgelasten ein sehr weites Gestaltungsermessen zugestanden werden muß (vgl. BVerfGE 15, 167 [201]; 23, 153 [168]), so gilt dies auch für die Ausgestaltung der in den Teilregelungen gewährten Ausgleichs- oder Entschädigungsansprüche nach ihrer Art und Höhe. Der Krieg und seine Folgen haben in Millionen verschiedenartiger Fälle zu materiellen und immateriellen Schäden geführt. Es ist nicht möglich, für diesen Gesamtbereich gesetzliche Regelungen zu finden, die im Ergebnis jeden Bürger gleichstellen und Schicksalsschläge in jedem Einzelfall gerecht ausgleichen. Vielmehr muß es genügen, wenn die gesetzliche Regelung in großen Zügen dem Gerechtigkeitsgebot entspricht. Namentlich durfte sich der Gesetzgeber angesichts des Ausmaßes des ›Staatsbankrotts‹ beim Ausgleich von Schäden an Eigentum oder Vermögen darauf beschränken, gewisse äußerste Folgen auszugleichen, um die unbedingt erforderliche Grundlage für die wirtschaftliche Existenz der Betroffenen zu gewährleisten oder wiederherzustellen, er durfte also sozialen Erwägungen den Vorrang geben«.

Der Gesetzgeber hat diese Gestaltungsfreiheit in der Weise ausgeübt, daß er die Reparationsschädenregelung im ganzen und im einzelnen der Regelung des Lastenausgleichsgesetzes für Kriegssachschäden, Vertreibungsschäden und Ostschäden nachgebildet hat. Diese Regelung war durch eine soziale Grundkonzeption geprägt (vgl. BVerfGE 17, 67 [80] – Umsiedler; 19, 354 [364] – Kriegsschadenrente): Vorrang hatte das Ziel, die von den genannten Schäden betroffenen Menschen, soweit notwendig, wirtschaftlich und sozial wieder einzugliedern und ihnen die zum Wiederaufbau ihrer persönlichen und wirtschaftlichen Existenz unbedingt erforderliche Hilfe zu gewähren, während der Gedanke einer Kompensation für die in der Vergangenheit eingetretenen

Schäden zurücktrat. Das kommt vor allem darin zum Ausdruck, daß speziell auf die Wiedereingliederung ausgerichtete Leistungen wie Hausratsentschädigung, Kriegsschadenrente und Eingliederungsdarlehen im Vordergrund stehen, die maßgebend nach der Bedürftigkeit und weniger nach der Höhe des jeweiligen Schadens bemessen werden. Auch bei der stärker von der Schadenshöhe abhängigen Hauptentschädigung haben soziale Gesichtspunkte erhebliche Bedeutung: sie wirken sich schon bei der Schadensfeststellung aus – vgl. besonders den Einheitswertvergleich – und bestimmen namentlich die Berechnung des Entschädigungsbetrags für den festgestellten Schaden – vgl. die soziale Degression und die Berücksichtigung des Restvermögens. Im Zusammenhang mit dieser Grundkonzeption steht auch der Ausschluß der juristischen Personen von den Ausgleichsleistungen.

Nach Meinung der Beschwerdeführerinnen verstößt die Übernahme dieses Lastenausgleichskonzepts in das Reparationsschädengesetz grundsätzlich gegen den allgemeinen Gleichheitssatz, weil sie der Besonderheit der Reparationsschäden nicht Rechnung trage. Der Gesetzgeber behandele Ungleiches gleich, indem er Reparationsschäden nur nach denselben Maßstäben entschädige wie Vertreibungsschäden und Kriegssachschäden, und Gleiches ungleich, indem er zum einen die Reparationsschäden gegenüber bestimmten anderen Gruppen von Kriegs- oder Kriegsfolgeschäden benachteilige, zum anderen Reparationsschäden in neutralen Ländern im Verhältnis zur Masse der übrigen Reparationsschäden privilegiere. Dem kann jedoch nicht gefolgt werden.

Soweit die Beschwerdeführerinnen aus der angeblichen Tilgung der Reparationsschuld einen Unterschied der Reparationsschäden im Verhältnis zu anderen Kriegs- und Kriegsfolgeschäden, namentlich zu den Vertreibungsschäden und Kriegssachschäden herleiten, ist ihr Vorbringen schon bei der Prüfung an Art. 14 Abs. 1 GG widerlegt worden. Das gleiche gilt für den damit zusammenhängenden Gedanken der tatsächlichen Begünstigung der Bundesrepublik durch die Reparationsleistungen.

Im übrigen ließe sich für eine Entschädigungsregelung, die diesen beiden Gesichtspunkten Rechnung tragen wollte, kein geeigneter, dem Gedanken eines gerechten Ausgleichs auch nur einigermaßen entsprechender Maßstab zur Bemessung der Entschädigung gewinnen. Selbst wenn man von der Existenz einer deutschen Reparationsschuld und ihrer Tilgung durch die Reparationsmaßnahmen ausginge, wäre ihre Höhe schon deswegen völlig ungewiß, weil die Schuld von den Siegermächten nie beziffert worden ist und eine Abrechnung der deutschen Reparationsleistungen nicht stattgefunden hat. Zudem steht bislang auch nicht annähernd fest, welchen Wert die im In- und Ausland weggenommenen deutschen Vermögensgüter in der Hand der Siegermächte hatten. Jedenfalls kann die Höhe einer möglichen rechnerischen Begünstigung der Bundesrepublik nicht – wie die Beschwerdeführerinnen anzunehmen scheinen – mit der Höhe der Reparationsschäden gleichgesetzt werden. Einer Bewertung entziehen sich vor allem die mittelbaren Auswirkungen der Reparationsmaßnahmen wie beispielsweise der zeitweilige Ausfall der deutschen Konkurrenz auf den Weltmärkten und andererseits die für ausländische Volkswirtschaften oder Unternehmen unter Umständen nachteilige Einschränkung der deutschen Importe. Selbst die unmittelbaren Vermögensvorteile, die sich die Siegermächte durch die Aneignung deutscher Vermögensgüter verschafft haben, wären keine geeignete Grundlage einer Entschädigungsregelung. Unter diesem Gesichtspunkt müßten alle Schäden außer Betracht bleiben, die durch die bloße Zerstörung oder Beschädigung von Industrieanlagen entstanden sind. Aus der Sicht der Betroffenen wäre eine solche Differenzierung zwischen Zerstörungsschäden und anderen Reparationsschäden, falls sie überhaupt praktikabel sein sollte, nicht verständlich und mit der sozialen Gerechtigkeit nicht zu vereinbaren.

Ebensowenig läßt sich eine Besonderheit der Reparationsschäden damit begründen, diese Schäden seien durch gezielte, planmäßige Maßnahmen verursacht, während es sich bei den Vertreibungs- und Kriegssachschäden um vom blinden Zufall gelenkte Schicksalsschläge gehandelt habe (siehe auch BGHZ 52, 371 [374 f.]). Aus der Sicht der jeweiligen Betroffenen hatten auch die Reparationsmaßnahmen zufälligen oder schicksalhaften Charakter, zumal da Art und Ausmaß des Eingriffs weitgehend von der differierenden Einstellung der verschiedenen Besatzungsmächte, ja sogar der einzelnen Besatzungsbehörde abhingen. Zudem beruhte auch die Vertreibung der Deutschen in den Ostgebieten und die Konfiskation ihres Vermögens überwiegend auf zentralen Anordnungen (vgl. BVerfGE 40, 141 [159 ff.]). Vor allem aber können die genannten Umstände für die Bemessung des innerstaatlichen Lastenausgleichs am Maßstab der sozialen Gerechtigkeit keine Rolle spielen.

Die Beschwerdeführerinnen berufen sich weiter darauf, daß die Verluste der Reparationsgeschädigten weitgehend an Betriebsvermögen entstanden sind und in stärkerem Maß größere Wirtschaftsunternehmen getroffen haben, während die im Lastenausgleichsgesetz geregelten Schäden überwiegend die breite Bevölkerung betrafen. Die Übertragung der auf die letzteren Schäden zugeschnittenen Gesetzeskonzeption führe trotz formaler Gleichbehandlung *de facto* zur Benachteiligung der Reparationsgeschädigten und bedeute, daß die Bundesrepublik sich ihrer Entschädigungspflicht fast völlig entziehe.

Dem läßt sich zunächst entgegenhalten, daß auch größere Wirtschaftsunternehmen Kriegsschäden und Vertreibungsschäden erlitten haben und insoweit der gleichen Regelung unterworfen sind. Immerhin ergibt sich aus der Natur der jeweiligen schädigenden Vorgänge, daß die Reparationsschäden im Verhältnis zu den Vertreibungsschäden relativ weit stärker bei Betrieben und größeren Unternehmen entstanden sind als bei nichtbetrieblichen Einzelvermögen. Dieser Unterschied in der Struktur der Schäden rechtfertigt jedoch nicht die Forderung nach einer anderen, nämlich günstigeren Entschädigung der Reparationsschäden. Dieses Verlangen wendet sich im Grunde gegen die soziale Zielsetzung, die den Lastenausgleich prägt und der der Gesetzgeber nach der zitierten Rechtsprechung des Bundesverfassungsgerichts bei der Regelung der Kriegs- und Kriegsfolgelasten allgemein den Vorrang geben durfte, wenn nicht sogar mußte (BVerfGE 27, 253 [283, 286] m.w.N.). Schäden an Wohnraum, Gegenständen des persönlichen Bedarfs und an Kleinvermögen, wie sie durch Vertreibung und Kriegssachschäden überwiegend hervorgerufen worden sind, haben sich regelmäßig einschneidender auf die soziale Lage der Betroffenen ausgewirkt als Schäden an Betriebsvermögen. Während etwa die Demontagen meist nur Teilschäden verursachten und allenfalls in Ausnahmefällen zum Zusammenbruch eines Unternehmens geführt haben, haben die Vertreibungsmaßnahmen fast ausnahmslos und die Kriegssachschäden vielfach die Existenzgrundlagen der Betroffenen vernichtet. Der Gesetzgeber durfte sich daher darauf beschränken, den Betroffenen das unerläßliche Minimum an Hilfe zum Wiederaufbau ihrer wirtschaftlichen Existenz zu gewähren, und es bedeutete keine ungerechtfertigte Benachteiligung, wenn diese Hilfe den Reparationsgeschädigten nicht in gleichem Maße zugute kam, weil sie regelmäßig weniger in ihrer Existenz betroffen waren als die Vertriebenen und Kriegssachgeschädigten. Sieht man die verschiedenen Schadensgruppen im Zusammenhang des großen Komplexes der Kriegs- und

Kriegsfolgeschäden auf dem Hintergrund der durch den Zusammenbruch des Reiches geprägten Situation, so erscheint das Verlangen nach einer besseren Entschädigung gerade der Schäden an größeren Vermögen um so weniger begründet, als damit auch das Rangverhältnis zu den nicht meßbaren immateriellen Schäden gestört würde.

Schließlich ist die Gleichstellung der genannten Schadensgruppen auch nicht wegen der Unterschiede im Zeitpunkt der Entstehung der Schäden zu beanstanden. Allerdings sind die Reparationsschäden im Inland überwiegend erheblich später eingetreten als die Kriegssachschäden und die Vertreibungsschäden; zum Teil fielen sie bereits in die allgemeine Wiederaufbauphase und konnten damit die Reparationsgeschädigten unter Umständen im wirtschaftlichen Wettbewerb generell sowie auch gegenüber Vertriebenen und Kriegssachgeschädigten benachteiligen. Wieweit diese Wirkung aber tatsächlich eingetreten ist und wie stark sie im Einzelfall war, läßt sich nicht zuverlässig beurteilen. Zudem konnten die Reparationsgeschädigten den Wiederaufbau im allgemeinen auf der Grundlage eines verhältnismäßig besser erhaltenen Restvermögens beginnen. Schließlich hätte die Berücksichtigung des Zeitpunkts der Schädigung eine komplizierte differenzierende Regelung erforderlich gemacht, da der Eintritt der Reparationsschäden sich über einen Zeitraum von etwa sechs Jahren hinzog. Angesichts der zulässigen Typisierung (vgl. BVerfGE 17, 1 [23] – Witwerrente I; 26, 16 [32] – Berufsschadensausgleich im Bundesversorgungsgesetz) hält sich die anders gerichtete Entscheidung des Gesetzgebers jedenfalls innerhalb des weiten Gestaltungsspielraums, der ihm zur Verfügung stand.

Es verletzt auch nicht den Gleichheitssatz, daß andere nach dem Krieg erlassene Entschädigungsgesetze für die jeweils erfaßten Personengruppen günstigere Regelungen vorgesehen haben als das Reparationsschädengesetz.

Das Bundesrückerstattungsgesetz in der Fassung vom 24. März 1958 (BGBl. I, S. 141) betraf die Wiedergutmachung von Unrechtsmaßnahmen aus der Zeit des nationalsozialistischen Regimes und ist mit Kriegsfolgeregelungen der hier vorliegenden Art von vornherein nicht vergleichbar.

Die Sonderregelung für die Besatzungsschäden im Gesetz über die Abgeltung von Besatzungsschäden vom 1. Dezember 1955 (BGBl. I, S. 734) war durch das Besatzungsrecht vorgezeichnet und entsprach den im Neunten Teil des Überleitungsvertrags – im Unterschied zu der Entschädigungsklausel für die Reparationsschäden – im einzelnen festgelegten Verpflichtungen der Bundesrepublik (vgl. BVerfGE 27, 253 [256 f., 275 f.]; siehe auch BVerfGE 35, 324 [337] – Vermögensabgabe für Rückerstattungspflichtige).

Daß das Gesetz über die Liquidation der Deutschen Reichsbank und der Deutschen Golddiskontbank vom 2. August 1961 (BGBl. I, S. 1165) nicht nach den Grundsätzen zur Bereinigung des Staatsbankrotts verfuhr, sondern die beiden Banken in Anlehnung an das allgemeine Konkursrecht liquidierte, läßt sich rechtfertigen, weil hier ein vom übrigen Staatsvermögen getrenntes, besonders haftendes Vermögen zur Verfügung stand.

Es bestehen auch sachgerechte Gründe dafür, daß das Reparationsschädengesetz nicht alle Reparationsgeschädigten so gestellt hat wie die Reparationsgeschädigten mit Vermögen in den neutralen Staaten (Schweiz, Schweden, Portugal und Spanien).

Wie bereits erwähnt, hat die Bundesrepublik auf Grund der Ermächtigung im Überleitungsvertrag mit diesen Staaten besondere Abkommen abgeschlossen, um die in den Washingtoner Abkommen vorgesehene Liquidation des dort belegenen deutschen Vermögens abzuwenden, soweit dies noch möglich war. Beispielhaft ist das Abkommen über die deutschen Vermögenswerte in der Schweiz vom 26. August 1952 (BGBl. 1953 II, S. 17 – vgl. dazu BVerfGE 6, 290 [291 ff.]). Danach zahlte die Bundesrepublik einen Betrag von 121,5 Mio. Schweizer Franken an die Schweiz, womit diese die Ansprüche der Westmächte auf den Liquidationserlös des beschlagnahmten deutschen Vermögens befriedigte. Die deutschen Eigentümer hatten die Wahl, entweder ihr Vermögen zu behalten und dafür einen Ablösungsbeitrag in Höhe von grundsätzlich einem Drittel des Vermögenswertes zu leisten, um die genannte Schuld der Bundesrepublik zu decken, oder sie nahmen die Liquidation ihres Vermögens hin und erhielten den Liquidationserlös in deutscher Währung ausgezahlt. Das letztere galt auch für diejenigen, deren Vermögen bei Abschluß des Abkommens bereits liquidiert war. Nach dem Zustimmungsgesetz zu diesem Abkommen vom 7. März 1953 (BGBl. II, S. 15) waren die freigegebenen Vermögenswerte von der Vermögensabgabe des Lastenausgleichsgesetzes befreit; auf die Liquidationserlöse mußte eine Ersatzvermögensabgabe gezahlt werden, die im wesentlichen derjenigen des Lastenausgleichsgesetzes entsprach. Ähnliche Regelungen wurden mit den anderen neutralen Staaten getroffen (vgl. BVerfGE 24, 203 [205 ff.] – deutsch-portugiesisches Vermögensabkommen).

Auch wenn man mit den Beschwerdeführerinnen unterstellt, die Bundesrepublik habe in diesen Fällen – auf dem Wege über einen Einnahmeausfall des Lastenausgleichsfonds – die Reparationsforderungen der Alliierten an das deutsche Vermögen selbst beglichen, durfte ein solches Vorgehen auf das beschlagnahmte Vermögen in den neutralen Staaten beschränkt bleiben. Bei diesen völkerrechtlichen Vereinbarungen handelte es sich nicht wie beim Lastenausgleichsgesetz und Reparationsschädengesetz um die innerstaatliche Regelung der Folgen bereits vollzogener, faktisch irreparabler fremder Eingriffe in deutsches Vermögen, sondern wesentlich um die Abwehr drohender weiterer Eingriffe in noch nicht endgültig entzogenes Auslandsvermögen und seine Freigabe für die deutschen Eigentümer (vgl. BVerfGE 6, 290 [296 ff.]). Die Bundesrepublik, die mit dem Abschluß der Abkommen ihrer Pflicht zum diplomatischen Schutz ihrer Bürger genügte (vgl. BVerfGE a.a.O. [299]), war zum Verzicht auf die Vermögensabgabe genötigt, weil die Schweiz darauf bestand und der Bundesrepublik daran gelegen war, durch eine Einigung mit der Schweiz auch andere neutrale Staaten zur Freigabe des deutschen Vermögens zu veranlassen. Die gegenüber den Regelungen des Reparationsschädengesetzes bevorzugte Behandlung der betroffenen Eigentümer mit Vermögen in neutralen Staaten spiegelt somit nur die verschiedene Lage wider, in der sich das deutsche Vermögen innerhalb und außerhalb dieser Länder je nach der Stärke des Zugriffs der Siegermächte befand (vgl. BVerfGE a.a.O.). Es kann daher nicht als sachfremd bezeichnet werden, wenn die Bundesrepublik dort, wo deutsches Vermögen noch zu retten war, in höherem Maße Mittel der öffentlichen Hand einsetzte.

Durfte der Gesetzgeber danach die Entschädigung der Reparationsschäden im ganzen nach dem Vorbild des Lastenausgleichsgesetzes gestalten, so gilt dies auch für die Abgrenzung der Entschädigungsberechtigung im einzelnen. Entgegen der Auffassung der Beschwerdeführerinnen verstieß weder der Ausschluß der juristischen Personen von den Lastenausgleichsleistungen noch die Übernahme dieser Regelung in das Reparationsschädengesetz gegen Art. 3 Abs. 1 GG . . .

Nr. 4 BVerfG 7. 4. 1976 (2 BvR 728/75) BVerfGE 42, 120

Der 1955 geborene Beschwerdeführer ist Italiener und lebt seit kurzer Zeit in der Bundesrepublik Deutschland. Ihm wurde wegen des Vorwurfs, am 20. Februar 1975 mit einem nicht verkehrssicheren Personenkraftwagen gefahren zu sein, am 27. März 1975 ein Bußgeldbescheid des Landratsamts Rastatt über 80 DM im Wege der Niederlegung bei der Post zugestellt, von dem er am 29. März 1975 Kenntnis erhielt. Zuvor war der Beschwerdeführer von der Polizei zur Sache vernommen worden, ohne daß – ausweislich der Akten – die Zuziehung eines Dolmetschers notwendig gewesen wäre. Der Bußgeldbescheid enthielt die übliche Rechtsbehelfsbelehrung in deutscher Sprache. Mit Schriftsatz seines Bevollmächtigten vom 18. April 1975, eingegangen bei der Verwaltungsbehörde am 21. April, legte der Beschwerdeführer gegen den Bußgeldbescheid Einspruch ein und beantragte zugleich die Wiedereinsetzung in den vorigen Stand gegen die Versäumung der Einspruchsfrist. Er ließ vortragen, ihm sei »wegen des gleichen Vorwurfs« – er war am 25. Februar an anderer Stelle erneut kontrolliert worden – ein Bußgeldbescheid des Regierungspräsidenten in Karlsruhe zugegangen, und nur diesen wolle er hinnehmen. Als er am 17. April 1975 beim Landratsamt Rastatt vorstellig geworden sei, habe er erst dort erfahren, daß die Einspruchsfrist gegen den Bußgeldbescheid bereits abgelaufen sei. Er könne sich zwar »einigermaßen« in der deutschen Sprache verständigen, sei aber nicht in der Lage gewesen, den doch recht komplizierten Text der Rechtsbehelfsbelehrung zu lesen und zu verstehen. Nachdem er vom Landratsamt entsprechend informiert worden sei, habe er sich sofort an seinen Bevollmächtigten gewandt. Diesen Vortrag versicherte der Beschwerdeführer in einer eidesstattlichen Versicherung, die unter Einschaltung eines Dolmetschers abgefaßt worden ist.

Das Amtsgericht – Jugendgericht – verwarf den Wiedereinsetzungsantrag als unbegründet. Die Nichteinhaltung der Einspruchsfrist sei verschuldet. Auch wenn man davon ausgehe, daß der Beschwerdeführer die Rechtsbehelfsbelehrung des Bußgeldbescheids nicht habe lesen können, so könne ihm »der Vorwurf nicht erspart werden, daß er sich nicht sofort an eine der deutschen Sprache kundige Person« gewandt habe. Das hätte erwartet werden müssen, weil der Beschwerdeführer aufgrund der polizeilichen Vernehmung mit einem Bußgeldbescheid habe rechnen müssen. Bei dieser Vernehmung habe er auch bewiesen, daß er sich in der deutschen Sprache verständlich machen könne.

Mit der sofortigen Beschwerde machte die Verteidigung geltend, ein Ausländer ohne ausreichende deutsche Sprachkenntnisse habe Anspruch auf eine Rechtsmittelbelehrung in seiner Heimatsprache; das sei kürzlich vom Bundesverfassungsgericht entschieden worden. Das Landgericht Baden-Baden – Jugendkammer – wies das Rechtsmittel mit dem Beschluß vom 14. August 1975 »aus den zutreffenden Gründen der angefochtenen Entscheidung«, die auch durch das Beschwerdevorbringen nicht entkräftet worden seien, zurück.

Mit der Verfassungsbeschwerde rügt der Beschwerdeführer unter Darstellung des Sachverhalts des Ausgangsverfahrens und unter Bezugnahme auf die Entscheidung des Bundesverfassungsgerichts vom 10. Juni 1975 (BVerfGE 40, 95) die Verletzung seines Rechts aus Art. 103 Abs. 1 GG ... – Die Verfassungsbeschwerde ist zulässig und begründet.

Der Ausländer hat in Verfahren vor Gerichten der Bundesrepublik Deutschland die gleichen prozessualen Grundrechte und den gleichen Anspruch auf ein rechtsstaatliches Verfahren sowie auf umfassenden und effektiven gerichtlichen Schutz wie jeder Deutsche; mangelhafte Kenntnisse der deutschen Sprache dürfen nicht zu einer Verkürzung der verfassungsrechtlichen Rechtsschutzgarantien führen (BVerfGE 40, 95 [98f.]).

Im Bußgeldverfahren nach dem Gesetz über Ordnungswidrigkeiten eröffnet der Einspruch gegen den Bußgeldbescheid den Zugang zum Gericht gegen eine belastende Maßnahme der öffentlichen Gewalt. Da der Betroffene sich im Verfahren vor der Behörde nicht zu äußern braucht, gibt der Einspruch zugleich die Möglichkeit, sich vor einem Richter zu verteidigen, sich erst dem Gericht gegenüber zur Sache zu äußern. Auf diese Verteidigungsmöglichkeit darf sich der Bürger einrichten. Wird die Einspruchsfrist hingegen versäumt, so hängt die Verwirklichung der in diesem Sinne einander ergänzenden verfassungsrechtlichen Rechtsschutzgarantien des Art. 19 Abs. 4 und des Art. 103 Abs. 1 GG davon ab, daß dem Betroffenen, der die Frist versäumt hat, die Wiedereinsetzung in den vorigen Stand gegeben wird (vgl. BVerfGE 38, 35 [38f.]; 40, 182 [184]).

Die für das Bußgeldverfahren wie für das Strafverfahren anzuwendenden Vorschriften der §§ 44 und 45 StPO machen die Gewährung der Wiedereinsetzung in den vorigen Stand davon abhängig, daß der Betroffene »ohne Verschulden« verhindert war, eine Frist einzuhalten und daß er den Wiedereinsetzungsantrag selbst innerhalb einer Frist von einer Woche nach Wegfall des Hindernisses anbringt und dabei die Versäumungsgründe darlegt. Das ist verfassungsrechtlich nicht zu beanstanden. Die genannten prozessualen Grundrechte haben nicht den Sinn, den Bürger aus der Beachtung aller Fristen und anderer Förmlichkeiten zu entlassen, ohne die ein geordnetes Verfahren und damit Rechtssicherheit und Rechtsstaatlichkeit nicht zu verwirklichen sind. Es ist deshalb zulässig und auch notwendig, dem Bürger solche Versäumnisse und Unterlassungen bei der Beachtung von Frist- und Formvorschriften zuzurechnen, die er – bei Anlegung sachgerechter Maßstäbe – selbst zu vertreten hat.

§ 44 Satz 2 StPO schreibt vor, daß die Versäumung einer Rechtsmittelfrist als unverschuldet anzusehen ist, wenn gesetzlich vorgesehene Belehrungen unterblieben sind. Dem liegt der Gedanke zugrunde, daß derjenige die Wiedereinsetzung in den vorigen Stand erhalten soll, der sich wegen Unkenntnis der Rechtsmittel und ihrer kurzen Fristen nicht auf den Fristablauf einrichten konnte. Die Belehrung über den Rechtsbehelf des Einspruchs ist für den Strafbefehl in § 409 Abs. 1 Satz 1 Nr. 7 und § 35a StPO und für den Bußgeldbescheid in § 66 Abs. 2 Nr. 1 OWiG angeordnet.

Diesen Erwägungen folgend, hat das Bundesverfassungsgericht zu § 44 StPO in der bis zum 31. Dezember 1974 geltenden Fassung entschieden, daß der der deutschen Sprache nicht hinreichend mächtige Ausländer, dem ein Strafbefehl (oder Bußgeldbescheid) in deutscher Sprache ohne eine ihm verständliche Belehrung über den Rechtsbehelf des Einspruchs zugestellt worden ist, im Falle der Fristversäumung nicht anders behandelt werden kann, als wenn die Belehrung unterblieben wäre (BVerfGE 40, 95 [100]). Damit ist nicht ausgesprochen worden, der Ausländer habe Anspruch auf eine Belehrung in seiner Heimatsprache. Ihm darf aber, wenn er der deutschen Sprache nicht hinreichend mächtig ist, im Wiedereinsetzungsverfahren nicht entgegengehalten werden, er habe sich nicht »rechtzeitig« genug um eine Übersetzung bemüht. Denn dieser Vorwurf läßt außer Betracht, daß dem Betroffenen der drohende Fristablauf unbekannt bleibt, bis es ihm gelungen ist, eine Übersetzung zu erhalten (vgl. BVerfGE 40, 95 [100]). Eine derartige Auslegung des § 44 StPO würde, entgegen dem Sinngehalt des Satz 2 der Vorschrift, den Betroffenen an den Lauf einer Frist binden, deren Unkenntnis ihm gerade für den Zeitpunkt nicht vorzuwerfen ist, zu dem ein »rechtzeitiges« oder »sofortiges« Tätigwerden von ihm verlangt wird. Hinzu kommt, daß in jedem Fall durch die Notwendigkeit der Übersetzung des nicht einfachen Textes und der vielfach nicht zu leugnenden Schwierigkeit (vgl. den Sachverhalt BVerfGE 40, 95 [96]), schnell einen geeigneten Übersetzer zu finden, verbunden mit der weiteren Notwendigkeit, für den Einspruch selbst zumindest Schreibhilfe in Anspruch nehmen zu müssen, ein empfindlicher Zeitverlust eintritt. Dieser wird weiter verschärft, wenn, wie gerade bei ausländischen Gastarbeitern häufig, die Zustellung durch Niederlegung erfolgt ist. Er ist in jedem Fall im Hinblick auf die relativ kurze Einspruchsfrist von nur einer Woche erheblich.

Damit ist nicht gesagt, daß auf den der deutschen Sprache nicht hinreichend mächtigen Ausländer, dem ein Strafbefehl oder Bußgeldbescheid ohne ihm verständliche Rechtsmittelbelehrung zugestellt worden ist, § 44 Satz 2 StPO unmittelbar anzuwenden ist. Das ist eine Frage des einfachen Rechts, die vom Bundesverfassungsgericht nicht zu entscheiden ist. Unter dem Blickpunkt des Verfassungsrechts verbieten die Rechtsschutzgarantien der Art. 19 Abs. 4 und Art. 103 Abs. 1 GG für diese Fälle lediglich, die Versäumung der einwöchigen Einspruchsfrist, soweit sie auf den unzureichenden Sprachkenntnissen des Ausländers beruht, als verschuldet im Sinne des Rechts auf Wiedereinsetzung in den vorigen Stand anzusehen. An diesem Maßstab für die Auslegung und Anwendung des § 44 StPO ist für die Neufassung der Vorschrift durch Art. 1 Nr. 8 des Ersten Gesetzes zur Reform des Strafverfahrensrechts vom 9. Dezember 1974 (BGBl. I, S. 3393) festzuhalten (vgl. BVerfGE 41, 332 [334 ff.]).

Das Amtsgericht und – ihm folgend – das Landgericht haben den genannten verfassungsrechtlichen Maßstab verkannt, weil sie, trotz der dargelegten, vom Amtsgericht jedenfalls in Ansehung der Rechtsbehelfsbelehrung auch unterstellten, unzureichenden Sprachkenntnisse des Beschwerdeführers die Versäumung der Einspruchsfrist als verschuldet angesehen haben.

Wenn danach die Versäumung der Einspruchsfrist als unverschuldet zu behandeln ist, so bedeutet das nicht, daß seine unzureichenden Sprachkenntnisse den Ausländer jeglicher Sorgfaltspflicht in der Wahrnehmung seiner Rechte entheben.

Die Wiedereinsetzung in den vorigen Stand greift in die Rechtskraft ein. Das Verfahren drängt deshalb auf Beschleunigung, damit die Ungewißheit über die Rechtsbeständigkeit der im Zusammenhang mit der Fristversäumung erlassenen Entscheidung möglichst bald beseitigt wird. Aus diesem Grund bestimmt § 45 StPO, daß der Wiedereinsetzungsantrag innerhalb einer Frist von einer Woche »nach Wegfall des Hindernisses« und unter Darlegung der Versäumungsgründe zu stellen ist.

Mit diesem Grundgedanken des Wiedereinsetzungsrechts ist es zu vereinbaren, wenn von einem Betroffenen, der Anlaß hat und in der Lage ist, von sich aus zum »Wegfall des Hindernisses« beizutragen, verlangt wird, zumutbare Anstrengungen in dieser Richtung zu unternehmen. Verfassungsrechtlich ist gegen eine derartige Anwendung und Auslegung des Wiedereinsetzungsrechts nichts einzuwenden. Die Rechtsschutzgarantien der Art. 19 Abs. 4 und Art. 103 Abs. 1 GG schützen nicht denjenigen, der der Wahrnehmung seiner Rechte mit vermeidbarer Gleichgültigkeit gegenübersteht.

Danach kann es zulässig sein, dem der deutschen Sprache nicht hinreichend mächtigen Ausländer, obwohl ihm ein Strafbefehl oder Bußgeldbescheid ohne ihm verständliche Rechtsmittelbelehrung zugestellt wurde, die Wiedereinsetzung in den vorigen Stand aus der Erwägung heraus zu versagen, er habe sich – unabhängig vom Lauf der versäumten Frist – nicht zureichend um die Verfolgung seiner Interessen gekümmert, obwohl er nach Lage des Falles dazu Anlaß hatte und in der Lage war. Ein derartiger Tatbestand kann zum Beispiel gegeben sein, wenn der Betroffene den Inhalt eines Bußgeldbescheids oder Strafbefehls jedenfalls soweit erfaßt hat, daß es sich um ein amtliches Schriftstück handeln könnte, das eine ihn belastende Verfügung enthält, und er sich gleichwohl binnen eines Monats nicht Gewißheit über den genauen Inhalt verschafft.

Die angegriffenen Entscheidungen befassen sich mit dem Verhalten des Beschwerdeführers nur unter dem Blickpunkt, daß er sich innerhalb der Einspruchsfrist keine Übersetzung der Rechtsbehelfsbelehrung verschafft hat. Ob sie das Verhalten des Beschwerdeführers insgesamt als eine die Versagung der Wiedereinsetzung rechtfertigende, zurechenbare Gleichgültigkeit im eben beschriebenen Sinne werten, kann aus ihnen nicht mit der notwendigen Sicherheit entnommen werden. Der Beschwerdeführer hat – aus bisher unbekannten Gründen recht spät – eine sachgerechte Initiative ergriffen, indem er sich an das Landratsamt wandte. Es ist nicht auszuschließen, daß die Gerichte die Wiedereinsetzung gewährt hätten, wenn sie, wie es Art. 19 Abs. 4 und Art. 103 GG gebieten, die Versäumung der Einspruchsfrist als unverschuldet behandelt hätten. Damit beruhen die angegriffenen Entscheidungen auf einer Verletzung der genannten prozessualen Grundrechte des Beschwerdeführers. Sie sind deshalb aufzuheben ...

Nr. 5 OVG Rheinl.-Pfalz 16. 6. 1976 (2 A 7/75) AS 17, 298

Der Kläger, niederländischer Staatsangehöriger, besuchte von den Niederlanden aus an sechs Wochenenden die Bundesrepublik. Bis zu seiner Festnahme verkaufte er etwa 200 Gramm mitgebrachtes Haschisch in kleinen Teilmengen vorwiegend an Besucher einer Diskothek. Deshalb wurde er wegen Vergehens gegen das Betäubungsmittelgesetz zu einer Freiheitsstrafe von einem Jahr und vier Monaten rechtskräftig verurteilt. Als die Reststrafe zur Bewährung ausgesetzt wurde, wies der Beklagte den Kläger unbefristet aus der Bundesrepublik aus. Er lebt seitdem bei seinen Eltern in den Niederlanden.

Das Verwaltungsgericht hat die Ausweisung als ermessensfehlerhaft aufgehoben, da sie aufgrund der derzeitigen Lebensumstände des Klägers aus spezialpräventiven Erwägungen überflüssig sei. Der Abschreckung anderer Ausländer sei durch die gegen den Kläger verhängte Strafe bereits Rechnung getragen worden. Das Oberverwaltungsgericht hat dieses Urteil aufgehoben und die Klage abgewiesen.

Der Beklagte hat den Kläger rechtsfehlerfrei ausgewiesen, weil ein Ausweisungstatbestand gegeben ist und ein Ermessensfehlgebrauch nicht vorliegt. Maßgeblicher Zeitpunkt für die rechtliche Beurteilung des Falles ist – entgegen der Auffassung des Verwaltungsgerichts – nicht der Zeitpunkt der letzten mündlichen Verhandlung des Gerichts. Da es sich um eine Anfechtungsklage handelt, kann nach den allgemeinen Verfahrensgrundsätzen allenfalls der Zeitpunkt der letzten Verwaltungsentscheidung – hier des Widerspruchsbescheides vom 10. Juli 1974 – maßgebend sein. Das Bundesverwaltungsgericht hat für das Ausländerrecht entschieden, daß die Rechtmäßigkeit einer Ausweisungsverfügung sich nach der Sach- und Rechtslage im Zeitpunkt ihres Erlasses – das ist hier der 5. Juni 1974 – richtet (DÖV 1974, 788). Einer abschließenden Erörterung dieser Frage bedarf es vorliegend nicht, da diese beiden Zeitpunkte nur etwas mehr als einen Monat auseinanderliegen – ein Zeitraum, der für den Ausgang des Rechtsstreits unerheblich ist.

Nach § 10 Abs. 1 Nr. 2 des Ausländergesetzes in der hier maßgeblichen (bis zum 31. Dezember 1974 geltenden) Fassung am 28. April 1965 (BGBl. I, S. 353) – AuslG – kann die Ausländerbehörde einen Ausländer aus dem Bundesgebiet ausweisen, wenn er wegen eines Vergehens verurteilt worden ist. Der Kläger ist wegen fortgesetzten Vergehens gegen das Betäubungsmittelgesetz rechtskräftig zu einer Freiheitsstrafe von einem Jahr und vier Monaten verurteilt worden. Ein Ausweisungstatbestand ist demnach gegeben. Allerdings liegt diese schärfste ausländerrechtliche Maßnahme im Ermessen der Ausländerbehörde, bei dessen Ausübung sie vor allem den Grundsatz der Verhältnismäßigkeit zu beachten hat (BVerfG NJW 1974, 227 und 1809), d.h. sie hat bei ihrer Entscheidung unter Berücksichtigung der Interessen der Allgemeinheit und der persönlichen Interessen des Ausländers das Gewicht der für die Ausweisung sprechenden öffentlichen Belange mit der Schwere des den Ausländer treffenden Eingriffs seiner Ausweisung abzuwägen. Der Beklagte hat diese Abwägung ausweislich der Gründe der angefochtenen Verfügung und des Widerspruchsbescheides sowie deren späterer Erörterungen im gerichtlichen Verfahren rechtsfehlerfrei vorgenommen. Für die Ausweisung spricht das öffentliche Interesse an der Unterbindung des illegalen Rauschgifthandels und an dem Schutz vor allem der jugendlichen Bevölkerung vor den gesundheitlichen Gefahren des Rauschgiftgenusses. Angesichts des immer mehr zunehmenden Rauschgiftschmuggels und Rauschgiftkonsums, der in vielen Fällen zur Zerstörung der physischen und psychischen Persönlichkeit bis hin zur Anstaltsunterbringung auf Kosten der öffentlichen Hand führt, verlangt das Interesse der Allgemeinheit die strikte Bekämpfung dieser unverantwortlichen und gewissenlosen Ausnutzung jugendlicher Unerfahrenheit und der zur Sucht führenden Wirkung des Rauschgifts zu geschäftlichen Zwecken. Demgegenüber kann sich der Kläger nicht darauf berufen, daß das letzte Drittel der gegen ihn verhängten Freiheitsstrafe zur Bewährung ausgesetzt worden ist. Weder sind die Grundsätze über die Strafaussetzung im Rahmen des Ausländerrechts anwendbar, noch sind die sich darauf beziehenden Ausführungen der strafgerichtlichen Entscheidung für die Ausländerbehörde bindend. Im Ausländerrecht genügt die objektive Beeinträchtigung öffentlicher Belange durch den Aufenthalt des Ausländers in der Bundesrepublik. Diese Beeinträchtigung ergibt sich hier – im Zeitpunkt des Erlasses der angefochtenen Verfügung – einmal aus der damaligen Ungewißheit, ob der Kläger den Rauschgifthandel endgültig aufgegeben habe, und zum anderen aus dem Gesichtspunkt der Generalprävention. Auf das spätere Wohlverhalten des Klägers kommt es – wie dargelegt – nicht an. Bei seiner Entlassung und auch noch zur Zeit der Widerspruchsentscheidung war es ungewiß und nicht abzusehen, ob er möglicherweise rückfällig werden würde. Seine Führung in der Strafhaft besagt insoweit naturgemäß wenig. Auch das Landgericht hat in seinem Beschluß über die Aussetzung der Reststrafe zur Bewährung lediglich davon gesprochen, daß es verantwortet werden könne zu erproben, ob der Kläger außerhalb des Strafvollzuges keine Strafe mehr begehen werde. Es kann dahinstehen, ob nicht schon deshalb aus spezialpräventiven Gründen die Ausweisung erfolgen durfte, um jeder Gefahr eines erneuten Verstoßes des Klägers gegen das Betäubungsmittelgesetz vorzubeugen. Jedenfalls aber war diese Maßnahme aus dem Gesichtspunkt der Generalprävention gerechtfertigt. Nach der ständigen Rechtsprechung des Bundesverwaltungsgerichts (vgl. BVerwGE 35, 291 [294] und 42, 133 [138f.]) kann die Ausländerbehörde im Rahmen sachgerechter Ermessenserwägungen die Ausweisung vornehmen, um andere Ausländer vor der Begehung von Straftaten abzuschrecken und so die öffentliche Sicherheit und Ordnung der Bundesrepublik zu fördern und die Ausländer anzuhalten, die Rechtsordnung ihres Gastlandes zu beachten. Würde nämlich illegaler Rauschgifthandel keine aufenthaltsrechtlichen Konsequenzen haben, so bestände neben dem – in den meisten Ländern vorhandenen – strafrechtlichen Risiko keine Gefahr für das Aufenthaltsrecht in der Bundesrepublik lebender Ausländer, so daß die Versuchung, hier mit der derzeitigen Rauschgiftwelle Geschäfte zu machen, besonders groß wäre. Der Berücksichtigung des Gesichtspunkts der Generalprävention steht entgegen der Auffassung des Klägers europäisches Gemeinschaftsrecht nicht entgegen. Zwar hat der Europäische Gerichtshof entschieden, daß die Ausweisung eines Angehörigen eines Mitgliedstaates der Europäischen Gemeinschaft zum Zweck der Abschreckung anderer Ausländer mit Art. 3 der Richtlinien Nr. 64/221 des Rats der Europäischen Wirtschaftsgemeinschaft vom 25. Februar 1964 (ABl. S. 850) unvereinbar ist (NJW 1975, 1096). Das gilt jedoch nur im Anwendungsbereich der genannten Richtlinie. Diese betrifft – soweit hier von Interesse – nur solche Ausländer, die sich in der Bundesrepublik aufhalten oder in deren Gebiet begeben, um eine selbständige oder unselbständige Erwerbstätigkeit auszuüben oder um Dienstleistungen entgegenzunehmen. Nicht dagegen werden von ihr Angehörige der Mitgliedstaaten der Europäischen Gemeinschaft erfaßt, die sich lediglich zu Besuchszwecken in einem anderen Mitgliedstaat aufhalten. Das entspricht dem Inhalt des Vertrages zur Gründung der Europäischen Wirtschaftsgemeinschaft vom 25. März 1957 (BGBl. II, S. 753), der in seinen Art. 48 ff. lediglich die Freizügigkeit der Arbeitnehmer, die Niederlassungsfreiheit sowie den freien Dienstleistungs- und Kapitalverkehr vorsieht (vgl. auch den damit übereinstimmenden Geltungsbereich des Gesetzes über Einreise und Aufenthalt von Staatsangehörigen der Mitgliedstaaten der Europäischen Wirtschaftsgemeinschaft vom 22. Juli 1969 – BGBl. I, S. 927 –, wie er in § 1 dieses Gesetzes umschrieben ist).

Gegenüber den angeführten, im Interesse der Allgemeinheit zu wahrenden öffentlichen Belangen vermag der Kläger keine besonderen persönlichen Interessen geltend zu machen, die seine Ausweisung als unverhältnismäßig schweren Eingriff in seine Lebensführung erscheinen lassen würden. Er hat bisher weder seinen ständigen Aufenthalt in der Bundesrepublik gehabt, noch seinen Lebensmittelpunkt in seinem Elternhaus in den Niederlanden aufgegeben. Sein einziges Interesse besteht erklärtermaßen darin, bei Bedarf frei nach Deutschland einreisen zu können. Angesichts der besonderen Gemeinschädlichkeit des illegalen Rauschgifthandels und der Schwierigkeit seiner Bekämpfung ist es keine ermessensfehlerhafte Ausübung der Befugnisse nach dem Ausländergesetz, wenn der Beklagte bei dieser Sachlage den Kläger aus der Bundesrepublik ausgewiesen und damit dem Schutz der erwähnten gewichtigen öffentlichen Belange gegenüber dem verhältnismäßig geringen Interesse des Klägers an einer Aufenthaltsmöglichkeit in der Bundesrepublik den Vorrang gegeben hat.

Das gilt auch, soweit der Beklagte die Ausweisung unbefristet ausgesprochen hat. Gemäß § 15 Abs. 1 Satz 1 AuslG darf einem Ausländer, der ausgewiesen worden ist, keine Aufenthaltserlaubnis erteilt werden. Diese Wirkung kann nach Satz 2 dieser Bestimmung befristet werden. Im Zeitpunkt des Erlasses der angefochtenen Bescheide bestand zu einer Befristung kein zwingender Anlaß. Die weitere Entwicklung der Lebensführung des Klägers war offen. Vor allem aber kann die Wirkung der Ausweisung nach § 15 Abs. 1 Satz 3 AuslG jederzeit nachträglich beschränkt werden. Insoweit liegt also keine endgültige Maßnahme vor, zumal darüber hinaus nach § 15 Abs. 2 AuslG einem ausgewiesenen Ausländer ohnehin bei Vorliegen zwingender Gründe die Einreise in die Bundesrepublik kurzfristig gestattet werden kann. Angesichts dieser Rechtslage und der verhältnismäßig geringen privaten Interessen des Klägers an einer Einreise in die Bundesrepublik war es nicht ermessensfehlerhaft, die Ausweisung – zunächst – unbefristet auszusprechen. Deshalb kann auch der auf eine Befristung gerichtete Hilfsantrag des Klägers keinen Erfolg haben, wobei es keiner näheren Ausführungen darüber bedarf, daß es sich hier nicht um einen echten Hilfsantrag handelt, sondern lediglich um einen Hinweis darauf, die Berufung notfalls zumindest teilweise zurückzuweisen. Soweit der Kläger damit geltend machen will, aufgrund der zwischenzeitlich eingetretenen Konsolidierung seiner Lebensverhältnisse sei jedenfalls heute eine Beschränkung der Wirkung der Ausweisung gerechtfertigt, ist eine Entscheidung im vorliegenden Rechtsstreit nicht möglich, da hier – wie erwähnt – die Rechtslage Mitte 1974 maßgebend ist. Eine nachträgliche Befristung der Wirkungen der Ausweisung stellt einen anderen Streitgegenstand dar, der nur aufgrund eines neuen beim Beklagten durchgeführten Verwaltungsverfahrens rechtshängig gemacht werden kann.

Nr. 6 OLG Stuttgart 19. 7. 1976 (3 Ws 9/76) NJW 1977, 1019

Am 31. 3. 1975 ereignete sich auf der Bundesstraße 29 ein tödlicher Verkehrsunfall. Der Angeschuldigte war verdächtig, diesen Unfall in alkoholbedingt fahruntüchtigem Zustand (Blutalkoholgehalt 1,41‰) fahrlässig verursacht zu haben, weil er mit einer für die vereiste Fahrbahn zu hohen Geschwindigkeit fuhr, dadurch ins Schleudern und auf die Gegenfahrbahn geriet und dort mit einem ordnungsgemäß entgegenkommenden Pkw zusammenstieß, dessen Fahrerin tödlich und deren Beifahrer schwer verletzt wurde. Da es sich bei ihm um einen in der Bundesrepublik Deutschland stationierten US-Soldaten handelte, überließ die zuständige StA die strafrechtliche Verfolgung des Unfalls zunächst den zuständigen US-Militärbehörden. Auf die am 16. 4. 1975 der StA gegenüber erfolgte Mitteilung nach Art. 19 II (ZusAbk. NATO-Truppenstatut) erklärte diese am 17. 5. 1975 den zuständigen US-Militärbehörden gegenüber, daß sie den Verzicht auf Ausübung der Gerichtsbarkeit gemäß Art. VII NATO-Truppenstatut nicht zurücknehme.

Daraufhin erstellten die amerikanischen Behörden eine Beschuldigungsschrift, die dem für das *Mittlere Militärgericht* zuständigen Gerichtsherrn zugeleitet wurde. Dieser ordnete eine förmliche Voruntersuchung gemäß Art. 32 des Einheitlichen Militärstrafgesetzbuches (Uniform Code of Military Justice) an und leitete danach die Beschuldigungsschrift an den Kommandeur des VII. Korps zur Anklageerhebung vor dem *Großen Militärgericht (general court-martial)* weiter. Der Kommandeur des VII. Korps reichte die Beschuldigungsschrift zur angemessenen Verfügung an den für das *Mittlere Militärgericht* zuständigen Gerichtsherrn zurück. Dieser stellte das Verfahren ein. Die Entscheidung wurde damit begründet, daß auch ein Durchschnittsfahrer durch das plötzlich auftretende Glatteis überrascht worden wäre. Dies ergebe sich daraus, daß der zur Unfallstelle geschickte Fahrer eines amerikanischen Militärpolizeifahrzeugs dort wegen des plötzlich auftretenden Eises ebenfalls ins Schleudern gekommen sei. Außerdem habe sich etwa einen Kilometer von der Unfallstelle entfernt ein ähnlicher Unfall ausschließlich wegen der Straßenverhältnisse ereignet. Ferner reichten nach geltendem Recht die Blutalkoholgutachten allein für eine Verurteilung nicht aus. Sie könnten nur unterstützend zur Aussage eines Zeugen herangezogen werden, der den Beschuldigten vor oder kurz nach dem Unfall gesehen habe und seine Trunkenheit bestätigen könne. Da der Beschuldigte nach dem Unfall bewußtlos gewesen sei, sei ein Zeugenbeweis für seine Trunkenheit zu diesem Zeitpunkt ausgeschlossen. Hingegen habe ein Zeuge, der den Beschuldigten höchstens 20 Minuten vor dem Unfall gesehen habe, bei diesem keine Trunkenheit festgestellt. Mit Schreiben vom 8. 7. 1975 teilten die US-Militärbehörden unter Angabe der Gründe der StA die Einstellung des Verfahrens mit. Daraufhin nahm mit Schreiben vom 11. 9. 1975 die StA den zuständigen Militärbehörden gegenüber »den Verzicht auf die Ausübung der deutschen Gerichtsbarkeit« zurück und erhob am 13. 10. 1975 beim LG Anklage. Das LG lehnte die Eröffnung des Hauptverfahrens ab. Die sowohl von der StA als auch vom Nebenkl. eingelegten sofortigen Beschwerden hatten keinen Erfolg.

Das LG hat im Ergebnis zu Recht die Eröffnung des Hauptverfahrens aus verfahrensrechtlichen Gründen abgelehnt.

Der Angeschuldigte gehört als in der Bundesrepublik Deutschland stationierter US-Soldat zu dem vom NATO-Truppenstatut (NTS) erfaßten Personenkreis ... Da die dem Angeschuldigten zur Last gelegten Taten sowohl nach amerikanischem Militärrecht als auch nach deutschem Recht mit Strafe bedroht sind (vgl. hierzu *Marenbach,* NJW 1974, 1599), unterliegt der Angeschuldigte der konkurrierenden Gerichtsbarkeit nach Art. VII Abs. 3 NTS. Die Bundesrepublik Deutschland hat auf das ihr damit nach Art. VII Abs. 3b zustehende Vorrecht zur Ausübung der Gerichtsbarkeit nach Art. 19 I ZusAbk. NTS ... auch den USA gegenüber verzichtet.

Von der in Art. 19 III ZusAbk. NTS vorgesehenen Möglichkeit, den Verzicht innerhalb einer Frist von 21 Tagen nach Eingang der in Art. 19 II ZusAbk. NTS bezeichneten Mitteilung zu widerrufen, hat die zuständige StA keinen Gebrauch gemacht.

Dies bedeutet jedoch nicht, daß damit der Angeschuldigte der deutschen Strafgerichtsbarkeit endgültig entzogen ist. Der generell erklärte Verzicht und das Absehen vom Widerruf des Verzichts beseitigen nicht die deutsche Gerichtsbarkeit, sondern lediglich das *Vorrecht* auf Ausübung der deutschen Gerichtsbarkeit. Dies ergibt sich mit aller Deutlichkeit aus dem deutschen Text des Art. VII Abs. 3b und Art. 19 I des ZusAbk. NTS. Die deutschen Behörden besitzen also weiterhin eine subsidiäre Gerichtsbarkeit (*Witzsch,* Deutsche Strafgerichtsbarkeit über die Mitglieder der US-Streitkräfte und deren begleitende Zivilpersonen, Kölner Reihe, Bd. 12, S. 91, 117; OLG Nürnberg, NJW 1975, 2151 [2152]), oder wie *Schwenk* (NJW 1965, 2243) es ausdrückt, das »Zweitrecht« (a. A. *Auerbach,* VersR 1968, 623; OLG Celle, NJW 1965, 1673; LG Krefeld, NJW 1965, 310, wohl auch *Jescheck,* Strafrecht, AT, 2. Aufl., S. 129, und *Petters/Preisendanz,* StGB, 29. Aufl., § 3 Anm. 2; vgl. auch die Darstellung der unterschiedlichen Standpunkte bei *Witzsch,* a.a.O., S. 113 ff.). Der Verzicht nach Art. 19 I ZusAbk. NTS bdeutet lediglich, daß die Bundesrepublik Deutschland dem Entsendestaat den »ersten Versuch« mit dem Angeklagten zugesteht (*Witzsch,* a.a.O., S. 117).

Im Gegensatz zu OLG Nürnberg (NJW 1975, 2151 [1952]) und *Schwenk* (NJW 1965, 2243) in der Senat jedoch der Auffassung, daß im Falle der Nichtrücknahme des Verzichts für die deutschen Justizbehörden ein Verfahrenshindernis nicht erst ab Eröffnung einer gerichtlichen Untersuchung (Hauptverhandlung) vor dem Militärgericht des Entsendestaates besteht, sondern bereits während der Dauer eines bei dem Gerichtsherrn (*convening authority*) eines amerikanischen Militärgerichts anhängigen Verfahrens. Strafgerichtsbarkeit wird nämlich nicht nur vom amerikanischen Militärgericht, sondern auch vom Gerichtsherrn ausgeübt.

In Übereinstimmung mit dem OLG Nürnberg ist der Senat jedoch der Ansicht, daß, falls der Entsendestaat – wie im vorliegenden Fall – von seinem Vorrecht Gebrauch gemacht und seine Gerichtsbarkeit ausgeübt hat, die Bundesrepublik Deutschland ihrerseits mit der Einschränkung des Art. VII Abs. 8 NTS ihre Strafgerichtsbarkeit wieder ausüben kann. Daß diese Regelung gewollt ist, ergibt sich nicht nur aus dem Wortlaut der genannten Bestimmungen, sondern auch aus Art. VII Abs. 8 NTS. Die in dieser Vorschrift enthaltene *ne bis in idem*-Regelung setzt gerade voraus, daß eine subsidiäre Gerichtsbarkeit besteht. Stünde dem jeweils anderen Staat keine Gerichtsbarkeit mehr zu, wäre das dort aufgestellte Verfahrenshindernis der *res iudicata* kaum erklärbar (OLG Nürnberg, NJW 1975, 2151 [2152], *Witzsch*, a.a.O., S. 116).

Die gegenteilige Ansicht (OLG Frankfurt, Beschl. vom 16. 2. 1973 – 3 Ws 5/73 –, von Marenbach, NJW 1974, 394, als eine klare Verhältnisse schaffende Entscheidung begrüßt) überzeugt nicht. In diesem Beschluß ist nicht genügend beachtet, daß nach Art. 19 I ZusAbk. NTS und Art. VII Abs. 3b NTS lediglich auf das *Vorrecht* zur Ausübung der Gerichtsbarkeit und nicht auf die Gerichtsbarkeit selbst verzichtet wird. Es ist zwar richtig, daß ein nach Ablauf der 21-Tagefrist erklärter Widerruf des Verzichts unbeachtlich ist, weil er das *Vorrecht* zur Ausübung der Gerichtsbarkeit für die Bundesrepublik Deutschland nicht mehr zum Entstehen bringen kann. Dies ändert jedoch nichts an der fortbestehenden subsidiären deutschen Gerichtsbarkeit. Die vom OLG vermißte Regelung, unter welchen Voraussetzungen der Bundesrepublik Deutschland eine Gerichtsbarkeit für den Fall zusteht, daß sie den allgemein erklärten Verzicht nicht widerruft, ist in Art. VII Abs. 8 NTS, also derselben Bestimmung enthalten, die vom *Vorrecht* der Ausübung der Gerichtsbarkeit spricht. Beide Absätze stehen nicht nur örtlich, sondern auch sachlich in engem Zusammenhang.

Es ist sonach festzustellen, daß zwar die von der StA am 11. 9. 1976 erklärte Rücknahme des Verzichts, weil verspätet, das Vorrecht der Bundesrepublik Deutschland zur Ausübung der Gerichtsbarkeit nicht mehr zum Entstehen bringen konnte, daß aber nach Abschluß des amerikanischen Militärstrafverfahrens die deutsche Strafgerichtsbarkeit unter der Einschränkung der Art. VII Abs. 8 NTS auf Grund ihrer subsidiären Zuständigkeit wieder tätig werden durfte.

Dennoch hat das LG im Ergebnis zu Recht die Eröffnung des Hauptverfahrens wegen eines Verfahrenshindernisses abgelehnt. Durch das von den amerikanischen Militärbehörden durchgeführte Verfahren, das mit einer Einstellung durch den Gerichtsherrn des Mittleren Militärgerichts endete, ist nach Art. VII Abs. 8 NTS ein Verbrauch des deutschen Strafanspruchs eingetreten. Das nicht mehr aufhebbare Verfahrenshindernis der *res iudicata,* das in jeder Lage des Verfahrens zu beachten ist, steht einer Strafverfolgung durch deutsche Gerichte entgegen. Nach Art. VII Abs. 8 NTS kann ein Angekl., wenn er in einem Strafverfahren, das nach Art. VII NTS von den Behörden einer Vertragspartei durchgeführt wird, freigesprochen worden ist oder wenn er in einem solchen Verfahren verurteilt worden ist und seine Strafe verbüßt oder verbüßt hat oder begnadigt worden ist, nicht wegen derselben Handlung innerhalb desselben Hoheitsgebietes von den Behörden einer anderen Vertragspartei erneut vor Gericht gestellt werden.

Der Senat ist der Ansicht, daß es sich bei dem ... dargestellten Verfahren des Gerichtsherrn um ein Strafverfahren i. S. des Art. VII Abs. 8 NTS gehandelt hat. Der Begriff »Strafverfahren« umfaßt in der deutschen Terminologie nicht nur das eigentlich gerichtliche, sondern auch das Verfahren bei den Strafverfolgungsbehörden (Löwe/

Rosenberg, StPO, 22. Aufl., S. 45 ff.). Es besteht kein Zweifel, daß das gegen den Angeschuldigten von den amerikanischen Militärbehörden durchgeführte Verfahren unter diesen Begriff fällt.

Unter Heranziehung des englischen Textes führt Witzsch (a.a.O., S. 125 ff.) aus, daß lediglich ein Verfahren vor einem Militärgericht dem Erfordernis eines »Strafverfahrens« i. S. des Art. VII Abs. 8 NTS entspreche, weil der Begriff *trial* eine Untersuchung vor einem Gericht erfordere. Dem vermag der Senat für das Verfahren des Gerichtsherrn der amerikanischen Militärgerichtsbarkeit im vorliegenden Fall nicht zuzustimmen. Aus Art. 44 c des Einheitlichen Militärstrafgesetzbuchs (UMCMJ) ergibt sich nämlich, daß die Entscheidung des Gerichtsherrn als *trial* im Sinne dieses Artikels anzusehen ist, wenn der Gerichtsherr – wie im vorliegenden Fall – das Verfahren nach Vorlage von Beweisen aber vor einem Urteil einstellt.

Der Gerichtsherr, dessen Stellung, Pflichten und Rechte sich aus dem Einheitlichen Militärstrafgesetzbuch und dem Handbuch für Militärgerichtsverfahren ergeben, hat neben einer Verwaltungs- und Strafverfolgungsfunktion auch richterliche Aufgaben, die ausschließlich an ihn gebunden sind; so hat z. B. die Befugnis, die Eröffnung des Hauptverfahrens anzuordnen, das Verfahren jederzeit einzustellen, vor dem Hauptverfahren vor dem Großen Militärgericht eine förmliche Voruntersuchung anzuordnen, über einen Beschuldigten Untersuchungshaft zu verhängen, die Sache zur Neuentscheidung von Rechtsfragen an das Gericht zurückzuverweisen, den Wahrspruch des Gerichts teilweise zu bestätigen oder aufzuheben, das Strafmaß ganz oder teilweise zu bestätigen oder aufzuheben und die Strafe zur Bewährung auszusetzen.

Nach Mitteilung der zuständigen amerikanischen Militärdienststelle haben militärische Appellationsgerichte die Funktion des Gerichtsherrn stets als richterliche angesehen. Dieser Ansicht ist auch der Senat, zumal die Einstellungsentscheidung nicht anfechtbar ist, in Rechtskraft erwachsen ist und nach Art. 44 a UMCMJ im vorliegenden Fall der *ne bis in idem*-Regelung unterliegt. Nach Ansicht des Senats ist nach alledem davon auszugehen, daß auch das mit der Einstellung durch den Gerichtsherrn endende Verfahren als *trial* i. S. des Art. VII Abs. 8 NTS anzusehen ist.

Zwar wirkt die Rechtskraft des Einstellungsbeschlusses an sich nur innerhalb der amerikanischen Gerichtsbarkeit, der Senat ist jedoch der Ansicht, daß die Einstellungsentscheidung des Gerichtsherrn einem Freispruch i. S. des Art. VII Abs. 8 NTS gleichzustellen ist (a. A. wohl *Witzsch*, a.a.O., S. 126). Das OLG Nürnberg (NJW 1975, 2151 [2153]) hat zur Frage der Gleichstellung einer Einstellung durch ein amerikanisches Militärgericht mit einem Freispruch zutreffende Ausführungen gemacht, denen sich der Senat anschließt. Auch in dem mit einer Einstellung des Gerichtsherrn endenden Verfahren hat sich dieser mit dem Unfallgeschehen in tatsächlicher und rechtlicher Hinsicht befaßt. Er hat als eine mit richterlichen Funktionen ausgestattete Militärbehörde das Strafverfahren gegen den Angeschuldigten durch eine rechtskräftige Entscheidung beendet. Die amerikanischen Militärbehörden haben auf Anfrage des Senats mitgeteilt, daß sie bei ihren Nachforschungen keinen Militärstraffall zu entdecken vermochten, in dem ein Beschuldigter wegen einer Straftat vor ein amerikanisches Gericht gestellt wurde, nachdem ein früheres Verfahren wegen derselben Straftat vom Gerichtsherrn eingestellt worden war.

Diese Umstände rechtfertigen die Gleichstellung des Einstellungsbeschlusses mit einem Freispruch. Dies hat zur Folge, daß die Ausübung erneuter Gerichtsbarkeit durch die Bundesrepublik Deutschland wegen des Verfahrenshindernisses der *res iudicata* ausgeschlossen ist.

Nr. 7 OLG Köln 26. 7. 1976 (16 Wx 85/76) StAZ 1977, 15

Das Kind C. F. wurde am 7. 2. 1966 in E. in der Bundesrepublik Deutschland nichtehelich geboren und dort in das Geburtenbuch eingetragen. 1967 erkannte der Vater die Vaterschaft an. Mit ihm und dem Kind übersiedelte die Mutter später in den Ostsektor der Stadt Berlin. Alle erwarben ausweislich der Urkunden nach dortigem Recht die Staatsbürgerschaft der DDR. 1975 heirateten die Eltern des Kindes.

Dies hat der Standesbeamte in Berlin-Lichtenberg dem Standesbeamten in E. mitgeteilt. Dieser hat die Sache dem Amtsgericht in B. zur Entscheidung vorgelegt. Dieses hat daraufhin durch Beschluß festgestellt, daß das Kind ehelich geworden und deshalb ein Randvermerk der Geburtseintragung beizuschreiben sei.

Die gegen diese Entscheidung vom Oberkreisdirektor in S. als standesamtliche Aufsichtsbehörde eingelegte sofortige Beschwerde hat das Landgericht zurückgewiesen.

Hiergegen richtet sich dessen sofortige weitere Beschwerde mit der Begründung: Er teile zwar die Auffassung des LG, erstrebe aber in der zweifelhaften Frage, ob das Recht der DDR die Legitimation eines nichtehelich geborenen Kindes kenne, eine obergerichtliche Entscheidung.

Die sofortige weitere Beschwerde kann keinen Erfolg haben. Amts- und Landgericht haben zu Recht festgestellt, daß das Kind durch die Eheschließung seiner Eltern ehelich geworden ist, und angeordnet, aus diesem Grund einen Randvermerk der Geburtseintragung beizuschreiben.

Wenn die Anwendung ausländischen Rechts in Betracht kommt, hat der Standesbeamte nach § 31 Abs. 2 PStG die Entscheidung des Amtsgerichts darüber herbeizuführen, ob eine Legitimation festzustellen und im Geburtenbuch einzutragen ist. Gemäß Artikel 22 EGBGB, der nicht gegen Artikel 3 Abs. 2 GG verstößt (vgl. BGHZ 50/370; *Palandt/Heldrich*, BGB, 35. Auflage, Artikel 22 EGBGB Anmerkung 2 m.w.N.), richtet sich die Legitimation eines nichtehelichen Kindes nach dem Recht des Staates, dem der Vater zur Zeit der Legitimation angehört, hier also allerdings nur in entsprechender Anwendung der Vorschrift (vgl. dazu *Palandt/Heldrich*, a.a.O., Artikel 22 EGBGB Anmerkung 5, *Jansen*, FGG, 2. Auflage, Anh. § 56a, Anmerkung 5) nach dem Recht der DDR.

Die Frage, ob in diesem Fall die Vorlagepflicht des § 31 Abs. 2 PStG besteht, ob also das Recht der DDR als ausländisches Recht anzusehen oder ihm zumindest gleichzustellen ist, wird unterschiedlich beantwortet. *Jansen* (a.a.O. Anh. § 56a Anmerkung 25) vertritt die Auffassung, das Recht der DDR und das des Ostsektors von Berlin könne einem ausländischen Recht nicht gleichgestellt werden, zumal es weitgehend mit dem neuen Nichtehelichenrecht der Bundesrepublik übereinstimme. Mithin sei der Standesbeamte befugt, in eigener Zuständigkeit den Randvermerk einzutragen. Dieselbe Ansicht vertritt *Keidel* (FGG, 10. Auflage, § 69 Anmerkung 14) ohne nähere Begründung und unter Hinweis auf eine Entscheidung des OLG Celle (NJW 72/401 f.), die aber zur Lösung der Streitfrage keine hinreichenden Anhaltspunkte gibt.

Anderer Ansicht ist *Beitzke* (StAZ 1972/265 f.; wohl auch *Massfeller/Hoffmann*, PStG, § 31 Anmerkung 58).

Der Senat schließt sich der letzteren Ansicht an. Maßgebend dafür sind folgende Erwägungen: Sinn der Vorlagepflicht des § 31 Abs. 2 PStG ist es in erster Linie, den

Standesbeamten davon zu entlasten, die bei Anwendung ausländischen Rechts im allgemeinen auftretenden schwierigen Rechtsfragen zu überprüfen. Außerdem mögen auch praktische Gesichtspunkte wie Schwierigkeiten bei der Beschaffung übersetzter und kommentierter Vorschriften des ausländischen Rechts eine Rolle gespielt haben. Dies läßt es geboten erscheinen, den in § 31 Abs. 2 PStG verwendeten Begriff »ausländisch« nicht im staatsrechtlichen Sinne zu verstehen. Vielmehr muß unter ausländischem Recht jedes Recht eines anderen Rechtskreises verstanden werden. Nur wenn allein das Recht der Bundesrepublik anzuwenden ist, scheidet eine Vorlagepflicht aus. Dem kann nicht entgegengehalten werden, daß das Verständnis des Rechts der DDR keine sprachlichen Schwierigkeiten bereitet. Das gilt auch im Verhältnis zur Schweiz und zu Österreich. Zudem kommt es auch nicht entscheidend darauf an. Denn maßgebend sind nicht nur die Vorschriften des anderen Rechtskreises, sondern auch die dazu ergangene Rechtsprechung und die Lehrmeinungen. Deren Nachprüfung stellt einen Standesbeamten aber auch dann vor Schwierigkeiten, die ihm angesichts seines wirklichen Aufgabengebietes nicht zuzumuten sind, wenn kein fremdsprachiges Gebiet in Frage steht. Es kann auch nicht eingewendet werden, daß das Recht des Familiengesetzbuch DDR den Vorschriften des Nichtehelichenrechts der Bundesrepublik weitgehend entspricht. Selbst wenn das der Fall wäre, wäre eine andere Entscheidung nicht gerechtfertigt. Denn schon geringfügige Abweichungen in Text und Deutung können zu anderen bedeutsamen rechtlichen Folgerungen führen, von deren Überprüfung der Standesbeamte freigestellt werden sollte.

Nach allem bedarf die Frage, ob die DDR staatsrechtlich als Ausland zu betrachten ist, hier keiner Entscheidung. Denn maßgebend kommt es darauf an, daß nicht das Recht der Bundesrepublik angewendet wird. Schon dies begründet die Vorlagepflicht gemäß § 31 Abs. 2 PStG (vgl. zur ähnlichen Frage der Auslegung des Begriffes »Inland« im Sinne der §§ 36 ff. FGG: BGHZ 21/306; oder in § 641a ZPO: OLG Celle FamRZ 75/509 f.; zum Begriff »Deutscher« im Sinne des § 36 Abs. 2 FGG: OLG Köln, NJW 72/590 f. . .

Nr. 8 **BGH 23. 9. 1976 (IX ZR 170/71) RzW 1977, 35**

Die Kl. ist gebürtige Polin. Seit 1948 lebt sie in Argentinien. Sie beantragte rechtzeitig Entschädigung als Nationalgeschädigte und trug dazu vor: Vor dem Kriege habe sie in Danzig gewohnt. Ihr Ehemann, früher höherer polnischer Nachrichtenoffizier, sei Leiter der Militärabteilung beim polnischen Generalkommissariat gewesen. Im Jahre 1939 habe der durch die Nationalsozialisten aufgeputschte Pöbel sie öfter mit Steinen beworfen und mißhandelt. Im August 1939 hätten unbekannte SA-Leute ihr Auto zerstört und sie wiederum mißhandelt; sie habe sich ärztlich behandeln lassen müssen. Am 25. 8. 1939 sei sie von der Gestapo verhaftet worden, am 30. 8. 1939 wieder frei gekommen und noch am selben Tag nach Warschau abgereist. Am 24. 11. 1939 sei sie nach Rumänien entkommen und über Frankreich, Spanien und Portugal im Oktober 1940 nach England gelangt. Ihren Ehemann habe man am 1. 9. 1939 ebenfalls verhaftet und am 7. 9. 1939 nach Litauen abgeschoben; er sei mit ihr 1941 in England wieder zusammengetroffen.

Die Kl. führt einen Wirbelsäulenschaden und ein seelisches Leiden auf die gegen sie ergriffenen Maßnahmen zurück. Für einen Nervenzusammenbruch in Warschau macht sie auch die Ungewißheit über das Schicksal ihres Ehemannes verantwortlich. Die Behörde lehnte ab.

Mit der Klage verlangte die Kl. Entschädigung für Gesundheitsschaden seit 1. 1. 1949. Das LG wies die Klage ab. Im Berufungs-Rechtszug trug die Kl. ergänzend vor, sie und ihr Ehemann seien im Fahndungsbuch Polen 1939 ausgeschrieben gewesen, weshalb sie in Warschau im Untergrund habe leben müssen. Die Berufung blieb erfolglos . . .

Zutreffend geht das BerGericht davon aus, daß die schädigenden Maßnahmen, die die Menschenrechte mißachteten, gegen den Betroffenen unter der ns. Gewaltherrschaft vorgenommen sein müssen (Art. VI Nr. 1 I BEG-SchlußG). Der Betroffene muß im räumlichen Machtbereich des NS durch Maßnahmen der dortigen Machthaber geschädigt worden sein, sich also in dessen Machtbereich tatsächlich aufgehalten haben, als ihn die Maßnahmen trafen (BGH, RzW 1970, 329). Ein Schaden, der einer Person im Machtbereich eines fremden Staates durch dessen Organe zugefügt worden ist, begründet deshalb keinen Anspruch nach Art. VI BEG-SchlußG, selbst wenn die ns. Gewalthaber in ihrem Machtbereich dazu eine Ursache gesetzt haben.

Allerdings gehörte das Gebiet der Freien Stadt Danzig staats- und völkerrechtlich nicht zum deutschen Reichsgebiet; es war ein selbständiger deutscher Staat (vgl. BGH, RzW 1963, 221). Nach tatrichterlicher Festellung hatte die NSDAP am 28. 5. 1933 aber auch dort die Macht übernommen. Das bedeutet, daß die NSDAP in Danzig die Regierungsgewalt ausübte. Das Gebiet von Danzig gehörte damit zum räumlichen Machtbereich des Nationalsozialismus (vgl. BGH, RzW 1970, 329).

Entgegen der Auffassung des BerGerichts ergeben Wortlaut und Entstehungsgeschichte nichts dafür, daß unter dem Begriff »nationalsozialistische Gewaltherrschaft« in Art. VI Nr. 1 Abs. 1 BEG-SchlußG nur die nationalsozialistische Herrschaft des Deutschen Reiches zu verstehen ist. Der Begriff, wie ihn die Präambel und andere Vorschriften des Gesetzes (vgl. §§ 4 I Nr. 1 c, 141 I und III BEG) verwenden, ist ein einheitlicher. Für die Nationalgeschädigten gilt er in gleicher Weise wie für die übrigen Verfolgten. Er ist auf die Zwecke des BEG zugeschnitten und steht in Beziehung zu dem Begriff der ns. Gewaltmaßnahme in §§ 1 I und 2 I BEG; räumlich ist er nicht beschränkt. Das hat im Gesetz selbst dadurch seinen Niederschlag gefunden, daß das BEG-SchlußG das Gebiet der Freien Stadt Danzig vor allem wegen des Einflusses der NSDAP dort seit Mai 1933 dem Reichsgebiet völlig gleichstellte (vgl. §§ 4 I Nr. 1 c und III, 4a I 1, 51 I, 56 I, 57 I, 61 I 2, 62 I 2, 64 I, 141 I 1 BEG; Entwurf eines 2. ÄndG-BEG, BT-Dr IV/1550 Begründung zu Nr. 1, S. 24).

Danach bestand in Danzig eine »nationalsozialistische Gewaltherrschaft« i. S. des Art. VI Nr. 1 I BEG-SchlußG, sobald die seit 1933 bestehende ns. Herrschaft zur Gewaltherrschaft ausartete.

Dem läßt sich nicht entgegenhalten, damit sei Art. VI BEG-SchlußG auch auf sonstige Fälle volkstumspolitischer Auseinandersetzungen in Polen oder der Tschechoslowakei vor der deutschen Besetzung oder auf Maßnahmen der NSDAP im Reichsgebiet vor der »Machtübernahme« anzuwenden. In Europa gab es kein Gebiet, dessen innere Lage mit dem der Freien Stadt Danzig vergleichbar gewesen wäre und von dem gesagt werden könnte, es sei schon vor der Besetzung durch die deutschen Truppen *so im Innern von der NSDAP* beherrscht worden.

Die Frage, ob die tatrichterliche Feststellung, daß Danzig im Innern seit der Machtübernahme der NSDAP am 28. 5. 1933 gleichgeschaltet war, den Begriff »unter der nationalsozialistischen Gewaltherrschaft« ausfüllt, bleibt offen. Im Streitfall geht es nur um Maßnahmen im Jahre 1939 unmittelbar vor Ausbruch des zweiten Weltkrieges.

Jedenfalls zu dieser Zeit bestand in Danzig eine ns. Gewaltherrschaft. Das entspricht dem historischen Wissen unserer Zeit.

Der Klageanspruch kann deshalb begründet sein. Das BerUrteil wird aufgehoben und der Rechtsstreit an das OLG zurückverwiesen (§ 565 I 1 ZPO) ...

Nr. 9 **BSG 30. 9. 1976 (4 RJ 87/74) BSGE 42, 249**

Der 1899 geborene Kläger wohnt in Gorzow, früher Landsberg, Kreis Rosenberg in Oberschlesien. Er begehrt die Auszahlung des Altersruhegeldes an seinen Wohnort.

Das SG hat auf die Klage des Klägers gegen den Rentenablehnungsbescheid aus dem Jahre 1967 die Beklagte verpflichtet, das Altersruhegeld festzusetzen (Urteil vom 20. 8. 1971). Es hat ausgeführt, die Klage habe Erfolg, soweit der Kläger die Festsetzung des Altersruhegeldes begehre, sie habe keinen Erfolg, soweit er die Auszahlung der Rente verlange.

Das LSG hat die Beklagte verpflichtet, das Altersruhegeld auszuzahlen, soweit es auf im Gebiet der Bundesrepublik Deutschland zurückgelegten Versicherungsjahren i.S. von § 1318 RVO beruhe; hinsichtlich des Teils des Altersruhegeldes, dessen Zahlung nur gemäß § 1321 RVO möglich sei, habe die Beklagte dem Kläger einen neuen Bescheid zu erteilen; die weitergehende Klage wurde abgewiesen; die Revision wurde zugelassen (Urteil vom 6. 12. 1973).

Die Revision ist zulässig und begründet. Der Kläger ist nicht berechtigt, die Auszahlung seiner Rente für die Zeit seit dem 3. 6. 1972, dem Tage des Inkrafttretens des Warschauer Vertrages, zu verlangen (§ 1318 Abs. 1 Satz 1, § 1321 Abs. 1 RVO). Der Auffassung des LSG, der Aufenthalt des Klägers im früheren Oberschlesien sei seit dem 3. 6. 1972 ein Aufenthalt »im Ausland« i.S. des § 1318 Abs. 1 RVO, ist nicht zu folgen.

Nach § 1317 RVO ruht die Rente eines Deutschen, solange er sich »außerhalb des Geltungsbereiches dieses Gesetzes« aufhält. Nach § 1318 Abs. 1 RVO wird die Rente, soweit sie auf im Geltungsbereich dieses Ges. zurückgelegte Versicherungsjahre entfällt, auch für Zeiten des Aufenthaltes im »Ausland« gezahlt. Nach § 1321 Abs. 1 RVO kann Deutschen, die sich gewöhnlich im »Gebiet eines auswärtigen Staates« aufhalten, in dem die Bundesrepublik eine amtliche Vertretung hat, die Rente insoweit gezahlt werden, als sie nicht auf nach dem FRG gleichgestellte Zeiten usw. entfällt. Die Voraussetzungen dieser Vorschriften sind hier nicht erfüllt.

Die RVO beschränkt sich in ihren Vorschriften über die »Zahlung von Leistungen« (Überschrift des Unterabschnittes D des 2. Abschn. im 4. Buch) aus der gesetzlichen RentV nach §§ 1315 bis 1323a RVO nicht auf die Einteilung von Territorien in »Inland« und »Ausland«. Sie hat vielmehr eine Dreiteilung vorgenommen:

»Geltungsbereich dieses Gesetzes«, d.h. der RVO; das ist das Gebiet der Bundesrepublik Deutschland einschließlich West-Berlin;

»Ausland«; das sind die Gebiete auswärtiger Staaten;

»Gebiete außerhalb des Geltungsbereiches dieses Gesetzes«, d.h. der RVO; das sind die Gebiete, die Teil des Deutschen Reiches in den Grenzen vom 31. Dezember 1937 waren, aber nicht zur Bundesrepublik Deutschland und West-Berlin gehören.

Diese Dreiteilung beruht auf der geschichtlichen Entwicklung Deutschlands nach dem Zusammenbruch 1945. Die Zerreißung Deutschlands in mehrere Teile unter der Verwaltung unterschiedlicher Besatzungsmächte mit unterschiedlichen neuen Anordnungen und Rechtsvorschriften führte dazu, daß die Leistungen aus der RentV auf solche Personen beschränkt wurden, die in dem jeweiligen Gebiet ihren Wohnsitz hatten. Das BSG hat aus dieser Entwicklung gefolgert, daß der Wohnsitzgrundsatz der tragende Grundsatz für die »Entwirrung der sozialrechtlichen Beziehungen« Versicherter in den verschiedenen Teilen des ehemaligen Deutschen Reiches nach dem Stand vom 31. 12. 1937 sein muß. Jeder Versicherte muß »als schicksalsmäßig verhaftet mit der Entwicklung des Sozialversicherungsrechts an seinem Wohnsitz bei Beginn der Aufsplitterung« angesehen werden (vgl. BSG 3, 286, 291 f.; SozR Nr. 7 zu § 1317 RVO). Es hat damit im interlokalen Rentenversicherungsrecht – anders als im internationalen Sozialversicherungsrecht (vgl. BSG 33, 280, 282, 283) – den strengen Wohnsitzgrundsatz angewandt. Infolgedessen werden die Gebiete des früheren Deutschen Reichs, die 1945 unter fremde Verwaltung kamen und nicht zur Bundesrepublik Deutschland und West-Berlin gehören, in der RVO nicht vom Begriff»Ausland« erfaßt, sondern als Gebiete »außerhalb des Geltungsbereiches« der RVO bezeichnet. Danach ist das Gebiet, in dem der Kläger wohnt, nicht Ausland, sondern gehört zu der Kategorie der Gebiete »außerhalb des Geltungsbereiches« der RVO.

Hieran hat sich durch den Warschauer Vertrag nichts geändert. Das Gebiet, in dem der Kläger wohnt, ist durch den Warschauer Vertrag nicht »Ausland« geworden. Das BVerfG hat in dem Beschl. vom 7. 7. 1975 – 1 BvR 274, 209/72, 195, 194, 184/73 und 247/72 (BVerfGE 40, 141, 164, 170) ausgeführt, bestimmend für die Auslegung des Vertrages sei der politisch-geschichtliche Hintergrund und sein Ziel, politische Beziehungen des Bundes zu regeln, indem er einem neuen außenpolitischen Konzept die Bahn bereite und auf dem Gebiet der Ostpolitik eine auf Dauer angelegte, der Entspannung und Friedenssicherung dienende Politik einleiten solle. Der Warschauer Vertrag befaßt sich in Art. I mit »Grenzregelungen« (BVerfGE a.a.O., 171). Für das Verständnis der Vereinbarungen in Art. I, worüber der Senat für die gesetzliche RentV zu entscheiden hat, ist Art. IV des Vertrages zu berücksichtigen. Danach berührt der Vertrag nicht die von den Parteien früher geschlossenen oder sie betreffenden zweiseitigen oder mehrseitigen internationalen Vereinbarungen. Die Drei Mächte haben in dem Notenwechsel vom 19. 11. 1970 zum Warschauer Vertrag die Auffassung geteilt, »daß der Vertrag die Rechte und Verantwortlichkeiten der Vier Mächte, wie sie in den bekannten Verträgen und Vereinbarungen ihren Niederschlag gefunden haben, nicht berührt und nicht berühren kann« (BGBl. 1972 II, 364 bis 368). Zu diesen früheren Vereinbarungen gehört der Deutschlandvertrag vom 26. 5. 1952. In Art. 2 des Deutschlandvertrages haben sich die Drei Mächte »die bisher von ihnen ausgeübten oder innegehabten Rechte und Verantwortlichkeiten in bezug auf Berlin und auf Deutschland als Ganzes einschließlich der Wiedervereinigung Deutschlands und einer friedensvertraglichen Regelung« vorbehalten. In Art. 7 des Deutschlandvertrages haben die Unterzeichnerstaaten erklärt, sie seien »darüber einig, daß ein wesentliches Ziel ihrer gemeinsamen Politik eine zwischen Deutschland und seinen ehemaligen Gegnern frei vereinbarte friedensvertragliche Regelung für ganz Deutschland ist, welche die Grundlage für einen dauerhaften Frieden bilden soll«, und »daß die endgültige Festlegung der Grenzen Deutschlands bis zu dieser Regelung aufgeschoben werden muß«. Diese früheren Vereinbarungen sind durch Art. IV des Warschauer Vertrages ausdrücklich in den Vertrag hineingenommen worden. Entsprechend dieser vertraglichen Beschränkung konnte die Bundesrepublik Deutschland über den staats- und völkerrechtlichen Status der von Polen übernommenen deutschen Ostgebiete nicht verfügen. Ihr Vertragspartner konnte sie nicht für befugt halten, Verfügungen zu treffen, die eine friedensvertragliche Regelung vorwegnehmen (vgl. BVerfGE a.a.O., 141, 171 bis 175). Diese Sach- und Rechtslage schließt es aus, Art. I des Warschauer Vertrages so zu verstehen, daß die deutschen Ostgebiete »Ausland« geworden seien.

Der staats- und völkerrechtlichen Lage entspricht die rentenversicherungsrechtliche Lage: Die von Polen übernommenen deutschen Ostgebiete sind durch Art. I des Warschauer Vertrages nicht Ausland i. S. der §§ 1315 ff. RVO mit der Wirkung geworden, daß die Rentenversicherungsträger (RentV-Tr) durch den Warschauer Vertrag verpflichtet worden wären, Renten an die in diesen Gebieten wohnenden Versicherten auszuzahlen. Die durch die Zerreißung des Deutschen Reichs notwendig gewordene »Entwirrung« der rentenversicherungsrechtlichen Beziehungen von Versicherten mit Wohnsitz in jenen Ostgebieten ist durch den Warschauer Vertrag noch nicht bewirkt worden. Der Vertrag enthält nichts, was unmittelbar die gesetzliche Rentenversicherung betrifft. Wie das BVerfG dargelegt hat, folgt aus dem Zweck des Vertrages, das »politische Klima« für weitere Schritte zu schaffen, daß ein übereinstimmender Wille der Vertragspartner, konkrete rechtliche Handlungs- und Verhaltenspflichten – hier auf dem Gebiet der gesetzlichen RentV – zu begründen, nur angenommen werden darf, wenn und soweit dies der Vertragstext unzweideutig zum Ausdruck bringt (BVerfGE a.a.O., 141, 164). Der Warschauer Vertrag hat aber durch Art. III nur die Grundlage für das Abk. zwischen der Bundesrepublik Deutschland und der Volksrepublik Polen über Renten- und Unfallversicherung vom 9. 10. 1975 (BGBl. 1976 II, 393, 396) geschaffen.

Im übrigen würden allein mit der Auffassung, jene Ostgebiete wären durch Art. I des Warschauer Vertrages »Ausland« geworden oder seien »wie Ausland« zu behandeln, die rentenversicherungsrechtlichen Verhältnisse der in diesen Gebieten wohnenden Versicherten noch nicht »entwirrt«; denn dazu gehört nicht nur die Frage, ob Renten der gesetzlichen RentV an Versicherte in diesen Gebieten auszuzahlen sind, sondern wesentlich u. a. auch die Regelung, welche Versicherungszeiten von welchen VersTrn jeweils anzurechnen sind. Diese Fragen sind erst durch das Abk. vom 9. 10. 1975, in Kraft getreten am 1. 5. 1976 (BGBl. 1976 II, 463), zwischen der Bundesrepublik Deutschland und Polen erschöpfend geregelt worden.

Wenn hiermit das Wohngebiet des Klägers nicht als »Gebiet eines auswärtigen Staates« nach § 1321 Abs. 1 RVO behandelt werden kann, ist die Beklagte nicht verpflichtet, nach Ermessensgesichtspunkten über eine Auszahlung der Rente neu zu entscheiden. Ihre Revision ist begründet und das Urteil des LSG insoweit aufzuheben.

Nr. 10 KG 6. 10. 1976 ([2] Ss 315/76 [70/76]) JR 1977, 129

Eine Revisionserklärung, die nicht in deutscher Sprache abgegeben wird, erfüllt nicht die Formvorschrift des § 341 Abs. 1 StPO, weil die Gerichtssprache deutsch ist (§ 184 GVG). § 184 GVG trifft zwar nur die Bestimmung, daß die Gerichtssprache deutsch ist, und enthält keine ausdrückliche Regelung für die Behandlung fremdsprachiger Eingaben. Der Senat schließt sich jedoch ... der Auffassung an, daß Eingaben in fremder Sprache aufgrund des § 184 GVG unbeachtlich sind und keine Frist wahren ... § 184 GVG ist eine für alle Gerichtszweige einheitlich geltende Vorschrift. Ihr liegt der Gedanke zugrunde, daß die Gerichte verlangen können, in deutscher Sprache angerufen zu werden (vgl. RGZ 31, 428, 429), also nicht gezwungen sein sollen, jede in einer dem Gericht nicht geläufigen Sprache abgefaßte Eingabe übersetzen zu lassen, um sie sachgerecht behandeln zu können. So wie der ein Gericht anrufende Bürger sonstige Formvorschriften zu beachten hat, wird ihm damit zugemutet, sich auch hinsichtlich der Sprache einer bestimmten Form zu bedienen.

Der Senat hält diese Regelung auch im Hinblick auf ihre Verbindlichkeit für Ausländer für verfassungsrechtlich unbedenklich. Sie verletzt die der deutschen Sprache unkundigen Ausländer im Inland nicht in den auch ihnen zustehenden Grundrechten. Der Ausländer hat zwar in Verfahren vor Gerichten der Bundesrepublik Deutschland die gleichen prozessualen Grundrechte und den gleichen Anspruch auf ein rechtsstaatliches Verfahren sowie auf umfassenden und effektiven gerichtlichen Schutz wie jeder Deutsche; mangelnde Kenntnisse der deutschen Sprache dürfen nicht zu einer Verkürzung der verfassungsrechtlichen Rechtsschutzgarantien führen (BVerfG 40, 95, 98 f. = NJW 1975, 1597). Das bedeutet jedoch nicht, daß er aus der Beachtung aller Fristen und anderer Förmlichkeiten entlassen ist, die die Verfahrensgesetze vorschreiben (BVerfG, NJW 1976, 1021). Es bedeutet daher auch nicht, daß die Gerichtssprachenregelung für ihn keine Geltung hätte. Der Gleichheitsgrundsatz (Art. 3 Abs. 3 GG) wird nicht verletzt, weil persönliche Schwierigkeiten bei der Erfüllung gesetzlicher Formvorschriften für das Gerichtsverfahren auch bei deutschsprachigen Bürgern bestehen können und grundsätzlich hingenommen werden. Die Sprachbarriere ist nicht unüberwindlich, sondern kann durch Inanspruchnahme eines Dolmetschers beseitigt werden. Gleiches gilt für den Anspruch auf rechtliches Gehör (Art. 103 Abs. 1 GG). Kann eine Übersetzung bei fristgebundenen Erklärungen nicht rechtzeitig erlangt werden, so steht in Form des Antrags auf Wiedereinsetzung in den vorigen Stand ein Rechtsbehelf zur Verfügung, der, wenn er eingesetzt wird, ausreichenden Rechtsschutz gewährt. Diesen Rechtsbehelf wahrzunehmen, gehört zu der Sorgfaltspflicht in der Wahrnehmung von Rechten, die jedem Bürger zugemutet wird und von der auch ein Ausländer nicht grundsätzlich frei ist (BVerfG, NJW 1976, 1021, 1022). Unter dem Blickpunkt des Verfassungsrechts verbieten die Rechtsschutzgarantien der Art. 19 Abs. 4 und Art. 103 Abs. 1 GG lediglich, die Versäumung von Fristen und Formalien, soweit sie auf Sprachunkenntnis des Ausländers beruht, als verschuldet im Sinne des Rechts auf Wiedereinsetzung in den vorigen Stand anzusehen (BVerfG, NJW 1976, 1021 zur Versäumung der Einspruchsfrist im Strafbefehlsverfahren durch unzureichende Sprachkenntnisse des Ausländers).

Es bestehen auch keine sonstigen Rechtsvorschriften, die diesen Grundsätzen entgegenstünden. Art. 6 EMRK, der innerstaatliche Geltung hat und einer entgegenstehenden Regelung des § 184 GG gegebenenfalls vorrangig wäre (*Guradze,* Die Europäische Menschenrechtskonvention, Komm. 1968, Einl. § 4, S. 12 und Einl. § 5, S. 13), gibt dem Angeklagten in einem Strafverfahren zwar Anspruch auf unentgeltliche Beiziehung eines Dolmetschers, wenn er (der Angeklagte) die Verhandlungssprache des Gerichts nicht versteht oder sich nicht darin ausdrücken kann (Art. 6 Abs. 3 Buchst. e EMRK), und zugleich einen Anspruch auf Justizgewährung (Art. 6 Abs. 1 Satz 1 EMRK). Das bedeutet, daß ein Angeklagter die Zuziehung eines Dolmetschers nicht nur für die Hauptverhandlung verlangen kann, wie dies in § 185 GVG vorgeschrieben ist, sondern auch für die Einlegung eines Rechtsmittels, mit dem nach abgeschlossener Verhandlung eine neue Instanz eröffnet werden soll. Auch aus dieser Vorschrift ist jedoch nicht abzuleiten, daß das Gericht eine schriftliche Rechtsmittelerklärung in fremder Sprache entgegen § 184 GVG als formgerecht hinzunehmen hat. Aus ihr ist vielmehr nur abzuleiten, daß der Angeklagte die Beiziehung eines Dolmetschers verlangen kann, um mit dessen Hilfe die Rechtsmittelerklärung in deutscher Sprache abgeben zu können, nicht dagegen, daß das Gericht eine nicht in deutscher Sprache abgegebene Erklärung des Angeklagten hinnehmen und anschließend übersetzen lassen muß . . .

Nr. 11 **BGH 20. 10. 1976 (3 StR 298/76) BGHSt 27, 30**

Der Angeklagte ist niederländischer Staatsangehöriger. Er gehörte einer "Release"-Gruppe an, die sich zum Ziel gesetzt hatte, jungen Menschen bei Schwierigkeiten zu helfen, die sich vor allem aus ihrem Drogenkonsum ergaben. In Arnheim/Niederlande stand der Gruppe ein zum Abbruch vorgesehenes Haus zur Verfügung, das der Angeklagte leitete. Zur teilweisen Finanzierung seiner "Release"-Station und zum eigenen Unterhalt betätigte er sich auch im Handel mit Haschisch. Gegenstand des vorliegenden Verfahrens ist die Abgabe von insgesamt über 10 kg Haschisch an junge Deutsche zum Weiterverkauf in der Bundesrepublik. Nach den Feststellungen des Landgerichts veräußerte der Angeklagte das Rauschmittel entweder – teils gemeinschaftlich mit anderen – selbst oder vermittelte den Kauf gegen ein Entgelt, wobei er auch die Übergabe vornahm. Die Abnehmer, die aus verschiedenen Teilen der Bundesrepublik zu ihm in die Niederlande gereist waren, brachten das Haschisch zumindest zum größten Teil heimlich über die Grenze und vertrieben es in Deutschland weiter.

Das Landgericht hat den Angeklagten wegen fortgesetzten Vergehens gegen das Betäubungsmittelgesetz in einem besonders schweren Fall (§ 11 Abs. 1 Nr. 6, Abs. 4 Nr. 5 Betäubungsmittelgesetz) zu drei Jahren und neun Monaten Freiheitsstrafe verurteilt. Seine Revision, mit der er die Verletzung sachlichen Rechts geltend macht, hat keinen Erfolg.

Die Strafkammer entnimmt ihre Befugnis, Gerichtsbarkeit über den Angeklagten, einen Niederländer, wegen seiner in den Niederlanden begangenen Tat auszuüben, dem § 6 Nr. 5 StGB. Nach dieser Vorschrift gilt das deutsche Strafrecht unabhängig vom Recht des Tatortes auch für den im Ausland begangenen unbefugten Vertrieb von Betäubungsmitteln. Hiergegen wendet sich die Revision zu Unrecht.

§ 6 Abs. 5 StGB verstößt nicht gegen das Grundgesetz. Die Revision meint, das Völkerrecht verbiete die in der Vorschrift getroffene Regelung, und zieht daraus den Schluß, diese sei mit Art. 25 GG nicht vereinbar. Art. 25 GG besagt indes nur, daß die allgemeinen Regeln des Völkerrechts als Bestandteil des Bundesrechts den Gesetzen vorgehen. Daraus folgt, daß innerstaatliches Recht gegenüber den allgemeinen Regeln des Völkerrechts im Kollisionsfall zurücktritt, nicht aber, daß es mit der dies bewirkenden Norm selbst unvereinbar ist. Zu einer Anrufung des Bundesverfassungsgerichts nach Art. 100 Abs. 1 GG, wie sie der Beschwerdeführer anregt, besteht schon auf diesem Grunde kein Anlaß.

§ 6 Nr. 5 StGB ist aber auch nicht unvereinbar mit einem allgemeinen Grundsatz des Völkerrechts im Sinne des Art. 25 GG. Die Revision beruft sich zur Begründung ihres gegenteiligen Standpunktes auf das Nichteinmischungsprinzip, das es jedem Staat verbiete, sich in Angelegenheiten einzumischen, die der inneren Jurisdiktion eines anderen Staates unterstehen. Selbst wenn man aus diesem Prinzip den Satz ableiten will, daß aus der Souveränität des Staates nicht ohne weiteres das unbeschränkte Recht fließt, seine Strafgewalt auf Taten zu erstrecken, die außerhalb seines Gebietes begangen worden sind, läßt sich indes kein allgemeiner Grundsatz des Völkerrechts ermitteln, welcher § 6 Nr. 5 StGB entgegenstände. Schon der genannte Satz selbst ist auch heute noch nicht unumstritten (vgl. *Oehler,* Internationales Strafrecht, S. 127 ff.). Noch weniger läßt sich Übereinstimmung über den Umfang der Beschränkungen feststellen, denen der nationale Gesetzgeber aus der Sicht des Völkerrechts bei der Setzung seiner Strafanwendungsnormen unterworfen ist. Geht man, wozu der Senat neigt, davon aus, daß es zur Ausdehnung der staatlichen Strafgewalt auf Auslandstaten ausländischer Straftäter eines legitimierenden Anknüpfungsgrundes bedarf, so fehlt es doch an eindeutigen völkerrechtlichen Maßstäben für das Gewicht solcher Gründe und das Ausmaß der durch sie bewirkten Normsetzungsbefugnis des nationalen Gesetzgebers.

Die Bekämpfung der Rauschgiftkriminalität hat der deutsche Gesetzgeber in § 6 Nr. 5 StGB dem Weltrechtsprinzip unterstellt. Diese Entscheidung war, wie der Revision zuzugeben ist, nicht zwingend. So wäre es möglich gewesen, statt dessen das Prinzip der stellvertretenden Strafrechtspflege zu wählen, das die Bestrafung nach deutschem Recht von einer ihm im allgemeinen entsprechenden *lex loci* und von der Nichtsauslieferung des Täters trotz Auslieferungsfähigkeit der Tat abhängig macht (vgl. § 7 Abs. 2 Nr. 2 StGB). Die Revision irrt aber in der Annahme, daß in Wahrheit nur dieser Weg mit rechtlicher Wirksamkeit hätte beschritten werden dürfen.

Die Vorschrift des § 6 Nr. 5 StGB findet ihre innere Rechtfertigung heute in dem Einheits-Übereinkommen von 1961 über Suchtstoffe, dem der Bundestag durch Gesetz vom 4. September 1973 (BGBl. II, 1353 ff.) zugestimmt hat und das für die Bundesrepublik Deutschland am 2. Januar 1974 in Kraft getreten ist (Bekanntmachung des Bundesministers des Auswärtigen vom 15. August 1974, BGBl. II, 1211). Aus dem Übereinkommen ergibt sich mit einer jeden Zweifel ausschließenden Eindeutigkeit, daß die Unterzeichnerstaaten, zu denen auch die Niederlande gehören, im Interesse der Gesundheit und des Wohles der Menschheit eine weltweite internationale Zusammenarbeit bei der Bekämpfung der Rauschgiftkriminalität für erforderlich halten. Dieses schon in der Präambel hervorgehobene Ziel läßt die in § 6 Nr. 5 StGB vorgeschriebene Anwendung des Weltrechtsprinzips jedenfalls nicht als eine willkürliche Vindikation deutscher Strafbefugnisse erscheinen. Hinzu kommen die in Art. 36 des Übereinkommens übernommenen Verpflichtungen, die auf angemessene Bestrafung jeglicher Tathandlung in bezug auf Suchtstoffe gerichtet sind. Allerdings legt Abs. 2 Buchst. a IV dieser Bestimmung die Annahme nahe, daß für die Behandlung von Ausländern bei Auslandstaten das Prinzip der stellvertretenden Strafrechtspflege ins Auge gefaßt war. Ganz eindeutig ist das aber deshalb nicht, weil die Strafbarkeit am Tatort nicht ausdrücklich zur Voraussetzung der Strafverfolgung im Ergreifungsstaat gemacht wird. In solchen Fällen hält auch *Oehler,* der im allgemeinen strengere Anforderungen stellt, die Anwendung des Weltrechtsprinzips für gerechtfertigt (a.a.O., S. 529). Im übrigen legt sich Artikel 36 des Übereinkommens, wie sich aus seinem Absatz 3 ergibt, selbst nicht die Kraft bei, Strafanwendungsnormen der Vertragsparteien zu beeinträchtigen.

Indes kommt es auf den genauen Inhalt der genannten Bestimmung, wie dargetan, nicht entscheidend an. Denn angesichts des Fehlens eines allgemeinen Grundsatzes des Völkerrechts, aus dem sich ein Verbot der Anwendung des Weltrechtsprinzips außer bei eindeutiger vertraglicher Vereinbarung ableiten ließe, kann der gesetzgeberischen Entscheidung, die in § 6 Nr. 5 StGB zum Ausdruck kommt, die Wirksamkeit nicht abgesprochen werden. Soweit ersichtlich, ist das bisher auch sonst nirgends geschehen. Den Ausführungen von *Oehler,* auf die sich die Revision beruft, ist nichts anderes zu entnehmen. *Oehler* steht der gesetzlichen Regelung zwar kritisch gegenüber (vgl. a.a.O., S. 147, 516), zieht daraus aber keineswegs den Schluß, sie sei als völkerrechtswidrig unanwendbar. ...

Nr. 12 OLG Hamm 25. 10. 1976 ([2] 4 Ausl. 20/74) GA 1978, 18

Die Botschaft der Sozialistischen Föderativen Republik Jugoslawien hat eine Note des Bundessekretariats für Gerichtsbarkeit und Organisation der Bundesverwaltung der Sozialistischen Föderativen Republik Jugoslawien überreicht, nach der um Auslieferung des Verfolgten nach Jugoslawien zum Zwecke der Strafverfolgung ersucht wird. Dem Verfolgten wird zur Last gelegt, eine Urkundenfälschung gemäß Art. 306 Satz 3 und eine »Beglaubigung des unwahren Inhalts« gemäß Art. 308 Satz 1 des jugoslawischen Strafgesetzbuchs begangen zu haben.

Weil er nach der Überzeugung des Anerkennungsausschusses Jugoslawien aus begründeter Furcht vor Verfolgung verlassen hatte, ist er durch Bescheid des Bundesamtes für die Anerkennung ausländischer Flüchtlinge als Asylberechtigter gemäß § 28 des Ausländergesetzes anerkannt worden.

Der Verfolgte ist vom AG D. zum vorliegenden Auslieferungsersuchen gehört worden; er hat die ihm in diesem Verfahren vorgeworfene Tat bestritten und die Überzeugung geäußert, seine Auslieferung werde aus politischen Gründen verlangt. Mit der beantragten Auslieferung hat er sich nicht einverstanden erklärt, so daß der Senat gemäß § 25 Abs. 1 des Deutschen Auslieferungsgesetzes (DAG) darüber zu entscheiden hat, ob die Auslieferung zulässig ist.

Die Auslieferung ist indessen nicht zulässig. Der Auslieferung des Verfolgten nach Jugoslawien steht nämlich das Recht des Verfolgten auf Asyl nach Art. 16 Abs. 2 Satz 2 GG entgegen. Der Begriff des politisch Verfolgten i. S. dieser Bestimmung kann sich nicht nur nach der Art der etwa begangenen Tat bestimmen, so daß das Asylrecht nicht auf Personen, deren Auslieferung wegen einer in Art. 3 Abs. 1 des am 14. November 1975 in Kraft getretenen Vertrages zwischen der Bundesrepublik Deutschland und der Sozialistischen Föderativen Republik Jugoslawien über die Auslieferung vom 26. November 1970 – BGBl. 1974 II, S. 1258 ff. i. Verb. mit BGBl. 1975 II, S. 1725 – bezeichneten politischen strafbaren Handlungen begehrt wird, beschränkt ist. Unter Art. 16 Abs. 2 Satz 2 GG fallen vielmehr auch die wegen nichtpolitischer Straftaten Verfolgten, wenn diese im Falle ihrer Auslieferung in ihrem Heimatstaat aus politischen Gründen Verfolgungsmaßnahmen mit Beschränkungen ihrer persönlichen Freiheit ausgesetzt wären (vgl. z. B. BVerfGE 9, 174 ff., 180, 181; BVerfGE 15, 249, 251). – Diese Voraussetzungen sind hier gegeben.

Bei einer derartigen antikommunistischen Einstellung, die gegen die politische Ordnung in Jugoslawien gerichtet und den jugoslawischen Behörden auch bekannt ist, muß damit gerechnet werden, daß der Verfolgte bei seiner Rückkehr als politischer Gegner angesehen wird und Verfolgungsmaßnahmen ausgesetzt ist.

Allerdings besteht nicht die Gefahr, daß der Verfolgte wegen irgendwelcher weiterer strafbarer Handlungen, derentwegen eine Auslieferung nicht bewilligt wird, verfolgt wird; denn in Art. 25 des genannten Auslieferungsvertrages ist der Grundsatz der Spezialität ausdrücklich festgelegt, und es ist zusätzlich die Ausreisefreiheit ohne Rücksicht auf entgegenstehende innerstaatliche Bestimmungen binnen 45 Tagen nach der endgültigen Entlassung aus dem Strafvollzug gewährleistet. Dieser Grundsatz ist im übrigen von Jugoslawien auch schon vor Inkrafttreten des Auslieferungsvertrages beachtet worden (vgl. hierzu BVerfGE 38, 398 ff.).

Bei der gegebenen Sachlage besteht jedoch die naheliegende Gefahr, daß politische Zwecke maßgebenden Einfluß bei der Strafzumessung erlangen. Diese Gefahr ist hier besonders groß, weil sich der Verfolgte in erheblichem Umfang und auf mannigfache

Weise in Widerspruch zu den in Jugoslawien herrschenden politischen Grundanschauungen gesetzt hat (vgl. BVerfGE 9, 174 ff.; 182). Gegen Maßnahmen dieser Art bietet auch der bereits erörterte Spezialitätsgrundsatz in keiner Weise Schutz; ob solche politischen Erwägungen in die Strafzumessung eingeflossen sind, ist nicht zu überprüfen.

Der bereits zitierte Beschluß des Bundesverfassungsgerichts vom 19. Februar 1975 (BVerfGE 38, 398 ff.) steht nicht im Widerspruch zu dieser Entscheidung. Dort war über die Zulässigkeit der Auslieferung zum Zwecke der Strafvollstreckung zu entscheiden, so daß der Verfolgte jenes Verfahrens keinesfalls eine längere als die bereits rechtskräftig verhängte Strafe zu verbüßen hatte. Zusätzlich wird in jenem Beschluß vom Bundesverfassungsgericht noch ausgeführt:

»Somit kann der Beschwerdeführer nach der Strafverbüßung aus Jugoslawien ausreisen, falls er dies wünscht. Er kann dann über seine Behandlung während des Strafvollzugs frei berichten. Infolgedessen bietet der Spezialitätsgrundsatz im Falle des Beschwerdeführers auch Schutz gegen die von ihm befürchteten Repressalien, welche eine solche Mißachtung des Spezialitätsgrundsatzes den vor allem im jugoslawischen Interesse liegenden Auslieferungsverkehr gefährden würde. Nach alledem besteht kein hinreichender Grund für die Annahme, daß der Beschwerdeführer im Falle seiner Auslieferung nach Jugoslawien zur Verbüßung der gegen ihn erkannten Freiheitsstrafe eine politische Verfolgung zu gewärtigen habe. Auf ein Asylrecht nach Art. 16 Abs. 2 Satz 2 GG kann er sich deshalb nicht berufen«.

Diese Erwägungen treffen im vorliegenden Fall der Auslieferung zum Zwecke der Strafverfolgung aus den bereits angeführten Gründen nicht zu. Hier besteht auch unter Berücksichtigung der vertraglichen Vereinbarungen die naheliegende Gefahr, daß der Verfolgte aus politischen Gründen Beschränkungen seiner persönlichen Freiheit ausgesetzt ist.

Die Auslieferung ist nach alledem nicht zulässig.

Nr. 13 OVG Rheinland-Pfalz 12. 11. 1976 (2 B 73/76) AS 16, 334

Der Antragsteller, der sich bereits von seinem Heimatland aus um einen Studienplatz in der Bundesrepublik bemüht hatte, war mit einer auf drei Monate befristeten Aufenthaltserlaubnis in der Form des Sichtvermerks zur Teilnahme an einem deutschen Sprachkurs in die Bundesrepublik eingereist. Anschließend hielt er sich einige Monate ohne Aufenthaltserlaubnis in der Bundesrepublik auf, um einen Studienplatz zu suchen. Seinen Antrag auf Erteilung einer Aufenthaltserlaubnis lehnte die Ausländerbehörde wegen des illegalen Aufenthalts ab. Der Antragsteller beantragte daraufhin seine Anerkennung als Asylberechtigter, weil er in seinem Heimatland als Angehöriger einer Bevölkerungsminderheit politisch verfolgt worden sei. Die Ausländerbehörde drohte ihm, da der Asylantrag mißbräuchlich gestellt sei, unter Bestimmung der Ausreisefrist die Abschiebung an und ordnete die sofortige Vollziehung dieser Verfügung an. Das Verwaltungsgericht lehnte die Aussetzung der Vollziehung ab. Die Beschwerde des Antragstellers hatte Erfolg.

Die Verfügung des Antragsgegners, in der dieser eine Ausreisefrist gemäß § 13 AuslG gesetzt und die Abschiebung nach Syrien angedroht hat, stellt einen selbständig anfechtbaren Verwaltungsakt dar (Urteil des Senats vom 14. April 1976 – 2 A 12/76 – DÖV 1976, 823). Der Antrag auf Wiederherstellung der aufschiebenden Wirkung des vom Antragsteller erhobenen Widerspruchs ist begründet, weil seine Abschiebung nach Syrien z. Zt. im Hinblick auf den von ihm gestellten Asylantrag unzulässig ist, so daß im Rahmen der nach § 80 Abs. 5 VwGO vorzunehmenden Abwägung hier dem Interesse des Antragstellers am vorläufigen Verbleib im Bundesgebiet bis zur Klärung seiner Asylberechtigung der Vorzug zu geben ist.

Der Antragsteller hat am 3. Dezember 1975 bei dem Polizeipräsidium einen förmlichen Asylantrag eingereicht. Zur Entscheidung über diesen Antrag ist allein das Bundesamt für die Anerkennung ausländischer Flüchtlinge in Zirndorf berufen (§ 29 AuslG). Die allgemeinen Ausländerbehörden dürfen dieser Entscheidung grundsätzlich nicht vorgreifen, indem sie durch Abschiebung des Ausländers die Verwirklichung des grundgesetzlich verankerten Asylanspruchs (Art. 16 Abs. 2 Satz 2 GG) vereiteln. Diese Rechtslage folgt aus den Regelungen des Ausländergesetzes über die Erteilung der Aufenthaltserlaubnis (§§ 2 ff., 20 ff. AuslG) und über die Anerkennung der Asylberechtigung (§§ 28 ff. AuslG). Nach der Systematik des Gesetzes handelt es sich um zwei getrennte, voneinander unabhängige Verfahren, die von verschiedenen Behörden nach unterschiedlichen gesetzlichen Bestimmungen durchzuführen sind. Dabei ist die Entscheidung im Asylverfahren für die allgemeinen Ausländerbehörden und für die Gerichte nach § 45 AuslG bindend (*Kanein,* Ausländergesetz, 2. Aufl., Erl. zu § 45). Die Frage, ob sich der Asylsuchende während des Anerkennungsverfahrens im Bundesgebiet aufhalten darf, ist in den §§ 31, 38, 40 AuslG angesprochen. Aus dem Zusammenhang der Vorschriften ergibt sich, daß ein Ausländer grundsätzlich im Bundesgebiet verbleiben darf, bis über seinen Asylantrag unanfechtbar entschieden worden ist. Seine vorherige Abschiebung ist unzulässig (soweit ersichtlich einhellige Meinung: vgl. die Allgemeine Verwaltungsvorschrift zur Ausführung des Ausländergesetzes vom 7. Juli 1967 [GMBl. S. 231] – Vwv –, Nr. 4 zu § 11, Nr. 3 zu § 14 und Nr. 3 ff. zu § 40; *Kloesel/Christ,* Deutsches Ausländerrecht, § 38 Anm. 4 und § 40 Anm. 1; *Kanein,* a.a.O., Erl. zu § 31 und § 40). Aus § 31 Satz 2 AuslG, wonach unter gewissen Voraussetzungen »von der Anwesenheit des Antragstellers abgesehen werden« kann, läßt sich nichts anderes herleiten. Diese Bestimmung bezieht sich lediglich auf die Anwesenheit des Ausländers im Sammellager. Der Zusammenhang mit den §§ 38, 40 AuslG zeigt, daß der Gesetzgeber davon ausgeht, daß sich die Asylsuchenden in der Regel in dem hierfür eingerichteten Sammellager (in Zirndorf) aufzuhalten haben. § 31 Satz 1 AuslG bestimmt insoweit, daß die Anwesenheit des Antragstellers für die Dauer des Anerkennungsverfahrens erforderlich ist. Gemeint ist hiermit die Anwesenheit in Zirndorf, um die Durchführung des Anerkennungsverfahrens zu erleichtern. § 38 Satz 2 AuslG gibt die Möglichkeit, dem Ausländer den Aufenthalt außerhalb des Lagers zu gestatten, bedeutet aber nicht etwa, daß er das Bundesgebiet verlassen muß. Seine Abschiebung ist vielmehr unzulässig. Etwas anderes kann ausnahmsweise – abgesehen von den hier nicht in Betracht kommenden Fallgestaltungen, die den Regelungen der §§ 11 Abs. 2, 14 Abs. 1 Satz 2 AuslG entsprechen – nur dann gelten, wenn entweder überhaupt kein Asylgesuch vorliegt oder ein Asylantrag rechtsmißbräuchlich gestellt ist. Diese Ausnahmen sind – wie noch darzulegen ist – hier nicht gegeben, so daß es bei dem Grundsatz, daß der Antragsteller z. Zt. nicht abgeschoben werden darf, verbleiben muß . . .

Ein Ausnahmefall, der eine Abschiebung trotz der vorstehenden Erörterungen gestatten würde, ist hier nicht etwa deshalb gegeben, weil in Wahrheit ein Asylgesuch nicht vorliege. Zwar bestimmt Nr. 6 Vwv zu § 38 AuslG, daß nach den allgemeinen Vorschriften des Ausländergesetzes, also auch nach den Abschiebungsbestimmungen, zu verfahren ist, wenn ein Asylbegehren nicht vorliegt. Nr. 3 Vwv zu § 38 AuslG sagt dazu:

»Asyl begehrt, wer im Bundesgebiet Schutz vor Verfolgung sucht. Ein Begehren auf Anerkennung als Asylberechtigter liegt nicht vor, wenn sich aus eigenen Erklärungen des Ausländers ergibt, daß ein Anerkennungsgrund im Sinne des § 28 Nr. 1 oder 2 AuslG offensichtlich nicht geltend gemacht wird«.

Das bedeutet jedoch nicht, daß die Ausländerbehörde selbst eine Entscheidung über den Asylantrag treffen dürfte. Sie hat lediglich die Fälle auszuscheiden, in denen überhaupt kein echter Asylantrag vorliegt, etwa wenn der Ausländer zwar um Asyl bittet, aber nicht vorträgt, politisch Verfolgter zu sein (er macht z.B. nur geltend, in seinem Heimatland arbeitslos zu sein und die besseren Arbeitsmöglichkeiten in der Bundesrepublik ausnutzen zu wollen; vgl. *Kloesel/Christ,* a.a.O., § 38 Anm. 1). Beruft sich dagegen der Ausländer darauf, in seinem Heimatstaat politisch verfolgt worden zu sein, ist es aufgrund der Zuständigkeitsregelung des Ausländergesetzes den Ausländerbehörden verwehrt, dieses Asylbegehren inhaltlich zu prüfen. Es liegt ein Asylantrag auch im Sinn der Verwaltungsvorschriften vor, der grundsätzlich an das zuständige Bundesamt in Zirndorf weiterzuleiten ist. Der Ausländerbehörde steht keine Sachprüfung, sondern lediglich eine Zuständigkeitsprüfung zu (*Kanein,* a.a.O., Erl. zu § 38). Wegen der ausschließlichen Entscheidungsbefugnis des Bundesamtes muß bei Zweifeln, ob ein Asylgesuch vorliegt, der Antrag des Ausländers als Asylbegehren behandelt werden (*Kanein,* a.a.O.). Im vorliegenden Fall hat der Antragsteller am 3. Dezember 1975 bei dem Antragsgegner als der hierfür zuständigen Behörde (§ 38 Abs. 1 AuslG und Nr. 9 Vwv) ausdrücklich einen Asylantrag gestellt und geltend gemacht, in seinem Heimatland als Angehöriger einer Bevölkerungsminderheit politisch verfolgt worden zu sein. Damit liegt ein Asylbegehren vor, das den Regelungen der §§ 28 ff. AuslG unterfällt und von dem Antragsgegner nach den hierzu erlassenen Verwaltungsvorschriften hätte behandelt werden müssen.

Schließlich ist es dem Antragsteller auch nicht deshalb verwehrt, sich auf den von ihm gestellten Asylantrag mit der Folge des Abschiebungsverbotes zu berufen, weil er diesen Antrag rechtsmißbräuchlich gestellt hätte. Zwar steht – wie jedes Recht – auch die Befugnis, einen Asylantrag zu stellen und die damit verbundenen rechtlichen Vergünstigungen in Anspruch zu nehmen, unter dem Vorbehalt des Rechtsmißbrauchs (vgl. *Stenschke,* BayVBl. 1975, 553, mit Nachweisen aus der Rechtsprechung). Allerdings kann nach Auffassung des Senats der Einwand der unzulässigen und damit unbeachtlichen Rechtsausübung nur in ganz besonders gelagerten Ausnahmefällen durchgreifen, da sonst die Gefahr der Aushöhlung der Bestimmungen der §§ 28 ff. AuslG, die der Verwirklichung des verfassungsrechtlich verankerten Asylanspruchs (Art. 16 Abs. 2 Satz 2 GG) dienen, zu groß ist (zu weit geht wohl *Stenschke,* a.a.O., wenn jeder der von ihm angeführten Gründe für sich genommen zur Bejahung eines Rechtsmißbrauchs ausreichen soll). So mag je nach Lage des Einzelfalles ein Asylbegehren rechtsmißbräuchlich sein, wenn nach unanfechtbarer Ablehnung eines Anerkennungsgesuches weitere aussichtslos erscheinende Asylanträge gestellt werden, von denen wegen ihres zeitlichen und sachlichen Bezugs zu einem laufenden Ausweisungsverfahren den Gesamtumständen nach angenommen werden muß, daß sie allein den Zweck verfolgen, eine Ausweisung des Ausländers zu verzögern oder letztlich gar zu verhindern (BayVGH, BayVBl. 1976, 403, für den vierten Asylantrag eines Ausländers). Im Fall des Antragstellers liegen diese Voraussetzungen nicht vor. Zur Annahme des Rechtsmißbrauchs kann allein der Umstand, daß der Antrag nicht sogleich bei Einreise in das Bundesgebiet gestellt worden ist, jedenfalls dann nicht ausreichen, wenn der Ausländer

– wie hier – legal mit einer befristeten Aufenthaltserlaubnis in der Form eines Sichtvermerks für einen Studienkurs in die Bundesrepublik eingereist ist und eine anschließende Aufenthaltserlaubnis für Studienzwecke nicht von vornherein ausgeschlossen war. Auch die Verwaltungsvorschriften (vgl. Nr. 9 zu § 38 AuslG) sehen vor, daß verspätete Asylgesuche grundsätzlich entsprechend § 38 AuslG zu behandeln sind. Nichts anderes schließlich ergibt sich aus dem Beschluß des Senats vom 29. Juli 1976 (2 B 33/76), in welchem ein rechtsmißbräuchliches Asylbegehren angenommen worden ist. Abgesehen von weiteren Besonderheiten jenes Falles hatte dort der Ausländer, der bereits illegal in die Bundesrepublik eingereist war, nicht nur den Asylantrag erst nach monatelanger Abschiebehaft verspätet gestellt, sondern darüber hinaus die Behörden über seine Identität getäuscht und zunächst mit einem frei erfundenen Lebensschicksal belogen, so daß er nicht nur jegliche Glaubwürdigkeit verloren, sondern auch seine Mitwirkungspflicht bei der Feststellung des Sachverhalts gröblich verletzt hatte und sich ein kraß widersprüchliches Verhalten vorwerfen lassen mußte, durch das er sich dem letztlich auf dem Grundsatz von Treu und Glauben beruhenden Einwand der unzulässigen Rechtsausübung hinsichtlich seines Asylbegehrens ausgesetzt hat. Solche besonderen Umstände sind im vorliegenden Fall weder ersichtlich noch geltend gemacht. Ob das Asylgesuch des Ausländers nach Aktenlage aussichtsreich erscheint oder nicht, ist in der Regel unerheblich. Hierüber hat allein das zuständige Bundesamt zu entscheiden.

Demgegenüber vermag sich der Antragsgegner nicht mit Erfolg darauf zu berufen, daß sich die Asylanträge in letzter Zeit häuften und nach seiner Erfahrung immer öfter dazu benutzt würden, ausländerrechtliche Maßnahmen zu unterlaufen. Die bestehende Rechtslage, an die das Gericht gebunden ist, kann durch Schwierigkeiten ihrer Durchführung in der Verwaltungspraxis nicht verändert werden. Die vom Gesetzgeber im Ausländergesetz festgelegte Zweispurigkeit von vorgreiflichem Asylverfahren vor einer Zentralbehörde und Verfahren über Aufenthaltserlaubnis und Ausweisung vor den Ausländerbehörden birgt Verzögerungsmöglichkeiten in sich. Die Nichtbeachtung gesetzlicher Zuständigkeiten ist deshalb noch nicht gerechtfertigt. Es kann auch nicht übersehen werden, daß die Regelungen des Ausländergesetzes dafür sprechen, daß alle sich z. Zt. der Antragstellung unerlaubt im Bundesgebiet aufhaltenden Asylsuchenden grundsätzlich bis zum unanfechtbaren Abschluß ihres Anerkennungsverfahrens im Sammellager leben müßten (§§ 38, 40 AuslG; Nr. 4 und 9 Vwv zu § 38). Bei Durchführung dieser Bestimmungen wäre der Anreiz, Asylanträge in der Hoffnung auf Verzögerung ausländerrechtlicher Maßnahmen zu stellen, wesentlich geringer. Der Einwand, das Lager sei überfüllt und das Bundesamt überlastet, vermag die Rechtslage nicht zu ändern. Entweder muß der Gesetzgeber andere Lösungen schaffen oder die Verwaltung und die Verwaltungsgerichte müssen personell und sachlich so ausgestattet werden, daß sie die Verwaltungs- bzw. Rechtsmittelverfahren zügig entscheiden können, damit sich die zeitlichen Verzögerungen in Grenzen halten.

Liegt nach alledem ein wirksames Asylgesuch vor, das der Abschiebung des Antragstellers z. Zt. entgegensteht, so muß die aufschiebende Wirkung des Widerspruchs des Antragstellers gegen die Abschiebungsandrohung wiederhergestellt werden.

Nr. 14 VG Ansbach 9. 12. 1976 (3220 II [IV]/73) DÖV 1977, 637

Dem Kl. steht kein Anspruch auf Anerkennung als Asylberechtigter gemäß Art. 16 Abs. 2 Satz 2 GG zu, . . . denn er ist kein politisch Verfolgter. Der Begriff des politisch

Verfolgten ist von seiten des einfachen Gesetzgebers durch die Übernahme der Bestimmungen der Genfer Konvention – GK – in das innerstaatliche (nationale) Recht und erneut durch die Verweisung auf den Flüchtlingsbegriff der GK in § 28 Nr. 1 Ausländergesetz – AuslG – näher bestimmt worden. Welche Personen politisch verfolgt sind, richtet sich nach Art. 1 a Nr. 2 GK.

Die Voraussetzung, daß der Kl. in die Türkei, dem Land seiner Staatsangehörigkeit, aus begründeter Furcht vor Verfolgung i. S. dieser Vorschrift nicht zurückkehren kann, liegt nicht vor. Der Kl. gibt als Grund seiner Verfolgungsfurcht an, daß er als Kriegsdienst [KD]-Verweigerer trotz seiner entgegenstehenden Gewissensgründe in der Türkei den KD ableisten müsse bzw. im Falle seiner Weigerung hart, aber nicht härter als andere KD-Verweigerer, bestraft werde, da in der Türkei kein Recht auf KD-Verweigerung aus Gewissensgründen bestehe. Auch wenn nach dem Gesamteindruck des Kl. in der mündlichen Verhandlung davon ausgegangen und im übrigen auch unterstellt werden kann, daß der Kl. tatsächlich aus Gewissensgründen i. S. des Art. 4 Abs. 3 GG den Kriegsdienst verweigert . . ., so vermag dies dennoch seine Furcht vor einer Verfolgung wegen seiner politischen Überzeugung, was allein in Betracht kommt, nicht zu begründen.

Nach Auffassung der Kammer ist bereits der Verfolgungstatbestand nicht erfüllt. Der Verfolgungstatbestand, der im Gegensatz zu der sich darauf beziehenden Verfolgungsfurcht überwiegend objektive Merkmale enthält, ist einmal durch das geschützte Rechtsgut, in das eingegriffen wird, und zum anderen durch den bereits erfolgten oder doch zu erwartenden Eingriff gekennzeichnet (vgl. hierzu *Kanein,* AuslG, 2. Aufl., Erl. zu § 28 AuslG).

Im vorliegenden Falle fehlt es schon an einem asylrechtlich relevanten Eingriff, denn ein solcher ist nur gegeben, wenn er individuell gegen den Betroffenen gerichtet ist. Ein Eingriff ist aber nur dann gegen einen Einzelnen gerichtet, wenn er durch die individuellen Eigenschaften, Verhältnisse oder Handlungen der Einzelperson ausgelöst wird, personenbezogen auf sie abzielt und diese auch in seinen Auswirkungen trifft. Ein solcher Eingriff muß insbes. über die Beschränkungen hinausgehen, denen infolge des herrschenden politischen Systems die Allgemeinheit der Bevölkerung ausgesetzt ist bzw. ganze Personengruppen unterliegen (vgl. hierzu *Kanein,* a.a.O.). Dem Kl. droht aber die Ableistung des KD trotz seiner Gewissensgründe bzw. die Bestrafung bei seiner Weigerung nicht wegen individueller Eigenschaften, Verhältnisse oder Handlungen, die nur in seiner Person gegeben sind, sondern weil nach den einschlägigen Vorschriften in der Türkei generell und ohne Ausnahme für KD-Verweigerer aus Gewissensgründen die Wehrpflicht für alle Bürger besteht. Auf den Kl. wird mithin der Zwang zur Ableistung des Wehrdienstes nicht *wegen* seiner Eigenschaft als KD-Verweigerer, sondern *trotz* dieser Eigenschaft ausgeübt, die nach der türkischen Rechtsordnung kein Ausnahmerecht gegenüber der allgemeinen Wehrpflicht begründet.

Ebensowenig wie die Inanspruchnahme der Kl. für den KD von seiner Eigenschaft als KD-Verweigerer ausgelöst wird und hierfür ursächlich ist, spielt dieser Umstand bei der Art und dem Ausmaß seiner Heranziehung zum Wehrdienst bzw. bei seiner Bestrafung eine Rolle. Der Kl., der selbst vorgetragen hat, keine strengere Bestrafung als andere KD-Verweigerer erwarten zu müssen, wird lediglich wegen der Tatsache seiner KD-Verweigerung, auf deren Gründe im einzelnen gar nicht abgestellt wird, ebenso wie die anderen KD-Verweigerer bestraft. Die dem KD entgegenstehenden Gewissensgründe, die der Kl. in gleicher oder ähnlicher Weise mit der Gruppe der türkischen KD-Verweigerer teilt, führen offensichtlich auch bei der Bestrafung des Kl. wegen der Verletzung der Wehrpflicht zu keiner abweichenden individuellen Behandlung, so daß auch in dieser rein strafrechtlichen Folgemaßnahme kein individuell gegen den Kl. gerichteter Eingriff liegt.

Die Heranziehung des Kl. zum Wehrdienst und die Folgen bei der Verweigerung des Wehrdienstes – gleich aus welchen Gründen – sind ein Ausfluß der allgemein gültigen, jeden treffenden innerstaatlichen Ordnung der Türkei, bei deren Konkretisierung gegenüber dem einzelnen türkischen Staatsbürger dem KD entgegenstehende Gewissensgründe überhaupt keine Erheblichkeit beigemessen wird.

Das weitere Merkmal des Verfolgungstatbestandes, nämlich ein geschütztes Rechtsgut i. S. des Asylrechts, in das eingegriffen wird oder das bedroht wird, liegt ebenfalls nicht vor. Dabei werden als geschützte Rechtsgüter Gesundheit, Leib, Leben, Freiheit und die wirtschaftliche Existenz sowie nach einer weitergehenden Meinung auch noch die Rechtsgüter anerkannt, die nach rechtsstaatlichen Grundsätzen in den Kulturstaaten geschützt sind (vgl. *Kanein,* a.a.O.).

Die Kammer vertritt die Auffassung, daß das Recht auf KD-Verweigerung aus Gewissensgründen nicht zu den geschützten Rechten i. S. des asylrechtlichen Verfolgungstatbestandes gehört. Das maßgebliche Kriterium für diese geschützten Rechtsgüter ist der Umstand, daß es sich hierbei um allgemein bzw. zumindest in den Kulturstaaten anerkannte Rechtsgüter handeln muß. Das ist aber bei dem Recht auf KD-Verweigerung aus Gewissensgründen als einem Ausnahmerecht gegenüber der vom Staat eingeführten Wehrpflicht gerade nicht der Fall.

Dabei ist davon auszugehen, daß das Recht zur Selbstverteidigung zu den originären Rechten eines jeden Staates gehört. Aufgrund dieses Rechtes können die Staaten die Wehrpflicht ihrer Bürger als staatsbürgerliche Pflicht einführen und die Erfüllung dieser Pflicht durch Strafdrohungen sichern.

Die Bundesrepublik hat gegenüber dieser Wehrpflicht als Ausnahmerecht in Art. 4 Abs. 3 GG das Recht auf KD-Verweigerung aus Gewissensgründen eingeführt ... Dieses ist jedoch nicht nur in der Türkei, sondern auch noch in zahlreichen anderen Ländern unbekannt. Dabei ist zu bedenken, daß jede staatliche Ordnung, besonders auch jede rechtsstaatliche Ordnung, im Spannungsfeld zwischen den Pflichten lebt, die der Staat seiner Bürgern auferlegt, und den Rechten, die der Einzelne gegenüber seinem Staat geltend machen kann. Die Abwägung der legitimen Interessen muß und wird dabei häufig in den verschiedenen Staaten nicht allgemein gültig zu einer Wertordnung und zu einer Anerkennung von Rechten des Einzelnen gegenüber dem Staat führen, so wie sie das GG und unsere ganze Rechtsordnung enthält. Dies ist insbes. auch bei dem Recht auf KD-Verweigerung aus Gewissensgründen der Fall. Die Abwägung der bei dieser Frage berührten Interessen des Staates und des Einzelnen hat auch unter rechtsstaatlichen Gesichtspunkten selbst bei den als Kulturstaaten angesehenen Ländern jedenfalls bisher noch nicht zu einer einheitlichen oder auch überwiegenden inhaltsgleichen oder ähnlichen Regelung geführt, wie wir sie in Art. 4 Abs. 3 GG kennen ... Da es demnach ein von den Staaten allgemein anerkanntes Recht auf KD-Verweigerung nicht gibt, wird durch die Einberufung des Kl. zum Wehrdienst bzw. durch seine Bestrafung bei seiner Weigerung kein asylrechtlich-relevantes Rechtsgut berührt.

Daß es nicht angeht, die Frage nach dem asylrechtlich-relevanten Rechtsgut allein nach der Rechtsordnung in der Bundesrepublik oder einiger anderer Staaten zu entscheiden, ergibt sich auch aus der Tatsache, daß dies letzlich eine Einmischung in die innerstaatlichen Verhältnisse eines anderen Staates bedeuten würde, die nur bei grundsätzlichen Fragen, die bereits zu einer übereinstimmenden Regelung unter den Staaten geführt haben, und dann nur gegenüber Außenseitern vertretbar wäre. Da dies hier nicht der Fall ist . . ., würde dies bedeuten, daß die innerstaatliche Wertordnung des einen Staates, hier der Türkei, nicht nach einer völkerrechtlich anerkannten, sondern nur nach der innerstaatlichen Wertordnung eines anderen Staates, hier der Bundesrepublik, mit rechtlichen Folgen auch für die Türkei beurteilt wird. Die historisch gewachsene, auf speziellen Erfahrungen gegründete und in gewissem Umfang auch disponible (vgl. Art. 79 GG; zu der Frage, ob Art. 4 Abs. 3 GG wieder abgeschafft werden kann, Komm. zum Bonner GG, a.a.O., Rdn. 110 zu Art. 4 GG) Wertordnung der Bundesrepublik, die keine allgemeine Verbindlichkeit beanspruchen kann und will, würde auf die Wertordnung der Türkei in einer ganz anderen geschichtlichen, kulturellen, sozialen und auch militärpolitischen Situation übertragen. Dabei darf insbes. nicht übersehen werden, daß das Recht auf KD-Verweigerung in der Bundesrepublik im wesentlichen aus den leidvollen Erfahrungen im Dritten Reich erwachsen ist.

Auch die Tatsache, daß dem Kl. wegen seiner KD-Verweigerung in der Türkei Freiheitsstrafen drohen, d. h. das Rechtsgut der körperlichen Freiheit berührt wird, hilft in diesem Zusammenhang nicht weiter. Hier wird zwar ein allgemein anerkanntes asylrechtlich-relevantes Rechtsgut betroffen, jedoch nur als rein strafrechtliche Folge einer staatsbürgerlichen Pflichtverletzung aus Gründen, die von der türkischen Rechtsordnung nicht anerkannt werden. Die nach dem türkischen Militär-StGB für den Regelfall drohende Bestrafung hält sich zudem in einem Rahmen, wie er auch bei anderen freiheitlich verfaßten und regierten Staaten üblich ist. Nach Art. 63 türkisches Militär-StGB kann der Kl. mit Gefängnis von 6 Monaten bis zu 3 Jahren und wegen seiner Flucht noch zusätzlich mit Gefängnis von einem Monat bis zu einem Jahr bestraft werden. Lediglich im Falle der Mobilmachung kann unter Umständen sogar die Todesstrafe verhängt werden. Dabei ist zu berücksichtigen, daß nach Angaben des Kl. in der Türkei zwei Amnestien stattgefunden haben, nach denen die KD-Verweigerer wahrscheinlich überhaupt nicht mehr bestraft werden, sofern sie den Wehrdienst noch ableisten . . .

Im übrigen kommt hinzu, daß der Kl. nach Auffassung der Kammer auch nicht »wegen seiner politischen Überzeugung« verfolgt werden würde. Die Tatsache, daß der Kl. trotz seiner entgegenstehenden auf allgemeinen ethischen Gesichtspunkten beruhenden Gewissensgründe zum Wehrdienst herangezogen bzw. für seine Weigerung bestraft wird, liegt in der innerstaatlichen Rechtsordnung der Türkei begründet, die insoweit hingenommen werden muß, da sich offenbar eine einheitliche Auffassung zum Problem der KD-Verweigerung bei den Staaten noch nicht gebildet hat. Nach dieser innerstaatl. Rechtsordnung ist der Kl. . . . ohne Rücksicht auf seine innere Einstellung zum Waffendienst verpflichtet. Ebenso wie es an einem individuellen Eingriff gegenüber dem Kl. als KD-Verweigerer fehlt, ist es auch nicht möglich, die KD-Verweigerung des Kl. und die hierfür vorgebrachten Gewissensgründe als eine politische Überzeugung i. S. des Asylrechts anzusehen. Die ausnahmslose Verpflichtung des Kl., in der Türkei ohne Rücksicht auf seine entgegenstehenden Gewissensgründe KD leisten zu müssen, würde als etwaige Verfolgungsmaßnahme nicht an einer bestimmten politischen Gesinnung des Kl. anknüpfen, die bekämpft, unterdrückt oder sonst geahndet werden soll, erfolgt also nicht *wegen* seiner Gewissensgründe, denen keine Erheblichkeit beigemessen wird, sondern *trotz* dieser Gewissensgründe.

Auch die drohende Freiheitsstrafe zur Durchsetzung der Wehrpflicht ist als Folge der Nichtanerkennung der Gewissensgründe nicht gegen diese Gründe als solche, sondern nur gegen die Verweigerung der Wehrdienstleistung ohne Rücksicht auf die Weigerungsgründe gerichtet.

Ferner kann nicht angenommen werden, daß in der auf ethischen Gründen beruhenden Verweigerung der Wehrdienstleistung eine Überzeugung des Kl. zum Ausdruck kommt, die deswegen eine politische Überzeugung i. S. des Asylrechts darstellt, da der Kl. letztlich seinen Heimatstaat nicht verteidigen will. Eine derartige generelle Schlußfolgerung würde im Ergebnis im übrigen auch zu einer politisch motivierten und in der Regel situationsbedingten KD-Verweigerung führen, die gerade nicht von Art. 4 Abs. 3 GG anerkannt wird.

Die KD-Verweigerung des Kl., der . . . den Eindruck eines »unpolitischen« Menschen gemacht hat, beruht auf seiner allgemeinen, rein persönlichen Einstellung zur Gewalt in allen Formen und Bereichen, ist nicht das Ergebnis einer geistigen Auseinandersetzung über seine Stellung zum türkischen Staat mit seiner derzeitigen Rechts- und Wertordnung und zu seinen Mitbürgern und hat insbes. mit einer Ablehnung des türkischen Staates und seiner Politik nichts zu tun. Die Entscheidung des Kl. hat ihre Ursache auch nicht in politischen Motiven, sondern wirkt sich lediglich auf den Staat im Hinblick auf dessen Verteidigungsfähigkeit aus und hat also insoweit eine politische Folge. Die Frage aber, ob und ggf. wann eine politische Überzeugung vorliegt, kann zumindest nicht allein aus der Sicht des von den Folgen einer Entscheidung seiner Bürger betroffenen Staates beantwortet werden, da sonst letztlich allen Handlungen und Entscheidungen der Bürger eine asylrechtlich-relevante politische Bedeutung beigemessen werden müßte.

Ähnlich wie die Bestrafung wegen Republikflucht nur dann asylrechtlich bedeutsam ist, wenn sie aus der Sicht des Staates nicht nur einer abweichenden politischen Überzeugung gilt, sondern tatsächlich auch auf eine solche Überzeugung trifft, muß auch hier die subjektive Seite bei dem Betroffenen in ganz konkreter Beziehung gegeben sein.

Hinzu kommt auch, daß nach dem Verständnis des Art. 4 Abs. 3 GG die KD-Verweigerung kein Mittel ist, um politische Überzeugungen auszudrücken. Die KD-Verweigerung hat vielmehr mit politischen Überzeugungen nichts zu tun und steht in keiner Beziehung zum Grundrecht der Meinungsfreiheit (so *von Mangoldt/Klein,* Das Bonner Grundgesetz, a.a.O., S. 225, S. 228; Komm. zum Bonner GG, a.a.O., Rdn. 89 zu Art. 4 GG).

Der Kl. ist nach alledem kein politisch Verfolgter, dem nach Art. 16 Abs. 2 Satz 2 GG ein Anspruch auf Anerkennung als Asylberechtigter zukäme, auch wenn das BVerwG in besonderen Fällen ausländische KD-Verweigerer als Asylberechtigte anerkannt hat (BVerwG, NJW 1962, 2267 = DVBl. 1963, 146; BVerwG, DÖV 1975, 286). Mit seinem Asylantrag macht der Kl. im Ergebnis keine politische Verfolgung geltend, sondern beruft sich vielmehr auf ein in der Türkei nicht bestehendes Grundrecht. Das in der Bundesrepublik geltende Grundrecht des Art. 4 Abs. 3 GG, das sich nur auf die Wehrpflicht in der Bundesrepublik gegenüber der Bundeswehr bezieht, kann keine Handhabe sein, den Kl. mit Hilfe des Asylrechts von der Wehrpflicht gegenüber seinem Heimatstaat freizustellen. Anderenfalls würde dies auch dazu führen, daß sich ein nach ausländischem Recht in seiner Heimat wehrpflichtiger Ausländer durch Berufung auf das deutsche innerstaatliche Verfassungsrecht im Wege der Asylgewährung nicht nur von der Wehrpflicht entziehen könnte, sondern darüber hinaus auch noch bessergestellt wäre, als es ein gegenüber der Bundeswehr an sich wehrpflichtiger KD-Verweigerer ist, für den Art. 4 Abs. 3 GG gilt. Dieser KD-Verweigerer müßte nämlich ... einen Ersatzdienst leisten (§ 25 WpflG), was bei dem asylbegehrenden Ausländer nicht der Fall wäre, der insoweit leer ausginge. Auch hieran zeigt sich, daß es nicht zutreffend sein kann, mit Hilfe des auf anderen Wurzeln beruhenden Asylrechts Ausnahmen für innerstaatl. Rechtspflichten schaffen zu wollen, die im Recht der KD-Verweigerung noch keine allgemeine Anerkennung bei den Staaten gefunden haben ...

Nr. 15 BVerwG 10. 12. 1976 (VII B 163.76) VerwRSpr. 28 (1976), 775

Der Kläger begehrt die Feststellung, daß er zum Führen eines ausländischen akademischen Grades der Genehmigung des Kultusministeriums des bekl. Landes nicht bedürfe. Klage, Berufung und Beschwerde gegen die Nichtzulassung der Revision waren ohne Erfolg.

Die von der Beschwerde allein geltend gemachte grundsätzliche Bedeutung (§ 132 Abs. 2 Nr. 1 VwGO) kommt der Rechtssache nicht zu.

Für grundsätzlich bedeutsam hält die Beschwerde einmal die Frage, ob § 2 des Gesetzes über die Führung akademischer Grade vom 7. 6. 1939 (RGBl. I, S. 985) – GFaG – verfassungswidrig ist. Die Frage ist jedoch in der Rechtsprechung des BVerwG geklärt; die Ausführungen der Beschwerdeschrift geben dem Senat keinen Anlaß, die Frage der Verfassungsmäßigkeit erneut in einem Revisionsverfahren zu prüfen. Der beschließende Senat hat sich nämlich mit den Argumenten, die nach Meinung des Kl. für die Verfassungswidrigkeit der genannten Vorschrift sprechen, im Gegensatz zur Meinung der Beschwerde (S. 12 der Beschwerdeschrift) bereits in seinem Urteil vom 19. 11. 1971 – VII C 31.70 – (BVerwGE 39, 77) auseinandergesetzt, so insbesondere mit den Überlegungen, die die Beschwerde im Zusammenhang mit der Entscheidung des BVerfG in BVerfGE 20, 150 anstellt (a.a.O., S. 78 ff.). Der Senat hat weiter in dem genannten Urteil die hinreichende Bestimmtheit des Kriteriums der Vergleichbarkeit bejaht und dabei »insbesondere auf die Bedeutung des fraglichen ausländischen Schulinstituts« abgestellt (a.a.O., S. 79); der Hinweis der Beschwerde auf das Urteil des VG des Saarlandes vom 7. 7. 1971 gibt dem Senat keinen Anlaß, die Frage in einem Revisionsverfahren erneut zu überprüfen. Schließlich ergeben sich keine grundsätzlichen Fragen aus der Meinung des Kl., die Entscheidung über die Erteilung oder Versagung der Genehmigung sei in verfassungsrechtlich unzulässiger Weise dem behördlichen Ermessen überantwortet (S. 12 der Beschwerdeschrift). Der Senat hat in dem Urteil vom 19. 11. 1971 betont, daß die Behörde die Genehmigung zu erteilen hat, daß also ein Anspruch auf Genehmigung besteht, wenn die Führung des ausländischen Grades dem Schutzzweck des Gesetzes nicht widerspricht (a.a.O., S. 81); davon geht auch das BerUrteil aus (S. 11 der Urteilsgründe). Die im Urteil vom 19. 11. 1971 näher begründete Auffassung vertritt der Senat in ständiger Rechtsprechung (vgl. z.B. Beschl. vom 25. 5. 1972 – VII B 10.72 – mit dem dazu ergangenen Beschluß des BVerfG vom 1. 8. 1973 – 1 BvR 5/72 –, die bereits im BerUrteil erwähnt sind, sowie ferner Beschl. vom 26. 11. 1976 – VII B 48.75).

Für grundsätzlich bedeutsam hält der Kl. weiter die Frage, ob das Europäische Übereinkommen vom 14. 12. 1959 über die akademische Anerkennung von akademischen Graden und Hochschulzeugnissen (BGBl. 1969 II, S. 2057) bereits die akademische Anerkennung für die akademischen Grade und Hochschulzeugnisse unter den

Vertragsstaaten gewährt und damit eine Genehmigung nach § 2 GFaG überflüssig macht. Dieser Frage kann schon deswegen keine grundsätzliche Bedeutung beikommen, weil sie sich nach Landesrecht beantwortet, dessen Verletzung – von hier nicht in Betracht kommenden Ausnahmen abgesehen – gemäß § 137 Abs. 1 VwGO mit der Revision nicht gerügt werden könnte und daher auch nicht die Zulassung der Revision rechtfertigt (vgl. BVerwGE 1, 19). Daß es sich hier um eine Frage des Landesrechts handelt, ergibt sich aus folgendem: Zwar ist das (Bundes)gesetz zu dem genannten Europäischen Übereinkommen vom 23. 10. 1969 (BGBl. II, S. 2057) Bundesrecht im Sinne des § 137 Abs. 1 VwGO. Indessen regelt das Übereinkommen, dem das genannte Bundesgesetz zugestimmt hat, Fragen, die die ausschließliche Gesetzgebungskompetenz der Länder betreffen; für die innerstaatliche Wirksamkeit, insbesondere für die Abänderung oder Überlagerung des als Landesrecht fortgeltenden Gesetzes über die Führung akademischer Grade vom 7. 6. 1939 (vgl. BVerwGE 10, 195), bedarf es daher der Transformation durch einen Akt des für die Landesgesetzgebung zuständigen Organs (vgl. z.B. für Bayern den Zustimmungsbeschluß des Landtags des Freistaats Bayern vom 7. 7. 1965 – BayGVBl. 1965, 189). Der VGH hat hier offengelassen, ob für Bad.-Württ. eine wirksame Transformation in Landesrecht überhaupt stattgefunden hat (S. 12 des Urteilsabdrucks). Doch kommt es darauf nicht an. Auch wenn eine Transformation vorgenommen worden wäre, hätte sie lediglich – irrevisibles – Landesrecht geschaffen, dessen Auslegung durch den VGH, die er für den Fall vorgenommen hat, daß eine wirksame Transformation stattgefunden haben sollte, für den Senat daher verbindlich wäre. Es kann dabei auch offenbleiben, ob die Länder dem Bund gegenüber zur Transformation verpflichtet sind und welche Rechtsfolgen entstehen, wenn ein Land eine etwa bestehende Transformationspflicht nicht oder nur teilweise erfüllt. Denn ob und mit welchem Inhalt hier transformiert worden ist, beurteilt sich – unabhängig von einer etwa bestehenden Rechtspflicht zur Transformation – allein nach Landesrecht, dessen Auslegung – von hier nicht in Betracht kommenden Ausnahmen abgesehen – nicht Sache des BVerwG ist. Hier hat der VGH als Inhalt einer – unterstellten – Transformation irrevisibel festgestellt, daß dem bekl. Land nicht die Möglichkeit genommen worden ist, das Führen eines ausländischen akademischen Grades von der zuvor erteilten Genehmigung des Kultusministeriums abhängig zu machen.

Nr. 16 BVerwG 14. 12. 1976 (VII A 4.75) VerwRspr. 29 (1977), 1024

Der Kläger begehrt die Verurteilung der bekl. Bundesrepublik, durch ihre Ständige Vertretung bei den zuständigen Behörden der DDR für den Kl. tätig zu werden mit dem Ziel, daß die von den Behörden der DDR gegenüber dem Kl. verhängte Einreisesperre aufgehoben wird.

Der Kl. hält die erstinstanzliche Zuständigkeit des BVerwG gemäß § 50 Abs. 1 Nr. 3 VwGO für gegeben, während die Bekl. die sachliche Zuständigkeit des BVerwG im ersten Rechtszug verneint. Hilfsweise beantragt der Kl. die Verweisung des Rechtsstreits an das VG Köln.

Das Bundesverwaltungsgericht hat den Rechtsstreit an das Verwaltungsgericht Köln verwiesen.

Nach § 50 Abs. 1 Nr. 3 VwGO entscheidet das BVerwG im ersten und letzten Rechtszug über Klagen gegen den Bund auf Gebieten, die in die Zuständigkeit der diplomatischen und konsularischen Auslandsvertretungen der Bundesrepublik fallen. Diese Zuständigkeitsregelung greift hier nicht ein, weil die Ständige Vertretung der

Bundesrepublik nicht als »Auslandsvertretung« im Sinne des § 50 Abs. 1 Nr. 3 VwGO anzusehen ist.

Der Senat hat bereits durch Beschluß vom 19. 4. 1968 – VII A 1/67 – unter Bezug auf die Rechtsprechung des BVerfG (BVerfGE 1, 332 [341]; 11, 150 [158] entschieden, daß Rechtsstreitigkeiten, die den anderen Teil Deutschlands betreffen, nicht unter die Ausnahmevorschrift des § 50 Abs. 1 Nr. 3 VwGO fallen, weil der andere Teil Deutschlands bisher nicht als Ausland anerkannt worden sei. Daran hat sich auch nach dem Abschluß des Vertrages vom 21. 12. 1972 zwischen der Bundesrepublik und der DDR über die Grundlagen der Beziehungen (Grundlagenvertrag) – BGBl. 1973 II, S. 421 – nichts geändert. Im Verhältnis zur Bundesrepublik ist die DDR weiterhin nicht als Ausland anzusehen und zu behandeln, sondern als ein »anderer Teil Deutschlands« (BVerfGE 36, 1 [17, 29]; 37, 57 [64]). Aus diesem Grunde war die Bundesregierung bei der Regelung der Ständigen Vertretungen in Artikel 8 des Grundlagenvertrages und in dem Protokoll über die Errichtung der Ständigen Vertretungen vom 14. 3. 1974 – BGBl. 1974 II, S. 934 – darauf bedacht, daß die Ständige Vertretung der Bundesrepublik nicht einer diplomatischen oder konsularischen Auslandsvertretung gleichgestellt wurde (vgl. die Erläuterungen zu dem Protokoll vom 14. 3. 1974 [Bulletin 1974 Nr. 36, S. 337 f.]). Demgemäß ist die Ständige Vertretung der Bundesrepublik auch nicht beim Auswärtigen Amt, sondern beim Bundeskanzleramt ressortiert.

Entgegen der Ansicht des Kl. ist die Zuständigkeitsregelung des § 50 Abs. 1 Nr. 3 VwGO auf den vorliegenden Fall auch nicht entsprechend anwendbar. Die Regelung des § 50 Abs. 1 über die erstinstanzliche Zuständigkeit des BVerwG darf als Ausnahmevorschrift nicht ausdehnend oder analog angewendet werden (vgl. Beschl. vom 25. 11. 1963 – VI A 1/62 – [*Buchholz* 310 § 50 VwGO Nr. 1]; *Eyermann/Fröhler,* VwGO, 6. Aufl. 1974, Rdnr. 1 zu § 50; *Redeker/von Oertzen,* VwGO, 5. Aufl. 1975, Rdnr. 1 zu § 50).

Da das BVerwG mithin im ersten Rechtszug nicht zuständig ist, ist in entsprechender Anwendung des § 83 Abs. 1 VwGO der Rechtsstreit auf den Antrag des Kl. an das VG Köln, in dessen Bezirk sich der Sitz der Bundesregierung befindet, zu verweisen.

Nr. 17 VG Stuttgart 15. 12. 1976 (VRS VII 226/76) NJW 1977, 1604

Der Kl. ist tschechoslowakischer Staatsangehöriger. Er reiste im August 1969 aus der ČSSR nach Österreich und erhielt dort einen Reiseausweis für Flüchtlinge nach der Genfer Konvention vom 28. 7. 1951 – GenfKonv. 1970 beantragte der Kl. beim deutschen Konsulat in B. die Erteilung der Aufenthaltserlaubnis in Form eines Sichtvermerks. In dem Antrag beantwortete er die Frage nach der beabsichtigten Dauer des Aufenthalts in der Bundesrepublik Deutschland mit »dauernd«. Noch vor Erteilung eines Sichtvermerks reiste der Kl. in die Bundesrepublik ein und ließ sich in S. nieder. Nachdem die Ausländerbehörde dem deutschen Konsulat in B. mitgeteilt hatte, daß der Erteilung der Aufenthaltserlaubnis in der Form des Sichtvermerks nicht zugestimmt werden könne, da Flüchtlinge erfahrungsgemäß beabsichtigten, sich für ständig in der Bundesrepublik Deutschland niederzulassen, lehnte das Konsulat die Erteilung der Aufenthaltserlaubnis ab. Auf einen erneuten Antrag des Kl., die Aufenthaltserlaubnis nachträglich bekommen zu können, teilte ihm die Behörde mit Schreiben vom 3. 4. 1970 mit, eine nochmalige Überprüfung des Antrags habe ergeben, daß abweichend von der ersten Entscheidung der Erteilung der Aufenthaltserlaubnis in der Form des Sichtvermerks zugestimmt werden könne. Daraufhin erteilte das deutsche

Konsulat in B. am 7. 4. 1970 die Aufenthaltserlaubnis in der Form des Sichtvermerks, gültig bis 6. 7. 1970.

In der Folgezeit erteilte die Bekl. dem Kl. jeweils für ein Jahr die Aufenthaltserlaubnis, zuletzt am 22. 5. 1974 bis 18. 5. 1975. Unter dem 28. 11. 1974 beantragte der Kl. bei der Bekl. die Ausstellung eines Reiseausweises nach § 11 GenfKonv. Anh. und brachte vor, er halte sich seit Februar 1970 rechtmäßig im Bundesgebiet auf.

Mit der angefochtenen Verfügung lehnte die Bekl. »die Übernahme des Kl. in die deutsche Obhut« ab und verweigerte die Erteilung des Reiseausweises. Die Klage hatte Erfolg.

Die Klage ist zulässig. Daß der Kl. im Besitz eines von der Republik Österreich ausgestellten Flüchtlings-Reiseausweises ist, steht dem Rechtsschutzbedürfnis für sein Begehren, einen deutschen Reiseausweis zu erhalten, nicht entgegen. Dies ist § 11 GenfKonv. Anh. zu entnehmen. Danach geht bei rechtmäßiger Niederlassung eines Flüchtlings im Gebiet eines anderen vertragsschließenden Staates die Verantwortung für die Ausstellung eines neuen Ausweises auf die zuständige Behörde dieses Staates über; der Flüchtling, der diese Voraussetzungen geltend macht, kann daher nicht von vornherein auf den Besitz des Reiseausweises seines bisherigen Aufnahmestaates verwiesen werden (vgl. BVerwGE 7, 333=NJW 1959, 451).

Die Klage ist auch begründet ... Der Kl. hat Anspruch auf den beantragten Reiseausweis. Nach Art. 28 I 1 GenfKonv. werden die vertragsschließenden Staaten den Flüchtlingen, die sich rechtmäßig in ihrem Gebiet aufhalten, Reiseausweise ausstellen, die ihnen Reisen außerhalb dieses Gebietes gestatten, es sei denn, daß zwingende Gründe der öffentlichen Sicherheit oder Ordnung entgegenstehen. Diese Vorschrift gibt einem Flüchtling, auf den ihre Voraussetzungen zutreffen, einen Rechtsanspruch auf die Ausstellung des Reiseausweises, wie aus Art. 28 I 2 GenfKonv. zu entnehmen ist. § 11 GenfKonv. Anh. stellt klar, daß dem Flüchtling dieser Anspruch gegenüber einem anderen vertragsschließenden Staat zusteht, in dem er sich – später – rechtmäßig niederläßt.

Im vorliegenden Fall geht es allein um die Frage, ob sich der Kl. i. S. von Art. 28 GenfKonv. und § 11 GenfKonv. Anh. rechtmäßig in der Bundesrepublik Deutschland aufhält bzw. niedergelassen hat. Die Kammer ist der Auffassung, daß diese Voraussetzung in der Person des Kl. vorliegt. Ob ein ausländischer Flüchtling sich rechtmäßig im Sinne der Genfer Konvention im Gebiet der Bundesrepublik Deutschland aufhält bzw. niedergelassen hat, ist nach den deutschen aufenthaltsrechtlichen Vorschriften zu beurteilen (vgl. BVerwGE 9, 83; VGH München, VGHE n. F. 26, 17).

Nach dem Urteil des BVerwG vom 26. 3. 1962 (I C 56/59), in dem es um die Anerkennung eines ausländischen Flüchtlings nach der inzwischen aufgehobenen Asylverordnung vom 6. 1. 1953 ging, ist der – dauernde – Aufenthalt eines Flüchtlings im Bundesgebiet rechtmäßig im Sinne der Genfer Konvention grundsätzlich nur dann, wenn die zuständige Behörde der Verlegung des dauernden Aufenthaltsortes in die Bundesrepublik zugestimmt hat; das kann ausdrücklich geschehen, es kann sich aber auch aus den Umständen ergeben. Der VGH München (VGHE n. F. 26, 17) hat sich dieser Rechtsprechung angeschlossen und zusätzlich ausgeführt: Es genüge nicht, wenn sich der Flüchtling ohne Verstoß gegen die Gesetze des Landes aufhalte. Der Besitz einer befristeten – auf Grund eines ausländischen internationalen Reiseausweises erteilten – deutschen Aufenthaltserlaubnis genüge nicht, um den Aufenthalt des Flüchtlings zu einem »rechtmäßigen« i. S. der Art. 26, 28 GenfKonv. zu machen. § 26

I Nr. 1 AuslG solle die Mitwirkung des Bundesministers des Innern sicherstellen, wenn aus einem vorübergehenden Aufenthalt des ausländischen Flüchtlings in der Bundesrepublik ein ständiger werde. Den Aufenthalt eines ausländischen Flüchtlings über eine befristete Aufenthaltserlaubnis zu einem »rechtmäßigen« im Sinne der genannten Vorschriften der Genfer Konvention zu machen, habe nicht in der Absicht des Gesetzgebers gelegen. Denn dann würde wegen der Freizügigkeit, welche die Genfer Konvention gewährt, eine ständige Niederlassung ohne Mitwirkung des Bundes und damit ohne Berücksichtigung seiner Gesamtinteressen ermöglicht und § 26 I Nr. 1 AuslG unterlaufen.

Die Kammer folgt der oben angegebenen Rechtsprechung des BVerwG darin, daß für den Anspruch aus Art. 28 GenfKonv., § 11 GenfKonv. Anh. auf Ausstellung eines Reiseausweises ein auf Dauer angelegter Aufenthalt des Flüchtlings in dem betreffenden Staat und die Zustimmung der zuständigen Behörde dazu erforderlich sind. Daß es sich um einen dauernden Aufenthalt handeln muß, folgt schon aus dem in § 11 GenfKonv. Anh. verwendeten Begriff »Niederlassung«, im übrigen aus dem Sinn der genannten Vorschriften. Denn es wäre offensichtlich verfehlt anzunehmen, daß der Übergang der Verantwortung auf einen anderen vertragsschließenden Staat i. S. von § 11 GenfKonv. Anh. schon bei einem vorübergehenden oder kurzfristigen Aufenthalt in diesem Staate eintreten soll (vgl. auch *Kanein,* AuslG, Art. 28 GenfKonv. Anm. B; *Kloesel/Christ,* AusländerR, Art. 26 GenfKonv. Anm. 1). Daß der Aufenthalt bzw. die Niederlassung rechtmäßig sein muß, bedeutet einmal, daß ein Verstoß gegen die deutschen aufenthaltsrechtlichen Vorschriften nicht vorliegen darf, zum andern, daß die zuständige Behörde – ausdrücklich oder den Umständen nach – dem ständigen Aufenthalt des Flüchtlings zugestimmt haben muß.

Im vorliegenden Fall hat sich der Kl. auf Dauer im Bundesgebiet niedergelassen, wie es von vornherein seine Absicht war. Er hat hier den Mittelpunkt seiner Lebensverhältnisse begründet. Der Aufenthalt des Kl. im Bundesgebiet ist auch in dem Sinne rechtmäßig, daß er im Einklang mit den deutschen aufenthaltsrechtlichen Vorschriften steht.

Die Niederlassung des Kl. im Bundesgebiet erfolgte auch mit Zustimmung der Bekl. ...

Der Kl. lebt nunmehr – in dem hier maßgeblichen Zeitpunkt der gerichtlichen Entscheidung – fast sechs Jahre in der Bundesrepublik. Die Bekl. hat ihm seit dem 30. 6. 1970 regelmäßig die Aufenthaltserlaubnis erteilt. Sie tat dies in Kenntnis der Tatsache, daß sich der Kl. auf Dauer im Bundesgebiet niederlassen wollte, und nachdem sie (in ihrem Schreiben vom 3. 4. 1970) dem dauernden Aufenthalt des Kl. zugestimmt hatte.

Unter diesen Umständen ist es der Bekl. verwehrt, sich darauf zu berufen, sie habe dem Kl. immer nur in der Weise die Aufenthaltserlaubnis erteilt, daß deren zeitliche Geltung die Gültigkeit der in seinem österreichischen Reiseausweis eingetragenen Berechtigung zur Rückkehr nach Österreich jeweils nicht überschritten habe, und damit immer wieder zum Ausdruck gebracht, daß sie mit einem dauernden Aufenthalt des Kl. nicht einverstanden sei. Entgegen der Ansicht des VGH München erscheint es zweifelhaft, ob bei einem mehrjährigen, auf Dauer angelegten, aufenthaltsrechtlich legalen Aufenthalt eines Flüchtlings einer Befristung der Aufenthaltserlaubnis, wie sie die Bekl. im Falle des Kl. vorgenommen hat, ohne weiteres das Fehlen der behördlichen Zustimmung zum dauernden Aufenthalt des Flüchtlings entnommen werden kann. Würde man dies ausreichen lassen, so würde die Regelung des § 11 GenfKonv. Anh., nach der die Verantwortung für die Ausstellung des Reiseausweises auf den anderen Staat übergeht, unterlaufen; die Behörde könnte, obwohl eine Niederlassung im Sinne dieser Vorschrift gegeben ist, durch die Befristung den Übergang der Verantwortung auf unabsehbare Zeit verhindern. Anders gewendet: Erteilt die Behörde über Jahre (vielleicht gar über Jahrzehnte) ohne weiteres, wenngleich befristet, die Aufenthaltserlaubnis in Kenntnis der Niederlassung des Flüchtlings, so setzt sie sich zu diesem ihrem Verhalten in Widerspruch, wenn sie später geltend macht, in der Befristung komme das Fehlen ihrer Zustimmung zu einem dauernden Aufenthalt zum Ausdruck. Davon, daß ein mehrjähriger ständiger und legaler Aufenthalt des Flüchtlings für den Übergang der Verantwortung gemäß § 11 GenfKonv. Anh. von maßgebender Bedeutung ist, geht offenbar auch der Erlaß des Bad.-Württ. Innenministeriums über die Allgemeine Verwaltungsvorschrift zur Ausführung des Ausländergesetzes vom 2. 8. 1967 (GABl. 1967, 393) aus. In dessen Nr. 16 zu § 44 heißt es:

»Die Verlängerung der Aufenthaltserlaubnis über die Gültigkeitsdauer des Reiseausweises nach dem Abkommen über die Rechtsstellung der Flüchtlinge hinaus und die Ausstellung eines neuen Reiseausweises kommen im allgemeinen erst nach einem 4jährigen rechtmäßigen Aufenthalt im Bundesgebiet in Betracht. Voraussetzung hierfür ist jedoch, daß sich der Ausländer in der Bundesrepublik eingelebt hat und daß gegen seine weitere Anwesenheit keine Bedenken zu erheben sind«.

Die Befristung der Aufenthaltserlaubnis in der von der Bekl. vorgenommenen Weise kann daher im Falle eines mehrjährigen, auf Dauer angelegten und aufenthaltsrechtlich legalen Aufenthaltes nicht grundsätzlich als Versagung der Zustimmung zum dauernden Aufenthalt angesehen werden. Aus § 26 I Nr. 1 AuslG kann eine andere Beurteilung nicht hergeleitet werden. Diese Vorschrift verpflichtet die Ausländerbehörde lediglich, vor der Entscheidung die Stellungnahme des Bundesministers des Innern einzuholen; an den Inhalt dieser Stellungnahme ist die Behörde nicht gebunden (»Benehmen«). Hat die Behörde ausdrücklich oder den Umständen nach dem dauernden Aufenthalt des Flüchtlings zugestimmt, so ist dafür unerheblich, ob sie vorher nach § 26 I Nr. 1 AuslG verfahren ist oder nicht.

Letztlich kann im vorliegenden Fall unentschieden bleiben, ob schon in der Erteilung der befristeten Aufenthaltserlaubnis über mehrere Jahre hinweg die behördliche Zustimmung zu dem von einem Flüchtling auf Dauer angelegten Aufenthalt zu sehen ist. Denn im Falle des Kl. kommt hinzu, daß die Bekl. schon in ihrem Schreiben vom 3. 4. 1970 ihre Zustimmung zu einem dauernden Aufenthalt zum Ausdruck gebracht hat. Diese Zustimmung ist von der Bekl. nicht ausdrücklich rückgängig gemacht worden. Da die Bekl. auch sonst später keinen entsprechenden Vorbehalt ausgesprochen hat, muß die regelmäßige Erteilung der Aufenthaltserlaubnis über einen Zeitraum von nahezu sechs Jahren, die in Kenntnis der hiesigen Lebensumstände des Kl. erfolgte, »im Lichte« dieser Zustimmung gesehen werden. Das hat zur Folge, daß die Befristung der Aufenthaltserlaubnis als Verlautbarung fehlender Zustimmung nicht ausreicht, vielmehr nach diesen Umständen das Einverständnis der Bekl. mit dem dauernden Aufenthalt des Kl. im Bundesgebiet angenommen werden muß.

Nr. 18 BGH 21. 12. 1976 (4 ARs 41/76) BGHSt 27, 81

Der schwedische Staatsangehörige B. ist am 30. August 1975 von der Bundesrepublik Deutschland nach Schweden zur *Strafvollstreckung* ausgeliefert worden.

Das Königreich Schweden ersucht jetzt um die Zustimmung zur *Strafverfolgung* wegen Einbruchdiebstahls sowie wegen versuchten und vollendeten schweren Betrugs mittels Urkundenfälschung. Diese Taten sollen vor Auslieferung des Verfolgten am 31. Dezember 1974 an Bord des norwegischen Motorschiffs »Peter Wessel« auf der Fahrt von Frederikshavn (Dänemark) nach Larvik (Norwegen) und am 24. Januar 1975 in Kopenhagen und Hellerup (Dänemark) begangen worden sein.

Zur Vorlage eines Haftbefehls oder eines Gerichtsbeschlusses, aus dem sich ergibt, daß der Verfolgte dieser Taten dringend verdächtig ist und gegen ihn wegen dieser Taten ein gerichtliches Strafverfahren betrieben wird, ist die schwedische Regierung nicht in der Lage. Das zuständige Kreisgericht Kristinehamn hat es mit Beschlüssen vom 2. Dezember 1975 und 25. August 1976 abgelehnt, die Tatvorwürfe zu prüfen, solange die Zustimmung der Bundesrepublik Deutschland zur Strafverfolgung nicht vorliege, die erforderlich sei, da die Auslieferung ausschließlich zur Strafvollstreckung erfolgt sei. Die schwedische Regierung legt stattdessen Erklärungen des Distriktsstaatsanwalts von Kristinehamn des Inhalts vor, der Verfolgte sei der genannten Taten »aus glaubhaften Gründen« verdächtig; den Diebstahl habe er bei seiner Vernehmung gestanden, im übrigen werde er durch Zeugenaussagen überführt werden, denn Postbeamte in Kopenhagen hätten ihn als die Person wiedererkannt, die unter Vorzeigen eines gefälschten Passes unter dem Namen B. H. bei zwei Postämtern mittels gefälschter Postanweisungen Geld erschwindelt habe.

Der Verfolgte hat bei seiner Anhörung der beabsichtigten Maßnahme widersprochen.

Der für die Bearbeitung des Ersuchens zuständige Generalstaatsanwalt bei dem Oberlandesgericht Schleswig hat beantragt, zu entscheiden, daß die Auslieferung wegen dieser Straftaten zulässig sein würde.

Das Oberlandesgericht möchte antragsgemäß entscheiden, legt die Sache jedoch zur Klärung der hier angesprochenen Rechtsfrage, der grundsätzliche Bedeutung zukomme, dem Bundesgerichtshof vor.

Die Voraussetzungen für eine Entscheidung des Bundesgerichtshofs nach § 27 Abs. 1 DAG liegen vor.

Der Senat hat bereits in einem ähnlich liegenden Fall entschieden, daß – entgegen dem Wortlaut des § 5 DAG – anstelle eines Haftbefehls die Vorlage eines Gerichtsbeschlusses genügt, aus dem sich ergibt, daß gegen den verhafteten Verfolgten wegen der »neuen« Tat ein gerichtliches Strafverfahren betrieben wird und er dieser Tat dringend verdächtig ist (BGHSt 24, 365). Denn auch durch einen solchen Beschluß kann den deutschen Behörden und dem deutschen Gericht die formale Gewißheit verschafft werden, daß eine zuständige ausländische Behörde gegen den Verfolgten wegen einer bestimmten strafbaren Handlung ein Strafverfahren betreibt und den Tatverdacht geprüft hat (vgl. *Mettgenberg/Doerner,* Deutsches Auslieferungsgesetz 2. Aufl., S. 320).

Im vorliegenden Fall ist ein solcher Gerichtsbeschluß nicht zu erlangen, weil das schwedische Gericht sich wegen des Grundsatzes der Spezialität ohne die Zustimmung der Bundesrepublik Deutschland nicht für befugt hält, auch nur in die Prüfung des Tatverdachts einzutreten hinsichtlich derjenigen Taten, die nicht Gegenstand des Auslieferungsverfahrens waren. Unter diesen Umständen muß es zur Aufrechterhaltung eines geordneten Auslieferungsverkehrs ausnahmsweise auch ausreichen, wenn den deutschen Behörden und dem deutschen Gericht auf andere Weise zuverlässig der Nachweis geführt wird, daß ein dringender Tatverdacht, der dem »Verdacht aus glaubhaften

Gründen« gleicht (vgl. *Gerhard Schmidt,* Die Untersuchungshaft im schwedischen Strafprozeßrecht in ZStrW 1962, 623, 625), wegen weiterer »auslieferungsfähiger« Straftaten besteht und daß ein entsprechendes Strafverfahren von der Anklagebehörde betrieben wird. Hierzu bietet sich die von dem zuständigen Distriktsstaatsanwalt unterschriebene förmliche Erklärung hierüber an.

Dieser Verzicht auf eine gerichtliche Entscheidung als formale Voraussetzung ist dem deutschen Auslieferungsrecht nicht fremd. Nach § 5 DAG wird auf einen Haftbefehl der zuständigen Behörde abgestellt. Nach der Begründung des Entwurfs zu dieser Bestimmung (mitgeteilt bei *Mettgenberg/Doerner,* a.a.O., S. 319) muß es sich hierbei um eine für solche Entscheidungen allgemein zuständige Behörde handeln, die nicht notwendig eine gerichtliche zu sein braucht. Welche Behörden zuständig sind, durch Ausstellung einer solchen Urkunde dem ersuchten Staat die erforderliche formale Gewißheit zu geben, bestimmt sich nach dem innerstaatlichen Recht des ersuchenden Staates (*Mettgenberg/Doerner,* a.a.O., S. 320).

Unter Heranziehung dieser Grundgedanken ist festzustellen, daß nach schwedischem Recht in Fällen der vorliegenden Art wegen des Verfolgungshindernisses der »Spezialität« weder ein Haftbefehl noch sonst eine gerichtliche Entscheidung über den Tatverdacht und die Einleitung eines Strafverfahrens ergehen kann. Allein die Staatsanwaltschaft ist unter diesen Umständen in der Lage und berufen, die erforderlichen Erklärungen abzugeben. Dies ist daher in einem solchen Ausnahmefall als ausreichend anzusehen.

Im übrigen gibt es in der internationalen Rechtsentwicklung eine Reihe von Beispielen dafür, daß an die formellen Voraussetzungen für das *Nachtragsersuchen* geringere Anforderungen gestellt werden als an das ursprüngliche Auslieferungsersuchen (vgl. *Vogler,* Auslieferungsrecht und Grundgesetz, S. 282 m. Nachw.). Die Vorlage eines Haftbefehls als Auslieferungsunterlage wird dann für entbehrlich gehalten, wenn dem ersuchten Staat die neu verfolgte Tat auf eine andere Weise zuverlässig geschildert wird, damit er prüfen kann, ob die Tat auslieferungsfähig ist. Der Senat hat mit seiner oben genannten Entscheidung (BGHSt 24, 365) bereits einen Schritt in diese Richtung getan. Die Weiterentwicklung dieser Rechtsprechung durch die vorliegende Entscheidung steht im Einklang mit den Reformbestrebungen auf dem Gebiet des deutschen Auslieferungsrechts (vgl. § 31 Satz 2 des Entwurfs eines Gesetzes über die internationale Rechtshilfe in Strafsachen (IRG), erstellt von der Kommission zur Reform des Deutschen Auslieferungsgesetzes). Von entscheidender Bedeutung ist hierbei, daß Gegenstand eines Nachtragsersuchens nicht die Verhaftung des Verfolgten durch die deutschen Gerichte ist (vgl. die »vorläufige Begründung« des genannten Entwurfs S. 66). Im Hinblick darauf erscheint es gerechtfertigt, an Nachtragsersuchen geringere Anforderungen zu stellen. Der Gefahr, daß der völkerrechtliche Grundsatz der Spezialität (§ 6 DAG) verletzt werden könnte, wird auch auf diese Weise wirksam begegnet . . .

Nr. 19 OLG Stuttgart 5. 1. 1977 (1 Ws 327/76) NJW 1977, 1601

Der Beschuldigte ist der eheliche Vater der Anzeigeerstatterin. Seine Ehe mit ihrer Mutter ist geschieden. Die Anzeigeerstatterin und ihre Mutter, der die Elternrechte übertragen sind, leben in der ČSSR. Sie sind tschechoslowakische Staatsangehörige. Der Beschuldigte hat die ČSSR im Jahre 1968 verlassen und lebt seither in der Bundesrepublik Deutschland. Auch er besitzt die tschechoslowakische Staatsangehörigkeit.

Durch Versäumnisurteil des AG Stuttgart vom 9. 1. 1976 wurde er zur Zahlung von Unterhalt an die Anzeigeerstatterin verurteilt. Er hat bisher keinerlei Unterhalt für sie erbracht. Das Gesuch der Anzeigeerstatterin um Bewilligung des Armenrechts für das Klageerzwingungsverfahren hatte keinen Erfolg.

Der Antrag auf Bewilligung des Armenrechts ist jedenfalls deshalb unbegründet, weil die beabsichtigte Rechtsverfolgung hinreichende Aussicht auf Erfolg nicht bietet. Auf die dem Beschuldigten zur Last gelegte Tat ist das deutsche Strafrecht nämlich nicht anwendbar.

Die Unterhaltspflicht des Beschuldigten richtet sich nach tschechoslowakischem Recht (*Palandt,* BGB, 36. Aufl., Art. 19 EGBGB Anm. 1). Nach § 85 des tschechoslowakischen Familiengesetzes vom 4. 12. 1963 (*Bergmann,* Internationales Ehe- und Kindschaftsrecht VII, Tschechoslowakei, S. 39) tragen beide Eltern zum Unterhalt ihrer Kinder nach ihren Fähigkeiten und Möglichkeiten bei. Im Falle der Scheidung regelt nach § 26 Familiengesetz das Gericht, auf welche Weise jeder Elternteil zum Unterhalt des Kindes beizutragen hat. Ob anläßlich der Ehescheidung oder später eine solche gerichtliche Regelung erfolgt ist, ist nicht bekannt.

Wäre sie in der Art vorgenommen worden, daß der Beschuldigte (auch) Unterhalt zahlen muß, wofür eine gewisse Wahrscheinlichkeit spricht, so wäre in Übereinstimmung mit dem OLG Saarbrücken (NJW 1975, 506) und *Dreher* (StGB, 36. Aufl., § 170b Rdnr. 10) zwar davon auszugehen, daß ein Tatort nach § 9 StGB auch in der Bundesrepublik Deutschland gegeben ist (a. A. wohl AG Mannheim, NJW 1969, 997), denn der Beschuldigte hat es in der Bundesrepublik, in der er lebt, unterlassen, die zur Erfüllung seiner Unterhaltspflicht erforderlichen Handlungen vorzunehmen. Anderer Ansicht ist *Oehler* (JR 1975, 292 ff.), der die Anwendbarkeit des § 170b StGB auf die Verletzung gesetzlicher Unterhaltspflichten auf Grund deutscher Gesetze beschränkt, mit der Folge, daß in Fällen, wie dem vorliegenden, ein Verstoß gegen eine ausländische Unterhaltspflicht mangels Strafbarkeit nach deutschem Recht auf dem Gebiet der Bundesrepublik Deutschland nach § 9 StGB gar nicht begangen sein könnte (dagegen *Blei,* Juristische Ausbildung 1975, 588).

Die Frage bedarf jedoch ebenfalls keiner endgültigen Entscheidung, weil das deutsche Strafrecht aus einem anderen Grunde keine Anwendung finden kann.

Trotz des Wortlautes des § 3 StGB ist nämlich *keine* Tat i. S. dieser und der ihr folgenden Vorschriften, auch des § 7 II Nr. 2 StGB gegeben, wenn die Handlung zwar der Tatbestandsbeschreibung eines Strafgesetzes des Bundesrepublik Deutschland entspricht, dieses aber ausschließlich inländische Rechtsgüter schützt, während die Tat ein ausländisches Rechtsgut verletzt (*Dreher,* § 3 Rdnr. 2 und die dort zit. Rspr.; *Schönke/Schröder,* StGB, 18. Aufl., Vorb. zu §§ 3–7 Rdnr. 13; *Lackner,* StGB, 10. Aufl., Vorb. zu § 3 Anm. 5; BGHSt 8, 349 [355]=NJW 1956, 517; BGHSt 21, 277 [280]=NJW 1967, 2069).

Als innerstaatliches Ordnungsrecht dient das deutsche Strafrecht in erster Linie dem Schutz inländischer Belange (BGHSt 22, 282 [285]=NJW 1969, 517). Allerdings schließt dies nicht aus, daß es auch Tatbestände zum Schutz ausländischer Rechtsgüter enthält, nämlich solcher, die allen zivilisierten Staaten gemeinsam sind. Dazu gehören Individualrechtsgüter wie Leib, Leben und Eigentum (BGHSt 21, 277 [280]=NJW 1967, 2069), Freiheit und Ehre (*Schönke/Schröder,* Vorb. zu §§ 3–7 Rdnr. 15). Schützt das deutsche Strafrecht im Einzelfall auch ausländische Rechtsgüter, ist es für die Anwendbarkeit des StGB unerheblich, ob es sich bei dem Rechtsgutträger um einen Inländer oder einen Ausländer handelt. Gleiches wird zu gelten haben, wenn völkerrechtliche Verträge eine – strafrechtliche – Gleichstellung der verschiedenen Rechtsgüter vorsehen (*Schönke/Schröder,* Vorb. zu §§ 3–7 Rdnr. 22).

§ 170b StGB dient einmal dem Schutz des auf Grund eines Gesetzes Unterhaltsberechtigten vor Gefährdung seiner wirtschaftlichen Existenzgrundlage. Er soll aber auch die Allgemeinheit vor ungerechtfertigter Inanspruchnahme öffentlicher Mittel bewahren (*Dreher,* § 170b Rdnr. 1; *Schönke/Schröder,* § 170b Rdnr. 1 und die dort zit. Rspr.). Der gesetzliche Unterhaltsanspruch kann sich nach dem internationalen Privatrecht auch aus einem ausländischen Gesetz ergeben (*Dreher,* § 170b Rdnr. 2; *Schönke/Schröder,* § 170b Rdnr. 2; OLG Hamm, JMBlNRW 1959, 269; OLG Saarbrücken, NJW 1975, 506; a. A. *Oehler,* JR 1975, 293).

Der Senat ist mit dem OLG Saarbrücken (NJW 1975, 506) der Auffassung, daß der Schutzbereich des § 170b StGB nicht berührt ist, wenn ein Ausländer sich im Inland seiner Unterhaltspflicht gegenüber seinem im Ausland lebenden, nicht-deutschen Unterhaltsberechtigten entzieht und dadurch dessen Lebensbedarf ohne die Hilfe anderer, ebenfalls im Ausland Lebender, gefährdet wäre.

Das OLG Saarbrücken weist zu Recht darauf hin, daß durch § 170b StGB die Nichterfüllung eines zivilrechtlichen Anspruchs in einem sehr weiten Umfang pönalisiert ist, weil eine Bestrafung selbst dann vorgesehen ist, wenn der Unterhaltsverpflichtete zwar den lebensnotwendigen Unterhalt erbringt, nicht jedoch seine – eventuell weitergehende – gesetzliche Unterhaltspflicht erfüllt. Es fragt sich, ob nicht aus dieser zwar verfassungsmäßigen, aber doch sehr weitgehenden Pönalisierung bereits Bedenken dagegen abgeleitet werden müssen, in den Schutzbereich des § 170b StGB auch solche Taten einzubeziehen, die außer dem Tatort keinerlei Inlandsbeziehungen haben.

Dies um so mehr, als in den verschiedenen Rechtsordnungen der materiellrechtliche Straftatbestand der Unterhaltspflichtverletzung und die Existenz weiterer Verfolgungsvoraussetzungen deutlich zeigen, daß in den verschiedenen Rechtsordnungen die Unterhaltspflichtverletzung in strafrechtlicher Hinsicht recht unterschiedlich bewertet wird (vgl. hierzu die im Beschluß des OLG Saarbrücken aufgeführten Beispiele). Daraus ist zu schließen, daß der strafrechtliche Schutz in der in § 170 b StGB vorgenommenen Ausprägung nicht so allgemein anerkannt ist, daß das deutsche Strafrecht auch dann eingreifen muß, wenn ein Ausländer im Inland seine auf ausländischem Recht beruhende Unterhaltspflicht gegenüber seinem im Ausland lebenden nicht-deutschen Unterhaltsberechtigten nicht erfüllt.

Zwar wird der Sicherung von Unterhaltsansprüchen von einer Vielzahl von zivilisierten Staaten eine große Bedeutung beigemessen. Das zeigen schon z. B. das erwähnte UN-Übereinkommen über die Geltendmachung von Unterhaltsansprüchen im Ausland und das Übereinkommen über die Anerkennung und Vollstreckung von Entscheidungen auf dem Gebiet der Unterhaltspflicht gegenüber Kindern vom 15. 4. 1958 (BGBl. 1961 II, 1005). Schließlich sei auf das Haager Übereinkommen hingewiesen (BGBl. 1961 II, 1013). Keiner der internationalen Verträge verlangt aber einen strafrechtlichen Schutz für die Durchsetzung der Unterhaltspflicht. Hieraus und aus den verschiedenen Strafbarkeitsvoraussetzungen in den verschiedenen Ländern bei Unterhaltspflichtverletzungen ist zu schließen, daß die Pönalisierung der Verletzung der Unterhaltspflicht nicht Gemeingut der Staaten ist (vgl. *Oehler,* JR 1975, 292, 293).

Auch das zweite, in § 170b StGB geschützte Rechtsgut, nämlich der Schutz der Allgemeinheit vor unberechtigter Inanspruchnahme öffentlicher Mittel, ist im vorliegenden Fall nicht berührt. Hier kann nur die tschechoslowakische öffentliche Hand betroffen sein. Aufgabe des deutschen Strafrechts ist es nicht, die finanziellen Interessen eines anderen Staates vor Beeinträchtigung zu bewahren, die dadurch entsteht, daß ein Angehöriger dieses Staates seiner Unterhaltspflicht nicht nachkommt und deshalb etwa öffentliche Mittel in Anspruch genommen werden müssen.

Schließlich weist das OLG Saarbrücken zu Recht darauf hin, daß inländische Interessen durch die Inlandstat eines Ausländers auch ohne Verletzung inländischer Rechtsgüter beeinträchtigt sein können, wenn durch die Tat der inländische Rechtsfriede gestört worden ist (BGHSt 22, 282 [285]=NJW 1969, 517). Für den Senat sind keine Anhaltspunkte dafür ersichtlich, weshalb der Rechtsfriede im Inland gestört sein soll, wenn ein Ausländer in Fällen, wie dem vorliegenden, straflos bleibt. Ohne Bedeutung ist hierbei, daß dem Beschuldigten in der Bundesrepublik Deutschland Asyl gewährt worden ist.

Der Senat schließt sich damit der vom OLG Saarbrücken (NJW 1975, 506) vertretenen Auffassung an, daß § 170b StGB keine Anwendung findet, wenn ein Ausländer es in der Bundesrepublik Deutschland unterläßt, seiner Unterhaltspflicht gegenüber seinem im Ausland lebenden nichtdeutschen Unterhaltsberechtigten nachzukommen (so auch *Schönke/Schröder,* § 170b Rdnr. 1, zweifelnd Vorb. zu §§ 3–7 Rdnr. 15; *Lackner,* Vorb. zu § 170b und § 3 Anm. 5; *Blei,* JA 1975, 316, 588; *Dreher,* § 170b Rdnr. 3, der die Entscheidung des OLG Saarbrücken ohne eigene Stellungnahme anführt).

Nr. 20 **KG 24. 1. 1977 (11 WM 4072/76) NJW 1977, 1694**

Der Gläubiger beabsichtigt, die Zwangsvollstreckung aus einem ihm 1953 erteilten vollstreckbaren Auszug aus der Konkurstabelle des AG Werdau in Sachsen gegen den Schuldner zu betreiben. Der von ihm beauftragte zuständige Gerichtsvollzieher hat ihm gegenüber die Ansicht vertreten, die Vollstreckung sei in Berlin von einem Zulässigkeitsbescheid gemäß dem Gesetz über die Vollstreckung von Entscheidungen auswärtiger Gerichte i.d.F. vom 26. 2. 1953 (GVBl. S. 151) abhängig. Deshalb hat der Gläubiger beim LG einen Antrag nach Maßgabe dieses Gesetzes gestellt. Das LG hat dem Antrag stattgegeben. Die sofortige Beschwerde des Schuldners hatte Erfolg.

Der Antrag des Gläubigers war zu verwerfen. Für den Antrag gibt es keine rechtsgültige gesetzliche Grundlage, weil das Gesetz über die Vollstreckung von Entscheidungen auswärtiger Gerichte jedenfalls insoweit nichtig ist, als es die Vollstreckung aus der Eintragung in die Konkurstabelle regeln will. Die von dem Gläubiger hier erstrebte Entscheidung ist nicht Voraussetzung der Zwangsvollstreckung. Vielmehr findet diese allein nach Maßgabe der §§ 164 II KO, 724 ff. ZPO statt. Das Gesetz über die Vollstreckung von Entscheidungen auswärtiger Gerichte ist jedenfalls in dem oben beschriebenen Umfang nichtig, weil es ein (Berliner) Landesgesetz ist, dem Landesgesetzgeber aber die Gesetzgebungszuständigkeit fehlt.

Die Festlegung der Rechtswirkungen, die ein Auszug aus der Konkurstabelle entfaltet – also auch der Umstände, unter denen aus ihm vollstreckt werden kann –, ist Teil des Rechts des gerichtlichen Verfahrens. Dieses Gebiet unterliegt der konkurrierenden Gesetzgebungsbefugnis des Bundes (Art. 74 Nr. 1 GG). Der Bund hat auf dem Teilgebiet des Konkursrechts von dieser Befugnis durch die Konkursordnung Gebrauch gemacht. Diese war ursprünglich Reichsrecht und gilt als Bundesrecht fort (Art. 123, 125 GG). Die Konkursordnung ist als Kodifikation, also als abschließende Regelung, konzipiert, nimmt folglich den Ländern jede Gesetzgebungsbefugnis auf dem Gebiet des Konkursrechts (Art. 72 I GG). Darüber hinaus enthält die Konkursordnung auch eine ausdrückliche Regelung der Vollstreckbarkeit der hier in Rede stehenden Auszüge aus Konkurstabellen von Gerichten der DDR. Denn auch solche Titel sind Tabellenauszüge i. S. des § 164 KO; Mängel des Titels, die darauf beruhen, daß die in der Bundesrepublik Deutschland einschließlich Berlin (West) geltende Gerichtsverfassung in der DDR nicht zur Anwendung kommt, sind nach Maßgabe der – aufgrund der Verweisung in § 164 II KO anwendbaren – allgemeinen Vorschriften des 7. Buches der ZPO geltend zu machen (zur Vollstreckung von Titeln aus der DDR vgl. *Stein/Jonas,* ZPO, 19. Aufl. [1975], Vorb. § 704 Anm. X 2, 3). Dies schlösse eine landesrechtliche Regelung des Verfahrens, in dem solche Mängel zu prüfen sind, gemäß Art. 72 Nr. 1 GG auch dann aus, wenn die Konkursordnung keine Kodifikation wäre.

Dies gilt auch für die Gesetzgebung Berlins. Berlin ist trotz des Vorbehalts der Besatzungsmächte ein Land der Bundesrepublik; das Grundgesetz gilt grundsätzlich auch hier. Aus der Gliedstaatsqualität des Landes Berlin folgt, daß ihm im Verhältnis zum Oberstaat die Gesetzgebungskompetenz fehlt, soweit sie nach dem Grundgesetz dem Bund zusteht und dieser – in den Fällen der konkurrierenden Gesetzgebung – davon Gebrauch gemacht hat (BVerfGE 19, 377 [388]=NJW 1966, 723; vgl. auch *Finkelnburg,* NJW 1974, 1969 ff.).

Zu keinem anderen Ergebnis führt die denkbare Erwägung, daß zwar § 1 III des Gesetzes über die Vollstreckung von Entscheidungen auswärtiger Gerichte nichtig, sein § 1 I aber in Berlin bei Vollstreckungsmaßnahmen zu beachten sei, die nach Maßgabe der – hier aufgrund der Verweisung in § 164 II KO anwendbaren – §§ 724 ff. ZPO zu vollstrecken seien. Auch auf dem Gebiet des Zivilprozesses – einem weiteren Teilbereich des Gebiets des gerichtlichen Verfahrens – hat der Bund von der ihm aufgrund Art. 74 Nr. 1 GG zustehenden Befugnis der konkurrierenden Gesetzgebung Gebrauch gemacht. Ein Unterschied liegt allein darin, daß die ZPO nicht im Wege der Übernahme früheren Reichsrechts fortgilt, sondern nachkonstitutionelles Recht darstellt.

Sie ist am 12. 9. 1950 vom Bundesgesetzgeber beschlossen (BGBl. I, 455) und in Berlin im Wege der sogenannten Parallelgesetzgebung im Rahmen des Rechtseinheitsgesetzes vom 9. 1. 1951 (VOBl. S. 99) mit nur geringen, durch das Besatzungsstatut bedingten Änderungen in Kraft gesetzt worden. Sie gilt damit in Berlin jedenfalls nach heutigem Rechtsverständnis als Bundes-, nicht etwa als Landesrecht. Für sie gilt dasselbe wie für das seit Inkrafttreten des III. Überleitungsgesetzes vom 4. 1. 1952 (GVBl. S. 393) im Wege der Mantelgesetzgebung nach Berlin übernommene Bundesrecht: Dieses wird von Berlin aufgrund seiner auch in Art. 87 II der Berliner Verfassung vom 1. 9. 1950 (VOBl. S. 433) ausgesprochenen Eigenbindung als Gliedstaat der Bundesrepublik übernommen. Der Übernahmeakt dient allein der Wahrung der Rechte der Besatzungsmächte, verändert jedoch nicht die Bundesrechtsqualität der übernommenen Gesetze (BVerfGE 19, 377 [388]=NJW 1966, 723; *Finkelnburg,* NJW 1974, 1969 ff.). Die Übernahmepflicht bestand aber auch schon im Jahre 1951. Berlin war auch damals schon ein Land des Bundes und durch Art. 87 II seiner Verfassung gebunden. Die Pflicht zur Übernahme von Bundesgesetzen mag damals noch nicht klar erkannt worden sein; jedenfalls aber war die Parallelgesetzgebung ebenso wie die spätere verfeinerte Technik der Mantelgesetzgebung geeignet, diese Pflicht zu erfüllen (vgl. *Sendler,* JR 1958, 127). Demzufolge wird die ZPO in der nachfolgenden Staatspraxis auch in Ansehung Berlins als Bundesrecht behandelt: Bereits das die (Bundes-)ZPO ändernde Gesetz über Maßnahmen auf dem Gebiete der Zwangsvollstreckung vom 20. 8. 1953

(BGBl. I, 952) wurde – wie auch die späteren ZPO-Änderungen – nach Berlin in derselben Weise wie sonstige (in Berlin als solches geltendes Bundesrecht ändernde) Bundesgesetze übernommen (GVBl. 1953, 1016). Das im Wege der Parallelgesetzgebung in Berlin gesetzte Recht ist auch von dem Bundesgesetzgeber wiederholt – ohne daß der Berliner Gesetzgeber es verweigert hätte oder er von den Besatzungsmächten darin gehindert worden wäre, auch dieses Recht durch Mantelgesetzgebung zu übernehmen – unmittelbar geändert worden: So wurde § 6 des Wertpapierbereinigungsgesetzes vom 26. 9. 1949 (GVBl. S. 346) i.d.F. des Gesetzes vom 12. 7. 1951 (GVBl. S. 530) durch Art. X § 16 Nr. 2 des (Bundes-)Gesetzes zur Änderung und Ergänzung kostenrechtlicher Vorschriften vom 26. 7. 1957 (BGBl. I, 861) geändert und Art. 7 Nr. 58 des Gesetzes zur Wiederherstellung der Rechtseinheit auf dem Gebiete der Gerichtsverfassung, der Bürgerlichen Rechtspflege, des Strafverfahrens und des Kostenrechts vom 9. 1. 1951 (VOBl. 199) aufgehoben durch Art. 7 Nr. 2 des (Bundes-)Gesetzes zur Vereinfachung und Beschleunigung gerichtlicher Verfahren vom 3. 12. 1976 (BGBl. I, 3281). Schließlich behandelt auch die Praxis der Berliner Gerichte, der Bundesgerichte sowie der Gerichte der übrigen Bundesländer die ZPO als im gesamten Bundesgebiet einschließlich Berlin einheitlich geltendes Bundesrecht.

Diese Ausführungen lassen offen, ob das Gesetz über Vollstreckung von Entscheidungen auswärtiger Gerichte vom 31. 5. 1950 (VOBl. I, 179), das durch das hier erörterte Gesetz vom 28. 2. 1953 »geändert« werden sollte, geltendes (Landes-)Recht gewesen und bis zum Erlaß des Gesetzes vom 26. 2. 1953 geblieben ist; hier könnte eine andere Beurteilung geboten sein, weil Berlin zwar auch 1950 ein Land der Bundesrepublik Deutschland war, der Bund jedoch erst durch die Einführung der sogenannten Parallelgesetzgebung – später durch die Mantelgesetzgebung – in die Lage versetzt wurde, gesetzgeberisch für Berlin tätig zu werden. Jedenfalls wirkte sich die Eigenbindung Berlins bei Erlaß des Gesetzes von 1953 dahin aus, daß der Berliner Gesetzgeber zwar das Gesetz aus dem Jahre 1950 – falls dieses entgegen Art. 31 GG überhaupt noch Bestand gehabt haben sollte – aufzuheben vermochte, die Ersetzung dieser Vorschriften durch neues Landesrecht aber nicht mehr möglich war.

Nr. 21 BFH 25. 1. 1977 (VII R 11/74) ZfZ 1977, 308

Der Beklagte (Hauptzollamt – HZA –) forderte von der Klägerin für eine Stereoanlage und 30 Schallplatten amerikanischer Herkunft insgesamt 413 DM Eingangsabgaben. Stereoanlage und Schallplatten waren der Klägerin von dem in Berlin stationierten amerikanischen Soldaten B in der Zeit von Juli bis November 1972 in ihre Wohnung gebracht und zur vorübergehenden Verwahrung und Benutzung überlassen worden ... Den von der Klägerin eingelegten Einspruch wies das HZA zurück. Das Finanzgericht (FG) gab der Klage statt. Auf die Revision des HZA hob der BFH das FG-Urteil auf und wie die Klage ab.

Zutreffend ist das FG davon ausgegangen, daß im Lande Berlin der besatzungsrechtliche Status weiter gilt. Das Truppenzollgesetz (TrZG) vom 17. Januar 1963, das sich unter Heranziehung von Vorschriften des Zollgesetzes 1961 über die Zollgutverwendung u.a. mit der Einfuhr von Waren durch die ausländischen Streitkräfte bzw. ihre Mitglieder befaßt und auch die mögliche Entstehung von Abgabenschulden behandelt, ist im Lande Berlin nicht anwendbar (§ 10 TrZG). Auch das Viermächte-Abkommen vom 3. September 1971 (Beilage zum Bundesanzeiger Nr. 174 vom 15. September 1972, S. 44ff.) und die damit in Verbindung stehenden Protokolle, Noten und Briefe haben am besatzungsrechtlichen Status Berlins nichts geändert (vgl. *Zivier,* Der Rechtsstatus des Landes Berlin, 2. Aufl., S. 40 ff. – 46, 53). Die Fortgeltung des besatzungsrechtlichen Status, wie sie insbesondere in der Präambel zum Abkommen, in der Anlage IV A zum Abkommen und im Schreiben der drei Botschafter der Westmächte an den Bundeskanzler zum Ausdruck kommt, bedeutet, daß die zum Besatzungsstatut entwickelten Grundsätze der Rechtsprechung des OFH und des BFH für das Land Berlin weiterhin Geltung beanspruchen. Danach sind die Besatzungstruppen der drei Westmächte völkerrechtlich exterritorial mit der Folge, daß Waren so lange nicht den deutschen Abgaben unterliegen, wie sie sich in der Hand der Besatzungsstreitkräfte bzw. deren Mitglieder befinden. Besatzungsgut wurde nach der zitierten Rechtsprechung nicht mit dem Eingang über die Zollgrenze, sondern erst mit dem Austritt aus dem Bereich der Besatzung innerhalb des Zollgebiets zollhängig. Mit dem damit sich vollziehenden Eintritt in den Wirtschaftsverkehr des Inlands entstanden die Abgabenschulden in der Person dessen, der das Besatzungsgut übernahm und es nicht gestellte (§§ 6, 13, 45 ZG 1939; vgl. Urteile des OFH II z 5/48 S, II z 14/48, II z 7/48 und II z 12/49 U; ferner, unter Bezugnahme auf das OFH-Urteil II z 5/48 S: Urteil des BFH vom 13. November 1952 V 20/52 S, BFHE 57, 70, BStBl III 1953, 26).

Im Ergebnis beinhaltet diese den völkerrechtlichen Status der Stadt Berlin berücksichtigende Rechtsprechung die Fiktion, daß Waren in der Hand der Besatzungsstreitkräfte bzw. ihrer Mitglieder als außerhalb des Zollgebiets befindlich, also als exemt, anzusehen sind. Jeder Besatzungsangehörige wird als von einer fiktiven Zollgrenze umgeben angesehen.

Der Senat sieht auch unter der Geltung des Zollgesetzes 1961 keinen Anlaß, von dieser Rechtsprechung abzurücken . . .

Die sinngemäße Anwendung der §§ 1 und 6 ZG 1961, das auch im Land Berlin gilt – eine unmittelbare Anwendung dieser Vorschriften kommt nach den vorstehenden Ausführungen wegen des Fehlens einer räumlich nachvollziehbaren Zollgrenze nicht in Betracht – gebietet es, Besatzungsgut schon dann als in das Zollgebiet verbracht und damit als eingeführt anzusehen, wenn es von einem Besatzungsangehörigen einem Nichtbesatzungsangehörigen übergeben wird, dieser also den unmittelbaren Besitz (§ 854 BGB) erlangt. Der Rechtsgrund für die Erlangung der tatsächlichen Gewalt ist dabei zollrechtlich ohne Bedeutung. Entscheidend ist allein, daß Besatzungsgut über die fiktive Zollgrenze in das Zollgebiet verbracht worden und damit Zollgut geworden ist. Der Sachverhalt kann zollrechtlich nicht anders gewürdigt werden, als es bei der normalen Einfuhr von Waren in das Zollgebiet über die Zollgrenze der Fall ist. Auch dabei kommt es für die Begründung der die Gestellungspflicht auslösenden Zollguteigenschaft nicht darauf an, ob Waren in Erfüllung eines Kaufvertrags oder z. B. eines Miet- oder Leihvertrages eingeführt werden, ob also Eigenbesitz oder Fremdbesitz gegeben ist.

Die Klägerin hat danach, da sie von Mitgliedern der Streitkräfte übernommene und damit Zollgut gewordene Waren – Freigut im Sinne des § 5 Abs. 1 Satz 2 ZG i. V. m. § 6 AZO liegt nicht vor – entgegen § 6 Abs. 1 Satz 1 und 2 ZG nicht der zuständigen Zollstelle gestellte, diese erstmals der zollamtlichen Überwachung vorenthalten; sie ist damit Zollschuldnerin geworden (§ 57 Abs. 1 Satz 1 und Abs. 2 Satz 1 ZG). Die von der Klägerin als eingeführt anzusehenden Waren sind nicht zollfrei, was die Entstehung der Eingangsabgaben ausschließen würde (§ 57 Abs. 1 Satz 1 letzter Satzteil ZG). Eine außertarifliche Zollfreiheit im Sinne des § 24 ZG i. V. m. §§ 32 ff. AZO ist nicht erkennbar und auch nicht geltend gemacht worden; insbesondere trifft § 64 AZO nicht zu. Eine Abfertigung zur vorübergehenden Verwendung ist nur unter zollamtlicher Überwachung zulässig. Dies setzt die Gestellung des Zollguts voraus. Ob die Klägerin von der Zollguteigenschaft der ihr leihweise übergebenen Waren und von der ihr obliegenden Gestellungspflicht gewußt hat, ist für die Entstehung der Zollschuld (bzw. der Einfuhrumsatzsteuerschuld) ohne Bedeutung (vgl. *Schwarz/Wockenfoth,* Zollgesetz vom 14. Juni 1961, § 57 Rdnr. 1).

Die Klägerin hat geltend gemacht, Eingangsabgaben könnten bezüglich der Stereoanlage schon deshalb nicht entstanden sein, weil der amerikanische Soldat, der ihr die Anlage geliehen habe, diese in einem Berliner Geschäft gekauft habe. Dieser Einwand geht fehl. Wie der Senat in seinem bereits erwähnten Urteil VII R 43/67 entschieden hat, gelten die von der Rechtsprechung entwickelten Grundsätze über die zollrechtlichen Folgen der Weitergabe von Besatzungsgut an Nichtbesatzungsangehörige auch für solche Waren, die zunächst Freigut waren und danach (z. B. durch Kauf) in den Besatzungsbereich gelangt sind. Solche Waren sind als ausgeführt anzusehen mit der Folge, daß sie bei anschließender Weitergabe an ein Nichtbesatzungsmitglied Zollgut werden und gestellt werden müssen. An dieser Rechtsprechung hält der Senat fest. Denn die zollrechtliche Bedeutung der fiktiven Zollgrenze, die jeden Besatzungsangehörigen umgibt, kann nicht einseitig nur auf den Fall beschränkt werden, daß Besatzungsgut aus dem Besatzungsbereich hinausgelangt. Das Vorhandensein der fiktiven Zollgrenze muß notwendigerweise auch dazu führen, daß von Besatzungsangehörigen erworbenes und in Besitz genommenes Freigut Besatzungsgut wird. Es braucht deshalb nicht aufgeklärt zu werden, ob der amerikanische Soldat, der der Klägerin die Stereoanlage leihweise übergab, diese in einem deutschen Geschäft erworben hat.

Nr. 22 OLG Karlsruhe 1. 2. 1977 (3 W 64/76) Die Justiz 1977, 275

Der am 15. 6. 1975 in Pforzheim gestorbene M. N. war zur Niederschrift des Staatlichen Notariats Zschopau/Sachsen am 18. 3. 1954 von den Eheleuten N. an Kindes Statt angenommen worden. Mit Beschl. vom 24. 3. 1954 hatte der hierfür zuständige Rat des Kreises Zschopau den Vertrag genehmigt und bestätigt. Im Jahre 1955 zogen die Eheleute N. mit ihrem Adoptivsohn aus dem Gebiet der DDR nach Westberlin und später in die Bundesrepublik Deutschland. Als ihr Adoptivsohn gleichzeitig mit seiner Ehefrau starb, hinterließ er keine Abkömmlinge; eine Verfügung von Todes wegen hatte er nicht errichtet.

Die Eheleute N. haben einen Erbschein dahin beantragt, daß sie je zur Hälfte gesetzliche Erben ihres Adoptivsohnes geworden seien. Das Nachlaßgericht hat den Antrag abgelehnt. Die Beschwerde hiergegen wurde vom LG zurückgewiesen. Auch die weitere Beschwerde der Eheleute N. hatte keinen Erfolg.

Die Auffassung des LG, daß die Bf. nach dem im Zeitpunkt des Todes ihres Adoptivsohnes in der Bundesrepublik Deutschland geltenden § 1759 BGB nicht Erben des Verstorbenen geworden sind, ist rechtlich nicht zu beanstanden. Diese in der Bundesrepublik Deutschland erst am 1. 1. 1977 durch das Adoptionsgesetz 1976 außer Kraft getretene Bestimmung, nach der durch die Annahme an Kindes Statt ein Erbrecht für den Annehmenden nicht begründet wurde, galt im Zeitpunkt der Adoption des Erblassers auch noch in der DDR. Als sie dort mit Wirkung vom 1. 1. 1957 durch § 8 der AdoptionsVO vom 29. 11. 1956, an dessen Stelle inzwischen § 72 des Familiengesetzbuchs der DDR vom 20. 12. 1965 getreten ist, außer Kraft gesetzt wurde und statt dessen gleiche Rechte und Pflichten wie zwischen leiblichen Verwandten begründet wurden, wohnten die Bf. mit dem Adoptivsohn bereits im Rechtsgebiet der Bundesrepublik Deutschland. Damit erfaßte die Rechtsänderung in der DDR das erbrechtliche Verhältnis der Bf. zu ihrem Adoptivsohn nicht mehr. Dieses bestimmt sich vielmehr nach dem Recht der Bundesrepublik Deutschland, weil die Bf. vor dem Auseinandertreten des Ost- und Westrechts für die Kindesannahme ihren Wohnsitz, mindestens den gewöhnlichen Aufenthalt hier genommen hatten.

Dem Beschwerdegericht ist darin beizupflichten, daß für die Bestimmung des anzuwendenden Rechts im vorliegenden Fall nicht, wie im Internationalen Privatrecht, an die Staatsangehörigkeit angeknüpft werden kann. Das in der Bundesrepublik Deutschland geltende Staatsangehörigkeitsrecht geht auch nach Inkrafttreten des Grundvertrags mit der DDR vom 21. 12. 1972 (BGBl. 1973 II, S. 423) von einer einheitlichen Staatsbürgerschaft aus (vgl. *Palandt/Heldrich,* BGB 36. Aufl. 1977 Vorbem. 7a und 14a vor Art. 7 EGBGB). Es ist deshalb nach interlokalem Privatrecht zu bestimmen, welches Recht anzuwenden ist (vgl. *Soergel/Kegel,* EGBGB 10. Aufl. Rdnr. 130 vor Art. 7; *Palandt/Heldrich,* a.a.O. Anm. 14a). Danach ist anzuknüpfen an das interlokale Personalstatut und damit an den gewöhnlichen Aufenthalt (vgl. *Soergel/Kegel,* a.a.O., Rdnr. 138 bis 142 vor Art. 7; *Palandt/Heldrich,* a.a.O. Anm 14c).

Die Bf. könnten im übrigen auch dann nicht als Staatsangehörige der DDR behandelt werden, wenn eine solche Staatsangehörigkeit nach Inkrafttreten des Grundvertrags als Anknüpfungspunkt des IPR in Betracht käme. Da sie schon vor Abschluß des Grundvertrags und auch schon vor Einführung einer besonderen Staatsbürgerschaft der DDR durch deren Staatsbürgerschaftsgesetz vom 20. 2. 1967 ihren Wohnsitz in die Bundesrepublik Deutschland verlegt haben, sind sie Deutsche mit der nach dem Staatsangehörigkeitsrecht in der Bundesrepublik geltenden einheitlichen Staatsangehörigkeit.

Bei Anwendung des interlokalen Personalstatuts des gewöhnlichen Aufenthalts entscheidet entsprechend Art. 22 Abs. 1 EGBGB das Personalstatut der Annehmenden, und spätere Änderungen der Folgen der Adoption unterliegen dem interlokalen Personalstatut der Annehmenden im Zeitpunkt des Auseinandertretens von Ost- und West-Recht. Mithin haben die Annehmenden ihren Adoptivsohn nicht beerbt, weil sie bei Inkrafttreten der AdoptionsVO und des FGB der DDR nicht mehr östliches, sondern westliches Personalstatut gehabt haben (vgl. *Soergel/Kegel,* a.a.O., Rdnr. 72 und 73 zu Art. 22).

Nr. 23 **BGH 2. 2. 1977 (2 ARs 26/76)** (nicht veröffentlicht)

Dem Beschuldigten liegt auf Grund der bisherigen Ermittlungen zur Last, im Juli 1973 auf ein aus der DDR flüchtendes Mädchen, das in Höhe des Elbkilometers 540.5 schwimmend den Fluß zu überqueren versuchte, sechs gezielte Schüsse abgegeben und das Mädchen auf diese Weise zur Umkehr gezwungen zu haben. Der Generalbundesanwalt beantragt, gemäß § 13a StPO das für die Untersuchung und Entscheidung der Sache zuständige Gericht zu bestimmen. Der Antrag ist abzulehnen.

Bei Elbkilometer 540.5 verläuft nach der geschichtlichen Entwicklung seit 1945 die Grenze zwischen der Bundesrepublik Deutschland und der DDR am Ostufer der Elbe (vgl. hierzu im einzelnen *Rauschning,* in: Festschrift für Menzel, 1975, S. 429). Da das Mädchen bereits im Fluß schwamm, als es von dem Beschuldigten beschossen wurde, schlugen mithin die Geschosse auf dem Fluß, also auf dem Gebiet der Bundesrepublik ein. Dadurch ist im Geltungsbereich der Strafprozeßordnung der Gerichtsstand des Tatortes (§ 7 Abs. 1 StPO) begründet worden, so daß es an den Voraussetzungen für eine Entscheidung nach § 13a StPO fehlt.

Nr. 24 BayObLG 4. 2. 1977 (BReg. 3 Z 12/77) BayVBl. 1977, 284

Die Ausländerbehörde erließ gegen den Betroffenen am 9. 12. 1976 einen Bescheid, mit dem er u. a. ausgewiesen wurde; insoweit ist der Bescheid für sofort vollziehbar erklärt.

Auf Antrag der beteiligten Ausländerbehörde ordnete das Amtsgericht am 10. 12. 1976 Abschiebungshaft (in der Form der Sicherungshaft) auf die Dauer von zwei Monaten an; gleichzeitig verfügte es die sofortige Wirksamkeit dieser Entscheidung. Die sofortige Beschwerde des Betroffenen wies das Landgericht nach mündlicher Anhörung des Ausländers am 20. 12. 1976 als unbegründet zurück. Nach der Niederschrift vom 20. 12. 1976 wurde dem Betroffenen der Inhalt des verkündeten Beschlusses (Entscheidungssatz und Begründung) samt einer Rechtsmittelbelehrung durch einen Dometscher übersetzt und zu Protokoll bekanntgemacht; am 27. 12. 1976 wurde ihm ferner eine Beschlußausfertigung samt Übersetzung formlos übersandt. Auf Anordnung des Vorsitzenden der Beschwerdekammer wurde der Beschluß vom 20. 12. 1976 am 19. 1. 1977 zusätzlich noch förmlich zugestellt. Der Betroffene hat noch am 19. 1. 1977 mit Hilfe eines Dolmetschers zu Protokoll der Geschäftsstelle des Landgerichts H. gegen dessen Entscheidung sofortige weitere Beschwerde eingelegt.

Das Rechtsmittel ist zwar statthaft und formgerecht eingelegt (§ 16 Abs. 2, § 50 Abs. 2 AuslG; § 3 Satz 2 FreihEntzG; §§ 27, 29, 21 FGG). Die Rechtsmittelfrist des § 22 Abs. 1 FGG ist jedoch versäumt. Eine Wiedereinsetzung in den vorigen Stand kann nicht erteilt werden. Das Rechtsmittel muß daher als unzulässig verworfen werden . . .

Die vom Beschwerdegericht anstelle einer förmlichen Zustellung nach § 16 Abs. 2 Satz 1 FGG gewählte Form der Bekanntmachung der landgerichtlichen Entscheidung samt den Gründen zu Protokoll des Beschwerdegerichts am 20. 12. 1976 durch Vorlesen über den Dolmetscher in jugoslawischer Sprache (§ 16 Abs. 3 Satz 1 FGG) war zulässig und wirksam. Eine derartige Bekanntmachung trägt auch dem für die Anordnung von Abschiebungshaft geltenden Schutzzweck des Art. 5 Abs. 2 der Europäischen Menschenrechtskonvention (siehe Art. 5 Abs. 1f EMRK) Rechnung (siehe dazu BayObLGZ 1973, 336/337 f.; 1975, 382/384 f.). Sie hat somit die Rechtsmittelfrist in Lauf gesetzt.

Rechtlich unerheblich für den Fristenlauf ist es, daß das Landgericht darüber hinaus (und zusätzlich zu einer am 21. 12. 1976 verfügten formlosen Übersendung einer Abschrift des Beschlusses vom 20. 12. 1976 samt Rechtsmittelbelehrung in Übersetzung) am 19. 1. 1977 erneut eine förmliche Zustellung der Entscheidung vom 20. 12. 1976 vorgenommen hat. Diese Übersendungen hatten ihre Rechtsgrundlage in § 16 Abs. 3 Satz 2 FGG, wonach im Falle der Bekanntmachung einer Entscheidung zu Protokoll (§ 16 Abs. 3 Satz 1 FGG), wie sie hier am 20. 12. 1976 erfolgt war, dem Betroffenen auf Verlangen eine Abschrift der Entscheidung zu erteilen ist. Das Gesetz enthält hierfür keine Formvorschrift (siehe dazu *Keidel/Winkler*, FGG, 10. Aufl., Rdnr. 27; *Jansen*, FGG, 2. Aufl., Rdnr. 43, je zu § 16). Für den Lauf der Rechtsmittelfrist hat dies keine Bedeutung, die Frist beginnt nicht erst mit der Abschriftserteilung, sondern bereits im Zeitpunkt der Protokollaufnahme (BayObLG, a.a.O.; *Keidel/Winkler, Jansen,* je a.a.O.).

Auf diesen Fristenablauf hat es auch keinen Einfluß, daß die landgerichtliche Rechtsmittelbelehrung keine Einzelangaben hinsichtlich der zu beachtenden Fristen enthielt. Denn eine Rechtsmittelbelehrung ist überhaupt nicht erforderlich. Eine fehlende oder unvollständige Rechtsmittelbelehrung kann daher den Fristenlauf nicht berühren.

Im Regierungsentwurf des § 7 Abs. 5 FreihEntzG war zwar ursprünglich »im Interesse des Unterzubringenden« für Entscheidungen, durch welche eine Freiheitsentziehung angeordnet wird, eine zwingende Rechtsmittelbelehrung vorgesehen. Sie wurde sodann aber als »entbehrlich« gestrichen, weil sie »auch sonst im Verfahren der freiwilligen Gerichtsbarkeit nicht üblich« sei (siehe *Saage,* Freiheitsentziehungsverfahren, 1. Aufl., S. 33, Rdnr. 19, S. 46 Rdnr. 20). Auch die Regelungen in Art. 5 und 6 EMRK, die gemäß Art. 5 Abs. 1 f dieser Konvention teilweise auch für die Anordnung von Freiheitsentziehungen nach dem Freiheitsentziehungsgesetz gelten, schreiben keine Rechtsmittelbelehrung vor. Das gleiche gilt für Art. 14 des am 23. 3. 1976 in Kraft getretenen Internationalen Pakts (VN-Pakt) vom 19. 12. 1966 über bürgerliche und politische Rechte (Zustimmungsgesetz vom 15. 11. 1973, BGBl. II, S. 1533; siehe dazu *Meissner,* Die Menschenrechtsbeschwerde vor den Vereinten Nationen, 1976, und *Goose,* NJW 1974, 1305/1308; vgl. auch EuGRZ 1976, 392). In beiden Kodifizierungen ist u.a. das Recht eines Betroffenen enthalten, die Rechtmäßigkeit einer bereits im Vollzug befindlichen Freiheitsentziehung gerichtlich prüfen zu lassen (Art. 5 Abs. 4 EMRK, übereinstimmend mit Art. 9 Abs. 4 VN-Pakt). In der Bundesrepublik Deutschland ist durch § 6 FreihEntzG gewährleistet, daß das Gericht bereits über die Freiheitsentziehung als solche entscheidet. Über dieses Recht der Anrufung eines Gerichts hinaus normieren jedoch beide Kodifizierungen keinerlei Vefahrensrecht. Insbesondere enthalten sie zur Frage einer Rechtsmittelbelehrung nichts. Schließlich ist auch für diejenigen Ausländer, die Staatsangehörige eines Mitgliedstaates der Europäischen Wirtschaftsgemeinschaft sind, aus der sie begünstigenden Spezialvorschrift des § 12 AufenthG/EWG kein Recht auf Rechtsmittelbelehrung herzuleiten.

Allerdings ist nicht zu verkennen, daß in weiten Verfahrensbereichen außerhalb der ZPO und des FGG der Zug der Gesetzgebung dahin geht, in immer größerem Umfang Rechtsmittelbelehrungen (wenngleich in sehr verschiedenartiger Weise) gesetzlich vorzuschreiben (siehe etwa die Zusammenstellung von *Keidel,* RPfleger 1967, 173/175, sowie *Müller,* NJW 1962, 1889 ff.). So wird etwa von der Mehrheit der Kommission zur Vorbereitung einer Reform der Zivilgerichtsbarkeit (»Weißbuch«, 1961, S. 384 ff.) vorgeschlagen, bei befristeten Rechtsmitteln des FGG Rechtsmittelbelehrungen einzuführen. Diesen Vorschlag übernimmt auch der Entwurf der Kommission für das Recht der Freiwilligen Gerichtsbarkeit für den Allgemeinen Teil des FGG (§§ 23, 52 Entwurf; siehe dazu *Bumiller,* RPfleger 1973, 3/5). Jedoch muß es in Übereinstimmung mit der wiederholten Auffassung des Bundesgerichtshofs (NJW 1959, 149 und 1974, 1335) auch nach Ansicht des Senats dem Gesetzgeber überlassen bleiben, ob und welche Regelung einer Rechtsmittelbelehrung nach Form, Inhalt und Folgen er treffen will (so auch *Jansen,* a.a.O., § 16 Rdnr. 16). Die bisherigen Regelungen in den verschiedenen Verfahrensordnungen gehen im einzelnen so weit auseinander, daß es willkürlich wäre, eine von ihnen herauszugreifen; insbesondere ist es nicht angängig, etwa § 35a StPO bei Entscheidungen über eine Abschiebungshaft entsprechend anzuwenden.

Bei seinen Erwägungen hat der Senat nicht außer acht gelassen, daß in den verschiedenen landesrechtlichen Unterbringungsgesetzen für Geistes- und Suchtkranke die Frage einer Rechtsmittelbelehrung durchaus unterschiedlich geregelt ist (vgl. dazu *Saage/Göppinger,* Freiheitsentziehung und Unterbringung, 2. Aufl., Teil II Rdnr. 478). Des weiteren enthält auch der Entwurf zur Neugestaltung des § 55a FGG bei Anstaltsunterbringung nach § 1800 Abs. 2 BGB keinen Zwang zur Rechtsmittelbelehrung (siehe BT-Drucks. 7/2060, Art. 4).

Die Regelung im Strafverfahrensrecht (§ 35a StPO) im besonderen ist von dessen Zweck her zu verstehen. Anders als das Strafverfahren ist die Abschiebungshaft lediglich eine in das Verwaltungsverfahren der Abschiebung (§ 13 AuslG) eingestellte Freiheitsentziehung. Inhaltlich stellt sie auch keine Strafe, sondern nur eine Präventivmaßnahme dar, die eine gerechtfertigte Abschiebung gewährleisten soll (BayObLGZ 1974, 72/74). Der im Verhältnis zum Strafrecht gänzlich anders zu wertende Charakter der Abschiebungshaft kommt im übrigen auch in den neuen Vorschriften über den Vollzug zum Ausdruck, etwa in § 8 Abs. 2 FreihEntzG (eingefügt durch § 185 Strafvollzugsgesetz), wonach für die Abschiebungshaft die Grundsätze über die sogenannte Zivilhaft entsprechend gelten.

Auch aus dem Verfassungsrecht kann eine allgemeine Pflicht zur Rechtsmittelbelehrung nicht hergleitet werden. Art. 19 Abs. 4 GG, der als verfassungsrechtliche Rechtsgrundlage heranzuziehen wäre, gewährleistet zwar den Rechtsweg gegen Akte der öffentlichen Gewalt, überläßt aber die nähere Ausgestaltung dieses Rechtswegs der jeweils geltenden Prozeßordnung. Freilich darf der Rechtsweg nicht in unzumutbarer, aus Sachgründen nicht mehr zu rechtfertigender Weise erschwert werden. Das gilt nicht nur für den ersten Zugang zum Gericht, sondern auch für die Wahrnehmung aller Instanzen, die eine Prozeßordnung jeweils vorsieht (so zusammenfassend BVerfGE 40, 272/274 f.). Nach diesen Grundsätzen folgt aus Art. 19 Abs. 4 GG keine allgemeine Pflicht zur Rechtsmittelbelehrung. Dies entspricht auch der überwiegenden Auffassung in der Verfassungsliteratur.

War sonach eine Rechtsmittelbelehrung überhaupt nicht geboten, so kann die hinsichtlich der zu beachtenden Fristen möglicherweise unzulängliche Belehrung des Landgerichts keinen Einfluß auf den Fristlauf haben. Die Zweiwochenfrist (§§ 7, 3 Satz 2 FreihEntzG; § 22 Abs. 1 FGG) hat am 20. 12. 1976 begonnen und am 3. 1. 1977 geendet.

Somit ist zu prüfen, ob nicht in der verspäteten Rechtsbeschwerde vom 19. 1. 1977 ein stillschweigender Antrag auf Erteilung einer Wiedereinsetzung in den vorigen Stand gesehen werden kann (§ 22 Abs. 2 FGG).

Stillschweigende Wiedereinsetzungsanträge sind zulässig (für das FGG siehe BayObLGZ 1962, 192/193; *Keidel/Winkler,* a.a.O., § 22 Rdnr. 32; für die ZPO: BGH, NJW 1975, 928). Die zu Protokoll erklärte sofortige weitere Beschwerde kann im vorliegenden Fall als derartiger Antrag angesehen werden. Denn der Beschwerde läßt sich der Wille des Betroffenen auf nochmalige Nachprüfung durch das zuständige Gericht zweifelsfrei entnehmen.

Die Wiedereinsetzung kann jedoch nicht gewährt werden, weil den Betroffenen ein Verschulden an der Fristversäumung trifft.

Nr. 25 **BSG 8. 3. 1977 (11 RA 72/76) BSGE 43, 218**

Der 1908 geborene Kläger, von Beruf Kfz-Meister, hat bis 1943 in Stuttgart gewohnt. Er geriet als Angehöriger der Deutschen Wehrmacht bei Kriegsende in russische Gefangenschaft. Als Gefangener war er im polnisch verwalteten Schlesien zur Instandsetzung von Kraftfahrzeugen eingesetzt. Im Juni 1950 wurde er dort auf seinen Wunsch aus der Kriegsgefangenschaft entlassen. Die polnischen Zivilbehörden beschäftigten ihn anschließend als Kfz-Facharbeiter in Liegnitz. Die Versuche des Klägers, die Ausreisegenehmigung in die Bundesrepublik Deutschland zu erhalten, blieben bis Juli 1957 ohne Erfolg.

Die Beklagte bewilligte dem Kläger ab März 1973 Rente wegen Berufsunfähigkeit und ab Januar 1974 Altersruhegeld. Bei der Rentenberechnung wurde die Zeit von Juli 1950 bis Juli 1957 nicht als Versicherungszeit angerechnet.

Das SG hat die Beklagte verurteilt, die streitige Zeit als Ersatzzeit – i.S. des § 28 Abs. 1 Nr. 3 AVG – rentensteigernd zu berücksichtigen. Das LSG hat die Berufung der Beklagten zurückgewiesen.

Die Revision der Beklagten ist nicht begründet . . .

Die Vorinstanzen haben in der Sache zu Recht der Klage stattgegeben. Nach § 28 Abs. 1 Nr. 3 AVG sind Ersatzzeiten u. a. Zeiten, in denen der Versicherte nach Beendigung eines Krieges, ohne Kriegsteilnehmer zu sein, durch feindliche Maßnahmen an der Rückkehr aus den unter fremder Verwaltung stehenden deutschen Ostgebieten verhindert gewesen ist. Diese Voraussetzungen waren beim Kläger erfüllt.

Das LSG hat den Kläger für den streitigen Zeitraum zu Recht nicht mehr als Kriegsteilnehmer angesehen. Der Kläger war zu Beginn des Zeitraumes aus der Kriegsgefangenschaft entlassen worden. Seitdem war er kein Kriegsgefangener und darum auch kein Kriegsteilnehmer i. S. des § 28 Abs. 1 Nr. 3 AVG mehr. Die Kriegsgefangenschaft war vielmehr mit der Entlassung aus ihr beendet. Allerdings endet eine Kriegsgefangenschaft im allgemeinen nicht schon durch bloße Freilassung im Gewahrsamsland, wenn dieses nicht auch das Heimatland ist; eine Beendigung wird ferner verneint, wenn der Kriegsgefangene in den Ostblockstaaten nur formell »entlassen« und in ein ziviles Arbeitsverhältnis überführt wird (BSGE 13, 16, 17 und SozR Nr. 25 zu § 1251 RVO). Nach den tatsächlichen Feststellungen des LSG haben die russischen Militärbehörden hier jedoch die Entlassung weder von einer freiwilligen Weiterarbeit in Polen abhängig gemacht noch den Kläger »zur Überführung« in ein unfreiwilliges Arbeitsverhältnis entlassen. Mit der gleichzeitigen »Übergabe an die polnischen Behörden zur weiteren Verfügung« ist nach dem Gesamtzusammenhang der Urteilsgründe des LSG nur gemeint, daß sich der Kläger dort zwecks Ausstellung einer Ausreisegenehmigung melden sollte. Da diese Entlassung somit eine Rückkehr des Gefangenen in das Heimatland ermöglichen sollte und zudem dem Wunsch des Klägers entsprach, war mit ihr das Ende der Kriegsgefangenschaft verbunden. Bei anderer Betrachtungsweise müßte eine Fortdauer der Kriegsgefangenschaft mit Anrechnungspflicht dieser Zeit als Ersatzzeit i. S. des § 28 Abs. 1 Nr. 1 AVG angenommen werden.

Zu Recht hat das LSG auch entschieden, daß der Kläger an der Rückkehr nach Deutschland durch feindliche Maßnahmen gehindert worden ist. Das LSG hat diesen Begriff im Einklang mit der Rechtspr. des BSG (vgl. SozR 2200 Nr. 7 zu § 1251) ausgelegt. Danach muß es sich um Maßnahmen eines ehemaligen Feindstaates handeln, die sich allgemein gegen den früheren Kriegsgegner Deutschland richteten; diese Zielrichtung konnte dadurch zum Ausdruck kommen, daß die Maßnahme hauptsächlich

Bevölkerungsteile mit deutscher Volkszugehörigkeit treffen oder gerade die Ausreise nach Deutschland verhindern sollte.

Hiernach durfte das LSG freilich noch nicht die Art der Entlassung des Klägers aus der Gefangenschaft durch die russischen Militärbehörden als feindliche Maßnahme werten, zumal nicht festgestellt ist, daß diese damit eine Vereitelung der Rückkehr nach Deutschland bezweckt oder auch nur in Kauf genommen hätten. Dagegen hat das LSG zutreffend in dem Verhalten der polnischen Behörden gegenüber dem Kläger eine feindliche Maßnahme erblickt. Dieses Verhalten richtete sich gegen den früheren Kriegsgegner Deutschland, weil damit eine deutsche Fachkraft durch Verweigerung der Ausreisegenehmigung in Polen zurückgehalten wurde, um sie beim Wiederaufbau zum Ausgleich der von deutscher Seite (tatsächlich oder vermeintlich) verursachten Kriegsschäden einzusetzen. Gegen diese Feststellung des LSG sind keine Verfahrensrügen erhoben. Die materiellen wie formellen Rügen der Revision wollen nur geltend machen, in Polen habe ein allgemeines Ausreiseverbot bestanden, das die gesamte Bevölkerung betroffen habe. Mit diesem Einwand kann die Beklagte jedoch nicht durchdringen.

Auch wenn in Polen ein allgemeines Ausreiseverbot bestand, hatte die Ausreiseverweigerung gegenüber dem Kläger eine besondere persönliche Richtung, die sie gerade als feindliche Maßnahme kennzeichnet. Der Kläger war von den russischen Militärbehörden freigelassen worden und hatte nach völkerrechtlichen Grundsätzen ein Recht auf Rückkehr in das Heimatland. Er gehörte weder zu den Bürgern Polens noch zu den Bewohnern (Einwohnern) dieses Landes einschließlich der polnisch verwalteten Gebiete; er hatte niemals dort gewohnt; das Verbleiben in der streitigen Zeit beruhte nicht auf einem freiwilligen Entschluß. Gerade deswegen wurde er nicht von einem allgemeinen Ausreiseverbot gegenüber der Bevölkerung des polnischen und polnisch verwalteten Landes nur mitbetroffen; er war vielmehr Gegenstand davon zu trennender besonderer Maßnahmen. Diese eben darum feindlichen Maßnahmen i. S. des § 28 Abs. 1 Nr. 3 AVG haben ihn an der Rückkehr nach Deutschland gehindert; die Feststellung des Rückkehrwillens durch das LSG ist von der Beklagten nicht angefochten worden.

Nr. 26 FG Hamburg 8. 3. 1977 (IV 46/75 H) RIW 1977, 438

Die Klägerin verkaufte 1973 an eine in einem Drittland ansässige Firma gefrorene Hühner der Tarifstelle 02.02-A-I-b. Die Hühner wurden über Österreich und die ČSSR jeweils ohne Abfertigung zum freien Verkehr direkt an einen Abnehmer in der DDR geliefert. Der Beklagte gewährte für diese Lieferungen Ausfuhrerstattungen. Der Beklagte forderte die Ausfuhrerstattungen mit mehreren Bescheiden 1975 zurück. Die hiergegen gerichtete Klage blieb ohne Erfolg.

Nach Art. 9 Abs. 1 der VO (EWG) Nr. 123/67 des Rates vom 13. 6. 1967 über die gemeinsame Marktorganisation für Geflügelfleisch (ABlEG Nr. 117 vom 19. 6. 1967, S. 2301) kann für die Ausfuhr der in Art. 1 Abs. 1 aufgeführten Erzeugnisse eine Erstattung gewährt werden, um den Unterschied zwischen den Weltmarktpreisen und den Preisen in der Gemeinschaft auszugleichen. Hierzu bestimmt die VO (EWG) Nr. 176/67 des Rates vom 27. 6. 1967 über die Grundregeln für die Gewährung von Erstattungen bei der Ausfuhr von Geflügelfleisch und über die Kriterien für die Festsetzung des Erstattungsbetrags (ABlEG Nr. 130 vom 28. 6. 1967, S. 2612), daß die Erstattung gezahlt wird, wenn u. a. nachgewiesen wird, daß die Erzeugnisse aus der Gemeinschaft ausgeführt worden sind (Art. 6 Abs. 1), und im Fall des Art. 4, wonach die

Erstattung je nach der Bestimmung oder dem Bestimmungsgebiet in unterschiedlicher Höhe festgesetzt werden kann, wenn nachgewiesen wird, daß das Erzeugnis das Bestimmungsland erreicht hat, für das die Erstattung festgesetzt worden ist. Die Höhe der Erstattungen war festgesetzt in verschiedenen EWG-Verordnungen, wobei jeweils der in Rechnungseinheiten ausgedrückte Erstattungssatz für die hier ausgeführten Hühner der Tarifstelle 02.02-A-I-b einheitlich für alle Bestimmungsländer gleich war.

Die genannten Vorschriften werden durch die VO (EWG) Nr. 1041/67 der Kommission vom 21. 12. 1967 über die Durchführungsvorschriften für die Ausfuhrerstattungen bei den Erzeugnissen, für die ein System gemeinsamer Preise besteht (ABlEG Nr. 314 vom 23. 12. 1967), ergänzt. In Übereinstimmung mit den vorgenannten Vorschriften legt die VO Nr. 1041/67 in Art. 3 Abs. 1 u. a. fest, daß die Zahlung der Erstattung von dem Nachweis abhängig ist, daß das Erzeugnis das geographische Gebiet der Gemeinschaft verlassen hat. Darüber hinaus können nach Art. 4 der VO (EWG) Nr. 1041/67 die Mitgliedstaaten in bestimmten Fällen zusätzlich zu dem Nachweis, daß das Erzeugnis das geographische Gebiet der Gemeinschaft verlassen hat, den Nachweis fordern, daß das Erzeugnis in ein drittes Land eingeführt worden ist. Der zusätzliche Nachweis der Einfuhr in ein drittes Land kann im Hinblick auf den Satz der Erstattung im Verhältnis zu dem der Abschöpfung, aufgrund der Eigenschaften der ausgeführten Waren oder in Anbetracht der Ausfuhrmärkte verlangt werden. Sinn und Zweck dieser Bestimmung ist es, Mißbräuchen vorzubeugen. Die Vorschrift knüpft an die Grundverordnung Nr. 123/67 an, wonach Erstattungen für Ausfuhren in dritte Länder gewährt werden können. Die Erstattungen sollen die unterschiedlichen Preise im Bereich der Gemeinschaft und auf dem Weltmarkt ausgleichen und damit bei niedrigeren Preisen auf dem Weltmarkt als innerhalb der Gemeinschaft Ausfuhren ermöglichen. Der Gesamtinhalt der vorgenannten Regelung schließt es nach seinem Sinn und Zweck aus, daß Erstattungen gewährt werden, wenn feststeht, daß die Ware nicht in ein drittes Land eingeführt worden ist (vgl. auch *Rohr/Cordts,* Abschöpfungen und Ausfuhrerstattungen, Kommentar, Vorbemerkungen Erstattungsverordnungen 2.5). Hierbei ist unter Einfuhr die Abfertigung der Ware zum freien Verkehr zu verstehen (vgl. EuGH, Urteil vom 2. 6. 1976 – Rechtssache 125/75, EuGHE 1976, S. 771 ff.). Darauf, ob unterschiedliche Erstattungssätze bestehen, kommt es nicht an.

Die Klägerin hatte die vorstehend dargelegten Voraussetzungen für die Gewährung von Ausfuhrerstattungen nicht erfüllt. Denn für das Verbringen von Erzeugnissen aus dem freien Verkehr im Geltungsbereich des Grundgesetzes der Bundesrepublik Deutschland in das Gebiet der DDR werden Ausfuhrerstattungen nicht gewährt, wenn das Erzeugnis nicht vor dem Erreichen des Gebiets der DDR in einem Drittland zum freien Verkehr abgefertigt worden ist.

Diese Rechtslage ergibt sich aus dem Protokoll über den innerdeutschen Handel und die damit zusammenhängenden Fragen in Verbindung mit den nationalen Bestimmungen des Grundgesetzes in der die Gerichte der Bundesrepublik Deutschland bindenden Auslegung des Bundesverfassungsgerichts (BVerfG) in dem Urteil vom 31. 7. 1973 zum Grundlagenvertrag zwischen der Bundesrepublik Deutschland und der DDR (2 BvF 1/73, BVerfGE 36, S. 1 ff.). Nach der Auslegung des Grundgesetzes durch das BVerfG in dem genannten Urteil zum Grundlagenvertrag verbietet die Verfassung u. a., daß die Bundesrepublik Deutschland einen Rechtstitel schafft oder sich an der Begründung eines Rechtstitels beteiligt, der ihr bei dem Streben nach dem von der Verfassung aufgegebenen Ziel der Wiederherstellung der staatlichen Einheit beider deutscher Staaten entgegengehalten werden kann. Das Urteil des Bundesverfassungsgerichts bindet die Gerichte in allen seinen Gründen (vgl. § 31 BVerfG); denn das Bundesverfassungsgericht hat alle Ausführungen der Urteilsbegründung, auch die, die sich nicht ausschließlich auf den Inhalt des Grundlagenvertrages selbst beziehen, für notwendig und damit zu den die Entscheidung tragenden Gründen erklärt (a.a.O., S. 36).

Eine verfassungswidrige Lage in diesem Sinne würde aber entstehen, wenn die Bundesrepublik Deutschland einem völkerrechtlichen Vertrag zustimmen und das Parlament einen solchen Vertrag zum Gesetz erheben würde, der Warenlieferungen aus dem freien Verkehr der Bundesrepublik Deutschland in das Gebiet der DDR ohne vorherige Abfertigung zum freien Verkehr in einem Drittland rechtlich wie den Handel mit einem Drittland behandeln würde. Denn dies würde den besonderen Beziehungen beider deutscher Staaten nicht gerecht werden, die sich nach dem in der Bundesrepublik Deutschland geltenden Recht von den Beziehungen zwischen einander fremden Staaten deutlich abheben und es ausschließen, die DDR als Ausland zu behandeln. Ein wesentliches Kriterium dafür, ob zwei Staaten einander als Ausland betrachten, kann die Abwicklung der gegenseitigen Handelsbeziehungen sein. Dementsprechend hat das Bundesverfassungsgericht in dem Grundlagenurteil mit bindender Wirkung für Gerichte und Behörden entschieden, daß der innerdeutsche Handel kein Außenhandel ist (a.a.O., S. 17). Dies wird zudem in Nr. 1 des Zusatzprotokolls zu Art. 7 des Grundlagenvertrages dadurch bestätigt, daß die Vertragspartner übereingekommen sind, den Handel zwischen der Bundesrepublik Deutschland und der DDR auf der Grundlage der bestehenden Abkommen zu entwickeln, was nach der auch insoweit bindenden Auslegung des Bundesverfassungsgerichts bedeutet, daß dieser Handel von den Vertragspartnern des Grundlagenvertrages nicht als Außenhandel betrachtet wird (vgl. a.a.O., S. 23).

Diese für das Verhalten der Bundesrepublik Deutschland maßgebenden Verfassungsgrundsätze sind von den Partnern des EWG-Vertrages anerkannt worden und damit zugleich Inhalt des Gemeinschaftsrechts. Denn das Protokoll über den innerdeutschen Handel ist Bestandteil des Vertrages (vgl. Art. 239 EWG-Vertrag) und durch die Zustimmung des Gesetzgebers Gesetz geworden.

Ausfuhrerstattungen für Lieferungen aus der Bundesrepublik Deutschland in die DDR sind danach nicht zu gewähren (vgl. *Tomuschat,* Europarecht 1969, 314; *Rohr/Cordts,* a.a.O., Vorbemerkungen Ausfuhrerstattungen 2.1.3. mit weiteren Nachweisen).

Das durch die Verfassung begründete, von der Gemeinschaft sanktionierte Verbot, die DDR als Ausland zu behandeln, gilt nicht nur für Erzeugnisse aus dem freien Verkehr der Bundesrepublik Deutschland, die aufgrund von unmittelbaren vertraglichen Beziehungen zwischen den Ansässigen der Gebiete beider deutscher Staaten geliefert werden. Das Verbot gilt vielmehr auch für solche Lieferungen, die über Drittländer und unter Zwischenschaltung von dort ansässigen Vertragspartnern abgewickelt werden, sofern die Erzeugnisse nicht in einem Drittland zum freien Verkehr abgefertigt werden. Das ergibt sich aus dem vorstehend dargelegten Sinn und Zweck der einschlägigen Erstattungsregelungen, die Erstattungen nur für den Fall vorsehen, daß die Ware den Weltmarkt erreicht. Dies ist bei einer bloßen Durchfuhr durch dritte Länder nicht der Fall. Vom Standpunkt der Bundesrepublik Deutschland ist der Streitfall nicht anders zu behandeln, als wäre die Ware nach einer Durchfuhr durch dritte Länder unter Einschaltung weiterer Vertragspartner an einen Empfänger in einem Mitgliedsland gelangt. Eine Erstattung wäre in einem solchen Fall nicht zu gewähren.

Ob im übrigen das im Streitfall getätigte Geschäft unter die nach Artikel I des Gesetzes Nr. 53 betreffend die Devisenbewirtschaftung und Kontrolle des Güterverkehrs verbotenen fällt, insbesondere ob es sich um ein Geschäft über Vermögenswerte zwischen Personen mit gewöhnlichem Aufenthalt in dem von dem Gesetz Nr. 53 betroffenen Gebiet und Personen außerhalb des Gebietes handelt oder sich auf solche Personen bezieht (vgl. Artikel I 2 d), bedurfte keiner Entscheidung. Denn das Gesetz Nr. 53 und die daran anknüpfende Interzonenhandelsverordnung regelt eine besondere, die Bestimmungen über die Agrarpolitik der Gemeinschaft nicht berührende Materie.

Der Ausschluß von Erstattungen für Warenlieferungen aus dem Gebiet der Bundesrepublik Deutschland in das Gebiet der DDR stellt insoweit keine gegen Art. 7 EWG-Vertrag verstoßende Diskriminierung dar, wenn – was hier nicht zu entscheiden ist – für Lieferungen aus anderen Mitgliedstaaten in die DDR Erstattungen gewährt werden. Denn eine unterschiedliche Behandlung ist durch die Sonderstellung gerechtfertigt, die der Bundesrepublik Deutschland aufgrund des Protokolls über den innerdeutschen Handel zugebilligt ist. Diese Sonderstellung beinhaltet ein Bündel von Ausnahmeregelungen, was u.a. die Erhebung von Zöllen und Abschöpfungen an der innerdeutschen Grenze sowie die Erstattungen und Ausfuhrabgaben anbelangt, die sowohl Vor- als auch Nachteile bringen und durch die besondere Stellung der Bundesrepublik Deutschland im Verhältnis zur DDR bedingt sind.

Nr. 27 OLG Hamburg 10. 3. 1977 (3 U 9/76) GRUR Int. 1978, 139

Die Kl. ist Alleinimporteur des französischen Orangenlikörs »Cointreau« für die Bundesrepublik Deutschland einschließlich Westberlins. Durch Abtretungsvertrag vom 24. Oktober 1973 hat sie sich sämtliche Ansprüche aus den Warenzeichen- und Ausstattungsrechten der Firma Cointreau abtreten lassen. Durch Vereinbarung vom 20. Dezember 1973 hat die Firma Cointreau die Kl. darüber hinaus ermächtigt, die Rechte aus den Warenzeichen und der Ausstattung an der Cointreau-Flasche geltend zu machen und hat der Kl. ferner eine Gebrauchserlaubnis insoweit erteilt. Die Firma Cointreau besitzt das deutsche Warenzeichen Nr. 796 741, das die Abbildung einer Cointreau-Flasche zeigt.

Die Bekl. vertreibt seit 1972, in verstärktem Maße seit Anfang 1973, in der Bundesrepublik Deutschland unter der Bezeichnung »ULTRA«/»Dinor« einen Orangenlikör, der von der Nebenintervenientin hergestellt worden ist. Dieses Produkt ist nach den Angaben der Bekl. – wenn auch in geringfügigerem Umfange – bereits seit 1967 in die Bundesrepublik importiert worden.

Beide Parteien verwenden Flaschen aus braunem Glas mit einer Gesamthöhe von etwa 20 cm, einer quadratischen Grundfläche von etwa 8,5×8,5 cm und einem auf dieser Grundfläche beruhenden quaderförmigen Flaschenkorpus mit einer Höhe von 12 bis 13 cm, dessen von jeder Seite aus gleichförmig verlaufende, abgerundete Schultern in einen als Gießöffnung dienenden axial angeordneten Zylinder auslaufen, der eine Länge von 4 bis 5 cm und einen Durchmesser von 2,5 bis 3,5 cm hat.

Mit der vorliegenden Klage nimmt die Kl. die Bekl. auf Unterlassung in Anspruch hinsichtlich der bloßen Flaschenform. Sie erblickt in der Verwendung der beschriebenen braunen Vierkantflasche eine Verletzung der Rechte der Firma Cointreau an einem hinsichtlich der Flaschenform bestehenden Ausstattungsschutz sowie des Rechtes an dem deutschen Warenzeichen Nr. 796 741 und ferner einen Verstoß gegen § 1 UWG in Form einer vermeidbaren Herkunftstäuschung und bewußten Annäherung an fremde Kennzeichnungsmittel.

Die Bekl. hat hinsichtlich der braunen Vierkantflasche geltend gemacht, daß diese Allgemeingut sei.

Es bestehe daher zumindest ein Freihaltebedürfnis für die braune Vierkantflasche.

Das Verhalten der Kl. verstoße ferner gegen die Art. 30, 36, 85 und 86 des EWG-Vertrags. Es handele sich um eine willkürliche Diskriminierung und verschleierte Beschränkung des Warenverkehrs. Die Firma Cointreau sowie die Kl. versuchten durch übermäßige Werbung, sich Ausschließlichkeitsrechte zu verschaffen, um den zwischenstaatlichen Handel zu beschränken. Eine Vorlage an den Europäischen Gerichtshof gemäß Art. 177 des EWG-Vertrags sei angebracht, da Fragen der vorliegenden Art bisher nicht entschieden worden seien. – Die Berufung der Bekl. wurde zurückgewiesen.

Das LG hat die Bekl. mit zutreffenden Erwägungen zur Unterlassung und zum Schadensersatz verurteilt, da die von der Bekl. importierte und in der Bundesrepublik in den Verkehr gebrachte braune Vierkantflasche mit quadratischem Grundriß die Ausstattungsschutzrechte der Firma Cointreau verletzt (§§ 25, 31 WZG) . . .

Eine Vorlage der in diesem Rechtsstreit maßgeblichen Fragen an den Europäischen Gerichtshof hält der Senat nicht für erforderlich und nicht für sachdienlich. Eine Vorlagepflicht gemäß Art. 177 Abs. 3 ist nicht gegeben, da die vorliegende Entscheidung mit dem Rechtsmittel der Revision angefochten werden kann. Da zu vermuten ist, daß die Parteien eine letztinstanzliche Entscheidung des BGH anstreben, würde eine Vorlage an den Europäischen Gerichtshof die Entscheidung dieses Rechtsstreits nur verzögern. Dabei ist es möglich, daß der BGH zur Frage der Verkehrsdurchsetzung einen anderen Standpunkt einnimmt als der erkennende Senat; in diesem Falle würde sich eine Vorlage an den EuGH ohnehin erübrigen. Auch der Umstand, daß der BGH eine Annahme der Revision ablehnen kann, begründet keine Vorlagepflicht nach Art. 177 EWGV; denn wenn der BGH meinen sollte, die Sache müsse dem EuGH vorgelegt werden, wird er die Revision mit Sicherheit annehmen.

Hinzu kommt, daß der Senat in seinem vorangegangenen Urteil vom 28. August 1975 (3 U 199/74) den Standpunkt vertreten hat, daß die Art. 30 und 36 des EWG-Vertrags der Geltendmachung des auf ein sachliches Zeichenrecht gestützten Unterlassungsanspruchs der Firma Cointreau nicht entgegenstünden; Art. 36 EWG-Vertrag garantiere den Bestand der gewerblichen Schutzrechte. Inzwischen hat dieser Standpunkt des Senats durch die *Terranova*-Entscheidung des Europäischen Gerichtshofs (GRUR Int. 1976, 406f.) seine Bestätigung gefunden.

Die Rechtsauffassung der Bekl., der Gerichtshof habe noch nicht entschieden, ob Art. 36 EWG-Vertrag nur konkrete, schon bestehende Schutzrechte garantiere und nicht anzuwenden sei, wenn ein Schutzrecht erst zur Entstehung gelange, wenn bereits ein zwischenstaatlicher Handel existent sei, vermag eine Vorlage an den Gerichtshof nicht zu rechtfertigen. Der Gerichtshof hat in der *Terranova*-Entscheidung ausgeführt, daß ein in einem Mitgliedstaat rechtmäßig erworbenes gewerbliches und kommerzielles Eigentumsrecht der Einfuhr von Waren entgegengehalten werden könne, die unter einer zu Verwechslungen Anlaß gebenden Bezeichnung in Verkehr gebracht würden, wenn die umstrittenen Rechte durch verschiedene und nicht voneinander abhängige Inhaber begründet worden seien. Diese Voraussetzungen sind im vorliegenden Falle gegeben. Das Ausstattungsschutzrecht der Firma Cointreau ist durch Verkehrsdurchsetzung entstanden. Von diesem Zeitpunkt an kann die Kl. Verbotsrechte geltend machen, die durch Art. 36 EWG-Vertrag geschützt sein müssen. Ein Weiterbenutzungsrecht gibt es weder gegenüber einem eingetragenen Warenzeichen noch gegenüber einem Ausstattungsschutzrecht (BGH, GRUR 1961, 413, 416, *Dolex*; 1959, 423, 425 *Fußballstiefel*); es sei denn, der Verletzer könnte sich auf eigene Schutzrechte berufen. Dies ist bei der Bekl. nicht der Fall.

Nr. 28 BGH 31. 3. 1977 (4 ARs 8/77) BGHSt 27, 168

Der Verfolgte, italienischer Staatsangehöriger, ist durch Urteil des Landgerichts für Strafsachen Como vom 26. April 1973 in Verbindung mit dem Urteil des Appellationsgerichts Mailand vom 5. Januar 1976 wegen Diebstahls zu acht Monaten Gefängnis und 30 000 Lire Geldstrafe und durch Urteil desselben Landgerichts vom 4. Juni 1975 wegen Diebstahls und Ausbeutung der Prostitution zu zwei Jahren und vier Monaten Gefängnis, 120 000 Lire Geldstrafe und Einweisung in ein Arbeitshaus für ein Jahr verurteilt worden. Mit Schreiben vom 26. Oktober 1976 hat das Ministerium für Gnadenwesen und Justiz der Republik Italien um Auslieferung des Verfolgten zur Vollstreckung der Freiheitsstrafen ersucht. Auf Antrag des Generalstaatsanwalts hat das Oberlandesgericht die Auslieferung zur Vollstreckung der durch das Urteil vom 26. April 1973 in Verbindung mit dem Urteil vom 5. Januar 1976 erkannten Strafe von acht Monaten Gefängnis für zulässig erklärt. Die Entscheidung über den weiter gehenden Antrag, auch die Auslieferung zur Vollstreckung der durch Urteil vom 4. Juni 1975 erkannten Freiheitsstrafe für zulässig zu erklären, hat es zurückgestellt, weil es hierfür die Entscheidung des Bundesgerichtshofs über eine Rechtsfrage von grundsätzlicher Bedeutung für erforderlich hält.

Nach den Sachverhaltsfeststellungen in diesem Urteil haben der Verfolgte und der frühere Mitangeklagte R. im Oktober 1972 »aus dem Erlös der Prostitution« der Prostituierten A. »ohne jeden rechtmäßigen Grund oder ohne eine erlaubte und angemessene Gegenleistung Nutzen gezogen«, und zwar R., indem er »sich die Einnahmen, die er selbst aushandelte, zu eigen machte«, und der Verfolgte, indem er von ihr »ungefähr eine Woche lang Unterkunft, Verpflegung und Zigaretten verlangte«; außerdem haben beide – ebenfalls in dieser Zeit – der Prostituierten gemeinschaftlich 200 000 Lire entwendet. Das Landgericht hat aufgrund dieser Feststellungen den Angeklagten des Diebstahls und der Ausbeutung der Prostitution nach Art. 624, 61 Nr. 11 und Art. 81 Abs. 2 des italienischen Strafgesetzbuchs sowie Art. 3 Nr. 8 des italienischen Gesetzes Nr. 75 vom 20. Februar 1958 für schuldig befunden. Es hat diese Handlungen »als Ausfluß des gleichen verbrecherischen Entschlusses« und daher als »durch das fortgesetzte Handeln gemäß Art. 81 Abs. 2 des (italienischen) Strafgesetzbuchs miteinander verbunden« angesehen und hat deshalb den Verfolgten zu der oben genannten einheitlichen Gefängnisstrafe verurteilt.

Das Oberlandesgericht ist bei der ihm obliegenden Prüfung, ob bei sinngemäßer Umstellung des Sachverhalts die Handlungen des Verfolgten nach deutschem Recht auslieferungsfähige Straftaten sind, zu dem Ergebnis gelangt, daß der Verfolgte zwar den Tatbestand des Diebstahls nach § 242 StGB erfüllt hat, nicht jedoch den der Zuhälterei nach § 181a StGB, der insoweit allein in Betracht kommt. Aus seinen Darlegungen ergibt sich, daß es gleichwohl eine uneingeschränkte Auslieferung des Verfolgten für zulässig hielte, wenn das gesamte Tatgeschehen nach deutschem Recht als eine einheitliche Handlung im Sinne des § 52 StGB anzusehen wäre, weil es sich dann jedenfalls um *eine* Tat im Sinne des Auslieferungsrechts handelte. Es ist jedoch der Meinung, daß das »zuhälterische Verhalten« des Verfolgten – seine Strafbarkeit unterstellt – zu dem Diebstahl im Verhältnis der Tatmehrheit nach § 53 StGB steht und daß beide Handlungen nicht als einheitlicher Lebensvorgang im Sinne des § 264 StPO und deshalb auch verfahrensrechtlich als zwei selbständige Handlungen anzusehen seien. Da somit nach Ansicht des Oberlandesgerichts auch im Sinne des Auslieferungsrechts zwei selbständige Taten vorliegen, hält es die Auslieferung nur insoweit für zulässig, als die Vollstreckung des Teils der Strafe in Betracht kommt, der auf die nach deutschem Recht als Diebstahl anzusehende Tat entfällt.

Wegen der grundsätzlichen Bedeutung hat das Oberlandesgericht die Sache dem Bundesgerichtshof zur Entscheidung der Frage vorgelegt, in welchem Umfang im Auslieferungsverkehr mit Italien die Auslieferung zur Strafvollstreckung für zulässig zu erklären ist, wenn im Urteil wegen mehrerer Taten im Sinne des § 53 StGB und des § 264 StPO, von denen eine nach deutschem Recht nicht strafbar ist, unter Anwendung des Art. 81 Nr. 2 und 3 des italienischen Strafgesetzbuches auf eine einheitliche Gefängnisstrafe erkannt worden ist.

Der Generalbundesanwalt hat sich im Ergebnis der Rechtsansicht des Oberlandesgerichts angeschlossen und beantragt, die Vorlegungsfrage dahin zu entscheiden, daß nur die Auslieferung zur Vollstreckung des Teils der Freiheitsstrafe zulässig ist, der auf die auch nach deutschem Recht strafbare Tat entfällt.

Die Vorlegung ist nach § 27 Abs. 1 DAG zulässig. –

Es kann dabei offen bleiben, ob die der Vorlegung zu Grunde liegende Rechtsansicht des Oberlandesgerichts zutrifft, die Handlungen des Verfolgten seien als selbständige Taten sowohl im Sinne des § 53 StGB als auch im Sinne des § 264 Abs. 1 StPO anzusehen. Diese Ansicht kann allerdings, jedenfalls was die Identität des historischen Ereignisses anlangt, schon deshalb Bedenken begegnen, weil nicht erkennbar ist, ob das Oberlandesgericht genügend berücksichtigt hat, daß das Landgericht Como aus seinen Sachverhaltsfeststellungen den Schluß gezogen hat, diese Handlungen könnten »als Ausfluß des gleichen verbrecherischen Entschlusses« angesehen werden, eine Folgerung, die sich auch nach deutschem Recht im Rahmen der dem Tatrichter obliegenden Beweiswürdigung hält. Es erübrigt sich jedoch, auf diese Frage näher einzugehen, denn die Rechtsansicht des Oberlandesgerichts ist jedenfalls nicht schlechthin unvertretbar. Der Senat hat sie deshalb hinzunehmen und sich auf die Beantwortung der vorgelegten Rechtsfrage zu beschränken (vgl. BGHSt 22, 94, 100; 25, 179, 180).

Unerheblich ist auch, daß die Bedenken des Oberlandesgerichts gegen die Zulässigkeit der unbeschränkten Auslieferung zum Teil auf unzutreffenden rechtlichen Voraussetzungen beruhen. Das Oberlandesgericht legt dar, es habe diese Bedenken »aus §§ 1, 2 DAG in Verbindung mit Art. 2 Abs. 1 Satz 1 EuAlÜbk«. Da § 2 DAG in der jetzigen Fassung auf den vorliegenden Fall nicht zutreffen kann, ist anzunehmen, daß das Oberlandesgericht seiner Vorlage die frühere Fassung dieser Vorschrift zu Grunde legt, die in Abs. 1 die Bestimmung enthielt, daß die Auslieferung nur wegen einer Tat zulässig ist, die nach deutschem Recht ein Verbrechen oder ein Vergehen ist. Das Oberlandesgericht übersieht offensichtlich, daß diese Bestimmung durch Art. 104 Nr. 2 EGStGB gestrichen worden ist. Das ist für die Entscheidung der Vorlegungsfrage jedoch ohne Bedeutung. Denn die beiderseitige Strafbarkeit als Voraussetzung der Auslieferung ergibt sich im vorliegenden Fall jedenfalls aus dem auch vom Oberlandesgericht angeführten Art. 2 Abs. 1 des Europäischen Auslieferungsübereinkommens, das am 1. Januar 1977 in Kraft getreten ist (BGBl. 1976 II, 1778).

In der Sache teilt der Senat die Rechtsansicht des Oberlandesgerichts und des Generalbundesanwalts, daß nur die Auslieferung zur Vollstreckung des Teils der Strafe zulässig ist, der auf die nach deutschem Recht strafbare Tat im Sinne des § 264 StPO entfällt.

§ 1 DAG macht die Zulässigkeit der Auslieferung vom Vorliegen einer rechtswidrigen Tat abhängig, also einer Tat, die nach deutschem Recht den Tatbestand eines Strafgesetzes verwirklicht (§ 11 Abs. 1 Nr. 5 StGB). Als Tat im Sinne des Auslieferungsrechts und damit auch dieser Bestimmung ist, wie der Bundesgerichtshof bereits wiederholt entschieden hat, die Tat im prozeßrechtlichen Sinn des § 264 StPO zu verstehen, nämlich der einheitliche geschichtliche Lebensvorgang, innerhalb dessen der Täter den Straftatbestand verwirklicht hat (BGHSt 22, 307, 308; BGH, Urteil vom 19. Oktober 1976 – 1 StR 154/76; vgl. auch BGH, NJW 1965, 1672, 1673). Bei mehreren Taten im Sinne des § 264 StPO, die nicht sämtlich nach deutschem Recht den Tatbestand eines Strafgesetzes erfüllen, ist die Auslieferung deshalb nicht wegen aller, sondern nur wegen der Taten zulässig, bei denen diese Voraussetzung vorliegt (vgl. *Grützner,* Deutsches Auslieferungsgesetz, in: Das deutsche Bundesrecht, Erläuterung zu § 2 DAG).

Aus Art. 2 Abs. 1 des Europäischen Auslieferungsübereinkommens, ergibt sich nichts anderes. Diese Vorschrift spricht zwar nicht, wie § 1 DAG, von einer bestimmten Tat als Voraussetzung der Auslieferung, sie bestimmt vielmehr, daß ausgeliefert werde wegen »Handlungen«, die in der im einzelnen angegebenen Weise mit Freiheitsstrafe oder sonstiger Freiheitsentziehung bedroht sind. Es kann aber nicht zweifelhaft sein, daß dieser Begriff jedenfalls nicht über den der Tat im Sinne des § 264 StPO hinaus geht. Denn es sind nicht die geringsten Anhaltspunkte dafür ersichtlich, daß die Vertragspartner diesen Rechtsbegriff in einem weiteren Sinn als dem des einheitlichen Lebensvorgangs verstanden wissen wollten.

Einem Auslieferungsbegehren, dem mehrere selbständige Taten im Sinne des § 264 StPO zugrunde liegen, die nicht sämtlich die Voraussetzungen für die Auslieferung erfüllen, darf deshalb sowohl nach § 1 DAG als auch nach Art. 2 Abs. 1 des Europäischen Auslieferungsübereinkommens nur insoweit stattgegeben werden, als es die Verfolgung oder Vollstreckung der nach deutschem Recht auslieferungsfähigen Tat betrifft.

Daß nach dem Recht des ersuchenden Staates auf eine einheitliche Strafe erkannt worden ist, kann dem nicht entgegenstehen. Denn der Beurteilung, ob und in welchem Umfang die Auslieferungsvoraussetzungen vorliegen, sind – bei sinngemäßer Umstellung des Sachverhalts – allein die deutschen Rechtsverhältnisse zu Grunde zu legen. Das deutsche Gericht hat deshalb in einem solchen Fall die Auslieferung zur Vollstrekkung nur für den Teil der Strafe für zulässig zu erklären, der auf die nach deutschem Recht strafbare Tat entfällt. Dem Gericht oder der sonst zuständigen Behörde des ersuchenden Staates obliegt es dann, diesen Teil der erkannten Strafe der Art und Höhe nach zu bestimmen und die Strafe nur insoweit zu vollstrecken.

Das Oberlandesgericht wird nunmehr erneut zu prüfen haben, ob dem Auslieferungsersuchen in vollem Umfang oder nur beschränkt stattzugeben ist. Seine Ausführungen in dem Vorlegungsbeschluß geben Anlaß, hierfür auf folgendes hinzuweisen:

Bei der Prüfung, ob der in dem ausländischen Urteil dargestellte Sachverhalt den Tatbestand einer deutschen Strafvorschrift erfüllt, dürfen nicht die gleichen strengen Maßstäbe angelegt werden wie im Revisionsverfahren bei der Überprüfung des Urteils auf die Sachbeschwerde. Das würde nämlich den Besonderheiten des Auslieferungsrechts, in welchem unterschiedliche Rechtsordnungen aufeinander treffen, nicht genügend Rechnung tragen. Das Gericht hat vielmehr diese Besonderheiten in seine Erwägungen mit einzubeziehen. Es hat insbesondere die Möglichkeit in Betracht zu ziehen, daß bei gleichen oder vergleichbaren Straftatbeständen das Recht des ersuchenden Staates geringere Anforderungen an die Tatbestandserfüllung stellt als das deutsche Recht. Wenn in einem solchen Fall in dem ausländischen Urteil das strafrechtlich relevante Verhalten nur in dem Umfang mitgeteilt wird, der erforderlich ist, um nach den dortigen Rechtsgrundsätzen die Tatbestandserfüllung darzutun, der dargelegte Sachverhalt aber nicht ausreicht, um auch bei den hier gestellten Anforderungen das Vorliegen des gesetzlichen Tatbestandes nachzuweisen, so besagt das noch nicht, daß die Tat nicht auch nach deutschem Recht strafbar und die Auslieferung deshalb unzulässig ist. Denn das ausländische Gericht hat keinen Anlaß, weitere Tatsachen, die der Tatbestand nach deutschem Recht erfordert, festzustellen und in dem Urteil mitzuteilen. In einem solchen Fall muß es deshalb für die Zulässigkeit der Auslieferung genügen, wenn sich aus der Gesamtheit der Urteilsgründe und sonstiger dem Gericht vorliegender Erkenntnisquellen der dringende Verdacht ergibt, daß der Verfolgte den Straftatbestand auch nach deutschem Recht erfüllt hat.

Daß auch dann, wenn bereits das ausländische Urteil vorliegt, grundsätzlich der dringende Tatverdacht genügt, ergibt sich aus § 5 DAG, der das vollstreckbare Straferkenntnis als Voraussetzung für die Zulässigkeit der Auslieferung dem Haftbefehl gleichstellt. Der Haftbefehl setzt – jedenfalls soweit er im Vorverfahren ergeht – neben den Haftgründen nur dringenden Tatverdacht voraus (§ 112 Abs. 1 Satz 1 StPO), das Gericht kann bei Vorliegen eines ausländischen Haftbefehls auch nur prüfen, ob die mitgeteilten Verdachtsgründe nach deutschem Recht den Tatbestand einer auslieferungsfähigen Straftat erfüllen. Schon aus dieser Gleichstellung folgt, daß es ausreichen muß, wenn sich auch aus dem strafgerichtlichen Erkenntnis nur der dringende Tatverdacht im Sinne des deutschen Rechts ergibt. Es wäre im übrigen eine durch nichts gerechtfertigte Bevorzugung des bereits abgeurteilten Verfolgten gegenüber dem, gegen den noch ermittelt wird, wenn an die Zulässigkeit seiner Auslieferung höhere Anforderungen gestellt würden als bei diesem. Dem Verfolgten geschieht damit kein Unrecht. Grundlage für die Strafvollstreckung, wie auch für die Strafverfolgung, ist in jedem Fall der Auslieferung das Recht des ersuchenden Staates. Die deutschen Auslieferungsbestimmungen setzen nicht das deutsche Recht an dessen Stelle. Sie dienen vielmehr nur dazu, den Auslieferungsverkehr mit anderen Staaten zu regeln. Das Erfordernis der beiderseitigen Strafbarkeit hat dabei in erster Linie den Zweck, den Grundsatz der Gegenseitigkeit im Auslieferungsverkehr zu wahren (vgl. *Mettgenberg/Doerner*, Deutsches Auslieferungsgesetz, 2. Aufl. Anm. 61 und 63). Keinesfalls aber folgt aus ihm ein Anspruch des Verfolgten auf Versagung der Auslieferung, wenn das ausländische Urteil nicht alle tatbestandsmäßigen Voraussetzungen darlegt, die für die Verurteilung nach deutschem Recht erforderlich sind.

Nr. 29 BGH 24. 5. 1977 (4 ARs 6/77) BGHSt 27, 191

Der Verfolgte, jugoslawischer Staatsangehöriger, ist durch rechtskräftiges Urteil des Kreisgerichts Belgrad wegen schweren Diebstahls in fünf Fällen, Anstiftung zum schweren Diebstahl in einem Fall und Urkundenfälschung in zwei Fällen zu drei Jahren strengem Gefängnis abzüglich der erlittenen Untersuchungshaft verurteilt worden. Das Bundessekretariat für Gerichtsbarkeit und Organisation der Sozialistischen Föderativen Republik Jugoslawien hat um seine Auslieferung zur Vollstreckung dieser Strafe ersucht. Der Verfolgte ist mit der Auslieferung nicht einverstanden. Er läßt sich u. a. ein, die jugoslawischen Behörden begehrten seine Auslieferung in erster Linie deshalb, weil er Kriegsdienstverweigerer sei. Er gehöre einer Glaubensgemeinschaft an, die den Kriegsdienst mit der Waffe verweigere. Aus diesem Grund habe er sich schon vor dem Verlassen seines Heimatlandes nach dem Erhalt des Gestellungsbefehls verborgen gehalten. Im Falle seiner Auslieferung nach Jugoslawien werde er dort nicht nur die Strafe verbüßen müssen, sondern unmittelbar danach zum Wehrdienst einberufen werden. Da er einer solchen Aufforderung aus Gewissensgründen nicht nachkommen könne, habe er mit sofortiger neuer Strafverfolgung zu rechnen.

Das Oberlandesgericht, das nach § 25 DAG über die Zulässigkeit der Auslieferung zu entscheiden hat, sieht die Taten, deretwegen der Verfolgte verurteilt worden ist, als auslieferungsfähige strafbare Handlungen im Sinne des Art. 2 Abs. 1 und 2 des deutsch-jugoslawischen Auslieferungsvertrages vom 26. November 1970 (BGBl. 1974 II, 1258; 1975 II, 1725) an. Es hat jedoch Bedenken gegen die Zulässigkeit der Auslieferung, weil es die Einlassung des Verfolgten, daß er der genannten Glaubensgemeinschaft angehöre, für glaubwürdig hält und meint, die Annahme liege »zumindest nicht fern, daß das allgemeine Menschenrecht des Art. 4 Abs. 3 GG über Art. 6 Abs. 1 des Auslieferungsvertrages die Auslieferung dann unzulässig« mache, »wenn der Auszuliefernde in seinem Heimatland sofort neue Strafverfolgung wegen Verweigerung des Wehrdienstes zu gewärtigen« habe. Wegen der grundsätzlichen Bedeutung hat es die Sache dem Bundesgerichtshof zur Entscheidung vorgelegt.

Der Generalbundesanwalt teilt in Übereinstimmung mit dem Generalstaatsanwalt, der die Auslieferung des Verfolgten beantragt hat, die Bedenken des Oberlandesgerichts nicht. Er ist der Meinung, Art. 4 Abs. 3 GG gelte unmittelbar nur für den Personenkreis, den die deutsche Wehrpflicht erreiche, also für die in den §§ 1 und 2 des Wehrpflichtgesetzes genannten Personen, zu denen der Verfolgte nicht gehöre. Art. 6 Abs. 1 des Auslieferungsvertrages stehe deshalb der Auslieferung nicht entgegen.

Die Vorlegung ist nach § 27 Abs. 1 DAG zulässig. In der Sache tritt der Senat der Rechtsansicht des Oberlandesgerichts bei, daß die Auslieferung unzulässig ist, wenn sie dazu führen würde, daß der Auszuliefernde gegen sein Gewissen zum Kriegsdienst mit der Waffe gezwungen wird.

Art. 6 Abs. 1 des deutsch-jugoslawischen Auslieferungsvertrages verbietet die Auslieferung, wenn ihr Bestimmungen der Verfassung des ersuchten Staates entgegenstehen. Das ist hier der Fall, denn die Auslieferung würde gegen das Grundrecht des Art. 4 Abs. 3 GG verstoßen, daß niemand gegen sein Gewissen zum Kriegsdienst mit der Waffe gezwungen werden darf.

Dieses Grundrecht gilt entgegen der Ansicht des Generalbundesanwalts nicht nur für die Personen, die in der Bundesrepublik nach dem Wehrpflichtgesetz wehrpflichtig sind, und erfaßt nicht nur die Verweigerung des Dienstes mit der Waffe in den deutschen Streitkräften. Es ist vielmehr ein in der Verfassung der Bundesrepublik verankertes, auf dem Grundrecht der Glaubens- und Gewissensfreiheit beruhendes allgemeines Grundrecht, das ohne Einschränkung für jeden gilt, der zum Kriegsdienst mit der Waffe herangezogen werden kann. Das ergibt sich schon aus dem eindeutigen Wortlaut des Art. 4 Abs. 3 GG sowie aus dem Umstand, daß dieses Grundrecht bereits zu einer Zeit in der Verfassung verankert war, in der eine Wehrpflicht in der Bundesrepublik noch nicht bestand. Seine Geltung als allgemeines Grundrecht im Sinne des Grundgesetzes wird, soweit ersichtlich, in der Rechtsprechung und im verfassungsrechtlichen Schrifttum allgemein anerkannt (vgl. BVerwGE 7, 242, 250=NJW 1959, 353); *Maunz/Dürig/Herzog*, Grundgesetz, Art. 4 Rdn. 169; Bonner Kommentar Art. 4 Rdn. 94; *von Mangoldt/Klein*, Das Bonner Grundgesetz, Anm. VI 6 zu Art. 4 GG u.a.). Sie ergibt sich insbesondere auch aus der Rechtsprechung des Bundesverfassungsgerichts, nach der das Grundrecht auf Kriegsdienstverweigerung aus Gewissensgründen auf dem Grundsatz der Freiheit des Gewissens und seiner Entscheidungen (Art. 4 Abs. 1 GG) beruht, welcher der freien menschlichen Persönlichkeit und ihrer Würde unmittelbar zugeordnet ist (BVerfGE 12, 45, 53, 54; 32, 40, 45). Das Bundesverwaltungsgericht spricht sogar von einem allgemeinen Menschenrecht im Sinne des Grundgesetzes (BVerwG, a.a.O.).

Dieses Grundrecht erlaubt die Verweigerung des Waffendienstes schlechthin und umfaßt auch das Recht, den Dienst mit der Waffe schon in Friedenszeiten zu verweigern (BVerfGE 12, 45, 56; 32, 40, 45). Es bedarf als unmittelbar wirksames Grundrecht nicht erst der Aktualisierung durch ein Gesetz und kann vom (einfachen) Gesetzgeber nicht eingeschränkt werden (BVerfGE 12, 45, 53; 28, 243, 259; 32, 40, 45). Die Bestimmungen des Wehrpflichtgesetzes, welche die Wehrpflicht und das Anerkennungsverfahren für Kriegsdienstverweigerer regeln, können deshalb an seinem rechtlichen Gehalt und an seiner Reichweite nichts ändern (vgl. *Scherer/Krekeler*, Wehrpflichtgesetz, 3. Aufl., Anm. I 2 b) zu § 25). Sie haben lediglich zur Folge, daß die Aktualität dieses Grundrechts, soweit die deutsche Wehrpflicht in Betracht kommt, auf die von ihr betroffenen Personen beschränkt ist (vgl. *Maunz/Dürig/Herzog*, a.a.O., Art. 4 Rdn. 169). Sie können aber nicht, wie der Generalbundesanwalt meint, eine Beschränkung des Kriegsdienstverweigerungsrechts auf den der deutschen Wehrpflicht unterliegenden Personenkreis begründen.

Eine solche Beschränkung würde auch dem wesentlichen Zweck des Art. 4 Abs. 3 GG zuwiderlaufen, der darin besteht, die Gewissensposition gegen den Kriegsdienst mit der Waffe zu schützen und den Kriegsdienstverweigerer vor dem Zwang zu bewahren, töten zu müssen (BVerfGE 28, 243, 262; 32, 40, 45), einem Zwang, der notwendig mit jedem Wehrdienst mit der Waffe verbunden ist, gleichviel in welchem Land er abzuleisten ist.

Eine Entscheidung, die zur Folge hat, daß jemand gegen sein Gewissen zum Wehrdienst mit der Waffe gezwungen wird, verstößt deshalb unabhängig davon, ob dieser Dienst im Inland oder im Ausland abgeleistet werden soll und ob der Betroffene nach deutschem Recht wehrpflichtig ist oder nicht, stets gegen Art. 4 Abs. 3 GG. Eine Auslieferung ist daher unzulässig, wenn sie dazu führt, daß der Verfolgte unmittelbar nach der Verbüßung der Strafe, noch ehe er das Land, an das er ausgeliefert wird, wieder verlassen kann, zum Wehrdienst mit der Waffe herangezogen wird und falls er aus Gewissensgründen diesen Dienst verweigert, Bestrafung zu gewärtigen hat.

Um einen solchen Fall handelt es sich hier. Art. 25 Abs. 3 des deutsch-jugoslawischen Auslieferungsvertrages gibt dem ersuchenden Staat die Möglichkeit, einen Ausgelieferten, der den gesetzlich vorgeschriebenen Militärdienst noch nicht abgeleistet hat, unmittelbar nach der Verbüßung der Strafe zur Ableistung dieses Militärdienstes einzuberufen. Die Verweigerung des Wehrdienstes ist, wie das Oberlandesgericht im Vorlagebeschluß dartut, nach dem jugoslawischen Recht mit strengem Gefängnis bis zu zehn Jahren bedroht. Es ist demnach davon auszugehen, daß der Verfolgte, der den gesetzlich vorgeschriebenen Wehrdienst noch nicht abgeleistet hat, im Falle seiner Auslieferung unmittelbar nach der Strafverbüßung in Jugoslawien zum Wehrdienst mit der Waffe einberufen wird und, wenn er gemäß seiner religiösen Überzeugung, also aus Gewissensgründen, diesen Dienst verweigert, Bestrafung zu gewärtigen hat. Seine Auslieferung nach Jugoslawien ist deshalb nach Art. 6 Abs. 1 des deutsch-jugoslawischen Auslieferungsvertrages i. V. m. Art. 4 Abs. 3 GG grundsätzlich unzulässig.

Diese Bestimmungen stehen der Auslieferung allerdings nicht entgegen, wenn gleichwohl die Gewähr gegeben ist, daß der Verfolgte im Anschluß an die Strafverbüßung, und zwar innerhalb der Frist des Art. 25 Abs. 1 b des Auslieferungsvertrages, in welcher ihm die Ausreise aus Jugoslawien gestattet ist (Art. 25 Abs. 2 des Vertrages), nicht zum Wehrdienst mit der Waffe einberufen wird und auch nicht aufgrund der früher erfolgten Einberufung hierzu herangezogen wird.

Diese Gewähr kann durch eine entsprechende förmliche Zusicherung der jugoslawischen Regierung, die um die Auslieferung nachsucht, gegeben sein. Daß der Verfolgte trotz einer solchen Zusicherung zum Wehrdienst mit der Waffe einberufen wird und im Weigerungsfall Bestrafung zu gewärtigen hat, ist nicht zu befürchten. Das jugoslawische Bundessekretariat für Gerichtsbarkeit und Organisation hat sich schon vor dem Inkrafttreten des deutsch-jugoslawischen Auslieferungsvertrages stets an seine Zusicherungen gehalten (vgl. BVerfGE 38, 398, 400 ff.). Daß seinen Zusicherungen in bezug auf die Behandlung Ausgelieferter vertraut werden kann, ergibt sich nunmehr vor allem aus diesem Vertrag, der insbesondere auch die Einhaltung des Spezialitätsgrundsatzes gewährleistet und damit dem Verfolgten Schutz gegen eine von ihm etwa befürchtete politische Verfolgung bietet. Er kann sich deshalb auch nicht auf das Asylrecht nach Art. 16 Abs. 2 GG berufen (vgl. BVerfGE 38, 403, 404). Im Falle einer solchen Zusicherung besteht daher kein Grund, die beantragte Auslieferung zu versagen.

Nr. 30 BVerfG 8. 6. 1977 (2 BvR 499/74, 1042/75) BVerfGE 45, 142

Im Frühjahr 1969 wurde eine Abwertung des französischen Franken erwartet; die Terminkurse verfielen. Diese Entwicklung führte dazu, daß der Kauf von Getreide in Frankreich und sein Wiederverkauf an die deutschen, belgischen und niederländischen Interventionsstellen zu einem lohnenden Geschäft wurde. Es kam zu umfangreichen Lieferungen französischen Getreides in die Bundesrepublik Deutschland, in die Niederlande und nach Belgien. Die Kaufverträge wurden per Termin abgeschlossen; die Einführer erreichten hohe Terminabschläge; diese gestatteten es, das Getreide (insbesondere Weichweizen und Gerste) zu Preisen anzubieten, welche die Interventionspreise für Weichweizen und Gerste erheblich unterschritten. Das bewirkte die fast vollständige Verdrängung des einheimischen Getreides aus dem Handelsstrom, das nunmehr fast ausnahmslos zur Intervention angeboten wurde, und führte zu einem außerordentlichen Anstieg der Intervention – im April und Mai 1969 wurde französisches Getreide sogar unmittelbar den deutschen Interventionsstellen angeboten. Diese Entwicklung bedrohte in der Bundesrepublik Deutschland die in Erwartung der Ernte 1969 notwendigen und getroffenen Maßnahmen der Einfuhr- und Vorratsstelle für Getreide und

Futtermittel (im folgenden: Einfuhr- und Vorratsstelle) zur Beschaffung von Lagerraum (vgl. die Darlegungen der Kommission der Europäischen Gemeinschaften zur Entscheidung Nr. 69/138/EWG vom 8. Mai 1969, ABl. Nr. L 112/1) und beschwor die Gefahr des Zusammenbruchs des Interventionssystems in der Bundesrepublik Deutschland herauf.

Aufgrund eines Antrages der Bundesrepublik Deutschland vom 2. Mai 1969 ermächtigte die Kommission, gestützt auf Art. 226 EWG-Vertrag, mit Entscheidung vom 8. Mai 1969 die Bundesrepublik Deutschland, den Interventionskauf von Weichweizen und Gerste gemäß Art. 7 Abs. 1 der Verordnung Nr. 120/67/EWG über die gemeinsame Marktorganisation für Getreide auf in der Bundesrepublik Deutschland geerntetes Getreide zu beschränken (ABl. vom 9. Mai 1969 Nr. L 112, S. 1/2). Gleiche Entscheidungen ergingen am selben Tag zugunsten der Niederlande und Belgiens.

Am 9. Mai 1969, 8.45 Uhr, hängte die Einfuhr- und Vorratsstelle eine Bekanntmachung des Inhalts aus, daß sie auf Weisung des Bundesministers für Ernährung, Landwirtschaft und Forsten und gemäß der Entscheidung der Europäischen Gemeinschaften vom 8. Mai 1969 ab sofort für Weichweizen und Gerste nur noch interveniere, wenn dieses Getreide in der Bundesrepublik Deutschland geerntet worden sei. Ergänzend wurde mitgeteilt, daß Weichweizen und Gerste, die vor Inkrafttreten der genannten Entscheidung am 8. Mai 1969, 18.40 Uhr, zur Intervention angeboten worden seien, von der vorstehenden Regelung nicht erfaßt würden. Diese Bekanntmachung (Nr. 65–68/69) vom 8. Mai 1969 wurde am 10. Mai 1969 im Bundesanzeiger Nr. 87/69, S. 2, veröffentlicht.

Fünf Wochen später erging die Rechtsverordnung des Bundesministers für Ernährung, Landwirtschaft und Forsten über die Beschränkung der Intervention auf in der Bundesrepublik Deutschland geerntetes Getreide vom 17. Juni 1969, verkündet im Bundesanzeiger Nr. 108 vom 19. Juni 1969, S. 1. In der Verordnung ist bestimmt:

»§ 1 Die Intervention von Weichweizen und Gerste nach Art. 7 Abs. 1 VO 120/67/EWG ... wird auf in der Bundesrepublik Deutschland geerntetes Getreide beschränkt.

§ 2 ...

§ 3 Diese Verordnung tritt mit Wirkung vom 9. Mai 1969, 8.45 Uhr, in Kraft.«

Die Verordnung vom 17. Juni 1969 ist auf § 7 Ziff. 2 des Gesetzes zur Durchführung der gemeinsamen Marktorganisationen für Getreide u.a. vom 30. Juni 1967 (BGBl. I, S. 617 – DurchfG-EWG-Getreide) gestützt. § 7 DurchfG-EWG-Getreide i.d.F. des Änderungsgesetzes vom 30. Juli 1968 (BGBl. I, S. 874) lautet:

»Für Maßnahmen, die im Rahmen der gemeinsamen Marktorganisationen bei Marktstörungen oder drohenden Marktstörungen vorgesehen sind, gelten, sofern die Maßnahmen nicht vom Rat oder der Kommission unmittelbar getroffen werden, die folgenden Vorschriften:

1. ...
2. Im übrigen kann der Bundesminister ... durch Rechtsverordnung ... die erforderlichen Maßnahmen treffen und hierbei insbesondere Vorschriften erlassen über eine Erhöhung oder Ermäßigung von Abschöpfungen (§ 1 des Abschöpfungsgesetzes), über Mindestpreise, Verwendungsbeschränkungen und Verpflichtungen des Einführers, die einzuführenden Erzeugnisse der zuständigen Marktordnungsstelle zur Übernahme zu überlassen, sowie bei Getreide auch über Vermahlungsregelungen und Beimischungspflichten ...«.

Nach dem 9. Mai 1969 erreichten die Einfuhr- und Vorratsstelle kaum noch Angebote zum Ankauf französischen Getreides. Zu den wenigen Anbietern gehörten die Beschwerdeführerinnen.

Die Beschwerdeführerin zu 1) hatte am 22. Mai 1969 der Einfuhr- und Vorratsstelle rd. 243 t Weichweizen zur Intervention angeboten; die Einfuhr- und Vorratsstelle lehnte die Intervention am 4. Juni 1969 ab. Die Beschwerdeführerin zu 2) hatte der Einfuhr- und Vorratsstelle am 6. Mai 1969 1000 t Gerste und 250 t Weichweizen zur Intervention angeboten. Damals lagerte das Getreide noch in Straßburg; in deutsche Lager kam das Getreide erst am 9. bzw. 14. Mai 1969. Die Einfuhr- und Vorratsstelle lehnte die Intervention mit Bescheiden vom 10. und 11. Juni 1969 ab. Die Beschwerdeführerin zu 3) bot am 9. Mai 1969 der Einfuhr- und Vorratsstelle 2000 t Weichweizen zur Intervention an; am 14. Mai 1969 lehnte die Einfuhr- und Vorratsstelle die Intervention ab.

Die drei Beschwerdeführerinnen erhoben gegen die genannten Bescheide der Einfuhr- und Vorratsstelle erfolglos Widerspruch.

Die Beschwerdeführerin zu 4) hatte der Einfuhr- und Vorratsstelle am 6. Mai 1969 acht Partien über zusammen 7500 t französischen Weichweizen angeboten und dabei fälschlich Übernahmelager in der Bundesrepublik Deutschland benannt, während das gesamte Getreide erst auf dem Transport zu diesen Lagern war. Die Einfuhr- und Vorratsstelle nahm die Angebote am 8. Mai 1969 zunächst an. Sie focht einen Teil der Übernahmeerklärungen jedoch an, weil sich die Ware bei Antragstellung noch nicht an den angegebenen Handelsplätzen befunden habe und sie mithin über das Vorliegen der Interventionsvoraussetzungen getäuscht worden sei. Bezüglich einer Partie von 500 t wiederholte die Beschwerdeführerin zu 4) mit Fernschreiben vom 30. Mai 1969 ihre Aufforderung, das Getreide abzunehmen, und setzte der Einfuhr- und Vorratsstelle eine Nachfrist, nach deren ergebnislosem Verlauf sie Schadensersatz verlangen werde. Im Ausgangsverfahren zu 4) begehrte die Beschwerdeführerin vor den Zivilgerichten Ersatz des Schadens, der ihr durch die Anfechtung der Übernahmeerklärung und die Nichtbearbeitung ihres erneuten Angebots entstanden sei. Die Klage stützt sich im wesentlichen auf die Ansicht, daß die Bekanntmachung vom 8. Mai 1969 die Interventionspflicht nicht beseitigt habe und die Verordnung des Bundesministers für Ernährung, Landwirtschaft und Forsten vom 17. Juni 1969 eine Rückwirkung nicht habe entfalten können.

In den Ausgangsverfahren zu 1) bis 3) hatte das Verwaltungsgericht Frankfurt am Main die Klagen abgewiesen. Der Hessische Verwaltungsgerichtshof gab dagegen auf Berufung hin den Klagen statt.

Das Bundesverwaltungsgericht hat auf die Revision der Einfuhr- und Vorratsstelle die Urteile des Hessischen Verwaltungsgerichtshofs aufgehoben und die Klagen abgewiesen.

Das Bundesverwaltungsgericht geht, gestützt auf eine gemäß Art. 177 EWG-Vertrag eingeholte Vorabentscheidung des Gerichtshofs der Europäischen Gemeinschaften davon aus, daß die Interventionspflicht der Einfuhr- und Vorratsstelle nicht schon durch die Entscheidung der Kommission vom 8. Mai 1969 aufgehoben worden sei; dazu sei vielmehr ein innerstaatlicher Rechtsakt notwendig gewesen. Es sei nicht selbstverständlich, daß dieser Rechtsakt eine Verordnung gemäß § 7 DurchfG-EWG-Getreide hätte sein müssen, denn hier sei einer innerstaatlichen Behörde die Nichtanwendung eines Rechtssatzes des Gemeinschaftsrechts gestattet worden. In welchen Formen von einer solchen Erlaubnis Gebrauch gemacht werden dürfe, sei nicht nach dem Grundsatz zu entscheiden, daß Gesetzesrecht nur durch gleichartige Rechtsnormen umgestaltet werden könne; dieses Prinzip gelte nur für nationales Recht. Auch § 7 DurchfG-EWG-Getreide beantworte die Frage nach der Art der Durchführung der Kommissionsentscheidung nicht eindeutig: Es sei zweifelhaft, ob die in § 7 dem Verordnungsgeber erteilte Ermächtigung nicht ausschließlich für die besonderen Interventionsmaßnahmen nach Art. 8 der Verordnung Nr. 120/67/EWG zur Durchführung dieser Verordnung gelte und auf Maßnahmen, zu welchen die innerstaatlichen Behörden nach Art. 226 EWG-Vertrag befugt seien, keine Anwendung finde.

Es komme aber nicht darauf an, ob eine Verwaltungsanordnung die Interventionspflicht habe aufheben können, denn dies sei jedenfalls mit Wirkung vom 9. Mai 1969 durch die Verordnung des Bundesministers für Ernährung, Landwirtschaft und Forsten vom 17. Juni 1969 geschehen.

Der Verordnungsgeber habe den ihm durch § 7 DurchfG-EWG-Getreide gesteckten Rahmen eingehalten; er habe nicht mehr prüfen dürfen, ob eine drohende Störung der Marktordnung vorlag, denn dies habe die Kommission mit ihrer auf Art. 226 EWG-Vertrag gestützten Entscheidung vom 8. Mai 1969 für den deutschen Verordnungsgeber bindend bejaht.

Die Rückwirkung sei erforderlich im Sinne des § 7 Ziff. 2 DurchfG-EWG-Getreide gewesen. Für die Beurteilung dieser Frage komme es nicht darauf an, wie die tatsächliche Entwicklung nach dem 9. Mai 1969 verlaufen sei. An diesem Tage sei mit einer erheblichen Zahl von Angeboten zu rechnen gewesen. Die Verordnung vom 17. Juni 1969 erstrebe die endgültige Klärung einer bisher unsicheren Rechtslage. Sie stelle sich somit der Bekanntmachung der Einfuhr- und Vorratsstelle als Einheit dar, indem sie nach dem Willen des Verordnungsgebers an die Stelle dieser Bekanntmachung treten solle.

§ 3 der Verordnung habe keiner besonderen Ermächtigung bedurft. Der Verordnungsgeber habe in den Grenzen der Ermächtigung die ihm notwendig erscheinende Regelung zu treffen. Er könne das auch mit Wirkung für die Vergangenheit tun, sofern dies mit den allgemeinen Grundsätzen für die Rückwirkung von Rechtsnormen vereinbar sei. Einer besonderen Ermächtigung, die Rückwirkung einer Rechtsverordnung anzuordnen, bedürfe es – auch nach der Rechtsprechung des Bundesverfassungsgerichts – nicht. Dies gelte jedenfalls dann, wenn die Rückwirkung nicht für die Zeit vor dem Inkrafttreten der Ermächtigung angeordnet werde.

Die Verordnung vom 17. Juni 1969 sei mit dem Vertrauensgrundsatz vereinbar. Dies gelte selbst dann, wenn man in § 3 der Verordnung die Normierung einer echten Rückwirkung sehe. Die Getreideimporteure hätten alle den Antrag der Bundesregierung auf Interventionsstopp und die daraufhin ergehende Entscheidung der Kommission gekannt; sie hätten nicht darauf vertrauen dürfen, die Bundesregierung werde die Interventionen wie bisher zulassen. In welchem Maß die Vorgänge Anfang Mai 1969 das Vertrauen der Importeure in die Fortdauer der Interventionskäufe beeinträchtigt hätten, zeige der schlagartige Rückgang der Angebote. Der den Beschwerdeführerinnen aufgrund des Rechtsstaatsprinzips zustehende Vertrauensschutz gelte nicht auch dem Vertrauen auf die Ungültigkeit der die Interventionspflicht beschränkenden innerstaatlichen Maßnahme. Die Beschwerdeführerinnen hätten sich bei ihren Getreideimporten vielmehr davon leiten lassen müssen, daß eine öffentlich-rechtliche Regelung den Rechtsschein der Gültigkeit für sich habe. Dies gelte insbesondere vor dem Hintergrund der unklaren und verworrenen Rechtslage des Ausgangsfalles. Allein schon sie habe – wie in BVerfGE 13, 261 ff., festgestellt – den rückwirkenden Eingriff in eventuell entstandene Rechte gestattet. Unerheblich sei, wie der Verordnungsgeber die Rechtslage gesehen habe; es komme daher nicht auf die Vernehmung leitender Beamter des Bundeswirtschaftsministeriums oder der Einfuhr- und Vorratsstelle an; die dahin gehenden Beweisanträge zielten auf eine Ausforschung des Prozeßgegners. Schließlich müsse die Frage, ob das rückwirkende Inkraftsetzen einer Rechtsnorm mit dem Rechtsstaatsprinzip vereinbar sei, auch vom Wesen der durch den Eingriff betroffenen Rechtsposition her beantwortet werden. Danach könnten die Beschwerdeführerinnen keine besondere Schutzwürdigkeit für sich beanspruchen. Den Beschwerdeführerinnen sei nur der mit der Intervention in der Bundesrepublik aufgrund der damaligen Währungslage verbundene Gewinn entgangen. Sie hätten das Getreide nach wie vor jedoch z.B. der französischen Interventionsstelle verkaufen können.

Das Bundesverwaltungsgericht hat es auch nicht für geboten erachtet, den Gerichtshof der Europäischen Gemeinschaften zur Klärung der Fragen anzurufen, ob Art. 226 EWG-Vertrag die Kommission ermächtigt habe, einem Mitglied das rückwirkende Inkraftsetzen von Schutzmaßnahmen zu gestatten, oder ob die in Rede stehende Kommissionsentscheidung dahin auszulegen sei, daß die Bundesrepublik Deutschland ihre innerstaatlichen Schutzmaßnahmen nur für Getreide vorsehen dürfe, welches nach dem Inkrafttreten der Schutzmaßnahme der Einfuhr- und Vorratsstelle angeboten worden sei. Nach Ansicht des Bundesverwaltungsgerichts kam es darauf für die Entscheidung des Ausgangsverfahrens nicht an: Dem Urteil des Gerichtshofs der Europäischen Gemeinschaften vom 22. März 1973 zufolge regle sich der Vollzug der Kommissionsentscheidung vom 8. Mai 1969 nach nationalem Recht; dieses bestimme daher auch die Zulässigkeit der Rückwirkung. Im übrigen habe die Entscheidung vom 8. Mai 1969 die Bundesrepublik ausdrücklich gerade nicht ermächtigt, die Schutzmaßnahmen für die Zeit vor dem Inkrafttreten der Entscheidung anzuordnen.

Im Ausgangsverfahren zu 4) hatte das Oberlandesgericht Frankfurt am Main das klageabweisende Urteil des Landgerichts Frankfurt am Main aufgehoben und der Klage dem Grunde nach stattgegeben.

Der Bundesgerichtshof hat auf Revision der Einfuhr- und Vorratsstelle das Berufungsurteil aufgehoben und die Klage der Beschwerdeführerin zu 4) abgewiesen. Nach Ansicht des Bundesgerichtshofs gestattete die vom Gerichtshof der Europäischen Gemeinschaften mit Urteil vom 27. Mai 1975 als gültig erachtete Kommissionsentscheidung vom 8. Mai 1969 der Bundesrepublik Deutschland, die erforderlichen Schutzmaßnahmen nach innerstaatlichem Recht anzuordnen. Dazu habe es nach § 7 DurchfG-EWG-Getreide einer Rechtsverordnung bedurft. Diese Verordnung sei am 17. Juni 1969 mit Rückwirkung auf den 9. Mai 1969 gültig erlassen worden. Sie sei mit Art. 80 Abs. 1 Satz 2 GG vereinbar; danach sei nicht notwendig, daß der Verordnungsgeber ausdrücklich zum Erlaß einer rückwirkenden Verordnung ermächtigt sei. Die Verordnung vom 17. Juni 1969 verstoße auch nicht gegen den Grundsatz des Vertrauensschutzes. Das Vertrauen der Getreideimporteure in den Fortbestand der Interventionspflicht sei spätestens von dem Zeitpunkt an nicht mehr schutzwürdig gewesen, als der Einfuhr- und Vorratsstelle eingeführtes Getreide nur noch in der Absicht angeboten worden sei, Spekulationsgewinne aus der damaligen Schwäche des französischen Franken zu erzielen: Die Importeure hätten nicht ernsthaft glauben können, die Bundesrepublik werde die Intervention zu marktfeindlichen Zwecken weiterführen. Die zu erwartende Herausnahme des französischen Getreides aus der deutschen Intervention habe die Importeure nicht unzumutbar belastet; sie hätten das Getreide der französischen Interventionsstelle zum garantierten Interventionspreis anbieten können. Die Verordnung vom 17. Juni 1969 habe nicht in den gesicherten Bestand subjektiver Rechte der Importeure eingegriffen. Ein Amtshaftungsanspruch der Beschwerdeführerin zu 4) sei bis zum 17. Juni 1969 nicht entstanden. Die Einfuhr- und Vorratsstelle habe nicht die Amtspflicht gehabt, in einer rechtlich unklaren Lage den Importeuren unentziehbare Ansprüche zu verschaffen. Gestatte die Verfassung die rückwirkende Beschränkung subjektiver Rechte in Einzelfällen durch eine Rechtsnorm, dann erlaube sie auch der Verwaltung, von der strikten Befolgung des Prinzips der Gesetzmäßigkeit in Zeiten einer mit Gewißheit bevorstehenden Rechtsänderung abzuweichen, um das Ziel dieser Rechtsänderung nicht durch die Einräumung bestandskräftiger subjektiver Rechte zu untergraben. So gesehen habe die Verordnung vom 17. Juni 1969 die unsicher gewordene Rechtsgrundlage der Ansprüche auf Intervention nach Art. 7 der Verordnung Nr. 120/67/EWG als – vorübergehend – unwirksam erklärt, sie habe aber nicht bereits entstandene subjektive Rechte rückwirkend entzogen. Soweit eine Amtspflichtverletzung der Einfuhr- und Vorratsstelle im übrigen vorliege, sei sie nicht ursächlich für den geltend gemachten Schaden. Die Verordnung vom 17. Juni 1969 sei auch von Art. 14 GG her unbedenklich: Der Anspruch auf Intervention unterfalle nicht dem verfassungsrechtlichen Eigentumsbegriff; ein Eingriff in den Bestand des von der Beschwerdeführerin zu 4) eingerichteten und ausgeübten Gewerbebetriebes sei nicht ersichtlich.

Mit ihren Verfassungsbeschwerden rügen die Beschwerdeführerinnen Verstöße gegen Art. 2 Abs. 1 GG in Verbindung mit dem Rechtsstaatsprinzip und Art. 80 Abs. 1 Satz 2 GG, Art. 3 GG, Art. 12 GG, Art. 14 GG, Art. 101 Abs. 1 Satz 2 und 103 Abs. 1 GG.

Nach Ansicht der Beschwerdeführerinnen überschreitet die Verordnung vom 17. Juni 1969 die Grenzen der in § 7 DurchfG-EWG-Getreide erteilten Ermächtigung.

Wenn ein Gesetz zur rückwirkenden Inkraftsetzung einer Rechtsverordnung ermächtigen wolle, so seien Inhalt, Zweck und Ausmaß einer künftig zu erlassenden Rechtsverordnung nur dann in der von Art. 80 Abs. 1 Satz 2 GG gebotenen Weise umschrieben, wenn die genannte Befugnis ausdrücklich im Ermächtigungsprogramm enthalten sei. Fehle sie, wie in § 7 DurchfG-EWG-Getreide, dann sei anzunehmen, der Gesetzgeber habe ein rückwirkendes Inkraftsetzen von Schutzmaßnahmen nicht zulassen wollen. Dies mißachte die Verordnung vom 17. Juni 1969; sie gehöre daher nicht zum Bestand der verfassungsmäßigen Ordnung im Sinne des Art. 2 Abs. 1 GG; der auf ihr beruhende Eingriff in die wirtschaftliche Gestaltungsfreiheit der Beschwerdeführerinnen sei verfassungswidrig.

Dies gelte auch deswegen, weil schon aus § 7 DurchfG-EWG-Getreide selbst folge, daß Schutzmaßnahmen nur für die Zukunft angeordnet werden dürften: Derartige Maßnahmen vermöchten für die Vergangenheit keine Abhilfe zu schaffen; ihrer Natur nach könnten sie nur kommenden Marktstörungen entgegenwirken.

Die in § 3 der Verordnung vom 17. Juni 1969 vorgesehene Rückwirkung verstoße ferner gegen den aus dem Rechtsstaatsprinzip abgeleiteten verfassungskräftigen Grundsatz des Vertrauensschutzes. Die Verordnung vom 17. Juni 1969 habe echte Rückwirkung entfaltet, indem sie in der Vergangenheit entstandene Rechtspositionen nachträglich entwertet habe; die Fälle der Beschwerdeführerinnen seien so zu sehen, als wären die Interventionen der Rechtslage gemäß erfolgt.

Die vom Bundesverfassungsgericht zugelassenen Ausnahmen vom Verbot echter Rückwirkung lägen nicht vor. Dabei sei schon fraglich, ob diese Ausnahmen auf Rechtsverordnungen überhaupt anzuwenden seien: Die Verordnung beruhe nicht auf zwingenden Gründen des gemeinen Wohls. § 3 der Verordnung vom 17. Juni 1969 habe die Getreidemarktlage nicht beeinflussen können. Die Einfuhr- und Vorratsstelle habe durch die Fortsetzung der Interventionen keinen finanziellen Nachteil erlitten; das Getreide sei so oder so den Marktordnungsstellen zur Übernahme angeboten worden. Die Ausfuhr von deutschen Übernahmelagern aus sei zudem kostengünstiger als von französischen Lagern aus gewesen. Die Einfuhr- und Vorratsstelle habe sich mit dem Interventionsstopp nur entlasten wollen. Aufgrund des Marktordnungsrechts seien für Juli 1969 Getreideangebote an die Einfuhr- und Vorratsstelle nicht mehr zu erwarten gewesen. Die verstärkte Getreideeinfuhr im Frühjahr 1969 habe im übrigen eine volkswirtschaftlich positive Seite: Die verstärkte Nachfrage nach französischen Franken zur Bezahlung des in Frankreich gekauften Getreides habe diese Währung vor weiteren Kursverlusten bewahrt und so der deutschen Exportwirtschaft genützt. In diesem Zusammenhang hätte das Bundesverwaltungsgericht bzw. der Bundesgerichtshof bedenken müssen, daß das Marktordnungsmittel »Intervention« in Verfolgung des Gemeinschaftsgedankens dazu geschaffen worden sei, um auf supranationaler Ebene irregulär verlaufende Marktströme aufzunehmen; das gemeine Wohl habe so eher verlangt, die Intervention fortzusetzen. Daß der Bundesminister für Ernährung, Landwirtschaft und Forsten selbst kein zwingendes Bedürfnis zum Erlaß eines Interventionsstopps gesehen habe, folge daraus, daß er die Verordnung erst nach mehr als fünf Wochen erlassen habe. Einziger Zweck der Rechtsverordnung sei ihre Rückwirkung gewesen; sie habe vor den damals schon angekündigten Schadensersatzforderungen der Importeure schützen sollen. Zum Beweis dieser Behauptung haben die Beschwerdeführerinnen mit Hinweis auf § 26 BVerfGG beantragt, die diese Angelegenheit betreffenden Akten des Bundesministers für Ernährung, Landwirtschaft und Forsten beizuziehen.

§ 3 der Verordnung vom 17. Juni 1969 sei auch nicht deswegen gültig, weil er eine unklare Rechtslage habe bereinigen sollen. Die Ansicht des Bundesverwaltungsgerichts, wonach nicht feststehe, daß der Interventionsstopp nur durch eine Rechtsnorm angeordnet werden könne, sei abwegig. Es habe für die mit den hier einschlägigen Regelungen ständig befaßten Behörden nicht zweifelhaft sein können, daß nach § 7 DurchfG-EWG-Getreide hier der Erlaß einer Rechtsverordnung notwendig war.

Das Vertrauen der Beschwerdeführerinnen in den Fortbestand der Interventionspflicht sei jedenfalls bis zum 17. Juni 1969 schutzwürdig gewesen. Weder der erheblich angewachsene Getreideimport und das ebenso gestiegene Angebot an die Einfuhr- und Vorratsstelle, noch die Veröffentlichungen in der Presse über den Antrag der Bundesregierung vom 2. Mai 1969 und über die Entscheidung der Kommission, noch die Bekanntmachung der Einfuhr- und Vorratsstelle vom 8. Mai 1969 hätten das Vertrauen der Beschwerdeführerinnen beeinträchtigen können. Hier habe gleiches zu gelten wie beim Gesetzgebungsverfahren. Im übrigen habe der Bundesminister für Ernährung, Landwirtschaft und Forsten durch sein Zögern hinsichtlich des Verordnungserlasses das Vertrauen der Beschwerdeführerinnen geradezu bestärkt. Die Bekanntmachung der Einfuhr- und Vorratsstelle habe schließlich nicht den Anschein ihrer Gültigkeit für sich; ein solcher komme nur Rechtsnormen zu.

Die Rechtspositionen der Beschwerdeführerinnen seien auch schutzwürdig gewesen. Sie seien in Art. 7 der Verordnung Nr. 120/67/EWG begründet gewesen und durch einen gültigen Rechtsakt nicht aufgehoben worden. Nach dem Grundsatz der Gesetzmäßigkeit der Verwaltung hätte die Einfuhr- und Vorratsstelle die Interventionsanträge der Beschwerdeführerinnen bearbeiten und akzeptieren müssen. Dies hätte nach Art. 3 der Verordnung Nr. 1028/68/EWG und nach den eigenen Übernahmerichtlinien der Einfuhr- und Vorratsstelle unverzüglich geschehen müssen. Die Verpflichtung einer Behörde, entsprechend dem geltenden Recht zu handeln, werde nicht durch Presseveröffentlichungen über Absichten des Verordnungsgebers aufgehoben. Auf ihre Beachtung könne sich auch der »marktfeindliche Spekulant« verlassen.

§ 3 der Verordnung vom 17. Juni 1969 verletze das Grundrecht auf freie Berufsausübung. Wie die Entwicklung der Getreideeinfuhr aus Frankreich und der Angebote an die Einfuhr- und Vorratsstelle zeige, habe es der Rückwirkung der Verordnung nicht bedurft. Die Verordnung vom 17. Juni 1969 habe jedenfalls insoweit einen von den tatsächlichen Verhältnissen nicht gerechtfertigten, daher dem Verhältnismäßigkeitsprinzip widersprechenden Eingriff in die berufliche Tätigkeit der Beschwerdeführerinnen statuiert.

§ 3 der Verordnung vom 17. Juni 1969 verstoße ferner gegen die Eigentumsgarantie. Der Anspruch auf Intervention unterfalle dem Schutzbereich des Art. 14 GG. Es sei falsch, ihn als freiwillige Leistung des Staates an die Getreideerzeuger bzw. -importeure zu sehen. Die Stabilität des Agrarmarktes der Gemeinschaft beruhe auf dem mit den Interventionen durch die Marktordnungsstellen der Mitgliedsländer verbundenen System der Mindestpreisgarantie. Dessen Fortbestand trage die Kaufentschlüsse der Importeure und bilde so einen wesentlichen Bestandteil ihres Gewerbes. Die Rechtsposition des den Interventionsanspruch bedenkenden Getreideimporteurs sei der eines »klassischen« Eigentümers vergleichbar.

Entsprechendes gelte für den Amtshaftungsanspruch, der aus einer Verletzung der Interventionspflicht entstehe.

Sowohl das Bundesverwaltungsgericht als auch der Bundesgerichtshof hätten die Beschwerdeführerinnen dem gesetzlichen Richter entzogen. Das Bundesverwaltungsgericht hätte den Gerichtshof der Europäischen Gemeinschaften ein weiteres Mal zur Klärung der Frage anrufen müssen, welchen Umfang das Rückwirkungsverbot der Kommissionsentscheidung vom 8. Mai 1969 habe; dem Bundesverwaltungsgericht sei nach Art. 177 EWG-Vertrag verwehrt gewesen, diese Frage selbst zu entscheiden. Das Gericht habe sich über dieses Verbot willkürlich hinweggesetzt.

Die Entscheidung des Bundesgerichtshofs beruhe auf der These, die Einfuhr- und Vorratsstelle habe angesichts des sich anbahnenden Interventionsstopps die Amtspflicht gehabt, die Interventionsanträge der Beschwerdeführerinnen abzulehnen. Diese Ansicht des Bundesgerichtshofs sei jedoch mit Art. 3 der Verordnung Nr. 1028/68/EWG unvereinbar, wonach die Marktordnungsstellen die Interventionsanträge beschleunigt zu bearbeiten hätten. Über die Frage, ob diese Verordnung durch die genannte These des Bundesgerichtshofs berührt werde, habe gemäß Art. 177 EWG-Vertrag der Gerichtshof der Europäischen Gemeinschaften entscheiden müssen. Seine Anrufung habe der Bundesgerichtshof willkürlich unterlassen.

Die angefochtenen Entscheidungen verletzten den Anspruch der Beschwerdeführerinnen auf rechtliches Gehör.

Das Bundesverwaltungsgericht habe dadurch gegen Art. 103 Abs. 1 GG verstoßen, daß es die Frage, welcher Frist die Abwicklung fest eingegangener Dispositionen der Importeure bedurft hätte, mit den Parteien nicht erörtert habe. Darauf beruhten die unrichtigen, willkürlichen und in ihren Auswirkungen unverhältnismäßig harten Feststellungen des Bundesverwaltungsgerichts.

Der Bundesgerichtshof habe seine Feststellungen bezüglich der sich angeblich andeutenden Suspendierung der Interventionspflicht gleichfalls ohne vorherige Anhörung der Beschwerdeführerin zu 4) getroffen. Die Beschwerdeführerin zu 4) hätte die Richtigkeit dieser Annahme bestritten.

Willkürlicherweise seien die Anträge der Beschwerdeführerinnen auf Vernehmung der an der Abfassung der Verordnung vom 17. Juni 1969 beteiligten Bediensteten des Bundesministeriums für Ernährung, Landwirtschaft und Forsten als Ausforschungsanträge zurückgewiesen worden. Für die Richtigkeit der dadurch zu beweisenden Behauptung der Beschwerdeführerinnen, daß das Verfahren zum Erlaß der Verordnung nicht schon am 8. Mai 1969 begonnen habe, sprächen sämtliche Umstände des Falles. Im übrigen verbiete schon der Amtsermittlungsgrundsatz gemäß § 86 VwGO die Zurückweisung eines Beweisangebotes als auf Ausforschung des Prozeßgegners gerichtet.

Namens der Bundesregierung hat sich der Bundesminister für Ernährung, Landwirtschaft und Forsten geäußert. Er hält die Verfassungsbeschwerden für unbegründet:

Die Verordnung vom 17. Juni 1969 habe der Aufrechterhaltung eines geordneten Getreidemarktes in der Bundesrepublik Deutschland gedient. Sie habe damit zugleich eine wichtige Aufgabe für den Getreidemarkt der Gemeinschaft erfüllt. Dies folge aus dem den gemeinschaftlichen Getreidemarkt bestimmenden Ordnungssystem.

Das Massenangebot französischen Getreides im Frühjahr 1969 habe das Funktionieren der europäischen Agrarmarktordnung in verschiedener Weise bedroht. Zunächst sei zu befürchten gewesen, daß die Bundesrepublik Deutschland ihre Verpflichtung zur Intervention am Getreidemarkt nicht mehr werde erfüllen können, da für das übernommene Getreide kein Lagerraum mehr vorhanden gewesen sei. Die Einfuhr- und Vorratsstelle habe schon im Ausland erhebliche Lagerkapazitäten anmieten müssen. Dabei habe es sich zum Teil um ungeeignete Räume und um sog. Garantielager gehandelt, bei denen 75 v.H. des Lagergeldes auch bei Nichtinanspruchnahme des Lagerraums zu zahlen waren. Die durch den Zustrom französischen Getreides entstandenen Schwierigkeiten wären unlösbar geworden, hätte die Einfuhr- und Vorratsstelle weiterhin im vollen Umfang intervenieren und sich zugleich auf die Übernahme von Teilen der neuen Getreideernte vorbereiten müssen. Der Fortbestand der Interventionspflicht wäre damit letztlich zu Lasten der Erzeuger gegangen, denn ein Zusammenbruch des Interventionssystems hätte diese hinsichtlich der neuen Ernte auf den freien Markt verwiesen, wo sie angesichts der dort noch vorhandenen Getreidemengen einem ruinösen Preiswettbewerb ausgesetzt gewesen wären. Hinzu komme, daß die umfangreichen, durch spekulative Erwägungen veranlaßten Getreideeinfuhren die Volkswirtschaften der Gemeinschaft mit erheblichen Unkosten (Lagerung, Frachtkosten der Einfuhr- und Vorratsstelle beim Weiterverkauf des Getreides an Drittländer, Schwund) belastet hätten, die sonst von den Händlern selbst zu tragen gewesen wären. Diese Störungen der Getreidemarktordnungen hätten eines schnell wirkenden, wenn auch radikalen Gegenmittels bedurft. Ein solches sei die von der Bundesregierung beantragte und von der Kommission genehmigte Beschränkung der Intervention im Bundesgebiet auf in Deutschland erzeugtes Getreide gewesen. Die Tauglichkeit dieser Maßnahme beweise der schlagartige Rückgang des Angebots von französischem Getreide. Der Interventionsstopp für französisches Getreide sei kein unverhältnismäßiges Mittel gewesen. Für die Frage der Verhältnismäßigkeit komme es darauf an, mit welchen Mengen von der Einfuhr- und Vorratsstelle zu übernehmenden Getreides noch zu rechnen gewesen sei. Nach den Erfahrungen der ersten Maitage des Jahres 1969 habe man eher mit einem weiteren Anwachsen der Interventionsmengen rechnen müssen. Der Umstand, daß nach der Bekanntmachung des Interventionsstopps der Einfuhr- und Vorratsstelle nur wenig französisches Getreide angeboten worden sei, besage nur etwas über die Wirksamkeit der Maßnahme; daraus könne keinesfalls geschlossen werden, die Bundesregierung habe ein unverhältnismäßiges Mittel angewandt.

Die der Verordnung vom 17. Juni 1969 beigelegte Rückwirkung sei verfassungsrechtlich nicht zu beanstanden. Es treffe nicht zu, daß die Ermächtigungsgrundlage der Verordnung, § 7 des DurchfG-EWG-Getreide, den Erlaß rückwirkenden Verordnungsrechts verbiete. § 7 DurchfG-EWG-Getreide ermächtige den Bundesminister für Ernährung, Landwirtschaft und Forsten zu den »erforderlichen« Maßnahmen. Für die nähere Abgrenzung des damit umschriebenen administrativen Rechtsetzungsrahmens komme es vor allem auf die Besonderheiten an, welche sich aus dem Ineinandergreifen von gemeinschaftsrechtlicher Ermächtigung und einzelstaatlicher Durchführung ergäben. Die Bundesrepublik Deutschland habe nicht von sich aus die Interventionskäufe einstellen dürfen. Sie habe dazu einer Ermächtigung durch das zuständige Gemeinschaftsorgan bedurft, welche wiederum in nationales Recht habe umgesetzt werden müssen. Es sei deswegen unvermeidbar gewesen, daß vom Erlaß der Ermächtigung bis zu deren Durchführung in den hierfür nach dem Recht des Mitgliedstaates vorgesehenen Formen eine gewisse Zeit verging. Es sei jedoch untunlich, wenn die gestatteten Maßnahmen erst mit Wirkung für die Zukunft wirksam sein könnten. Der damals anwendbare Art. 226 Abs. 1 EWG-Vertrag habe die Entbindung eines Mitgliedstaates von Vertragspflichten nur im Falle einer greifbaren Marktstörung gestattet. Die Beseitigung einer solchen Störung dulde aber keinen Verzug. Der Mitgliedstaat sei sogar durch das Gemeinschaftsrecht gehalten gewesen, die Marktstörung mit den ihm von der Kommission eröffneten Möglichkeiten unverzüglich zu beheben, um das Marktgefüge der Gemeinschaft wieder in Ordnung zu bringen. Auf diesen rechtlichen und wirtschaftlichen Erwägungen beruhe § 7 DurchfG-EWG-Getreide. »Erforderlich« im Sinne dieser Vorschrift sei somit jede Maßnahme, die diesen Überlegungen entspreche, was auch das Inkraftsetzen der gestatteten und verwaltungsmäßig bereits praktizierten Maßnahme mit Wirkung *ex tunc* gebieten könne.

Der Anspruch der Beschwerdeführerinnen, ihr Vertrauen auf den Fortbestand der Rechtslage nicht enttäuscht zu sehen, sei nicht verletzt. Vom 9. Mai 1969 an hätten die Beschwerdeführerinnen keinesfalls mehr annehmen können, sie könnten weiterhin das von ihnen aus Frankreich eingeführte Getreide der Einfuhr- und Vorratsstelle verkaufen. Im übrigen hätten auch zwingende Gründe des gemeinen Wohls das rückwirkende Inkraftsetzen der Verordnung verlangt.

Die Verfassungsbeschwerden sind zulässig. Sie sind nach Erschöpfung des Rechtswegs innerhalb der Frist des § 93 Abs. 1 Satz 1 BVerfGG erhoben und rügen Grundrechtsverstöße in der von § 92 BVerfGG geforderten Weise.

Die Verfassungsbeschwerden gelten im wesentlichen denselben verfassungsrechtlichen Fragen. Es geht in allen Fällen darum, ob die Verordnung vom 17. Juni 1969 gültig und ob es von Verfassungs wegen zulässig war, den zeitlichen Anwendungsbereich dieser Verordnung am 9. Mai 1969, 8.45 Uhr, beginnen zu lassen. Die Verfassungsbeschwerden werden daher zur gemeinsamen Entscheidung verbunden.

Die Verfassungsbeschwerden sind unbegründet. Die angegriffenen Urteile des Bundesverwaltungsgerichts und des Bundesgerichtshofs verletzen nicht Grundrechte der Beschwerdeführerinnen.

Art. 2 Abs. 1 GG ist nicht verletzt. Die angegriffenen Urteile beeinträchtigen nicht in verfassungswidriger Weise die wirtschaftliche Betätigungsfreiheit der Beschwerdeführerinnen. Sie stützen sich im wesentlichen auf die Verordnung vom 17. Juni 1969. Diese Verordnung steht mit der verfassungsmäßigen Ordnung im Sinne des Art. 2 Abs. 1 GG im Einklang.

Die Verordnung benennt als ihre Rechtsgrundlage § 7 Ziff. 2 DurchfG-EWG-Getreide. Sie hält sich im Rahmen dieser gesetzlichen Ermächtigung.

Die Verordnung genügt den formellen Gültigkeitserfordernissen: Sie ist vom Bundesminister für Ernährung, Landwirtschaft und Forsten im Einvernehmen mit dem Bundesminister für Wirtschaft erlassen (§ 7 Ziff. 2 i. V. m. § 5 DurchfG-EWG-Getreide) und ordnungsgemäß verkündet worden (Art. 82 Abs. 1 Satz 2 GG, § 1 Abs. 1 des Gesetzes über die Verkündung von Rechtsverordnungen vom 30. Januar 1950, BGBl. I, S. 23).

§ 7 DurchfG-EWG-Getreide erteilt die Verordnungsermächtigung für »Maßnahmen, die im Rahmen der gemeinsamen Marktorganisationen bei Marktstörungen oder drohenden Marktstörungen vorgesehen sind«.

Weichweizen und Gerste, für welche die Interventionsbeschränkung verordnet wird, unterfielen zum entscheidungserheblichen Zeitpunkt der gemeinsamen Marktorganisation für Getreide gemäß Art. 1 Buchst. a der Verordnung Nr. 120/67/EWG.

Die Anordnung der Beschränkung der Intervention auf in der Bundesrepublik Deutschland geerntetes Getreide stellte eine Maßnahme im Sinne des § 7 DurchfG-EWG-Getreide dar. Zwar war zum entscheidungserheblichen Zeitpunkt eine rechtliche Möglichkeit der Beschränkung der Intervention von der hier in Rede stehenden Art weder in der Verordnung Nr. 120/67/EWG noch in einer Durchführungsbestimmung der Gemeinschaft, etwa zu Art. 8 der Verordnung Nr. 120/67/EWG, vorgesehen. Dies war auch der Grund dafür, daß die Kommission ihre Entscheidung vom 8. Mai 1969, mit der die Bundesrepublik Deutschland ermächtigt wurde, die Intervention zu beschränken, nicht auf die Verordnung Nr. 120/67/EWG, sondern auf Art. 226 EWG-Vertrag gestützt hat. Der Begriff der Maßnahmen im Rahmen der gemeinsamen Marktorganisationen im Sinne des § 7 DurchfG-EWG-Getreide ist indes nicht formell auf die in den einschlägigen Verordnungen der Gemeinschaft über die Errichtung und Durchführung von Marktorganisationen vorgesehenen Maßnahmen beschränkt; er ist materiell zu verstehen und schließt jedenfalls diejenigen Maßnahmen ein, die unmittelbar aufgrund des EWG-Vertrages selbst in bezug auf ein Erzeugnis, das einer bestehenden Marktorganisation unterfällt, zulässigerweise vom Rat oder der Kommission getroffen werden. Der Gerichtshof der Europäischen Gemeinschaften hat in zwei Vorabentscheidungen, die die Ausgangsverfahren der Beschwerdeführerinnen zu 1) und zu 4) betrafen, entschieden, daß dem Grundsatz des Art. 38 Abs. 2 EWG-Vertrag zufolge die Bestimmungen des Art. 226 auf landwirtschaftliche Erzeugnisse Anwendung finden, und der Umstand, daß die Verordnung Nr. 120/67/EWG die gemeinsame Marktorganisation für Getreide endgültig geregelt hat, die Anwendbarkeit einer allgemeinen Vertragsbestimmung wie der des Art. 226 EWG-Vertrag nicht einzuschränken vermag.

Er hat die Gültigkeit der Entscheidung der Kommission Nr. 69/138/EWG vom 8. Mai 1969 bejaht (vgl. EuGH, Urteil vom 22. März 1973, Rs 72/72, Slg. 1973, 377 ff.; Urteil vom 27. Mai 1975, Rs 2/75, Slg. 1975, 605 ff.). Soweit diese Entscheidungen im Rahmen der Ausgangsverfahren getroffen sind, binden sie auch das Bundesverfassungsgericht, Art. 177, 164 EWG-Vertrag. Eine Rechtsverordnung, mit der von einer auf Art. 226 EWG-Vertrag gestützten Ermächtigung der Kommission zur Beschränkung der Intervention bei Getreide Gebrauch gemacht wird, fällt mithin unter die Maßnahmen, die von § 7 DurchfG-EWG-Getreide gemeint sind.

Die Maßnahme war auch erforderlich im Sinne des § 7 Ziff. 2 DurchfG-EWG-Getreide.

Sie war zum einen rechtlich notwendig: Die Entscheidung der Kommission ermächtigte zwar die Bundesrepublik Deutschland, durch ihre zuständigen Organe die Intervention zu beschränken, bewirkte aber nicht selbst diese Beschränkung (vgl. EuGH, Urteil vom 22. März 1973, Rs 72/72, Slg. 1973, 377 [391]). Hierzu bedurfte es eines Aktes der deutschen Staatsgewalt.

Der Verordnungsgeber hat auch in rechtlich nicht zu beanstandender Weise die wirtschaftliche Erforderlichkeit der Maßnahme angenommen. Im Rahmen des sachlichen Anwendungsbereichs des § 7 DurchfG-EWG-Getreide, den das Gesetz mit unbestimmten Rechtsbegriffen umgrenzt, räumt es mit dem Begriff der Erforderlichkeit der Maßnahmen dem Verordnungsgeber einen politischen Beurteilungs- und Gestaltungsspielraum ein, innerhalb dessen nicht die Gerichte ihr – auf Rechtserkenntnis beschränktes – Urteil an die Stelle der politischen oder wirtschaftlichen Wertungen und Entscheidungen des Verordnungsgebers setzen dürfen. Die Gerichte können insoweit nur prüfen, ob die getroffene Maßnahme den Rahmen der Zweckbindung der gesetzlichen Ermächtigung überschreitet, ob sie etwa schlechterdings ungeeignet ist, diesen Zweck zu erreichen, oder ob sie unverhältnismäßig ist.

Dies ist hier zu verneinen: Die Verordnung vom 17. Juni 1969 war nicht eine schlechterdings ungeeignete Maßnahme, um von der Ermächtigung der Kommission wirksam Gebrauch zu machen und dadurch den nach Auffassung der Bundesrepublik Deutschland erheblichen Störungen auf dem deutschen Getreidemarkt zu begegnen. Insbesondere läßt sich auch die Anordnung der Rückwirkung der Verordnung auf den 9. Mai 1969 nicht unter dem Gesichtspunkt rechtlich beanstanden, daß sie ungeeignet gewesen sei, der Verschärfung der Marktstörungen entgegenzuwirken. Die Bundesrepublik Deutschland wie die Kommission beurteilten – wie Antrag und Ermächtigung belegen – die Schwierigkeiten auf dem deutschen Getreidemarkt am 8. Mai 1969 als so erheblich, daß sie die Beschränkung der Intervention als geeignetes und erforderliches Mittel ansahen, um den Marktstörungen zu begegnen. Dies ist verfassungsrechtlich nicht zu beanstanden. Lagen mithin die Voraussetzungen des § 7 Ziff. 2 DurchfG-EWG-Getreide insoweit am 9. Mai 1969 vor, dann durfte – unter dem Gesichtspunkt der Erforderlichkeit der Maßnahme – die Verordnung den Beginn des zeitlichen Anwendungsbereichs der Interventionsbeschränkung auf diesen Tag festlegen.

Die Rückwirkung der Verordnung vom 17. Juni 1969 ist auch im übrigen von der gesetzlichen Ermächtigung gedeckt.

§ 3 der Verordnung vom 17. Juni 1969 legt den Beginn des zeitlichen Anwendungsbereichs der Verordnung auf 9. Mai 1969, 8.45 Uhr, fest. Da die Verordnung mit der Ausgabe des Bundesanzeigers Nr. 108 vom 19. Juni 1969, in der sie verkündet wurde, erlassen war, legte sie sich Rückwirkung bei. Dies ist im Hinblick auf Art. 80 Abs. 1

GG verfassungsrechtlich unbedenklich. Art. 80 Abs. 1 GG verwehrt dem Gesetzgeber nicht, Ermächtigungen zum Erlaß rückwirkender Verordnungen zu erteilen, noch gebietet er, daß eine solche Ermächtigung ausdrücklich erteilt wird. Es reicht hin, wenn sich die Ermächtigung dazu aus dem Sinn und Zweck des Gesetzes ergibt.

§ 7 Ziff. 2 DurchfG-EWG-Getreide ermächtigte nicht ausdrücklich zum Erlaß rückwirkender Verordnungsbestimmungen. Gleichwohl ist eine solche Ermächtigung aus dem Sinn der Vorschrift zu entnehmen. Indem sie die »erforderlichen Maßnahmen« zu treffen gestattete, legt schon der Wortlaut nahe, darunter auch die zeitlichen Erfordernisse einer Maßnahme zu begreifen. Diese Annahme wird erhärtet durch den Zweck der gesetzlichen Ermächtigung, nämlich Maßnahmen des Rats oder der Kommission, die im Rahmen der gemeinsamen Marktorganisationen bei Marktstörungen oder drohenden Marktstörungen zugelassen sind, durch einen Akt der deutschen Staatsgewalt Wirksamkeit im Hoheitsbereich der Bundesrepublik Deutschland zu verschaffen. Wird eine solche Maßnahme nicht von den Gemeinschaftsorganen unmittelbar getroffen – und nur dann ist der sachliche Anwendungsbereich des § 7 DurchfG-EWG-Getreide gegeben –, bedarf es vielmehr des Hinzutretens eines Aktes des betroffenen Mitgliedstaates, dann kann das Verfahren dieses Mitgliedstaates einen gewissen Zeitraum bis zum Erlaß dieses Aktes bedingen. Es könnte den Zweck einer Maßnahme, die der Marktstörung wehren soll, vereiteln, wenn eine Verordnung diesen zeitlichen Zwischenraum nicht in ihren Anwendungsbereich einbeziehen dürfte. Eine Rückwirkung kann von diesem Zweck her gesehen erforderlich sein.

So liegt der Fall hier. Die Ansicht der Beschwerdeführerinnen, Schutzmaßnahmen, wie die Beschränkung der Intervention, könnten ihrer Natur nach nur in die Zukunft wirken, geht fehl. Die rückwirkende Beschränkung einer Rechtspflicht zur Intervention ist jedenfalls nicht mangels Geeignetheit dieser Maßnahme, Marktstörungen zu bekämpfen, ausgeschlossen. Denn die Aussetzung der Interventionskäufe war sehr wohl geeignet, den deutschen Interventionsstellen Entlastung gegenüber dem Zustrom von Getreide zu verschaffen.

Die Anordnung der Rückwirkung stand auch nicht außer Verhältnis zu diesem angestrebten Ziel. Mit dem Aushang der entsprechenden Bekanntmachung am 9. Mai 1969, 8.45 Uhr, stellte die Einfuhr- und Vorratsstelle ihre Interventionskäufe in bezug auf Weichweizen und Gerste, die nicht in der Bundesrepublik Deutschland geerntet und ihr nach dem 8. Mai 1969, 18.40 Uhr, angeboten worden waren, ein. Von diesem Zeitpunkt an konnten die Beschwerdeführerinnen – alles branchenkundige Kaufleute – wissen, daß die Interventionskäufe jedenfalls tatsächlich eingestellt würden. Dies schließt es aus, die Einbeziehung dieses Zeitpunkts in den zeitlichen Anwendungsbereich der Verordnung als unverhältnismäßige Maßnahme im Hinblick auf Sinn und Zweck des § 7 Ziff. 2 DurchfG-EWG-Getreide zu betrachten.

Die gesetzliche Grundlage selbst, auf die der Erlaß der Verordnung vom 17. Juni 1969 gestützt ist, § 7 Ziff. 2 DurchfG-EWG-Getreide, verstößt nicht gegen Art. 80 Abs. 1 GG.

Der *Zweck* der Ermächtigung ist vom § 7 DurchfG-EWG-Getreide hinreichend bestimmt: Er soll Maßnahmen, die im Rahmen der gemeinsamen Marktorganisationen bei Marktstörungen zugelassen sind und nicht von Rat oder Kommission unmittelbar getroffen werden, in Form von Rechtsverordnungen ermöglichen.

Inhalt und Ausmaß der in § 7 Ziff. 2 DurchfG-EWG-Getreide erteilten Ermächtigung können in bezug auf § 1 der Verordnung vom 17. Juni 1969 noch als hinlänglich bestimmt angesehen werden. Zwar besteht der Kern der dort erteilten Ermächtigung darin, die »erforderlichen Maßnahmen« in Form von Rechtsverordnungen zu gestatten. Für sich allein genommen, vermöchte dieser Begriff Inhalt und Ausmaß der Ermächtigung nicht zureichend zu bestimmen. Er wird indes durch eine »Insbesondere-Aufzählung« noch näher eingegrenzt; danach können erlassen werden Vorschriften über eine Erhöhung oder Ermäßigung von Abschöpfungen (§ 1 des Abschöpfungsgesetzes), über Mindestpreise, Verwendungsbeschränkungen und Verpflichtungen des Einführers, die einzuführenden Erzeugnisse der zuständigen Marktordnungsstelle zur Übernahme zu überlassen, über Vermahlungsregelungen und Beimischungspflichten. Zwar fällt die Beschränkung der Interventionspflicht und damit die Verordnung vom 17. Juni 1969 unter keine dieser näheren Bestimmungen; eine vorübergehende Einschränkung der Interventionspflicht, sofern sie gemeinschaftsrechtlich gestattet ist, ist jedoch – bezogen auf den Schutzzweck – von der gleichen Art und Wirkungsweise wie die dort ausdrücklich benannten Schutzmaßnahmen. Im Rahmen des von § 7 DurchfG-EWG-Getreide zugelassenen Systems der Bekämpfung von Marktstörungen war es für die von einer Verordnung der Möglichkeit nach Betroffenen – hier im wesentlichen der Kreis branchenkundiger Getreideeinführer – nicht unvorhersehbar, mit welcher Zielrichtung und in welcher Art von Fällen von der gesetzlichen Ermächtigung Gebrauch gemacht werden konnte.

Deshalb kann hier offenbleiben, ob der Maßstab, den Art. 80 Abs. 1 Satz 2 GG für die hinreichende Bestimmtheit von *Inhalt und Ausmaß* einer gesetzlichen Ermächtigung zum Erlaß von Verordnungen aufstellt, überhaupt für den Fall anwendbar ist, daß insoweit eine gemeinschaftsrechtliche Bindung der Bundesrepublik Deutschland gegeben ist, die den Gestaltungsspielraum des deutschen Gesetzgebers ergreift.

Die Verordnung vom 17. Juni 1969 verstößt auch im übrigen nicht gegen Verfassungsrecht. Dies gilt zumal für die angeordnete Rückwirkung. Der Verordnung zufolge war die Einfuhr- und Vorratsstelle vom 9. Mai 1969 an nicht mehr zur Intervention gemäß Art. 7 Abs. 1 der Verordnung Nr. 120/67/EWG in bezug auf nicht in der Bundesrepublik Deutschland geerntetes Getreide (Weichweizen und Gerste) verpflichtet. Diese Rückwirkung betraf nicht nur die Anwendbarkeit objektiven Rechts; Bundesverwaltungsgericht und Bundesgerichtshof haben in verfassungsrechtlich nicht zu beanstandender Weise angenommen, daß der Interventionspflicht der Einfuhr- und Vorratsstelle aufgrund des Art. 7 Abs. 1, 2 der Verordnung Nr. 120/67/EWG bei ordnungsgemäßem, schriftlich zugegangenem Angebot ein subjektiver Rechtsanspruch des Anbieters auf Intervention entspricht (vgl. auch VO Nr. 132/67 des Rats vom 13. Juni 1967, ABl. Nr. 120, S. 2364; VO Nr. 1028/68 der Kommission vom 19. Juli 1968, ABl. L 176, S. 1; EuGH, Urteile vom 1. Februar 1972, Rs 49/71, Slg. 1972, 23 ff. [35 f.]; Rs 50/71, Slg. 1972, 53 ff. [66]). Der Verordnung zufolge entfielen die in dem Zeitraum der Rückwirkung begründeten Rechtsansprüche auf Intervention vom 9. Mai 1969, 8.45 Uhr, an.

Das Grundgesetz zieht der Rückwirkung von Hoheitsakten der deutschen Staatsgewalt, zumal wenn sie belastend in verfassungsmäßig verbürgte Rechtsgüter eingreifen, enge Grenzen. Die Verordnung war ein Akt der deutschen Staatsgewalt; daß die Bundesrepublik Deutschland dabei von einer Ermächtigung der Kommission Gebrauch machte, ändert hieran nichts. Der Eingriff in subjektive Rechtsansprüche wurde durch die Ermächtigung der Kommission zwar gemeinschaftsrechtlich zulässig, vollzogen wurde er aber erst durch den Erlaß der Verordnung am 19. Juni 1969. Die Bundesrepublik Deutschland hat insoweit nicht einen durch Akte der Gemeinschaftsorgane bereits erfolgten Eingriff lediglich hingenommen, sondern ihn selbst bewirkt. Daher unterliegt die Verordnung vom 17. Juni 1969 auch insoweit den Maßstäben des Grundgesetzes.

Die Grenzen, die das Grundgesetz für rückwirkende belastende Eingriffe in bestehende subjektive Rechte zieht, ergeben sich, soweit es nicht besondere Regelungen – wie in Art. 103 Abs. 2 GG – trifft, aus dem das Grundgesetz durchwaltenden Rechtsstaatsprinzip. Zu den wesentlichen Elementen des Rechtsstaatsprinzips gehört die Rechtssicherheit (BVerfGE 7, 89 [92 f.]; 13, 261 [271]). Sie gebietet, daß der rechtsunterworfene Bürger nicht durch die rückwirkende Beseitigung erworbener Rechte über die Verläßlichkeit der Rechtsordnung getäuscht wird (vgl. BVerfGE 24, 75 [98]). Er soll die ihm gegenüber möglichen staatlichen Eingriffe voraussehen können, sich dementsprechend einrichten und darauf vertrauen dürfen, daß sein dem jeweils geltenden Recht entsprechendes Verhalten auch fernerhin von der Rechtsordnung als Rechtens anerkannt bleibt (vgl. BVerfGE 13, 261 [271]). Der Bürger soll sich grundsätzlich darauf verlassen dürfen, daß der Gesetzgeber an abgeschlossene Tatbestände nicht ungünstigere Folgen knüpft, als im Zeitpunkt der Vollendung dieser Tatbestände anhand der geltenden Rechtsordnung vorhersehbar war (vgl. BVerfGE 15, 313 [324]).

Für den Bürger bedeutet Rechtssicherheit mithin in erster Linie Vertrauensschutz (BVerfGE 13, 261 [271]). Dieser Vertrauensschutz wird zumal durch die Grundrechte verbürgt, in denen sich das Rechtsstaatsprinzip besonders nachdrücklich ausprägt. Daß diese vom Bundesverfassungsgericht gegenüber der Rückwirkung von Gesetzen anerkannten Grundsätze gegenüber Verordnungen nicht minder gelten, bedarf keiner Ausführung.

Das Bundesverfassungsgericht hat ausgesprochen, daß es gerade auch die Funktion der Eigentumsgarantie ist, dem Bürger Rechtssicherheit hinsichtlich der durch Art. 14 Abs. 1 Satz 1 GG geschützten Güter zu gewährleisten und das Vertrauen auf das durch die verfassungsmäßigen Gesetze ausgeformte Eigentum zu schützen. Insofern hat der rechtsstaatliche Grundsatz des Vertrauensschutzes für die vermögenswerten Güter im Eigentumsgrundrecht eine eigene Ausprägung und verfassungsrechtliche Ordnung erfahren (vgl. BVerfGE 36, 281 [293]; 31, 275 [293]). Die Eigentumsgarantie erfüllt insoweit die Funktion des allgemeinen verfassungsrechtlichen Grundsatzes des Vertrauensschutzes gegenüber Eingriffsakten. Er gewinnt indes dann wieder selbständige Bedeutung, wenn eine Prüfung ergibt, daß die betroffene Rechtsposition des Bürgers nicht in den Schutzbereich des Art. 14 Abs. 1 Satz 1 GG fällt.

Die Verordnung vom 17. Juni 1969 verletzte nicht verfassungsmäßig gewährleistete Eigentumsrechte der Beschwerdeführerinnen.

Der Rechtsanspruch auf Intervention, der nach dem Sachverhalt für die Beschwerdeführerinnen jeweils in Betracht kommen konnte, hat seine rechtliche Grundlage im Gemeinschaftsrecht. Dies führt indes nicht schon dazu, daß deshalb der Schutzbereich der Eigentumsgarantie des Art. 14 GG nicht eingriffe. Art. 14 GG schützt gegenüber hoheitlichen Eingriffen der Bundesrepublik Deutschland selbst solches Eigentum, das aufgrund einer fremden Rechtsordnung besteht, sofern diese Rechtsordnung insoweit nicht der deutschen öffentlichen Ordnung widerspricht (Vorbehalt des *ordre public* der Bundesrepublik Deutschland). Dies gilt für Rechtspositionen, die aufgrund des Rechts der Europäischen Gemeinschaft bestehen, um so mehr, als das Recht dieser Gemeinschaft, deren Mitglied die Bundesrepublik Deutschland ist, nicht als fremdes

Recht zu qualifizieren ist. Das primäre Gemeinschaftsrecht gilt für den Hoheitsbereich der Bundesrepublik Deutschland kraft des Rechtsanwendungsbefehls, den die Zustimmungsgesetze gemäß Art. 59 Abs. 2 GG den Gemeinschaftsverträgen erteilt haben; die Verordnung Nr. 120/67/EWG gilt nach Maßgabe ihres räumlichen Anwendungsbereichs kraft des Art. 189 Abs. 2 EWG-Vertrag allgemein und unmittelbar für den Hoheitsbereich jedes Mitgliedstaates.

Der Rechtsanspruch auf Intervention beruht auf Rechtsnormen, die dem *öffentlichen* Recht der Europäischen Gemeinschaft zugehören und als solche auch im Hoheitsbereich der Bundesrepublik Deutschland gelten. Die Pflicht der Interventionsstellen, während des ganzen Getreidewirtschaftsjahres das ihnen ordnungsgemäß angebotene, in der Gemeinschaft geerntete Getreide aufzukaufen, ist eine typische Form hoheitlicher Gebundenheit, wie sie Rechtsverhältnissen zwischen Privaten als solchen grundsätzlich (etwa von Monopolstellungen mit Vertragsabschlußzwang abgesehen) fremd ist. Dies steht auch im Einklang mit der Ausgestaltung, die die Getreidemarktordnung insgesamt durch die Verordnung Nr. 120/67/EWG gefunden hat, insbesondere mit den hoheitlichen Formen und Mitteln der Bestimmung der Preisarten und Handelsplätze, der Abschöpfungen, Erstattungen und Beihilfen, etwa der Festsetzung der Bedingungen für die Gewährung von Denaturierungsprämien und deren Höhe, oder der Erteilung von Ein- und Ausfuhrlizenzen. An der öffentlich-rechtlichen Natur des Anspruchs auf Intervention würde sich auch dann nichts ändern, wenn – worüber hier nicht zu befinden ist – der Aufkauf des Getreides gemäß Art. 7 Abs. 1, 2 der Verordnung Nr. 120/67/EWG wie auch die damit im Zusammenhang stehenden sachenrechtlichen Rechtsvorgänge nach Maßgabe des Privatrechts erfolgten; der Rechtsanspruch auf Intervention ist hiervon zu unterscheiden.

Das Bundesverfassungsgericht hat öffentlich-rechtliche Rechtspositionen des privaten Einzelnen dann in den Schutzbereich des Art. 14 Abs. 1 GG einbezogen, wenn der Einzelne dabei eine Rechtsstellung erlangt hat, die der des Eigentümers entspricht. Ein subjektiv-öffentliches Recht ist eigentumsähnlich verfestigt, wenn nach seiner gesamten rechtlichen Ausgestaltung und nach dem rechtsstaatlichen Gehalt des Grundgesetzes es als ausgeschlossen erscheint, daß der Staat dieses Recht ersatzlos entziehen kann (BVerfGE 1, 264 [274 ff.]; 4, 219 [240]; 15, 167 [200]; 16, 94 [112]; 38, 128 [138]). Eine solche Verfestigung hat das Bundesverfassungsgericht jedenfalls dann bejaht, wenn die vom öffentlichen Recht eingeräumte Rechtsstellung auf eine eigene Leistung zurückzuführen ist; es hat sie verneint, wenn sie ausschließlich auf staatlicher Gewährung beruht (vgl. BVerfGE 1, 264 [278]; 11, 221 [226]; 22, 241 [253]; 36, 281 [290]; 42, 263 [292 ff.]; 2, 380 [402]; 14, 288 [294 ff.]; 16, 94 [113].

Es bedarf hier nicht allgemein der Entscheidung, inwieweit darüber hinaus subjektive, vermögenswerte Rechtsstellungen, die dem privaten Einzelnen kraft öffentlichen Rechts zustehen, in den Schutzbereich der Eigentumsgarantie des Art. 14 GG einbezogen sind. Wenn die Rechtsordnung, wie hier die Verordnung Nr. 120/67/EWG, Regelungen trifft, durch die wirtschaftliche Lagen und Verhaltensweisen verrechtlicht werden, die ohne eine rechtliche Regelung der getroffenen Art innerhalb der allgemeinen Rechtsordnung bloße Erwerbschancen darstellen, ist größte Zurückhaltung geboten, die dadurch begründeten öffentlich-rechtlichen Rechtsstellungen in den Schutzbereich der Eigentumsgarantie des Art. 14 Abs. 1 GG einzubeziehen. Eine solche Einbeziehung kann dann in Betracht kommen, wenn schon bislang in den Schutzbereich des Art. 14 Abs. 1 GG fallende Rechtsstellungen inhaltlich umgestaltet werden, oder wenn eine durch die Neuregelung geschaffene Rechtsstellung sich speziell als Ausgleich für eine zugleich auferlegte, neuartige vermögenswerte Verpflichtung oder Belastung darstellt.

Gemessen hieran unterfällt der Rechtsanspruch auf Intervention aus Art. 7 Abs. 1, 2 der Verordnung Nr. 120/67/EWG nicht dem Schutzbereich des Art. 14 Abs. 1 GG: Seine Gewährung verrechtlicht etwas, das ohne die Agrarmarktregelung eine bloße Erwerbschance wäre. Er ist dem Anbieter nicht eingeräumt, um einen vorhandenen vermögenswerten Rechts- oder Güterbestand zu sichern, sondern um im Allgemeininteresse bestimmte Abläufe des Marktgeschehens tendenziell zu steuern. Was im freien Wettbewerb bloße Erwerbschance ist, wird aus Marktordnungsgesichtspunkten rechtlich instrumentalisiert, erlangt durch diese Verrechtlichung aber nicht die Qualität von vermögenswertem Bestand, wie Art. 14 GG ihn schützen will. Dem Rechtsanspruch auf Intervention entspricht nicht etwa auf seiten des Anbieters eine Anbietungs- oder Ablieferungspflicht; es steht ihm aufgrund der geltenden Regelung jederzeit rechtlich offen, seine Ware auf dem »freien Markt« zu veräußern. Ebensowenig stellt sich der Interventionsanspruch als Ausgleich für eine etwaige Beschneidung der Erwerbschancen durch Preis- oder Absatzbeschränkungen dar. Denn die Regelungen der Interventionspreise und Handelsplätze stellen ebensowenig wie die der Schwellenpreise (Art. 2 und 4–6 VO Nr. 120/67/EWG) Preis- oder Absatzbindungen oder -beschränkungen für die Veräußerung des Getreides durch den privaten Veräußerer auf dem freien Markt dar; sie legen nur fest, unter welchen Voraussetzungen und Bedingungen die Marktordnungsstellen zur Intervention verpflichtet sind bzw. welche Richthöhe das Preisniveau beim Absatz von aus Drittländern eingeführten Erzeugnissen tendenziell nicht unterschreiten soll. Der Interventionspflicht der Marktordnungsstellen zu diesem Richtpreis entsprechen mithin keine Beschränkungen, Einbußen oder Opferlagen bei einem schon vorhandenen vermögenswerten Bestand, etwa ihrem eingerichteten und ausgeübten Gewerbebetrieb, die den Anbietern zugemutet und die durch die Einräumung eines Rechtsanspruchs auf Intervention ausgeglichen werden sollen. Sinn der gesamten Interventions- und Abschöpfungsregelung ist vielmehr, über eine Stabilisierung des Agrarmarktes eine Mindestrichthöhe der Erzeugerpreise anzustreben und eine ausreichende Versorgung der Bevölkerung sicherzustellen (vgl. Vorspruch der VO Nr. 120/67/EWG und Art. 4 Abs. 1).

Hinzu kommt folgendes: Die Festlegung des Grundinterventionspreises, der Handelsplätze und der für sie jeweils geltenden abgeleiteten Interventionspreise (vgl. Art. 4 Abs. 1, Art. 2 und 4–6 VO Nr. 120/67/EWG), die in der Regel um den durchschnittlichen Frachtkostensatz zum Haupthandelsplatz ermäßigt sind, zeigt, daß es nicht Sinn und Zweck der Interventionsverpflichtung des Art. 7 Abs. 1, 2 der Verordnung Nr. 120/67/EWG ist, Getreide, das in dem einem bestimmten Handelsplatz zugeordneten Erzeugungsgebiet der Gemeinschaft geerntet worden ist, an einem der anderen festgelegten Handelsplätze zu dem Zweck zur Intervention zu bringen, um dadurch ein Gefälle in den Interventionspreisen auszunützen. Die Verordnung Nr. 120/67/EWG verwehrt das zwar nicht, denn die Interventionspflicht des Art. 7 Abs. 1 besteht auch für diesen Fall. Die Verrechtlichung von Erwerbschancen durch den Anspruch auf Intervention hat indes keinesfalls den Sinn, die wirtschaftlichen Chancen und Risiken, die sich aus der Nutzung dieser Möglichkeit infolge der Währungsverhältnisse zwischen den Erzeugungsgebieten verschiedener Handelsplätze ergeben, auf die Rechtsebene einer eigentumsmäßigen Bestandsgarantie im Sinne des Art. 14 Abs. 1 GG zu heben. Sie bleibt auch angesichts des Art. 7 Abs. 1, 2 der Verordnung Nr. 120/67/EWG bloße Erwerbschance. Der Anbieter mag sie – legal und durchaus marktkonform – zu seinem wirtschaftlichen Vorteil zu nutzen versuchen; wendet sich dieses Risiko gegen ihn, gewährt ihm Art. 14 GG dafür jedenfalls keinen Ausgleich.

Die Rechtsansprüche auf Intervention gemäß Art. 7 Abs. 1 der Verordnung Nr. 120/67/EWG gehörten jeweils auch nicht zum eingerichteten und ausgeübten Gewerbebetrieb der Beschwerdeführerinnen. Zwar steht auch das wirtschaftliche Unternehmen mit seinen personellen und gegenständlichen Grundlagen unter dem Schutz des Art. 14 Abs. 1 Satz 1 GG (BVerfGE 13, 225 [229 f.]; BGHZ 23, 157 [163]). Außerhalb des von der Eigentumsgarantie umfaßten Gewerbebetriebs in seiner konkreten Gestaltung verbleiben aber die Gegebenheiten und Chancen, innerhalb deren der Unternehmer seine Tätigkeit entfaltet. Diese Chancen und Gegebenheiten sind für das Unternehmen von erheblicher, eigentumsrechtlich aber nur mittelbarer Bedeutung; sie entscheiden mit über das Risiko eines Unternehmers, seine Leistungen und Erzeugnisse rentabel abzusetzen, werden von der Rechtsordnung aber nicht dem geschützten Bestandswert des einzelnen Unternehmens zugeordnet (vgl. BGHZ 45, 83 [87]; BGH LM Nr. 18, 36 zu Art. 14 [Cf] GG; BVerwGE 39, 329 [336 f.]). Beruhen solche, dem Unternehmer wirtschaftlich günstige Gegebenheiten und Chancen auf einer bestimmten Rechtslage und wird diese Rechtslage zum Nachteil der wirtschaftlichen Aussichten eines Unternehmers geändert, so bedeutet das eine Neuordnung der sozialen Bedingungen, innerhalb deren der Unternehmer seine Tätigkeit ausüben kann. Vor Art. 14 Abs. 1 Satz 2 GG ist dies so lange bedenkenfrei, als dadurch der Kern des Eigentumsrechts nicht angetastet wird.

Die Rückwirkung der Verordnung vom 17. Juni 1969 wurde auch nicht durch den allgemeinen Grundsatz des Vertrauensschutzes verwehrt.

Nach der Rechtsprechung des Bundesverfassungsgerichts begegnet die Anordnung der Rückwirkung einer Rechtsnorm dann keinen verfassungsrechtlichen Bedenken, wenn sie durch zwingende Gründe des gemeinen Wohls gefordert ist, wenn die rückwirkende Norm eine unklare Rechtslage bereinigt, wenn die betroffene Rechtsstellung einen Vertrauensschutz nicht genießt oder wenn ein Vertrauen auf ihren Fortbestand nicht begründet war (vgl. BVerfGE 13, 261 [272]).

Die Ansicht der Beschwerdeführerinnen, daß diese Gründe die Festlegung eines rückwirkenden zeitlichen Anwendungsbereichs für Rechtsverordnungen verfassungsrechtlich nicht rechtfertigten, geht fehl. Der Vertrauensgrundsatz wurzelt, wie dargelegt, in dem Gedanken der Rechtssicherheit und mithin im Rechtsstaatsprinzip. Der Bürger soll sich auf die rechtlichen Grundlagen und Bedingungen seiner Lebensgestaltung im Rahmen der verfassungsmäßigen Ordnung verlassen dürfen. Dieser Gedanke verwehrt es grundsätzlich, abgeschlossene Tatbestände im nachhinein in einer Weise belastend zu regeln, mit der der Bürger nicht rechnen und die er auch nicht in seine Dispositionen einbeziehen konnte. Ob nun ein solcher Eingriff in bislang insoweit unbelastete Rechtsstellungen durch Gesetze oder durch (bzw. aufgrund von) Verordnungen erfolgt, ist für diesen Schutzzweck gleichgültig. Umgekehrt gilt, wenn einer der oben genannten Gründe besteht, der die Rückwirkung einer gesetzlichen Regelung nicht hindert, diese verfassungsrechtliche Lage insoweit auch für eine in einer Verordnung enthaltene Norm.

Fehl geht auch die Meinung der Beschwerdeführerinnen, die genannten Gründe müßten gehäuft vorliegen. Dies steht mit der ständigen Rechtsprechung des Bundesverfassungsgerichts nicht im Einklang. Diese Gründe mit ihren Fallgruppen sind aus demselben Prinzip der Rechtsstaatlichkeit abgeleitet und rechtfertigen daher jeder für sich die Zulässigkeit einer Rückwirkung (BVerfGE 13, 262 [271 f.]).

§ 3 der Verordnung vom 17. Juni 1969 ist verfassungsrechtlich unbedenklich, denn das Vertrauen der Beschwerdeführerinnen auf den Fortbestand der Interventionspflicht war spätestens vom 9. Mai 1969, 8.45 Uhr, an nicht mehr schutzwürdig:

Die aufgrund des § 7 Ziff. 2 DurchfG-EWG-Getreide ergehenden Rechtsverordnungen dienen dazu, vorgegebenen Maßnahmen eines Gemeinschaftsorgans im Hoheitsbereich der Bundesrepublik Deutschland Wirksamkeit zu verschaffen. Dieses notwendige Bezogensein des deutschen Verordnungsrechts auf eine konkrete, der Gemeinschaftsrechtsordnung angehörende Maßnahme hat auch Auswirkungen auf den Vertrauensschutz der durch den Rechtsakt des Gemeinschaftsorgans zunächst nur mittelbar betroffenen Marktbürger: Hat das Gemeinschaftsorgan verlautbart, welche Maßnahmen ein Mitgliedstaat zur Abwehr einer bestehenden oder einer drohenden Marktstörung zufolge einer besonders erteilten Ermächtigung ergreifen darf, dann müssen die betroffenen Kreise damit rechnen, daß der Mitgliedstaat – schon im Hinblick auf seine eigenen Interessen und die ihm aus dem EWG-Vertrag erwachsenden Mitgliedschaftspflichten – die entsprechenden Maßnahmen für seinen Hoheitsbereich ergreift und dabei auch den zeitlichen Anwendungsbereich, der ihm vom Gemeinschaftsrecht her eröffnet wird, voll ausschöpft.

Für den Zeitpunkt, von welchem an ein Sachverhalt erkennbar ist, der sich im Sinne einer Verschlechterung der bisherigen Rechtslage auswirken kann, gilt daher folgendes: Angesichts des von § 7 DurchfG-EWG-Getreide verfolgten Zweckes, von der Ermächtigung eines Gemeinschaftsorgans, Marktstörungen bzw. drohenden Marktstörungen zu begegnen, Gebrauch machen zu können und dabei die erforderlichen Maßnahmen anzuordnen, kommt es für die Frage des Vertrauensschutzes auf drei Gesichtspunkte an: Waren den Beschwerdeführerinnen Marktstörungen oder drohende Marktstörungen erkennbar; mußten sie demzufolge mit der Einstellung der Interventionskäufe durch die Einfuhr- und Vorratsstelle rechnen und von wann ab waren solche Überlegungen angebracht?

Die Getreideeinfuhren aus Frankreich störten, wie dargelegt, Anfang Mai 1969 den Getreidemarkt in der Bundesrepublik Deutschland, in Belgien und den Niederlanden in erheblichem Maße. Dies konnten die Beschwerdeführerinnen aufgrund ihrer eigenen Kenntnis des Getreidemarktes erkennen. Sie konnten entsprechende Informationen auch der Fach- bzw. Tagespresse entnehmen. Das mußte die Beschwerdeführerinnen zu dem Schluß veranlassen, die Bundesrepublik Deutschland werde alsbald angesichts dieser Entwicklung Gegenmaßnahmen ergreifen. Ob die aus der damaligen Währungssituation hergeleiteten Erwägungen der Beschwerdeführerinnen zur Entlastung des Franken und die dadurch vermeintlich bewirkte Begünstigung der deutschen Ausfuhrwirtschaft sie zu der Annahme berechtigten, die Bundesrepublik Deutschland werde die Interventionskäufe – prinzipiell jedenfalls – fortsetzen, kann dahinstehen; spätestens vom 2. Mai 1969 an, als bekannt wurde, daß die Bundesregierung die Ermächtigung der Kommission für eine Interventionsbeschränkung beantragt hatte, bestand für solche Erwägungen kein Raum mehr. Dies ist auch der Zeitpunkt, von dem an die Beschwerdeführerinnen nicht mehr mit dem ungebrochenen Fortbestand der Interventionspflicht der Einfuhr- und Vorratsstelle rechnen und auf ihn vertrauen konnten. Als dann am 8. Mai 1969 die Kommission dem Antrag der Bundesregierung stattgab und der Bundesminister für Ernährung, Landwirtschaft und Forsten verlautbarte, daß er von der Ermächtigung Gebrauch machen wolle, war für die Beschwerdeführerinnen jeglicher Anlaß entfallen, auf die Fortsetzung der Interventionskäufe zu vertrauen. In welcher Weise die genannten Vorgänge die Überlegungen der Getreideeinführer beeinflußten, zeigt der schlagartige Rückgang der Interventionsangebote. Zumal das Verhalten der Beschwerdeführerin zu 4) läßt eindeutige Rückschlüsse darauf zu, was innerhalb der Branche bezüglich künftiger Interventionsangebote erwartet wurde.

Im weiteren Verlauf der Entwicklung hat der Bundesminister für Ernährung, Landwirtschaft und Forsten nichts unternommen, was die Beschwerdeführerinnen zur Annahme hätte bewegen können, es werde trotz aller gegenteiliger Anzeichen beim Fortbestand der bisherigen Rechtslage bleiben. Die Untätigkeit des Verordnungsgebers allein rechtfertigte eine solche Annahme nicht. Zwar ergeben sich in Fällen dieser Art verfassungsrechtliche Grenzen für den Zeitraum, bis zu welchem der Erlaß der rückwirkenden Norm sich verzögern mag, soll die Anordnung der Rückwirkung sich noch in rechtsstaatlichen Schranken halten. Um die mit der Rückwirkung verbundenen belastenden Auswirkungen möglichst gering zu halten, war der Verordnungsgeber gehalten, sobald der Sachverhalt, den zu regeln er sich anschickte, in allen hierfür wesentlichen Elementen geklärt war, seine Regelung zeitgerecht zu treffen – oder aber auf die Anordnung der Rückwirkung zu verzichten. Dazu kann in Fällen der vorliegenden Art, in denen die Ermächtigung durch ein Organ der Europäischen Gemeinschaft einzuholen ist, auch eine frühzeitige Vorbereitung der Rechtsverordnung durch den Verordnungsgeber gehören. Hier wurde diese Grenze auch speziell gegenüber den Beschwerdeführerinnen indes noch nicht überschritten. In diesem Zusammenhang ist die vom Bundesverwaltungsgericht angestellte Erwägung beachtlich, wonach schon die Bekanntmachung vom 8. Mai 1969 die Aussetzung der Interventionspflicht bewirkt haben könnte. Sie erscheint jedenfalls nicht so sachfremd, daß sie den Bundesminister für Ernährung, Landwirtschaft und Forsten nicht zur Prüfung der Frage hätte veranlassen können, ob der Erlaß einer Verordnung gemäß § 7 Ziff. 2 DurchfG-EWG-Getreide oder die Anordnung ihrer Rückwirkung überhaupt noch rechtlich erforderlich waren. Gegenüber den Beschwerdeführerinnen kommt hinzu, daß ihre von der Rückwirkung betroffenen Interventionsangebote, soweit sie ordnungsgemäß waren, alle noch in den Zeitraum bis Ende Mai 1969 fielen; bezüglich dieser Angebote ist ihnen aus der Untätigkeit des Verordnungsgebers bis zu diesem Zeitpunkt nicht ein besonderer Vertrauensschutztatbestand erwachsen.

Es ist demnach festzuhalten: Die Beschwerdeführerinnen konnten spätestens vom 9. Mai 1969 an nicht mehr darauf vertrauen, die Interventionspflicht der Bundesrepublik Deutschland gemäß Art. 7 der Verordnung Nr. 120/67/EWG werde von dem Zeitpunkt ab aufrechterhalten bleiben, der in der Ermächtigung der Kommission vom 8. Mai 1969 genannt ist. Mithin stand von Verfassungs wegen nicht ein Vertrauenstatbestand entgegen, der gehindert hätte, den zeitlichen Anwendungsbereich der Verordnung vom 17. Juni 1969 rückwirkend mit dem 9. Mai 1969 beginnen zu lassen. Ob § 3 der Verordnung vom 17. Juni 1969 auch noch durch andere der oben genannten Ausnahmetatbestände getragen wird, kann dahinstehen.

Es kann hier ferner offenbleiben, ob und inwieweit der Gesetz- bzw. Verordnungsgeber bei einer Änderung der Rechtslage, die subjektive Rechtsansprüche auch außerhalb des Schutzbereichs des Art. 14 GG betrifft, von Verfassungs wegen gehalten ist, Übergangsregelungen zu treffen, die eine möglichst schonende Überleitung oder Anpassung solcher Rechtsstellungen an die neue Rechtslage ermöglichen. Das Bundesverwaltungsgericht hat in den vorliegenden Fällen mit Recht verneint, daß die Verordnung vom 17. Juni 1969 den Getreideeinführern noch eine Frist von wenigen Tagen nach dem 8. Mai 1969 hätte einräumen müssen, um ihnen den Absatz der Ware zu ermöglichen, die sich bereits unwiderruflich auf dem Weg nach Deutschland befand. Es hat festgestellt, daß den Beschwerdeführerinnen der Antrag der Bundesregierung auf Ermächtigung zur Interventionsbeschränkung, der bei der Kommission am 2. Mai 1969 eingegangen war, bekannt war. Angesichts der räumlichen Entfernungen und zeitlichen Erfordernisse der einschlägigen Geschäftsverläufe hatten die Beschwerdeführerinnen hinlänglich Zeit, sich darauf einzurichten, daß die Kommission die Ermächtigung gewähren und die Bundesrepublik Deutschland davon Gebrauch machen werde. Hinzu kommt, daß es den Beschwerdeführerinnen unbenommen blieb, das am 8./9. Mai 1969 noch auf dem Transport befindliche Getreide vergleichsweise kurzfristig in ordnungsgemäßer Weise französischen Interventionsstellen zur Intervention anzubieten. Im übrigen kam das Ziel dieser Maßnahme – die dauerhafte Sicherung des gemeinsamen Getreidemarktes auf der Grundlage des Interventionspreissystems – aufs Ganze gesehen auch den Beschwerdeführerinnen zugute.

Das angegriffene Urteil des Bundesgerichtshofs verletzt auch im übrigen nicht das Grundrecht der Beschwerdeführerin zu 4) aus Art. 14 Abs. 1 GG.

Die Beschwerdeführerin zu 4) ist durch das Urteil des Bundesgerichtshofs vom 10. Juli 1975 in der Weise beschwert, daß der Bundesgerichtshof die Einfuhr- und Vorratsstelle für berechtigt erachtet hatte, die Annahme des Kaufangebots der Beschwerdeführerin zu 4) vom 6. Mai 1969 wegen arglistiger Täuschung anzufechten sowie die Übernahmeerklärungen in den Einkaufs-Schlußscheinen vom 8. Mai 1969 zurückzunehmen, und daß der Bundesgerichtshof die Einfuhr- und Vorratsstelle angesichts der bevorstehenden Rechtsänderung nicht für verpflichtet hielt, das neue, ordnungsgemäße Angebot der Beschwerdeführerin zu 4) anzunehmen. Diese Entscheidung läßt verfassungsrechtliche Verstöße nicht erkennen.

Der Anspruch eines Verkäufers gegen den Käufer auf Zahlung des Kaufpreises und Abnahme der Waren (§ 433 Abs. 2 BGB) ist ein vermögenswertes Recht im Sinne des Art. 14 GG. Er richtet sich zwar als Verpflichtungsanspruch nur gegen den Vertragsschuldner. Gleichwohl ist diese Forderung dem Verkäufer ebenso ausschließlich zugewiesen wie Eigentum an einer Sache. Die Forderung des Verkäufers gehört daher dem Kreis der Eigentumsrechte im Sinne des Art. 14 Abs. 1 Satz 1 GG an (vgl. BVerfGE 42, 263 [294]). Der Entzug solcher Forderungen durch die öffentliche Gewalt ist mithin als Eigentumseingriff zu qualifizieren.

Einen solchen Eingriff hat der Bundesgerichtshof im vorliegenden Fall ohne Verfassungsverstoß verneint. Seine Annahme, die Ansprüche der Beschwerdeführerin zu 4) gemäß § 433 Abs. 2 BGB seien dadurch untergegangen, daß die Einfuhr- und Vorratsstelle den Kaufvertrag wegen arglistiger Täuschung angefochten und die in den Übernahmeerklärungen enthaltenen Verwaltungsakte mit Wirkung *ex tunc* zurückgenommen habe, ist verfassungsrechtlich nicht zu beanstanden. Ob die Einfuhr- und Vorratsstelle aus dem Sachverhalt dieses Gestaltungsrecht herleiten konnte oder ob sie nach § 242 BGB gehalten war, den Kaufvertrag aufgrund des erneuten, inhaltlich einwandfreien Angebots der Beschwerdeführerin zu 4) als fortbestehend zu behandeln und ihn zu erfüllen, ist eine Frage des einfachen Rechts. Sie betrifft als solche nicht den Bestand des Forderungsrechts, sondern die Modalitäten seiner Entstehung (BVerfGE 20, 31

[34]). Entsprechendes gilt für die verwaltungsrechtliche Seite des Vorgangs. Im übrigen kam es für die Beantwortung dieser Fragen auch auf die Gültigkeit des § 3 der Verordnung vom 17. Juni 1969 an.

Als Eigentumseingriff wirkt das angefochtene Urteil des Bundesgerichtshofs auch nicht dadurch, daß es eine Amtspflicht der Einfuhr- und Vorratsstelle verneint, das erneute Interventionsangebot der Beschwerdeführerin zu 4) anzunehmen. Ob und in welchem Umfang die Frage nach der eine Behörde treffenden Amtspflicht Verfassungsrang hat, braucht hier nicht entschieden zu werden. Für die Entscheidung dieser Verfassungsbeschwerde kommt es auch nicht darauf an, in welcher Weise rückwirkende, verfassungsmäßige Rechtsnormen die Amtspflichten, insbesondere die Pflicht zur Anwendung des jeweils geltenden Rechts generell beeinflussen. Es ist jedenfalls von Verfassungs wegen nicht zu beanstanden, daß der Bundesgerichtshof eine Amtspflicht der Einfuhr- und Vorratsstelle verneint hat, während des von der Rückwirkung erfaßten zeitlichen Anwendungsbereichs der Verordnung vom 17. Juni 1969 zu intervenieren, weil für diesen Zeitraum die Änderung der Rechtslage unmittelbar und in ihrem Ausmaß eindeutig erkennbar bevorgestanden habe. Auch soweit der Bundesgerichtshof die Ursächlichkeit des Verhaltens der Einfuhr- und Vorratsstelle für den geltend gemachten Schaden verneint hat, läßt dies verfassungsrechtliche Verstöße nicht erkennen.

Art. 12 GG ist durch die angegriffenen Urteile nicht verletzt. Die Verordnung vom 17. Juni 1969 beeinträchtigte nicht die Freiheit der Berufsausübung der Beschwerdeführerinnen. Sie beseitigte zwar eine Vergünstigung, die für die berufliche Tätigkeit der Beschwerdeführerinnen bedeutsam war. Insoweit ist die Verordnung indes nicht unter dem besonderen verfassungsrechtlichen Gesichtspunkt des Berufes, sondern unter dem allgemeinen Gesichtspunkt der wirtschaftlichen Betätigungsfreiheit im Rahmen der verfassungsmäßigen Ordnung zu beurteilen (vgl. BVerfGE 37, 1 [18]).

Art. 101 Abs. 1 Satz 2 GG ist nicht verletzt.

Sowohl das Bundesverwaltungsgericht als auch der Bundesgerichtshof haben die Notwendigkeit einer weiteren Vorlage an den Gerichtshof der Europäischen Gemeinschaften aus Gründen verneint, die nicht sachwidrig sind und den von den Beschwerdeführerinnen insoweit erhobenen Vorwurf der Willkür – nur auf ihn kommt es hier an (BVerfGE 42, 237 [241 m. w. Nachw.]) – widerlegen.

Die angefochtenen Entscheidungen sind auch von Art. 103 Abs. 1 GG her unbedenklich.

Die Darlegungen des Bundesverwaltungsgerichts zur Frage der Abwicklungsfristen sind dem unstreitigen Sachverhalt entnommen. Das Bundesverwaltungsgericht hat dabei keine nur dem Gericht bekannte Tatsachen zu Beweiszwecken verwertet. Das gleiche gilt für die Ausführungen des Bundesgerichtshofs hinsichtlich der sich anbahnenden Interventionsbeschränkung. In beiden Fällen hatten die Beschwerdeführerinnen Gelegenheit, sich zu den Tatsachen zu äußern, auf welchen die genannten Schlußfolgerungen beruhen. Der Vorwurf willkürlicher Ablehnung von Beweisanträgen trifft erkennbar nicht zu.

Nr. 31 BGH 23. 6. 1977 (4 ARs 7/77) BGHSt 27, 222

Bei dem Bezirksgericht in Sarajewo ist ein Ermittlungsverfahren gegen die jugoslawischen Staatsangehörigen D. und I. wegen Betrugs und Urkundenfälschung anhängig.

Das vorlegende Oberlandesgericht Frankfurt/Main geht von folgendem Sachverhalt aus: Der Beschuldigte M. I. war als Vertreter der Firma A. in Sarajewo für das Gebiet der Bundesrepublik Deutschland in der Zeit vom August 1970 bis 1974 tätig. Er soll ihr wirtschaftliche Nachteile zugefügt haben. Er schloß mit der Firma D.-Asphalt im Namen seines eigenen in München gelegenen Unternehmens B. Verträge über die Ausführung von Asphaltierungs- und Isolierungsarbeiten. Die Ausführung der Arbeiten trat er sodann an A. ab, verheimlichte dieser gegenüber jedoch die mit der D.-Asphalt vereinbarten höheren Vertragspreise, so daß A. die Arbeiten für einen niedrigeren Preis ausführte. Die Preisdifferenz behielt M. I.; er soll sich in dieser Weise in der Zeit vom 1. Januar bis 30. September 1974 einen Betrag von etwa 81 000 DM »angeeignet« haben.

Um die geschilderten Manipulationen zu verdecken, soll I. auf den im Namen seines Unternehmens B. für die Firma A. ausgestellten Rechnungen niedrigere als die tatsächlich vertraglich vereinbarten Preise eingesetzt und auf diese Weise etwa 70 mit falsch angegebenen Beträgen ausgestellte Rechnungen weitergegeben haben. Der Beschuldigte D. war Direktor der Firma A. in Sarajewo.

Die zuständigen jugoslawischen Behörden hatten über Interpol Belgrad am 11. September 1975 fernschriftlich zunächst Einsicht in bestimmte bei der Firma D.-Asphalt vorliegende Dokumente erbeten, um sie zur Ermittlung der genauen Schadensbeträge mit den bei der Firma A. verfügbaren Unterlagen zu vergleichen. In einem Kurzbrief vom 28. Oktober 1975 ersuchte Interpol Belgrad für die Fortsetzung der laufenden Ermittlungen hinsichtlich der Tätigkeit des I. um die Überlassung von Kopien folgender Unterlagen ...

Das Oberlandesgericht Frankfurt ist der Auffassung, daß die Herausgabe von Ablichtungen den Vorschriften des Zweiten Abschnittes des Deutschen Auslieferungsgesetzes und damit den Beschränkungen des § 34 Abs. 2 und des § 35 Abs. 1 DAG unterliege. Daraus folge die Notwendigkeit eines Beschlagnahmebeschlusses der zuständigen jugoslawischen Behörde, was sich auch aus Art. 9 Abs. 1 und 4 des deutsch-jugoslawischen Vertrages über die Rechtshilfe in Strafsachen ergebe.

Der Grundsatz der Verhältnismäßigkeit lasse außerdem nur die Übermittlung derjenigen Unterlagen zu, die für das jugoslawische Ermittlungsverfahren tatsächlich erforderlich sind. Demzufolge sei das Herausgabeersuchen näher zu spezifizieren und zu begründen. Die bisher vorliegenden Unterlagen ließen lediglich die Ermittlung der genauen Schadenshöhe notwendig erscheinen. Dazu genüge ein Vergleich zwischen den A. in Sarajewo übermittelten Rechnungsbeträgen und den der D.-Asphalt in Rechnung gestellten Beträgen. Die Erledigung des Rechtshilfeersuchens sei mit dem Recht des ersuchten Staates nicht vereinbar und dürfe daher nicht erledigt werden (Art. 8 des deutsch-jugoslawischen Rechtshilfevertrages), wenn der Grundsatz der Verhältnismäßigkeit nicht gewahrt sei.

Das Oberlandesgericht hat die Sache auf Antrag der Staatsanwaltschaft gemäß § 27 Abs. 1 und 2 DAG dem Bundesgerichtshof zur Entscheidung folgender Rechtsfragen vorgelegt:

a) Ist auch für die Herausgabe von Ablichtungen von Schriftstücken nach Art. 9 des deutsch-jugoslawischen Rechtshilfevertrages die Vorlage eines Beschlagnahmebeschlusses erforderlich? Wenn ja: Ist die Herausgabe von Ablichtungen von Schriftstükken nach den Vorschriften des 3. oder des 2. Abschnittes des DAG (mit den Vorbehalten der §§ 34 Abs. 2, 35 Abs. 1 DAG) zu bewirken?

b) Ist im Rechtshilfeverkehr der Grundsatz der Verhältnismäßigkeit mit der Folge wirksam, daß ein Herausgabeersuchen die begehrten Ablichtungen einzeln genau aufführen und darüber hinaus die Notwendigkeit der Herausgabe im einzelnen darlegen muß?

c) Kann eine Gefahr, daß bei der Herausgabe von Ablichtungen Geschäftsgeheimnisse offenbart werden, zu einer Beschränkung der Erledigung des Ersuchens führen, auch wenn keine Interessen der Bundesrepublik Deutschland berührt sind?

Der Generalbundesanwalt beantragt, die Rechtsfragen wie folgt zu beantworten:

a) Die Herausgabe von Ablichtungen von Schriftstücken aufgrund eines jugoslawischen Rechtshilfeersuchens ist nach den Vorschriften des 3. Abschnitts des DAG zu bewirken.

b) Im Rechtshilfeverkehr mit Jugoslawien ist es nicht erforderlich, daß in dem Herausgabeersuchen die begehrten Fotokopien im einzelnen genau aufgeführt und die Notwendigkeit der Herausgabe im einzelnen dargelegt werden muß.

c) Eine Gefahr, daß bei der Herausgabe von Fotokopien Geschäftsgeheimnisse offenbart werden, kann nur dann zu einer Beschränkung der Erledigung eines Rechtshilfeersuchens führen, wenn dadurch zugleich wesentliche Interessen der Bundesrepublik Deutschland berührt werden.

Die Voraussetzungen für eine Entscheidung des Bundesgerichtshofs nach § 27 DAG liegen vor. Die Fragen, die das Oberlandesgericht vorlegt, sind von grundsätzlicher Bedeutung. Daß sie inzwischen teilweise überholt sind, entbindet den Senat nicht von der Pflicht, sie zu entscheiden.

Das Rechtshilfeersuchen der jugoslawischen Behörden ist auf die Herausgabe von Schriftstücken gerichtet. Gemäß Art. 9 des Vertrages zwischen der Bundesrepublik Deutschland und der Sozialistischen Föderativen Republik Jugoslawien über die Rechtshilfe in Strafsachen vom 1. Oktober 1971 (BGBl. 1974 II, 1167; 1975 II, 228) können Gegenstände und Schriftstücke nur beschlagnahmt und herausgegeben werden, wenn ein Beschlagnahmebeschluß der zuständigen Behörde des ersuchenden Staates vorliegt. Diese Vorschrift bezieht sich auch auf beglaubigte Abschriften und beglaubigte Fotokopien der erbetenen Schriftstücke, wie sich unmittelbar aus Art. 9 Abs. 4 des Vertrages vom 1. Oktober 1971 ergibt.

Die Frage, ob die Herausgabe nach den Vorschriften des 2. oder 3. Abschnitts des Deutschen Auslieferungsgesetzes zu bewirken ist, stellt sich in dieser Form nicht. Im internationalen Rechtshilfeverkehr haben zwischenstaatliche Verträge grundsätzlich Vorrang vor dem innerstaatlichen Recht, soweit sie Regeln für den zu erledigenden Rechtshilfefall enthalten. Daher treten auch die Vorschriften des Deutschen Auslieferungsgesetzes gegenüber dem, zudem jüngeren, deutsch-jugoslawischen Rechtshilfevertrag zurück; sie können nur zur Ergänzung der vertraglichen Bestimmungen herangezogen werden, soweit dem der Vertrag nicht entgegensteht oder dies sogar ausdrücklich vorsieht (vgl. *Mettgenberg*, Deutsches Auslieferungsgesetz, 2. Aufl. S. 77, und die dort zitierte Amtliche Begründung zum Auslieferungsgesetz). So finden insbesondere die Verfahrensvorschriften der §§ 36 und 37 DAG, die sich auf die Herausgabe von Gegenständen beziehen, hier Anwendung. Nach dem Wortlaut und dem Sinnzusammenhang des Art. 9 des Rechtshilfevertrages ist das Ersuchen um Herausgabe von Schriftstücken ein Ersuchen um Herausgabe von Gegenständen im Sinne der §§ 34 ff. DAG, nicht ein Ersuchen um sonstige Rechtshilfe im Sinne der §§ 41 ff. DAG. Hieraus folgt, daß der Antrag der D.-Asphalt auf Entscheidung des Oberlandesgerichts zulässig ist (§ 37 Abs. 2 DAG).

Art. 9 Abs. 1 des deutsch-jugoslawischen Rechtshilfevertrages verlangt nur das Vorliegen eines Beschlagnahmebeschlusses der zuständigen Behörde des ersuchenden Staates. Bestimmte inhaltliche Anforderungen an diesen Beschluß ergeben sich aus Art. 9 unmittelbar nicht. Entsprechend der Bestimmung des Art. 8 Buchst. b des Vertrages, wonach die Erledigung eines Rechtshilfeersuchens mit dem Recht des ersuchten Staates vereinbar sein muß, sind jedoch an den Beschlagnahmebeschluß der jugoslawischen Behörde grundsätzlich die gleichen Anforderungen zu stellen, wie sie nach deutschem Recht bestehen.

Es muß also eine Straftat im Sinne des StGB vorliegen. Sodann müssen gemäß § 34 Abs. 1 Nr. 1 DAG die herauszugebenden Gegenstände als Beweismittel für ein ausländisches Strafverfahren von Bedeutung sein können. Davon geht der Beschlagnahmebeschluß der jugoslawischen Behörde aus. Es reicht entsprechend der Rechtslage nach dem inhaltlich gleichlautenden § 94 StPO aus, wenn jene Möglichkeit nicht nur eine entfernte ist. Auch nach deutschem Recht kommt es nicht darauf an, ob bereits im Ermittlungsverfahren die Beweiserheblichkeit der sichergestellten Gegenstände feststeht (vgl. *Dünnebier,* in: Löwe/Rosenberg, StPO, 22. Aufl. § 94 Anm. II 2).

Der Umfang der herauszugebenden Gegenstände muß allerdings so gut wie möglich abgegrenzt sein; die einzelnen Schriftstücke müssen so genau bezeichnet sein, daß ihre Identifizierung möglich ist. Darüber hinaus kann jedoch in der Regel nicht verlangt werden, daß ein Herausgabeersuchen die begehrten Ablichtungen einzeln genau aufführt und die Notwendigkeit der Herausgabe im einzelnen darlegt. Dies erfordert auch nicht der Grundsatz der Verhältnismäßigkeit, der nur besagt, daß der Eingriff nicht außer Verhältnis zur Bedeutung der Sache stehen darf und daß andere, weniger einschneidende Maßnahmen zur Erreichung des Zwecks – Nachweis einer Straftat von nicht unerheblicher Bedeutung – nicht zur Verfügung stehen dürfen. Bei der hiernach gebotenen Abwägung ist außer der Bedeutung der Strafsache auch das Interesse der beteiligten Staaten an einem möglichst reibungslosen Rechtshilfeverkehr und der Grundsatz der Gegenseitigkeit zu berücksichtigen. Dabei kann im Einzelfall auch die Gefahr, daß bei der Herausgabe von Ablichtungen Geschäftsgeheimnisse offenbart werden, bedacht werden. Diese Gefahr rechtfertigt es aber nur ausnahmsweise, die erbetene Rechtshilfe völlig oder teilweise abzulehnen, nämlich nur dann, wenn die drohenden Nachteile außer Verhältnis zu der Bedeutung der Sache, der Beweiserheblichkeit der Schriftstücke, dem beiderseitigen Interesse an einem möglichst weitgehenden Rechtshilfeverkehr und dem Interesse an der gegenseitigen Unterstützung der Vertragsteile bei der Verbrechensbekämpfung stehen.

Unberührt bleibt die Vorschrift des Art. 2 Buchst. b des deutsch-jugoslawischen Rechtshilfevertrages. Danach kann die Bundesregierung das Rechtshilfeersuchen ablehnen, wenn sie der Ansicht ist, daß die Erledigung des Ersuchens geeignet ist, die Souveränität, die Sicherheit, die öffentliche Ordnung (*ordre public*) oder andere wesentliche Interessen der Bundesrepublik Deutschland zu beeinträchtigen.

Nr. 32 OLG Frankfurt 30. 6. 1977 (6 U 184/74) RIW/AWD 1977, 720

Der Beklagte, der spanische Staat, unterhält in mehreren Städten der Bundesrepublik Deutschland »spanische Fremdenverkehrsämter« als weisungsgebundene und unselbständige Einrichtungen ohne eigene Rechtspersönlichkeit. Die Parteien streiten um

Schadensersatz- bzw. Vergütungsansprüche der Klägerin wegen unberechtigter Aufführung urheberrechtlich geschützter Filmmusiken.

Das »Spanische Fremdenverkehrsamt« des Beklagten in Frankfurt a. M. betreibt ein Ladengeschäft, in dem kostenlos Plakate mit Reisezielen in Spanien, Landkarten und Reiseprospekte aller Art erhältlich sind. Darüber hinaus verleiht dieses Fremdenverkehrsamt Dekorationsmaterial für Werbeempfänge von Reisebüros und Fluggesellschaften, das die Darstellung des spanischen Milieus zum Gegenstand hat. Auch in Rundfunk, Fernsehen, Zeitungen und Illustrierten wirbt das genannte Verkehrsamt für Spanien als Reiseland. Die Klage hatte Erfolg.

... Aus dem Völkerrecht [ergibt sich] nicht, daß ... [der Beklagte] in der Bundesrepublik unbeschränkte Immunität genießt, die seine Inanspruchnahme vor den deutschen Gerichten hindern würde. Dem Beklagten steht ... vielmehr lediglich eine beschränkte Immunität zu, soweit es sich um seine hoheitliche Tätigkeit handelt.

Zunächst besteht zwischen dem Beklagten und der Bundesrepublik Deutschland kein völkerrechtlicher Vertrag, der dem Beklagten unbeschränkte Immunität gewähren könnte (vgl. Art. 59 Abs. 2 GG; *Berber*, Lehrbuch des Völkerrechtes, 2. Aufl., Band I, S. 61; *von Münch* (Herausgeber)/*Rojahn*, GG, Band II, Art. 25, Rdnr. 8; im übrigen hierzu bereits BVerfG, Beschluß vom 30. April 1963 – 2 BvM 1/62 – BVerfGE 16 S. 27; *Giese/Schunck/Winkler*, Verfassungsrechtsprechung, Art. 25 Nr. 8, mit weiterem Fundstellennachweis).

Soweit ... [der Beklagte] auf seine Bereitschaft verweist, der Bundesrepublik in Spanien unbeschränkte Immunität einzuräumen, hat dies auf die Rechtslage keinen Einfluß. Etwas anderes würde nur dann gelten, wenn zwischen den beiden betroffenen Völkerrechtssubjekten ein entsprechender Vertrag geschlossen worden wäre.

Es besteht auch keine allgemeine Regel des Völkerrechts, die gemäß Art. 25 GG Bestandteil des Bundesrechts wäre. Dies könnte nämlich nur dann angenommen werden, wenn eine entsprechende Regel von der weitaus größeren Zahl der Staaten anerkannt wäre (BVerfGE, a.a.O.; *von Münch*, a.a.O., Art. 25 Rdnr. 6, mit weiteren Nachweisen; im einzelnen *Berber*, a.a.O., S. 40 ff.; vgl. auch die Zusammenstellung geltender Grundsätze bei *Berber*, a.a.O., S. 71 ff.).

Das ist jedoch nicht der Fall. Das Bundesverfassungsgericht weist in seinem Beschluß vom 30. April 1963 (a.a.O.) darauf hin, daß sich zwar das Reichsgericht (RGZ 62, S. 165; 103, S. 274; 102, S. 304; 111, S. 375) für eine unbeschränkte Immunität ausländischer Staaten ausgesprochen habe. Diese Rechtsprechung wurde nach 1945 jedoch nicht mehr aufrechterhalten. Wenn sich zum Zeitpunkt der Entscheidung des Bundesverfassungsgerichtes am 30. April 1963 (a.a.O.) auch noch nicht feststellen ließ, daß die Rechtsprechung der deutschen Gerichte einheitlich keine unbeschränkte Immunität annahm, so war doch bereits zum damaligen Zeitpunkt eine Tendenz zur beschränkten Immunität festzustellen, der sich das Bundesverfassungsgericht mit seiner genannten Entscheidung vom 30. April 1963 (a.a.O.) angeschlossen hat (vgl. die Zusammenstellung der Entscheidungen in dem Beschluß des Bundesverfassungsgerichtes, mitabgedruckt in NJW 1963, S. 1732, 1733). Diese Auffassung vertrat das Bundesverfassungsgericht im Grundsatz auch bereits in seiner Entscheidung vom 30. Oktober 1962 (NJW 1963, S. 438, 439 ...; vgl. auch *von Münch*, JZ 1963, S. 164; hierzu auch *Steinmann*, MDR 1965, S. 795, 796). Der Bundesgerichtshof, der diese Frage in einer älteren Entscheidung zunächst offengelassen hatte (BGHZ 18, S. 1 = NJW 1955, S. 1435), hat sich in einer jüngeren Entscheidung vom 31. Januar 1969 (WM 1969,

S. 940, 941; vgl. auch BGHZ 40, S. 197 ff.) dem Bundesverfassungsgericht angeschlossen. Auch Oberlandesgerichte sind dem Bundesverfassungsgericht zwischenzeitlich gefolgt (Oberlandesgericht Koblenz, OLGZ 1975, S. 379; OLG München, RIW/AWD 1977, S. 49).

Auch die ausländischen Gerichte gewähren ausländischen Staaten – jedenfalls soweit ersichtlich – lediglich eine beschränkte Immunität für die Akte *iure imperii*. Das konnte das Bundesverfassungsgericht in seiner Entscheidung vom 30. April 1963 (a.a.O.) bereits für eine Reihe ausländischer Staaten feststellen. Diese Tendenz in der ausländischen Rechtsprechung dürfte sich verstärkt haben (vgl. z. B. für Großbritannien die Nachweise bei *Magnus*, RIW/AWD 1976, S. 179, 382; betreffend Polen und die Republik Philippinen). *Berber* (a.a.O., S. 222 f.) geht zwar davon aus, die Frage der beschränkten Immunität sei nach wie vor umstritten, die Theorie der beschränkten Immunität habe jedoch im Laufe der Entwicklung mehr und mehr an Boden gewonnen. Nach seiner Auffassung begegnet die bindende völkerrechtliche Grenzziehung zwischen hoheitlichen und privatrechtlichen Staatsakten »gewissen Bedenken«. Dem kann der Senat aber im Hinblick auf die von dem Bundesverfassungsgericht (Beschluß vom 30. April 1963, a.a.O.) vertretene Auffassung nicht folgen, der sich der Bundesgerichtshof in seiner Entscheidung vom 23. Oktober 1963 (BGHZ 40, S. 197) sowie in der weiteren Entscheidung vom 31. Januar 1969 (WM 1969, S. 940, 941) im wesentlichen angeschlossen hat.

Die Frage der Unterscheidung der maßgeblichen Tätigkeitsbereiche richtet sich, wie das Bundesverfassungsgericht (Beschluß vom 30. April 1963, a.a.O.) entschieden hat, nach nationalem Recht. Der Umstand, daß die Abgrenzung der beiden Bereiche zu Schwierigkeiten führen kann, wie *Berber* (a.a.O., S. 222) hervorhebt und was im übrigen auch das Bundesverfassungsgericht bereits in seiner Entscheidung vom 30. April 1963 (a.a.O.) mit in seine Überlegungen einbezogen hat, steht der hier vertretenen Auffassung nicht entgegen, zumal die Differenzierung der beiden Bereiche im nationalen Recht der Bundesrepublik seit der Entscheidung des Bundesverfassungsgerichtes eine weitere Klärung und Vertiefung erfahren hat (BGH, WM 1969, S. 940, 941; OLG Koblenz, a.a.O.; OLG München, a.a.O.; auch *Steinmann*, MDR 1965, S. 795, 796; *von Münch*, JZ 1964, S. 164).

Gegen die Bedenken von *Berber* (a.a.O., S. 222) sprechen auch die Rechtsauffassungen der von dem Bundesverfassungsgericht in der Entscheidung vom 30. April 1963 (a.a.O.) angeführten nichtamtlichen Institutionen (Studiengruppe der Harvard School, International Law Association, Institut de Droit International). *Berber* (a.a.O., S. 222) muß schließlich trotz seiner Bedenken auch selbst einräumen, daß sich die moderne Völkerrechtslehre mehr und mehr der sogenannten »Unterscheidungstheorie« anschließt, die nach den Akten *iure imperii* und *iure gestionis* differenziert.

Diese Auffassung sichert die Immunität ausländischer Staaten für solche Betätigungen, die hoheitlicher Art sind. Eine solche Betätigung liegt hier nicht vor. Maßgeblich für die Unterscheidung zwischen hoheitlichen Akten (*iure imperii*) und nicht hoheitlicher Staatstätigkeit (*iure gestionis*) ist die Natur des staatlichen Handelns oder des entstandenen Rechtsverhältnisses, wobei die Maßstäbe des nationalen Rechtes für die Beurteilung dieser Frage heranzuziehen sind (Bundesverfassungsgericht, Beschluß vom 30. April 1963, a.a.O.; BGH vom 30. Januar 1969, a.a.O.).

Die Beklagte verwertete im vorliegenden Fall die Filmmusiken verschiedener Komponisten. Stehen zwei Parteien in einem solchen Fall in vertraglichen Beziehungen, so gehören diese Beziehungen grundsätzlich dem Privatrecht an; insbesondere sind entsprechende Nutzungsrechte Gegenstand privater Rechtsgeschäfte, die nicht in den hoheitlichen Bereich des Staates fallen (vgl. Bundesverfassungsgericht vom 30. April 1963, a.a.O., Reparaturvertrag; vom 30. Oktober 1962 – NJW 1963, S. 435 – Kaufvertrag; BGH, WM 1969, S. 940, 941, Grundstückskaufvertrag; OLG Koblenz, a.a.O., Maklervertrag; ebenso OLG München, a.a.O.).

Dem Umstand, daß der Beklagte die Filmmusiken unberechtigterweise nutzte, kommt keine Bedeutung zu, da es bei der Einstufung als hoheitliche beziehungsweise nicht hoheitliche Tätigkeit darum geht, wie eine entsprechende Verwertung *in der Regel* erfolgt. Das geschieht bei Urheberrechten – wie auch in dem vorliegenden Fall zwischen den Parteien bis zum Jahre 1961 – auf der Grundlage entsprechender privatrechtlicher Verträge. Bei der Verwertung von Urheberrechten wird infolgedessen auch der Staat nach nationalem deutschen Recht wie ein Privatmann tätig. Demgegenüber treten der Zweck und das Motiv der Verwertung in den Hintergrund (vgl. Bundesverfassungsgericht, Beschluß vom 30. April 1963, a.a.O.). Selbst wenn man jedoch die Motive und verfolgten Zwecke des Beklagten in diesem Zusammenhang berücksichtigt, wäre nicht von einer hoheitlichen Tätigkeit auszugehen; denn ... die Tätigkeit des Beklagten, die in der Aufführung von Filmen auf Messen, Werbeveranstaltungen etc. besteht, (zielt) darauf ab, sein touristisches Aufkommen zu verbessern. Er verfolgt mit seinen nachgeordneten Fremdenverkehrsämtern in erster Linie gewerbliche Interessen, die den Aktivitäten privater Reiseunternehmen entsprechen. Hierbei wird nicht verkannt, daß es zum Beispiel auch zur Tätigkeit ausländischer Botschaften gehört, Informationen über das von ihnen vertretene Land zu liefern. Hiervon unterscheidet sich jedoch die von dem Beklagten veranlaßte Tätigkeit eindeutig bereits nach ihren äußeren Merkmalen. So ist unstreitig das Fremdenverkehrsamt des Beklagten in Frankfurt a. M. wie ein reisebüromäßiger Betrieb eingerichtet, in dem Reklame und Werbematerial für Urlaubsreisen ebenso angetroffen werden können wie bei entsprechenden Reiseunternehmen ...

Nr. 33 AG Reutlingen 29. 7. 1977 (9 Cs 331/77) EuGRZ 1977, 415

Die Staatsanwaltschaft Tübingen (28 Js 2568/77) hat am 12. 5. 1977 den Erlaß eines Strafbefehls gegen Herrn Giacomo Farinella mit einer Geldstrafe von sechs Tagessätzen zu je vierzig DM, insgesamt 240 DM, beantragt. Sie beschuldigt ihn, er habe sich eines fahrlässigen Vergehens nach § 47 Abs. 1 Nr. 2, Abs. 4, i. V. m. §§ 1, 2 Abs. 1, 3 Abs. 1, 9 Abs. 1 Ziff. 1 AuslG schuldig gemacht, weil die ihm vom Landratsamt Reutlingen erteilte Aufenthaltserlaubnis am 4. 11. 1976 ihre Gültigkeit verloren habe und sein italienischer Reisepaß am 5. 11. 1976 ungültig geworden sei.

Nachdem die Staatsanwaltschaft Tübingen in dem Parallelverfahren gegen die Italienerin Concetta Sagulo (9 (5) Cs 968/75) die Zustimmung zu der vom Amtsgericht vorgeschlagenen Einstellung jenes Verfahrens wegen geringen Verschuldens nach § 153 StPO mehrfach verweigert hat, hat das Amtsgericht am 13. 1. 1977 die Akten der Verfahren 9 (5) Cs 968/75, 9 Cs 908/76 und 9 Ds 595/76 dem Europäischen Gerichtshof zur Vorabentscheidung nach Art. 177 EWG-Vertrag (EWGV) vorgelegt. Das Verfahren gegen Herrn Farinella ist mit Beschluß vom 23. 5. 1977 bis zu der vorgreiflichen Entscheidung des EuGH ausgesetzt worden. Dieser hat mit Urteil vom 14. 7. 1977 entschieden (Az. 8/77=EuGRZ 1977, 322 ff.).

Mit Beschluß vom 15. 7. 1977 hat das Amtsgericht den Erlaß des von der Staatsanwaltschaft beantragten Strafbefehls gegen Herrn Farinella abgelehnt, diesem gemäß § 140 Abs. 2, zweite Alternative, StPO einen Verteidiger bestellt und gemäß § 408 Abs. 2 StPO Hauptverhandlungstermin bestimmt.

Die Hauptverhandlung hat folgendes ergeben:

Der Angeklagte Giacomo Farinella ist italienischer Staatsangehöriger und lebt seit seinem 11. Lebensjahr, seit 21. 8. 1963 ununterbrochen im Bundesgebiet. Obwohl er bis zur Vollendung des 16. Lebensjahres nach § 2 Abs. 2 Ziff. 1 AuslG eine Aufenthaltserlaubnis nicht benötigt hätte, wurde ihm am 1. 3. 1966 eine solche vom Landratsamt – Ausländerbehörde – Reutlingen erteilt, gültig bis 15. 1. 1969. Am 15. 4. 1969 ist die Aufenthaltserlaubnis bis 8. 4. 1970 verlängert worden, dann wiederum vom 31. 8. 1970 bis 8. 4. 1975, danach vom 14. 4. 1975 bis 19. 11. 1975, schließlich vom 4. 12. 1975 bis 4. 11. 1976, weil die Gültigkeit seines vorgelegten italienischen Reisepasses bis zu diesem Zeitpunkt beschränkt war. Der Angeklagte hielt sich nun ohne gültigen Ausweis im Bundesgebiet auf und erhielt am 10. 3. 1977 eine neue Aufenthaltserlaubnis bis 9. 3. 1982, nachdem sein italienischer Reisepaß am 1. 3. 1977 verlängert worden war.

Herr Farinella arbeitet seit seiner Einreise in das Bundesgebiet und seit 1. 2. 1976 als Kellner in der Gaststätte Rebstöckle in Reutlingen.

Diese Feststellungen beruhen auf den glaubhaften Aussagen des Zeugen Kurt Hennerich vom Landratsamt – Ausländeramt – Reutlingen. Der Angeklagte selbst, dessen Erscheinen freigestellt war, ist in der Hauptverhandlung nicht erschienen.

Der Angeklagte Giacomo Farinella hat sich einer Straftat oder Ordnungswidrigkeit nicht schuldig gemacht. Nach Art. 48 EWGV besteht innerhalb der Länder der Europäischen Gemeinschaft Freizügigkeit für Arbeitnehmer und -suchende wie den Angeklagten und für die diesen gleichgestellten Personen derart, daß sie unter den in Abs. 3 dieses Artikels bestimmten Voraussetzungen, die bei Herrn Farinella erfüllt sind, bereits unmittelbar aus dem EWGV in sämtlichen Migliedstaaten aufenthaltsberechtigt sind (vgl. EuGH, Urteil in der Rechtssache 118/75 vom 7. 7. 1976, NJW 1976, 2067 = EuGRZ 1976, 346). Einer förmlichen Aufenthaltserlaubnis – wie andere Ausländer nach § 2 AuslG – bedürfen sie nicht, vgl. § 2 Abs. 2 Ziff. 3 AuslG. Sie können auch nicht deshalb nach § 47 AuslG wegen eines Vergehens bestraft werden, weil eine Aufenthaltserlaubnis »fehlt« bzw. nicht »verlängert« worden oder »ungültig« geworden ist, vgl. EuGH 8/77, Urteil vom 14. 7. 1977 = EuGRZ 1977, 325.

Die Freizügigkeit für Arbeitnehmer aus EG-Mitgliedstaaten nach Art. 48 EWGV ist im Bundesgebiet in dem Gesetz über Einreise und Aufenthalt von Staatsangehörigen der Mitgliedstaaten der Europäischen Wirtschaftsgemeinschaft (AufenthG/EWG) vom 22. 7. 1969 (BGBl. I, 927), geändert am 17. 4. 1974 (BGBl. I, 948), geregelt. Dieses Gesetz dürfte jedoch nichtig sein, weil es entgegen Art. 48 ff. EWGV und den zu seiner Durchführung erlassenen Rechtsakten der Europäischen Gemeinschaft in § 3 – wie schon § 2 AuslG – wiederum eine »Aufenthaltserlaubnis« vorsieht, die gar nach § 11 bei mehr als sechsmonatiger Abwesenheit »erlöschen« soll. Denn die Art. 48–66 EWGV und die zu ihrer Durchführung erlassene Ratsrichtlinie 68/360 gehen jeder entgegenstehenden innerstaatlichen Rechtsvorschrift vor, Art. 24 GG, Art. 189 Abs. 2 EWGV (vgl. EuGH 118/75 = EuGRZ 1976, 346).

Jedenfalls aber ist aus diesen Gründen der innerstaatlichen Vorschrift § 3 AufenthG/EWG im vorliegenden Verfahren und für den vorliegenden Sachverhalt die Gültigkeit abzuerkennen.

Da Art. 100 Abs. 1 GG die Verwerfungskompetenz nur bei Unvereinbarkeit formellen nachkonstitutionellen Rechts mit dem Grundgesetz, nicht jedoch mit vorrangigem Europäischem Gemeinschaftsrecht dem Bundesverfassungsgericht vorbehalten hat, fehlt diesem insofern die Prüfungszuständigkeit. Zur Prüfung der Inzidentfrage, ob das innerstaatliche AufenthG/EWG mit Art. 48 EWGV und der zu seiner Durchführung ergangenen Ratsrichtlinie Nr. 68/360 unvereinbar und deshalb ganz oder teilweise nicht anwendbar ist, ist vielmehr im Rahmen des vorliegenden Verfahrens das Amtsgericht berufen (vgl. BVerfGE 31, 145, 173=NJW 1971, 2122).

Es mag dahinstehen, ob §§ 3 ff. AufenthG/EWG der Nichtigkeit bzw. Unanwendbarkeit dadurch entgehen könnten, daß der Begriff »Aufenthaltserlaubnis« bei gemeinschaftsrechtskonformer Auslegung als nationale und lediglich deklaratorisch wirkende Bestätigung der Rechtsstellung des Ausländers nach dem EWGV zu verstehen wäre, also als sogenannte »Aufenthaltsbescheinigung« im Sinne von Art. 4 der oben genannten Ratsrichtlinie. Dieser Auslegung stünden allerdings der klare Wortlaut und der Sinnzusammenhang des gesamten Gesetzes entgegen.

Bisher war es jedoch üblich, die »Aufenthaltserlaubnis« nach § 3 AufenthG/EWG der Aufenthaltserlaubnis nach § 2 AuslG mit der Folge gleichzustellen, daß bei ihrem Fehlen oder angeblichem Ungültigwerden von einer Strafbarkeit nach § 47 Abs. 1 Nr. 2 AuslG ausgegangen, angeklagt und auch verurteilt wurde.

Diese Praxis ist, da gegen vorrangiges Gemeinschaftsrecht verstoßend und wie bereits dargelegt, rechtswidrig. So hat der EuGH mit Urteil vom 14. 7. 1977 im Vorabentscheidungsverfahren 8/77 bindend festgestellt:

> »Ein Mitgliedstaat darf von einer unter dem Schutz des Gemeinschaftsrechts stehenden Person nicht verlangen, daß sie eine allgemeine Aufenthaltserlaubnis anstelle der in Artikel 4 Absatz 2 der Richtlinie Nr. 68/360 vorgesehenen Bescheinigung besitzt, noch darf er beim Fehlen einer derartigen Erlaubnis Sanktionen verhängen«.

Eine Erklärung für die bisherige Rechtsprechungspraxis mag darin gefunden werden, daß der Gesetzgeber verhängnisvollerweise sowohl im AuslG als auch in dem die Freizügigkeit regelnden AufenthG/EWG gleichermaßen den Begriff »Aufenthaltserlaubnis« verwendet, obwohl er vielleicht verschiedenes regeln wollte, zumindest aber sollte.

Der Angeklagte brauchte also keine besondere »Aufenthaltserlaubnis«, weil er als italienischer Arbeitnehmer nach Art. 48 EWGV unmittelbar zum Aufenthalt im Bundesgebiet berechtigt war und ist. Er benötigte aber auch keine »Aufenthaltsbescheinigung«, weil eine solche derzeit gesetzlich nicht vorgeschrieben ist.

Der Angeklagte kann auch nicht nach § 47 Abs. 1 Ziff. 2 AuslG deshalb bestraft werden, weil er sich im Geltungsbereich des AuslG aufgehalten habe, ohne den erforderlichen Paß oder Paßersatz zu besitzen.

Einreise und Aufenthalt von Ausländern ohne den nach §§ 3 AuslG, 10 AufenthG/EWG erforderlichen gültigen Paß oder Paßersatz (Personalausweis) sind nach § 47 Abs. 1 Ziff. 1 und 2 AuslG als Vergehen mit Freiheits- oder Geldstrafe bedroht, während die Verletzung der Ausweispflicht durch Inländer lediglich als Ordnungswidrigkeit mit einer Geldbuße belegt werden *kann*, deren Festsetzung gemäß §§ 47 und 17 OWiG im pflichtgemäßen Ermessen der Verfolgungsbehörde steht.

Die Ausweispflicht von Ausländern, die nach Art. 48 EWGV zur Freizügigkeit berechtigt sind, kann nicht anders beurteilt werden als diejenige von Inländern. Zwar sind die Mitgliedstaaten, wie auch der EuGH wiederholt festgestellt hat, nach Gemeinschaftsrecht nicht gehindert, die Einreise und den Aufenthalt solcher Ausländer durch besondere polizeirechtliche Vorschriften zu regeln und dabei die zu ihrer Durchsetzung erforderlichen Sanktionen vorzusehen. Diese Sanktionen müssen aber verhältnismäßig sein und können z. B. nicht im Freiheitsentzug oder in der Entfernung aus dem Hoheitsgebiet bestehen, wenn es um die Nichterfüllung ausländerrechtlicher Formalitäten geht. Sie müssen außerdem den Grundsatz der Gleichbehandlung von In- und Ausländern beachten, Art. 7 EWGV und EuGH 8/77, vierter Entscheidungssatz in Urteilsgründen Seite 22=EuGRZ 1977, 321. Der EuGH hat auch ausdrücklich anerkannt, daß die unter dem Schutz des Gemeinschaftsrechts stehenden Ausländer bei der Anwendung partieller Aufenthaltsverbote gemäß Art. 7 EWGV den Inländern gleichgestellt werden müssen, EuGH 36/75, Urteil vom 28. 10. 1975, Sammlung 1975, 1219=EuGRZ 1976, 2 ff. Sanktionen müssen denen vergleichbar sein, die wegen gleichwertiger Verstöße gegen Inländer verhängt werden. Sie dürfen nicht derart außer Verhältnis zur Schwere der Tat stehen, daß sie sich als Behinderung der Freizügigkeit erweisen, EuGH 118/75=EuGRZ 1976, 346.

Hierzu hat die Kommission der Europäischen Gemeinschaften in ihrem Schriftsatz an den Europäischen Gerichtshof zu dem Vorabentscheidungsverfahren 8/77 folgendes ausgeführt:

»Einreise und Aufenthalt ohne gültigen Paß oder Paßersatz können danach gegenüber den aus Art. 48 EWGV berechtigten Ausländern aus zwei Gründen nicht als strafbares Vergehen eingestuft werden:

Der Unrechtsgehalt einer Verletzung der Ausweispflicht durch einen nach Art. 48 EWGV zur Einreise und zum Aufenthalt berechtigten Ausländer wiegt nicht schwerer als derjenige einer Verletzung der Ausweispflicht durch einen Inländer. Die Verletzung der Ausweispflicht durch einen Inländer kann nach den innerstaatlichen Vorschriften nur als Ordnungswidrigkeit mit einer in das Ermessen der Verwaltungsbehörden gestellten Geldbuße verfolgt werden. Die vom AuslG vorgesehene Einstufung des gleichen Tatbestandes als strafbares Vergehen verletzt gegenüber den nach Art. 48 EWGV berechtigten Ausländern das Diskriminierungsverbot des Art. 7 EWGV.

Die Verletzung der Ausweispflicht ist ferner nach ihrer Natur kein als Vergehen strafwürdiges Unrecht. Insbesondere die Freiheitsstrafe, aber auch die Geldstrafe als Kriminalstrafe stehen völlig außer Verhältnis zum Unrechtsgehalt eines solchen Verstoßes gegen ausländerrechtliche Formalitäten. Solche Strafdrohungen wirken sich dadurch unmittelbar als Hindernis für die vom Gemeinschaftsrecht geschützte Freizügigkeit aus ...«.

Dieser Rechtsansicht der Kommission der Europäischen Gemeinschaften zu der Vorlegungsfrage Nr. 3 aus dem Beschluß des Amtsgerichts Reutlingen vom 13. 1. 1977 schließt sich das Gericht an. Der Vollständigkeit halber sei noch darauf hingewiesen, daß die bisherige Rechtspraxis im Bundesgebiet – abgesehen von dem Verstoß gegen das Diskriminierungsverbot in Art. 7 EWGV – auch gegen die Pflicht zu gemeinschaftsfreundlichem Verhalten in Art. 5 EWGV verstößt.

Der Europäische Gerichtshof hat sich diesem Fragenkomplex in der Rechtssache 8/ 77 im Ergebnis nicht abschließend und damit auch nicht bindend geäußert. Er hat lediglich folgendes ausgeführt (Urteilsgründe Seite 19/20=EuGRZ 1977, 325):

»... Insoweit ist nicht auszuschließen, daß die in allgemeinen ausländerrechtlichen Vorschriften vorgesehenen Strafen in Anbetracht der Zielsetzung derartiger Vorschriften den Erfordernissen des Gemeinschaftsrechts nicht gerecht werden, das auf der Freizügigkeit der Personen und ... auf der generellen Anwendung der Grundsätze der Inländerbehandlung beruht. Hat ein Mitgliedstaat seine Rechtsvorschriften an die Anforderungen des Gemeinschaftsrechts in diesem Bereich nicht angepaßt, so ist es Aufgabe des innerstaatlichen Gerichts, von seiner richterlichen Beurteilungsfreiheit Gebrauch zu machen, um zu einer Ahndung zu gelangen, die dem Charakter und dem Zweck der gemeinschaftsrechtlichen Vorschriften angemessen ist, deren Einhaltung die Sanktion sichern soll.«

Eine solche – gemeinschaftsrechtsmäßige – Ahndung ist jedoch nach der im Bundesgebiet bestehenden Rechtslage nicht möglich:

Die Frage, ob ggf. eine (Mindest-)Geldstrafe von fünf Tagessätzen (§ 40 Abs. 1 StGB) für ein Vergehen mit einer (Mindest-)Geldbuße von fünf DM (§ 17 Abs. 1 OWiG) für eine Ordnungswidrigkeit gleichgestellt werden kann und ob dies den vom EuGH (oben) genannten Erfordernissen entspricht, bleibt in der Entscheidung des EuGH offen. Immerhin aber sind, von der Unrechtsbewertungsart ganz abgesehen, u.a. auch die Verfolgungs- und Vollstreckungsunterschiede der Sanktionsarten beträchtlich:

Bezüglich der Straftat gilt das Legalitätsprinzip, bezüglich der Ordnungswidrigkeit aber das Opportunitätsprinzip. Bei der Geldstrafe wird nach rechtskräftiger Verurteilung ohne Rücksicht auf eine Zahlungsfähigkeit die Vollstreckung der Ersatzfreiheitsstrafe angeordnet (§ 43 StGB), bei der Vollstreckung der Geldbuße dagegen wird nur dann die Erzwingungshaft angeordnet, wenn die Zahlungsunfähigkeit nicht dargetan ist (§ 96 Abs. 1 Ziff. 2, Abs. 2 OWiG).

Die Verurteilung wegen einer Straftat wird immer registermäßig erfaßt, die wegen einer Ordnungswidrigkeit nur bei Straßenverkehrssachen mit Geldbußen von mehr als 40,– DM usw.

Der vom EuGH genannten »Aufgabe des innerstaatlichen Gerichts, von seiner richterlichen Beurteilungsfreiheit Gebrauch zu machen, um zu einer Ahndung zu gelangen, die dem Charakter und dem Zweck der gemeinschaftsrechtlichen Vorschriften angemessen ist«, fehlt im innerstaatlichen Rechtssystem die Erfüllbarkeit: selbst bei Festsetzung der gesetzlich möglichen Mindestgeldstrafe blieben die genannten– im Ergebnis diskriminierenden – Unterschiede bestehen. Stattdessen eine vom Gesetz hier nicht vorgesehene Geldbuße festzusetzen ist dem Gericht nicht möglich.

Zu einer erneuten Vorlage an den Europäischen Gerichtshof ist das Gericht dennoch nicht verpflichtet, da die Entscheidung des Gerichts mit Rechtsmitteln des innerstaatlichen Rechts angefochten werden kann, Art. 177 Abs. 3 EWGV.

Eine Ahndung als Ordnungswidrigkeit nach § 48 AuslG entfällt mangels Tatbestandsmäßigkeit, weil hier in Abs. 2 nur »Fehlen« oder Nichtaushändigen des Ausweises »bei der Einreise« zu einer Geldbuße führen kann.

Eine Ordnungswidrigkeit nach dem Bundespersonalausweisgesetz entfällt, weil sich dieses nur an den Bundesbürger richtet, nicht an den Ausländer. Dies ergibt sich nicht ausdrücklich aus dem Gesetzeswortlaut (§ 1: »Jede Person im Bundesgebiet ... «), jedoch aus dem Zusammenhang (§ 1 Abs. 2: Vorschriften über Gegenstand und Form des Ausweises; §§ 2 ff. PersonalausweisG von Baden-Württemberg: Vorschriften über zuständige Behörden, Inhalt des Ausweises usw.).

Und Ausländer aus EG-Mitgliedstaaten als »nichtdeutsche EG-Inländer« dem Bundespersonalausweisgesetz zu unterstellen verböte bereits der Grundsatz der Tatbestandsbestimmtheit und entspräche auch nicht der derzeitig gebräuchlichen Gesetzesterminologie.

Wegen des strafrechtlichen Analogieverbotes muß die entsprechende Anwendung dieser Gesetze auf Ausländer ausscheiden.

Da somit dem Angeklagten Farinella ein strafbares oder ordnungswidriges Verhalten nicht vorgeworfen werden kann, vielmehr für EG-Ausländer hinsichtlich Aufenthaltsberechtigungsnachweises und Besitzes eines gültigen Ausweises eine Gesetzeslükke bestehen mag, soweit es die Intentionen des Gesetzgebers betrifft, muß der Angeklagte freigesprochen werden.

Nr. 34 BVerwG 26. 8. 1977 (VII C 71.74) NJW 1978, 508

Das Pflanzenschutzamt bei der Bekl. erhob für die Beschau von Äpfeln, die die Kl. im Oktober und November 1968 durch Spediteure von Frankreich in die Bundesrepublik hatten einführen lassen, Gebühren. Gegen diese Gebührenbescheide erhoben die Kl. im Jahre 1973 Widerspruch. Sie begehren die Aufhebung der Bescheide und die Erstattung der Gebührenbeträge. Die Bekl. wies die Widersprüche wegen Fristversäumung als unzulässig zurück. Auch die Klage wurde in den Vorinstanzen als unzulässig abgewiesen, obwohl die Rechtswidrigkeit der Gebührenerhebungen unter Berücksichtigung der inzwischen vorliegenden Rechtsprechung nicht mehr zu bezweifeln sei. Die Revision blieb erfolglos.

Die Kl. haben die Widerspruchsfrist versäumt. Mit Recht hat das BerGer. festgestellt, daß die Kl. die mangels Rechtsmittelbelehrung nach § 68 I 1 i. V. mit § 58 II VwGO eingreifenden Jahresfristen nicht eingehalten haben und daß die Gebührenbescheide darauf formell Bestandskraft erlangt haben. Die Widersprüche sind daher mit Recht als unzulässig zurückgewiesen worden.

Das Urteil des EuGH, das nach Art. 177 EWGV auf Vorlage dieses Gerichts ergangen ist (EuGHE 1976, 1989 [1999 f.]=NJW 1977, 495), hat für Recht erkannt, das Gemeinschaftsrecht verbiete es nicht, einem Bürger, der vor einem innerstaatlichen Gericht die Entscheidung einer innerstaatlichen Stelle wegen Verstoßes gegen das Gemeinschaftsrecht anficht, den Ablauf der im innerstaatlichen Recht vorgesehenen Fristen für die Rechtsverfolgung entgegenzuhalten, wobei freilich das Verfahren für die Klage nicht ungünstiger gestaltet sein dürfe als bei gleichartigen Klagen, die das innerstaatliche Recht betreffen. Da das Verfahren für die Klage im vorliegenden Fall nicht ungünstiger gestaltet ist als bei gleichartigen Klagen, die das innerstaatliche Recht betreffen, steht somit Gemeinschaftsrecht der nach innerstaatlichem Verfahrensrecht zu treffenden Folgerung, daß die Widersprüche mit Recht als unzulässig zurückgewiesen worden sind, nicht entgegen. Auch nach nationalem Recht können die Klageanträge keinen Erfolg haben. Die Gebührenbescheide sind nicht nichtig. Nichtigkeit liegt nur bei einem besonders schweren formellen oder materiellen Fehler vor, der nach herrschender Ansicht für einen urteilsfähigen Bürger offensichtlich sein muß (so BVerwGE 19, 284 [287]; *Wolff/Bachof*, Verwaltungsrecht I, 9. Aufl. [1974], § 51 I c; *Redeker/v. Oertzen*, VwGO, 5. Aufl. [1975], § 42 Rdnr. 110). Beide Voraussetzungen liegen hier nicht vor. Es handelt sich, falls die Gebührenbescheide rechtswidrig waren, nicht um einen besonders schweren Fehler. Die Verletzung einer wichtigen Rechtsbestimmung allein läßt den Fehler noch nicht als schwerwiegend erscheinen. Ob ein Verstoß gegen die ständige Rechtsprechung eines höchsten Gerichts ausreicht, um einen Fehler als besonders schwer anzusehen, kann hier dahingestellt bleiben; denn der EuGH hatte im Zeitpunkt des Erlasses der Gebührenbescheide Ende 1968 noch nicht darüber entschieden, ob Gebühren für die Untersuchung von Pflanzen und Pflanzenerzeugnissen bei der Einfuhr aus anderen Mitgliedstaaten zulässig erhoben werden durften. Im übrigen war der Fehler für den Bürger auch noch nicht offensichtlich. Ende 1968 wurde die Erhebung dieser Gebühren auch von erfahrenen Importeuren wie den Kl. in der Regel nicht beanstandet.

Die Bekl. ist auch nicht verpflichtet gewesen, trotz Versäumung der Widerspruchsfrist durch die Kl. in eine sachliche Prüfung einzutreten. Es ist feststehende Rechtsprechung, daß die Verwaltungsbehörden grundsätzlich nicht verpflichtet sind, ein durch unanfechtbar gewordenen Verwaltungsakt abgeschlossenes Verfahren deshalb wieder aufzugreifen, weil sich der unanfechtbar gewordene Verwaltungsakt nachträglich auf Grund höchstrichterlicher Rechtsprechung als rechtswidrig erweist (so BVerwG, DVBl. 1967, 159=MDR 1966, 953=VerwRspr. 18, 521=*Buchholz* 310 § 42 VwGO Vorb. III Nr. 5, Nr. 48; BVerwGE 28, 122 [127]=NJW 1968, 315; BVerwGE 44, 333 [336]; weiter OVG Lüneburg, OVGE 28, 465; vgl. auch BVerwGE 27, 141 [145]=NJW 1967, 1976). Es ist nicht einzusehen, warum etwas anderes gelten sollte, wenn die Rechtswidrigkeit des angefochtenen Verwaltungsakts auf Grund einer Auslegung europäischen Rechts durch den EuGH feststeht; dies entspricht auch der Auffassung des EuGH: In seinem Urteil vom 16. 12. 1976 hat er betont, die Festsetzung von angemessenen Ausschlußfristen für die Rechtsverfolgung im abgabenrechtlichen Bereich sei ein Anwendungsfall des grundlegenden Prinzips der Rechtssicherheit (NJW 1977, 495). Wer das Risiko eines Prozesses scheut oder einen Verwaltungsakt annimmt, kann nicht verlangen, dem gleichgestellt zu werden, der fristgemäß von seinen prozessualen Rechten Gebrauch gemacht hat. Die Bekl. ist auch aus ermessensgerechten Erwägungen nicht erneut in eine Sachbehandlung eingetreten; dies hat das BerGer. zutreffend dargelegt.

Nr. 35 OLG Saarbrücken 12. 9. 1977 (Ws 345/77) NJW 1978, 2460

Der Angekl., der italienischer Staatsangehöriger ist, wurde in erster Instanz wegen Vergewaltigung in Tateinheit mit vorsätzlicher Körperverletzung zu einer Freiheitsstrafe von 2 Jahren und 6 Monaten verurteilt. Als in der Berufungsinstanz die Hauptverhandlung auf unbestimmte Zeit ausgesetzt werden mußte, setzte das LG den Haftbefehl des AG außer Vollzug, wobei es dem Angekl. zur Auflage machte, a) sich wöchentlich bei der für seinen Wohnsitz zuständigen Polizeidienststelle zu melden, b) jeden Wohnsitzwechsel dem Gericht sofort anzuzeigen, c) seinen italienischen Reisepaß bei Gericht zu hinterlegen. Über die Hinterlegung des Passes wurde ihm eine gerichtliche Bescheinigung ausgehändigt. Die mit der Beschwerde des Angekl. begehrte Aufhebung des Haftbefehls wurde ebenso wie die hilfsweise beantragte Aushändigung des Reisepasses abgelehnt.

... Die Anordnung der Hinterlegung des Reisepasses stellt eine gegenüber einem Ausländer gesetzlich zulässige und auch zumutbare Auflage im Rahmen des § 116 I StPO dar (a.A. AG Frankfurt, NJW 1977, 1601), die auf die Persönlichkeit des Angekl. und seine Verhältnisse abgestimmt ist und in Verbindung mit den beiden anderen Auflagen zur Minderung der Fluchtgefahr geeignet und geboten ist.

Das AG Frankfurt (NJW 1977, 1601) hält die Einbehaltung des Passes von Ausländern im Zusammenhang mit einer Haftverschonung für unzulässig, da der Paßinhaber dadurch in die Gefahr käme, Ungelegenheiten zu haben und auch strafrechtliche Konsequenzen befürchten zu müssen. Im Rahmen des § 116 I StPO dürfe nicht auf Maßnahmen zurückgegriffen werden, denen gesetzliche Bestimmungen entgegenstehen. Wenn ohne die Einbehaltung des Passes eine ausreichende Herabminderung der Fluchtgefahr nicht möglich erscheine, dann könne Haftverschonung nicht bewilligt werden, eine für den Angekl. eventuell überraschende und unliebsame Konsequenz, die auch auf seine alleinige Beschwerde hin – das Verbot der *reformatio in peius* gilt im Beschwerdeverfahren nicht (*Kleinknecht*, StPO, 33. Aufl. [1977], Vorb. § 304 Rdnr. 3) – zur Wiederinvollzugsetzung des Haftbefehls unter Umständen führen könnte oder gar müßte.

In Rechtsprechung und Literatur wird die Zulässigkeit der Hinterlegung des Reisepasses eines Ausländers im Rahmen des § 116 I StPO – soweit ersichtlich – außer durch das AG Frankfurt nicht verneint. *Oske* (JR 1964, 454) hält zwar die Einbehaltung des Personalausweises wegen Gesetzesverstoßes für unzulässig, verneint jedoch ausdrücklich eine Gesetzwidrigkeit bei Ablieferung des Reisepasses, und zwar ohne zwischen Inländern oder Ausländern – hier handelt es sich um einen sog. »Gemeinschaftsinländer«, d. h. einen Angehörigen der Mitgliedstaaten der EG – zu differenzieren. *Dünnebier* vertrat früher (in: Löwe/Rosenberg, StPO, 22. Aufl. [1971], § 116 Anm. 6) hinsichtlich der Hinterlegung des Personalausweises die Meinung, eine dahin gehende Auflage dürfe einem Angeklagten nicht erteilt werden, da er dadurch die Möglichkeit verlieren würde sich auszuweisen. Dieser Argumentation hielt das OLG Stuttgart (OLGSt zu § 116 StPO 1 Ws 224/71) entgegen, eine solche Auflage stelle keinen Verstoß gegen die Vorschrift des § 1 Gesetz über Personalausweise (PersAuswG) dar: Der Verpflichtung, einen Personalausweis zu besitzen und ihn auf Verlangen den dazu ermächtigten Behörden vorzuweisen, genüge der Betreffende bei der gebotenen einschränkenden Gesetzesauslegung dadurch, daß er eine ihm zustehende gerichtliche Bescheinigung über die Ablieferung vorweise. Das OLG Stuttgart erwähnt, daß von der Hinterlegung von Ausweispapieren bei Haftverschonung nach § 116 StPO in der Praxis häufig Gebrauch gemacht werde, eine Erfahrung, die auch der Senat für seinen Zuständigkeitsbereich bestätigen kann; die mit dieser zulässigen Maßnahme für einen Angekl. verbundenen Unannehmlichkeiten müsse dieser in Kauf nehmen, um die Durchführung des Strafverfahrens zu sichern. In der Neuauflage (Löwe/Rosenberg, 23. Aufl. [1977], § 116 Rdnr. 29) gibt *Dünnebier* seine frühere Ansicht auf und empfiehlt lediglich Zurückhaltung bei der Einbehaltung der Personalausweise, weil die Schwierigkeiten nicht zu übersehen seien, die dem Angekl. erwachsen, wenn er sich an anderer als polizeilicher Stelle ausweisen müsse oder wolle, etwa um ein Arbeitsverhältnis einzugehen, Kredit aufzunehmen usw. Die Zulässigkeit der Verpflichtung, den Reisepaß abzuliefern, bejaht er ohne Differenzierung zwischen In- und Ausländern uneingeschränkt (a.a.O., § 116 Rdnr. 28). *Kleinknecht/Janischowsky* (Das Recht der Untersuchungshaft, 1977, Rdnr. 195) empfehlen als sinnvolle Maßnahme im Rahmen des § 116 StPO die Anweisung an den Beschuldigten, die Bundesrepublik nicht zu verlassen, verbunden mit der Auflage, daß dieser vorher den Reisepaß, falls er einen solchen habe, und den Personalausweis zu den Strafakten gebe. Dabei wird nicht nach In- oder Auslandseigenschaft des Beschuldigten differenziert.

Die gegen den Angekl. bei seiner Haftverschonung angeordnete Hinterlegung des Reisepasses hält der Senat für zulässig und auch für zumutbar. Zwar ist eine solche Maßnahme nicht ausdrücklich in § 116 I StPO erwähnt. Es entsprach jedoch dem Willen des Gesetzgebers, bei der Neuschaffung dieser Vorschrift insoweit keinen abschließenden Katalog zu schaffen, sondern neben den beispielhaft angeführten Maßnahmen auch andere Anordnungen in Betracht kommen zu lassen, die nicht gegen das Gesetz verstoßen (BT-Dr. IV/178, S. 23), was in der Folgezeit einhellig gebilligt wurde (*Eb. Schmidt*, StPO, Nachtragsband I, 1967, § 116 Rdnr. 5; *Dünnebier*, in: Löwe/Rosenberg, § 116 Rdnr. 28).

Ein gesetzliches Verbot der Hinterlegung des Reisepasses eines italienischen Staatsangehörigen im Rahmen von Maßnahmen nach § 116 I StPO ergibt sich weder aus deutschem noch aus EG-Recht.

Die mit der Einbehaltung verbundene Folge, daß der in Freiheit befindliche Angekl. seinen Reisepaß derzeit nicht zur Verfügung hat, setzt diesen entgegen AG Frankfurt (NJW 1977, 1601) nicht der Gefahr aus, strafrechtliche Folgen befürchten zu müssen. Nach § 3 I AuslG müssen zwar Ausländer, die aus dem Geltungsbereich des Gesetzes ausreisen oder in ihn einreisen, sich durch einen Paß ausweisen. Diese »Präsenzpflicht« besteht während des Aufenthalts des Ausländers in der Bundesrepublik nicht, vielmehr »genügt es zur Erfüllung der Ausweispflicht, wenn er den Paß innerhalb einer angemessenen Frist vorlegt« (*Kanein*, AusländerG, 2. Aufl. [1974], S. 20 § 3 AuslGVwv Nr. 2, S. 2). Bei Zuwiderhandlungen gegen diese Regelungen differenziert der Gesetzgeber aber hinsichtlich der daran geknüpften Rechtsfolgen danach, ob der Ausländer materiell unerlaubt in die Bundesrepublik einreist bzw. sich darin aufhält oder ob er einen Paß lediglich nicht mitführt bzw. nicht aushändigt. In ersterem Fall droht eine Strafe nach § 47 I Nr. 1 und 2 AuslG, bei Verstoß gegen die Präsenzpflicht ist lediglich eine Ahndung als Ordnungswidrigkeit vorgesehen (§ 48 I Nr. 2 AuslG). Eine Vergehensstrafe hat der Beschwerdeführer demnach wegen der erfolgten Hinterlegung seines Passes auf keinen Fall zu befürchten, da deswegen sein Aufenthalt in der Bundesrepublik nicht materiell unerlaubt geworden ist (siehe *Schiedermaier*, Handbuch des Ausländerrechts der Bundesrepublik Deutschland, 1968, S. 284, unter Bezugnahme auf den Ausschußbericht des Regierungsentwurfs). Weil der Angekl. den Paß auf Aufforderung durch eine dazu befugte Stelle nicht vorlegen kann, käme – abgesehen von den bei etwaigem Besitz eines gültigen Personalausweises ihm verbleibenden Möglichkeiten – allenfalls die Einleitung eines Bußgeldverfahrens wegen Verstoßes gegen § 48 I Nr. 2 AuslG in Betracht. Eine Ahndung mit einer Geldbuße steht aber bei vorliegender Sachlage nicht ernsthaft in Frage, da, wenn man nicht bereits einen objektiven Gesetzesverstoß verneint, jedenfalls ein Verschulden des Betroffenen, das Voraussetzung einer Sanktion wäre, wegen der Hinterlegung des Passes bei dem LG nicht zu bejahen ist und der Bf. diese Tatsache durch die ihm hierüber ausgestellte Bescheinigung jederzeit so nachweisen kann, daß sie von keiner Bußgeldbehörde bezweifelt wird.

Die Unzulässigkeit der Auflage ergibt sich auch nicht aus der im Ausländerrecht herrschenden Meinung (OVG Münster, NJW 1972, 2199 m. w. N.), daß die »Einbeziehung und Sicherstellung« eines gültigen ausländischen Passes ein völkerrechtlich verbotener Eingriff in die Paßhoheit des fremden Staates ist, der das Dokument ausgestellt hat, weil die Ausstellung eines Passes an einen Staatsangehörigen zur Personalhoheit des Heimatstaates gehört, die der Aufenthaltsstaat nach allgemeinen völkerrechtlichen Grundsätzen zu achten hat; diese allgemeinen Regeln des Völkerrechts sind gemäß Art. 25 Satz 1 GG Bestandteil des Bundesrechts.

Es spricht vieles dafür, daß als »Sicherstellung« im Sinne dieser Ansicht nicht die ihrer Natur nach vorübergehende Hinterlegung eines Reisepasses bei einem deutschen Gericht für die Dauer der Außervollzugsetzung des Haftbefehls verstanden werden kann, sondern damit der endgültige Zugriff der deutschen Behörde auf den Paß gemeint ist. In wohl sich lediglich in der Länge der Zeitdauer der Maßnahmen und damit nicht wesensmäßig von vorliegendem unterscheidenden Fällen billigt die Verwaltungsgerichtsrechtsprechung, daß mit einer Ausreiseaufforderung an einen Ausländer dessen Nationalpaß einbehalten und der Grenzdienststelle mit dem Ersuchen übermittelt wird, den Paß gegen Abgabe der Ausreiseaufforderung wieder auszuhändigen (so VGH München, unveröff. Beschl. vom 8. 10. 1965, zit. bei *Kanein*, NJW 1973, 729, 733, wobei aber *Kanein* Bedenken gegen diesen zwar auch von ihm als praktikabel bezeichneten Weg äußert und neben den Gesichtspunkten der Personal- und Paßhoheit des Fremdstaates noch auf dessen Eigentumsrecht verweist, weil das Papier dem fremden Staatsangehörigen nur für die Gültigkeitsdauer im Besitzwege überlassen worden sei). Diese Bedenken teilt der Senat bezüglich der Hinterlegung des Reisepasses im Rahmen der Haftverschonung nicht. Mangels endgültigen Charakters dieser Maßnahme werden Eigentumsrechte anderer Staaten überhaupt nicht und ausländische Hoheitsrechte nicht nachhaltig tangiert. Durch die Überlassung des Besitzes an dem Paß für die Dauer der Gültigkeit überläßt der Heimatstaat dem Paßinhaber die faktische Möglichkeit und wohl auch in begrenztem Rahmen die Befugnis, den Reisepaß vorübergehend Dritten auszuhändigen, etwa im privaten Rechtsverkehr z. B. als gewisse Sicherheit für seine freiwillige Ortsbindung bei kurzfristigen Kreditaufnahmen bei Dritten. Ein wesensmäßiger Unterschied dazu besteht bei der Hinterlegung eines Passes bei einem deutschen Gericht nicht. Es bedarf dabei nicht der Vertiefung, ob die von Seiten des Angekl. bei seiner Freilassung unwidersprochen gebliebene Aushändigung des Passes als Anerbieten der Hinterlegung oder zumindest als Einverständnis mit einer Verwahrung bei den Gerichtsakten für die Dauer der Haftverschonung zu werten ist, deren Wirksamkeit er späterhin wegen dieser Disposition nicht aus Gründen der Verletzung fremder Eigentums- oder Hoheitsrechte in Abrede stellen kann, sondern die er lediglich – selbstverständlich – aus spezifisch haftrechtlichen Gründen (kein Haftgrund, Entbehrlichkeit der konkreten Maßnahme für die Fluchtminderung usw.) angreifen kann. Für die Beantwortung der aufgeworfenen Problematik bedarf es auch nicht des Eingehens auf die bei der Auferlegung einer geldwerten Sicherheit (§§ 116a, 116 I Nr. 4 StPO) bestehende Streitfrage, ob insoweit Antragsgebundenheit bzw. Einverständnis des Angeklagten erforderlich sind (*Dünnebier*, in: Löwe/Rosenberg, § 116a Rdnr. 4) oder auch bei Fehlen von Antrag und Einverständnis Auflagen und Weisungen zulässig sind (*Kleinknecht/Janischowsky*, a.a.O., Rdnr. 186; *Kleinknecht*, StPO, 33. Aufl. [1977], § 116 Rdnr. 13). Die ihrer Natur nach vorübergehende Hinterlegung eines italienischen Reisepasses richtet sich zudem allein gegen den Angekl.; sie soll dessen Ausreisemöglichkeit aus der Bundesrepublik erschweren. Sollten damit als Reflexwirkung auch Belange des italienischen Staates berührt werden, z. B. weil dieser zu bestimmten innerstaatlichen Zwecken die Vorlage des Passes benötigt, bestehen wohl keinerlei Zweifel, daß im Verhältnis zu einer berechtigten italienischen Behörde nicht seitens des LG auf der Verwahrung bestanden würde, vielmehr eine Übergabe evtl. mit

Rückgabewünschen nach Erledigung der mit der Vorlage beabsichtigten Maßnahme sicherlich erfolgen würde. Lediglich dem Angekl. selbst wird kein Aushändigungsrecht zugestanden. Aus allen diesen Gründen wird durch die Verwahrung des Reisepasses nicht in die Rechte eines fremden Staates eingegriffen. Sie ist damit nicht völkerrechtswidrig und demnach auch aus diesem Gesichtspunkt nicht gesetzwidrig.

Die angeordnete Maßnahme legt dem Angekl. auch keine unzumutbaren Pflichten oder Beschränkungen auf, was ebenfalls ihre Unwirksamkeit zur Folge hätte (*Kleinknecht/Janischowsky*, a.a.O., Rdnr. 185). Sie führt nämlich nicht zu nennenswerten Ungelegenheiten, die den Grad von für jedermann im privaten Bereich oder im Umgang mit Behörden nie gänzlich vermeidbaren Lästigkeiten übersteigen. Als Ausgangspunkt ist dabei nicht aus dem Auge zu verlieren, daß in dem Rechtsinstitut der Untersuchungshaft das Spannungsverhältnis zwischen dem in Art. 2 II GG und Art. 104 GG gewährleisteten Recht des Einzelnen auf persönliche Freiheit – Träger dieser Grundrechte ist auch der Angekl. als Italiener (*Maunz/Dürig/Herzog*, GG, 14. Lfg. I, Art. 2 I Rdnr. 66, 1a und III Art. 104 Rdnr. 1, 1a) – und den unabwendbaren Bedürfnissen einer wirksamen Strafverfolgung deutlich sichtbar wird (BVerfG, NJW 1966, 243). Letztere gebieten, daß ein Angekl. gewisse Unannehmlichkeiten hinzunehmen hat, wenn sonst keine Möglichkeit besteht, der Untersuchungshaft zu entgehen, was er auch im Normalfall gerne hinnimmt.

Nr. 36 BVerwG 16. 9. 1977 (VII C 72.75) BVerwGE 54, 291

Die Klägerin, ein Unternehmen der Flugtouristik und Halterin von Luftfahrzeugen mit Sitz in München, wendet sich dagegen, daß die Beklagte von ihr Gebühren für die Inanspruchnahme von Flugsicherungsdiensten fordert.

Die Beklagte ist eine von der Bundesrepublik Deutschland mit anderen europäischen Staaten durch das »Internationale Übereinkommen über Zusammenarbeit zur Sicherung der Luftfahrt« (Eurocontrol-Vertrag – ECV) vom 13. Dezember 1960 gegründete rechtsfähige Organisation mit Sitz in Brüssel. Sie hat die Aufgabe, »die Zusammenarbeit der Vertragsparteien auf dem Gebiet der Luftfahrt enger zu gestalten und insbesondere die Luftverkehrs-Sicherungsdienste im oberen Luftraum gemeinsam zu organisieren«. Ihre Organe sind die »Ständige Kommission zur Sicherung der Luftfahrt« sowie die »Agentur für die Luftverkehrs-Sicherungsdienste«. Für die Flugsicherungsdienste erhebt sie Gebühren, und zwar auch für den unteren Luftraum, in welchem die beteiligten Staaten die Flugsicherungsdienste selbst erbringen.

Für die Zeit vom 1. November 1971 (ab 15. Dezember 1971 für den deutschen unteren Luftraum) bis 31. Oktober 1972 forderte die Beklagte von der Klägerin diese Flugsicherungsgebühren mit insgesamt 12 Rechnungen (»Factures/Bills«) in Gesamthöhe von 116 265,12 US-Dollar. Den einzelnen monatlich übersandten Rechnungen gingen sogenannte Pro-Forma-Statements voraus, in denen jeder einzelne gebührenpflichtige Flug sowie die darin angefallene Gesamtgebühr verzeichnet sind.

Gegen die ersten drei Rechnungen von Februar und April 1972 legte die Klägerin mit Schreiben vom 3. Mai 1972 Widerspruch ein, der nicht beschieden wurde. Am 31. Juli 1972 hat die Klägerin gegen die Beklagte Klage beim Verwaltungsgericht München erhoben. Sie hat zunächst beantragt, die genannten Factures/Bills aufzuheben. In der mündlichen Verhandlung hat sie hilfsweise die Feststellung beantragt, daß die im Hauptantrag genannten Gebührenforderungen nicht bestehen. Die Klägerin ist der Ansicht, die Forderung der Beklagten enthalte eine organisatorische Zusammenfassung der nationalen Flugsicherungsgebühren. Zu ihrer Erhebung durch die Beklagte fehle es an einer wirksamen Rechtsgrundlage. Eine solche biete weder der Art. 20 ECV für den oberen Luftraum noch die auf § 32 Abs. 1 Nr. 14 des Luftverkehrsgesetzes beruhende Flugsicherungsgebührenverordnung für den unteren Luftraum. Zur Gebührenerhebung für den unteren Luftraum fehlten ein wirksames Zustimmungsgesetz nach Art. 24 Abs. 1, 59 Abs. 2 GG sowie eine gültige gesetzliche Ermächtigung nach Art. 80 GG. Für den Zeitraum der Sommertouristik-Saison 1972 sei die Gebührenerhebung auch wegen Rückwirkung rechtsstaatswidrig. Die Flüge der Klägerin würden auf Grund von Verträgen durchgeführt, die bereits vor Erlaß der Gebührenregelung abgeschlossen worden seien.

Das Verwaltungsgericht hat die Klage abgewiesen. Die Berufung der Klägerin hat der Bayerische Verwaltungsgerichtshof als unbegründet zurückgewiesen, indem er die Klage wegen Fehlens der deutschen internationalen Gerichtszuständigkeit für unzulässig angesehen hat. Die Revision der Klägerin hatte keinen Erfolg.

Das Berufungsgericht hat zutreffend ausgeführt, daß der vorliegende Gebührenrechtsstreit nicht vor ein deutsches Verwaltungsgericht gehört, weil für die Gebührenforderungen der in Brüssel ansässigen Beklagten die ausschließliche internationale Zuständigkeit der belgischen Gerichte mit der Wirkung begründet ist, daß sich die deutschen Gerichte jeder Sachentscheidung zu enthalten haben. Diese internationale Gerichtszuständigkeit, deren revisionsgerichtliche Überprüfung die §§ 549 Abs. 2 ZPO, 173 VwGO nicht hindern (BGHZ 44, 46), ergibt sich aus folgendem:

Die Beklagte ist eine zwischenstaatliche Einrichtung im Sinne von Art. 24 Abs. 1 GG, auf die gemäß dieser Verfassungsvorschrift durch Gesetz Hoheitsrechte übertragen werden können. Sie beruht auf dem zwischen der Bundesrepublik Deutschland und den anderen europäischen Vertragsstaaten abgeschlossenen Internationalen Übereinkommen über Zusammenarbeit zur Sicherung der Luftfahrt »EUROCONTROL« vom 13. Dezember 1960 (BGBl. 1962 II, 2274 ff.) – Eurocontrol-Vertrag – ECV, der nach seinem Art. 1 Abs. 1 den Zweck hat, die Zusammenarbeit auf dem Gebiet der Luftfahrt enger zu gestalten und insbesondere die Luftverkehrs-Sicherungsdienste im oberen Luftraum gemeinsam zu organisieren, und dem die Bundesrepublik Deutschland gemäß Art. 24 Abs. 1, 59 Abs. 2 GG durch das Gesetz vom 14. Dezember 1962 (BGBl. II, 2273) – Zustimmungsgesetz – zugestimmt hat. Die Beklagte ist damit eine Organisation, die durch völkerrechtliche Vereinbarung mit dem Sitz in Brüssel (Art. 1 Abs. 3 ECV) und »mit weitestgehender Rechtsfähigkeit« (Art. 4 ECV) geschaffen ist und deren Mitglieder Staaten und deren Organe die »Kommission« (oberstes Organ) und die »Agentur« (Exekutiv-Organ) (Art. 1 Abs. 2 ECV) sind. Ihr sind bestimmte Hoheitsrechte im Bereich der Flugsicherung eingeräumt. Dabei ist zwischen dem oberen (über 7500 m) und dem unteren Luftraum zu unterscheiden.

Im Bereich des *oberen Luftraums* der Vertragsstaaten hat der Eurocontrol-Vertrag – in Verbindung mit dem Zustimmungsgesetz – der Beklagten nicht nur die Durchführung der Flugsicherungsdienste übertragen (Art. 1, Abs. 1, 14, 38 Buchst. a ECV). Vielmehr ist der Beklagten auch die Befugnis gegeben worden, für diese Flugsicherungsdienste aus eigenem Recht (autonom) Gebühren zu erheben. Diese Gebührenhoheit der Beklagten für den oberen Luftraum ergibt sich mit der Ansicht des Berufungsgerichts und des in der Parallelsache (BVerwG VII C 66.75) ergangenen Urteils des OVG Münster vom 7. Juli 1975 – XIII A 265/74 – aus Art. 6 Abs. 2 Buchst. e und Art 20 ECV. Der entgegenstehenden Auffassung der Klägerin kann nicht gefolgt werden.

Art. 6 Abs. 2 Buchst. e ECV ermächtigt die Kommission, »... das Vorgehen der Agentur in bezug auf die Erhebung von Benutzergebühren festzulegen und gegebenenfalls die von der Agentur festgesetzten Gebührentarife und Bedingungen für die Gebührenerhebung zu genehmigen«. Art. 20 ECV ermächtigt die Agentur, »in Anwendung der Richtlinien, welche die Kommission auf Grund des Art. 6 Abs. 2 Buchst. e erlassen hat, gegebenenfalls Tarife und Anwendungsbedingungen für die Benutzergebühren festzusetzen, ... zu deren Erhebung die Organisation berechtigt ist«. Diese Bestimmungen bringen zum Ausdruck, daß mit der Übertragung der Hoheitsbefugnis zur Ausübung der Luftsicherheitsdienste im oberen Luftraum gleichzeitig auch die Befugnis zur Gebührenerhebung übertragen worden ist. Lediglich die organisationsinterne Entscheidung, ob und wann von dieser Gebührenerhebungsbefugnis Gebrauch gemacht werden soll, blieb offen und der Kommission – als gegenüber der Agentur richtlinienbefugtes Organ – überlassen. Daraus leitet sich die mehrfache Verwendung des Wortes »gegebenenfalls« her. Der weitere einschränkende Satzteil des Art. 20 ECV, »... zu deren Erhebung die Organisation berechtigt ist«, erklärt sich dadurch, daß der Eurocontrol-Vertrag die Hoheitsbefugnisse der Beklagten zunächst auf den oberen Luftraum der Vertragsstaaten begrenzt, aber in seinem Art. 2 bereits die Ausdehnung dieses Rechts auf die unteren Lufträume jeder Vertragspartei vorgesehen hat. Das OVG Münster hat in seinem genannten Urteil zutreffend ausgeführt, daß auch Art. 2 des Zustimmungsgesetzes von der bereits durch den Eurocontrol-Vertrag begründeten Gebührenerhebungsbefugnis der Beklagten im oberen Luftraum ausgeht, wenn er bestimmt, daß die nach Art. 20 ECV festgesetzten Benutzergebühren im Bundesgesetzblatt lediglich bekanntzumachen sind.

Die Beklagte hat mit Wirkung vom 1. November 1971 von ihrer Gebührenerhebungsbefugnis durch den Beschluß der Agentur vom 16. Juni 1971 Gebrauch gemacht. Im Anhang zu dem Beschluß und in der Beilage 2 hierzu, die Bestandteile des Beschlusses sind, ist bestimmt, daß bei Benutzung des in die Zuständigkeit der Beklagten fallenden oberen Luftraums der Vertragsstaaten von der Beklagten Gebühren für die Inanspruchnahme von Diensten und Einrichtungen der Flugsicherung erhoben werden; ferner sind die Gebührensätze und die Anwendungsbedingungen einschließlich des Erhebungsverfahrens im einzelnen geregelt. Die in Art. 6 Abs. 2 Buchst. e ECV vorgesehene Genehmigung der Kommission liegt seit Juli 1971 vor (vgl. Bundesratsdrucks. 488/71, S. 2). Sie brauchte entgegen der Ansicht der Klägerin nicht verkündet zu werden, da sie eine innerorganisatorische Maßnahme der Beklagten darstellt. Die gemäß Art. 2 des Zustimmungsgesetzes durchgeführte Bekanntgabe des Agenturbeschlusses durch § 1 der Flugsicherungsgebührenverordnung vom 27. Oktober 1971 (BGBl. II, 1153) – FSGebVO – genügt für seine bundesrechtliche Verbindlichkeit. Es handelt sich um eigene Rechtsnormen der Beklagten, die von den Mitgliedstaaten nicht bestätigt (ratifiziert) zu werden brauchen. Diese Rechtsauffassung liegt auch dem Beschluß des Bundesverfassungsgerichts vom 2. Dezember 1974 – 2 BvR 804/72 – zugrunde, mit dem dieses Gericht eine Verfassungsbeschwerde gegen die Flugsicherungsgebührenverordnung nicht zur Entscheidung angenommen hat. Wenn das Bundesverfassungsgericht dort ausführt, daß die Bekanntgabevorschrift des § 1 FSGebVO »überhaupt keine konstitutive, sondern deklaratorische Bedeutung« habe und der »Beschwerdeführerin keine neue Beschwer« auferlege, geht es davon aus, daß die Gebührenerhebung im oberen Luftraum nicht durch deutsches Recht begründet, sondern lediglich bekanntgemacht wird, so wie es Art. 2 des deutschen Zustimmungsgesetzes zum Eurocontrol-Vertrag vorsieht. Zudem sagt das Bundesverfassungsgericht in dem genannten Beschluß, »die Zuständigkeit der Agentur zur Festsetzung der Tarife und Anwendungsbedingungen für die Benutzungsgebühren beruhte für die Flugsicherung im oberen Luftraum auf dem Eurocontrol-Vertrag Art. 20«. Die Übertragung des Rechts der Gebührenerhebung im oberen Luftraum der Vertragsstaaten auf die Beklagte ergibt sich daher auch nach dieser Auffassung bereits aus dem Eurocontrol-Vertrag (vgl. auch *Rudolf*, in: Alex Meyer, Internationale Luftfahrtabkommen, Bd. IV, 1962, S. 82 ff., 96; *Schwenk*, Zeitschrift für Luft- und Weltraumrecht, 1975, S. 171 [174]).

Im Ergebnis gleiches gilt für die Erhebung der Flugsicherungsgebühren im deutschen *unteren Luftraum.*

Zwar ergeben sich für den unteren Luftraum das eigene hoheitliche Gebührenerhebungsrecht und die darauf beruhende autonome Regelungsbefugnis der Beklagten – im Gegensatz zum oberen Luftraum – noch nicht unmittelbar aus dem Eurocontrol-Vertrag und dem dazu gemäß Art. 24 Abs. 1, 59 Abs. 2 GG ergangenen deutschen Zustimmungsgesetz. Art. 1 ECV erwähnt insoweit nur den oberen Luftraum der Vertragsstaaten, und Art. 2 ECV, der den unteren Luftraum betrifft, räumt nicht selbst der Beklagten ein Hoheitsrecht ein; er gibt den Vertragsstaaten für diesen Bereich lediglich – wenn auch ausdrücklich – die Möglichkeit, die Luftverkehrs-Sicherungsdienste auf die Beklagte zu übertragen. Auch Art. 20 ECV, der die Beklagte zur eigenständigen Regelung der Gebühren ermächtigt, setzt voraus, daß die Beklagte »zu deren Erhebung berechtigt ist«, sie also dieses Recht bereits besitzt. Die Übertragung der Gebührenhoheit auf die Beklagte ergibt sich aber für den Bereich des deutschen unteren Luftraums aus § 32 Abs. 1 Satz 1 Nr. 14 des Luftverkehrsgesetzes – LuftVG – in der Fassung vom 4. November 1968 (BGBl. I, 1113) und des Art. 27 des Kostenermächtigungs-Änderungsgesetzes vom 23. Juni 1970 (BGBl. I, 805) sowie aus den §§ 2 bis 4 der FSGebVO vom 27. Oktober 1971, die laut der Bekanntmachung vom 14. März 1972 (BGBl. II, 244) am 15. Dezember 1971 in Kraft getreten ist.

Diese Rechtsnormen sind in Erfüllung völkerrechtlicher Abkommen ergangen, die die Mitgliedstaaten der Beklagten untereinander (Mehrseitige Vereinbarung über die Erhebung von Streckennavigationsgebühren vom 8. September 1970 – BGBl. 1971 II, 1154 –) und die Bundesrepublik Deutschland mit der Beklagten (Zweiseitiges Abkommen über die Erhebung von Streckennavigationsgebühren vom 8. September 1970 – BGBl. 1971 II, 1158) abgeschlossen haben. In der Mehrseitigen Vereinbarung haben sich die Mitgliedstaaten übereinstimmend verpflichtet, auch in dem ihrer Zuständigkeit unterliegenden unteren Luftraum gemeinsam Flugsicherungsgebühren einzuführen, die mit den im oberen Luftraum anfallenden Gebühren eine einzige Gebühr bilden. In dem Zweiseitigen Abkommen (Art. 1) hat sich die Bundesrepublik Deutschland verpflichtet, die Erhebung der Gebühr für den unteren Luftraum auf die Beklagte zu übertragen; für die Ansicht der Klägerin, die Auslegung des Satzes des Art. 1, »die Regierung beauftragt die Organisation, in ihrem Namen . . . die . . . Gebühren einzuziehen«, ergebe, daß damit die Gebührenerhebung im Namen der deutschen Regierung und nicht im Namen der Beklagten vereinbart worden sei, sind weder aus dem deutschen Wortlaut dieser Regelung noch aus dem maßgebenden französischen Text (Art. 42 Abs. 3 ECV) hinreichende Anhaltspunkte zu entnehmen. In Art. 2 des Zweiseitigen Abkommens hat sich die Bundesrepublik verpflichtet, entsprechende, die Benutzer bindende Vorschriften zu erlassen. Demgemäß ermächtigt § 32 Abs. 1 Satz 1 Nr. 14 LuftVG den Bundesminister für Verkehr, mit Zustimmung des Bundesrats die

Kosten für die Inanspruchnahme von Diensten und Einrichtungen der Flugsicherung durch Rechtsverordnung zu regeln, in der – wie das Gesetz ausdrücklich vorsieht – festgelegt werden kann, daß die nach Art. 20 ECV festgelegten Gebührensätze für die Inanspruchnahme von Diensten und Einrichtungen der Flugsicherung im oberen Luftraum auch für die Inanspruchnahme dieser Dienste im unteren Luftraum der Bundesrepublik Deutschland gelten und daß die Kosten von der Beklagten erhoben werden können. Die Flugsicherungsgebührenverordnung führt diese gesetzliche Ermächtigung aus. Danach werden die Gebühren für die Flugsicherung des deutschen unteren Luftraums in entsprechender Anwendung der Gebührenregelung der Beklagten einschließlich des Erhebungsverfahrens erhoben (§ 2 FSGebVO). Sie werden dabei mit den Gebühren für die Flugsicherung bei der Benutzung des oberen Luftraums zusammengefaßt und von der Beklagten als einheitliche Gebühr – zahlbar in Brüssel als dem Sitz der Beklagten – geltend gemacht (§ 3 FSGebVO).

Der erkennende Senat ist mit dem angefochtenen Urteil des Berufungsgerichts der Auffassung, daß diese Rechtsnormen eine Übertragung hoheitlicher Aufgaben im Sinne von Art. 24 Abs. 1 GG auf die Beklagte enthalten, indem sie entsprechend der völkerrechtlichen Verpflichtung der Bundesrepublik Deutschland die auf Art. 20 ECV beruhende Gebührenregelung der Beklagten auch für den deutschen unteren Luftraum gelten lassen. Der Senat ist mit dem Berufungsgericht weiterhin der Ansicht, daß diese Übertragung des Gebührenerhebungsrechts den Anforderungen des Art. 24 Abs. 1 GG genügt und darum innerstaatlich wirksam ist.

Dem steht nicht entgegen, daß § 32 Abs. 1 Satz 1 Nr. 14 LuftVG lediglich eine gesetzliche Ermächtigung gibt und deren Vollzug der Verordnung überläßt. Wenn Art. 24 Abs. 1 GG die Übertragung von Hoheitsakten des Bundes auf zwischenstaatliche Einrichtungen »durch Gesetz« vorsieht, so bedeutet das nicht, daß der Hoheitsverzicht stets unmittelbar durch ein förmliches Gesetz erklärt werden muß, also eine Hoheitsübertragung durch Rechtsverordnung auf gesetzlicher Grundlage immer ausscheidet, wie *Maunz*, in: Maunz/Dürig/Herzog/Scholz, Grundgesetz, 1964, Rdnr. 14, noch meint (gegenteiliger Ansicht offenbar schon der Zwischenbericht der Enquête-Kommission für Fragen der Verfassungsreform gemäß Beschluß des Deutschen Bundestages – BT-Drucks. VI/3829, S. 37; *Schmidt/Bleibtreu/Klein*, Grundgesetz, 3. Aufl. 1973, Anm. 2 zu Art. 24). Art. 24 Abs. 1 GG hat den Sinn, die darin zugunsten der zwischenstaatlichen Einrichtung ermöglichte Aufgabe des staatlichen Ausschließlichkeitsanspruchs (vgl. BVerfGE 37, 271 [280]) wegen ihrer staatsrechtlichen Bedeutung dem Gesetzgeber vorzubehalten. Das förmliche Gesetz selbst soll entscheiden, ob und in welchem Umfang ein Hoheitsrecht im Sinne von Art. 24 Abs. 1 GG übertragen werden soll. Ist dies geschehen, so ist die Entscheidung auch dann »durch Gesetz« erfolgt, wenn sie erst mit dem Hinzutreten rangniederen, jedoch vom Willen des Gesetzgebers umschlossenen materiellen Rechts wirksam wird. Das hat das Bundesverwaltungsgericht auch schon für die Grundrechtsbeschränkung nach der alten Fassung des Art. 12 Abs. 1 Satz 2 GG mehrfach ausgesprochen (BVerwGE 10, 164 [165]; 21, 203 [205]).

Sicherlich sind im Falle des staatlichen Souveränitätsverzichts nach Art. 24 Abs. 1 GG an die Eindeutigkeit und Klarheit einer bloßen gesetzlichen Ermächtigung strenge Anforderungen zu stellen. Hier hat die gesetzliche Ermächtigung des § 32 Abs. 1 Satz 1 Nr. 14 LuftVG aber nicht nur Zweck, Inhalt und Grenzen des zu übertragenden Gebührenerhebungsrechts unter Bezugnahme auf eine bestehende Regelung (hier auf Art. 20 ECV) festgelegt sowie die Beklagte zum Übertragungsempfänger bestimmt, sondern auch eine Befugnis zum Gegenstand, die eben dieser Beklagten für einen Hoheitsbereich gleicher Art – nämlich für das Gebührenerhebungsrecht im oberen Luftraum – bereits wirksam übertragen worden war. Das förmliche Gesetz ermächtigt also, für beide Hoheitsbereiche (oberen und unteren Luftraum) gleiches Recht zu schaffen, was überdies – wie schon oben ausgeführt – in Art. 2 ECV ausdrücklich vorgesehen ist. Es zeigt den deutlichen und abgegrenzten Willen des Gesetzes, die Erhebung der Flugsicherungsgebühren für die Benutzung des unteren deutschen Luftraums der Regelung der Beklagten für den oberen Luftraum anzupassen, mithin für beide Hoheitsbereiche gleiches Recht zu schaffen. Dies bestätigt auch die amtliche Begründung (BT-Drucks. VI/329, S. 33) zu Art. 21 Nr. 1 Buchst. c (Luftverkehrsgesetz) des Kostenermächtigungs-Änderungsgesetzes vom 23. Juni 1970 a.a.O., durch den § 32 Abs. 1 Satz 1 Nr. 14 in das Luftverkehrsgesetz eingefügt worden ist. Dort ist ausdrücklich hervorgehoben, daß die internationalen Verhandlungen über die Erhebung der Flugsicherungsgebühren im Bereich von EUROCONTROL die Notwendigkeit erwiesen hätten, die Gebührenerhebung für den oberen und unteren Luftraum zu vereinheitlichen und eine einheitliche Erhebungsstelle zu schaffen (ebenso Präambel und Inhalt der oben genannten Mehrseitigen Vereinbarung vom 8. September 1970, a.a.O.). Damit hat § 32 Abs. 1 Satz 1 Nr. 14 LuftVG über das »ob und wie« der Übertragung der Gebührenerhebungsbefugnis für den unteren Luftraum der Bundesrepublik auf die Beklagte entschieden. Das genügt den Anforderungen des Art. 24 Abs. 1 GG. Es würde eine überflüssige Förmelei bedeuten, für den Vollzug dieser eindeutigen gesetzlichen Ermächtigung nochmals ein förmliches Gesetz zu verlangen und nicht – wie geschehen – eine Rechtsverordnung ausreichen zu lassen. Ein zusätzliches Gesetz wäre nichts anderes als eine Wiederholung eines vom Gesetzgeber schon in einem Gesetz zum Ausdruck gebrachten Willens.

Daß bei dieser Rechtslage die Ermächtigung des § 32 Abs. 1 Satz 1 Nr. 14 LuftVG nach Zweck, Inhalt und Ausmaß auch den Anforderungen des Art. 80 Abs. 1 GG entspricht, bedarf keiner zusätzlichen Ausführungen (vgl. auch den Beschluß des Bundesverfassungsgerichts vom 2. Dezember 1974, a.a.O.).

Steht aber der Beklagten nach dem Eurocontrol-Vertragswerk und den dazu gemäß Art. 24 Abs. 1 GG ergangenen deutschen Gesetzen (Zustimmungsgesetz und § 32 Abs. 1 Satz 1 Nr. 14 LuftVG in Verbindung mit der Flugsicherungsgebührenordnung) das Gebührenerhebungsrecht für den oberen Luftraum der Vertragsstaaten und den unteren deutschen Luftraum als übertragenes Hoheitsrecht zu und bilden die von der Beklagten im Rahmen dieser vertragsgemäßen Kompetenzen erlassenen »sekundären« Rechtsvorschriften des Agenturbeschlusses eine eigene Rechtsordnung, so folgt daraus zwar noch nicht, daß damit die nationale Rechtsprechungsgewalt von vornherein ausgeschlossen wäre. Im vorliegenden Fall aber hat die Bundesrepublik Deutschland durch ihre Mitwirkung an der Begründung autonomer Hoheitsgewalt der Beklagten auf diese nationale Kontrolle verzichtet. Der vorliegende Fall ist nämlich durch die oben hervorgehobene Besonderheit gekennzeichnet, daß alle für die Benutzung des oberen und des unteren Luftraumes aller Vertragsstaaten anfallenden Gebühren in Form einer einzigen und einheitlichen Gebühr erhoben werden. Diese im Interesse einer weitestgehenden Vereinheitlichung konzipierte Regelung würde in Frage gestellt, wenn gleichwohl die in solcher Weise vereinheitlichte Gebührenerhebung der unterschiedlichen Rechtskontrolle durch die nach dem verschiedenen nationalstaatlichen Recht zuständigen Gerichte der einzelnen Vertragsstaaten unterworfen wäre. Nichts spricht dafür, daß dies gewollt gewesen ist. Dementsprechend kann denn auch das gemäß Art. 24 Abs. 1 GG ergangene Gesetz nicht nur besagen, daß die Übertragung von Hoheitsrechten auf die zwischenstaatliche Einrichtung überhaupt zulässig ist, sondern auch, daß die Maßnahmen der zwischenstaatlichen Einrichtung einer anderen als der jeweiligen nationalen Gerichtsbarkeit aller Vertragsstaaten und damit auch einer anderen als der eigenen Gerichtsbarkeit unterworfen werden dürfen (vgl. BVerfGE 31, 145 [174]; vgl. ferner *Seidl-Hohenveldern,* Recht der Internationalen Organisationen einschließlich der Supranationalen Gemeinschaften, 2. Aufl. 1971, Rdnr. 1908, S. 248).

Allerdings ist für die Beklagte im Gegensatz zu anderen zwischenstaatlichen Einrichtungen europäischen Rechts weder ein eigenes Rechtsschutzsystem eingerichtet, noch der Anschluß an ein solches bereits bestehendes zwischenstaatliches System angeordnet (das in Art. 33 ECV vorgesehene besondere Schiedsverfahren scheidet insoweit aus). Ein zwischenstaatlicher Vertrag kann auch das mit der Übertragung der Hoheitsgewalt jedenfalls hier nach dem oben Gesagten verbundene Ausscheiden der zwischenstaatlichen Organisation aus dem Bereich der jeweiligen nationalen Rechtsprechungsgewalt ausschließen oder einschränken, wie das z. B. – wenn auch nur subsidiär – in Art. 40 Abs. 3 des Vertrages über die Gründung der Europäischen Gemeinschaft für Kohle und Stahl vom 18. April 1951 (BGBl. 1952 II, 447), Art. 183 des Vertrages zur Gründung der Europäischen Wirtschaftsgemeinschaft vom 25. März 1957 (BGBl. II, 766) und Art. 155 des Vertrages zur Gründung der Europäischen Atomgemeinschaft vom 25. März 1957 (BGBl. II, 1014) geschehen ist, oder wie dies für den Bereich der Haftung der Beklagten aus Art. 25 ECV folgt. Für den hier in Frage stehenden Bereich hätte dies aber – wie erwähnt – der Konzeption des Eurocontrol-Vertrages widersprochen, die mit der Vereinheitlichung der Gebühren auch die gerichtliche Kontrolle der Gebührenerhebung durch eine einzige Gerichtsbarkeit verlangt. Die Ermächtigung der Kommission in Art. 6 Abs. 2 Buchst. e ECV, das Vorgehen der Agentur in bezug auf die Erhebung von Benutzergebühren festzulegen und gegebenenfalls die von der Agentur festgesetzten Gebührentarife und Bedingungen für die Gebührenerhebung zu genehmigen, und die Ermächtigung der Agentur in Art. 20 ECV, Tarife und Anwendungsbedingungen für die Benutzergebühren festzusetzen, schließen daher auch die Befugnis ein, der von vornherein ins Auge gefaßten Erhebung einer vereinheitlichten Gebühr eine vereinheitlichte Rechtskontrolle an die Seite zu stellen. Dieser Konzeption trägt es Rechnung, daß die Beklagte kraft ihres eigenständigen (sekundären) zwischenstaatlichen Rechts die belgischen Gerichte für zuständig erklärt hat. Sie hat nämlich durch den von der Kommission genehmigten Beschluß der Agentur vom 16. Juni 1971 in Art. 3 Abs. 1 der als Anhang beigefügten »Tarife und Anwendungsbedingungen für Benutzergebühren« nicht nur Brüssel als Erfüllungsort bestimmt, sondern in Art. 1 Abs. 2 der weiterhin beigefügten Beilage 2 »Zahlungsbedingungen für die Benutzergebühren« ausdrücklich auf die örtliche Zuständigkeit der belgischen Gerichte hingewiesen. Diese Zuständigkeit wird dort zwar aus der Bestimmung Brüssels zum Erfüllungsort abgeleitet (». . . die sich aus der Bestimmung Brüssels zum Erfüllungsort ergebende örtliche Zuständigkeit der belgischen Gerichte . . .«). Zu berücksichtigen ist aber, daß das autonome Recht zwischenstaatlicher Einrichtungen nicht nach nationalen, sondern nach den eigenen Regelungen der zwischenstaatlichen Einrichtung zu beurteilen ist. Diese bringen für die Beklagte zum Ausdruck, daß die belgischen Gerichte – und nur diese allein – für Streitigkeiten über die Flugsicherungsgebühren zuständig sein sollen. Denn die dort festgelegte Form der Gebührenerhebung (»Rechnung«) und die ausdrückliche Aufnahme der im internationalen Privatrecht üblichen Gerichtsstandsklausel (»Erfüllungsort«) sprechen dafür, daß die Beklagte von einer Erhebung und Beitreibung der Gebühren – unbeschadet des öffentlich-rechtlichen Charakters dieser Gebühren (vgl. die Entscheidung des Europäischen Gerichtshofs vom 14. Oktober 1976, Rs. 29/76 EuGHE XXII 1541=NJW 1977, 489) – in privatrechtlichen Formen ausgeht, und nach internationalem Privatrecht ist durch die Bestimmung des Erfüllungsorts zugleich auch der maßgebende internationale (örtliche) Gerichtsstand bestimmt (vgl. *Zöller*, ZPO, 11. Aufl. 1974, Einl. VII C 1; *Baumbach/Lauterbach*, ZPO, 34. Aufl. 1976, Übersicht § 12 Anm. 1 B).

Die Begründung einer zusätzlichen Zuständigkeit der Bundesrepublik Deutschland, als weiterer Vertragsstaat über die der Beklagten zur eigenen Regelung zugewiesene Erhebung der Flugsicherungsgebühren gerichtlich zu entscheiden, ist aus dem Eurocontrol-Vertrag und den dazu ergangenen Rechtsvorschriften nicht zu entnehmen. Das ist für den Bereich der deutschen Gerichtszuständigkeit um so weniger möglich, als das deutsche Recht – wie ausgeführt – das Hoheitsrecht der Gebührenerhebung nicht nur für den oberen, sondern auch für den unteren Luftraum allein auf die Beklagte übertragen hat. Eine Zuweisung der Gebührenstreitigkeiten an die Gerichte verschiedener Vertragsstaaten würde dem Zweck des Eurocontrol-Vertrages widersprechen. Denn dessen tragender Gesichtspunkt der organisatorischen Zusammenfassung der Flugsicherung der Vertragsstaaten (Art. 1 ECV) hat – wie erwähnt – auch zum Ziel, die für einen Flug durch die Lufträume der verschiedenen Staaten anfallenden Flugsicherungsgebühren als eine »einzige« Gebühr durch eine »einzige« Stelle – nämlich durch die Beklagte in Brüssel – zu erheben. Das ist – wie schon oben ausgeführt – in der Präambel und in den Bestimmungen der Mehrseitigen Vereinbarung vom 8. September 1970, die die Anpassung der Flugsicherungsgebühren des unteren Luftraums an die des oberen Luftraums der Vertragsstaaten regelt, eindeutig zum Ausdruck gekommen. Dieser Organisationszweck der einheitlichen Gebührenerhebung schließt die Zuweisung der Gebührenstreitigkeiten an einen einzigen Staat – nämlich Belgien als den Staat des Sitzes und des Erfüllungsortes der Beklagten – zur alleinigen gerichtlichen Zuständigkeit ein.

Die somit für die gerichtliche Kontrolle der von der Beklagten erhobenen Flugsicherungsgebühren ausschließlich bestimmte internationale Zuständigkeit der nationalen belgischen Gerichte ist verfassungsrechtlich unbedenklich. Die Grundstruktur der Verfassung, die auch im Anwendungsbereich des Art. 24 Abs. 1 GG zu wahren ist (BVerfGE 30, 1 [19]; 37, 270 [280]) und zu der der in Art. 19 Abs. 4 GG festgelegte Rechtsstaatsgrundsatz des richterlichen Individualrechtsschutzes gehört, wird durch diese Regelung nicht beeinträchtigt. Insoweit ist dem Berufungsgericht ebenfalls zu folgen.

Das von der Beklagten zum zuständigen Gericht bestimmte belgische Gericht hat seine Zuständigkeit bejaht. Es hat über streitige Gebührenforderungen der Beklagten in der Sache entschieden und damit dem Betroffenen Rechtsschutz gewährt; die belgischen Gerichte entsprechen, was auch die Klägerin nicht in Zweifel zieht, rechtsstaatlichen Anforderungen. Eine grundlegende Beeinträchtigung der Rechte der Klägerin aus Art. 19 Abs. 4 GG entsteht nicht dadurch, daß die belgischen Gerichte bei der Entscheidung einer Gebührenstreitigkeit die Rechtsgültigkeit der einschlägigen deutschen Vorschriften nicht nachprüfen, wie dies das gegen die Klägerin ergangene Urteil des Tribunal de Commerce in Brüssel vom 7. März 1974 zeigt. Zum einen sind diese Vorschriften – wie hier geschehen – jedenfalls insoweit von den deutschen Gerichten nachzuprüfen, als sie die verfahrensrechtliche Vorfrage betreffen, ob überhaupt die belgischen Gerichte international zuständig sind. Zum anderen war dem Betroffenen gegen die deutschen Rechtsvorschriften die Verfassungsbeschwerde zum Bundesverfassungsgericht gemäß §§ 90ff. BVerfGG eingeräumt, von der in dem Bundesverfassungsgerichtsverfahren 2 BvR 804/72 auch Gebrauch gemacht worden ist. Gegebenenfalls würde die erforderliche Anerkennung und Vollstreckung der nationalen belgischen Gerichtsentscheidung am *ordre public* der Bundesrepublik scheitern (vgl. Art. 2 Abs. 1 Nr. 1 des deutsch-belgischen Abkommens über die gegenseitige Anerkennung und Vollstreckung von gerichtlichen Entscheidungen, Schiedssprüchen und öffentlichen Urkunden in Zivil- und Handelssachen vom 30. Juni 1958 – BGBl. 1959 II, 766). Auch das hat bereits das Bundesverfassungsgericht in dem genannten Beschluß vom 2. Dezember 1974 – 2 BvR 804/72 – hervorgehoben. Ein solcher Fall würde insbesondere in Betracht kommen, wenn die deutschrechtliche Grundlage für die Gebührenerhebung gegen das Grundgesetz verstieße, die Vereinbarkeit mit dem Grundgesetz aber auf Grund des belgischen Prozeßrechts von den belgischen Gerichten nicht überprüft werden könnte (so jedenfalls im vorliegenden Fall das erwähnte Urteil des Tribunal de Commerce vom 7. März 1974). Für eine solche Überprüfung wäre im Verfahren über die Erteilung der Vollstreckungsklausel noch Raum, wobei der Senat aber hervorhebt, daß er an der Verfassungsmäßigkeit der deutschrechtlichen Grundlagen, insbesondere der Flugsicherungsgebührenverordnung – ebensowenig wie das Bundesverfassungsgericht in dem erwähnten Beschluß vom 2. Dezember 1974 – zweifelt, dies auch nicht unter dem von der Klägerin hervorgehobenen Gesichtspunkt der Rückwirkung; der Vertiefung bedarf dies hier indessen nicht.

Nr. 37 OVG Münster 16. 9. 1977 (VIII A 469/76) DVBl. 1978, 506

Den Ausbildungsförderungsantrag des Kl., eines italienischen Staatsangehörigen, dessen Eltern im Ausland leben, lehnte der Bekl. ab mit der Begründung, der Kl. habe die Voraussetzung eines fünfjährigen Aufenthalts in der Bundesrepublik Deutschland vor Beginn der Ausbildung nicht erfüllt; jedenfalls sei er nicht fünf Jahre lang in der Bundesrepublik Deutschland erwerbstätig gewesen. Die Klage des Kl. mit der Begründung, die 5-Jahres-Frist sei nicht von Beginn der Ausbildung, sondern von Beginn des Bewilligungszeitraums an zurückzurechnen und eine Erwerbstätigkeit brauche nur ausgeübt worden zu sein, nicht aber fünf Jahre gedauert zu haben, wurde abgewiesen. Seine Berufung hatte keinen Erfolg.

Gemäß § 8 Abs. 2 Satz 1 Berufsausbildungsförderungsgesetz (BAföG) i. d. F. des 2. BAföGÄndG wird anderen als den in Abs. 1 genannten Ausländern Ausbildungsförderung geleistet, wenn 1. sie selbst vor Beginn der förderungsfähigen Ausbildung insgesamt fünf Jahre oder 2. zumindest ein Elternteil in den letzten drei Jahren vor Beginn des Bewilligungszeitraums ständig sich im Geltungsbereich dieses Gesetzes rechtmäßig aufgehalten haben und erwerbstätig waren. Der Kl. hat sich vor Beginn der förderungsfähigen Ausbildung weder fünf Jahre lang im Bundesgebiet aufgehalten, noch war er fünf Jahre lang erwerbstätig . . .

Der Kl. kann auch aus § 8 Abs. 3 BAföG i. V. mit dem Recht der Europäischen Gemeinschaften keinen Anspruch auf Ausbildungsförderung ohne Erfüllung der in § 8 Abs. 2 Satz 1 Nr. 1 BAföG normierten Voraussetzungen herleiten.

Art. 12 Satz 1 der EWG-Verordnung Nr. 1612/68 über die Freizügigkeit der Arbeitnehmer innerhalb der Gemeinschaft vom 15. 10. 1968 – EG-VO –, wonach die Kinder eines Staatsangehörigen eines Mitgliedstaates, der im Hoheitsgebiet eines anderen Mitgliedstaates beschäftigt ist oder beschäftigt gewesen ist, dann, wenn sie im Hoheitsgebiet dieses Mitgliedstaates wohnen, unter den gleichen Bedingungen wie die Staatsangehörigen dieses Mitgliedstaates am allgemeinen Unterricht teilnehmen können, ist im Falle des Kl. nicht einschlägig. Zwar hat der EuGH (Urteil vom 3. 7. 1974 – 9/74 –, FamRZ 1974, 477) entschieden, daß diese Vorschrift auch auf die allgemeinen Maßnahmen, welche die Teilnahme am Unterricht erleichtern sollen, und damit auch auf die Ausbildungsförderung abzielt. Der Kl. ist aber nicht, wie Art. 12 Satz 1 EG-VO voraussetzt, Kind eines Staatsangehörigen eines Mitgliedstaates, der im Hoheitsgebiet der Bundesrepublik Deutschland beschäftigt ist oder beschäftigt gewesen ist.

Auch aus § 8 Abs. 3 BAföG i. V. mit Art. 7 Abs. 2 EG-VO ergibt sich kein Anspruch des Kl. auf Ausbildungsförderung. Nach Art. 7 Abs. 2 EG-VO genießt ein Arbeitnehmer, der Staatsangehöriger eines Mitgliedstaates ist, im Hoheitsgebiet der anderen Mitgliedstaaten die gleichen sozialen und steuerlichen Vergünstigungen wie die inländischen Arbeitnehmer. Die Gewährung von Ausbildungsförderung ist jedoch keine soziale Vergünstigung i. S. des Art. 7 Abs. 2 EG-VO, die die inländischen Arbeitnehmer genießen. Zwar steht die Tatsache, daß der Kl. z. Z. kein Arbeitnehmer mehr ist und daß die Ausbildungsförderung sich nicht aus der Arbeitnehmereigenschaft ergibt und nicht im Zusammenhang mit einem Arbeitsverhältnis steht, der Anwendbarkeit des Art. 7 Abs. 2 EG-VO generell nicht entgegen. Wenn auch einige Bestimmungen des Art. 7 EG-VO an Beziehungen anknüpfen, die ihren Grund im Arbeitsvertrag haben, so enthält dieser Artikel doch auch andere Bestimmungen, die mit solchen Beziehungen nichts zu tun haben, ja die sogar die Beendigung eines früheren Beschäftigungsverhältnisses voraussetzen, wie etwa die Bestimmungen über die berufliche Wiedereingliederung oder die Wiedereinstellung im Falle der Arbeitslosigkeit in Art. 7 Abs. 1 EG-VO. Sonach kann die Verweisung auf die »sozialen Vergünstigungen« in Art. 7 Abs. 2 nicht einschränkend ausgelegt werden. Daraus folgt i. S. der von dieser Bestimmung angestrebten Gleichbehandlung, daß deren sachlicher Anwendungsbereich in der Weise abzugrenzen ist, daß er alle sozialen und steuerlichen Vergünstigungen umfaßt, ob diese nun an den Arbeitsvertrag anknüpfen oder nicht (EuGH, Urteil vom 30. 9. 1975 – 32/75 –, Slg. 1975, 1085 [1095]; a. A. *Rothe/Blanke*, Komm. z. BAföG, § 8 Rdnr. 21.1).

Trotzdem kann die Ausbildungsförderung keine soziale Vergünstigung i. S. des Art. 7 Abs. 2 EG-VO sein. Wenn die sozialen Vergünstigungen i. S. dieser Vorschrift sich auch nicht aus der Tatsache des Bestehens eines Arbeitsverhältnisses zu ergeben brauchen, so müssen diese sozialen Vergünstigungen doch nach dem Wortlaut des Art. 7 Abs. 2 EG-VO von den inländischen Arbeitnehmern (zu denen unter Umständen auch die inländischen Arbeitslosen zu rechnen sind) in Anspruch genommen werden können. Die Ausbildungsförderung ist aber eine Leistung, die gerade nicht von Arbeitnehmern oder Arbeitsuchenden in Anspruch genommen werden kann, sondern ausschließlich Nicharbeitnehmern zugute kommt.

Für die Inanspruchnahme von Bildungs- und Ausbildungsstätten durch Personen, die durch die EG-VO begünstigt werden sollen, enthält Art. 7 Abs. 3 EG-VO eine Sonderregelung. Nach dieser Vorschrift kann der Staatsangehörige eines Mitgliedstaates mit dem gleichen Recht und unter den gleichen Bedingungen wie die inländischen

Arbeitnehmer Berufsschulen und Umschulungszentren in Anspruch nehmen. Aus dieser speziellen Regelung ergibt sich, daß die EG-VO eine Gleichsetzung mit inländischen Arbeitnehmern auf dem Bildungs- und Ausbildungssektor nur bei Besuch der arbeitsbezogenen Berufsschulen und Umschulungszentren, nicht aber bei Besuch sonstiger Ausbildungsstätten bezweckt.

§ 8 Abs. 2 BAföG verstößt auch nicht gegen das in Art. 7 des Vertrages zur Gründung der Europäischen Wirtschaftsgemeinschaft vom 25. 3. 1957 (BGBl. II, S. 766, berichtigt S. 1678, und 1958 II, S. 64) – EWGV – normierte Verbot jeder Diskriminierung aus Gründen der Staatsangehörigkeit. Ausländer werden bei der Gewährung von Ausbildungsförderung nicht diskriminiert. Die Leistung von Ausbildungsförderung an Ausländer und damit auch an EWG-Angehörige wird nicht etwa ausgeschlossen oder unzumutbar erschwert. Die Gewährung von Ausbildungsförderung an Ausländer wird nur von Voraussetzungen abhängig gemacht, die bei den meisten deutschen Ausbildungsförderungsempfängern ohnehin erfüllt sind. Die ganz überwiegende Mehrheit der deutschen Ausbildungsförderungsempfänger hat zumindest einen Elternteil, der in den letzten drei Jahren vor Beginn des Bewilligungszeitraums in der Bundesrepublik Deutschland erwerbstätig gewesen ist oder aus einem von ihm nicht zu vertretenden Grund in dieser Zeit keine Erwerbstätigkeit ausgeübt hat, oder ist selbst erwerbstätig gewesen. Derartigen Förderungsbewerbern wäre auch dann, wenn sie Ausländer wären, gemäß § 8 Abs. 2 BAföG Ausbildungsförderung zu leisten.

Daß auch denjenigen Deutschen, deren Eltern nicht mehr leben oder im Ausland leben und dort erwerbstätig sind oder aus einem von ihnen zu vertretenden Grund keine Erwerbstätigkeit ausüben, Ausbildungsförderung zu gewähren ist, wohingegen einem Ausländer in gleicher Situation kein Anspruch auf Ausbildungsförderung zusteht, kann nicht die Annahme einer Diskriminierung rechtfertigen. Das Diskriminierungsverbot beinhaltet lediglich ein Verbot der Schlechterstellung bei gleichliegender typischer Regelsituation, nicht aber auch ein Gebot der Gleichstellung in jeder atypischen Situation. Gegenüber dem Regelfall eines deutschen Ausbildungsförderungsempfängers wird ein Ausländer durch § 8 Abs. 2 BAföG nicht schlechter gestellt. Daß ihm nicht der wenigen deutschen Förderungsempfängern zugute kommende Vorteil gewährt wird, auch ohne im Inland erwerbstätige bzw. schuldlos nicht erwerbstätige Eltern Ausbildungsförderung zu erhalten, stellt keine generelle Schlechterstellung der Ausländer, sondern nur einen Ausschluß von Leistungen dar, die Deutschen in einer atypischen Situation gewährt werden. Jedenfalls schafft § 8 Abs. 2 BAföG kein durch Art. 7 EWGV verbotenes Sonderrecht für Ausländer, sondern nur eine Gleichstellung der Ausländer mit der ganz überwiegenden Mehrheit der inländischen Förderungsempfänger.

Nr. 38 KG 26. 9. 1977 (AR [B] 207/77 – 2 Ws [B] 282/77) RIW 1978, 55

... Die Einzelausführungen der Rechtsbeschwerde beziehen sich nur auf die Rechtsgültigkeit der Verordnung (EWG) Nr. 543/69. Was der Beschwerdeführer, der sich im wesentlichen auf ein Gutachten des Prof. Dr. Kn. stützt, gegen die Wirksamkeit dieser Verordnung vorbringt, prüft der Senat nicht nach, denn er könnte, da das Gutachten nicht offensichtlich abwegig ist, die Frage der Gültigkeit der Verordnung nicht selbst abschließend entscheiden, sondern müßte, wenn es hierauf ankäme, die Sache nach Art. 177 Abs. 3 EWGV dem Europäischen Gerichtshof vorlegen. Nach dieser

Bestimmung ist der Senat zur Vorlage aber nur verpflichtet, wenn die dem Europäischen Gerichtshof zu unterbreitende Rechtsfrage entscheidungserheblich ist (vgl. EuGH Rspr. II – 3, S. 8: *Groeben/Boeckh/Thiesing,* EWGV, 2. Aufl. 1974, Art. 177 Anm. II 3 B; *Ipsen,* Europäisches Gemeinschaftsrecht, 1972, S. 768; *Tomuschat,* Die gerichtliche Vorabentscheidung nach den Verträgen über die Europäischen Gemeinschaften, 1964, S. 123). Das ist hier nicht der Fall. Denn ob der Rat der Europäischen Gemeinschaften aufgrund des Vertrages zur Gründung der Europäischen Wirtschaftsgemeinschaft, insbesondere nach dessen Art. 74 und 75 zum Erlaß der Verordnung (EWG) Nr. 543/69 hinreichend legitimiert war, ist für die Frage, ob der Betroffene ordnungswidrig gehandelt hat, ohne Bedeutung. Die Verurteilung des Betroffenen beruht nicht unmittelbar auf der EWG-Verordnung, die keine Bußgeldandrohung enthält, sondern auf dem FahrerpersGSt, einem Bundesgesetz.

Dieses Gesetz verweist zwar auf die Vorschriften der EWG-Verordnung, die bereits nach Art. 189 Abs. 2 EWGV in den Mitgliedstaaten der Gemeinschaft unmittelbar gilt. Das ist jedoch für die hier zu entscheidende Rechtsfrage im Ergebnis ohne Bedeutung. Trotz der scheinbar gegenteiligen Fassung des Art. 189 Abs. 2 EWGV kann auch bei Verordnungen die nationale Gesetzgebung notwendig sein (vgl. *Zuleeg*, Das Recht der Europäischen Gemeinschaften im innerstaatlichen Bereich, 1969, S. 226; *Rabe*, Das Verordnungsrecht der Europäischen Wirtschaftsgemeinschaft, 1963, S. 29). So ist es hier. Insbesondere Art. 5, 14 und 18 VO (EWG) Nr. 543/69 enthalten eine Ermächtigung der Mitgliedstaaten zum Erlaß bestimmter Durchführungsvorschriften. Das europäische Gemeinschaftsrecht, insbesondere das Sekundärrecht, wenn es nicht unmittelbar anwendbar ist, sieht häufig vor, daß sein Inhalt in nationales Recht umzusetzen ist; dabei muß der nationale Gesetzgeber das Gemeinschaftsrecht in bestimmten Punkten ergänzen (vgl. *Bleckmann*, Europarecht, 1976, S. 203). Hierbei bleibt es dem deutschen Gesetzgeber unbenommen, für die Bundesrepublik Deutschland auch solche gesetzlichen Regelungen zu treffen, für deren Erlaß der Rat der Europäischen Gemeinschaften für seinen Bereich keine Kompetenz besitzt; soweit den Mitgliedstaaten ein Entscheidungsspielraum bleibt, unterliegt der staatliche Gesetzgeber keinen gemeinschaftsrechtlichen Bindungen (vgl. *Zuleeg*, a.a.O., S. 327). Dies gilt insbesondere für die Befugnis, strafrechtliche Sanktionsvorschriften für Verstöße gegen EWG-Vorschriften zu erlassen; denn insoweit ist es bei der Zuständigkeit des innerstaatlichen Gesetzgebers geblieben (vgl. BGH, WM 1973, S. 918). Im vorliegenden Fall hat der deutsche Gesetzgeber nicht nur bußgeldbewehrte Sanktionsvorschriften nach Art. 18 Abs. 1 VO (EWG) Nr. 543/69 erlassen, sondern die in der EWG-Verordnung beschriebenen Verhaltensweisen als Tatbestandsmerkmale übernommen. Die von den Gemeinschaftsorganen im Rahmen ihrer vertragsgemäßen Kompetenzen erlassenen Rechtsvorschriften, das »sekundäre Gemeinschaftsrecht«, bilden zwar eine eigene Rechtsordnung, deren Normen kein nationales Recht der Mitgliedstaaten ist (vgl. BVerfGE 29, 198, 210; 22, 293, 296). Das Gemeinschaftsrecht und das innerstaatliche Recht der Mitgliedstaaten sind zwei selbständige, voneinander verschiedene Rechtsordnungen; das vom EWG-Vertrag geschaffene Recht fließt aus einer autonomen Rechtsquelle (vgl. EWGV Rspr. X, 1251, 1270 – NJW 1964, 2371, 2372; VIII, 97, 110). Da die von dem FahrerpersGSt in Bezug genommenen Bestandteile des Gemeinschaftsrechts mit der nach Art. 18 Abs. 1 VO (EWG) Nr. 543/69 erlassenen Durchführungsgesetzgebung, dem FahrerpersGSt, eine Einheit bilden, ist das FahrerpersGSt jedoch insgesamt als nationales Recht anzusehen (vgl. *Zuleeg*, a.a.O., S. 327; *Bleckmann*, a.a.O.,

S. 204; *Ehle*, NJW 1965, 2231, 2232; *Bülow*, Zeitschrift für das gesamte Handelsrecht 1965, 29, Beiheft S. 28, 55; *Engisch*, Die Einheit der Rechtsordnung, 1935, S. 26 Anm. 3).

Nr. 39 **BFH 27. 9. 1977 (VII K 1/76) DVBl. 1978, 501**

Mit Urteil vom 12. 11. 1974 – VII R 74/73 – (BFHE 114, 298) entschied der erkennende Senat, daß der von der Kl. angefochtene Abgabenbescheid des Zollamts (ZA) Kehl-Europabrücke am 12. 7. 1972 auch insoweit rechtmäßig sei, als in ihm eine Monopolausgleichspitze in Höhe von 5,63 DM erhoben wurde. Von der Einholung einer Vorabentscheidung des Gerichtshofs der Europäischen Gemeinschaften (EuGH) nach Art. 177 des Vertrages zur Gründung der Europäischen Wirtschaftsgemeinschaft (EWGV) sah der Senat dabei ab, da, wie es in den Entscheidungsgründen heißt, keine Frage über die Auslegung von Vorschriften des EWGV zweifelhaft erscheine. Mit Urteil vom 17. 2. 1976 – RS 45/75 – (EuGHE 1976, 181) erkannte der EuGH in einem anderen, vom Finanzgericht (FG) Rheinland-Pfalz zur Vorabentscheidung vorgelegten Fall, daß die Erhebung der Monopolausgleichspitze mit den Bestimmungen des EWGV nicht vereinbar sei.

Am 27. 2. 1976 erhob die Kl. beim Bundesfinanzhof (BFH) gegen das oben angegebene Urteil des Senats Restitutionsklage und beantragte, unter Beseitigung des genannten Urteils und in Abänderung des Urteils des FG Baden-Württemberg vom 10. 5. 1973 – II 66/72 Z – den Bescheid des ZA vom 9. 8. 1972 sowie die dazu ergangene Einspruchsentscheidung des Bekl. (Hauptzollamt – HZA) aufzuheben. Zur Begründung bezog sich die Kl. auf § 134 der Finanzgerichtsordnung (FGO) i. V. mit § 580 Nr. 6 und 7 der Zivilprozeßordnung (ZPO). Sie führte aus: Die genannten Bestimmungen der Zivilprozeßordnung träfen zwar nicht ausdrücklich zu, müßten aber entsprechend angewendet werden, da der Senat bei Abfassung seines Urteils – VII R 74/73 – von einer unrichtigen materiellen Rechtslage ausgegangen sei und keine Vorabentscheidung des EuGH eingeholt habe. Das Urteil des EuGH in der RS 45/75 habe nicht etwa die Rechtslage nachträglich geändert, sondern klargestellt, was bereits im Zeitpunkt der Entscheidung des Senats Rechtens gewesen sei. Die Vorschrift des § 580 Nr. 6 und 7 ZPO müsse insbesondere dann herangezogen werden, wenn festgestellt werde, daß ein rechtskräftiges Urteil eines nationalen Gerichts gegen eine unmittelbar geltende Norm des Gemeinschaftsrechts verstoße.

Beide Seiten haben den Rechtsstreit für erledigt erklärt, nachdem das HZA den angef. Abgabenbescheid um 5,63 DM zugunsten der Kl. geändert hatte.

Die Restitutionsklage war nicht statthaft. Die Voraussetzungen des § 580 Nr. 6 und 7 ZPO liegen, wie die Kl. selbst vorbringt, nach seinem Wortlaut nicht vor. Nach Nr. 6 a.a.O. findet die Restitutionsklage statt, wenn das Urteil eines »Verwaltungsgerichts«, auf welches das mit der Klage angegriffene Urteil gegründet ist, durch ein rechtskräftiges Urteil aufgehoben wird. Das ist nicht gegeben, da das Urteil des EuGH, auf das sich die Kl. bezieht, in einem anderen Fall – wenn auch zur gleichen Rechtsfrage – ergangen ist und keinerlei unmittelbare Wirkung auf das angegriffene Urteil des Senats – VII R 74/73 – auszuüben vermag. Nach Nr. 7 a.a.O. findet die Restitutionsklage statt, wenn die Partei ein in derselben Sache erlassenes, früher rechtskräftig gewordenes Urteil oder eine andere Urkunde auffindet oder zu benutzen in den Stand gesetzt wird, die eine ihr günstigere Entscheidung herbeigeführt haben würde. Das zitierte EuGH-Urteil ist kein in derselben Sache erlassenes Urteil; es ist auch nicht früher rechtskräftig geworden. Auch ist das Urteil nicht als eine andere Urkunde i.S. dieser Bestimmung anzusehen, da hierunter nur zu Beweiszwecken geeignete Urkunden fallen (vgl. *Wieczorek*, Zivilprozeßordnung und Nebengesetze, 2. Aufl., § 580 Anm. E Ib; *Stein/Jonas*, Kommentar zur Zivilprozeßordnung, 19. Aufl., § 580 Anm. IV 2a). Außerdem kann das spätere Ergehen eines EuGH-Urteils in der gleichen Rechtsfrage nicht als »Auffinden einer anderen Urkunde« i.S. der genannten Bestimmung angesehen werden.

Auch eine analoge Anwendung der genannten Vorschrift auf den vorliegenden Fall scheidet aus. Zwar ist die ausdehnende analoge Anwendung des § 580 ZPO nicht deswegen grundsätzlich ausgeschlossen, weil es sich um eine Ausnahmevorschrift handelt (vgl. *Gaul*, Die Grundlagen des Wiederaufnahmerechts und die Ausdehnung der Wiederaufnahmegründe, Bielefeld 1956, insbes. S. 37ff.; *Stein/Jonas*, a.a.O., § 580 Anm. I 1). Im vorliegenden Fall fehlt es jedoch an jeder Grundlage für eine analoge Anwendung. Aus § 580 ZPO können keinerlei Anhaltspunkte dafür entnommen werden, daß der Gesetzgeber der Wiederaufnahmeklage gegen ein rechtskräftiges Urteil allein aus dem Grunde habe stattgeben wollen, weil nachträglich eine höchstrichterliche Entscheidung eine diesem Urteil widersprechende Rechtsauffassung vertreten hat. Die Zulässigkeit einer so weitgehenden Durchbrechung der Rechtskraft von Urteilen kann dieser Bestimmung nicht entnommen werden.

Die Richtigkeit dieser Auffassung wird durch § 79 des Gesetzes über das BVerfG (BVerfGG) bestätigt. Diese Vorschrift regelt die Wiederaufnahme eines durch rechtskräftiges Urteil abgeschlossenen Verfahrens für den Fall, daß das BVerfG eine Rechtsnorm für mit dem Grundgesetz unvereinbar oder für nichtig erklärt hat. Diese Wiederaufnahme ist jedoch ausdrücklich nur für Strafurteile zugelassen worden (§ 79 Abs. 1 BVerfGG), während im übrigen rechtskräftige Entscheidungen durch ein solches Urteil des BVerfG nicht berührt werden (§ 79 Abs. 2 BVerfGG). Hier hat der Gesetzgeber die grundsätzliche Entscheidung getroffen, daß um der Rechtssicherheit und des Rechtsfriedens willen andere rechtskräftige Urteile als Strafurteile auch dann nicht mehr mit der Restitutionsklage angegriffen werden können, wenn sie auf einer für nichtig erklärten Rechtsnorm beruhen, also materiell offensichtlich falsch sind (vgl. *Gaul*, a.a.O., S. 211ff.; *Stein/Jonas*, a.a.O., § 580 Anm. IV 2a). Ist dem aber so, muß eine Restitutionsklage erst recht ausscheiden, wenn sich aus einer nachträglichen Entscheidung eines obersten Bundesgerichts oder des EuGH lediglich eine abweichende Rechtsauffassung ergibt.

Gemeinschaftsrechtliche Vorschriften stehen dem nicht entgegen. Mangels gemeinschaftsrechtlicher Bestimmungen auf dem Gebiet der Gewährleistung des Rechtsschutzes ist die Ausgestaltung des Verfahrens für die Klagen, die den Schutz der dem Bürger aus der unmittelbaren Wirkung des Gemeinschaftsrechts erwachsenden Rechte gewährleisten sollen, Sache der innerstaatlichen Rechtsordnung der einzelnen Mitgliedstaaten; anders wäre es nur, wenn diese Verfahrensregeln des innerstaatlichen Rechts die Verfolgung von Rechten, die die innerstaatlichen Gerichte zu schützen verpflichtet sind, praktisch unmöglich machten (vgl. EuGH-Urteil vom 16. 12. 1976 – RS 33/76 –, EuGHE 1976, 1989, Abs. 5 der Urteilsgründe). Die Frage der Statthaftigkeit einer Restitutionsklage – eine Frage, die dem Verfahrensrecht angehört – konnte also vom nationalen Gesetzgeber ohne Verstoß gegen das Gemeinschaftsrecht so geregelt werden, wie das in § 580 ZPO geschehen ist. Diese Regelung macht die Rechtsverfolgung nicht etwa praktisch unmöglich. Denn die Kl. hatte die Möglichkeit, gegen den von ihr für unrechtmäßig gehaltenen Steuerbescheid im Klagewege vorzugehen, und hat von dieser Möglichkeit auch Gebrauch gemacht. Daß das in der Sache dann ergangene Endurteil des erkennenden Senats möglicherweise materiell unrichtig war und diese Unrichtigkeit nicht im Wege der Restitutionsklage geltend gemacht werden kann, kann nicht der praktischen Unmöglichkeit der Rechtsverfolgung gleichgesetzt werden ...

Nr. 40 BGH 29. 9. 1977 (4 ARs 16/77) BGHSt 27, 266

Der Verfolgte, italienischer Staatsangehöriger, ist von Spanien an die Bundesrepublik Deutschland zur Strafverfolgung ausgeliefert worden und befindet sich seither wegen des Verdachts räuberischer Erpressung und gefährlicher Körperverletzung hier in Untersuchungshaft. Das Ministerium für Gnadenwesen und Justiz der Republik Italien hat um seine Auslieferung zur Vollstreckung mehrerer Freiheitsstrafen ersucht, welche italienische Gerichte gegen ihn erkannt haben. Das Oberlandesgericht hat die Auslieferungshaft angeordnet. Der Verfolgte ist mit seiner Auslieferung (Weiterlieferung) nach Italien nicht einverstanden.

Die Zustimmungserklärung der spanischen Regierung zur Weiterlieferung des Verfolgten nach Italien ist angefordert worden, sie liegt jedoch noch nicht vor. Gleichwohl hat die Generalstaatsanwaltschaft beim Oberlandesgericht den Antrag gestellt, die Weiterlieferung für zulässig zu erklären. Sie ist der Meinung, eine solche Entscheidung könne auch ohne das Vorliegen einer Zustimmungserklärung der spanischen Regierung ergehen. Das Oberlandesgericht teilt diese Auffassung nicht. Es ist der Ansicht, die Zustimmung sei Voraussetzung für die Zulässigkeit der Weiterlieferung, ihr Fehlen stehe deshalb der beantragten Entscheidung entgegen, die Weiterlieferung sei somit »zur Zeit unzulässig«. Sie könne auch nicht unter dem Vorbehalt, daß die spanische Regierung ihr zustimme, für zulässig erklärt werden. Das hindere jedoch nicht die Aufrechterhaltung des Auslieferungshaftbefehls, solange keine Anhaltspunkte dafür bestünden, daß die Zustimmung verweigert werde. Wegen der grundsätzlichen Bedeutung hat das Oberlandesgericht die Sache dem Bundesgerichtshof zur Entscheidung vorgelegt.

Der Generalbundesanwalt teilt die Ansicht des Oberlandesgerichts, daß die Weiterlieferung zur Zeit unzulässig sei, weil die Zustimmung der spanischen Regierung noch nicht vorliege, meint aber, sie könne gleichwohl, und zwar unter dem Vorbehalt, daß die Zustimmung erteilt werde, für zulässig erklärt werden. Er ist im übrigen mit dem Oberlandesgericht der Meinung, daß das Fehlen der Zustimmungserklärung dem Erlaß oder der Aufrechterhaltung eines Auslieferungshaftbefehls nicht entgegenstehe, solange keine Anhaltspunkte dafür vorlägen, daß die Zustimmung verweigert werde.

Die Vorlegung ist nach § 27 Abs. 1 DAG zulässig. Sie betrifft eine Rechtsfrage von grundsätzlicher Bedeutung.

In der Sache teilt der Senat die Rechtsansicht des Oberlandesgerichts, daß die Weiterlieferung des Verfolgten nach Italien, solange die Zustimmungserklärung der spanischen Regierung nicht vorliegt, unzulässig ist und auch nicht unter dem Vorbehalt für zulässig erklärt werden kann, daß die Zustimmung erteilt werde. Der Senat ist auch mit dem Oberlandesgericht und dem Generalbundesanwalt der Ansicht, daß das Fehlen dieser Zustimmung dem Erlaß oder der Aufrechterhaltung eines Auslieferungshaftbefehls nicht entgegensteht, solange keine Anhaltspunkte dafür vorliegen, daß sie verweigert werden wird.

Nach den Darlegungen des Oberlandesgerichts in dem Vorlagebeschluß ist davon auszugehen, daß die spanische Regierung die Auslieferung des Verfolgten an die Bundesrepublik von der Zusicherung abhängig gemacht hat, daß der Verfolgte nicht ohne seine Zustimmung wegen früher begangener Straftaten, »die mit dem Auslieferungsersuchen nichts zu tun haben«, verfolgt werde, und daß die Bundesregierung eine solche Zusage gegeben hat. Diese von der spanischen Regierung an die Auslieferung gebundene Bedingung ist nach § 54 DAG »im inländischen Verfahren« und damit auch im vorliegenden Verfahren, in welchem über die Zulässigkeit der Auslieferung zu befinden ist, zu beachten. Denn unter einem »inländischen Verfahren« ist nicht nur das in der Bundesrepublik gegen den Ausgelieferten anhängige Strafverfahren zu verstehen, sondern jedes gerichtliche oder sonstige behördliche Verfahren, in welchem die von der ausländischen Regierung gestellte Bedingung von Belang sein kann. Das ergibt sich zweifelsfrei aus Sinn und Zweck dieser Bestimmung, die darauf gerichtet ist, Sicherungen dafür zu schaffen, daß Bedingungen, die von der ausländischen Regierung im Zusammenhang mit der Auslieferung gestellt werden, von den deutschen Behörden beachtet werden können und müssen, und zwar auch dann, wenn es sich um Beschränkungen der deutschen Gerichtsgewalt handelt (vgl. *Mettgenberg/Doerner*, Deutsches Auslieferungsgesetz, 2. Aufl., Anm. 137). Die von der spanischen Regierung gestellte, dem Spezialitätsgrundsatz entsprechende Bedingung ist deshalb, wie das Oberlandesgericht zutreffend dartut, nicht erst im Bewilligungsverfahren durch die zuständige Regierungsbehörde, sondern bereits im gerichtlichen Verfahren über die Zulässigkeit der Weiterlieferung zu beachten. Sie macht die Weiterlieferung des Verfolgten, weil sie Strafverfahren wegen früher begangener Straftaten betrifft, die mit dem Gegenstand der Auslieferung »nichts zu tun haben«, unzulässig, solange nicht eine entsprechende Zustimmungserklärung der spanischen Regierung vorliegt, welche die genannte Bedingung bezüglich dieser Verfahren aufhebt. Die Weiterlieferung kann deshalb beim gegenwärtigen Stand des Verfahrens nicht für zulässig erklärt werden.

Zutreffend geht das Oberlandesgericht davon aus, daß die beantragte Entscheidung auch nicht unter der Bedingung ergehen kann, daß die spanische Regierung der Weiterlieferung zustimmen werde. Es kann offen bleiben, ob – wie das Oberlandesgericht offenbar meint – eine bedingte Entscheidung über die Zulässigkeit der Auslieferung (Weiterlieferung) schlechthin unzulässig ist. Im vorliegenden Fall ist sie jedenfalls ausgeschlossen. Das gerichtliche Verfahren über die Zulässigkeit der Auslieferung hat den Zweck festzustellen, ob alle gesetzlichen oder vertraglichen Voraussetzungen für die Auslieferung erfüllt sind (vgl. *Mettgenberg/Doerner*, a.a.O., Anm. 93, S. 409). Fehlt eine dieser Voraussetzungen, so kann die Auslieferung jedenfalls dann nicht unter der Bedingung, daß sie noch erfüllt werde, für zulässig erklärt werden, wenn sich nicht übersehen läßt, in welchem Umfang sie erfüllt werden wird und welche weiteren Bedingungen möglicherweise an sie geknüpft sein werden. Denn eine solche Entscheidung wäre mit dem dargelegten Zweck des gerichtlichen Zulässigkeitsverfahrens nicht vereinbar, weil sie im Ergebnis keine zuverlässige und endgültige Feststellung der Zulässigkeit der Auslieferung enthielte. So verhält es sich hier. Voraussetzung für die Zulässigkeit der Weiterlieferung ist die Zustimmung der spanischen Regierung. Beim gegenwärtigen Stand des Verfahrens ist nicht nur offen, ob diese Zustimmung überhaupt erteilt werden wird. Es läßt sich auch nicht übersehen, in welchem Umfang sie gegebenenfalls erklärt werden wird, insbesondere ob sie sich auf alle Strafverfahren, deretwegen die Weiterlieferung nach Italien begehrt wird, oder nur auf einzelne von ihnen erstrecken wird und welche weiteren Bedingungen möglicherweise an sie geknüpft sein werden. Deshalb ist hier für eine bedingte Entscheidung über die Zulässigkeit der Weiterlieferung kein Raum. Sofern beim gegenwärtigen Stand des Verfahrens überhaupt eine Entscheidung ergehen soll, kommt daher nur eine Zwischenentscheidung (vgl. *Mettgenberg/Doerner*, a.a.O., S. 407 ff.) in Betracht, in der auszusprechen ist, daß die Weiterlieferung zur Zeit wegen des Fehlens der erforderlichen Zustimmung der spanischen Regierung unzulässig sei.

Diese Rechtslage steht jedoch der Anordnung und der Aufrechterhaltung der Auslieferungshaft nicht entgegen. Es gehört nach § 10 DAG zum Wesen der Auslieferungshaft, daß sie, sofern die Auslieferung nicht von vornherein unzulässig erscheint, angeordnet werden kann, noch ehe alle für die Zulässigkeit der Auslieferung erforderlichen Voraussetzungen feststehen. Das Fehlen einer solchen Voraussetzung kann deshalb der Auslieferungshaft jedenfalls dann nicht entgegenstehen, wenn keine Anhaltspunkte dafür vorliegen, daß sie nicht erfüllt werden wird. Im vorliegenden Fall ist daher, sofern die sonstigen Voraussetzungen nach § 10 DAG vorliegen, die Auslieferungshaft zulässig, obwohl die Zustimmung der spanischen Regierung als Voraussetzung für die Zulässigkeit der Weiterlieferung noch nicht vorliegt. Das gilt jedenfalls, solange keine Anhaltspunkte dafür erkennbar sind, daß diese Zustimmung verweigert werden wird, und der Grundsatz der Verhältnismäßigkeit dem nicht entgegensteht, der – wie das Oberlandesgericht zutreffend dartut – zu beachten sein wird, wenn die Zustimmung der spanischen Regierung nicht in angemessener Zeit vorliegt.

Bedenken gegen die Auslieferungshaft können sich auch nicht aus dem Spezialitäts-Vorbehalt der spanischen Regierung ergeben. Die Auslieferungshaft ist eine vorbereitende Maßnahme, die unter anderem die Feststellung ermöglichen soll, ob die beantragte Auslieferung zulässig ist. Erst diese Feststellung, zu der hier die Zustimmung der spanischen Regierung zur Weiterlieferung gehört, gibt den Weg frei zu der mit der Auslieferung bezweckten Strafverfolgung oder Strafvollstreckung. Die Auslieferungshaft, die dieser Feststellung vorangeht, ist deshalb noch nicht als Maßnahme der Strafverfolgung oder Strafvollstreckung anzusehen. Sie steht daher dem Spezialitäts-Vorbehalt nicht entgegen.

Nr. 41 **BGH 29. 9. 1977 (III ZR 164/75) BGHZ 69, 295**

Der Kläger, ein Norweger, verhalf dem Beklagten, der früher in der Deutschen Demokratischen Republik wohnte, im Jahre 1973 zur Flucht nach Berlin (West). Dazu veranlaßt hatte ihn die damalige Verlobte und jetzige Ehefrau des Beklagten, eine in Berlin (West) lebende Norwegerin, die ihm für die Fluchthilfe schriftlich die Zahlung von 5000 DM versprochen hatte. Nach gelungener Flucht unterzeichnete der Beklagte am 19. November 1973 im Büro des erstinstanzlichen Prozeßbevollmächtigten des Klägers ein Schriftstück, in dem er sich verpflichtete, an den Kläger 4500 DM nebst 6% Zinsen seit dem 1. November 1973 zu zahlen, und Anwaltskosten in Höhe von 368,20 DM übernahm. Die Schuld sollte in monatlichen Raten von 200 DM, beginnend mit dem 15. Dezember 1973, getilgt werden und auf einmal fällig sein, wenn eine Rate nicht zehn Tage nach Fälligkeit entrichtet wurde.

Der Beklagte zahlte nur die Anwaltskosten und einige Raten. Der Kläger verlangt von ihm Zahlung der übrigen Vergütung. Das Landgericht hat die Klage abgewiesen, da ihr eine nicht einklagbare Forderung zugrunde liege. Das Kammergericht hat die Berufung des Klägers zurückgewiesen, da die Vereinbarung vom 19. November 1973 wegen Sittenwidrigkeit nichtig sei (Urteil abgedruckt in NJW 1976, 1211). Die zugelassene Revision hatte Erfolg.

Der Vertrag vom 19. November 1973 ist rechtswirksam. Auch kann die durch ihn begründete Verpflichtung des Beklagten gerichtlich geltend gemacht werden. Die Bedenken, die der Beklagte und die Vorinstanzen insoweit erhoben haben, teilt der erkennende Senat nicht.

Der Vertrag verstößt nicht gegen ein gesetzliches Verbot und ist darum nicht nach § 134 BGB nichtig. In der Bundesrepublik Deutschland ist weder das Verlassen der Deutschen Demokratischen Republik noch die Hilfe dazu verboten. Die Verletzung ausländischer Gesetze fällt nicht unter § 134 BGB (BGHZ 59, 82, 85; RGZ 108, 241, 243; 161, 296, 299). Die Deutsche Demokratische Republik, deren Gesetze die dort sogenannte Republikflucht verbieten, ist allerdings im Verhältnis zur Bundesrepublik Deutschland nicht als Ausland anzusehen (BVerfGE 11, 150, 158; 36, 1, 17). Angesichts der tiefgreifenden Verschiedenheiten, die zwischen der Rechtsordnung der Bundesrepublik Deutschland und den in der Deutschen Demokratischen Republik herrschenden rechtlichen Vorstellungen bestehen, können die dort erlassenen Gesetze aber auch nicht dem inländischen Recht hinzugerechnet werden, dessen Verletzung die Folge des § 134 BGB nach sich zieht (ebenso *Jauernig/Otto*, Jus 1977, 108, 109 Fn. 13).

Das Abkommen zwischen den Regierungen der Bundesrepublik Deutschland und der Deutschen Demokratischen Republik über den Transitverkehr von zivilen Personen und Gütern zwischen der Bundesrepublik Deutschland und Berlin (West) vom 17. Dezember 1971 (Beilage Nr. 24/72 zum Bundesanzeiger Nr. 174 vom 15. September 1972) – Transitabkommen, das die Regierung der Bundesrepublik Deutschland in Art. 17 in Verbindung mit Art. 16 in dort näher bestimmter Weise verpflichtet, einen Mißbrauch der Transitwege zwischen der Bundesrepublik Deutschland und Berlin (West) zu verhindern, enthält kein Verbotsgesetz im Sinne des § 134 BGB. Als Abkommen der beiden Regierungen regelt es ausschließlich Beziehungen zwischen der Bundesrepublik Deutschland und der Deutschen Demokratischen Republik, ohne Rechte und insbesondere Pflichten privater Personen zu begründen.

Der Vertrag ist auch nicht nach § 138 BGB nichtig.

Nach § 138 Abs. 1 BGB ist ein Rechtsgeschäft nichtig, das gegen die guten Sitten verstößt, d.h. gegen das Anstandsgefühl aller billig und gerecht Denkenden (BGHZ 10, 228, 232). Von einem Vertrag, der darauf gerichtet ist, einem Bewohner der Deutschen Demokratischen Republik zur Übersiedlung in die Bundesrepublik Deutschland oder nach Berlin (West) zu verhelfen, kann das nicht allgemein gesagt werden. Die in Art. 11 GG allen Deutschen gewährleistete Freizügigkeit bedeutet das Recht, ungehindert durch die deutsche Staatsgewalt nicht nur an jedem Ort im Bundesgebiet Aufenthalt und Wohnsitz zu nehmen, sondern auch zu diesem Zweck in das Bundesgebiet einzureisen (BVerfGE 2, 266, 273). Dieses Recht haben alle Deutschen im Sinne des Art. 116 GG, auch soweit sie nicht in der Bundesrepublik Deutschland wohnen, sondern etwa – wie früher der Beklagte – in der Deutschen Demokratischen Republik (BVerfG, a.a.O., S. 272 f.). Daran hat sich durch den Vertrag über die Grundlagen der Beziehungen zwischen der Bundesrepublik Deutschland und der Deutschen Demokratischen Republik vom 21. Dezember 1972 (BGBl. 1973 II, 423) im Grundsatz nichts geändert (BVerfGE 36, 1, 30 f.). Ein Deutscher, der aus der Deutschen Demokratischen Republik in die Bundesrepublik Deutschland oder nach Berlin (West) übersiedelt, verstößt daher nicht gegen die in der Bundesrepublik Deutschland geltenden Gesetze und Wertvorstellungen, sondern macht von seiner ihm durch das Grundgesetz gewährleisteten Freizügigkeit Gebrauch. Er handelt nicht sittenwidrig. Für den, der ihm beim Verlassen der Deutschen Demokratischen Republik und bei der Einreise in die Bundesrepublik Deutschland oder nach Berlin (West) hilft, kann im Grundsatz nichts anderes gelten. Die Gewährung von Fluchthilfe verstößt daher als solche nicht gegen die guten Sitten, ebensowenig die Verpflichtung zu solcher Hilfe.

Die Gewährung von Fluchthilfe und die Verpflichtung dazu ist auch nicht deshalb sittenwidrig, weil die Gesetze der Deutschen Demokratischen Republik sie verbieten. Allerdings kann ein Verstoß gegen ausländisches Recht die Nichtigkeit nach § 138 Abs. 1 BGB zur Folge haben, wenn nämlich die verletzten ausländischen Bestimmungen mittelbar auch deutsche Interessen schützen oder ihre Umgehung allgemein zu achtenden Interessen aller Völker zuwiderhandelt (BGHZ 34, 169, 177; 59, 82, 85). Diese Grundsätze führen jedoch, selbst wenn sie für Verstöße gegen Gesetze der Deutschen Demokratischen Republik ebenfalls Geltung beanspruchen können, nicht zur Nichtigkeit des Vertrages vom 19. November 1973. Da die Freizügigkeit, die Art. 11 GG allen Deutschen gewährleistet, auch die Einreise in die Bundesrepublik Deutschland und Berlin (West) umfaßt, kann nicht davon die Rede sein, daß die Bestimmungen der Deutschen Demokratischen Republik gegen die dort sogenannte Republikflucht mittelbar auch deutsche Interessen schützen. Ebensowenig widerstreitet die Verletzung dieser Bestimmungen allgemein zu achtenden Interessen aller Völker. Das von der Bundesrepublik Deutschland unterzeichnete Protokoll Nr. 4 vom 16. September 1963 zur Konvention zum Schutz der Menschenrechte und Grundfreiheiten (BGBl. 1968 II, 423) bestimmt in Art. 2 Abs. 2, daß es jedermann freisteht, jedes Land, einschließlich seines eigenen, zu verlassen. Nach Art. 3 Abs. 2 dieses Protokolls darf niemandem das Recht entzogen werden, in das Hoheitsgebiet des Staates einzureisen, dessen Staatsangehöriger er ist. Ebenso heißt es in dem Internationalen Pakt vom 19. Dezember 1966 über bürgerliche und politische Rechte, den die Bundesrepublik Deutschland am 9. Oktober 1968 unterzeichnet hat (BGBl. 1973 II, 1534), daß es jedermann freisteht, jedes Land einschließlich seines eigenen zu verlassen (Art. 12 Abs. 2), und daß niemandem willkürlich das Recht entzogen werden darf, in sein eigenes Land einzureisen.

Das Berufungsgericht, das den Vertrag vom 19. November 1973 für sittenwidrig hält, hat seine Auffassung damit begründet, es müsse grundsätzlich als verwerflich erscheinen, aus der persönlichen Bedrängnis, die einen Bewohner der Deutschen Demokratischen Republik zur Flucht veranlasse, Kapital zu schlagen, noch dazu durch jahrelange Teilhabe an dem nach der Flucht erzielten Einkommen. Zudem sei der Anreiz zur Fluchthilfe, der durch die Aussicht auf Entgelt ausgeübt werde, geeignet, das Risiko zu fördern, das für Beteiligte und Dritte mit einem Fluchtunternehmen verbunden sei.

Diese Erwägungen sind nach Ansicht des erkennenden Senats nicht geeignet, eine Sittenwidrigkeit des Vertrages vom 19. November 1973 zu begründen. Es ist nicht in jedem Fall anstößig, eine Hilfeleistung, selbst für einen Menschen in einer Notlage, von einer Vergütung abhängig zu machen . . .

Nr. 42 OVG Hamburg 30. 9. 1977 (OVG Bf I 43/75) GewA 1978, 242

Der Kläger, ein griechischer Staatsangehöriger, war von 1961 bis 1973 in der Bundesrepublik Deutschland als Arbeiter tätig gewesen. Seine Aufenthaltserlaubnis und ihre Verlängerungen waren ihm mit der Nebenbestimmung »Selbständige Erwerbstätigkeit oder vergleichbare unselbständige Erwerbstätigkeiten nicht gestattet« erteilt worden. Seit Herbst 1973 führt der Kläger einen Schnellimbißbetrieb in H.-W. Jedoch lehnte die Beklagte mit Bescheid vom 14. 12. 1973 seinen Antrag auf die hierfür notwendige aufenthaltsrechtliche Gestattung dieser Erwerbstätigkeit ab. Sein Widerspruch blieb erfolglos. Die Berufung der Beklagten gegen das der Klage stattgebende erstinstanzielle Urteil hatte teilweise Erfolg.

Zu Unrecht hat das Verwaltungsgericht der Klage in vollem Umfang stattgegeben und die Beklagte verpflichtet, die der Aufenthaltserlaubnis des Klägers beigefügte Nebenbestimmung dahin abzuändern, daß ihm der selbständige Betrieb der betroffenen Imbißstube aufenthaltsrechtlich gestattet wird. Ein derartiger Rechtsanspruch steht dem Kläger nicht zu . . .

Der Kläger kann den geltend gemachten Anspruch nicht auf Art. 7 des Niederlassungs- und Schiffahrtsvertrages zwischen der Bundesrepublik Deutschland und dem Königreich Griechenland vom 18. 3. 1960 (BGBl. 1962 II, S. 1505) NAK stützen. Zwar wird nach Art. 7 Abs. 1 Satz 1 NAK griechischen Staatsangehörigen im Gebiet der Bundesrepublik Deutschland Inländerbehandlung hinsichtlich der Zulassung zu wirtschaftlichen oder beruflichen Tätigkeiten jeder Art und der Ausübung solcher Tätigkeiten gewährt. Auch gehört der Betrieb einer Imbißstube nicht zu den im Protokoll zu diesem Abkommen unter Nr. 11 aufgeführten Berufen und Tätigkeiten, die Ausländern nach Art. 7 Abs. 5 Satz 1 NAK nicht oder nur beschränkt zugänglich sind. Hieraus kann – abgesehen von der nach Art. 25 NAK außerdem erforderlichen Gleichbehandlung Deutscher in Griechenland – indessen nicht gefolgert werden, daß dem Kläger eine Aufenthaltserlaubnis erteilt werden muß, die ihm die Ausübung des Imbißbetriebes gestattet. Niederlassungsabkommen enthalten nämlich üblicherweise nicht nur aufenthaltsrechtliche Vorschriften, sondern auch Bestimmungen anderer Regelungsbereiche, die scharf voneinander getrennt werden müssen. Wenn die vertragschließenden Staaten Inländerbehandlung bei der Berufszulassung vereinbart haben, so bedeutet das nicht, daß sie damit das Recht zur selbständigen Regelung des Aufenthaltsrechts aufgeben wollten, soweit sie nicht auch in den aufenthaltsrechtlichen Vertragsbestimmungen etwas anderes geregelt haben. Art. 7 NAK ist keine aufenthaltsrechtliche, sondern eine ausschließlich berufsrechtliche Vorschrift. Die dort hinsichtlich wirtschaftlicher oder beruflicher Tätigkeiten garantierte Inländerbehandlung kann nur denjenigen fremden Staatsangehörigen gewährt werden, die Inländern auch aufenthaltsrechtlich gleichgestellt sind (*Kloesel/Christ*, Deutsches Ausländerrecht, B 6.2.8, Anm. 3 zu Art. 7 NAK; OVG Koblenz, GewArch. 1969, S. 284). Art. 7 NAK vermag weder eine aufenthaltsrechtliche Gleichstellung zu bewirken, noch macht er die erforderliche Aufenthaltserlaubnis zur Erwerbstätigkeit überflüssig, sondern setzt sie vielmehr voraus. Der gegenteiligen Auffassung des VG Ansbach (GewArch. 1967, S. 190) kann der Senat nicht folgen, weil sie die Besonderheiten zwischenstaatlicher Verträge verkennt. Die hier vertretene Auslegung des Art. 7 NAK macht die zugesicherte berufliche Inländerbehandlung weder gegenstandslos noch illusorisch. Die Bedeutung des Art. 7 NAK liegt vielmehr darin, griechische Staatsangehörige, die eine uneingeschränkte Aufenthaltserlaubnis erhalten haben, von Diskriminierungen gegenüber Inländern zu befreien.

Auf Grund der aufenthaltsrechtlichen Vertragsbestimmungen des NAK ist die Beklagte ebenfalls nicht verpflichtet, dem Kläger den Betrieb der Imbißstube fremdenrechtlich zu gestatten. Diese Vorschriften betreffen nach Auffassung des erkennenden Senats lediglich die – im Falle des Klägers unter den Parteien nicht streitige – Frage, »ob« einem Ausländer eine Aufenthaltserlaubnis zu erteilen ist, nicht jedoch die hier allein entscheidungserhebliche weitere Frage, »wie« die Aufenthaltserlaubnis im Einzelfall auszugestalten ist.

Gemäß Art. 1 Abs. 1 NAK hat sich die Bundesrepublik Deutschland verpflichtet, griechischen Staatsangehörigen die Einreise in das Inland und den hiesigen Aufenthalt zu erleichtern. Nach Absatz 2 dieser Vorschrift werden griechischen Staatsangehörigen nach Maßgabe der geltenden Bestimmungen die Einreise, der vorübergehende und der längere oder dauernde Aufenthalt im Gebiet der Bundesrepublik gestattet, sofern nicht Gründe der öffentlichen Ordnung, der Sicherheit, der Volksgesundheit oder der Sittlichkeit entgegenstehen. Welche rechtliche Bedeutung dieser Vorschrift zukommt, ist höchstrichterlich noch nicht abschließend geklärt. Das Bundesverwaltungsgericht hat es bisher ausdrücklich offengelassen, ob Art. 1 Abs. 2 NAK lediglich die Bedeutung einer Wohlwollensklausel hat oder die Ausländerbehörden – auch im Hinblick auf die aufenthaltsrechtliche Gestattung wirtschaftlicher Betätigungen – in der Weise bindet, daß die Aufenthaltserlaubnis nur dann versagt oder eingeschränkt werden darf, wenn die in Art. 1 Abs. 2 NAK bezeichneten Gründe vorliegen. – Der erkennende Senat vermag sich keiner dieser beiden Auffassungen anzuschließen.

Daß Art. 1 Abs. 2 NAK entgegen seinem Wortlaut lediglich eine Wohlwollensregelung enthalte und das inländische Fremdenrecht gänzlich unberührt lasse (*Kloesel/Christ*, a.a.O., Anm. 2 zu Art. 1 NAK), kann nach dem übrigen Inhalt des Abkommens, seiner Form sowie der Art und Weise seines Zustandekommens, dem dreiwöchige Verhandlungen zwischen einer deutschen und einer griechischen Regierungsdelegation vorausgegangen waren (Briefwechsel der Botschafter vom 18. 3. 1960 in der Anlage zur Denkschrift zum NAK, BT-Drucks. IV/174, S. 24 f.), nicht angenommen werden.

Darüber hinaus darf nicht unberücksichtigt bleiben, daß griechische Staatsangehörige bereits auf Grund der Vorschriften des durch den Zweiten Weltkrieg hinfällig gewordenen Handels- und Schiffahrtsvertrages zwischen dem Deutschen Reich und Griechenland vom 24. 3. 1928 (RGBl. II, S. 239) eine gegenüber dem allgemeinen Fremdenrecht herausgehobene Rechtsstellung besaßen. An diesen Vertrag aus dem Jahre 1928, den die Vertragsstaaten nur mit Rücksicht auf ihre inzwischen veränderte Gesetzgebung und die von ihnen abgeschlossenen bilateralen und multilateralen Verträge nicht wieder in Kraft gesetzt haben (Denkschrift, a.a.O., S. 20), sollte das NAK aus dem Jahre 1960 anknüpfen. Mit dem neuen Abkommen wollten die Vertragsstaaten den Staatsangehörigen des anderen Teils auf ihrem Territorium größtmögliche Freizügigkeit gewähren (Denkschrift unter I, a.a.O., S. 20). Infolgedessen verpflichteten sie sich, in Art. 1 Abs. 1 NAK entsprechend dem Geist des Vertragswerks, die Einreise und den Aufenthalt der Staatsangehörigen des anderen Vertragsstaates künftig weiter zu erleichtern (Denkschrift unter II zu Art. 1 NAK, a.a.O., S. 20).

Trotz der beabsichtigten Erleichterungen werden den Angehörigen des einen Vertragsstaates durch Art. 1 Abs. 2 NAK keine subjektiv-öffentlichen Rechte auf Einreise in den anderen Vertragsstaat und Aufenthalt dort eingeräumt, mag auch der Wortlaut dieser Bestimmung eine solche Annahme nahelegen. Gegen diese auch vom Verwaltungsgericht in dem angefochtenen Urteil vertretene Auffassung spricht zunächst das Protokoll zum NAK. Gemäß Nr. 1 Satz 1 des Protokolls, das nach seiner Präambel einen integrierenden Bestandteil des Vertrages bildet, sollen Anträge auf Erteilung, Erneuerung und Verlängerung der Aufenthaltserlaubnis »wohlwollend« geprüft werden. Dieser Vorschrift hätte es nicht bedurft, wenn die vertragschließenden Staaten in Art. 1 Abs. 2 NAK bereits eine verbindliche aufenthaltsrechtliche Regelung getroffen hätten, nach der jedem Staatsangehörigen des anderen Vertragsstaates der Aufenthalt im Inland gestattet werden müsse, sofern nicht die in Art. 1 Abs. 2 NAK bezeichneten Gründe entgegenstehen. Dem kann nicht entgegengehalten werden, die wohlwollende Prüfung könne sich gleichwohl entfalten, weil den Ausländerbehörden bei der Prüfung der Hinderungsgründe im Sinne von Art. 1 Abs. 2 NAK ein Beurteilungsspielraum zustehe. Diese vom Verwaltungsgericht in Anlehnung an den VGH Kassel (GewArch. 1973, S. 188) vertretene Ansicht trifft indessen nicht zu. Nach Auffassung des Senats handelt es sich bei den in Art. 1 Abs. 2 NAK genannten Gründen ausschließlich um Rechtsbegriffe, die verwaltungsgerichtlich in vollem Umfang überprüfbar sind.

Überdies wäre es – folgte man der Auffassung des Verwaltungsgerichts – nicht verständlich, daß nach Nr. 1 Satz 2 des Protokolls eine Gruppe von Personen, an deren Aufenthalt die Vertragsstaaten z. B. wegen ihrer Zusammenarbeit auf kulturellem Gebiet besonders interessiert sind, noch eine vorzugsweise Behandlung verdienen sollte (ebenso VGH München, GewArch. 1970, S. 17).

Gegen den vom Verwaltungsgericht angenommenen Rechtsanspruch des Klägers spricht ferner, daß den Staatsangehörigen des einen Vertragsstaates der Aufenthalt im anderen Vertragsstaat auch nach dem Wortlaut des Art. 1 Abs. 2 NAK nur »nach Maßgabe der geltenden Bestimmungen« gestattet werden soll. Daß sich diese Einschränkung lediglich auf die formellen Einreisebestimmungen bezieht, wie das Verwaltungsgericht meint, kann weder dem NAK selbst noch der Denkschrift zu diesem Abkommen (BT-Drucks. IV/174, S. 20, unter II zu Art. 1 Abs. 2 NAK) entnommen werden. Vielmehr umfaßt die Bezugnahme auf die geltenden Bestimmungen auch das materielle inländische Fremdenrecht.

Nach Auffassung des Senats haben deshalb trotz der Vorschriften des NAK auch griechische Staatsangehörige keinen Rechtsanspruch darauf, in das Inland einzureisen und sich hier aufzuhalten. Auch sie bedürfen gemäß § 2 Abs. 1 Satz 1 AuslG einer Aufenthaltserlaubnis, deren Erteilung im Ermessen der Ausländerbehörde steht (§ 2 Abs. 1 Satz 2 AuslG). Allerdings darf die Aufenthaltserlaubnis griechischen Staatsangehörigen unter erleichterten Voraussetzungen erteilt werden. Während anderen Ausländern – von den Angehörigen der Mitgliedstaaten der Europäischen Gemeinschaft sowie jener Staaten, mit denen die Bundesrepublik Deutschland ähnliche Niederlassungsabkommen abgeschlossen hat, abgesehen – die Aufenthaltserlaubnis nur erteilt werden darf, wenn ihre Anwesenheit keinerlei Belange der Bundesrepublik Deutschland beeinträchtigt, also zwingend versagt werden *muß*, sofern ihrem Aufenthalt nur irgendein Belang entgegensteht, haben demgegenüber griechische Staatsangehörige auf Grund des NAK eine wesentlich bessere Rechtsposition.

Denn Art. 1 Abs. 2 NAK begrenzt nach Auffassung des Senats die Belange, die sonst auf Grund von § 2 Abs. 1 Satz 2 AuslG die Ausländerbehörden zur Ablehnung der begehrten Aufenthaltserlaubnis berechtigen, auf die im NAK genannten Gründe der öffentlichen Ordnung, der Sicherheit, der Volksgesundheit oder der Sittlichkeit. Sprechen keine derartigen Gründe gegen den Aufenthalt eines griechischen Staatsangehörigen, so darf ihm die Aufenthaltserlaubnis erteilt werden, mag sein Aufenthalt im Inland auch sonstige Belange der Bundesrepublik Deutschland beeinträchtigen, die bei jedem anderen Ausländer – von den oben genannten Ausnahmen abgesehen – zwingend zur Ablehnung der Aufenthaltserlaubnis führen müßten.

Für die Auffassung des Senats, Art. 1 Abs. 2 NAK als tatbestandsmäßige Begrenzung der Belange im Sinne des § 2 Abs. 1 Satz 2 AuslG zu verstehen, bei deren Beeinträchtigung eine Aufenthaltserlaubnis nicht erteilt werden darf, spricht auch die in gleicher Weise geregelte Ausweisung in Art. 2 Abs. 1 Satz 1 NAK. Durch diese Vorschrift werden die Ausweisungstatbestände des § 10 Abs. 1 AuslG dahin modifiziert, daß griechische Staatsangehörige, die ihren ordnungsgemäßen Aufenthalt im Gebiet der Bundesrepublik Deutschland haben, nur ausgewiesen werden dürfen, wenn sie die Sicherheit des Staates gefährden oder gegen die öffentliche Ordnung oder die Sittlichkeit verstoßen.

Auf die Berechtigung der Ausländerbehörden, den Umfang der Aufenthaltserlaubnis im Einzelfall gemäß § 7 Abs. 3 AuslG zu bestimmen, hat Art. 1 Abs. 2 NAK hingegen keinen Einfluß (ebenso VGH Kassel, a.a.O.). Insbesondere kann weder dieser noch anderen Vorschriften des NAK entnommen werden, daß die Aufenthaltserlaubnis eines griechischen Staatsangehörigen in der Bundesrepublik Deutschland nur noch aus den in Art. 1 Abs. 2 NAK genannten Gründen mit Bedingungen und Auflagen versehen werden dürfte. Abgesehen davon, daß im Einzelfall der Erlaß von Nebenbestimmungen gemäß § 7 Abs. 3 AuslG auch bei Ausländern notwendig werden kann, die – wie griechische Staatsangehörige – eine Vorzugsstellung gegenüber dem allgemeinen Fremdenrecht genießen, entspricht diese Auffassung auch dem materiellen deutschen Ausländerrecht. Das ergibt sich aus § 7 Abs. 5 Satz 1 AuslG, wonach der Aufenthalt eines Ausländers, der keiner Aufenthaltserlaubnis bedarf (§ 2 Abs. 2 und 3, § 49 Abs. 2 AuslG), nach § 7 Abs. 3 AuslG beschränkt werden kann. Dann muß dies erst recht für einen griechischen Staatsangehörigen gelten, der eine schwächere als die in § 7 Abs. 5 AuslG beschriebene Rechtsstellung hat.

Auch das Europäische Niederlassungsabkommen (ENA) vom 13. 12. 1955, das für die Bundesrepublik Deutschland auf Grund des Gesetzes vom 30. 9. 1959 (BGBl. 1959 II, S. 997/1965 II, S. 1099) gilt und für Griechenland am 28. 11. 1974 wieder in Kraft getreten ist (BGBl. 1975 II, S. 1090), räumt dem Kläger keinen Rechtsanspruch auf Erteilung einer Aufenthaltserlaubnis zur selbständigen Gewerbeausübung ein. Zu der Frage, ob das Europäische Niederlassungsabkommen der Erteilung einer Auflage entgegensteht, die eine selbständige Erwerbstätigkeit ausschließt, hat der Senat in seinem rechtskräftigen Urteil vom 24. 1. 1975 – OVG Bf. I 43/73 – u. a. ausgeführt:

»Nach Art. 10 haben sich die vertragschließenden Staaten verpflichtet, den Staatsangehörigen der anderen vertragschließenden Inländerbehandlung bei der Aufnahme einer Erwerbstätigkeit zu gewähren, jedoch nur, wenn nicht ›wichtige Gründe wirtschaftlicher oder sozialer Art‹ der Erteilung der Erlaubnis entgegenstehen. Zwar gilt nach Art. 12 Abs. 1 die vorgenannte Einschränkung u. a. nicht, wenn der Betroffene fünf Jahre ununterbrochen im Gebiet des fremden Staates eine Erwerbstätigkeit befugt ausgeübt hat oder zehn Jahre dort ununterbrochen seinen ordnungsgemäßen Aufenthalt hatte. Diese Bestimmungen sind jedoch nicht anzuwenden, soweit die aufenthaltsrechtlichen Bestimmungen etwas anderes vorsehen. Nach Art. II a des Protokolls, das nach Art. 32 Bestandteil des Abkommens ist, bleiben die Vorschriften über Einreise und Aufenthalt unberührt. Noch deutlicher bestimmt Abschnitt V a des Protokolls, daß die Bestimmungen (u. a.) der Art. 10 und 12 (nur) unter den in Art. 1 und 2 enthaltenen Voraussetzungen für die Einreise und den Aufenthalt Anwendung finden. Das bedeutet, daß die aufenthaltsrechtlichen Bestimmungen vorgehen. Mit Recht weist deshalb *Kloesel*, a.a.O., in Anm. 1 zu Art. 10 darauf hin, daß die Bestimmungen der Art. 10ff. nur zum Zuge kommen, wenn der Ausländer eine Aufenthaltserlaubnis besitzt, welche die im Einzelfall angestrebte Erwerbstätigkeit nicht ausschließt.«

Hieran hält der Senat fest.

Danach hat das Verwaltungsgericht die Beklagte zu Unrecht verpflichtet, dem Kläger die beantragte Aufenthaltserlaubnis zu erteilen. Insoweit muß das angefochtene Urteil auf die Berufung der Beklagten geändert und die Klage abgewiesen werden . . .

Nr. 43 BFH 5. 10. 1977 (I R 250/75) BFHE 123, 341

Der Kläger und Revisionskläger (Kläger), der während der Jahre 1970 und 1971 seinen Wohnsitz in der Bundesrepublik Deutschland hatte, war vom 10. November 1969 bis 31. Dezember 1971 auf einem unter liberianischer Flagge fahrenden und in Liberia registrierten Tanker als Schiffsoffizier tätig. Das Schiff gehörte einer liberianischen Gesellschaft und war an eine Schwestergesellschaft in Nigeria verchartert. Es wurde von dieser Gesellschaft im Bereich der Ölfelder vor der nigerianischen Küste eingesetzt und diente zur Aufnahme und Lagerung von Rohöl, das von einer Bohrinsel aus den unter Wasser liegenden Ölfeldern gefördert und über eine Pipeline an Bord des Schiffes gepumpt wurde. Von dort wurde das Öl zum Transport an andere Tankschiffe weitergegeben. Der Kläger war abwechselnd als Mooring Master (Seehafenlotse) und Loading Master, zwischendurch auch als Erster Offizier und Kapitän auf dem Schiff tätig. Von den nigerianischen Behörden war ihm eine Aufenthalts- und Arbeitserlaubnis für die Beschäftigung bei der nigerianischen Gesellschaft erteilt worden. Der Kläger hatte beim Beklagten und Revisionsbeklagten (Finanzamt – FA –) beantragt, seine Einkünfte aus dieser Tätigkeit nach dem sog. Montageerlaß vom 24. Juli 1958 (BStBl. II 1958, 117, 109) einkommensteuerfrei zu belassen. Das FA folgte dem nicht, sondern zog den Kläger mit seinen Arbeitseinkünften der Jahre 1970 und 1971 voll zur Einkommensteuer heran. Es stellte sich auf den Standpunkt, daß der Kläger weder unmittelbar noch mittelbar an der Gewinnung von Bodenschätzen beteiligt gewesen sei und somit eine durch den Erlaß begünstigte Auslandstätigkeit nicht ausgeübt habe.

Nach erfolglosem Einspruch stützte der Kläger im Verfahren vor dem Finanzgericht (FG) sein Begehren auf Art. 15 i. V. m. Art. 29 Abs. 2 des Abkommens zwischen der Bundesrepublik Deutschland und der Republik Liberia zur Vermeidung der Doppelbesteuerung auf dem Gebiete der Steuern vom Einkommen und vom Vermögen vom 25. November 1970 – DBA-Liberia – (BGBl. 1973 II, 1286, BStBl. I 1973, 616). Seine Arbeitseinkünfte seien daher steuerfrei. Er beantragte, die Einkommensteuerschuld für die Jahre 1970 und 1971 auf null DM festzusetzen.

Das FG wies die Klage ab mit der Begründung, der Kläger habe seinen Wohnsitz im Inland und sei gemäß § 1 Abs. 1 EStG unbeschränkt einkommensteuerpflichtig. Seiner inländischen Steuerpflicht stehe das DBA-Liberia nicht entgegen. Nach Art. 15 Abs. 1 dieses Abkommens könnten Gehälter, Löhne und ähnliche Vergütungen, die eine in einem Vertragsstaat ansässige Person aus unselbständiger Arbeit beziehe, nur in diesem Staat besteuert werden, es sei denn, daß die Arbeit in dem anderen Vertragsstaat ausgeübt werde. Der Kläger habe unselbständige Arbeit in Liberia nicht ausgeübt. Seine gegenteilige Ansicht, die er darauf stütze, daß er für eine liberianische Gesellschaft auf einem unter liberianischer Flagge fahrenden Schiff tätig gewesen sei, teile das Gericht nicht. Handelsschiffe gehörten zum Inland desjenigen Staates, dessen Flagge sie führten, solange sie sich in inländischen Gewässern oder auf hoher See befänden. Zum Inland gehöre auch der einem Staat nach der Genfer Konvention über den Festlandsockel vom 29. April 1958 (abgedruckt bei *Schaps/Abraham*, Das deutsche Seerecht, Band I, 3. Aufl., 1959, S. 1379 f.; ferner mit deutscher Übersetzung bei *Hoog*, Die Genfer Seerechtskonferenzen von 1958 und 1960, S. 111 f.) zustehende Anteil am Festlandsockel, soweit dort Naturschätze des Meeresgrundes und des Meeresuntergrundes erforscht oder ausgebeutet würden. Danach habe das Schiff nicht zum liberianischen Inland gehört. Denn es sei im Bereich des nigerianischen Festlandsockels (*continental shelf*) fest stationiert gewesen, wo es der nigerianischen Gesellschaft zur Rohöllagerung (*temporary crude oil storage*) gedient habe. Es sei von dieser Gesellschaft ausdrücklich als schwimmende Lagerstätte (*as a floating storage vessel*) gechartert (Art. 2 der »Demise Charter Party«) und auch so eingesetzt worden. Es könne daher einem auf hoher See befindlichen Schiff nicht gleichgestellt werden. Der Kläger habe somit keine »Arbeit in dem anderen Vertragsstaat« i. S. des Art. 15 Abs. 1 DBA-Liberia ausgeübt.

Das DBA-Liberia enthalte auch keine Bestimmung des Inhalts, daß Dienstleistungen, die an Bord eines Schiffes erbracht würden, das eine in einem der Vertragsstaaten ansässige Person betreibe, als in dem Gebiet dieses Vertragsstaates erbracht gelten (so z. B. Art. XVIII Abs. 4 b DBA-Großbritannien; Art. 13 Abs. 2 DBA-Frankreich; Art. XVI Abs. 3 DBA-Kanada). Die Einkünfte des Klägers würden deshalb von dem DBA-Liberia nicht erfaßt.

Zwischen der Republik Nigeria und der Bundesrepublik Deutschland gebe es kein Doppelbesteuerungsabkommen. Für Fälle der vorliegenden Art ermögliche § 34 c Abs. 1 EStG eine Steuerermäßigung bei ausländischen Einkünften in der Weise, daß eine von dem ausländischen Staat festgesetzte und an ihn gezahlte Steuer auf die deutsche Einkommensteuer anzurechnen sei. Einen Nachweis darüber, daß seine nigerianischen Einkünfte mit einer der deutschen Einkommensteuer entsprechenden Steuer belegt worden seien, habe der Kläger nicht erbracht.

Schließlich sei auch der Montageerlaß auf den vorliegenden Sachverhalt nicht anwendbar. Der Kläger habe weder unmittelbar noch mittelbar an der Gewinnung von Bodenschätzen im Ausland mitgewirkt.

Gegen diese Entscheidung wendet sich der Kläger mit der Revision. Er rügt rechtsfehlerhafte Anwendung des Art. 15 Abs. 1 DBA-Liberia. Das FG habe zu Unrecht die Auffassung vertreten, er, der Kläger, habe seine Arbeitstätigkeit nicht »in dem anderen Vertragsstaat« (Liberia) ausgeübt. Handelsschiffe gehörten völkerrechtlich zum Inland desjenigen Staates, dessen Flagge sie führten. Ob diese Eigenschaft verlorengehe, wenn das Schiff sich in fremden Gewässern befinde, sei umstritten. Abgesehen davon sei er, der Kläger, nicht im Hoheitsgebiet von Nigeria tätig gewesen. Das FG habe rechtsfehlerhaft die Wasserfläche über dem Festlandsockel zum Staatsgebiet von Nigeria gerechnet. Das liberianische Schiff habe sich nicht innerhalb der zum Hoheitsgebiet Nigerias rechnenden Dreimeilenzone, sondern auf hoher See befunden. Das FG habe die Tragweite der Genfer Konvention über den Festlandsockel verkannt. Diese Konvention beziehe sich nur auf den Meeresgrund, nicht auf die darüber liegende Wassersäule. Der liberianische Tanker habe seine Schiffseigenschaft durch eine längere Liegezeit nicht verloren. Das Schiff hätte in kurzer Zeit von den Bojen und den Lade- und Löschanschlüssen gelöst werden können und hätte mit eigener Kraft auslaufen können. Er, der Kläger, habe von Nigeria eine Arbeits- und Aufenthaltserlaubnis nur deshalb erhalten, um dort ungehindert ein-, durch- und ausreisen zu können. Er sei auch der Auffassung, daß das FA den Montageerlaß rechtsfehlerhaft nicht angewendet habe. – Die Revision ist begründet.

Die Feststellungen des FG reichen nicht aus, um darüber befinden zu können, ob die Anwendung des Art. 15 Abs. 1 DBA-Liberia, das nach Art. 29 Abs. 2 Buchst. a in der Bundesrepublik ab dem Veranlagungszeitraum 1970 gilt, ausgeschlossen ist. Der Kläger war wegen seines inländischen Wohnsitzes in den Streitjahren gemäß § 1 Abs. 1 EStG unbeschränkt steuerpflichtig. Seine Einkünfte waren von der Steuerpflicht befreit, soweit ihnen ein Anspruch auf Befreiung nach dem genannten DBA zusteht (§ 3 Nr. 41 EStG, § 9 StAnpG).

Der Kläger war auf einem einer liberianischen Gesellschaft gehörenden und unter liberianischer Flagge fahrenden Schiff tätig. Aus den Feststellungen des FG ergibt sich nicht, daß während der Zeit der Charter des Schiffes durch eine nigerianische Gesellschaft hinsichtlich der Registrierung und Flaggenführung eine Änderung eingetreten ist. Anknüpfungspunkt für die Besteuerung ist daher Art. 15 Abs. 1 DBA-Liberia. Danach werden Löhne und Gehälter, die eine in einem Vertragsstaat ansässige Person aus unselbständiger Arbeit bezieht, nur in diesem Staat besteuert, es sei denn, daß die Arbeit in dem anderen Vertragsstaat ausgeübt wird. Allerdings fehlt im DBA-Liberia eine besondere Regelung für die Besteuerung der Besatzungen von Seeschiffen oder Luftfahrzeugen im internationalen Verkehr, die gewöhnlich vorsieht, daß deren Vergütungen in dem Vertragsstaat besteuert werden können, in dem sich der Ort der tatsächlichen Geschäftsleitung des Unternehmens befindet, in dessen Diensten die betreffenden Personen stehen (vgl. Art. 15 Abs. 3 des Musterabkommens zur Vermeidung der Doppelbesteuerung des Einkommens und des Vermögens – Bericht des Steuerausschusses der OECD 1963 –, abgedruckt bei *Korn/Dietz*, Doppelbesteuerung, Vorbemerkungen, Anhang A). Bei Anknüpfung an das DBA-Liberia kann es daher dahingestellt bleiben, ob der Kläger während der Streitjahre infolge der Vercharterung des Schiffes an eine nigerianische Gesellschaft als deren Angestellter anzusehen ist; die Besteuerung des Klägers richtet sich nach den allgemeinen Grundsätzen, wie sie in Art. 15 Abs. 1 DBA-Liberia zum Ausdruck gekommen sind.

Schiffe auf hoher See gelten im Völkerrecht nach herrschender, wenn auch nicht unangefochtener Meinung als schwimmende Gebietsteile des Staates, dessen Flagge sie führen (so Ständiger Internationaler Gerichtshof, Urteil vom 7. September 1927, *Lotus*-Fall; *Berber*, Lehrbuch des Völkerrechts, I. Band, 1975, 340; *Sauer*, Grundlehre des Völkerrechts, 48, 101; *Schaps/Abraham*, Das deutsche Seerecht, a.a.O., S. 68, 319; *v. Liszt/Fleischmann*, Das Völkerrecht, 12. Aufl., 1925, 148; *Giese*, in: Handbuch des Deutschen Staatsrechts, Band I, 1930, 225, 230; *Maunz/Dürig/Herzog*, Grundgesetz, Art. 27, Rdnr. 24; *Ross*, Lehrbuch des Völkerrechts, 1951, 172; mit Einschränkungen: *Colombos*, Internationales Seerecht, 1963, S. 232 f.; *Dahm*, Völkerrecht, Band I, 1958, 539, 619, 675; *Ridder*, in: Strupp-Schlochauer, Wörterbuch des Völkerrechts, Band I, 1960, 624, 626; *Seidl-Hohenveldern*, Völkerrecht, 1975, Rdnr. 929; *Verdross*, Völkerrecht, 5. Aufl., 1964, 281; *Wengler*, Völkerrecht, Band II, 1964, 939, 1073). Sie unterliegen daher den Rechtsvorschriften des Flaggenstaates. Diese Auffassung wird auch für das Steuerrecht vertreten (Urteile des Reichsfinanzhofs – RFH – vom 26. Februar 1930 VI A 274/30, Steuer und Wirtschaft – StuW – 1930, Bd. II, Sp. 1175, 1178, und vom 24. Februar 1937 VI A 657/36, RStBl. 1937, 899; *Blümich/Falk*, Einkommensteuergesetz, 10. Aufl., § 1 Anm. 5; *Dürschke*, Vermögensteuergesetz, 4. Aufl., § 1 Rdnr. 264; *Littmann*,

Das Einkommensteuerrecht, 11. Aufl., § 1 Rdnr. 23; *Herrmann/Heuer*, Kommentar zur Einkommensteuer und Körperschaftsteuer, § 1 EStG, Rdnr. 24; *Schwarz/Wockenfoth*, Kommentar zum Zollgesetz, 1962 f., § 2 Rdnr. 7). Nach dem Urteil des Bundesfinanzhofs (BFH) vom 13. Februar 1974 I R 218/71 (BFHE 111, 416) sind in ein inländisches Schiffsregister eingetragene und die deutsche Flagge führende Kauffahrtei- und Seeschiffe auf hoher See als Inland anzusehen. Auf die Fälle, in denen dieser Grundsatz in der Praxis des Völkerrechts Durchbrechungen erfährt, braucht hier nicht eingegangen zu werden (vlg. z. B. das Recht der Nacheile nach Art. 23 der Konvention über das Hohe Meer, abgedruckt mit deutscher Übersetzung bei *Hoog*, a.a.O., 78 f.).

Die Fiktion des schwimmenden Gebietsteils des Flaggenstaates gilt jedoch dann nicht mehr, wenn sich das Schiff in fremden Hoheitsgewässern befindet. Schiffe, die nicht hoheitlichen Zwecken dienen, sind in fremden Eigengewässern nicht exterritorial und grundsätzlich der Rechtsordnung des Aufenthaltsstaates unterworfen. Das FG hat aus der Tatsache, daß das Schiff, auf dem der Kläger als Schiffsoffizier Dienst tat, im Bereich des Festlandsockels vor dem Staate Nigeria stationiert war, gefolgert, das Schiff habe sich nicht mehr auf hoher See, sondern im nigerianischen Inland befunden. Diese Auffassung ist nicht frei von Rechtsfehlern.

Nach Völkerrecht erstreckt sich die Souveränität des Küstenstaates auf einen der Küste entlangführenden Streifen, das sog. Küstenmeer. In einer sich an das Küstenmeer anschließenden Zone, der sog. Anschlußzone, hat der Küstenstaat gewisse Kontrollrechte, um Verstöße gegen Zoll-, Finanz-, Einwanderungs- oder Gesundheitsvorschriften in seinem Hoheitsgebiet oder Küstenmeer zu verhindern oder zu ahnden. Diese Kontrollrechte ziehen aber keine Änderung des rechtlichen Zustandes dieser Zone als Teil des hohen Meeres nach sich (vgl. die Konvention über das Küstenmeer und die Anschlußzone, abgedruckt bei *Hoog*, a.a.O., S. 58 f., und die Erläuterungen dazu S. 16 f., S. 30). Eine Bestimmung über die Breite des der Souveränität des Küstenstaates unterstehenden Küstenmeeres enthält diese Konvention nicht, da Einigung hierüber nicht erzielt werden konnte. Die Praxis der Staaten, das Küstenmeer und damit ihr Hoheitsgebiet durch einseitige Erklärung über das klassische Maß von 3 Seemeilen auf 6, 12 oder gar 200 Seemeilen auszudehnen, hat – in Widerspruch zu dem Grundsatz der Freiheit der Meere, der eine Okkupation des hohen Meeres nicht erlaubt – weite Verbreitung gefunden (*Hoog*, a.a.O., S. 10). Nach dem Vortrag des FA in der Revisionsinstanz soll – nach Auskunft des Auswärtigen Amtes – Nigeria aufgrund einseitigen Rechtsaktes seit dem 26. August 1971 ein Küstenmeer von 30 Seemeilen beanspruchen, was die Bundesrepublik als unvereinbar mit dem geltenden Völkerrecht nicht anerkenne.

In der Zeit nach dem Zweiten Weltkrieg ist – ausgelöst durch eine Proklamation des Präsidenten der USA vom 28. September 1945 – die Diskussion darüber entbrannt, inwieweit die natürlichen Schätze des Meeresgrundes und Meeresuntergrundes auf dem Festlandsockel (Schelfgebiet) über das Küstenmeer hinaus der Gewalt und Aufsicht des Küstenstaates unterliegen. Die Diskussion hat sich dahin verfestigt, daß der Küstenstaat in dieser Außenzone in bezug auf die natürlichen Reichtümer des Meeresbodens Hoheitsrechte ausüben kann, diese Rechte aber die völkerrechtliche Lage des darüber befindlichen Wassers als offene See nicht berühren (*Schaps/Abraham*, a.a.O., Band I, S. 66, 67). Diese Gedanken haben Eingang gefunden in die vom FG erwähnte Genfer Konvention über den Festlandsockel vom 29. April 1958, a.a.O. In Art. 1 der Konvention ist der Festlandsockel definiert als der Meeresgrund und Meeresuntergrund der an die Küste grenzenden Unterwasserzone außerhalb des Küstenmeeres bis zu einer Tiefe von 200 m oder darüber hinaus, soweit die Tiefe des darüber befindlichen Wassers die Ausbeutung der Naturschätze gestattet; bei Inseln ist es der Meeresgrund und Meeresuntergrund der entsprechenden, an deren Küste grenzenden Unterwasserzone. Nach Art. 3 berühren die Rechte des Küstenstaates am Festlandsockel weder die Rechtsstellung der darüber befindlichen Gewässer als hohes Meer noch die Rechtsstellung des Luftraumes über diesen Gewässern. Die Erforschung und Ausbeutung des Festlandsockels darf insbesondere Schiffahrt und Fischfang nicht ungerechtfertigt behindern (Art. 5 Abs. 1). Der Küstenstaat ist berechtigt, auf dem Festlandsockel die zu seiner Erforschung und zur Ausbeutung seiner Naturschätze erforderlichen Anlagen und sonstigen Vorrichtungen zu erstellen, zu unterhalten und zu betreiben; er darf im Umkreis dieser Anlagen oder Vorrichtungen Sicherheitszonen bis zu 500 m errichten und darin die zu deren Schutz erforderlichen Maßnahmen treffen (Art. 5 Abs. 2 und 3). Diese Anlagen und Vorrichtungen unterstehen der Hoheitsgewalt des Küstenstaates, haben aber nicht die Rechtsstellung von Inseln; sie haben kein eigenes Küstenmeer und ihr Vorhandensein berührt nicht die Abgrenzung des Küstenmeeres des Küstenstaates (Art. 5 Abs. 4). Der außerhalb des Küstenmeeres befindliche Bereich des Festlandsockels kann demnach nicht als ein der Souveränität des Küstenstaates unterliegendes Gebiet angesehen werden. Es dürfen in diesem Bereich nur bestimmte hoheitliche Funktionen wahrgenommen werden. Er ist gewissermaßen eine Verfügungszone, auf die sich nicht automatisch die gesamte Rechtsordnung des Küstenstaates erstreckt (*Kölble*, Die Öffentliche Verwaltung 1964, 217).

Aufgrund dieser völkerrechtlichen Lage muß davon ausgegangen werden, daß ein Schiff, das sich außerhalb des Küstenmeeres lediglich im Bereich des Festlandsockels aufhält, immer noch auf hoher See ist und nicht der Souveränität des Küstenstaates unterliegt. Auf die Dauer dieses Aufenthalts im Bereich des Festlandsockels kann es nicht ankommen. Nach Auffassung des Senats tritt eine Änderung dieses Zustandes nicht dadurch ein, daß das Schiff durch eine jederzeit lösbare Verbindung – hier durch eine Pipeline – mit einer Bohrinsel, die der Verfügungsgewalt des Küstenstaates unterliegt, verbunden ist. Die rechtliche Folgerung des FG, das Schiff, auf dem der Kläger Dienst tat, habe sich nicht mehr auf hoher See, sondern im Inland des Küstenstaates Nigeria befunden und deshalb sei Art. 15 Abs. 1 DBA-Liberia nicht anwendbar, läßt sich nach alledem nicht halten. Für die Entscheidung der Frage, ob die für den Kläger günstige Bestimmung des DBA-Liberia anwendbar ist, kommt es auf die Feststellung an, ob sich das Schiff noch auf hoher See oder schon innerhalb des der Souveränität Nigerias unterstehenden Küstenmeeres befunden hat. Die Vorentscheidung ist daher aus diesem Grunde aufzuheben und die Sache an das FG zurückzuverweisen. Das FG wird eine weitere Aufklärung des Sachverhalts, bei der der Kläger im Rahmen des Zumutbaren mitzuwirken verpflichtet ist, vornehmen müssen (§ 76 FGO).

Nr. 44 FG Berlin 7. 10. 1977 (III 912/77) EFG 1978, 102

Der Kläger (Kl.) entdeckte nach seiner Behauptung am 16. März 1977 auf dem Bahnhof Berlin-Friedrichstraße eine Reisetasche, in der sich 19 Stangen unversteuerte »Intershop-Zigaretten« befanden. Daß es sich um »Intershop-Zigaretten« handelte, war aus dem Fehlen der Steuerzeichen erkennbar. – Auf bestimmten Bahnsteigen des S- und U-Bahnhofes Friedrichstraße in Berlin (Ost) befinden sich sog. Intershop-Kioske, an denen man zu Dumpingpreisen gegen Deutsche Mark der Deutschen Bundesbank u.a. auch Tabakwaren und Spirituosen kaufen kann. Diese Teile des Umsteigebahnhofs Friedrichstraße können von Berlin (West) her ungehindert betreten und verlassen werden. Personen aus Berlin (Ost) – z.B. Rentner – können diese Teile des Bahnhofs Friedrichstraße erst nach dem Passieren einer östlichen Paß- und Zollkontrolle betreten. – Der Kl. nahm die Tasche mit und fuhr mit dem S-Bahnzug nach Berlin (West). Dort stieg er auf dem S-Bahnsteig des S-Bahnhofs Berlin-Humboldthain aus, dem ersten in Berlin (West) belegenen S-Bahnhof. Ein Abfertigungsbeamter des Beklagten (Bekl.) in Zivil fragte den Kl. unter Vorzeigen der Dienstmarke, ob er Waren aus dem Intershop anzumelden habe. Nach einer Schlägerei nahmen mehrere Abfertigungsbeamte den Kl. vorläufig fest. Ihnen wurde von der Zugabfertigerin die Reisetasche mit 3800 Intershop-Zigaretten herausgegeben. Der Bekl. forderte vom Kl. 304 DM TabSt.

Der Kl. ist nicht im Besitz der von § 1 Abs. 1 Nr. 6 Allgemeine Genehmigung Nr. 4 zur Interzonenhandels-VO (ABl. Berlin 1974, 743) vorgeschriebenen Genehmigung für das Verbringen von Waren, die nicht zum Handel und zur gewerblichen Verwendung bestimmt sind und von den Reisenden bei der Einreise mitgeführt werden und einen Warenwert von über 300 DM verkörpern.

Die Klage ist nicht begründet. Der Kl. ist dadurch zum Schuldner der geforderten Tabaksteuer (TabSt.) geworden, daß er die nach seiner Behauptung auf dem Bahnhof Friedrichstraße in Berlin (Ost) gefundene Reisetasche mit 3800 unversteuerten Intershop-Zigaretten in seinen Besitz nahm und über die Sektorengrenze zwischen dem Bezirk Mitte in Berlin (Ost) in den Bezirk Wedding in Berlin (West) verbrachte, also in das Erhebungsgebiet des Tabaksteuergesetzes (TabStG) einführte und auf Verlangen der zuständigen Zollbeamten des Bekl. nicht anmeldete. Dabei ist es unbeachtlich, ob der Kl. Eigentümer oder Fundbesitzer dieser Zigaretten war, denn entscheidend ist nur, daß er es war, der die Ware nicht in dem Fundbüro des Bahnhofs Friedrichstraße abgeliefert, sondern über die Sektorengrenze bewegt und durch Nichtanmeldung in seiner Person die TabSt-Schuld zur Entstehung gebracht hat.

Nach §§ 10, 11 Abs. 1 TabStG i.d.F. am 16. März 1977 (BGBl. 1974 I, 763, GVBl. Berlin 1974, 855) gelten für die Entstehung der TabSt-Schuld, für den Zeitpunkt, der für die Bemessung der Steuern maßgebend ist, für die Frage, wer als Steuerschuldner anzusehen ist und für das Verfahren bei der Einfuhr von Tabakwaren in das Erhebungsgebiet die Vorschriften des ZG sinngemäß. Das bedeutet, daß der Tabakwarenverkehr über die Sektorengrenze in das Land Berlin (das Tabaksteuererhebungsgebiet i.S. des § 2 Abs. 1 ZG) nach § 1 ZG zollamtlich überwacht wird und in das Erhebungsgebiet eingeführte Tabakwaren nach §§ 5 Abs. 1, 6 Abs. 1 ZG i.V.m. §§ 7 Abs. 1 Nr. 1, 9 Abs. 1 Nr. 1 AZO sowie § 20 Abs. 1 TabSt-Durchführungsbestimmung wie Zollgut zu gestellen und auf Verlangen nach § 13 ZG anzumelden sind und daß derjenige, der erstmals derartiges Zollgut der zollamtlichen Überwachung vorenthält, gemäß §§ 57 ZG, 133 AZO, 11 TabStG bewirkt, daß in seiner Person die Steuerschuld entsteht und sofort fällig wird. Die TabSt-Schuld entsteht nach §§ 3, 10 TabStG mit der Einfuhr in das Erhebungsgebiet.

Der Kl. irrt, wenn er annimmt, daß er nicht zum TabSt-Schuldner geworden sei, weil er sich ... bei der Kontrolle durch die Zollbeamten des Bekl. noch auf S-Bahngelände befunden habe. Das TabSt-Erhebungsgebiet erstreckt sich im Land Berlin auch auf das im Land Berlin befindliche Reichsbahngelände, zu dem auch das S-Bahngelände gehört. Der Geltungsbereich der o.a. Gesetze ist nicht dadurch eingeschränkt, daß die S-Bahn im Land Berlin vom Osten her, d.h. unter Anleitung der in Berlin (Ost) befindlichen Reichsbahndirektion Berlin nach den Vorschriften der im Land Berlin nach wie vor gültigen Eisenbahn-Bau- und Betriebsordnung vom 17. Juli 1928 i. d. F. vom 1. März 1943 betrieben wird. – Die o. a. Steuergesetze sind von den dafür zuständigen gesetzgebenden Körperschaften mit Zustimmung der drei westlichen Schutzmächte, die im Land Berlin die Oberste Hoheitsgewalt ausüben, in Kraft gesetzt worden und erstrecken sich auf das Gelände der Deutschen Reichsbahn innerhalb von Berlin (West), denn das Reichsbahngelände ist in den o. a. Gesetzen weder zum Zollausschluß- noch zum Zollfreigebiet erklärt worden.

Der Kl. irrt auch, wenn er glaubt, daß die Zollbeamten des Bekl. ihn auf im Land Berlin belegenem Reichsbahngelände nicht hätten kontrollieren dürfen. Da die mit der Gültigkeit von Gesetzen auf Reichsbahngelände im Land Berlin zusammenhängenden Fragen von grundsätzlicher Bedeutung sind und sich das FG Berlin bisher noch nicht zu den Kontrollbefugnissen der Zollbehörden auf im Land Berlin befindlichem Reichsbahngelände geäußert hat, kann dem Vorbringen des Kl. nicht nur mit einem Hinweis auf die umfangreiche Literatur begegnet werden (*Rottmann,* Der Viermächtestatus Berlins, herausgegeben vom Bundesministerium für Gesamtdeutsche Fragen, Bonn/Berlin, 1959; *Legien,* Die Viermächtevereinbarungen über Berlin, 2. Aufl., Berlin, 1961; *Kreutzer,* Berlin im Bund, Zeitschrift für Politik 1954, 139; *Hennig,* Die Bundespräsenz in West-Berlin – Entwicklung und Rechtscharakter, Bibliothek Wissenschaft und Politik, Bd. 16, 1975; *Deuerlein,* Die Einheit Deutschlands, Bd. I, 1961). Das Gericht ist durch den Rechtsstreit vielmehr gezwungen, auf den – in den Jahren 1944/1945 völkerrechtlich für die aus 20 Verwaltungsbezirken bestehende Stadt Berlin zustande gekommenen – Viermächtestatus einzugehen und sich mit der Zuständigkeit der unter der Oberhoheit der drei westlichen Schutzmächte tätig gewordenen deutschen gesetzgebenden Körperschaften auseinanderzusetzen ...

Noch ehe der zweite Weltkrieg zu Ende gegangen war, hatten die damaligen Verbündeten USA, Großbritannien und die UdSSR mit Verhandlungen über die künftige Verwaltung Deutschlands und dessen militärischer Besetzung begonnen. Die erste Vereinbarung, der noch mehrere folgten, ist im Londoner Protokoll vom 12. September 1944 enthalten, dessen Gegenstände »Deutschland, die Besatzungszonen und die Verwaltung des Gebietes von Groß-Berlin« sind. Soweit das Londoner Protokoll vom 14. September 1944 unvollständig geblieben war, wurde es durch ein ebenfalls in London abgeschlossenes Abkommen vom 14. November 1944 ergänzt. Ebenfalls am 14. November 1944 hatten die Alliierten ein weiteres Abkommen, das Londoner Abkommen, über die Kontrollorgane in Deutschland abgeschlossen.

Die Vereinbarungen über die künftigen Besatzungszonen führten dazu, daß die amerikanischen und britischen Streitkräfte Ende April 1945 ihren Vormarsch nach Osten in Mitteldeutschland etwa auf der Linie Wismar–Schwerin–Wittenberg–Elbe–Torgau–Chemnitz einstellten, obwohl ihnen nennenswerter Widerstand von der deutschen Wehrmacht nicht mehr entgegengesetzt wurde. Der unterschiedliche schnelle Vormarsch der sowjetischen Streitkräfte einerseits und der amerikanischen und der englischen Streitkräfte andererseits hatte zur Folge, daß letztere große Teile Mitteldeutschlands (rd. 35 000 qkm, über ein Drittel der späteren sowjetisch besetzten Zone) erobert hatten, ehe sie Berührung mit sowjetischen Streitkräften erhielten. Diesen war es, ebenfalls als Folge der Besatzungszonenverteilung, zugefallen, Berlin zu besetzen (*Rottmann,* a.a.O., S. 1 ff.).

Vereinbarungsgemäß haben die Siegermächte die ihnen zugewiesenen Besatzungsgebiete besetzt, d.h. die sowjetischen Streitkräfte haben sich im Juni und Juli 1945 aus den zwölf den drei westlichen Schutzmächten zustehenden Berliner Bezirken zurückgezogen, während die westlichen Schutzmächte die von ihnen besetzten Gebiete Thüringens, West-Sachsens und Sachsen-Anhalts zugunsten der sowjetischen Streitkräfte freigaben ... Die drei westlichen Schutzmächte üben vom Juni/Juli 1945 an in dem amerikanischen, britischen und französischen Sektor von Berlin die Oberste Gewalt aus (*Kreutzer,* a.a.O., S. 139).

An diesem völkerrechtlich in den Jahren 1944/1945 zustande gekommenen Viermächtestatus für ganz Berlin haben auch die am 3. Juni 1972 in Kraft getretenen Viermächtevereinbarungen vom 3. September 1971 (BAnz. Nr. 17/72 – Beilage Nr. 24–72) nichts geändert (BK/O 727 vom 3. Juni 1972, GVBl. 1972, 1014; BFH-Urteil vom 25. Januar 1977 VII R 11/74, ZfZ 1977, 308) ...

In den o.a. Londoner Vereinbarungen, die auf der Konferenz in Jalta vom 3. bis 11. Februar 1945 noch einmal bekräftigt wurden, sind die Verkehrseinrichtungen der Deutschen Reichsbahn in Berlin mit keinem Wort erwähnt worden (*Deuerlein,* a.a.O.).

Der Umstand, daß der Betrieb der Deutschen Reichsbahn (wozu auch die S-Bahn in Berlin gehört) im Land Berlin nach dem Einzug der drei westlichen Schutzmächte in Berlin den Behörden in Berlin (Ost) belassen wurde, erklärt sich daraus, daß sich in Berlin (Ost) der technische Kopf dieser Verkehrseinrichtungen befand und es deshalb für die drei westlichen Schutzmächte nahe lag, den Behörden in Berlin (Ost) unter Oberhoheit der drei westlichen Schutzmächte in Berlin (West) das Weiterbetreiben dieser eine technische Einheit bildenden Einrichtung zuzugestehen (*Legien,* a.a.O., S. 16). – Die drei westlichen Schutzmächte haben auch von Anfang an keinen Zweifel darüber aufkommen lassen, daß das Reichsbahngelände in Berlin (West) unter ihrer Oberhoheit steht. Sie sind den östlichen Versuchen, das Reichsbahngelände in Berlin (West) dem östlichen Recht zu unterwerfen, stets mit der gebotenen Klarheit entgegengetreten. Das ergibt sich aus folgendem:

Sofort nach der Besetzung Berlins wurde aufgrund des alliierten Gesetzes Nr. 52 über Sperre und Beaufsichtigung von Vermögen i.V.m. dem Beschluß der alliierten Kommandantur Berlin vom 23. August 1945 das Reichsbahngelände in Berlin (West) der Kontrolle, Beschlagnahme, Weisung und Verwaltung durch die jeweils örtlich zuständige Militärregierung unterstellt (*Dölle/Zweigert,* Komm. zum Gesetz Nr. 52, 1947; Gesetzestext, *Palandt,* BGB, 17. Aufl. 1958, Anhang, S. 1975 ff.).

Daß die drei westlichen Schutzmächte auch über den Betrieb auf dem Reichsbahngelände in Berlin (West) die volle Hoheitsgewalt ausüben, wird durch die BK/O (49) 217 vom 7. Oktober 1949 (VOBl. Berlin 1949, 368) verdeutlicht. Dort heißt es u.a.:

> »Die alliierte Kommandantur Berlin ordnet an: Keine auf Reichsbahngelände in Berlin befindlichen Einrichtungen, Betriebsmaterialien oder Teile davon und kein Besitz und keine Betriebsmaterialien, welche zum ordnungsgemäßen Betrieb oder zur Verwaltung der Eisenbahn innerhalb eines Sektors erforderlich sind, dürfen aus einem Sektor Berlins ohne Genehmigung der Militärregierung *des betreffenden Sektors* entfernt werden«.

Weitere Hinweise auf die Ausübung der vollen Hoheitsgewalt der drei westlichen Schutzmächte auf in Berlin (West) befindlichem Reichsbahngelände enthält die von den Kommandanten des amerikanischen, britischen und französischen Sektors erlassene GrundVO 500 über Devisenbewirtschaftung und Kontrolle des Güterverkehrs vom

15. Juli 1950 (VOBl. Berlin 1950, 304) i. V. m. VO über den Warenverkehr mit den Währungsgebieten der Deutschen Mark der Deutschen Notenbank (DM Ost) und der InterzonenhandelsVO vom 18. Juli 1951 (BGBl. 1951, I, 463, für Berlin [West] übernommen durch VO vom 6. Oktober 1951, GVBl. 1951, 911). Danach ist der Warenverkehr auch über die Sektorengrenze nach Berlin (West) nur mit einer besonderen Genehmigung der drei westlichen Schutzmächte oder einer von ihnen bestimmten Behörde des Landes Berlin erlaubt.

Die Zollverwaltung in Berlin (West) ist gemäß Art. 2 Nr. 3 VO Nr. 503 der Kommandanten des amerikanischen, britischen und französischen Sektors (VOBl. Berlin I 1951, 51) mit der Durchführung und Überwachung des Reiseverkehrs von den drei westlichen Schutzmächten beauftragt worden. Die Befugnisse der mit der Überwachung betrauten und zur Kontrolle ermächtigten Zollbeamten ergeben sich aus Art. 4 VO 500 und Art. 5 Nr. 3 und 4 VO 503.

Daß die drei westlichen Schutzmächte ihr Recht auf Ausübung der vollen Hoheitsgewalt über das in Berlin (West) belegene Reichsbahngelände stets vertreten haben, wird auch deutlich durch die BK/O (51) 72 vom 29. Dezember 1951 (GVBl. 1952, 53). Durch diese BK/O haben die drei Schutzmächte das vom Abgeordnetenhaus von Berlin am 20. Dezember 1951 beschlossene Gesetz über die vermögensrechtlichen Verhältnisse der deutschen Reichsbahn vom 21. Dezember 1951 (GVBl. 1951, 1190) mit dem Tag seiner Verkündung aufgehoben.

In der BK/O (62) vom 21. August 1962 (GVBl. 1962, 1098) hat die alliierte Kommandantur Anordnungen getroffen über die »Befugnisse der Berliner Polizei auf dem Westberliner Gelände der S- und Reichsbahn« (folgt Text der Anordnung).

Aus dem Vorangegangenen wird deutlich, daß die dafür zuständigen politischen Körperschaften der Bundesrepublik Deutschland und des Landes Berlin mit Zustimmung der drei westlichen Schutzmächte völkerrechtlich und staatsrechtlich befugt sind, auch für das im Land Berlin belegene Reichsbahngelände Abgabenrecht zu setzen. Zu diesem Abgabenrecht gehört auch das Kontroll- und Überwachungsrecht des Bekl., nach dem der Kl. am 16. März 1977 aus dem S-Bahnhof Berlin-Humboldthain befragt worden ist, ob er etwas anzumelden habe.

Die Zuständigkeit der Zollverwaltung im Land Berlin für die Erhebung der Verbrauchsteuern und Zölle ergibt sich im einzelnen aus § 22 des Gesetzes über die Finanzverwaltung in der Fassung, die diese Bestimmung durch Art. 1 Nr. 11 EGAO 1977 vom 14. Dezember 1976 (GVBl. 1976, 2837) gefunden hat.

Die Befugnisse der Zollbeamten des Bekl. sind im ZG vom 14. Juni 1961 i. d. F. am 16. März 1977 (16. Gesetz zur Änderung des ZG vom 18. März 1976, GVBl. 1976, 762) und dort insbesondere in §§ 7, 8, 9 und 20 festgelegt. Die zuständigen Beamten der Zollverwaltung haben hiernach im Land Berlin auch auf Reichsbahngelände das Recht und die Pflicht, die Reisenden zu kontrollieren, um die Warenverbringung ohne Genehmigung aus einem Währungsgebiet in das andere zu unterbinden und, soweit die Voraussetzungen dafür gegeben sind, Verbrauchsteuern zu erheben. Bei diesen Kontrollen kann ggf. – wie es im Streitfall geschah – von den Zollbeamten des Bekl. gemäß § 328 AO 1977 auch unmittelbarer Zwang angewendet werden. Hierbei ist auch das Gesetz über den unmittelbaren Zwang bei Ausübung öffentlicher Gewalt durch Vollzugsbeamte des Bundes vom 10. März 1961 (GVBl. 1961, 377) und die Allgemeine Verwaltungsvorschrift des BdF zum Gesetz über den unmittelbaren Zwang bei Ausübung öffentlicher Gewalt durch Vollzugsbeamte des Bundes vom 11. April

1974 (Steuer- und Zollblatt für Berlin 1974, 934) zu beachten, weil den Zollbeamten durch den Senatsbeschluß Nr. 1121/76 vom 28. September 1976 auch Aufgaben und Befugnisse der Polizeibehörde im Land Berlin übertragen worden sind. Unberührt bleibt nach § 2 VO über die Hilfsbeamten der Staatsanwaltschaft vom 3. Juli 1975 (GVBl. 1975, 1578) die Bestellung zu Hilfsbeamten der Staatsanwaltschaft kraft Gesetzes. Kraft Gesetzes sind im Land Berlin die Beamten der Zollabfertigungsstellen U- und S-Bahn Hilfsbeamte der Staatsanwaltschaft (Fußnote zu § 2 VO über die Hilfsbeamten der Staatsanwaltschaft, GVBl. 1975, 1578).

Der Bekl. war nach alledem berechtigt, den auf Reichsbahngelände angetroffenen Kl. zu kontrollieren, ob er verbrauchsteuerpflichtige Waren über die Sektorengrenze in das Land Berlin eingeführt hat . . .

Nr. 45 **BGH 12. 10. 1977 (3 StR 287/77) BGHSt 27, 274**

Zutreffend beanstandet die Staatsanwaltschaft mit der Sachrüge, daß die Strafkammer von der gesetzlichen Möglichkeit einer Verwarnung mit Strafvorbehalt Gebrauch gemacht hat, obgleich deren Voraussetzungen (§ 59 StGB) nicht vorliegen.

Die Strafkammer ist der Auffassung, das Verfahren habe, obgleich die Schuld des Angeklagten »an sich nicht als gering zu bezeichnen« sei, nach § 153a StPO im Hinblick auf die unangemessen lange Dauer des Verfahrens eingestellt werden müssen. Der durch die Verfahrensdauer bedingte Leidensdruck habe bei dem Angeklagten zu einer so großen psychischen Belastung geführt, daß sein gesetzlicher Anspruch auf ein faires Verfahren (Art. 6 EMRK) ernstlich verletzt sei. Da die Staatsanwaltschaft einer Verfahrenseinstellung nach § 153a StPO nicht zugestimmt hat, meint das Landgericht, »aus unverzichtbaren rechtsstaatlichen Gründen« von der Verwarnung mit Strafvorbehalt nach § 59 StGB Gebrauch machen zu müssen, »auch wenn besondere Umstände in der Tat im Sinne von § 59 Abs. 1 Nr. 2 StGB nicht ohne weiteres zu bejahen« seien. Dabei glaubt die Strafkammer, sich auf die Grundsätze der in BGHSt 24, 239, abgedruckten Entscheidung des Bundesgerichtshofs stützen zu können.

Dem kann aus Rechtsgründen nicht gefolgt werden. Die gesetzlichen Voraussetzungen des § 59 Abs. 1 Nr. 2 StGB für eine Verwarnung mit Strafvorbehalt liegen nicht vor. Das hat auch die Strafkammer ersichtlich nicht verkannt. Soweit sie dennoch glaubt, die Anwendbarkeit der Vorschrift aus den Grundsätzen der Entscheidung BGHSt 24, 239, herleiten zu können, irrt sie. Der Bundesgerichtshof hat es dort ausdrücklich abgelehnt, aus einer Verletzung des Anspruchs des Angeklagten auf Anhörung und Entscheidung innerhalb angemessener Frist (Art. 6 Abs. 1 Satz 1 EMRK) ein Verfahrenshindernis herzuleiten. Wohl hat er in diesem Zusammenhang darauf hingewiesen, das geeignete Mittel, einer solchen Verletzung Rechnung zu tragen, sei eine Berücksichtigung dieses Umstands bei der Strafzumessung. Der Entscheidung ist jedoch eindeutig zu entnehmen, daß ein solcher »Ausgleich« nur innerhalb des dem Richter vom Gesetz belassenen Spielraums erfolgen kann und daß es weder erforderlich noch zulässig ist, den gesetzlich vorgegebenen Rahmen zu sprengen und vom Gesetz aufgestellte Rechtsfolgenvoraussetzungen zu ignorieren. Auch der Hinweis auf die Möglichkeit einer Verfahrenseinstellung nach § 153 StPO in dieser Entscheidung ist so zu verstehen, daß sie nur in Betracht kommt, wenn deren gesetzliche Voraussetzungen erfüllt sind; allerdings kann eine schwerwiegende Verfahrensverzögerung das öffentliche Interesse an der Verfolgung mindern, auch kann sie insbesondere bei der Ausübung des Ermessens, ob das Verfahren einzustellen sei, Berücksichtigung finden.

Dementsprechend kann im Rahmen des § 59 StGB eine überlange Verfahrensdauer wohl bei der Entscheidung der Frage ins Gewicht fallen, ob die Verteidigung der Rechtsordnung die Verurteilung zu Strafe noch gebietet (Abs. 1 Satz 1 Nr. 3); auch kann sie wegen ihrer Wirkung auf den Angeklagten unter Umständen für die Täterprognose (Abs. 1 Satz 1 Nr. 1) von Bedeutung sein. Dagegen darf ihre Berücksichtigung nicht dazu führen, die gesetzliche Voraussetzung besonderer Umstände in der Tat (§ 59 Abs. 1 Satz 1 Nr. 2 StGB) beiseite zu schieben und damit den gesetzlich vorgegebenen Rahmen, innerhalb dessen eine Verwarnung mit Strafvorbehalt allein ausgesprochen werden kann, zu sprengen. Hierzu besteht auch keinerlei Anlaß. Im Zuge der Strafrechtsreform hat der Gesetzgeber ein äußerst differenziertes Rechtsfolgensystem geschaffen und hat dabei die einzelnen Abstufungen staatlicher Reaktion auf strafbares Verhalten an entsprechend differenzierende gesetzliche Kriterien gebunden. Innerhalb dieser abgestuften Rechtsfolgenbestimmungen kann auch eine den Angeklagten psychisch belastende Verfahrensverzögerung ausreichend berücksichtigt werden. Eine Nichtbeachtung der gesetzlichen Voraussetzungen, an welche besondere Rechtsfolgevorschriften wie die §§ 59 und 60 StGB anknüpfen, würde dagegen auf eine Mißachtung des Willens des Gesetzgebers hinauslaufen. Dieser gibt dem Richter zwar einen weitgefächerten Katalog von Möglichkeiten der Rechtsfolgenbestimmung an die Hand; im Interesse der Rechtssicherheit und zur einheitlichen Durchsetzung seiner kriminalpolitischen Ziele hat er jedoch gleichzeitig die Voraussetzungen bestimmt, deren Erfüllung erst die konkrete Anordnung der Rechtsfolge ermöglichen.

Nr. 46 BVerfG 20. 10. 1977 (2 BvR 631/77) BVerfGE 46, 214

Der Beschwerdeführer ist durch Urteil des Landgerichts München I vom 1. März 1974 wegen Beteiligung an einer kriminellen Vereinigung als Mitglied und wegen anderer Straftaten zu einer Gesamtfreiheitsstrafe von 6 Jahren und 5 Monaten verurteilt worden. Das Gericht hat u. a. auf Einzelstrafen von 4 Jahren und 6 Monaten für die Beteiligung des Beschwerdeführers an der kriminellen Vereinigung »Baader-Meinhof« und von 2 Jahren und 8 Monaten wegen eines fortgesetzt begangenen Vergehens der Urkundenfälschung u. a. (Tatkomplex Waffenkäufe im Dezember 1971) erkannt. Das Urteil ist seit dem 30. Januar 1975 rechtskräftig.

Ende Februar 1975 wurde in Berlin Peter Lorenz von Mitgliedern der kriminellen Vereinigung »Bewegung 2. Juni« entführt. Die Geiselnehmer forderten von den deutschen Behörden im Austausch gegen die Freilassung des Entführten die Entlassung des Beschwerdeführers und weiterer Gefangener aus Justizvollzugsanstalten der Bundesrepublik Deutschland. Um das Leben der Geisel zu retten, wurde der Beschwerdeführer mit 4 anderen Gefangenen am 3. März 1975 in den Süd-Jemen ausgeflogen.

Im Juli 1976 wurde der Beschwerdeführer in Griechenland festgenommen. Der Festnahme lag ein deutscher Haftbefehl zugrunde, der die Wiederergreifung des Beschwerdeführers zum Zwecke der weiteren Strafvollstreckung zum Ziel hatte. Nachdem der Areopag in Athen auf Antrag der Bundesregierung die Auslieferung des Beschwerdeführers in zweiter Instanz für zulässig erklärt hatte, wurde dieser von den griechischen Behörden am 1. Oktober 1976 den Behörden der Bundesrepublik Deutschland überstellt. Der Auslieferungsbeschluß enthielt die Einschränkung, daß gegen den Beschwerdeführer nur die eingangs erwähnten Einzelstrafen aus dem landgerichtlichen Urteil vollstreckt werden dürften. Das Landgericht München I führte daraufhin durch

Beschluß vom 15. Dezember 1976 diese Einzelstrafen auf eine neue Gesamtfreiheitsstrafe von 6 Jahren zurück.

Der Beschwerdeführer, der die Strafe in der Justizvollzugsanstalt Straubing verbüßt, erhob gegen die Zulässigkeit der weiteren Strafvollstreckung Einwendungen. Er machte u.a. geltend:

Seine Einlieferung nach Deutschland sei unter Verletzung des Auslieferungsvertrages zwischen Deutschland und Griechenland vom 12. März/27. Februar 1907 erfolgt. Er sei ein »politischer Täter im Sinne des Art. 6 des deutsch-griechischen Auslieferungsvertrages«. Wenn die griechischen Behörden erkannt hätten, daß er in Wahrheit wegen politischer Taten verurteilt worden sei, wäre seine Auslieferung unterblieben. Sie sei nur deshalb zustande gekommen, weil die zuständigen griechischen Stellen von den deutschen Behörden über die Voraussetzungen der Auslieferung, insbesondere über den politischen Charakter der seiner Verurteilung zugrunde liegenden Taten getäuscht, jedenfalls teilweise unrichtig und lückenhaft unterrichtet worden seien. In einem solchen Falle müsse die Überprüfung der Rechtmäßigkeit der Auslieferung durch die deutschen Gerichte möglich sein ...

Der Beschwerdeführer rügt die Verletzung der Art. 1 Abs. 1 und 2, 2, 3 Abs. 3, 19 Abs. 4, 20 Abs. 3, 103 Abs. 1 und 104 GG. Er trägt vor:

Die vom Landgericht unter Bezugnahme auf die höchstrichterliche Rechtsprechung vertretene Auffassung, die Rechtmäßigkeit der Auslieferung könne durch die deutschen Gerichte nicht überprüft werden, halte einer verfassungrechtlichen Nachprüfung nicht stand; sie mache den Betroffenen zum bloßen Objekt des Auslieferungsverfahrens. Die angegriffenen Entscheidungen ließen außer acht, daß seine Auslieferung aufgrund eines Antrages der deutschen Behörden, also eines Aktes der deutschen öffentlichen Gewalt, erfolgt sei und daß er geltend gemacht habe, die deutschen Behörden hätten durch ihre Einwirkung auf das Verfahren der griechischen Behörden die Auslieferung erschlichen.

Es treffe nicht zu, daß der deutsch-griechische Auslieferungsvertrag ihm – dem Beschwerdeführer – keine Rechtsposition verleihe, auf die er sich vor deutschen Gerichten berufen könne. Art. 6 des Vertrages schütze den politischen Täter. Dabei handele es sich um einen Reflex objektiven Rechts, der als gewollte Begünstigung des Individualinteresses unter der Herrschaft des Grundgesetzes zu einem subjektiven Recht erstarkt sei.

Wenn die Gerichte annähmen, es sei nicht der Sinn eines Auslieferungsvertrages, dem Täter eine die Strafverfolgung beeinträchtigende Rechtsposition einzuräumen, weil er ins Ausland habe entkommen können, so übersähen sie, daß es grundlegende rechtsstaatliche Garantien gebe, die ein Staatsbürger unter der Geltung des Grundgesetzes nicht verwirken könne. Deshalb dürfe an die Tatsache, daß ein Straftäter ins Ausland entkommen sei, nicht die Folgerung geknüpft werden, er habe unverzichtbare Verfahrens- und Freiheitsgarantien verwirkt. Im übrigen treffe es nicht zu, daß er »ins Ausland entkommen« sei. Er habe sich vielmehr auf Befragen der Behörden lediglich bereit erklärt, sich ausfliegen zu lassen.

Zu Unrecht weise der Bundesgerichtshof in BGHSt 22, 307 (310), darauf hin, daß es Sache der ausländischen Behörden sei, sich zur Vermeidung erschlichener Auslieferungen hinreichende Grundlagen für ihre Entscheide zu verschaffen. Denn gerade im Falle einer Täuschung werde die ersuchte Regierung hierzu keine Veranlassung sehen. Unter solchen Umständen könne nur die Überprüfung der Auslieferung durch den deutschen Richter die Rechtsstaatlichkeit des Verfahrens gewährleisten. Die theoretische Möglichkeit, vom Ausland her ein deutsches Verwaltungsgericht anzurufen, sei rein hypothetischer Natur.

Unerheblich sei in diesem Zusammenhang, daß gegen ihn in der Bundesrepublik ein rechtskräftiges Urteil und ein Haftbefehl vorgelegen hätten. Voraussetzung für die Vollstreckung dieser Entscheidungen sei seine Verbringung in den Wirkungsbereich deutscher Strafgerichtsbarkeit gewesen. Die Rechtmäßigkeit dieser Maßnahme aber bezweifle er gerade.

Im übrigen nimmt der Beschwerdeführer auf sein Vorbringen im Ausgangsverfahren Bezug.

Die Verfassungsbeschwerde ist offensichtlich unbegründet. Die angegriffenen Beschlüsse verletzen den Beschwerdeführer weder in seinen Grundrechten noch in diesen gleichgestellten Rechten.

Zu Recht hat sich die Strafvollstreckungskammer gehindert gesehen, die »Rechtmäßigkeit der Auslieferung« des Beschwerdeführers durch die griechischen Behörden zu überprüfen. Wie schon das Reichsgericht in ständiger Rechtsprechung und ihm folgend der Bundesgerichtshof angenommen haben, können die inländischen Gerichte die Gesetzmäßigkeit des vom ausliefernden Staat beobachteten Verfahrens ebensowenig nachprüfen wie die sachliche Rechtmäßigkeit der Auslieferung (RGSt 70, 286 [287]), mit weiteren Nachweisen; BGHSt 18, 218 [220]; 22, 307 [309]). Die Anwendung des Auslieferungsvertrages zwischen Deutschland und Griechenland vom 27. Februar/12. März 1907 (in Kraft getreten am 2. August 1907, RGBl. S. 545, wiederangewendet laut Bekanntmachung vom 26. Juni 1952, BGBl. II, S. 634, außer Kraft getreten am 1. Januar 1977 mit Inkrafttreten der Europäischen Übereinkommen über die Auslieferung und die Rechtshilfe in Strafsachen, Bekanntmachung vom 8. November 1976, BGBl. II, S. 1778, 1799) bei der Entscheidung der griechischen Behörden und Gerichte über die Auslieferung des Beschwerdeführers war für den innerstaatlichen Bereich der griechischen Rechtsordnung eine ausschließliche Angelegenheit der griechischen Staatsorgane und unterliegt als solche kraft einer allgemeinen Regel des Völkerrechts nicht der Rechtmäßigkeitsüberprüfung durch deutsche Gerichte (vgl. auch BVerfGE 1, 10 [11]).

Der Angriff des Beschwerdeführers gegen das Auslieferungsersuchen der Bundesregierung und seine Annahme, der insoweit gerügte Rechtsverstoß führe zur Verfassungswidrigkeit der Strafvollstreckung, gehen fehl. Der Beschwerdeführer macht insoweit geltend, die Bundesregierung habe seine Auslieferung erschlichen, indem sie die griechischen Behörden nur unzulänglich unterrichtet und ihnen zudem unrichtige Angaben über den politischen Charakter der ihm zur Last gelegten Taten übermittelt habe. Diesem Vorbringen ist die Strafvollstreckungskammer zu Recht nicht nachgegangen.

Art. 19 Abs. 4 GG eröffnet den Rechtsweg gegen Maßnahmen der öffentlichen Gewalt nur demjenigen, der durch sie in seinen Rechten verletzt ist. Diese Voraussetzung ist hier nicht erfüllt.

Nach der ständigen Rechtsprechung des Reichsgerichts, der sich der Bundesgerichtshof angeschlossen hat, begründet ein Auslieferungsvertrag Rechte und Pflichten regelmäßig nur für die Vertragsstaaten; der Ausgelieferte selbst kann aus einem solchen Vertrag lediglich dann Rechte herleiten, wenn dies im Vertrag vereinbart ist (RGSt 70, 286 [287], m.w.N. BGHSt 18, 218 [220]). Nach diesen Grundsätzen, die ersichtlich keinen verfassungsrechtlichen Bedenken begegnen, stünde dem Beschwerdeführer der von ihm beanspruchte Rechtsschutz allenfalls dann zu, wenn ihm der Auslieferungsvertrag zwischen Deutschland und Griechenland eine die Anwendung des Art. 19 Abs. 4 GG rechtfertigende Rechtsposition eingeräumt hätte. Das ist indessen nicht der Fall. Der Beschwerdeführer beruft sich insoweit zu Unrecht auf Art. 6 Abs. 1 des Vertrages. Die Vorschrift lautet:

»Die Auslieferung soll nicht bewilligt werden, wenn die strafbare Handlung, wegen deren sie beantragt wird, von dem ersuchten Teile als ein politisches Vergehen oder als eine mit einem solchen Vergehen im Zusammenhange stehende Handlung angesehen wird, oder wenn die beanspruchte Person beweist, daß der Auslieferungsantrag in Wirklichkeit zu dem Zwecke gestellt worden ist, um sie wegen einer strafbaren Handlung dieser Art zu verfolgen«.

Entgegen der Auffassung des Beschwerdeführers dient diese Vertragsbestimmung nicht dem Schutz desjenigen, über dessen Auslieferung zu entscheiden ist; aus ihr erwachsen vielmehr – ebenso wie im Regelfall aus dem sonstigen Inhalt von Auslieferungsverträgen – entsprechend der internationalen Praxis nur den beteiligten Staaten Rechte und Pflichten (vgl. RGSt 59, 313 [314]; *Doehring,* Die allgemeinen Regeln des völkerrechtlichen Fremdenrechts und das deutsche Verfassungsrecht, 1963, S. 63 m. w. N.). Dies ist von Verfassungs wegen nicht zu beanstanden. Das Grundgesetz verlangt weder, daß Bestimmungen wie dem Art. 6 Abs. 1 des deutsch-griechischen Auslieferungsvertrags Schutzwirkungen zugunsten Dritter beizulegen sind, noch begründet es unmittelbar ein Hindernis für das Ersuchen deutscher Stellen um Auslieferung politischer Straftäter.

Daß ein anderes subjektives Recht, gar ein in der Verfassung garantiertes subjektives Recht des Beschwerdeführers durch das Auslieferungsersuchen der Bundesregierung oder durch die Art und Weise der Einlieferung des Beschwerdeführers in die Bundesrepublik Deutschland verletzt worden ist, ist nicht ersichtlich.

Hiervon abgesehen ist die Behauptung des Beschwerdeführers, er sei vom Landgericht München I wegen einer politischen Straftat im Sinne des Art. 6 Abs. 1 des deutsch-griechischen Auslieferungsvertrages verurteilt worden, aus der Sicht der deutschen Rechtsordnung offensichtlich unzutreffend – wie immer man den Begriff des »politischen Delikts« im Auslieferungsrecht bestimmen mag (vgl. dazu *Stein,* EuGRZ 1977, S. 59 ff.). Der Beschwerdeführer ist u. a. wegen Mitgliedschaft in einer kriminellen Vereinigung verurteilt worden, deren Zielsetzung auf die Begehung von Mord, Brandstiftung und anderen schwersten Verbrechen gerichtet war. Eine solche Straftat allein deshalb als »politische« zu behandeln, weil bei der Tat politische Motivationen eine Rolle gespielt haben können, erscheint abwegig.

Im übrigen muß sich der Beschwerdeführer entgegenhalten lassen, daß er im Auslieferungsverfahren in zwei Rechtszügen ausgiebig Gelegenheit erhalten hat, den Charakter seiner Straftaten aus seiner Sicht zu erläutern, dem Auslieferungsersuchen der Bundesregierung entgegenzutreten und etwaige nach seiner Auffassung falsche oder unvollständige Angaben der deutschen Behörden richtigzustellen oder zu ergänzen . . .

Nr. 47 VGH Bad.-Württ. 21. 11. 1977 (I 1498/77) BWVPr. 1978, 60

Der Kläger, ein 38 Jahre alter türkischer Staatsangehöriger, begehrte eine Aufenthaltsberechtigung. Er hält sich seit 1961 erlaubt im Bundesgebiet auf und lebt mit seiner Ehefrau und mit einem Kind – beide wie er türkische Staatsangehörige – in Heidelberg. Seit September 1971 – bis dahin war er als Elektriker tätig – ist er als Sozialbetreuer für türk. Arbeitnehmer im Bundesgebiet und deren Familien bei der Arbeiterwohlfahrt e.V. in H. beschäftigt. Mit Hinweis auf seinen langen Aufenthalt im Bundesgebiet und auf seine Tätigkeit als Sozialbetreuer beantragte er am 27. 10. 1975 die Erteilung einer Aufenthaltsberechtigung. Das Innenministerium Bad.-Württ., dem die Angelegenheit vorgelegt wurde, äußerte sich mit Hinweis auf die veränderte Lage des Arbeitsmarktes und auf einen nach seiner Ansicht dadurch bedingten rückläufigen Bedarf an ausländischen Sozialbetreuern ablehnend und brachte dabei zum Ausdruck, daß es eine dauernde Niederlassung ausländischer Sozialbetreuer im Bundesgebiet als nicht im deutschen Interesse liegend bewerte.

Der Stellungnahme des Innenministeriums entsprechend lehnte das Amt für öffentliche Ordnung der bekl. Stadt den Antrag ab. Nach erfolglosem Widerspruch erhob der Kläger Klage, auf welche das Verwaltungsgericht die Ablehnungsbescheide aufhob und die Beklagte verpflichtete, über den Antrag des Klägers unter Beachtung der Rechtsauffassung des Gerichts erneut zu entscheiden.

Auf die Berufung der bekl. Stadt wies der VGH die Klage ab und ließ die Revision zu. Über die vom Kl. eingelegte Revision ist nocht nicht entschieden.

Die Berufung mußte zur Abweisung der Klage führen. Entgegen der Ansicht des Verwaltungsgerichts hat das Amt für öffentliche Ordnung der Beklagten mit seiner Entscheidung, den Antrag auf die Aufenthaltsberechtigung abzulehnen, keine Rechte des Klägers verletzt (§ 113 Abs. 4 Satz 1 VwGO).

Mit dem Verwaltungsgericht ist der Senat zu der Überzeugung gekommen, daß der Kl. die gesetzlichen Mindestvoraussetzungen des § 8 Abs. 1 AuslG für eine Aufenthaltsberechtigung erfüllt; er hält sich seit mehr als fünf Jahren rechtmäßig im Bundesgebiet auf und hat sich – woran auch die Behörde nicht zweifelt – während seines Aufenthalts in das wirtschaftliche und soziale Leben in der Bundesrepublik eingegliedert.

Nach dem Wortlaut des § 8 Abs. 1 AuslG stand es damit im Ermessen der zuständigen Ausländerbehörde (vgl. § 20 Abs. 1 AuslG), ob sie dem Begehren des Kl. entsprach oder seinen Antrag ablehnte.

Der Kl. hat – wovon die Beteiligten übereinstimmend ausgehen – einen Anspruch, daß dieses in § 8 Abs. 1 AuslG vorgesehene Behördenermessen auch *ihm gegenüber* (vgl. dazu BVerwGE 39, 235) fehlerfrei ausgeübt wird, d. h. daß die Behörde bei ihrer Entscheidung sein persönliches Interesse an der Aufenthaltsberechtigung beachtet, zutreffend würdigt und mit dem öffentlichen Interesse abwägt, das gegen eine solche Berechtigung spricht. Denn das Rechtsinstitut der Aufenthaltsberechtigung ist – woran nach dem Wortlaut des § 8 Abs. 1 AuslG nicht gezweifelt werden kann – als eine besondere Form der Aufenthaltserlaubnis auch im Interesse des Ausländers geschaffen worden, der sich seit längerer Zeit im Bundesgebiet aufhält. Es sollte mit dieser besonderen Form der Aufenthaltserlaubnis, die nicht nur einen besonderen Schutz vor einer Ausweisung beim Vorliegen der Voraussetzungen des § 10 Abs. 1 AuslG zur Folge hat (vgl. § 11 Abs. 2 AuslG), sondern in erster Linie einen dauerhaften, zumindest langfristigen, von räumlichen Beschränkungen und vor allem von Bedingungen (vgl. § 7 Abs. 3 AuslG) nicht abhängigen Aufenthalt im Staatsgebiet der Bundesrepublik Deutschland ermöglicht (§ 8 Abs. 2 AuslG), dem Umstand Rechnung getragen werden, daß ein besonders langer Aufenthalt im Bundesgebiet naturgemäß sehr starke persönliche und menschliche Beziehungen des Ausländers zu den Staatsangehörigen der Bundesrepublik erzeugen, aber auch die Grundlage für eine langfristig geplante wirtschaftliche Betätigung in diesem Land schaffen kann. Dies alles sind Bindungen, die ein gesteigertes Interesse des Ausländers an einem sicheren Aufenthaltsrecht zur Folge haben können, als es die »einfache« Aufenthaltserlaubnis nach § 2 Abs. 1 AuslG zum Gegenstand hat (vgl. dazu vor allem die amtl. Begründung zu § 8 AuslG in BT-Drucks. IV/868, S. 11 und 13).

Den Anspruch des Kl. auf ein ihm gegenüber fehlerfrei ausgeübtes Behördenermessen hat das Amt für öffentliche Ordnung entgegen der Ansicht des Verwaltungsgerichts jedoch nicht verletzt; die Entscheidung, mit welcher der Antrag abgelehnt wurde, beruht vielmehr – das folgt nicht zuletzt aus der Begründung des Widerspruchsbescheids, in dessen Gestalt der Ablehnungsbescheid zum Gegenstand der Klage geworden ist (vgl. § 79 Abs. 1 Nr. 1 VwGO) – auf einer eingehenden und zutreffenden Abwägung des persönlichen Interesses des Kl. an der Aufenthaltsberechtigung mit den gewichtigen öffentlichen Belangen, die gegen eine solche Berechtigung sprechen.

Da das Ausländergesetz selbst Kriterien für diese Interessenabwägung nicht bezeichnet und vor allem auch den Personenkreis, für den die Aufenthaltsberechtigung in Frage kommt, nur durch einige Mindestvoraussetzungen (Aufenthaltsdauer, Eingliederung in das soziale und wirtschaftliche Leben in der Bundesrepublik Deutschland), aber nicht abschließend umschreibt und festlegt, ist es rechtlich nicht zu beanstanden, wenn dieser Kreis im Interesse einer gleichmäßigen Anwendung der Vorschrift durch Ermessensrichtlinien eingegrenzt wird, wie sie in den unter den Bundesländern vereinbarten »Grundsätzen für die Erteilung der Aufenthaltsberechtigung« – im folgenden mit »Grundsätze« zitiert (vgl. dazu den Erlaß des Innenministeriums Bad.-Württ. vom 31. 7. 1969, GABl. S. 641, abgedruckt auch bei *Kanein,* Ausländergesetz, 2. Aufl., S. 42 ff.) – aufgestellt worden sind. Diese Richtlinien halten sich – davon ist auch das Verwaltungsgericht ausgegangen – in den Grenzen, die sich aus § 8 AuslG im Zusammenhang mit den übrigen Vorschriften dieses Gesetzes über den Aufenthalt von Ausländern im Bundesgebiet für den Umfang des bei der Entscheidung über die Aufenthaltsberechtigung auszuübenden Ermessens ergeben. Vor allem ist es rechtlich nicht zu beanstanden, wenn in der Nr. 3.1 der Grundsätze das deutsche öffentliche Interesse, das für oder gegen eine Aufenthaltsberechtigung sprechen könnte, in den Vordergrund der von den Ausländerbehörden anzustellenden Ermessenserwägungen gerückt wird. Dies liegt im Rahmen der sich aus sämtlichen Bestimmungen des Ausländergesetzes über den Aufenthalt von Ausländern im Bundesgebiet ergebenden Grundentscheidung des Gesetzgebers, daß die Bundesrepublik Deutschland kein Einwanderungsland ist und daß deshalb eine dauernde Niederlassung ausländischer Staatsangehöriger im Bundesgebiet nicht ein Regelfall, sondern nur eine in begrenztem Umfang mögliche Ausnahme von dem Grundsatz sein kann, nach dem der Aufenthalt von Ausländern im Bundesgebiet in der Regel nur vorübergehender Natur sein soll (vgl. dazu auch die Nummern 1 und 3.2 der Grundsätze). Diese Grundentscheidung des Gesetzgebers ist – das zeigt schon der Umstand, daß der Gesetzgeber die Frage, ob eine Aufenthaltsberechtigung erteilt wird oder nicht, dem Ermessen der Ausländerbehörde überlassen hat – durch § 8 AuslG nicht durchbrochen worden. Der hervorgehobenen Stellung des öffentlichen Interesses in den Ermessensrichtlinien widerspricht deshalb auch nicht der oben herausgestellte Umstand, daß das Rechtsinstitut der Aufenthaltsberechtigung nicht zuletzt zur Stärkung der Rechtsstellung schon länger im Bundesgebiet lebender Ausländer geschaffen worden ist. Denn die persönlichen Belange dieser Ausländer bleiben, wie sich etwa aus den sie keineswegs erschöpfend aufzählenden (vgl. Nr. 1.3 und

3 Satz 2 der Grundsätze) Nummer 3.5, 3.6 und 3.8, aber auch aus der Nr. 3.4 der Grundsätze ergibt, in den Richtlinien keineswegs unberücksichtigt; auch der zweite Halbsatz der Nr. 3.1 der Grundsätze zeigt deutlich, daß man sich beim Aufstellen dieser Richtlinien der aus § 8 Abs. 1 AuslG folgenden Notwendigkeit einer Abwägung der gegenseitigen Interessen bewußt gewesen ist.

Die angefochtene Entscheidung hält sich auch im Rahmen der durch die Grundsätze vorgezeichneten Ermessenserwägungen.

Im Gegensatz zum Verwaltungsgericht konnte es der Senat rechtlich nicht beanstanden, wenn sich das Amt für öffentliche Ordnung bei seiner Entscheidung von der Erwägung hat leiten lassen, daß der vom Kl. zur Zeit ausgeübte Beruf eines Sozialbetreuers für ausländische Arbeitnehmer und deren im Bundesgebiet lebenden Familienangehörigen kein deutsches öffentliches Interesse *an der Erteilung der Aufenthaltsberechtigung* begründet.

Ein solches Interesse *kann* nach der Nr. 3.4 der Grundsätze vor allem bei wissenschaftlichen und technischen Spezialkräften, leitenden Angestellten und Angehörigen der mittleren Führungsschicht in Industrie und Handel, aber auch bei Ausländern vorliegen, deren Aufenthalt aus politischen Erwägungen oder im Interesse des deutschen wirtschaftlichen, kulturellen oder sportlichen Lebens als erwünscht anzusehen ist.

Ob der Kl. diesem Kreis zuzurechnen ist, braucht hier nicht abschließend geprüft zu werden. Immerhin spricht für die Annahme des Verwaltungsgerichts, daß er als Sozialbetreuer für ausländische Arbeitnehmer und deren Familien in den Kreis der Personen gehört, deren *Aufenthalt* aus politischen Erwägungen erwünscht sein kann, der Umstand, daß die soziale Betreuung ausländischer Arbeitnehmer ein Bestandteil der von der Bundesregierung verfolgten Ausländerpolitik ist (vgl. dazu die Presseerklärung zur Position der Bundesregierung in der Ausländerpolitik vom 10. 6. 1976). Eine derartige Erwägung liegt aber – was das Verwaltungsgericht offenbar übersehen oder nicht zutreffend gewürdigt hat – der Behördenentscheidung zugrunde, wenn das Regierungspräsidium im Widerspruchsbescheid ausdrücklich feststellt, daß der Kl. eine wichtige Aufgabe im Bereich der Ausländerbetreuung ausübt, und sich dabei von der Überlegung leiten ließ, daß die Notwendigkeit einer solchen Betreuung auch bei abnehmender Zahl ausländischer Arbeitnehmer im Bundesgebiet auf eine zumindest längere Zeit fortbestehen werde. Entgegen der Ansicht des Verwaltungsgerichts kann aber nicht davon ausgegangen werden, ein solcher auf längere Zeit bestehender Bedarf an Sozialbetreuern begründe auch ein deutsches öffentliches Interesse an einer *dauernden Niederlassung* solcher Betreuer; zu einer solchen Schlußfolgerung war die Behörde weder durch § 8 Abs. 1 AuslG, aus dem sie sich nicht ergibt, noch durch die Grundsätze für die Erteilung der Aufenthaltsberechtigung genötigt, in denen (vgl. Nr. 3.4 in Verb. mit Nr. 3.1) zwischen dem aus politischen Erwägungen erwünschten Aufenthalt ausländischer Staatsangehöriger und dem öffentlichen Interesse an einer dauernden Niederlassung solcher Personen deutlich differenziert wird. Mit anderen Worten: Es steht den Ausländerbehörden auch im Rahmen der sie bindenden Ermessensrichtlinien durchaus die Entscheidung darüber offen, ob sie ausländischen Staatsangehörigen, deren Aufenthalt aus politischen Gründen erwünscht ist, mit einer Aufenthaltsberechtigung die Möglichkeit zu einer dauernden Niederlassung verschaffen oder aber mit einer – möglicherweise auf einen längeren Zeitraum befristeten – Aufenthaltserlaubnis eine aus politischen Erwägungen erwünschte Erfüllung ihrer im öffentlichen Interesse liegenden Aufgaben ermöglichen. *Diese* Entscheidung hat die Behörde mit Erwägungen getroffen, die in den Grenzen, die dem Gericht bei der Überprüfung einer solchen Entscheidung gesetzt sind (vgl. § 114 VwGO), nicht beanstandet werden können. Dies schon deshalb nicht, weil nicht ersichtlich ist, aus welchen Gründen einem solchem im deutschen Interesse liegenden Anliegen nicht auch mit der im Widerspruchsbescheid angebotenen (dieses Angebot wurde dem Vertreter der Bekl. in der mündlichen Berufungsverhandlung ausdrücklich aufrechterhalten) auf einen längeren Zeitraum befristeten Aufenthaltserlaubnis sollte Rechnung getragen werden können (vgl. dabei auch Nr. 3.2 Satz 2 der Grundsätze). Es entspricht der oben erwähnten Grundentscheidung des deutschen Ausländerrechts, einer dauernden Niederlassungsabsicht ausländischer Staatsangehöriger mit großer Zurückhaltung zu begegnen, wenn die Behörde sich für diesen dem öffentlichen Interesse in einer Sozialbetreuung ausländischer Arbeitnehmer im Bundesgebiet gerecht werdenden Weg nicht zuletzt mit der Überlegung entschieden hat, daß die Aufenthaltserlaubnis, auch wenn sie auf eine längere Zeit befristet wird, gemäß § 7 Abs. 3 AuslG unter der Bedingung erteilt werden kann, daß der Kl. die Tätigkeit eines Sozialbetreuers tatsächlich ausübt. Denn das vom Kl. geltend gemachte deutsche öffentliche Interesse an seinem Aufenthalt im Bundesgebiet besteht selbstverständlich nur so lange, als er die Aufgabe, die diesem Interesse zugrunde liegt, auch erfüllt. Dieser Gesichtspunkt könnte bei der Erteilung einer Aufenthaltsberechtigung nicht berücksichtigt werden, da sie – wie sich aus § 8 Abs. 2 AuslG ergibt – nicht unter einer solchen Bedingung erteilt werden könnte und damit zu der weder im Sinne des Gesetzes liegenden noch von den Grundsätzen getragenen Folge einer dauerhaften Niederlassung des Kl. im Bundesgebiet führen könnte, auch ohne daß er eine solche Tätigkeit ausübt. Es ist deshalb nicht fehlerhaft, wenn das Regierungspräsidium in diesem Zusammenhang auf den im Ausländerrecht allgemein zu beachtenden Gesichtspunkt hingewiesen hat, daß ein durch die wirtschaftliche Lage im Bundesgebiet möglich gewordener länger befristeter Aufenthalt ausländischer Arbeitnehmer im Bundesgebiet, zu denen auch der Kl. gehört (vgl. zu diesem Gesichtspunkt auch Urteil des 11. Senats des VGH Bad.-Württ. vom 2. 11. 1977 – XI 1508/76 – sowie Urteil des OVG Münster vom 27. 9. 1976 – IV A 941/75), nicht schon zu einer dauerhaften Niederlassung dieses Personenkreises führen kann; soweit der Kl. aus diesem Personenkreis durch die Besonderheiten seiner im Bundesgebiet ausgeübten beruflichen Tätigkeit herausragt, wird dem Wunsch, daß er diese Tätigkeit auch langfristig ausüben kann, durch das Angebot einer auf längere Zeit befristeten Aufenthaltserlaubnis in einer den Zielvorstellungen des Ausländergesetzes und seinen persönlichen Belangen gleichermaßen entsprechenden Weise Rechnung getragen.

Entgegen der Ansicht des Verwaltungsgerichts beruht die angefochtene Behördenentscheidung auch nicht auf einer fehlerhaften Einschätzung der an der Aufenthaltsberechtigung bestehenden privaten Interessen des Klägers.

Zu Unrecht entnimmt das Verwaltungsgericht der Nr. 3.3 der Grundsätze eine Ermessensbindung der Behörde, die gegenüber dem Kl. nicht beachtet worden sei. Es ist dort zwar festgelegt, daß nach einem ununterbrochenen Aufenthalt von etwa acht Jahren die in der Nr. 3.2 dargelegten Gesichtspunkte – also vor allem der dem Ausländerrecht zugrunde liegende Gedanke, daß die Bundesrepublik Deutschland kein Einwanderungsland ist – zurücktreten können. Das bedeutet aber – worauf der 11. Senat des VGH Bad.-Württ. in dem oben erwähnten Urteil vom 2. 11. 1977 bereits hingewiesen hat – nicht, daß der einzelne Ausländer, bei dem diese Voraussetzungen wie beim Kl. vorliegen, einen Anspruch darauf geltend machen könnte, auch in seinem Falle so zu verfahren. Vor allem kann der Nr. 3.3 der Grundsätze nicht – wie das Verwaltungsgericht meint – eine für die Behörden verbindliche Ermessenserwägung unterstellt werden, daß der Hinweis, die Bundesrepublik Deutschland sei kein Einwanderungsland, mit jedem Jahr, durch das die dort angesprochene Frist überschritten wird, an Gewicht verlieren *müßte*. Eine derartige Ermessensbindung der Behörde liegt diesem Teil der Grundsätze nach der Überzeugung des Senats schon deshalb nicht zugrunde, weil sie in der Verwaltungspraxis genau das Gegenteil dessen bewirken würde, was mit dem Grundsatz in Wahrheit bezweckt ist, nämlich die Bindung der Ausländerbehörden und ihrer Beamten an die in der Nr. 3.2 der Grundsätze umrissenen öffentlichen Interessen, die gegen eine Aufenthaltsberechtigung sprechen, zu *lockern*, um einer flexibleren Handhabung des Ermessens »in begründeten Fällen«, also in Einzelfällen, Raum zu geben; mit der vom Verwaltungsgericht in der Nr. 3.3 der Grundsätze gesehenen Bindung des Behördenermessens würde dieser Zweck in sein Gegenteil verkehrt, weil eine solche Bindung die Behörden dazu veranlassen müßte, den Aufenthalt von Ausländern, der an die dort genannte zeitliche Grenze zu stoßen droht, mit der Erwägung zu versagen, daß ihre längere Anwesenheit im Bundesgebiet mit zunehmender Dauer eine Rechtsstellung für eine dauerhafte Niederlassung zum Entstehen bringen könnte und deshalb Belange der Bundesrepublik Deutschland im Sinne des § 2 Abs. 1 AuslG beeinträchtige, weil dieser Staat kein Einwanderungsland ist.

Es kann unter diesen Umständen rechtlich nicht beanstandet werden, wenn die Behörde auch darin, daß der Kl. sich bereits seit 15 Jahren im Bundesgebiet aufhält, keinen entscheidenden Gesichtspunkt gesehen hat, ihm die Aufenthaltserlaubnis in der Form der Aufenthaltsberechtigung zu erteilen. Der Kl. steht in dieser Hinsicht den zahlreichen anderen ausländischen Staatsangehörigen gleich, die sich wie er über einen so langen Zeitraum im Bundesgebiet aufgehalten haben oder noch aufhalten, ohne daß ihnen allein aus diesem Grund das Recht zu einer ständigen Niederlassung eingeräumt worden wäre; auf eine Verletzung des Gleichheitsgrundsatzes kann er sich deshalb nicht berufen.

Ebensowenig konnte der Senat – insoweit wohl in Übereinstimmung mit dem Verwaltungsgericht, das diesen Gesichtspunkt nicht besonders angesprochen hat – in dem Umstand, daß der Kl. mit seiner Familie im Bundesgebiet lebt, einen Grund dafür erblicken, daß ihm die Aufenthaltsberechtigung mit fehlerhaften Ermessenserwägungen vorenthalten worden wäre. Die Grundsätze für die Erteilung einer Aufenthaltsberechtigung hätten die Behörden – wie sich aus der Nr. 3.6 ergibt – allenfalls dann veranlassen müssen, die familiären Belange des Kl. in ihre Entscheidung über die Aufenthaltsberechtigung einzubeziehen, wenn die Ehefrau des Kl. deutsche Staatsangehörige wäre; eine dahin gehende Erwägung liegt dem Widerspruchsbescheid zugrunde. Da aber die Familienangehörigen des Kl. seine türkische Staatsangehörigkeit teilen, steht er auch insoweit den zahlreichen anderen mit ihren Familien im Bundesgebiet lebenden Ausländern gleich, bei denen die familiären Belange zwar gemäß Art. 6 Abs. 1 GG die Entscheidung über die Verlängerung der Aufenthaltserlaubnis beeinflussen können oder müssen, aber bisher nicht zu einer gemäß Art. 3 Abs. 1 GG relevanten Verwaltungspraxis geführt haben, solchen Familien durch eine Aufenthaltsberechtigung die dauernde Niederlassung im Bundesgebiet zu ermöglichen.

Unerheblich für den Ausgang des vorliegenden Rechtsstreits ist der Hinweis des Kl. darauf, daß von der Möglichkeit der Aufenthaltsberechtigung in der Verwaltungspraxis bisher nur in einem nach seiner Ansicht zu geringen, dem Zweck des Gesetzes nicht entsprechenden Weise Gebrauch gemacht worden sei. Denn der Kl. hat nicht geltend gemacht, und es ist auch nichts dafür ersichtlich, daß gerade er zu dem Kreis derjenigen gehören könnte, die durch eine solche Verwaltungspraxis, sollte sie tatsächlich bestehen und darüber hinaus der gesetzlichen Intention zuwiderlaufen, in einer vom Gesetz nicht gewollten Weise benachteiligt worden wäre. Die Ermessenserwägungen, mit denen das Amt für öffentliche Ordnung den Antrag des Kl. abgelehnt hat, werden – und das ist für die Entscheidung über ihre Rechtmäßigkeit allein entscheidend – der durch sein Begehren und durch seine Tätigkeit als Sozialbetreuer ausländischer Arbeitnehmer im Bundesgebiet geschaffenen Interessenlage ungeachtet des Umstandes gerecht, daß sie möglicherweise auch dazu beitragen, den Kreis der Ausländer, die eine Aufenthaltsberechtigung besitzen, klein zu halten. Aus dem gleichen Grunde konnte auch die vom Verwaltungsgericht angestellte Erwägung, die vom Innenministerium Bad.-Württ. empfohlene restriktive Handhabung des § 8 Abs. 1 AuslG durch die Ausländerbehörden führe dazu, daß das Rechtsinstitut der Aufenthaltsberechtigung seine ihm vom Gesetzgeber zugedachte Bedeutung einbüße, für den Ausgang des vorliegenden Falles nicht entscheidend sein.

Nr. 48 BayObLG 22. 11. 1977 (BReg 4 St 51/77) BayObLGSt 1977, 183

Der Angeklagte ist italienischer Staatsbürger und lebt seit Jahren mit seiner Ehefrau in der Bundesrepublik, wo er eine Beschäftigung als Arbeitnehmer ausübt. Seine auf fünf Jahre beschränkte Aufenthaltserlaubnis ist am 24. 6. 1975 abgelaufen. Gleichwohl hielt sich der Angeklagte, der es vergessen hatte, die Verlängerung der Aufenthaltserlaubnis rechtzeitig zu beantragen, weiter in der Bundesrepublik auf. Er stellte erst am 22. 1. 1976 einen Antrag auf Verlängerung der Aufenthaltserlaubnis; diesem wurde entsprochen.

Das Landgericht hat den Angeklagten wegen eines fahrlässig begangenen Vergehens des Aufenthalts in der Bundesrepublik ohne die erforderliche Aufenthaltserlaubnis gemäß § 1 Abs. 1 Nr. 1, § 3 Abs. 1, 2 und 3, § 15 AufenthaltsG/EWG, § 47 Abs. 1 AuslG verurteilt. Hiergegen richtet sich die Revision des Angeklagten.

Dem Rechtsmittel muß der Erfolg versagt bleiben, soweit es sich gegen den Schuldspruch richtet. Für eine Anrufung des Gerichtshofs der Europäischen Gemeinschaften nach Art. 177 Abs. 1 und 3 EWGV ist schon deshalb kein Raum, weil dieser zwischenzeitlich über die Auslegung der einschlägigen Vorschriften und die Frage der Vereinbarkeit des innerstaatlichen Rechts mit dem Gemeinschaftsrecht aus Anlaß eines gleichgelagerten Verfahrens entschieden hat (Urteil vom 14. 7. 1977 – Rs 8/77, NJW 1977, 1579).

Für den Angeklagten gilt Gemeinschaftsrecht, da er Staatsangehöriger eines Mitgliedstaats der Europäischen Wirtschaftsgemeinschaft ist und im Gebiet der Bundesrepublik Deutschland eine Berufstätigkeit ausübt. Seine Rechtsstellung ist nach dem Vertragskapitel über die Freizügigkeit der Arbeitnehmer, insbesondere nach Art. 48 EWGV, zu beurteilen, deren Durchführung durch die Verordnung (EWG) Nr. 1612/68 des Rats der EWG über die Freizügigkeit der Arbeitnehmer innerhalb der Gemeinschaft vom 15. 10. 1968 (ABlEG Nr. L 257, S. 2) und die Richtlinie Nr. 68/360/EWG sichergestellt wurde.

Die Art. 48 und 49 EWGV sehen vor, daß bis zum Ende einer Übergangszeit, nämlich bis zum 1. 1. 1970 (Art. 8 Abs. 1, Art. 247 Abs. 2 EWGV; BGBl. 1958 II, S. 1, Dokumententeil Nr. 15), innerhalb der Gemeinschaft die Freizügigkeit der Arbeitnehmer hergestellt wird. Nach Art. 48 Abs. 3 EWGV gibt diese den Arbeitnehmern das *Recht,* sich im Hoheitsgebiet der Mitgliedstaaten frei zu bewegen, sich dort zur Ausübung einer Beschäftigung aufzuhalten und nach deren Beendigung dort zu verbleiben. Die Verwirklichung der Freizügigkeit für Arbeitnehmer ist durch den Erlaß der Verordnung (EWG) Nr. 1612/68 rechtzeitig erfolgt. Die Verordnung gilt unmittelbar in jedem Mitgliedstaat (Art. 189 Abs. 2 EWGV). Nach ihrem Art. 1 regelt sie allerdings unmittelbar nur die arbeitsrechtliche Gleichbehandlung der Angehörigen der Gemeinschaft, insbesondere das Recht auf Zugang zu verfügbaren Arbeitsstellen, während der Komplex der Einreise und des Aufenthalts für Arbeitnehmer Gegenstand der Richtlinie Nr. 68/360/EWG vom gleichen Tage ist. Die unmittelbare Anwendbarkeit und die Durchgriffswirkung der Vorschriften über die Freizügigkeit der Arbeitnehmer und der dazu ergangenen Durchführungsvorschriften hat der Gerichtshof der Europäischen Gemeinschaften in ständiger Rechtsprechung bejaht. Er hat die Auffassung vertreten, daß sich für Staatsangehörige eines Mitgliedstaats, die in das Hoheitsgebiet eines anderen Mitgliedstaats einreisen und sich dort zu den im Vertrag genannten Zwecken aufhalten, ein subjektives Recht zur Einreise und zum Aufenthalt unmittelbar aus dem Vertrag und den zu seiner Durchführung ergangenen Bestimmungen ergebe (vgl. die Urteile vom 8. 4. 1976 in NJW 1976, 2065, vom 7. 7. 1976 in NJW 1976, 2067, vom 14. 7. 1976 in NJW 1976, 2068 und vom 14. 7. 1977 in NJW 1977, 1597; zur Rechtsprechung des EuGH vgl. auch *Kranz,* DÖV 1977, 111; *Winkel,* NJW 1975, 1057; *Stein,* NJW 1976, 1553; *Vedder,* NJW 1977, 2014). In den vorgenannten Urteilen kommt klar zum Ausdruck, daß das Aufenthaltsrecht unabhängig von der Erteilung einer Aufenthaltserlaubnis entstehe und so lange weiterbestehe, wie die die Freizügigkeit auslösenden Voraussetzungen fortbestehen.

Der durch das Gemeinschaftsrecht privilegierte Personenkreis ist gleichwohl nicht von dem Erfordernis einer Aufenthaltserlaubnis freigestellt. Diese kann allerdings keine rechtsbegründende Wirkung haben, sondern nur als Mittel zum Nachweis eines bestehenden Aufenthaltsrechts und zur Feststellung des gemeinschaftsrechtlichen Status des Ausländers verstanden werden (vgl. EuGH vom 8. 4. 1976 und 14. 7. 1977). Dies ergibt sich auch unmittelbar aus Art. 4 der Richtlinie Nr. 68/360/EWG. Danach haben die Mitgliedstaaten den Personen, auf die die Verordnung (EWG) Nr. 1612/68 über die Freizügigkeit der Arbeitnehmer innerhalb der Gemeinschaft Anwendung findet und die dies mit den in Art. 4 Abs. 3 der Richtlinie Nr. 68/360/EWG genannten Unterlagen nachweisen, das Aufenthaltsrecht zu gewähren und zu dessen »Nachweis« eine besondere Aufenthaltserlaubnis, nämlich die »Aufenthaltserlaubnis für Angehörige eines Mitgliedstaats der EWG« zu erteilen. Aus Art. 4 Abs. 2 der Richtlinie Nr. 68/360/EWG folgt weiterhin, daß die Mitgliedstaaten *verpflichtet* sind, die Aufenthaltserlaubnis jedem zu erteilen, der durch geeignete Unterlagen nachweist, daß er zum privilegierten Personenkreis gehört (EuGH Urteil vom 8. 4. 1976). Der Verpflichtung des Mitgliedstaats zur Erteilung einer Aufenthaltserlaubnis entspricht auf der Seite des begünstigten Personenkreises der korrespondierende Rechtsanspruch auf die Erteilung der Aufenthaltserlaubnis unter den genannten Voraussetzungen und in den vorgesehenen Formen. Die Richtlinie Nr. 68/360/EWG wurde in der Bundesrepublik Deutschland entsprechend dem Art. 189 Abs. 3 EWGV durch das Gesetz über Einreise und Aufenthalt von Staatsangehörigen der Mitgliedstaaten der Europäischen Wirtschaftsgemeinschaft (AufenthG/EWG) vom 22. 7. 1969 (BGBl. I, S. 927), geändert durch Gesetz vom 17. 4. 1974 (BGBl. I, S. 948), in innerdeutsches Recht umgesetzt. Die nach Art. 4 der Richtlinie Nr. 68/360/EWG postulierte Verpflichtung zur Erteilung der Aufenthaltserlaubnis ist in § 3 Abs. 1 AufenthG/EWG aufgenommen. Die amtliche Begründung stellt hierzu klar, daß damit ein Rechtsanspruch auf Erteilung einer Aufenthaltserlaubnis begründet wird, sofern der Arbeitnehmer in einem Arbeitsverhältnis steht (BT-Drucks. V/4125, S. 10). Die im Aufenthaltsgesetz vorgesehene Erlaubnis unterscheidet sich dadurch von der rechtsbegründenden Aufenthaltserlaubnis, wie sie etwa nach § 2 Abs. 1 AuslG für Ausländer – mit Ausnahme der privilegierten Personengruppen – im allgemeinen vorgesehen ist. Denn das Ausländergesetz gibt dem Fremden grundsätzlich kein Recht zum Aufenthalt und, abgesehen von dem in § 43 AuslG geregelten Fall, keinen Anspruch auf Erteilung der Aufenthaltserlaubnis (vgl. *Kloesel/ Christ,* Deutsches Ausländerrecht – letzte ErgLfg. Oktober 1976 – AuslG § 2 Anm. 3 und § 43 Anm. 1; *Kanein,* Ausländergesetz – 1966 – § 1 Anm. A 4; *Schuster,* NJW 1976, 1568). Das Aufenthaltsgesetz, das in Übereinstimmung mit der Richtlinie Nr. 68/360/EWG von dem geschützten Personenkreis eine Aufenthaltserlaubnis verlangt und ihm auf die Erteilung einen Rechtsanspruch einräumt, schränkt damit das auf Grund des primären Gemeinschaftsrechts vorgegebene Recht auf Aufenthalt nicht ein. Indem es den Grundsatz der Freizügigkeit in Übereinstimmung mit Art. 48 EWGV an die Spitze stellt (§ 1), erkennt es das subjektive Recht auf Aufenthalt des dem Gemeinschaftsrecht unterliegenden Personenkreises an.

Entgegen der Auffassung der Revision, die sich auf vereinzelte Stimmen im Schrifttum stützt (vgl. *Scheffler,* DVBl. 1977, 90/94; *Vedder,* NJW 1977, 2014), erfaßt die in § 47 Abs. 1 Nr. 2 AuslG genannte Aufenthaltserlaubnis, an deren Fehlen die Strafdrohung geknüpft ist, aber auch die besondere Form der Aufenthaltserlaubnis nach § 3 AufenthG/EWG. Der Gerichtshof der Europäischen Gemeinschaften hat im Urteil vom 14. 7. 1977 klargestellt, daß es nach Art. 189 Abs. 3 EWGV Sache der Mitgliedstaaten ist, die Form und die Mittel zu wählen, um den Bestimmungen der Richtlinie Nr. 68/360/EWG in ihrem Hoheitsgebiet entweder durch den Erlaß besonderer Vorschriften oder durch Anwendung passender Bestimmungen ihrer *allgemeinen* ausländerrechtlichen Vorschriften zur Wirkung zu verhelfen. Hierzu gehöre es auch, Strafsanktionen zu schaffen oder die in den allgemeinen Vorschriften vorgesehenen Sanktionen anzuwenden, um die Einhaltung der in der Richtlinie vorgesehenen Formalitäten in ihrem Hoheitsgebiet sicherzustellen. Das Aufenthaltsgesetz entspricht diesen Grundsätzen. Es erklärt im § 15 die Vorschriften des allgemeinen Ausländerrechts für anwendbar, soweit nicht seine privilegierenden Vorschriften eingreifen. Da es selbst keine Sanktionen festsetzt, auf solche aber im Interesse der wirksamen Kontrolle und Überwachung der in seinem Geltungsbereich befindlichen Ausländer nicht verzichten kann, ist durch § 15 klargestellt, daß auch die Straf- und Bußgeldvorschriften des Ausländergesetzes (§§ 47, 48) Anwendung finden (so die amtliche Begründung zu § 15, BT-Drucks. V/4125, S. 14). Beide Gesetze verwenden den gleichen Begriff, so daß schon vom Wortlaut der Vorschriften her keine Bedenken gegen die Wirksamkeit der in § 15 AufenthG/EWG getroffenen Verweisung bestehen. Aber auch der gemeinsame Zweck der Vorschriften, die der Sicherung aufenthaltspolizeilicher Belange zu dienen bestimmt sind, läßt erkennen, daß der Gesetzgeber den durch das Aufenthaltsgesetz privilegierten Personenkreis nicht von Sanktionen für den Fall freistellen wollte, daß dieser gegen die aufenthaltsrechtlichen Vorschriften verstößt. Der Umstand, daß die Aufenthaltserlaubnis nach § 2 Abs. 1 AuslG andere Wirkungen entfaltet als die nach § 3 AufenthG/EWG zu erteilende Erlaubnis, steht der Anwendbarkeit der Strafvorschrift nach § 47 Abs. 1 Nr. 2 AuslG auf den durch EWG-Recht geschützten Personenkreis nicht entgegen. § 47 Abs. 1 Nr. 2 AuslG stellt nämlich nicht auf die Wirkungen der Erlaubnis und auch nicht auf ein fehlendes Aufenthaltsrecht ab, sondern knüpft die Sanktion schlechthin an den Mangel der erforderlichen verwaltungsrechtlichen Aufenthaltserlaubnis. Die Vorschrift verweist deshalb unmittelbar nur auf § 5 Abs. 1 AuslG, der nur die verschiedenen Formen der Aufenthaltserlaubnis bestimmt. § 5 Abs. 1 AuslG gilt aber in gleicher Weise sowohl für die Aufenthaltserlaubnis nach § 3 AufenthG/EWG wie auch für die Erlaubnis nach allgemeinem Ausländerrecht. Schließlich trifft auch der im Ausländergesetz verwendete Begriff der Aufenthaltserlaubnis als solcher keine Unterscheidung zwischen der Erlaubnis, deren Erteilung im Ermessen der Behörde (§ 2 Abs. 1 Satz 2 AuslG) steht, und derjenigen Erlaubnis, auf die dem Betroffenen ausnahmsweise ein Rechtsanspruch eingeräumt ist (§ 43 AuslG; vgl. hierzu auch *Kloesel/Christ,* § 43 Anm. 1; *Schiedermair,* Handbuch des Ausländerrechts der Bundesrepublik Deutschland – 1968 – AuslG § 28 Anm. 5 und § 43 Anm. 7). Die Auffassung der Revision, daß es sich bei der Aufenthaltserlaubnis nach dem Ausländergesetz um ein *aliud* zu der im Aufenthaltsgesetz vorgeschriebenen Erlaubnis handle, wird daher vom Senat nicht geteilt. Dieser ist vielmehr der Auffassung, daß der Begriff der Aufenthaltserlaubnis, wie er in § 47 Abs. 1 Nr. 2 i.V.m. § 5 Abs. 1 AuslG verwendet ist, sowohl die rechtsbegründende Aufenthaltserlaubnis als auch die deklaratorisch wirkende Aufenthaltserlaubnis des § 3 Abs. 1 AufenthG/EWG umfaßt.

Wenn danach das Fehlen der nur deklaratorisch wirkenden Aufenthaltserlaubnis nach § 3 AufenthG/EWG in der gleichen Weise wie das Fehlen der Erlaubnis des allgemeinen Ausländerrechts mit *Strafe* bedroht ist, stellt sich die Frage, ob die Sanktion für die Zuwiderhandlung gegen § 3 AufenthG/EWG noch verhältnismäßig und mit dem Grundsatz des Diskriminierungsverbots im Sinne des Art. 7 Abs. 1 EWGV vereinbar ist. Hierzu hat die Kommission der Europäischen Gemeinschaften in dem Verfahren, das mit Urteil vom 14. 7. 1977 abgeschlossen wurde, die Auffassung vertreten, daß die Nichteinholung der deklaratorischen Aufenthaltserlaubnis kein als Vergehen strafwürdiges Unrecht darstelle und die Pönalisierung der Zuwiderhandlung auch dem Grundsatz der Inländerbehandlung des Art. 7 Abs. 1 EWGV widerspreche. Der Gerichtshof der Europäischen Gemeinschaften, dem sich der Senat anschließt, ist dieser Auffassung jedoch nicht gefolgt. Er hat es, wenngleich er die Mißachtung der aufenthaltsrechtlichen Bestimmungen nicht als ein die öffentliche Ordnung und Sicherheit gefährdendes Verhalten im gemeinschaftsrechtlichen Sinne ansieht (vgl. Urteil vom 8. 4. 1976), doch immer wieder für selbstverständlich erachtet, daß die Ausgestaltung der Sanktion dem Ermessen der Mitgliedstaaten überlassen sei, und ausgesprochen, daß gegen die Ahndung aufenthaltsrechtlicher Verstöße mit Strafe – auch auf der Grundlage der allgemeinen ausländerrechtlichen Vorschriften – im Grundsatz nichts einzuwenden sei, sofern diese nicht so sehr außer Verhältnis zur Schwere der Tat stehe, daß sie sich als eine Behinderung der Freizügigkeit erweise (vgl. Urteile vom 8. 4. 1976, 7. 7. 1976 und 14. 7. 1977). Daß die Strafbewehrung der Nichteinholung der aufenthaltsrechtlichen Erlaubnis nach § 3 AufenthG/EWG nicht gegen das Diskriminierungsverbot verstößt, läßt sich unmittelbar aus den Gründen des Urteils vom 14. 7. 1977 ableiten, obwohl diese sich nur auf das Problem des Nichtbesitzes eines gültigen Ausweispapieres (§ 47 Abs. 1 Nr. 1 AuslG) beziehen. Dort hat es der Gerichtshof der Europäischen Gemeinschaften nämlich unter dem Gesichtspunkt des Art. 7 Abs. 1 EWGV nicht für bedenklich erachtet, daß die unter das Gemeinschaftsrecht fallenden Personen im Falle des Fehlens eines gültigen Ausweispapieres schwereren Sanktionen als die Mitglieder des Aufnahmestaates unterworfen seien. Erst recht gelten diese Grundsätze im vorliegenden Falle, wo es um die Frage der Inländerbehandlung hinsichtlich der Aufenthaltserlaubnis für Angehörige der Gemeinschaft geht. Da der Inländer keiner Aufenthaltserlaubnis unterliegt, fehlt es schon an einem Bezugskriterium, das auf den in Art. 7 Abs. 1 EWGV aufgestellten Grundsatz der Inländerbehandlung gestützt werden könnte. Aus diesen Gründen ist der Senat der Auffassung, daß jedenfalls eine *Geld*strafe, die im vorliegenden Falle noch dazu an der unteren Grenze des zur Verfügung gestellten Strafrahmens bemessen ist, weder außer Verhältnis zur Bedeutung der Zuwiderhandlung gegen aufenthaltsrechtliche Vorschriften steht noch geeignet ist, die Freizügigkeit der vom Gemeinschaftsrecht Betroffenen zu behindern. Der Senat verkennt dabei nicht, daß sich der Aufenthalt eines Aufenthaltsberechtigten ohne Erlaubnis in seinem Unwertgehalt wesentlich von dem Fall unterscheidet, daß sich ein zum Aufenthalt überhaupt nicht Berechtigter ohne Erlaubnis im Hoheitsgebiet eines Staates aufhält. Solange aber der Gesetzgeber diesen Fällen nicht durch eine Abstufung in den Sanktionen Rechnung trägt (für die Umwandlung des Straftatbestands in eine Ordnungswidrigkeit u. a. *Scheffler,* DVBl. 1977, 90/94, mit Hinweis auf die hohe Einstellungsquote bei einschlägigen Verfahren), ist es die Aufgabe der Gerichte, im Rahmen ihrer Beurteilungsfreiheit zu einer Ahndung zu gelangen, die dem unterschiedlichen Charakter der aufenthaltsrechtlichen Vorschriften Rechnung trägt. Hier ist vollends darauf hinzuweisen, daß nach der Rechtsentwicklung die Rechtsverletzungen innerhalb des Kriminalunrechts und des Ordnungsunrechts in Grenzbereichen ihrer materialen Bedeutung nach heute nicht mehr nach qualitativen Merkmalen zu unterscheiden sind. Das wird von der Revision nicht berücksichtigt.

Nr. 49 BVerwG 29. 11. 1977 (1 C 33.71) BVerwGE 55, 82

Der 1921 geborene Kläger ist jugoslawischer Staatsangehöriger serbischen Volkstums. Er reiste 1967 ordnungsgemäß in die Bundesrepublik Deutschland ein und bat hier um Asyl. Während des Asylverfahrens trat er einer serbischen Emigrantenorganisation bei. Der Antrag auf Asylgewährung blieb in den behördlichen und gerichtlichen Vorinstanzen ohne Erfolg. Die Revision des Klägers führte zur Zurückverweisung der Sache an das Berufungsgericht.

Nicht zu beanstanden sind die Ausführungen des Berufungsgerichts, wonach dem Kläger die geltend gemachten sog. Vorfluchtgründe (asylbegründende Tatsachen, die vor Verlassen des Heimatstaates eingetreten sind) nicht zur Seite stehen.

Die Überlegungen aber, mit denen das Berufungsgericht die vom Kläger geltend gemachten sog. Nachfluchtgründe (asylbegründende Tatsachen, die sich erst nach Verlassen des Heimatstaates ergeben haben) verneint hat, halten der Nachprüfung nicht stand. Insoweit hat das Berufungsgericht Anforderungen zugrunde gelegt, die das gebotene Maß übersteigen und mit der Zielsetzung des Asylrechts nicht mehr in Einklang stehen. Es kommt darauf an, ob der Asylsuchende wegen des geltend gemachten Verfolgungsanlasses begründete Furcht vor politischer Verfolgung im Heimatstaat hegt. Das ist dann zu bejahen, wenn dem Asylsuchenden bei verständiger Würdigung der gesamten Umstände seines Falles politische Verfolgung mit beachtlicher Wahrscheinlichkeit droht, so daß ihm nicht zuzumuten ist, im Heimatstaat zu bleiben oder dorthin zurückzukehren (vgl. Urteile vom 1. Juni 1965 – BVerwG 1 C 118.62 –, vom 4. November 1965 – BVerwG 1 C 54.63 – [*Buchholz,* 402.22 Art. 1 GK Nr. 15] und –

BVerwG 1 C 40. 63 – [*Buchholz,* a.a.O., Nr. 16]). Hierüber hat sich das Tatsachengericht im Wege der nach § 86 VwGO gebotenen Sachverhaltserforschung die für seine Entscheidung erforderliche Überzeugungsgewißheit (§ 108 VwGO) zu verschaffen.

Das Berufungsgericht geht davon aus, daß der Beitritt zu einer Emigrantenorganisation im Gastland ohne Rücksicht auf sonstige Umstände nur dann asylbegründende Wirkung haben kann, wenn sich in ihm eine politische Überzeugung fortdauernd ausdrückt, die schon im Heimatland bestanden hat und dort als staatsfeindlich betrachtet wird. Zu Unrecht leitet es dies aus dem von ihm in Bezug genommenen Urteil des Bundesverwaltungsgerichts vom 4. November 1965 – BVerwG 1 C 40.63 – (a.a.O.) ab, wonach der Beitritt zu einer Emigrantenorganisation, der kurz vor dem Asylverfahren oder während dieses Verfahrens erfolgt, nur bei Hinzutreten besonderer Umstände zur Asylberechtigung führt.

Der in dem Urteil im Anschluß an das Urteil vom 28. Januar 1960 – BVerwG 1 C 182.57 – (*Buchholz,* a.a.O., Nr. 10) gebrauchte Satz »Die Genfer Konvention will die politische Überzeugung schützen« darf nicht aus seinem Zusammenhang mit den damaligen Vorentscheidungen gelöst, isoliert betrachtet und überbewertet werden. Er dient der Klarstellung, daß die Genfer Konvention eine Person nicht vor Verfolgung jeder Art, sondern nur bei begründeter Furcht vor Verfolgung aus genau umschriebenen Gründen schützen will, nämlich »der begründeten Furcht vor Verfolgung wegen ihrer Rasse, Religion, Nationalität, Zugehörigkeit zu einer bestimmten sozialen Gruppe oder wegen ihrer politischen Überzeugung« (Art. 1 Buchst. A Nr. 2 des Abkommens über die Rechtsstellung der Flüchtlinge – GK – vom 28. Juli 1951 [BGBl. 1953 II, S. 559 und 1954 II, S. 619], jetzt in der Fassung vom 31. Januar 1967 [BGBl. 1969 II, S. 1293 und 1970 II, S. 194]). Diese Gründe umfassen, wie das Bundesverwaltungsgericht in BVerwGE 49, 202 dargelegt hat, »bei sachgerechtem Verständnis alle denkbaren Fälle politischer Verfolgung« auch im Sinne von Art. 16 Abs. 2 Satz 2 GG.

Art. 16 Abs. 2 Satz 2 GG und Art. 1 Buchst. A Nr. 2 GK erfordern eine zusammenfassende Bewertung des vom Asylbewerber zur Prüfung gestellten Lebenssachverhalts. Insbesondere läßt sich der Tatbestand begründeter Furcht vor Verfolgung wegen politischer Überzeugung (politischer Meinung, politischer Anschauungen) nicht in selbständig nebeneinander stehende Bestandteile zerlegen. In der Lebenswirklichkeit bedingen und ergänzen sich die Bestandteile weitgehend gegenseitig, sind also zumeist miteinander verwoben. Wer innerhalb oder außerhalb seines Heimatstaates Anschauungen so bekundet, daß er deswegen politische Verfolgung im Heimatstaat ernsthaft befürchten muß, ist asylberechtigt. Ob dies auch zu gelten hat, wenn es ihm ausschließlich darum gegangen ist, durch Schaffung eines Asylgrundes ein ihm sonst nicht zustehendes Aufenthaltsrecht in der Bundesrepublik Deutschland zu erwirken, kann hier offenbleiben. Jedenfalls wird bei einem Ausländer, der wegen seines Verhaltens nach Verlassen seiner Heimat politische Verfolgung durch den Heimatstaat befürchten muß, nicht ohne weiteres davon ausgegangen werden können, er habe den Verfolgungsgrund nur deswegen geschaffen, um Asyl zu erhalten. Ferner kann das Vorhandensein einer für den Verfolgerstaat möglicherweise noch nicht erkennbar in Erscheinung getretenen politischen Überzeugung Verfolgungsgefahr ernstlich befürchten lassen, wenn in dem Heimatland des Asylbewerbers Träger dieser Überzeugung politische Verfolgung erleiden.

Der Beitritt zu einer Emigrantenorganisation kurz vor dem Asylverfahren oder während dieses Verfahrens führt nicht ohne weiteres zur Anerkennung als Asylberechtigter. Er rechtfertigt für sich allein weder den Schluß, daß schon seinetwegen politische Verfolgung im Heimatstaat ernstlich droht, noch den Schluß, daß derjenige, der den Beitritt erklärt hat, eine regimefeindliche Überzeugung besitzt und deswegen in seiner Heimat politische Verfolgung zu befürchten hat. Ist aber z. B. der Asylsuchende im Zusammenhang mit und (oder) infolge des Beitritts als Träger einer im Heimatland als staatsfeindlich angesehenen Anschauung erkennbar hervorgetreten, so liegen Umstände vor, nach denen ein Asylanspruch in Betracht kommen kann. Die Anerkennung als Asylberechtigter ist auszusprechen, wenn die Umstände des Falles, insbesondere die Art der Organisation, die Erkennbarkeit der Mitgliedschaft in ihr und die Art einer etwaigen Tätigkeit für sie geeignet sind, im Heimatstaat eine Verfolgung wegen politischer Überzeugung ernsthaft befürchten zu lassen. Entscheidend ist in Fällen der vorliegenden Art also, ob in Würdigung aller Umstände die Befürchtung begründet ist, der Beitritt zu der Emigrantenorganisation habe eine der politischen Überzeugung des Asylbewerbers geltende Verfolgung im Heimatland zur Folge. Maßgebend dafür, ob die befürchtete Verfolgung eine politische ist, sind die Gründe, aus denen der Verfolgerstaat die vom Asylsuchenden befürchtete Verfolgung betreibt. Soweit früheren Urteilen des Senats die Auffassung zugrunde liegt, die begründete Furcht vor Verfolgung wegen politischer Überzeugung reiche nicht aus, vielmehr müsse der Asylbewerber die vom Verfolgerstaat angenommene politische Überzeugung auch tatsächlich besitzen, wird diese Auffassung aufgegeben. Einer Feststellung, daß der Asylbewerber aufgrund einer fortdauernden, schon während seines Aufenthalts in seiner Heimat vorhanden gewesenen Überzeugung der Emigrantenorganisation beigetreten ist, bedarf es somit entgegen der Auffassung des Berufungsgerichts nicht.

Der bisherigen Rechtsprechung des Bundesverwaltungsgerichts zur Frage der Nachweislast liegt die Erfahrung zugrunde, daß sich Asylbewerber vielfach in einem gewissen sachtypischen Beweisnotstand befinden. Er betrifft insbesondere asylbegründende Vorgänge außerhalb des Gastlandes, für die deswegen in der Regel Glaubhaftmachung genügt. Für Vorgänge innerhalb des Gastlandes ist dagegen grundsätzlich der volle Nachweis zu fordern. Dabei erstreckt sich die Erforderlichkeit vollen Beweises auf die Tatsachen, aus denen der Asylbewerber die guten Gründe für seine Furcht vor politischer Verfolgung herleitet (Urteil vom 13. März 1962 – BVerwG 1 C 145.59 – [*Buchholz,* a.a.O., Nr. 12]). Für die Frage, welche Anforderungen an den Nachweis zu stellen sind, ist mithin nicht entscheidend, ob die jeweilige Tatsache schon vor oder erst nach dem Verlassen des Heimatlandes eingetreten ist. Soweit der früheren Rechtsprechung eine andere Ansicht zugrunde liegt, hält der Senat daran nicht fest.

Nr. 50 BVerfG 13. 12. 1977 (2 BvM 1/76) BVerfGE 46, 342

Die Vollstreckungsgläubigerin des Ausgangsverfahrens hat am 3. September 1975 gegen die Republik der Philippinen ein Versäumnisurteil des Landgerichts Bonn auf Zahlung von insgesamt 95 231,86 DM nebst Zinsen und Kosten erwirkt. Der Rechtsstreit im Erkenntnisverfahren entstand aus einem zwischen der Gläubigerin und der Republik der Philippinen am 9. Mai 1966 abgeschlossenen Mietvertrag über ein Haus der Gläubigerin in Bonn-Bad Godesberg, das zur Verwendung als Büro für ihre Botschaft in der Bundesrepublik Deutschland von der Republik der Philippinen angemietet worden war. Im Laufe des Monats Juni 1973 war die Mieterin aus dem Haus ausgezogen und hatte es der Gläubigerin unter Zahlung des Mietzinses bis einschließlich Juni 1973 zur Verfügung gestellt. Die Gläubigerin begründete ihre Hauptforderungen mit rückständigen Mietzinsen bis einschließlich Mai 1974, weil die vertragliche Kündigungsfrist nicht eingehalten worden sei, sowie mit Instandsetzungskosten.

Aufgrund des vollstreckbaren Versäumnisurteils erwirkte die Gläubigerin beim Amtsgericht Bonn am 13. Februar 1976 einen Pfändungs- und Überweisungsbeschluß gegen die Republik der Philippinen, durch den die angebliche Forderung der Republik der Philippinen gegen »die Deutsche Bank AG Filiale Bonn-Bad Godesberg, Kaiserplatz – Drittschuldner – auf Zahlung des gegenwärtigen und gesamten künftigen Überschusses (Guthabens), der der Schuldnerin bei Saldoziehung aus der in laufender Rechnung (Kontokorrent) bestehenden Geschäftsverbindungen, insbesondere über die Konto-Nummern: 414-059-0687-00 und 414-118-2716, gebührt, ... und alle angeblichen Ansprüche und Forderungen ... aus den Giroverträgen über die oben bezeichneten Konten auf Gutschrift aller künftigen Eingänge und auf fortlaufende Auszahlung der Guthaben sowie auf Durchführung von Überweisungen an Dritte« gepfändet und der Gläubigerin in Höhe des gepfändeten Betrages zur Einziehung überwiesen wurde.

Gegen den Pfändungs- und Überweisungsbeschluß erhob die Republik der Philippinen Erinnerung zum Amtsgericht Bonn, weil das Konto der Botschaft nicht dem Zugriff der deutschen Gerichtsbarkeit unterliege. Sie legte im Erinnerungsverfahren eine eidesstattliche Erklärung ihres Geschäftsträgers in der Bundesrepublik Deutschland vor, in der es heißt, daß das Konto mit der Bezeichnung »Botschaft der Philippinen« im Jahre 1956 bei der Deutschen Bank in Bonn eröffnet wurde und seit 1973 in Bonn-Bad Godesberg geführt wird; zeichnungsberechtigt seien jeweils der Botschafter oder Geschäftsträger und der für die finanziellen Angelegenheiten innerhalb der Botschaft zuständige Bedienstete; auf diesem Konto stelle die Regierung der Republik der Philippinen der Botschaft die für den laufenden Betrieb erforderlichen Mittel zur Verfügung; von diesem Konto würden insbesondere das Personal und Miete bezahlt. Durch die Beschlagnahme des Kontos sei die Botschaft nicht mehr in der Lage, ihren laufenden Verpflichtungen nachzukommen.

Das Amtsgericht Bonn hat das Verfahren gemäß Art. 100 Abs. 2 GG ausgesetzt und dem Bundesverfassungsgericht zur Entscheidung über folgende Frage vorgelegt:

Gibt es eine Völkerrechtsregel, wonach die Zwangsvollstreckung aus einem gegen einen ausländischen Staat in bezug auf seine nicht-hoheitliche Tätigkeit erlassenen Urteil in ein Bankkonto dieses Staates bzw. seiner Botschaft, das im Inland besteht und zur Deckung der offiziellen Ausgaben und Kosten der Botschaft bestimmt ist, schlechthin oder insoweit unzulässig ist, als durch die Pfändung die Funktionsfähigkeit der Botschaft als diplomatische Vertretung beeinträchtigt wird; ist eine solche Regel – wenn es sie gibt – Bestandteil des Bundesrechts?

Zwar bestünden in formeller Hinsicht weder gegen den Pfändungs- und Überweisungsbeschluß noch gegen die Erinnerung Bedenken; Zweifel hegt das Amtsgericht indes, ob und gegebenenfalls inwieweit die deutsche Gerichtsbarkeit für die Vollstrekkung in ein solches Konto gegeben sei. Bei einer Pfändbarkeit schlechthin wäre die Erinnerung zurückzuweisen; bei Unpfändbarkeit eines zur Finanzierung der für den Botschaftsbetrieb erforderlichen Kosten bestimmten Kontos eines ausländischen Staates wäre der Pfändungs- und Überweisungsbeschluß bei Nachweis der Zweckbestimmtheit des Kontos ohne weitere Nachprüfung aufzuheben; sei die Pfändung aber nur insoweit unstatthaft, als dadurch der ordnungsgemäße Ablauf des Botschaftsbetriebes gefährdet wird, müßten noch weitere Beweise erhoben werden. Da es für die Frage der Pfändbarkeit eines solchen Kontos an einer gesetzlichen Regelung fehle, hänge die Entscheidung über die Begründetheit der Erinnerung davon ab, ob es eine Völkerrechtsregel, wie in der Vorlagefrage gestellt, gebe. In Schrifttum und Rechtsprechung seien Tendenzen erkennbar, die Vollstreckung in das private Finanzvermögen eines fremden Staates zu gestatten, nicht hingegen in sein Verwaltungsvermögen und seine öffentlichen Sachen. Für eine Begrenzung der Vollstreckung könne auch angeführt werden, daß im deutschen Recht bei der Zwangsvollstreckung in Geldforderungen gleichfalls Vollstreckungsbeschränkungen hinsichtlich der Notwendigkeit und Unentbehrlichkeit solcher Gelder für den Schuldner bestünden. Gegen eine Beschränkung könne sprechen, daß Art. 22 Abs. 3 des Wiener Übereinkommens über diplomatische Beziehungen vom 18. April 1961 die Vollstreckung lediglich in die Räumlichkeiten einer Mission, ihre Einrichtungen, die sonst darin befindlichen Gegenstände sowie in die Beförderungsmittel der Mission ausschließe. Es stelle sich daher die Frage, ob Art. 22 Abs. 3 die der Vollstreckung nicht unterliegenden Gegenstände erschöpfend aufzähle oder ob daneben kraft sonstigen Völkerrechts noch weitere Vollstreckungsbeschränkungen bestünden.

Wenn solche Beschränkungen bestünden, sei weiter zu prüfen, ob ein solches Konto schlechthin unpfändbar oder die Vollstreckung nur dahin begrenzt sei, daß lediglich der Betrieb der Mission nicht gefährdet werden dürfe, das heißt, nur solche Gelder nicht gepfändet werden dürften, die ausschließlich für die Erfüllung hoheitlicher Aufgaben erforderlich seien. Dabei wäre zu bedenken, daß die auf solchen Konten liegenden Gelder nicht ausschließlich in Erfüllung hoheitlicher Tätigkeiten, sondern auch für private Verpflichtungen, die sich aus dem Botschaftsbetrieb ergeben (Handwerkerrechnungen, Entlohnung des nicht zum schuldnerischen Staat gehörenden Personals usw.), verwendet würden. Auch hänge die Frage der Gefährdung des Botschaftsbetriebs letztlich nicht von den auf dem Botschaftskonto deponierten Geldern, sondern von der gesamten wirtschaftlichen Situation des schuldnerischen Staates ab. Bei einer völligen oder beschränkten Pfändbarkeit würde dies dazu führen, daß ein wirtschaftlich starker Staat sich der Zwangsvollstreckung wegen Forderungen, die er auf privatrechtlichem Gebiet eingegangen ist, dadurch entziehen könne, daß er sich einfach auf die Notwendigkeit und Zweckgebundenheit solcher Gelder beriefe. Hinzu komme, daß eine eingehende Überprüfung dahin, ob eine Gefährdung des Botschaftsbetriebs tatsächlich gegeben sei, kaum möglich sei, zumindest aber auf Schwierigkeiten stoße. Es führe aber auch zu unbefriedigenden Ergebnissen, ein gegen einen fremden Staat erstrittenes Urteil weitgehend von der Zwangsvollstreckung auszuschließen, obwohl es dem Schuldner wirtschaftlich möglich wäre, seine Verpflichtungen zu erfüllen.

Aus allen diesen Gründen könne das vorlegende Gericht an der in seinen Entscheidungen vom 14. August 1969 – 23 M 2471/69 – und vom 21. Juni 1972 – 23 M 697/72 – vertretenen Rechtsauffassung, wonach ein Konto eines ausländischen Staates, auf dem sich ausschließlich die zur Deckung der offiziellen Ausgaben und Kosten seiner Botschaft benötigten Mittel befinden, unpfändbar ist, nicht mehr unbedingt festhalten.

Das Bundesverfassungsgericht hat gemäß § 83 Abs. 2 BVerfGG dem Bundestag, dem Bundesrat und der Bundesregierung, gemäß §§ 84, 82 Abs. 3 BVerfGG den Beteiligten des Ausgangsverfahrens – der Republik der Philippinen, wie geboten, auf diplomatischem Weg – Gelegenheit zur Äußerung gegeben.

Namens der Bundesregierung hat der Bundesminister der Justiz Stellung genommen:

Nach Auffassung der Bundesregierung besteht eine allgemeine Regel des Völkerrechts im Sinne des Art. 25 GG, nach der die Zwangsvollstreckung in ein im Inland bestehendes Bankkonto eines ausländischen Staates, das zur Deckung der Ausgaben und Kosten einer Botschaft bestimmt ist, schlechthin unzulässig ist. Während es unbestritten sei, daß fremde Staaten in hoheitlichen Angelegenheiten (*acta iure imperii*) auch heute noch uneingeschränkte Immunität genössen, gewähre eine Reihe von Staaten, vor allem des westeuropäischen Bereichs, für nichthoheitliche Handlungen (*acta iure gestionis*) keine oder jedenfalls keine volle Immunität vor ihren Gerichten. Dabei werde keine Ausnahme für nicht-hoheitliche Handlungen gemacht, die von diplomatischen oder konsularischen Vertretungen fremder Staaten vorgenommen werden. Die sog. sozialistischen Staaten und zumindest ein Teil der Dritten Welt stünden dagegen weiter auf dem Standpunkt der uneingeschränkten Immunität für praktisch alle Handlungen und Tätigkeiten des fremden Staates.

Das völkerrechtlich gebotene Mindestmaß liege heute bei der Gewährung der absoluten Immunität in bezug auf hoheitliche Tätigkeiten, während eine Regel des Völkerrechts, nach der die inländische Gerichtsbarkeit für Klagen gegen einen fremden Staat in bezug auf seine nicht-hoheitliche Betätigung ausgeschlossen sei, nicht mehr bestehe. Das Völkerrecht verwehre indes dem Gerichtsstaat nicht, innerstaatlich weitere Immunitäten bis hin zur vollen Immunität für alle Handlungen fremder Staaten einzuräumen.

In der Bundesrepublik Deutschland werde bei nicht-hoheitlicher Betätigung fremder Staaten eine Befreiung von der inländischen Gerichtsbarkeit nicht gewährt (BVerfGE 16, 27 ff.).

Immunitätsprobleme träten bei der starken Verflechtung der Staaten in der Praxis nicht selten auf. Sie seien nicht nur von rechtlicher, sondern auch von politischer Bedeutung. In den letzten Jahren hätten immer wieder Privatpersonen gegen fremde Staaten Prozesse vor deutschen Gerichten angestrengt, meist wegen Handlungen ihrer hier akkreditierten diplomatischen und konsularischen Vertretungen. Einige der betroffenen Staaten hätten gegen die Anwendung des Prinzips der begrenzten Staatenimmunität nachdrücklich protestiert und zu verstehen gegeben, daß sie jede Art der Einschränkung der Staatenimmunität als völkerrechtswidrig ansehen; zum Teil seien Gegenmaßnahmen angedroht worden.

Die Immunitätsfrage werde um so schwieriger, wenn es sich nicht um das Erkenntnisverfahren, sondern um Vollstreckungsmaßnahmen handle. Hier könne es zu erheblichen Belastungen der zweiseitigen politischen Beziehungen kommen. Auf der anderen Seite könne es für den einzelnen privaten Gläubiger eine große Härte bedeuten, wenn er wegen der Immunität seines Schuldners die Durchsetzung eines Titels nicht erzwingen könne.

Die Anwendung der Theorie der funktionalen Begrenzung der Immunität auf das Vollstreckungsverfahren ergebe sich nicht schon als logische Konsequenz ihrer Anwendung im Erkenntnisverfahren. Im Hinblick auf Sinn und Zweck der völkerrechtlichen Immunitätsregelungen könnten Art und Stärke des Eingriffs bei einzelnen gerichtlichen Maßnahmen gegenüber fremden Staaten und ihren Vertretungen nicht unberücksichtigt bleiben. In der zwangsweisen Durchsetzung des im Titel ausgesprochenen Leistungsbefehls liege ein intensiverer Eingriff gegenüber dem betroffenen fremden Staat als im bloßen richterlichen Erkenntnis. Entscheidend ins Gewicht falle jedoch, was letztlich der Beweggrund für die Einschränkung der Immunität in bezug auf nicht-hoheitliche Handlungen gewesen sei: die immer stärker werdende wirtschaftliche Betätigung der Staaten lasse es als folgerichtig erscheinen, auch die Zwangsvollstreckung gegen sie dort zuzulassen, wo ein fremder Staat sich wie jeder andere an wirtschaftlichen und kommerziellen Vorgängen im Ausland beteilige.

Dementsprechend werde in einer Reihe wiederum meist westlicher Staaten die Zwangsvollstreckung gegen fremde Staaten unter verschiedenen Voraussetzungen und Einschränkungen zugelassen, so in Österreich, der Schweiz, Belgien, Italien, Griechenland und Ägypten (Nachweise bei *Schaumann,* Die Immunität ausländischer Staaten nach Völkerrecht, Berichte der Deutschen Gesellschaft für Völkerrecht, Heft 8, 1968, S. 130; *Habscheid,* Die Immunität ausländischer Staaten nach deutschem Zivilprozeßrecht, *ibid.,* S. 251 ff.). In der Bundesrepublik Deutschland und in Frankreich sei die Frage in der Praxis und im Schrifttum bislang nicht abschließend ausgetragen; das neuere deutsche Schrifttum neige aber überwiegend zur Bejahung der Zulässigkeit der Zwangsvollstreckung (Berichte der Deutschen Gesellschaft für Völkerrecht, a.a.O., S. 290).

Das Europäische Übereinkommen über Staatenimmunität vom 16. Mai 1972 gehe einen besonderen Weg, indem es die Vertragsstaaten verpflichte, gegen sie im Erkenntnisverfahren ergangene Urteile auszuführen, und damit die Zwangsvollstreckung überflüssig mache; Art. 23 des Übereinkommens, der die Zwangsvollstreckung ausschließe, sei in diesem Zusammenhang zu sehen (so auch *Ian Sinclair,* The European Convention on State Immunity, International and Comparative Law Quarterly 22 [1973], S. 254 ff. [275]).

Zusammenfassend lasse sich feststellen: Wenngleich es dem innerstaatlichen Recht überlassen bleibe, in Vollstreckungsverfahren absolute Immunität zu gewähren, könne man angesichts der neueren Entwicklung in der Staatenpraxis und der Meinungen in der Völkerrechtslehre nicht mehr eine Regel des Völkerrechts annehmen, nach der in Vollstreckungsverfahren grundsätzlich die absolute Immunität fremder Staaten zu gelten habe. Vielmehr sei dort, wo die Immunität im Erkenntnisverfahren eingeschränkt sei, grundsätzlich auch die Zwangsvollstreckung zulässig.

Aus dieser Feststellung folge jedoch nicht, daß auch jedweder Vermögensgegenstand des betroffenen Staates Zugriffsobjekt der Zwangsvollstreckung sein könne. Vielmehr sei im Vollstreckungsverfahren stets zu prüfen, ob der Zugriff gegen einen bestimmten Gegenstand kraft der hoheitlichen Widmung oder der hoheitlichen Zweckbestimmung desselben ausscheide. Insoweit bestehe eine Regel des allgemeinen Völkerrechts, derzufolge die Zwangsvollstreckung in das hoheitlichen Zwecken gewidmete Vermögen eines fremden Staates und insbesondere in Bankkonten, die zur Deckung der laufenden Ausgaben einer Botschaft bestimmt sind, unzulässig sei:

Aus der Rechtsprechung deutscher Gerichte könnten zwar kaum einschlägige Fälle benannt werden. Der Preußische Gerichtshof zur Entscheidung der Kompetenzkonflikte habe mit Entscheidung vom 25. Juni 1910 im *Hellfeld*-Fall einen Pfändungs- und Überweisungsbeschluß in eine Bankforderung des russischen Kaiserreichs aufgehoben, da fremde Staaten, abgesehen von Immobiliarprozessen und freiwilliger Unterwerfung, auch in privatrechtlichen Angelegenheiten der inländischen Gerichtsbarkeit nicht unterworfen seien (DJZ 1910, Sp. 808–811); die gleiche Ansicht habe später das Kammergericht vertreten (KG HRR 1933 Nr. 1522); doch seien diese Entscheidungen die Konsequenz der Zubilligung unbeschränkter Immunität an ausländische Staaten bereits im Erkenntnisverfahren gewesen, wie sie die deutsche Rechtsprechung vor 1945 angenommen habe.

In der Zeit nach 1945 habe das Landgericht Stuttgart (Die Justiz – Amtsblatt des Justizministeriums Baden-Württemberg 1971, S. 385) die Zwangsvollstreckung in Bankguthaben eines fremden Konsulats für grundsätzlich unzulässig erklärt; sie gehörten zu dem hoheitlichen Zwecken gewidmeten Vermögen des fremden Staates, da sie für den Betrieb seiner Dienststellen bestimmt seien.

Die neuere deutsche Rechtslehre sei in dieser Frage einheitlich. So habe die Zweite Studienkommission der Deutschen Gesellschaft für Völkerrecht festgestellt, daß dem Gerichtsstaat gegenüber einem ausländischen Staat hinsichtlich des Objekts, in das vollstreckt werden soll, keine Vollstreckungsgewalt zustehe, wenn dieses Objekt zur Verwendung für *acta iure imperii* bestimmt ist. Dies gelte auch für die Vollstreckung in Bankguthaben und sonstige Geldforderungen. Für die Zuordnung zu den *acta iure imperii* seien dabei die im Erkenntnisverfahren entwickelten Grundsätze maßgebend. Daß speziell Bankkonten nach diesen Grundsätzen unpfändbar sein könnten, werde von *Habscheid, Dahm, Wengler* und *Schaumann* audrücklich erwähnt.

Hinsichtlich der Staatenpraxis habe das Auswärtige Amt seinerzeit zur Vorbereitung der Stellungnahme der Bundesregierung in dem Vorlageverfahren 2 BvM 1/73 bei den deutschen Auslandsvertretungen Berichte eingeholt über einschlägige gesetzliche Vorschriften, gerichtliche Entscheidungen und die Verwaltungspraxis von 108 ausländischen Staaten – sie liegen dem Bundesverfassungsgericht vor und sind im gegenwärtigen Verfahren beigezogen worden. Aus ihnen gehe hervor, daß einschlägige gesetzliche Vorschriften und gerichtliche Entscheidungen nur in wenigen Staaten ergangen seien. Nur in bezug auf vier Staaten (Haiti, Irak, Bangladesch, Griechenland) habe festgestellt werden können – und auch hier zum Teil mit Einschränkungen –, daß eine Vollstreckung in Botschaftskonten für zulässig gehalten werde. In Griechenland sei die Vollstreckung wegen der strengen Beweisanforderungen nur eine rein theoretische Möglichkeit. Von besonderer Bedeutung erscheine die Entwicklung in den Vereinigten Staaten von Amerika, die dahin verlaufe, die absolute Immunität im Erkenntnisverfahren zu beseitigen und im Vollstreckungsverfahren den Grundsatz der absoluten Immunität für eine Reihe von Vermögensgegenständen des fremden Staates, soweit sie kommerzieller Tätigkeit dienen, aufzugeben.

Eine Unterscheidung zwischen Botschaftsgeldern, die öffentlich-rechtlichen Zwekken, und Geldern, die zivilrechtlichen Zwecken dienen, werde – abgesehen von Griechenland – offenbar nirgends vorgenommen. Eine solche Unterscheidung würde es auch erforderlich machen, in interne Angelegenheiten der Botschaften Einblick zu nehmen, um entscheiden zu können, welche Haushaltsmittel der Botschaft öffentlichen und welche privaten Zwecken dienen sollen, welche Mittel für den Betrieb der Botschaft unentbehrlich und welche anderen Mittel hierfür nicht unbedingt erforderlich seien und notfalls durch Mittelzuwendungen aus dem Entsendestaat ersetzt werden könnten. Eine solche Unterscheidung würde dem völkerrechtlichen Grundsatz der Nichteinmischung in interne Angelegenheiten fremder Staaten widersprechen. Vielmehr sei davon auszugehen, daß alle Botschaftsmittel den hoheitlichen Botschaftsaufgaben dienen. Soweit ein für eine Botschaft bestimmtes Konto nicht auf den Namen des fremden Staates selbst geführt werde, müsse es ausreichen, daß der fremde Staat die Zweckbestimmung seines Kontos für die Angelegenheiten der Botschaft glaubhaft mache. Es sei auch nicht einzusehen, weshalb Geld, um das es sich im vorliegenden Fall handle, anders behandelt werden solle als vertretbare Sachen im allgemeinen. Deshalb komme es nicht darauf an, ob der Entsendestaat andere finanzielle Mittel besitzt oder bereitstellen kann, um den Botschaftsbetrieb zu erhalten.

Somit ergebe sich, daß – ungeachtet dessen, daß dort, wo die Immunität fremder Staaten im Erkenntnisverfahren eingeschränkt sei, grundsätzlich auch die Zwangsvollstreckung zulässig sei – in ein Botschaftskonto schlechthin nicht vollstreckt werden dürfe; dies scheide schon aufgrund der allgemeinen Immunitätsregeln aus. Darüber hinaus würde sich die Vollstreckung in ein Botschaftskonto aber auch nicht mit dem völkerrechtlichen Gesandtschaftsrecht vereinbaren lassen, das die ständige Funktionsfähigkeit der Botschaften schützen wolle.

Die Republik der Philippinen hat mit Verbalnote vom 22. September 1976, deren Inhalt auf ihr Ersuchen vom Auswärtigen Amt der Bundesrepublik Deutschland dem Bundesverfassungsgericht übermittelt worden ist, wie folgt Stellung genommen:

Auf der Grundlage allgemein anerkannter Regeln des Völkerrechts habe das deutsche Gericht keine Gerichtsbarkeit über die Republik der Philippinen besessen. Es sei gefestigte Rechtslage, daß ein Staat nicht ohne sein Einverständnis vor den Gerichten eines anderen Staates verklagt werden dürfe. *Iurisdictio inhaeret, cohaeret, adhaeret imperio; par in parem non habet iudicium.* Diese Regel werde nicht durch die Ansicht beeinträchtigt, daß nach geltendem Völkergewohnheitsrecht ein Staat keine Immunität in gerichtlichen Verfahren genieße, die sich auf das Eigentum oder den Besitz an unbeweglichem Vermögen beziehen, denn diese Auffassung erkenne eine Ausnahme für Gegenstände an, die für diplomatische oder konsularische Zwecke genutzt werden (Harvard Research in International Law, Competence of Courts in Regard to Foreign States, AJIL 26 [1932] Suppl., S. 455; *Abad Santos,* Cases and other Materials on International Law 278–279 [1971]). Deshalb könne es nicht auf die Behauptung ankommen, der Ausgangsfall betreffe ein nicht-hoheitliches Verhalten. Selbst wenn man angesichts eines Versäumnisurteils von einem stillschweigenden Einverständnis der philippinischen Regierung, beklagt zu werden, ausginge, erstreckte sich ein solches Einverständnis nicht auf Vollstreckungsmaßnahmen gegen ihr Vermögen (*Dexter & Carpenter* v. *Kunglig Jarnvagsstyrelsen,* 43 F. 2d 705 [1930]). Die Erklärung des philippinischen Geschäftsträgers, die bestätige, daß die Guthaben bei der Deutschen Bank öffentliche Guthaben seien, sei für das deutsche Gericht bindend. Entgegen der Auffassung des Amtsgerichts komme es für die Pfändbarkeit von Bankguthaben eines fremden Staates nicht auf die wirtschaftliche Lage des fremden Staates an. Ohne Rücksicht auf die wirtschaftliche Lage eines fremden Souveräns werde Immunität nach dem Grundsatz des Völkerrechts gewährt, daß die Person und das Eigentum eines fremden Souveräns zu jeder Zeit frei von Zugriffen und Beeinträchtigungen bleiben sollen.

Die Gläubigerin des Ausgangsverfahrens führt aus: In Übereinstimmung mit der Auffassung der Bundesregierung sei davon auszugehen, daß die Zwangsvollstreckung gegen einen fremden Staat grundsätzlich dort zulässig sei, wo die Immunität im Erkenntnisverfahren eingeschränkt sei. Die Bundesregierung gehe jedoch von einem falschen Abgrenzungskriterium aus, soweit sie meine, daß im Vollstreckungsverfahren in jedem einzelnen Fall zu prüfen sei, ob der Zugriff gegen einen bestimmten Gegenstand kraft der hoheitlichen Widmung oder der hoheitlichen Zweckbestimmung desselben ausscheide. Erkenntnis- und Vollstreckungsverfahren seien zwei Seiten ein und derselben Medaille. Was für das Erkenntnisverfahren gelte, müsse demnach auch für das Vollstreckungsverfahren gelten. Auch im Vollstreckungsverfahren sei daher auf die Natur der staatlichen Handlung oder des entstandenen Rechtsverhältnisses, nicht aber auf den Zweck der Betätigung des fremden Staates abzustellen.

Die Anwendung dieser Grundsätze auf Bankkonten ausländischer Staaten ergebe: Schon mit der Eröffnung eines Bankkontos setze die ausländische Botschaft einen Akt, den ein Privater ebensogut setzen könne. Eröffnung und Unterhaltung eines Bankkontos durch eine ausländische Botschaft seien ihrer Natur nach bereits privatrechtliches Verhalten. Erfahrungsgemäß würden ganz überwiegend folgende Ausgaben über Bankkonten ausländischer Botschaften abgewickelt:

- die privaten Gehälter der Angestellten, insbesondere der deutschen und nicht-philippinischen Angestellten,
- Mieten all derjenigen Gebäude, für die die Philippinische Republik entweder selbst Mieter sei (z. B. Residenz des Botschafters, Botschaftsgebäude) oder aber Mieten bezahle oder Mietzuschüsse gebe für den Fall, daß Diplomaten im eigenen Namen Wohnungen angemietet haben,
- Heizkosten für diese Gebäude und Wohnungen,
- Reinigungskosten und weitere Kosten, die sich aus der personellen und sachlichen Existenz zwangsläufig ergäben.

Ihrer Natur nach könnten alle diese Akte auch von Privatpersonen vorgenommen werden; sie seien daher der privatrechtlichen Seite zuzurechnen. Deshalb müsse die Zwangsvollstreckung in solche Konten zulässig sein.

Wenn es auch wahrscheinlich sei, daß eine ausländische Botschaft über ihr Konto auch Geschäfte abwickle, die eindeutig staatlichen Zwecken dienen, könne dies nicht zur Unzulässigkeit der Zwangsvollstreckung führen. Indem sich nämlich eine Botschaft dafür entscheide, wie eine Privatperson aus Gründen der Annehmlichkeit den Zahlungsverkehr außerhalb ihrer Mission über eine Bank abzuwickeln, begebe sie sich freiwillig des Schutzes, den sie bei der Abwicklung ihrer Geldgeschäfte in ihrem Missionsgebäude genieße.

Zuzustimmen sei den Ausführungen der Bundesregierung nur darin, daß jedes Gericht überfordert wäre, die auf einem Bankkonto einer fremden Botschaft ruhenden Gelder in pfändbare und nichtpfändbare zu unterteilen. Es könne daher nur über die Zulässigkeit oder Unzulässigkeit der Pfändung des gesamten Guthabens entscheiden. Aus den dargelegten Gründen müsse mithin die Pfändung des gesamten Guthabens zulässig sein.

Die Versicherung seitens der Botschaft der Philippinen, daß die Botschaft durch die Beschlagnahme des Kontos nicht mehr in der Lage sei, ihren laufenden Verpflichtungen nachzukommen, sei, wie schon die bisherige Entwicklung belege, nicht zutreffend.

Wenn das Bundesverfassungsgericht zu dem Ergebnis käme, daß die Zwangsvollstreckung in Bankkonten oder ähnliche Vermögensgegenstände ausländischer Staaten unzulässig sei, dann sollte konsequenterweise auch wieder das Erkenntnisverfahren für unzulässig erklärt werden. Denn dann würde zahlreichen Bürgern erspart, mit hohem Kostenaufwand einen Titel zu erstreiten, aus dem praktisch nicht vollstreckt werden könne.

Die Vorlage ist zulässig. Der Sinn der Vorlagefrage geht nach dem Bestehen und der Tragweite allgemeiner Regeln des Völkerrechts gemäß Art. 100 Abs. 2, 25 GG.

Das vorlegende Gericht hat in zureichender Weise seine Zweifel hinsichtlich des Bestehens und der Tragweite möglicher allgemeiner Regeln des Völkerrechts sowie die erforderliche Entscheidungserheblichkeit der Vorlagefrage für das Ausgangsverfahren dargetan, §§ 84, 80 Abs. 2 BVerfGG (BVerfGE 4, 319 [321]; 15, 25 [30]; 16, 27 [32 f.]). Es hat dargelegt, daß das innerstaatliche deutsche Recht keine Vollstreckungsbeschränkungen gegenüber fremden Staaten aufweist, die über jene Beschränkungen hinausgingen, die sich aus den hier in Frage gestellten allgemeinen Regeln des Völkerrechts ergeben können. Die §§ 18 bis 20 des Gerichtsverfassungsgesetzes – GVG – in der Fassung vom 9. Mai 1975 (BGBl. I, S. 1077) betreffen nicht den Fall, daß der fremde Staat selbst als Beklagter eines Erkenntnisverfahrens oder als Schuldner eines Vollstreckungsverfahrens in Anspruch genommen wird (vgl. für die frühere Fassung von § 18 GVG *Habscheid,* Die Immunität ausländischer Staaten nach deutschem Zivilprozeßrecht, in: Berichte der Deutschen Gesellschaft für Völkerrecht [BerDGVR], Heft 8, 1968, S. 159 ff., 167 f.). Eine Befreiung fremder Staaten von der deutschen Gerichtsbarkeit im Vollstreckungsverfahren kann sich daher gegenwärtig nur über Art. 25 GG aus allgemeinen Regeln des Völkerrechts ergeben. Von dieser Rechtsauffassung des vorlegenden Gerichts, die nicht offensichtlich unhaltbar ist, hat das Bundesverfassungsgericht auszugehen (BVerfGE 15, 25 [31]; 16, 27 [32]).

Das vorlegende Gericht hat die allgemeinen Prozeßvoraussetzungen für sein Verfahren, insbesondere die deutsche internationale Zuständigkeit, in verfassungsrechtlich nicht zu beanstandender Weise bejaht. Aus seinen Darlegungen ist auch zu schließen, daß ein Verzicht auf Immunität für das Vollstreckungsverfahren von der Republik der Philippinen nicht erklärt worden ist; aus der Tatsache allein, daß ein Versäumnisurteil ergangen ist, kann ein solcher Verzicht nicht abgeleitet werden.

Für die Zulässigkeit der Vorlage kann dahinstehen, ob, wofür gute Gründe sprechen mögen, in Fällen von der Art des Ausgangsverfahrens § 882 a der Zivilprozeßordnung entsprechend anzuwenden ist. Denn eine solche Anwendung setzt das Bestehen der deutschen Gerichtsbarkeit für das Vollstreckungsverfahren gegen fremde Staaten voraus und führt zu Beschränkungen allenfalls hinsichtlich der Art und Weise der Durchführung der Zwangsvollstreckung. Der Sinn der Vorlagefrage geht indes nicht allein dahin, ob das allgemeine Völkerrecht Beschränkungen hinsichtlich der Art und Weise der Zwangsvollstreckung enthält, sondern zuvor dahin, ob dadurch Vollstreckungsmaßnahmen gegen fremde Staaten grundsätzlich verwehrt sind.

Die deutsche Gerichtsbarkeit ist eine allgemeine Verfahrensvoraussetzung auch des gerichtlichen Vollstreckungsverfahrens. Ihr Bestehen und ihre Grenzen sind als Rechtsfragen in jeder Lage des Verfahrens von Amts wegen zu prüfen und zu beachten.

Nach Auffassung des vorlegenden Gerichts ist der Erinnerung stattzugeben und der Pfändungs- und Überweisungsbeschluß aufzuheben, wenn die Zwangsvollstreckung gegen einen fremden Staat in ein im Inland bestehendes Bankkonto dieses Staates, das zur Deckung der offiziellen Ausgaben und Kosten seiner Botschaft bestimmt ist, zufolge einer allgemeinen Regel des Völkerrechts schlechthin unzulässig ist. Dies reicht hin, um die Entscheidungserheblichkeit der Vorlagefrage zu begründen.

An der Entscheidungserheblichkeit fehlt es derzeit hier nicht etwa deshalb, weil das vorlegende Gericht bei Bejahung der von ihm gestellten Alternativfrage – ob nämlich die Zwangsvollstreckung in ein solches Konto nur insoweit unzulässig ist, als dadurch die Funktionsfähigkeit der Botschaft als diplomatischer Vertretung beeinträchtigt wird – erst noch eine Beweiserhebung (über die Verwendungszwecke der gepfändeten Guthaben) vor der Entscheidung über die Erinnerung für erforderlich hält.

Es kann hier dahinstehen, ob und inwiefern Beweisbeschlüsse im Rahmen des Vorlageverfahrens nach Art. 100 *Abs. 1* GG als Entscheidung im Sinne dieser Grundgesetzbestimmung anzusehen sind. Im Rahmen des Vorlageverfahrens nach Art. 100 *Abs.* 2 GG sind Beweisbeschlüsse jedenfalls dann als Entscheidungen, für die die Vorlagefrage entscheidungserheblich ist, anzusehen, wenn die vorgesehene Beweiserhebung die Gefahr einer Völkerrechtsverletzung gegenüber dem fremden Staat in sich birgt. Dies ist hier der Fall. Denn eine Beweiserhebung darüber, welche Geschäftsvorgänge über das Konto der Botschaft eines fremden Staates laufen, könnte eine völkerrechtswidrige Einmischung in innere Angelegenheiten des fremden Staates und eine Verletzung der Regeln des völkerrechtlichen Gesandtschaftsrechts darstellen. Grundsätze der Prozeßökonomie haben davor zu weichen. Das Vorlageverfahren nach Art. 100 Abs. 2 GG dient auch dazu, der Gefahr von Verletzungen der allgemeinen Regeln des Völkerrechts durch Gerichte der Bundesrepublik Deutschland vorzubeugen.

Die Entscheidungserheblichkeit der Vorlagefrage und damit die Zulässigkeit der Vorlage leiden ferner nicht darunter, daß das vorlegende Gericht Art. 22 Abs. 3 des Wiener Übereinkommens über diplomatische Beziehungen vom 18. April 1961 (BGBl. 1964 II, S. 957; für die Bundesrepublik Deutschland am 11. Dezember 1964, für die Republik der Philippinen am 15. Dezember 1965 völkerrechtlich verbindlich geworden, vgl. Bek. vom 13. Februar 1965, BGBl. II, S. 147, und Bek. vom 29. März 1966, BGBl. II, S. 217) als möglicherweise entscheidungserheblich für die Frage der Zulässigkeit der weiteren Zwangsvollstreckung ansieht. Denn einmal ist nicht auszuschließen, worauf das vorlegende Gericht zutreffend hinweist, daß neben den dort aufgezählten Vollstreckungsbeschränkungen sich weitere Vollstreckungsbeschränkungen aus dem allgemeinen Völkerrecht ergeben. Art. 22 des Wiener Übereinkommens regelt die sogenannte Unverletzlichkeit diplomatischer Vertretungen, die von der Immunität des Entsendestaats in gerichtlichen Erkenntnis- und Vollstreckungsverfahren grundsätzlich zu unterscheiden ist, auch wenn sich daraus zusätzliche Beschränkungen für die Art und Weise der Zwangsvollstreckung ergeben können. Das Wiener Übereinkommen selbst bekräftigt in seinem Vorspruch den Grundsatz, »daß die Regeln des Völkergewohnheitsrechts auch weiterhin für alle Fragen gelten sollen, die nicht ausdrücklich in diesem Übereinkommen geregelt sind«. Zum andern sind völkervertragliche Regelungen, zumal wenn ihre Auslegung, wie hier dem vorlegenden Gericht, zu Zweifeln Anlaß gibt, im Lichte der allgemeinen Regeln und Grundsätze des Völkerrechts auszulegen und anzuwenden, die den Sachbereich der vertraglichen Regelung betreffen (vgl. die Entscheidung des Ständigen Internationalen Gerichtshofs im *Oder-Kommission*-Fall, vom 10. September 1929, Publications de la Cour Permanente de Justice Internationale [CPJI], Série A, No. 23, S. 26; die Entscheidung des Internationalen Gerichtshofs im Fall des *Durchgangsrechts über indisches Territorium* vom 26. November 1957, International Court of Justice [ICJ], Reports 1957, S. 142; das Gutachten des Internationalen Gerichtshofs vom 21. Juni 1971 im *Namibia*-Fall, ICJ Reports 1971, S. 47; Institut de Droit International, Entschließung vom 19. April 1956, Annuaire 46 [1956], S. 358 f.; *Lauterpacht,* Restrictive Interpretation and the Principle of Effectiveness in the Interpretation of Treaties, The British Year Book of International Law [BYB] 26 [1949], S. 48 ff., S. 76; *Bernhardt,* Die Auslegung völkerrechtlicher Verträge insbesondere in der neueren Rechtsprechung internationaler Gerichte, 1963, S. 136 ff., 156 ff.).

Vorlagen nach Art. 100 Abs. 2 GG sind auch dann zulässig, wenn die völkerrechtliche Regel ihrem Inhalt nach nicht geeignet ist, unmittelbar Rechte und Pflichten für den Einzelnen zu erzeugen, sondern sich nur an Staaten oder ihre Organe als Normadressaten wendet (BVerfGE 15, 25 [33 f.]; 16, 27 [33]). Außerhalb des Bereichs des menschenrechtlichen Mindeststandards enthält das gegenwärtige allgemeine Völkerrecht nur selten Normen, durch die subjektive Rechte oder Pflichten des privaten Einzelnen unmittelbar auf der Ebene des Völkerrechts begründet werden; sein Geltungsbereich erfaßt im wesentlichen die hoheitlichen internationalen Beziehungen zwischen Staaten und Staatenverbindungen; subjektive Rechte oder Pflichten privater Einzelner werden dabei in aller Regel nur mittelbar über das innerstaatliche Recht begründet oder berührt.

Wenn Art. 25 Satz 2, 100 Abs. 2 GG davon sprechen, daß die allgemeinen Regeln des Völkerrechts Rechte und Pflichten unmittelbar für den Einzelnen erzeugen, so sind damit einmal jene Fälle gemeint, in denen eine allgemeine Regel des Völkerrechts selbst nach ihrem Inhalt und Adressatenkreis unmittelbar, d. h. ohne einen weiteren normativen Akt etwa des innerstaatlichen Gesetzes- oder Verordnungsrechts, mithin bereits auf der Ebene des allgemeinen Völkerrechts subjektive Rechte oder Pflichten des privaten Einzelnen begründet. Aus Ziel und Zweck der Art. 25, 100 Abs. 2 GG ergibt sich indes, daß über diese Art allgemeiner Regeln hinaus für ein Vorlageverfahren auch jene allgemeinen Regeln des Völkerrechts in Betracht kommen, die nach ihrem Regelungsgehalt und Adressatenkreis subjektive Rechte oder Pflichten des privaten Einzelnen auf der Ebene des Völkerrechts nicht begründen oder verändern, sondern sich dort ausschließlich an Staaten oder sonstige Völkerrechtssubjekte richten. Kraft des generellen Rechtsanwendungsbefehls, den Art. 25 Satz 1 GG erteilt hat, sind auch diese Art allgemeiner Regeln des Völkerrechts in ihrer jeweiligen Tragweite als Bestandteil des Bundesrechts mit Vorrang vor den Gesetzen von allen rechtsetzenden und rechtsanwendenden Organen der Bundesrepublik Deutschland als Normen objektiven Rechts zu beachten und je nach Maßgabe ihres Tatbestands und Regelungsgehalts anzuwenden. Der private Einzelne – wie der fremde Staat – kann sich im Hoheitsbereich der Bundesrepublik Deutschland im Rahmen des jeweiligen Verfahrensrechts auch auf diese allgemeinen Regeln des Völkerrechts ebenso »berufen« wie auf sonstiges objektives Recht, wiewohl sie in diesem Rahmen auch ohne solche Berufung von Amts wegen zu beachten sind. Sie können sich – je nach ihrem Inhalt und in der Regel als Vorfrage – auf das rechtliche Begehren des Einzelnen als objektives Recht auswirken und damit entscheidungserheblich sein. In diesem Sinne können auch sie Rechtswirkungen für und gegen den Einzelnen erzeugen. Diese Art allgemeiner Regeln des Völkerrechts aus der Vorlagepflicht des Art. 100 Abs. 2 GG auszuschließen, würde die Gewährleistungsfunktion zugunsten der allgemeinen Regeln des Völkerrechts, die Art. 100 Abs. 2 i. V. m. Art. 25 GG bewirken will, gerade für die große Mehrzahl dieser Regeln vereiteln (vgl. auch BVerfGE 23, 288 [317]). Dabei kann hier offenbleiben, ob und in welchen Fällen Art. 25 Satz 2 GG den Adressatenkreis solcher allgemeiner Regeln, die auf der Geltungsebene des Völkerrechts ausschließlich an Staaten oder sonstige Völkerrechtssubjekte, nicht aber unmittelbar auch an den privaten Einzelnen gerichtet sind, innerstaatlich erweitert, indem er zusätzlich subjektive Rechte oder Pflichten des privaten Einzelnen begründet oder verändert (vgl. *Doehring,* Die allgemeinen Regeln des völkerrechtlichen Fremdenrechts und das deutsche Verfassungsrecht, 1963, S. 54 ff.). Die Zulässigkeit der Vorlage ist hiervon nicht abhängig.

Es besteht folgende allgemeine Regel des Völkerrechts: Die Zwangsvollstreckung durch den Gerichtsstaat aus einem gerichtlichen Vollstreckungstitel gegen einen fremden Staat, der über ein nicht-hoheitliches Verhalten (*acta iure gestionis*) dieses Staates ergangen ist, in Gegenstände dieses Staates, die sich im Hoheitsbereich des Gerichtsstaats befinden oder dort belegen sind, ist, soweit diese Gegenstände im Zeitpunkt des Beginns der Vollstreckungsmaßnahme hoheitlichen Zwecken des fremden Staates dienen, ohne Zustimmung des fremden Staates unzulässig. Forderungen aus einem laufenden, allgemeinen Bankkonto der Botschaft eines fremden Staates, das im Gerichtsstaat besteht und zur Deckung der Ausgaben und Kosten der Botschaft bestimmt ist, unterliegen nicht der Zwangsvollstreckung durch den Gerichtsstaat. Diese Regel ist Bestandteil des Bundesrechts.

Das Bundesverfassungsgericht hat ausgesprochen, daß nach derzeit geltendem allgemeinen Völkerrecht ein Staat nicht gehalten ist, einem fremden Staat in einem Erkenntnisverfahren gegen diesen Staat, das über dessen nicht-hoheitliches Verhalten befindet, Befreiung von der Gerichtsbarkeit zu gewähren (BVerfGE 16, 27 ff.). Der Kreis der Staaten und Gerichte, die der Doktrin der funktional begrenzten Immunität, auf der diese Rechtsprechung beruht, für das Erkenntnisverfahren folgen, hat sich mittlerweile erweitert (vgl. Foreign Sovereign Immunities Act of 1976 der Vereinigten Staaten von Amerika, Public Law 94–583 vom 21. Oktober 1976, in Kraft getreten am 19. Januar 1977, 28 United States Code § 1602 ff., 1605; Oberster Gerichtshof der Vereinigten Staaten im Fall *Dunhill* v. *Republik of Cuba,* 96 S.Ct. 1854, 1861 ff. [1976]; Privy Council im Fall *Philippine Admiral* v. *Wallem Shipping {Hong Kong} Ltd.* [1976] 1 All E. R. 78, International Legal Materials [ILM] XV [1976] 133 – für *in rem*-Verfahren; englischer Court of Appeal im Fall *Trendtex Trading Corp. Ltd.* v. *Central Bank of Nigeria* [1977] 2 W.L.R. 356, ILM XVI [1977] 471 ff. [13. Januar 1977 – derzeit nicht rechtskräftig]; für das Erkenntnisverfahren zielt in die gleiche Richtung das auch von der Bundesrepublik Deutschland unterzeichnete Europäische Übereinkommen über Staatenimmunität vom 16. Mai 1972, European Treaty Series No. 74, in Kraft getreten am 11. Juni 1976, Art. 4 ff.; vgl. Explanatory Reports on the European Convention on State Immunity and the Additional Protocol, Council of Europe, Straßburg, 1972, S. 9 ff.).

Für die Zwangsvollstreckung hingegen halten zahlreiche Staaten nach wie vor an der Gewährung grundsätzlich unbeschränkter Immunität für den fremden Staat fest (zur Entwicklung der Staatenpraxis insoweit vgl. *E. W. Allen,* The Position of Foreign States before National Tribunals, 1933, S. 47 ff. und *passim*); Einschränkungen finden sich in der Praxis verschiedener Staaten

bei der Sicherung von oder der Zwangsvollstreckung aus titulierten Rechten an unbeweglichem Vermögen, das im Vollstreckungsstaat belegen ist, in dieses Vermögen (vgl. z. B. Oberster Gerichtshof der Tschechoslowakei, Entscheidung vom 26. April 1928, Annual Digest [and Reports] of Public International Law Cases [AD] 4 [1927 bis 1928] No. 111, außer für diplomatisch genutzte Grundstücke, Entscheidung vom 28. Dezember 1929, AD 4 [1927–1928] No. 251),

bei Sicherungs- oder Vollstreckungsmaßnahmen in Nachlässe, die im Vollstreckungsstaat belegen und dem fremden Staat angefallen sind,

bei Sicherungs- oder Vollstreckungsmaßnahmen in Vermögensgegenstände staatlicher oder staatlich kontrollierter Wirtschaftsunternehmen aus Ansprüchen über deren privatwirtschaftliches Verhalten (vgl. Berufungsgericht Den Haag, Entscheidung vom 28. November 1968 im Fall *N. V. Cabolent* v. *National Iranian Oil Co.,* Netherlands Yearbook of International Law [Netherlands Yearbook], 1970, S. 225);

weitere Einschränkungen finden sich bei Sicherungs- oder Vollstreckungsmaßnahmen in staatliche Handelsschiffe aufgrund von Ansprüchen im Zusammenhang mit dem privatwirtschaftlichen Betrieb solcher Schiffe in den Vertragsparteien des Brüsseler Abkommens zur einheitlichen Feststellung von Regeln über die Immunitäten der Staatsschiffe vom 10. April 1926 (RGBl. 1927 II, S. 483; Zusatzprotokoll am 24. Mai 1934, RGBl. 1936 II, S. 303) nach Maßgabe dieses Abkommens, während andere Staaten insoweit in der Regel auf die Geltendmachung der Immunität verzichten (so zum Beispiel die Vereinigten Staaten von Amerika, vgl. *Hackworth,* Digest of International Law, 2 [1941] 438 f.).

Für jene Staaten, die grundsätzlich unbeschränkte Immunität bereits im Erkenntnisverfahren gewähren, folgt dies regelmäßig als tatsächliches Ergebnis dieser Art Immunität; sie verwehrt es, falls der fremde Staat sich der Gerichtsbarkeit nicht unterwirft, einen gerichtlichen Vollstreckungstitel zu erlangen. Aber auch zahlreiche derjenigen Staaten, die dem fremden Staat im Erkenntnisverfahren eine Befreiung von ihrer Gerichtsbarkeit nur für Klagen in bezug auf hoheitliches Verhalten (*acta iure imperii*) gewähren, halten grundsätzlich am Ausschluß der Zwangsvollstreckung gegen den fremden Staat fest, gleichgültig, ob der Titel, dessen Vollstreckung im Gerichtsstaat in Betracht kommt, ein nicht-hoheitliches Verhalten des fremden Staates betrifft oder ob die Gegenstände, in die eine Vollstreckung in Betracht kommt, nicht-hoheitlichen oder ausschließlich kommerziellen Zwecken, wie auch Private sie verfolgen, dienen (vgl. zum Beispiel Schwedisches Reichsgericht, Entscheidung vom 13. April 1944, AD 12 [1943–1945] No. 31; Oberster Gerichtshof von Norwegen, Entscheidung vom 12. November 1949, AD 17 [1950] No. 42; allgemein vgl. *Lauterpacht,* The Problem of Jurisdictional Immunities of Foreign States, BYB 28 [1951] 220 ff., 250 ff.; *Schaumann,* BerDGVR a.a.O., S. 130 f., *Habscheid,* BerDGVR a.a.O., S. 251; *Venneman,* L'immunité d'exécution de l'Etat étranger, in: L'immunité de juridiction et d'exécution des Etats [1971], S. 119 ff.). Diese Praxis steht mit dem Völkerrecht im Einklang, denn das allgemeine Völkerrecht verwehrt nicht, fremden Staaten, sei es im Erkenntnisverfahren, sei es im Vollstreckungsverfahren, unbeschränkte Immunität zu gewähren. Daß das allgemeine Völkergewohnheitsrecht für das Erkenntnisverfahren eine Mindestverpflichtung enthält, nämlich in bezug auf *acta iure imperii* Immunität zu gewähren, bedeutet nicht schon, daß es auch für die Zwangsvollstreckung nur eine begrenzte Immunität geböte. Denn Maßnahmen der Sicherung und der Zwangsvollstreckung greifen in der Regel sehr viel unmittelbarer und einschneidender in die Ausübung der Hoheitsgewalt des fremden Staates ein als gerichtliche Erkenntnisse. Es ist daher gesondert zu prüfen, ob und inwieweit allgemeine Regeln des Völkerrechts der Zwangsvollstreckung entgegenstehen.

Um eine allgemeine Regel des Völkerrechts im Sinne des Art. 25 GG zu bekunden, müßte es sich bei der erwähnten Praxis zahlreicher Staaten im Bereich der Zwangsvollstreckung um eine gefestigte Praxis handeln, die von den Staaten allgemein in der Überzeugung geübt wird, dazu von Völkerrechts wegen verpflichtet zu sein (vgl. Art. 38 Abs. 1 [b] des Statuts des Internationalen Gerichtshofs; CPJI, Série A No. 10, S. 28 – *Lotus*-Fall; ICJ, Reports 1950, S. 276 – *diplomatisches Asyl*-Fall; Reports 1951, S. 131 – *norwegischer Fischereistreit;* Reports 1969, S. 41 ff. – *Festlandsockel*-Fall; BVerfGE 15, 25 [35]; 16, 27 [52]; *Verdross,* Die Quellen des universellen Völkerrechts, 1973, S. 95 ff.; *Geck,* Das Bundesverfassungsgericht und die allgemeinen Regeln des Völkerrechts in Bundesverfassungsgericht und Grundgesetz, 1976, II, S. 125 ff., 132 f.).

Bei der Ermittlung von Normen des Völkergewohnheitsrechts ist in erster Linie auf das völkerrechtlich erhebliche Verhalten derjenigen Staatsorgane abzustellen, die kraft Völkerrechts oder kraft innerstaatlichen Rechts dazu berufen sind, den Staat im völkerrechtlichen Verkehr zu repräsentieren. Daneben kann sich eine solche Praxis aber auch in den Akten anderer Staatsorgane, wie des Gesetzgebers oder der Gerichte bekunden, zumindest soweit ihr Verhalten unmittelbar völkerrechtlich erheblich ist, etwa zur Erfüllung einer völkerrechtlichen Verpflichtung oder zur Ausfüllung eines völkerrechtlichen Gestaltungsspielraums dienen kann. Für Entscheidungen nationaler Gerichte gilt dies zumal dort, wo, wie im Bereich der gerichtlichen Immunität fremder Staaten, das innerstaatliche Recht den nationalen Gerichten die unmittelbare Anwendung von Völkerrecht gestattet.

In dem hier in Frage stehenden Bereich fehlt es indes an einer Übung, die derzeit noch hinreichend allgemein sowie von der notwendigen Rechtsüberzeugung getragen wäre, um eine allgemeine Regel des Völkergewohnheitsrechts zu begründen, derzufolge dem Gerichtsstaat die Zwangsvollstreckung gegen einen fremden Staat schlechthin verwehrt wäre. Eine Prüfung der einschlägigen Staatenpraxis ergibt, daß eine nicht unbedeutende Zahl von Staaten Sicherungs- und Zwangsvollstreckungsmaßnahmen gegen fremde Staaten zulassen, wenngleich unter bestimmten Voraussetzungen und Einschränkungen hinsichtlich der Rechtsnatur des dem Vollstreckungstitel zugrunde liegenden materiellen Rechts, der Gegenstände, in die vollstreckt werden darf, sowie der Art und Weise der Durchführung der Vollstreckungsmaßnahmen.

Die italienische Rechtsprechung läßt seit längerem Vollstreckungsmaßnahmen gegen fremde Staaten im Bereich der *acta iure gestionis* zu. Bereits im Jahre 1887 hielt das Berufungsgericht Lucca im Falle *Hamspohn* c. *Bey di Tunisi ed Erlanger* (American Journal of International Law [AJIL] 26 [1932] suppl. S. 713 f.) einen Pfändungsbeschluß in Guthaben, die der tunesische Staat in Italien unterhielt, für zulässig. Im gleichen Sinne entschied der Kassationshof des Königreichs Italien im Jahre 1926 im Falle *Stato di Rumania* c. *Trutta* (AJIL 26 [1932] suppl. S. 711 f.); es sei unzweifelhaft, daß mit Ausnahme von Gegenständen, die für das Funktionieren der öffentlichen Verwaltung des fremden Staates unerläßlich seien, alles Eigentum der öffentlichen Hand der Vollstreckung unterworfen sei.

Das Gesetzesdekret Nr. 1621 vom 30. August 1925 (Raccolta Ufficiale delle Leggi e dei Decreti del Regno d'Italia, 1925 VIII, S. 8109), das mit Abänderungen in das Gesetz Nr. 1263 vom 15. Juli 1926 (a.a.O. 1926 III, S. 2930) übergeleitet worden ist, macht die Zulässigkeit von Sicherungs- und Vollstreckungsmaßnahmen in Vermögensgegenstände fremder Staaten von der vorherigen Zustimmung des Justizministers abhängig und gibt damit zu erkennen, daß solche Maßnahmen nicht schlechterdings als völkerrechtswidrig zu betrachten sind.

Der italienische Verfassungsgerichtshof war aus Anlaß des Falles *Amministrazione del Governo Britannico e Comune di Venezia* c. *Guerrato* mit der Frage der Verfassungsmäßigkeit dieses Gesetzes befaßt. Darin ging es um die Zulässigkeit der Vollstreckung in ein der britischen Regierung gehörendes Ausstellungsgebäude in Venedig. Das Tribunale di Venezia (Entscheidung vom 25. August 1959, Rivista di Diritto Internazionale XLII [1959] 618) hatte Zweifel an einer völkerrechtlich zu begründenden unbeschränkten Immunität fremder Staaten im Vollstreckungsverfahren und legte die Frage der Verfassungsmäßigkeit des Gesetzes vom 15. Juli 1926 dem Verfassungsgerichtshof vor. Es erblickte in diesem Gesetz für den Fall, daß das Völkerrecht die Zwangsvollstreckung gegen fremde Staaten schlechthin verbiete, einen Verstoß gegen Art. 10 der italienischen Verfassung, der bestimmt, daß «l'ordinamento italiano si conforma alle norme di diritto internazionale generalmente riconosciute». Mit Entscheidung vom 13. Juli 1963 (Sentenze e Ordinanze della Corte Costituzionale II [1963] 572 [579]) verneinte der Verfassungsgerichtshof eine Verletzung des Art. 10 der Verfassung, weil in der Gesetzgebung, Rechtsprechung und Lehre der verschiedenen Länder keine Übereinstimmung der Tendenzen und Systeme bestehe, die die Befreiung von den Verfahren zur Sicherung und Zwangsvollstreckung in Vermögensgegenstände betreffen, welche fremden Staaten gehören und nicht für Funktionen bestimmt sind, die zur Ausübung ihrer Souveränität rechneten.

Die Rechtsprechung der schweizerischen Gerichte läßt gleichfalls seit längerem Arrestverfahren gegen fremde Staaten aus privatrechtlichen Ansprüchen (*iure gestionis*) in Vermögensgegenstände, die nicht hoheitlichen Zwecken des fremden Staates dienen, zu. Das Arrestverfahren ist ein verkürztes Erkenntnisverfahren, das vorläufige Maßnahmen zur Sicherung des Anspruchs gestattet.

Das schweizerische Bundesgericht hielt im Falle *K. k. Österreichisches Finanzministerium* gegen *Dreyfus,* mit Urteil vom 13. März 1918 (Entscheidungen des Schweizerischen Bundesgerichts, Amtliche Sammlung [BGE] 44 I, 49 ff.) die Arrestierung von Guthaben des österreichischen Staates bei einer schweizerischen Bank wegen Rückzahlung von Staatsschatzanweisungen für zulässig. Das österreichische Finanzministerium habe bei Ausgabe der Schatzanweisungen *iure gestionis* gehandelt; mithin sei »für die Belangung des Staates mit Einschluß hierauf abzielender Sicherungsmaßnahmen wie ein Arrestschlag« die schweizerische Gerichtsbarkeit nicht ausgeschlossen.

In einer Stellungnahme in diesem Verfahren hat das eidgenössische Justiz- und Polizeidepartement ausgeführt, es sei »eine äußerst bestrittene Frage, ob und wie weit ein ausländischer Staat, wo er nicht als Träger von Hoheitsrechten, sondern als Rechtssubjekt des Privatrechts auftritt, der inländischen Gerichtsbarkeit unterworfen werden kann«. Es gebe Fälle, wo eine solche Unterstellung auch gegen den Willen des fremden Staates erfolgen könne; andererseits sei eine Gerichtsbarkeit über einen fremden Staat wenigstens dann ausgeschlossen, wenn es sich um Akte der Staatsgewalt handle. Jedenfalls dürfe bei einer Zwangsvollstreckung oder einem Arrest der fremde Staat nicht einfach wie irgendein Privater behandelt werden. Im vorliegenden Fall handle es sich um Staatsgelder, die der Erfüllung staatlicher Aufgaben dienten; ihre Arrestierung sei, abgesehen von der mangelnden Beziehung zum schweizerischen Staatsgebiet, deshalb unstatthaft (vgl. *Guggenheim,* Répertoire suisse de droit international public [Répertoire suisse], 1 [1975] Rdnr. 3.12).

In Reaktion auf dieses Urteil erließ der Schweizerische Bundesrat während des Ersten Weltkriegs am 12. Juli 1918, gestützt auf außerordentliche Vollmachten zum Schutz des Landes und zur Aufrechterhaltung der Neutralität, einen Beschluß, der Arreste und Zwangsvollstreckungsmaßnahmen in das Vermögen fremder Staaten untersagte (Amtliche Sammlung der Bundesgesetze und Verordnungen der Schweizerischen Eidgenossenschaft [AS] Bd. 34, S. 775; *Gmür,* Zur Frage der gerichtlichen Immunität fremder Staaten und Staatsunternehmungen, Schweizerisches Jahrbuch für Internationales Recht, VII [1950] 9 ff., 47 ff.). 1923 unterbreitete er einen entsprechenden Gesetzentwurf. In der Begründung hieß es, daß kein Staat der Gerichtsbarkeit eines anderen Staates unterliege oder dessen Zwangsvollstreckung unterworfen werden dürfe. Die Bundesversammlung lehnte es jedoch ab, sich mit diesem Gesetzentwurf weiter zu befassen, weil sie die Beachtung der völkerrechtlichen Grenzen bei der Zwangsvollstreckung durch die schweizerischen Gerichte für ausreichend gewährleistet ansah (vgl. Répertoire suisse, a.a.O., Rdnr. 3.17–3.19). Der Bundesratsbeschluß vom 12. Juli 1918 wurde am 8. Juli 1926 aufgehoben (AS Bd. 42, S. 285).

In der Stellungnahme vom 29. April 1928 auf eine Anfrage des Völkerbunds zur Frage der Gerichtsbarkeit über fremde Staaten sprach sich die Schweiz zwar grundsätzlich gegen die Zulässigkeit von Sicherungs- und Vollstreckungsmaßnahmen aus, das Exposé des Justizdepartements stellte dazu aber fest, daß dies kein allgemein anerkannter Grundsatz sei (Répertoire suisse, a.a.O., S. 403, 400).

Das Bundesgericht hielt im Falle *Hellenische Republik* gegen *Walder u.a.* mit Urteil vom 28. März 1930 (BGE 56 I, 237 ff.) an seiner Auffassung fest, daß für Ansprüche aus *acta iure gestionis* Sicherungsmaßnahmen in Form des Arrests zulässig seien, sah jedoch für das anhängige Verfahren die schweizerische internationale Zuständigkeit (mangels hinreichender Beziehung des Streitgegenstands zum schweizerischen Hoheitsbereich) nicht als gegeben an.

Das Obergericht Zürich hielt mit Entscheidung vom 30. September 1937 (AD 10 [1941–1942] No. 60) die Arrestierung von Guthaben des rumänischen Staates bei der Schweizerischen Nationalbank für zulässig. Gesetzesvorschriften, die den Arrest und die folgende Zwangsvollstreckung behinderten, bestünden nicht, desgleichen nicht eine dahin gehende Gerichtspraxis in der Schweiz.

Am 24. Oktober 1939, nach Ausbruch des Zweiten Weltkriegs, erließ der Bundesrat neuerlich einen Beschluß, gestützt auf den Bundesratsbeschluß zum Schutz des Landes und zur Aufrechterhaltung der Neutralität, demzufolge Vermögen, das einem fremden Staat gehörte, nur mit Zustimmung des Bundesrats mit Arrest belegt oder der Zwangsvollstreckung unterworfen werden durfte (vgl. Art. 2 des Beschlusses, AS Bd. 55, S. 1296); diese Regelung wurde nach Kriegsende mit Bundesratsbeschluß vom 3. September 1948 (AS 1948, S. 962) aufgehoben.

Unter Anknüpfung an seine frühere Rechtsprechung entschied das Bundesgericht im Falle *Royaume de Grèce* c. *Banque Julius Bär & Cie* mit Urteil vom 6. Juni 1956 (BGE 82 I, 75 ff.), die Sequestrierung aller Konten und Guthaben des griechischen Staates und seiner Ministerien bei verschiedenen Genfer Banken sei nicht mangels Gerichtsbarkeit unzulässig. Die Entscheidung lehnt die Auffassung ausdrücklich ab, daß für das Vollstreckungsverfahren kraft Völkerrechts unbeschränkte Immunität gewährt werden müsse. Die gesamte völkerrechtliche Entwicklung gehe vielmehr immer weiter dahin, die Vollstreckung im Bereich der *acta iure gestionis* zuzulassen.

Im Falle *République Arabe Unie* c. *dame X* hielt das Bundesgericht mit Urteil vom 10. Februar 1960 (BGE 86 I, 23 ff.) die Arrestierung von Guthaben und Akkreditiven der Vereinigten Arabischen Republik bei einer schweizerischen Bank für zulässig. Da die mit Beschlag belegten Vermögenswerte zum Zeitpunkt der Arrestierung nicht mehr für einen bestimmten Zweck gewidmet gewesen seien, sei die Sicherungsmaßnahme nicht nach Völkerrecht unzulässig.

Die belgischen Gerichte haben lange Zeit ausnahmslos an der uneingeschränkten Immunität fremder Staaten im Vollstreckungsverfahren festgehalten (vgl. die Nachweise bei *Suy,* Immunity of States before Belgian Courts and Tribunals, Zeitschrift für ausländisches öffentliches Recht und Völkerrecht [ZaöRV] 27 [1967] 660 [684 ff.]; *ders.,* L'immunité des Etats dans la jurisprudence belge, in: L'immunité de juridiction et d'exécution des Etats, S. 279 [305 ff.]). Im Falle *Socobelge* c. *Etat hellénique* (Journal du Droit International [Clunet] 79 [1952] 244; International Law Reports [ILR] 18 [1951] No. 2) jedoch hat das Zivilgericht Brüssel mit Entscheidung vom 30. April 1951 die Pfändung von Guthaben des griechischen Staates und der Bank von Griechenland bei Banken und Unternehmen in Belgien für zulässig erklärt. Die zugrunde liegenden Zahlungsansprüche betrafen Schuldverschreibungen, die der griechische Staat im Rahmen eines Vertrags vom 27. August 1925 mit der belgischen Gesellschaft Socobelge über die Errichtung und Ausbesserung von Eisenbahnanlagen sowie die Lieferung von Eisenbahnmaterial begeben hatte; über Rechtsstreitigkeiten sollte eine Schiedskommission abschließend entscheiden. Nachdem die griechische Regierung 1932 die Bedienung ihrer Staatsschulden eingestellt hatte, erwirkte Socobelge zwei Schiedssprüche, von denen der zweite den griechischen Staat zur Zahlung von 6 771 868 US-Dollar in Gold nebst 5 v. H. Zinsen verurteilt hatte. Als Griechenland weiterhin die Zahlung im wesentlichen verweigerte und der Streit auch auf diplomatischem Wege nicht beigelegt werden konnte, rief Belgien den Ständigen Internationalen Gerichtshof an, der mit Urteil vom 15. Juni 1939 erklärte, daß die Schiedssprüche endgültig und bindend seien (*Société Commerciale de Belgique,* CPJI Série A/B No. 78, S. 22). 1950 erwirkte Socobelge aus den Schiedssprüchen die vorläufige Pfändung von Guthaben, die die griechische Regierung und die Bank von Griechenland bei Banken und Unternehmen in Belgien hatten. Das Zivilgericht Brüssel sah sich weder durch Völkerrecht noch durch *comitas gentium* gehindert, die Pfändungsmaßnahmen zu bestätigen (nach *Colliard,* Revue Critique de Droit International Privé 41 [1952], S. 124, stammten die gepfändeten Guthaben aus Mitteln der Marshallplanhilfe für Griechenland und wurden später aus anderen Gründen wieder freigegeben).

Der niederländische Oberste Gerichtshof stellte im Falle *Société Européenne d'Etudes et d'Entreprises en liqu. vol. (SEEE)* c. *Yugoslavia* (Entscheidung vom 26. Oktober 1973, Netherlands Yearbook, 1974, S. 290 ff.; ILM XIV [1975] 71 ff.) wie schon das Berufungsgericht Den Haag (Entscheidung vom 8. September 1972, Netherlands Yearbook 1973, S. 390) fest, daß die Vollstreckung eines Schiedsurteils über einen Anspruch aus einem Verhalten *iure gestionis* des fremden Staates nur dann mit dem Völkerrecht in Widerspruch stünde, wenn das Völkerrecht jede Zwangsvollstreckung in Vermögenswerte eines fremden Staates verwehrte; eine solche Regel des Völkerrechts bestehe indes nicht. (Die Vollstreckung wurde später vom Berufungsgericht aus anderen Gründen für unzulässig erklärt, Entscheidung vom 25. Oktober 1974, Netherlands Yearbook 1975, S. 374 ff.).

Der österreichische Verwaltungsgerichtshof hat mit Erkenntnis vom 13. Jänner 1954 (Erkenntnisse und Beschlüsse des Verwaltungsgerichtshofs n. F. 9 [1954] 1. Halbjahr, Finanzrechtlicher Teil, Nr. 869) in einem Verwaltungsverfahren zur Einziehung von rechtswidrig in Verkehr gebrachtem Branntwein, der aus einem Betrieb stammte, der unter der Verwaltung der Sowjetunion stand, die Berufung auf Immunität gegen den Einziehungsbescheid der Finanzbehörden mit folgender Begründung zurückgewiesen: »Nun ist es allerdings ein allgemein anerkannter Grundsatz des Völkerrechts, daß auswärtige Staaten, soweit sie als Hoheitsträger auftreten, im Inland weder der Gerichtshoheit noch der Verwaltungshoheit unterliegen. Dagegen ist es weder in der Lehre noch in der Übung des Völkerrechtes noch in der Rechtsprechung der staatlichen Organe der Mitglieder der Völkerrechtsgemeinschaft allgemein anerkannt, daß ein auswärtiger Staat, wenn er im Inland als Träger von Privatrechten auftritt, insbesondere wenn er dort wirtschaftliche Betriebe unterhält, in den Angelegenheiten dieser privatrechtlichen Beziehungen und dieser wirtschaftlichen Betriebe von der inländischen Staatshoheit ausgenommen sein soll«. Das müsse auch von der Verwaltungshoheit gelten.

Auch der neueren französischen Rechtsprechung dürfte zu entnehmen sein, daß sie Sicherungs- und Zwangsvollstreckungsmaßnahmen gegen fremde Staaten aus Ansprüchen in bezug auf ein Verhalten *iure gestionis* nicht mehr schlechterdings kraft allgemeinen Völkerrechts für unzulässig ansieht. Während die französische Regierung wie die französischen Gerichte in früheren Jahren ganz überwiegend der Lehre von der absoluten Immunität im Vollstreckungsverfahren folgten (vgl. die zahlreichen Nachweise in: *Kiss,* Répertoire de la pratique française en matière de droit international public, III [1965] Rdnr. 319 ff.) und Abweichungen von dieser Praxis wohl als Ausnahmen, die an dieser grundsätzlichen Einstellung nichts änderten, anzusehen waren (vgl. als Beispiele für solche Ausnahmen die Fälle *Etat roumain* c. *Pascalet et Cie.,* Handelsgericht Marseille, Ordonnance vom 12. Februar 1924, *Kiss,* a.a.O., Rdnr. 366; *USSR* c. *Association France Export,* Kassationshof, Urteil vom 19. Februar 1929, AD 5 [1929–1930] No. 7; *Procureur Général près la Cour de Cassation* c. *Vestwig et al.,* Kassationshof, Urteil vom 5. Februar 1947, AD 13 [1946] No. 32), lassen sich die Entscheidungen des Kassationshofs in den Fällen *Englander* c. *Statni Banka Ceskoslovenska* (Urteil vom 11. Februar 1969, Clunet 96 [1969] S. 923 f.) und *Clerget* c. *Représentation commerciale de la République démocratique du Viet-Nam* (Urteil vom 2. November 1971, Clunet 99 [1972] S. 267 f.) dahin deuten, daß der Kassationshof Sicherungs- und Vollstreckungsmaßnahmen in Vermögensgegenstände eines fremden Staates oder seiner Organe dann nicht als durch allgemeines Völkerrecht verwehrt ansähe, wenn Ursprung und Verwendungszweck dieser Gegenstände im Verfahren als privatwirtschaftlich bestimmt werden könnten.

Griechische Gerichte haben Vollstreckungsmaßnahmen gegen fremde Staaten zugelassen, sofern privatrechtliche Ansprüche zugrunde lagen; so der Gerichtshof von Athen 1928 (AD 4 [1927 bis 1928] No. 109, auf Rechtsmittel hin vom Areopag bestätigt) die Pfändung von Eigentum der sowjetischen Regierung aufgrund eines Anspruchs aus einem Kaufvertrag – im Abschluß des Vertrages hatte das Gericht zusätzlich eine Unterwerfung unter die Gerichtsbarkeit Griechenlands erblickt – und das Berufungsgericht Athen anläßlich einer Räumungsklage (Entscheidung No. 1690/1949, Revue Hellénique de Droit International 3 [1950], S. 331). Ähnlich wie die Gesetzgebung der Schweiz und Italiens machte das griechische Gesetz vom 17. Dezember 1938 (Notstandsgesetz 1519/1938, Art. 1, § 1) die innerstaatliche Zulässigkeit von Vollstreckungsmaßnahmen gegen fremde Staaten von der vorherigen Zustimmung des Justizministers abhängig.

Bedeutsam ist die Wendung, die unlängst die Vereinigten Staaten von Amerika in der Frage der Immunität fremder Staaten mit dem Erlaß des Foreign Sovereign Immunities Act of 1976 eingeschlagen haben. Auch in den Vereinigten Staaten rechnet das Vollstreckungsverfahren zur Gerichtsbarkeit (vgl. *Alexy,* Die Immunität fremder Staaten vor amerikanischen Gerichten, Diss. Heidelberg, 1960, S. 186). Abgesehen vom sog. *attachment*-Verfahren, das der Sache nach nicht ein Vollstreckungsverfahren ist, sondern Maßnahmen zur Begründung des Gerichtsstandes für bestimmte Verfahrensarten ermöglicht (vgl. *Weilamann* v. *Chase Manhattan Bank,* 192 N.Y.S. 2d 469 [S.Ct.N.Y.] 1959]), hat die amerikanische Rechtsprechung auch noch nach dem Übergang des State Department zur Lehre von der eingeschränkten Immunität im Erkenntnisverfahren im Anschluß an den *Tate letter* vom 19. Mai 1952 (Department of State Bulletin 26 [1952] 984; dazu BVerfGE 16, 27 [48 f.]) bis zum Inkrafttreten des Foreign Sovereign Immunities Act of 1976 jedenfalls für das Vollstreckungsverfahren im eigentlichen Sinn an der grundsätzlich unbeschränkten Immunität fremder Staaten festgehalten (vgl. *Dexter and Carpenter, Inc.* v. *Kunglig Jarnvagsstyrelsen,* 43 F. 2d 705 [1930], *cert. den.* 282 U.S. 896 [1930]; *New York and Cuba Mail Steamship Company* v. *Republic of Korea,* 132 F. Suppl. 684 [1955]; *Weilamann* v. *Chase Manhattan Bank,* a.a.O., 473; Stellungnahme des State Department im Falle *Industria Azucarera Nacional S.A.* v. *Empresa Navegación Mambisa,* ILM XIII [1974] 120 ff., 139; *Whiteman,* Digest of International Law, 6 [1968] 709 ff.; vgl. aber auch *Harris & Co. Advertising, Inc.* v. *Republic of Cuba,* 127 So. 2d 687, 692 ff. [1961]; *Berlanti Construction Co., Inc.* v. *Republic of Cuba,* 145 So. 2d 256, 258 [1962]). Nach dem Foreign Sovereign Immunities Act of 1976 genießen fremde Staaten vor den Gerichten der Vereinigten Staaten fortan auch im Vollstreckungsverfahren nicht mehr schlechthin unbegrenzte Immunität. Sec. 1604, 1609 legen zwar als Grundsatz die Immunität des fremden Staates im Erkenntnis- und im Vollstreckungsverfahren fest; Sec. 1605 ff., 1610 f. sehen aber weitreichende Ausnahmen von diesem Grundsatz vor. Für das Erkenntnisverfahren fallen unter diese Ausnahmen zumal Verfahren

> "in which the action is based upon a commercial activity carried on in the United States by the foreign state; or upon an act performed in the United States in connection with a commercial activity of the foreign state elsewhere; or upon an act outside the territory of the United Staates in connection with a commercial activity of the foreign state elsewhere and that act causes a direct effect in the United States" (Sec. 1605 [a] [2])

sowie grundsätzlich Klagen gegen den fremden Staat und Schadensersatz in Geld wegen deliktischen Verhaltens (einschließlich der Gefährdungshaftung) des fremden Staates, seiner Amtsträger oder Bediensteten, soweit sie im Rahmen ihrer dienstlichen Tätigkeiten handeln (Sec. 1605 [a] [5]).

Die Ausnahmen von der Immunität fremder Staaten im Vollstreckungsverfahren sind in Sec. 1610 (a) festgelegt; sie lautet:

> "(a) The property in the United States of a foreign state, as defined in section 1603 (a) of this chapter, used for a commercial activity in the United States, shall not be immune from attachment in aid of execution, or from execution, upon a judgment entered by a court of the United States or of a State after the effective date of this Act, if –
>
> (1) the foreign state has waived its immunity from attachment in aid of execution or from execution either explicitly or by implication, notwithstanding any withdrawal of the waiver the foreign state may purport to effect except in accordance with the terms of the waiver, or
>
> (2) the property is or was used for the commercial activity upon which the claim is based, or
>
> (3) the execution relates to a judgment establishing rights in property which has been taken in violation of international law or which has been exchanged for property taken in violation of international law, or
>
> (4) the execution relates to a judgment establishing rights in property –
>
> (A) which is acquired by succession or gift, or
>
> (B) which is immovable and situated in the United Staates: *Provided,* That such

property is not used for purposes of maintaining a diplomatic or consular mission or the residence of the Chief of such mission, or

(5) the property consists of any contractual obligation or any proceeds from such a contractual obligation to indemnify or hold harmless the foreign state or its employees under a policy of automobile or other liability or casualty insurance covering the claim which merged into the judgment".

Sec. 1610 (b) erweitert diese Ausnahmen von der Vollstreckungsimmunität gegenüber einem *agency or instrumentality* eines fremden Staates noch insofern, als er die Zulässigkeit der Vollstreckung nicht von dem in Sec. 1610 (a) (2) geforderten Zusammenhang zwischen dem Vermögensgegenstand, in den vollstreckt wird, der kommerziellen Betätigung und dem zugrundeliegenden Anspruch abhängig macht.

Die Regelungen des Gesetzes bekunden damit die Hinwendung der Vereinigten Staaten von Amerika zur Lehre von der beschränkten Immunität fremder Staaten im Erkenntnis- wie im Vollstreckungsverfahren, und zwar gerade auch bei *in personam*-Verfahren, in denen der fremde Staat unmittelbar als Partei eines Erkenntnis- oder als Schuldner eines Vollstreckungsverfahrens in Anspruch genommen wird. Mag es für die frühere Rechtsprechung der Gerichte der Vereinigten Staaten nicht unzweifelhaft sein, inwieweit sie als Ausdruck auch *völkerrechtlicher* Gebundenheit und nicht lediglich als *comitas gentium* zu werten ist (vgl. *Alexy,* Der Einfluß der Exekutive und innerstaatlicher Rechtsgrundsätze auf die amerikanische Rechtsprechung zur Immunität fremder Staaten, ZaöRV 22 [1962] 661, 670 ff.); bei den Regelungen, die nunmehr der Foreign Sovereign Immunities Act of 1976 getroffen hat, spricht alles dafür, daß sie bewußt im Hinblick auch auf die Mindestverpflichtungen erlassen wurden, die das allgemeine Völkerrecht auferlegt, mag die Ausgestaltung des Gesetzes mitunter auch darüber hinausgehen und den fremden Staat günstiger stellen als nach allgemeinem Völkerrecht geboten. Darauf deutet einmal, daß es nach dem Inkrafttreten des Gesetzes fortan allein Sache der Gerichte ist, über Immunitätsfragen nach rechtlichen Maßstäben zu befinden. Es wird weiter belegt durch die Stellungnahmen des State Department, des Justizministeriums und der Kongreßausschüsse in den Vorarbeiten zu dem Gesetz. Darin heißt es, es sei das zentrale Anliegen des Gesetzes, daß Entscheidungen über die Inanspruchnahme von Immunität durch fremde Staaten am besten von den Gerichten auf der Grundlage einer gesetzlichen Regelung getroffen werden sollten, die Maßstäbe inkorporiere, die nach internationalem Recht anerkannt seien (vgl. Section-by-Section Analysis, Einleitung und zu Sec. 1602, Anlage zu den Übermittlungsschreiben des Justizministeriums und des State Department an den Präsidenten des Senats und den Vorsitzenden des Abgeordnetenhauses des Kongresses vom 31. Oktober 1975, ILM XV [1976] 88 ff., 102, 104; United States Congress, House of Representatives, 94th Congress, 2d Session, Report No. 94–1487 [Rechtsausschuß], ILM, a.a.O., S. 1398 ff., 1401 ff.).

Die deutsche Rechtsprechung vor 1945 hat fremden Staaten grundsätzlich unbeschränkte Immunität auch im Vollstreckungsverfahren eingeräumt, weil eine Regel des Völkergewohnheitsrechts dazu verpflichte (vgl. Königlich preußischer Gerichtshof zur Entscheidung der Kompetenzkonflikte, Urteil vom 25. Juli 1910, JbÖffR V [1911] 252 ff. – *Hellfeld*-Fall; Gerichtshof zur Entscheidung der Kompetenzkonflikte, Erkenntnis vom 29. Mai 1920, JW 1921, S. 773 f.; Erkenntnis vom 4. Dezember 1920, JW 1921, S. 1480 f., und Erkenntnis vom 12. März 1921, JW 921, S. 1481 ff.; anders, beiläufig, nur OLG Hamburg, Urteil vom 30. Mai 1923, Leipziger Zeitschrift für deutsches Recht, 1923, Sp. 615 ff.). Diese Auffassung war nicht zuletzt eine Folge der Gewährung grundsätzlich unbeschränkter Immunität im Erkenntnisverfahren (vgl. die Nachweise in BVerfGE 16, 27 [34 f.]).

Die nach 1945 ergangenen Entscheidungen, soweit sie bekanntgeworden sind, betreffen fast ausnahmslos Fragen der Immunität im Erkenntnisverfahren (vgl. BVerfGE 15, 25 ff.; 16, 27 ff. jeweils mit Nachweisen) oder der persönlichen Immunität von Personen im Sinne der §§ 18, 19 GVG früherer Fassung (so Amtsgericht Bonn, Beschluß vom 10. Juni 1960, Archiv des Völkerrechts 9 [1961/1962] 485).

Neben den im Vorlagebeschluß erwähnten Entscheidungen des Amtsgerichts Bonn hatte auch das Landgericht Stuttgart (Beschluß vom 21. September 1971, IPRspr. 1971, Nr. 129, S. 389 ff.) über Fragen der Immunität fremder Staaten in der Zwangsvollstreckung zu befinden. In diesem Verfahren hatte der Gläubiger aufgrund eines vollstreckbaren Versäumnisurteils beim Rechtspfleger einen Pfändungs- und Überweisungsbeschluß gegen den spanischen Staat erwirkt, durch den die angeblichen gegenwärtigen, künftigen und bedingten Ansprüche des spanischen Staates gegen die Deutsche Bank, Stuttgart, und den Banco Español en Alemania, Frankfurt, gepfändet und dem Gläubiger zur Einziehung überwiesen worden waren. Das Amtsgericht Stuttgart hatte den Pfändungs- und Überweisungsbeschluß aufgehoben; das Landgericht hat die sofortige Beschwerde des Gläubigers zurückgewiesen, weil die Pfändung der Konten einer allgemeinen Regel des Völkerrechts widerspreche, wonach die Zwangsvollstreckung in das Vermögen eines fremden Staates, das hoheitlichen Zwecken gewidmet ist, unzulässig sei. Den Gründen der Entscheidung läßt sich entnehmen, daß das Landgericht Vollstreckungsmaßnahmen gegen fremde Staaten nicht schlechthin kraft allgemeinen Völkerrechts für unzulässig hält; es folgt vielmehr der Lehre von der doppelt beschränkten Immunität, die eine Vollstreckung von Völkerrechts wegen dann nicht für ausgeschlossen erachtet, wenn sie aus Titeln über nicht-hoheitliche Ansprüche in Gegenstände erfolgt, die nicht hoheitlichen Zwecken des fremden Staates dienen. Im entschiedenen Fall nahm das Landgericht an, daß die gepfändeten Konten, die auf den Namen des spanischen Konsulats in Stuttgart und den des spanischen Generalkonsulats in Frankfurt am Main geführt wurden, hoheitlichen Zwecken des Schuldners dienten.

Das Landgericht Frankfurt am Main hat mit Urteil vom 2. Dezember 1975 (NJW 1976, S. 1044 ff.; ILM XVI [1977] 501 ff.) die deutsche Gerichtsbarkeit für den Erlaß eines dinglichen Arrests gegen die Zentralbank von Nigeria bejaht. Es hat dahinstehen lassen, ob die Antragsgegnerin als eine rechtlich unselbständige Behörde des nigerianischen Staates oder als selbständige juristische Person anzusehen sei. Da die zu sichernde Forderung der Antragstellerin aus einem rechtsgeschäftlichen Handeln der Bank entspringe, könnte die Antragsgegnerin auch als unselbständige Behörde des Staates Nigeria die Befreiung von der deutschen Gerichtsbarkeit nicht mit Erfolg beanspruchen. Das Landgericht stellt fest, daß die eingeschränkte Immunität des fremden Staates gegenüber einer Inanspruchnahme als Schuldner im Gerichtsstaat auch für die Beurteilung der Zulässigkeit des Arrestverfahrens als eines summarischen Erkenntnisverfahrens und für die Vollstreckung der von dem Gläubiger begehrten gerichtlichen Anordnung gelte. Soweit die Gerichtsbarkeit reiche, sei auch der dingliche Arrest in inländische Vermögensgegenstände eines fremden Staates zulässig. Der Zwangsvollstreckung aus einem Arrest seien lediglich diejenigen Sachen entzogen, welche als solche dem öffentlichen Dienst des fremden Staates gewidmet seien. Im vorliegenden Fall richte sich das Arrestbegehren jedoch gegen Geld- und Wertpapierkonten der Antragsgegnerin in der Bundesrepublik Deutschland, also Gegenstände, die nicht »im öffentlichen Dienst« der Antragsgegnerin stünden. Eine mögliche zukünftige Verwendung dieser Gegenstände zur Finanzierung staatlicher Aufgaben vermöchte keine sachliche Immunität zu begründen.

Die Vertragspraxis einer nicht geringen Zahl von Staaten läßt erkennen, daß die Zwangsvollstreckung in Vermögensgegenstände fremder Staaten durch den Gerichtsstaat nicht als schlechterdings unvereinbar mit dem allgemeinen Völkerrecht angesehen wird. Eine Reihe mehrseitiger und zahlreiche zweiseitige Verträge enthalten Regelungen der Gerichtshoheit, einschließlich der Vollstreckungshoheit, in bezug auf staatliche und staatlich betriebene Handelsschiffe, staatliche oder staatlich kontrollierte Wirtschaftsunternehmen mit oder ohne eigene Rechtsfähigkeit sowie in bezug auf staatliche Handelsmissionen. Diese Regelungen gestatten im allgemeinen, aus Titeln, die aufgrund eines gerichtlichen Erkenntnisverfahrens über Ansprüche aus privatwirtschaftlichem Verhalten gegen den staatlichen oder staatlich kontrollierten Schuldner ergehen, die Zwangsvollstreckung in dessen Vermögensgegenstände, die nicht hoheitlichen Zwecken dienen, zu betreiben. Mitunter wird ein Sachzusammenhang zwischen dem materiellen, titulierten Recht und dem Vollstreckungsgegenstand verlangt; zum Teil bestehen Einschränkungen in bezug auf Sicherungsmaßnahmen, soweit sie ohne vorheriges ordentliches Erkenntnisverfahren ergehen.

Das Internationale Abkommen zur einheitlichen Feststellung von Regeln über die Immunitäten der Staatsschiffe vom 10. April 1926, das von Deutschland ratifiziert worden ist (RGBl. 1927 II, S. 484, mit Zusatzprotokoll vom 24. Mai 1934, RGBl. 1936 II, S. 303, für Deutschland völkerrechtlich verbindlich seit 8. Januar 1937, Bek. vom 11. September 1936, RGBl. 1936 II, S. 303) und für 21 Staaten in Kraft ist (vgl. Beilage zum BGBl. Teil II, Fundstellennachweis B, 31. Dezember 1976, S. 168), unterscheidet zwischen Staatshandelsschiffen und anderen Staatsschiffen. Nach Art. 1 des Abkommens unterliegen die einem Staat gehörigen oder von ihm verwendeten Seeschiffe, die einem Staat gehörigen Ladungen sowie die auf Staatsschiffen beförderten Ladungen und Reisenden ebenso wie die Staaten, denen diese Schiffe gehören oder die sie verwenden oder denen diese Ladungen gehören, in Ansehung der die Verwendung der Schiffe oder die Beförderung der Ladungen betreffenden Ansprüche den gleichen Regeln über die Verantwortlichkeit und den gleichen Verbindlichkeiten wie private Schiffe, Ladungen und Schiffahrtsunternehmungen. Nach Art. 2 gelten für diese Verantwortlichkeiten und Verbindlichkeiten die gleichen Regeln über die Kompetenz der Gerichte, die gerichtliche Geltendmachung und das Verfahren wie für die einer Privatperson gehörigen Handelsschiffe oder für private Ladungen oder deren Eigentümer. Damit sind insoweit auch Sicherungs- und Vollstreckungsmaßnahmen zulässig.

Das Genfer Übereinkommen über die Hohe See vom 29. April 1958, das am 31. Dezember 1976 für 55 Vertragsparteien verbindlich war (BGBl. 1972 II, S. 1089, für die Bundesrepublik Deutschland völkerrechtlich verbindlich seit 25. August 1973, Bek. vom 15. Mai 1975, BGBl. 1975 II, S. 843), und das Übereinkommen über das Küstenmeer und die Anschlußzone vom 29. April 1958 (United Nations Treaty Series [UNTS] Bd. 516, S. 205 ff.) treffen gleichfalls die Unterscheidung zwischen Staatshandelsschiffen und anderen Staatsschiffen. Nach Art. 9 des Übereinkommens über die Hohe See genießen die einem Staat gehörenden oder von ihm verwendeten Schiffe, die im Staatsdienst stehen und ausschließlich anderen als Handelszwecken dienen, auf Hoher See vollständige Immunität von der Hoheitsgewalt jedes anderen Flaggenstaats; für andere Staatsschiffe bleiben damit völkerrechtliche oder innerstaatliche Regeln unberührt. Art. 21 des Übereinkommens über das Küstenmeer stellt klar, daß für Staatsschiffe, die zu Handelszwecken betrieben werden, gegenüber den im Zusammenhang mit der Regelung der friedlichen Durchfahrt zulässigen staatlichen Maßnahmen Immunität nicht geltend gemacht werden kann. Das Bundesverfassungsgericht hat diese Regelungen dahin gewertet, daß sich in ihnen die weitverbreitete Überzeugung niedergeschlagen habe, den Staaten stehe nur noch für ihre Hoheitsakte Immunität zu (vgl. BVerfGE 16, 27 [52 f.]). Gleiches gilt insoweit grundsätzlich auch für den Bereich der Zwangsvollstreckung.

Das Europäische Übereinkommen über Staatenimmunität schließt in den Art. 1 bis 14 die Berufung auf Immunität für das Erkenntnisverfahren in weiten Bereichen der *acta iure gestionis* aus; Sicherungs- und Vollstreckungsmaßnahmen in Vermögensgegenstände eines Vertragsstaates sind auf dem Gebiet eines anderen Vertragsstaates ohne entsprechende Unterwerfung des betroffenen Staates nach Art. 23 unstatthaft. Indes drückt diese Regelung nicht eine Rechtsüberzeugung der Vertragsparteien aus, daß solche Maßnahmen kraft allgemeinen Völkerrechts verwehrt wären. Sie erklärt sich vielmehr aus der besonderen Ausgestaltung, die das Übereinkommen trifft. Nach Maßgabe der Art. 20 ff. sind die Vertragsparteien verpflichtet, den gegen sie im Erkenntnisverfahren ergangenen Urteilen der Gerichte anderer Vertragsparteien nachzukommen; geschieht das nicht, kann eine betroffene Prozeßpartei ein besonderes gerichtliches Feststellungsverfahren vor einem Gericht des Vertragsstaates, gegen den das Urteil ergangen ist, oder vor dem zu errichtenden Europäischen Gerichtshof für Immunitätsfragen einleiten, Art. 21 des Übereinkommens, Art. 1 ff. des Fakultativprotokolls. Der Ausschluß der Zwangsvollstreckung ist mithin im Lichte dieser Sonderregelung zu sehen (vgl. *Sinclair,* The European Convention on State Immunity, The International and Comparative Law Quarterly 22 [1973] 254 ff., 273 ff.; *Krafft,* La Convention Européenne sur l'Immunité des Etats et son Protocole Additionnel, Schweizerisches Jahrbuch für internationales Recht 31 [1975] 11 [20 ff.]); sie bekundet indes nicht eine Rechtsüberzeugung der Unterzeichnerstaaten, daß Vollstreckungsmaßnahmen kraft allgemeinen Völkerrechts unzulässig sind. Dafür spricht auch die Fakultativregelung des Art. 26 des Übereinkommens, wonach unbeschadet der Bestimmung des Art. 23 ein Urteil gegen einen Vertragsstaat, das über ein "industrial or commercial activity, in which the State is engaged in the same manner as a private person" ergeht, im Gerichtsstaat in das Vermögen des verurteilten Staates, das ausschließlich im Zusammenhang mit solchen Geschäftstätigkeiten genutzt wird, vollstreckt werden darf, sofern beide Staaten Erklärungen nach Art. 24 abgegeben haben.

Zahlreiche zweiseitige Verträge sehen vor, daß staatliche oder staatlich kontrollierte Wirtschaftsunternehmen hinsichtlich ihres privatwirtschaftlichen Verhaltens und ihrer privatwirtschaftlichen Zwecken dienenden Vermögensgegenstände keine Befreiung von der Gerichtsbarkeit, einschließlich der Vollstreckungshoheit, beanspruchen können. Als Beispiele seien hier nur aufgeführt:

- Art. 18 Abs. II des Freundschafts-, Handels- und Schiffahrtsvertrags zwischen Japan und den Vereinigten Staaten von Amerika vom 2. April 1953 (United States Treaties and Other International Acts Series [T.I.A.S.] No. 2863);
- Art. 18 Abs. II des Freundschafts-, Handels- und Schiffahrtsvertrags zwischen der Bundesrepublik Deutschland und den Vereinigten Staaten von Amerika vom 29.

Oktober 1954 (BGBl. 1956 II, S. 488 ff.; in Kraft getreten am 14. Juli 1956, Bek. vom 28. Juni 1956, BGBl. II, S. 763); die Bestimmung lautet:

»Soweit sich in öffentlichem Eigentum stehende oder öffentlich kontrollierte Unternehmen des einen Vertragsteils einschließlich Körperschaften, Vereinigungen, Regierungsstellen und -einrichtungen im Gebiet des anderen Vertragsteils im Handel, in der Industrie, im Transportwesen oder in einem anderen Wirtschaftszweig betätigen, dürfen sie im Gebiet des anderen Vertragsteils für sich oder ihr Vermögen weder Befreiung von der Besteuerung, der gerichtlichen Verfolgung von Ansprüchen, der Vollstreckung oder anderweitigen Pflichten, denen private Unternehmen im Gebiet des anderen Vertragsteils unterliegen, beanspruchen noch genießen sie eine solche Befreiung«.

Ähnliche Bestimmungen enthalten die Freundschafts-, Handels- und Schiffahrtsverträge der Vereinigten Staaten mit Italien vom 2. Februar 1948 (T.I.A.S. No. 1965), Irland vom 21. Januar 1950 (T.I.A.S. No. 2155) und Israel vom 23. August 1951 (T.I.A.S. No. 2948).

Verträge der Sowjetunion und osteuropäischer Staaten mit anderen Staaten sehen vor, daß die staatlichen Handelsmissionen für ihr privatwirtschaftliches Verhalten und ihre privatwirtschaftlichen Zwecken dienenden Vermögensgegenstände Befreiung von der Gerichtsbarkeit weder für Erkenntnis- noch für Vollstreckungsverfahren – gelegentlich mit Ausnahmen für vorläufige Sicherungsmaßnahmen – beanspruchen können. So war in Art. 7 des Teiles II des Vertrages zwischen dem Deutschen Reich und der Union der Sozialistischen Sowjet-Republiken vom 12. Oktober 1925 (RGBl. 1926 II, S. 2) bestimmt:

»Die in Deutschland vorgenommenen für die UdSSR verbindlichen Rechtshandlungen der Handelsvertretung und ihre wirtschaftlichen Ergebnisse werden nach deutschen Gesetzen behandelt und unterliegen der deutschen Gerichtsbarkeit. Auch ist die Zwangsvollstreckung in das in Deutschland befindliche Vermögen der UdSSR zulässig, soweit es sich nicht um Gegenstände handelt, die nach allgemeinem Völkerrecht der Ausübung der staatlichen Hoheitsrechte oder der amtlichen Tätigkeit oder der diplomatischen oder konsularischen Vertretungen zu dienen bestimmt sind«.

Nach Art. 2 der Anlage zum Abkommen über Allgemeine Fragen des Handels und der Seeschiffahrt zwischen der Bundesrepublik Deutschland und der Union der Sozialistischen Sowjetrepubliken vom 25. April 1958 (BGBl. 1959 II, S. 222), in Kraft getreten am 24. April 1959, Bek. vom 30. April 1959 (BGBl. II, S. 469), verlängert durch Protokoll am 31. Dezember 1960 (BGBl. 1961 II, S. 1085), die die Rechtsstellung der Handelsvertretung der Sowjetunion in der Bundesrepublik Deutschland regelt, ist die Handelsvertretung Bestandteil der sowjetischen Botschaft und genießt entsprechende Vorrechte. Bezüglich der Immunität bestimmt Art. 4:

»Die Rechte, Immunitäten und Privilegien, die der Handelsvertretung auf Grund von Artikel 2 Absatz 1 dieser Anlage gewährt werden, erstrecken sich auch auf ihre handelsgeschäftliche Tätigkeit, jedoch mit folgenden Ausnahmen:

a) Streitigkeiten aus Handelsgeschäften, die von der Handelsvertretung nach Artikel 3 dieser Anlage in dem Gebiet der Bundesrepublik Deutschland abgeschlossen oder garantiert werden, unterliegen der Entscheidung durch die Gerichte der Bundesrepublik Deutschland, sofern nicht die Zuständigkeit eines Schiedsgerichts oder einer anderen Gerichtsbarkeit vereinbart worden ist; in diesen Streitigkeiten ist Beklagte oder Klägerin die Handelsvertretung der Union der Sozialistischen Sowjetrepubliken in der Bundesrepublik Deutschland. Hierbei sind jedoch Maßnahmen zur Sicherung von Forderungen gegen die Handelsvertretung nicht zulässig.

b) Eine Zwangsvollstreckung aus rechtskräftigen Urteilen, die gegen die Handelsvertretung über solche unter a) genannte Streitigkeiten ergangen sind, ist zulässig. Sie kann in das gesamte Vermögen der Union der Sozialistischen Sowjetrepubliken in der Bundesrepublik Deutschland betrieben werden, insbesondere in Vermögen, Rechte oder Interessen aus Handelsgeschäften, die von der Handelsvertretung abgeschlossen sind oder für die sie die Garantie übernommen hat, mit Ausnahme von Vermögen der in Artikel 3 Absatz 3 dieser Anlage genannten Organisationen.

Vermögen und Räumlichkeiten, die nach internationalem Brauch ausschließlich zur Ausübung politischer und diplomatischer Rechte in der Bundesrepublik Deutschland durch die Union der Sozialistischen Sowjetrepubliken bestimmt sind, wie auch die Räumlichkeiten, die von der Handelsvertretung benutzt werden, und die Einrichtung, die sich darin befindet, sind von jeder Zwangsvollstreckung ausgenommen«.

Ähnliche Bestimmungen enthalten das Handelsabkommen der Sowjetunion mit Frankreich vom 3. September 1951 (UNTS 221, 92; Art. 10), der Handels- und Schifffahrtsvertrag der Sowjetunion mit Österreich vom 17. Oktober 1955 (UNTS 240, 304; Art. 4 der Anlage) und weitere sowjetische Verträge, zum Beispiel mit Schweden, Griechenland, Großbritannien und Japan (vgl. AJIL 26 [1932] suppl. S. 707 f.; *Boguslavskij,* Staatliche Immunität, 1965, S. 153).

Zur entsprechenden schweizerischen Vertragspraxis vgl. die Nachweise in der Entscheidung des Bundesgerichts im Falle *Royaume de Grèce* c. *Banque Julius Bär & Cie* (BGE 82 I, 75, 86 f.).

Mögen derartige Vertragsbestimmungen auch als vertraglich erklärter Verzicht auf Immunität ausgelegt werden können, so spiegeln sie gleichwohl die allgemeine völkerrechtliche Entwicklung des Immunitätsverständnisses in den Bereichen wider, in denen die Staaten nicht-hoheitlich, insbesondere kommerziell tätig werden.

Der Asiatisch-Afrikanische Beratende Rechtsausschuß, der Vertreter Burmas, Ceylons, Indiens, Indonesiens, des Irak, Japans, Pakistans, des Sudan, Syriens und der Vereinigten Arabischen Republik umfaßte, prüfte 1960 die Frage der Staatenimmunität. In dem Bericht des Ausschusses für Staatenimmunität in bezug auf kommerzielle und andere Geschäfte von privatem Charakter heißt es zur Zwangsvollstreckung, es sei von allen Delegationen anerkannt worden, daß eine Entscheidung gegen einen fremden Staat nicht in sein öffentliches Eigentum vollstreckt werden dürfe. Das Eigentum einer Staatshandelsorganisation jedoch, die eine gesonderte Rechtsfähigkeit besitze, dürfe der Zwangsvollstreckung unterzogen werden (vgl. Asian-African Legal Consultative Committee, Third Session, Colombo, Ceylon, January 20 – February 4, 1960, Final Report of the Committee on Immunity of States in respect of Commercial and other Transactions of a Private Character, S. 66 ff.; *Whiteman,* Digest of International Law, 6 [1968] 572 f.). Die Einschränkung auf öffentliches Eigentum, die der Bericht trifft, schließt es aus, daraus die Rechtsauffassung des Ausschusses herzuleiten, daß Maßnahmen der Zwangsvollstreckung gegen fremde Staaten außerhalb dieser Vermögensgegenstände schlechthin kraft allgemeinen Völkerrechts verwehrt seien.

Diese Übersicht belegt, daß es an einer Übung ermangelt, die hinreichend allgemein sowie von der notwendigen Rechtsüberzeugung getragen wäre, um eine allgemeine Regel des Völkergewohnheitsrechts zu begründen, derzufolge dem Gerichtsstaat die Zwangsvollstreckung gegen einen fremden Staat in dessen im Gerichtsstaat belegene Vermögensgegenstände schlechthin verwehrt wäre. Der Kreis der Staaten, die, wie ihre Rechtsprechung, Gesetzgebung oder Vertragspraxis belegen, Sicherungs- und Vollstreckungsmaßnahmen gegen fremde Staaten jedenfalls dann nicht ausschließen, wenn solche Maßnahmen aus Titeln, die über ein Verhalten *iure gestionis* des fremden Staates ergangen sind, und in Vermögensgegenstände betrieben werden, die nichthoheitlichen Zwecken dienen, ist von solchem Gewicht, daß von einer *allgemeinen* Übung, die Zwangsvollstreckung kraft Völkerrechts als ausgeschlossen zu betrachten, derzeit nicht die Rede sein kann, wie immer das Erfordernis der Allgemeinheit einer Übung, soll sie eine Regel des Völkergewohnheitsrechts begründen, zu bestimmen sein mag. Dabei handelt es sich nicht lediglich um ein Verhalten, das ein Staat bei beharrlicher Rechtsverwahrung von Anfang an der Anwendung einer bestehenden allgemeinen Regel des Völkerrechts erfolgreich entgegenhalten kann (im Sinne der Entscheidung des Internationalen Gerichtshofs im *Norwegischen Fischereistreit,* ICJ, Reports, 1951, S. 131); vielmehr kann derzeit das Bestehen einer entsprechenden allgemeinen Regel des Völkerrechts nicht angenommen werden.

Diese Rechtslage findet sich auch in den Äußerungen anerkannter wissenschaftlicher Vereinigungen und Gelehrter des Völkerrechts bestätigt.

Das Institut de Droit International, das sich bereits 1891 auf seiner Hamburger Tagung in seinem Entwurf zu einer internationalen Regelung der Gerichtsbarkeit bei Streitigkeiten mit fremden Staaten für weitreichende Ausnahmen von der Immunität im Erkenntnisverfahren ausgesprochen hatte (Entschließung vom 11. September 1891, Annuaire 2 [1928], S. 1215), stellte unter Hinweis auf die seither eingetretenen neuen Fragen, die der Lösung bedürften, auf seiner Tagung in Aix-en-Provence mit Entschließung vom 30. April 1954 zur Zulässigkeit von Sicherungs- und Zwangsmaßnahmen fest:

> «Il ne peut être procédé ni à l'exécution forcé ni à une saisie conservatoire, sur les biens qui sont la propriété d'un Etat étranger, s'ils sont affectés à l'exercice de son activité gouvernementale qui ne se rapporte pas à une exploitation économique quelconque». (Art. 5 der Entschließung, Annuaire 45 II [1954], S. 293 ff., 295).

Aus dem Ausschluß der Zugriffsmöglichkeiten auf das hoheitlichen Zwecken dienende Vermögen läßt sich schließen, daß die Entschließung Vollstreckungsmaßnahmen im übrigen nicht durch das allgemeine Völkerrecht als verwehrt ansah. Die Erörterungen um diesen Artikel betreffen denn in erster Linie die Frage der Abgrenzung der Vermögensgegenstände, in die nicht vollstreckt werden dürfe.

Der Konventionsentwurf der Harvard Law School über die Kompetenz der Gerichte gegenüber fremden Staaten von 1932 (AJIL 26 [1932] suppl. S. 451 ff. [Harvard Draft]) geht in Art. 22 von einem grundsätzlichen Ausschluß der Vollstreckung gegen fremde Staaten aus; nach Art. 23 soll indes die Vollstreckung zulässig sein in unbewegliches Vermögen sowie in Vermögen, das im Zusammenhang mit einem kommerziellen Unternehmen des fremden Staates genutzt wird. Nach den Erläuterungen (a.a.O., S. 707) soll die Beschlagnahme von Bankkonten dann zulässig sein, wenn sie von dem fremden Staat zur Erfüllung privater Verbindlichkeiten unterhalten werden.

Die Zweite Studienkommission der Deutschen Gesellschaft für Völkerrecht hat am 26./27. April 1967 auf der Grundlage der Berichte von *Schaumann* und von *Habscheid* Thesen zu Staatenimmunität verabschiedet (BerDGVR 8 [1968] 1 ff.; 159 ff.; 283 ff.).

Danach stehe kraft derzeit geltenden Völkerrechts fremden Staaten auch gegenüber der Ausübung von Gerichts- und Verwaltungszwang nur beschränkte Immunität zu (Thesen 30, 62). Für die Ausübung von Gerichtszwang müsse die Gerichtsbarkeit des Forumstaates sowohl hinsichtlich des dem Vollstreckungstitel zugrundeliegenden Anspruchs als auch hinsichtlich des Gegenstandes, in den vollstreckt werden soll, gegeben sein (These 34). Dem Gerichtsstaat stehe gegenüber einem fremden Staat hinsichtlich des Gegenstandes, in den vollstreckt werden soll, keine Vollstreckungsgewalt zu, wenn dieses Objekt zur Verwendung für *acta iure imperii* bestimmt ist. Bestimmte Gegenstände seien kraft Völkerrechts der Vollstreckung entzogen, z. B. die den diplomatischen Missionen dienenden Grundstücke und Gegenstände, die ausländischen Kriegs- und Regierungsschiffe sowie die Ausrüstung ausländischer Streitkräfte (Thesen 37, 38); dies gelte auch für die Vollstreckung in Bankguthaben und sonstige Geldforderungen, die der Erfüllung von Aufgaben *iure imperii* dienen (These 67).

Auch eine erhebliche Anzahl anerkannter Völkerrechtsgelehrter vertritt, wenngleich mit im einzelnen unterschiedlichen Begründungen und Folgerungen, die Rechtsauffassung, daß das allgemeine Völkergewohnheitsrecht Maßnahmen der Sicherung und Zwangsvollstreckung gegen fremde Staaten durch den Gerichtsstaat aus gerichtlichen Titeln über ein Verhalten des fremden Staates *iure gestionis* in Gegenstände, die nichthoheitlichen Zwecken des fremden Staates dienen, nicht verwehrt; soweit dabei das Bestehen einer Regel des allgemeinen Völkergewohnheitsrechts, die solche Maßnahmen verwehrte, nicht überhaupt verneint wird, wird ihr Bestehen zumindest als zweifelhaft bezeichnet . . .

Stehen mithin allgemeine Regeln des Völkerrechts einer Zwangsvollstreckung durch den Gerichtsstaat gegen den fremden Staat nicht schlechthin entgegen, so setzen sie gleichwohl der Vollstreckung gegenständliche Grenzen.

Es besteht eine gefestigte, allgemeine, von Rechtsüberzeugung getragene Übung der Staaten, wonach es dem Gerichtsstaat von Völkerrechts wegen verwehrt ist, die Zwangsvollstreckung aus gerichtlichen Titeln gegen den fremden Staat in Vermögensgegenstände des fremden Staates, die im Inland belegen sind oder sich dort befinden und hoheitlichen Zwecken des fremden Staates dienen, ohne dessen Zustimmung zu betreiben.

Zwar besteht in der Staatenpraxis keine völlige Übereinstimmung über den Umfang der ihrer Art nach durch die Staatenimmunität geschützten Vermögensgegenstände: Während nach dem Foreign Sovereign Immunities Act of 1976 der Vereinigten Staaten von Amerika der Vollstreckung grundsätzlich nur Vermögensgegenstände unterliegen, die für eine kommerzielle Betätigung des fremden Staates verwendet werden oder verwendet wurden, welche im Zusammenhang mit dem geltend gemachten materiellrechtlichen Anspruch steht (vgl. Sec. 1610 [a] [2]), stellen die italienische und die schweizerische Rechtsprechung darauf ab, ob die Gegenstände, in die vollstreckt werden soll, nicht-hoheitlichen oder hoheitlichen Zwecken des fremden Staates tatsächlich dienen oder zu dienen bestimmt sind. Aus Anlaß dieses Vorlageverfahrens bedarf es einer für das deutsche Recht abschließenden Stellungnahme zu diesen Unterscheidungen und ihren rechtlichen Folgen nicht. Denn die allgemeine Übereinstimmung und gefestigte Übung der Staaten geht jedenfalls dahin, daß Vermögensgegenstände im Gerichtsstaat, die hoheitlichen Zwecken des fremden Staates tatsächlich dienen, kraft allgemeinen Völkerrechts nicht der Zwangsvollstreckung unterliegen. Vereinzelte Zweifel, wie sie die Stellungnahme der Bundesregierung bezüglich der Vollstreckung in

Botschaftskonten berichtet – Zweifel, die die Bundesregierung selbst nicht teilt –, vermögen nichts daran zu ändern, daß insoweit eine allgemeine Regel des Völkerrechts besteht. Die Staatenpraxis, wie sie sich in der Vertragspraxis, in Gesetzgebung und Rechtsprechung der nationalen Gerichte bekundet, ebenso wie das völkerrechtliche Schrifttum, sind insoweit, wie die unter CI angeführten Belege ergeben, im Ergebnis einhellig.

Für das Erkenntnisverfahren hat das Bundesverfassungsgericht ausgesprochen, daß die Qualifikation einer Staatstätigkeit nach der Rechtsnatur des Aktes als hoheitlich oder nicht-hoheitlich grundsätzlich nach dem jeweils anwendbaren nationalen Recht werde vorgenommen werden müssen, da das Völkerrecht, jedenfalls in der Regel, Kriterien für diese Abgrenzung nicht enthalte (BVerfGE 16, 27 [62 f.]). Das Gericht hat dabei nicht verkannt, daß es die Anwendung des allgemeinen Völkerrechts erschwert und der erwünschten Rechtseinheit entgegenwirkt, wenn für diese Qualifikation auf das jeweilige nationale Recht abgestellt wird. Dieser Nachteil werde jedoch dadurch gemildert, daß der landesrechtlichen Qualifikation einer staatlichen Betätigung als Akt *iure gestionis* völkerrechtliche Schranken gezogen sind. Danach dürfe das nationale Recht insoweit nur mit der Maßgabe herangezogen werden, daß vom hoheitlichen Bereich und damit von der Immunität nicht solche Handlungen des Staates ausgenommen werden dürfen, die nach der von den Staaten überwiegend vertretenen Auffassung zum Bereich der Staatsgewalt im engeren und eigentlichen Sinn gehören. Ausnahmsweise könne es völkerrechtlich geboten sein, die Betätigung eines ausländischen Staates, weil sie dem Kernbereich der Staatsgewalt zuzurechnen ist, als Akt *iure imperii* zu qualifizieren, obwohl sie nach nationalem Recht als privatrechtliche und nicht als öffentlich-rechtliche Betätigung anzusehen wäre (BVerfGE 16, 27 [63 f.]).

Im vorliegenden Verfahren, in dem allein die Zulässigkeit von Vollstreckungsmaßnahmen in Forderungen aus dem laufenden, allgemeinen Konto der Botschaft eines fremden Staates in Frage steht, kann offenbleiben, ob die Qualifikation eines Vermögensgegenstandes als hoheitlichen Zwecken dienend allgemein nach entsprechenden Grundsätzen zu treffen ist. Denn in bezug auf Gegenstände, die der Wahrnehmung der amtlichen Funktionen der diplomatischen Vertretung eines fremden Staates im Gerichtsstaat dienen, greifen für diese Qualifikation völkerrechtliche Sonderregelungen ein, die, unbeschadet ihrer teilweisen vertraglichen Festlegung im Wiener Übereinkommen über diplomatische Beziehungen, allgemeine Regeln des Völkerrechts im Sinne des Art. 25 GG darstellen. Sie ergeben sich sowohl aus dem Grundsatz der Unverletzlichkeit diplomatischer Vertretungen als auch aus der gerichtlichen Immunität des fremden Staates bezüglich der amtlichen Funktionen seiner diplomatischen Vertretung.

Nach gefestigter Auffassung, die sich schon vor *Grotius* (De iure belli ac pacis, L. II, c. XVIII, 9) und *Bynkershoek* (Foro Legatorum, sec. ed. 1744, Cap. XVI, XXIII) abzuzeichnen beginnt, darf von Völkerrechts wegen bei Maßnahmen der Sicherung oder Zwangsvollstreckung gegen einen fremden Staat nicht auf die zum gegebenen Zeitpunkt seiner diplomatischen Vertretung zur Wahrnehmung ihrer amtlichen Funktionen dienenden Gegenstände zugegriffen werden (vgl. jeweils mit zahlreichen Nachweisen *van Praag,* Juridiction et Droit international public, 1915, S. 357 ff.; *C. E. Wilson,* Diplomatic Privileges and Immunities, 1967, S. 1 ff.; *Gmür,* Gerichtsbarkeit über fremde Staaten, 1948, S. 134; *Verdross,* Völkerrecht, 5. Aufl. 1964, S. 338 f.; *Habscheid,* BerDGVR, a.a.O., S. 264 f.). Die völkerrechtliche Norm *ne impediatur legatio* schließt derartige Maßnahmen insoweit aus, als durch sie die Erfüllung der diplomatischen

Aufgaben beeinträchtigt werden könnte; so hat das Bundesverfassungsgericht ausgesprochen, daß die deutsche Gerichtsbarkeit für ein Erkenntnisverfahren gegen einen fremden Staat, in dem auf Bewilligung der Berichtigung des Grundbuchs hinsichtlich des Eigentums an einem diplomatisch genutzten Grundstück geklagt wird, nicht durch eine allgemeine Regel des Völkerrechts ausgeschlossen ist, weil dadurch nicht die Funktionsfähigkeit der diplomatischen Vertretung beeinträchtigt werde (BVerfGE 15, 25 [43]).

Wegen der Abgrenzungsschwierigkeiten bei der Beurteilung einer Gefährdung dieser Funktionsfähigkeit und wegen der latent gegebenen Mißbrauchmöglichkeiten zieht das allgemeine Völkerrecht den Schutzbereich zugunsten des fremden Staates sehr weit und stellt auf die typische, abstrakte Gefahr, nicht aber auf die konkrete Gefährdung der Funktionsfähigkeit der diplomatischen Vertretung durch Maßnahmen des Empfangsstaates ab (vgl. *Habscheid,* BerDGVR, a.a.O., S. 206). So schließt etwa Art. 22 Abs. 3 des Wiener Übereinkommens über diplomatische Beziehungen vom 18. April 1961, der insoweit allgemeines Völkerrecht kodifiziert, die Räumlichkeiten der Mission, ihre Einrichtungen und die sonstigen darin befindlichen Gegenstände sowie die Beförderungsmittel der Mission von jeder Durchsuchung, Beschlagnahme, Pfändung oder Vollstreckung aus. Diese Regelung der Unverletzlichkeit ist indes nicht abschließend in dem Sinne, daß diese und weitere Vermögensgegenstände darüber hinaus nicht auch den völkerrechtlichen Immunitätsschutz der amtlichen Funktionen der diplomatischen Vertretung des Entsendestaates genießen könnten. Zwar ist diese Frage unter dem Gesichtspunkt der Unverletzlichkeit, abgesehen von einem Änderungsvorschlag von *Sir Gerald Fitzmaurice,* der aus anderen Gründen zurückgezogen wurde (vgl. Yearbook of the International Law Commission 1957 I 64, 396th meeting), in der Völkerrechtskommission der Vereinten Nationen, deren Entwurf Grundlage der Wiener Konferenz war, soweit ersichtlich, nicht näher erörtert worden. Auch auf der Wiener Konferenz selbst ist diese Frage, soweit ersichtlich, nicht näher behandelt, aber auch nicht im Sinne des Ausschlusses weiterreichenden Immunitätsschutzes entschieden worden (bei einem Änderungsvorschlag der Ukraine, Doc. A/CONF. 20/C. 1/L. 132, auch andere Vermögensgegenstände in den Schutz der Unverletzlichkeitsregelung einzubeziehen, wurde klargestellt, daß er sich nur auf Gegenstände in den Räumen der Mission bezieht; mit dieser Maßgabe wurde er angenommen, vgl. United Nations Conference on Diplomatic Intercourse and Immunities, Vienna 2 March – 14 April 1961, Official Records, Vol. II, S. 20, 57). Im Vorspruch des Wiener Übereinkommens ist indes festgehalten, daß die Regeln des Völkergewohnheitsrechts auch weiterhin für alle Fragen gelten, die in dem Übereinkommen nicht ausdrücklich geregelt sind. So nimmt etwa Art. 4 letzter Absatz der Anlage zum Abkommen über Allgemeine Fragen des Handels und der Seeschiffahrt zwischen der Bundesrepublik Deutschland und der Union der Sozialistischen Sowjetrepubliken vom 25. April 1958 von der Zwangsvollstreckung nicht nur die Räumlichkeiten und die darin befindlichen Einrichtungen der sowjetischen Handelsvertretung aus, sondern allgemein Vermögensgegenstände, die nach internationalem Brauch ausschließlich zur Ausübung politischer und diplomatischer Rechte in der Bundesrepublik Deutschland bestimmt sind.

Diese und ähnliche Vertragsbestimmungen bestätigen die allgemeine Regel des Völkerrechts, daß Gegenstände, deren sich der Entsendestaat zur Wahrnehmung seiner diplomatischen Funktionen bedient, auch dann jedenfalls Immunitätsschutz genießen, wenn sie nicht unter den sachlichen oder räumlichen Anwendungsbereich der Unverletzlichkeitsregelung des Art. 22 des Wiener Übereinkommens fallen (so auch *Schaumann,* BerDGVR, a.a.O., S. 148, der dies aus der allgemeinen Staatenimmunität, wenngleich an die diplomatische Immunität »angelehnt« [a.a.O., S. 148], herleitet; vgl. auch Art. 23 des Harvard Draft, a.a.O., AJIL 26 [1932] suppl. S. 707).

Die Frage, ob Forderungen aus einem allgemeinen, laufenden Bankkonto, das der Entsendestaat für seine diplomatische Vertretung im Empfangsstaat unterhält und das zur Deckung und Abwicklung der Ausgaben und Kosten der Botschaft bestimmt ist, nach allgemeinem Völkerrecht an dem besonderen Schutz zugunsten diplomatischer Vertretungen teilhaben, beantwortet sich aus dem besonderen Zweck des völkerrechtlichen Schutzes zugunsten diplomatischer Vertretungen. Zweck der Unverletzlichkeit wie der Immunität in diesem Bereich ist es, das ungehinderte Funktionieren der diplomatischen Vertretung des Entsendestaates im Empfangsstaat zur Erfüllung ihrer diplomatischen Aufgaben zu gewährleisten (vgl. *C. E. Wilson,* Diplomatic Privileges and Immunities, S. 19 ff., mit zahlreichen Belegen aus der Staatenpraxis). Nach Art. 3 des Wiener Übereinkommens über diplomatische Beziehungen, der insoweit allgemeines Völkerrecht umschreibt, ist es unter anderem Aufgabe einer diplomatischen Vertretung

a) den Entsendestaat im Empfangsstaat zu vertreten,

b) die Interessen des Entsendestaats und seiner Angehörigen im Empfangsstaat innerhalb der völkerrechtlich zulässigen Grenzen zu schützen,

c) mit der Regierung des Empfangsstaats zu verhandeln,

d) sich mit allen rechtmäßigen Mitteln über Verhältnisse und Entwicklungen im Empfangsstaat zu unterrichten und darüber an die Regierung des Entsendestaats zu berichten,

e) freundschaftliche Beziehungen zwischen Entsendestaat und Empfangsstaat zu fördern und ihre wirtschaftlichen, kulturellen und wissenschaftlichen Beziehungen auszubauen.

Es liegt auf der Hand, daß zur Erfüllung dieser Aufgaben auch der Einsatz finanzieller Mittel unerläßlich ist. Die Unterhaltung solcher Mittel im Rahmen dieser Aufgaben und die Organisation und Verwaltung der finanziellen Abwicklung der Ausgaben und Kosten der diplomatischen Vertretung durch den Entsendestaat gehören unmittelbar zum Aufgaben- und Funktionsbereich einer diplomatischen Vertretung (vgl. auch *Cahier,* Le droit diplomatique contemporain, 1962, S. 210, der ausdrücklich Bankguthaben einer Botschaft in den Schutzbereich der Unverletzlichkeitsregeln einbezieht).

Es kann hier offenbleiben, ob der Empfangsstaat nach allgemeinem Völkerrecht gehalten ist, dem Entsendestaat die Möglichkeit einzuräumen, Bankkonten im Empfangsstaat zur Abwicklung der Ausgaben und Kosten der Botschaft des Entsendestaats zu unterhalten. Wenn der Empfangsstaat diese Möglichkeit jedoch eröffnet und der Entsendestaat davon im Rahmen der Rechtsordnung des Empfangsstaats Gebrauch macht, entfällt für seine aus einem solchen Konto entspringenden Forderungen und sonstigen Rechte die Immunität des Entsendestaats nicht schon dann, wenn und insoweit das Rechtsverhältnis des Entsendestaats zur Bank nach dem Recht des Empfangsstaats als nicht-hoheitlich zu qualifizieren ist. Hierbei ist zu bedenken, daß der Entsendestaat aus eigener Hoheitsgewalt grundsätzlich nicht in der Lage ist, Sachen oder Rechte, die unmittelbar der Ausübung seiner diplomatischen Funktionen oder der Aufrechterhaltung des Betriebs seiner diplomatischen Vertretung dienen, mit Wirkung für die Rechtsordnung des Empfangsstaats als hoheitlich zu qualifizieren, eine Sache etwa zur öffentlichen Sache im Sinne der Rechtsordnung des Empfangsstaats zu widmen. Er ist hier weitgehend auf die Rechtsordnung des Empfangsstaats verwiesen. Ermöglicht ihm diese insoweit nur ein Verhalten nach Maßgabe etwa des Privatrechts, darf dies gleichwohl den völkerrechtlichen Immunitätsschutz zugunsten der Funktionsfähigkeit seiner diplomatischen Vertretung nicht verkürzen. Die finanzielle Abwicklung der Ausgaben und Kosten einer Botschaft über ein allgemeines, laufendes Konto des Entsendestaats, das bei einer Bank im Empfangsstaat unterhalten wird, gehört unmittelbar zur Aufrechterhaltung der diplomatischen Funktionen des Entsendestaats unbeschadet dessen, daß Leistungen, die über ein solches Konto abgewickelt werden, im Verhältnis zur Bank oder zu Dritten sich im Rahmen von Rechtsverhältnissen oder Verhaltensweisen vollziehen mögen, die je nach ihrer Rechtsnatur als Verhalten *iure gestionis* zu qualifizieren sein mögen. Die aus einem solchen Konto begründeten Forderungen des Entsendestaats gegen die Bank genießen daher kraft allgemeinen Völkerrechts jedenfalls den Immunitätsschutz zugunsten diplomatischer Vertretungen bei der Zwangsvollstreckung.

Eine andere Auffassung müßte dazu führen, daß die Vollstreckungsorgane des Empfangsstaats sich gegebenenfalls über das Bestehen eines Guthabens auf einem solchen Konto und über die Zwecke, zu denen der Entsendestaat dieses Guthaben oder Teilbeträge davon bestimmt hat, vergewissern müßten. Es mag für das deutsche Recht bei einem allgemeinen, laufenden Konto schon unter dem Gesichtspunkt der hinlänglichen Bestimmbarkeit des zu pfändenden Gegenstandes fraglich erscheinen, ob auf diese Weise Kriterien für die Pfändbarkeit etwa von Teilen des Guthabens gewonnen werden können (ähnliche Zweifel für das französische Recht hegt der Gerichtshof von Aix-en-Provence, Urteil vom 14. Februar 1966, im Falle *Statni Banka et Banque d'Etat tschécoslavique* c. *Englander,* Clunet 1966, 846; vom Kassationshof mit Entscheidung vom 11. Februar 1969 aufgehoben, Clunet 1969, 923; im Falle *Clerget* c. *Représentation commerciale de la République démocratique du Viet-Nam,* Entscheidung vom 2. November 1971, Clunet 99 [1972] 267, ließ der Kassationshof die Pfändung eines Bankguthabens nicht zu, weil Ursprung und Verwendungszweck im Verfahren nicht festgestellt worden seien); aber selbst wenn dies im Einzelfall auch bei Forderungen aus einem solchen Konto möglich sein sollte, wird es in aller Regel die Gefahr des Eindringens in den internen Funktionsbereich der diplomatischen Vertretung des Entsendestaats heraufbeschwören; dies ist kraft völkerrechtlichen Gesandtschaftsrechts ohne Zustimmung des Entsendestaats schlechterdings verwehrt. Dem Entsendestaat ohne seine Zustimmung von seiten der Vollstreckungsorgane des Empfangsstaats anzusinnen, das Bestehen oder die früheren, gegenwärtigen oder künftigen Verwendungszwecke von Guthaben auf einem solchen Konto näher darzulegen, würde überdies eine völkerrechtswidrige Einmischung in die ausschließlichen Angelegenheiten des Entsendestaats darstellen. Das allgemeine Völkerrecht verwehrt es andererseits nicht, vom Entsendestaat zu verlangen, daß er glaubhaft macht, es handle sich bei einem Konto um ein Konto, das zur Aufrechterhaltung der Funktionen seiner diplomatischen Vertretung dient. Für Inhalt und Form dieser Glaubhaftmachung wird es der Gerichtsstaat von Völkerrechts wegen allerdings genügen lassen müssen, wenn eine gehörige Versicherung durch ein zuständiges Organ des Entsendestaats erfolgt.

Gegen dieses Ergebnis lassen sich weder der Praxis der auswärtigen Organe der Staaten, der Rechtsprechung der nationalen Gerichte noch dem völkerrechtlichen Schrifttum durchgreifende Bedenken entnehmen.

Soweit ersichtlich ist bislang in keinem Fall die Vollstreckung in Forderungen aus einem laufenden, allgemeinen Bankkonto, das ein fremder Staat für seine Botschaft zur Abwicklung der Ausgaben und Kosten der Botschaft unterhält, zugelassen worden, mögen einzelne Entscheidungen es auch nicht für ausgeschlossen erachten – freilich zumeist in bezug auf andere, nicht eigens für Botschaftszwecke errichtete Konten –, nach dem hoheitlichen oder nicht-hoheitlichen Ursprung und Verwendungszweck eines Guthabens oder eines Kontos des fremden Staates zu unterscheiden (vgl. zum Beispiel französischer Kassationshof in den Fällen *Englander* c. *Statni Banka Ceskoslovenska,* Clunet 96 [1969] S. 923 f., und *Clerget* c. *Représentation commerciale de la République démocratique du Viet-Nam,* Clunet 99 [1972], S. 267 f.; Schweizerisches Bundesgericht im Falle *République Arabe Unie* c. *dame X,* BGE 86 I [1960], S. 23 ff.; Berufungsgericht des Staates Florida im Falle *Harris & Co. Advertising Co., Inc.* v. *Republic of Cuba,* 127 So. 2d 687 [1961]; Supreme Court von New York im Falle *New York World's Fair 1964–1965 Corp.* v. *Republic of Guinea,* AJIL 63 [1969], S. 343).

Nach *Schaumann* (BerDGVR, a.a.O., S. 145) kann der fremde Staat schon im Rahmen der allgemeinen Staatenimmunität bei einem *allgemeinen* Bankkonto, wie in beschränktem Maße auch in bezug auf andere Vermögensgegenstände, durch die bloße Benennung eines hoheitlichen Zweckes die Immunität bewirken; denn es werde nur selten möglich sein, das Gegenteil zu beweisen. Von einer auf den Schutz der hoheitlichen Funktionen des fremden Staates bezogenen Auffassung der Staatenimmunität lasse sich dieses Ergebnis, das sich an die diplomatische Immunität anlehne, nicht vermeiden. Wollte man zum Beispiel an Stelle der *Bestimmung* eines Vermögensgegenstandes für einen hoheitlichen Zweck den Nachweis der *tatsächlichen Verwendung* für diesen Zweck verlangen, so müßte der Schutz der hoheitlichen Funktionen des Staates im Außenbereich lückenhaft bleiben. Nach *Habscheid* (BerDGVR, a.a.O., S. 266 f.) ist auf die konkrete Zweckbestimmung der zu pfändenden Forderung abzustellen. Dafür könne etwa das Ministerium, das als Inhaber des Kontos bezeichnet sei, ein Anhaltspunkt sein.

Der Senat verkennt nicht, daß die Immunität zugunsten der Forderungen aus einem allgemeinen, laufenden Konto der Botschaft eines fremden Staates in Einzelfällen dazu genutzt werden könnte, unter ihrem Schutz über ein solches Konto finanzielle Leistungen abzuwickeln, die nicht unmittelbar im Zusammenhang mit den Aufgaben einer diplomatischen Vertretung stehen. Sollte ein solcher Fall auftreten – im Ausgangsverfahren bestehen hierfür keine Anhaltspunkte –, so wäre es Sache der zuständigen Organe der Bundesrepublik Deutschland, einem funktionswidrigen Gebrauch der Immunität diplomatischer Vertretungen mit diplomatischen und sonstigen, völkerrechtlich zulässigen Mitteln zu begegnen. Dem privaten Einzelnen, der in privatwirtschaftliche Beziehungen zu einem fremden Staat treten will, bleibt es unbenommen, etwa durch Vereinbarungen über die Art und Weise der Abwicklung der Leistungen, über das Verfahren im Streitfall – insbesondere einen Verzicht auf Immunität, der grundsätzlich unwiderruflich ist (vgl. insoweit auch die Regelung des amerikanischen Foreign Sovereign Immunities Act of 1976, Sec. 1610 [a] [1]) – oder über Sicherheiten seine Interessen soweit als möglich zu wahren.

Offenbleiben kann hier, ob und nach welchen Maßstäben Forderungen und sonstige Rechte aus anderen Konten eines fremden Staates bei Banken im Gerichtsstaat, etwa aus besonderen Konten im Zusammenhang mit Beschaffungskäufen oder Anleihebegebungen oder aus Konten ohne besondere Zweckbestimmung, als hoheitliche oder nicht-hoheitliche Vermögensgegenstände zu qualifizieren sind, und welche völkerrechtlichen Grenzen gegebenenfalls für das Beweisrecht insoweit zu beachten sind.

Für die Frage der Immunität des Entsendestaats zugunsten seiner diplomatischen Vertretung kommt es nicht auf die wirtschaftliche Lage des Entsendestaats an, ob er etwa in der Lage wäre, trotz der Pfändung von Forderungen aus einem allgemeinen, laufenden Konto seiner Botschaft den Botschaftsbetrieb durch finanzielle Zuwendungen oder Leistungen, die auf anderem Wege erbracht werden, aufrechtzuerhalten. Es kommt insoweit allein auf die abstrakte Gefährdung durch Vollstreckungsmaßnahmen dieser Art an. Sie ist bei den Rechtswirkungen, die ein Pfändungs- und Überweisungsbeschluß nach deutschem Recht zu Lasten des Vollstreckungsschuldners und von Drittschuldnern auslöst, gegeben. Eine Unterscheidung nach der wirtschaftlichen Lage des Entsendestaats würde überdies zu einer unterschiedlichen Behandlung fremder Staaten im Bereich der diplomatischen Immunität führen können, die dem völkerrechtlichen Grundsatz der souveränen Gleichheit der Staaten widerstritte. Es kann hier dahinstehen, ob dieser Rechtsgrundsatz so, wie er in Art. 2 Abs. 1 der Satzung der Vereinten Nationen (BGBl. 1973 II, S. 430) seinen Niederschlag gefunden hat, nur die mitgliedschaftsrechtlichen Beziehungen im Rahmen der Organisation der Vereinten Nationen betrifft; der Grundsatz der souveränen Gleichheit der Staaten ist darüber hinaus ein Konstitutionsprinzip des gegenwärtigen allgemeinen Völkerrechts, das jedenfalls im Bereich des diplomatischen Verkehrs der Staaten eine weitgehend formale Gleichbehandlung gebietet (vgl. Deklaration der Generalversammlung der Vereinten Nationen vom 24. Oktober 1970, zum Grundsatz der souveränen Gleichheit, United Nations Doc. A/RES/2625 [XXV], ILM IX [1970] 1292 ff., 1296). Eine unterschiedliche Behandlung der Staaten im Bereich der diplomatischen Immunität nach Maßgabe ihrer jeweiligen wirtschaftlichen Leistungsfähigkeit wäre damit unvereinbar.

Die oben festgestellte allgemeine Regel des Völkerrechts ist Bestandteil des Bundesrechts, Art. 25 Satz 1 GG, § 83 Abs. 1 BVerfGG.

Sie begründet ausschließlich Rechte und Pflichten im völkerrechtlichen Verhältnis der Staaten zueinander, nicht hingegen begründet oder verändert sie subjektive Rechte oder Pflichten des privaten Einzelnen im Hoheitsbereich der Bundesrepublik Deutschland, auch nicht zufolge des Art. 25 Satz 2 GG. Aus ihr folgt weder ein subjektives Recht des privaten Einzelnen, die Zwangsvollstreckung in dem Umfang, wie das allgemeine Völkerrecht es zuläßt, gegen fremde Staaten im Hoheitsbereich der Bundesrepublik Deutschland zu betreiben, noch begründet sie eine subjektive Pflicht, eine Zwangsvollstreckung gegen den fremden Staat, soweit sie nach allgemeinem Völkerrecht verwehrt ist, nicht anzustrengen. Rechte und Pflichten dieses Inhalts ergeben sich derzeit allenfalls aus dem sonstigen innerstaatlichen Recht.

Davon ist, wie dargelegt, zu unterscheiden, daß die festgestellte allgemeine Regel des Völkerrechts kraft Art. 25 Satz 1 GG als solche mit ihrer jeweiligen völkerrechtlichen Tragweite Bestandteil des objektiven, im Hoheitsbereich der Bundesrepublik Deutschland geltenden Rechts ist und je nach der Sachlage Rechtswirkungen für oder gegen private Einzelne haben kann, etwa dergestalt, daß im Hinblick auf das Bestehen oder Nichtbestehen der deutschen Gerichtsbarkeit ein von ihm angestrengtes Vollstreckungsverfahren oder die Art und Weise einer Vollstreckungsmaßnahme zulässig oder unzulässig sein können. Der Ausspruch des Bundesverfassungsgerichts gemäß § 83 Abs. 1 BVerfGG beschränkt sich in solchen Fällen auf die Feststellung, daß die allgemeine Regel des Völkerrechts Bestandteil des Bundesrechts ist.

Nr. 51 LAG Berlin 16. 1. 1978 (9 Sa 77/77) DVBl. 1978, 220

... Der Begriff der deutschen Staatsangehörigkeit ist weder im Grundgesetz noch in anderen verfassungsrechtlichen Normen genau bestimmt. Entscheidend kommt es auf den Begriff »Deutscher« i. S. des Grundgesetzes an, wie er in zahlreichen grundgesetzlichen Bestimmungen, Art. 8 Abs. 1, 9 Abs. 1, 11 Abs. 1, 12 Abs. 1 Satz 1, 33 Abs. 1 und 2 GG vorkommt und in Art. 116 Abs. 1 GG definiert worden ist.

Wie sich aus der Präambel, aus Art. 16, 23, 116 und 146 GG ergibt, hat das Deutsche Reich den Zusammenbruch 1945 überdauert und ist weder mit der Kapitulation noch durch die Ausübung fremder Staatsgewalt durch die alliierten Okkupationsmächte, noch später untergegangen (BVerfG vom 31. 7. 1973, BVerfGE 36, 1 [16]). Das Deutsche Reich ist allerdings als Gesamtstaat mangels Organisation, insbesondere mangels institutionalisierter Organe selbst nicht handlungsfähig.

Ob es – ungeachtet der verfassungsrechtlichen Besonderheiten der einzelnen deutschen Teilgebiete und ihrer nicht nur verwaltungsmäßigen Trennung – noch eine »gesamtdeutsche Staatsangehörigkeit« gibt (so BVerfGE 36, 1 [30]; BVerfG vom 7. 7. 1975, BVerfGE 40, 141 [163]; siehe auch *von Mangoldt/Klein*, GG, Bd. I, 2. Aufl. 1957, Art. 16 Anm. III 1b; Bonner Komm. zum GG. Art. 116, S. 20; *Maunz/Dürig/Herzog*, GG, Art. 116 Rdnr. 4) oder ob neben der gesamtdeutschen Staatsangehörigkeit eine Staatsbürgerschaft der DDR besteht (vgl. dazu *Maunz/Dürig/Herzog*, GG, Art. 16 Rdnr. 20, 23), kann im vorliegenden Rechtsstreit dahingestellt bleiben.

Da eine besondere Staatsangehörigkeit in den einzelnen Ländern der Bundesrepublik Deutschland nicht eingeführt worden ist, kann es auch keine eigene Staatsangehörigkeit der Bürger des Landes Berlin geben. Nach Art. 23 GG gilt das Grundgesetz auch im Lande Berlin (Groß-Berlin). Der Status des Landes Berlin ist allerdings gemindert und belastet durch den sogenannten Vorbehalt der Gouverneure der Westmächte (BVerfGE 36, 1 [17] m. w. N.). So erstreckt sich die Gesetzgebung der Bundesrepublik Deutschland nicht ohne weiteres auf Berlin (West). Es bedarf vielmehr in den Gesetzen der Bundesrepublik Deutschland der sogenannten »Berlin-Klausel« sowie des zusätzlichen Zustimmungsaktes der gesetzgebenden Körperschaft West-Berlins. Lediglich die besatzungsrechtlichen Vorbehalte der drei Westmächte haben bisher verhindert, daß Berlin (West) formal dieselbe Rechtsstellung wie die übrigen Länder der Bundesrepublik einnimmt (vgl. *Pfennig/Neumann*, Verfassung von Berlin, Art. 1 Rdnr. 13).

In § 29 des Gesetzes zur Regelung von Fragen der Staatsangehörigkeit vom 22. 2. 1955 (BGBl. I, S. 65) ist klargestellt worden, daß dieses Gesetz – von Berlin übernommen durch Gesetz vom 19. 3. 1955 (GVBl. S. 222) – nach Maßgabe des § 13 des Dritten Überleitungsgesetzes vom 4. 1. 1952 (BGBl. I, S. 1) auch in Berlin gilt. Damit steht fest, daß mindestens in West-Berlin nicht nur das Staatsangehörigkeitsregelungsgesetz, sondern auch das Reichs- und Staatsangehörigkeitsgesetz vom 22. 7. 1913 (RGBl. S. 583) mit zahlreichen Änderungen gilt (ebenso Bonner Komm. zum GG, Art. 116, S. 20; *Zivier*, Der Rechtsstatus des Landes Berlin, 3. Aufl. 1977, S. 158), zumal die drei westlichen Schutzmächte mit Schreiben vom 26. 5. 1952 zugestimmt hatten, daß Berlin die Staatsangehörigkeitsgesetzgebung der Bundesrepublik Deutschland übernimmt. Es kann auch kein Zufall sein, daß in Ost-Berlin zwar das Staatsbürgerschaftsgesetz der DDR vom 20. 2. 1967 (GBl. DDR I, S. 3) übernommen, das in der Bundesrepublik Deutschland einschließlich Berlin (West) geltende Reichs- und Staatsangehörigkeitsgesetz aber anders als im übrigen Bereich der DDR nicht aufgehoben worden ist (vgl. § 2 der Übernahmeverordnung vom 17. 3. 1967 – VOBl. für Groß-Berlin I, S. 345 – i.V. mit § 19 Abs. 2 des Staatsbürgerschaftsgesetzes der DDR).

Ebensowenig hat das Viermächteabkommen über Berlin vom 3. 9. 1971 (Beilage zum Bundesanzeiger Nr. 174 vom 15. 9. 1972, S. 44 ff.) den staatsangehörigkeitsrechtlichen Status der Bürger West-Berlins verändert (ebenso *Schwartze*, Die Staatsangehörigkeit der Deutschen, Marburger juristische Dissertation 1975, S. 183 ff.; *Hecker*, Die Staatsangehörigkeitsregelungen in Deutschland, 1976, S. 58; *Zivier*, S. 155 ff.; siehe auch *Grawert*, Der Staat, Bd. 12, 1973, S. 289 ff.). Über die Staatsangehörigkeit enthält das Viermächteabkommen keinerlei ausdrückliche Bestimmungen. Zwar heißt es in dem Abkommen, u.a., daß »diese Sektoren so wie bisher kein Bestandteil (konstitutiver Teil) der Bundesrepublik Deutschland sind und auch weiterhin nicht von ihr regiert werden« (Teil II B des Viermächteabkommens) und daß die Bundesrepublik Deutschland die konsularische Betreuung für Personen mit ständigem Wohnsitz in den Westsektoren Berlins ausüben kann (Anlage IV, Abschn. A Ziff. 2a des Abkommens). Die im Viermächteabkommen abgegebene Garantie der Bindungen zwischen den Westsektoren Berlins und der Bundesrepublik (Teil II B des Abkommens) umfaßt jedoch – zumindest unausgesprochen – auch den Bereich der Staatsangehörigkeit. Hinzuweisen ist in diesem Zusammenhang vor allem auf das Schreiben der Botschafter der drei Westmächte an den deutschen Bundeskanzler vom 3. 9. 1971 zum Viermächteabkommen über Berlin (Beilage zum Bundesanzeiger Nr. 174 vom 15. 9. 1972, S. 61), das u.a. die Mitteilung enthält, wonach das Berlinabkommen mit dem auch auf die Staatsangehörigkeit Bezug nehmenden Schreiben vom 26. 5. 1952 i. d. F. des Briefes vom 23. 10. 1954 übereinstimmt (vgl. BGBl. 1955 II, S. 500). In diesem Schreiben wird zur Wahrung der Rechtseinheit erklärt: Die drei Mächte »werden keine Einwände dagegen erheben, daß Berlin gemäß einem angemessenen, von der Alliierten Kommandantur zugelassenen Verfahren die Gesetzgebung der Bundesrepublik Deutschland übernimmt, insbesondere die Gesetzgebung über Staatsangehörigkeit«. Das besatzungsrechtliche Gegenstück zu diesem Schreiben ist die Erklärung über Berlin der Alliierten Kommandantur vom 5. 5. 1955, in der neben anderen Sachgebieten die »Staatsangehörigkeit« angeführt wird, die im Wege eines Transformationsaktes des Berliner Landesgesetzgebers übernommen werden darf.

Die Zielsetzung der alliierten Schreiben, nämlich die Rechtseinheit zu wahren, muß als eindeutig angesehen werden (vgl. auch *Ipsen*, Jahrbuch für Internationales Recht, Bd. 16, 1973, S. 296 ff.). Die Wahrung der Rechtseinheit auf dem Gebiet der Staatsangehörigkeit kann nichts anderes bedeuten als die Beibehaltung einer gemeinsamen Staatsangehörigkeit der Bürger West-Berlins und der Bürger der Bundesrepublik Deutschland.

Daß auch durch den zwischen der Bundesrepublik Deutschland und der DDR am 21. 12. 1972 abgeschlossenen Grundlagenvertrag (BGBl. 1973 II, S. 421) die Rechtslage des Landes Berlin nicht geändert worden ist, hat das BVerfG in der bereits erwähnten Entscheidung vom 31. 7. 1973 (BVerfGE 36, I [32]) ausdrücklich festgestellt. Zum Grundlagenvertrag hat die Bundesrepublik eine Protokollerklärung abgegeben, daß Staatsangehörigkeitsfragen durch den Vertrag nicht geregelt worden sind. Dem steht auch eine Erklärung der DDR gegenüber, nach der diese davon ausgeht, daß der Vertrag eine Regelung der Staatsangehörigkeitsfragen erleichtern wird (*Zivier*, Dokumente, S. 376). Diese Formulierung zeigt, daß selbst nach der Auffassung der DDR die

Fragen der Staatsangehörigkeit noch regelungsbedürftig, also durch den Grundlagenvertrag nicht geregelt worden seien ...

Nr. 52 VG Stuttgart 1. 2. 1978 (VII 196/76) NJW 1978, 2465

Die Kl. wurde 1974 in der Bundesrepublik geboren. Ihr Vater ist zypriotischer Staatsangehöriger. Ihre Mutter wurde 1947 in der heutigen DDR geboren. Die Eltern der Kl. schlossen 1971 in der DDR die Ehe. Danach übersiedelten sie nach Zypern. Dort wurde ihr auf ihren Antrag die zypriotische Staatsangehörigkeit verliehen und ein zypriotischer Paß ausgestellt. 1974 übersiedelte die Mutter der Kl. in die Bundesrepublik. Unter dem 27. 2. 1975 gab die Mutter der Kl. für diese beim Landratsamt E. die Erklärung ab, deutsche Staatsangehörige werden zu wollen. Der Antrag wurde mit der Begründung abgelehnt, die Mutter der Kl. habe im Zeitpunkt der Geburt der Kl. durch den freiwilligen Erwerb einer ausländischen Staatsangehörigkeit die deutsche Staatsangehörigkeit nicht besessen. Die nach erfolglosem Widerspruch erhobene Klage hatte Erfolg.

Die Kl. hat die deutsche Staatsangehörigkeit gemäß Art. 3 des Gesetzes zur Änderung des Reichs- und Staatsangehörigkeitsgesetzes – RuStAÄndG – vom 20. 12. 1974 (BGBl. I, 3714) erworben. Nach dieser Vorschrift erwirbt das nach dem 31. 3. 1953, aber vor dem Inkrafttreten des Reichs- und Staatsangehörigkeitsgesetzes (1. 1. 1975) ehelich geborene Kind einer Mutter, die im Zeitpunkt der Geburt des Kindes Deutsche war, durch die Erklärung, deutsche Staatsangehörige werden zu wollen, die Staatsangehörigkeit, wenn es durch die Geburt die deutsche Staatsangehörigkeit nicht erworben hat. Der Erwerb der deutschen Staatsangehörigkeit wird wirksam mit der Entgegennahme der schriftlichen Erklärung durch die Einbürgerungsbehörde. Zum Nachweis des Erwerbs der deutschen Staatsangehörigkeit ist von dieser Behörde eine Urkunde auszufertigen.

Die Kl. hatte die deutsche Staatsangehörigkeit nicht schon durch Geburt erworben. § 4 I Nr. 12 RuStAG in der ab 1. 1. 1975 geltenden Fassung des Gesetzes zur Änderung des Reichs- und Staatsangehörigkeitsgesetzes 1974 (BGBl. I, 3714), wonach das eheliche Kind die deutsche Staatsangehörigkeit durch die Geburt erwirbt, wenn ein Elternteil Deutscher ist, ist auf die Kl. nicht anwendbar, weil diese vor dem 1. 1. 1975 geboren ist. Rückwirkend kann die neue Fassung dieser Vorschrift nicht angewendet werden, denn die gleichzeitige Einführung des Erwerbs der deutschen Staatsangehörigkeit durch Erklärung für vor dem 1. 1. 1975 geborene eheliche Kinder in Art. 3 I RuStAÄndG zeigt, daß der Gesetzgeber der Neufassung von § 4 RuStAG keine Rückwirkung beilegen wollte, vielmehr die unterschiedliche Rechtslage nach der alten und der neuen Fassung der Vorschrift durch den Erwerbstatbestand in Art. 3 RuStAÄndG für die Zeit vor dem 1. 1. 1975 ausgleichen wollte. Die Frage, ob die Mutter der Kl. im Zeitpunkt der Geburt der Kl. Deutsche war, kann daher *im Rahmen von § 4 I Nr. 1 RuStAG n. F.* nicht geprüft werden.

Nach § 4 I RuStAG a. F. hat die Kl. die deutsche Staatsangehörigkeit nicht erworben, da die Voraussetzungen dieser Vorschrift nicht vorlagen. Die deutsche Staatsangehörigkeit der Mutter der Kl. – wenn sie gegeben ist – wäre nur maßgeblich, wenn die Kl. sonst staatenlos geworden wäre; die Kl. hat jedoch die zypriotische Staatsangehörigkeit erworben. Im übrigen hätte die Kl. als eheliches Kind nur dann die deutsche Staatsangehörigkeit durch Geburt erworben, wenn ihr Vater Deutscher gewesen wäre. Bei der Frage, ob die Kl. die deutsche Staatsangehörigkeit durch die Erklärung gemäß

Art. 3 I RuStAÄndG erworben hat, ist zwischen den Beteiligten allein streitig, ob die Mutter der Kl. im Zeitpunkt der Geburt der Kl. Deutsche war. Alle übrigen Voraussetzungen für einen Erwerb nach Art. 3 RuStAÄndG liegen vor. Die Erklärung wurde fristgerecht (Art. 3 VI RuStAÄndG) abgegeben ...

In der entscheidenden Frage dieses Rechtsstreites kommt die Kammer zu dem Ergebnis, daß die Mutter der Kl. im Zeitpunkt der Geburt der Kl. Deutsche i.S. von Art. 3 I RuStAÄndG war. Die Mutter der Kl. hat – davon kann ausgegangen werden – durch Geburt die deutsche Staatsangehörigkeit gemäß den damals noch im Gebiet der DDR geltenden Vorschriften des Reichs- und Staatsangehörigkeitsgesetzes erworben. An dem Besitz der deutschen Staatsangehörigkeit i.S. von § 1 RuStAG hat sich – jedenfalls aus der Sicht der Bundesrepublik – durch die Einführung einer besonderen Staatsbürgerschaft der DDR durch das Staatsbürgerschaftsgesetz der DDR vom 20. 1. 1967 (GBl. DDR I, 3) nichts geändert.

Nach § 1a DDR-StaatsbürgerschaftsG hat die Mutter der Kl. die DDR-Staatsbürgerschaft erworben und diese – jedenfalls im Zeitpunkt der Geburt der Kl. – innegehabt, denn soweit ersichtlich, ist ein Verlust dieser Rechtsstellung weder nach einem der Tatbestände der §§ 10–13 DDR-StaatsbürgerschaftsG noch nach dem DDR-Gesetz zur Regelung von Fragen der Staatsbürgerschaft vom 16. 10. 1972 eingetreten. Aufgrund des Besitzes der DDR-Staatsbürgerschaft in dem nach Art. 3 I RuStAÄndG maßgeblichen Zeitpunkt hat die Mutter der Kl. die deutsche Staatsangehörigkeit i.S. von § 1 RuStAG durch den Erwerb der zypriotischen Staatsangehörigkeit nicht verloren.

Nach § 25 RuStAG verliert ein Deutscher, der im Land weder seinen Wohnsitz noch seinen dauernden Aufenthalt hat, seine Staatsangehörigkeit mit dem Erwerb einer ausländischen Staatsangehörigkeit, wenn dieser Erwerb auf seinen Antrag erfolgt. Die Staatsangehörigkeit verliert nicht, wer vor dem Erwerbe der ausländischen Staatsangehörigkeit auf seinen Antrag die schriftliche Genehmigung der zuständigen Behörde seines Heimatstaates zur Beibehaltung seiner Staatsangehörigkeit erhalten hat.

Die Mutter der Kl. hat nach ihrer Übersiedlung nach Zypern die zypriotische Staatsangehörigkeit *auf ihren Antrag* erworben ...

Die Frage, ob damit die Voraussetzungen des § 25 I RuStAG in der Person der Mutter der Kl. vorgelegen haben, brauchte nicht entschieden zu werden, wenn diese vor dem Erwerb der zypriotischen Staatsangehörigkeit gemäß § 25 II RuStAG die Genehmigung zur Beibehaltung ihrer deutschen Staatsangehörigkeit erhalten hätte. Das ist jedoch nicht der Fall ...

Die Genehmigung nach § 25 II RuStAG kann nicht deshalb angenommen werden, weil nach dem DDR-Staatsbürgerschaftsgesetz der Erwerb einer ausländischen Staatsangehörigkeit nicht zwangsläufig zum Verlust der DDR-Staatsbürgerschaft führt, dieses Gesetz also einen § 25 I RuStAG entsprechenden Verlusttatbestand nicht kennt (vgl. §§ 9–14 DDR-StaatsbürgerschaftsG). Unabhängig von der Frage, ob und inwieweit von der DDR vorgenommene Staatsangehörigkeitsregelungen in der Bundesrepublik Deutschland zu beachten sind, ist die Vorschrift des § 25 II RuStAG nicht geeignet, die in beiden deutschen Staaten unterschiedlichen Rechtsfolgen des Erwerbs einer ausländischen Staatsangehörigkeit auszugleichen. Die DDR ist nicht »Heimatstaat« i.S. dieser Vorschrift, denn dies setzt ein staatsrechtliches (bundesrechtliches) Verhältnis in der Weise voraus, daß innerhalb eines Gesamtstaates, dem die Gesetzgebungskompetenz über die Staatsangehörigkeit zusteht, ein *Gliedstaat* die Befugnis zu der

Ausnahmegenehmigung im Einzelfall hat. Wie immer das »besondere« Verhältnis der beiden deutschen Staaten zueinander und zu »Deutschland als Ganzem« zu beurteilen ist, so kann jedenfalls ein Verhältnis, wie es § 25 II RuStAG zugrunde liegt, hinsichtlich der DDR nicht festgestellt werden. Die DDR ist weder Gliedstaat der Bundesrepublik Deutschland noch Gliedstaat des deutschen Gesamtstaates. Dieser ist zwar – nach der in der Bundesrepublik verbindlichen Rechtsauffassung – nicht untergegangen, ist jedoch nicht organisiert und daher handlungsunfähig (BVerfGE 36, 1 = NJW 1973, 1539). Schon aus diesen Erwägungen ist die Anwendung des § 25 II RuStAG in diesem und ähnlichen Fällen ausgeschlossen, so daß der Frage nicht mehr nachgegangen zu werden braucht, ob die von § 25 I RuStAG abweichende *gesetzliche* Regelung in der DDR als Einzelfall- und Ausnahmeentscheidung i.S. von § 25 II RuStAG angesehen werden kann.

Es ist daher im vorliegenden Fall zu entscheiden, ob bei der Mutter der Kl. die Voraussetzungen des § 25 I RuStAG für den Verlust der deutschen Staatsangehörigkeit vorgelegen haben, insbesondere ob ihr Antrag auf Erwerb der zypriotischen Staatsangehörigkeit als ein Antrag i.S. dieser Vorschrift angesehen werden kann.

Zweck des § 25 I RuStAG ist es, Mehrstaatigkeit zu vermeiden, um die damit möglicherweise verbundene Pflichtenkollision nicht entstehen zu lassen. Dieser Zweck würde es an sich rechtfertigen, die Rechtsfolge des Verlustes der deutschen Staatsangehörigkeit an jedwede Art des Erwerbs einer ausländischen Staatsangehörigkeit zu knüpfen. Diesen Weg geht die Vorschrift aber nicht. Vielmehr tritt der Verlust nur dann ein, wenn der Erwerb der ausländischen Staatsangehörigkeit auf dem Antrag des Betreffenden beruht, also durch eine freie, unmittelbar auf den Erwerb der anderen Staatsangehörigkeit gerichtete Willensentscheidung bewirkt wird. In der freien Entscheidung für die ausländische Staatsangehörigkeit sieht das Gesetz zugleich die freie Entscheidung gegen die deutsche Staatsangehörigkeit. Es geht davon aus, daß derjenige, der freiwillig eine andere Staatsangehörigkeit erwirbt, sich in einem solchen Maße mit dieser identifiziert, daß er freiwillig den Verlust der deutschen Staatsangehörigkeit zumindest in Kauf nimmt; das Bewußtsein von und das Einverständnis mit dem Verlust werden vom Gesetz aufgrund des Antrags auf Erwerb der ausländischen Staatsangehörigkeit gleichsam vermutet, so daß es grundsätzlich auf die individuelle Motivation dessen, der den Tatbestand des § 25 I RuStAG erfüllt, nicht mehr ankommt.

Hingegen ist die rechtliche und tatsächliche Situation von DDR-Bürgern, die eine ausländische Staatsangehörigkeit erwerben wollen, wesentlich anders. Für sie gilt zumindest in tatsächlicher Weise – also unabhängig von einer Anerkennung in der Bundesrepublik – das DDR-Staatsbürgerschaftsgesetz und nicht mehr das Reichs- und Staatsangehörigkeitsgesetz. An den Regelungen jenes Gesetzes und nicht mehr an denen des Reichs- und Staatsangehörigkeitsgesetzes richten sie – seit nunmehr 10 Jahren – ihr Verhalten in Fragen der Staatsangehörigkeit aus. Sie müssen dies tun, weil die (gesamt)deutsche Staatsangehörigkeit i.S. von Art. 16 I, 116 I GG in der Rechtswirklichkeit der DDR nicht mehr besteht und Partei- und Staatsführung der DDR alles tun, um diese deutsche Staatsangehörigkeit aus dem Rechtsbewußtsein der DDR-Bevölkerung zu verdrängen. An dieser Lebenswirklichkeit ginge man vorbei, wollte man bei DDR-Bürgern (zumal bei solchen, die nach 1945 geboren sind) voraussetzen oder erwarten, daß sie sich in den sie betreffenden Fragen der Staatsangehörigkeit auch oder gar in erster Linie an dem in der Bundesrepublik geltenden Staatsangehörigkeitsrecht orientieren. Dagegen spricht schon, daß dieses Recht mit seinen Erwerbs- und Verlusttatbeständen in der DDR-Bevölkerung weitgehend unbekannt (geworden) sein wird und die Möglichkeit, sich darüber zu informieren, fehlt oder sehr erschwert ist. Es kann wohl zwar davon ausgegangen werden, daß bei einem beträchtlichen Teil der DDR-Bevölkerung noch das Bewußtsein besteht, Angehörige der deutschen Nation zu sein (vgl. dazu Materialien zum Bericht zur Lage der Nation 1974, hrsg. vom Bundesministerium für innerdeutsche Beziehungen, S. 66ff.); schwerlich aber kann angenommen werden, daß dieses Bewußtsein auch den Fortbestand und die Verbindlichkeit einer gesamtdeutschen Staatsangehörigkeit umfaßt.

Wenn demnach nicht nur in der Rechtswirklichkeit der DDR, sondern auch – wofür vieles spricht – im Rechtsbewußtsein der DDR-Bevölkerung die Bestimmungen des Reichs- und Staatsangehörigkeitsgesetzes – insbesondere die Erwerbs- und Verlusttatbestände – keine Geltung mehr haben, sondern das Verhalten der DDR-Bevölkerung sich nach den Regelungen des DDR-Staatsbürgerschaftsgesetzes richtet, so steht der DDR-Bürger, der eine ausländische Staatsangehörigkeit erwerben will, nicht vor der Alternative des § 25 I RuStAG. Sein Antrag auf Erwerb der anderen Staatsangehörigkeit ist nicht zugleich eine Entscheidung gegen die DDR-Staatsbürgerschaft, weil in diesem Fall nach dem DDR-Staatsbürgerschaftsgesetz der Verlust nicht kraft Gesetzes eintritt. Da für den DDR-Bürger die DDR-Staatsbürgerschaft die maßgebliche *deutsche* Staatsangehörigkeit ist und nach Lage der Dinge sein muß, kann in dem Erwerbsantrag nicht zugleich eine freiwillige Abwendung von der deutschen Staatsangehörigkeit i.S. von § 25 I RuStAG gesehen werden. Der oben dargelegte Sinn der Vorschrift trifft daher auf die Situation des DDR-Bürgers nicht zu. Nach seiner Interessenlage ist sein Antrag auf Erwerb einer ausländischen Staatsangehörigkeit dem entsprechenden Antrag i.S. von § 25 I RuStAG nicht gleichzusetzen, denn er nimmt den Verlust der für ihn – jedenfalls tatsächlich – maßgeblichen deutschen Staatsangehörigkeit, nämlich der DDR-Staatsbürgerschaft, nicht in Kauf. Er bleibt Angehöriger eines deutschen Staates und verliert diese Rechtsstellung nur dann, wenn er gemäß § 10 I DDR-Staatsbürgerschaftsgesetz auf seinen Antrag aus der Staatsbürgerschaft der DDR entlassen wird.

Entsprechend dieser Interessenlage hat sich die Mutter der Kl. vor dem Erwerb der zypriotischen Staatsangehörigkeit bei der DDR-Vertretung in Zypern vergewissert, daß durch diesen Erwerb ihre DDR-Staatsbürgerschaft nicht berührt wird; mögliche Rechtsfolgen nach den Vorschriften des Reichs- und Staatsangehörigkeitsgesetzes hat sie offensichtlich nicht in ihre Überlegungen einbezogen. Es bleibt allerdings die Frage, ob bei der Auslegung und Anwendung des in der Bundesrepublik geltenden Staatsangehörigkeitsrechtes jedenfalls – im Rahmen von § 25 I RuStAG – die dargelegte besondere Situation der DDR-Bürger zu berücksichtigen ist. Da diese Situation auf der Existenz einer besonderen DDR-Staatsbürgerschaft mit teilweise abweichenden Erwerbs- und Verlusttatbeständen beruht, stellt sich die Frage dahin, ob und ggf. in welchem Umfang Rechtsakte und Rechtstellungen nach dem DDR-Staatsbürgerschaftsgesetz mit Wirkung für das in der Bundesrepublik geltende Staatsangehörigkeitsrecht anzuerkennen sind. Ist diese Frage ohne Einschränkung zu verneinen, so wäre es unbeachtlich, daß die Mutter der Kl. ihre DDR-Staatsbürgerschaft durch den Erwerb der zypriotischen Staatsangehörigkeit nicht verloren hat.

Die Kammer vermag aber einer solchen Auffassung ... nicht zu folgen. Damit würde eine Rechtswirklichkeit total negiert, die für die DDR-Bevölkerung seit 10 Jahren maßgeblich ist und aller Voraussicht nach für längere Zeit bleiben wird, denn es spricht nicht dafür, daß die DDR auf ihre besondere Staatsbürgerschaft zugunsten der einheitlichen deutschen Staatsangehörigkeit verzichten wird. Eine Rechtsauffassung, die sich in derartiger Weise zur Wirklichkeit in Widerspruch setzt, muß schon deshalb ernstlichen Zweifeln begegnen. Diese Rechtsauffassung wird auch nicht von dem Grundsatz geboten, daß die einheitliche deutsche Staatsangehörigkeit i. S. von Art. 16, 116 GG, § 1 RuStAG in beiden deutschen Staaten fortbesteht und durch keine Maßnahme, die der Bundesrepublik zuzurechnen ist, beeinträchtigt werden darf (vgl. BVerfGE 36, 1 [30]=NJW 1973, 1539). Danach muß allerdings solchen Rechtsakten der DDR die Anerkennung in der Bundesrepublik versagt werden, die gegen das Verbot, die deutsche Staatsangehörigkeit abzuerkennen (Art. 16 I 1 GG), verstoßen (vgl. z. B. § 13 DDR-StaatsbürgerschaftsG). Soweit jedoch nicht der Verlust durch Maßnahmen der DDR in Rede steht, sondern die DDR den Erwerb oder die Fortdauer ihrer Staatsbürgerschaft abweichend von den Bestimmungen des Reichs- und Staatsangehörigkeitsgesetzes regelt, ist ein hinreichender Grund für eine *grundsätzliche* Nichtanerkennung dieser Regelungen nicht gegeben.

Insoweit muß vielmehr sogar ein entgegengesetztes Interesse angenommen werden. Der Erwerb der DDR-Staatsbürgerschaft, durch den nicht zugleich ein Erwerbstatbestand nach dem Recht der Bundesrepublik erfüllt wird, sowie der Verlust der deutschen Staatsangehörigkeit bei Fortbestand der DDR-Staatsbürgerschaft führt zur Unterscheidung von zwei Gruppen in der DDR-Bevölkerung; einerseits diejenigen, die *auch* deutsche Staatsangehörige (nach dem in der Bundesrepublik geltenden Recht) sind, und andererseits diejenigen, die lediglich die DDR-Staatsbürgerschaft besitzen. Es liegt auf der Hand, daß eine solche Entwicklung im Widerspruch zu dem Prinzip des Fortbestandes einer einheitlichen deutschen Staatsangehörigkeit steht. Daher bedeutet sie auch ein Hindernis für die Verwirklichung der verfassungsrechtlichen Wiedervereinigungsgebote (vgl. BVerfGE 36, 1 [17 ff.]= NJW 1973, 1539). Darf die DDR für die Bundesrepublik nicht Ausland sein, so darf die Bundesrepublik deren Bürger weder ganz noch teilweise als Ausländer behandeln.

In seinem Urteil vom 31. 7. 1973 hat das BVerfG den Grundsatz ausgesprochen, »daß – unbeschadet jeder Regelung des Staatsangehörigkeitsrechtes in der DDR – die Bundesrepublik Deutschland jeden Bürger der DDR, der in den Schutzbereich der Bundesrepublik und ihre Verfassung gerät, gemäß Art. 116 I und 16 GG als Deutschen wie jeden Bürger der Bundesrepublik behandelt« (BVerfGE 36, 1 [31]=NJW 1973, 1539). Dieser Grundsatz dient zwar in erster Linie dem Schutz von DDR-Bürgern vor dem Verlust der deutschen Staatsangehörigkeit durch Maßnahmen der DDR. Seine uneingeschränkte und vorbehaltslose Formulierung deutet jedoch darauf hin, daß es geboten sein kann oder jedenfalls zulässig ist, »positive« Regelungen oder Rechtsakte der DDR – nämlich solche, die den Erwerb oder die Beibehaltung der DDR-Staatsbürgerschaft zum Gegenstand haben – bei der Auslegung und Anwendung des in der Bundesrepublik geltenden Staatsangehörigkeitsrechtes zu beachten.

Die Verbindlichkeit bestimmter Regelungen und Rechtsakte der DDR auf dem Gebiet des Staatsangehörigkeitswesens für die Bundesrepublik bedeutet nicht die *völkerrechtliche* Anerkennung der DDR-Staatsbürgerschaft als einer von der deutschen Staatsangehörigkeit abgehobenen Staatsangehörigkeit eines zweiten deutschen Staates; dagegen bestünden erhebliche Bedenken im Hinblick auf das Wiedervereinigungsgebot des Grundgesetzes (vgl. *Tiemann*, DÖV 1972, 73). Jedoch ist zwischen der völkerrechtlichen Anerkennung und der gänzlichen Nichtbeachtung eine mittlere Lösung möglich, die das mit jenen beiden Positionen verbundene Auseinanderbrechen der deutschen

Staatsangehörigkeit wenn nicht vermeidet, so doch weitgehend vermindert. Für eine solche Lösung sind verschiedene rechtsdogmatische Wege vorgeschlagen worden (vgl. *Tiemann*, a.a.O.; *Zieger*, Das Staatsbürgerschaftsgesetz der DDR, 1969, S. 28ff.). Für den überzeugendsten hält die Kammer jenen, der die Regelungen der DDR aufgrund von deren beschränkter Rechtsmacht nur als Modifikationen der (gesamt)deutschen Staatsangehörigkeit ansieht, die im Wege der Transformation – ohne Rücksicht auf den entgegenstehenden Willen der DDR – zu gesamtdeutschen Staatsangehörigkeitsakten werden; auf die nähere Begründung bei *Tiemann* (a.a.O.) kann verwiesen werden.

Nicht zu entscheiden braucht die Kammer die Frage, wo jeweils die Grenze für die Anerkennung – etwa bei Einbürgerungen durch die DDR – zu ziehen ist, und welche Interessen der Bundesrepublik ihr *im Einzelfall* entgegenstehen können. Im hier zu entscheidenden Fall kommt allein der (oben dargelegte) Zweck des § 25 I RuStAG, Mehrstaatigkeit zu vermeiden, in Betracht. Dieser Zweck ist zwar von erheblichem Gewicht und hat auch völkerrechtliche Anerkennung gefunden (vgl. das Europaratübereinkommen zur Verringerung der Mehrstaatigkeit vom 6. 5. 1963). Ihm kann aber nicht solche Bedeutung zukommen, daß ihm gegenüber das Bestreben, ein Auseinanderbrechen der deutschen Staatsangehörigkeit zu vermeiden, zurückzutreten hätte, denn dieses Bestreben folgt – wie dargelegt – aus dem verfassungsrechtlichen Wiedervereinigungsgebot, das alle Verfassungsorgane der Bundesrepublik verpflichtet, in ihrer Politik auf die Erreichung dieses Zieles hinzuwirken und alles zu unterlassen, was die Wiedervereinigung vereiteln würde (vgl. BVerfGE 36, 1=NJW 1973, 1539). Im übrigen sind in § 25 II RuStAG Ausnahmen von dem Grundsatz der Vermeidung von Mehrstaatigkeit vorgesehen.

Nach allem muß das Fehlen eines Verlusttatbestandes im DDR-Staatsbürgerschaftsgesetz, der § 25 I RuStAG entspricht, als beachtlich für die Auslegung und Anwendung dieser Vorschrift angesehen werden. Dies hat zur Folge, daß der Antrag der Mutter der Kl. auf Erwerb der zypriotischen Staatsangehörigkeit nicht Antrag i.S. von § 25 I RuStAG ist, so daß die Voraussetzungen für den Verlust der deutschen Staatsangehörigkeit nach dieser Vorschrift bei der Mutter der Kl. nicht vorgelegen haben, diese vielmehr im Zeitpunkt der Geburt der Kl. Deutsche i.S. von Art. 3 I 1 RuStAÄndG war. Die Kl. hat damit die deutsche Staatsangehörigkeit erworben; ihr ist gemäß Art. 3 III 2 RuStAÄndG darüber die Urkunde zu erteilen.

Nr. 53 OLG Oldenburg 2. 2. 1978 (Ausl. 3/77) NJW 1978, 1120

Der Verfolgte ist jugoslawischer Staatsangehöriger. Am 7. 3. 1973 reiste er legal mit einem gültigen jugoslawischen Reisepaß aus seinem Heimatland aus und am 20. 7. 1973 nach einem Aufenthalt in Österreich in die Bundesrepublik Deutschland ein. Er war als Tourist bereits im Juli 1969 und in Unterbrechung seines Aufenthalts in Österreich im März 1973 in die Bundesrepublik eingereist. Mit Schreiben vom 6. 8. 1973 wandte sich der Verfolgte erstmals mit der Bitte um Hilfe an die Ausländerbehörde. Sein Begehren, als Asylberechtigter anerkannt zu werden, ist bislang erfolglos geblieben. Das VG hat die Klage abgewiesen. Über die Berufung hat der VGH München noch nicht entschieden. Die jugoslawische Botschaft hat eine Note überreicht, nach der um Auslieferung des Verfolgten nach Jugoslawien zum Zwecke der Strafverfolgung ersucht wird. Ihm wird eine Veruntreuung zur Last gelegt.

Der Verfolgte hat sich bei seinen richterlichen Vernehmungen mit der Auslieferung nach Jugoslawien nicht einverstanden erklärt. Ferner hat er die ihm in diesem Verfahren vorgeworfene Tat bestritten. Auch sei das auf andere Weise entstandene Defizit ausgeglichen worden. Insbesondere müsse er befürchten, unter dem Vorwand angeblich begangener auslieferungsfähiger Straftaten, unter anderem auch deshalb bestraft zu werden, weil er in der Bundesrepublik Deutschland um politisches Asyl nachgesucht habe. Der polizeilich vorläufig festgenommene Verfolgte befindet sich in Auslieferungshaft. Der Antrag der StA, die Auslieferung für zulässig zu erklären, hatte Erfolg.

Die Auslieferung ist zulässig. Der Verfolgte ist nicht deutscher, sondern jugoslawischer Staatsangehöriger. Der ersuchende Staat hat mit den vorgelegten Urkunden dargetan, daß der Betroffene in Jugoslawien wegen einer rechtswidrigen Tat verfolgt wird und daß dort gegen ihn deswegen Vorhaft angeordnet worden ist (§§ 1, 5 DAG). Die in Rede stehende Tat ist nach jugoslawischem Recht mit einer Freiheitsstrafe im Höchstfalle mit mindestens einem Jahr oder mit einer schwereren Strafe bedroht, wie es Art. 2 I des Vertrages zwischen der Bundesrepublik Deutschland und der Sozialistischen Föderativen Republik Jugoslawien über die Auslieferung vom 26. 11. 1970 (BGBl. 1974 II, 1258) erfordert. Dabei ist rechtlich ohne Belang, daß der Beschluß des Kreisgerichts N. vom 23. 6. 1973 die damals in Betracht kommenden gesetzlichen Strafbestimmungen der Plünderung (Art. 255 Satz 1) sowie der Veruntreuung (Art. 322 Satz 2) des jugoslawischen StGB anführt, während nach Art. 4 Satz 2 des am 1. 7. 1977 in Kraft getretenen Strafgesetzbuchs der Sozialistischen Republik Jugoslawien nun die entsprechenden Bestimmungen des Strafgesetzbuches der Sozialistischen autonomen Landschaft V als das mildere Gesetz zur Prüfung heranzuziehen sind. Auch diese Bestimmungen erfüllen die erforderlichen Voraussetzungen . . .

Die in Rede stehende Tat wäre auch nach deutschem Recht als Unterschlagung (§ 246 BGB) oder als Untreue (§ 266 BGB) im Höchstfalle mit mindestens einem Jahr bedroht.

Für die Annahme eines Hindernisses zur Strafverfolgung infolge Verjährung fehlt jeder Anhalt. Nach Art. 1 und 2 dt.-jugosl. Auslieferungsvertrag (Auslievertr.) im Zusammenhang mit dem Gesetz zu diesem Vertrage vom 2. 10. 1974 (BGBl. 1974 II, 1257–1268) besteht demnach eine Auslieferungsverpflichtung. Die Befürchtung des Betroffenen, er könne wegen politischer Taten verfolgt werden, ist nicht begründet. Denn Gegenseitigkeit und Spezialität sind zugesichert. Nach Art. 25 dt.-jugosl. Auslievertr. darf der Ausgelieferte wegen einer anderen, vor der Übergabe begangenen Handlung als derjenigen, die der Auslieferung zugrunde liegt, nur verfolgt, abgeurteilt, in Haft gehalten oder einer sonstigen Beschränkung seiner persönlichen Freiheit unterworfen werden, wenn der Staat, der ihn ausgeliefert hat, zustimmt oder der Ausgelieferte, obwohl er dazu die Möglichkeit hatte, das Hoheitsgebiet des Staates, an den er ausgeliefert worden ist, innerhalb von 45 Tagen nach seiner endgültigen Freilassung nicht verlassen hat, oder wenn er nach Verlassen dieses Hoheitsgebietes dorthin zurückgekehrt ist. Darüber hinaus hat das jugoslawische Bundessekretariat für Gerichtsbarkeit und Organisation der Bundesverwaltung in seinem Auslieferungsersuchen vom 16. 9. 1977 ausdrücklich die absolute Einhaltung des Spezialitätsprinzips, wie dies nach Art. 25 des Auslieferungsabkommens vorgeschrieben ist, zugesichert. Der Senat vermag die Auffassung des OLG Hamm (GA 1978, 18), wonach der Grundsatz der Spezialität keinen Schutz dagegen biete, daß politische Zwecke maßgebenden Einfluß bei der Strafzumessung erlangen, nicht beizupflichten.

Der Grundsatz der Spezialität verbietet es, strafbare Handlungen, für welche die Auslieferung nicht bewilligt ist, strafschärfend zu berücksichtigen. Dasselbe gilt erst recht für die Berücksichtigung anderer Umstände, die nicht durch den sachlichen Beweggrund der Verbrechensbekämpfung gedeckt sind (*Vogler*, GA 1978, 2). Zwar mag es zutreffen, daß die Möglichkeit nicht auszuschließen ist, daß politische Zwecke Einfluß bei der Strafzumessung erlangen können. Es gibt aber gegenwärtig keine tatsächlichen Anhaltspunkte, an der Beachtung des Spezialitätsprinzips durch Jugoslawien zu zweifeln. Das entspricht der ausdrücklichen Auffassung des BVerfG (BVerfGE 38, 398 [402, 404]=NJW 1975, 1067 sowie des BGH (NJW 1977, 1599 [1600]). Daß beiden Entscheidungen vollstreckbare Strafurteile jugoslawischer Gerichte zugrunde lagen, vermag den Grundsatz der Vertragstreue durch Jugoslawien nicht ernstlich in Zweifel zu ziehen. Zutreffend macht *Vogler* (GA 1978, 2) geltend, daß mit den – durch keinen tatsächlichen Anhaltspunkt belegten – Zweifeln an der Vertragstreue des ersuchenden Staates das Gericht nicht Auslieferungsrecht anwende, sondern sich Auslieferungspolitik anmaße. Das kann nicht Aufgabe ordentlicher, an Recht und Gesetz gebundener Gerichte sein. Auch trifft die Auffassung des OLG Hamm nicht zu, daß der Grundsatz der Spezialität in *keiner* Weise Schutz dagegen biete, daß politische Zwecke Einfluß bei der Strafzumessung erlangen. Gerade der Deutsch-Jugoslawische Auslieferungsvertrag bietet über die formelle Sicherheit der Spezialitätsgarantie hinaus auch Kontrollmöglichkeiten, die eine materielle Gewährleistung des Prinzips sicherstellen. Der ersuchte Staat kann nach Art. 28 dt.-jugoslaw. Ausliefvertr. verlangen, über das Ergebnis des Strafverfahrens gegen den Ausgelieferten durch Übersendung einer Abschrift der rechtskräftigen Entscheidung unterrichtet zu werden. Art. 39 dieses Vertrages sieht für den Fall von Meinungsverschiedenheiten die Einsetzung eines Schiedsgerichts vor. Insoweit muß es allerdings der Entschließung des Verfolgten, seiner Angehörigen oder seines Verteidigers überlassen bleiben, sich an die Bundesregierung der Bundesrepublik Deutschland zu wenden, falls sie dahin gehende Maßnahmen für erforderlich oder zweckdienlich halten sollten.

Schließlich findet die Auffassung des Verfolgten, sein Begehren auf Anerkennung als Asylberechtigter in der Bundesrepublik Deutschland habe die Einleitung des Strafverfahrens gegen ihn in Jugoslawien ausgelöst, in den bisherigen Feststellungen keine Stütze. Der Verfolgte hat sich erstmals mit dem Schreiben vom 6. 8. 1973 an eine deutsche Ausländerbehörde gewandt. Dagegen trägt der Beschluß des Kreisgerichts N. über die Einleitung der Untersuchung bereits das Datum vom 23. 6. 1973.

Da eine rechtlich begründete Erwartung besteht, daß die Sozialistische Föderative Republik Jugoslawien den völkerrechtlich vereinbarten Grundsatz der Spezialität beachten wird, war dem Antrage der StA zu entsprechen.

Nr. 54 VG Ansbach 2. 2. 1978 (XII [XI]/77) DÖV 1979, 63

Im vorliegenden Fall beruft sich der Kl. darauf, daß er in seinem Heimatstaat [Ägypten] als Kriegsdienstverweigerer [KDV] aus Gewissensgründen bestraft werde. Diese Bestrafung stellt für den Kl. eine politische Verfolgung im Sinn des Art. 16 Abs. 2 Satz 2 GG dar.

Das Grundrecht des Art. 4 Abs. 3 GG ist die verfassungsmäßige Niederlegung eines allgemeinen Menschenrechts. Diese Auffassung wird in der Literatur ganz allgemein vertreten (vgl. Bonner Komm., Erl. II 3 a zu Art. 4 GG; *von Mangoldt/Klein*, GG, Art. 4 Anm. VI 6 m. w. Hinw.) . . . Gleicher Ansicht ist auch der Wehrrechtssenat des BVerwG (BVerwGE 28, 244 ff., 250). Der BGH hat sich unter Hinweis auf dieses Urteil dieser Auffassung angeschlossen (NJW 1977, 1599 f.) . . . Die Kammer schließt sich dieser Auffassung an, daß das Grundrecht der Kriegsdienstverweigerung ein dem allgemeinen Grundrecht der Gewissensfreiheit entspringendes allgemeines Menschenrecht ist, das grundsätzlich auch dem Ausländer zugute kommt.

Dies bedeutet, daß die Bestrafung eines Asylbewerbers in seinem Heimatstaat als KDV aus Gewissensgründen i.S. des Art. 4 Abs. 3 GG eine asylrechtlich bedeutsame politische Verfolgung darstellt. Eine derartige Bestrafung stellt bereits unmittelbar einen Verstoß gegen Art. 1 Abs. 2 GK dar. Entspringt die Kriegsdienstverweigerung einer religiösen Grundüberzeugung, so stellt sich die Bestrafung als eine Verfolgung wegen der Religion des Asylbewerbers dar. Beruht die Gewissensentscheidung auf ethischen und humanitären Erwägungen, so muß man zum einen annehmen, daß insoweit die allgemeine sittliche und ethische Weltanschauung der religiösen Überzeugung gleichzustellen ist. Zumindest handelt es sich um eine Verfolgung wegen der politischen Überzeugung des Asylbewerbers; denn die politische Überzeugung umfaßt nicht nur die aktuelle Einstellung des Asylbewerbers zu der Staatsform und der Regierung des betreffenden Heimatstaates, sondern auch dessen innere Einstellung zum Staat und dessen Erscheinungsformen im gesamten. Im übrigen ist die Aufzählung in Art. 1 Abs. 2 GK nicht erschöpfend für den Begriff der politischen Verfolgung.

Hieraus folgt, daß Strafmaß und Strafhöhe der Bestrafung im Heimatstaat des Asylbewerbers grundsätzlich nicht von Bedeutung ist. Ebensowenig kommt es auch darauf an, ob, was im Einzelfall ohnedies kaum zu ermitteln wäre, eben wegen dieser besonderen religiösen oder weltanschaulichen Einstellung des KDV eine Strafschärfung vorgenommen würde. Maßgeblich ist allein, ob eine Bestrafung der gewissensmäßigen Einstellung als solche erfolgt. Eine Bestrafung mit einer Freiheitsstrafe ist eine solche Verfolgung, unabhängig von deren zeitlicher Dauer. Die Frage einer übermäßig harten und strengen Bestrafung ist somit in diesem Zusammenhang ohne Bedeutung. Sie könnte bei einer Bestrafung wegen Kriegsdienstverweigerung aus anderen Gründen als Gewissensgründen im Sinne des Art. 4 Abs. 3 GG von Bedeutung sein.

Mit dieser Auffassung steht die Kammer in Übereinstimmung mit der Rspr. auch des Asylsenats des BVerwG. Dieser hat entschieden (DVBl. 1963, 146=NJW 1962, 2267, sowie DÖV 1975, 286), daß bei einer wegen Kriegsdienstverweigerung zu befürchtenden Bestrafung zu unterscheiden ist, ob diese Bestrafung eine reine »Kriminalstrafe« wegen Verletzung staatsbürgerlicher Pflichten darstellt, oder ob sie sich als Verfolgung wegen einer der in Art. 1 Buchst. A Abs. 2 GK genannten Gründe darstellt. Eine derartige Verfolgung stellt die Bestrafung eines KDV dann dar, wenn dieser seine Entscheidung aus echten Gewissensgründen getroffen hat. Will dieser sich dem Wehrdienst aus anderen Überlegungen, etwa aus Bequemlichkeit, aus Furcht ums eigene Leben, aus familiären oder wirtschaftlichen Gründen entziehen, so ist in der Regel die für einen solchen Wehrdienstverweigerer zu erwartende Bestrafung asylrechtlich ohne Bedeutung. Dabei kann in diesem Zusammenhang und im vorliegenden Fall dahingestellt bleiben, ob eine asylrechtlich bedeutsame Verfolgung dann anzunehmen wäre, wenn die Kriegsdienstverweigerung einer konkret politischen gegen den Heimatstaat des Asylbewerbers gerichteten Überzeugung entspricht, wenn dieser etwa aus politischer Abneigung gegen seinen Heimatstaat und dessen Staatsgewalt sich dessen Institutionen entziehen will. Zumindest die anderen Gründe der genannten allgemeinen Art, die durchaus in sehr vielen Fällen zu einer Kriegsdienstverweigerung führen können, können, zumindest abgesehen von den Fällen einer menschenrechtswidrig harten und unverhältnismäßigen Bestrafung, nicht von Bedeutung sein.

Hieraus ergibt sich, daß im konkreten Einzelfall überprüft werden muß, ob der Asylbewerber, der sich auf eine Kriegsdienstverweigerung aus Gewissensgründen beruft, tatsächlich die Voraussetzungen des Art. 4 Abs. 3 GG erfüllt. Insoweit ist die zur Frage der Kriegsdienstverweigerung entwickelte Rspr. des BVerwG heranzuziehen ... (vgl. insbesondere BVerwG, a.a.O., sowie BVerwGE 12, 271; 23, 98; DÖV 1969, 361, sowie BVerwGE 41, 53 ff., 55).

Hiervon geht im Ergebnis auch der BayVGH in zahlreichen Urteilen aus (vgl. zuletzt etwa Urteil vom 7. 9. 1977 Nr. 135 X 1977), indem er im Einzelfall eine Überprüfung dahin gehend vornimmt, ob der jeweilige Asylbewerber eine solche ihn verpflichtende Entscheidung getroffen hat, insbesondere ob er auch den Kriegsdienst in jeder Form und in jedem Krieg ablehnt. Die Kammer steht insoweit auch im Einklang mit der Rspr. der II. Kammer dieses Gerichts, die ebenfalls eine derartige Gewissensüberprüfung vornimmt (vgl. etwa Urteil vom 13. 9. 1977 AN 3253-II/76).

Die Kammer folgt insoweit nicht der von der IV. Kammer dieses Gerichts vertretenen Auffassung (DÖV 1977, 637 ff. mit im wesentlichen ablehnender Anmerkung von *Wollenschläger*), daß bei einer Bestrafung eines KDV kein individueller Verfolgungsakt in der Person des betreffenden KDV vorliege, weil es sich dabei um eine Belastung handele, der infolge des herrschenden politischen Systems die Allgemeinheit der Bevölkerung bzw. ganze Personengruppen dieser Bevölkerung ausgesetzt seien. Die erkennende Kammer lehnt diese Meinung ab; denn zum einen ist nicht die gesamte Bevölkerung eines Staates, der ein Recht auf Kriegsdienstverweigerung nicht vorsieht, in gleicher Weise betroffen. Betroffen sind vielmehr nur die – erfahrungsgemäß geringen – Teile der Bevölkerung, die eine Gewissensentscheidung gegen den Kriegsdienst getroffen haben. Nur bei diesen wird durch die Bestrafung Druck auf das Gewissen ausgeübt. Im übrigen verhält es sich keineswegs so, daß eine politische Verfolgung in einem Staat nur gegenüber bestimmten Einzelpersonen, die sozusagen willkürlich herausgegriffen würden, erfolgen könne. Die Unterdrückung und Bestrafung auch größerer Bevölkerungsteile, insbesondere unter den Voraussetzungen des Art. 1 Abs. 2 GK kann ebenso wie die sogenannte Einzelverfolgung eine asylrechtlich relevante politische Verfolgung darstellen, wie insbesondere auch aus der geschichtlichen Vergangenheit bekannt ist. Daß eine generelle Strafdrohung, gerichtet an die Gesamtbevölkerung eines Staates, für die Personen, die diese Bestimmung verletzen, eine politische Verfolgung darstellen kann, zeigt insbesondere auch die Bestrafung wegen des Vergehens der Republikflucht und die insoweit bestehende Rechtsprechung (vgl. insbes. BVerwG, Urteil vom 7. 10. 1975 – I C 34.71).

Somit muß das Gericht für die Entscheidung der Frage, ob der KDV eine echte Gewissensentscheidung entsprechend Art. 4 Abs. 3 GG getroffen hat, eine Überprüfung der Asylgründe des Kl. vornehmen. Sofern sich nicht aus dem bisherigen Vorbringen des Kl. eindeutig ergibt, daß eine solche Entscheidung nicht vorliegen kann, muß es, da es bei der Ermittlung dieser Voraussetzungen wesentlich auf die Aussage und den persönlichen Eindruck des Asylbewerbers wie eines sonstigen KDV ankommt, diesen als Partei vernehmen (vgl. BVerwGE 14, 146; Urteil vom 9. 11. 1967, DÖV 1968, 585 und Urteil vom 31. 10. 1968, DVBl. 70, 464). Eine Entscheidung nach »Aktenlage« ist in einem derartigen Fall generell nicht möglich.

Nr. 55 BVerwG 14. 4. 1978 (1 B 113.78) HFR 1979, 112

In der Entscheidung wies das BVerwG die Beschwerde des Kl. gegen die Nichtzulassung der Revision zurück und führte dazu aus: Die Sache habe nicht die vom Kl. geltend gemachte grundsätzliche Bedeutung. Grundsätzliche Bedeutung i. S. von § 132 Abs. 2 Nr. 1 VwGO komme einer Rechtssache zu, wenn sie Rechtsfragen aufwerfe, die im Interesse der Einheit oder der Fortentwicklung des Rechts revisionsgerichtlicher Klärung bedürften.

Diesen Voraussetzungen genüge die vom Kl. geltend gemachte Frage nicht, »ob in Asylangelegenheiten der Widerspruchsbescheid mit der Rechtsmittelbelehrung lediglich in deutscher Sprache abgefaßt zu werden braucht, wenn der Antragsteller der deutschen Sprache nicht hinreichend mächtig ist, um damit die Frist für die Einreichung der Anfechtungsklage laufen zu lassen«. § 23 Abs. 1 VwVfG bestimme: »Die Amtssprache ist deutsch«. Vor Inkrafttreten des Gesetzes habe herkömmlich das gleiche gegolten. Zu Unrecht meine der Kl., aus der Entscheidung BVerfGE 40, 95, anderes herleiten zu können. Abgesehen davon, daß sich die Entscheidung nur zu dem Rechtsinstitut der Wiedereinsetzung in den vorigen Stand nach § 44 StPO unter den besonderen Voraussetzungen des summarischen Straf- und Bußgeldverfahrens mit seiner einwöchigen Einspruchsfrist verhalte, spreche sie dem Ausländer, wie BVerfGE 42, 120, 125, klargestellt habe, keinen »Anspruch auf eine Belehrung in seiner Heimatsprache« zu. Die allein in deutscher Sprache ordnungsgemäß erteilte Rechtsmittel- oder Rechtsbehelfsbelehrung i. S. von § 58 VwGO setze mithin auch gegenüber Ausländern, die der deutschen Sprache nicht kundig sind, die Frist, über die sie belehre, in Lauf.

Auch die vom Kl. weiter geltend gemachte Frage, »welche Anforderungen im vorliegenden Fall an eine Wiedereinsetzung in den vorigen Stand zu stellen« sind, sei nicht grundsätzlich bedeutsam. »Ob der säumig gewordene Ausländer nach § 32 VwVfG oder § 60 VwGO Wiedereinsetzung in den vorigen Stand beanspruchen kann, beurteilt sich danach, ob ihm ein Vorwurf daraus gemacht werden kann, daß er die Frist versäumt hat. Dabei sind seine Sprachschwierigkeiten zu berücksichtigen«. Ein Verschulden seines Vertreters sei ihm, wenn er einen solchen bestellt habe, als eigenes zuzurechnen (§ 32 Abs. 1 Satz 2 VwVfG; § 173 VwGO i. V. m. § 85 Abs. 2, früher § 232 Abs. 2 ZPO).

Der vom Kl. gerügte Verfahrensmangel (§ 132 Abs. 2 Nr. 3 VwGO) unzureichender Aufklärung des Wiedereinsetzungssachverhalts durch das OVG (§ 125 Abs. 1 i. V. m. § 86 Abs. 1 VwGO) liege nicht vor. Das OVG habe ausgeführt, das VG habe dem Kl. die beantragte Wiedereinsetzung Rechtens versagt. Lege man die Antragsbegründung zugrunde, die der seinerzeitige Prozeßbevollmächtigte des Kl. in der Klagebegründung gegeben habe, so liege Eigenverschulden des Kl. in der Versäumung der Klagefrist vor. Gehe man von den Angaben des Kl. in der mündlichen Verhandlung aus, so liege zurechenbares Anwaltsverschulden vor. Hiernach habe das OVG entgegen der Rüge des Kl. keinen Anlaß gehabt aufzuklären, welche der vom Kl. geltend gemachten Begründungen für seinen Wiedereinsetzungsantrag als glaubhaft anzusehen sei. Die Frage sei für seine Entscheidung unerheblich gewesen.

Nr. 56 VG Köln 3. 5. 1978 (9 K 2565/77) DVBl. 1978, 510

Der Kl., geborener deutscher Staatsangehöriger, erhielt am 14. 11. 1975 eine unter dem 26. 8. 1975 ausgestellte Urkunde, die ihm die Staatsbürgerschaft des sog. »Fürstentums Sealand« verleihen sollte. Bei dem sog. »Fürstentum Sealand« handelt es sich um eine frühere englische Flakstellung, die sich etwa 8 Seemeilen vor der Südküste Großbritanniens befindet. Die Briten hatten dieses Bauwerk nach dem Ende des Zweiten Weltkrieges geräumt. Die Insel befindet sich außerhalb der britischen Drei-Meilen-Zone. Im Jahre 1967 wurde diese frühere Flakstellung von einem britischen Major R. B. besetzt, der dort das sog. »Fürstentum Sealand« ausrief. Das sog. »Fürstentum Sealand« ist durch starke Pfeiler mit dem Meeresgrund verbunden; es hat eine Größe von ca. 1300 qm. Zur Zeit besitzen 106 Personen die sog. »Staatsangehörigkeit von Sealand«. Im Jahre 1975 hat R. B. der ehemaligen Flakstellung eine Verfassung gegeben; er nennt sich seitdem »Roy of Sealand«. Der Kl. bekleidet in dem sog. »Fürstentum Sealand« die Stellung des »Außenministers« und des »Staatsratsvorsitzenden«.

Am 2. 8. 1976 stellte der Kl. bei der Bekl. den Antrag auf Feststellung seiner Staatsangehörigkeit. Nach Klärung der Frage, wann dem Kl. die sog. Naturalisierungsurkunde des sog. »Fürstentums Sealand« übergeben worden sei, teilte die Bekl. dem Kl. mit, er habe seine deutsche Staatsangehörigkeit nicht verloren, da es sich bei dem sog. »Fürstentum Sealand« nicht um einen Staat i. S. des Völkerrechts handele; hierzu fehle es sowohl am Staatsgebiet, wie am Staatsvolk als auch an einer Staatsgewalt.

Der Kl. erhob nunmehr Klage, mit welcher er vorträgt: Bei dem »Fürstentum Sealand« handele es sich um einen eigenständigen Staat, mit der Folge, daß er durch die Verleihung der Staatsbürgerschaft des »Fürstentums Sealand« gemäß § 25 des Reichs- und Staatsangehörigkeitsgesetzes vom 22. 7. 1913 (RGBl. S. 583) – RuStAG – seine deutsche Staatsangehörigkeit verloren habe. Es lebten auf der Insel ständig 30 bis 40 Personen, denen die Verteidigung der Insel obliege sowie die Versorgung der Aggregate. Ferner stehe unmittelbar die Anerkennung als Staat durch die Länder Ceylon, Paraguay und Zypern bevor. Er beantragt festzustellen, daß er durch den Erwerb der Staatsangehörigkeit des sog. »Fürstentums Sealand« vom 14. 11. 1975 seine deutsche Staatsangehörigkeit verloren hat. – Das VG wies die Klage ab.

Die Klage ist als Feststellungsklage gemäß § 43 Verwaltungsgerichtsordnung vom 21. 1. 1960 (BGBl. I, S. 17) – VwGO – zulässig. Die Klage ist jedoch nicht begründet.

Der Kl. hat seine deutsche Staatsangehörigkeit nicht gemäß § 25 Abs. 1 RuStAG verloren.

Nach dieser Vorschrift verliert ein Deutscher, der im Inland weder seinen Wohnsitz noch seinen dauernden Aufenthalt hat, seine Staatsangehörigkeit mit dem Erwerb einer ausländischen Staatsangehörigkeit, wenn dieser Erwerb auf seinen Antrag erfolgt. Der Kl. erfüllt nicht die in dieser Bestimmung enthaltenen Voraussetzungen. Zwar hat er in der Bundesrepublik Deutschland seit dem 28. 10. 1975 weder einen Wohnsitz noch einen dauernden Aufenthalt; dennoch hat er seine deutsche Staatsangehörigkeit nicht verloren, da er keine ausländische Staatsangehörigkeit erworben hat.

Mit der ihm am 14. 11. 1975 überreichten Urkunde des sog. »Fürstentums Sealand« hat er keine ausländische Staatsangehörigkeit erworben, da es sich bei dem sog. »Fürstentum Sealand« nicht um einen Staat i. S. des Völkerrechts handelt.

Damit ein Staat i. S. des Völkerrechts bejaht werden kann, müssen drei Voraussetzungen erfüllt sein: Es muß ein Staatsgebiet vorhanden sein, das Staatsgebiet muß ein Staatsvolk haben und das Staatsvolk muß einer Staatsgewalt unterstehen (vgl. statt vieler *Berber*, Lehrbuch des Völkerrechts, Bd. 1, 2. Aufl. 1975, § 14 e).

Bei dem sog. »Fürstentum Sealand« fehlt es bereits an dem ersten Merkmal, da es kein Staatsgebiet i. S. des Völkerrechts besitzt.

Die ehemalige Flakstellung befindet sich nicht auf einem abgetrennten Teil der Erdoberfläche, sondern die Insel ruht auf Betonpfeilern. Im Schrifttum wird als Staatsgebiet jedoch ganz überwiegend nur ein Teil der Erdoberfläche angesehen. So charakterisiert *Berber* als Staatsgebiet den umschlossenen Teil der Erdoberfläche (*Berber*, a.a.O., S. 314/315). Ebenso beschreiben *Strupp/Schlochhauer* und *Verdross/Simma* das Staatsgebiet als »Landgebiet« (*Strupp/Schlochhauer*, Wörterbuch des Völkerrechts, 1. Bd., 1960, Stichwörter: »Gebietserwerb«, S. 617; *Verdross/Simma*, Universelles Völkerrecht, 1976, S. 526).

Diese im Schrifttum vertretene Auffassung, daß Staatsgebiet »Teil der Erdoberfläche« bzw. »Landgebiet« sei, führt dazu, nur auf natürliche Weise gewachsenen Flächen Staatsgebietsqualität zuzuerkennen. Eine von Menschenhand geschaffene, künstliche Plattform, wie die des sog. »Fürstentums Sealand« kann weder als »Erdoberfläche« noch als »Landgebiet« bezeichnet werden, da sie ihren Ursprung nicht in der Erdkugel hat, also kein Kegelausschnitt aus der Erde ist.

Die ehemalige Flakstellung wird auch nicht durch die durch Betonpfeiler hergestellte feste Verbindung mit dem Meeresgrund zum Teil der »Erdoberfläche« bzw. zum »Landgebiet«. Sowohl der Begriff »Erdoberfläche« als auch die Wahl des Wortes »Landgebiet« zeigt vielmehr, daß nur solche Gebilde als Staatsgebiet i. S. des Völkerrechts anerkannt werden sollen, die über ein bestimmtes Stück Erdboden verfügen; auch wird aus dem im Völkerrecht als auch in der Umgangssprache gebräuchlichen Terminus »Territorium«, der sich aus dem lateinischen Wort »terra« gleich »Erde« herleitet, deutlich, daß nur die auf der »Mutter Erde« oder auf ihr entstehenden Flächen als Staatsgebiet i. S. des Völkerrechts anzusehen sind (vgl. in diesem Sinne zur etymologischen Bedeutung der Wörter »Erde« und »Land«: Der Große Duden, Herkunftswörterbuch der deutschen Sprache; *Wahrig*, Wörterbuch der deutschen Sprache, 1978).

Dem vom Kl. vorgelegten Gutachten von Professor Dr. Dr. Dr. *Leisner*, in welchem dieser eine Staatsgebietsqualität des sog. »Fürstentums Sealand« bejaht, vermag die Kammer sich nicht anzuschließen.

Soweit *Leisner* in seinem Gutachten als Beispiel dafür, daß auch ein von Menschenhand geschaffenes Gebilde Staatsgebietsqualität besitzen könne, anführt, vom Meer unterspültes Strandgebiet verliere nicht den Charakter eines Teiles des Territoriums, kann dies nicht entsprechend auf das sog. »Fürstentum Sealand« übertragen werden. Zwar ist es zutreffend, daß ein ehemaliges zusammenhängendes Gebiet, das in einigen Teilen vom Meer unterspült wird, weiterhin als zusammenhängendes Staatsgebiet anzusehen ist. Dieser Fall ist jedoch mit der Schaffung der künstlichen Insel »Sealand« nicht vergleichbar, da es bei vom Meer unterspültem Staatsgebiet immer noch ein festes Staatsgebiet gibt, zu dem das vom Meer unterspülte Staatsgebiet als zugehörig anzusehen ist, während im Falle des sog. »Fürstentums Sealand« neben der künstlichen Insel kein festes Staatsgebiet vorhanden ist. Auch geht der Hinweis von *Leisner* fehl, ein Staatsgebiet liege dann vor, wenn irgendein abgegrenzter Teil der Erdoberfläche vorhanden sei, mit dem die unterspülten Flächen fest verbunden seien, dann würden auch sie zum Teil des Territoriums (so *Leisner*, Rechtsgutachten über die völkerrechtliche Situation der Principality of Sealand, S. 4).

Die Folgerung von *Leisner*: »Dann werden auch sie zum Teil des Territoriums«, verkennt nämlich insofern die Fragestellung, als es nicht darum geht, ob die unterspülten

Flächen zum Teil des Territoriums werden, sondern ob die Plattform selbst zum Teil des Territoriums wird.

Die weitere Argumentation von *Leisner*, nicht mit naturwissenschaftlich-geographischen, sondern mit Rechtsbegriffen die Staatsgebietsqualität der künstlichen Insel »Sealand« zu begründen, vermag insofern nicht zu überzeugen, als der Hinweis *Leisners* auf die Ausführungen von *Dahm* (*Dahm*, Völkerrecht, Bd. 1, 1958, S. 76), wonach ein Staatsgebiet nur ein »bestimmter flächenhaft geordneter Raum« sei, an anderer Stelle von *Dahm* selbst widerlegt wird, indem er ausführt: »Jedes Staatsgebiet ist zunächst einmal Landgebiet« (*Dahm*, a.a.O., S. 617).

Schließlich führt auch der Hinweis von *Leisner*, im Völkerrecht sei anerkannt, daß Territorium durch Bauten dem Meer abgenommen werden könne, nicht zur Begründung der Staatsgebietseigenschaft des sog. »Fürstentums Sealand«. Die Gewinnung von Land durch Errichtung von Anlagen wie Deichen, Molen und dergleichen an der Meeresküste oder in den Küstengewässern ist mit der Schaffung der künstlichen Insel »Sealand« nicht vergleichbar. Bei der Anlegung von Deichen zur Vergrößerung des vorhandenen Staatsgebietes wird vielmehr eine neue Erdoberfläche gewonnen, die unmittelbar an das bereits vorhandene Staatsgebiet angrenzt und mithin auch die Staatsgebietsqualität des bereits vorhandenen Staatsgebiets teilt, wo hingegen im Falle der künstlichen Insel »Sealand« keine neue Erdoberfläche geschaffen worden ist.

Neben dem Staatsgebiet fehlt es dem sog. »Fürstentum Sealand« weiterhin noch an einem Staatsvolk i. S. des Völkerrechts. Das sog. »Fürstentum Sealand« besitzt zur Zeit 106 »Staatsangehörige«. Wenngleich *Leisner* darin zuzustimmen ist, daß die Größe eines Volkes für seine Staatlichkeit gleichgültig ist (*Leisner*, a.a.O., S. 9; *Raffel*, Die Rechtsstellung der Vatikanstadt, 1961, S. 35), so kann im Falle des sog. »Fürstentums Sealand« ein Staatsvolk i. S. des Völkerrechts dennoch nicht bejaht werden, da es an einem Gemeinschaftsleben fehlt.

Ein Staat als Zusammenschluß vieler hat in Ergänzung der Familie, die nur aus wenigen Angehörigen besteht, das Gemeinschaftsleben zu fördern. Mit dieser Forderung ist nicht nur ein loser Zusammenschluß zwecks Förderung gemeinsamer Hobbys und Interessen gemeint, sondern eine im wesentlichen ständige Form des Zusammenlebens i. S. einer Schicksalsgemeinschaft (*Herzog*, Allgemeine Staatslehre, 1971, S. 43; *Doehring*, Staatsrecht der Bundesrepublik Deutschland, 1976, S. 84; *Krings/Baumgartner/Wild* (Hrsg.), Handbuch Philosophischer Grundbegriffe, Bd. 5, S. 1414; *Brugger*, Philosophisches Wörterbuch, 14. Aufl. 1976, Stichwörter: »Staat«).

An diesem Merkmal eines gemeinschaftlichen Lebens fehlt es jedoch bei den sog. »Staatsangehörigen« des »Fürstentums Sealand«. Abgesehen von 30–40 Menschen, die sich ständig auf der Plattform aufhalten, um sie zu bewachen und die Aggregate zu überwachen, beschränkt sich die Anwesenheit der übrigen sog. »Staatsangehörigen« auf gelegentliche Besuche. Das sog. »Fürstentum Sealand« besitzt bereits von seiner räumlichen Ausdehnung her (z. Z. sind es 1300 qm) nicht die Voraussetzung zum ständigen Aufenthalt aller sog. »Staatsangehörigen«. Aber auch selbst wenn sich die Vorstellungen des »Roy of Sealand« verwirklichen lassen und die Plattform auf rund 13 000 qm vergrößert wird, so bietet sie dennoch keinen auf Dauer geeigneten Lebensraum. Staatliches Leben beschränkt sich nicht auf den Betrieb von Spielbanken und Vergnügungsstätten, sondern hat in entscheidenderem Maße den anderen lebensnotwendigen Bedürfnissen des Menschen von seiner Geburt bis zu seinem Tod, wie der Aus- und Weiterbildung, den Hilfen in allen Wechselfällen des Lebens und nicht zuletzt der Möglichkeit des Erwerbs des Lebensunterhaltes, zu dienen. Alle diese Voraussetzungen erfüllt das sog. »Fürstentum Sealand« jedoch nicht.

Abgesehen von den materiellen Erfordernissen, die ein Gebilde haben muß, um ein Staatsvolk i. S. des Völkerrechts aufnehmen zu können, fehlt den sog. »Staatsangehörigen« des sog. »Fürstentums Sealand« ferner selbst eine wichtige Voraussetzung für die Qualifizierung als Staatsvolk. Die sog. »Staatsangehörigen« haben die »Staatsangehörigkeit« nicht erworben, um miteinander zu leben und damit alle Bereiche des Lebens gemeinsam zu bewältigen, sondern sie gehen nach wie vor außerhalb des sog. »Fürstentums Sealand« ihren eigenen Interessen nach. Der gemeinsame Zweck ihres Zusammenschlusses beschränkt sich nur auf einen kleinen Teilbereich ihres Lebens, nämlich ihre wirtschafts- und steuerpolitischen Interessen. Diese Gemeinsamkeit ihrer Interessen kann jedoch nicht als ausreichend angesehen werden, sie als Staatsvolk i. S. des Völkerrechts anzuerkennen.

Nr. 57 OLG Stuttgart 19. 5. 1978 (4 Ss 903/77) NJW 1978, 1758

Der Angekl., der italienischer Staatsangehöriger ist, ist seit dem 13. 1. 1975 in einem Tiefbau-Unternehmen als Hilfsarbeiter beschäftigt. Das Ausländeramt der Stadt R. erteilte ihm am 6. 9. 1972 eine auf fünf Jahre befristete Aufenthaltserlaubnis. Er übersah, daß sein italienischer Personalausweis, der sein einziger Ausweis war, am 11. 3. 1976 seine Gültigkeit verlor und damit auch seine Aufenthaltserlaubnis erlosch. Am 11. 9. 1976 stellte ihm das italienische Generalkonsulat einen italienischen Reisepaß aus. Das AG Reutlingen (EuGRZ 1977, 416) hat den Angekl. vom Vorwurf freigesprochen, daß er sich fahrlässig als Ausländer im Geltungsbereich des Ausländergesetzes aufgehalten habe, ohne den erforderlichen Paß oder Paßersatz und die erforderliche Aufenthaltserlaubnis zu besitzen (§ 47 I, IV AuslG). Die Revision der StA hatte Erfolg.

Entgegen der Auffassung des AG ist eine Bestrafung des Angekl. durch das Recht der EWG nicht ausgeschlossen.

Gemäß § 47 I Nr. 2 oder IV AuslG macht sich unter anderem strafbar, wer sich vorsätzlich oder fahrlässig als Ausländer im Geltungsbereich des Ausländergesetzes – in der Bundesrepublik Deutschland und im Lande Berlin (§ 53 Satz 1 AuslG) – aufhält, ohne den erforderlichen Paß oder Paßersatz zu besitzen. Gemäß §§ 1, 3 I 1, III Nr. 2, 53 AuslG, 4 I Nr. 4 DVAuslG ist ein italienischer Staatsangehöriger, der sich in der Bundesrepublik Deutschland oder im Lande Berlin aufhält, verpflichtet, sich durch einen Paß oder einen amtlichen Personalausweis auszuweisen.

Diese Vorschriften stehen im Einklang mit dem Recht der EWG. Zwar besteht gemäß Art. 48 I EWGV die Freizügigkeit der Arbeitnehmer. Diese gibt gemäß Art. 48 III C des Vertrages den Arbeitnehmern u. a. das Recht, sich in einem Mitgliedstaat aufzuhalten, um dort nach den für die Arbeitnehmer dieses Staates geltenden Rechts- und Verwaltungsvorschriften eine Beschäftigung auszuüben. Dieses Recht gilt aber nur vorbehaltlich der aus Gründen der öffentlichen Ordnung, Sicherheit und Gesundheit gerechtfertigten Beschränkungen.

Als eine solche rechtmäßige Beschränkung stellt sich die Pflicht dar, sich durch einen Paß oder einen amtlichen Personalausweis auszuweisen. Hiervon geht auch die Richtlinie 68/360/EWG zur Aufhebung der Reise- und Aufenthaltsbeschränkungen für Arbeitnehmer der Mitgliedstaaten und ihre Familienangehörigen innerhalb der Gemeinschaft (ABlEG Nr. L 257/13) aus. Sie setzt die Befugnis jedes EWG-Mitgliedstaates voraus, den Besitz solcher Ausweispapiere von den Staatsangehörigen der anderen Mitgliedstaaten zu verlangen, wenn sie in seinem Hoheitsgebiet eine Beschäftigung im Lohn- und Gehaltsverhältnis aufnehmen oder ausüben (Art. 2, 3 und 4 Richtl. 68/360/EWG), und Verstöße gegen die Pflicht zum Besitz der Ausweispapiere zu ahnden, wie der EuGH in seinem Urteil, NJW 1977, 1579 (1580), ausgeführt hat. Wie dieser weiterhin dargetan hat, »bestehen auch keine Bedenken dagegen, daß die Staatsangehörigen der anderen EWG-Mitgliedstaaten anderen Strafvorschriften unterliegen, als sie für Inländer gelten, die gegen eine ... durch Gesetz ... begründete *Pflicht, sich bestimmte Ausweispapiere zu verschaffen,* verstoßen haben«; allerdings dürfen »derartige Sanktionen keinesfalls so schwer sein, daß sie zum Hindernis für die im Vertrag vorgesehene Einreise- oder Aufenthaltsfreiheit würden« (NJW 1977, 1579 [1581]). Wie er abschließend entschieden hat, ist es »Sache der zuständigen Stellen jedes Mitgliedstaates, ... das Verhalten einer unter die Vorschriften des Gemeinschaftsrechts fallenden Person zu ahnden, die es unterlassen hat, sich eines der in Art. 3 I Richtl. Nr. 68/360/EWG genannten Ausweispapiere« – einen gültigen Personalausweis oder Reisepaß – »zu beschaffen, *wobei die verhängte Sanktion jedoch nicht außer Verhältnis zu der Art des begangenen Verstoßes stehen darf«* (NJW 1977, 1579 [1581]).

Danach widerspricht es – entgegen der im angefochtenen Urteil vertretenen Auffassung – nicht dem Recht der EWG, wenn ein EWG-Mitgliedstaat Verstöße seiner eigenen Staatsangehörigen gegen die Ausweispflicht als Ordnungswidrigkeiten, die Verstöße von Staatsangehörigen der anderen Mitgliedstaaten dagegen als Straftaten verfolgt. Die Verhängung einer Strafe für derartige Verstöße ist auch nicht unverhältnismäßig; denn der Verstoß eines Ausländers gegen die Ausweispflicht wiegt erheblich schwerer als der eines Inländers; die Überprüfung der Identität eines ausweislosen Ausländers ist nämlich wesentlich schwieriger als die eines ausweislosen Inländers, weil ein Staat über diesen anders als über jenen regelmäßig genügend Unterlagen hat. Nach allem ist es rechtlich zulässig, gegen einen italienischen Arbeitnehmer, der sich vorsätzlich oder fahrlässig ohne den erforderlichen Paß oder amtlichen Personalausweis in der Bundesrepublik Deutschland oder im Lande Berlin aufhält, gemäß § 47 I Nr. 2 oder IV AuslG eine Strafe zu verhängen.

Ferner bestehen auch keine rechtlichen Bedenken dagegen, § 47 I Nr. 2 und Nr. 4 AuslG auch insoweit auf italienische Arbeitnehmer anzuwenden, als sich nach dieser Vorschrift strafbar macht, wer sich vorsätzlich oder fahrlässig als Ausländer im Geltungsbereich des Ausländergesetzes – in der Bundesrepublik Deutschland oder im Lande Berlin (§ 53 Satz 1 AuslG) – aufhält, ohne die erforderliche Aufenthaltserlaubnis zu besitzen.

Zwar gilt diese Vorschrift nach ihrem *Wortlaut* nur für Ausländer, die der allgemeinen ausländerrechtlichen Regelung des § 5 AuslG unterliegen, nicht jedoch für Ausländer, die, wie Italiener, Staatsangehörige eines Mitgliedstaates der EWG sind und in der Bundesrepublik Deutschland oder im Lande Berlin eine Beschäftigung als Arbeiter oder Angestellter ausüben oder ausüben wollen; denn diese fallen unter die Sonderregelung des Aufenthaltsgesetzes der EWG (§§ 1 I, 2 I, 3 I, 8). Gemäß § 15 AufenthG/EWG finden aber das Ausländergesetz und die Durchführungsverordnung zum Ausländergesetz auch auf diesen Personenkreis Anwendung, sofern das Aufenthaltsgesetz keine abweichenden Vorschriften enthält. Da dieses Gesetz selbst keine Straf- und Bußgeldvorschriften enthält, auf solche aber im Interesse der wirksamen Ausländerüberwachung nicht verzichtet werden kann, ist durch seinen § 15 klargestellt, daß für

Verstöße gegen dieses Gesetz die Straf- und Bußgeldvorschriften des Ausländergesetzes gelten (amtliche Begründung zu § 15, BT-Dr. I/4125, S. 14). Wie das BayObLG in seinem Beschluß, NJW 1978, 505, zutreffend ausführt, ist diese Verweisung rechtlich zulässig. Zum einen verwenden beide Gesetze denselben Begriff »Aufenthaltserlaubnis«. Zum anderen stellt § 47 I Nr. 2 AuslG nicht das Fehlen des Aufenthaltsrechts, sondern das Fehlen der von der Ausländerbehörde zu erteilenden Aufenthaltserlaubnis unter Strafe; es ist deshalb in diesem Zusammenhang ohne Bedeutung, ob, wie es gemäß § 2 I 2 AuslG der Fall ist, die Erteilung der Aufenthaltserlaubnis im Ermessen der Ausländerbehörde steht und das Aufenthaltsrecht begründet, oder ob, wie es gemäß § 3 I AufenthG/EWG ebenso wie gemäß § 43 AuslG der Fall ist, auf die Erteilung der Aufenthaltserlaubnis ein Rechtsanspruch besteht, weil das Aufenthaltsrecht kraft internationalen Vertrages und Gesetzes begründet ist.

Auch diese Vorschriften widersprechen nicht dem Recht der EWG. Als eine weitere gemäß Art. 48 III EWGV zulässige Beschränkung der Freizügigkeit stellt sich nämlich die Pflicht dar, eine Aufenthaltserlaubnis zu besitzen. Allerdings hat, wie der EuGH in seinen Urteilen, NJW 1976, 2065 (2066); 1977, 1579 (1580), ausgeführt hat, die Erteilung der Aufenthaltserlaubnis durch einen EWG-Mitgliedstaat an Staatsangehörige eines anderen Mitgliedstaates, dem die Freizügigkeit zusteht, nicht die Wirkung, daß diese dadurch das Aufenthaltsrecht erhalten; denn dieses Recht steht ihnen bereits kraft Gemeinschaftsrechts zu. Vielmehr stellt der EWG-Mitgliedstaat mit der Aufenthaltserlaubnis nur fest, welche personenrechtliche Stellung den Staatsangehörigen des anderen Mitgliedstaats nach den Bestimmungen des Gemeinschaftsrechts zukommt; solchen Ausländern dient die Aufenthaltserlaubnis mithin nur zum Nachweis ihres bereits kraft Gemeinschaftsrechts zustehenden Aufenthaltsrechts. Dies ergibt sich aus Art. 4 der Richtl. Nr. 68/360/EWG. Danach gewähren die EWG-Mitgliedstaaten den Personen, auf welche die VO/EWG Nr. 1612/68 über die Freizügigkeit der Arbeitnehmer innerhalb der Gemeinschaft (ABlEG Nr. L 257, S. 2) Anwendung findet und die bestimmte Unterlagen vorlegen, das Aufenthaltsrecht in ihrem Hoheitsgebiet; zum Nachweis des Aufenthaltsrechts haben sie ihnen eine Bescheinigung zu erteilen, die als »Aufenthaltserlaubnis für Angehörige eines Mitgliedstaates der EWG« bezeichnet wird. Hiermit stehen §§ 1 I Nr. 1 und 3 I AufenthG/EWG im Einklang, die den Arbeitnehmern, die Staatsangehörige der anderen EWG-Mitgliedstaaten sind, die Freizügigkeit und das Recht auf Erteilung einer Aufenthaltserlaubnis beim Vorliegen der gesetzlichen Voraussetzungen gewähren.

Wie der EuGH in seinem Urteil, NJW 1977, 1579 (1580) weiterhin ausgesprochen hat, steht das Gemeinschaftsrecht auch einer angemessenen Ahndung eines Verstoßes des Betroffenen gegen innerstaatliche Vorschriften, die mit der Richtlinie Nr. 68/360/EWG übereinstimmen, nicht entgegen; auch die Verhängung einer angemessenen Strafe wird von ihm anders als von der Kommission der Europäischen Gemeinschaften ... weder als unverhältnismäßig noch als Diskriminierung der Arbeitnehmer, die Staatsangehörige der anderen EWG-Mitgliedstaaten sind, angesehen. In diesem Zusammenhang weist das BayObLG (NJW 1978, 505 [506]) zutreffend darauf hin, daß bei Aufenthaltserlaubnissen anders als bei Ausweisen schon deshalb ein Vergleich zwischen der Behandlung von Ausländern des begünstigten Personenkreises mit Inländern ausgeschlossen ist, weil diese im Gegensatz zu jenen überhaupt keine Aufenthaltserlaubnis benötigen und deshalb auch insoweit keine Verstöße begehen können.

Eine angemessene Strafe steht auch nicht außer Verhältnis zur Bedeutung eines Verstoßes gegen die Pflicht zum Besitz der gemäß § 3 AufenthG/EWG erforderlichen Aufenthaltserlaubnis; allerdings ist, wie das BayObLG ausgesprochen hat (NJW 1978, 505 [506]), bei Bemessung der Strafe zu berücksichtigen, daß das Fehlen der erforderlichen Aufenthaltserlaubnis bei einem Aufenthaltsberechtigten einen wesentlich geringeren Unwertgehalt als bei einer Person hat, die kein Aufenthaltsrecht hat.

Gemäß §§ 15 AufenthG/EWG, 9 I Nr. 1 AuslG erlosch die Aufenthaltserlaubnis des Angekl. mit dem Ungültigwerden seines italienischen Personalausweises (zum Verhältnis zwischen § 9 I AuslG und § 11 AufenthG/EWG vgl. *Kloesel/Christ*, Ausländerrecht, Stand Oktober 1976, § 11 AufenthG/EWG Anm. 2). Auch diese gesetzliche Vorschrift steht im Einklang mit Art. 4 I und III a Richtl. 68/360/EWG.

Demnach hat der Angekl. den äußeren Tatbestand eines Vergehens gemäß § 47 I Nr. 2 AuslG erfüllt ... Zugleich hat er auch den äußeren Tatbestand eines Vergehens gemäß §§ 15 AufenthG/EWG, 47 I Nr. 2 AuslG verwirklicht ...

Nr. 58 BSG 27. 6. 1978 (4 RJ 89/77) BSGE 46, 293

Im Prozeß geht es um die Frage, ob eine Waisenrente für eine Zeit auszuzahlen ist, in der der Berechtigte in der DDR gelebt hat.

Die Beklagte bewilligte dem im Jahr 1958 geborenen Kläger Waisenrente nach dessen Erzeuger, dem Versicherten, lehnte aber die Auszahlung der Rente für die Zeit vom 1. 10. 1971 bis zum 10. 3. 1975, während der der Kläger mit seiner Mutter und gesetzlichen Vertreterin in der DDR gewohnt hatte, ab. – Klage und Berufung des Klägers sind erfolglos geblieben.

Die Revision des Klägers ist nicht begründet. Die Vorinstanzen haben zu Recht entschieden, daß die Beklagte mit ihrer Weigerung, die Waisenrente auch für die Zeit auszuzahlen, während der der Kläger in der DDR gelebt hat, rechtmäßig gehandelt hat.

Nach § 1317 RVO in der am 1. 1. 1959 in Kraft getretenen Fassung des Fremdrenten- und Auslandsrenten-Neuregelungsgesetz (FANG) vom 25. 2. 1960 (BGBl. I, 93) ruht die Rente eines Deutschen, solange er sich außerhalb des Geltungsbereichs der RVO, also außerhalb der Bundesrepublik Deutschland und von West-Berlin, aufhält. Da der Kläger sich in der Zeit vom 1. 10. 1971 bis zum 10. 3. 1975 in der DDR, also nicht nur vorübergehend (§ 1319 Abs. 1 RVO) außerhalb des Geltungsbereichs der RVO, aufgehalten hat, hat seine Rente für diese Zeit geruht. Etwas »anderes« ergibt sich auch nicht aus den Ausnahmebestimmungen der §§ 1318 und 1321 RVO.

Nach § 1318 Abs. 1 Satz 1 RVO i. d. F. des FANG wird unter bestimmten Voraussetzungen die Rente »auch für Zeiten des Aufenthalts im Ausland gezahlt«. Nach § 1321 Abs. 1 Satz 1 RVO i. d. F. des FANG konnte die Rente in einem bestimmten Umfang an diejenigen Deutschen ausgezahlt werden, »die sich gewöhnlich im Gebiet eines auswärtigen Staates aufhalten, in dem die Bundesrepublik Deutschland eine amtliche Vertretung hatte«. Die letztere Vorschrift ist durch das 20. Rentenanpassungsgesetz (RAG) vom 27. 6. 1977 (BGBl. I, 1040) mit Wirkung vom 1. 7. 1977 gestrichen worden.

Das Gebiet der DDR war und ist weder Ausland noch Gebiet eines auswärtigen Staates.

Wie der Senat bereits früher (BSGE 42, 249, 250; Urteil vom 30. 9. 1976 – 4 RJ 127/75 – DAngVers. 1977, 138) entschieden hat, beschränkt sich die RVO in ihren

Vorschriften über die »Zahlung von Leistungen« (Überschrift des Unterabschnitts D des 2. Abschnitts im 4. Buch) nicht auf die Einteilung von Territorien in »Inland« und »Ausland«, sondern nimmt eine Dreiteilung vor in

- den »Geltungsbereich dieses Gesetzes«, das ist das Gebiet der Bundesrepublik Deutschland einschließlich West-Berlin,
- das »Ausland«, nämlich die Gebiete auswärtiger Staaten, und
- die »Gebiete außerhalb des Geltungsbereichs dieses Gesetzes«, das sind die Teile des Deutschen Reichs in den Grenzen vom 31. 12. 1937, die nicht zur Bundesrepublik Deutschland und West-Berlin gehören.

Diese Einteilung kann auch, ohne daß sich am Ergebnis etwas änderte, so verstanden werden, daß die Gebiete außerhalb des Geltungsbereichs der RVO alle Territorien außerhalb der Bundesrepublik Deutschland und von West-Berlin umfassen, wovon dann das Ausland, also das Gebiet auswärtiger Staaten, einen Teil bildet, während der andere, nicht besonders benannte Teil das Gebiet des Deutschen Reichs in den Grenzen vom 31. 12. 1937, aber ohne das Gebiet der Bundesrepublik Deutschland und von West-Berlin, ausmacht. An dieser Rechtspr. ist festzuhalten.

Das Gebiet der DDR gehörte und gehört sonach weder zum Geltungsbereich der RVO noch zum Ausland (bzw. zum Gebiet eines auswärtigen Staates), sondern zu dem Teil des Gebietes außerhalb des Geltungsbereichs der RVO, der kein Ausland ist.

Die Auffassung des Senats, daß die DDR kein Ausland ist, deckt sich mit der Rechtspr. des BVerfG. Dieses Gericht hat in dem Urteil vom 18. 6. 1973 über die Zurückweisung eines Antrags auf Erlaß einer einstweiligen Verfügung gegen die Ratifizierung des Vertrages über die Grundlagen der Beziehungen zwischen der Bundesrepublik Deutschland und der DDR vom 21. 12. 1972 (Grundvertrag) – 2 BvQ 1/73 – (BVerfGE 35, 257) der Erklärung der Bundesregierung zugestimmt, für sie sei die DDR nicht Ausland (S. 263). In dem Urteil vom 31. 7. 1973 – 2 BvF 1/73 – (BVerfGE 36, 1), mit dem es den Grundvertrag in der sich aus den Gründen dieses Urteils ergebenden Auslegung für vereinbar mit dem Grundgesetz erklärt hat, hat es zunächst ausgeführt, daß die Bundesregierung im Verfahren vorgetragen habe: Der Vertrag gebe nicht die Fortexistenz Deutschlands als Rechtssubjekt auf; er vermeide die Qualifizierung der DDR als Ausland; er halte fest an der Einheit der deutschen Nation und an der deutschen Staatsangehörigkeit; er enthalte auch keine völkerrechtliche Anerkennung der DDR (S. 12). In der eigenen Begründung stellt das Gericht fest: Das GG gehe davon aus, daß das Deutsche Reich den Zusammenbruch 1945 überdauert habe und nicht untergegangen sei (S. 15/16). Die DDR gehöre zu Deutschland und könne im Verhältnis zur Bundesrepublik Deutschland nicht als Ausland angesehen werden (S. 17). Der Grundvertrag sei ein Vertrag zwischen zwei Staaten, die Teile eines noch immer existierenden, wenn auch handlungsunfähigen, weil noch nicht reorganisierten, umfassenden Staates Gesamtdeutschland mit einem einheitlichen Staatsvolk seien, dessen Grenzen genauer zu bestimmen hier nicht nötig sei (S. 23). Der Grundvertrag sei verfassungskonform dahin auszulegen, daß die DDR auch nach seinem Inkrafttreten für die Bundesrepublik Deutschland nicht Ausland geworden sei . . .

Nr. 59 BayObLG 29. 6. 1978 (1. Zs BReg 1Zs 50/77) BayObLGZ 1978, 162

Anton Lehmann wurde am 11. 7. 1973 in A. als eheliches Kind der deutschen Staatsangehörigen Max und Ilse Lehmann geboren. Die Geburt ist im Geburtenbuch des Standesamts A. unter Nr. 2492/73 beurkundet.

Die Eheleute Lehmann erklärten am 15. 10. 1973 zur notariellen Urkunde ihre Einwilligung zu der beabsichtigten Adoption ihres Kindes Anton durch diejenigen Eheleute, die in der Adoptivelternkartei der Katholischen Jugendfürsorge e. V. unter Nr. 28/73 geführt werden. Die Einwilligung wurde gegenüber dem Kind, den Annehmenden und dem für die Bestätigung des abzuschließenden Vertrages zuständigen Gericht erklärt. Die Urkunde enthält weiter eine Vollmacht der Eheleute Lehmann für die Katholische Jugendfürsorge und Herrn S. zum Abschluß eines entsprechenden Adoptionsvertrages und zur Abgabe und Empfangnahme aller erforderlichen Erklärungen für das Kind und dessen Eltern. Dabei wurde einschränkend festgelegt, daß das Kind nicht berechtigt sein solle, dem neuen Familiennamen den früheren hinzuzufügen.

Das Vormundschaftsgericht erteilte mit Beschluß vom 20. 12. 1974 gemäß der erwähnten notariellen Urkunde zur Einwilligungserklärung des Kindes und der Spezialvollmacht die vormundschaftsgerichtliche Genehmigung nach § 1751 BGB, Art. 22 Abs. 2 EGBGB gegenüber den beiden genannten Bevollmächtigten.

Beide Bevollmächtigte erteilten zur notariellen Urkunde vom 23. 1. 1975 ihre Einwilligung, daß das Kind Anton Lehmann von dem Ehepaar Stefano Huber Schulz und Maria Huber, geb. Mertens, wohnhaft in Lima (Peru), das unter Nr. 28/73 in der Adoptivkartei vermerkt sei, als gemeinschaftliches Kind an Kindes Statt angenommen werde; die Einwilligung wurde für das Kind gegenüber den Annehmenden sowie dem für die Bestätigung zuständigen Gericht erklärt.

Stefano Huber Schulz wurde am 11. 7. 1940 in Lima (Peru) als Sohn der deutschen Eheleute Mario Huber (geboren in Hamburg) und Elisabeth Schulz geboren. Er lebt seit seiner Geburt in Lima. Maria Huber, geb. Mertens, wurde am 8. 9. 1942 in La Paz (Bolivien) als Tochter der deutschen Eheleute Heinrich Mertens und Katharina, geb. Danner, geboren. Die Wahleltern haben im Jahre 1964 in Lima (Peru) die Ehe geschlossen und leben seitdem dort. Sie haben bereits ein deutsches Kind, Ingrid Huber Mertens, adoptiert. Das Kind Anton befindet sich seit seinem 3. Lebensmonat bei den Wahleltern in Lima.

Der Wahlvater besitzt die deutsche und die peruanische Staatsangehörigkeit, die Wahlmutter die deutsche, peruanische und bolivianische Staatsangehörigkeit, das Adoptivkind Anton die deutsche Staatsangehörigkeit.

Am 25. 4. 1975 beschloß das 2. Jugendgericht in Lima, »daß die Antragsteller vom Erfordernis des Alters befreit werden und die Eheleute Stefano Huber Schulz und Maria Huber, geborene Mertens Danner, als Adoptiveltern des minderjährigen Anton Lehmann anzusehen sind und in entsprechender Weise er als ihr Adoptivkind mit dem Charakter der vollen Adoption«. Das Gericht wendete auf die Adoption peruanisches Recht an, da die peruanische Kollisionsnorm bei Anknüpfung an die Staatsangehörigkeit eines Mehrstaates der peruanischen Staatsangehörigkeit den Vorzug gibt.

Der Standesbeamte, der die Adoption am Rande des Geburtenbucheintrages Nr. 2492/73 des Kindes Anton Lehmann beischreiben sollte, beantragte nach § 45 Abs. 2 PStG am 20./25. 6. 1975 darüber die Entscheidung des Amtsgerichts A., gegebenenfalls auch eine Entscheidung darüber, mit welchem Namen die Wahleltern zu bezeichnen seien und welchen Familiennamen das Kind nunmehr führe.

Nachdem die Wahlmutter am 29. 10. 1975 gegenüber dem Amtsgericht A. erklärt hatte, sie und ihr Ehemann seien nicht damit einverstanden, daß der Name »Lehmann« in dem Familiennamen des Kindes erscheine, sie beabsichtigten, einen Annahmevertrag nach deutschem Recht zu schließen, schlossen die Wahleltern am gleichen Tag mit dem Kinde Anton zur notariellen Urkunde einen Vertrag über die Annahme an Kindes Statt. In Nr. III des Vertrages ist vereinbart, daß das Kind den Familiennamen der Annehmenden führt und daß es nicht berechtigt sein soll, diesem Namen seinen früheren Familiennamen hinzuzufügen. Das Amtsgericht A. bestätigte mit Beschluß vom 20. 1. 1976 den Annahmevertrag nach § 1754 a. F. BGB mit der Maßgabe, daß das Kind den Familiennamen Huber führe, nachdem der Vertrag am 18. 11. 1975 vom gleichen Gericht vormundschaftsgerichtlich genehmigt worden war.

Am 10. 2. 1976 trug der Standesbeamte am Rand des Geburtenbucheintrages Nr. 2492/1973 folgenden Randvermerk ein: »Das Kind ist von den Eheleuten Stefano Huber Schulz und Maria Huber, geb. Mertens, wohnhaft in Lima/Peru ... gemeinschaftlich an Kindes Statt angenommen. Es darf nur den Familiennamen Huber führen.«

Mit Schreiben vom 23. 2./1. 3. 1976 beantragte der Standesbeamte beim Amtsgericht A. die Anordnung der Löschung des Randvermerks vom 10. 2. 1976 über die Adoption des Kindes im Geburtseintrag Nr. 2492/73, hilfsweise die Berichtigung der Familiennamen der Wahleltern und des Kindes.

Das Amtsgericht A. erließ daraufhin am 2. 9. 1976 folgenden Beschluß:

»1. Auf Anordnung des Amtsgerichts A. wird berichtigend vermerkt, daß der Randvermerk vom 10. 2. 1976 über die Adoption vom 29. 10. 1975 ... zu löschen ist.

2. Die Adoption des Kindes Anton Lehmann durch Beschluß des 2. Jugendgerichts Lima vom 25. 4. 1975 ist am Rande des Geburtseintrages Nr. 2492/1973 ... beizuschreiben.

3. Dabei ist zu vermerken, daß das Kind nunmehr den Familiennamen Lehmann Huber Mertens führt.

4. Der Wahlvater ist mit dem Familiennamen Huber Schulz, die Wahlmutter mit dem Familiennamen Mertens Danner zu vermerken«.

Die gegen den Beschluß des Amtsgerichts vom 2. 9. 1976 erhobene sofortige Beschwerde der Stadt A. als Standesamtsaufsichtsbehörde, in der beantragt wurde, den Beschluß aufzuheben und den Berichtigungsantrag des Standesbeamten vom 23. 2. 1976 zurückzuweisen, wies das Landgericht durch Beschluß vom 7. 4. 1977 mit der Maßgabe zurück, daß Nr. 4 des Beschlusses des Amtsgerichts dahin gehend abzuändern sei, daß der Familienname der Wahlmutter mit »Mertens« zu vermerken sei. – Die sofortige weitere Beschwerde der Stadt A. erweist sich als begründet.

Nach Art. 22 Abs. 1 EGBGB richtet sich die Annahme als Kind nach deutschem Recht, falls der oder die Annehmenden die deutsche Staatsangehörigkeit besitzen. Die Rechtsprechung hat diese Norm zur allseitigen Kollisionsnorm entwickelt und daraus den Grundsatz entnommen, daß sich die Annahme als Kind nach dem Heimatrecht des oder der Annehmenden beurteilt (vgl. BGHZ 64, 19/23 f.). Die annehmenden Wahleltern sind Mehrstaater. Sie besitzen beide aufgrund von § 4 RuStAG a. F. von 1913 die deutsche Staatsangehörigkeit, denn ihre Väter hatten nur die deutsche Staatsangehörigkeit besessen. Der Wahlvater, der in Lima geboren wurde und sich seitdem dort aufhält, besitzt daneben die peruanische Staatsangehörigkeit (Art. 4 Satz 1 der peruanischen Verfassung vom 9. 4. 1933 – Wortlaut: *Bergmann/Ferid*, Internationales Ehe- und Kindschaftsrecht, 3. Aufl., Bd. VII »Peru«, S. 2). Die Wahlmutter besitzt drei Staatsangehörigkeiten. Neben der deutschen erwarb sie durch ihre Geburt in Bolivien zugleich die bolivianische (Art. 39 Nr. 1 der bolivianischen Verfassung vom

30. 10. 1938 – Wortlaut bei *Meyer-Lindenberg/Schmidt-Schlegel/Moosmayer*, Das Staatsangehörigkeitsrecht von Bolivien und Peru 1963, S. 56). Durch ihre im Jahre 1964 erfolgte Eheschließung mit einem Peruaner erlangte sie zusätzlich die peruanische Staatsangehörigkeit (Art. 6 Satz 1 der peruanischen Verfassung vom 9. 4. 1933), die bolivianische ging dadurch nicht verloren (Art. 37 Satz 1 der bolivianischen Verfassung vom 4. 8. 1961 – Wortlaut bei *Meyer-Lindenberg/Schmidt-Schlegel/Moosmayer*, S. 62).

An welche Staatsangehörigkeit anzuknüpfen ist, wenn ein deutscher Staatsangehöriger daneben eine oder mehrere ausländische Staatsangehörigkeiten besitzt, ist seit den Ausführungen *Ferids* (RabelsZ 1958, 498 ff.), der in einem solchen Fall auf die sog. »effektive Staatsangehörigkeit« abstellen will, streitig geworden. *Ferid* meint, dann komme *die* Staatsangehörigkeit zum Zuge, mit der den Mehrstaater ein besonders enger, durch objektive Merkmale wie Wohnsitz, Aufenthalt, Ausübung öffentlicher Ämter, Vermögensdispositionen, eindeutiges und objektiv nicht zu widerlegendes Negativverhalten gegenüber einem der beiden Staaten usw., nachzuweisender organischer Zusammenhang verbinde. Der Lehre *Ferids* hat sich das neuere Schrifttum weitgehend angeschlossen (vgl. den Überblick über den Meinungsstand bei *Palandt/Heldrich*, BGB, 37. Aufl., Vorbem. vor Art. 7 EGBGB Anm. 7a am Ende). Der Deutsche Rat für IPR (Vorschläge und Gutachten zur Reform des deutschen und internationalen Personen- und Sachenrechts 1972, S. 5, 27) folgt dieser Lehre und hat vorgeschlagen, in ein neues IPR-Gesetz folgende Vorschrift einzufügen:

»Soweit das Recht des Staates gilt, dem eine Person angehört, ist bei mehrfacher Staatsangehörigkeit das Recht desjenigen Staates maßgebend, mit dem die Person am engsten verbunden ist«.

Die deutsche Rechtsprechung (gebilligt von *Otto* in Anm. zu OLG Düsseldorf, FamRZ 1974, 655; *Sturm*, NJW 1974, 1036/1037; Festschrift Wahl 1973, S. 234; *Raape/Sturm*, IPR, 6. Aufl., S. 133 ff.; *Erman*, BGB, 6. Aufl., vor Art. 7 EGBGB Rdnr. 24; *Firsching*, Einführung in das IPR 1974, S. 74; *derselbe*, in Anm. zum BGH-Beschluß vom 20. 12. 1972, JZ 1974, 182; differenzierend *Staudinger/Gamillscheg*, BGB, 10./11. Aufl., vor Art. 13 EGBGB Rdnrn. 160 ff.) gibt regelmäßig der deutschen Staatsangehörigkeit den Vorrang. *Sturm* (*Raape/Sturm*, S. 134) sagt dazu: »Entscheide, die sich an der ›effektiven‹ Staatsangehörigkeit ausrichten, sind zahlenmäßig unbedeutend und können als ›Ausreißer‹ bezeichnet werden«.

Das OLG Hamm, das der deutschen Staatsangehörigkeit schlechthin den Vorrang gibt und die Lehre von der »effektiven« Staatsangehörigkeit überhaupt ablehnt, hat sich in einer Entscheidung vom 15. 7. 1975 (FamRZ 1976, 168 mit Rechtsprechungsübersicht) bisher am ausführlichsten mit der angeschnittenen Problematik befaßt. Das Gericht stützt sich auf zwei Argumente:

(1) In fast allen Ländern der Welt werde die Auffassung vertreten, daß beim Zusammentreffen mehrerer Staatsangehörigkeiten, von denen eine *die* des Staates ist, dem das angerufene Gericht angehört, nur die letztere maßgeblich ist. (2) Die Merkmale eines besonders engen organischen Zusammenhangs als Voraussetzung der effektiveren Staatsangehörigkeit führten zu unerträglicher Unsicherheit in der Frage nach dem anzuwendenden Recht und daneben auch zu Gefahren für die Beteiligten, die sämtlich nach der überkommenen Auffassung nicht eintreten könnten.

Den gleichen Standpunkt wie das OLG Hamm vertreten das LG Bonn (FamRZ 1976, 229), das OLG Celle (FamRZ 1976, 157), das KG (IPRspr. 1973 Nr. 105) sowie ein Bescheid des Justizministers (JM) von NRW vom 14. 8. 1974 (IPRspr. 1974

Nr. 186: Anknüpfung an effektive Staatsangehörigkeit würde zu einer »unerträglichen Rechtsunsicherheit« führen). Das BayObLG hat in ständiger Rechtsprechung die gleiche Auffassung vertreten (BayObLGZ 1968, 263/265; 1975, 218/226). In einem Einzelfall (BayObLGZ 1975, 153/156) lockerte der Senat im güterrechtlichen Bereich den starren Grundsatz und gab, um zu einem sachgemäßen Ergebnis zu kommen, bei gemeinsamer fremder Staatsangehörigkeit der Ehegatten unter dem Gesichtspunkt der Gleichberechtigung einer fremden Staatsangehörigkeit den Vorzug. In einem Ausnahmefall gab auch das OLG Stuttgart (FamRZ 1968, 390) der »effektiven« Staatsangehörigkeit Raum; das gleiche gilt wohl für die Beschlüsse des OLG Düsseldorf vom 17. 5. 1974 (FamRZ 1974, 528) und 28. 11. 1975 (FamRZ 1976, 277) für den Fall einer Privatscheidung. In einem späteren Beschluß vom 26. 5. 1976 (FamRZ 1977, 56) gibt das gleiche Gericht in einem nach dem Minderjährigenschutzabkommen von 1961 zu beurteilenden Fall der deutschen Staatsangehörigkeit den Vorzug, da »die deutsche auch diejenige Rechtsordnung ist, der das Kind seit seiner Geburt in der Bundesrepublik am engsten verbunden ist«. Das OLG Köln schließlich tritt im – einen Pflichtteilsanspruch betreffenden – Urteil vom 26. 6. 1975 (FamRZ 1976, 170) grundsätzlich für die Anknüpfung an die effektive Staatsangehörigkeit ein.

Der BGH hat die Streitfrage bisher nicht entschieden, neigt allerdings, das zeigen der Beschluß vom 20. 12. 1972 (BGHZ 60, 68/82=FamRZ 1973, 138) sowie das Urteil vom 28. 1. 1976 (FamRZ 1976, 202f.), dazu, den Gesichtspunkt der »effektiven Staatsangehörigkeit« mit in den Kreis der Erwägungen einzubeziehen. Das Bundesverfassungsgericht (Beschluß vom 21. 5. 1974 – NJW 1974, 1609, 1612=FamRZ 1974, 579/589) hält bei seiner Abwägung der Vor- und Nachteile einer doppelten Staatsangehörigkeit die Anknüpfung an die »effektive Staatsangehörigkeit« für zwar möglich, entscheidet den Streit jedoch nicht.

Der Senat hält auch bei erneuter Würdigung der Gesichtspunkte der divergierenden Meinungen bei Mehrstaatern am Grundsatz des Vorranges der deutschen Staatsangehörigkeit fest. Insoweit sind die vom OLG Hamm hierfür vorgetragenen Gründe überzeugend. Wenn das Amtsgericht meint, durch Abstellen auf die effektive Staatsangehörigkeit werde ermöglicht, einen internationalen Entscheidungseinklang herbeizuführen, so steht dem die Tatsache entgegen, daß fast alle Rechte der Welt, die an die Staatsangehörigkeit anknüpfen, dem Recht der inländischen Staatsangehörigkeit den Vorzug geben (siehe dazu die Angaben bei *Raape/Sturm*, S. 134), wobei ernsthaft über diese als selbstverständlich angesehene Haltung überhaupt nicht diskutiert wird (dazu auch *Batiffol/Lagarde*, Droit international privé, Bd. I, 6. Auflage Paris 1974, Nr. 78). Die österreichische Regierungsvorlage zum Bundesgesetz über das internationale Privatrecht (IPR-Gesetz) (Nr. 784 der Beilagen zu den Stenographischen Protokollen des Nationalrates XIV GB [1978] 0208) formuliert in ihrem § 9 Abs. 1:

»(1) Das Personalstatut einer natürlichen Person ist das Recht des Staates, dem die Person angehört. Hat eine Person neben einer fremden Staatsangehörigkeit auch die österreichische, so ist diese maßgebend. Für andere Mehrstaater ist die Staatsangehörigkeit des Staates maßgebend, zu dem die stärkste Beziehung besteht . . .«.

Es ist nicht einzusehen, warum dieser internationale Konsens ohne schwerwiegende Gründe aufgegeben werden soll. Auch das peruanische Recht steht, wie sich aus Art. V des einleitenden Titels zum Zivilgesetzbuch vom 30. 8. 1936 (Wortlaut: *Bergmann/Ferid*, »Peru«, S. 6/7) ergibt, auf diesem Standpunkt. Die Theorie der »effektiven« Staatsangehörigkeit entstand in einer Zeit, da in der Bundesrepublik das Flüchtlings- und Vertriebenenproblem besonders aktuell war, man suchte entsprechende Lösungsmöglichkeiten anzubieten. Zu einer grundsätzlichen Anwendung auf alle Mehrstaater ist die Theorie ungeeignet, da sie ohne hinreichenden Grund zur Rechtsunsicherheit führt. Der für den hypothetischen Parteiwillen im internationalen Schuldrecht geprägte Satz *Beitzkes*: »Regel der Regellosigkeit« (in Anm. zum BGH-Urteil vom 30. 3. 1955 JZ 1955, 585/586 am Ende) läßt sich in weitaus berechtigterem Maße auf das Prinzip der »effektiven« Staatsangehörigkeit erweitern. Dies zeigen die Ansichten beider Vorgerichte in anschaulicher Weise. Das Amtsgericht geht davon aus, daß die Wahlmutter in Peru nicht nur ihren Wohnsitz, sondern zusammen mit ihrer Familie dort den Mittelpunkt ihres sozialen und bürgerlichen Lebens habe, daß der Wahlvater sich seit seiner Geburt in Peru aufhalte, dort Leiter eines Produktionsbetriebes sei und seine gesamten sozialen Bezüge in Peru habe. Daher müsse die peruanische Staatsangehörigkeit als »effektive« Staatsangehörigkeit angesehen werden. Das Landgericht stimmt dieser Ansicht im wesentlichen zu, betont zudem, daß Rechtsgeschäfte, die unter Zugrundelegung eines fremden Statuts im Ausland vorgenommen worden seien, oder ausländische Staatsakte, die der Mehrstaater unter Berufung auf eine seiner Staatsangehörigkeiten in einem fremden Staat selbst veranlaßt habe, hinzunehmen seien, selbst wenn er zugleich die deutsche Staatsangehörigkeit besitze. Beide Vorgerichte haben demgegenüber nicht erwogen, daß die Wahleltern sich, wie es bei den in Bolivien und Peru lebenden Einwohnern deutscher Abstammung durchaus nicht ungewöhnlich ist, mit ihrer deutschen Abstammung und Kultur noch eng verbunden fühlen, wie sie sehr klar zum Ausdruck gebracht haben. Dafür spricht die Wahl eines jeweiligen deutschstämmigen Ehepartners, ferner die Tatsache, daß beide früher schon ein deutsches Kind adoptiert hatten und nunmehr wiederum ein deutsches Kind adoptiert haben, schließlich aber auch der Umstand, daß beide eigens nach Deutschland gereist sind, um hier vor einem deutschen Notar einen Kindes-Annahmevertrag zu schließen und von einem deutschen Gericht bestätigen zu lassen. All dies hätte aufgrund der gegebenen Tatsachenlage zur Bejahung eines deutschen Adoptionsstatuts führen müssen; denn die deutsche Staatsangehörigkeit müßte danach als »effektive« Staatsangehörigkeit anzusprechen sein. Das JM NRW hat in dem oben genannten Bescheid vom 14. 8. 1974 aufgrund seiner großen praktischen Erfahrung eingehend dargelegt, wie unsicher eine gerichtliche Entscheidung wird, falls sie von dem Ergebnis abhängt, zu dem die im konkreten Einzelfall zuständige Stelle bei der Würdigung einer unbestimmt großen Zahl von Einzelheiten kommt. Dies gilt im gleichen Maße für das vom Deutschen Rat für Internationales Privatrecht *de lege ferenda* vorgeschlagene Verfahren einer Schwerpunktsbetrachtung. Man wird zu ihr nur greifen, wenn keine bessere zur Verfügung steht. Der Senat hält aus den dargelegten Gründen am Grundsatz des Vorranges der inländischen Staatsangehörigkeit fest. Dies schließt nicht aus, daß im Einzelfall bei einem unerträglichen Ergebnis auf das Prinzip der effektiven Staatsangehörigkeit zurückgegriffen wird. Der zur Entscheidung stehende Sachverhalt bietet dazu keinen Anlaß, zumal die unmittelbar Betroffenen die aus der Entscheidung der Vorgerichte erwachsenden Folgen als ihren Interessen widersprechend ablehnen.

Nr. 60 **BGH 8. 8. 1978 (1 StR 275/78) BGHSt 28, 96**

Das Landgericht Schweinfurt hat den Angeklagten wegen unerlaubten Handeltreibens mit Betäubungsmitteln verurteilt. Gegen dieses Urteil richtet sich die Revision des Angeklagten mit dem Einwand der fehlenden deutschen Gerichtsbarkeit. Die Revision hat keinen Erfolg.

Nach den Feststellungen beging der Angeklagte das ihm zur Last gelegte unerlaubte Handeltreiben mit Betäubungsmitteln in der Zeit von Dezember 1976 bis April 1977. Zu dieser Zeit war er Angehöriger einer in S. stationierten US-Armee-Einheit.

Unerlaubtes Handeltreiben mit Betäubungsmitteln ist eine sonstige strafbare Handlung im Sinne des Art. VII Abs. 3 (b) des NATO-Truppenstatuts und unterliegt daher der konkurrierenden Gerichtsbarkeit. Das Vorrecht auf Ausübung der Gerichtsbarkeit steht in einem solchen Falle an sich den Behörden und Gerichten des Aufnahmestaates zu. Die Bundesrepublik hat jedoch auf dieses Vorrecht unter Vorbehalt der Rücknahme generell verzichtet (Art. 19 Abs. 1 des Zusatzabkommens zum NATO-Truppenstatut).

Gemäß Art. 19 Abs. 2 des Zusatzabkommens hatte die Militärbehörde der US-Armee der Staatsanwaltschaft S. die Straftat mitgeteilt und gleichzeitig erklärt, daß beabsichtigt sei, den Angeklagten in die USA zurückzuschicken und aus der Armee zu entlassen. Von dem Recht auf Rücknahme des Verzichts gemäß Art. 19 Abs. 3 des Zusatzabkommens hat die zuständige Staatsanwaltschaft innerhalb der vorgesehenen Frist keinen Gebrauch gemacht. Der Angeklagte wurde in die USA zurückgebracht und dort am 16. August 1977 unehrenhaft aus der Armee entlassen. Am 22. August 1977 kehrte er als Privatmann nach S. zurück. Ein Verfahren vor einem amerikanischen Gericht ist gegen ihn wegen der der Verurteilung des Landgerichts zugrunde liegende Delikte nicht durchgeführt worden.

Der Beschwerdeführer unterliegt der deutschen Gerichtsbarkeit. Sie ist nach seinem Ausscheiden aus der US-Armee nicht deshalb ausgeschlossen, weil die Bundesrepublik generell auf das Vorrecht zur Ausübung der Gerichtsbarkeit verzichtet und die Staatsanwaltschaft den Verzicht nicht gemäß Art. 19 Abs. 3 des Zusatzabkommens zurückgenommen hat.

Nach dem eindeutigen (deutschen) Wortlaut des Art. 19 Abs. 1 des Zusatzabkommens (ZA) hat die Bundesrepublik nicht auf die deutsche Gerichtsbarkeit schlechthin, sondern nur auf das ihr nach Art. VII Abs. 3 (b) des NATO-Truppenstatuts zustehene *Vorrecht auf Ausübung* der Gerichtsbarkeit verzichtet. Dieser Verzicht läßt die deutsche Gerichtsbarkeit dem Grunde nach unangetastet. Mit dem Verzicht entsteht nicht eine ausschließliche Gerichtsbarkeit des Entsendestaates; es liegt nach wie vor ein Fall konkurrierender Gerichtsbarkeit vor. Das ergibt sich schon daraus, daß die Staatsanwaltschaft durch eine einseitige Erklärung gegenüber den US-Behörden den Verzicht zurücknehmen kann mit der Folge, nun ein Verfahren vor dem zuständigen deutschen Gericht anhängig machen zu können. Dieses Recht kann nur aus der auch nach dem Verzicht *fortbestehenden* konkurrierenden Strafgerichtsbarkeit des Aufnahmestaates abgeleitet werden (OLG Stuttgart, NJW 1977, 1019=MDR 1976, 1043; OLG Nürnberg, NJW 1975, 2151; *Witzsch*, Deutsche Strafgerichtsbarkeit über die Mitglieder der US-Streitkräfte und deren begleitende Zivilpersonen, 1970, S. 117; *Tröndle*, in: Leipziger Kommentar (LK), 10. Aufl., vor § 3 Rdnr. 79). Die abweichende Meinung von *Eser* (in: Schönke/Schröder, StGB, 19. Aufl., Vorb. 39–41 vor § 3), die von einer partiellen Exterritorialität der Angehörigen der Stationierungsstreitkräfte ausgeht und sie im Sinne einer materiell-rechtlichen Exemtion von der Geltung des deutschen Strafrechts ausgenommen sieht, ist mit Wortlaut und Sinn des NATO-Truppenstatuts nicht vereinbar.

Ebensowenig wie der vertraglich vereinbarte Verzicht auf das Vorrecht zur Ausübung der deutschen Gerichtsbarkeit die ausschließliche Gerichtsbarkeit des Entsendestaates begründet, kann die bloße Unterlassung der Rücknahme des Verzichts den endgültigen Ausschluß der deutschen Gerichtsbarkeit bewirken (a. A. *Jescheck*, Lehrbuch des Strafrechts, Allg. Teil, 3. Aufl., S. 131, obwohl er das Fortbestehen der materiellen Strafgewalt des Staates, der den generellen Verzicht erklärt hat, anerkennt). Art. VII Abs. 3 des NATO-Truppenstatuts und Art. 19 des Zusatzabkommens regeln lediglich die Zuständigkeit der Strafverfolgungsorgane der Vertragsstaaten im Rahmen einer *konkurrierenden* Gerichtsbarkeit. Von dieser geht Art. VII Abs. 3 des NATO-Truppenstatuts aus. Der Sinn dieser Zuständigkeitsregelung liegt darin, zu gewährleisten, daß ein Täter wegen einer im Inland begangenen Straftat verfolgt wird, entweder von den Organen des einen oder von den Organen des anderen Staates. Die inländische Gerichtsbarkeit wird durch den Verzicht nach Art. 19 Abs. 1 ZA zugunsten der ausländischen Gerichtsbarkeit nur in der Ausübung beschränkt. Diese soll in gewissem Umfang an die Stelle der inländischen Gerichtsbarkeit treten (*Maier*, NJW 1974, 1935, 1936). Dafür spricht die Festlegung einer gegenseitigen Unterstützungspflicht in Art. VII Abs. 5 und 6 (vgl. *Schwenk*, JZ 1976, 581) sowie die Regelung in Art. VII Abs. 8 des NATO-Truppenstatuts. Danach darf ein Angeklagter, der in einem Strafverfahren freigesprochen worden ist oder nach Verurteilung seine Strafe verbüßt oder verbüßt hat oder begnadigt worden ist, nicht wegen derselben Handlung innerhalb desselben Hoheitsgebiets von den Behörden eines anderen Vertragspartners erneut vor Gericht gestellt werden. Diese vom deutschen Recht, wonach nur inländische Urteile einen Verbrauch der Strafklage zur Folge haben, abweichende Regelung wäre überflüssig, wenn die gleiche Sperrwirkung bereits durch den nicht erklärten Widerruf des Verzichts eintreten würde (vgl. *Witzsch*, a.a.O., S. 116; OLG Stuttgart, a.a.O.).

Nach dem Ausscheiden des Beschwerdeführers aus der US-Armee ist er nicht mehr dem Militärrecht der USA unterworfen. Der durch das NATO-Truppenstatut zur strafrechtlichen Verfolgung bevorrechtigt ermächtigte Entsendestaat ist nicht mehr in der Lage, von seinem Recht Gebrauch zu machen. Damit entfällt die Grundlage der Einschränkung der inländischen Gerichtsbarkeit zugunsten der ausländischen; eine konkurrierende Gerichtsbarkeit besteht nicht mehr. Die ausschließliche (territoriale) Gerichtshoheit ist an den Aufnahmestaat zurückgefallen (vgl. *Witzsch*, a.a.O., S. 32, 36, und *Dreher*, StGB, 37. Aufl., § 3 Anm. 8, der auch im Falle der Exterritorialität die Möglichkeit der Bestrafung bejaht, wenn der Befreiungsgrund später wegfällt).

Nur diese Betrachtungsweise wird dem Sinn der Zuständigkeitsregelung gerecht, die Bestrafung eines Täters entweder durch die Organe des einen oder durch die Organe des anderen Staates zu gewährleisten. Die Gegenmeinung könnte dazu führen, daß (u. U. schwerwiegende) Taten eines Angehörigen der Streitkräfte, der nach der Tat aus dem Militärdienst ausgeschieden ist, ungesühnt bleiben müssen. Dabei bleibt auch zu beachten, daß in der Regel auch die ordentlichen Gerichte der USA mit Rücksicht auf das das amerikanische Strafrecht beherrschende Territorialitätsprinzip in der Bundesrepublik Deutschland straffällig gewordene Täter nicht belangen können (vgl. *Witzsch*, a.a.O., S. 36).

Entgegen der Auffassung der Revision ist daher die deutsche Strafgerichtsbarkeit zu bejahen. Art. VII Abs. 8 des NATO-Truppenstatuts steht einer Verfolgung nicht entgegen. Ein Freispruch oder eine Verurteilung des Beschwerdeführers hinsichtlich der hier abgeurteilten Handlungen ist nicht ergangen. Dem Schreiben der US-Militärbehörde vom 14. September 1977 kann auch nicht entnommen werden, daß eine einem Freispruch gleichstehende Einstellungsentscheidung des Gerichtsherrn (vgl. OLG Stuttgart, a.a.O.) vorliegt. Die unehrenhafte Entlassung aus dem Militärdienst ist keine militärgerichtliche Bestrafung im Sinne des Art. VII Abs. 8 des NATO-Truppenstatuts (vgl. *Witzsch*, a.a.O., S. 125, 126).

Nr. 61 OLG Köln 11. 8. 1978 (Ausl. 36/78) DRiZ 1978, 372

... Das Auslieferungsersuchen entspricht den in Art. 15 und 16 des hier maßgeblichen deutsch-jugoslawischen Auslieferungsvertrages vom 26. 11. 1970 (BGBl. 1974 II, S. 1258; 1975 II, S. 1725) aufgestellten Formerfordernissen. Ihm ist ein Beschluß über die Anordnung der »Vorhaft« beigefügt, der eine einem Haftbefehl in seiner Rechtswirkung gleichzustellende Urkunde i.S. des Art. 16 Abs. 2 *lit.* a des Auslieferungsvertrages darstellt. Identitätsnachweise für den Verfolgten sind beigefügt und beglaubigte Abschriften der anzuwendenden jugoslawischen Strafbestimmungen mitgeteilt worden.

Es fehlt auch nicht an einer ausreichenden Darstellung der Handlung, derentwegen um Auslieferung ersucht wird. In den ergänzenden Ausführungen des Kreisgerichts Belgrad vom 28. 6. 1978 ist die Tätigkeit des »Kroatischen Volkswiderstandes« nach seiner Organisation und Zielsetzung im einzelnen geschildert. Danach haben Mitglieder dieser vom Verfolgten geleiteten Organisation am 7. 4. 1971 den jugoslawischen Botschafter in Schweden getötet, am 26. 1. 1972 über dem Gebiet der ČSSR ein jugoslawisches Flugzeug zum Absturz gebracht und dabei 27 Personen getötet, am 15. 9. 1972 ein Flugzeug der SAS in Stockholm entführt und am 7. 6. 1976 in Paraguay den Botschafter von Uruguay getötet. Auch was den Vorwurf angeht, im November 1974 den Transport von Kriegswaffen und Sprengstoff nach Jugoslawien veranlaßt zu haben, fehlt es nicht an einer ausreichenden Darlegung der Tat und ihrer Vorgeschichte; insbesondere sind die von Grbes und Marketić nach Jugoslawien gebrachten Gegenstände genau bezeichnet worden. Schließlich haben die jugoslawischen Behörden nunmehr den von Krpan und Perović am 28. 6. 1976 in Düsseldorf ausgeführten Mordversuch selbst im einzelnen geschildert und weiter mitgeteilt, daß der Verfolgte diesen Anschlag vorbereitet und organisiert hat. Danach werden ihm Vorbereitung, Planung und Unterstützung des Mordanschlags auf den jugoslawischen Vizekonsul angelastet. Da dieser Tatbeitrag nach der gesamten Sachschilderung im Auslieferungsersuchen vor der Ausführung der Straftat erfolgt sein muß, ist die dem Verfolgten insoweit zum Vorwurf gemachte Handlung nach Zeit und Ort hinreichend bestimmt (Art. 16 Abs. 2 *lit.* b des Auslieferungsvertrages). Denn dem Verfolgten wird ersichtlich eine Einflußnahme im Rahmen seiner Tätigkeit als Exilkroatenführer angelastet.

Ob der Verfolgte die jugoslawische Staatsangehörigkeit besitzt, wie dem Ersuchen zu entnehmen ist, oder ob er seinen eigenen Angaben entsprechend staatenlos ist, kann dahinstehen. Denn er ist jedenfalls nicht Deutscher, und Art. 116, 16 Abs. 2 Satz 1 GG stehen seiner Auslieferung deshalb nicht entgegen.

Die dem Verfolgten vorgeworfenen Straftaten sind – soweit sie hier erörtert werden – auslieferungsfähig nach Art. 2 Abs. 1 des Auslieferungsvertrages. Sie erfüllen die Tatbestände der Art. 113a, 116, 117, 135 des jugoslawischen Strafgesetzbuches a.F. Nach deutschem Recht sind die Taten nach §§ 129a, 311b StGB als Vergehen gegen das Kriegswaffen- und Sprengstoffgesetz und als versuchter Mord, sei es in der Form der Mittäterschaft oder Teilnahme (§§ 211, 25, 26, 27 StGB), strafbar. Nach dem Recht beider Staaten sind diese Straftaten mit Freiheitsstrafe im Höchstmaß von mehr als einem Jahr bedroht.

Art. 1 Abs. 2 des Auslieferungsvertrages hindert die Auslieferung nicht, weil der Verfolgte zur Tatzeit erwachsen war.

Auch die in Art. 3 bis 8 des Auslieferungsvertrages getroffene Regelung steht einer Auslieferung nicht entgegen.

Bei den dem Verfolgten zum Vorwurf gemachten Handlungen handelt es sich *nicht* um *politische Taten*. Der Begriff der politischen Tat ist in dem hier maßgeblichen Auslieferungsvertrag nicht definiert. Er ist zu bestimmen durch Auslegung nach dem Rechtsverständnis des jeweils ersuchten Staates. Dazu kann die Begriffsbestimmung in § 3 Abs. 2 DAG ergänzend herangezogen werden (BGHSt 2, 162), weil im Auslieferungsvertrag eine entgegenstehende Begriffsbestimmung nicht enthalten ist (BGHSt 27, 226). Andererseits könnte der Begriff der politischen Tat heute zum Nachteil des Verfolgten enger gefaßt werden, als es im deutschen Auslieferungsgesetz vom 23. 12. 1929 geschehen ist. Dies kann jedoch offenbleiben. Auch unter Zugrundelegung des weiter gefaßten Begriffs des § 3 Abs. 2 DAG fehlt es an den Voraussetzungen einer politischen Straftat. Denn die dem Verfolgten vorgeworfenen Taten richten sich nicht unmittelbar gegen den Bestand oder die Sicherheit des (die Auslieferung begehrenden) Staates, gegen das Oberhaupt oder ein Regierungsmitglied dieses Staates als solches, gegen eine verfassungsmäßige Körperschaft, gegen die guten Beziehungen dieses Staates zum Ausland oder gegen die staatsbürgerlichen Rechte bei Wahlen oder Abstimmungen. Sie sind auch nicht als Taten anzusehen, die mit politischen strafbaren Handlungen zusammenhängen (Art. 3 Abs. 1 [2. Alt.] des Auslieferungsvertrages). Der Senat verkennt nicht, daß bei den Handlungen des Verfolgten politische Beweggründe maßgebend waren. Es erscheint jedoch abwegig, Taten schon deshalb als politische Delikte im Auslieferungsrecht zu behandeln, weil dabei politische Motivationen eine Rolle gespielt haben (vgl. BVerfG, NJW 1977, 2355). Nicht nur die politischen Beweggründe oder Motive des Täters, sondern auch die Art des durch die Taten unmittelbar angegriffenen Rechtsgutes entscheiden über die Zuordnung einer Straftat zum Kreis der (absolut oder kraft Zusammenhangs) politischen Delikte (so für § 3 Abs. 2 DAG *Lüttger*, GoltdArch. 60, 40; BGHSt 18, 221). Daher können auch als Zusammenhangtaten i. S. des Art. 3 Abs. 1 des Auslieferungsvertrages nur solche Straftaten angesehen werden, die sich unmittelbar gegen den Bestand, gegen die äußere oder innere Sicherheit eines Staates richten. An solchen Voraussetzungen fehlt es im vorliegenden Falle. Die Gründung und Mitgliedschaft in einer terroristischen Vereinigung kann noch nicht als ein unmittelbarer Angriff gegen den Bestand eines Staates angesehen werden. Vielmehr soll eine solche Vereinigung ihrer Zielsetzung nach erst die Voraussetzungen dafür schaffen, daß derartige Angriffe künftig vorgenommen werden können. Beim Vorwurf der Gründung und Leitung einer terroristischen Vereinigung handelt es sich daher um eine Straftat, die nur mittelbar gegen den jugoslawischen Staat gerichtet ist. Nichts anderes gilt hinsichtlich des weiteren Vorwurfs, den Transport von Kriegswaffen und Sprengstoff nach Jugoslawien veranlaßt zu haben. Es kann dahingestellt bleiben, ob der Einsatz solcher Mittel in Jugoslawien, zu dem es nicht gekommen ist, als mit einer politischen Tat im Zusammenhang stehende strafbare Handlung anzusehen wäre. Jedenfalls diente der Transport von Waffen und Sprengstoff nur der Vorbereitung einer solchen Tat und ist daher selbst nicht als politische Handlung zu privilegieren. Dieses Verhalten des Verfolgten war noch nicht der Beginn eines gegen einen Staat oder dessen Sicherheit gerichteten revolutionären Verhaltens (vgl. zum Begriff der Zusammenhangstat i. S. des § 3 Abs. 1 [2. Alt.] DAG OLG Frankfurt, NJW 1973, 1569). Dasselbe gilt für die dem Verfolgten zum Vorwurf gemachte Beteiligung an der am 28. 6. 1976 ausgeführten Tat. Zudem handelt es sich hier um ein vorsätzliches Verbrechen wider das Leben, und die Tat ist nicht im offenen Kampf begangen worden, mit der Folge, daß sie ohnehin nicht als eine mit einer strafbaren politischen Handlung in Zusammenhang stehende Straftat anzusehen ist (Art. 3 Abs. 2 *lit.* a des Auslieferungsvertrages).

Schließlich wird die *Auslieferung* auch *aus verfassungsrechtlichen Gründen nicht gehindert* (Art. 6 Abs. 1 des Auslieferungsvertrages). § 23 Abs. 3 des Gesetzes über die Rechtsstellung heimatloser Ausländer im Bundesgebiet vom 25. 4. 1951, eine Bestimmung, die eine eigene Ausgestaltung des sich aus Art. 16 Abs.2 Satz 2 GG ergebenden Asylrechts für politisch Verfolgte enthält (Bonner Komm. zum Grundgesetz, Rdnr. 179 zu Art. 16), steht einer Auslieferung nicht im Wege. Denn der Verfolgte hat die Rechtsstellung eines heimatlosen Ausländers nicht erworben, weil er – 1958 erstmalig in die Bundesrepublik eingereist – am 30. 6. 1950 seinen Aufenthalt weder im Geltungsbereich des Grundgesetzes noch in Berlin (West) hatte (§ 1 Abs. 1 des Gesetzes über die Rechtsstellung heimatloser Ausländer im Bundesgebiet). Auch der Umstand, daß der Verfolgte seine Anerkennung als ausländischer Flüchtling beantragt hat, ist hier ohne Bedeutung. Denn selbst auf ein anerkanntes Asylrecht kann sich nicht berufen, wer durch den Spezialitätsgrundsatz wirksam Schutz vor politischer Verfolgung genießt (BVerfGE 38, 398 ff. = NJW 1975, 1067; BGH, NJW 1977, 1599). Die vom Verfolgten geäußerten Befürchtungen, er werde unter Verletzung des in Art. 25 des Auslieferungsvertrages im Verhältnis zu Jugoslawien verbindlich festgelegten Grundsatzes der Spezialität einer politischen Verfolgung und insbesondere Repressalien während einer Freiheitsentziehung ausgesetzt sein, sind nicht hinreichend begründet. Zwar mag der Verfolgte tatsächlich in der Vergangenheit wiederholt das Ziel von auf sein Leben gerichteten Anschlägen gewesen sein. Dafür spricht der Inhalt des vom Ermittlungsrichter beim Bundesgerichtshof am 23. 11. 1977 erlassenen Haftbefehls – 6 BJs 12/76 = I BGS 375/77. Es fehlt aber an genügendem Anhalt für die Annahme, daß der Verfolgte nach seiner Auslieferung politischer Verfolgung ausgesetzt sein könnte. Denn der Spezialitätsgrundsatz ist von seiten Jugoslawiens, wie das Bundesverfassungsgericht in der vorerwähnten Entscheidung ausdrücklich hervorgehoben hat, bisher – soweit ersichtlich – stets gewahrt worden, und mit einer entsprechenden Verfahrensweise der jugoslawischen Behörden, die wegen der großen Zahl der in Deutschland tätigen, frei aus- und einreisenden jugoslawischen Gastarbeiter an einem reibungslos verlaufenden Auslieferungsverkehr erheblich interessiert sind, kann auch in Zukunft gerechnet werden. Diese von einem wirksamen Schutz vor rechtswidriger politischer Verfolgung durch den Spezialitätsgrundsatz ausgehende Auffassung hat auch das Oberlandesgericht in Düsseldorf im Auslieferungsverfahren gegen den inzwischen wegen versuchten Mordes an dem jugoslawischen Vizekonsul Topić verurteilten Perović vertreten (Beschluß vom 29. 8. 1977 – 4 Ausl. 60/76).

Soweit der Verfolgte endlich den Tatvorwurf bestreitet, ist dies unerheblich. Nach der kontinentaleuropäischen Rechtsauffassung ist der ersuchte Staat im Rechtshilfeverkehr grundsätzlich nicht befugt, den Schuldverdacht nachzuprüfen. In der amtlichen Begründung zu § 5 DAG (abgedr. bei *Mettgenberg/Doerner*, 2. Aufl., S. 151 f.) heißt es hierzu: »Zu den gesetzlichen Voraussetzungen der Rechtshilfe, insbesondere der Auslieferung, gehört nicht der Nachweis, daß der Verfolgte der ihm zur Last gelegten Tat in einem bestimmten Grade verdächtig oder überführt ist; die Auslieferung setzt nach dieser Richtung lediglich voraus, daß ein ordnungsmäßiger Haftbefehl oder ein vollstreckbares Straferkenntnis vorgelegt wird«. Der Bundesgerichtshof hat die Nachprüfung der Schuldfrage selbst für den Fall ausgeschlossen, daß im ersuchenden Staat, wie zum Beispiel in den Ländern des angelsächsischen Rechtskreises, die Auslieferung von hinreichendem Tatverdacht abhängig gemacht wird (BGHSt 25, 374 ff.). Nichts anderes gilt im Verhältnis zu Jugoslawien (vgl. *Grützner*, Internationaler Rechtsverkehr in Strafsachen, II J 4, Vorbem. 2; OLG Bamberg, Beschluß vom 29. 11. 1972 – Ausl. 10/72). Von diesem Grundsatz kann nur in ganz besonders gelagerten Fällen abgesehen werden, denn eine Schuldprüfung im ersuchten Staat führt zu einem unerwünschten Doppelverfahren gegen den Verfolgten. Das Oberlandesgericht München hat eine Nachprüfung des Tatverdachts im Auslieferungsverfahren von drei Voraussetzungen abhängig gemacht (Beschluß vom 12. 6. 1978 – 1 Ausl. 22/78), davon nämlich, daß einem Asylrecht, das der Verfolgte gegebenenfalls beanspruchen kann, ein besonders hohes Gewicht beizumessen ist, die Möglichkeit einer politischen Verfolgung nicht den Umständen nach völlig fern liegt und bestimmte Tatsachen vorliegen, die ohne weitere Aufklärung des Falles mit dem in dem Auslieferungsersuchen bezeichneten Tatverdacht nicht in Einklang zu bringen sind. Es kann offenbleiben, ob alle drei Voraussetzungen erforderlich sind oder ob zugunsten eines Verfolgten eine Auslieferung sogar schon dann für unzulässig zu halten ist, wenn nur bestimmte Tatsachen mit dem Tatverdacht nicht zu vereinbaren sind. Im vorliegenden Fall ist es jedenfalls nicht geboten, den Tatverdacht zu überprüfen, denn es fehlt schon an gewichtigen Zweifeln hinsichtlich der Täterschaft des Verfolgten. Was zunächst den Vorwurf angeht, der Verfolgte habe die verbrecherisch-terroristische Organisation »Kroatischer Volkswiderstand« gegründet und geleitet, so hat der Verfolgte selbst erklärt, er sei von Mai 1974 bis August 1977 Vorsitzender des »Kroatischen Volkswiderstandes für Europa« gewesen, nachdem er zuvor dieser Vereinigung bereits als Mitglied angehört habe. Die politische Tätigkeit dieser Organisation stand nach deren organisationsinternen Unterlagen, wie das Bundesverwaltungsgericht in seinem Urteil vom 24. 1. 1978 – BVerwG 1 A 3.76 – ausgeführt hat, unter dem Gedanken, den jugoslawischen Staat im bewaffneten Kampf zu zerschlagen und einen selbständigen und unabhängigen kroatischen Staat zu errichten. Diesem Ziel suchte sie durch vielfältige Tätigkeiten, auch durch die Propagierung der Beteiligung ihrer Mitglieder an der Durchführung terroristischer Aktionen, näherzukommen. Der Herstellung, Festigung und Steigerung der Einsatzbereitschaft ihrer Mitglieder auch für solche Ziele diente die Herausgabe und Verbreitung der Zeitschrift »OTPOR«, für die der Verfolgte presserechtlich verantwortlich zeichnete. Zusammenfassend stellt das Bundesverwaltungsgericht u. a. fest, daß die politische Tätigkeit der Organisation »Kroatischer Volkswiderstand« auf den vorbehaltlosen Kampf gegen den jugoslawischen Staat und gegen dessen Organe, einschließlich Terrorhandlungen, wie z. B. Mordanschläge, Flugzeugentführungen, Geiselnahmen, gerichtet sei. Wegen des Vorwurfs, den Transport von Kriegswaffen und Sprengstoff nach Jugoslawien veranlaßt zu haben, ist gegen den Verfolgten Anklage vor der großen Strafkammer des Landgerichts Köln erhoben worden. In diesem Verfahren wird er beschuldigt, sich zwei amerikanische Panzerabwehrraketen mit den dazugehörigen Werfern, einen zusätzlichen Werfer für Panzerabwehrraketen, einen Riegel Plastiksprengstoff und fünf Zünder beschafft zu haben; er soll im Jahre 1974 den inzwischen zusammen mit Nenad Marketić in Jugoslawien verurteilten Zlatko Grbes bestimmt haben, diese Kriegswaffen und Sprengmittel nach Jugoslawien zu bringen, um dort Attentate auf Persönlichkeiten des politischen Lebens und öffentliche Einrichtungen wie Verwaltungsgebäude und Brücken zu unternehmen. Die 8. große Strafkammer des Landgerichts in Köln hat wegen dieser Beschuldigung im August 1977 gegen den Verfolgten das Hauptverfahren eröffnet – KLs/120 Js 8/75. Hinsichtlich des Vorwurfs einer Beteiligung am Mordversuch an Vladimir Topić gilt folgendes: Zwar sind wegen der in Düsseldorf am 28. 6. 1976 begangenen Tat Krpan und Perović verurteilt worden, ohne daß die deutschen Ermittlungsbehörden zu einer Anklageerhebung gegen den Verfolgten gekommen sind. Auch trifft es zu, daß sich der Verfolgte am 28. 6. 1976 in Spanien aufgehalten hat. Gleichwohl sprechen gewichtige Umstände für seine Beteiligung an dieser Tat. Der Verfolgte befindet sich seit 1958 in der Bundesrepublik. Schon früh schloß er sich dem exilkroatischen Widerstand gegen Jugoslawien an. Er wurde Vorstandsmitglied der von dem Priester Medić-Skoko 1961 gegründeten »Kroatischen Kreuzler-Bruderschaft«, die vorgab, religiöse und soziale Zwecke zu verfolgen, tatsächlich aber terroristische Aktionen gegen jugoslawische Persönlichkeiten und Institutionen durchführte. Am 29. 11. 1962 beteiligte sich der Verfolgte an einem Brand- und Sprengstoffanschlag auf das Gebäude der jugoslawischen Abteilung der schwedischen Botschaft in Mehlem, bei dem der Hausmeister getötet wurde. Er wurde deshalb durch Urteil des Schwurgerichts Bonn vom 25. 6. 1964 – 8 Ks 1/63 – wegen gemeinschaftlichen Sprengstoffverbrechens in Tateinheit mit menschengefährdender Brandstiftung, Zerstörung von Bauwerken und Sachbeschädigung zu einer Zuchthausstrafe von drei Jahren verurteilt. Der Verfolgte war Vorsitzender des inzwischen verbotenen »Kroatischen Volkswiderstandes«, einer Vereinigung, deren auf Mord, Geiselnahme und Flugzeugentführung gerichtete Ziele bereits dargelegt worden sind. Dieser Zielsetzung entspricht der Düsseldorfer Anschlag. Der Verfolgte selbst gilt nach den Erkenntnissen des Bundeskriminalamtes als fanatischer und gewalttätiger Emigrantenführer. In Kroatenkreisen, so das Bundeskriminalamt, wird er als krimineller Terrorist bezeichnet, der so großen Einfluß hat, daß andere für ihn kriminelle Tätigkeiten ausführen. Perović, der zusammen mit Krpan die Düsseldorfer Straftat ausgeführt hat (Urteil des Landgerichts Düsseldorf vom 9. 11. 1977 – Ks 8 Js 391/76) ist der Schwager des Verfolgten und hat mit ihm in Wohngemeinschaft gelebt. Er hat Artikel in der vom Verfolgten geleiteten Zeitschrift »OTPOR« geschrieben und Briefpapier mit deren Briefkopf bei Zuschriften an die Zeitschrift »Nova Hrvatska« benutzt. Krpan, der engen Kontakt zu dem Verfolgten unterhalten hat, ist diesem nach den Erkenntnissen des Bundeskriminalamtes ergeben. Krpan und Perović haben bei dem Mordversuch in Düsseldorf ein Kraftfahrzeug benutzt, das im Eigentum der Ehefrau des Verfolgten stand. Nach der ausdrücklichen Erklärung des Exilkroaten Dorić trägt der Verfolgte die Verantwortung für den Mordanschlag auf Topić. Krpan und Perović, so hat Dorić erklärt, sind Leute von Bilandzić. Dem steht nicht entgegen, daß der Verfolgte sich z. Z. der Tatausführung in Spanien aufgehalten hat; ihm wird nach den Auslieferungsunterlagen nur die vorbereitende Organisation, nicht aber eine Beteiligung an der Tatausführung selbst zur Last gelegt. Unter diesen Umständen ist eine Nachprüfung des Schuldverdachts nicht angezeigt.

Eine Ablehnung der Auslieferung nach Art. 9 des Auslieferungsvertrages steht im Ermessen der Bundesregierung, die im übrigen die Auslieferung nur unter der Bedingung bewilligen kann, daß die nach jugoslawischem Recht mögliche Todesstrafe

(§§ 113a, 135, 16, 19, 20 des jugoslawischen Strafgesetzbuches a. F.) nicht verhängt oder nicht vollstreckt wird (Art. 13 des Auslieferungsvertrages) ...

Nr. 62 BGH 17. 8. 1978 (4 ARs 8/78) BGHSt 28, 110

Das Bundessekretariat für Gerichtsbarkeit und Organisation der Sozialistischen Föderativen Republik Jugoslawien hat den Bundesminister der Justiz um die Auslieferung des P. nach Jugoslawien zum Zwecke der Strafverfolgung ersucht. Dem Auslieferungsersuchen ist ein Beschluß des Untersuchungsrichters des Kreisgerichts Belgrad vom 24. Mai 1978 beigefügt, durch welchen gegen den Verfolgten die Untersuchung eingeleitet und »Vorhaft« angeordnet worden ist. Der Verfolgte ist dem Auslieferungsersuchen zufolge jugoslawischer Staatsangehöriger, nach eigenen Angaben in einem früheren Verfahren dagegen staatenlos, demnach jedenfalls kein Deutscher, der nach Art. 16 Abs. 2 Satz 1 GG nicht ausgeliefert werden dürfte. Von den jugoslawischen Behörden wird ihm vorgeworfen, gegen Art. 111 (»Organisation und Einschleusung von Personen und Material«), Art. 113a (»Terrorismus«) und Art. 117 (»Vereinigung gegen Volk und Staat«) des jugoslawischen Strafgesetzbuches vom 2. März 1951 verstoßen zu haben. Die entsprechenden Vorschriften des neuen jugoslawischen Strafgesetzbuches vom 1. Juli 1977 kommen hier nicht zur Anwendung, weil sie nicht milder sind. Der Verfolgte soll sich nach dem Auslieferungsersuchen seit 1973 als Mitglied an der – auch in der Bundesrepublik verbotenen (BAnz. 1968 Nr. 125 vom 10. Juli 1968) – Vereinigung »Kroatische revolutionäre Bruderschaft« beteiligt haben, welche das Ziel habe, »Morde, Gewalt und andere terroristische Aktionen zu begehen«. Im Rahmen dieser Vereinigung soll er unter anderem mehrere, im einzelnen dargelegte »diversant-terroristische Aktionen« gegen Jugoslawien »organisiert« haben.

Die Generalstaatsanwaltschaft hat beantragt, gegen den Verfolgten die vorläufige Auslieferungshaft anzuordnen. Sie hält die Auslieferung auch für den Fall für zulässig, daß die ihm zur Last gelegten Taten als politische Straftaten im Sinne des § 3 Abs. 2 DAG und des Art. 3 Abs. 1 des deutsch-jugoslawischen Auslieferungsvertrags vom 26. November 1970 zu werten sind, weil sie auf die vorsätzliche Tötung von Menschen abzielten und damit als vorsätzliche Verbrechen gegen das Leben im Sinne des Art. 3 Abs. 2 Buchst. a) des Vertrages anzusehen seien.

Das Oberlandesgericht sieht die formellen Voraussetzungen für die Anordnung der Auslieferungshaft nach § 10 Abs. 1 Satz 1 DAG als gegeben an. Die Strafbarkeit der dem Verfolgten bisher zur Last gelegten Handlungen auch nach deutschem Recht und damit deren Auslieferungsfähigkeit nach Art. 2 Abs. 1 des Auslieferungsvertrages folgt nach seiner Ansicht aus § 129a StGB. Das Oberlandesgericht hat jedoch gleichwohl Zweifel an der Zulässigkeit der Auslieferung und hat deshalb im Hinblick auf § 10 Abs. 1 Satz 2 DAG Bedenken, dem Antrag zu entsprechen. Es ist nämlich der Ansicht, daß hier »ersichtlich« politische Straftaten vorliegen. Da bei solchen nach Art. 3 Abs. 2 Buchst. a) des deutsch-jugoslawischen Auslieferungsvertrages und § 3 Abs. 3 DAG die Auslieferung nur zulässig ist, wenn es sich um nicht im offenen Kampf begangene vorsätzliche Verbrechen gegen das Leben einschließlich Versuch und Teilnahme handelt, dem Verfolgten aber »weder Täterschaft noch Teilnahme hinsichtlich eines konkreten Verbrechens gegen das Leben vorgeworfen« werde, kommt es nach Auffassung des Oberlandesgerichts darauf an, ob unter den Begriff der Teilnahme an einem vorsätzlichen Verbrechen gegen das Leben im Sinne dieser Bestimmungen bereits die Mitgliedschaft in einer Vereinigung fällt, deren Zwecke oder deren Tätigkeit darauf gerichtet sind, mit politischer Zielrichtung jedenfalls auch vorsätzliche Verbrechen gegen das Leben zu begehen. Das Oberlandesgericht hält eine solche Auslegung für möglich. Wegen der grundsätzlichen Bedeutung hat es die Sache jedoch dem Bundesgerichtshof zur Entscheidung vorgelegt.

Der Generalbundesanwalt vertritt im Anschluß an eine Stellungnahme des Bundesministers der Justiz die Ansicht, daß die bloße Mitgliedschaft in einer terroristischen Vereinigung im Sinne des § 129a StGB nicht als vorsätzliches Verbrechen gegen das Leben nach Art. 3 Abs. 2 Buchst. a) des deutsch-jugoslawischen Auslieferungsvertrages anzusehen sei. Er ist im übrigen der Meinung, daß entgegen der Ansicht des Oberlandesgerichts als rechtliche Grundlage für die Beantwortung der Vorlegungsfrage nur die Bestimmungen dieses Vertrages, nicht jedoch die des deutschen Auslieferungsgesetzes in Betracht zu ziehen seien.

Die Vorlegung ist nach § 27 Abs. 1 DAG zulässig. Sie betrifft nach Auffassung des Oberlandesgerichts eine Rechtsfrage von grundsätzlicher Bedeutung.

Ob die der Vorlegung zugrundeliegende Ansicht zutrifft, die Handlungen, welche dem Verfolgten vorgeworfen werden, seien »ersichtlich« politische Straftaten, ist allerdings fraglich. Der Begriff der politischen Tat bestimmt sich nach § 3 Abs. 2 DAG. Diese Vorschrift gilt entgegen der Ansicht des Generalbundesanwalts auch für den Auslieferungsverkehr mit Jugoslawien, denn Art. 3 Abs. 1 des deutsch-jugoslawischen Auslieferungsvertrages macht die Beurteilung einer Tat als politische Straftat davon abhängig, daß sie »vom ersuchten Staat als eine politische oder eine mit einer solchen zusammenhängende strafbare Handlung« angesehen wird. Der Negativkatalog des Art. 3 Abs. 2 des Auslieferungsvertrages schließt nicht die Anwendung des § 3 Abs. 2 DAG aus. Er setzt sie vielmehr voraus und enthält lediglich – wie § 3 Abs. 3 DAG, dem er weitgehend gleicht – besondere Einschränkungen. Nach der Begriffsbestimmung (vgl. BGHSt 2, 160, 162) des § 3 Abs. 2 DAG sind als politische Taten aber nur strafbare Angriffe anzusehen, die sich *unmittelbar* gegen den Bestand oder die Sicherheit des Staates, gegen das Oberhaupt oder ein Mitglied der Regierung als solches, gegen eine verfassungsmäßige Körperschaft, gegen die staatsbürgerlichen Rechte bei Wahlen oder Abstimmungen oder gegen die guten Beziehungen zum Ausland richten, soweit sie nicht im offenen Kampf begangen worden sind. Ob die Mitgliedschaft oder die Betätigung in einer Vereinigung, die – wie hier das Oberlandesgericht meint – politische Ziele jedenfalls auch mit kriminellen Mitteln zu verwirklichen sucht, diese Voraussetzungen erfüllt, wird in vielen Fällen nicht ohne weiteres »ersichtlich« sein. Diese Frage wird vielmehr in der Regel eine eingehende Prüfung erfordern. Dabei ist nicht in erster Linie auf die ursprünglichen Ziele der Vereinigung und das Programm, auf welches sie sich beruft, sondern darauf abzustellen, wie ihre Zwecke und ihre Tätigkeit aus der Sicht der deutschen Rechtsordnung zur Tatzeit zu beurteilen sind. Von Bedeutung kann dabei sein, ob (noch) der politische oder (bereits) der kriminelle Charakter überwiegt (vgl. *Grützner*, Erläuterung zu § 3 DAG, in: Das deutsche Bundesrecht). Wenn die Zwecke und die Tätigkeit einer Vereinigung hauptsächlich auf die Begehung von Mord, Sprengstoffanschlägen und anderen schwersten Verbrechen gerichtet sind, so kann diese im allgemeinen auch dann nicht als politische Vereinigung angesehen werden, wenn bei ihrer Tätigkeit politische Motivationen eine Rolle spielen (vgl. BVerfG, NJW 1977, 2355). Die Frage, ob die dem Verfolgten vorgeworfene Mitgliedschaft und Betätigung in der »Kroatischen revolutionären Bruderschaft« die Anforderungen des § 3 Abs. 2 DAG erfüllt, wird deshalb noch eingehender Prüfung bedürfen.

Soweit der Zweck seiner Mitgliedschaft und seine Tätigkeit in der Vereinigung auf die Vorbereitung von Sprengstoffanschlägen oder ähnlichen schweren Angriffen gegen unbeteiligte Zivilpersonen gerichtet war, könnte dies immerhin zweifelhaft sein, ohne weiteres »ersichtlich« ist es nach Ansicht des Senats jedenfalls nicht.

Diese Frage bedarf hier jedoch keiner abschließenden Erörterung. Denn die Ansicht des Oberlandesgerichts ist nicht schlechthin unvertretbar, der Senat hat sie deshalb hinzunehmen und sich auf die Beantwortung der vorgelegten Rechtsfragen zu beschränken (BGHSt 27, 168, 171 m. w. N.). Auch die weitere Voraussetzung für die Zulässigkeit der Vorlegung, daß diese Rechtsfrage im anhängigen Auslieferungsverfahren Bedeutung gewinnen kann (vgl. BGHSt 20, 152, 154), ist hier gegeben.

In der Vorlegungsfrage schließt sich der Senat der Ansicht des Generalbundesanwalts an. Die bloße Mitgliedschaft in einer Vereinigung, deren Zwecke und deren Tätigkeit darauf gerichtet sind, jedenfalls auch vorsätzliche Verbrechen gegen das Leben zu begehen, ist nicht als Teilnahme an einem solchen Verbrechen nach Art. 3 Abs. 2 Buchst. a) des deutsch-jugoslawischen Auslieferungsvertrages anzusehen.

Diese Bestimmung entspricht im wesentlichen der Vorschrift des § 3 Abs. 3 DAG, die ebenfalls die Verbrechen »gegen das Leben« vom Auslieferungsverbot bei politischen Taten ausnimmt. Nach Wortlaut, Sinn und Zweck dieser Vorschrift sind darunter aber nur solche Taten zu verstehen, bei denen der Täter bewußt menschliches Leben vernichtet hat oder vernichten wollte, einschließlich der Teilnahme und des Versuchs (vgl. *Mettgenberg/Doerner*, Deutsches Auslieferungsgesetz, 2. Aufl., Anm. 49). Denn diese Ausnahme von dem grundsätzlichen Auslieferungsverbot bei politischen Taten soll die Straftaten erfassen, deren politische Beziehung in den Hintergrund tritt gegenüber einer besonderen Verwerflichkeit, welche die bevorrechtigte Stellung als politische Tat mit dem sittlichen Empfinden unvereinbar macht (vgl. die amtliche Begründung zu § 3 Abs. 3 DAG, abgedruckt bei *Mettgenberg/Doerner*, a.a.O., Anm. 40). Das trifft aber gerade auf Straftaten zu, die bewußt auf die Vernichtung menschlichen Lebens gerichtet sind. Für Art. 3 Abs. 2 Buchst. a) des deutsch-jugoslawischen Auslieferungsvertrages kann nichts anderes gelten. Nach Wortlaut, Sinn und Zweck kann vielmehr auch diese Bestimmung nur dahin verstanden werden, daß sie ausschließlich Verbrechen dieser Art erfassen will. Jedenfalls ist mangels einer ausdrücklichen anderweitigen Regelung davon auszugehen, daß bei Vertragsabschluß zumindest auf deutscher Seite dieser Vertragsbestimmung eine solche, dem § 3 Abs. 3 DAG entsprechende rechtliche Bedeutung beigelegt worden ist.

Die bloße Mitgliedschaft in einer terroristischen Vereinigung im Sinne des § 129a StGB erfüllt diese Voraussetzungen nicht:

Der Begriff »Verbrechen« im Sinne des Auslieferungsvertrages ist nicht in dem allgemeinen Sinn zu verstehen, daß er jede strafbare Handlung umfaßt. Er muß vielmehr in dem eingeschränkten Sinn der Abgrenzung bestimmter, besonders schwerer und deshalb als »Verbrechen« bezeichneter Straftaten von den sonstigen, weniger schwerwiegenden strafbaren Handlungen verstanden werden. Das ergibt sich aus Art. 3 Abs. 2 des Vertrages, der zwischen »strafbaren Handlungen« (Buchst. b) und »vorsätzlichen Verbrechen« (Buchst. a) unterscheidet und damit unmißverständlich zum Ausdruck bringt, daß nicht jede Straftat als Verbrechen im Sinne dieser Bestimmung anzusehen ist. Für den Bereich des deutschen Strafrechts bestimmt § 12 StGB, daß Verbrechen nur solche rechtswidrige Taten sind, die im Mindestmaß mit Freiheitsstrafe von einem Jahr oder darüber bedroht sind (§ 12 Abs. 1), einschließlich der Teilnahme und des

Versuchs (§ 12 Abs. 3). Dieser Verbrechensbegriff ist aus den vorstehend dargelegten Gründen auch für den Anwendungsbereich des Art. 3 Abs. 2 Buchst. a) des deutsch-jugoslawischen Auslieferungsvertrages maßgebend. Die Mitgliedschaft in einer Vereinigung, deren Zwecke und deren Tätigkeit darauf gerichtet sind, jedenfalls auch vorsätzliche Verbrechen gegen das Leben zu begehen, ist aber nach dem deutschen Strafrecht, auf welches bei der Entscheidung über die Zulässigkeit der Auslieferung nach Art. 2 Abs. 1 des Auslieferungsvertrages abzustellen ist, nur ein Vergehen. Denn § 129a Abs. 1 StGB, der – da der Verfolgte nach dem Vorlagebeschluß weder als Rädelsführer noch als Hintermann (vgl. § 129a Abs. 2 StGB) anzusehen ist – insoweit allein in Betracht kommt, sieht eine Mindeststrafe von sechs Monaten vor.

Die bloße Mitgliedschaft in einer terroristischen Vereinigung nach § 129a StGB ist auch nicht als »gegen das Leben« gerichtete Tat oder als Teilnahme an einer solchen anzusehen. Denn diese Bestimmung verfolgt den Zweck, den dort genannten, besonders schweren Straftaten, zu denen auch Verbrechen gegen das Leben im Sinne des Art. 3 Abs. 2 Buchst. a) des Auslieferungsvertrages und des § 3 Abs. 3 DAG gehören, bereits im Vorbereitungsstadium entgegenzuwirken. Sie entspricht insoweit dem § 129 StGB, der ebenfalls eine generelle Vorverlegung des Strafschutzes in das Vorbereitungsstadium bezweckt (vgl. BGHSt 27, 325, 328; *Rudolphi*, in: SK § 129a Rdnr. 1ff., und § 129 Rdnr. 2ff.). § 129a StGB bildet somit – wie § 129 StGB – einen eigenständigen, von den in ihm genannten schweren Straftaten losgelösten Tatbestand, der diesen Straftaten zeitlich und logisch vorgeordnet ist (vgl. BGHSt 7, 6, 8). Die diesem Tatbestand unterfallende Mitgliedschaft in einer terroristischen Vereinigung, deren Zwecke und deren Tätigkeit jedenfalls auch auf die Begehung vorsätzlicher Verbrechen gegen das Leben gerichtet sind, ist deshalb noch nicht als Teilnahme an diesen Verbrechen zu werten.

Nr. 63 OLG Düsseldorf 21. 8. 1978 (5 Ws 76/78) NJW 1979, 59

Der Angeschuldigten wird vorgeworfen, sich der – tateinheitlich begangenen – Vergehen der politischen Verdächtigung (§ 241a StGB) und der Freiheitsberaubung (§ 239 StGB) schuldig gemacht zu haben, indem sie Mitte 1973 in Ostberlin Angehörigen des Ministeriums für Staatssicherheit der DDR davon Kenntnis gab, daß das in Ostberlin lebende Arztehepaar G aus der DDR fliehen wollte. Die Eheleute G wurden später verurteilt; sie befinden sich inzwischen – ebenso wie die Angeschuldigte – in der Bundesrepublik.

Durch den angefochtenen Beschluß hat die StrK die Eröffnung des Hauptverfahrens mit der Begründung abgelehnt, auf die in Frage kommenden Straftaten zum Nachteil des Dr. G sowie auf eine politische Verdächtigung zum Nachteil seiner Ehefrau sei gemäß §§ 3ff. StGB das deutsche Strafrecht nicht anwendbar, und im übrigen fehle es hinsichtlich aller Taten aus tatsächlichen Gründen am hinreichenden Tatverdacht. Hiergegen wendet sich die StA mit der sofortigen Beschwerde, die jedoch auf die Nichteröffnung des Hauptverfahrens wegen des Tatvorwurfs der politischen Verdächtigung zum Nachteil der Ehefrau G und der Freiheitsberaubung zum Nachteil beider Eheleute beschränkt ist. Sie ist begründet.

... Der Auffassung der StrK, schon aus tatsächlichen Gründen bestehe gegen die Angeschuldigte kein für die Eröffnung des Hauptverfahrens hinreichender Tatverdacht (§ 203 StPO), vermag der Senat nicht zu folgen.

Aufgrund des Ergebnisses der bisherigen Ermittlungen ist die Angeschuldigte zunächst verdächtig, sich eines Vergehens der politischen Verdächtigung zum Nachteil der Eheleute G schuldig gemacht zu haben, indem sie sie durch eine Anzeige der Gefahr aussetzte, aus politischen Gründen verfolgt zu werden und hierbei im Widerspruch zu rechtsstaatlichen Grundsätzen durch Gewalt und Willkürmaßnahmen der Freiheit beraubt oder in ihrer beruflichen und wirtschaftlichen Stellung empfindlich beeinträchtigt zu werden (§ 241 a I StGB).

Dieser Tatverdacht ergibt sich einmal aus den Angaben, die die Angeschuldigte selbst am 14. 10. 1975 gegenüber dem Ermittlungsrichter des OLG gemacht hat und später durch ihren Verteidiger in dessen Schutzschrift vom 5. 7. 1977 ergänzen ließ, und zum anderen aus den polizeilichen Aussagen des Zeugen Dr. G am 25. 2. und 22. 12. 1976. Danach hat die Angeschuldigte in Ostberlin Ende Juli oder Anfang August 1973 Angehörige des Staatssicherheitsdienstes der DDR – dem sie sich zuvor schriftlich zur Mitarbeit verpflichtet hatte – davon unterrichtet, daß Dr. G mit seiner Familie in absehbarer Zeit aus der DDR flüchten wolle, was dieser der Angeschuldigten zuvor in mehreren Gesprächen anvertraut hatte. Nachdem die Eheleute G dann am 13. 8. 1973 tatsächlich einen Fluchtversuch unternommen hatten, wurden sie zwei Tage später verhaftet und im Mai 1974 vom Bezirksgericht Frankfurt/Oder zu mehrjährigen Freiheitsstrafen verurteilt. Sie wurden erst Ende 1975 aus der Haft entlassen.

Daß Ermittlungs- und Strafmaßnahmen der DDR-Behörden und -Gerichte im Zusammenhang mit sogenannter »Republikflucht« grundsätzlich eine im Widerspruch zu rechtsstaatlichen Grundsätzen stehende Verfolgung aus politischen Gründen i.S. des § 241 a StGB darstellen, hat der BGH bereits in seiner Entscheidung vom 2. 2. 1960 (BGHSt 14, 104 ff. [106–108]=NJW 1960, 876) mit eingehender Begründung dargelegt. Er führt mit Recht aus, daß das mit hohen Strafdrohungen verbundene allgemeine Verbot der Ausreise aus der DDR ohne behördliche Genehmigung – das auch heute für den überwiegenden Teil der DDR-Bürger noch gilt – keine rechtsstaatlich vertretbare Ordnungsaufgabe mehr erfüllt, sondern allein der Aufrechterhaltung des kommunistischen Zwangssystems in der DDR dienen soll.

Bedenken gegen eine Anwendung des § 241 a StGB ergeben sich hier nicht etwa im Zusammenhang mit der Rechtsprechung des BGH, wonach die wahrheitsgemäße Beantwortung von Fragen – etwa eines vernehmenden Polizeibeamten – nach politisch belastenden Tatsachen allein noch nicht tatbestandsmäßig ist (vgl. BGHSt 11, 91=NJW 1958, 350 zu dem gleichlautenden § 1 BerlFreiheitsschutzgesetz vom 14. 6. 1951). Zwar hat die Angeschuldigte bei den verschiedenen Kontakten zum Staatssicherheitsdienst in anderem Zusammenhang weitgehend auf die ihr gestellten Fragen und Vorhalte geantwortet; die die Eheleute G belastenden Mitteilungen hat sie später jedoch von sich aus gemacht, ohne daß bei den Sicherheitsbehörden insoweit bereits ein konkreter Verdacht vorlag.

Wieweit wahrheitsgemäße Aussagen vor einem Richter in der DDR den Tatbestand des § 241 a StGB erfüllen können (vgl. dazu BGH, NJW 1958, 874), kann dahingestellt bleiben. Allerdings gibt die Angeschuldigte an, sie habe Einzelheiten über die mit Dr. G und seiner Ehefrau geführten Gespräche erst während des Ermittlungsverfahrens vor einer ihr als »Untersuchungsrichter« bezeichneten Person auf entsprechende Fragen geschildert. Daß es aber überhaupt zu einer solchen – möglicherweise richterlichen – Befragung gekommen ist, beruhte allein auf den von der Angeschuldigten aus eigenem Antrieb gegenüber dem Staatssicherheitsdienst gemachten früheren Angaben, aufgrund derer bereits mit weiteren, auch richterlichen Vernehmungen zu rechnen war. Sie muß sich daher auch die späteren Aussagen vor dem Richter im Rahmen des § 241 a StGB zurechnen lassen.

Bei der Prüfung, ob vorliegend der Tatbestand des § 241 a StGB erfüllt ist, spielt es keine Rolle, daß die konkreten Verfolgungsmaßnahmen – beginnend mit der Verhaftung am 15. 8. 1973 – erst nach dem Fluchtversuch vom 13. 8. 1973 einsetzten, den die DDR-Behörden nicht durch die Angeschuldigte erfahren hatten, und daß aus dem Akteninhalt nicht ersichtlich ist, welche Bedeutung die Angaben der im späteren Strafverfahren vernommenen, ebenfalls für den Staatssicherheitsdienst tätigen Frau H für die Verfolgungsmaßnahmen im einzelnen hatten. Denn die politische Verdächtigung des § 241 a StGB stellt ein Gefährdungsdelikt mit zeitlich vorverlegter Strafbarkeit dar: Der Tatbestand ist bereits dann erfüllt, wenn durch das Verhalten des Täters ein Zustand geschaffen worden ist, der den Verdächtigen der konkreten Gefahr aussetzt, Verfolgungsmaßnahmen zu erleiden. Die Vorschrift setzt nicht voraus, daß es tatsächlich zu einer Verfolgung gekommen oder dem Opfer bereits ein Schaden oder Nachteil zugefügt worden ist, sondern läßt es genügen, wenn die ernste und naheliegende Besorgnis einer Verfolgung begründet ist, die zu einem solchen Schaden oder Nachteil führen kann (vgl. etwa *Horn*, in: SKStGB, § 241 a Rdnr. 3; *Wagner*, MDR 1967, 633; BGH, bei *Wagner*, GA 1966, 307, 308, Nr. 36).

Daß hier bereits durch die Anzeige der Angeschuldigten in diesem Sinne eine Gefahr für die Eheleute G eingetreten war, kann nicht zweifelhaft sein, zumal nach den betreffenden Vorschriften des Strafgesetzbuches der DDR (vgl. dessen §§ 105 I und 213 III) im Bereich der »Republikflucht« schon bloße Vorbereitungshandlungen strafbar sind. Bestätigt wird dies im übrigen durch die Äußerungen des Dr. G, am Tage nach dem maßgeblichen Gespräch mit der Angeschuldigten hätten sie sich vom Ministerium für Staatssicherheit beobachtet gefühlt. Ob und inwieweit die – nicht von der Angeschuldigten, sondern offenbar von Frau H verratenen – späteren konkreten Fluchtvorbereitungen dann die Verfolgungsgefahr noch vergrößert haben und möglicherweise der eigentliche Anlaß für die Verhaftung waren, ist für die Beurteilung des Verhaltens der Angeschuldigten unter dem Gesichtspunkt des § 241 a StGB ohne Bedeutung.

Daß die Gefahr rechtsstaatswidriger Verfolgung nicht nur für Dr. G selbst, sondern gleichermaßen für seine Ehefrau bestand, folgt schon daraus, daß sie sich an der beabsichtigten Flucht beteiligen wollte und an dem letzten mit der Angeschuldigten über die Fluchtabsichten geführten Gespräch sogar teilgenommen hatte. Gerade ihre eigene Ausschleusung aus der DDR bereitete ja die meisten Schwierigkeiten, da Dr. G als bulgarischer Staatsangehöriger das Land ohne weiteres verlassen und seine Tochter, die mit in seinem Reisepaß eingetragen war, dabei mitnehmen konnte.

Soweit die StrK meint, es könne schon allein durch eine Telefonüberwachung bei den Eheleuten G zu einer Aufdeckung ihrer Fluchtabsichten gekommen sein, so daß die Anzeige der Angeschuldigten unter Umständen für die Sicherheitsbehörden ohne jede Bedeutung gewesen sei, sind für eine solche Annahme keinerlei Anhaltspunkte ersichtlich.

Es muß auch davon ausgegangen werden, daß die Angeschuldigte bei Begehung ihrer Tat zumindest bedingt vorsätzlich gehandelt hat. Aufgrund ihrer Kenntnis von den Verhältnissen in der DDR dürfte ihr klar gewesen sein, daß sie mit ihren Angaben beide Eheleute in die ernsthafte Gefahr rechtsstaatswidriger politischer Verfolgung brachte. Selbst wenn sie von einem Mitarbeiter des Staatssicherheitsdienstes zuvor das Versprechen erhalten hatte, keiner der von ihr benannten Fluchtwilligen werde aufgrund ihrer Angaben irgendeinen Nachteil erleiden, so rechtfertigt das keine andere Beurteilung. Es erscheint selbstverständlich, daß die Angeschuldigte auf eine derartige Zusage vernünftigerweise nicht vertrauen konnte. Tatsächlich rechnete sie auch mit einem Bruch des ihr gegebenen Versprechens, wie sich aus ihrer Äußerung gegenüber dem Ermittlungsrichter ergibt, sie habe bei einer Offenbarung der Fluchtpläne »für G Schlimmes befürchten müssen«.

Die – erst in der Schutzschrift ihres Verteidigers nachträglich vorgebrachte – Einlassung der Angeschuldigten, sie habe geglaubt, entweder werde ihr Telefon überwacht und der Staatssicherheitsdienst erfahre deshalb ohnehin von den Fluchtabsichten des Dr. G, oder dieser sei darüber hinaus sogar ein auf sie angesetzter Lockspitzel, erscheint dem Senat nicht glaubhaft.

Die von der Angeschuldigten geschilderte Vorgeschichte der Tat sowie die näheren Umstände ihrer Verstrickung führen schließlich nicht zur Annahme einer Notstandssituation i. S. der §§ 34, 35 StGB, die ihr Verhalten möglicherweise rechtfertigen oder entschuldigen könnte.

Auch der Umstand, daß die Angeschuldigte nach den Strafgesetzen der DDR bei Strafandrohung zur Anzeige der ihr bekanntgewordenen Fluchtpläne verpflichtet war, läßt keine andere Beurteilung zu (vgl. den Tatbestand des § 225 I Nr. 2 und 4 StGB-DDR: »Unterlassung der Anzeige« bei Kenntniserlangung von Verstößen gegen die §§ 105 und 213). Denn nach dem Sachverhalt war – auch aus der Sicht der Angeschuldigten – nicht zu befürchten, daß die Behörden ihre Kenntnis von den Fluchtabsichten der Eheleute G erfahren hatten oder noch erfahren würden.

Weiterhin ist die Angeschuldigte nach dem Akteninhalt hinreichend verdächtig, sich durch ihr Verhalten einer Freiheitsberaubung (§ 239 I und II StGB) schuldig gemacht zu haben, indem sie mit ihrer Anzeige bewirkte, daß die Eheleute G verhaftet und von einem Gericht der DDR zu mehrjährigen Freiheitsstrafen verurteilt wurden, die sie zu einem Teil auch verbüßen mußten.

Freiheitsberaubung kann grundsätzlich in mittelbarer Täterschaft dadurch begangen werden, daß der Täter durch eine – selbst inhaltlich wahre – Anzeige vorsätzlich ein Strafverfahren mit Verhaftung und anschließendem auf Freiheitsentziehung lautenden Urteil gegen den Angezeigten in Gang setzt, wenn das Verfahren bzw. die Verurteilung als unrechtmäßig anzusehen sind. Dabei kann sich die Unrechtmäßigkeit entweder daraus ergeben, daß schon die vom Gericht angewendeten Strafgesetze die angeordneten Rechtsfolgen nicht rechtfertigen (vgl. BGHSt 3, 110 ff. = NJW 1952, 1024) oder daß die der Strafverfolgung zugrunde liegenden Rechtsvorschriften insgesamt mit rechtsstaatlichen Grundsätzen nicht zu vereinbaren sind und der im Rahmen des Verfahrens erlittene Freiheitsentzug daher rechtswidrig ist (vgl. OLG Bamberg, SJZ 1950, 207).

So liegt der Fall hier (vgl. dazu die bereits oben zitierte Entscheidung BGHSt 14, 104 [107 ff.] = NJW 1960, 876; die Ausführungen des BGH in NJW 1958, 874, stehen einer Anwendung des § 239 StGB schon deshalb nicht entgegen, weil die Angeschuldigte sich durch ihre Anzeige selbst schuldhaft in die spätere Vernehmungssituation vor Gericht gebracht hat).

Auch eine Anwendbarkeit des § 239 StGB auf die Angeschuldigte ist nicht etwa deshalb ausgeschlossen, weil bisher nicht eindeutig geklärt ist, wie es im einzelnen zur Verhaftung der Eheleute G am 15. 8. 1973 gekommen ist und in welchem Maße gerade die Anzeige der Angeschuldigten – neben der Denunziation durch Frau H – zu der Verhaftung und späteren Verurteilung beigetragen hat.

Nach den Umständen liegt die Annahme nahe, daß die für das Ministerium für Staatssicherheit tätige Frau H als Lockspitzel gezielt auf die Eheleute G angesetzt wurde, und zwar entweder, nachdem deren Fluchtabsichten durch die Anzeige der Angeschuldigten den DDR-Behörden bekanntgeworden waren oder als die auf die Anzeige hin beginnende Überwachung der Eheleute Hinweise auf konkrete Fluchtvorbereitungen erbrachte. Dafür spricht u.a. die Äußerung des Zeugen Dr. G bei seiner polizeilichen Vernehmung, er habe später erfahren, daß »Frau H im Auftrage des Ministeriums für Staatssicherheit mit seiner Frau die Flucht geplant« habe. Denn wenn das Ministerium für Staatssicherheit Anlaß sah, den Eheleuten G auf diese Weise eine Falle zu stellen, so mußten ihm vorher ihre Fluchtabsichten bekanntgeworden sein. Sollte nach Abschluß der Beweisaufnahme, die möglicherweise noch zu weiteren Erkenntnissen über die Einzelheiten des Fluchtplans und der Beteiligung der Frau H führen wird, ein solcher Geschehensablauf festgestellt werden, so hätte die Angeschuldigte durch ihre Anzeige die erste und maßgebliche Ursache für alle weiteren Verfolgungsmaßnahmen gegen die Eheleute G – und damit auch für deren Inhaftierung – gesetzt.

Doch selbst wenn Frau H später völlig unabhängig von der Anzeige der Angeschuldigten tätig geworden sein sollte, so würde dies die Ursächlichkeit zwischen dem Verhalten der Angeschuldigten und der Verhaftung und Verurteilung der Eheleute G nicht ausschließen. Die Mitteilung, die die Angeschuldigte gegenüber dem Staatssicherheitsdienst von den – zunächst nur allgemeinen – Fluchtplänen gemacht hatte, führte mit Sicherheit zur Einleitung eines behördlichen Verfahrens gegen die Eheleute G. Teil dieses Verfahrens, das nur als einheitliches Ganzes gesehen werden kann, wurden dann später, als die Fluchtpläne schon in ein konkretes Stadium getreten waren, auch die von Frau H dem Ministerium für Staatssicherheit erstatteten Berichte. Selbst wenn die von dieser verratenen Fluchtvereinbarungen für den 13. 8. 1973 erst das auslösende Moment für die Verhaftung waren, so bliebe doch auch die Anzeige der Angeschuldigten für die anschließende Strafverfolgung und Freiheitsentziehung ursächlich. Es kann mit Sicherheit angenommen werden, daß eine Verhaftung der Eheleute G – möglicherweise zu einem anderen Zeitpunkt – auch aufgrund der Angaben der Angeschuldigten erfolgt wäre. Wenn die von ihr verratenen Fluchtpläne auch noch allgemeiner Art waren, so ließen sie doch die Ernsthaftigkeit und Intensität der Fluchtbemühungen der Eheleute G deutlich erkennen und gingen bereits so weit, daß Dr. G die Angeschuldigte um Vermittlung bei der Kontaktaufnahme zu zwei bestimmten Fluchthelfern bat (vgl. zur Strafbarkeit von Vorbereitungshandlungen im Rahmen der »Republikflucht« die bereits zit. §§ 105 I, 213 III StGB-DDR).

Welche entscheidende Bedeutung die Anzeige der Angeschuldigten und ihre bei späteren Vernehmungen gemachten Angaben für den Fortgang des Verfahrens und insbesondere für die Urteilsfällung hatten, ist den Bekundungen des Zeugen Dr. G eindeutig zu entnehmen.

Auch hinsichtlich der Freiheitsberaubung kann am Vorsatz der Angeschuldigten kaum gezweifelt werden. Sie hat zumindest damit gerechnet, daß beide Eheleute G aufgrund ihrer Anzeige entweder sofort oder – nach weiterer Überwachung durch den Staatssicherheitsdienst – zu einem späteren Zeitpunkt, wenn konkrete Fluchtvorbereitungen getroffen waren, verhaftet und zu Freiheitsstrafen verurteilt werden würden. Diese Folgen ihres Handelns hat sie billigend in Kauf genommen.

Auf die Straftaten, derer die Angeschuldigte nach dem bisher Ausgeführten dringend verdächtig erscheint, ist das deutsche Strafrecht – genauer: das Strafrecht der Bundesrepublik Deutschland – anwendbar, allerdings mit Ausnahme der gegen Dr. G gerichteten politischen Verdächtigung. Insoweit wird die Nichteröffnung des Hauptverfahrens mit der Beschwerde auch nicht angegriffen.

Entgegen der Auffassung des LG ist die Anwendung des deutschen Strafrechts im vorliegenden Fall nicht deshalb ausgeschlossen, weil die Taten in der DDR – also außerhalb des Geltungsbereichs des StGB der Bundesrepublik – begangen wurden, der Täter zur Tatzeit DDR-Bürger war und die Taten sich gegen einen Ausländer und einen Bürger der DDR richteten, die ihren Wohnsitz damals beide in Ostberlin hatten. Zu dieser Beurteilung gelangt der Senat aufgrund entsprechender Anwendung der Regeln des sogenannten internationalen Strafrechts (§§ 3 ff. StGB).

Der Senat schließt sich der auch bisher schon im Schrifttum überwiegend vertretenen Auffassung an, wonach der strafrechtliche Begriff des »Inlands« die DDR nicht mit einschließt und die bisherige Rechtsprechung, die im Verhältnis zwischen der Bundesrepublik Deutschland und der DDR das sogenannte interlokale Strafrecht – also das Tatortrecht mit der Korrektur des *ordre public* – anwendete, als durch die Entwicklung überholt anzusehen ist (so *Tröndle*, in: LK, 10. Aufl., § 3 Vorb. Rdnr. 45 ff. und 96 ff.; *Eser*, in: Schönke/Schröder, StGB, 19. Aufl. §§ 3–7 Vorb. Rdnr. 29 ff. und 50, 51; *Maurach/Zipf*, Strafrecht AT, 5. Aufl., S. 148, 161; *Jescheck*, Strafrecht, 3. Aufl., S. 152, 153; *Lackner*, StGB, 12. Aufl., § 3 Vorb. Anm. 4 a; *Schmidhäuser*, Strafrecht AT, 2. Aufl., S. 135; *Blei*, Strafrecht I, 16. Aufl., S. 40; *Samson*, in: SKStGB, 2. Aufl., § 3 Rdnr. 5; *Preisendanz*, 30. Aufl., § 3 Anm. 3 a; *Welzel*, Strafrecht, 11. Aufl., S. 29; *Baumann*, Strafrecht AT, 7. Aufl., S. 77, 81; *Bockelmann*, Strafrecht AT, S. 24; *Gallas*, ZStW 1968, 15; *Grünwald*, JZ 1966, 635; *Roggemann*, zuletzt ZRP 1976, 244 unter II; *Woesner*, ZRP 1976, 248, 249 unter II; *Bruhn*, MDR 1970, 640; a. A. *Dreher*, StGB, 37. Aufl., § 3 Rdnr. 3, sowie noch *Maurach*, Strafrecht AT, 4. Aufl., S. 120/121).

Das interlokale Strafrecht geht im wesentlichen von der Annahme aus, daß in mehreren Teilbereichen eines Staatsverbandes, die ein unterschiedliches Strafrecht haben, dieselbe Strafgewalt ausgeübt wird und dieselben Rechtsgrundsätze gelten. Nur unter diesen Voraussetzungen konnte der bisherige, auch die DDR umfassende Inlandsbegriff aufrechterhalten werden. Diese Grundbedingungen sind jedoch zwischen den beiden deutschen Staaten politisch und auch rechtlich heute nicht mehr gegeben. Der sogenannte Grundlagenvertrag zwischen der Bundesrepublik Deutschland und der DDR vom 21. 12. 1972 – in seiner verbindlichen Auslegung durch das BVerfG (BVerfGE 36, 1 ff. [26 ff.]=NJW 1973, 1539) – erkennt an, daß die DDR ein unabhängiger und selbständiger Staat im Sinne des Völkerrechts ist und die Hoheitsgewalt jedes der beiden deutschen Staaten sich auf sein eigenes Staatsgebiet beschränkt. Die DDR hat auch bereits seit Mitte 1968 ein eigenes Strafgesetzbuch, das sich von demjenigen der Bundesrepublik grundlegend unterscheidet.

Daraus folgt, daß für die Frage der Strafrechtsanwendung als Inland nur das Staatsgebiet der Bundesrepublik anzusehen und die DDR dementsprechend insoweit wie Ausland zu behandeln ist. Von einem solchen »funktionellen« Inlandsbegriff bleibt die Tatsache unberührt, daß die DDR – nach dem bindenden Spruch des BVerfG – auch durch den Grundlagenvertrag staats- und verfassungsrechtlich nicht Ausland geworden ist. Daß eine für das Strafrecht maßgebende Auslegung des Inlandsbegriffs nicht einer gesetzlichen Regelung vorbehalten bleiben kann, sondern – nach dem ausdrücklich erklärten Willen des Gesetzgebers – von der Rechtsprechung vorzunehmen ist, ergibt sich aus den Gesetzesmaterialien zu § 3 StGB (vgl. dazu BT-Dr. V/4095, S. 4).

Aus dem bisher Ausgeführten folgt, daß auf Straftaten, die – entweder durch den Begehungsort oder durch die Person des Täters bzw. Verletzten – einen Bezug zur DDR haben, das internationale Strafrecht der §§ 3 ff. StGB anzuwenden ist. Diese Auffassung wird in jüngster Zeit auch in der Rechtsprechung vertreten, soweit sie sich mit der Problematik zu befassen hatte (vgl. LG Berlin, JZ 1976, 99; KG, Urteil vom 2. 10. 1975 – 2 Ss 126/75, ferner in JR 1977, 334 – allerdings ohne Verwendung des funktionellen Inlandsbegriffs –; inzwischen auch BGH, NJW 1978, 113 [115], der – allerdings nur in einem Schlußsatz ohne nähere Begründung – ebenfalls die Anwendbarkeit des internationalen Strafrechts auf in der DDR begangene Taten bejaht). Fraglich kann nur sein, ob die Vorschriften der §§ 3 ff. StGB unmittelbar oder nur entsprechend bzw. sinngemäß anzuwenden sind. Die Auffassungen hierüber sind geteilt (für unmittelbare Anwendung etwa *Tröndle*, in: LK, Rdnr. 97; *Eser*, in: Schönke/Schröder, Rdnr. 51; *Lackner*, Anm. 3b; *Roggemann*, ZRP 1976, 244 unter II, für nur entsprechende Anwendung u. a. *Maurach/Zipf*, S. 161; *Jescheck*, S. 153; *Bockelmann*, S. 26; ferner die zitierten Entscheidungen des BGH und des KG).

Der Senat vertritt die Ansicht, daß nur eine sinngemäße Anwendung dem Urteil des BVerfG gerecht werden kann, das an der rechtlichen Existenz Gesamtdeutschlands festhält und demgemäß die DDR grundsätzlich nicht als Ausland und ihre Bürger als deutsche Staatsangehörige ansieht (BVerfGE 36, 1 [19, 31]=NJW 1973, 1539). Wenn die DDR daher – unter dem Teilaspekt des Strafrechts – wie Ausland behandelt werden soll, so muß sich dies auf den unbedingt notwendigen Umfang beschränken. Zudem kann allein eine entsprechende Anwendung der – auf ausländische Staaten im eigentlichen Sinne zugeschnittenen – Vorschriften der §§ 3 ff. StGB die Aufgabe erfüllen, die sich aus dem Nebeneinander zweier deutscher Staaten ergebenden Besonderheiten sachgerecht zu berücksichtigen und vor allem den vom Grundgesetz allen deutschen Volkszugehörigen eingeräumten Schutz zu gewährleisten (vgl. BVerfGE 36, 1 [30–32]=NJW 1973, 1539).

Danach sind auf den vorliegenden Fall die §§ 3 ff. StGB, und zwar in der seit dem 1. 1. 1975 geltenden Neufassung, entsprechend anzuwenden. Dem steht nicht entgegen, daß die den Gegenstand des Verfahrens bildenden Straftaten bereits Mitte 1973 begangen wurden. Allerdings ist die Frage der Anwendbarkeit des deutschen Strafrechts Teil des sachlichen Rechts i. S. von § 2 III StGB (BGHSt 20, 22 [25]=NJW 1964, 2359), so daß die derzeit geltenden Vorschriften der §§ 3 ff. StGB dem vorliegenden Fall nur dann zugrunde gelegt werden dürfen, wenn das 1973 geltende Recht – bezogen auf die Taten der Angeschuldigten – nicht als das »mildere Gesetz« gegenüber der jetzigen Regelung anzusehen ist.

Das ist jedoch nicht der Fall, wie eine Gegenüberstellung zeigt: Nach den Vorschriften der §§ 3, 4 II Nr. 1 StGB a. F. galt das deutsche Strafrecht grundsätzlich für jede Tat eines deutschen Staatsangehörigen, gleichgültig ob sie im In- oder Ausland begangen war; darüber hinaus wurde auch derjenige nach deutschem Recht bestraft, der erst nach der Tat Deutscher geworden war. Heute gilt das deutsche Strafrecht zwar auch für alle Inlandstaten (§ 3 StGB n. F.), für im Ausland begangene Taten aber nur unter ganz bestimmten Voraussetzungen (§§ 5, 7 StGB n. F.). Es ist demnach keine Fallgestaltung denkbar, die zwar nach neuem, nicht aber nach früherem Recht die Bestrafung nach den deutschen Gesetzen zur Folge hätte. Das gilt unabhängig davon, wie man die vom Gesetzgeber verwendeten Begriffe – »Inland«, »Ausland«, »deutscher Staatsangehöriger», »Deutscher«, »Ausländer« – im Verhältnis zur DDR interpretiert. Auch die frühere Regelung, wonach ausnahmsweise solche Auslandstaten nicht dem deutschen Strafrecht unterfielen, die »wegen der besonderen Verhältnisse am Tatort kein strafwürdiges Unrecht« waren und deshalb nach Tatortrecht nicht unter Strafandrohung standen (§ 3 II StGB a. F.), führt im vorliegenden Fall nicht zu einem abweichenden Ergebnis. Denn die Frage des »strafwürdigen Unrechts« war nach *deutschen* Rechtsvorstellungen zu beurteilen, so daß die Strafwürdigkeit nach Tatortrecht wegen eines am Tatort herrschenden Unrechtssystems nicht unter diese Vorschrift fiel (BGHSt 8, 357=NJW 1956, 388; *Tröndle*, in: LK, 9. Aufl., § 3 StGB a. F. Rdnr. 4). Damit sind die heute geltenden Vorschriften der §§ 3 ff. StGB gegenüber der früheren Rechtslage das mildere Gesetz (vgl. dazu auch BGH, NJW 1976, 2354).

Aus der entsprechenden Anwendbarkeit der §§ 3 ff. StGB ergibt sich zunächst, daß die Tat der Angeschuldigten insoweit nicht unter die Bestrafungskompetenz der deutschen Gerichtsbarkeit fällt, als sie einen Verstoß gegen § 241 a StGB darstellt und gegen Dr. G gerichtet war. Von § 3 StGB wird dieser in der Tat liegende Verstoß deshalb nicht erfaßt, weil die Tat in der DDR und damit – nach dem funktionellen Inlandsbegriff – nicht im Inland begangen wurde. Auch § 5 Nr. 6 StGB ist auf die Tat der Angeschuldigten insoweit unanwendbar, denn diese Vorschrift ordnet nur solche Auslandstaten dem deutschen Strafrecht zu, die gegen einen Deutschen gerichtet sind. Dr. G. aber ist bulgarischer Staatsangehöriger. Eine Prüfung der Frage, ob § 7 StGB seinem Inhalt nach die gegen Dr. G gerichtete politische Verdächtigung erfaßt, erübrigt sich, denn gegenüber § 7 stellt § 5 StGB eine Spezialvorschrift dar, die die Auslandstaten abschließend regelt. Für § 5 Nr. 6 StGB bedeutet dies, daß für eine im Ausland gegen einen Ausländer begangene politische Verdächtigung das deutsche Strafrecht grundsätzlich nicht gelten soll (vgl. dazu auch die amtliche Begründung zu dieser Vorschrift in BT-Dr. V/4095, S. 5).

Dagegen gilt das deutsche Strafrecht für die Tat der Angeschuldigten insoweit, als sie eine politische Verdächtigung (§ 241 a StGB) der Ehefrau G darstellt. Allerdings ergibt sich dies wegen der Tatbegehung in der DDR nicht aus § 3 StGB, sondern aus § 5 Nr. 6 StGB. Die – entsprechende – Anwendbarkeit des § 5 Nr. 6 StGB auf die hier gegenüber einem DDR-Bürger begangene politische Verdächtigung wird nicht dadurch ausgeschlossen, daß die Tat sich nach dieser Vorschrift »gegen einen Deutschen« richten muß, um nach deutschem Strafrecht strafbar zu sein. Wären als »Deutsche« im strafrechtlichen Sinne – entsprechend der oben erörterten einengenden Auslegung des Begriffes »Inland« – stets nur Bürger der Bundesrepublik Deutschland anzusehen (so etwa *Roggemann*, ZRP 1976, 245; *Samson*, in: SKStGB, § 5 Rdnr. 15; *Preisendanz*, § 7 Anm. 1 b), dann fiele eine gegen einen DDR-Bürger gerichtete Tat nicht unter die Vorschrift des § 5 Nr. 6 StGB.

Demgegenüber vertritt *Eser*, in: Schönke/Schröder (vgl. insb. §§ 3–7 Vorb. Rdnr. 34 ff. und § 7 Rdnr. 9 – unter Hinweis auf BVerfGE 36, 1 [30, 32]=NJW 1973, 1539 –) die Auffassung, daß DDR-Bürger jedenfalls auf der Verletztenseite in der Regel als Deutsche zu behandeln seien, da sonst der durch die entsprechenden Strafvorschriften der Bundesrepublik den Deutschen gewährte Schutz, der vom Grundgesetz allen deutschen Volkszugehörigen garantiert sei, in verfassungswidriger Weise verkürzt werde.

Ob dem in dieser Allgemeinheit zu folgen ist, erscheint fraglich. Auch der BGH hat im Schlußsatz des *Weinhold*-Urteils (NJW 1978, 113 [115]) zu erkennen gegeben, daß er einer derart weiten Auslegung des Begriffs »Deutscher« offenbar nicht folgen will. Denn der BGH erklärt auf den Fall *Weinhold* nicht schon den Absatz 1 des § 7 StGB, sondern erst dessen Absatz 2 Nr. 1 – mit seiner sogenannten »Neubürgerregelung« – für entsprechend anwendbar, was die Annahme nahelegt, daß er die beiden getöteten DDR-Bürger im strafrechtlichen Sinne nicht als »Deutsche« ansieht (vgl. dazu auch *Tröndle*, in: LK, § 7 Fußn. 23, Rdnr. 9 – am Ende).

Der Senat ist aber der Ansicht, daß jedenfalls ein deutscher Volkszugehöriger, der zwar zur Tatzeit DDR-Bürger war, inzwischen aber durch Flucht oder Übersiedlung in die Bundesrepublik gelangt ist, als »Deutscher« und damit als Schutzobjekt des § 5 Nr. 6 StGB anzusehen ist. Dabei steht auch die Einschränkung dieser Vorschrift – »der im Inland seinen Wohnsitz oder gewöhnlichen Aufenthalt hat« – nicht entgegen (so auch *Tröndle*, in: LK, § 5 Rdnr. 7; *Lackner*, § 5 Anm. 3; *Schmidhäuser*, S. 134 – die beiden letztgenannten wollen § 5 sogar anwenden, wenn das Tatopfer DDR-Bürger geblieben ist; a. A. *Samson*, in: SKStGB, § 5 Rdnr. 15).

Daß als »Deutscher« mit »Wohnsitz oder gewöhnlichem Aufenthaltsort im Inland« hier ein früherer DDR-Bürger deutscher Volkszugehörigkeit mit Tatzeitwohnsitz in der DDR jedenfalls dann gelten muß, wenn er nach der Tat seine Bindungen zur DDR löst und damit Bürger der Bundesrepublik wird, folgt aus dem – vom BVerfG ausdrücklich bestätigten – Prinzip der grundgesetzlichen Schutzgarantie. Ob diese Schutzgarantie zu einer Gesetzesauslegung zwingt, die auch tatbestandsmäßige Handlungen gegen in der DDR verbliebene Tatopfer strafrechtlich sanktioniert (so *Eser*, in: Schönke/Schröder, §§ 3–7 Vorb. Rdnr. 34 ff. und § 7 Rdnr. 9), kann dahingestellt bleiben. Denn sobald der Verletzte in den Schutzbereich der Bundesrepublik und aller Garantien des Grundgesetzes aufgenommen ist, hat er Anspruch darauf, daß eine gegen ihn begangene, in den besonderen Schutzbereich des § 5 Nr. 6 StGB einbezogene Straftat verfolgt und geahndet wird. Dieser Anspruch würde nicht erfüllt, wenn man als »Inland« in diesem Zusammenhang nur die Bundesrepublik und Westberlin verstehen wollte.

Zwar führt diese Auffassung dazu, daß der Inlandsbegriff des § 5 Nr. 6 StGB mit dem allgemeinen Inlandsbegriff, wie er oben zu § 3 StGB entwickelt wurde, nicht übereinstimmt und daß auch der Begriff »Deutscher« in den einzelnen Vorschriften unterschiedlich interpretiert wird. Das läßt sich aber im Hinblick auf die zu erfüllenden verfassungsrechtlichen Postulate nicht vermeiden und widerspricht auch nicht den anerkannten Auslegungsregeln, da die Vorschriften des internationalen Strafrechts auf das Verhältnis zur DDR – wie oben erörtert – nur *sinngemäß* anzuwenden sind. Daß der Gesetzgeber selbst den Begriff »Inland« nicht durchgehend als mit dem Hoheitsgebiet der Bundesrepublik Deutschland identisch ansehen wollte, ergibt sich im übrigen daraus, daß er innerhalb des § 5 StGB lediglich in der Nr. 6 von »Inland« spricht, während in den Nr. 3, 5, 7–10 vom »räumlichen Geltungsbereich dieses Gesetzes« die Rede ist.

In diesem Zusammenhang sind weiter die Entstehungsgeschichte sowie die besondere Funktion und Schutzrichtung des § 241 a StGB zu berücksichtigen (vgl. dazu auch *Tröndle*, in: LK, § 5 Rdnr. 7 und § 7 Rdnr. 9). Der Tatbestand der politischen Verdächtigung, ebenso wie der des § 234 a StGB, wurde in Jahre 1951 in das StGB aufgenommen, weil die bis dahin bestehenden Strafvorschriften für eine Ahndung der sich in der DDR häufenden Fälle politischer Denunziation – und zwar vor allem der Denunziation durch inhaltlich zutreffende Mitteilungen an die Behörden – nicht ausreichten (vgl. dazu *Wagner*, MDR 1967, 629). Aus dieser besonderen Zielrichtung heraus entwickelte sich dann in der Folgezeit eine ständige Rechtsprechung, wonach auf Vergehen gegen § 241 a StGB ausnahmslos das deutsche Strafrecht anzuwenden war, und zwar unabhängig davon, wer sie begangen hatte und in welchem Teil Deutschlands der Täter ansässig war (vgl. u.a. KG, NJW 1956, 1570; OLG Hamm, bei *Wagner*, GA 1962, 199, Nr. 11; OLG Celle, bei *Wagner*, GA 1962, 200, Nr. 15).

Es kann nicht angenommen werden, daß der Gesetzgeber des Jahres 1974 bei Einführung des § 5 Nr. 6 StGB – entgegen dieser Rechtsprechung – den strafrechtlichen Schutz derart einengen wollte, daß er nur bereits zur Tatzeit in der Bundesrepublik oder Westberlin wohnenden Deutschen zugute kommt. Schon die Begründung des StGB-Entwurfs 1962 zu der – in dem hier interessierenden Teil gleichlautenden – Vorschrift des § 5 Nr. 11 läßt erkennen, daß mit ihr beabsichtigt war, angesichts der »Art und Schwere« der Straftaten nach §§ 234 a, 241 a StGB einen möglichst umfassenden Rechtsschutz zu gewährleisten, was man zu erreichen hoffte, indem man den Anwendungsbereich dieser Tatbestände auf Auslandstaten ausdehnte (vgl. E 1962, S. 111).

Wenn *Eser*, in: Schönke/Schröder, Rdnr. 12 zu § 5 trotz der von ihm generell befürworteten weiten Auslegung des Begriffes »Deutscher« zu § 5 Nr. 6 StGB die Einschränkung macht, daß das Tatopfer – wenn es DDR-Bürger sei – seinen Wohnsitz bzw. gewöhnlichen Aufenthaltsort in der Bundesrepublik haben müsse, so liegt darin nicht unbedingt ein Widerspruch zu der vom Senat vertretenen Auffassung. Denn die hier vorliegende besondere Fallgestaltung, daß der Verletzte seinen Wohnsitz nach der Tat endgültig aus der DDR in die Bundesrepublik verlegt hat, wird von *Schönke/Schröder* offensichtlich gar nicht in ihre Überlegungen einbezogen (dasselbe gilt für *Woesner*, ZRP 1976, 250 Ziff. V 1 am Ende).

Schließlich ist die Tat der Angeschuldigten auch insoweit nach deutschem Strafrecht zu beurteilen, als sie sich rechtlich als Freiheitsberaubung (§ 239 I und II StGB) zum Nachteil beider Eheleute G darstellt. Dies ergibt sich aus der entsprechenden Anwendung des § 7 II Nr. 1 StGB. Daß die Angeschuldigte zur Zeit der Tat Bürger der DDR war, steht einer Geltung des deutschen Strafrechts nicht entgegen.

Ob der zur Eingrenzung des Täterkreises in § 7 II Nr. 1 StGB verwendete Begriff »Deutscher« ausnahmslos Bürger der Bundesrepublik meint, kann dahingestellt bleiben. Denn wenn schon ein Ausländer, der nach der Tat die deutsche Staatsangehörigkeit erworben hat, dem deutschen Strafrecht unterstellt wird, so muß dies – bei entsprechender Anwendung der zweiten Alternative des § 7 II Nr. 1 auf in der DDR begangene Taten – erst recht für einen früheren DDR-Bürger gelten, der wie die Angeschuldigte nach der Tat Bürger der Bundesrepublik geworden ist (*Tröndle*, in: LK, § 7 Rdnr. 13; wohl auch BGH, NJW 1978, 113 [115]; vgl. ferner *Roggemann*, ZRP 1976, 246 unter II am Ende).

Die Anwendung der genannten Vorschrift setzt weiter voraus, daß »die Tat am Tatort mit Strafe bedroht ist«. Stellt man allein darauf ab, ob das konkrete Verhalten des Täters – bei Anwendung sämtlicher gesetzlicher und außergesetzlicher Rechtfertigungs- und Entschuldigungsgründe der fremden Rechtsordnung – am Tatort als strafbare Handlung angesehen wird (so *Roggemann*, ZRP 1976, 247 unter III; ferner – schon für die frühere Rechtslage – *Grünwald*, JZ 1966, 635, und offenbar auch *Samson*, in: SKStGB, § 7 Rdnr. 2), dann könnte der vorliegende Fall nicht unter § 7 II Nr. 1

StGB subsumiert werden. Denn die von der Angeschuldigten bei den Staatssicherheitsbehörden der DDR über die Fluchtpläne der Eheleute G erstattete Anzeige ist dort nicht nur nicht strafbar, sie stellt sogar ein besonders erwünschtes und positiv beurteiltes Verhalten dar, dessen Unterlassung seinerseits einen Straftatbestand bildet (vgl. § 225 I Nr. 2 und 4 StGB-DDR).

Nimmt man dagegen an, daß es auf das Vorliegen fremder Rechtfertigungs- und Entschuldigungsgründe – und damit auf die Strafbarkeit im konkreten Falle – grundsätzlich nicht ankommt, sondern daß rein abstrakt zu prüfen ist, ob der territorial zuständige Gesetzgeber ein Verhalten wie das des Täters generell mißbilligt, daß es im Tatortrecht also überhaupt einen entsprechenden Straftatbestand gibt (so offenbar *Woesner*, ZRP 1976, 250 unter V 2), dann wäre § 7 II Nr. 1 StGB auf den vorliegenden Fall möglicherweise ohne weitere Voraussetzungen anwendbar. Denn auch das StGB der DDR kennt in § 131 den Tatbestand der Freiheitsberaubung. Zu klären bliebe nur, welche Bedeutung es im Rahmen der von *Woesner* vertretenen Auffassung hätte, daß bei der Freiheitsberaubung die – in den beiden Rechtsordnungen gerade kontrovers beurteilte – Rechtswidrigkeit als allgemeines Verbrechensmerkmal in einem besonderen Verhältnis zum objektiven Tatbestand steht.

Der Senat folgt keiner dieser beiden Auffassungen. Er ist der Meinung, daß in jedem Einzelfall geprüft werden muß, wie schwer die Rechtsgutverletzung wiegt und welcher Rechtfertigungs- oder Entschuldigungsgrund des Tatortrechts gegeben ist bzw. aus welchen Gründen sonst dort eine Straffreistellung erfolgt. Erst aufgrund dieser Prüfung kann beurteilt werden, ob das – nach deutscher Auffassung strafwürdige – Verhalten des Täters unter Berücksichtigung auch der Grundsätze strafrechtlicher Souveränität unbedingt die Gewährung von Rechtsschutz für den Verletzten erfordert und damit eine Bestrafung der Tat nach sich ziehen muß. Zwar erscheint es wenig wünschenswert, daß ein Deutscher, der als DDR-Bürger in der DDR eine später in der Bundesrepublik abgeurteilte Straftat begangen hat, gleichzeitig zwei einander widersprechenden Strafrechtsbefehlen ausgesetzt wird (vgl. dazu *Roggemann*, ZRP 1976, 246 unter II). Auf der anderen Seite besteht aber das Erfordernis, schwersten Rechtsgutverletzungen eines jetzt in den Pflichtenkreis der Bundesrepublik einbezogenen Deutschen, die aus offensichtlich rechtsstaatswidrigen Gründen in der DDR straffrei bleiben, soweit wie möglich entgegenzutreten. Dafür spricht auch, daß gerade Abs. 2 Nr. 1 des § 7 StGB Ausdruck des – wenn auch eingeschränkten – aktiven Personalitätsprinzips ist, d.h. des Prinzips der grundsätzlichen Inpflichtnahme aller inländischen Täter, selbst wenn sie zur Zeit der Tat noch keine Inlandsbindungen hatten (vgl. für viele *Tröndle*, in: LK, § 7 Rdnr. 1).

Die Frage, wo im einzelnen die Grenze zu ziehen ist, bis zu der die Gerichte der Bundesrepublik eine Straffreistellung durch das Recht der DDR hinnehmen müssen, wird im Schrifttum – soweit es wie der Senat eine Differenzierung für erforderlich hält – unterschiedlich beantwortet. Teilweise wird die Auffassung vertreten, daß Straffreistellungsgründe der fremden Rechtsordnung schon dann nicht berücksichtigt werden dürften, wenn sie »dem *ordre public* der eigenen Rechtsordnung widerstreiten« (*Tröndle*, in: LK, § 7 Rdnr. 5; ähnlich *Baumann*, S. 81; schon früher *Nowakowski*, JZ 1971, 636 unter V). Nach anderer Ansicht sind sie nur dann beachtlich, wenn sie »unserer Sitten- und Rechtsordnung nicht widersprechen« (*Oehler*, Internationales Strafrecht, S. 180).

Ob eine derart weitgehende Zurückdrängung des Tatortrechts erforderlich ist, mag dahinstehen. Nach Auffassung des Senats stehen einer Bestrafung des Täters in der Bundesrepublik nach § 7 II Nr. 1 StGB jedenfalls solche Straffreistellungen nicht entgegen, die zu universal anerkannten Rechtsgrundsätzen in krassem Widerspruch stehen (ebenso *Eser*, in: Schönke/Schröder, § 7 Rdnr. 5; *Jescheck*, S. 139 und 154; *Lackner*, § 7 Rdnr. 2). Für diese Gesetzesauslegung spricht insbesondere auch die Begründung des StGB-Entwurfs 1962 zu § 6, der dem heutigen § 7 StGB entspricht. Dort heißt es, die Berücksichtigung des Tatortrechts setze ihrem Grundgedanken nach voraus, daß »das ausländische Strafrecht den elementaren rechtsstaatlichen Grundsätzen entspricht«, eine nach Tatortrecht auf die Tat anwendbare Strafdrohung könne durch »willkürliche Rechtfertigungs- oder Entschuldigungsgründe . . ., die den von den zivilisierten Völkern anerkannten Rechtsgrundsätzen widersprechen«, nicht ausgeschaltet werden (vgl. E 1962, S. 113).

Die Voraussetzungen, unter denen demnach eine Straffreistellung durch das Tatortrecht außer Betracht bleiben muß, sieht der Senat im vorliegenden Fall als erfüllt an. Die von der Angeschuldigten begangene – in § 239 II StGB als Verbrechen qualifizierte – Tat hatte äußerst schwerwiegende Folgen, denn sie führte zu einer 28 bzw. 26 Monate dauernden Inhaftierung des Dr. G und seiner Ehefrau. Grundlage ihrer Festnahme und Verurteilung waren Strafvorschriften, die jede auf das ungenehmigte Verlassen der DDR zielende Handlung unter schwerste Strafandrohung stellen (2–15 Jahre bzw. lebenslange Freiheitsstrafe bei sogenanntem »staatsfeindlichem Menschenhandel« nach § 105 I und II StGB-DDR). Diesen Vorschriften und allen zu ihrer Durchsetzung erlassenen Anordnungen liegt das – politische – Ziel der DDR-Staatsführung zugrunde, das nach elementarsten Rechtsstaatsprinzipien als allgemeines Menschenrecht anzusehende Recht ihrer Bürger auf Auswanderung und Freizügigkeit zunichte zu machen, um die Abwanderung eines großen Teils der Bevölkerung der DDR in westliche Länder zu unterbinden und damit den Fortbestand des kommunistischen Herrschaftssystems zu sichern (vgl. dazu die bereits mehrfach zitierte Entscheidung BGHSt 14, 104f.=NJW 1960, 876; ferner BVerfGE 11, 150 [161]=NJW 1960, 1611, und BVerfGE 36, 1 [35]=NJW 1973, 1539 unter V e). Das Recht auf Freizügigkeit ist sogar völkerrechtlich ausdrücklich anerkannt und abgesichert in Art. 12 II des UN-Pakts über bürgerliche und politische Rechte vom 16. 12. 1966 (BGBl. 1973 II, 1534), wonach es »jedermann freisteht, jedes Land einschließlich seines eigenen zu verlassen«. Zu diesem – am 23. 3. 1976 in Kraft getretenen – Pakt hat auch die DDR am 8. 11. 1973 ihre Beitrittsurkunde hinterlegt und damit praktisch selbst die Völkerrechtswidrigkeit ihrer entgegenstehenden Strafvorschriften anerkannt (vgl. *Woesner*, ZRP 1976, 250 unter V 1; *Jescheck*, S. 154). Damit erweist sich zugleich die Rechtsauffassung der DDR, wonach politische Denunziation im Zusammenhang mit Fluchtabsichten von DDR-Bürgern keine Freiheitsberaubung sein kann, sondern sogar als staatsbürgerliche Verpflichtung angesehen wird, als mit international anerkannten Rechtsgrundsätzen unvereinbar und daher im Rahmen des § 7 II Nr. 1 StGB unbeachtlich. Die daraus resultierende Anwendbarkeit des § 239 StGB auf die von der Angeschuldigten begangene Tat stellt für diese auch keine unzumutbare Härte dar. Die Angeschuldigte hat sich nach der Tat freiwillig in den Schutz- und Pflichtenkreis der Bundesrepublik begeben, was sie nach ihren eigenen Angaben zudem bereits bei Tatbegehung vorhatte, und muß sich nun an den – auch in der DDR allgemein bekannten – Wertvorstellungen freiheitlicher Rechtsstaaten, wie sie sich hier im Strafrecht der Bundesrepublik niederschlagen, messen lassen. Der oben dargelegte Konflikt zwischen zwei unvereinbaren Prinzipien – einerseits Vermeidung widersprüchlicher Gehorsamspflichten aus entgegengesetzten Rechtsordnungen, andererseits umfassende Verfolgung aller von Bundesbürgern begangener Straftaten – ist im vorliegenden Fall zu Lasten der Angeschuldigten zu lösen.

Der Eröffnung des Hauptverfahrens auch wegen des Vorwurfs der Freiheitsberaubung steht nicht entgegen, daß die Anklage die Vorschrift des § 239 StGB nicht erwähnt. Gemäß § 206 StPO ist das Gericht bei der Beschlußfassung über die Eröffnung an die Anträge der StA nicht gebunden, sondern hat – wie auch bei der Urteilsfindung (§ 264 I StPO) – die strafrechtlichen Aspekte des in der Anklageschrift beschriebenen Lebenssachverhalts umfassend zu berücksichtigen und die Anklage gegebenenfalls mit entsprechenden Änderungen zur Hauptverhandlung zuzulassen (§ 207 II Nr. 3 StPO). Daß die in der Anklage vom 12. 1. 1977 niedergelegte Sachverhaltsschilderung auch den Verstoß der Angeschuldigten gegen § 239 StGB umfaßt, kann aber nicht zweifelhaft sein.

Nr. 64 BFH 29. 8. 1978 (VII R 56/75) BFHE 126, 341

Die Klägerin und Revisionsklägerin (Klägerin) ließ am 12. April 1972 bei einer Zollstelle zwei zur Ausfuhr nach Großbritannien bestimmte Sendungen Schweineschmalz abfertigen und beantragte, ihr zwei Kontrollexemplare zu erteilen. Auf diesen bescheinigte ein Zollamt (ZA) in Holland am selben Tage den Ausgang der Ware aus dem Gebiet der Gemeinschaft. Mit zwei Formanträgen vom 8. November 1972, die am 10. November 1972 bei dem Beklagten und Revisionsbeklagten (Hauptzollamt – HZA) eingingen, beantragte die Klägerin für die Ware u. a. die Gewährung von Ausgleichsbeträgen nach der Bekanntmachung des Bundesministers für Ernährung, Landwirtschaft und Forsten (BML) über die Gewährung von Ausgleichsbeträgen bei der Ausfuhr von landwirtschaftlichen Erzeugnissen nach dritten Ländern vom 18. Mai 1971 (Bundesanzeiger – BAnz. – Nr. 93 vom 19. Mai 1971, Bundeszollblatt 1971, S. 494 – BZBl. 1971, 494). Das HZA lehnte die Anträge durch Bescheid vom 15. November 1972 mit der Begründung ab, die für sie geltende Ausschlußfrist von sechs Monaten seit der Versandabfertigung sei versäumt. Einspruch und Klage hatten keinen Erfolg . . .

Die Revision ist zulässig und begründet. Sie führt zur Aufhebung des FG-Urteils und zur Zurückverweisung der Sache an das FG.

Für die vorliegende Streitigkeit über die Gewährung von Währungsausgleichsbeträgen ist, wie das FG mit Recht angenommen hat, der Finanzrechtsweg gegeben (vgl. Urteil des Bundesfinanzhofs – BFH – vom 23. November 1976 VII R 90/73, BFHE 121, 234).

Als die Klägerin die Ausfuhrsendungen abfertigen ließ, war die Bundesrepublik Deutschland als Mitgliedstaat der EWG, der bei Handelsgeschäften für seine Währung einen über die durch internationale Regelung genehmigte Bandbreite hinausgehenden Wechselkurs zuließ, durch Art. 1 der VO Nr. 974/71 ermächtigt,

a) bei der Einfuhr aus den Mitgliedstaaten und dritten Ländern Ausgleichsbeträge zu erheben und

b) bei der Ausfuhr nach den Mitgliedstaaten und dritten Ländern Ausgleichsbeträge zu gewähren.

Die Bundesrepublik Deutschland hat von dieser Ermächtigung Gebrauch gemacht

a) in bezug auf die Erhebung von Ausgleichsbeträgen bei der Einfuhr durch die Verordnung über die Erhebung einer Ausgleichsabgabe zur Sicherung der deutschen Landwirtschaft vom 14. Mai 1971 (BGBl. 1971 II, 233, BZBl. 1971, 486), die – wie der erkennende Senat im Urteil vom 2. August 1977 VII R 37/74 (BFHE 123, 262) entschieden hat –, rechtswirksam ist.

b) in bezug auf die Gewährung von Ausgleichsbeträgen bei der Ausfuhr durch die beiden Bekanntmachungen des BML vom 18. Mai 1971 über die Gewährung von Ausgleichsbeträgen bei der Ausfuhr von landwirtschaftlichen Erzeugnissen nach Mitgliedstaaten bzw. nach dritten Ländern (BAnz. Nr. 93 vom 19. Mai 1971, BZBl. 1971, 492, 494). Der Erlaß der beiden Bekanntmachungen vom 18. Mai 1971 war die zwangsläufige Folge des Erlasses der Verordnung der Bundesregierung vom 14. Mai 1971. Denn die Bundesrepublik Deutschland durfte gemäß Art. 7 VO Nr. 974/71 von der ihr durch Art. 1 VO Nr. 974/71 erteilten Ermächtigung nicht teilweise oder zeitweilig Gebrauch machen. Mit dem Entschluß, durch die Verordnung vom 14. Mai 1971 bei der Einfuhr Ausgleichsbeträge zu erheben, hat sie sich verpflichtet, bei der Ausfuhr Ausgleichsbeträge zu gewähren. Zur Erfüllung dieser Pflicht bedurfte es keines Gesetzes oder einer Rechtsverordnung; es genügten Verwaltungsanordnungen, wie sie der BML durch die beiden Bekanntmachungen vom 18. Mai 1971 getroffen hat. Der BML durfte jedoch den sich aus der Pflicht der Bundesrepublik Deutschland zur Gewährung von Ausgleichsbeträgen ergebenden materiellen Anspruch des Ausführers nicht durch Regelungen einschränken, die die rechtliche Wirksamkeit eines Antrags auf Gewährung der Ausgleichsbeträge von der Verwendung eines bestimmten Musters und der Einhaltung einer Ausschlußfrist abhängig machen, wie das im Abschn. V Abs. 1 und 5 der die Ausfuhr nach Mitgliedstaaten betreffenden Bekanntmachung und im Abschn. III Abs. 1 und 2 der die Ausfuhr nach dritten Ländern betreffenden Bekanntmachung geschehen ist. Diese schwerwiegenden und einen durch Rechtsvorschriften gewährten Anspruch vernichtenden Regelungen mögen praktischen Bedürfnissen der Verwaltung entsprechen und für das Verwaltungsverfahren sinnvoll sein, können aber keine materiell-rechtlichen Wirkungen beanspruchen. Selbst da, wo durch *Gesetz* vorgeschrieben ist, daß für den Antrag auf Gewährung einer staatlichen Leistung ein bestimmtes Formblatt zu verwenden ist, kann es gerechtfertigt sein, der Formvorschrift eine materiell-rechtliche Wirkung zu versagen, wenn dies die Zielsetzung des betreffenden Rechtsgebietes erfordert. Denn der Wunsch nach Erleichterung für das Verfahren der Verwaltungsbehörden muß hinter den Belangen des Antragstellers zurücktreten (vgl. Urteil des Bundesverwaltungsgerichts vom 14. Oktober 1959 IV C 420.58, BVerwGE 9, 219) . . .

Nr. 65 OLG Frankfurt 31. 8. 1978 (2 ARs 184/78) NJW 1978, 2460

Der Beschuldigte ist tschechoslowakischer Staatsangehöriger und hält sich seit Jahren in der Bundesrepublik Deutschland auf. Aus der geschiedenen Ehe des Beschuldigten sind die Ast. hervorgegangen. Diese sind ebenfalls tschechoslowakische Staatsangehörige und leben bei ihrer Mutter in der ČSSR. Der Beschuldigte wurde durch Urteil des AG vom 6. 6. 1973 verurteilt, ab 15. 4. 1970 an die Ast. monatlich je 95 DM Unterhalt zu zahlen. Zwangsvollstreckungsversuche blieben bisher erfolglos. Auf die Strafanzeige der Ast. vom 15. 3. 1978 wegen Verletzung der Unterhaltspflicht (§ 170b

StGB) stellte die StA bei dem LG das Ermittlungsverfahren ein, weil die Verfahrensvoraussetzungen der deutschen Gerichtsbarkeit nicht gegeben seien. Die Beschwerde der Ast. ist durch Bescheid der StA bei dem OLG vom 6. 6. 1978 verworfen worden. Das Gesuch um Bewilligung des Armenrechts für das Klageerzwingungsverfahren hatte keinen Erfolg.

Gemäß § 172 III StPO gelten für das Armenrecht im Klageerzwingungsverfahren dieselben Vorschriften wie in bürgerlichen Rechtsstreitigkeiten. Die Ast. haben als Angehörige eines fremden Staates deshalb gemäß § 114 II ZPO auf das Armenrecht nur insoweit Anspruch, als die Gegenseitigkeit verbürgt ist. Ob die Gegenseitigkeit verbürgt ist, muß zumindest als zweifelhaft angesehen werden. Das Haager Übereinkommen über den Zivilprozeß vom 1. 3. 1954 (BGBl. 1958 II, 576ff.), das am 11. 8. 1966 für die Tschechoslowakei in Kraft gesetzt worden ist (BGBl. 1966 II, 767), betrifft nur Zivil- und Handelssachen, teilweise auch verwaltungsgerichtliche Verfahren, nicht aber strafrechtliche Ermittlungsverfahren (Art. 20 a.a.O.). Es kann jedoch dahingestellt bleiben, ob das Armenrechtsgesuch aus diesem Grunde bereits unzulässig ist. Der Antrag auf Bewilligung des Armenrechts ist jedenfalls unbegründet, weil die beabsichtigte Rechtsverfolgung keine hinreichende Aussicht auf Erfolg bietet. Auf die dem Beschuldigten zur Last gelegte Tat ist das deutsche Strafrecht nämlich nicht anwendbar. Dies hat der Senat wiederholt entschieden (vgl. Urteil vom 16. 2. 1977 – 2 Ss 711/76 – und Beschluß vom 2. 5. 1977 – 2 Ss 212/77). Es besteht keine Veranlassung, im Hinblick auf die neuere gegenteilige Entscheidung des OLG Karlsruhe, NJW 1978, 1754=JZ 1978, 155, von der bisherigen Rechtsprechung, die auch von den OLGen Saarbrücken (NJW 1975, 506) und Stuttgart (NJW 1977, 1601) vertreten wird, abzugehen. Entgegen der Auffassung des OLG Karlsruhe ist das durch § 170b StGB geschützte Rechtsgut nicht ein im europäischen Kulturkreis allgemein anerkanntes Rechtsgut, das vom deutschen Strafrecht auch dann zu schützen sei, wenn der im Inland verursachte Schaden nur im Ausland eintritt. Bereits das OLG Saarbrücken, NJW 1975, 506, hat hierzu unter Anführung von ausländischen Rechtsquellen bemerkt, daß die unterschiedliche Ausgestaltung des materiell-rechtlichen Tatbestands sowie die Existenz besonderer Strafverfolgungsvoraussetzungen deutlich machen, daß die Verletzung der Unterhaltspflicht in anderen Rechtsordnungen ungleich bewertet wird. Das OLG Stuttgart, NJW 1977, 1601, hat weiter darauf hingewiesen, daß das UN-Übereinkommen über die Geltendmachung von Unterhaltsansprüchen im Ausland vom 20. 6. 1956 (BGBl. 1959 II, 150), das Übereinkommen über die Anerkennung und Vollstreckung von Entscheidungen auf dem Gebiet der Unterhaltspflicht gegenüber Kindern vom 15. 4. 1958 (BGBl. 1961 II, 1005) und schließlich auch das Haager Übereinkommen keinen strafrechtlichen Schutz für die Durchsetzung der Unterhaltspflicht verlangen. Es läßt sich noch nicht einmal für die Bundesrepublik Deutschland feststellen, daß die Bestrafung der Verletzung der Unterhaltspflicht Gemeingut ist. Der Alternativ-Entwurf eines StGB und der Strafrechtsausschuß der Bundesrechtsanwaltskammer hatten sogar die Streichung der Bestimmung des § 170b StGB vorgeschlagen (vgl. *Schreiber*, in: SKStGB II, § 170b Rdnr. 1). Es kann auch nicht der Auffassung des OLG Karlsruhe, NJW 1978, 1754, gefolgt werden, daß es mit Artikel 3 I, III GG nicht vereinbar sei, wollte man § 170b StGB nur wegen des ausländischen Wohnsitzes des Unterhaltsberechtigten und seiner fremden Staatsangehörigkeit für unanwendbar erklären, während der Täter bei gleichem Verhalten zum Nachteil eines im Inland lebenden Unterhaltsberechtigten strafbar bliebe. Es handelt sich dabei um verschieden gelagerte Sachverhalte, die nach den zu Art. 3 GG entwickelten verfassungsrechtlichen Grundsätzen ohne weiteres verschieden behandelt werden können.

Nr. 66 OVG Hamburg 1.9.1978 (OVG Bs I 90/78) VerwRspr. 30 (1980), 476

Die zulässige Beschwerde ist nicht begründet. Mit Recht hat das VG es abgelehnt, die aufschiebende Wirkung des Widerspruchs des Antragst. vom 22. 6. 1978 gegen die Verfügung der Antragsgegnerin vom 15. 12. 1977 anzuordnen bzw. wiederherzustellen.

Der angefochtene Bescheid, mit dem die Ausweisung und Abschiebung des Antragst. verfügt und zugleich sein Antrag auf Verlängerung der Aufenthaltserlaubnis abgelehnt worden ist, ist dem Antragst. nach dem vorl. Empfangsbekenntnis am 2. 1. 1978 in der Justizvollzugsanstalt L. ordnungsgemäß zugestellt und somit mit Ablauf des 2. 2. 1978 bestandskräftig geworden. Wiedereinsetzung in den vorigen Stand wegen Versäumung der Widerspruchsfrist ist dem Antragst. bisher nicht gewährt worden.

Ob bei dieser Rechtslage die Vollstreckung aus der Verfügung vom 15. 12. 1977 im Hinblick auf den jetzt gestellten Asylantrag – etwa durch eine Vollstreckungsgegenklage oder eine Feststellungsklage und einen entsprechenden Antrag auf Gewährung einstweiligen Rechtsschutzes – gehemmt werden kann, bedarf hier keiner Erörterung. Denn für den Bereich des Ausländerrechts ist insoweit in § 17 Abs. 1 Satz 1 AuslG eine bes. Regelung getroffen. Danach kann die Abschiebung eines Ausländers zeitweise ausgesetzt werden. Die Bestimmung gibt der Ausländerbehörde die Möglichkeit, den Aufenthalt eines gemäß § 12 Abs. 1 AuslG zur Ausreise verpflichteten Ausländers – insbes. auch nach bestandskräftiger Versagung der Aufenthaltserlaubnis oder Ausweisung – zu dulden, wenn sich dies als notwendig erweist, etwa weil die Abschiebung aus menschlichen oder politischen Gründen undurchführbar oder kein anderer Staat zur Aufnahme bereit ist (vgl. Begr. des Regierungsentw. zu § 17, abgedr. bei *Kloesel/Christ*, Deutsches Ausländerrecht, zu § 17 AuslG). Die Duldung ist die förmliche Bestätigung der Aussetzung des Vollzugs der Abschiebung durch eine Ermessensentscheidung und demnach ein begünstigender VA (insoweit a. A. *Kloesel/Christ*, a.a.O., Anm. 1), der deshalb auch – bei Ermessensreduzierung – im Klagewege oder durch einen Antrag auf Erlaß einer einstweiligen Anordnung gemäß § 123 Abs. 1 VwGO erstritten werden kann (Hess. VGH, Beschluß vom 10. 3. 1972, VwRspr., 24 Nr. 140 und vom 15. 10. 1975, DÖV 1976, S. 829).

Das Begehren des Antragst. könnte indes, selbst wenn darin zugleich ein hilfsweise gestellter Antrag auf Erlaß einer solchen einstweiligen Anordnung gesehen würde (§ 88 VwGO) – wozu der Senat neigt –, keinen Erfolg haben. Denn der Asylantrag, der allein Anlaß für eine solche Duldung sein könnte, ist – wie die Antragsgegnerin und das VG zutreffend dargelegt haben – rechtsmißbräuchlich gestellt und deshalb unbeachtlich.

Der Senat hat bereits in seinen Beschlüssen vom 2. 3. 1978 (OVG Bs. I 3/78 und OVG Bs. I 6/78) dargelegt, daß nach der im AuslG getroffenen Zuständigkeitsregelung die Entscheidung über Anträge auf Anerkennung als Asylberechtigter gemäß § 28 AuslG in einem bes. Anerkennungsverfahren der Anerkennungs- und Widerspruchsausschüsse des Bundesamtes für die Anerkennung ausländischer Flüchtlinge (Bundesamt) zugewiesen ist und daß die Grenz- und Ausländerbehörden der Entscheidung dieser Gremien nicht dadurch vorgreifen dürfen, daß sie durch Abschiebung des Asylbewerbers dessen in Art. 16 Abs. 2 Satz 2 GG garantierten Asylanspruch vereiteln. Deshalb darf ein Ausländer, der seine Anerkennung als Asylberechtigter begehrt, grundsätzlich im Bundesgebiet bleiben, bis über seinen Asylantrag unanfechtbar entschieden ist. Dieses Abschiebungsverbot gilt jedoch nicht ausnahmslos.

Eine Ausnahme ist anzuerkennen, wenn das auf § 28 AuslG gestützte Gesuch des Ausländers rechtlich nicht als Asylantrag anzusehen ist, weil ein Anerkennungsgrund im Sinne des § 28 AuslG nicht geltend gemacht worden ist (so auch OVG Koblenz, Beschluß vom 12. 11. 1976, Fürsorgerechtliche Entscheidungen der Verwaltungs- und Sozialgerichte Bd. 25, S. 374=NJW 1977, S. 510). Dabei ist es nicht erforderlich, daß der Grund schlüssig dargelegt wird; vielmehr ist ausreichend, daß es nach dem Vorbringen des Antragst. möglich erscheint, daß ein Anerkennungsgrund gegeben ist. Bei Zweifeln muß der Antrag als Asylbegehren behandelt werden (OVG Koblenz a.a.O.). Danach mag in dem Schriftsatz des Antragst. vom 21. 6. 1978 ein Asylantrag gesehen werden.

Der Grundsatz, daß ein Asylgesuch der Abschiebung entgegensteht, gilt weiterhin dann nicht, wenn das Gesuch rechtsmißbräuchlich gestellt worden ist (so auch BayVGH, Urteil vom 25. 2. 1977, BayVBl. 1977, S. 404). Das ist insbes. der Fall, wenn der Ausländer das Asylverfahren erkennbar allein zu dem Zweck anstrengt, die aufenthaltsrechtlichen Vorteile auszunutzen, die ihm ein noch unbeschiedener Asylantrag einräumt. Wann und aufgrund welcher Umstände diese Voraussetzung erfüllt ist, läßt sich nicht allgemein sagen. Jedenfalls ist ein solcher Schluß gerechtfertigt, wenn sich feststellen läßt, daß die tatsächlichen Behauptungen des Antragst. in dem Asylgesuch offensichtlich nicht zutreffen (Beschluß des Senats vom 23. 8. 1977 – OVG Bs. I 91/77 –, vom 9. 5. 1978 – Bs. I 47/78). So liegt der Fall hier. Das hat das VG in dem angefochtenen Beschluß ausführlich und zutreffend dargelegt. Seinen Erwägungen, denen der Antragst. mit der Beschwerde im einzelnen auch nicht entgegengetreten ist, ist vollen Umfangs zuzustimmen.

Nr. 67 OVG Münster 5. 9. 1978 (XV A 592/76) JZ 1979, 136

Der 1940 in Sachsen als Sohn italienischer Eltern geborene Kläger erwarb in der DDR die Staatsbürgerschaft durch Aushändigung des für Bürger der DDR bestimmten Personalausweises (vgl. § 3 der DVO zum Staatsbürgerschaftsgesetz der DDR vom 3. 8. 1967, GBl. DDR II, 681). Mit Hilfe eines italienischen Reisepasses konnte er aus der DDR in das Bundesgebiet einreisen, wo er beim Beklagten die Ausstellung eines Staatsangehörigkeitsausweises beantragte. Antrag, Widerspruch und Klage hatten keinen Erfolg. Das Berufungsgericht gab der Klage statt.

Die vom Kläger erworbene Staatsbürgerschaft der DDR vermittelt ihm im Bundesgebiet die (gesamt)deutsche Staatsangehörigkeit.

Insoweit ist auszugehen vom Urteil des BVerfG (BVerfGE 36, 1=JZ 1973, 588 mit Anm. von *Oppermann*) zum Gesetz zu dem Vertrag vom 21. 12. 1972 zwischen der Bundesrepublik Deutschland und der DDR über die Grundlagen der Beziehungen zwischen der Bundesrepublik Deutschland und der DDR vom 6. 6. 1973, BGBl. II, S. 421. Zwar ist dieses Urteil auf vielfältige Kritik gestoßen (vgl. die zusammenfassende Darstellung der Kritik bei *von Morr*, Der Bestand der deutschen Staatsangehörigkeit nach dem Grundlagenvertrag, Berlin 1977, S. 41 ff.); der Senat hat sich aber mit dieser Kritik nicht auseinanderzusetzen, da er gemäß § 31 BVerfGG an die Gründe des Urteils gebunden ist. Das BVerfG geht (a.a.O., S. 15/16) vom Fortbestand des Deutschen Reiches aus. Die Bundesrepublik Deutschland ist nicht Rechtsnachfolger des Deutschen Reiches, sondern als Staat mit ihm identisch, in bezug auf die räumliche Ausdehnung allerdings »teilidentisch« (a.a.O., S. 16). Die Bundesrepublik Deutschland umfaßt, was ihr Staatsvolk angeht, nicht das ganze Deutschland, unbeschadet dessen daß sie ein einheitliches Staatsvolk des Völkerrechtssubjekts »Deutschland« (Deutsches Reich), zu dem die eigene Bevölkerung als untrennbarer Teil gehört, anerkennt. Die Bundesrepublik Deutschland beschränkt staatsrechtlich ihre Hoheitsgewalt auf den »Geltungsbereich des Grundgesetzes«, fühlt sich aber auch verantwortlich für das ganze Deutschland (a.a.O., S. 16).

Von diesen grundsätzlichen Überlegungen ausgehend, gelangt das BVerfG bezüglich der Staatsangehörigkeitsfragen zu nachstehenden Folgerungen:

> »Art. 16 GG geht davon aus, daß die ›deutsche Staatsangehörigkeit‹, die auch in Art. 116 Abs. 1 GG in Bezug genommen ist, zugleich die Staatsangehörigkeit der Bundesrepublik Deutschland ist. Deutscher Staatsangehöriger im Sinne des Grundgesetzes ist also nicht nur der Bürger der Bundesrepublik Deutschland . . . (a.a.O., S. 30). Müßte der Vertrag dahin verstanden werden, daß die Bürger der Deutschen Demokratischen Republik im Geltungsbereich des Grundgesetzes nicht mehr als Deutsche im Sinne des Art. 16 und des Art. 116 Abs. 1 GG behandelt werden dürften, so stünde er eindeutig im Widerspruch zum Grundgesetz. Der Vertrag bedarf daher, um verfassungskonform zu sein, der Auslegung, daß die Deutsche Demokratische Republik auch in dieser Beziehung nach dem Inkrafttreten des Vertrags für die Bundesrepublik Deutschland nicht Ausland geworden ist. Der Vertrag bedarf weiter der Auslegung, daß – unbeschadet jeder Regelung des Staatsangehörigkeitsrechts in der Deutschen Demokratischen Republik – die Bundesrepublik Deutschland jeden Bürger der Deutschen Demokratischen Republik, der in den Schutzbereich der Bundesrepublik Deutschland und ihrer Verfassung gerät, gemäß Art. 116 Abs. 1 und 16 GG als Deutschen wie jeden Bürger der Bundesrepublik Deutschland behandelt . . . (a.a.O., S. 30/31). Aus der dargelegten besonderen Natur des Vertrags folgt, daß der Vertrag auch nicht unvereinbar ist mit der nach dem Grundgesetz der Bundesregierung aufgegebenen Pflicht, allen Deutschen im Sinne des Art. 116 Abs. 1 GG Schutz und Fürsorge angedeihen zu lassen . . . (a.a.O., S. 31). Hier gibt es für die Bundesrepublik Deutschland auch künftig keinen rechtlichen Unterschied zwischen den Bürgern der Bundesrepublik Deutschland und ›den anderen Deutschen‹ (a.a.O., S. 32)«.

Aus diesen Ausführungen geht hervor, daß das BVerfG feststellen will, daß die DDR-Bewohner weiterhin deutsche Staatsangehörige im Sinne des Grundgesetzes sind. So legen das BVerfG auch aus: *von Morr*, a.a.O., S. 79; *Tiessen*, Deutschland-Archiv 1975, 52 (53); *Zieger*, Festschrift für Werner Weber zum 70. Geburtstag, S. 152; die Bundesregierung in ihrer Erklärung über die Lage der Nation vor dem Bundestag am 30. 1. 1975, Bulletin des Presse- und Informationsamtes der BReg. Nr. 16, S. 161 vom 31. 1. 1975; bereits vor dem Urteil im selben Sinne: *Tiemann*, DÖV 1972, 73 (74). Diese Interpretation des Urteils ist angesichts von Wendungen wie: »Deutscher Staatsangehöriger im Sinne des Grundgesetzes ist also nicht nur der Bürger der Bundesrepublik Deutschland« und »Hier gibt es für die Bundesrepublik Deutschland auch künftig keinen rechtlichen Unterschied zwischen den Bürgern der Bundesrepublik Deutschland und den anderen Deutschen« und angesichts des Identitätsverständnisses des Bundesverfassungsgerichts nach Auffassung des Senats unausweichlich.

Sind demnach nach Meinung des BVerfG die Bürger der DDR weiterhin deutsche Staatsangehörige im Sinne des GG, so ist die Frage, wer zum Kreis der Bürger der DDR gehört, nach den in der DDR geltenden Vorschriften zu beantworten. Das Identitätsverständnis des BVerfG geht nicht soweit, die Entscheidung über den Erwerb und Verlust der deutschen Staatsangehörigkeit in beiden Staaten allein der Bundesrepublik Deutschland zu überlassen. Wenn das Gericht fordert, »*jeden* Bürger der DDR« (vgl. BVerfGE 36, 1 [31]) im Schutzbereich des GG als »Deutschen im Sinne des Grundgesetzes« anzusehen, dann bedeutet dies, daß die Organe der Bundesrepublik Deutschland auch diejenigen Personen als Deutsche gemäß Art. 116 Abs. 1 GG betrachten müssen, die nach (vom im Bundesgebiet fortgeltenden Reichs- und Staatsangehörigkeitsgesetz von 1913 – RuStAG) abweichenden Bestimmungen des Staatsbürgerschaftsrechts der DDR die Staatsangehörigkeit erworben haben (vgl. *Zieger*, a.a.O., S. 152f.). Eine andere Auffassung geht letztlich von der Nichtanerkennung der DDR als Staat aus. Zumindest seit Abschluß des Grundvertrages steht jedoch die Anerkennung der DDR als Staat außer Zweifel, obschon die Bundesrepublik Deutschland sie nicht als Ausland ansieht. Auch das BVerfG hat die DDR im Grundvertragsurteil ausdrücklich als »Staat« qualifiziert (vgl. BVerfGE 36, 1 [22, 29]).

Die Aufrechterhaltung der vom BVerfG geforderten gemeinsamen deutschen Staatsangehörigkeit ist nur in der Weise tatsächlich möglich, daß jede der im Grundvertrag gleichberechtigt nebeneinander gestellten Jurisdiktionssphären der beiden Staaten in Deutschland die Ausgestaltung des Staatsangehörigkeitsrechts bestimmt (vgl. *Zieger*, a.a.O., S. 153; *Mampel*, Die sozialistische Verfassung der DDR, S. 540; *Schramm*, Das Verhältnis der Bundesrepublik Deutschland zur DDR nach dem Grundvertrag, 2. Aufl., 1975, S. 46f.; vgl. auch *Tiemann*, a.a.O., 77). Eine andere Auffassung würde übersehen, daß die DDR-Behörden ihr Staatsbürgerschaftsrecht in Mitteldeutschland tatsächlich anwenden und im Falle der Nichtbeachtung dieses Rechts durch die Bundesrepublik Deutschland die Staatsangehörigkeit in Mittel- und Westdeutschland im Hinblick auf die mangelnde Deckungsgleichheit der beiden Staatsangehörigkeitsrechte auseinanderfallen müßte.

Der hier vertretenen Auffassung steht der Umstand nicht entgegen, daß die DDR-Behörden beim Setzen von Staatsangehörigkeitsakten nach ihrem Recht subjektiv nicht eine gesamtdeutsche, sondern lediglich eine separate DDR-Staatsangehörigkeit im Auge haben. Entgegen der Meinung *Rüfners* (JuS 1971, 419 [420]) lassen die rechtlichen Bindungen des gesamtdeutschen Staatsangehörigkeitswesens das subjektive Moment in den Hintergrund treten. (So zutreffend *Tiemann*, a.a.O., 79 Fußnote 64). Eine auf Begründung einer eigenstaatlichen, separaten Staatsangehörigkeit abzielende Regelung wie das StBG-DDR hält sich aus der Sicht des BVerfG, das, wie ausgeführt, vom Fortbestand einer gesamtdeutschen Staatsangehörigkeit ausgeht, nicht in dem durch die staats- und völkerrechtliche Lage Deutschlands gezogenen Rahmen. Zwar kann man angesichts des gerade auf die Schaffung einer separaten Staatsangehörigkeit gerichteten Willens des DDR-Gesetzgebers das StBG-DDR nicht im Wege der Konversion als die in der DDR geltende Fassung des RuStAG auslegen; doch erscheint, um dem Urteil des BVerfG, a.a.O., Genüge zu tun, die Annahme vertretbar, daß die auf Begründung einer spezifischen DDR-Staatsbürgerschaft abzielenden Staatsangehörigkeitsakte von DDR-Behörden fehlschlagen und im Hinblick auf die Überlagerung der Teilrechtsordnungen durch die staats- und völkerrechtlichen Bindungen des deutschen

Nationalverbandes in gesamtdeutsche Akte transformiert werden (vgl. in diesem Sinne eingehend *Tiemann*, a.a.O., 79 f.; vgl. auch *Mampel*, a.a.O., S. 541/542).

Allerdings sind das DDR-Staatsangehörigkeitsrecht und die auf seiner Grundlage gesetzten Einzelakte im Bundesgebiet nicht schrankenlos anzuerkennen. Schranken ergeben sich insoweit aus wichtigen Zwecken der Rechtsordnung der Bundesrepublik Deutschland oder aus ihrer öffentlichen Ordnung (vgl. BGHSt 5, 317 [322] und ihm folgend: *Zieger*, Das Staatsbürgerschaftsgesetz der DDR, S. 65 f.; *Tiemann*, a.a.O., 77). Diese *ordre public*-Klausel darf aber nicht so weit überdehnt werden, daß die im Bundesgebiet geltende Fassung des RuStAG zum alleinigen Maßstab genommen wird, weil das wieder auf eine Projektion der westdeutschen Rechtslage auf die der DDR hinausliefe. In Übereinstimmung mit *Tiemann* (DÖV 1972, 73 [Fußnote 12]) ist daher dem BGH, a.a.O., insoweit nicht zu folgen, als er den in § 16 Abs. 1 RuStAG liegenden Zweck, zur Schaffung klarer Rechts- und Beweisverhältnisse die Einbürgerung von der Aushändigung einer Urkunde abhängig zu machen, zu einem wichtigen Zweck im Sinne der *ordre public*-Klausel deklariert und deshalb den Erwerb der Staatsangehörigkeit durch Aushändigung des DDR-Personalausweises nicht anerkennen will. Zum einen ist auch der Personalausweis eine Urkunde, deren Aushändigung ebenso wie die Einbürgerungsurkunde zur Schaffung klarer Rechts- und Beweisverhältnisse geeignet ist, zumal dann, wenn der Normgeber, was allerdings erst nach Erlaß des Urteils des BGH von 1954 geschehen ist (vgl. § 3 DVO-DDR von 1967), von der Aushändigung der Urkunde den Erwerb ausdrücklich abhängig macht. Zum anderen entspricht § 3 DVO-DDR, soweit er den Erwerb der Staatsangehörigkeit an die Aushändigung des Personalausweises knüpft, geradezu wesentlichen Zwecken der Rechtsordnung der Bundesrepublik Deutschland. Da durch die Aushändigung der Personalausweise vornehmlich Flüchtlingen und Vertriebenen aus dem Osten in der DDR zur deutschen Staatsangehörigkeit verholfen worden ist, ist § 3 DVO-DDR in seiner Funktion mit Art. 116 Abs. 1 2. Alternative GG durchaus vergleichbar.

Nr. 68 BGH 26. 9. 1978 (VI ZR 267/76) NJW 1979, 1101

Die Kl., eine religiöse Gemeinschaft und ein im Vereinsregister eingetragener Verein, verfolgt entsprechend ihrer Satzung neben der Verbreitung ihres Glaubens die Übernahme und Anerkennung der Ziele und des Glaubensbekenntnisses der »Church of S of California« in Deutschland; der Sitz ihrer Mutterkirche ist England. Gliedkirchen bestehen in mehreren Ländern. Im Oktober 1969 übersandte Interpol London auf entsprechendes Ersuchen an das Bundeskriminalamt einen von New Scotland Yard über die »S Bewegung« verfaßten Bericht, demzufolge diese sich unredlicher Handlungen gegenüber ihren Anhängern schuldig gemacht haben sollte. Im Jahre 1973 gab das Bundeskriminalamt diese Mitteilungen an alle Landeskriminalämter und an die deutsche Zentralstelle zur Bekämpfung der Schwindelfirmen e. V. weiter. Die Kl., nach ihrer Darstellung erst am 15. 10. 1970 gegründet, nimmt den Bekl., der unstreitig erst seit 1972 Leiter des New Scotland Yard ist, mit der Behauptung in Anspruch, er habe den Bericht vom Jahre 1969 an das Bundeskriminalamt gesandt. Sie begehrt von ihm die Unterlassung der von ihr im einzelnen angeführten Beschuldigungen, die unwahr seien.

Das LG hat die Klage wegen Fehlens der deutschen Gerichtsbarkeit als unzulässig abgewiesen. Die Berufung ist ohne Erfolg geblieben. Auch die – zugelassene – Revision der Kl. war erfolglos.

Das BerGer. ist in Übereinstimmung mit dem LG der Auffassung, daß im vorliegenden Fall die deutsche Gerichtsbarkeit nicht gegeben sei. Dieser Standpunkt erweist sich, jedenfalls im Ergebnis, als richtig.

Das BerGer. hat zu Recht vorrangig die Frage geprüft, ob der Bekl. mit Rücksicht auf seine Amtsstellung und nach dem zur Klagebegründung vorgetragenen Sachverhalt der deutschen Gerichtsbarkeit unterworfen ist. Fehlt es an diesem Erfordernis, so darf kein deutsches Gericht eine Entscheidung zur Sache treffen, weil es damit die Grenzen der für seine Tätigkeit vorausgesetzten Staatsgewalt überschritte und in die Souveränität des anderen Staates, nämlich Großbritannien, völkerrechtswidrig eingriffe (vgl. *Habscheid*, Berichte der Deutschen Gesellschaft für Völkerrecht, Heft 8, S. 174 Fußn. 32, sowie S. 179 ff. mit Fußn. 52 und 59). Diese Vorrangigkeit der Frage, ob Gerichtsbarkeit überhaupt ausgeübt werden darf, führt jedenfalls im Streitfall dazu, daß das befaßte Zivilgericht sie beantworten kann und muß, auch wenn die öffentlichrechtliche Natur das Streitverhältnis an sich in den Verwaltungsrechtsweg verweist. Dafür spricht auch die Überlegung, daß hier die deutsche Gerichtsbarkeit nur zu bejahen wäre, wenn das Streitverhältnis im nichthoheitlichen Bereich wurzelt, wie sogleich ausgeführt wird. Insoweit ist das Zivilgericht auch unter dem Gesichtspunkt der Sachnähe berufen, den Rechtsstreit zu entscheiden.

Der Revision ist zuzugeben, daß das BerGer. zu Unrecht § 18 Satz 2 GVG als tragende Norm seiner Entscheidung zugrunde gelegt hat. Diese Vorschrift ist mit Gesetz vom 25. 3. 1974 (BGBl. I, 761) durch den im wesentlichen gleichlautenden § 20 GVG in der heute gültigen Fassung ersetzt worden, der rückwirkend anzuwenden ist (BGHZ 34, 372 [373]=NJW 1961, 1116). Die Revision sieht auch zutreffend, daß aus § 20 GVG eine Immunität des Bekl. im Streitfall nicht hergeleitet werden kann. Diese Vorschrift stellt sich als Ergänzung zu den Vorschriften der §§ 18, 19 GVG dar, die konkret bezeichnete Personengruppen von der deutschen Gerichtsbarkeit ausnehmen, und knüpft gleichsam als eine lückenfüllende Generalklausel an die allgemeinen Regeln des Völkerrechts und an völkerrechtliche Vereinbarungen an. Der Bekl. beruft sich im vorliegenden Fall aber nicht auf eine solche aus seiner Person abgeleitete Immunität, macht vielmehr geltend, die von der Kl. zur Grundlage ihres Anspruchs gemachte Handlung stelle sich als staatlicher Hoheitsakt dar, der nur dem britischen Staat, nicht aber ihm oder überhaupt einer anderen, für diesen Staat handelnden Amtsperson zugerechnet werden könne, weil stets der Staat als Handelnder anzusehen sei, wenn einer seiner Amtsträger ihm obliegende Tätigkeiten vornehme. Ob sich diese vom Bekl. in Anspruch genommene *sach*bezogene Staatenimmunität für Hoheitsakte (*acta iure imperii*) aus § 20 GVG ableiten läßt, wird mit Recht von der Revision bezweifelt (vgl. auch *Habscheid,* S. 167). Diese Frage kann jedoch offen bleiben, weil, wie auch die Kl. meint, über Art. 25 GG aus den allgemeinen Regeln des Völkerrechts die Antwort zu gewinnen ist. Diese Regeln aber können, wie das BVerfG in seiner Entscheidung vom 30. 4. 1963 (BVerfGE 16, 27 [33]=NJW 1963, 1732 ff.) ausgesprochen hat, nur dem Völkergewohnheitsrecht angehören, weil allgemein anerkannte vertragliche Regeln und die Staatenimmunität betreffende, das Gewohnheitsrecht ergänzende Rechtsgrundsätze fehlen.

Die Entwicklung der Staatenpraxis zur Frage der Staatenimmunität hat das BVerfG (BVerfGE 16, 27 [33]=NJW 1963, 1732 ff.) aufgezeigt. Danach hat sich in Abweichung der bis zum ersten Weltkrieg herrschenden Auffassung von der unbeschränkten, d. h. hoheitliche und nichthoheitliche Tätigkeit umfassenden Immunität zunehmend ein »Prozeß der Schrumpfung« (*Dahm*, in: Festschrift f. Nickisch, 1958, S. 153 ff.) abgezeichnet, der schließlich dazu führte, daß von einem Völkergewohnheitsrecht insoweit nicht mehr gesprochen werden kann, als die inländische Gerichtsbarkeit für Klagen gegen einen ausländischen Staat in bezug auf seine nichthoheitliche Betätigung ausgeschlossen ist. Daran ist jedoch nicht zu zweifeln, daß die Staatenimmunität durchgreift, soweit hoheitliches Handeln zur Beurteilung steht. Die Revision ist nicht in der Lage, aus neuerer Zeit auch nur Ansätze einer Änderung dieser Regel aufzuzeigen. Ihr in der Bezugnahme auf das von ihr vorgelegte Rechtsgutachten liegender Hinweis auf neuere Tendenzen in der Weiterentwicklung der völkerrechtlichen Staatenimmunität läßt allenfalls umgekehrt erkennen, daß auch die Vereinigten Staaten und insbesondere Großbritannien, die in ihrer Rechtspraxis wohl am längsten die Lehre von der unbeschränkten Staatenimmunität (vgl. BVerfGE 16, 27 [33]=NJW 1963, 1732 ff.; *Dahm*, insb. S. 157, 158 m. Fußn. 10, 11, 16; *Verdross*, Völkerrecht, 5. Aufl., S. 232 m. Fußn. 3) aufrechterhalten haben, zu einer Einschränkung auf dem Gebiete des nichthoheitlichen Handelns bereit sind.

Um die Regel der Staatenimmunität im hoheitlichen Bereich über Art. 25 GG als verbindlich auch für die Bundesrepublik anzuerkennen, braucht der Senat nicht nach Art. 100 II GG eine Entscheidung des BVerfG herbeizuführen. Eine solche Vorlagepflicht besteht nicht schon, wenn unter den Prozeßparteien gegenteilige Auffassungen vertreten werden und eine von ihnen Zweifel an der Verbindlichkeit völkerrechtlichen Gewohnheitsrechts äußert, vielmehr muß das vorlegende Gericht solche Zweifel hegen (vgl. BVerfGE 4, 358 [369]=NJW 1956, 97; BFH, JZ 1965, 21, [22]=BStBl. 1964 III, 253). Hierzu besteht im Streitfall kein Anlaß. Das völkerrechtliche Schrifttum stellt die Immunität ausländischer Staaten in Fällen, in denen es um die Beurteilung hoheitlichen Handelns geht, an keiner Stelle in Frage (vgl. *Verdross*, S. 227 ff.; *Dahm*, Völkerrecht I, S. 224 ff.; *Schaumann/Habscheid*, S. 41 ff., 64 ff.; *Schwenk*, MDR 1958, 805; sowie die weiteren Hinweise in BVerfGE 16, 59 [60]). Von diesem Grundsatz geht auch die vielbeachtete Entscheidung des Österreichischen Obersten Gerichtshofs vom 10. 5. 1950 aus (GRUR 1950, 531 ff., zit. bei *Dahm,* S. 156 Fußn. 7; *Verdross*, S. 231 Fußn. 3; *Habscheid,* S. 170 in Fußn. 17).

Die Revision leugnet, daß dem Bericht von Scotland Yard über die S-Bewegung der Charakter eines Hoheitsakts zukommt; das Handeln des Bekl. müsse vielmehr nach englischem Recht als rein privatrechtlich beurteilt werden, so daß sich die Frage der Staatenimmunität nicht stelle. Diese Auffassung der Revision ist unzutreffend.

Auf den von der Revision eingehend vorgetragenen und durch zahlreiche Unterlagen unterstützten Standpunkt, das englische Recht habe die Tätigkeit von Scotland Yard und dessen Organisation von der Ausübung der eigentlichen Staatsgewalt gelöst und nach privatrechtlichen Grundsätzen gestaltet, kommt es nicht an. Denn die Qualifikation als hoheitliche oder nichthoheitliche Staatstätigkeit ist grundsätzlich nach dem nationalen Recht des angerufenen Gerichts, mithin hier nach deutschem Recht vorzunehmen; für die Unterscheidung ist maßgebend die Natur der jeweils zu beurteilenden staatlichen Handlung (so BVerfGE 16, 27 [63, 64]=NJW 1963, 1732 ff.). Nach deutschem öffentlichen Recht gehört aber die Ausübung polizeilicher Gewalt unzweifelhaft zur hoheitlichen Tätigkeit des Staates; sie gehört sogar in dem Sinne zum Kernbereich der Staatsgewalt, daß sie auch dann als Akt *iure imperii* zu qualifizieren ist, daher von der Immunität nicht ausgenommen werden darf, wenn sie nach dem nationalen Recht Großbritanniens als privatrechtliche Betätigung anzusehen wäre (BVerfG, NJW 1963, 1732 [1735]).

Der Übersendung des von der Kl. beanstandeten Berichts von Scotland Yard lag ein Ersuchen des Bundeskriminalamts zugrunde. Dies ist im Tatbestand des Berufungsurteils – und so schon im Urteil des LG – als unstreitig festgestellt. Dagegen hat sich die Kl. nicht gewendet, hat insbesondere nicht Berichtigung des Tatbestandes beantragt (§ 320 ZPO), so daß sie dessen Beweiskraft gegen sich gelten lassen muß (§ 314 ZPO). Dieses Ersuchen des Bundeskriminalamts beruhte auf der Vereinbarung zwischen der Bundesrepublik Deutschland und Großbritannien über gegenseitige Rechtshilfe in Strafsachen von 1961 (BGBl. II, 275).

Zu Unrecht meint die Revision, der Bericht von Scotland Yard könne nicht als eine »Unterstützung in strafrechtlichen Angelegenheiten« angesehen werden, weil es sowohl an der Feststellung eines deutschen Ersuchens wie auch der Anhängigkeit eines Ermittlungsverfahrens fehle und sie zur damaligen Zeit noch nicht existent gewesen sei. Der Wortlaut der Vereinbarung läßt nicht die Auslegung zu, Unterstützung in strafrechtlichen Angelegenheiten setze, wenn das Bundeskriminalamt darum ersuche, ein bereits gegen einen konkret betroffenen Beschuldigten eingeleitetes Ermittlungsverfahren (§§ 158 ff. StPO) voraus. Das Ersuchen der deutschen Polizeibehörde und die von Scotland Yard verfaßte Antwort stellen sich vielmehr als ein Vorgang dar, der dem Sinn und Wortlaut der genannten Vereinbarung zwischen der britischen und deutschen Regierung entspricht. Hier hat der Vertragspartner der Bundesrepublik in Erfüllung einer Verpflichtung aus einem völkerrechtlichen Vertrag als Träger der Polizeigewalt gehandelt. Das aber genügt bereits, um, wie oben ausgeführt, sein Handeln als Akt *iure imperii* zu werten (so auch *Dahm*, Völkerrecht I, S. 235).

Die Auffassung der Revision, es liege mit Rücksicht auf die Eigenschaft der Kl. als religiöse Vereinigung eine Überschreitung der in der deutsch-britischen Vereinbarung gezogenen Grenzen vor, ist unzutreffend. Es ging nicht um eine Überwachung einer Betätigung auf religiösem Gebiet, sondern um die Frage, ob Repräsentanten der S-Bewegung sich unter dem Deckmantel religiöser Zielverfolgung in strafrechtlich relevanter Weise Vorteile verschafft und auf Mitglieder ihrer Bewegung unzulässig eingewirkt haben.

Im Gegensatz zur Auffassung der Revision handelte Scotland Yard und damit dessen Leiter als ausdrücklich bestelltes Organ des britischen Staates, soweit es um die Erfüllung des genannten Vertrages zwischen Großbritannien und der Bundesrepublik ging. Solche Organhandlungen stellen sich als unmittelbares staatliches Handeln dar und können den jeweils zum Handeln Berufenen nicht als private Tätigkeit zugerechnet werden (vgl. *Dahm*, Festschrift, S. 168). Es bedeutete eine Aushöhlung der uneingeschränkten Immunität souveräner Staaten im Bereich hoheitlicher Betätigung, wollte man staatliches Handeln durch Zugriff auf das handelnde ausländische Organ der deutschen Gerichtsbarkeit unterwerfen. Wie das Polizeirecht Großbritanniens die Organstellung des Bekl. bewertet, hat auf die nach Völkerrecht gebotene Beurteilung keinen Einfluß.

Anhaltspunkte dafür, daß die von der Kl. beanstandete Handlung mit der dienstlichen Betätigung des handelnden Organs oder mit dem erteilten Auftrag in keinerlei Zusammenhang mehr gestanden habe, sind entgegen dem Vortrag der Revision nicht erkennbar; eine notwendige Zurechnung in den Kreis staatlichen Handelns ist daher nicht zweifelhaft (vgl. *Dahm*, Völkerrecht III, S. 182).

Die Revision will in der Zustellung der Klage durch den Senior Master ein Indiz für einen Verzicht auf die Staatenimmunität durch das Vereinigte Königreich von Großbritannien und Nordirland sehen. Auch damit hat sie keinen Erfolg. Das scheitert einmal schon daran, daß der englische Staat nach der Klageschrift nicht Prozeßpartei ist und der Bekl. selbst auf die Entscheidung des Senior Masters keinen Einfluß nehmen konnte, ihm also schon deswegen dessen Handlung nicht zuzurechnen ist. Im übrigen weist die Kl. zutreffend auf das deutsch-britische Abkommen über den Rechtsverkehr vom 20. 3. 1928 (RGBl. II, 623) hin; das regelt nämlich nur die Möglichkeit der Ablehnung einer Zustellung, aber rechtfertigt keine Schlüsse auf Immunitätsverzicht, falls von der Ablehnung kein Gebrauch gemacht wird. Auch der im völkerrechtlichen Schrifttum vorherrschende Grundsatz (vgl. *Dahm*, Völkerrecht I, S. 245 ff.; *Habscheid*, S. 216 ff., jeweils m w. N.), demzufolge die Frage des Immunitätsverzichts jedesmal sorgfältig zu prüfen ist, führt im Streitfall zur Verneinung eines konkludenten Immunitätsverzichtes. Eine so weitgehende Selbstentäußerung (so *Dahm*) ist nämlich nicht zu vermuten. Das prozessuale Verhalten des Bekl. gestattet keinen Schluß auf einen Immunitätsverzicht, läßt vielmehr einen gegenteiligen Willen erkennen. Dieser hat sich zur Sache nicht eingelassen und sich nur deshalb vor Gericht vertreten lassen, um seine (sachbezogene) Immunität geltend zu machen.

Nr. 69 **BVerfG 26. 9. 1978 (I BvR 525/77) BVerfGE 49, 168**

Gegenstand der Verfassungsbeschwerde ist die Verlängerung einer Aufenthaltserlaubnis für solche Ausländer, die sich seit mehreren Jahren rechtmäßig und beanstandungsfrei im Bundesgebiet aufhalten und in wirtschaftlicher und sozialer Hinsicht weitgehend eingegliedert sind.

Ausländer dürfen nur mit einer behördlichen Erlaubnis in das Bundesgebiet einreisen und sich im Bundesgebiet aufhalten, es sei denn, sie sind aufgrund besonderer Vorschriften von dem Erfordernis der Aufenthaltserlaubnis befreit, wie dies vor allem für anerkannte Asylberechtigte, die Angehörigen der Mitgliedsländer der Europäischen Gemeinschaft sowie für Touristen aus etwa 80 Staaten bei einem Aufenthalt bis zu drei Monaten der Fall ist. Das Ausländergesetz vom 28. April 1965 (BGBl. I, S. 353) – im folgenden: AuslG – bestimmt dazu:

»§ 2: Aufenthaltserlaubnis

(1) Ausländer, die in den Geltungsbereich dieses Gesetzes einreisen und sich darin aufhalten wollen, bedürfen einer Aufenthaltserlaubnis. Die Aufenthaltserlaubnis darf erteilt werden, wenn die Anwesenheit des Ausländers Belange der Bundesrepublik Deutschland nicht beeinträchtigt.

(2)–(4) . . .«.

In der aufgrund des § 51 AuslG erlassenen Allgemeinen Verwaltungsvorschrift zur Ausführung des Ausländergesetzes in der Fassung der Bekanntmachung vom 10. Mai 1977 (GMBl. S. 202) – im folgenden: AuslVwV – heißt es zu § 2 AuslG:

»4. Die Aufenthaltserlaubnis muß versagt werden, wenn die Anwesenheit des Ausländers Belange der Bundesrepublik Deutschland beeinträchtigt. Dies ist in der Regel der Fall, wenn ein Sachverhalt vorliegt, der nach § 10 Abs. 1 AuslG die Ausweisung rechtfertigen würde. Darüber hinaus können auch andere Tatsachen eine Beeinträchtigung der Belange der Bundesrepublik Deutschland zur Folge haben und damit die Versagung der Aufenthaltserlaubnis erfordern. Im Gegensatz zu § 10 Abs. 1 Nr. 11 AuslG ist nicht erforderlich, daß erhebliche Belange der Bundesrepublik Deutschland beeinträchtigt sind. Eine Beeinträchtigung der Belange der Bundesrepublik Deutschland liegt schon dann vor, wenn bei Anwesenheit des Ausländers diese Belange gefährdet erscheinen oder ein entsprechender begründeter Verdacht besteht.

4. a Bei Ausländern, die mit Deutschen verheiratet sind, haben Belange der Bundesrepublik Deutschland, die durch die Anwesenheit dieser Ausländer beeinträchtigt werden, insbesondere auch Belange der Entwicklungshilfepolitik, gegenüber dem staatlichen Belang, Ehe und Familie zu schützen, grundsätzlich zurückzutreten. Dies gilt nicht, wenn ein Sachverhalt vorliegt, der nach § 10 Abs. 1 AuslG die Ausweisung rechtfertigen würde, und die Gründe für die Ausweisung im Einzelfall schwer wiegen (vgl. Nummer 1 a zu § 10).

6. Soweit die Aufenthaltserlaubnis nicht zwingend wegen der Beeinträchtigung der Belange der Bundesrepublik Deutschland abgelehnt werden muß, entscheidet die Behörde nach pflichtmäßigem, der Natur der Sache nach weitem Ermessen. Hierbei sind alle einschlägigen Gesichtspunkte zu berücksichtigen. Außer Gründen, die in der Person des Ausländers liegen, sind insbesondere auch Gründe politischer oder wirtschaftlicher Art sowie Belange des Arbeitsmarktes zu beachten. Zu den Gründen, die in der Person des Ausländers liegen, gehören auch solche gesundheitlicher Art, soweit sie sich nicht bereits aus Nummer 5 ergeben«.

Zur Frage der Verlängerung einer Aufenthaltserlaubnis bestimmt das Gesetz lediglich:

»§ 7: (1) . . .

(2) Die Aufenthaltserlaubnis wird befristet oder unbefristet erteilt. Eine befristete Aufenthaltserlaubnis kann verlängert werden.

(3)–(5) . . .«.

Nach der bisherigen Fassung der Verwaltungsvorschriften wurde die Aufenthaltserlaubnis in der Regel längstens für ein Jahr erteilt; ein längerer rechtmäßiger Aufenthalt und ein einwandfreies Verhalten des Ausländers reichten für sich allein nicht für die Erteilung einer unbefristeten Aufenthaltserlaubnis aus (AuslVwV Nr. 3, 4 und 9 Satz 2 zu § 7). Ausländer, die sich seit mindestens fünf Jahren im Bundesgebiet aufhalten und in das wirtschaftliche und soziale Leben eingegliedert sind, können eine Aufenthaltsberechtigung erhalten, die unbefristet ist und keine Bedingungen enthalten darf (§ 8 AuslG). Für eine Aufenthaltsberechtigung werden ein Aufenthalt von regelmäßig mehr als acht Jahren, eine auf Dauer gesicherte Existenzgrundlage, eine unbeschränkte Arbeitserlaubnis, ausreichende Deutschkenntnisse, eine angemessene Wohnung und möglichst ein deutsches Interesse an der dauernden Niederlassung des Ausländers verlangt; zudem wird von dem Grundsatz ausgegangen, daß die Bundesrepublik Deutschland kein Einwanderungsland ist (AuslVwV Nr. 2 und 4 zu § 8; 2.4 bis 2.9 und 3.1 bis 3.4 der – bundeseinheitlich erlassenen – Grundsätze für die Erteilung der Aufenthaltsberechtigung [BW GABl. 1969, S. 641]).

Die am 3./4. Juni 1965 von der Ständigen Konferenz der Innenminister der Bundesländer beschlossenen Grundsätze der Ausländerpolitik und die hierzu vom Bundesminister des Innern unter Mitwirkung der Innenministerien der Länder erarbeiteten Ausnahmerichtlinien, die in Baden-Württemberg durch nichtveröffentlichten Erlaß des Innenministeriums vom 25. Juli 1966 in Geltung gesetzt wurden – im folgenden: Grundsätze der Ausländerpolitik –, enthalten Regelungen über den Aufenthalt von Staatsangehörigen der Ostblockstaaten und außereuropäischer Staaten zur Ausübung einer Beschäftigung, über den Nachzug von Familienangehörigen ausländischer Arbeitnehmer und über die Ausweisung und Abschiebung nach unerlaubter Einreise. Grundsätzlich soll danach Staatsangehörigen außereuropäischer Staaten (außer USA, Kanada, Israel, Australien und Neuseeland; die Türkei gilt als europäischer Staat) der Aufenthalt zur Ausübung einer Beschäftigung im Bundesgebiet nicht gestattet werden (Abschnitt III A). Von diesem Grundsatz sind allgemein ausgenommen Ausländer, für die Anwerbevereinbarungen gelten und die sich zu ihrer Aus- und Fortbildung oder bereits mit einer zur Erwerbstätigkeit berechtigenden Aufenthaltserlaubnis im Bundesgebiet aufhalten, sowie Studenten, die außerhalb des Bundesgebiets studieren und nur während der Semesterferien eine zeitlich beschränkte entgeltliche Beschäftigung im Bundesgebiet aufnehmen wollen (Abschnitt III B Satz 1, II B Nr. 3 und 4). Außerdem können im Einzelfall Ausnahmen zugelassen werden bei bestimmten Personengruppen (Künstler, Sportler, Artisten, Ärzte, Seelsorger, Architekten, Bauingenieure, Abnahmeingenieure u. a.), bei Wissenschaftlern und Technikern, an deren Beschäftigung wegen ihrer besonderen Kenntnisse ein allgemeines deutsches Interesse besteht, bei Personen, die nach Beendigung ihrer vorgeschriebenen Ausbildung durch eine zeitlich befristete praktische Tätigkeit ihre Sachkenntnisse erweitern wollen, und bei sonstigen ausgebildeten Fachkräften, für deren Beschäftigung ein unabweisbares Bedürfnis besteht; eine Ausnahme ist aber grundsätzlich ausgeschlossen, wenn erkennbar die Begründung eines dauernden Aufenthalts im Bundesgebiet beabsichtigt ist (Abschnitt III C, II C Nr. 1 und 4).

Zahlreiche Versuche, die Lage der Ausländer im Bundesgebiet zu verbessern und ihren aufenthaltsrechtlichen Status zu verfestigen, hatten bisher insoweit Erfolg, als der Bundesrat am 2. Juni 1978 den von der Bundesregierung seit langem geplanten Erleichterungen bei der Erteilung befristeter und unbefristeter Aufenthaltserlaubnisse und von Aufenthaltsberechtigungen für ausländische Arbeitnehmer und deren Familien (BR Drucks. 71/78) im wesentlichen zugestimmt hat. Danach ist ausländischen Arbeitnehmern in der Regel die Aufenthaltserlaubnis zunächst auf ein Jahr zu befristen und dann jeweils um zwei Jahre zu verlängern; nach einem fünfjährigen, ununterbrochenen rechtmäßigen Aufenthalt ist danach in der Regel bei Erfüllung bestimmter Voraussetzungen (besondere Arbeitserlaubnis nach § 2 ArbeitserlaubnisVO, Sprachkenntnisse, angemessene Wohnung) eine unbefristete Aufenthaltserlaubnis zu erteilen (AuslVwV Nr. 4 zu § 7 i. d. F. der Allgemeinen Verwaltungsvorschrift zur Änderung der AuslVwV vom 7. Juli 1978 [GMBl. S. 368]).

Der 1935 geborene Beschwerdeführer ist Inder. Er reiste nach Vorlage eines Praktikantenvertrags im Januar 1961 mit einem Einreisesichtvermerk ins Bundesgebiet ein und war bis Herbst 1964 bei verschiedenen Unternehmen als Praktikant und Arbeiter beschäftigt. Von Oktober 1964 bis März 1966 besuchte er eine Fachschule für Technik und legte die Technikerprüfung in der Fachrichtung Blechverarbeitung ab. Im Anschluß daran arbeitete er als Konstrukteur und als Vorkalkulator und nahm nebenher an einem einjährigen Refa-Grundlehrgang teil, den er mit einer Abschlußprüfung beendete. Die ihm erstmals im Februar 1961 erteilte Aufenthaltserlaubnis wurde regelmäßig, meist für ein Jahr, verlängert. Seit April 1967 ist der Beschwerdeführer ununterbrochen als Konstrukteur bei ein und demselben Unternehmen tätig und mit der Entwicklung und Konstruktion von Haushaltsgeräten beschäftigt. In seinem Antrag auf Verlängerung der Aufenthaltserlaubnis vom 17. April 1967 gab der Beschwerdeführer an, er wolle auf unbestimmte Zeit zur Arbeitsausbildung im Bundesgebiet bleiben und behalte im Ausland keinen ständigen Wohnort bei. Seine Aufenthaltserlaubnis wurde daraufhin vom 18. September 1967 bis 1. August 1968 und in der Folgezeit regelmäßig um ein Jahr verlängert, zuletzt bis 15. September 1973. Die Verlängerungsanträge wurden ohne weitere Begründung vom Arbeitgeber des Beschwerdeführers gestellt; im Juli 1972 hatte der Beschwerdeführer auf Anfrage erklärt, er beabsichtige noch den Besuch einer Ingenieurschule. 1972 hatte er erfolglos seine Einbürgerung betrieben. Für seine verschiedenen Beschäftigungen erhielt er jeweils befristete Arbeitserlaubnisse.

Seit Januar 1975 ist der Beschwerdeführer mit einer Inderin verheiratet, die im Juli 1975 in das Bundesgebiet nachgezogen ist und eine Aufenthaltserlaubnis bis 31. März 1978 besitzt. Aus der Ehe ist im Juni 1976 ein Kind hervorgegangen.

Mit Verfügung vom 17. September 1973 versagte die Ausländerbehörde die erneute Verlängerung der Aufenthaltserlaubnis des Beschwerdeführers und führte zur Begründung aus, seine weitere Anwesenheit im Bundesgebiet beeinträchtige Belange der Bundesrepublik Deutschland, weil der Beschwerdeführer seine Ausbildung beendet habe, ein Fachhochschulstudium nicht mehr beabsichtige und sich hier niederlassen wolle und weil es dem Ziel und Zweck einer Aufenthaltserlaubnis für Praktikanten eines Entwicklungslandes zuwiderlaufe, wenn ein Ausländer nach Abschluß seiner Ausbildung für unbestimmte Zeit als Arbeitnehmer im Bundesgebiet tätig sein wolle. Das Verwaltungsgericht lehnte die Anordnung der aufschiebenden Wirkung des hiergegen eingelegten Widerspruchs ab, der Aufenthalt des Beschwerdeführers wurde aber in der Folgezeit weiter geduldet.

Die Verpflichtungsklage, mit der der Beschwerdeführer eine Verlängerung seiner Aufenthaltserlaubnis zu erreichen suchte, blieb ohne Erfolg. Im Berufungsurteil führt der Verwaltungsgerichtshof aus:

Belange der Bundesrepublik Deutschland würden jedenfalls insoweit beeinträchtigt, als die Ausländerbehörde ihre Entscheidung auf die Grundsätze der Ausländerpolitik gestützt habe. Diese seien zwar nicht auf die Ausländer anzuwenden, die sich im Juli 1966 bereits mit einer zur Ausübung einer Erwerbstätigkeit berechtigenden Aufenthaltserlaubnis im Bundesgebiet aufgehalten hätten. Das sei bei dem Beschwerdeführer aber nicht der Fall; denn für den entscheidenden Zeitraum sei ihm die Aufenthaltserlaubnis entsprechend seinem Antrag zum Zweck des Studiums erteilt worden. Aus der Tatsache, daß die Aufenthaltserlaubnis von Oktober 1966 bis 1973 trotz Kenntnis der Ausländerbehörde von der abgeschlossenen Ausbildung des Beschwerdeführers mehrfach verlängert worden sei und sein Aufenthalt seit Jahren bereits ausschließlich seiner beruflichen Beschäftigung diene, könne nicht geschlossen werden, daß die Ausländerbehörde den Grundsatz der Nichtbeschäftigung von Staatsangehörigen aus außereuropäischen Staaten bei dem Beschwerdeführer allgemein nicht hätte anwenden wollen. Dieser habe auch nicht darauf vertrauen dürfen, daß die Behörde bei ihm auf die Anwendung verzichtet hätte. Schließlich liege seine Beschäftigung bei seinem Arbeitgeber nicht aus unabweisbaren technischen oder wirtschaftlichen Gründen im allgemeinen deutschen Interesse, und er sei auch nicht eine sonstige ausgebildete Fachkraft, für deren Beschäftigung ein überbetriebliches Bedürfnis bestehe. Sein Ausscheiden aus dem Unternehmen könne zwar zu Schwierigkeiten führen und einen wirtschaftlichen Nachteil für das Unternehmen bedeuten; der Beschwerdeführer sei aber nicht unentbehrlich und unersetzbar und sein Arbeitgeber nicht auf Gedeih und Verderb von seiner Weiterbeschäftigung abhängig ...

Die Verfassungsbeschwerde ist zulässig und begründet. – Einem Ausländer in der Bundesrepublik Deutschland steht das Grundrecht aus Art. 2 Abs. 1 GG auf die freie Entfaltung der Persönlichkeit zu (BVerfGE 35, 382 [399]). Der daraus folgende Schutz ist jedoch nur in dem durch Art. 2 Abs. 1 GG gezogenen Rahmen, besonders nur in den Schranken der verfassungsmäßigen Ordnung gewährleistet; dazu gehört jede Rechtsnorm, die formell und materiell mit der Verfassung in Einklang steht (BVerfGE 6, 32 [37f.]; siehe auch BVerfGE 10, 89 [99] und 21, 54 [59]). Der Gesetzgeber ist danach grundsätzlich zu Regelungen über den Aufenthalt von Ausländern und die Verlängerung einer befristeten Aufenthaltserlaubnis befugt.

Bei solchen Regelungen hat der Gesetzgeber das Rechtsstaatsprinzip zu beachten (BVerfGE 35, 382 [400] m.w.N.). Dieses Prinzip verlangt zunächst, daß die Voraussetzungen für die Verlängerung einer Aufenthaltserlaubnis hinreichend bestimmt geregelt sind. Das Verfahren, in dem über die Verlängerung der Aufenthaltserlaubnis entschieden wird, muß rechtsstaatlichen Anforderungen genügen. Diesen Erfordernissen werden § 2 Abs. 1 Satz 2 und § 7 Abs. 2 Satz 2 AuslG, soweit sie die Verlängerung einer Aufenthaltserlaubnis von der Auslegung und Anwendung des unbestimmten Rechtsbegriffs »Belange der Bundesrepublik Deutschland« abhängig machen, noch gerecht.

Das rechtsstaatliche Gebot hinreichender Bestimmtheit der Gesetze zwingt den Gesetzgeber nicht, Gesetzestatbestände stets mit genau erfaßbaren Maßstäben zu umschreiben. Generalklauseln und unbestimmte, der Ausfüllung bedürftige Begriffe sind schon deshalb grundsätzlich zulässig, weil sich die Vielfalt der Verwaltungsaufgaben nicht immer in klar umrissene Begriffe einfangen läßt (BVerfGE 8, 274 [326]). Der Gesetzgeber ist aber gehalten, seine Regelungen so bestimmt zu fassen, wie dies nach der Eigenart der zu ordnenden Lebenssachverhalte und mit Rücksicht auf den Normzweck möglich ist. Der Grad rechtsstaatlich gebotener Bestimmtheit läßt sich dabei nicht allgemein festlegen: Er ist bei Straftatbeständen (vgl. Art. 103 Abs. 2 GG) oder bei der Bestimmung des gesetzlichen Richters (vgl. Art. 101 Abs. 1 GG) höher als etwa bei solchen Verwaltungsgesetzen, die im Blick auf die Eigenart der geregelten Materie Raum für die Berücksichtigung zahlreicher im voraus nicht normierbarer Gesichtspunkte durch die Behörden lassen müssen. Wesentlich ist in jedem Falle die Bereitstellung eines rechtsstaatlichen Verfahrens, im besonderen der Rechtsschutz durch die Gerichte; Verfahren und gerichtliche Kontrolle erscheinen geeignet, mögliche Nachteile der Unbestimmtheit der gesetzlichen Regelung bis zu einem gewissen Grade auszugleichen (vgl. BVerfGE 33, 303 [341]).

Dieser Zusammenhang tritt bei Regelungen des Aufenthalts von Ausländern im Bundesgebiet durch das Ausländerrecht besonders hervor. Der Aufenthalt von Ausländern kann in mancher Hinsicht Interessen der Bundesrepublik Deutschland berühren. Ihr Aufenthalt im Inland beeinflußt zwangsläufig das Wirtschafts- und Sozialgefüge der Bundesrepublik Deutschland und stellt staatliche und andere Stellen in wichtigen Bereichen (Versorgung, Ausbildung, Arbeitsmarkt, öffentliche Sicherheit und Ordnung u.a.) vor bisweilen nur schwer zu lösende Aufgaben. Daher gibt es auch Gründe gegen einen längeren Aufenthalt von Ausländern. Einen nur annähernd geschlossenen gesetzlichen Katalog solcher Gründe aufzustellen, wäre schwierig und wohl kaum ohne neue auslegungsbedürftige unbestimmte Rechtsbegriffe zu erreichen; dies würde sich auch nicht unterschiedslos nur zugunsten der Ausländer auswirken. Notwendige und teilweise unabwendbare Veränderungen der Wirtschaftslage, der Ziele und Maßnahmen der Entwicklungshilfe und der außenpolitischen Beziehungen erfordern zudem ein flexibles Handeln der Ausländerbehörden. Letztlich sind die Belange der Bundesrepublik Deutschland, die einer Aufenthaltserlaubnis entgegenstehen können, ebensowenig abschließend zu umschreiben wie die Sachverhalte, die ein Einschreiten der Polizei aus Gründen der öffentlichen Sicherheit und Ordnung rechtfertigen.

Bei dieser Sachlage ist der Begriff der »Belange der Bundesrepublik Deutschland« als hinreichend bestimmt anzusehen, wenn der systematische Zusammenhang der Vorschriften des Ausländergesetzes über Einreise, Aufenthalt und Ausweisung beachtet wird. Wie diesem zu entnehmen ist, sind die Belange der Bundesrepublik Deutschland jedenfalls dann beeinträchtigt, wenn die Voraussetzungen der Nummer 1–10 des § 10 Abs. 1 AuslG erfüllt sind (so auch AuslVwV Nr. 4 Satz 2 zu § 2). Zudem ermöglichen Sinn und Zweck des § 2 Abs. 1 Satz 2 AuslG als zulässige weitere Auslegungskriterien (vgl. BVerfGE 35, 263 [278 f.]) eine zusätzliche Begrenzung der »Belange«. Wenn schließlich bei der Auslegung des Begriffs der »Belange« auch Sinn und Zweck der Aufenthaltsregelung für Ausländer und die bindende Wirkung vorrangigen Völker- und Verfassungsrechts beachtet und durch norminterpretierende Verwaltungsrichtlinien für eine möglichst einheitliche Bestimmung und Anwendung von für den Aufenthalt von Ausländern maßgeblichen politischen, wirtschaftlichen und sozialen Grundsätzen Sorge getragen wird, so ist der unbestimmte Rechtsbegriff der »Belange« mit dem rechtsstaatlichen Bestimmtheitsgebot noch zu vereinbaren.

Von wesentlicher Bedeutung ist daneben die verfahrensrechtliche Bindung der Behörden und der Rechtsschutz durch die Gerichte. Dabei ist zu berücksichtigen, daß die Verwaltungsgerichte nicht an norminterpretierende Verwaltungsrichtlinien gebunden sind, sondern im Einzelfall unabhängig davon voll zu überprüfen haben, ob die Ausländerbehörden zu Unrecht, vor allem unter Außerachtlassung der Ausstrahlungswirkung der Grundrechte angenommen haben, Belange der Bundesrepublik Deutschland seien durch den Aufenthalt eines Ausländers beeinträchtigt.

Die gleichen Erwägungen gelten für das den Behörden in § 2 Abs. 1 Satz 2 und § 7 Abs. 2 Satz 2 AuslG eingeräumte Ermessen. Obwohl § 2 Abs. 1 Satz 2 AuslG auch bei Nichtbeeinträchtigung von Belangen der Bundesrepublik Deutschland die Erteilung einer Aufenthaltserlaubnis in das Ermessen der Ausländerbehörde stellt und dem Ausländer einen Rechtsanspruch auf eine Aufenthaltserlaubnis nicht allgemein einräumt, genügt diese Vorschrift auch insoweit noch rechtsstaatlichen Erfordernissen.

Das Grundgesetz verbürgt in Art. 16 Abs. 2 Satz 2 nur politisch verfolgten Ausländern einen Rechtsanspruch auf Aufenthaltsgewährung. Außerdem sind die Ausländerbehörden trotz des ihnen gesetzlich eingeräumten Ermessens in ihrer Entscheidung nicht frei, sondern haben im Rechtsstaat immer nach *pflichtgemäßem* Ermessen zu handeln (BVerfGE 14, 105 [114]), vor allem die zwingenden Gebote des Rechtsstaates, insbesondere den Gleichheitssatz zu beachten (BVerfGE 9, 137 [147]; 18, 353 [363]) sowie den Grundsätzen der Verhältnismäßigkeit (BVerfGE 35, 382 [400 f.]) und des Vertrauensschutzes Rechnung zu tragen; dabei ist davon auszugehen, daß der Ermessensspielraum bei der Verlängerung einer Aufenthaltserlaubnis nach § 7 Abs. 2 Satz 2 AuslG grundsätzlich enger ist als bei der erstmaligen Erteilung. Schließlich wird in der Praxis der Ausländerbehörden und in der Rechtsprechung der Verwaltungsgerichte bei bestimmten Fallgestaltungen ein Anspruch des Ausländers auf eine Aufenthaltserlaubnis anerkannt. So haben Ausländer, die mit Deutschen verheiratet sind, praktisch ein Bleiberecht, weil bei ihnen grundsätzlich Belange der Bundesrepublik Deutschland gegenüber dem Schutz von Ehe und Familie nach Art. 6 Abs. 1 GG zurückzutreten haben (AuslVwV Nr. 4a zu § 2). Bei einer Ausländerin, die im Bundesgebiet ihre Enkel wegen der Berufstätigkeit der Eltern beaufsichtigen und versorgen soll, können, wie das Bundesverwaltungsgericht entschieden hat, dem Aufenthalt im Bundesgebiet einwanderungspolitische Gesichtspunkte nicht entgegengehalten werden (BVerwG, *Buchholz* 402.24 § 2 AuslG Nr. 4).

Der Verwaltungsgerichtshof hat die Auswirkungen des Rechtsstaatsprinzips auf die Entscheidung über die Verlängerung der Aufenthaltserlaubnis eines Ausländers nach mehrjährigem rechtmäßigem und beanstandungsfreiem Aufenthalt im Bundesgebiet nicht hinreichend gewürdigt. Sein Urteil verletzt das Grundrecht des Beschwerdeführers aus Art. 2 Abs. 1 GG in Verbindung mit dem Rechtsstaatsprinzip.

Die Verfassungsbeschwerde richtet sich gegen Gerichtsentscheidungen, die auf der Anwendung gesetzlicher Vorschriften des öffentlichen Rechts beruhen und sich auf den Grundrechtsbereich auswirken. Das Bundesverfassungsgericht hat die Auslegung und Anwendung des einfachen Rechts als solche nicht nachzuprüfen; ihm obliegt es lediglich, die Beachtung der grundrechtlichen Normen und Maßstäbe durch die Fachgerichte sicherzustellen (BVerfGE 42, 143 [148] m. w. N.).

Der Verwaltungsgerichtshof hat nicht hinreichend beachtet, daß bei einer Entscheidung über die Verlängerung einer Aufenthaltserlaubnis nach § 2 Abs. 1 und § 7 Abs. 2 Satz 2 AuslG die Tatsache eines mehrjährigen rechtmäßigen und beanstandungsfreien Aufenthalts grundsätzlich zu berücksichtigen ist, und zwar sowohl bei der Auslegung des Begriffs der »Belange der Bundesrepublik Deutschland« als auch bei der Ausübung des der Ausländerbehörde eingeräumten Ermessens.

Der im Rechtsstaatsprinzip verfassungskräftig verankerte Grundsatz des Vertrauensschutzes gilt auch für Ausländer. Der Aufenthalt von Ausländern im Bundesgebiet kann grundsätzlich zeitlich begrenzt werden. Hat ein Ausländer gemäß § 7 Abs. 2 Satz 1 AuslG eine befristete Aufenthaltserlaubnis erhalten, die für einen bestimmten Zweck, beispielsweise ein Studium oder eine Berufsausbildung, mit Auflagen oder Bedingungen versehen ist (§ 7 Abs. 2 AuslG; AuslVwV Nr. 12–15 zu § 7), und wird eine Verlängerung nach Ablauf der Frist abgelehnt, so bestehen hiergegen unter dem Gesichtspunkt des Vertrauensschutzes in der Regel keine Bedenken. Etwas anderes hat aber dann zu gelten, wenn durch die besonderen Umstände des Falles ein Vertrauenstatbestand geschaffen worden ist, aufgrund dessen der Ausländer erwarten kann, daß ihm ein weiteres Verbleiben in der Bundesrepublik erlaubt werde. Das Entstehen eines solchen Tatbestandes wird dadurch begünstigt, daß das Gesetz der Ausländerbehörde nicht nur die wiederholte Verlängerung einer Aufenthaltserlaubnis ermöglicht (§ 7 Abs. 2 AuslG), sondern sogar vorsieht, daß Ausländern, die sich seit mindestens fünf Jahren rechtmäßig im Geltungsbereich dieses Gesetzes aufhalten und sich in das wirtschaftliche und soziale Leben in der Bundesrepublik Deutschland eingefügt haben, die Erlaubnis zum Aufenthalt als Aufenthaltsberechtigung erteilt werden kann (§ 8 Abs. 1 AuslG). Die – nichtveröffentlichten – »Grundsätze der Ausländerpolitik«, die einem Aufenthalt von Angehörigen außereuropäischer Staaten zur Ausübung einer Beschäftigung im Bundesgebiet entgegenstehen, enthalten nur eine Sollbestimmung und schließen deshalb ebenfalls das Entstehen eines Vertrauenstatbestandes nicht aus. Wird hiernach eine Aufenthaltserlaubnis wiederholt auf schriftlichen oder mündlichen Antrag (AuslVwV Nr. 29 und 41 zu § 21) »routinemäßig« und ohne Einschränkungen verlängert, dann kann unter dem Gesichtspunkt des Vertrauensschutzes das Ermessen der

Ausländerbehörde so stark eingeschränkt sein, daß der Antrag auf Verlängerung der Aufenthaltserlaubnis nicht ohne gewichtige Gründe abgelehnt werden kann. Bei der bisher üblichen Befristung der Aufenthaltserlaubnis auf ein Jahr muß, wenn sie mehrfach wiederholt und ohne besondere Begründung oder Hinweise erfolgt, die Möglichkeit ins Auge gefaßt werden, daß der betroffene Ausländer sich darauf einstellt, die Aufenthaltserlaubnis werde auch künftig ohne weiteres verlängert werden, wenn er sich beanstandungsfrei verhält und ein Interesse des Arbeitgebers an seiner Weiterbeschäftigung besteht. Für die Ablehnung des Verlängerungsantrages genügt dann nicht mehr die allgemeine Begründung, die Bundesrepublik sei kein Einwanderungsland und Grundsätze der Entwicklungshilfepolitik stünden einem weiteren Verbleib des Ausländers im Bundesgebiet entgegen. Die Verfestigung der Aufenthaltsberechtigung der Ausländer durch die Neufassung der AuslVwV Nr. 4 zu § 7 entspricht diesem Rechtsgedanken.

Der Verwaltungsgerichtshof hat zwar Gesichtspunkte des Vertrauensschutzes nicht gänzlich außer acht gelassen. Nach seiner Auffassung greifen sie aber nicht durch, weil der Beschwerdeführer nicht zu den Personen gehöre, die bereits im Juli 1966 eine Aufenthaltserlaubnis zum Zwecke einer Erwerbstätigkeit besessen hätten; er habe trotz der ihm später erteilten Verlängerungen nicht darauf vertrauen können, der Grundsatz der Nichtbeschäftigung von Außereuropäern werde auch in Zukunft nicht bei ihm angewendet werden. Damit wird der Verwaltungsgerichtshof jedoch den dargelegten verfassungsrechtlichen Anforderungen nicht gerecht. Bis zur Ablehnung seiner Aufenthaltserlaubnis hatte sich der Beschwerdeführer über zwölf Jahre rechtmäßig im Bundesgebiet aufgehalten. Sein Aufenthalt war bis zum Abschluß der Technikerschule im Frühjahr 1966 zwar erkennbar seiner beruflichen Ausbildung gewidmet und von ihm selbst in seinen Aufenthaltsanzeigen zeitlich begrenzt. Die daran anschließenden beruflichen Tätigkeiten als Konstrukteur und Vorkalkulator konnten seiner Eingewöhnung in den Arbeitsprozeß dienen; seinen Angaben über Aufenthaltsdauer und -zweck vom 22. Oktober 1964 und 31. Mai 1966 konnte noch entnommen werden, er werde seinen Aufenthalt für seine Ausbildung nutzen und zeitlich beschränken. Spätestens seit dem Antrag vom 17. April 1967 war aber seine Absicht, auf »unbestimmte Zeit« im Bundesgebiet zu leben und als Konstrukteur zu arbeiten, erkennbar. Der von ihm damals noch angegebene Zweck seines Aufenthalts – »Arbeitsausbildung« – ließ, nachdem der Beschwerdeführer in den folgenden Jahren ausweislich der den Ausländerbehörden vorliegenden Arbeitserlaubnisse ununterbrochen bei demselben Unternehmen als Konstrukteur beschäftigt war, keineswegs den Schluß zu, es handele sich noch um eine berufliche Ausbildung; vielmehr war den Erklärungen und dem Verhalten des Beschwerdeführers zu entnehmen, daß er auf unbestimmte Dauer im Bundesgebiet als Arbeitnehmer tätig bleiben wolle. Die danach auf formlose Anträge des Arbeitgebers des Beschwerdeführers hin erteilten Aufenthaltserlaubnisse waren zwar jeweils auf ein Jahr befristet. Da die Ausländerbehörden es jedoch zugelassen hatten, daß der Beschwerdeführer nach Abschluß seiner Praktikantentätigkeit und seiner Ausbildung sowie einer kurzen praktischen Eingewöhnungszeit entsprechend seinem erklärten Willen eine auf unbestimmte Dauer angelegte Erwerbstätigkeit begann und nach den Feststellungen des Verwaltungsgerichtshofs nahezu sieben Jahre ausgeübt hat, war es ihnen verwehrt, den Aufenthalt des Beschwerdeführers unter Berufung auf entwicklungshilfe- und einwanderungspolitische Gesichtspunkte ohne ausreichende Rücksicht auf dessen inzwischen fortgeschrittene wirtschaftliche und soziale Integration ohne weiteres zu beenden. Ausmaß und Intensität dieser Integration, die in der Regel mit einer fortschreitenden Entfremdung vom Herkunftsland verbunden ist, wurden mit beeinflußt durch die etwa fünfjährige Ausbildungszeit; deshalb mußte auch der rechtmäßige und beanstandungsfreie Aufenthalt des Beschwerdeführers bis 1966 in die Prüfung einbezogen werden.

Wäre die Aufenthaltserlaubnis von vornherein oder einige Zeit vor Abschluß der Ausbildung mit dem ausdrücklichen Hinweis versehen worden, sie werde über die Zeit der Ausbildung und einer anschließenden begrenzten Praxis hinaus nicht verlängert, hätte der Beschwerdeführer mit einer Verlängerung nicht rechnen und sich auf seine Integration nicht berufen können ...

Nr. 70 BVerwG 27. 9. 1978 (1 C 48.77) BVerwGE 56, 254

Der Kläger, ein griechischer Staatsangehöriger, kam Anfang des Jahres 1962 mit einer Legitimationskarte in die Bundesrepublik Deutschland, um hier einer Erwerbstätigkeit nachzugehen. Die ihm erteilten Aufenthaltserlaubnisse gestatteten ihm jeweils nur eine unselbständige Erwerbstätigkeit. Er war zunächst als Schreiner und seit etwa 1970 in einer Pelzhandlung tätig. Mitte des Jahres 1975 wurde er arbeitslos.

Sein Antrag, ihm eine Aufenthaltserlaubnis zum Betrieb einer Lohnnäherei im Kürschnerhandwerk zu erteilen, wurde abgelehnt.

Die daraufhin erhobene Klage mit dem Antrag, den Beklagten zu verpflichten, dem Kläger eine selbständige Tätigkeit im Rahmen eines Kürschnerhandwerks zu erlauben, wies das Verwaltungsgericht ab. Auf die Berufung des Klägers hob der Hessische Verwaltungsgerichtshof das Urteil des Verwaltungsgerichts auf und erkannte nach dem Klagantrag.

Auf die Revision der Beklagten verpflichtete das Bundesverwaltungsgericht den Beklagten unter Abweisung der Klage im übrigen zur Neubescheidung des Klägers ...

Für das Begehren des Klägers sind nach dem Ausländergesetz die Vorschriften des § 2 Abs. 1 Satz 2 und des § 7 Abs. 3 maßgebend.

Gemäß § 2 Abs. 1 Satz 2 AuslG darf die Aufenthaltserlaubnis erteilt werden, wenn die Anwesenheit des Ausländers Belange der Bundesrepublik Deutschland nicht beeinträchtigt. Die Erlaubnis ist danach zu versagen, wenn solche Belange beeinträchtigt werden. Sind dagegen die genannten Voraussetzungen erfüllt, entscheidet die Ausländerbehörde nach pflichtgemäßem Ermessen.

Der Senat hat die Vereinbarkeit dieser Regelung mit höherrangigem Recht in ständiger Rechtsprechung bejaht. Daran hält er fest.

Die Regelung verstößt nicht mangels hinreichender Bestimmtheit gegen das Rechtsstaatsprinzip (Art. 20 Abs. 3, 28 Abs. 1 GG). Die Verwendung unbestimmter Rechtsbegriffe ist nicht ohne weiteres rechtsstaatswidrig. Solche Begriffe sind im Verwaltungsrecht oft unentbehrlich. Ihnen müssen jedoch objektive Kriterien abzugewinnen sein, die eine willkürliche Handhabung ausschließen (BVerfGE 21, 73 [80]). Dem entspricht § 2 Abs. 1 Satz 2 AuslG.

Der Begriff der Belange der Bundesrepublik Deutschland ist weit zu verstehen. Er umfaßt mehr als die öffentliche Sicherheit und Ordnung (BVerwGE 42, 148 [154]). Eine wesentlich präzisere Umschreibung des die Erteilung einer Aufenthaltserlaubnis ausschließenden Tatbestandes ist jedoch angesichts der vielfältigen öffentlichen Belange, die durch den Aufenthalt eines Ausländers berührt werden können und deren Wahrung bei ausländerrechtlichen Entscheidungen Aufgabe der Ausländerbehörden sein muß, kaum möglich, zumal diese Belange, insbesondere im Zusammenhang mit etwaigen Änderungen der Wirtschaftslage, einem raschen und unvorhersehbaren Wandel unterworfen sein können. Unter solchen Umständen läßt sich auf allgemeine Formeln nicht verzichten (BVerfGE 8, 274 [311, 326]). Die Anforderungen an die Bestimmtheit der Norm dürfen dann nicht zu hoch angesetzt werden. Sie müssen der zu regelnden Materie angemessen sein (BVerfGE 18, 353 [363]; Urteil vom 2. Juli 1969 – BVerwG 4 C 68.67 – [*Buchholz*, 11 Art. 20 GG Nr. 6]).

Trotz seiner Weite läßt sich der Begriff der Belange der Bundesrepublik Deutschland noch hinreichend konkretisieren. Wie bei jeder Auslegung sind Sinn und Zweck der gesetzlichen Vorschrift zu beachten. Wegen des Vorrangs des Verfassungsrechts dürfen die unbestimmten Rechtsbegriffe des § 2 Abs. 1 Satz 2 AuslG nicht so ausgelegt und angewendet werden, daß sie eine mit dem Grundgesetz nicht zu vereinbarende Weite erhalten. Das Rechtsstaatsprinzip und die sich aus ihm herleitenden Grundsätze der Verhältnismäßigkeit und des Vertrauensschutzes sind zu wahren, desgleichen die Grundrechte und die in ihnen zum Ausdruck kommende Wertordnung. Sie stellen ebenfalls Belange der Bundesrepublik Deutschland dar. Die Erteilung einer Aufenthaltserlaubnis ist nicht ohne weiteres ausgeschlossen, wenn die Anwesenheit des Ausländers zwar bestimmte Belange der Bundesrepublik Deutschland beeinträchtigt, zugleich aber andere, möglicherweise gewichtigere öffentliche Belange für den Aufenthalt des Ausländers sprechen. In solchen Fällen muß schon bei der Anwendung der unbestimmten Rechtsbegriffe des § 2 Abs. 1 Satz 2 AuslG eine Güter- und Interessenabwägung stattfinden. Eine weitere Konkretisierung ergibt sich aus einem nach dem Gesetzeszusammenhang gebotenen Rückgriff auf die Maßstäbe des die Ausweisung regelnden § 10 Abs. 1 AuslG. Die mit dem Aufenthalt des Ausländers verbundene Beeinträchtigung von Belangen der Bundesrepublik Deutschland muß ferner von beachtlichem Gewicht sein. Durch die Rechtsvoraussetzungen des § 2 Abs. 1 Satz 2 AuslG werden nämlich die Fälle ausgesondert, in denen eine Aufenthaltserlaubnis von vornherein nicht in Betracht kommt. Im übrigen soll der Behörde ein grundsätzlich weites Ermessen eröffnet sein (BT Drucks. IV/868, S. 12; BVerwGE 42, 148 [156]), das eine angemessene Abwägung der öffentlichen Interessen mit denen des Ausländers erfordert. Demgemäß kann nicht etwa jede nur entfernte Gefährdung eines noch so geringen öffentlichen Belangs die Aufenthaltserlaubnis ausschließen. Anderenfalls liefe die Ermessensbeeinträchtigung des § 2 Abs. 1 Satz 2 AuslG weitgehend leer.

Auch diese Ermessensermächtigung widerspricht nicht höherrangigem Recht (BVerwGE 3, 235 [236]; Beschluß vom 16. Dezember 1970 – BVerwG 1 B 70.70 – [*Buchholz*, 402.24 § 2 AuslG Nr. 1]). Art. 2 Abs. 1 GG ist zwar bei der Regelung des Aufenthaltsrechts zu beachten (BVerfGE 35, 382 [399]), gewährleistet aber nach der Rechtsprechung des Senats Ausländern grundsätzlich keinen Rechtsanspruch auf Aufenthalt im Geltungsbereich des Ausländergesetzes und verpflichtet den Gesetzgeber nicht, einen solchen Anspruch einzuräumen. Das Grundgesetz garantiert nur Deutschen das Recht der Freizügigkeit im Bundesgebiet (Art. 11 Abs. 1 GG). Ausländern gewährt es einen Anspruch auf Aufenthalt nur, wenn sie politisch Verfolgte sind (Art. 16 Abs. 2 Satz 2 GG). Aus den allgemeinen Regeln des Völkerrechts (Art. 25 GG) ergibt sich nichts Abweichendes. § 2 Abs. 1 Satz 2 AuslG ist Teil der verfassungsmäßigen Ordnung im Sinne des Art. 2 Abs. 1 GG.

Es verletzt nicht das Rechtsstaatsprinzip, vor allem nicht den Grundsatz der Verhältnismäßigkeit, daß die Behörde über den Aufenthalt eines Ausländers nach ihrem

Ermessen entscheidet, wenn seine Anwesenheit Belange der Bundesrepublik Deutschland nicht beeinträchtigt. Wegen der weitreichenden Folgen, die mit der Anwesenheit von Ausländern vor allem auf wirtschaftlichen und sozialen Gebieten verbunden sein können, muß es der Ausländerbehörde möglich sein, öffentliche Interessen auch dann zur Geltung zu bringen, wenn dem Aufenthalt des Ausländers ein zwingender Versagungsgrund (noch) nicht entgegensteht. Der Zustrom von Ausländern kann einen erheblichen Umfang annehmen. Das verlangt – auch im Interesse einer angemessenen Zulassung von Ausländern zum Bundesgebiet – lenkende und gestaltende Einwirkungsmöglichkeiten schon vor der Schwelle einer im Einzelfall gegebenen Beeinträchtigung von Belangen der Bundesrepublik Deutschland. Der Senat hat dementsprechend anerkannt, daß die Ausländerbehörde im Rahmen ihres Ermessens auf zahlreiche wirtschaftliche, soziale und politische Gegebenheiten Bedacht zu nehmen hat (BVerwGE 38, 90 [91]). Ihre Aufgaben gehen über die bloßer Gefahrenabwehr im Sinne des Polizeirechts hinaus. Die Vielfalt der möglichen Interessenlagen entzieht sich sowohl einem generellen gesetzlichen Regelungsprinzip als auch einer kasuistischen Regelung, die an die Stelle der Ermessensabwägung im Einzelfall treten könnte, zumal die für die Entscheidung wesentlichen Umstände sich schnell ändern können. Andererseits ermöglicht es das Ermessen, den Umständen des Einzelfalles angemessen Rechnung zu tragen. Es ist derart begrenzt, daß eine willkürliche Handhabung ausgeschlossen und eine richterliche Kontrolle möglich ist (BVerfGE 38, 348 [369]). Danach liegt auch kein Verstoß gegen die Rechtsweggarantie des Art. 19 Abs. 4 GG vor. Soweit aus den in Art. 20 Abs. 1 bis 3 GG niedergelegten Prinzipien der Gewaltenteilung, der Demokratie und des Rechtsstaats herzuleiten ist, daß der Gesetzgeber die wesentlichen Entscheidungen selbst zu treffen hat (BVerfGE 45, 400 [417 ff.]; 47, 46 [78 f.]; BVerwGE 47, 194 [197 f.]; 47, 201 [203]), ist dem ebenfalls genügt.

Das Ermessen ist dem dargelegten Zweck der Ermächtigung entsprechend auszuüben. Von ihm ist aufgrund einer angemessenen Abwägung der öffentlichen Interessen mit den Interessen des Ausländers pflichtgemäß Gebrauch zu machen (BVerwGE 38, 90). Es unterliegt vor allem aufgrund vorrangigen Verfassungsrechts erheblichen Schranken. Zunächst ist es nur eröffnet, wenn die Anwesenheit des Ausländers Belange der Bundesrepublik Deutschland nicht beeinträchtigt. Es wird ebenfalls durch das Rechtsstaatsprinzip und den sich aus ihm herleitenden Rechtsgrundsätzen begrenzt, wie das Willkürverbot (BVerwGE 42, 148 [156]) und die Grundsätze der Verhältnismäßigkeit (Beschluß vom 15. Dezember 1977 – BVerwG 1 B 239.77) und des Vertrauensschutzes (Beschlüsse vom 10. Februar 1978 – BVerwG 1 B 13.78 – [*Buchholz,* a.a.O., § 2 AuslG Nr. 8], vom 9. März 1978 – BVerwG 1 B 38.78 – [*Buchholz,* a.a.O., § 2 AuslG Nr. 9]). Auch das Sozialstaatsprinzip (Art. 20 Abs. 1 GG) kann ihm Schranken setzen (BVerwGE 42, 148 [157]). Die Ermessensfreiheit ist ferner durch die Grundrechte und die in ihnen verkörperte Wertordnung eingeschränkt, wie z. B. durch den nach Art. 6 Abs. 1 GG gewährleisteten Schutz von Ehe und Familie (BVerwGE 36, 45 [48]; Beschluß vom 13. Juli 1977 – BVerwG 1 B 112.76 – [*Buchholz,* a.a.O., § 2 AuslG Nr. 6]). Diese Bindungen können im Einzelfall das Ermessen so reduzieren, daß die Aufenthaltserlaubnis erteilt werden muß. Das kann namentlich bei Entscheidungen über die Verlängerung der Aufenthaltserlaubnis (§ 7 Abs. 2 Satz 2 AuslG) gelten, bei denen die Dauer des Aufenthalts im Geltungsbereich des Ausländergesetzes und die Folgen dieses Aufenthalts für die Lebensverhältnisse des Ausländers zu berücksichtigen sind (Beschluß vom 29. Juni 1978 – BVerwG 1 B 163.78).

Nach § 7 Abs. 3 AuslG kann die Aufenthaltserlaubnis mit Bedingungen und Auflagen versehen werden. Auch die Gültigkeit dieser Vorschrift hat der Senat bejaht (BVerwGE 36, 45 [47]). § 7 Abs. 3 AuslG verstößt ebensowenig wie § 2 Abs. 1 Satz 2 AuslG gegen Verfassungsrecht. Für § 7 Abs. 4 AuslG, nach dem die Aufenthaltserlaubnis nachträglich mit Nebenbestimmungen versehen werden darf, hat der Senat die erforderliche Bestimmtheit aus der Stellung der Vorschrift im Gesetz und dem Zusammenhang mit anderen Bestimmungen des Ausländergesetzes hergeleitet (BVerwGE 49, 36 [43]). Für § 7 Abs. 3 AuslG kann nichts anderes gelten. Der Zweck dieser Ermessensermächtigung wird wesentlich durch die Regelung des § 2 Abs. 1 AuslG bestimmt. Hat eine Behörde über einen begünstigenden Verwaltungsakt nach pflichtgemäßem Ermessen zu entscheiden, so ist sie grundsätzlich befugt, den Verwaltungsakt mit Nebenbestimmungen zu versehen (vgl. § 36 VwVfG). Diese müssen ihre Rechtfertigung in dem Zweck des Gesetzes und der vom Gesetzgeber gewollten Ordnung der Materie finden (BVerwGE 51, 164 [166]). Sie müssen sachgerecht sein und dürfen nicht im Widerspruch zum Zweck des Verwaltungsakts stehen (BVerwGE 36, 145 [147]; 55, 135 [140]). Danach können aufgrund des § 7 Abs. 3 AuslG der Aufenthaltserlaubnis Bedingungen und Auflagen zu solchen Zwecken beigefügt werden, die aufenthaltsrechtlich erheblich sind und daher auch im Rahmen des § 2 Abs. 1 Satz 2 AuslG verfolgt werden dürfen. Durch die Nebenbestimmungen können der Erlaubniserteilung entgegenstehende Hindernisse beseitigt werden. Durch sie darf die Aufenthaltserlaubnis dem Zweck, für den der Aufenthalt gestattet wird, angepaßt werden, um seine Verwirklichung und Einhaltung zu sichern. Das Ermessen wird dabei von den für die Ermächtigung des § 2 Abs. 1 Satz 2 AuslG geltenden Schranken begrenzt.

Aufgrund des nach § 2 Abs. 1 Satz 2 AuslG in Verbindung mit § 7 Abs. 3 AuslG eröffneten Ermessens ist danach die Ausländerbehörde grundsätzlich befugt, durch Nebenbestimmungen zur Aufenthaltserlaubnis zu regeln, ob und inwieweit der Ausländer im Geltungsbereich des Ausländergesetzes ein Gewerbe betreiben darf (BVerwGE 36, 45 [47]; Urteile vom 18. Dezember 1969 – BVerwG 1 C 33.69 und BVerwG 1 C 43.69 – [*Buchholz,* 402.24 § 7 AuslG Nr. 1]; Beschluß vom 16. Dezember 1970 – BVerwG 1 B 70.70 – [a.a.O.]). Das entspricht dem Gesetzeszweck (BT Drucks. IV/868, S. 13). Zweck und Dauer des Aufenthalts sind für die Entscheidung über die Erteilung der Aufenthaltserlaubnis von wesentlicher Bedeutung. Dann ist es sachgerecht, die Aufenthaltserlaubnis durch Nebenbestimmungen dem zugelassenen Aufenthaltszweck entsprechend auszugestalten. Die allgemeinen Regeln des Völkerrechts (Art. 25 GG) stehen einer Nebenbestimmung dahin, daß der Ausländer zur Ausübung eines Gewerbes nicht befugt ist, nicht entgegen (*Dahm,* Völkerrecht I, 1958, S. 508; *Berber,* Lehrbuch des Völkerrechts I, 2. Aufl. 1975, S. 408). Eine solche Beschränkung der Erlaubnis verletzt auch regelmäßig nicht die Grundrechte der Art. 1 Abs. 1 und 2 Abs. 1 GG. Das Grundrecht des Art. 12 Abs. 1 GG ist Deutschen vorbehalten. Das Sozialstaatsprinzip gebietet – unbeschadet seiner ermessenssteuernden Wirkung – nicht, Ausländern einen Anspruch auf Ausübung eines Gewerbes im Bundesgebiet einzuräumen. Die Vorschrift des § 1 Abs. 1 der Gewerbeordnung, nach der grundsätzlich Gewerbefreiheit herrscht, steht ebenfalls nicht entgegen. Sie hat keinen Vorrang gegenüber den speziellen aufenthaltsrechtlichen Regelungen des § 2 Abs. 1 Satz 2 in Verbindung mit § 7 Abs. 3 AuslG (BVerwGE 36, 45 [48]; Beschluß vom 16. Dezember 1970 – BVerwG 1 B 70.70 – [a.a.O.]).

Bei griechischen Staatsangehörigen muß neben den Vorschriften des Ausländergesetzes der Niederlassungs- und Schiffahrtsvertrag zwischen der Bundesrepublik Deutschland und dem Königreich Griechenland (NV) (nebst Protokoll) beachtet werden. Dieser Vertrag bleibt vom Ausländergesetz unberührt (§ 55 Abs. 3 AuslG), soweit nicht dieses Gesetz günstigere Regelungen enthält und deswegen Vorrang hat (Art. 26 NV). Er schließt die oben dargelegte Ermessensfreiheit der Ausländerbehörden nicht aus, schränkt sie aber weiter ein.

Das Ermessen wird nicht durch Art. 7 NV ausgeschlossen. Gemäß Abs. 1 Satz 1 dieses Artikels wird – nach Maßgabe der folgenden Vorschriften – den Staatsangehörigen der Vertragsstaaten im Gebiet des jeweils anderen Vertragsstaates Inländerbehandlung (vgl. Art. 25 NV) hinsichtlich der Zulassung zu wirtschaftlichen und beruflichen Tätigkeiten jeder Art und der Ausübung solcher Tätigkeiten gewährt. Daraus folgt nicht, daß der Aufenthaltserlaubnis eines griechischen Staatsangehörigen eine Auflage der erwähnten Art nicht beigefügt werden dürfte. Das in Art. 7 NV eingeräumte Recht auf Inländerbehandlung hat zur Voraussetzung, daß sich der griechische Staatsangehörige zu der von ihm beabsichtigten wirtschaftlichen oder beruflichen Tätigkeit im Geltungsbereich des Ausländergesetzes aufhalten darf. Diese Frage aber beurteilt sich nach den aufenthaltsrechtlichen Bestimmungen des Art. 1 NV. Das hat der Senat bereits in seinen Urteilen vom 18. Dezember 1969 – BVerwG 1 C 33.69 und BVerwG 1 C 43.69 – (a.a.O.) entschieden. Es besteht kein Anlaß, davon abzuweichen. Die dargelegte Ansicht entspricht der im Vertrag enthaltenen Trennung zwischen aufenthaltsrechtlichen sowie gewerbe- und berufsrechtlichen Vereinbarungen, ohne daß den gewerbe- und berufsrechtlichen Vereinbarungen Vorrang zukäme.

Der für die Beurteilung der aufenthaltsrechtlichen Frage maßgebende Art. 1 NV lautet:

»1. Jeder Vertragsstaat verpflichtet sich, den Staatsangehörigen des anderen Vertragsstaates die Einreise in sein Gebiet und den Aufenthalt zu erleichtern.

2. Den Staatsangehörigen eines Vertragsstaates werden nach Maßgabe der geltenden Bestimmungen die Einreise, der vorübergehende und der längere oder dauernde Aufenthalt in dem Gebiet des anderen Vertragsstaates gestattet, sofern nicht Gründe der öffentlichen Ordnung, der Sicherheit, der Volksgesundheit oder der Sittlichkeit entgegenstehen«.

Nr. 1 des Protokolls zum Vertrag, das nach seinem Einführungssatz einen integrierenden Vertragsbestandteil bildet, bestimmt dazu ergänzend folgendes:

»Den Grundsätzen des Artikels 1 und des Artikels 2 Absatz 1 entsprechend werden die Anträge auf Erteilung, Erneuerung und Verlängerung der Aufenthaltserlaubnis wohlwollend geprüft. Dies gilt vorzugsweise für die Staatsangehörigen des einen Vertragsstaates, durch deren Anwesenheit die Betätigung von Unternehmen des einen Vertragsstaates im Gebiet des anderen Vertragsstaates oder die Zusammenarbeit auf kulturellem Gebiet gefördert wird«.

Auch diese Vertragsbestimmungen schließen das ausländerbehördliche Ermessen, durch Nebenbestimmungen zur Aufenthaltserlaubnis die gewerbliche Tätigkeit eines Ausländers zu regeln, nicht aus.

Der Senat kann offenlassen, ob die Negativschranke des § 2 Abs. 1 Satz 2 AuslG auf die in Art. 1 Abs. 2 NV aufgeführten Versagungsgründe eingeschränkt ist, griechischen Staatsangehörigen also die Aufenthaltserlaubnis nur dann wegen Beeinträchtigung von Belangen der Bundesrepublik versagt oder beschränkt werden muß, wenn dem Aufenthalt Gründe der öffentlichen Ordnung, Sicherheit, Volksgesundheit oder Sittlichkeit entgegenstehen. Liegt kein zwingender Grund vor, die Aufenthaltserlaubnis zu versagen oder zu beschränken, entscheidet die Ausländerbehörde über die Erteilung der Aufenthaltserlaubnis und die Beifügung von Bedingungen und Auflagen nach pflichtgemäßem Ermessen. Das entspricht auch der Auffassung des Oberbundesanwalts.

Aus den angeführten Vertragsbestimmungen ergibt sich nicht, daß griechische Staatsangehörige unter bestimmten Voraussetzungen einen Anspruch auf Erteilung einer Aufenthaltserlaubnis hätten. Gegen einen solchen Anspruch spricht bereits Art. 1 Abs. 1 NV, nach dem die Vertragsstaaten verpflichtet sind, Einreise und Aufenthalt lediglich zu »erleichtern«. Nach Art. 1 Abs. 2 NV wird griechischen Staatsangehörigen Einreise und Aufenthalt nur nach Maßgabe der geltenden Bestimmungen gestattet. Damit haben die Vertragsparteien, soweit der Vertrag nichts Abweichendes bestimmt, u. a. ihr jeweils geltendes nationales Aufenthaltsrecht vorbehalten und zugleich den Staatsangehörigen des Vertragspartners einen Anspruch – soweit dieser nicht ohnehin besteht – darauf eingeräumt, daß über einen Antrag auf Erteilung einer Aufenthaltserlaubnis nach diesem Recht entschieden wird, was aus dem bloßen Vorhandensein des nationalen Aufenthaltsrechts nicht ohne weiteres folgt. Der Vorbehalt gilt mangels anderweitiger Anhaltspunkte für das formelle und materielle Aufenthaltsrecht. Dem Vertrag ist nichts dafür zu entnehmen, daß ohne diesen Vorbehalt das formelle Aufenthaltsrecht für die Staatsangehörigen des jeweils anderen Vertragsstaates ganz oder teilweise abgeändert werden sollte. Die wirkliche Bedeutung des Vorbehalts liegt daher in seiner Bezugnahme auf das jeweilige materielle Aufenthaltsrecht der Vertragsstaaten. Anderenfalls wäre er praktisch weitgehend bedeutungslos. Nr. 1 des Protokolls bestätigt diese Auslegung. Danach sind Anträge auf Erteilung oder Verlängerung der Aufenthaltserlaubnis nach den »Grundsätzen« der Art. 1 und 2 Abs. 1 NV »wohlwollend« zu prüfen. Handelt es sich bei der Regelung des Art. 1 NV um »Grundsätze«, nach denen Erlaubnisanträge »wohlwollend« zu prüfen sind, so liegt es näher, daß für den Regelfall ein Anspruch auf eine Aufenthaltserlaubnis ausgeschlossen sein soll.

Demgegenüber läßt sich nicht mit Erfolg einwenden, nach dieser Auffassung sei die im letzten Halbsatz des Art. 1 Abs. 2 NV enthaltene Klausel überflüssig. Diese Klausel wird in bilateralen und multilateralen Niederlassungsverträgen häufig verwendet. Deswegen ist aus ihrer Aufnahme in den Vertrag nicht notwendig zu schließen, weitergehende Beschränkungen von Einreise und Aufenthalt als die in ihr aufgeführten seien von den Vertragsparteien nicht gewollt. Bei der Vertragsauslegung, die im übrigen nicht allein auf der Grundlage gerade des gegenwärtigen deutschen Ausländerrechts erfolgen kann, darf mithin nicht ohne weiteres darauf abgestellt werden, daß die Klausel überflüssig wäre, wenn ein anderer Vorbehalt im Vertrag entsprechend oder gar weitergehend wirkt. Abgesehen davon verbleibt der Klausel durchaus ein praktischer Sinn. Daran besteht kein Zweifel, wenn sie die zwingenden Versagungsgründe des § 2 Abs. 1 Satz 2 AuslG auf die in ihr angeführten reduziert. Darüber hinaus bestimmt sie die Grenzen, hinter die keinesfalls die Vertragsstaaten zurückzugehen brauchen, wenn sie durch gesetzliche Maßnahmen Einreise und Aufenthalt im Sinne des Art. 1 Abs. 1 NV »erleichtern«, was auch für die in Absatz 2 erwähnten Fälle des längeren und dauernden Aufenthalts geboten sein kann, wenn das innerstaatliche Aufenthaltsrecht, gemessen am Vertragszweck, zu weitgehende Beschränkungen enthält. Dem steht aber nicht entgegen, daß Anträge auf Erteilung von Aufenthaltserlaubnissen nur nach den jeweils gültigen Vorschriften der Vertragsstaaten zu bescheiden sind. Die Klausel verdeutlicht ferner, daß bei Vorliegen ihrer Voraussetzungen den Staatsangehörigen der Vertragsparteien aufgrund des Vertrages keine Ansprüche zustehen können.

Die Verwirklichung des Vertragszwecks ist bei dieser Auslegung nicht unmöglich. Der Vertrag muß so ausgelegt werden, daß der Vertragszweck in den Grenzen des im Vertrag zum Ausdruck kommenden Willens der Vertragschließenden wirksam werden kann. Nach der Denkschrift (BT Drucks. IV /174, S. 20 ff.) hat der Vertrag die Aufgabe, »bei größtmöglicher Freizügigkeit die Niederlassung sowie die berufliche und sonstige Betätigung der Staatsangehörigen und Gesellschaften des einen Vertragsstaates im Gebiet des anderen Vertragsstaates zu gewährleisten und den Schutz der Person und des Eigentums sicherzustellen«. Diese zutreffende Beschreibung des Vertragszwecks besagt jedoch nichts darüber, in welchem Maße die Vertragsstaaten die Freizügigkeit für möglich hielten und ein Recht auf Niederlassung begründen wollten. Auch die Ausführungen der Denkschrift zu Art. 1 NV geben keinen Anhalt dafür, daß die Vertragspartner weitergehende Rechte einräumen wollten, als oben dargelegt worden sind. Daß über Anträge auf Erteilung einer Aufenthaltserlaubnis nach pflichtgemäßem Ermessen wohlwollend zu entscheiden ist, ermöglicht die Verwirklichung des vorstehend beschriebenen, jedoch begrenzten Vertragszwecks. Die aus dem Vertrag folgenden Ermessensschranken sind für die Staatsangehörigen der Vertragsstaaten durchaus von praktischem Wert, wie noch auszuführen ist. Darüber hinaus genießen sie, wenn ihnen der Aufenthalt im Gebiet des jeweils anderen Vertragsstaates erlaubt worden ist, eine weitgehend geschützte Rechtsstellung. Nach Art. 2 NV unterliegen nämlich Ausweisung und Nichtverlängerung der Aufenthaltserlaubnis bedeutsamen Einschränkungen. Schließlich lassen sich die von den Vertragspartnern mit dem Vertrag verfolgten außenwirtschaftlichen Belange auch bei der hier vertretenen Auslegung nachhaltig verfolgen. Der Vertrag zwingt die Staaten nicht zu einer restriktiven Verwaltungspraxis, die für die eigenen außenwirtschaftlichen Belange schädlich sein kann.

Das Europäische Niederlassungsabkommen führt zu keinem anderen Ergebnis. Die für die Erwerbstätigkeit geltenden Bestimmungen finden nur unter den in Art. 1 und 2 ENA enthaltenen Voraussetzungen für die Einreise und den Aufenthalt Anwendung (Abschnitt V Buchst. a des Protokolls zum ENA). Sie greifen folglich nur Platz, wenn der Ausländer eine Aufenthaltserlaubnis besitzt, nach der die von ihm angestrebte Erwerbstätigkeit nicht ausgeschlossen ist. Art. 1 und 2 ENA verpflichten die Vertragsstaaten nicht zur Erteilung einer (unbeschränkten) Aufenthaltserlaubnis, sondern lediglich dazu, den Aufenthalt zu erleichtern. Die Ausländerbehörden sind daher auch im Rahmen dieses Abkommens zur Ausübung des ihnen nach den §§ 2 und 7 AuslG eingeräumten Ermessens befugt. Dieses wird durch das Abkommen nicht weitergehender als durch den deutsch-griechischen Vertrag eingeschränkt.

Sind somit die Ausländerbehörden auch gegenüber griechischen Staatsangehörigen befugt, über die Erteilung einer Aufenthaltserlaubnis und die Beifügung von Nebenbestimmungen zur Regelung des Aufenthaltszwecks nach ihrem Ermessen zu entscheiden, so erfährt dieses Ermessen doch durch das erwähnte Gebot wohlwollender Prüfung eine weitere Eingrenzung. Die Wohlwollensklausel schließt das ausländerbehördliche Ermessen nicht aus, hat aber ermessensbeschränkende Wirkung. Das gilt nicht nur für die Erteilung der Aufenthaltserlaubnis, sondern auch für die damit im Zusammenhang stehende Beifügung von Nebenbestimmungen.

Eine wohlwollende Ermessensausübung verlangt zunächst, daß dem Zweck des deutsch-griechischen Vertrages gebührend Rechnung getragen wird. Gewichtige öffentliche Belange brauchen deswegen nicht zurückzustehen. Den Behörden sind auch wirtschaftliche und soziale Ermessenserwägungen nicht schlechthin verwehrt. Anderes läßt sich nicht aus Art. 7 NV und aus Art. 2 ENA herleiten. Die aufenthaltsrechtlichen Bestimmungen des deutsch-griechischen Vertrages sollen die Staatsangehörigen der Vertragsstaaten gegenüber den unter das allgemeine Ausländerrecht fallenden Ausländern begünstigen, wenn auch nur in begrenztem Maße. Davon müssen sich die Ausländerbehörden bei der Ermessensausübung leiten lassen. Eine grundsätzlich ablehnende Einstellung gegenüber Anträgen griechischer Staatsangehöriger wäre damit unvereinbar. Sie widerspräche dem Wohlwollensgebot. Das gilt auch für Anträge auf Erteilung einer Aufenthaltserlaubnis zum Zwecke der Ausübung eines Gewerbes. Dagegen spricht nicht, daß der Betrieb eines Gewerbes die Verfestigung des Aufenthalts und damit die Einwanderung fördert. Art. 1 Abs. 2 NV und die Wohlwollensklausel beziehen sich auch auf die Gestattung eines längeren und dauernden Aufenthalts. Die selbständige gewerbliche Tätigkeit von griechischen Staatsangehörigen im Geltungsbereich des Ausländergesetzes ist Gegenstand des Vertrages. Sie ist damit trotz der mit ihr verbundenen Verfestigung des Aufenthalts nicht grundsätzlich unerwünscht und zur Wahrung öffentlicher Belange zu verhindern. In diesem Sinne wirkt Art. 7 NV als Ausdruck eines der Vertragszwecke auf das Ermessen begrenzend ein.

Die Wohlwollensklausel unterstreicht ferner das bei der Ermessensausübung zu beachtende Gebot, alle wesentlichen Umstände des Einzelfalls umfassend zu würdigen und abzuwägen. Den persönlichen Interessen des Ausländers an dem vorgesehenen Aufenthaltszweck soll dabei besondere Beachtung geschenkt werden. Allgemeine Erwägungen wie das bloße Fehlen eines übergeordneten wirtschaftlichen Interesses oder eines besonderen örtlichen Bedürfnisses rechtfertigen daher die Versagung der Aufenthaltserlaubnis zur Ausübung einer gewerblichen Tätigkeit für sich nicht. Sie heben allein darauf ab, ob unmittelbar ein deutsches öffentliches Interesse an der beabsichtigten Tätigkeit besteht, und lassen keinen Raum für die Berücksichtigung der persönlichen Belange des Ausländers. Sie gehen dem Zweck des deutsch-griechischen Vertrages zuwider davon aus, daß die gewerbliche Betätigung des Ausländers grundsätzlich unerwünscht sei, ohne zugleich öffentliche Interessen anzuführen, denen das Vorhaben des Ausländers widerspricht. Zwar enthält jetzt Nr. 15 Abs. 2 zu § 7 der Allgemeinen Verwaltungsvorschrift zur Ausführung des Ausländergesetzes in der Fassung der Bekanntmachung vom 10. Mai 1977 (GMBl. S. 202) für ausländische Arbeitnehmer eine entsprechende Ermessensrichtlinie. Sie bestimmt aber zugleich, daß Niederlassungsverträge zu berücksichtigen sind. Die sich aus Art. 1 NV in Verbindung mit Nr. 1 des Protokolls ergebenden Rechtspflichten haben daher, wie sich im übrigen von selbst versteht, Vorrang vor dieser Richtlinie.

Die gebotene Würdigung und Abwägung aller wesentlichen Umstände verlangt auch eine Prüfung, ob und inwieweit bei griechischen Staatsangehörigen generell oder im Einzelfall Abweichungen von der sonst geübten Verwaltungspraxis möglich sind. Für eine wohlwollende Ermessensausübung sind außerdem, wie sich aus dem Ausgeführten ergibt, in Fällen wie dem vorliegenden die Eingliederung des Ausländers in das wirtschaftliche und soziale Leben des anderen Vertragsstaates, seine Vertrautheit mit den im Lande bestehenden Lebensverhältnissen, seine unter Umständen auch familiären Bindungen an dieses Land sowie eine entsprechende Lockerung oder Lösung der Bindungen zu seinem Heimatland von erheblichem Gewicht. Die Dauer des Aufenthalts und die während dieser Zeit ausgeübte Tätigkeit dürfen mithin nicht unberücksichtigt bleiben. Je länger und intensiver ein griechischer Staatsangehöriger im Geltungsbereich des Ausländergesetzes sich seine Lebensgrundlage geschaffen und ausgebaut hat und in hiesigen Lebensumständen verwurzelt ist, desto weniger ist es in der Regel bei verhältnismäßiger und wohlwollender Handhabung des ausländerbehördlichen Ermessens gerechtfertigt, ihn in der Entfaltung seiner wirtschaftlichen Existenz weiterhin ausländerrechtlich zu beschränken. Führt die Abwägung nicht zu einem Überwiegen der gegen die Erlaubnis sprechenden Gründe, so wird die Behörde aufgrund der Wohlwollensklausel dem Antrag entsprechen...

Nr. 71 OVG Münster 27. 9. 1978 (IV A 640/78) NJW 1978, 509

Der Kl., ein indischer Staatsangehöriger, reiste aus Indien aus und hielt sich zunächst drei Monate als Tourist in Norwegen auf. Anschließend kam er in das Bundesgebiet und beantragte hier Asyl. Der Bekl. als Ausländerbehörde lehnte durch bestandskräftig gewordene Ordnungsverfügung die vom Kl. beantragte Aufenthaltserlaubnis ab, erteilte dem Kl. jedoch zunächst mehrfach eine Duldung. Nachdem das Bundesamt für die Anerkennung ausländischer Flüchtlinge den Asylantrag abgelehnt und der Kl. hiergegen Widerspruch eingelegt hatte, verweigerte der Bekl. dem Kl. eine weitere Duldung und forderte ihn zur Ausreise auf. Das VG hat der von dem Kl. erhobenen Klage auf Ausstellung einer weiteren Duldungsbescheinigung stattgegeben. Die Berufung des Bekl. blieb ohne Erfolg.

Zu Recht hat das VG einen Anspruch des Kl. auf Duldung und auf Ausstellung einer Duldungsbescheinigung angenommen. Die Entscheidung über die Duldung steht grundsätzlich nach § 17 I AuslG im Ermessen der Ausländerbehörde. Der Ermessensspielraum kann jedoch durch gesetzliche Bestimmungen und Richtlinien in Verwaltungsvorschriften beschränkt sein. Solche Ermessenseinschränkungen sind hier gegeben und führen dazu, daß der Bekl. dem Kl. eine Duldung erteilen muß.

Es kann dahingestellt bleiben, ob die Ermessenseinschränkung sich bereits aus der Grundrechtsvorschrift des Art. 16 II 2 GG oder aus § 31 I und § 40 I AuslG ergibt. Die Ermessensbeschränkung bis hin zu einer Duldungspflicht folgt jedenfalls aus der Allgemeinen Verwaltungsvorschrift zur Ausführung des Ausländergesetzes (AuslVwV) und aus ermessensbegrenzenden Anweisungen des Innenministers des Landes Nordrhein-Westfalen.

Nach Nr. 8 Satz 3 i.V. mit Satz 1 AuslVwV zu § 15 AuslG ist einem asylbegehrenden Ausländer regelmäßig in den in § 15 III AuslG bestimmten Fällen eine Duldung zu erteilen, »sofern die Erteilung einer Aufenthaltserlaubnis nicht tunlich erscheint«. Ein solcher Fall ist hier gegeben, da dem Kl. die Aufenthaltserlaubnis mit Abschiebungsandrohung durch bestandskräftig gewordene Ordnungsverfügung des Bekl. versagt worden ist. Der in § 15 III AuslG ausdrücklich genannten Abschiebungsanordnung ist in diesem Zusammenhang die Versagung der Aufenthaltserlaubnis mit Abschiebungsandrohung gleichzustellen, da auch in einem solchen Falle der Ausländer mit der alsbaldigen zwangsweisen Abschiebung rechnen muß. Der Kl. hat auch einen Asylantrag gestellt, sein Asylverfahren ist noch nicht bestandskräftig abgeschlossen. Die Erteilung einer Aufenthaltserlaubnis an den Kl. ist auch i. S. der Nr. 8 Satz 3 AuslVwV zu § 15 AuslG als nicht tunlich anzusehen. Denn die Innenminister der Länder haben sich darauf geeinigt, an noch nicht anerkannte Asylbewerber für die Dauer des Asylverfahrens keine Aufenthaltserlaubnisse, sondern Duldungen zu erteilen, der Innenminister des Landes Nordrhein-Westfalen hat dies in seinem Runderlaß vom 3. 6. 1976 über die Verteilung von Asylbewerbern, NRW Ministerialblatt (MBl.) 1976, 1277, unter Ziff. I den nachgeordneten Behörden bekanntgegeben. Der Minister hat in diesem Runderlaß zugleich die Ausländerbehörden seines Landes angewiesen, in solchen Fällen eine Duldung zu erteilen, so daß sich die Ermessenseinschränkung im vorliegenden Falle auch unmittelbar aus diesem Runderlaß des Innenministers herleiten läßt.

Mit der Verpflichtung zur Duldung ist zugleich nach der ermessensbindenden Richtlinie in Nr. 6 AuslVwV zu § 17 AuslG die Pflicht der Ausländerbehörde verbunden, dem Kl. über die Duldung eine Bescheinigung auszustellen. Die im vorliegenden Falle gegebene Pflicht zur Duldung und zur Ausstellung einer Bescheinigung über die Duldung wird hier auch nicht aus dem Gesichtspunkt des Mißbrauchs des Asylrechts ausgeschaltet. Der Senat hat zwar bereits mehrfach ausgesprochen, daß die Ausländerbehörden ausnahmsweise bei der Entscheidung über die Abschiebung oder Duldung von Ausländern die Tatsache, daß der betreffende Ausländer ein noch nicht abgeschlossenes Asylverfahren betreibt, unbeachtet lassen können, wenn der Asylantrag offensichtlich mißbräuchlich gestellt oder aufrechterhalten wird (Beschluß vom 13. 6. 1978 – IV B 857/78 und 15. 6. 1978 – IV B 666/78). Diese Auffassung wird auch von anderen Gerichten geteilt (OVG Berlin, OVGE 13, 34; VGH München, BayVBl. 1976, 403; 1977, 404; OVG Koblenz, NJW 1977, 510) und zum Teil auch in der Literatur für zutreffend erklärt (*Theis,* BayVBl. 1977, 651; *v. Pollern,* DÖV 1978, 555). Die Ausländerbehörden dürfen einen Asylantrag aber nur dann als rechtsmißbräuchlich gestellt unberücksichtigt lassen und dem betreffenden Ausländer die Duldung verwehren, wenn der Asylantrag sich eindeutig und offensichtlich als Rechtsmißbrauch darstellt. Es müssen Umstände den sicheren Schluß zulassen, daß offensichtlich von dem Asylbewerber unter dem Deckmantel des Asyls ausschließlich asylfremde Zwecke verfolgt werden, etwa das Ziel, sich vorläufig im Bundesgebiet aufhalten und hier arbeiten oder aus Sozialhilfemitteln den Lebensunterhalt bestreiten zu können. Die bloße Möglichkeit, die Besorgnis und auch die Wahrscheinlichkeit eines mißbräuchlichen Verhaltens reichen nicht aus. Ebenso ist ein Mißbrauch nicht ohne weiteres daraus herzuleiten, daß sich das Asylbegehren als offensichtlich unbegründet erkennen läßt (OVG Berlin, OVGE 13, 34 [35, 36]; VGH München, BayVBl. 1976, 403). Daß die Ausländerbehörden ein Asylbegehren nur in besonders gelagerten Ausnahmefällen als rechtsmißbräuchlich gestellt unbeachtet lassen dürfen, kommt auch in Nr. 6 AuslVwV zu § 38 AuslG zum Ausdruck. Dort heißt es – die Allgemeine Verwaltungsvorschrift zur Ausführung des Ausländergesetzes hat insoweit allerdings nur verwaltungsintern norminterpretierenden Charakter und ist für die Gerichte nicht verbindlich – unter Nr. 6 Satz 3 zu § 38 AuslG, daß ein offensichtlicher Rechtsmißbrauch nur gegeben sei, »wenn durch das Verhalten des Ausländers im Zusammenhang mit seinem Asylbegehren eindeutig feststeht, daß mit dem Begehren ausschließlich asylfremde Zwecke verfolgt werden«. Auch wird in Satz 4 die Offensichtlichkeit eines Rechtsmißbrauchs beispielhaft dahin erläutert: ». . . wenn der Asylbegehrende es an der notwendigen Mitwirkung bei der Klärung des Sachverhalts fehlen läßt, wenn Asyl nach längerem Aufenthalt im Bundesgebiet erst im Zusammenhang mit ausländerrechtlichen Maßnahmen gewährt wird oder wenn ein neuer Asylantrag mit gleicher Begründung wie ein bereits früher abgelehnter Asylantrag gestellt wird«.

Im vorliegenden Falle läßt sich nicht feststellen, daß der Asylantrag offensichtlich mißbräuchlich gestellt wurde. Der Kl. hat erstmals einen Asylantrag gestellt. Dieser ist zumindest bei summarischer Prüfung schlüssig. Zu Recht hat der Bekl. allerdings gewisse Divergenzen in der Begründung des Asylantrags hervorgehoben. Aus diesen Widersprüchlichkeiten mag in Verbindung mit der inzwischen eingetretenen, allgemein bekannt gewordenen politischen Veränderung in Indien herzuleiten sein, daß der Asylantrag mit großer Wahrscheinlichkeit unbegründet ist. Aus der wahrscheinlichen Unbegründetheit des Asylbegehrens aber läßt sich noch nicht sicher schließen, daß das Asylverfahren offensichtlich und eindeutig allein aus asylfremden Zwecken eingeleitet worden ist und fortgeführt wird.

Nr. 72 BVerfG 11. 10. 1978 (2 BvR 1055/76) BVerfGE 49, 329

... Die Verfassungsbeschwerde betrifft die Frage, ob dem von einer richterlich angeordneten Durchsuchung Betroffenen der Weg der strafprozessualen Beschwerde gegen den Durchsuchungsbeschluß von Verfassungs wegen stets auch dann eröffnet ist, wenn die Durchsuchung bereits abgeschlossen ist (sogenannte prozessuale Überholung).

Die Staatsanwaltschaft bei dem Landgericht Berlin erwirkte in dem Ermittlungsverfahren gegen G. und andere, denen die Entführung des Berliner Politikers Peter Lorenz zur Last gelegt wird, am 12. August 1975 beim Amtsgericht Tiergarten in Berlin gegen den Beschwerdeführer einen Durchsuchungsbefehl ...

Aufgrund dieses Beschlusses wurde die Wohnung des Beschwerdeführers am 27. August 1975 durchsucht. Die Durchsuchung führte zur Sicherstellung einer Reihe von Gegenständen, die dem Beschwerdeführer am 11. September 1975 wieder ausgehändigt wurden.

Mit Schriftsatz seiner Bevollmächtigten vom 4. September 1975 legte der Beschwerdeführer beim Amtsgericht Tiergarten gegen den Durchsuchungsbeschluß Beschwerde ein; gleichzeitig beantragte der Bevollmächtigte, ihm Akteneinsicht zu gewähren. Die Staatsanwaltschaft lehnte den Antrag mit Verfügung vom 22. Oktober 1975 ab und bat den Bevollmächtigten unter Hinweis auf die Rückgabe der sichergestellten Gegenstände um Mitteilung, ob er auf einer Entscheidung über die Beschwerde bestehe. Der Bevollmächtigte bejahte dies erst Anfang September 1976, nachdem inzwischen der Generalbundesanwalt das Ermittlungsverfahren übernommen hatte.

Der Bundesgerichtshof verwarf die Beschwerde durch Beschluß vom 30. September 1976. Er führte aus, das Rechtsmittel sei infolge der tatsächlichen Erledigung des angefochtenen Beschlusses prozessual überholt und deshalb unzulässig.

Mit seiner am 15. Oktober 1976 eingegangenen Verfassungsbeschwerde wendet sich der Beschwerdeführer gegen den Durchsuchungsbefehl des Amtsgerichts Tiergarten und die Beschwerdeentscheidung des Bundesgerichtshofs. Er rügt eine Verletzung des Art. 19 Abs. 4 GG, seines Anspruchs auf rechtliches Gehör (Art. 103 Abs. 1 GG) und des Prinzips der Rechtsstaatlichkeit. Zur Begründung trägt er im wesentlichen vor:

Der in Nr. 4 des Genehmigungsschreibens der Militärgouverneure zum Grundgesetz vom 12. Mai 1949 (Verordnungsblatt für die Britische Zone [VOBl. BZ], S. 416) enthaltene Berlinvorbehalt stehe einer Überprüfung des Durchsuchungsbeschlusses durch das Bundesverfassungsgericht nicht entgegen. Der Vorbehalt solle seinem Sinne nach lediglich ausschließen, daß Berlin durch den Bund »regiert« werde. Darum gehe es hier jedoch nicht, zumal die Wohnung, deren Durchsuchung der angegriffene Beschluß angeordnet habe, im Bundesgebiet liege.

Der Durchsuchungsbefehl genüge seinem Inhalt nach nicht den rechtsstaatlichen Mindesterfordernissen. Er enthalte weder Anhaltspunkte über die aufzuklärende Straftat noch Tatsachen, die einen Schluß auf die Art und den denkbaren Inhalt der zu suchenden Beweismittel zuließen.

Seine Beschwerde gegen die Durchsuchungsanordnung hätte nicht wegen prozessualer Überholung als unzulässig verworfen werden dürfen.

Er sei in diesem Ermittlungsverfahren, in dem der Durchsuchungsbeschluß ergangen sei, nicht Beschuldigter und habe deshalb keine Möglichkeit, ein freisprechendes Urteil zu erwirken, das seine Unschuld feststelle. Der auf ihn gefallene Verdacht könne auch nicht im Verfahren nach § 33a StPO entkräftet werden; denn nach allgemeiner Auffassung entfalle mit dem Abschluß der Durchsuchung der in jeder Vorschrift vorausgesetzte Nachteil. Ihm bleibe mithin für die Durchsetzung seines Begehrens nur das Beschwerdeverfahren (§§ 304 ff. StPO).

Er habe auch ein rechtliches Interesse an einer Sachentscheidung des Beschwerdegerichts. Infolge des massiven Polizeieinsatzes sei die Durchsuchung in der ländlichen Umgebung seiner Wohnung sofort bekannt geworden. Dies habe seine Beziehungen zur Nachbarschaft empfindlich gestört. Sein Vermieter habe ihm sogar die Kündigung des Mietverhältnisses in Aussicht gestellt gehabt. Noch heute sehe er sich gezwungen, selbst in seiner engsten Umgebung Mißtrauen gegen seine Person abzubauen.

Aus seiner Sicht bestehe auch eine Wiederholungsgefahr. Da seinem Bevollmächtigten bisher keine Akteneinsicht gewährt worden sei, wisse er nicht, aufgrund welcher Verdachtsmomente seine Wohnung mit Straftaten in Zusammenhang gebracht werden könne. Es sei zu befürchten, daß er aufgrund anonymer, durch nichts zu rechtfertigender Verdächtigungen erneut Zwangsmaßnahmen ausgesetzt sein werde.

Seine Beschwerde gegen den Durchsuchungsbeschluß sei jedenfalls bis zur Rückgabe der bei der Durchsuchung sichergestellten Gegenstände zulässig gewesen und – folge man der Rechtsauffassung des Bundesgerichtshofs – nur dadurch unzulässig geworden, daß die Justizbehörden ihre Bearbeitung über jenen Zeitpunkt hinaus zurückgestellt hätten. Er habe indessen keinerlei Einfluß auf die Arbeitsweise dieser Behörden gehabt. Unter solchen Umständen verletze ihn die Verwerfung der Beschwerde in seinem Anspruch auf rechtliches Gehör.

In der Verweigerung der Akteneinsicht liege ein weiterer Verstoß gegen Art. 103 Abs. 1 GG. Ohne Kenntnis des Akteninhalts habe er seine Beschwerde nicht eingehender begründen können.

Das Bundesverfassungsgericht hat dem Bundesminister der Justiz, dem Generalbundesanwalt bei dem Bundesgerichtshof und dem Senator für Justiz in Berlin Gelegenheit zur Stellungnahme gegeben. Sie haben sich im wesentlichen wie folgt geäußert:

Der Bundesminister der Justiz: Die Verfassungsbeschwerde sei unzulässig, soweit sie sich gegen den Beschluß des Amtsgerichts Tiergarten vom 12. August 1975, also gegen einen Akt der öffentlichen Gewalt des Landes Berlin, richte. Die Ausübung der Gerichtsbarkeit des Bundesverfassungsgerichts sei insoweit durch den in Nr. 4 des Genehmigungsschreibens der Militärgouverneure zum Grundgesetz vom 12. Mai 1949 (VOBl. BZ, S. 416) enthaltenen Berlinvorbehalt beschränkt.

Hingegen sei das Bundesverfassungsgericht zur Entscheidung über die Verfassungsbeschwerde befugt, soweit diese dem Beschluß des Bundesgerichtshofs vom 30. September 1976 gelte. Die Verfassungsbeschwerde sei insoweit jedoch unbegründet...

Die Verfassungsbeschwerde war zu verwerfen, soweit sie sich gegen den Durchsuchungsbeschluß des Amtsgerichts Tiergarten in Berlin, also gegen einen Akt der öffentlichen Gewalt des Landes Berlin richtet. Im Hinblick auf den Berlin-Vorbehalt in Nr. 4 des Genehmigungsschreibens der Militärgouverneure zum Grundgesetz vom 12. Mai 1949 (VOBl. BZ, S. 416) übt das Bundesverfassungsgericht derzeit seine Gerichtsbarkeit über solche Akte nicht aus (vgl. BVerfGE 37, 57 [60 f.]). Dies gilt auch für Akte der öffentlichen Gewalt des Landes Berlin, die außerhalb Berlins vollzogen werden.

Die Gerichtsbarkeit des Bundesverfassungsgerichts über den angegriffenen Beschluß des Bundesgerichtshofs ist gegeben (BVerfGE 19, 377 [384 ff.]). Denn hierbei handelt es sich allein um die Prüfung von Akten der öffentlichen Gewalt eines Bundesorgans. Eine Einwirkung der Entscheidung des Bundesverfassungsgerichts auf die Staatsgewalt des Landes Berlin liegt in solchen Fällen auch dann nicht vor, wenn das Bundesverfassungsgericht die Entscheidung eines obersten Gerichtshofs des Bundes aufhebt und diesen dadurch veranlaßt, die Ausgangsentscheidung des Berliner Gerichts anders zu behandeln als bisher. Denn die Aufhebung der Entscheidung des obersten Gerichtshofs des Bundes durch das Bundesverfassungsgericht korrigiert dann nur die Rechtsanwendung durch ein Bundesorgan, nicht hingegen diejenige durch ein Berliner Gericht. Die weiteren Folgen für die instanzgerichtliche Entscheidung ergeben sich in einem derartigen Fall nicht aus Rechtsbeziehungen zwischen dem Bundesverfassungsgericht und dem Berliner Gericht, sondern aus der mit Billigung der Alliierten den obersten Gerichtshöfen des Bundes über die Berliner Gerichte eingeräumten Entscheidungsgewalt. Eine so bewirkte inhaltliche Korrektur der Entscheidung einer Berliner Vorinstanz und die Bindung der Berliner Gerichte und Behörden hieran haben also ihre Rechtsgrundlage nicht in dem Spruch des Bundesverfassungsgerichts, sondern in den bundesrechtlichen Vorschriften der Verfahrensordnungen, die auch in Berlin gelten...

Nr. 73 **BVerwG 27. 10. 1978 (1 C 47.74) BVerwGE 57, 40**

Die in der Deutschen Demokratischen Republik wohnhafte Klägerin ist Inhaberin eines bei der Spar- und Darlehenskasse in Gr. (Kreis Helmstedt) geführten Sparkontos geworden. 1971 beantragte sie bei der Beklagten die Erteilung der devisenrechtlichen Genehmigung für die Zahlung von 4749 DM von dem genannten Konto auf ein bei einer Bank in der Bundesrepublik Deutschland geführtes Konto der Firma J., Kopenhagen. Die Klägerin möchte mit dieser Überweisung den Kauf eines in der Deutschen Demokratischen Republik hergestellten Personenkraftwagens und die Kosten für den Erwerb der Fahrerlaubnis der Klasse IV über die G. Geschenkdienst GmbH in Ostberlin finanzieren. Die Klägerin will das Fahrzeug für Fahrten zwischen ihrer Wohnung und ihrer zwei Kilometer entfernt liegenden Arbeitsstelle sowie für private Fahrten verwenden und den Wagen später ihrem Sohn übereignen.

Die Beklagte lehnte den Antrag mit der Begründung ab, daß Vereinbarungen mit der Deutschen Demokratischen Republik über einen privaten, nichtkommerziellen Zahlungsverkehr trotz wiederholter Bemühungen der Bundesregierung und der Beklagten bisher nicht zustande gekommen seien und künftigen Verhandlungen über eine Freigabe der auf beiden Seiten gesperrten Guthaben durch einseitige, unbegrenzte Vorleistungen durch die Bundesrepublik nicht vorgegriffen werden könne. Sie willige deshalb in Zahlungen aus gesperrten Guthaben für Käufe bei der G.-Geschenkdienst GmbH zur Zeit ausnahmsweise nur dann ein, wenn in der Person des Antragstellers oder seiner nächsten Familienangehörigen ein wichtiger Grund vorliege. Ein solcher sei hier nicht ersichtlich. – Die hiergegen erhobene Klage blieb in allen Instanzen ohne Erfolg.

Personen, die außerhalb des Währungsgebiets der Deutschen Mark ansässig sind, dürfen über ihr im Währungsgebiet der Deutschen Mark belegenes Vermögen nur nach Maßgabe der noch von den früheren Besatzungsmächten jeweils für ihr Besatzungsgebiet erlassenen, inhaltlich übereinstimmenden Gesetze und Verordnungen betreffend Devisenbewirtschaftung und Kontrolle des Güterverkehrs (vgl. Gesetz Nr. 53 (Neufassung), Amtsblatt der Kontrollkommission – Deutschland (Britisches Kontrollgebiet) – Nr. 39 vom 8. Oktober 1949, Teil 5 B, S. 14 – MRG 53 –, Gesetz Nr. 53 (Neufassung), Amtsblatt der Militärregierung – Amerikanisches Kontrollgebiet – Ausgabe O vom 21. September 1949, S. 20; Verordnung Nr. 235 des Französischen Hohen Kommissars in Deutschland vom 18. September 1949, Journal Officiel – Französische Zone – 1949, S. 2155; Verordnung Nr. 500 der Kommandanten des amerikanischen, britischen und französischen Sektors vom 15. Juli 1950, VOBl. für Groß-Berlin I, S. 304 – VO 500) Geschäfte schließen.

Die Zulässigkeit der von der Klägerin beabsichtigten Verfügung über ihr in Gr. (Kreis Helmstedt) geführtes DM-Guthaben bemißt sich nach Art. 1 Nr. 1 Buchst. c MRG 53 in der für die vormals britische Besatzungszone erlassenen Fassung. Diese Vorschrift lautet:

»Verbotene Geschäfte

1. Vorbehaltlich einer von der Militärregierung oder von einer von ihr bestimmten Stelle erteilten Ermächtigung sind alle Geschäfte verboten, die zum Gegenstand haben oder sich beziehen auf:

. . .

c) im Gebiet befindliche Vermögenswerte, die unmittelbar oder mittelbar, ganz oder teilweise, im Eigentum oder unter der Kontrolle von Personen außerhalb des Gebiets stehen;

. . .«.

Hierbei erfaßt der Ausdruck »Vermögenswerte« alle Vermögenswerte und darauf bezüglichen Rechte jeder Art (Art. 10 Buchst. c MRG 53), der Ausdruck »Geschäfte« jedes Geschäft mit Vermögenswerten (Art. 10 Buchst. b MRG 53). Die Bezeichnung »Gebiet« schließlich umfaßt das Gebiet der in Art. 23 GG aufgeführten Länder mit Ausnahme des Gebiets von Groß-Berlin (Art. 10 Buchst. g MRG 53).

Die angeführten Vorschriften stimmen mit Art. 1 Nr. 1 Buchst. c und Art. 10 Buchst. b, c und g der in den übrigen Teilgebieten des Währungsgebiets der Deutschen Mark geltenden besatzungsrechtlichen Rechtsvorschriften betreffend Devisenbewirtschaftung und Kontrolle des Güterverkehrs inhaltlich überein.

Die angeführten besatzungsrechtlichen Vorschriften sind u. a. für Verfügungen, die eine im Währungsgebiet der Mark der Deutschen Demokratischen Republik ansässige Person über ihre im räumlichen Geltungsbereich der besatzungsrechtlichen Vorschriften belegenen Vermögenswerte trifft, gemäß Art. 1 Abs. 1 Satz 2 des Ersten Teils des Vertrages zur Regelung aus Krieg und Besatzung entstandener Fragen (Überleitungsvertrag) in der gemäß Liste IV zu dem am 23. Oktober 1954 in Paris unterzeichneten Protokoll über die Beendigung des Besatzungsregimes in der Bundesrepublik Deutschland geänderten Fassung der Bekanntmachung vom 30. März 1955 (BGBl. II, S. 405) aufrechterhalten geblieben; die VO 500 gilt für derartige Verfügungen gemäß Art. 2 Satz 1 des Vertrages über die Beziehungen zwischen der Bundesrepublik Deutschland und den Drei Mächten in der durch das Protokoll vom 23. Oktober 1954 über die Beendigung des Besatzungsregimes geänderten Fassung der Bekanntmachung vom 30. März 1955 (BGBl. II, S. 305) i. V. m. Ziff. VI Abs. 1 der Erklärung der Alliierten Kommandantur der Stadt Berlin über die Stellung West-Berlins nach dem Inkrafttreten der Pariser Verträge vom 5. Mai 1955 (GVBl. S. 335) fort. Alle genannten Regelungen gelten mit der Maßgabe, daß die ursprünglich durch die vormaligen Besatzungsmächte zugunsten der Landeszentralbanken begründeten Befugnisse zu »Ermächtigungen« für die Vornahme von Geschäften im Sinne der genannten besatzungsrechtlichen Vorschriften seit dem Wegfall des Besatzungsregimes nicht mehr für die vormaligen Besatzungsmächte ausgeübt werden und daß sie ferner seit der Verschmelzung der Landeszentralbanken und der Berliner Zentralbank mit der Bank Deutscher Länder und der Umwandlung dieser Bank in die Deutsche Bundesbank (§ 1 des Gesetzes über die Deutsche Bundesbank vom 26. Juli 1957, BGBl. I, S. 745 – BBankG) nach näherer Maßgabe der organisationsrechtlichen Vorschriften des Zweiten Teils des Gesetzes über die Deutsche Bundesbank wahrzunehmen sind.

Die im Währungsgebiet der Mark der Deutschen Demokratischen Republik ansässige Klägerin möchte durch die beabsichtigte Überweisung über ihre im räumlichen Geltungsbereich des MRG 53 belegenen Vermögenswerte verfügen. Sie bedarf hierfür, ohne daß dies nähere Darlegungen erforderlich macht, der »Ermächtigung« der Beklagten nach Art. 1 Nr. 1 Buchst. c MRG 53.

Die Bedenken, die die Klägerin gegen die Vereinbarkeit dieser Vorschrift mit dem Grundgesetz erhebt, greifen nicht durch. Bei der Vorschrift des Art. 1 Nr. 1 Buchst. c MRG 53 handelt es sich um revisibles Besatzungsrecht (vgl. BVerwGE 41, 1), das ohne Rücksicht auf seine Vereinbarkeit mit dem Grundgesetz fortgilt und demgemäß hinsichtlich seiner Gültigkeit nicht auf seine Übereinstimmung mit dem Grundgesetz geprüft werden kann (BVerwGE 41, 1 [4]). Nur soweit das Besatzungsrecht dies zuläßt, ist bei seiner Auslegung und Anwendung deutsches Recht, insbesondere Verfassungsrecht, zu beachten (BVerwG a.a.O.)...

Nr. 74 BVerwG 27. 10. 1978 (1 C 91.76) BVerwGE 57, 61

Der im Jahre 1932 geborene Kläger ist italienischer Staatsangehöriger. Er ist mit einer Italienerin verheiratet und hat vier zwischen 1956 und 1974 geborene Kinder. Er kam im Jahre 1962 in die Bundesrepublik Deutschland. Seine Familie folgte ihm alsbald. Ihm wurde die Aufenthaltserlaubnis erteilt und in der Folgezeit verlängert. Der Kläger steht in einem Beschäftigungsverhältnis. Auch seine Ehefrau ist als Arbeitnehmerin berufstätig.

Im Jahre 1966 wurde der Kläger wegen Verbrechens der Unzucht mit einem Kind angeklagt. Das Jugendschöffengericht sprach ihn 1967 aus Mangel an Beweisen frei. Ein Ermittlungsverfahren wegen Unzucht mit einem Kind stellte die Staatsanwaltschaft im November 1968 ein, weil keine konkreten Beweise vorlagen. Das Amtsgericht M. verurteilte den Kläger 1973 wegen eines Verbrechens der versuchten Unzucht mit einem Kind zu einer Freiheitsstrafe von sechs Monaten. Die Strafe wurde zur Bewährung ausgesetzt. Zum Strafausspruch führte das Amtsgericht aus: Zugunsten des Klägers habe es berücksichtigt, daß er mit Ausnahme einer Verurteilung wegen eines Verkehrsdelikts bisher nicht bestraft worden sei und im übrigen ein geordnetes Leben mit seiner Familie führe. Erschwerend sei ins Gewicht gefallen, daß die Tat an einem Platz verübt worden sei, in dessen Nähe sich mehrere Kinder befunden hätten. Danach sei eine Freiheitsstrafe von sechs Monaten schuldangemessen, zumal eine nachhaltige Schädigung des betroffenen Kindes nicht eingetreten sei. Die Strafe habe zur Bewährung ausgesetzt werden können, weil zu erwarten sei, daß der Kläger sich schon die Verurteilung zur Warnung dienen lassen und künftig auch ohne die Einwirkung des Strafvollzugs Straftaten nicht mehr begehen werde.

Im Oktober 1973 wies das Landratsamt M. den Kläger aus der Bundesrepublik Deutschland aus, weil zu befürchten sei, daß der Kläger erneut unsittliche Handlungen vornehme und insbesondere Jugendliche gefährde. Das Verwaltungsgericht wies die hiergegen erhobene Klage ab. Die Berufung gegen dieses Urteil wurde durch den Verwaltungsgerichtshof im wesentlichen aus folgenden Gründen zurückgewiesen: Der Kläger erfülle den Ausweisungstatbestand des § 10 Abs. 1 Nr. 2 des Ausländergesetzes. Nach § 12 des Gesetzes über Einreise und Aufenthalt von Staatsangehörigen der Mitgliedstaaten der Europäischen Wirtschaftsgemeinschaft dürfe die Ausweisung jedoch nur aus Gründen der öffentlichen Sicherheit oder Ordnung oder dann erfolgen, wenn die Anwesenheit des Ausländers sonstige erhebliche Belange der Bundesrepublik Deutschland beeinträchtige.

Die Behörden hätten ihre Entscheidung auf spezialpräventive Erwägungen gestützt. Daran seien sie nicht durch die Aussetzung der Strafe zur Bewährung gehindert gewesen. Die Ausweisung sei eine Maßnahme der Gefahrenabwehr. Sie habe einen anderen Zweck als eine gerichtliche Strafe und deren Aussetzung zur Bewährung. Nach § 10 Abs. 1 Nr. 2 des Ausländergesetzes stelle der wegen eines Vergehens oder Verbrechens bestrafte Ausländer eine abstrakte Gefahr für die öffentliche Sicherheit und Ordnung dar. Die Ausweisung sei aber nur zulässig, wenn eine konkrete Gefahr weiterer Störungen vorliege. Beide Gefahrenbegriffe stellten die gleichen Anforderungen an die Wahrscheinlichkeit des Eintritts einer Störung. Bezüglich des Grades der Wahrscheinlichkeit sei jedoch nach dem jeweils auf dem Spiele stehenden Schutzgut zu differenzieren. Im Falle des Klägers gehe es um die öffentliche Sittlichkeit und den Schutz der Jugend. Dabei handele es sich um Güter von hohem Range. An den Nachweis weiterer Störungen dürften keine zu hohen Anforderungen gestellt werden. Der in Frage kommende Täterkreis neige erfahrungsgemäß zu Rückfällen. Die Aussetzung der Strafe zur Bewährung, die in erster Linie der erzieherischen Einwirkung auf den Verurteilten diene, bedeute nicht, daß die von diesem ausgehende Gefahr behoben sei. – Die Revision des Klägers hatte Erfolg.

Nach § 10 Abs. 1 Nr. 2 des Ausländergesetzes in der hier noch anzuwendenden ursprünglichen Fassung vom 28. April 1965 (BGBl. I, S. 353) – AuslG – kann ein Ausländer ausgewiesen werden, wenn er wegen eines Verbrechens oder Vergehens verurteilt worden ist. Der Kläger erfüllt diesen Tatbestand.

Auf den Kläger findet außerdem das Gesetz über Einreise und Aufenthalt von Staatsangehörigen der Mitgliedstaaten der Europäischen Wirtschaftsgemeinschaft (AufenthG/EWG) vom 22. Juli 1969 (BGBl. I, S. 927) Anwendung. Gemäß § 1 Abs. 1 Nr. 1 AufenthG/EWG wird ihm Freizügigkeit nach diesem Gesetz gewährt. Das führt zu einer Einschränkung der Ausweisungsermächtigung des § 10 Abs. 1

Nr. 2 AuslG. Nach § 12 Abs. 1 AufenthG/EWG ist eine Ausweisung nur aus Gründen der öffentlichen Sicherheit oder Ordnung oder dann zulässig, wenn die Anwesenheit des Ausländers sonstige erhebliche Belange der Bundesrepublik Deutschland beeinträchtigt. Die Tatsache einer strafgerichtlichen Verurteilung genügt für sich allein nicht, eine Ausweisung zu begründen (§ 12 Abs. 4 AufenthG/EWG). Der Ausländer muß durch sein persönliches Verhalten zu der Ausweisung Anlaß geben, es sei denn, es handelt sich um eine zum Schutz der öffentlichen Gesundheit getroffene Maßnahme, was hier jedoch nicht der Fall ist (§ 12 Abs. 3 AufenthG/EWG).

Die Vorschriften des AufenthG/EWG sind zur Durchführung der aufenthaltsrechtlichen Bestimmungen der Europäischen Gemeinschaften erlassen worden, insbesondere zur Durchführung des Art. 48 Abs. 3 des Vertrages zur Gründung der Europäischen Wirtschaftsgemeinschaft vom 25. März 1957 (BGBl. II, S. 753, 766) – EWGV, nach dem Einschränkungen der Freizügigkeit aus Gründen der öffentlichen Ordnung, Sicherheit oder Gesundheit gerechtfertigt sein müssen. Sie sind folglich im Sinne der entsprechenden gemeinschaftsrechtlichen Bestimmungen und der dazu ergangenen Rechtsprechung des Gerichtshofs der Europäischen Gemeinschaften – EuGH – auszulegen. Danach sind die Ausnahmen von dem Grundsatz der Freizügigkeit eng zu verstehen. Bei jeder Beschränkung der Freizügigkeit haben die Ausländerbehörden »die besondere Rechtsstellung der dem Gemeinschaftsrecht unterliegenden Personen und die entscheidende Bedeutung des Grundsatzes der Freizügigkeit zu berücksichtigen« (EuGH, Urteil vom 27. Oktober 1977, Slg. 1977, 1999 = NJW 1978, 479). Eine Beschränkung der Freizügigkeit setzt im Falle einer strafgerichtlichen Verurteilung voraus, daß »außer der Störung der öffentlichen Ordnung, die jede Gesetzesverletzung darstellt, eine tatsächliche und hinreichend schwere Gefährdung vorliegt, die ein Grundinteresse der Gesellschaft berührt« (EuGH, Urteil vom 27. Oktober 1977, a.a.O.). Die Beschränkung der Freizügigkeit darf über das in einer demokratischen Gesellschaft Notwendige nicht hinausgehen (EuGH, Urteil vom 28. Oktober 1975, Slg. 1975, 1219 = NJW 1976, 467). Die Berücksichtigung einer strafgerichtlichen Verurteilung ist nur insoweit zulässig, »als die ihr zugrunde liegenden Umstände ein persönliches Verhalten erkennen lassen, das eine gegenwärtige Gefährdung der öffentlichen Ordnung darstellt«; eine solche wird regelmäßig bei einer Neigung des Ausländers, sein Verhalten künftig beizubehalten, zu bejahen sein; die Gefährdung kann sich im Einzelfall auch allein aufgrund des abgeurteilten Verhaltens ergeben (EuGH, Urteil vom 27. Oktober 1977, a.a.O.). Die Ausweisung darf nicht zum Zwecke der Abschreckung anderer Ausländer verfügt werden (EuGH, Urteil vom 26. Februar 1975, Slg. 1975, 297 = NJW 1975, 1096; BVerwGE 49, 60).

Danach ist in Fällen wie dem vorliegenden für eine Ausweisung eine konkrete Gefahr neuer Störungen der öffentlichen Sicherheit oder Ordnung durch den Ausländer erforderlich. Die Rechtsprechung des EuGH, nach der eine strafgerichtliche Verurteilung nur insoweit berücksichtigt werden darf, als sich aus ihr eine gegenwärtige Gefährdung der öffentlichen Ordnung ergibt, besagt zwar nicht, daß eine »gegenwärtige Gefahr« im Sinne des deutschen Polizeirechts vorliegen müßte, die voraussetzt, daß der Eintritt des Schadens sofort und fast mit Gewißheit zu erwarten ist (BVerwGE 45, 51 [58]). Es ist aber eine nach Maßgabe des Verhältnismäßigkeitsgrundsatzes zu beurteilende und deswegen nach dem Ausmaß des möglichen Schadens zu differenzierende (BVerwGE 45, 51 [61]; 47, 32 [40]) hinreichende Wahrscheinlichkeit zu verlangen, daß der Ausländer künftig die öffentliche Sicherheit oder Ordnung stören wird. An die

Wahrscheinlichkeit dürfen nach der dargelegten Rechtsprechung im Hinblick auf die Bedeutung des Grundsatzes der Freizügigkeit keine zu geringen Anforderungen gestellt werden. Das Erfordernis der schweren Gefährdung bezieht sich auch auf das Maß der Wahrscheinlichkeit des Schadenseintritts. Ob eine Wiederholungsgefahr in diesem Sinne besteht, kann grundsätzlich nur aufgrund einer individuellen Würdigung der Umstände des Einzelfalles entschieden werden. Dabei sind insbesondere die einschlägigen strafrichterlichen Entscheidungen heranzuziehen, soweit sie für die Prüfung der Wiederholungsgefahr bedeutsam sind.

Für diese ausländerbehördliche Prüfung ist vor allem eine etwaige strafrichterliche Entscheidung über die Strafaussetzung zur Bewährung von Bedeutung. Nach der Rechtsprechung des Senats zu § 10 Abs. 1 Nr. 2 AuslG, die insoweit auf die nach § 12 AufenthG/EWG zu beurteilenden Ausweisungen grundsätzlich anwendbar ist, besteht allerdings für die Ausländerbehörde unbeschadet dessen, daß sie in der Regel von der Richtigkeit der strafrichterlichen Entscheidung ausgehen darf, keine rechtliche Bindung an die tatsächlichen Feststellungen und an die Beurteilungen des Strafrichters (BVerwGE 35, 291 [294]; 48, 299 [301]; Beschluß vom 2. März 1978 – BVerwG 1 B 64.78 – *Buchholz,* 402.24 § 10 AuslG Nr. 50 = DÖV 1978, 450). Das gilt auch bezüglich der Entscheidung über die Strafaussetzung zur Bewährung (Beschluß vom 29. Juli 1977 – BVerwG 1 B 137.77 – *Buchholz,* a.a.O., Nr. 45 = NJW 1977, 2037 = DÖV 1978, 179). Trotzdem ist diese für die Ausländerbehörde von tatsächlichem Gewicht. Sie stellt eine wesentliche Entscheidungsgrundlage für die Beurteilung der Wiederholungsgefahr und damit zugleich für die Erforderlichkeit der Ausweisung dar. Die Ausländerbehörde wird zwar berücksichtigen, daß dem Strafrecht und dem Ausländerrecht weitgehend unterschiedliche Gesetzeszwecke zugrunde liegen. Sie muß aber der sachkundigen strafrichterlichen Prognose bei ihrer Beurteilung der Wiederholungsgefahr wesentliche Bedeutung beimessen und wird von ihr grundsätzlich nur bei Vorliegen überzeugender Gründe abweichen (Beschluß vom 29. Juli 1977 – BVerwG 1 B 137.77 [a.a.O.]). Solche können z. B. dann gegeben sein, wenn der Ausländerbehörde umfassenderes Tatsachenmaterial zur Verfügung steht, das genügend zuverlässig eine andere Einschätzung der Wiederholungsgefahr erlaubt.

Somit kann dem Berufungsgericht nicht ohne weiteres darin gefolgt werden, daß die Strafaussetzung zur Bewährung kein Anzeichen für das Fehlen einer Wiederholungsgefahr sei. Die Strafaussetzung zur Bewährung kann ergeben, daß eine die Ausweisung rechtfertigende Wiederholungsgefahr nicht vorliegt, braucht es aber nicht.

Die Strafaussetzung zur Bewährung setzt gemäß § 56 Abs. 1 StGB die Erwartung voraus, daß der Verurteilte sich schon die Verurteilung zur Warnung dienen lassen und künftig auch ohne die Einwirkung des Strafvollzugs keine Straftaten mehr begehen wird. Danach wird im Regelfall eine gemäß § 56 Abs. 1 StGB zu Recht bewilligte Strafaussetzung zur Bewährung die Annahme einer die Ausweisung nach Maßgabe des § 12 AufenthG/EWG rechtfertigenden Wiederholungsgefahr ausschließen. Eine hinreichend schwere, ein Grundinteresse der Gesellschaft berührende Gefährdung der öffentlichen Sicherheit oder Ordnung wird in der Regel nicht vorliegen, wenn der Strafrichter gerade die begründete Erwartung künftiger Straflosigkeit bejaht. Die Regelung des § 56 Abs. 1 StGB verlangt keine unbedingte Gewähr, sondern eine begründete Erwartung künftiger Straflosigkeit, was einerseits die Inkaufnahme eines gewissen Risikos einschließt, andererseits aber auch dazu führt, daß ernste Zweifel, ob der Verurteilte die Chance ergreifen wird, zu seinen Lasten gehen (vgl. *Stree,* in: Schönke/Schröder,

StGB, 19. Aufl. § 56 Rdnr. 16; *Dreher/Tröndle,* StGB, 38. Aufl. § 56 Rdnr. 3–6; *Jescheck,* Lehrbuch des Strafrechts, Allg. Teil, 3. Aufl., S. 676). Demgemäß kommt eine Strafaussetzung zur Bewährung nicht in Betracht, wenn ein Rückfälligwerden so wahrscheinlich ist, daß in dem oben erörterten Sinne eine schwere Gefährdung der öffentlichen Sicherheit oder Ordnung vorliegt. Umgekehrt schließt die begründete Erwartung künftiger Straflosigkeit regelmäßig gerade eine solche Wahrscheinlichkeit neuer Straftaten aus. Dagegen läßt sich nicht mit dem Berufungsgericht einwenden, die Strafaussetzung zur Bewährung sei vorwiegend ein Mittel erzieherischer Einwirkung auf den Verurteilten, während die Ausweisung als präventive Verwaltungsmaßnahme nur sekundär erzieherische Wirkung habe. Entscheidend ist vielmehr, daß die Zulässigkeit der Strafaussetzung von dem Fehlen einer der Voraussetzungen abhängt, die nach § 12 AufenthG/EWG für die Ausweisung der Freizügigkeit genießenden Staatsangehörigen der Mitgliedstaaten der Europäischen Gemeinschaften aus Anlaß von Straftaten regelmäßig zu verlangen sind.

Daß bestimmte Deliktsgruppen eher Rückfälle nahelegen als andere und daß dies vor allem bei Sexualdelikten Erwachsener der Fall sein mag, steht dem Ausgeführten ebenfalls nicht entgegen. Solche Deliktsgruppen sind nicht etwa von der Strafaussetzung zur Bewährung ausgenommen (*Jescheck,* a.a.O., S. 676). Betrifft die Verurteilung des Ausländers eine solche Straftat, so kann folglich der die Strafaussetzung bewilligenden Entscheidung nicht jeder Aussagewert für die Frage der Wiederholungsgefahr abgesprochen werden.

Von der Regel, daß die begründete Erwartung künftiger Straflosigkeit im Sinne des § 56 Abs. 1 StGB mit einer die Ausweisung nach § 12 AufenthG/EWG rechtfertigenden Wiederholungsgefahr nicht vereinbar ist, lassen sich jedoch Ausnahmen nicht ausschließen. Sie kommen vor allem dann in Betracht, wenn wegen der Schwere des möglichen Schadens die ausländerbehördliche Maßnahme geringere Anforderungen an die Wahrscheinlichkeit des Schadenseintritts voraussetzt. Wenn unter solchen Umständen Strafaussetzung überhaupt gewährt werden sollte, kann im Einzelfall trotzdem eine die Ausweisung zulassende Wiederholungsgefahr zu bejahen sein. Das kann vor allem bei Verurteilungen wegen Gewalttaten der Fall sein (Beschluß vom 13. Mai 1974 – BVerwG 1 B 87.73 – *Buchholz,* a.a.O., Nr. 35).

Nach diesen Grundsätzen haben die angefochtenen Entscheidungen keinen Bestand. Das Berufungsgericht hat nicht genügend berücksichtigt, daß die Ermächtigung des § 12 AufenthG/EWG zur Einschränkung der Freizügigkeit eng auszulegen ist. Es hat bei der Beurteilung der Wiederholungsgefahr einen zu geringen Grad der Wahrscheinlichkeit genügen lassen. Eine im dargelegten Sinne hinreichend schwere Gefährdung der öffentlichen Sicherheit oder Ordnung liegt nicht vor.

Der Schutz von Kindern vor Sexualdelikten ist zwar eine wichtige Aufgabe der Gemeinschaft. Das hat das Berufungsgericht zu Recht betont. Die Gefahr solcher Straftaten berührt ein Grundinteresse der Gesellschaft. Eine hinreichend schwere Gefährdung, die eine Ausweisung rechtfertigt, ist aber nicht gegeben. Nach dem festgestellten Sachverhalt ist nicht genügend wahrscheinlich, daß der Kläger erneut ein Sittlichkeitsdelikt begeht. Das Strafgericht hat aufgrund mündlicher Verhandlung in Anwendung des § 23 Abs. 1 StGB in der Fassung des 1. Strafrechtsreformgesetzes vom 25. Juni 1969 (BGBl. I, S. 645) eine begründete Erwartung künftiger Straflosigkeit anerkannt. Es liegt nichts vor, was eine abweichende Beurteilung ermöglicht.

Nr. 75 FG Hamburg 30. 10. 1978 (IV 41/77 S–H) EFG 1979, 239

Die Klägerin (Klin.) begehrt die Berichtigung im Jahr 1975 ergangener bestandskräftiger Monopolausgleichsbescheide im Hinblick auf deren Verstoß gegen das Europäische Gemeinschaftsrecht. Sie stützt sich auf das EuGH-Urteil vom 17. Februar 1976, RS 45/75 (EuGHE 76, 181).

Nach § 172 Abs. 1 Nr. 1 AO 1977 darf ein Steuerbescheid, der Zölle oder Verbrauchssteuern betrifft, aufgehoben oder geändert werden. Durch das Wort »darf« bringt der Gesetzgeber zum Ausdruck, daß die Verwaltung zur Aufhebung oder Änderung von Zoll- und Verbrauchsteuerbescheiden ermächtigt ist und daß sie von dieser Ermächtigung nach ihrem pflichtgemäßen Ermessen (§ 5 AO 1977) Gebrauch machen kann. § 172 Abs. 1 Nr. 1 AO 1977 entspricht § 94 Abs. 1 Nr. 1 AO i. d. F. vor 1977 (vgl. Begründung des Regierungsentwurfs zur AO 1977, Bundestagsdrucksache VI 1982 zu § 153, S. 152; *Hübschmann/Hepp/Spitaler*, AO, 7. Aufl. § 172 Rdnr. 2). Die Interessenlage, die bei der Aufhebung oder Berichtigung von Zoll- und Verbrauchsteuerbescheiden gegeben ist, hat sich gegenüber dem Rechtszustand vor dem Inkrafttreten der AO 1977 nicht geändert. Zoll- und Verbrauchsteuerbescheide ergehen i. d. R. ohne eingehende Prüfung in einem summarischen Verfahren, so daß zuungunsten des Stpfl. eine freiere Änderbarkeit gewährleistet sein muß als bei Steuerbescheiden, denen eine eingehende Prüfung der Sach- und Rechtslage vorausgeht. Die freie Abänderbarkeit von Zoll- und Verbrauchsteuerbescheiden wird zudem durch die gegenüber anderen Steuerarten kürzere Festsetzungsverjährung eingeschränkt (§ 169 Abs. 1 und Abs. 2 Nr. 1 und 2 AO 1977) und ist deshalb dort eher gerechtfertigt als bei anderen Steuerarten. Da andererseits der Stpfl. die Möglichkeit hat, einen Steuerbescheid innerhalb der Rechtsbehelfsfrist anzufechten, entspricht die Pflicht der Behörde zur Änderung eines Bescheids zugunsten des Stpfl. nicht dem Recht der Behörde zu Änderung zu Ungunsten des Stpfl.

Nach ständiger Rechtsprechung auch des erkennenden Senats zu § 94 Abs. 1 Nr. 1 AO i. d. F. vor 1977 ist die Ablehnung der Aufhebung oder Änderung eines unanfechtbar gewordenen Zoll- oder Verbrauchsteuerbescheids nicht ermessensfehlerhaft, wenn es dem Stpfl. zuzumuten war, die für die Aufhebung oder Änderung vorgebrachten Gründe im Rechtsbehelfsverfahren gegen den Abgabenbescheid selbst geltend zu machen.

Dieser Grundsatz gilt auch, soweit geltend gemacht wird, der Abgabenbescheid verstoße gegen das Recht der EWG. Soweit ein unanfechtbarer Abgabenbescheid auf nationalen Vorschriften beruht, die wegen eines Verstoßes gegen gemeinschaftsrechtliche Normen unanwendbar sind, erwächst dem Stpfl. allein aus diesem Gesichtspunkt kein Rechtsanspruch auf Aufhebung oder Änderung eines Abgabenbescheids nach Maßgabe des § 172 Abs. 1 Nr. 1 AO 1977. Insbesondere verpflichtet Art. 5 EWGV die Mitgliedstaaten nicht, ohne Rücksicht auf die nationalen Rechtsordnungen unanfechtbare Verwaltungsakte ohne zeitliche Begrenzung aufzuheben oder zu ändern, wenn sich nach Unanfechtbarkeit der Bescheide deren Rechtswidrigkeit z. B. aufgrund einer Entscheidung des EuGH herausstellt. Zwar verpflichtet Art. 5 EWGV die Mitgliedstaaten, alle geeigneten Maßnahmen zur Erfüllung der sich aus dem Vertrag ergebenden Verpflichtungen zu treffen. Der EWGV geht aber davon aus, daß gemeinschaftsrechtliche Ansprüche im Rahmen der nationalen Verfahrensvorschriften durchgesetzt werden, soweit das Gemeinschaftsrecht nicht selbst Verfahrensvorschriften enthält. Nach Gemeinschaftsrecht ist es deshalb zulässig, daß die Mitgliedstaaten die Aufhebung oder Änderung von nach nationalem Recht mit Rechtsbehelfen nicht mehr angreifbaren Abgabenbescheiden verweigern, deren Erlaß gegen Gemeinschaftsrecht verstoßen hat, vorausgesetzt, daß keine anderen Maßstäbe angelegt werden als bei gleichartigen Verfahren, die das innerstaatliche Recht betreffen. Insoweit ist es gemeinschaftsrechtlich zulässig, wenn die Mitgliedstaaten dem Prinzip der Rechtssicherheit den Vorrang vor dem Prinzip der Übereinstimmung ihrer Handlungen mit dem Gemeinschaftsrecht einräumen. Diese Rechtsgrundsätze hat der EuGH in dem *Rewe*-Urteil vom 16. Dezember 1976 (EuGHE 1976, 1989) klar herausgestellt. Auch das BVerwG vertritt diesen Standpunkt zu den dem § 172 Abs. 1 Nr. 1 AO 1977 entsprechenden allgemeinen verwaltungsrechtlichen Grundsätzen über die Rücknahme rechtswidriger belastender Verwaltungsakte (Urteil vom 26. August 1977, VII C 71.74, NJW 1978, 508). Die unterschiedlichen Regelungen über die Änderbarkeit von bestandskräftigen Verwaltungsakten im Verwaltungsrecht und im Steuerrecht rechtfertigen es nicht, die Streifrage im Bereich des Steuerrechts anders zu entscheiden als im Verwaltungsrecht. Es handelt sich um die gleiche Konfliktslage zwischen materieller Richtigkeit und Rechtssicherheit, die im Interesse der Einheit der Rechtsordnung auch eine gleiche Lösung erfordert.

Im gleichen Sinn hat der BFH die Restitutionsklage gegen ein – gegen das Gemeinschaftsrecht verstoßendes – Urteil nicht allein deshalb zugelassen, weil der EuGH in einem späteren Urteil eine vom BFH abweichende Rechtsauffassung vertreten hat (Beschluß vom 27. September 1977, VII K 1/76, HFR 1978, 14, Europarecht 1978, 155 mit Anm. von *Kalbe*). Der Senat schließt sich den Grundsätzen dieser Rechtsprechung an. Da nach der Entscheidung des EuGH Zweifel über die Auslegung des Gemeinschaftsrechts nicht mehr bestehen, kam die von der Klin. angestrebte Vorlage an den EuGH nicht mehr in Betracht.

Die Klin. hat auch abgesehen von gemeinschaftsrechtlichen Aspekten keinen Rechtsanspruch auf Aufhebung oder Berichtigung der Bescheide. Sie kann sich insbesondere nicht darauf berufen, daß der BFH im Urteil vom 12. November 1974 VII R 74/73 (HFR 1975, 168, ZfZ 1975, 112) dadurch gegen das Gemeinschaftsrecht verstoßen habe, daß er dem EuGH nicht die Fragen zur Vorabentscheidung vorgelegt habe, deren Beantwortung die Maßstäbe für die Prüfung der Vereinbarkeit der Monopolausgleichspitze mit dem Gemeinschaftsrecht geliefert hätte.

Nach der o. a. BFH-Rechtsprechung ist die Ablehnung der Berichtigung eines Bescheids ermessensfehlerhaft, wenn der Stpfl. zwar objektiv in der Lage war, die Fehlerhaftigkeit eines Bescheids im Rechtsbehelfsverfahren geltend zu machen, von ihm unter Berücksichtigung aller Umstände des Falles billigerweise aber nicht erwartet werden konnte, sich gegen einen Bescheid zu wehren (Urteil vom 6. Juli 1976, VII R 98/73, ZfZ 1977, 114). Diese Rechtsprechung beruht auf einer Interessenabwägung zwischen dem Rechtswert der materiellen Richtigkeit von Steuerbescheiden und dem Rechtswert der Rechtssicherheit.

Ob und in welchem Umfang im Rahmen dieser Interessenabwägung das Vertrauen eines Stpfl. auf die Rechtsprechung eines obersten Gerichtshofes des Bundes geschützt ist, hat der Gesetzgeber nicht allgemein geregelt. Kraft ausdrücklicher Vorschrift des § 176 Abs. 1 Nr. 3 AO 1977 wird bei Aufhebung oder Änderung eines Steuerbescheids das Vertrauen des Stpfl. auf den Bestand der höchstrichterlichen Rechtsprechung zu seinen Gunsten geschützt. Hieraus kann aber nicht der Schluß gezogen werden, daß der Stpfl. in allen Fällen, in denen er im Vertrauen auf die Richtigkeit der höchstrichterlichen Rechtsprechung davon abgesehen hat, einen Rechtsbehelf gegen einen Steuerbescheid einzulegen, einen Rechtsanspruch auf Berichtigung eines Zoll- oder Verbrauchsteuerbescheids nach § 172 Abs. 1 Nr. 1 AO 1977 hat, wenn sich die Unrichtigkeit der höchstrichterlichen Rechtsprechung aufgrund einer Entscheidung des EuGH später herausstellt. Vielmehr kommt es auf die Umstände des Einzelfalls an, ob es dem Stpfl. trotz einer bestimmten höchstrichterlichen Rechtsprechung zuzumuten war, gegen den der Rechtsprechung entsprechenden Zoll- und Verbrauchsteuerbescheid einen Rechtsbehelf einzulegen. Im Streitfall war es der Klin. zuzumuten, einen Rechtsbehelf einzulegen.

Nr. 76 FG Hamburg 30. 10. 1978 (IV 14/78 N) RIW/AWD 1979, 269

Die Klägerin wandte sich gegen die Erhebung der Einfuhrumsatzsteuer für die Einfuhr von Waren aus den Niederlanden mit den aus den nachstehenden Gründen ersichtlichen Argumenten.

1. Einfuhrumsatzsteuer keine gegen Artikel 95 EWGV verstoßende Abgabe: Die Einfuhrumsatzsteuer ist ein Teil eines inländischen Abgabensystems, nämlich der Umsatzsteuer, deren Vereinbarkeit mit dem EWG-Vertrag ausschließlich nach Art. 95 zu beurteilen ist. Unter ein inländisches Abgabensystem im Sinne des Art. 95 EWGV fällt eine Abgabe, die bestimmte Vorgänge oder Gegenstände nach gleichen Merkmalen und ohne Unterscheidung nach Herkunftsland oder Bestimmungsort erfaßt. Diese Merkmale treffen für die Umsatzsteuer zu.

Erfaßt wird jede Lieferung und sonstige Leistung, die ein Unternehmer im Inland gegen Entgelt im Rahmen seines Unternehmens ausführt (§ 1 Abs. 1 Nr. 1 Umsatzsteuergesetz [UStG]), sowie der Eigenverbrauch des Unternehmers (§ 1 Abs. 1 Nr. 2 UStG). Für im Inland bewirkte Umsätze wird, abgesehen von den im Gesetz geregelten Ausnahmen, die Umsatzsteuer auf jeder Handelsstufe nach Maßgabe des jeweiligen Entgelts für eine Lieferung oder Leistung dergestalt erhoben, daß der Unternehmer die ihm von seinem Vorlieferanten in Rechnung gestellte Umsatzsteuer als Vorsteuer von der auf seine Lieferungen und Leistungen entfallenden Umsatzsteuer absetzen kann. Dieses System erfordert eine Besteuerung auch der Einfuhren. Hierdurch werden die Waren, die eingeführt werden und bis dahin einer inländischen Umsatzsteuer nicht unterlegen haben, nur den inländischen Waren gleichgestellt. Eine höhere steuerliche Belastung eingeführter Waren, als sie inländische Waren zu tragen haben, ist nicht gegeben und von der Klägerin auch nicht geltend gemacht worden.

2. Einfuhrumsatzsteuer keine Abgabe zollgleicher Wirkung oder mengenmäßige Einfuhrbeschränkung: Die Zulässigkeit der Erhebung der Einfuhrumsatzsteuer an der Grenze kann auch nicht unter dem Gesichtspunkt des Verbots von Abgaben zollgleicher Wirkung (Art. 9 Abs. 1 EWGV) und des Verbots mengenmäßiger Einfuhrbeschränkungen (Art. 30 EWGV) in Frage gestellt werden.

a) Inländische Abgabe: Wie der Europäische Gerichtshof mehrfach zutreffend entschieden hat, kann, von außergewöhnlichen Umständen abgesehen, eine inländische Abgabe nicht gleichzeitig eine Abgabe mit zollgleicher Wirkung sein (vgl. u. a. Urteil des Europäischen Gerichtshofs vom 22. 3. 1977 – Rs 78/76, Slg. 1977, S. 595, 614). Ebenso kann eine inländische Abgabe, die unter die Regelung des Art. 95 EWGV fällt, grundsätzlich nicht gleichzeitig eine mengenmäßige Einfuhrbeschränkung sein (vgl. Urteil des Europäischen Gerichtshofs vom 4. 4. 1968 – Rs 27/67, Slg. 1968, S. 333,

346). Alle drei genannten Bestimmungen des EWG-Vertrags dienen zwar dem gleichen Ziel, nämlich der Beseitigung von Diskriminierungen im Handel zwischen Mitgliedstaaten. Sie enthalten aber jeweils spezielle Betrachtungsweisen und Verfahren und betreffen daher gesondert zu beurteilende Sachverhalte.

b) Erhebung der Einfuhrumsatzsteuer: Eine inländische Abgabe erhält den Charakter einer Abgabe zollgleicher Wirkung oder einer mengenmäßigen Beschränkung nicht dadurch, daß ihre Erhebung an der Grenze für den Abgabepflichtigen mit besonderen Kosten – etwa der Einschaltung eines Spediteurs, der die vorgeschriebenen Anträge stellt – verbunden ist. Soweit es sich um eine inländische Abgabe nichtdiskriminierenden Charakters handelt, obliegt es den Mitgliedstaaten im Rahmen der ihnen verbliebenen Abgabenhoheit, die Einzelheiten der Erhebung zu regeln. In diesem Zusammenhang steht es den Mitgliedstaaten auch frei, den Betroffenen Handlungspflichten aufzuerlegen, die je nach Fall unterschiedlich sein und zu unterschiedlichen Belastungen führen können. Eine Abgabenbelastung zollgleicher Wirkung oder eine mengenmäßige Beschränkung kann darin jedenfalls dann nicht erblickt werden, wenn die Handlungspflichten nicht das für die Erhebung der inländischen Abgabe nach dem jeweils geltenden System erforderliche Maß überschreiten und eine ernsthafte Behinderung des freien Warenverkehrs durch die Erhebung der Abgabe nicht bewirkt wird. Beides ist hinsichtlich der Umsatzsteuer nicht der Fall.

Nach dem gegenwärtigen, in allen Mitgliedstaaten der EWG angewandten System der Mehrwertsteuer ist eine irgendwie geartete Abfertigung der eingeführten Waren an den Grenzen in jedem Fall erforderlich. Denn durch die Abfertigung muß – abgesehen von der Erfassung aus Gründen der außenwirtschaftlichen Statistik – sichergestellt werden, daß für Waren, die von Nichtunternehmern oder von Unternehmern, die nicht vorsteuerabzugsberechtigt sind, eingeführt werden, die Umsatzsteuer an der Grenze erhoben wird.

Auch die Belastung des Einführers mit der sofortigen Zahlung der Einfuhrumsatzsteuer an der Grenze stellt grundsätzlich keine Schlechterstellung gegenüber demjenigen Unternehmer dar, der seine Lieferungen aus dem Inland bezieht. Durch diese Erhebungsform wird ebenso wie durch die Erhebung der Umsatzsteuer auf allen Wirtschaftsstufen statt auf der letzten Handelsstufe ein gleichmäßiges Aufkommen in größtmöglicher Unabhängigkeit von konjunkturellen Schwankungen gesichert. Die Erhebung der Einfuhrumsatzsteuer an der Grenze stellt deshalb ebensowenig wie die Erhebung der Umsatzsteuer auf den üblichen Handelsstufen eine bloße administrative Leerform dar, wie die Klägerin im Anschluß an *Vaulont* (Europarecht 1977, S. 23) meint.

Zwar ist es richtig, daß demKäufer einer inländischen Ware in der Regel ein Zahlungsziel eingeräumt wird, so daß er die von seinem Vorlieferanten entrichtete, ihm in Rechnung gestellte Umsatzsteuer erst nach einer gewissen Frist, der Einführer dagegen die Steuer grundsätzlich sofort zahlen muß. Entscheidend ist aber nicht dieser Vergleich, sondern ein Vergleich der Belastung der Ware. Der Käufer einer inländischen Ware erhält die Ware belastet mit der von dem Lieferanten entrichteten Umsatzsteuer. Mit der Erhebung der Einfuhrumsatzsteuer wird diese Belastung nur nachgeholt und damit die Gleichstellung mit der inländischen Ware erreicht.

Daß die Erhebung der Einfuhrumsatzsteuer an der Grenze zu einer ernsten Behinderung des Warenverkehrs geführt hätte, ist nicht ersichtlich und von der Klägerin auch nicht im einzelnen dargelegt worden.

3. Einfuhrumsatzsteuer kein Verstoß gegen andere Normen des Gemeinschaftsrechts: Das Auslegungsergebnis, daß die Erhebung der Einfuhrumsatzsteuer an der Grenze vertragskonform ist, wird durch folgende Überlegungen bestätigt. Bei Abschluß des EWG-Vertrags war den Vertragspartnern bekannt, daß in der Bundesrepublik Deutschland wie in anderen Mitgliedstaaten bei der Ausfuhr ein Grenzausgleich gewährt und bei der Einfuhr eine Umsatzsteuer erhoben wurde. Gleichwohl enthält der Vertrag keine Bestimmung, die die Erhebung der Einfuhrumsatzsteuer an der Grenze untersagt. Im Gegenteil ergibt sich aus Art. 99 Abs. 1 EWGV, der die Harmonisierung der indirekten Steuern betrifft, lediglich ein Auftrag an die Kommission, ein Programm für die Harmonisierung der indirekten Steuern, insbesondere der Umsatzsteuer, zu entwickeln. Über die Maßnahme zur Harmonisierung entscheidet der Rat (Art. 99 Abs. 2 EWGV). Die Gerichte sind nicht befugt, unter Berufung auf einen nicht justitiablen Begriff des »jetzt erreichten Standes der Integration« der Gesetzgebung der zuständigen Gemeinschaftsorgane vorzugreifen.

Auch der allgemeine Gesichtspunkt der Beseitigung von Handelshemmnissen, der zur Auslegung von einzelnen Vertragsartikeln herangezogen werden kann, ist kein selbständiger Anspruchsgrund, die Erhebung der Einfuhrumsatzsteuer an der Grenze zu beseitigen. Der Warenverkehr zwischen den Mitgliedstaaten unterliegt noch zahlreichen Hemmnissen, etwa in Gestalt von Geboten und Beschränkungen oder in Gestalt unterschiedlicher Währungsverhältnisse, um nur einige zu nennen, zu deren Beseitigung die Mitgliedstaaten nicht allgemein, sondern nur nach Maßgabe spezieller Vertragsartikel verpflichtet sind.

Die völlige Harmonisierung der Umsatzsteuer in den Mitgliedstaaten, die wie in einem Binnenmarkt innerhalb der Gemeinschaft erhoben wird, erfordert noch eine Reihe von für die Mitgliedstaaten schwerwiegenden Maßnahmen, die u. a. eine Umstrukturierung der jeweiligen Steuersysteme und wegen des Ungleichgewichts der Warenströme einen Finanzausgleich zwischen den Mitgliedstaaten umfassen.

Der in zweiter Linie von der Klägerin begehrte Verzicht der Erhebung der Einfuhrumsatzsteuer nur an der Grenze und die Verlagerung der Erhebung auf den Zeitpunkt der Zahlung der Umsatzsteuer für Binnenumsätze ist zwar nach dem Gemeinschaftsrecht nicht mehr verboten, aus den dargelegten Gründen aber auch nicht geboten. Deshalb kann die Klägerin auch nichts aus der Tatsache herleiten, daß in Holland und Belgien die Einfuhrumsatzsteuer erst im Veranlagungsverfahren für Inlandumsätze erhoben wird.

Für die Richtigkeit der Auffassung des Senats sprechen auch die erste, zweite und sechste Richtlinie des Rates vom 11. 4. 1967 bzw. 17. 5. 1977 zur Harmonisierung der Rechtsvorschriften der Mitgliedstaaten über die Umsatzsteuer (ABlEG 1967, S. 1301 ff.; 1977 Nr. L 145, S. 1 ff.). Die genannten Richtlinien gehen von der Einfuhr als Besteuerungsgegenstand der Umsatzsteuer aus bzw. schreiben diesen ausdrücklich vor. Soweit Art. 23 Abs. 2 der sechsten Richtlinie es den Mitgliedstaaten freistellt, ohne Inanspruchnahme des in Art. 27 vorgesehenen Verfahrens die Umsatzsteuer nicht zum Zeitpunkt der Einfuhr zu erheben, ergibt sich hieraus ein Wahlrecht, das nicht mit allgemeinen Erwägungen in eine Pflicht der Mitgliedstaaten umgedeutet werden kann, von der Erhebung der Einfuhrumsatzsteuer an der Grenze abzusehen. Es gibt keine Anhaltspunkte dafür, daß die genannten Richtlinien nicht mit dem Vertrag im Einklang stehen.

Nr. 77 OLG Hamburg 2. 11. 1978 (3 U 120/78) NJW 1980, 842

Die Kl., Zeitschriftenhändlerin und Inhaberin einer Lotto- und Toto-Annahmestelle, nimmt die bekl. Stadt auf Zahlung von Schmerzensgeld wegen Verletzung ihres Persönlichkeitsrechts in Anspruch. Im Zusammenhang mit einem nicht ausgezahlten Lottogewinn für »sechs Richtige« wurde aufgrund einer von der Lotto-Gesellschaft am 18. 3. 1977 an dpa gegebenen Erklärung in den Medien erstmals die Möglichkeit eines Betrugsversuchs im Zusammenhang mit dem Lottogewinn erörtert. Nachdem der Lotto-Gesellschaft von dritter Seite Informationen zugegangen waren, denen zufolge die Kl. mit der Spielteilnehmerin und deren Ehemann gut bekannt gewesen sein sollte, was die drei Beteiligten abgestritten hatten, wurde die Strafanzeige vom 21. 3. 1977 gegen die Kl. und die Spielteilnehmerin sowie deren Ehemann wegen Verdacht des versuchten Betrugs erstattet. Im Verlauf der nun einsetzenden kriminalpolizeilichen Ermittlungen sollte die Kl. am 23. 3. 1977 vernommen werden. Sie äußerte sich unter Hinweis auf ihre anwaltliche Beratung nur zur Person. Am gleichen Tage wurde die kriminaltechnische Untersuchung des Lottospielscheins veranlaßt. Am 24. 3. 1977 gab die Polizei eine Pressemitteilung über den Stand der Ermittlungen heraus, in der es am Schluß hieß (Frau M = die Kl.): Die Tatverdächtigen lehnten Angaben bei der Polizei ab. Sie beteuern lediglich ihre Unschuld. Darüber hinaus will Frau M mit den Wettern nicht näher bekannt sein. Insoweit wendet sich die Kripo mit der Bitte um Mithilfe an die Öffentlichkeit: »Wer kann evtl. Auskunft darüber geben, ob zwischen der Tatverdächtigen M von der Lottoannahmestelle und Herrn S und seiner Frau engere Kontakte bestehen«? Diese Pressemitteilung fand Eingang in die Berichterstattung mehrerer Zeitungen. Das Ermittlungsverfahren wurde am 18. 7. 1977 eingestellt.

Die Kl. meint, sie sei durch die Pressemitteilung der Polizei in ihrem Persönlichkeitsrecht erheblich verletzt worden. Die Bekl. hält das schon deshalb für falsch, weil der sogenannte »Lottoskandal« bereits vor der Pressemitteilung ausführlich unter Namensnennung auch der Kl. weithin öffentlich erörtert worden sei. Das LG hat der Klage stattgegeben. Die Berufung der Bekl. hatte keinen Erfolg.

Dem LG ist darin beizutreten, daß durch den streitigen Fahndungsaufruf das Persönlichkeitsrecht der Kl. rechtswidrig und schuldhaft schwer verletzt worden ist. Ihr steht daher ein Anspruch auf Ersatz ihres immateriellen Schadens gemäß § 839 I BGB i. V. mit Art. 34 GG und § 847 I BGB zu.

Der öffentliche Fahndungsaufruf war rechtswidrig. Über die rechtliche Ausgangslage besteht zwischen den Parteien im wesentlichen Einigkeit.

Der Staat kann seinen Strafanspruch nicht schrankenlos und unter Wahl beliebiger Mittel durchsetzen. Die Strafverfolgungsbehörden unterliegen den Schranken der Gesetze. Sie müssen jede Strafverfolgungsmaßnahme im Einzelfall darauf überprüfen, ob sie nach dem allgemein geltenden Grundsatz der Verhältnismäßigkeit gerechtfertigt werden kann. Ins Verhältnis zu setzen sind hierbei das Interesse der Allgemeinheit an der Durchsetzung des staatlichen Strafanspruchs und das verfassungsrechtlich geschützte Persönlichkeitsrecht des Einzelnen. Für den einer Straftat lediglich Verdächtigen gilt zudem die Vermutung seiner Unschuld (Art. 6 II der Europäischen Konvention zum Schutze der Menschenrechte und Grundfreiheiten vom 4. 11. 1950, BGBl. 1952 II, 686). Sie gebietet in besonderem Maße eine Rücksichtnahme auf die Stellung des Beschuldigten in der Öffentlichkeit und in seinen sozialen Bezügen, die durch eine öffentliche Fahndung außerordentlich stark berührt wird (vgl. hierzu *Löwe/Rosenberg*, StPO, 23. Aufl., Art. 6 MRK Anm. 36; OLG München, NJW 1970, 1745; sowie für den Bereich der Presseberichterstattung BVerfG, NJW 1973, 1226 [1230] – *Lebach;* BGHZ 45, 296 [307] = NJW 1966, 1617; OLG Frankfurt, NJW 1971, 47 [48]).

Für die öffentliche Fahndung mit Hilfe der Massenmedien bedarf es daher einer besonders sorgfältigen Prüfung der Gründe, die geeignet sein können, diese Fahndungsmaßnahme zu rechtfertigen. Hierzu gehört einmal, daß es sich bei der in Rede stehenden Straftat um eine solche von erheblicher Bedeutung handeln muß. Ferner muß sich das Mittel der öffentlichen Fahndung als geeignet erweisen, die Ermittlungen im Einzelfalle *entscheidend* zu fördern. Der Grundsatz der Subsidiarität gebietet, daß es als einschneidende, den Ruf des Betroffenen in der Öffentlichkeit für alle Zukunft gefährdende Maßnahme erst dann angewandt wird, wenn andere weniger einschneidende Maßnahmen der Fahndung ausgeschöpft sind. Schließlich kann seine Anwendung von vornherein nur dann in Betracht kommen, wenn die bisherigen Ermittlungen den Tatverdächtigen bereits erheblich belastet haben, mag auch ein dringender Tatverdacht i. S. des § 112 I StPO noch nicht vorzuliegen brauchen.

Auf dieser rechtlichen Grundwertung beruht die für die Ermittlungsbeamten der Bekl. geltende Verwaltungsanweisung der Polizeibehörde für die Inanspruchnahme von Publikationsorganen zur Fahndung nach Personen bei der Strafverfolgung vom 15. 2. 1973 (HbgJVBl., S. 189 f.)...

Dem LG ist darin beizutreten, daß diesen Grundsätzen im vorliegenden Fall nicht hinreichend Rechnung getragen worden ist. Die Angriffe der Berufung gegen diese Feststellungen sind jedenfalls im Ergebnis nicht begründet...

Der Bekl. ist einzuräumen, daß es bei dem Verdacht des Betruges zum Nachteil der Nordwest Lotto-Gesellschaft um eine Straftat von nicht unerheblichem Gewicht ging, wenngleich andererseits kein Fall von der Art gegeben war, in dem der volle Einsatz aller kriminalistischen Möglichkeiten von Anbeginn außer Zweifel notwendig erscheint. Eine Gefährdung der Öffentlichkeit oder Einzelner durch eine Wiederholungstat bestand nicht. Rechtsgüter höchsten Ranges waren ohnedies von der Tat nicht betroffen.

Dagegen bestand seinerzeit kein Grund zu der Annahme, daß die öffentliche Fahndung gerade in diesem Zeitpunkt geeignet war, den Fahndungserfolg entscheidend zu fördern.

Das Fahndungsersuchen bezog sich ausdrücklich nur auf die Frage, ob zwischen der Kl. und den beiden anderen Tatverdächtigen engere Kontakte bestanden hatten. Es ging also um ein Indiz, das für sich allein die Überführung der Täter nicht erbringen, sondern nur ihre gegenüber der Lotto-Gesellschaft gegebene Darstellung erschüttern, den Verdacht also verstärken konnte. Für eine Überführung der Täter wären positive Ergebnisse dieser Aktion nicht ausreichend gewesen. Als das Fahndungsersuchen an die Presse ging, am 24. 3. 1977, hatten die Vernehmungen der Zeugen G und H, die bereits am 21. 3. 1977 erfolgt waren, jedoch ergeben, daß an der Richtigkeit der Darstellung der Verdächtigen gegenüber der Lotto-Gesellschaft am 15. 3. 1977 Zweifel bestehen konnten. Der Zeuge K hatte sogar in einem Aktenvermerk niedergelegt, daß es in der Gegend Tagesgespräch sei, daß die drei Verdächtigen sich kannten. Dann muß es aber möglich gewesen sein, derartige Feststellungen durch Einzelermittlungsmaßnahmen im Umfeld der Verdächtigen weiter zu verifizieren. Entscheidende zusätzliche Erkenntnisse waren hiernach aufgrund der öffentlichen Fahndung nicht einmal mit hoher Wahrscheinlichkeit zu erwarten. Das gilt um so mehr, als das gewaltige publizistische Echo der ganzen Angelegenheit in den Massenmedien, vor allem in den vielgelesenen Morgenzeitungen, ohnedies schon jedermann, der Willens war, von sich aus Aussagen bei der Polizei zu machen, auf die Bedeutung der Beziehungen zwischen den drei Verdächtigen hingewiesen hatte. Eine wesentliche Verstärkung dieser Aufforderungswirkung war nicht zu erwarten. Andererseits konnte aber auch nicht angenommen werden, daß um deswillen besondere Eile bestand, weil eine Beeinflussung möglicher Zeugen durch die Tatverdächtigen ernstlich zu befürchten stand. Immerhin ging es um Wahrnehmungen, die von zahlreichen Personen aus dem Umfeld der Verdächtigen gemacht worden sein konnten. Dieser unbestimmte und für die Verdächtigen nicht übersehbare Personenkreis entzog sich von vornherein einer Beeinflussung durch diese.

Der Fahndungsstand am 24. 3. 1977 läßt sich dahin zusammenfassen, daß die Vernehmungen hinreichende Anhaltspunkte für Zweifel an der Richtigkeit der Angaben der drei Verdächtigen ergeben hatten. Als weiterer Weg der Ermittlung bot sich in erster Linie die Konfrontierung der Verdächtigen mit diesen Erkenntnissen an. Daneben war der Original-Lottoschein einer kriminaltechnischen Untersuchung zu unterziehen. Mindestens zwei der Verdächtigen, nämlich die Eheleute, standen nach den Angaben ihres Verteidigers bereit für eine Vernehmung. Wie die Lage hinsichtlich der Kl. war, ist zwischen den Parteien streitig . . .

Die Lage war danach so, daß einerseits eine Reihe von Ermittlungen noch fortgeführt werden konnte, andererseits eine besondere Dringlichkeit für die öffentliche Fahndung nicht bestand. Letzteres gilt um so mehr, als in dem engen Umfeld der Verdächtigen Ermittlungen ohnedies in anderer, die Kl. weniger belastender Form hätten geführt werden können. Werden alle diese Gesichtspunkte zusammengenommen, spricht auch aus damaliger Sicht kein durchschlagender Gesichtspunkt dafür, daß die öffentliche Fahndung *gerade in diesem Zeitpunkt* die Ermittlungen entscheidend hätte fördern können. Auch nach dem Inhalt der für sie maßgebenden Richtlinien waren die Beamten gehalten, zunächst die weniger einschneidenden Fahndungsmittel auszuschöpfen.

Das war um so mehr angezeigt, als nach dem Stand der Ermittlungen die gegen die Kl. sprechenden belastenden Umstände nicht als wirklich schwerwiegend und überzeugend bezeichnet werden konnten. . .

Im Hinblick auf die oben erörterten Umstände gab es daher keinen rechtfertigenden Anlaß für eine sofortige öffentliche Fahndung, so sehr auch die Hoffnung der Ermittlungsbeamten verständlich erscheinen mag, mit diesem Fahndungsmittel dem bis dahin nur ganz vagen Verdacht doch noch festere Konturen geben zu können. Sie durften dieser Hoffnung nicht nachgeben, weil durch die Fahndungsmaßnahme die Interessen der Kl. daran, vor einer öffentlichen Fahndungsmaßnahme bewahrt zu werden, ungleich schwerwiegender verletzt wurden, was nach dem Verhältnismäßigkeitsgrundsatz zu berücksichtigen war. Der vorliegende Fall zeichnete sich dadurch aus, daß die Öffentlichkeit die Namen der Beteiligten und auch die Möglichkeit eines Verdachtes dahin, daß sie betrügerisch zusammengewirkt haben könnten, bereits erkannt hatte. Die öffentliche Fahndung mußte in dieser konkreten Situation zur Folge haben, daß die Kl. als eine nahezu der Tat überführte Person angesehen wurde, für deren Überführung nur noch die letzten Hinweise fehlten. In der ohnedies gespannten Situation bedeutete das eine Bloßstellung der Kl., deren Folgen nicht einmal durch den Abschluß des Strafverfahrens wieder rückgängig gemacht werden können. Der Gesamtvorfall bleibt für die Öffentlichkeit weiterhin mysteriös.

Die Kl. ist gerade wegen des Fahndungsaufrufes in der Öffentlichkeit mit einem rufschädigenden Makel belastet geblieben, weil das Fahndungsmittel der öffentlichen Fahndung eine gerade in Fällen von der Art des vorliegenden ungewöhnliche Fahndungsmaßnahme darstellt.

Die Beamten der Bekl. trifft ein Verschulden. Sie haben fahrlässig die Grenzen der Anwendbarkeit des Fahndungsmittels öffentliche Fahndung verkannt. Der Vorwurf der Leichtfertigkeit kann dagegen nicht erhoben werden. Das würde voraussetzen, daß seinerzeit keinerlei ernstzunehmende Umstände für die Einleitung der öffentlichen Fahndung gesprochen hätten. Diese Feststellung läßt der dargestellte Sachverhalt jedoch nicht zu.

Nr. 78 OLG Hamm 24. 11. 1978 (1 Ws 264/78) NJW 1979, 2484

Der Bf. wurde im Juli 1974 wegen sexueller Nötigung in Tateinheit mit Freiheitsberaubung und fahrlässiger Körperverletzung zu einer Freiheitsstrafe von einem Jahr und 6 Monaten verurteilt. Nachdem das Urteil rechtskräftig geworden und dem Bf. Strafaufschub bis zum 19. 6. 1975 bewilligt worden war, hielt er sich in der Folgezeit verborgen. Am 3. 4. 1978 wurde er in Großbritannien festgenommen. Die Bundesregierung beantragte seine Auslieferung. Der von ihr mit ihrer Vertretung vor dem mit dem Auslieferungsverfahren befaßten Londoner Gericht beauftragte Rechtsanwalt schränkte den Antrag mit Rücksicht darauf, daß Großbritannien wegen Fahrlässigkeitstaten nicht ausliefert, in der Verhandlung über das Auslieferungsbegehren entsprechend ein. In diesem Umfang entsprach die Regierung Großbritanniens dem Auslieferungsantrag. Der Bf. wurde am 31. 7. 1978 deutschen Beamten in London übergeben und von diesen am 1. 8. 1978 in die Justizvollzugsanstalt D. eingeliefert.

Die StA legte den Vorgang mit Verfügung vom 31. 8. 1978 dem LG D. »zur Entscheidung nach § 458 StPO« vor. Durch den angefochtenen Beschluß hat die StrK die Vollstreckung der durch das Urteil festgesetzten Freiheitsstrafe in Höhe von einem Jahr und 5 Monaten für zulässig erklärt. Die dagegen gerichtete Beschwerde hatte keinen Erfolg.

Die StrK war für die zu treffende Entscheidung zuständig. Bei der von der StA als Vollstreckungsbehörde beantragten gerichtlichen Entscheidung geht es um die Klärung der Auswirkungen des völkerrechtlichen Grundsatzes der Spezialität. Dieser Grundsatz (vgl. dazu § 6 DAG) besagt, daß gegen eine ausgelieferte Person wegen strafbarer Handlungen, die sie vor der Einlieferung begangen hat und auf die sich die Auslieferungsbewilligung des ausländischen Staates nicht erstreckt, Verfolgungs- oder Vollstreckungsmaßnahmen unzulässig sind, sofern nicht der ausliefernde Staat zustimmt oder ein Ausnahmetatbestand vorliegt (vgl. *Reissfelder,* NJW 1973, 1567). Die Beachtung dieses Grundsatzes schreibt § 54 DAG vor. Danach ist eine Bedingung, an die eine ausländische Regierung bei der Bewilligung von Rechtshilfe in Strafsachen deren Verwertung geknüpft hat, zu beachten. Kann deswegen die gegen eine eingelieferte Person erkannte Gesamtfreiheitsstrafe nicht in vollem Umfang vollstreckt werden, muß die Gesamtfreiheitsstrafe aufgelöst und aus den zugrunde liegenden Einzelstrafen, auf die sich die Auslieferungsbewilligung des ausländischen Staates erstreckt, eine neue Gesamtstrafe gebildet werden (vgl. dazu *Mettgenberg-Doerner,* DAG, 2. Aufl., § 54, S. 540; ferner BGH, NJW 1977, 1598 [1599]). Entsprechend muß im vorliegenden Fall der Verurteilung wegen mehrerer tateinheitlich begangener Delikte verfahren werden. Da nach den Grundsätzen des deutschen materiellen Strafrechts bei Tateinheit nur auf eine Strafe erkannt wird (§ 52 StGB = § 73 StGB a. F.), kann dem Grundsatz der Spezialität nur in der Weise Rechnung getragen werden, daß eine neue, auf die Beachtung des Spezialitätsgrundsatzes beschränkt gültige Rechtsfolgenentscheidung getroffen wird, bei der vom Standpunkt des damals erkennenden Tatrichters aus die Strafe bestimmt wird, auf welche der damalige Tatrichter ohne die tateinheitliche Verurteilung wegen der Fahrlässigkeitstat erkannt hätte.

Eine ausdrückliche Vorschrift des Inhalts, daß der Tatrichter oder die Strafvollstreckungskammer auf Antrag der StA eine entsprechende Entscheidung zu treffen hat, fehlt. Zwar sieht § 450a III 1 StPO vor, daß bei Einlieferung zum Zwecke der Strafvollstreckung das Gericht auf Antrag der StA die Nichtanrechnung der im Ausland erlittenen Freiheitsentziehung anordnen kann, wobei stets die Zuständigkeit der Strafvollstreckungskammer begründet ist, da die Strafvollstreckung mit dem Zeitpunkt der Einlieferung beginnt (vgl. § 38b Strafvollstreckungsordnung; *Kleinknecht,* StPO, 33. Aufl., § 450a Rdnr. 3). Indessen scheidet die Spezialvorschrift des § 450a III 1 StPO als Verfahrensgrundlage für den hier vorliegenden Antrag der StA aus.

Sofern es darum geht, den nach § 54 DAG vollstreckbaren Teil der vor der Einlieferung rechtskräftig erkannten Strafe zu bestimmen, wird, soweit ersichtlich, allgemein als selbstverständlich davon ausgegangen, daß § 458 StPO die Verfahrensgrundlage dafür ist (LG München, DJ 1936, 583; bestätigt von OLG München, DJ 1936, 584; AG Markneukirchen, DJ 1938, 1845; *Kleinknecht et al.,* Kommentar zur StPO, 6. Aufl., § 458 Anm. 1 u. 3a aa). Bei näherer Betrachtung bestehen dagegen jedoch durchgreifende Bedenken. Allerdings wird darauf hingewiesen (vgl. OLG Hamm, NJW 1956, 1936), daß die gleichen Grundsätze wie bei einer erst nach rechtskräftiger Verurteilung wirksam gewordenen Amnestie gelten müssen, es handele sich alsdann um eine Frage der Zulässigkeit der Strafvollstreckung, über die ggf. nach § 458 StPO zu entscheiden sei. Nun sieht zwar § 458 I StPO die Herbeiführung einer gerichtlichen Entscheidung vor, wenn *Einwendungen* gegen die Zulässigkeit der Strafvollstreckung erhoben werden; es erscheint auch ferner möglich, die zu entscheidende Frage dahin gehend zu umschreiben, in welchem Umfang eine Vollstreckung der erkannten Strafe unter Beachtung des Grundsatzes der Spezialität *zulässig* ist. Schon dieser Ausgangspunkt ist aber nicht ganz unzweifelhaft, wenn man mit dem unveröffentlichten Urteil des 4. Strafsenats des BGH vom 21. 12. 1976 – 4 StR 621/76 – davon ausgeht, daß die Spezialität der Auslieferung nur dazu dient, die Rechte des um Auslieferung ersuchten Staates zu sichern, hingegen nicht dem Schutz des Ausgelieferten, der deswegen auch Rechte aus ihr nicht ableiten könne. Jedenfalls kann die StA nach einhelliger Auffassung (*Schäfer,* in: Löwe/Rosenberg, StPO, 23. Aufl., § 458 Rdnr. 7 m. w. N.; ebenso speziell für die Beachtung des Spezialitätsgrundsatzes der zur Veröffentlichung vorgesehene Beschluß des 6. Strafsenats des OLG Hamm vom 16. 11. 1978 – 6 Ws 595/78) »Einwendungen« gegen die Zulässigkeit der von ihr durchzuführenden Strafvollstreckung nicht selbst erheben, also eigene Zweifel über die Zulässigkeit der Vollstreckung, soweit sie sich nicht auf die Auslegung des Urteils und die Strafzeitberechnung beziehen, nicht von vornherein dem Gericht zur Entscheidung unterbreiten. Ein Antragsrecht der StA nach § 458 I StPO würde hier deswegen voraussetzen, daß durch die beantragte gerichtliche Entscheidung Zweifel über die Auslegung des Urteils vom 2. 7. 1974 oder über die Berechnung der erkannten Strafe beseitigt werden sollen. Hier jedoch soll eine der nachträglichen Gesamtstrafenbildung ähnliche, der Strafzeitberechnung vorgreifliche Entscheidung über den unter Beachtung des Spezialitätengrundsatzes zulässigen Umfang der Vollstreckung der festgesetzten Einzelstrafe getroffen werden. Diese Frage muß zwar anhand der Gründe des tatrichterlichen Urteils entschieden werden, was jedoch nicht bedeutet, daß es dabei um die Klärung von Zweifeln über die Auslegung des tatrichterlichen Urteils geht. Durch eine Auslegung klärungsbedürftig ist nicht etwa die Frage, welche Strafhöhe die StrK im Urteil vom 2. 7. 1974 für die sexuelle Nötigung in Tateinheit mit Freiheitsberaubung zugrunde gelegt hat; beantwortet werden soll vielmehr die von der StrK damals nicht zu entscheidende und daher hypothetische Frage, welche Strafe sie bei einer Beschränkung des Schuldspruchs auf die sexuelle Nötigung in Tateinheit mit Freiheitsberaubung festgesetzt hätte. Eine unmittelbare Anwendung des § 458 I StPO ergibt dafür eine Verfahrensgrundlage nicht.

Gleichwohl muß die StA die Möglichkeit haben, die von ihr beantragte gerichtliche Entscheidung herbeizuführen, da der Spezialitätsgrundsatz von Amts wegen zu beachten ist und nach der Zuständigkeitsverteilung zwischen Vollstreckungsbehörde und Gericht hier nur ein Gericht dafür zuständig sein kann, den Umfang der Auswirkung des Spezialitätsgrundsatzes auf die Rechtsfolgenentscheidung zu bestimmen. Davon geht auch ersichtlich der Antrag der StA aus.

Deswegen stellt sich die Frage, ob hier ein bei Zweifeln über die Auslegung eines Strafurteils oder die Berechnung der erkannten Strafe rechtsähnlicher Fall vorliegt, der eine entsprechende Anwendung des § 458 I StPO rechtfertigt, die zur Zuständigkeit der Strafvollstreckungskammer führen würde, oder ob eine entsprechende Anwendung der Vorschriften über die nachträgliche Gesamtstrafenbildung (§§ 460, 462, 462a III StPO) mit der Folge einer Zuständigkeit des Gerichts des ersten Rechtszuges näher liegt. Nach Auffassung des Senats ist der letzteren Lösung der Vorzug zu geben, weil das Gericht des ersten Rechtszugs aus den gleichen Erwägungen, die seine Zuständigkeit bei der nachträglichen Gesamtstrafenbildung begründen, eher dazu berufen ist, die von der StA beantragte Entscheidung zu treffen. Der Beschluß des 3. Strafsenats des OLG Hamm vom 4. 5. 1956 (NJW 1956, 1936) steht dem nicht entgegen. Er betraf die darin verneinte Frage, ob dem im Stadium der Strafverfolgung unberücksichtigt gebliebenen Spezialitätsgrundsatz durch eine nochmalige gerichtliche Entscheidung im Rahmen der Strafvollstreckung Rechnung getragen werden kann. Abgesehen davon war nach dem damaligen Recht (§ 462 I StPO a. F.) für sämtliche bei der Strafvollstreckung notwendig werdende gerichtliche Entscheidungen einschließlich der nachträglichen Gesamtstrafenbildung das Gericht des ersten Rechtszuges zuständig. Für einen Antrag der StA, den Teil einer Gesamtstrafe oder Einzelstrafe zu bestimmen, dessen Vollstreckung unter Beachtung des Spezialitätsgrundsatzes zulässig ist, war deswegen eine nähere Erörterung der Verfahrensgrundlage im Ergebnis ohne Bedeutung. Dies hat sich erst mit der Einrichtung von Strafvollstreckungskammern geändert.

Nach allem hat die StrK im Ergebnis zu Recht über den an sie gerichteten Antrag entschieden.

Auch in der Sache selbst tritt der Senat der Entscheidung der StrK bei. Aus den Gründen des Urteils vom 2. 7. 1974 ergibt sich, daß die Strafe dem Strafrahmen des § 178 I StGB entnommen worden ist, der Freiheitsstrafe von einem Jahr bis zu 10 Jahren vorsieht. Zur Strafhöhe ist in den Urteilsgründen sodann ausgeführt:

> »Der Angekl. hat die sexuelle Selbstbestimmung der Zeugin durch die Art seines Vorgehens in grober Weise verletzt. Dadurch, daß er zunächst von Tötung im Affekt bei solchen Gelegenheiten gesprochen, dann angedroht hatte, brutal zu werden, und sein Endziel, den Geschlechtsverkehr, mit ungewöhnlicher Hartnäckigkeit und

Rücksichtslosigkeit verfolgte, hat er die Zeugin in größte Angst versetzt. Er hat sie ihrer persönlichen Freiheit wegen seiner sexuellen Absichten über einen erheblichen Zeitraum beraubt. Sein Gesamtverhalten war gefahrenträchtig«.

Diesen Ausführungen ist zu entnehmen, daß die tateinheitliche Verurteilung wegen fahrlässiger Körperverletzung die Höhe der Strafe, soweit diese über die Mindeststrafe von einem Jahr hinausgeht, nicht so stark beeinflußt hat, wie die Beschwerde meint. Bei dieser Sachlage sieht der Senat keine Veranlassung, den Teil der Strafe, dessen Vollstreckung unter Beachtung des Spezialitätsgrundsatzes zulässig ist, niedriger anzusetzen als es die StrK im angefochtenen Beschluß getan hat.

Nr. 79 OVG Münster 28. 11. 1978 (XV A 589, 77) MDR 1979, 608

Die Kl., eine 1918 geborene deutsche Jüdin, emigrierte 1934 nach Südafrika. Durch die VO vom 25. 11. 1941, RGBl. I, S. 722, wurde ihr die deutsche Staatsangehörigkeit aus rassischen Gründen entzogen. 1942 heiratete sie einen südafrikanischen Staatsbürger und erwarb dadurch die südafrikanische Staatsangehörigkeit. Diese Ehe wurde 1954 geschieden. Im selben Jahr heiratete sie in Rhodesien einen rhodesischen Staatsangehörigen. Sie erwarb die Staatsangehörigkeit ihres Ehemannes und verlor ihre südafrikanische Staatsbürgerschaft. Nach Scheidung dieser Ehe 1967 kehrte die Kl. nach Südafrika zurück, wo sie auf ihren Antrag im August 1968 ihre südafrikanische Staatsangehörigkeit wiedererlangte. Im November 1972 beantragte die Kl. über das Deutsche Generalkonsulat in Johannisburg beim Bundesverwaltungsamt (BVA) in Köln ihre Wiedereinbürgerung in den deutschen Staatsverband nach Art. 116 Abs. 2 Satz 1 GG. Sie trug vor: Bei ihrer Rückkehr nach Südafrika 1968 habe sie die südafrikanische Staatsangehörigkeit beantragt, weil ihr rhodesischer Paß keinen praktischen Wert besessen habe und sie ihre Aufenthaltsverhältnisse in Südafrika habe sichern wollen. Zu jener Zeit sei ihr ihr Einbürgerungsanspruch nach Art. 116 Abs. 2 Satz 1 GG bekanntgewesen. Sie sei davon ausgegangen, daß dieser Anspruch durch ihren Antrag auf Wiedererwerb der Südafrikanischen Staatsangehörigkeit nicht berührt werde. Das BVA, das durch den Vortrag der Kl. im Verwaltungsverfahren (VerwVerf.) vom Erwerb der südafrikanischen Staatsangehörigkeit im Jahre 1968 erfahren hatte, lehnte den Antrag auf Wiedereinbürgerung mit der Begründung ab: Die Kl. habe in Kenntnis ihres Anspruchs aus Art. 116 Abs. 2 Satz 1 GG auf eigenen Antrag 1968 die südafrikanische Staatsangehörigkeit erworben und dadurch auf ihren Wiedereinbürgerungsanspruch verzichtet, zumindest habe sie diesen verwirkt. Widerspruch und Klage hatten keinen Erfolg. Auf die Berufung der Kl. gab das OVG ihrer Klage statt.

Die Kl. hat ihren Wiedereinbürgerungsanspruch nach Art. 116 Abs. 2 Satz 1 GG nicht durch die (Wieder-)Erlangung der südafrikanischen Staatsangehörigkeit im Jahre 1968 verloren.

Allerdings wäre dieser Verlust eingetreten, wenn man § 25 Abs. 1 Reichs- und Staatsangehörigkeitsgesetz (RuStAG) auf den Wiedereinbürgerungsanspruch *entsprechend* anwenden würde. Denn die Kl. hat 1968 die südafrikanische Staatsangehörigkeit – wie von § 25 Abs. 1 RuStAG vorausgesetzt – auf ihren Antrag (wieder-)erworben. Jedoch scheidet eine entsprechende Anwendung der §§ 17 ff. RuStAG, hier des § 25 Abs. 1 RuStAG, auf den Wiedereinbürgerungsanspruch nach Art. 116 Abs. 2 GG aus. Anders als Abs. 1 ist Abs. 2 des Art. 116 GG mit einem Gesetzesvorbehalt nicht versehen. Eine nur einfachgesetzliche Regelung bzw. deren entsprechende Anwendung ist daher nicht geeignet, die mit Verfassungsrang ausgestatteten Rechte aus Art. 116 Abs. 2 GG zu beseitigen.

In dem 1968 gestellten Antrag auf Wiedererwerb der südafrikanischen Staatsangehörigkeit ist auch kein Verzicht auf den Wiedereinbürgerungsanspruch nach Art. 116 Abs. 2 GG zu sehen. Allerdings ist dieser Anspruch nicht von vornherein unverzichtbar. (Vgl. BVerfGE 23, 98 [112]). Doch darf andererseits entgegen einer in der Literatur ohne – nähere – Begründung vertretenen Auffassung (vgl. *Hecker*, bei *v. Münch*, Grundgesetzkommentar, Bd. 3, 1978, Art. 116 Rdnr. 15; *Makarov*, Deutsches Staatsangehörigkeitsrecht, 2. Aufl., 1971, S. 260) in die trotz Kenntnis des grundgesetzlichen Wiedereinbürgerungsanspruchs gestellten Anträge auf Erwerb fremder Staatsbürgerschaften nicht *generell* ein Verzicht auf die Rechte aus Art. 116 Abs. 2 GG hineininterpretiert werden. Der Verzicht auf Wiedergutmachungsansprüche, zu denen Art. 116 Abs. 2 GG gehört, darf nicht ohne Rücksicht auf den Willen des konkreten Verfolgten unterstellt werden.

Selbst wenn der Verzicht auf Rechte aus Art. 116 Abs. 2 Satz 1 GG an keine Form gebunden sein sollte und auch durch konkludente Handlungen erklärt werden könnte, müßte dennoch, um einen wirksamen Verzicht annehmen zu können, der Verzichtswille unzweideutig hervortreten und der zuständigen Behörde gegenüber bekundet worden sein. (Vgl. VGH Baden-Württemberg, Urteil vom 9. 9. 1968 – II 772/66 – Bad.-Württemberg. Verwaltungsblatt 1969, S. 109 [111].) An beiden Voraussetzungen fehlt es hier.

Die Kl. hat bei dem (Wieder-)Erwerb der südafrikanischen Staatsangehörigkeit ausschließlich gegenüber den Behörden der Republik Südafrika, nicht gegenüber der Bekl. gehandelt. Auch inhaltlich läßt ihr an die südafrikanischen Behörden gerichteter Antrag keinen Willen, auf den Wiedereinbürgerungsanspruch nach Art. 116 Abs. 2 Satz 1 GG zu verzichten, erkennen. Zwar mag der Antragserwerb einer fremden Staatsangehörigkeit im Einzelfall Ausdruck für die Aufgabe von Wiedereinbürgerungsabsichten sein; ihm können aber durchaus auch andere Motive zugrunde liegen.

Die Kl. hat erklärt, sie habe die Einbürgerung in die Republik Südafrika lediglich zur Sicherung ihrer dortigen Existenz betrieben, damit aber keineswegs eine Entscheidung gegen die deutsche Staatsangehörigkeit treffen wollen. Diese Angaben sind glaubhaft.

Die Kl. hat ihren Wiedereinbürgerungsanspruch nach Art. 116 Abs. 2 Satz 1 GG durch den Antrag auf (Wieder-)Erwerb der südafrikanischen Staatsangehörigkeit nicht verwirkt. Zwar gilt der Grundsatz der Verwirklichung auch im öffentlichen Recht; vgl. BVerwG, Urteil vom 7. 2. 1974 – III C 115/71, BVerwGE 44, 339 (343); Beschluß vom 17. 1. 1975 – VI CB 133/74, ZBR 1975, 146; zweifelhaft ist aber, ob ihm Verfassungsrang zukommt. Denn nur dann könnte er dem mit diesem Rang ausgestatteten und überdies ohne Gesetzesvorbehalt gewährten Recht aus Art. 116 Abs. 2 Satz 1 GG entgegengehalten werden, für das es an einer ausdrücklichen Regelung der Verwirkung fehlt, wie sie Art. 18 GG für einige Grundrechte vorsieht. Selbst wenn man von diesen Bedenken Abstand nimmt und die im allgemeinen Verwaltungsrecht für die Verwirkung entwickelten Grundsätze auch hier anwendet, darf eine Verwirkung nicht angenommen werden. Sie würde voraussetzen, daß der Verpflichtete infolge eines bestimmten Verhaltens des Berechtigten darauf vertrauen durfte, daß dieser das Recht nach so langer Zeit nicht mehr geltend machen würde (Vertrauensgrundlage), der Verpflichtete ferner tatsächlich darauf vertraut hat, daß das Recht nicht mehr ausgeübt würde (Vertrauenstatbestand) und sich infolgedessen in seinen Vorkehrungen und Maßnahmen so eingerichtet hat, daß ihm durch die verspätete Durchsetzung des Rechts ein unzumutbarer Nachteil entstehen würde. (So BVerwGE 44, 339, [343/344]; vgl. auch BVerwG, ZBR 1975, 146).

Welcher unzumutbare Nachteil der Bekl. durch die Durchsetzung des Wiedereinbürgerungsanspruchs der Kl. zum jetzigen Zeitpunkt entstehen könnte, ist nicht ersichtlich. Die Nichtverhinderung der Mehrstaatigkeit ist ein solcher Nachteil nicht, weil Art. 116 Abs. 2 Satz 1 GG seinem Wiedergutmachungscharakter entsprechend die Mehrstaatigkeit bewußt in Kauf nimmt. Davon abgesehen hat die Bekl. in der Zeit von 1968 bis zur Stellung des Antrages im November 1972 nicht darauf vertraut, daß die Kl. ihren Wiedereinbürgerungsanspruch nicht mehr geltend machen würde. Denn die Bekl. hat von der im Jahre 1968 erfolgten Wiedereinbürgerung der Kl. in die Republik Südafrika erst im Laufe des VerwVerf., nämlich im März 1974, Kenntnis erlangt. Ferner kann, wie bereits dargelegt, im Antrag der Kl. auf Wiedereinbürgerung in die Republik Südafrika keine Entscheidung gegen die deutsche Staatsangehörigkeit gesehen werden.

Nr. 80 OLG Nürnberg 29. 11. 1978 (4 U 147/77) OLGZ 12, 217

Der bei der Innungskrankenkasse A (IKK) sozialversicherte X wurde bei einem Verkehrsunfall verletzt. Außer ihm waren an dem Unfall noch der bei der Klägerin gegen Haftpflicht versicherte Y und ein auf einer Dienstfahrt befindlicher Angehöriger der US-Streitkräfte beteiligt. Zwischen den Parteien steht außer Streit, daß der Unfall allein von dem Fahrer des US-Trucks verschuldet worden ist und Y auch nicht aus dem Gesichtspunkt der Gefährdungshaftung für die Unfallfolgen einzustehen hat. Die Klägerin hat mit der IKK ein Teilungsabkommen abgeschlossen, wonach sie diesem Sozialversicherungsträger ohne Prüfung der Haftungsfrage für jeden Fall der Gefährdungshaftung 60% ihrer anläßlich des Schadensfalls aufgrund Gesetzes erwachsenen Aufwendungen erstattet. Nach dieser Bestimmung hat die Klägerin der IKK einen Betrag vergütet, den diese dem X als Krankengeld gezahlt habe. Diesen Betrag verlangt die Klägerin nunmehr von der beklagten Bundesrepublik aus dem Gesichtspunkt der ungerechtfertigten Bereicherung. Das LG hat die Klage abgewiesen; die Berufung der Klägerin ist erfolgreich.

Die Geltendmachung des Bereicherungsanspruches ist nach Auffassung des Senats im Gegensatz zur Meinung des LG auch im Rahmen des Nato-Truppenstatuts (NTS) möglich. Für Ansprüche, die sich daraus ergeben, daß jemandem durch Handlungen von Mitgliedern der Truppen eines anderen Nato-Vertragspartners in Ausübung des Dienstes ein Schaden zugefügt wird, gelten die Vorschriften des Art. VIII Abs. 5 NTS. Dabei bestimmt Buchst. a, daß die Geltendmachung, Prüfung und außergerichtliche Regelung der Entschädigungsansprüche oder die gerichtliche Entscheidung über sie gemäß den Gesetzen und Bestimmungen des Aufnahmestaates erfolgt, die insoweit für seine eigenen Streitkräfte gelten. In Art. VIII Abs. 5 NTS sind jedoch vertragliche Ansprüche und einige andere hier nicht einschlägige Ansprüche ausgenommen. Art. 41 Abs. 1 des Zusatzabkommens zu dem Nato-Truppenstatut (NTS-ZA) bestätigt diese Regelung, denn es heißt dort, die Abgeltung von Schäden, die durch Handlungen einer Truppe verursacht worden sind, bestimmt sich nach Art. VIII des Nato-Truppenstatuts und den ergänzenden Vorschriften dieses Artikels. Die hier einschlägige ergänzende Bestimmung ist das Unterzeichnungsprotokoll zum Zusatzabkommen (UP), wo es zu Art. 41 NTS-ZA in Abs. 1 heißt, Art. 41 wird auf Ansprüche wegen Schäden aus Verträgen oder vertragsähnlichen Rechtsverhältnissen nicht angewendet.

Der von der Klägerin geltendgemachte Bereicherungsanspruch stellt entgegen der Auffassung der Beklagten, die meint, hier werde ein vertraglicher Anspruch unter dem Mäntelchen der ungerechtfertigten Bereicherung geltend gemacht, keinen vertraglichen Anspruch dar. Es handelt sich bei der ungerechtfertigten Bereicherung vielmehr um ein gesetzliches Schuldverhältnis. Vertragliche Bestimmungen der Beklagten und des Unfallschädigers, für den die Beklagte nach dem NTS einzustehen hat, stehen unstreitig nicht zur Diskussion. Der Umstand, daß die Klägerin mit der Zahlung aufgrund des Leistungsabkommens eine vertragliche Verpflichtung erfüllt hat, macht den von ihr geltend gemachten Bereicherungsanspruch zu keinem vertraglichen Anspruch.

Umstritten ist in der Literatur dagegen die Frage, ob ein Bereicherungsanspruch nach dem NTS geltend gemacht werden kann oder der Bereicherungsanspruch als vertragsähnlicher Anspruch im Sinne des UP zum NTS-ZA anzusehen ist. Eine höchstrichterliche Entscheidung ist hierzu, soweit ersichtlich, noch nicht ergangen. *Rieger* sieht in seinem Kommentar zum Stationierungsschädenrecht (Rdnr. 7 zu Art. 41 Abs. 1 NTS-ZA) Ansprüche aus ungerechtfertigter Bereicherung ebenso wie Ansprüche aus Gemeinschaft und Geschäftsführung ohne Auftrag als vertragsähnliche Ansprüche an. Er folgert dies aus dem im englischen und französischen Text verwendeten Ausdruck »Quasikontrakte« und glaubt, hierunter seien zunächst die aus dem römischen Recht stammenden Rechtsinstitute der Quasikontrakte, also der Gemeinschaft, der Geschäftsführung ohne Auftrag und auch der ungerechtfertigten Bereicherung zu sehen. Demnach sind nach seiner Auffassung alle Ausgleichsansprüche unter mehreren in Anspruch genommenen, also auch solche nach § 426 Abs. 1 BGB, ausgeschlossen. Eine Ausnahme will er nur für Ansprüche aus § 426 Abs. 2 BGB gelten lassen, weil hier direkt kraft Gesetzes übergangene deliktische Ansprüche geltend gemacht werden. *Palandt/Danckelmann,* Anm. 4 zu Art. VIII Abs. 2 NTS, ausgedruckt bis zur 35. Aufl., hält dagegen Bereicherungsansprüche für zulässig, soweit sie nur zur Beseitigung eines entstandenen Schadens führten und die sonstigen Voraussetzungen gegeben sind.

Der Senat schließt sich dieser Auffassung an und hält im vorliegenden Fall die Geltendmachung von Bereicherungsansprüchen für möglich. Das Nato-Truppenstatut und das Zusatzabkommen schließen nur vertragliche Ansprüche bei der Regulierung von Stationierungsschäden aus. Wenn dies im Unterzeichnungsprotokoll auf vertragsähnliche Ansprüche erweitert wird, so muß ein solcher Zusatz eng ausgelegt werden, da es grundsätzlich nicht der Sinn eines Unterzeichnungsprotokolls sein kann, Regelungen des Vertrages und des Zusatzabkommens in wesentlichem Umfang abzuändern. Auch der Ausdruck »vertragsähnliche Rechtsverhältnisse« im UP deutet gegenüber dem Ausdruck »vertragliche Ansprüche« im NTS auf eine bloße Abrundung und Ergänzung hin. Unter den vertragsähnlichen Rechtsverhältnissen sind daher in erster Linie faktische Verträge (wie Strombezug ohne vertragliche Grundlage) und die *culpa in contrahendo* zu verstehen. Allenfalls kommen noch die Gemeinschaft und die Geschäftsführung ohne Auftrag in Betracht. Dafür, daß damit (vom Fall des § 426 Abs. 2 BGB abgesehen) alle Ausgleichsansprüche bei der Regulierung von Schadensfällen zwischen mehreren in Anspruch genommenen Schuldnern ausgeschlossen sein sollten, fehlen Anhaltspunkte oder kommen zumindest im hier maßgeblichen deutschen Text nicht zum Ausdruck. Darüber hinaus würde ein Ausschluß von Ausgleichsansprüchen nach § 426 Abs. 1 BGB und nach § 812 Abs. 1 Satz 1 BGB zu widersinnigen Ergebnissen führen. Im vorliegenden Fall würde der Ausgleich zwischen der Klägerin und der Beklagten gerade daran scheitern, daß der Versicherungsnehmer der Klägerin nach haftungsrechtlichen Bestimmungen überhaupt nicht in Anspruch genommen werden könnte. Würde er nach dem StVG auch nur zu einem ganz geringen Bruchteil mithaften, läge ein Gesamtschuldverhältnis zwischen ihm und der Beklagten vor, und die Klägerin könnte nach § 426 Abs. 2 BGB auf ihren Versicherungsnehmer und dann auf sie übergegangene Ansprüche einklagen. Darüber hinaus würde es im vorliegenden Fall vom Zufall abhängen, wen der Sozialversicherer als ersten in Anspruch nimmt, ob die Beklagte für den Schaden aufkommen muß oder nicht. Der Senat hält es unter diesen Umständen nicht für gerechtfertigt, den rechtlich nicht feststehenden Begriff der vertragsähnlichen Ansprüche in dem weiten auch die ungerechtfertigte Bereicherung einschließenden Sinn auszulegen. Er ist vielmehr nur auf solche Rechtsverhältnisse anzuwenden, die ihre Grundlage zwar nicht in einer rechtsgeschäftlichen Einigung finden, bei denen sich die Rechtsbeziehungen aber trotzdem nach vertraglichen Maßstäben richten.

Nr. 81 VGH Bad.-Württ. 11. 12. 1978 (I 3093/78) ESVGH 29, 15

Der Kläger, ein pakistanischer Staatsangehöriger, stellte nach seiner Einreise ins Bundesgebiet ein Asylgesuch mit der Begründung, er müsse als Mitglied der mohammedanischen Ahmadiyya-Sekte in Pakistan mit Verfolgung rechnen. Das Bundesamt für die Anerkennung ausländischer Flüchtlinge in Zirndorf lehnte das Asylgesuch ab, und das Verwaltungsgericht Ansbach wies die dagegen erhobene Klage einstimmig als offensichtlich unbegründet zurück.

Während das Asylgesuch beim Bundesamt in Zirndorf anhängig war, beantragte der Kläger bei der beklagten Stadt, ihm eine Aufenthaltserlaubnis zu erteilen. Dies lehnte die Beklagte ab und drohte zugleich die Abschiebung an. Hiergegen legte der Kläger mit dem Antrag, seinen Aufenthalt bis zum Abschluß des Asylverfahrens zu dulden, Widerspruch ein; dieser wurde mit der Begründung zurückgewiesen, das Asylgesuch sei offensichtlich rechtsmißbräuchlich. Der Kläger erhob beim Verwaltungsgericht Klage und beantragte, die Beklagte zur Duldung seines Aufenthalts zu verpflichten. Gegen das klagabweisende Urteil legte er Berufung ein. Der Verwaltungsgerichtshof gab der Klage statt.

Anders als das Verwaltungsgericht ist der Senat zu der Überzeugung gekommen, daß die Beklagte verpflichtet ist, den Aufenthalt des Klägers bis zum rechtskräftigen Abschluß des Asylverfahrens zu dulden . . .

Entgegen der Ansicht des Verwaltungsgerichts hat der Kläger den geltend gemachten Anspruch darauf, daß die Behörde seine Abschiebung aussetzt, bis über das Asylgesuch rechtskräftig entschieden ist. Dies folgt aus dem Zusammenhang der Vorschriften des Ausländergesetzes über das Asylanerkennungsverfahren (§§ 31, 38 und 40 AuslG), denen jedenfalls zu entnehmen ist, daß der um politisches Asyl nachsuchende Ausländer die rechtliche Möglichkeit haben muß, sich während der Dauer des Asylverfahrens im Bundesgebiet aufzuhalten und deshalb grundsätzlich nicht abgeschoben werden darf, bis das Anerkennungsverfahren rechtskräftig abgeschlossen ist (vgl. auch VGH Bad.-Württ. Beschluß vom 22. 8. 1978 – XI 1335/78, wo diese Frage allerdings nicht abschließend geklärt wird). Von diesem Grundsatz hat sich die Behörde bei ihrer Entscheidung über das Duldungsbegehren des Klägers auch leiten lassen; sie hat ihre Entscheidung jedoch auf die in der allgemeinen Verwaltungsvorschrift zur Ausführung des Ausländergesetzes i. d. F. vom 10. 5. 1977 (GMBl. S. 202) getroffene Regelung gestützt, nach der ein rechtsmißbräuchlich gestelltes Asylgesuch die Ausländerbehörde an Abschiebungsmaßnahmen nicht hindert (Nr. 6 zu § 38 AuslG). Die auch vom Verwaltungsgericht geteilte Ansicht der Behörde, das Asylbegehren des Klägers sei als offensichtlich rechtsmißbräuchlich im Sinne dieser Regelung zu beurteilen, ist nach der Überzeugung des Senats aber nicht haltbar.

Offensichtlich rechtsmißbräuchlich im Sinne der Verwaltungsvorschrift ist ein Asylbegehren nur dann, wenn durch das Verhalten des Ausländers eindeutig feststeht, daß er mit dem Asylgesuch ausschließlich asylfremde Ziele, also die Absicht verfolgt, auf diese Weise die Einreise- und Aufenthaltsbestimmungen in der Bundesrepublik Deutschland zu umgehen oder zu unterlaufen. Nur wenn solche Umstände offensichtlich sind, kann sich die Ausländerbehörde über ein Asylgesuch hinwegsetzen; verwehrt ist es ihr dagegen, Feststellungen darüber zu treffen, ob die von dem Ausländer geltend gemachten Gründe die Anerkennung als Asylberechtigter unter den dafür maßgeblichen rechtlichen Voraussetzungen rechtfertigen, da hierüber nicht sie, sondern das Bundesamt für die Anerkennung ausländischer Flüchtlinge in Zirndorf zu entscheiden hat. Der Umstand, daß diese Behörde das Asylgesuch des Klägers bereits abgelehnt hat, ändert daran nichts, denn das geschah nicht mit der Begründung, der Kläger habe mit seinem Gesuch in Wahrheit keine Asylgründe geltend gemacht, sondern ist auf die Erwägung gestützt, daß seine Mitgliedschaft in der Ahmadiyya-Sekte die Anerkennung nach dem deutschen Asylrecht nicht rechtfertige; daß das Asylgesuch des Klägers offensichtlich rechtsmißbräuchlich sein könnte, ist durch diese Entscheidung des Bundesamts also nicht offenbar geworden. Das gleiche gilt für das Urteil des Verwaltungsgerichts Ansbach vom 18. 10. 1978, durch das die asylrechtliche Klage des Klägers abgewiesen worden ist. Auch mit diesem Urteil ist das Asylbegehren des Klägers lediglich als unbegründet, nicht aber als rechtsmißbräuchlich bewertet worden. Es kann auch, obwohl das Verwaltungsgericht die Berufung gegen sein Urteil nicht zugelassen hat, nicht davon ausgegangen werden, daß das Asylverfahren mit dieser Entscheidung rechtskräftig abgeschlossen ist, denn der Kläger hat die Möglichkeit – und er wird von ihr nach Mitteilung seines Prozeßbevollmächtigten auch Gebrauch machen –, gegen die Nichtzulassung der Berufung Beschwerde einzulegen. Ein weiterer Gesichtspunkt, der es ausschließt, das Asylgesuch des Klägers als offensichtlich rechtsmißbräuchlich anzusehen, kommt hinzu: Das Verwaltungsgericht Ansbach hat in einem anderen asylrechtlichen Verfahren – das Urteil vom 13. 7. 1978 liegt dem Senat vor und ist auch der beklagten Stadt zugänglich gemacht worden – die Bundesrepublik Deutschland verpflichtet, einen pakistanischen Staatsangehörigen wegen seiner Mitgliedschaft in der Ahmadiyya-Sekte als Asylberechtigten anzuerkennen und sich dabei auf ein Sachverständigengutachten des Deutschen Orient-Instituts in Hamburg gestützt, dem es entnommen hat, daß die Mitglieder dieser Sekte in ihrer Heimat auch derzeit der Gefahr ausgesetzt sind, von den staatlichen Behörden nicht ausreichend gegen schwere Beeinträchtigungen ihrer Religionsfreiheit geschützt zu werden. Wenn der Kläger mit seinem Asylbegehren genau diese Gefahr geltend macht, dann kann von einem offensichtlich rechtsmißbräuchlichen Asylbegehren nicht gesprochen werden. Unter diesen Umständen kann die Ausländerbehörde der beklagten Stadt derzeit über den Antrag des Klägers, seinen Aufenthalt vorerst zu dulden, nicht anders als durch eine Aussetzung der Abschiebung bis zum rechtskräftigen Abschluß des Asylverfahrens entscheiden.

Nr. 82 BSG 14. 12. 1978 (1 RA 73/77) BSGE 47, 263

Der Rechtsstreit geht um die Berücksichtigung der Zeit eines Aufenthaltes des Klägers in Spanien während des dortigen Bürgerkrieges als Ersatzzeit.

Die beklagte BfA bewilligte dem Kläger die Versichertenrente wegen Berufsunfähigkeit. Mit der Klage begehrte der Kläger die Berücksichtigung des Zeitraums vom 17. 7. 1936 (Ausbruch des spanischen Bürgerkrieges) bis zum 9. 1. 1940 als Ersatzzeit. Hierzu trug er vor, er sei vom deutschen Generalkonsulat nicht rechtzeitig von dem Abbruch der diplomatischen Beziehungen zu der republikanischen Regierung Spaniens unterrichtet und deswegen am Verlassen des Landes gehindert worden. Nach Beendigung des spanischen Bürgerkrieges sei er verhaftet und sechs Wochen in einem spanischen Gefängnis festgehalten worden. Erst am 7. 8. 1939 habe er nach Deutschland ausreisen dürfen. Dort sei er bis zum 9. 1. 1940 verfolgungsbedingt arbeitslos gewesen. – Klage und Berufung hatten keinen Erfolg. – Die Revision des Klägers ist nicht begründet.

Rechtsgrundlage für die Berücksichtigung der Ersatzzeit ist § 28 Abs. 1 Nr. 3 AVG i. d. F. des Rentenversicherungs-Änderungsgesetzes (RVÄndG) vom 9. 6. 1965 (BGBl. I, 476). Danach werden für die Erfüllung der Wartezeit als Ersatzzeiten angerechnet – und damit zugleich bei der Ermittlung der Anzahl der anrechnungsfähigen Versicherungsjahre i. S. der §§ 30 und 31 AVG berücksichtigt (§ 35 Abs. 1 AVG) – Zeiten, in denen der Versicherte während oder nach Beendigung eines Krieges, ohne Kriegsteilnehmer zu sein, durch feindliche Maßnahmen an der Rückkehr aus dem Ausland oder aus den unter fremder Verwaltung stehenden deutschen Ostgebieten verhindert gewesen oder dort festgehalten worden ist.

Der Kläger erfüllt diese Voraussetzungen nicht. Dabei kann dahinstehen, ob er während des streitigen Zeitraums den ernsthaften Willen zur Rückkehr nach Deutschland gehabt hat und an der Realisierung dieses Willens durch außerhalb seiner Einflußmöglichkeiten liegende Umstände gehindert worden ist (vgl. zu diesen Erfordernissen Urteil des Senats, BSGE 47, 113 m.w.N.). Jedenfalls ist er nicht »während eines Krieges« an der Rückkehr aus dem Ausland verhindert gewesen.

Der Senat braucht nicht darüber zu befinden, ob unter Krieg i.S. des § 28 Abs. 1 Nr. 3 AVG nur ein Krieg im völkerrechtlichen Sinne oder auch andere gewaltsame Auseinandersetzungen zu verstehen sind (ebenfalls offengeblieben in BSGE 4, 193, 195 f.). Im ersteren Falle scheitert der Anspruch des Klägers daran, daß der spanische Bürgerkrieg kein Krieg im völkerrechtlichen Sinne gewesen ist. Im zweiten Fall steht dem Begehren des Klägers entgegen, daß das Deutsche Reich nicht Partei der gewaltsamen Auseinandersetzung gewesen ist.

Unter Krieg im völkerrechtlichen Sinne ist ein Zustand zwischen zwei Staaten oder zwischen zwei Staatsgruppen oder zwischen einem Staat und einer Staatsgruppe zu verstehen, der dadurch gekennzeichnet ist, daß – regelmäßig durch den Abbruch der diplomatischen Beziehungen – die Geltung des allgemeinen Völkerfriedensrechtes suspendiert ist und der grundsätzliche Wille zur Vornahme von Gewalthandlungen besteht, auch wenn derartige Handlungen tatsächlich nicht ausgeübt werden (vgl. *Berber*, Lehrbuch des Völkerrechts, 2. Aufl., Bd. 2, § 1, S. 3; *Seidl-Hohenveldern*, Völkerrecht, 3. Aufl., § 93, Randnote 1317, S. 336; *Verdross*, Völkerrecht, 5. Aufl., S. 433). Danach können prinzipiell nur Staaten oder Gruppen von Staaten Krieg i.S. des Völkerrechts führen (*Berber*, a.a.O., § 2, S. 5). Ein bewaffneter Konflikt zwischen einem Staat und Gruppen innerhalb dieses Staates wie etwa Aufständischen ist zwar ein Bürgerkrieg, aber kein Krieg im völkerrechtlichen Sinne. Diese Auseinandersetzung kann allenfalls – sofern dies nicht ohnehin lediglich zur sinngemäßen Anwendung der Regeln des Kriegsrechts führt (so *Seidl-Hohenveldern,* a.a.O., Randnote 584, S. 150; *Berber,* a.a.O., § 2, S. 7) dadurch zum Kriege im völkerrechtlichen Sinne werden, daß die Aufständischen entweder durch die von ihnen bekämpfte Regierung oder durch dritte Staaten als Kriegsführende anerkannt werden (*Verdross,* a.a.O., S. 205; *Schmid,* in: *Strupp-Schlochauer,* Wörterbuch des Völkerrechts, 2. Aufl., Erster Bd., Stichwort »Bürgerkrieg und Völkerrecht«, S. 262; vgl. auch *Wengler,* Völkerrecht, Bd. 2, S. 1469 ff.).

Im spanischen Bürgerkrieg sind die aufständischen Nationalisten nicht als Kriegsführende anerkannt worden. Zwar sind sie aufgrund eines bereits vor Ausbruch des Bürgerkrieges mit Mussolini ausgehandelten Abk. (vgl. *Broué/Témime,* Revolution und Krieg in Spanien, suhrkamp taschenbuch wissenschaft 118, 1975, S. 49 und 425) insbesondere von Italien in großem Umfange mit Kriegsmaterial versehen worden; zugunsten der Nationalisten haben zeitweise bis zu 70 000 italienische Mannschaften in die Kampfhandlungen eingegriffen (*Broué/Témime,* a.a.O., S. 427 f.). Auch von der deutschen Reichsregierung sind die Aufständischen massiv unterstützt worden. Zwar ist der deutsche Truppenbeistand verhältnismäßig gering gewesen. Dennoch ist insbesondere der bis zum Ende des Bürgerkrieges durchgeführte Einsatz der »Legion Condor« von erheblicher Bedeutung für die nationalistische Seite gewesen (*Broué/Témime,* a.a.O., S. 440 ff.; Einzelheiten u. a. S. 500, 501 Fn. 11, 506, 512 Fn. 27, 520 Fn. 41). Darüber hinaus sind ihr in erheblichem Umfange Waffen und sonstige Ausrüstung geliefert worden (*Broué/Témime,* a.a.O., S. 444 bis 449). Allein hierin liegt jedoch keine formelle Anerkennung als kriegsführende Partei. Dasselbe gilt für die Anerkennung der damals in Burgos residierenden nationalistischen Regierung durch das Deutsche Reich am 18. 11. 1936. Zwar hat es sich hierbei offenbar – im Gegensatz zu der *de facto*-Anerkennung der Regierung von Burgos durch Großbritannien am 16. 11. 1937 (*Broué/Témime,* a.a.O., S. 618) – um eine *de iure*-Anerkennung mit der Folge eines gleichzeitigen Abbruches der diplomatischen Beziehungen zu der republikanischen Regierung Largo Caballero's gehandelt (so *Broué/Témime,* a.a.O., S. 397; zu den völkerrechtlichen Begriffen und ihren Unterschieden in Voraussetzungen und Folgen unter spezieller Berücksichtigung der *de facto*-Anerkennung der Regierung Franco durch Großbritannien vgl. *Verdross,* a.a.O., S. 208 mit Fn. 3; *Berber,* a.a.O., Bd. 1, §§ 29 und 30, S. 237 ff., insbesondere S. 241; *Wengler,*a.a.O., Bd. 1, S. 786 ff., insbesondere S. 793 mit Fn. 1; Bd. 2, S. 1471 mit Fn. 3). Der Abbruch diplomatischer Beziehungen ist jedoch nicht gleichbedeutend mit dem Beginn eines Krieges (*Verdross,* a.a.O., S. 432) und kann deswegen auch nicht ohne weiteres mit der Anerkennung entweder derjenigen Regierung, zu welcher die diplomatischen Beziehungen abgebrochen worden sind, oder der nunmehr anerkannten Regierung als kriegsführende Partei gleichgesetzt werden. Das muß insbesondere unter Berücksichtigung folgender Tatsachen gelten: Vor allem wegen politischer Bedenken gegen die materielle Unterstützung der republikanischen Regierung Spaniens ist Frankreichs damalige (erste) Volksfront-Regierung unter León Blum im Sommer 1936 auf die Linie einer Politik der Nichteinmischung in Spanien eingeschwenkt. Der Idee der Nichteinmischung haben sich Großbritannien und die Sowjetunion angeschlossen. Im August 1936 haben das Deutsche Reich und Italien ihre grundsätzliche Bereitschaft erklärt, einem Nichteinmischungsabkommen beizutreten. Daraufhin hat sich am 9. 9. 1936 in London unter Beteiligung von 25 Staaten der sogen. »Nichteinmischungsausschuß« konstituiert. Zwar ist dieses formell bis zum

19. 5. 1939 bestehende Gremium nie wirklich in der Lage gewesen, die Unterstützung der Nationalisten durch Italien und Deutschland sowie der Republikaner insbesondere durch die Sowjetunion wirksam zu unterbinden. Wohl aber hat der Ausschuß indirekt die Anerkennung der Bürgerkriegsparteien als Kriegsführende verhindert. Im sogen. »Londoner Plan« hat erstmals Großbritannien am 14. 7. 1937 die Anerkennung der beiden spanischen Regierungen als kriegsführende Mächte zugleich mit der Entfernung aller ausländischen Kriegsteilnehmer aus Spanien angeregt. Der Plan ist zunächst am Widerstand insbesondere der Sowjetunion gescheitert. Später hat sie jedoch ihre Bedenken aufgegeben. Am 5. 7. 1938 ist einem deutschen Vorschlag entsprechend im Nichteinmischungsausschuß beschlossen worden, die beiden spanischen Regierungen sobald in die Rechte von Kriegsführenden einzusetzen, wie auf beiden Seiten je 10 000 Freiwillige Spanien verlassen hatten. Der Ausführung dieses Plans haben sich jedoch unüberwindliche Schwierigkeiten u.a. wegen des Fehlens genügend sicherer Kontrollmöglichkeiten und des Versuches gegenseitiger Täuschung und Übervorteilung in den Weg gestellt (vgl. zu alledem *Broué/Témime,* a.a.O., S. 215, 331, 400–423, 621–626). Somit ist es zu einer Anerkennung der Beteiligten des spanischen Bürgerkrieges als kriegsführende Parteien nicht gekommen. Der spanische Bürgerkrieg ist demnach jedenfalls nicht im völkerrechtlichen Sinne ein Krieg gewesen. Bereits aufgrund dessen kann unter der Voraussetzung, daß § 28 Abs. 1 Nr. 3 AVG unter »Krieg« nur einen solchen im völkerrechtlichen Sinne versteht, der Kläger mit seinem Begehren nicht durchdringen. Ob die Vorschrift darüber hinaus eine Beteiligung des deutschen Reiches an dem Krieg voraussetzt, kann in diesem Zusammenhang dahinstehen.

Der Kläger kann aber auch dann mit seinem Anspruch nicht durchdringen, wenn der Begriff des Krieges i.S. des § 28 Abs. 1 Nr. 3 AVG nicht identisch mit demjenigen im völkerrechtlichen Sinne ist und somit auch andere gewaltsame Auseinandersetzungen umfaßt. Für diesen Fall muß verlangt werden, daß das Deutsche Reich an dieser gewaltsamen Auseinandersetzung nicht nur zur Unterstützung eines der Beteiligten und zur Erreichung der von diesen erstrebten Zielen teilgenommen hat, sondern in Verfolgung eigener Ziele unmittelbar Beteiligter der gewaltsamen Auseinandersetzung gewesen ist (ebenso für das Erfordernis der Beteiligten an einem Krieg BSG, Sozialgerichtliche Entscheidungen. BSG VI § 28 Nr. 39). Dies folgt aus Sinn und Zweck des Ersatzzeitenrechtes im allgemeinen und des § 28 Abs. 1 Nr. 3 AVG im besonderen. Zweck der Ersatzzeitenregelung ist der Ausgleich versicherungsrechtlicher Nachteile, die dem Versicherten dadurch entstanden sind, daß er infolge der Ersatztatbestände keine versicherungspflichtige Tätigkeit hat ausüben und damit Beiträge nicht hat entrichten können (BSGE 32, 239; 37, 109, 111; 39, 143, 145; 44, 218, 219; BSG SozR Nr. 8, 16, 21, 41, 42, 44 zu § 1251 RVO; SozR 2200 § 1251 Nr. 26). Grundvoraussetzung für einen solchen Ausgleich der versicherungsrechtlichen Nachteile ist, daß der Versicherte durch außerhalb seiner Person liegende und von ihm unbeeinflußbare außergewöhnliche Umstände, welche der Einflußsphäre des Staates zuzurechnen und als »Eingriffe von hoher Hand« anzusehen sind, an der Beitragsentrichtung gehindert worden ist (BSGE 23, 89, 90; 32, 239; 37, 152, 153; BSG SozR Nr. 54 und 58 zu § 1251 RVO; SozR 2200 § 1251 Nr. 8). Aufgabe der deutschen gesetzlichen Rentenversicherung kann es nicht sein, jeden versicherungsrechtlichen Nachteil infolge eines Eingriffes von hoher Hand ohne Rücksicht auf dessen Urheber auszugleichen. Vielmehr muß dieser Eingriff der Verantwortungssphäre gerade des deutschen Staates zuzurechnen sein (vgl. auch BSG SozR Nr. 40 zu § 1251 RVO). Das bedeutet nicht, daß der Ersatztatbestand unmittelbar durch Handlungen deutscher staatlicher Stellen geschaffen worden sein muß. Vielmehr kann er auch auf dem Verhalten oder auf konkreten Handlungen ausländischer Staaten beruhen. Im Rahmen des § 28 Abs. 1 Nr. 3 AVG ist dies sogar zwingend erforderlich, weil hier der Ersatztatbestand der Rückkehrverhinderung gerade auf »feindlichen« Maßnahmen beruhen muß. Diese Eingriffe von hoher Hand müssen aber notwendigerweise eine Konsequenz aus dem oder eine Reaktion auf das Verhalten deutscher Stellen sein. Selbst wenn daher unter »Krieg« i.S. des § 28 Abs. 1 Nr. 3 AVG nicht nur Kriege im völkerrechtlichen Sinne, sondern auch andere gewaltsame Auseinandersetzungen zu verstehen sind, so muß doch jedenfalls Deutschland direkt Beteiligter an diesen Auseinandersetzungen in dem Sinne gewesen sein, daß Zweck und Ziel der Auseinandersetzung unmittelbar seine eigenen gewesen sind und es selbst zur Erreichung dieser Ziele die gewaltsame Auseinandersetzung initiiert hat.

Für den spanischen Bürgerkrieg trifft dies nicht zu. Zwar stellt er seinem gesamtpolitischen Zusammenhang nach einen Teilaspekt der Auseinandersetzungen der europäischen Großmächte und damit zugleich die Vorstufe des Zweiten Weltkrieges dar (*Broué/Témime,* a.a.O., S. 33 und 393). Im Zusammenhang damit ist er vordergründig insbesondere von der Sowjetunion und vom Deutschen Reich als »Generalprobe« für den Zweiten Weltkrieg und als Versuchsfeld für die Erprobung neuen Kriegsmaterials angesehen worden (*Broué/Témime,* a.a.O., S. 33, 394, 459, 684). Nach Lage der Dinge ist ein weiteres politisches Ziel der Unterstützung Deutschlands zugunsten der Nationalisten jedenfalls bis zum Zeitpunkt der Neutralitätserklärung der Franco-Regierung im September 1938 (*Broué/Témime,* a.a.O., S. 632 ff.) das Bemühen um deren Einbeziehung in das Bündnis der sogen. Achsenmächte gewesen. All diese Umstände ändern jedoch nichts daran, daß die Ziele des spanischen Bürgerkrieges bzw. der ihn auslösenden gegenrevolutionären Bewegung der Falangisten und insbesondere der Armee – gewaltsamer Sturz der republikanischen und später der Volksfrontregierung sowie Abschaffung der republikanischen Staatsform (*Broué/Témime,* a.a.O., S. 103 ff.) – rein innerstaatlicher Natur gewesen sind. Ebensowenig ist der Bürgerkrieg unter maßgeblicher Beteiligung des Deutschen Reiches ausgebrochen. Dieses hat vielmehr noch im Oktober 1936 die Nationalisten als Aufständische betrachtet (*Broué/Témime,* a.a.O., S. 395/396). Unter Würdigung dieser Tatsachen kann somit Deutschland nicht als Beteiligter des spanischen Bürgerkrieges angesehen werden. Das steht einer Berücksichtigung des Zeitraums vom 18. 11. 1936 bis 26. 1. 1939 als Ersatzzeit selbst für den Fall entgegen, daß unter Krieg i.S. des § 28 Abs. 1 Nr. 3 AVG nicht nur ein Krieg im völkerrechtlichen Sinne, sondern auch eine andere gewaltsame Auseinandersetzung zu verstehen ist.

Entgegen seiner Auffassung kann der Kläger nicht aufgrund des allgemeinen Gleichheitssatzes (Art. 3 Abs. 1 GG) und des Sozialstaatsprinzips (Art. 20 Abs. 1 GG) verlangen, so gestellt zu werden, als habe er die anspruchsbegründenden Tatsachen des § 28 Abs. 1 Nr. 3 AVG erfüllt. Der Kläger hält es für unvereinbar mit diesen Grundsätzen, daß sowohl hinsichtlich der Angehörigen der Legion Condor als auch hinsichtlich der »Kriegsteilnehmer« auf republikanischer Seite von einem Krieg ausgegangen werde, nicht jedoch im Falle der betroffenen Nichtkriegsteilnehmer. Dieses Vorbringen ist schon im Ansatzpunkt unzutreffend. Weder bei der Erteilung der Zustimmung des Bundesarbeitsministers (BMA) zur Anerkennung des Dienstes in der Legion Condor als militärischer Dienst (vgl. Rundschreiben vom 8. 3. 1954 in BVBl. 1954, 54) noch bei der Einfügung des § 82 Abs. 1 Nr. 2 BVG durch das 4. Anpassungsgesetz –

Kriegsopferversorgung (4. AnpG-KOV) vom 24. 7. 1972 (BGBl. I, 1284), wonach bei Wohnsitz oder gewöhnlichem Aufenthalt im Geltungsbereich des Bundesversorgungsgesetzes (BVG) auch auf diejenigen Deutschen, die während des spanischen Bürgerkrieges auf republikanischer Seite gekämpft und dabei eine gesundheitliche Schädigung erlitten haben, das BVG entsprechend anzuwenden ist, ist der spanische Bürgerkrieg ausdrücklich als »Krieg« angesehen worden. Die Einbeziehung der Angehörigen der Legion Condor in den Schutz des BVG beruht auf der Ermächtigung des § 6 BVG. Danach kann in anderen als den in den §§ 2, 3 und 5 bezeichneten, besonders begründeten Fällen mit Zustimmung des BMA das Vorliegen militärischen oder militärähnlichen Dienstes oder unmittelbarer Kriegseinwirkung anerkannt werden. Im Einklang mit dieser Ermächtigung ist im Rundschreiben des BMA vom 8. 3. 1954 der Dienst in der Legion Condor lediglich als militärischer Dienst anerkannt worden. Dafür ist maßgebend gewesen, daß die Angehörigen der Legion Condor Wehrdienst nach deutschem Recht geleistet haben (vgl. Beschluß des BVerfG vom 30. 5. 1978 – 1 BvL 26/76). Der Wehrdienst ist jedoch auch außerhalb der Zeit eines Krieges versorgungsrechtlich geschützt. Damit ist für die Anerkennung des Dienstes in der Legion Condor als militärischer Dienst eine Entscheidung darüber, ob es sich bei dem spanischen Bürgerkrieg um einen »Krieg« gehandelt hat, weder erforderlich noch aufgrund der Ermächtigung des § 6 BVG zulässig gewesen. Auch mit der Einfügung des § 82 Abs. 1 Nr. 2 BVG ist eine solche Entscheidung nicht getroffen worden. Die Vorschrift ist in das BVG mit der Zielsetzung eingefügt worden, die bis dahin bestehenden Unterschiede zwischen der Versorgung der auf nationalspanischer Seite eingesetzten Angehörigen der Legion Condor und den Angehörigen der Internationalen Brigaden zu mildern (vgl. BVerfG, a.a.O.). Allerdings gilt das BVG für den in § 82 Abs. 1 Nr. 2 BVG genannten Personenkreis nur entsprechend. Damit ist schon offengeblieben, ob die Dienstleistung dieser Personen in den Internationalen Brigaden als militärischer Dienst angesehen werden kann. Erst recht kann der Vorschrift nicht entnommen werden, daß der Gesetzgeber durch sie den spanischen Bürgerkrieg als »Krieg« hat qualifizieren wollen. Damit erweist es sich schon im Ansatzpunkt als verfehlt, wenn der Kläger unter Hinweis auf Art. 3 und Art. 20 Abs. 1 GG daraus Rechte herzuleiten sucht, daß die Angehörigen der Legion Condor und unter den eingeschränkten Voraussetzungen des § 82 Abs. 1 Nr. 2 BVG auch diejenigen der Internationalen Brigaden in den Schutz des BVG einbezogen worden sind.

Nr. 83 **OVG Münster 9. 1. 1979 (IV B 40/79) OVGE 34, 18**

Die Antragsgegnerin (Bundesrepublik Deutschland) betreibt das Auslieferungsverfahren gegen die in England festgenommene Antragst. Mit dem Gesuch um Auslieferung legte die Antragsgegnerin richterliche Protokolle über Zeugenvernehmungen vor. Die Vernehmungen waren ohne vorherige Benachrichtigung der Antragst. und ihrer Verteidiger durchgeführt worden. Die von der Antragst. beantragte einstweilige Anordnung, mit der der Antragsgegnerin die Zurücknahme der Vernehmungsprotokolle aufgegeben werden sollte, hat das VG abgelehnt. Die Beschwerde der Antragst. blieb ohne Erfolg.

Die von der Antragsgegnerin und dem VG geäußerten Bedenken hinsichtlich der Zulässigkeit des Verwaltungsrechtswegs gemäß § 40 Abs. 1 Satz 1 VwGO teilt der Senat nicht. Über den von der Antragst. geltend gemachten Anspruch ist aufgrund von öffentlich-rechtlichen Vorschriften nichtverfassungsrechtlicher Art zu entscheiden. Die vorliegende Streitigkeit ist auch nicht durch Bundesgesetz einem anderen Gericht ausdrücklich zugewiesen. Insbesondere handelt es sich hier nicht um eine Streitigkeit gemäß § 23 Abs. 1 EGGVG, für deren Entscheidung die ordentlichen Gerichte zuständig sind . . .

Der für den Erlaß einer einstweiligen Anordnung erforderliche Anordnungsgrund (§§ 123 Abs. 1 und 3 VwGO, 920 Abs. 2 ZPO) ist glaubhaft gemacht. . .

Dem Antrag muß jedoch der Erfolg versagt bleiben, weil die Antragst. nicht hinreichend dargelegt und glaubhaft gemacht hat, daß ihr der geltend gemachte Anspruch auf Zurücknahme der von der Antragsgegnerin in das Auslieferungsverfahren eingeführten richterlichen Vernehmungsprotokolle zusteht (§§ 123 Abs. 3 VwGO, 920 Abs. 2 ZPO).

Ein solcher Anspruch ergibt sich nicht aus den Vorschriften des deutsch-englischen Auslieferungsvertrages vom 14. 5. 1872, dessen Bestimmungen aufgrund der Vereinbarung zwischen der Regierung der Bundesrepublik Deutschland und der Regierung des Vereinigten Königreichs Großbritannien und Nordirland über die Auslieferung flüchtiger Verbrecher vom 23. 2. 1960, BGBl. II, 2192, wieder anzuwenden sind. Auslieferungsverträge begründen nach der Rspr. des RG und des BGH, die das BVerfG bestätigt hat, Rechte und Pflichten regelmäßig nur für die Vertragsstaaten; der Verfolgte selbst kann aus einem solchen Vertrag eigene Rechte nur dann herleiten, wenn dies im Vertrag vereinbart ist. (Vgl. RG, Urteil vom 13. 8. 1936 – 2 D 459/36 –, RGSt 70, 286, 287; BGH, Urteil vom 16. 1. 1963 – 2 StR 398/62 –, BGHSt 18, 218, 220; BVerfG, Beschluß vom 20. 10. 1977 – 2 BvR 631/77 –, BVerfGE 46, 214, 220; ferner *Doehring,* Die allgemeinen Regeln des völkerrechtlichen Fremdenrechts und das deutsche Verfassungsrecht, 1963, S. 63 f.; *Dahm,* Völkerrecht, Bd. 1, 1958, S. 239 f.). Nach dieser Beurteilung, der sich der Senat anschließt, kommt dem deutsch-englischen Auslieferungsvertrag eine Schutzwirkung zugunsten der Antragst. nicht zu. Insbesondere bezwecken die von der Antragst. in diesem Zusammenhang angeführten Regelungen der Art. IV, V, VI, VII und IX Satz 2 des Vertrages allein den Schutz der Interessen des ersuchten Staates.

Der von der Antragst. geltend gemachte Anspruch besteht auch nicht unter einem sonstigen rechtlichen Gesichtspunkt. Der Senat läßt offen, ob ein Anspruch des Betroffenen auf Zurücknahme bestimmter in ein Auslieferungsverfahren eingeführter Urkunden dann gegeben ist, wenn diese unter Verletzung innerstaatlichen Rechts zustande gekommen sind. Einer Entscheidung darüber bedarf es hier nicht, weil die von der Antragsgegnerin in das Auslieferungsverfahren eingeführten richterlichen Vernehmungsprotokolle rechtliche Mängel nicht aufweisen, insbesondere nicht – wie die Antragst. meint – unter Verstoß gegen § 168c Abs. 2 und 5 StPO aufgenommen worden sind. Wie die Antragsgegnerin und das VG zutreffend ausgeführt haben, gilt die Regelung des § 168c Abs. 2 und 5 StPO ausschließlich im Strafverfahren, hingegen nicht im Rahmen eines Auslieferungsverfahrens, das die Durchführung eines Strafverfahrens erst ermöglichen soll. Dies ergibt sich aus der Stellung des § 168c StPO innerhalb des – mit »Vorbereitung der öffentlichen Klage« überschriebenen – 2. Abschnitts des 2. Buches der StPO sowie aus dem Wortlaut des § 168c Abs. 2 und 5 StPO, der nur der Staatsanwaltschaft, dem Beschuldigten und dem Verteidiger ein Recht zur Anwesenheit bei richterlichen Vernehmungen von Zeugen und Sachverständigen einräumt und nur bezüglich dieser Personen eine Verpflichtung zur vorherigen Mitteilung der Vernehmungstermine enthält. In dem gegenüber dem Strafverfahren selbständigen

Auslieferungsverfahren ist die Antragst. jedoch nicht Beschuldigte i. S. des § 168c Abs. 2 und 5 StPO, sondern Verfolgte bzw. Ergriffene i. S. des deutsch-englischen Vertrages. Entgegen der von der Antragst. in der Beschwerdeschrift dargelegten Auffassung begegnet die Einführung der richterlichen Vernehmungsprotokolle in das Auslieferungsverfahren rechtlichen Bedenken auch nicht aufgrund des Art. 6 Abs. 3 Buchst. c) und d) EMRK. Wie nach dem Wortlaut des Art. 6 Abs. 3 EMRK nicht zweifelhaft sein kann, erstreckt sich der Anwendungsbereich dieser Vorschrift nur auf das Strafverfahren, so daß die Antragst. im Rahmen des Auslieferungsvertrages daraus keine Rechte herleiten kann. Im übrigen hat die Antragst. aufgrund der Art. IX Satz 2 und X des deutsch-englischen Auslieferungsvertrages die rechtsstaatlichen Anforderungen genügende Möglichkeit, im Rahmen des Auslieferungsverfahrens dem Auslieferungsersuchen der Antragsgegnerin entgegenzutreten und die ihr günstigen Umstände vorzutragen.

Nr. 84 BGH 10. 1. 1979 (IV B 19/77) StAZ 1979, 119

Der Standesbeamte in G. beurkundete am 16. Juli 1975 im Sterbebuch unter Nr. 532/1975 den Sterbefall der am 3. Juli 1975 in G. verstorbenen Frau B., geborene K. Als Vornamen der Verstorbenen trug er dabei entsprechend dem vom Bestatter vorgelegten Personalausweis lediglich »Rosa« ein. Die Verstorbene war am 30. August 1908 in Bo. (Kreis H.), das jetzt zum Gebiet der DDR gehört, geboren worden. Nach Mitteilung des Sterbefalles übersandte die Urkundenstelle der Standesämter des Kreises H. (DDR) dem Standesbeamten in G. eine am 29. August 1975 ausgestellte Geburtsurkunde, die als Vornamen der Verstorbenen »Rosa Bertha Emma« enthielt.

Der Standesbeamte in G. hatte Zweifel, ob die in der DDR ausgestellte Geburtsurkunde als inländische Personenstandsurkunde im Sinne des § 46a Abs. 2 PStG anzusehen sei und er den Eintrag der Vornamen der Verstorbenen im Sterbebuch selbst berichtigen könne. Er bat deshalb um gerichtliche Entscheidung. Der Landkreis G. beantragte hierzu als Aufsichtsbehörde, den Standesbeamten zur Berichtigung des Sterbeeintrags in eigener Zuständigkeit anzuweisen.

Mit Beschluß vom 25. Juni 1976 wies das Amtsgericht Braunschweig den Antrag des Landkreises, den Standesbeamten zur Berichtigung in eigener Zuständigkeit anzuweisen, zurück und ordnete gleichzeitig auf Antrag des Standesbeamten an, daß der Sterbeeintrag durch die Beischreibung des Vermerks »Die Vornamen der Verstorbenen lauten: Rosa Bertha Emma« zu berichtigen sei. Gegen diesen Beschluß legte der Landkreis G. sofortige Beschwerde ein, mit der er sein Begehren, den Standesbeamten zur Berichtigung des Sterbeeintrags in eigener Zuständigkeit anzuweisen, weiterverfolgte. Der Präsident des Niedersächsischen Verwaltungsbezirks B. trat als obere Aufsichtsbehörde dem Verfahren bei. Die sofortige Beschwerde wurde vom Landgericht Braunschweig mit Beschluß vom 13. Januar 1977 als unbegründet zurückgewiesen.

Hiergegen haben der Landkreis G. und der Präsident des Niedersächsischen Verwaltungsbezirks B. sofortige weitere Beschwerde eingelegt. Das Oberlandesgericht Braunschweig möchte den Rechtsmitteln stattgeben, sieht sich daran aber durch den Beschluß des Oberlandesgerichts Saarbrücken vom 9. März 1975 (5 W 88/75) gehindert. Es hat deshalb die Sache dem Bundesgerichtshof gemäß § 28 Abs. 2 FGG zur Entscheidung vorgelegt. Die Vorlage ist zulässig.

Das Oberlandesgericht Saarbrücken hat in dem angeführten Beschluß die Auffassung vertreten, daß eine von einem Standesamt der DDR ausgestellte Geburtsurkunde über eine vor der Teilung Deutschlands im Geburtenbuch eingetragene Geburt nicht als inländische Personenstandsurkunde anzusehen sei; es hat deshalb die Entscheidungen der Vorinstanzen bestätigt, durch die aufgrund einer solchen Geburtsurkunde die Berichtigung des Geburtsdatums in einem Heiratseintrag zwar auf die Vorlage des Standesbeamten gemäß § 47 Abs. 1 PStG angeordnet, das Rechtsmittel der Aufsichtsbehörde, die eine Berichtigung durch den Standesbeamten in eigener Zuständigkeit erstrebte, jedoch zurückgewiesen worden war. Das vorlegende Oberlandesgericht sieht demgegenüber eine Geburtsurkunde der genannten Art als eine inländische Personenstandsurkunde an und ist der Auffassung, daß aus diesem Grunde im vorliegenden Fall der Standesbeamte zur Berichtigung des Sterbeeintrages gemäß § 46a Abs. 2 PStG berechtigt und nach § 45 Abs. 1 PStG hierzu anzuhalten sei.

Nach dieser Rechtsauffassung, von der bei der Prüfung der Zulässigkeit der Vorlage auszugehen ist, ist die strittige Rechtsfrage nicht nur für die Begründung der Entscheidung, sondern auch für deren Ergebnis von Bedeutung (vgl. hierzu BGH, LM FGG § 28 Nr. 21 = NJW 1968, 1477 und StAZ 1977, 307). Die Voraussetzungen für die Vorlegung nach § 28 Abs. 2 FGG sind danach gegeben, auch wenn die Berichtigung des Eintrags der Vornamen, auf die das Verfahren letztlich zielt, nach Auffassung der Vorinstanzen, der das vorlegende Oberlandesgericht insoweit nicht entgegengetreten ist, in jedem Falle angeordnet werden kann.

Die weiteren Beschwerden haben keinen Erfolg. Die Rechtsmittel sind nach den §§ 48 Abs. 1, 49 PStG, 27, 29 FGG zulässig. Die Beschwerdeführer sind als (untere und obere) Aufsichtsbehörden des Standesbeamten (§ 3 NdsAVPStG vom 11. Dezember 1974, NdsGVBl., S. 551) jeweils – auch nebeneinander – gemäß § 49 Abs. 2 PStG zur Einlegung der Beschwerde befugt, und zwar auch, soweit sie durch die angefochtene Entscheidung nicht beschwert sind (BGHZ 38, 380/381; BGH, FamRZ 1965, 311; BayObLGZ 1972, 61). Ein Rechtsschutzbedürfnis kann für die weiteren Beschwerden nicht verneint werden, obwohl die Berichtigung, auf die das Verfahren letztlich abzielt, bereits durch die Entscheidungen der Vorinstanzen angeordnet worden ist. Das von einer Beschwerde unabhängige Beschwerderecht nach § 49 Abs. 2 PStG ist den Aufsichtsbehörden eingeräumt worden, damit sie im Interesse einer geordneten Amtsführung strittige Rechtsfragen einer obergerichtlichen Klärung zuführen können. Ein solches Interesse an der Klärung der Frage, ob Personenstandsurkunden der DDR im Berichtigungsverfahren als inländische Personenstandsurkunden nach § 46a Abs. 2 PStG anzusehen sind, besteht für die Beschwerdeführer unabhängig davon, ob die Berichtigung im Einzelfall auch dann möglich wäre, wenn dies verneint würde.

Obwohl das Begehren der Beschwerdeführer letztlich auf die – von den Vorinstanzen bereits angeordnete – Berichtigung des Sterbeeintrags gerichtet ist, wollen die Beschwerdeführer dieses Ziel ausschließlich im Wege der Anweisung des Standesbeamten zur Berichtigung in eigener Zuständigkeit erreichen. Mit den weiteren Beschwerden wird danach die Entscheidung des Landgerichts in vollem Umfang angegriffen. Die Rechtsmittel unterliegen danach gemäß § 49 Abs. 1 Satz 1 PStG einheitlich den Formerfordernissen der sofortigen Beschwerde, die im vorliegenden Fall erfüllt sind.

Die weiteren Beschwerden sind jedoch nicht begründet. Mit ihrem Begehren, den Standesbeamten zur Berichtigung in eigener Zuständigkeit anzuweisen, könnten die Beschwerdeführer selbst dann keinen Erfolg haben, wenn ihrer Rechtsauffassung im übrigen zu folgen wäre. Die Beschwerdeführer gehen zutreffend davon aus, daß das Gesetz unterscheidet zwischen Berichtigungen, die der Standesbeamte selbst, und zwar von Amts wegen, vornehmen kann (§§ 46–46b PStG) und sonstigen Berichtigungen, die nur durch das Gericht auf Antrag eines Beteiligten, der Aufsichtsbehörde oder eines hierzu nach § 70a Abs. 2 Nr. 3 PStG ermächtigten Standesbeamten angeordnet werden können (§ 47 PStG). Wenn der Standesbeamte Zweifel hat, ob er einen Eintrag berichtigen kann, so kann er nach § 47 Abs. 1 Satz 2 PStG die Entscheidung des Gerichts herbeiführen. Diese Entscheidung geht jedoch, wenn die Zuständigkeit des Standesbeamten zur Berichtigung bejaht wird, nicht dahin, daß der Standesbeamte zur Berichtigung »in eigener Zuständigkeit« angewiesen wird. Es entspricht vielmehr allgemeiner Rechtsauffassung, daß das Gericht in einem solchen Fall die Berichtigung unmittelbar selbst anordnet (BayObLGZ 1966, 211, 215; *Massfeller/Hoffmann,* PStG § 47 Rdn. 36; *Pfeiffer/Strickert,* PStG § 47 Anm. 13; *Jansen,* FGG 2. Aufl. § 69 Rdn. 17 m. w. N.). Diese Auffassung findet ihre Stütze darin, daß § 47 Abs. 1 Satz 2 PStG auf Satz 1 der Vorschrift verweist, wonach das Gericht die Berichtigung unmittelbar anordnet. § 47 Abs. 1 Satz 2 PStG enthält insoweit eine Sonderregelung gegenüber der allgemeinen Vorschrift des § 45 PStG.

Die Anordnung einer Berichtigung des Sterbeeintrags nach § 47 Abs. 1 Satz 2 PStG scheidet aus. Die Instanzgerichte sind zutreffend davon ausgegangen, daß die von einer Urkundenstelle der DDR ausgestellte Geburtsurkunde der Verstorbenen keine inländische Personenstandsurkunde im Sinne des § 46a Abs. 2 PStG ist und der Standesbeamte daher zur Berichtigung des Sterbeeintrags nicht befugt war.

Der im Gesetz verwendete Begriff der inländischen Personenstandsurkunde besagt für sich allein nichts Entscheidendes über das Verhältnis zur DDR. Die obersten Gerichte der Bundesrepublik haben zwar seit jeher die Auffassung vertreten, daß die staatsrechtliche Einheit Deutschlands weiterbesteht und die DDR daher im Verhältnis zur Bundesrepublik grundsätzlich nicht als Ausland angesehen werden kann (BGHZ 52, 123 m. w. N.). Daran hat sich auch nach dem Inkrafttreten des Grundlagenvertrages zwischen der Bundesrepublik Deutschland und der DDR nichts geändert (BVerfGE 36, 1, 31; BVerfG, NJW 1974, 893; BGH, NJW 1976, 480). Daraus folgt aber noch nicht, daß der in einem Gesetz der Bundesrepublik verwendete Begriff des Inlandes stets auch die DDR mitumfaßt. Trotz des besonderen staatsrechtlichen Verhältnisses zwischen den beiden deutschen Staaten sind die jeweiligen Staatsgewalten verschieden; ebenso haben sich die Rechtsordnungen unterschiedlich fortentwickelt. Diese Unterschiede können dazu führen, daß der im Gesetz verwendete Begriff des Inlandes in der einzelnen Gesetzesvorschrift nur auf das Gebiet der Bundesrepublik und den Geltungsbereich ihrer Rechtsordnung bezogen ist. Welche Bedeutung dem Begriff im Einzelfall zukommt, muß durch Auslegung der jeweiligen Vorschrift ermittelt werden (vgl. BGHZ 7, 218; BGH, NJW 1976, 480).

Für die Auslegung des Begriffs der inländischen Personenstandsurkunde im Sinne des § 46a Abs. 2 PStG bedarf es keiner Untersuchung, ob die voneinander getrennten Staatsgewalten und die unterschiedliche Entwicklung des Personenstandsrechts in beiden deutschen Staaten (vgl. zum Rechtszustand in der DDR deren Personenstandsgesetz vom 16. November 1956, GBl., S. 1283, mit Änderungsgesetz vom 13. Oktober 1966, GBl., S. 83) dazu führen müßten, Personenstandsurkunden der DDR nicht als inländische Urkunden anzusehen; denn dieses Ergebnis folgt bereits aus dem Regelungszusammenhang des Gesetzes selbst.

§ 46a Abs. 2 PStG, der für die Berichtigung eines Eintrags durch den Standesbeamten die Feststellung des richtigen Sachverhalts durch inländische Personenstandsurkunden verlangt, ist Teil einer Neuregelung der Berichtigungsbefugnisse des Standesbeamten in den §§ 46–46 b PStG, die durch das Zweite Gesetz zur Änderung des Personenstandsgesetzes vom 18. Mai 1957 (BGBl. I, S. 518) in das Gesetz eingefügt wurde. Neben § 46 a PStG, der die Berichtigung bereits abgeschlossener Eintragungen allgemein regelt, sieht § 46 b PStG eine vereinfachte Möglichkeit für die Berichtigung von Einträgen im Familienbuch vor. Solche Eintragungen kann der Standesbeamte auch dann berichtigen, wenn sie auf Einträgen in anderen Personenstandsbüchern beruhen (vgl. § 15 b Abs. 1 Satz 1 PStG) und diese berichtigt worden sind. Dabei macht das Gesetz aber die ausdrückliche Einschränkung, daß dies nur gilt, wenn diese anderen Personenstandsbücher im Geltungsbereich des Personenstandsgesetzes der Bundesrepublik geführt werden; ist dies nicht der Fall, kommt nur eine Berichtigung nach den allgemeinen Vorschriften des § 46 a PStG in Betracht (§ 46 b Satz 2 PStG). Aus dieser Einschränkung ergibt sich, daß der Gesetzgeber Eintragungen in Personenstandsbücher, die in der DDR geführt werden und auf deren Führung die Personenstandsbehörden der Bundesrepublik Deutschland keinen Einfluß haben, als Grundlage einer Berichtigung durch den Standesbeamten nicht für ausreichend erachtet hat. Bei Berücksichtigung dieser im Gesetz zum Ausdruck gekommenen Auffassung können folgerichtig auch Personenstandsurkunden, die von Behörden der DDR ausgestellt sind, nicht Grundlage einer Berichtigung durch den Standesbeamten nach § 46 b PStG sein. Solche Urkunden können dann aber auch nicht als inländische Personenstandsurkunden im Sinne des § 46 a Abs. 2 PStG angesehen werden und Grundlage einer Berichtigung nach dieser Vorschrift sein und zwar auch dann nicht, wenn sie auf einem Eintrag in einem Personenstandsbuch beruhen, der aus der Zeit vor der Teilung Deutschlands stammt. Aufgrund von Personenstandsurkunden, die von Behörden der DDR ausgestellt sind, kann vielmehr die Berichtigung eines standesamtlichen Eintrags, die nicht nur offensichtliche Schreibfehler oder die in § 46 a Abs. 1 Satz 2 PStG genannten Angaben zum Gegenstand hat, nur auf Anordnung des Gerichts im Verfahren nach § 47 PStG vorgenommen werden. . .

Nr. 85 ArbG Berlin 22. 1. 1979 (31 Bv 2/78) NJW 1979, 1678

Die Ag., ein weltweit betriebenes ausländisches Luftverkehrsunternehmen, hat ihre inländische Hauptniederlassung in Berlin (West). Der Ast. (Gesamtbetriebsrat) begehrt die Feststellung, daß der Betroffene zu 3, Angestellter der Ag., ein leitender Angestellter i. S. des § 5 III BetrVG sei. Der Betroffene zu 3 hat sich dem Antrag angeschlossen. Die Ag. begehrt die Zurückweisung des Antrags. Der Betroffene zu 3 hat die Stelle eines Direktors der Flugplanung des innerdeutschen Dienstes inne. Ihm obliegen Aufgaben der Flugeinsatzplanung bei Linien-, Sonder- und Charterflügen nebst den damit zusammenhängenden Vorarbeiten. Er ist weder zur selbständigen Einstellung und Entlassung von Arbeitnehmern berechtigt, noch hat er Generalvollmacht oder Prokura.

Das Verfahren ist gemäß Art. 100 I 1, erster Teil der Aufzählung (Aussetzungsvorschrift) GG auszusetzen, und zwar entsprechend § 148 ZPO bis zur Entscheidung des BVerfG über die ihm vom LG Düsseldorf mit Beschluß vom 9. 11. 1978 (Betr. 1979, 104 ff.) gemäß Art. 100 I 1 GG i. V. mit §§ 13 Nr. 11, 80 BVerfGG vorgelegte Frage der Verfassungswidrigkeit des § 5 III Nr. 3 BetrVG vom 15. 1. 1972 oder bis zur sonstigen Erledigung der Vorlage. Das ArbG Berlin hat die Entscheidung des BVerfG in dem anhängigen Normenkontrollverfahren abzuwarten, weil das ArbG die genannte Vorschrift des Betriebsverfassungsgesetzes, auf deren Gültigkeit es bei der Entscheidung über den gem. §§ 80 II, 46 II ArbGG i. V. mit §§ 256 I, 495 ZPO zulässigen Antrag ankommt, als verfassungswidrig ansieht, jedoch einerseits gehindert ist, die Sache gemäß Art. 100 I 1, 2. Teil der Aufzählung (Vorlagevorschrift) GG dem BVerfG selbst zur Entscheidung vorzulegen und andererseits wegen der zu erwartenden Entscheidung des BVerfG auch nicht selbst die Verwerfungskompetenz hat.

Die Einholung der Entscheidung des BVerfG gemäß Art. 100 I 1 GG über die Frage der Verfassungswidrigkeit nachkonstitutionellen, in Berlin (West) geltenden Bundesrechtes durch Gerichte des Landes Berlin ist nach h. M., der sich das Gericht anschließt, aufgrund der besonderen rechtlichen Situation Berlins nicht möglich (so u. a. *Pfennig/Neumann,* Verfassung von Berlin, 1978, Art. 1 Rdnr. 70; Art. 64 Rdnr. 6; KG, NJW 1966, 598; a. A. *Finkelnburg,* JuS 1968, 13, sowie – ohne Begründung – *Maunz,* in: Maunz/Dürig, GG, Stand Juni 1978, Art. 100 Rdnr. 27 unter V c; *Schmidt-Bleibtreu/Klein,* GG, 4. Aufl. [1977], Art. 100 Rdnr. 1). Denn die unmittelbare Anwendung der Bestimmungen des Grundgesetzes über die Zuständigkeit des BVerfG ist durch den Vorbehalt der Alliierten in Nr. 4 des Genehmigungsschreibens der Alliierten Militärgouverneure vom 12. 5. 1949 zum Grundgesetz an den Präsidenten des parlamentarischen Rates, daß Berlin nicht durch den Bund »regiert« ("governed") werden dürfe, ausgeschlossen. Die Alliierten sehen im BVerfG »eines der Organe, in denen die oberste Regierungsgewalt der Bundesrepublik verankert ist«. Auch die Bestimmungen des Bundesverfassungsgerichtsgesetzes gelten daher nicht in Berlin, wie die Alliierte Kommandantur Berlin in ihrem Beschluß vom 20. 12. 1952 (BK/O [52] 35) ausdrücklich angeordnet hat (vgl. zu alledem u. a. *Pfennig/Neumann,* Art. 1 Rdnr. 26, 37; *Mußgnug,* in: Festschr. f. W. Weber, 1974, S. 157 ff.; *Finkelnburg,* JR 1965, 362; NJW 1974, 1969; BVerfGE 7,1 = NJW 1957, 1273; BVerfGE 37, 57 = NJW 1974, 893). Allerdings bedeutet eine bloße Vorlage an das BVerfG und die Entscheidung hierüber durch das BVerfG nicht ohne weiteres ein »Hineinregieren« des BVerfG nach Berlin. Denn das BVerfG ist möglicherweise nicht gehindert, die fragliche Gültigkeit des Gesetzes zu prüfen und darüber zu entscheiden, obwohl und weil seine Entscheidung wegen der Nichtgeltung des § 31 BVerfGG in Berlin gerade das vorlegende Berliner Gericht nicht unmittelbar bindet (vgl. die Ausführungen des BVerfG in der gemäß § 95 III BVerfGG zu entscheidenden Verfassungsbeschwerde *Brückmann,* BVerfGE 37, 57 = NJW 1974, 893). Eine – wenn auch nicht unmittelbar verbindliche – Entscheidung des BVerfG über das Gesetz könnte deshalb möglicherweise erlangt werden. Das BVerfG mußte hierüber bisher noch nicht befinden (vgl. *Mußgnug,* S. 159, 160 Fn. 16). Das im vorliegenden Fall entscheidende Gericht ist indessen der Auffassung, daß bereits die Vorlage an das BVerfG zur Durchführung des förmlichen Verfahrens gemäß §§ 17 ff., 80 ff. BVerfGG unzulässig ist, weil die Alliierten das in Berlin geltende Recht durchweg als Berliner Recht ansehen (vgl. BK/L [67] 10 vom 24. 5. 1967 – abgedruckt in NJW 1967, 1742 – zur sogenannten »*Niekisch*-Entscheidung«) und betont haben, daß die Anordnung über die Nichtübernahme des Bundesverfassungsgerichtsgesetzes allen Berliner Rechtsvorschriften, gemäß welchen Berlin betreffende Streitfragen an das BVerfG »zu verweisen« wären, vorgehe (BK/O [52] 35 vom 20. 12. 1952, zitiert bei *Mußgnug,* S. 158). Diese Auffassung kommt auch in dem Schreiben der Alliierten vom 29. 5. 1974 (abgedruckt bei *Finkelnburg,* NJW 1974, 1970 Fn. 20) bezüglich der sogenannten »*Brückmann*-Entscheidung« zum Ausdruck.

Das Gericht schließt sich jedoch nicht dem von der h. M. aus dem Verbot einer Vorlage gezogenen Schluß an, daß die Berliner Gerichte in Fällen, in denen sie von der Verfassungswidrigkeit eines nachkonstitutionellen Bundesgesetzes überzeugt sind, stets eine eigene Verwerfungskompetenz haben, welche die Entscheidung des BVerfG ersetzt, wenn auch nur inzidenter und im Rahmen der Rechtskraft (vgl. *Pfennig/Neumann,* Art. 64 Rdnr. 6, 9; KG, NJW 1966, 598; *Mußgnug,* S. 159). Eine solche Kompetenz ist vielmehr nur dann gegeben, wenn kein Verfahren über die Verfassungsmäßigkeit der fraglichen Norm beim BVerfG anhängig ist. Ist hingegen ein solches Verfahren anhängig, so ist die Entscheidung des BVerfG im Wege der Aussetzung abzuwarten. Das ergibt sich aus folgendem:

Das Grundgesetz gilt auch in Berlin, soweit nicht die alliierten Vorbehalte eingreifen (vgl. *Pfennig/Neumann,* Art. 1 Rdnr. 38ff.; vgl. auch Art. 87 III 1 Berliner Verfassung). Die Vorschrift des Art. 100 I 1, erster Teil der Aufzählung (Aussetzungsvorschrift) GG bestimmt: »Hält ein Gericht ein Gesetz, auf dessen Gültigkeit es bei der Entscheidung ankommt, für verfassungswidrig, so ist das Verfahren auszusetzen«. Durch diese Norm werden offenbar keine alliierten Vorbehalte berührt. Die Vorschrift ist – für sich allein gesehen – allerdings unvollkommen, denn sie enthält keine Bestimmung über die Dauer des Stillstandes des Verfahrens. Die diese Dauer regelnde Vorschrift des 2. Teils der Aufzählung des Satzes 1 des Art. 100 I GG (Vorlagevorschrift) ist – wie dargelegt – nicht anwendbar. Das aber schließt in Fällen der vorliegenden Art die Geltung der Aussetzungsvorschrift nicht aus, denn nach Sinn und Zweck des Art. 100 I GG sowie der Gründe für die Unanwendbarkeit der Vorlagevorschrift ist die ergänzende und ersatzweise entsprechende Anwendung des § 148 ZPO geboten, wonach die Verhandlung bis zur Erledigung eines anderen Rechtsstreites auszusetzen ist.

Art. 100 I GG bestätigt nicht nur das allgemeine richterliche Prüfungsrecht und die Prüfungspflicht bezüglich der Verfassungsmäßigkeit von Gesetzen. Er konzentriert darüber hinaus ausdrücklich die Verwerfungskompetenz beim BVerfG. Diese Konzentration beruht auf der Überlegung, daß nicht jeder Richter befugt sein soll, sich über den Gesetzgebungsakt des demokratisch legitimierten Gesetzgebers hinwegzusetzen (*Pfennig/Neumann,* Art. 64 Rdnr. 5) und daß nur so Rechtseinheitlichkeit und Rechtssicherheit gewahrt werden können. Dieser in Art. 100 I GG zum Ausdruck gebrachte gesetzgeberische Wille ist – soweit mit Rücksicht auf die alliierten Vorbehalte möglich – auch in Berlin zu beachten. Denn das Land Berlin ist gemäß dem in Art. 23 Satz 1 GG i. V. mit Art. 1 II Verfassung von Berlin zum Ausdruck gebrachten Grundsatz der Bundestreue sowie gemäß Art. 87 IV der Verfassung von Berlin verpflichtet, die Rechtsverhältnisse Berlins in dem von den Alliierten zugelassenen oder geduldeten Umfang denen eines voll integrierten Bundeslandes anzupassen (*Pfennig/Neumann,* Art. 1 Rdnr. 36, 43, 51). Die Rechtseinheit zwischen Berlin und dem weiteren Bundesgebiet ist soweit wie möglich zu wahren. Insbesondere sind Abweichungen zwischen der Gerichtsverfassung und der Judikatur Berlins einerseits und des übrigen Bundesgebietes andererseits zu verhindern und dieselben soweit wie möglich in Einklang zu bringen (vgl. *Finkelnburg,* NJW 1974, 1973; *Mußgnug,*S. 166ff., 183; 186; *Pfennig/Neumann,* Art. 1 Rdnr. 54, 80). Dieses Berliner Bestreben hat die Alliierte Kommandantur in ihrer Anordnung vom 30. 1. 1951 (BK/O [51] 10, vgl. *Pfennig/Neumann,* Art. 1 Rdnr. 62) ausdrücklich gebilligt. Diesem auch gewohnheitsrechtlichen Grundsatz würde es widersprechen, wenn die Berliner Gerichte aus eigener Macht Bundesgesetze in Berlin als verfassungswidrig behandeln würden, obwohl über die Frage der Verfassungswidrigkeit der bestimmten Norm eine Entscheidung des BVerfG zu erwarten ist. Bei einem solchen Verhalten der Berliner Gerichte würde ohne zwingende Notwendigkeit die Rechtseinheitlichkeit zwischen Berlin und dem übrigen Bundesgebiet bedroht werden. Denn die Entscheidungen der Berliner Gerichte würden mit Wirkung für die jeweiligen Parteien rechtskräftig werden, sofern die Parteien auf dem Instanzenzug nicht bis zu einem obersten Bundesgericht vorstoßen. Soweit – wie stets in der Arbeitsgerichtsbarkeit – eine letzte Instanz in Form eines obersten Bundesgerichts besteht, die aufgrund des Streitgegenstandes, des Streitwertes oder der Zulassungsmöglichkeit wegen grundsätzlicher Bedeutung der Sache (die in Fällen der vorliegenden Art stets anzunehmen wäre) anrufbar ist, behebt dies nicht die Gefährdung der Rechtseinheitlichkeit, weil niemand gezwungen sein kann, den Instanzenweg auszuschöpfen. Auch spricht der Grundsatz der Verfahrensökonomie gegen einen solchen Zwang: Die Partei, die sich auf die möglicherweise ungültige Norm beruft und darauf beharrt, wäre gehalten, bis zu zwei weitere, möglicherweise überflüssige Instanzen mit entsprechenden Kostenfolgen für die unterliegende Partei in Kauf zu nehmen (vgl. auch *Mußgnug,* S. 172 Fn. 57, 58). Im arbeitsgerichtlichen Beschlußverfahren zwischen Betriebsrat und Arbeitgeber träfen die außergerichtlichen Kosten gemäß § 40 I BetrVG sogar in der Regel nur die eine beteiligte Seite, nämlich den Arbeitgeber, so daß die andere Seite keinerlei Kostenrisiko trägt, wenn man in Fällen der vorliegenden Art die Weiterverfolgung der Sache trotz Ausstehens einer Klärung durch das BVerfG als zur Rechtsverfolgung erforderlich ansieht.

Das für Fälle der vorliegenden Art in Berlin verfügbare Mittel, die Pflicht zur Wahrung der Rechtseinheitlichkeit im Rahmen des alliierten Vorbehaltes und in verfahrensökonomischer Weise zu erfüllen, besteht darin, an Stelle der Vorlagevorschrift des Art. 100 I GG die Vorschrift des § 148 ZPO entsprechend anzuwenden und die Sache bis zur ausstehenden Entscheidung des BVerfG auszusetzen. In Fällen allerdings, in denen kein entsprechendes Verfahren vor dem BVerfG anhängig ist, versagt Art. 100 I 1, erster Teil der Aufzählung (Aussetzungsvorschrift) GG, denn mangels einer zeitlichen Begrenzbarkeit der Aussetzung würde es sich dann um einen Fall der Rechtsverweigerung handeln.

Gegen die Unterteilung der Vorschrift des Art. 100 I 1 GG in zwei selbständig behandelbare verfahrensrechtliche Schritte, nämlich die Aussetzung einerseits und die Vorlage an das BVerfG andererseits, bestehen keine durchgreifenden rechtsdogmatischen Bedenken: Daß ein Gericht lediglich einen der verfahrensrechtlichen Schritte macht, ist unbedenklich, solange diese Verfahrensweise sinnvoll ist und nicht zur Rechtsverweigerung führt. So hat auch das BVerfG in der sogenannten *Brückmann*-Entscheidung (BVerfGE 37, 57 = NJW 1974, 893) seine Kompetenz zur Entscheidung von Verfassungsbeschwerden gemäß § 95 III BVerfGG in zwei, einer selbständigen verfahrensrechtlichen Beurteilung zugängliche Teile zerlegt, nämlich in die Kompetenz zur Entscheidung über die mit der Verfassungsbeschwerde angegriffene gerichtliche Entscheidung einerseits und in die Kompetenz zur Entscheidung über die Verfassungsmäßigkeit des angewandten Gesetzes andererseits (vgl. dazu *Finkelnburg,* NJW 1964, 1972). Auch ist dem deutschen Verfahrensrecht die Aussetzung eines Verfahrens wegen der Abhängigkeit der Entscheidung von einer in einem anderen Rechtsstreit ebenfalls zu klärenden Rechtsfrage (nicht wie in § 148 ZPO: »Rechtsverhältnis«) nicht fremd, insbesondere auch nicht im Rahmen einer Normkontrolle. So kann das BVerfG gemäß § 33 I BVerfGG sein Verfahren bis zur Erledigung eines bei einem anderen Gericht anhängigen Verfahrens aussetzen, wenn für seine Entscheidung die Entscheidung dieses anderen Gerichtes von Bedeutung sein kann. Umgekehrt kann das BVerfG gemäß § 32 BVerfGG im Wege einer einstweiligen Anordnung auch andere gerichtliche Verfahren bis zu seiner eigenen Entscheidung aussetzen (vgl. BVerfGE 37, 324 = NJW 1974, 1322, betreffend § 218a StGB). Außerdem wird von erheblichen Stimmen in Rechtsprechung und Schrifttum die Auffassung vertreten, daß – unabhängig von der besonderen Berlin-Problematik – eine Aussetzung in Fällen, in denen über dieselbe Frage bereits ein Verfahren vor dem BVerfG anhängig ist, in entsprechender Anwendung allein des § 148 ZPO aus Gründen der Prozeßökonomie sowie der Pflicht, möglicherweise rechtskräftig werdende unrichtige Entscheidungen zu vermeiden, stets geboten ist (vgl. u. a. BVerfGE 3, 58 [74] = NJW 1954, 21, sowie OLG Oldenburg, NJW 1978, 2160 m. w. N.; *Skouris,* NJW 1975, 713 m. w. N.).

Hilfsweise wird die Aussetzung allein auf eine entsprechende Anwendung des § 148 ZPO entsprechend der soeben dargelegten, in Rechtsprechung und Literatur vertretenen Auffassung gestützt. Dabei kann dahingestellt bleiben, ob dieser Ansicht auch dann zu folgen ist, wenn das entscheidende Gericht nicht die Verfassungswidrigkeit annimmt, sondern allenfalls Bedenken hat, denn solch ein Fall liegt hier nicht vor. Bei Anwendung nur des § 148 ZPO (analog) steht die Aussetzung im freien Ermessen des Gerichtes. Das im vorliegenden Falle entscheidende Gericht ist der Auffassung, sein Ermessen aufgrund der Argumente derjenigen, die auch in Westdeutschland eine Aussetzung nach § 148 ZPO für möglich und geboten halten, sowie aufgrund der oben dargelegten, sich aus der besonderen rechtlichen Situation Berlins ergebenden Lage nur durch eine Aussetzung richtig zu gebrauchen.

Den Verfahrensbeteiligten entstehen durch die Aussetzung keine unverhältnismäßigen Nachteile: Das Verfahren wird nicht länger verzögert als es auch in Westdeutschland im Falle einer Vorlage an das BVerfG der Fall wäre. Die Einwendung, daß den Beteiligten durch die Aussetzung ohne Anrufung des BVerfG anders als bei einer Vorlage gemäß Art. 100 I 1 GG die Möglichkeit genommen werde, selbst das Verfahren durch den Vortrag sich auf die Gültigkeit der Vorschrift beziehender Argumente vor dem BVerfG weiter zu betreiben, geht fehl, weil eine Vorlage an das BVerfG nicht möglich ist und weil die Beteiligten statt dessen die Möglichkeit hatten, in der diesem Beschluß zugrundeliegenden mündlichen Verhandlung vor der vollbesetzten Kammer des ArbG ihre Auffassungen darzutun. . .

Nr. 86 OVG Rheinl.-Pfalz 23. 1. 1979 (2 B 274/78) DÖV 1979, 836

(nur Leitsatz)

Die Beschwerde des Antragsgegners kann keinen Erfolg haben. Nach Erlaß des Widerspruchsbescheides hat er mit Schreiben vom 25. September 1978 dem Antragsteller unter Bezugnahme auf dessen Ausreisepflicht mitgeteilt, er werde die Abschiebung nach Frankreich durchführen, wenn dieser seiner Verpflichtung nicht nachkommen sollte. Hierin liegt eine Abschiebungsandrohung nach § 13 Abs. 2 Satz 1 AuslG. Der Antragsteller hat hiergegen Widerspruch eingelegt, der nach § 80 Abs. 1 VwGO aufschiebende Wirkung entfaltet (Urteil des Senats vom 14. April 1976 – 2 A 12/76 –, DÖV 1976, 823). Auf den ausdrücklichen Antrag des Antragstellers auf vorläufigen Rechtsschutz hinsichtlich der Abschiebung hat der Antragsgegner lediglich erwidert, die Bescheide entsprächen der Rechtslage; für eine – an sich mögliche – Aussetzung der Vollziehung bestehe deshalb kein Raum. Der naheliegende Einwand, daß mangels sofortiger Vollziehbarkeit eine Abschiebung zur Zeit ohnehin nicht zulässig sei und deshalb ein Rechtsschutzinteresse für vorläufigen Rechtsschutz insoweit fehle, ist nicht erfolgt. Aus der Sicht des Antragstellers – auf die es dabei ankommen muß – war deshalb zumindest unklar, ob der Antragsgegner nicht der Auffassung sei, die angekündigte und damit angedrohte Abschiebung (eine Fristsetzung war bereits mit der Verfügung vom 25. Mai 1978 erfolgt) sofort durchführen zu können. Zu Recht hat ihm deshalb das Verwaltungsgericht insoweit vorläufigen Rechtsschutz gewährt.

Auch die *Beschwerde des Antragstellers* ist unbegründet.

Das Verwaltungsgericht hat sein Rechtsschutzbegehren zutreffend dahin ausgelegt, daß es darauf gerichtet ist, die aufschiebende Wirkung der Klage gegen die Versagung der Aufenthaltserlaubnis anzuordnen, so daß er gemäß § 21 Abs. 3 Satz 1 AuslG vorläufig weiterhin zum Aufenthalt in der Bundesrepublik berechtigt sei. Diesen Antrag hat es zu Recht abgelehnt, weil ihm offensichtlich rechtsfehlerfrei keine Aufenthaltserlaubnis erteilt worden ist. Denn ein schutzwürdiges Interesse daran, durch offenkundig aussichtslose Rechtsmittel den Vollzug eines rechtmäßigen Verwaltungsakts aufzuhalten, kann nach der ständigen Rechtsprechung der Verwaltungsgerichte (z. B. BVerwG, NJW 1974, 1294) im Rahmen der Interessenabwägung gemäß § 80 Abs. 5 VwGO nicht anerkannt werden.

Dem Antragsteller muß die Aufenthaltserlaubnis versagt werden, weil er nicht im Besitz eines Passes ist. Das Erfordernis gültiger Ausweispapiere als Voraussetzung eines Aufenthaltsrechts in der Bundesrepublik ergibt sich zwingend aus den §§ 3 Abs. 1 Satz 1, 9 Abs. 1 Nr. 1 AuslG (vgl. auch die §§ 1 und 2 Paßgesetz). Der Aufenthalt eines Ausländers ohne gültigen Paß verletzt öffentliche Belange, so daß ihm eine Aufenthaltserlaubnis nach § 2 Abs. 1 Satz 2 AuslG nicht erteilt werden darf. Dieselbe Rechtslage besteht für Angehörige von Mitgliedstaaten der Europäischen Gemeinschaft. Der Antragsteller gehört zwar – wie noch darzulegen ist – nicht zu diesem Personenkreis. Aber selbst wenn man seinem Vorbringen folgen wollte, hätte er keinen Anspruch auf eine Aufenthaltserlaubnis, weil – was er übersieht – auch nach § 10 AufenthG/EWG das Recht auf Einreise und Aufenthalt für Angehörige eines Mitgliedstaates der Europäischen Gemeinschaft einen gültigen Paß oder amtlichen Personalausweis voraussetzt. Diese Vorschrift steht im Einklang mit dem Recht der Europäischen Gemeinschaft. Gemäß Art. 3 Abs. 1 sowie Art. 4 Abs. 1 und 3 a und c der Richtlinie 68/360/EWG besteht das Recht des Marktbürgers auf Aufenthaltserlaubnis in einem Mitgliedstaat nur, wenn er im Besitz gültiger Ausweispapiere ist (vgl. auch EuGH, NJW 1977, 1579 [1581], wo das Erfordernis des Passes als gültiges Gemeinschaftsrecht angesehen wird). Dabei erteilen die Mitgliedstaaten ihren Angehörigen einen Paß »nach ihren Rechtsvorschriften« (Art. 2 Abs. 2 Richtlinie 68/360/EWG). Damit steht sowohl nach deutschem Ausländerrecht als auch nach den Rechtsvorschriften der Europäischen Gemeinschaft fest, daß dem Antragsteller zur Zeit eine Aufenthaltserlaubnis nicht erteilt werden kann und deren Ablehnung also offensichtlich rechtmäßig ist. Etwas anderes könnte nur in Betracht kommen, wenn ihm von dem Antragsgegner ein Fremdenpaß offenkundig rechtsfehlerhaft versagt worden wäre. Dafür ist indessen nichts ersichtlich. Mit Verfügung vom 27. Oktober 1978 hat der Antragsgegner ihm den Fremdenpaß verweigert, weil es den Interessen der Bundesrepublik zuwider laufen würde, sich in eine Paßangelegenheit einer befreundeten Nation einzumischen und den Ausländer insoweit zu begünstigen, als er sich dem Wehrdienst oder sonstiger Verpflichtungen in seinem Heimatstaat entziehen könne. Diese Erwägungen sind nach der Rechtsprechung des Bundesverwaltungsgerichts grundsätzlich sachgerecht (BVerwGE 42, 143). Die besonderen Umstände, die in dem vom Bundesverwaltungsgericht entschiedenen Fall (a.a.O.) zugunsten des Ausländers sprachen, liegen hier nicht vor. Es wäre zudem Sache des Antragstellers, solche vom Regelfall abweichenden Besonderheiten darzutun. Er hat aber weder in seinen Anträgen auf Verlängerung der Aufenthaltserlaubnis und auf Ausstellung des Fremdenpasses noch in seinen Schriftsätzen im vorliegenden Aussetzungsverfahren vorgetragen, in welchem Umfang er sich bisher um die Verlängerung seines französischen Passes bemüht und mit welcher Begründung sein Heimatstaat ihm die Ausstellung dieses Ausweises verweigert hat. Unter diesen Umständen spricht nichts gegen die Rechtmäßigkeit der Versagung des Fremdenpasses durch den Antragsgegner. Die Anordnung der aufschiebenden Wirkung der Klage des Antragstellers gegen die Versagung der Aufenthaltserlaubnis kommt nach alledem nicht in Betracht.

Der Antragsteller vermag sich auch nicht auf § 12 Abs. 9 AufenthG/EWG zu berufen, wonach Widerspruch und Klage gegen die Versagung einer Aufenthaltserlaubnis aufschiebende Wirkung haben mit der Folge, daß die Fiktion des § 21 Abs. 3 Satz 1 AuslG eintreten und eine Ausreisepflicht vorerst nicht bestehen würde. Gehörte der Antragsteller zu dem Personenkreis, dem nach Gemeinschaftsrecht Freizügigkeit garantiert ist, so müßte dem Antragsgegner – der von der grundsätzlichen sofortigen Vollziehbarkeit der Versagung der Aufenthaltserlaubnis ausgeht – die Beachtung der eingetretenen aufschiebenden Wirkung entsprechend § 80 Abs. 5 VwGO aufgegeben werden (Beschluß des Senats vom 16. Dezember 1969 – 2 B 75/69 –, AS 11, 264 [268]). Entgegen der Auffassung des Antragstellers finden jedoch auf ihn die Vorschriften über den Aufenthalt von Marktbürgern im Bundesgebiet keine Anwendung. Art. 48 EWG-Vertrag gewährt das Recht der Freizügigkeit nur Arbeitnehmern. Art. 1 Abs. 1 EWG-Verordnung 1612/68 gibt jedem Staatsangehörigen eines Mitgliedstaates lediglich das Recht, eine Tätigkeit im Lohn- oder Gehaltsverhältnis im Hoheitsgebiet eines anderen Mitgliedstaates auszuüben. Fragen der Ausbildung sind nicht Gegenstand des Gemeinschaftsrechts. § 1 Abs. 1 Nr. 1 AufenthG/EWG erfaßt zur Klarstellung und Vereinfachung über den Wortlaut des Gemeinschaftsrechts hinaus solche Personen, die eine Beschäftigung zu ihrer Berufsausbildung ausüben wollen. Voraussetzung ist aber ein Beschäftigungsverhältnis zum Zweck der Ausbildung. Der Aufenthalt zur Ausbildung außerhalb einer Arbeitnehmertätigkeit unterfällt nicht den genannten Vorschriften. Zum Personenkreis des § 1 AufenthG/EWG gehört somit ein Student nicht (ebenso *Kloesel/Christ,* Deutsches Ausländerrecht, B 4.6 § 1 Anm. 6). Der Antragsteller kann sich auch nicht darauf berufen, daß er selbst als Arbeitnehmer dem Gemeinschaftsrecht unterliege. Er ist nach einer vorgelegten Bescheinigung seit dem 1. Oktober 1978 als Aushilfe in einer Diskothek in T beschäftigt. Die näheren Umstände sind nicht dargelegt. Aus seinem Vortrag ergibt sich, daß er in S studiert, von seinen Eltern unterhalten wird und demnächst sein Examen ablegen will. Der Zweck seines Aufenthalts ist daher zur Zeit sein Studium. Insoweit gewährt Art. 48 EWG-Vertrag – wie erörtert – keine Freizügigkeit. Diese setzt nach dem Sinn des EWG-Vertrages voraus, daß eine Arbeitnehmertätigkeit Hauptzweck des Aufenthalts in einem Mitgliedstaat ist (vgl. amtliche Begründung zu § 1 AufenthG/EWG). Der Antragsteller will zur Zeit nicht als Arbeitnehmer, sondern als Student in der Bundesrepublik leben. Die Zielrichtung des Gemeinschaftsrechts kann nicht durch eine möglicherweise gegebene gelegentliche Nebenbeschäftigung umgangen werden. Aus dem Vortrag des Antragstellers ist nicht einmal ersichtlich, ob es sich bei seiner »Aushilfetätigkeit« überhaupt um ein Arbeitsverhältnis handelt. Auch fällt auf, daß er die Tätigkeit erst nach Erlaß des Widerspruchsbescheides begonnen hat. Es kann deshalb im vorliegenden Verfahren nicht festgestellt werden, daß er Arbeitnehmer im Sinn von § 1 AufenthG/EWG wäre. Schließlich unterfällt er auch nicht als Familienangehöriger eines Marktbürgers dem Gemeinschaftsrecht. Angehörige können ein Aufenthaltsrecht – als abgeleitetes Recht – nur von solchen Personen herleiten, die ihrerseits sich aufgrund des Gemeinschaftsrechts in der Bundesrepublik aufhalten. Andere Personengruppen, deren Aufenthaltsrecht sich auf sonstige Rechtsgrundlagen gründet, will das Gemeinschaftsrecht nicht erfassen. Der Vater des Antragstellers lebt nicht aufgrund der durch den EWG-Vertrag gewährten Freizügigkeit in der Bundesrepublik, sondern als Bediensteter des französischen Staates, der nach dem Willen seines Arbeitgebers als ziviler Angehöriger der französischen Truppen hier tätig ist (vgl. auch Art. 48 Abs. 4 EWG-Vertrag, wonach die Regelung über die Freizügigkeit der Arbeitnehmer auf eine Beschäftigung in der öffentlichen Verwaltung keine Anwendung findet). Ob er eine andere Tätigkeit aufgrund des Gemeinschaftsrechts hier ausüben könnte, ist unerheblich.

Soweit der Antragsteller auch im Beschwerdeverfahren wiederum die Untersagung der Abschiebung beantragt, fehlt ihm ein berechtigtes Interesse für einen vorläufigen Rechtsschutz, weil inzwischen für beide Beteiligte geklärt ist, daß zur Zeit seine Abschiebung mangels vollziehbarer Androhung nicht zulässig ist. Deshalb bedarf es auch keiner Prüfung, ob aus rechtsstaatlichen Grundsätzen möglicherweise seine befristete Duldung nach § 17 AuslG in Betracht kommen könnte. Zwar ist Art. 6 Abs. 1 GG entgegen seiner Auffassung nicht berührt, weil er volljährig und ledig ist. Zu fragen wäre allerdings, ob nicht der Grundsatz der Verhältnismäßigkeit eine Duldung des Antragstellers, der von Geburt an in der Bundesrepublik lebt, bis zum Abschluß seines Studiums nahelegt, vorausgesetzt, daß das Examen tatsächlich in nächster Zeit durchgeführt werden kann. Der Antragsteller hat bisher weder einen entsprechenden Antrag bei der Ausländerbehörde gestellt, noch insoweit die näheren Umstände seines Studiums dargelegt.

Nr. 87 BVerfG 14. 2. 1979 (1 BvR 924/78) BVerfGE 50, 244

Der Beschwerdeführer ist ein führendes Mitglied der kroatischen Emigration in der Bundesrepublik Deutschland; mit Note vom 24. Mai 1978 hat die jugoslawische Regierung um seine Auslieferung zur Strafverfolgung wegen verschiedener ihm zur Last gelegter Straftaten ersucht.

Das Oberlandesgericht Köln hat durch Beschluß vom 11. August 1978 die Auslieferung des Beschwerdeführers für zulässig erklärt.

Gegen diesen Beschluß hat der Beschwerdeführer Verfassungsbeschwerde eingelegt und die Verletzung des Art. 16 Abs. 2 Satz 2 GG (Asylrecht) sowie einer Reihe anderer Grundrechte gerügt. Das Bundesverfassungsgericht hat die Verfassungsbeschwerde dem Bundesminister der Justiz zur Äußerung zugestellt. Noch während die Äußerungsfrist lief, hat das Auswärtige Amt mit Verbalnote vom 13. September 1978 der Botschaft der Sozialistischen Föderativen Republik Jugoslawien mitgeteilt, daß sich die Bundesregierung nicht in der Lage sehe, dem Auslieferungsersuchen stattzugeben. Zur Begründung wurde ausgeführt:

Die deutschen Strafverfolgungsbehörden führten Ermittlungsverfahren wegen der Straftaten durch, die dem Auslieferungsersuchen zugrunde lägen, wobei in einem Fall Termin zur Hauptverhandlung bevorstehe. Deshalb und weil der Tatort dieser Straftaten in der Bundesrepublik Deutschland liege, hätten die deutschen Behörden entschieden, der deutschen Strafverfolgung gegenüber dem Auslieferungsersuchen den Vorrang einzuräumen (Art. 9 und Art. 10 Abs. 1 Buchst. a des deutsch-jugoslawischen Auslieferungsvertrages vom 26. November 1970 – BGBl. 1974 II, S. 1257).

Der Beschwerdeführer hält seine Verfassungsbeschwerde aufrecht.

Er macht geltend, das Rechtsschutzbedürfnis an einer Entscheidung über seine Verfassungsbeschwerde sei weiterhin gegeben. Durch die Entschließung der Bundesregierung, dem Auslieferungsersuchen Jugoslawiens nicht stattzugeben, sei der Beschluß des Oberlandesgerichts Köln vom 11. August 1978 über die Zulässigkeit der Auslieferung nicht aufgehoben. Dieser beeinträchtige den Beschwerdeführer in seinen Grundrechten unmittelbar; seine Wirkungen seien nicht beseitigt. Möglicherweise könne die Bundesregierung auch später noch einen abweichenden Beschluß über die Auslieferung des Beschwerdeführers treffen und sich dabei auf den angegriffenen Beschluß des Oberlandesgerichts Köln stützen. Selbst wenn jedoch das bisherige jugoslawische Auslieferungsersuchen als endgültig erledigt betrachtet werden könne, verbleibe ein Rechtsschutzinteresse des Beschwerdeführers; denn es bestehe die Gefahr, daß ein neues Auslieferungsersuchen auch den alten Sachverhalt wieder mit aufgreifen könne.

Im übrigen beantragt der Beschwerdeführer, die Erstattung seiner Kosten anzuordnen.

Der Bundesminister der Justiz hält die Verfassungsbeschwerde für nunmehr unzulässig, da das Rechtsschutzinteresse des Beschwerdeführers weggefallen sei.

Das Auslieferungsverfahren, das durch ein entsprechendes Ersuchen des ausländischen Staates eingeleitet werde, sei beendet, wenn der ersuchte Staat, vorliegend die Bundesrepublik Deutschland, über die Auslieferung entschieden habe. Das konkrete Ersuchen der jugoslawischen Regierung um Auslieferung des Beschwerdeführers sei dementsprechend mit seiner tatsächlichen und rechtlichen Begründung verbraucht, nachdem die Bundesregierung den jugoslawischen Behörden mitgeteilt habe, sie sehe sich nicht in der Lage, dem Auslieferungsersuchen stattzugeben. Damit sei der Beschluß des Oberlandesgerichts Köln vom 11. August 1978, durch welchen die Auslieferung für zulässig erklärt worden sei, gegenstandslos geworden.

Der gerichtlichen Entscheidung komme unmittelbare konstitutive Wirkung nur zu, wenn sie die Zulässigkeit der Auslieferung verneine. Bei Bejahung der Zulässigkeit habe sie lediglich gutachtliche Wirkung in dem Sinn, daß die Bundesregierung nunmehr frei sei, über die Auslieferung im Rahmen der Vorschriften des Deutschen Auslieferungsgesetzes (DAG) in Verbindung mit dem einschlägigen Auslieferungsvertrag nach ihrem pflichtgemäßen Ermessen zu entscheiden. Lehne die Bundesregierung dann die Auslieferung ab, so gehe von dem die Auslieferung für zulässig erklärenden Beschluß des Oberlandesgerichts eine fortdauernde Belastung des Beschwerdeführers nicht aus.

Ein neues Auslieferungsersuchen, das zusätzlich zu den im abgeschlossenen Auslieferungsverfahren bereits behandelten Sachverhalten auf neue Tatsachen gestützt werden müsse, setze ein erneutes, selbständiges Auslieferungsverfahren in Gang. Vor einer Entscheidung der Bundesregierung über ein solches neues Auslieferungsbegehren bedürfe es einer weiteren Zulässigkeitserklärung durch das Oberlandesgericht. Dieses habe dann den gesamten Vortrag des Auslieferungsersuchens, auch soweit es sich um bereits im abgeschlossenen Verfahren vorgetragene Tatsachen handele, erneut zu prüfen. Gegen diese neue Entscheidung des Oberlandesgerichts sei gegebenenfalls wiederum die Verfassungsbeschwerde zulässig, so daß ein uneingeschränkter Rechtsschutz des Beschwerdeführers gewährleistet sei.

Die gegen den Beschluß des Oberlandesgerichts gerichtete Verfassungsbeschwerde war zur Zeit ihrer Einlegung zwar zulässig; sie ist aber wegen Wegfalls des Rechtsschutzinteresses unzulässig geworden.

Die Zulässigkeit einer Verfassungsbeschwerde setzt voraus, daß ein Rechtsschutzbedürfnis für die Aufhebung des angegriffenen Hoheitsaktes oder – in bestimmten Fällen – jedenfalls für die Feststellung seiner Verfassungswidrigkeit besteht (ständige Rechtsprechung, vgl. z. B. BVerfGE 12, 311 [317]; 15, 126 [131]; 21, 139 [143]; 33, 247 [253]). Das Rechtsschutzinteresse muß im Zeitpunkt der Entscheidung des Bundesverfassungsgerichts noch gegeben sein (vgl. BVerfGE 9, 89 [92]; 30, 54 [58]; 33, 247 [253]). War zunächst ein Rechtsschutzbedürfnis vorhanden, so ist die Frage, wie sich eine Änderung der Sachlage auf die anhängige Verfassungsbeschwerde auswirkt, im jeweiligen Einzelfall unter Berücksichtigung der Art des angegriffenen Hoheitsaktes, der Bedeutung der Grundrechtsverletzung und der Zwecksetzung des Verfassungsbeschwerdeverfahrens zu entscheiden (vgl. BVerfGE 6, 389 [442 f.]). Auch wenn das mit der Verfassungsbeschwerde verfolgte Begehren als erledigt zu betrachten ist, kann ausnahmsweise dennoch ein Rechtsschutzbedürfnis in Einzelfällen zu bejahen sein. Dies ist z. B. dann angenommen worden, wenn andernfalls die Klärung einer verfassungsrechtlichen Frage von grundsätzlicher Bedeutung unterblieben wäre und der gerügte Eingriff ein besonders bedeutsames Grundrecht betraf, wenn eine Wiederholung der angegriffenen Maßnahme zu besorgen war oder wenn die gegenstandslos gewordene Maßnahme den Beschwerdeführer dennoch weiterhin beeinträchtigen konnte (vgl. BVerfGE 33, 247 [257 f.] m. w. N.). Andererseits kann das bloße Kosteninteresse niemals für die Fortdauer des Rechtsschutzbedürfnisses ausreichend sein (vgl. BVerfGE 39, 276 [292]).

Mit seiner Verfassungsbeschwerde gegen den Beschluß des Oberlandesgerichts will der Beschwerdeführer erreichen, daß er nicht auf der Grundlage dieser gerichtlichen Entscheidung nach Jugoslawien ausgeliefert werden kann. Insoweit ist die Verfassungsbeschwerde gegenstandslos geworden; denn das Auslieferungsverfahren ist durch die Entschließung der Bundesregierung, das Auslieferungsersuchen abzulehnen, beendet worden.

Die Auslieferung stellt sich im Verhältnis der beiden hieran beteiligten Staaten als ein völkerrechtlicher Vertrag dar (vgl. *Vogler*, Auslieferungsrecht und Grundgesetz, Berlin 1970, S. 33 f.; *Heinrich Meyer*, Die Einlieferung, Bonn 1953, S. 14 ff. [S. 18]; aus der älteren Literatur, in der ebenfalls dieser Standpunkt vertreten wurde, z. B. *von Bar*, Lehrbuch des internationalen Privat- und Strafrechts, Stuttgart 1892, S. 285; *Ullmann*, Völkerrecht, Handbuch des öffentlichen Rechts I. II. 2., 2. Aufl. 1898, S. 276). Der ersuchende Staat macht mit seinem Auslieferungsbegehren dem Aufenthaltsstaat des verfolgten Ausländers ein Vertragsangebot, das dieser entweder annimmt (Auslieferungsbewilligung) oder ablehnt. Dabei wird der Charakter des völkerrechtlichen Auslieferungsvertrags unterschiedlich beurteilt, je nachdem, ob zwischen den beteiligten Staaten ein genereller Staatsvertrag über die Auslieferung besteht oder nicht (vgl. hierzu *von Bar*, a.a.O., S. 285, und *Vogler*, a.a.O., S. 45). Darauf braucht im vorliegenden

Fall jedoch nicht näher eingegangen zu werden; denn jedenfalls stellt auch im Rahmen eines allgemeinen Auslieferungsvertrags die konkrete Abmachung über die Auslieferung eines bestimmten Ausländers einen zwischenstaatlichen Vertrag dar. Danach ist das Auslieferungsersuchen rechtlich als Vertragsangebot, die Auslieferungsbewilligung der Bundesregierung als Vertragsannahme zu qualifizieren (vgl. *Meyer*, a.a.O., S. 18; *Vogler*, a.a.O., S. 34). Es gilt demgemäß der vertragsrechtliche Grundsatz, daß die Ablehnung eines Angebots dieses gegenstandslos macht. Aus diesem Grunde ist die dem ersuchenden Staat gegenüber erklärte Ablehnung endgültig und beendet das Auslieferungsverfahren. Eine Auslieferung desselben Ausländers kann nur aufgrund eines neuen Vertragsangebots, also eines weiteren Auslieferungsersuchens des die Auslieferung begehrenden Staates erfolgen. Ein solches neues Ersuchen setzt aber nicht das alte Auslieferungsverfahren fort; dieses bleibt beendet. Vielmehr wird durch ein neues Ersuchen ein selbständiges zweites Auslieferungsverfahren eingeleitet. Die Rechtslage ist ähnlich zu beurteilen, wie wenn ein Auslieferungsverfahren durch Auslieferungsbewilligung und Übergabe des Beschuldigten an den ausländischen Staat beendet wird. Entweicht dieser später und kehrt in den Staat, der ihn ausgeliefert hatte, zurück, so kann er nicht in Fortsetzung des alten Auslieferungsverfahrens nochmals ausgeliefert werden, auch dann nicht, wenn Sach- und Rechtslage im übrigen völlig gleich geblieben sind. Vielmehr muß auch hier ein selbständiges neues Auslieferungsverfahren eingeleitet werden (BGHSt 6, 236 [240 f.]).

Es braucht hier nicht entschieden zu werden, welche Rechtsnatur der Ablehnung einer Auslieferung durch die Bundesregierung im innerstaatlichen Bereich zukommt. Jedenfalls ist die Ablehnung der Auslieferung dem Betroffenen gegenüber nicht ohne rechtliche Wirkung. Denn dem verfolgten Ausländer wird durch die Ablehnungsentscheidung der Bundesregierung deutlich gemacht, daß das gegen ihn durchgeführte Auslieferungsverfahren in einer für ihn günstigen Weise sein Ende gefunden hat. Der Ausländer kann von nun an davon ausgehen, daß er aufgrund dieses Verfahrens nicht mehr mit der Auslieferung rechnen muß. Die Beendigung des Auslieferungsverfahrens durch die ablehnende Entscheidung der Bundesregierung schafft für den betroffenen Ausländer einen verfassungsrechtlich geschützten Vertrauenstatbestand. Das Gebot des Vertrauensschutzes ist im Rechtsstaatsprinzip verankert (BVerfGE 30, 392 [403]). Der Bürger soll die ihm gegenüber möglichen staatlichen Eingriffe voraussehen und sich dementsprechend einrichten können (vgl. BVerfGE 13, 261 [271]). Daher schützt die Verfassung grundsätzlich das Vertrauen darauf, daß die mit abgeschlossenen Tatbeständen verknüpften gesetzlichen Rechtsfolgen anerkannt bleiben (BVerfGE 30, 367 [386]; 49, 168 [185]).

Gegen diesen Vertrauensschutz würde es verstoßen, wenn nach Ablehnung des Auslieferungsbegehrens trotz des damit erfolgten Abschlusses des Auslieferungsverfahrens dennoch auf das verbrauchte Auslieferungsersuchen hin später zu irgendeiner Zeit eine Auslieferungsbewilligung erteilt werden könnte.

Dem Beschwerdeführer droht aus den dargelegten Gründen eine Auslieferung nur dann noch, wenn in einem neuen Auslieferungsverfahren aufgrund eines erneuten Ersuchens der jugoslawischen Regierung die Auslieferung durch die Bundesregierung bewilligt würde. Geht jedoch ein neues Auslieferungsersuchen ein, so beginnt auch das Auslieferungsverfahren nach den Vorschriften des Deutschen Auslieferungsgesetzes von neuem. Es muß daher wiederum das zuständige Oberlandesgericht gemäß § 7 DAG zunächst über die Zulässigkeit der nunmehr begehrten Auslieferung entscheiden. Nur ein solcher neuer oberlandesgerichtlicher Beschluß könnte Grundlage einer künftigen Auslieferung des Beschwerdeführers werden.

Trotz der Erledigung des Auslieferungsverfahrens könnte das Rechtsschutzbedürfnis für die Verfassungsbeschwerde ausnahmsweise unter den obengenannten Voraussetzungen weiterbestehen. Keine dieser Voraussetzungen ist jedoch im vorliegenden Fall gegeben. Insbesondere rechtfertigt sich der Fortbestand des Rechtsschutzinteresses nicht aus dem Gesichtspunkt möglicher noch in die Zukunft dauernder Wirkungen der angegriffenen Entscheidung des Oberlandesgerichts.

Allerdings könnte der Beschluß vom 11. August 1978 möglicherweise für ein etwaiges künftiges Auslieferungsverfahren gegen den Beschwerdeführer eine gewisse Bedeutung erlangen, wenn die vom Bundesgerichtshof in der oben bezeichneten Entscheidung BGHSt 6, 236 entwickelten Rechtsgrundsätze herangezogen werden.

Dort hat der Bundesgerichtshof ausgeführt (a.a.O. [242 f.]), im neuen Auslieferungsverfahren sei das Oberlandesgericht an seine frühere Entscheidung über die Zulässigkeit der Auslieferung gebunden und könne daher nur neu prüfen, ob seit dem Beschluß, durch den die Auslieferung seinerzeit für zulässig erklärt wurde, neue Umstände eingetreten seien, die die Auslieferung nunmehr als unzulässig erscheinen ließen. Insofern habe die Entscheidung des Oberlandesgerichts, die eine Auslieferung für zulässig erkläre, eine beschränkte Rechtskraft in dem Sinn, daß das Oberlandesgericht nur aufgrund neuer Tatsachen wegen eines sich auf dieselbe Tat oder Strafe beziehenden Auslieferungsersuchens eine abweichende Sachentscheidung treffen dürfe; dies rechtfertige sich aus einer entsprechenden Anwendung des § 29 DAG.

Es mag dahinstehen, ob diese Überlegungen des Bundesgerichtshofs auf einen Fall wie den vorliegenden übertragen werden können.

Auch wenn der Beschluß des Oberlandesgerichts vom 11. August 1978 in dieser Weise für ein künftiges Auslieferungsverfahren noch eine Bedeutung haben könnte, läßt sich hieraus nicht der Fortbestand des Rechtsschutzinteresses an einer Sachentscheidung über die vorliegende Verfassungsbeschwerde rechtfertigen. Der Beschluß vom 11. August 1978 wirkt im neuen Auslieferungsverfahren keineswegs mehr unmittelbar, sondern nur noch in der geschilderten Weise präjudiziell. Gegen den erforderlichen neuen Beschluß eines Oberlandesgerichts ist aber die Verfassungsbeschwerde zulässig. Sie erfaßt die Zulässigkeitsprüfung im ganzen, auch hinsichtlich der Teile, bei denen für das Oberlandesgericht selbst eine Bindung an den früheren Beschluß bestehen könnte. Denn für das Bundesverfassungsgericht gibt es insoweit keine Einschränkungen seiner Prüfungsbefugnis. Eine Verfassungsbeschwerde, welche gegen eine nach § 29 DAG erlassene erneute Zulässigkeitsentscheidung des Oberlandesgerichts eingelegt wird, erfaßt nicht nur den auf § 29 DAG beruhenden Beschluß, sondern auch die zugrunde liegende, die Auslieferung erstmals für zulässig erklärende Entscheidung (BVerfGE 9, 174 [179]); nichts anderes kann gelten, wenn die erste Zulässigkeitsentscheidung gar keine unmittelbaren Wirkungen mehr äußern kann, sondern nur noch präjudiziellen Einfluß auf die spätere, dann mit der Verfassungsbeschwerde anzufechtende neue Zulässigkeitsentscheidung des Oberlandesgerichts zu entfalten vermag.

Kann aber der Beschwerdeführer somit seine Rechte in vollem Umfang gegebenenfalls in einem späteren Verfassungsbeschwerdeverfahren gegen einen etwa in einem neuen Auslieferungsverfahren erlassenen Beschluß des Oberlandesgerichts wahren, so besteht kein Anlaß, im vorliegenden Verfassungsbeschwerdeverfahren trotz Erledigung des mit der Verfassungsbeschwerde ursprünglich verfolgten Begehrens weiterhin ein Rechtsschutzinteresse des Beschwerdeführers zu bejahen.

Ein Rechtsschutzinteresse rechtfertigt sich auch nicht aus anderen Gründen. Wenn über die Verfassungsbeschwerde nicht sachlich entschieden wird, so unterbleibt damit nicht die Klärung einer verfassungsrechtlich bedeutsamen Frage. Das Bundesverfassungsgericht hat über die Bedeutung des Asylrechts im Auslieferungsverfahren bereits mehrfach entschieden (BVerfGE 9, 174; 15, 249; 38, 398); im vorliegenden Verfahren geht es weniger um eine neue verfassungsrechtliche Problematik als um die von dem Beschwerdeführer aufgeworfene tatsächliche Frage, ob im konkreten Fall trotz der Sicherungen im deutsch-jugoslawischen Auslieferungsvertrag in Jugoslawien politische Verfolgung droht. Es ist zur Zeit auch keine Wiederholung der angegriffenen Maßnahme zu besorgen; für ein erneutes Auslieferungsverfahren gegen den Beschwerdeführer gibt es keinerlei Anhaltspunkte; sollte es dennoch dazu kommen, hat der Beschwerdeführer in diesem neuen Verfahren, wie dargestellt, alle Rechtsgarantien einschließlich der Verfassungsbeschwerde.

Nr. 88 BayVGH 15. 2. 1979 (81 XII 78) BayVBl. 1979, 677

In Jugoslawien sind Männer im Alter vom 18. bis zum 55. Lebensjahr wehrpflichtig. Während dieser Zeit unterliegen sie der Wehrüberwachung und bedürfen für einen Auslandsaufenthalt der Genehmigung der Gemeinde, bei der sie erfaßt sind. Paßausstellungen und Paßverlängerungen für Jugoslawen im wehrpflichtigen Alter erfolgen nur gegen Vorlage einer Unbedenklichkeitsbescheinigung der zuständigen Meldebehörde.

Art. 214 des am 1. 7. 1977 in Kraft getretenen Jugoslawischen Strafgesetzbuches (JugStGB) vom 28. 7. 1976 bestraft die Nichtbefolgung einer Einberufung und die Dienstentziehung – ähnlich wie vordem Art. 339 des Jugoslawischen Strafgesetzbuchs vom 2. 3. 1951 i. d. F. vom 30. 6. 1959 ...

Somit kommt es für die asylrechtliche Beurteilung darauf an, ob derjenige Jugoslawe, der sich in der Bundesrepublik Deutschland aufhält, um hier der Ableistung der Wehrpflicht in Jugoslawien zu entgehen und sich somit nach Art. 214 Abs. 3 JugStGB strafbar macht, mit guten Gründen befürchten muß, durch eine solche Bestrafung in Jugoslawien politisch verfolgt zu werden. Das hängt von den Gründen ab, weshalb er sich dem Wehrdienst entzieht und ob eine beachtliche Wahrscheinlichkeit dafür besteht, daß sich diese Gründe straferhöhend auswirken werden. Will der Asylsuchende in Jugoslawien seiner Wehrpflicht deshalb nicht nachkommen, weil ihm seine Religion diesen oder jenen Wehrdienst verbietet, weil seine Volksgruppe in Jugoslawien diskriminiert wird oder weil er das kommunistische Regime in Jugoslawien ablehnt, so kann es sein, daß die jeden Jugoslawen, der den Straftatbestand des Art. 214 Abs. 3 JugStGB erfüllt, treffende Strafe etwa aus Gründen der Religion, Nationalität oder wegen der politischen Überzeugung des Wehrpflichtigen, also aus Gründen politischer Verfolgung im Sinne von Art. 16 Abs. 2 Satz 2 GG und der Genfer Konvention, strenger ausfällt. Auch ist insbesondere bei einer Wehrdienstverweigerung aus religiösen Gründen möglich, daß diese Ablehnungsgründe derart das Verhalten des sich dem Wehrdienst Entziehenden bestimmen, daß jede strafrechtliche Ahndung mit einer Freiheitsstrafe als politische Verfolgung zu erachten ist. Demgemäß hat das Bundesverwaltungsgericht mit Recht entschieden, eine wegen Wehrdienstverweigerung zu befürchtende Bestrafung komme dann als Asylgrund in Betracht, wenn sie sich für den

Betroffenen als Verfolgung wegen einer der in Art. 1 Buchst. A Nr. 2 der Genfer Konvention genannten Gründe darstellt (vgl. BVerwG, DVBl. 1963, 146; DÖV 1965, 286) und dazu im Urteil vom 14. 2. 1963 – I C 92.91 folgendes ausgeführt:

»Die Nazarener waren nach den tatsächlichen Feststellungen durch ihre religiöse Verpflichtung, keinen Wehrdienst mit der Waffe zu tun, in so schwere Gewissenskonflikte geraten, daß ihre Furcht vor Verfolgung wegen ihrer religiösen Überzeugung im Sinne der Genfer Konvention begründet war. Vor solchen Gewissenskonflikten will die Konvention schützen. Solche Konflikte können sich auch aus politischer Überzeugung ergeben, wenn nach den besonderen Umständen des Falles die Ableistung des Wehrdienstes unzumutbar ist, z. B. wenn eine kriegerische Verwicklung mit nichtkommunistischen Staaten zu befürchten ist oder wenn der Wehrdienst zu einer so starken kommunistischen Schulung benutzt wird, daß der einzelne in der ständigen Zwangslage steht, sich zu verstellen oder zu lügen. Auch dann, wenn nahe Angehörige infolge von Verfolgung durch die kommunistischen Machthaber ihr Leben oder ihre Freiheit eingebüßt haben, können sich solche Zwangslagen ergeben, in denen der einzelne befürchten muß, während des Wehrdienstes in Konflikte zu geraten, die mit Verfolgungen im Sinne der Genfer Konvention enden müssen«.

Nach Art. 214 JugStGB wird in Jugoslawien auch bestraft, wer im Sinne von Art. 4 Abs. 3 GG aus Gewissensgründen den Kriegsdienst mit der Waffe verweigert und wer somit nach deutschem Recht nur zu einem Ersatzdienst verpflichtet werden kann (Art. 12a Abs. 2 GG; § 25 Wehrpflichtgesetz; Zivildienstgesetz i. d. F. vom 9. 8. 1973 BGBl. I, S. 1015).

Das Grundrecht des Art. 4 Abs. 3 GG knüpft an die Würde der menschlichen Persönlichkeit und an die Freiheit seines Gewissens an und räumt selbst im Kriege, in dem der Staat seine Bürger zur Sicherung der staatlichen Existenz besonders fordert, dem Schutz des freien Gewissens des Einzelnen den Vorrang ein. Der Kerngehalt dieses Grundrechts besteht darin, den Kriegsdienstverweigerer vor dem Zwang zu bewahren, in einer Kriegshandlung einen anderen töten zu müssen, wenn ihm sein Gewissen eine Tötung grundsätzlich und ausnahmslos zwingend verbietet. Die Ableistung von Wehrdienst in Friedenszeiten fällt zwar nicht schlechthin in den Kernbereich des Grundrechts, doch gibt das Grundgesetz durch Art. 12a Abs. 2 zu erkennen, daß es denjenigen, der den Kriegsdienst mit der Waffe aus Gewissensgründen verweigert, grundsätzlich auch in Friedenszeiten nicht zum Waffendienst herangezogen wissen will (BVerfGE 48, 127/163 f.).

Das Grundrecht nach Art. 4 Abs. 3 GG ist kein Menschenrecht im Sinne der Konvention zum Schutze der Menschenrechte und Grundfreiheiten vom 4. 11. 1950 (BGBl. 1952 II, S. 686), wie deren Art. 4 Abs. 3 Buchst. b zeigt und auch die Europäische Menschenrechtskommission entschieden hat (vgl. *Hartig*, Das Recht auf Wehrdienstverweigerung in den Mitgliedstaaten des Europarates, EuGRZ 1977, 481 ff., Fn. 29; BVerfGE 28, 243/258 f.; a. A. BVerwGE 7, 242/250; *Hirsch* in BVerfGE 48, 188; VG Ansbach, 12. Kammer, DÖV 1979, 63; amnesty international, Bewährungsprobe für ein Grundrecht, 1978, S. 141 Fn. 96).

Das Grundrecht auf Kriegsdienstverweigerung aus Gewissensgründen gilt auch für Ausländer (»niemand«), allerdings nur insoweit, als es sich um die Leistung von Wehrdienst in Streitkräften der Bundesrepublik Deutschland handelt. Das muß sowohl dem Sinn und Zweck dieser Verfassungsnorm in Verbindung mit Art. 12 Abs. 1

GG, völkerrechtlichen Grundsätzen und den zu Art. 4 Abs. 3 GG und Art. 12a Abs. 2 GG ergangenen Ausführungsgesetzen, nämlich dem Wehrpflichtgesetz und dem Zivildienstgesetz, entnommen werden (ebenso im Ergebnis VG Ansbach, 4. Kammer, DÖV 1977, 637 mit Anmerkung von *Wollenschläger; Stein*, Auslieferung und Wehrdienstverweigerung, NJW 1978, 2426; a. A. BGHSt 27, 191/194).

Lehnt jedoch ein Ausländer den Kriegsdienst mit der Waffe in der Armee seines Heimatlandes aus Gewissensgründen im Sinne des Art. 4 Abs. 3 GG ab und droht ihm deshalb dort Gefahr für seine Freiheit, weil das Strafrecht seines Herkunftslandes einer solchen Gewissensnot nicht Rechnung trägt, so ist dies gleichwohl nach Art. 16 Abs. 2 Satz 2 GG asylrechtlich erheblich. Eine derartige Kriegsdienstverweigerung aus Gewissensgründen setzt voraus und rechtfertigt ihren Vorrang gegenüber der allgemeinen Pflicht zur bewaffneten Landesverteidigung damit, daß diesem Kriegsdienstverweigerer sein Gewissen eine Tötung grundsätzlich und ausnahmslos zwingend verbietet (vgl. BVerfGE 12, 45/46f.; 23, 191/205; 28, 243/262; 32, 40/46f.; 48, 127/164); der Zwang zum Töten von Menschen im Kriege würde seine sittliche Persönlichkeit zerbrechen oder schädigen (vgl. *Becker*, Das Grundrecht der Kriegsdienstverweigerung im Spiegel der neueren Rechtsprechung des Bundesverwaltungsgerichts, Das Recht im Amt 1975, 62). Liegt eine derartige Gewissensnot vor, so daß der Kriegsdienstverweigerer im Falle der Tötung von Menschen im Kriege mit der Waffe einen schweren seelischen Schaden erleiden würde (vgl. BVerwGE 41, 53/55), so befindet sich der Ausländer in einer so bedeutsamen Zwangslage, daß die Wertentscheidung des Grundgesetzes zugunsten eines Kriegsdienstverweigerungsrechts auch im Asylrecht zu beachten ist und die Bundesrepublik Deutschland verpflichtet, einen Kriegsdienstverweigerer aus Gewissensgründen im Sinne des Grundgesetzes vor einer Freiheitsstrafe wegen Wehrdienstverweigerung im Heimatstaat zu bewahren (vgl. zur Bedeutung der Grundrechte als Elemente einer Wertordnung u.a. BVerfGE 7, 198/204f.; *Hesse*, EuGRZ 1978, 432; *Ossenbühl*, NJW 1976, 2100; *Denninger*, JZ 1975, 545). Der Senat hält deshalb in Übereinstimmung mit dem 8. und 9. Senat (vgl. Urteile vom 8. 12. 1970, Nr. 81 VIII 69; vom 19. 12. 1978, Nr. 37 IX 78; vom 26. 9. 1978, Nr. 137 IX 78; vom 7. 9. 1978, Nr. 241 IX 78) und entgegen dem Urteil des VG Ansbach vom 9. 12. 1976 (DÖV 1977, 637) daran fest, daß die Gefahr einer Freiheitsstrafe für einen Ausländer, der den Kriegsdienst mit der Waffe aus Gewissensgründen im Sinne des Art. 4 Abs. 3 GG verweigert, einen Anspruch auf Asyl begründet (vgl. auch amnesty international, a.a.O., S. 137ff.).

Nr. 89 VG Köln 15. 2. 1979 (1 K 3320/77) DVBl. 1980, 383

Der Kl., der italienischer Staatsangehöriger ist, arbeitet bei der Firma M., einem Unternehmen der Rüstungsindustrie, das der Sicherheitskontrolle der Bekl. unterliegt. Bei der Vergabe von Aufträgen an derartige Unternehmen, die geheimhaltungsbedürftige Vorgänge zum Gegenstand haben, macht die Bekl. ein Merkblatt über die Behandlung von Verschlußsachen zum Vertragsinhalt. Die Firmen verpflichten sich danach, Verschlußsachen nur solchen Betriebsangehörigen zugänglich zu machen, bei denen ein besonderes Personenüberprüfungsverfahren stattgefunden hat.

Die Firma M. beantragte 1973, den Kl. zum Umgang mit Verschlußsachen zu ermächtigen. Die über das Bundesamt für Verfassungsschutz eingeschalteten italienischen Sicherheitsbehörden widersprachen der Ermächtigung. Die Klage gegen die Versagung der Ermächtigung hatte keinen Erfolg.

Die Bekl. ist gemäß Art. 87a Abs. 1 GG und § 3 Abs. 2 Ziff. 1 Verfassungsschutzgesetz (VerfSchG) vom 27. 9. 1950 (BGBl. I, S. 682) grundsätzlich berechtigt, Personen, denen Tatsachen anvertraut werden sollen, die im Interesse der Landesverteidigung geheimgehalten werden müssen, eine Ermächtigung zum Umgang mit geheimhaltungsbedürftigen Sachen ggf. zu verweigern. Die Überprüfungspraxis der Bekl. entspricht dem Gesetzesvorbehalt des deutschen Rechts; aus europäischem Recht ergibt sich nichts anderes.

Die Überprüfung von Personen und die damit verbundene Entscheidung, diesen Personen die Ermächtigung zum Umgang mit Verschlußsachen zu gewähren oder nicht, greift, soweit es sich um Deutsche handelt, in das durch Art. 12 Abs. 1 GG garantierte Grundrecht der Berufsfreiheit ein.

Allerdings beschränkt die Verweigerung der Ermächtigung in der Regel nicht die Freiheit der Berufswahl, da die einschlägigen Berufe regelmäßig auch außerhalb der Rüstungsindustrie ausgeübt werden können. Die von der Bekl. geübte Praxis greift aber erheblich in das Recht auf freie Wahl des Arbeitsplatzes ein. Dieses Grundrecht schützt den Bürger vor einer dem Wesen des freien Arbeitsverhältnisses widersprechenden öffentlichen Beeinflussung oder staatlichen Lenkung (vgl. *Maunz/Dürig/Herzog,* Grundgesetz, Art. 12 Rdnr. 107; *Bachof,* in: Bettermann/Nipperdey/Scheuner, Die Grundrechte, Bd. III/1, S. 250ff.). Derjenige, dem die Bekl. die Ermächtigung zum Umgang mit Verschlußsachen verweigert, kann an dem für ihn vorgesehenen Arbeitsplatz und i.d.R. auch in einigen anderen Bereichen des Betriebes nicht oder nicht voll eingesetzt werden. Dies kann dazu führen, daß einem solchen Arbeitnehmer Aufstiegsmöglichkeiten, die ihm sonst offengestanden hätten, verschlossen bleiben. Außerdem ist nicht auszuschließen, daß der Arbeitgeber einem Arbeitnehmer, der die Ermächtigung zum Umgang mit Verschlußsachen nicht erhalten hat, zum nächstmöglichen Termin kündigt. Daraus folgt, daß eine staatliche Beeinflussung des Arbeitsverhältnisses vorliegt.

Die Einschränkung der freien Wahl des Arbeitsplatzes kann aber durch Art. 87a Abs. 1 GG und § 3 Abs. 2 Ziff. 1 VerfSchG gerechtfertigt sein. Das Recht auf freie Wahl des Arbeitsplatzes unterliegt ebenso wie das Recht auf freie Berufswahl und freie Berufsausübung dem Regelungsvorbehalt des Art. 12 Abs. 1 Satz 2 GG. Das folgt schon daraus, daß die nach st. Rspr. zulässige Regelung der Berufswahl in der Regel einen stärkeren Eingriff in die Berufsfreiheit darstellt als eine Beschränkung der freien Wahl des Arbeitsplatzes (vgl. *Bachof,* a.a.O.). Eine Einschränkung des Rechts auf freie Wahl des Arbeitsplatzes muß gemäß Art. 12 Abs. 1 Satz 2 GG eine gesetzliche Grundlage haben, wobei der Gesetzgeber selbst zumindest die Grundzüge bestimmen muß (vgl. BVerwG, Urteil vom 3. 11. 1976, *Buchholz* 442.03 § 9 Güterkraftverkehrsgesetz [GüKG] Nr. 9). Eine solche gesetzliche Grundlage liegt jedenfalls insoweit vor, als die Verweigerung der Ermächtigung im Interesse der Funktionsfähigkeit der Bundeswehr erfolgt. Die Verfassung hat in Art. 87a Abs. 1 GG eine Grundentscheidung für die militärische Verteidigung der Bundesrepublik Deutschland getroffen. Einrichtung und Funktionsfähigkeit der Bundeswehr haben daher verfassungsrechtlichen Rang (vgl. BVerfG, Beschluß vom 26. 5. 1970, BVerfGE 28, 234, 261; BVerfG, Urteil vom 13. 4. 1978, NJW 1978, 1245). Soweit eine Geheimhaltung von Tatsachen zur Erhaltung der Funktionsfähigkeit der Bundeswehr unbedingt erforderlich ist, folgt die Zulässigkeit der für eine Geheimhaltung notwendigen Maßnahmen und des damit eventuell verbundenen Eingriffs in Rechte Dritter daher grundsätzlich bereits aus der Verfassung. Ob Art. 87a Abs. 1 GG allein als ausreichend konkrete gesetzliche Grundlage für die von der Bekl. geübte Überprüfungspraxis angesehen werden kann, erscheint allerdings fraglich. Dieser Frage braucht aber nicht weiter nachgegangen zu werden, da der Gesetzgeber in § 3 Abs. 2 Ziff. 1 VerfSchG die Überprüfung von Personen, denen geheimhaltungsbedürftige Tatsachen anvertraut werden sollen, ausdrücklich vorgesehen und damit eine ausreichende gesetzliche Grundlage geschaffen hat.

Gemäß § 3 Abs. 2 Ziff. 1 VerfSchG wirken das Bundesamt für Verfassungsschutz und die nach § 2 Abs. 2 VerfSchG bestimmten Länderbehörden bei der Überprüfung von Personen mit, denen im öffentlichen Interesse geheimhaltungsbedürftige Tatsachen, Gegenstände oder Erkenntnisse anvertraut werden oder die Zugang dazu erhalten sollen. Diese Vorschrift regelt zwar ihrem Wortlaut nach nur die Mitwirkung der Verfassungsschutzämter bei der Personenüberprüfung; durch sie hat der Gesetzgeber aber ebenfalls bestimmt, daß Personen, die den Umgang mit geheimhaltungsbedüftigen Sachen erstreben, überprüft werden können, denn ansonsten ginge diese Bestimmung ins Leere. Weiterhin ergibt sich aus § 3 Abs. 2 Ziff. 1 VerfSchG, daß bei einem negativen Ergebnis der dort erwähnten Personenüberprüfung die geheimhaltungsbedürftigen Umstände der jeweiligen Person nicht anvertraut werden dürfen, denn nur dies kann Sinn und Zweck einer derartigen Personenüberprüfung sein. Daß Sicherheitsüberprüfungen i.S. des § 3 Abs. 2 Ziff. 1 VerfSchG auch bei den in privaten Industriebetrieben beschäftigten Personen vorgenommen werden können, folgt daraus, daß die Funktionsfähigkeit der Bundeswehr gerade im Bereich der Rüstungsindustrie eine strenge Geheimhaltung erfordert. Auch der Gesetzgeber ist, wie sich aus den Materialien ergibt, als selbstverständlich davon ausgegangen, daß auch in Industriebetrieben beschäftigte Personen gemäß § 3 Abs. 2 Ziff. 1 VerfSchG überprüft werden können (vgl. schriftlichen Bericht der Abg. Vogel und Sieglerschmidt, Verhandlungen des BT, zu Drucks. VI/3533, S. 4). Allerdings bestimmt § 3 Abs. 2 Ziff. 1 VerfSchG nicht näher, welche Tatsachen im öffentlichen Interesse geheimzuhalten sind und nach welchen Kriterien entschieden werden soll, wer Zugang zu geheimhaltungsbedürftigen Tatsachen erhalten kann und wer nicht. Dies ist aber auch nicht erforderlich, denn es ergibt sich jedenfalls für den Verteidigungsbereich aus der Natur der Sache und könnte vom Gesetzgeber auch kaum im einzelnen näher bestimmt, sondern allenfalls in einer Generalklausel geregelt werden.

Mit geheimhaltungsbedürftigen Tatsachen im Bereich der Rüstungsindustrie dürfen der Natur der Sache nach solche Personen nicht befaßt werden, deren Betrauung mit Verschlußsachen ein Sicherheitsrisiko darstellen und damit die Funktionsfähigkeit der Bundeswehr gefährden würde. Die Ermächtigung zum Umgang mit Verschlußsachen kann daher grundsätzlich nur dann verweigert werden, wenn im *konkreten* Fall ein Sicherheitsrisiko vorliegt.

Der Kl. kann sich allerdings als italienischer Staatsangehöriger nicht unmittelbar auf Art. 12 Abs. 1 GG berufen, sondern nur auf Art. 48, 49 EWGV i.V. mit den Art. 1 und 2 der Verordnung Nr. 1612/68 des Rates der EG über die Freizügigkeit der Arbeitnehmer in der Gemeinschaft (VO-EWG 1612/68) (Amtsbl. EG Nr. L 257 vom 19. 10. 1968, S. 2).

Die Art. 48ff. des EWGV sowie die zu ihrer Durchführung erlassenen Rechtsakte verleihen den von ihnen erfaßten Personen subjektive Rechte, die die innerstaatlichen Gerichte zu schützen haben (vgl. EuGH, Urteil vom 7. 7. 1976 – Rs. 118/75 –, Slg. 1976, 1185). Gemäß Art. 48 Abs. 2 und 3 EWGV sowie Art. 1 und 2 VO-EWG 1612/

68 hat jeder Angehörige eines Mitgliedstaates grundsätzlich ein Recht auf freie Wahl des Arbeitsplatzes wie ein Deutscher. Daraus folgt, daß die Sicherheitsüberprüfung eines italienischen Staatsangehörigen grundsätzlich nur im gleichen Umfang und nach den gleichen Kriterien möglich ist wie die Überprüfung eines Deutschen. Allerdings ist zu berücksichtigen, daß Art. 48 Abs. 3 EWGV weitergehende Beschränkungen zuläßt, wenn diese aus Gründen der öffentlichen Ordnung, Sicherheit und Gesundheit gerechtfertigt sind. Daraus ergibt sich, daß der Kl. im Rahmen des Schutzes der öffentlichen Sicherheit auch anders behandelt werden kann als ein Deutscher, ohne daß dies gegen den EWGV verstoßen würde, und sich insoweit auch nicht indirekt auf den Gesetzesvorbehalt des Art. 12 Abs. 1 Satz 2 GG berufen kann.

Die Bekl. hat vorgetragen, daß sie aufgrund des NATO-Dokuments C-M 55 (15) nur dann die Ermächtigung zum Umgang mit Verschlußsachen erteilen könne, wenn der Heimatstaat des Bewerbers (hier Italien) keine Einwendungen erhebe. Sie hat dieses Dokument auch insoweit vorgelegt. Die Bekl. stützt also ihre Ablehnung nicht auf den Inhalt der ihr von den italienischen Diensten übermittelten Nachricht und das etwa dadurch begründete Sicherheitsrisiko, sondern allein auf die Tatsache, daß Italien Bedenken gegen eine Ermächtigung des Kl. zum Umgang mit Verschlußsachen erhoben hat. Die Entscheidung der Bekl. ist daher rechtmäßig, wenn dieser Gesichtspunkt ausreicht, die Verweigerung der Ermächtigung und den damit verbundenen Eingriff in die Rechte des Kl. i. S. des Art. 48 Abs. 3 EWGV zu rechtfertigen. Dies ist der Fall.

Die der militärischen Verteidigungsbereitschaft dienende Sicherheitsüberprüfung ist dem Begriff der öffentlichen Sicherheit i. S. des Art. 48 Abs. 3 EWGV zuzuordnen, da es sich um eine Maßnahme handelt, die unmittelbar dem Schutz der Bundesrepublik Deutschland dient. Es erscheint auch sinnvoll und notwendig und damit gerechtfertigt i. S. des Art. 48 Abs. 3 EWGV, die Ermächtigung eines Angehörigen eines anderen NATO-Staates nicht nur vom Ergebnis der eigenen Sicherheitsüberprüfung, sondern auch von einer Einverständniserklärung des Heimatstaates abhängig zu machen, wie dies das NATO-Dokument C-M 55 (15) bindend vorschreibt.

Die NATO ist aufgrund der engen Zusammenarbeit der Mitgliedsländer im militärischen Bereich auf einen den nationalen Rahmen überschreitenden Schutz militärischer Geheimnisse angewiesen, und zwar sowohl im eigentlichen Verteidigungsbereich als auch im Bereich der Rüstungsindustrie. Daher sind für alle Mitgliedstaaten verbindliche Regelungen über den Geheimnisschutz, wie sie im NATO-Dokument C-M 55 (15) niedergelegt sind, notwendig und erforderlich. Da ein Angehöriger eines anderen NATO-Staates in der Regel einen erheblichen Teil seines Lebens in diesem Staat verbracht hat, wie dies auch beim Kl. der Fall ist, ist die Einschaltung der Sicherheitsbehörden dieses Landes von der Sache her unbedingt notwendig, da die deutschen Behörden keine ausreichenden Erkenntnismöglichkeiten besitzen. Es erscheint aber auch sachgerecht, die Ermächtigung von der ausdrücklichen Zustimmung des Heimatstaats abhängig zu machen. Einmal sind die Sicherheitsbehörden des Heimatstaats, die mit den dort bestehenden Verhältnissen eng vertraut sind, eher in der Lage abzuschätzen, ob etwa angefallene Erkenntnisse ein Sicherheitsrisiko bilden oder nicht. Außerdem ist die Bekl. regelmäßig nicht in der Lage nachzuprüfen, ob die im Heimatstaat angefallenen Erkenntnisse den Tatsachen entsprechen oder nicht und müßte sich insoweit ohnehin auf die Angaben des Heimatstaates verlassen. Schließlich erscheint es für eine vertrauensvolle Zusammenarbeit innerhalb der NATO dringend erforderlich, daß derjenige, der in seinem Heimatstaat eine Ermächtigung zum Umgang mit Verschlußsachen nicht erhalten würde, nicht von einem anderen Mitgliedstaat gegen den Willen des Heimatstaates ermächtigt ist. Dies schließt natürlich nicht aus, daß die Bekl. sich die Gründe des Heimatstaates mitteilen läßt und sich, falls sie diese nicht für schwerwiegend hält, bemüht, im Einvernehmen mit dem Heimatstaat eine positive Entscheidung herbeizuführen; sie kann sich aber nicht über eine endgültige Entscheidung des Heimatstaates hinwegsetzen und damit gegen die im NATO-Dokument C-M 55 (15) festgelegte Handhabung des Geheimnisschutzes verstoßen, die eine völkerrechtlich verbindliche Regelung darstellt.

Da die italienischen Sicherheitsbehörden Einwände gegen eine Ermächtigung des Kl. zum Umgang mit Verschlußsachen erhoben haben, hat die Bekl. somit zu Recht die Ermächtigung versagt, ohne daß es auf den Inhalt der Mitteilung der italienischen Sicherheitsbehörden ankäme.

Dieses Ergebnis steht auch im Einklang mit dem Rechtsstaatsprinzip. Dieses Prinzip erfordert nur, dem Kl. so viel mitzuteilen, daß er seine Rechte sachgerecht wahren kann (vgl. BVerwG, Urteil vom 26. 1. 1978 – 2 C 66.73 –). Dem Kl. ist von der Bekl., wenn auch erst im Laufe des verwaltungsgerichtlichen Verfahrens, bekanntgegeben worden, daß die italienischen Sicherheitsbehörden ihr Einverständnis zur Ermächtigung zum Umgang mit Verschlußsachen verweigert haben und die Bekl. an diese Entscheidung gebunden ist. Der Kl. hat somit die entscheidungserheblichen Tatsachen erfahren, so daß er seine Rechte sachgerecht wahrnehmen kann.

Der Kl. ist auch nicht rechtsschutzlos, so daß auch kein Verstoß gegen Art. 19 Abs. 4 GG vorliegt. Die Kammer hat die Entscheidung der Bekl. voll überprüft. Es fällt aber nicht in die Kompetenz der deutschen Gerichte nachzuprüfen, ob die nach deutschem Recht erforderliche Zustimmung der italienischen Behörden von diesen zu Recht verweigert worden ist oder nicht. Dies gilt auch dann, wenn, wie der Kl. vorträgt, er in Italien die notwendige Unbedenklichkeitsbescheinigung der italienischen Sicherheitsbehörden nicht durch Anrufung der Gerichte erstreiten kann, denn Art. 19 Abs. 4 GG ist auf den Geltungsbereich des Grundgesetzes beschränkt. Der Kl. kann sich daher nicht auf Art. 19 Abs. 4 GG berufen, wenn für eine nach deutschem Recht notwendige Unbedenklichkeitserklärung eines anderen Staates in diesem Staat der Rechtsweg nicht eröffnet ist.

Nr. 90 BFH 20. 2. 1979 (VII R 16/78) RIW/AWD 1979, 351

Zu den Depotkunden der Klägerin und Revisionsbeklagten (Klägerin), einer Bank, gehören u.a. Personen, die nach den Depotunterlagen eine schwedische Anschrift haben und in deren Wertpapierdepots sich Aktien der schwedischen Gesellschaft T. befinden. In den Jahren 1972 und 1973 kassierte die Klägerin die fälligen Dividenden dieser Gesellschaft für diese Depotkunden und schrieb sie ihnen gut. Beim Inkasso verwendete die Klägerin die nach schwedischem Recht vorgeschriebenen amtlichen Formblätter der schwedischen Steuerverwaltung. In den Fällen, in denen ihre Kunden das Formblatt nicht zugleich als Antrag auf Ermäßigung der schwedischen Abzugssteuer auf Dividenden (Couponsteuer) behandelt wissen wollten und die Klägerin nicht dazu ermächtigt hatten, ihren Namen und ihre Anschrift anzugeben, bezeichnete die Klägerin sich in den Formblättern als Bezugsberechtigte der Dividenden. Durch den Zusatz »für einen Kunden in Schweden« machte sie jeweils kenntlich, daß es sich bei den Endberechtigten um Personen mit einer schwedischen Anschrift handelte. Namen und Anschrift der Kunden führte sie nicht auf. Sie vermerkte in den Formblättern jedoch, daß die Couponsteuer nach dem vollen Steuersatz von 30% vorzunehmen sei (für in der Bundesrepublik Deutschland ansässige Personen verringert sich der Steuersatz auf 15%). Dementsprechend wurde in diesen Fällen die Couponsteuer in Schweden mit 30% einbehalten und den Endberechtigten die Dividende nur mit 70% des Bruttobetrages vergütet. Die ausgefüllten Formblätter wurden bestimmungsgemäß den schwedischen Steuerbehörden zugesandt.

Mit Auskunftsersuchen vom 8. 1. 1973 an den Bundesminister der Finanzen ersuchte das schwedische Finanzministerium mit Bezug auf Art. 24 des deutsch-schwedischen Doppelbesteuerungsabkommens vom 17. 4. 1959 – im folgenden: DBA – (BGBl. 1960 II, S. 1815) um Auskunft über Namen und Anschriften von Empfängern von Dividenden der Gesellschaft T., die nach den Angaben in dem Formblatt ihren Wohnsitz in Schweden haben. Dem Schreiben waren Kopien der Bescheinigungen beigefügt. Das Auskunftsersuchen war damit begründet, daß es die zur Feststellung der in Schweden ansässigen Personen erforderlichen Angaben erbitte, »um das nach den schwedischen Steuergesetzen geltende Besteuerungsverfahren anwenden zu können«. In dem Auskunftsersuchen wird dazu u.a. ausgeführt, daß das übliche Verfahren in Fällen, in denen die Couponsteuer von in Schweden ansässigen Personen entrichtet werde, darin bestehe, daß auf die Dividenden die normale schwedische Einkommensteuer erhoben und die Couponsteuer auf Antrag erstattet werde. Später stützte das schwedische Finanzministerium sein Ersuchen ausdrücklich auch auf das deutsch-schwedische Abkommen über Amts- und Rechtshilfe in Steuersachen vom 14. 5. 1935 – im folgenden: RHV – (RGBl. 1935 II, S. 866) und erstreckte es mit Schreiben vom 13. 12. 1973 auf weitere Aktionäre.

Mit Schreiben vom 28. 5. 1975 ersuchte das Finanzamt die Klägerin um Auskunft über Namen und Anschriften derjenigen Empfänger von Dividenden der Gesellschaft T., für die sie im einzelnen benannte Formblätter ausgestellt habe; sie sei zu dieser Auskunft nur hinsichtlich der Personen verpflichtet, welche die alleinige schwedische Staatsangehörigkeit besäßen.

Nach erfolgloser Beschwerde erhob die Klägerin Klage mit dem Antrag, das Auskunftsersuchen vom 28. 5. 1975 und die Beschwerdeentscheidung vom 16. 9. 1975 aufzuheben, hilfsweise, das Finanzamt für verpflichtet zu erklären, dem seinem Auskunftsersuchen zugrunde liegenden Amts- und Rechtshilfeersuchen des schwedischen Finanzministeriums nicht zu entsprechen.

Das Finanzgericht Hamburg hob das Auskunftsersuchen und die Beschwerdeentscheidung durch Urteil vom 12. 12. 1977 – II 160/75 auf (EFG 1978, S. 257). Die Revision führte zur Aufhebung der Vorentscheidung und zur Abweisung der Klage.

Es kann unentschieden bleiben, ob für die Entscheidung auf die zur Zeit des Erlasses des angefochtenen Verwaltungsaktes geltende Rechtslage abzustellen ist oder ob die durch die Abgabenordnung inzwischen eingetretenen Rechtsänderungen zu berücksichtigen sind (vgl. auch Urteil des erkennenden Senats vom 18. 11. 1975 – VII R 85/74, BFHE 117, S. 430, BStBl. II 1976, S. 257). Denn sowohl nach der früheren als auch nach der gegenwärtigen Rechtslage erweist sich das Auskunftsersuchen des Finanzamts als rechtmäßig.

Nach § 175 AO hat auch wer nicht Steuerpflichtiger ist dem Finanzamt über Tatsachen Auskunft zu erteilen, die für die Ausübung der Steueraufsicht oder in einem Steuerermittlungsverfahren für die Feststellung von Steueransprüchen von Bedeutung sind. Dem entspricht die Regelung des § 93 AO 1977, wonach Beteiligte und andere Personen der Finanzbehörde die Auskünfte zu erteilen haben, die zur Feststellung eines für die Besteuerung erheblichen Sachverhaltes erforderlich sind.

Diese Bestimmungen allein rechtfertigen das Auskunftsersuchen des Finanzamts nicht. Sie begründen eine Auskunftsverpflichtung grundsätzlich nur im Interesse der inländischen Besteuerung (§§ 3 Abs. 1 AO, 1 Abs. 1 AO 1977). Im vorliegenden Fall werden aber Auskünfte für die Besteuerung in Schweden gefordert. Die (entsprechende) Anwendung der §§ 175 AO, 93 AO 1977 im Interesse der Besteuerung in Schweden ist daher nur möglich, wenn sie durch besondere Rechtsnorm angeordnet ist.

Diese Rechtsnorm enthält der in innerstaatliches Recht transformierte RHV, der – wie nachfolgend näher darzulegen sein wird – im vorliegenden Fall Anwendung findet. Nach Art. VII Abs. 1 RHV ist die Behörde, an die ein Amtshilfeersuchen gerichtet wird, verpflichtet, »ihm zu entsprechen und dabei dieselben Zwangsmittel anzuwenden wie bei der Erledigung eines entsprechenden Ersuchens der Behörde des ersuchten Staates. Auch die Formen der Erledigung richten sich nach den Gesetzen des ersuchten Staates«. Diese Bestimmung ist nicht etwa dahin zu verstehen, daß die Vertragspartner sich Amtshilfe nur in Fällen leisten wollten, in denen der Umstand, daß auch die Besteuerung im ersuchten Staat betroffen ist, diesen nach innerstaatlichem Recht zum Handeln i. S. des Ersuchens berechtigt. Einer solchen Annahme steht entgegen, daß es dann zu einem Amtshilfeverkehr nur in seltenen Ausnahmefällen kommen könnte. In Art. VII Abs. 1 RHV verpflichten sich vielmehr die Vertragspartner, daß die Behörden des ersuchten Staates alle rechtlichen Befugnisse, die ihnen zum Zwecke der inländischen Besteuerung zustehen, im Rahmen des Vertrages im Interesse der Besteuerung des ersuchenden Staates nutzen werden.

Diese Bestimmung wurde mit ihrer Transformation nationales Recht und beinhaltet damit – da nur so eine Durchführung des Abkommens entsprechend seinem dargestellten Sinn sichergestellt ist – die entsprechende Erweiterung der Befugnisse der Behörden. Die Finanzbehörden haben damit das Recht erhalten, die Befugnisse im Interesse des Vertragspartners zu nutzen, die ihnen – bei sinngemäßer Umstellung des Sachverhalts – nach innerstaatlichem Recht zustehen (vgl. das Urteil des schweizerischen Bundesgerichts vom 23. 12. 1970 zu der entsprechenden Frage der Anwendung des schweizerisch-amerikanischen Doppelbesteuerungsabkommens vom 24. 5. 1951, Entscheidungen internationaler Steuerfälle, 1971/1972, S. 175, 181, 182). Aus den §§ 175 AO, 93 AO 1977 i. V. m. dem RHV ergibt sich also die Befugnis der Finanzbehörden der Bundesrepublik Deutschland, von Personen Auskünfte zu verlangen, die zur Feststellung eines für die Besteuerung in Schweden erheblichen Sachverhalts erforderlich sind, falls die übrigen Voraussetzungen des RHV erfüllt sind.

Für das neue Recht ergibt sich die Richtigkeit dieser Auffassung auch aus § 117 Abs. 2 und 4 AO 1977. Danach können die Finanzbehörden zwischenstaatliche Rechts- und Amtshilfe aufgrund innerstaatlich anwendbarer völkerrechtlicher Vereinbarungen leisten (Absatz 2). Ihre Befugnisse und die Rechte und Pflichten der Beteiligten und anderer Personen richten sich nach den für die Steuern i. S. von § 1 Abs. 1 AO 1977 geltenden Vorschriften; § 114 AO 1977 (Durchführung der Amtshilfe) findet entsprechende Anwendung (Absatz 4). Daraus ergibt sich, daß in entsprechender Anwendung des § 93 Abs. 1 AO 1977 auch Auskünfte im Interesse der Besteuerung in Schweden im Rahmen der entsprechenden völkerrechtlichen Vereinbarungen gefordert werden dürfen und geleistet werden müssen (vgl. *Tipke/Kruse*, Abgabenordnung/Finanzgerichtsordnung, Kommentar, 9. Aufl., § 117 AO 1977 Anm. 10 Buchst. a letzter Absatz).

Für das frühere Recht können aus § 117 Abs. 2 und 4 AO 1977 keine gegenteiligen Schlüsse gezogen werden; entgegen der Auffassung der Klägerin ist diese Regelung nur bestätigender Natur.

§ 93 Abs. 1 Satz 3 AO 1977 steht dem Auskunftsersuchen nicht entgegen. Danach sollen andere Personen als die Beteiligten erst dann zur Auskunft angehalten werden, wenn die Sachverhaltsaufklärung durch die Beteiligten nicht zum Ziele führt oder keinen Erfolg verspricht. Diese Bestimmung findet auf Amtshilfeersuchen keine Anwendung (*Tipke/Kruse,* a.a.O., § 117 AO, 1977 Anm. 2 Abs. 2). Denn sie betrifft die Frage, ob ein Auskunftsersuchen gestellt werden darf. Im Rahmen des Amtshilfeverkehrs ist das jedoch eine Entscheidung des ersuchenden Staates, und ihre Rechtmäßigkeit richtet sich nach der zugrunde liegenden völkerrechtlichen Vereinbarung. Dem Gesetzgeber des § 93 Abs. 1 Satz 3 AO 1977 kann nicht die Absicht unterstellt werden, in Abänderung völkerrechtlicher Vereinbarungen darüber entscheiden zu wollen, unter welchen Voraussetzungen der ersuchende Staat Amtshilfeersuchen stellen darf. Überdies ist § 93 Abs. 1 Satz 3 AO 1977 eine Soll-Vorschrift; ihre Anwendung erscheint sinnwidrig in Fällen wie dem vorliegenden, in denen die Auskunft gerade dazu dienen soll, die Steuerpflichtigen festzustellen.

Der RHV ist vorkonstitutionelles Recht. Er ist durch eine Bekanntmachung der Reichsminister des Auswärtigen und der Finanzen vom 23. 12. 1935 (RGBl. 1935 II, S. 866) in innerstaatliches Recht transformiert worden. Damit ist er nach der damaligen staatsrechtlichen Lage zu innerstaatlich verbindlichem Recht geworden. Diese staatsrechtliche Lage ist für die Beurteilung des damaligen Transformierungsvorganges auch unter der Herrschaft des Grundgesetzes maßgebend (vgl. Urteil des Bundesverfassungsgerichts vom 26. 3. 1957 – 2 BvG 1/55, BVerfGE 6, S. 310, 334). Der Vertrag hat seine Geltung auch nicht inzwischen verloren. Die Vertragsstaaten gehen nach wie vor von seiner Fortgeltung aus, ebenso die herrschende Meinung im Schrifttum. Der Vertrag steht inhaltlich auch nicht mit den Bestimmungen des Grundgesetzes in Widerspruch; er gilt daher auch heute noch fort (Art. 123 Abs. 1 GG).

Der Anwendung des RHV steht der Umstand nicht entgegen, daß die Vertragsparteien inzwischen ein DBA abgeschlossen haben, das in seinem Art. 24 eine Amtshilfeklausel enthält. Es kann hier dahingestellt bleiben, ob das Finanzamt sein Auskunftsersuchen auch auf die §§ 175 AO, 93 AO 1977 i. V. m. Art. 24 DBA stützen kann. Denn auch wenn das nicht der Fall ist, Art. 24 DBA also keine so weitgehende Amtshilfevereinbarung der Vertragsparteien darstellt, kann daraus nicht der Umkehrschluß gezogen werden, die Vertragsparteien des DBA hätten den RHV insoweit stillschweigend außer Kraft setzen wollen, als er eine weitergehende Amtshilfe vorsieht.

Die Regelungsinhalte beider Abkommen unterscheiden sich. Durch das DBA soll die Doppelbesteuerung vermieden werden (Art. 1). Die Amtshilfeklausel des Art. 24 fügt sich im wesentlichen in diesen Rahmen ein (»um dieses Abkommen durchzuführen«). Dabei kann hier dahingestellt bleiben, ob diese Amtshilfebestimmung insoweit über diesen Rahmen hinausgeht, als sie auch Amtshilfe vorsieht, »um Steuerverkürzungen zu verhindern«. Der RHV sieht dagegen eine umfassende Rechts- und Amtshilfe in Steuersachen vor. Das macht insbesondere sein Art. I deutlich; nur dessen Buchst. a bezieht sich auf die unter das damals geltende DBA fallenden Steuern, während Buchst. b klarstellt, daß das Abkommen auch auf alle anderen öffentlichen Abgaben anwendbar ist. Auch Art. II RHV belegt den umfassenden Geltungsbereich des Abkommens; danach ist »in allen Steuersachen« Amts- und Rechtshilfe zu leisten. Das alles spricht dafür, daß nach dem Willen der Vertragsparteien beide Abkommen voneinander unabhängig sein sollten. Eine teilweise Außerkraftsetzung des früheren RHV durch das spätere DBA ohne eine ausdrückliche Regelung im letzteren kann daher nicht angenommen werden.

Nach Art. II RHV sind die Vertragsstaaten verpflichtet, »in allen Steuersachen sowohl bei der Ermittlung und Festsetzung von Steuern und Sicherheiten als auch im Rechtsmittelverfahren und in der Beitreibung sich gegenseitig Amts- und Rechtshilfe zu leisten«. Der Begriff »Steuersache« i.S. dieser Bestimmung ist umfassend. Es bestehen keine Anhaltspunkte dafür, daß die Vertragsparteien diesem Begriff einen einschränkenden Sinn hätten beilegen und Rechts- und Amtshilfe nur in Fällen zusagen wollen, in denen das Feststellungsverfahren noch nicht abgeschlossen ist, sie aber hätten ausschließen wollen in Fällen, wo es sich wie hier um die Überprüfung der Richtigkeit von Steuerfestsetzungen oder um die Frage handelt, ob ein an sich erforderliches Festsetzungsverfahren überhaupt durchgeführt wurde. Das schwedische Finanzministerium ersuchte im vorliegenden Fall um Auskunft über die Namen der in Schweden ansässigen Dividendenempfänger, um, wie es in dem Ersuchen ausdrücklich heißt, »das nach den schwedischen Steuergesetzen geltende Besteuerungsverfahren anwenden zu können«. Es handelt sich danach um eine Steuersache in dem dargelegten Sinn.

Der Verpflichtung zur Gewährung der Amtshilfe steht Art. IV Satz 2 RHV nicht entgegen. Danach ist im Ersuchungsschreiben u.a. der Name des Beteiligten anzugeben. Gemeint ist hier der Beteiligte des Amtshilfeverfahrens, der meist, aber nicht ausnahmslos, der Steuerpflichtige ist, dessen »Steuersache« Gegenstand des Amtshilfeersuchens ist. In einem Fall wie dem vorliegenden, in dem das Amtshilfeersuchen auf die Erlangung einer konkreten einzelfallbezogenen Auskunft eines Dritten abzielt, ist dieser Dritte – hier also die Klägerin – Beteiligter i.S. des Art. IV Satz 2 RHV. Diese Auslegung wird dadurch bestätigt, daß auch der im nationalen Besteuerungsverfahren um Auskunft ersuchte Dritte Beteiligter i.S. der Reichsabgabenordnung ist (vgl. § 78 Nr. 2 AO 1977). Dem Umstand, daß dem Ersuchungsschreiben nur der Name der Klägerin, nicht aber auch der – ja erst festzustellende – Name des etwaigen schwedischen Steuerpflichtigen zu entnehmen ist, kommt also keine Bedeutung zu.

Nicht zu folgen ist der Auffassung des Finanzgerichts, das Auskunftsersuchen des Finanzamts sei deswegen unrechtmäßig, weil es nicht in Übereinstimmung stehe mit Art. XII Abs. 1 RHV. Danach wird die Amtshilfe zur Durchführung von Steueransprüchen nur gegen Steuerpflichtige gewährt, die nur die Staatsangehörigkeit des ersuchenden Staates besitzen. Diesem Umstand trägt das von der Klägerin angefochtene Auskunftsersuchen Rechnung. Es heißt darin ausdrücklich, daß die Klägerin zur Auskunft nur hinsichtlich der Personen verpflichtet ist, die allein die schwedische Staatsangehörigkeit besitzen. Entgegen der Auffassung der Klägerin ist das so formulierte Auskunftsersuchen nicht in einer zur Unrechtmäßigkeit des Verwaltungsakts führenden Weise unbestimmt. Dessen Worten ist vielmehr unschwer zu entnehmen, daß die Klägerin nur um Auskunft hinsichtlich jener Personen ersucht worden ist, die keine andere als die schwedische Staatsangehörigkeit besitzen. Der Klägerin sind die Namen aller in Betracht kommenden Personen bekannt. Ihr ist zumutbar, sich durch Rückfrage bei diesen Personen über ihre Staatsangehörigkeit zu erkundigen. Das gilt um so mehr, als die hier bekannten Tatsachen (die betreffenden Personen haben eine Anschrift in Schweden, sind Eigentümer der Aktien einer schwedischen Gesellschaft und sind nicht bereit, ihrer deutschen Bank zu erlauben, ihren Namen gegenüber den schwedischen Steuerbehörden preiszugeben) mit großer Wahrscheinlichkeit dafür sprechen, daß die (möglichen) Steuerpflichtigen die alleinige schwedische Staatsangehörigkeit haben. Die Klägerin kann sich durch eine Rückfrage Gewißheit über den Umfang der sie nach dem Auskunftsersuchen des Finanzamts treffenden Auskunftspflicht verschaffen. Dabei kann hier unentschieden bleiben, ob die Klägerin nach dem Auskunftsersuchen die Auskunft nur in jenen Einzelfällen verweigern kann, in denen ihr positiv bekannt wird, daß die betreffende Person nicht oder nicht nur die schwedische Staatsangehörigkeit besitzt, oder ob sie das auch tun kann, wenn ihre Erkundigungen zu keinem bestimmten Ergebnis (*non liquet*) geführt haben. Denn diese nach dem Wortlaut des Auskunftsersuchens nicht ohne weiteres zu behebende Unklarheit ist jedenfalls nicht derart, daß sie zur Unrechtmäßigkeit des Ersuchens führt, über die allein hier zu entscheiden ist.

Nach der genannten Fassung des Auskunftsersuchens hat das Finanzamt die Klägerin nicht um eine unbeschränkte Auskunft ohne Ansehung der Staatsangehörigkeit der betroffenen Personen gebeten. Es braucht daher die Frage nicht entschieden zu werden, ob ein etwaiges unbeschränktes Auskunftsersuchen im Hinblick auf Art. XII Abs. 1 RHV Rechtens gewesen und die Klägerin dann berechtigt gewesen wäre, die geforderte Auskunft zu verweigern, oder ob im Hinblick auf Sinn und Zweck der Regelung des Art. XII Abs. 1 RHV davon ausgegangen werden muß, daß diese Bestimmung, falls ihre Voraussetzungen gegeben sind, nur der ersuchten Behörde die Befugnis auf Verweigerung der Auskunft gibt, ohne auch gleichzeitig dem um Auskunft ersuchten Dritten das Recht zu geben, bereits seinerseits der ersuchten Behörde die Auskunft zu verweigern.

Der Pflicht zur Leistung der Amtshilfe im vorliegenden Fall steht auch Art. XII Abs. 3 Satz 2 RHV nicht entgegen. Danach können Ersuchen abgelehnt werden, »soweit ihnen nur unter Verletzung eines Geschäfts-, Betriebs- oder Gewerbegeheimnisses genügt werden könnte«.

Nach §§ 175 AO, 93 AO 1977 sind um Auskunft ersuchte Dritte nicht berechtigt, die Auskunft zur Wahrung ihres Geschäfts-, Betriebs- oder Gewerbegeheimnisses (im folgenden kurz Geschäftsgeheimnis genannt) zu verweigern. Sie sind dadurch geschützt, daß die Finanzbehörden ihrerseits zur Wahrung des Steuergeheimnisses – das das Geschäftsgeheimnis umschließt (§§ 22 Abs. 2 Nr. 3 AO, 30 Abs. 2 Nr. 2 AO 1977) – verpflichtet sind. Daraus könnte der Schluß gezogen werden, daß der Dritte auch dann, wenn er im Interesse der internationalen Amtshilfe um Auskunft ersucht wird, kein Recht hat, sich auf sein Geschäftsgeheimnis zu berufen. Es könnte die Meinung vertreten werden, daß die Regelung des Art. XII Abs. 3 Satz 2 RHV im Rahmen einer reinen Staatenverpflichtung lediglich der ersuchten Behörde das Recht gibt, von der Weitergabe der Auskunft an die ersuchende Behörde abzusehen, wenn das Geschäftsgeheimnis entgegensteht, ohne in diesem Fall auch dem Dritten das subjektive Recht zu verleihen, seinerseits im Gegensatz zur Regelung des innerstaatlichen Rechts der ersuchten Behörde die Auskunft zu verweigern. Für eine solche Auffassung spräche auch, daß Art. XII Abs. 3 Satz 2 RHV die Nichterteilung der Auskunft im Falle einer möglichen Verletzung des Geschäftsgeheimnisses in das Ermessen der Behörde des ersuchten Staates stellt (»können ablehnen«). Diese Frage braucht hier jedoch nicht entschieden zu werden. Denn auf das Vorliegen eines Geschäftsgeheimnisses i. S. des Art. XII Abs. 3 Satz 2 RHV kann sich die Klägerin im vorliegenden Fall nicht berufen.

Was unter Geschäftsgeheimnis i. S. der entsprechenden Regelungen des Rechts- und Amtshilfeverkehrs (z. B. auch § 117 Abs. 3 Nr. 4 AO 1977, Art. 26 Abs. 2 Buchst. c des OECD-Musterabkommens – vgl. *Korn/Dietz/Debatin*, Doppelbesteuerung, Vorbem. Anh. A, S. 102 –, Art. 24 DBA) zu verstehen ist und ob dieser Begriff in gleicher Weise wie der gleichlautende Begriff in den §§ 22 Abs. 2 Nr. 3 AO, 30 Abs. 2 Nr. 2 AO 1977 auszulegen ist, ist in der Literatur umstritten. In der Rechtsprechung hat sich zu dieser Frage, soweit ersichtlich, nur das Finanzgericht Baden-Württemberg in seinem Urteil vom 27. 11. 1975 – III (II) 82/74 (EFG 1976, S. 62) geäußert.

Nach *Förster* (in: Koch, Abgabenordnung, § 117 Anm. 11) ist der Begriff eng auszulegen; die Vorschrift solle die Wirtschaftsspionage verhindern. Ähnlich sagt *Menck* (Internationale Amtshilfe in Steuersachen, DStZ A 1971, S. 57), daß hierunter »Kenntnisse zu verstehen (sind), die selbständiger beruflicher oder geschäftlicher Nutzung fähig sind«, bei der Abgrenzung des Begriffs sei in erster Linie von objektiven Merkmalen auszugehen und der Geheimhaltungswille der Beteiligten nur ergänzend heranzuziehen, weswegen Angaben über einzelne Geschäftsbeziehungen und ihre Abwicklung in aller Regel kein Berufs- und Geschäftsgeheimnis sei. Auch *Baranowski* (Internationale Steuerauskunft in rechtsstaatlicher Sicht, DStZ A 1975, S. 296, 299) schließt sich dieser Auffassung an; er meint, die Abkommensregelungen schützten solche Tatsachen, die innerhalb der durch das allgemeine Steuergeheimnis geschützten Geheimnissphäre des Steuerpflichtigen eines besonderen Schutzes gegen Wirtschaftsausspähung bedürften, was die in den Abkommen bezeichneten Geheimnisse von dem weiten Begriff des Betriebs- oder Geschäftsgeheimnisses i. S. des § 22 AO unterscheide. Unter demselben Aspekt sieht offenbar auch *Schmid-Gassmann* (Der schweizerische Schutz des Geschäftsgeheimnisses gegenüber dem Ausland, Außenwirtschaftsdienst des Betriebs-Beraters 1970, S. 464) den durch Doppelbesteuerungsabkommen mit der Schweiz gewährten Schutz eines Geschäftsgeheimnisses; anscheinend ist er der Auffassung, daß die Verletzung eines solchen Geheimnisses nur vorliegt, wenn die allgemeinen Interessen der schweizerischen Volkswirtschaft verletzt sind. Das Finanzgericht Baden-Württemberg schließlich (a.a.O., S. 63 rechte Spalte unten) ist der Auffassung, daß die Begriffe »Geschäftsgeheimnis« i. S. des § 22 AO und im Doppelbesteuerungsabkommen mit Frankreich nicht deckungsgleich seien, da sonst die Rechts- und Amtshilfe so gut wie lahmgelegt würde; die Geheimhaltungsverpflichtung in Art. 22 Abs. 2 des Doppelbesteuerungsabkommens mit Frankreich gebe Aufschluß darüber, daß auf zwischenstaatlicher Ebene dem Gesichtspunkt der Geheimhaltung Rechnung getragen würde, während es einer solchen Bestimmung nicht bedurft hätte, wenn die Vertragspartner bei ihrem Informationsaustausch alles aussparen müßten, was nach § 22 AO als Geschäftsgeheimnis angesehen werden müsse; der geschützte Geheimnisbereich könne hier nicht vom Willen des Geschützten abhängig gemacht werden.

Die Gegenmeinung wird vor allem von *Ritter* vertreten (Internationale Steuerauskunft in rechtsstaatlicher Sicht, DStZ A 1974, S. 267, 271). *Ritter* hält die Auffassung von *Menck* (a.a.O.) für zu eng, legt den Begriff des Geschäfts- und Betriebsgeheimnisses weit aus und stellt ihn dem Inhalt des gleichlautenden Begriffs in § 22 Abs. 2 Nr. 3 AO gleich. Nach seiner Auffassung erfaßt er alles, »was einem Geschäftsbetrieb oder Beruf eigentümlich, also nicht allgemein bekannt und deshalb so wichtig ist, daß es nach dem Willen des Unternehmers geheimgehalten werden soll«. Dieser Auffassung folgen im Ergebnis auch *Tipke/Kruse* (a.a.O., § 117 AO 1977 Anm. 11). Die Vorinstanz hat sich dieser weiten Auslegung des Begriffes angeschlossen, allerdings beschränkt auf die Frage der Auskunft nach § 117 Abs. 3 AO 1977.

Der erkennende Senat folgt dieser Auffassung aus folgenden Gründen nicht:

Den deutschen Finanzbehörden obliegt es, die deutsche Besteuerung entsprechend den innerstaatlichen Gesetzen durchzuführen. Diese Pflicht dient nicht nur fiskalischen Belangen, d. h. dem Staat die Geldmittel zu verschaffen, die er zur Erfüllung seiner Aufgaben benötigt. Sie dient auch der Sicherung der Gleichmäßigkeit der Besteuerung, der Steuergerechtigkeit und der Vermeidung von Wettbewerbsverzerrungen. Zur Durchführung dieser Aufgabe haben die Finanzbehörden eine grundsätzlich unbeschränkte Ermittlungspflicht (§§ 204 Abs. 1 AO, 88 AO 1977), deren Korrelat die Offenbarungs- und Mitwirkungspflichten der Betroffenen sind. Dabei ist der Personenkreis, dem diese Pflichten obliegen, nicht auf die Steuerpflichtigen beschränkt. Die Finanzbehörden können vielmehr auch dritte Personen um Auskünfte ersuchen über einen Sachverhalt, der für die Besteuerung erheblich ist (§§ 175 Abs. 1 AO, 93 Abs. 1 AO 1977). Diese dritten Personen können ihre Mitwirkung – wie bereits oben ausgeführt wurde – nicht davon abhängig machen, daß dadurch ihr Geschäftsgeheimnis nicht verletzt wird, da ihr Interesse durch die Pflicht der Finanzbehörden zur Wahrung des Steuergeheimnisses (§§ 22 AO, 30 AO 1977) geschützt ist. Einen inneren Schutz (gegenüber den Finanzbehörden) des Geschäftsgeheimnisses gibt es also nicht, da der äußere Schutz (gegenüber der Öffentlichkeit) gewahrt ist.

Dieser äußere Schutz wird durch die Amtshilfe zugunsten einer ausländischen Finanzbehörde im Grunde nicht durchbrochen. Es werden vielmehr lediglich die Finanzbehörden des ersuchenden Staates den deutschen Finanzbehörden gleichgestellt. Dieser Ausweitung stehen die §§ 22 AO, 30 AO 1977 nicht entgegen, da sie durch Gesetz – dazu zählt auch ein in innerstaatliches Recht transformiertes Rechtshilfeabkommen – zugelassen ist, die Auskunft also nicht »unbefugt« erteilt wird (vgl. § 22 Abs. 2 AO, § 30 Abs. 4 Nr. 2 AO 1977). Das Korrelat ist die Regelung in diesen Abkommen zur Wahrung des Steuergeheimnisses (und damit des Geschäftsgeheimnisses) im ersuchenden Staat. So heißt es in Art. XIV RHV, daß auf die Auskünfte im Wege der Amtshilfe »in jedem der beiden Staaten die gesetzlichen Vorschriften dieses Staates über die Amtsverschwiegenheit und Geheimhaltung Anwendung« finden (vgl. auch Art. 26 Abs. 1 Satz 2 des OECD-Musterabkommens bei *Korn/Dietz/Debatin*, a.a.O., Vorbem. Anhang A, S. 102). An die Stelle des nationalen Steuergeheimnisses tritt also das »internationale Steuergeheimnis« (vgl. *Ritter*, a.a.O., S. 270), das im wesentlichen den gleichen Inhalt, aber einen größeren räumlichen Geltungsbereich hat.

Da also auch in diesem erweiterten Bereich die Interessen des auskunftspflichtigen Dritten durch die Pflicht auch der ausländischen Finanzbehörden zur Wahrung des Steuergeheimnisses in ausreichendem Umfang gewahrt sind, ist es ebensowenig wie im engeren nationalen Bereich grundsätzlich gerechtfertigt, diesen Personen das Recht zu geben, sich *gegenüber den Finanzbehörden* auf ihr Geschäftsgeheimnis zu berufen. Sofern Rechtshilfeabkommen dennoch vorsehen, daß der ersuchte Staat Amtshilfeersuchen nicht nachkommen muß, soweit dadurch Geschäftsgeheimnisse verletzt werden würden, können also für ihre Auslegung der Inhalt der nationalen Bestimmungen über das Steuergeheimnis (Geschäftsgeheimnis) – die als Schutz nach außen, nicht aber gegenüber den Finanzbehörden, eine ganz andere Zielrichtung haben – nicht herangezogen werden. Das Geschäftsgeheimnis in diesem Sinn kann vielmehr im Hinblick auf das

Bestehen des internationalen Steuergeheimnisses nur eine gegenüber dem Begriff des Geschäftsgeheimnisses im Rahmen des innerstaatlichen Steuergeheimnisses engere Bedeutung haben (vgl. auch Urteil des Finanzgerichts Baden-Württemberg III (II) 82/74. Die Bestimmung des Art. XII Abs. 3 Satz 2 RHV kann auch nicht bedeuten, daß sie für einen Teilbereich des Steuergeheimnisses, nämlich für das Geschäftsgeheimnis, den §§ 22 AO, 30 AO 1977 – die durch die Transformation des RHV gerade derogiert worden sind – wieder Wirksamkeit verleihen will. Das entbehrte schon deswegen der Rechtfertigung, weil kein Grund ersichtlich ist, wieso die aus den §§ 22 AO, 30 AO 1977 zu entnehmende grundsätzliche Gleichrangigkeit des Geschäftsgeheimnisses mit dem sonstigen Steuergeheimnis im Rahmen der Rechts- und Amtshilfe einer Vorrangigkeit und erhöhten Schutzbedürftigkeit des ersteren weichen sollte.

Im übrigen muß bei der Auslegung des Begriffes des Geschäftsgeheimnisses i. S. des RHV auch der Sinn und Zweck der Amtshilfe berücksichtigt werden. Die Finanzbehörden sind in ihrer Tätigkeit grundsätzlich auf das deutsche Staatsgebiet beschränkt. Bei steuerlichen Auslandsbeziehungen bleiben daher ihre Möglichkeiten hinter ihrem Auftrag zurück, für die zutreffende Besteuerung zu sorgen. Sich damit abzufinden, hieße Einnahmeausfälle, Besteuerungsungleichheit, mangelnde Steuergerechtigkeit und Wettbewerbsverzerrungen in Kauf nehmen. Es besteht daher ein erhebliches Interesse daran, die Ermittlungsmöglichkeiten der Finanzbehörden bei grenzüberschreitenden Sachverhalten auch auf das Ausland auszudehnen, zumal die internationale Verflechtung zunimmt (vgl. auch die Begründung der Richtlinie des Rates vom 19. 12. 1977 über die gegenseitige Amtshilfe zwischen den zuständigen Behörden der Mitgliedstaaten im Bereich der direkten Steuern, Amtsblatt der Europäischen Gemeinschaften (ABlEG) Nr. L 336 vom 27. 12. 1977, S. 15, und die Begründung der Entschließung des Rates vom 10. 2. 1975 über Maßnahmen der Gemeinschaft zur Bekämpfung der internationalen Steuerflucht und Steuerumgehung, ABlEG Nr. C 35 vom 14. 2. 1975, S. 1). Diesem Interesse kann im wesentlichen nur durch den Abschluß internationaler Abkommen über eine Zusammenarbeit der Finanzbehörden entsprochen werden. Solche Abkommen sind aber nur zu erreichen, wenn anderen Staaten eine entsprechende Rechts- und Amtshilfe seitens der Bundesrepublik Deutschland zugesagt wird. Die Gewährung der Rechts- und Amtshilfe ist also die zwangsläufige Folge der aus den genannten Gründen dringend erwünschten Erlangung der Rechts- und Amtshilfe durch andere Staaten. Dieser Umstand darf nicht unberücksichtigt bleiben bei der Interessenabwägung im Spannungsfeld zwischen dem staatlichen Informationsverlangen zur Durchsetzung der zutreffenden Besteuerung und der Wahrung der schutzwürdigen Interessen der Steuerpflichtigen und dritter Personen.

Nach allem können nur solche Tatsachen und Umstände Gegenstand eines Geschäftsgeheimnisses im genannten Sinn sein, die von erheblicher wirtschaftlicher Bedeutung und praktisch nutzbar sind. Solche Tatsachen und Umstände sind in hohem Maße in Gefahr, in den Besitz von Nichtberechtigten zu gelangen. Ihre Nutzung durch diese kann der Wirtschaft des ersuchten Staates oder wenigstens dem berechtigten Inhaber des Geheimnisses beträchtlichen Schaden zufügen. Wegen dieser möglichen weitreichenden Auswirkungen kann ihr Schutz nicht allein dem internationalen Steuergeheimnis anheimgegeben werden. Dem hat Art. XII Abs. 3 Satz 2 RHV dadurch Rechnung getragen, daß er die Behörde des ersuchten Staates ermächtigte, die Amtshilfe abzulehnen, wenn dadurch ein Geschäftsgeheimnis verletzt würde.

Die Kenntnis, welche in Schweden ansässigen Personen bei der Klägerin Wertpapierdepots unterhalten, ist kein Geschäftsgeheimnis in diesem Sinn. Sie kann keinen, der in Schweden legitimerweise im Rahmen der Besteuerung davon Kenntnis nimmt, in den Stand setzen, daraus zu Lasten der Klägerin Nutzen zu ziehen. Selbst wenn unberechtigte Dritte in Schweden davon Kenntnis erlangen – zu welcher Annahme grundsätzlich kein Anlaß besteht –, könnte dies für die Klägerin allenfalls zum Verlust der Betreffenden als Kunden führen. Es ist zwar nicht ausgeschlossen, daß auch nicht unmittelbar von der Auskunft betroffene, im Ausland ansässige Depotkunden der Klägerin (etwa durch die Veröffentlichung dieses Urteils) davon erfahren, daß ihre Anonymität gegenüber ausländischen Steuerbehörden durch die Klägerin nicht mehr gewährleistet werden kann, und sich dadurch veranlaßt sehen, ihre Depots abzuziehen. Das kann aber schon deswegen nicht berücksichtigt werden, weil die sich daraus ergebende Geschäftseinbuße nicht die Folge der gegebenen Auskunft wäre, sondern lediglich die Folge der Beseitigung eines bisher bestehenden Irrtums der Kunden über die steuerlichen Auskunftspflichten ihrer Bank. Die Klägerin hat keinen Anspruch darauf, daß ihr solche Geschäftsmöglichkeiten erhalten bleiben, ebenso wie sie kein Recht und keine Möglichkeit hat, mit inländischen Steuerpflichtigen Geschäfte mit dem Ziel zu tätigen, sie dem Zugriff der inländischen Finanzbehörden zu entziehen.

Hinzu kommt, daß sich dadurch die Wettbewerbslage der Klägerin gegenüber inländischen Banken nicht verschlechtern kann, da diese die gleichen Auskunftspflichten haben. Ein Abwandern der Kunden zu ausländischen Banken ist nur in Ländern denkbar, deren völkerrechtliche Amtshilfeverpflichtungen eingeschränkter sind als die der Bundesrepublik Deutschland. Überdies sind solche Nachteile im Vergleich zum Interesse an einem umfassenden Amtshilfeverkehr von untergeordneter Bedeutung. Sie hinzunehmen, ist der Klägerin zumutbar (*Tipke/Kruse*, a.a.O., § 117 AO 1977 Anm. 16d; vgl. auch das zitierte Urteil des schweizerischen Bundesgerichts vom 23. 12. 1970, wonach eine schweizerische Bank zur Erteilung einer Auskunft aus ihren Büchern und Belegen über Geschäfte mit einem Staatsangehörigen der USA verpflichtet ist, die die schweizerischen Finanzbehörden aufgrund eines Ersuchens von Behörden der USA nach dem schweizerisch-amerikanischen Doppelbesteuerungsabkommen von 1951 einholen wollten, weil der betreffende Staatsangehörige der USA im Verdacht des Steuerbetrugs stand).

Entgegen der Auffassung des Finanzgerichts kann – jedenfalls im vorliegenden Fall – auch dem Umstand keine besondere Bedeutung zukommen, daß die Klägerin nichtsteuerpflichtige Dritte ist. Die Klägerin ist nach §§ 175 AO, 93 AO 1977 auskunftspflichtig wie der Steuerpflichtige selbst. Ihr Geschäftsgeheimnis unterliegt keinem höheren Schutz als das des Steuerpflichtigen (§§ 22 AO, 30 AO 1977). Nach der Regelung der Reichsabgabenordnung/Abgabenordnung 1977 ist ihre Auskunftspflicht im Interesse der gleichmäßigen inländischen Besteuerung durch ihre geschäftlichen Interessen überhaupt nicht eingeschränkt. Im Rahmen des vertraglich vereinbarten Rechts- und Amtshilfeverkehrs ergibt sich eine solche Einschränkung lediglich in dem oben geschilderten Umfang.

Fehl geht ferner auch der Hinweis der Klägerin, eine solche Auslegung des Begriffes »Geschäftsgeheimnis« i.S. des Art. XII Abs. 3 RHV bedeute einen Eingriff in den durch Art. 14 GG geschützten eingerichteten und ausgeübten Gewerbebetrieb. Die durch die Pflicht der Klägerin zur Auskunftserteilung möglicherweise entstehenden Geschäftseinbußen sind nach der oben dargestellten Abwägung aller in Frage kommenden Interessen der Klägerin zumutbar und stellen ebensowenig einen Eingriff in ihren Gewerbebetrieb dar wie etwa ihre Pflicht zur Auskunftserteilung im Interesse der inländischen Besteuerung nach §§ 175 AO, 93 AO 1977, die ebenfalls Geschäftseinbußen zur Folge haben kann.

Unbegründet ist auch die Auffassung der Klägerin, das Finanzgericht habe die Verletzung des Geschäftsgeheimnisses bestätigt und damit das für das Revisionsgericht bindend festgestellt. Die tatsächlichen Würdigungen des Finanzgerichts stehen im Zusammenhang mit einer bestimmten Rechtsauffassung über die Bedeutung des Begriffes »Geschäftsgeheimnis« i. S. des Art. XII Abs. 3 RHV. Diese Rechtsauffassung nachzuprüfen, ist das Revisionsgericht befugt und verpflichtet. Da sich diese Rechtsauffassung als nicht haltbar erwiesen hat, sind auch die daraus gezogenen Folgerungen für den Senat nicht bindend.

Schließlich ist auch der Auffassung der Klägerin nicht zu folgen, die Wahrung des Steuergeheimnisses durch die schwedischen Steuerbehörden sei nicht gesichert. Es liegen keinerlei Anhaltspunkte dafür vor, und es ist auch von der Klägerin nicht vorgetragen worden, die Steuerlisten, die in Schweden der Öffentlichkeit zugänglich gemacht werden, enthielten Einzelheiten, aus denen sich etwas hinsichtlich der Art und Weise ergäbe, wie die schwedischen Steuerbehörden in den Besitz der tatsächlichen Grundlagen für die aus den Steuerlisten ersichtliche Besteuerung gelangt sind . . .

Bei der Auslegung des RHV hat sich der erkennende Senat nicht nur von dessen Wortlaut, sondern auch vom Sinn und Zweck seiner Bestimmungen leiten lassen. Diese nicht nur am Buchstaben orientierte Auslegung eines völkerrechtlichen Vertrages verstößt entgegen der Auffassung der Klägerin nicht gegen anerkannte Grundsätze des Rechtsstaatsprinzips.

Es gibt keinen Rechtssatz, wonach die Auslegung völkerrechtlicher Verträge sich nur auf den Wortsinn stützen dürfe. Entstehungsgeschichte und Sinnzusammenhang sind zu beachten (vgl. Urteil des Bundesfinanzhofs vom 15. 1. 1971 – III R 125/69, BFHE 101, S. 536, 539, BStBl. II 1971, S. 379, und das oben zitierte Urteil des schweizerischen Bundesgerichts, a.a.O., S. 182). Bei der Auslegung völkerrechtlicher Verträge ist der objektive Sinn einer Vorschrift festzustellen, wobei diesem Auslegungsziel alle Auslegungsmethoden (grammatische, systematische, teleologische und historische) zu dienen bestimmt sind (vgl. BFH-Urteil vom 15. 6. 1973 – III R 118/70, BFHE 110, S. 187, 190, BStBl. II 1973, S. 810). Wichtig für die Auslegung völkerrechtlicher Verträge ist aber auch der Effektivitätsgrundsatz (*règle de l'effet utile*). Er besagt, daß Vertragsbestimmungen dahin auszulegen sind, daß ihr Zweck nach Möglichkeit erreicht wird, sie einen praktischen Nutzen haben und ihre Nutzwirkung sich entfalten kann (vgl. *Kutscher*, Thesen zu den Methoden der Auslegung des Gemeinschaftsrechts aus der Sicht eines Richters, Luxemburg 1976, S. 43).

Die Auslegung des RHV hat der erkennende Senat nach diesen Grundsätzen vorgenommen. Sie verletzt ebensowenig das in Art. 20 GG verankerte Rechtsstaatsprinzip wie z. B. Steuergesetze belastender Natur, die nicht ohne weiteres nach ihrem Wortlaut klar sind, sondern der Auslegung auch nach Sinn und Zweck bedürfen (vgl. Entscheidungen des BVerfG vom 10. 10. 1961 – 2 BvL 1/59, BVerfGE 13, S. 153, 160 ff., und vom 7. 7. 1971 – 1 BvR 775/66, BVerfGE 31, S. 255, 264) . . .

Nr. 91 **BayVGH 15. 3. 1979 (158 XII 78) DÖV 1980, 50**

Die Beeinträchtigung der Glaubensfreiheit ist zwar asylrechtlich Verfolgungsgrund, im allgemeinen jedoch nicht auch Schutzgut des Asylrechts (a. A. BGH, RzW 1968, 571/574). Wer wegen seiner Religion verfolgt wird, hat in der Regel Anspruch auf Asyl nur, wenn er deswegen mit guten Gründen eine Gefahr für Leib, Leben, Freiheit oder die wirtschaftliche Existenz befürchtet. Wenn ein Staat etwa kraft seiner theokratischen Verfassung oder aus polizeilichen Gründen eine religiöse Gemeinschaft verbietet, werden die Anhänger dieses Glaubens zwar möglicherweise in ihrer Bekenntnisfreiheit im Sinne des Art. 4 Abs. 1 GG verletzt, sie sind allein aufgrund dessen jedoch grundsätzlich nicht asylberechtigt. Erst wenn der Staat seine repressive Haltung gegenüber dem Anhänger einer solchen Gemeinschaft insbesondere mit Freiheitsstrafe oder einer existenzvernichtenden Maßnahme durchzusetzen versucht, liegt für den Betroffenen eine religionsbedingte Verfolgung im asylrechtlichen Sinne vor. Auch die Kriegsdienstverweigerung aus Gewissensgründen im Sinne von Art. 4 Abs. 3 GG erachtet der Senat nur dann asylrechtlich für erheblich, wenn sie mit Freiheitsstrafe geahndet wird.

Die Verfolgung muß grundsätzlich eine staatliche sein. Das folgt aus dem völkerrechtlichen Herkommen des Grundrechts auf Asyl und aus dem zur Auslegung heranzuziehenden Abkommen über die Rechtsstellung der Flüchtlinge. Dieses setzt in Art. 1 Buchst. A bei der Begriffsbestimmung des Flüchtlings voraus, daß der Flüchtling den Schutz des Landes seiner Staatsangehörigkeit oder seines gewöhnlichen Aufenthalts nicht in Anspruch nehmen kann oder aus Verfolgungsfurcht nicht in Anspruch nehmen will. Gleichwohl kann ein Anspruch auf Asyl auch dann gegeben sein, wenn die Verfolgung zwar nicht vom Staat ausgeht, dieser den von Dritten Verfolgten jedoch entweder nicht schützen will oder nicht schützen kann (vgl. BVerwG, Urteil vom 1. 6. 1965 – I C 118.62 –; BGH, RzW 1965, 228; 966, 368; 1967, 325; 1968, 571).

Schließlich hält die Rspr. daran fest, daß der Asylsuchende persönlich verfolgt werden muß. Verfolgungsmaßnahmen, die sich gegen eine Gruppe richten, können nur dann ein Asylrecht des einzelnen Gemeinschaftsangehörigen rechtfertigen, wenn sich diese Maßnahmen soweit konkretisiert haben, daß für diese Person selbst gute Gründe für eine Furcht vor politischer Verfolgung bestehen (BVerwG, Urteil vom 4. 11. 1965 – I C 54.63 – *Buchholz*, 402.22 Art. 1 Genfer Konvention Nr. 15) . . .

Nr. 92 **BGH 11. 4. 1979 (IV ZR 93/78) NJW 1980, 529**

Die Parteien sind getrennt lebende Eheleute ungarischer Staatsangehörigkeit. Sie hatten ihren ehelichen Wohnsitz in Budapest, wo auch ihre Tochter 1968 geboren worden ist. 1974 verließ der Bekl. ohne Vorwissen der Kl. Ungarn und verzog unter Mitnahme der Tochter in die Bundesrepublik. Seitdem lebt er mit der Tochter der Parteien und einer Frau, die ihm aus Ungarn gefolgt ist, hier. 1975 wurden der Bekl. und die Tochter der Parteien als Asylberechtigte nach § 28 AuslG anerkannt. 1974 stellte die Kl. beim AG einen Antrag auf Herausgabe des Kindes. Das Verfahren endete mit einem auf weitere Beschwerde ergangenen Beschluß des OLG, in dem der Antrag mit der Begründung zurückgewiesen wurde, daß es für die Übertragung der elterlichen Gewalt auf einen Elternteil und die Anordnung der Herausgabe des Kindes an der internationalen Zuständigkeit deutscher Gerichte fehle. Die Kl. erwirkte daraufhin ein Urteil des Gerichts in Budapest, in dem ihr das Personensorgerecht für die Tochter übertragen und der Bekl. verpflichtet wurde, das Kind an sie herauszugeben. Dem Bekl. war in dem Verfahren vor dem ungarischen Gericht ein Prozeßpfleger bestellt worden, nachdem vergeblich versucht worden war, ihm unter der deutschen Anschrift Klage und Ladung zuzustellen. Das AG hatte auf dem Zeugnis über die Undurchführbarkeit der Zustellung vermerkt, daß der Zustellungsempfänger nach London verzogen sei und seine Postanschrift »Head Post Office Poste Restante« sei. Der Prozeßpfleger hat dem Bekl. Nachricht von dem Termin in Budapest gegeben und ihm die Klageschrift übersandt. Das Urteil vom 21. 1. 1976 ist nach öffentlicher Zustellung seit dem 18. 6. 1976 rechtskräftig. Im vorliegenden Rechtsstreit begehrt die Kl. den Ausspruch der Zulässigkeit der Zwangsvollstreckung aus dem vorgenannten Urteil.

Das LG hat der Klage stattgegeben. Auf die Berufung des Bekl. hat das OLG die Klage zunächst als unzulässig abgewiesen. Dieses Urteil hat der BGH mit der in BGHZ 70, 295=NJW 1978, 949, veröffentlichten Entscheidung aufgehoben. Das OLG hat nunmehr aufgrund der erneuten Verhandlung der Sache die Berufung des Bekl. zurückgewiesen. Auch die – zugelassene – Revision des Bekl. hatte keinen Erfolg.

Die Entscheidung des Gerichts in Budapest, deren Vollstreckbarerklärung die Kl. begehrt, stellt ihrer Natur nach aus deutscher Sicht eine Maßnahme der freiwilligen Gerichtsbarkeit dar (vgl. §§ 1672, 1632 II BGB; §§ 621 I Nr. 3, 621 a I ZPO; § 64 a FGG). Die Art des Verfahrens und die Voraussetzungen bestimmen sich daher grundsätzlich nach den Regeln, die für die Anerkennung und Vollstreckbarerklärung ausländischer Entscheidungen in Angelegenheiten der freiwilligen Gerichtsbarkeit gelten, ohne daß es darauf ankommt, welche Rechtsnatur die Entscheidung nach dem einschlägigen ausländischen Verfahrensrecht hat (BGHZ 67, 255 [257]=NJW 1977, 150). Im vorliegenden Fall hat der Senat in der in BGHZ 70, 295=NJW 1978, 949 veröffentlichten (ersten) Revisionsentscheidung den Rechtsweg vor dem Prozeßgericht nach §§ 722 f. ZPO für zulässig erachtet, weil er bereits beschritten war, ehe durch die neuere Rechtsprechung die Vollstreckbarerklärung in Fällen der vorliegenden Art den Gerichten der freiwilligen Gerichtsbarkeit zugewiesen worden ist (vgl. hierzu BGHZ 67, 255 [257 ff.]=NJW 1977, 150). Die formellen und sachlichen Voraussetzungen der Vollstreckbarerklärung richten sich jedoch gleichwohl nach den für Entscheidungen der freiwilligen Gerichtsbarkeit geltenden Regeln . . .

Ein Verstoß gegen den deutschen *ordre public* liegt nicht vor.

Dies gilt zunächst für das Verfahren des ungarischen Gerichts. Die Revision rügt zu Unrecht eine Versagung des rechtlichen Gehörs.

Der Grundsatz der Gewährung rechtlichen Gehörs vor Gericht, der für das Verfahren vor deutschen Gerichten durch Art. 103 I GG verfassungsrechtlich verbürgt ist, gehört allerdings als tragender Rechtsgrundsatz des deutschen Verfahrensrechts zum deutschen *ordre public*, so daß seine Nichtbeachtung durch ein ausländisches Gericht die Nichtanerkennung des Urteils dieses Gerichts in Deutschland nach sich zieht (BGHZ 48, 327 [330]=NJW 1968, 354). Der Schutz vor Verletzung des rechtlichen Gehörs erstreckt sich dabei jedoch nicht auf eine bestimmte verfahrensrechtliche Ausgestaltung. Es ist vielmehr auf die Grundwerte der Rechtsstaatlichkeit und Menschenwürde zurückzugehen, die Art. 103 I GG in seinem Bereich schützen will. Danach muß dem Betroffenen vor der Entscheidung des Gerichts Gelegenheit zur Äußerung gegeben werden; er darf nicht auf die Rolle eines passiven Verfahrensobjekts verwiesen werden (BGHZ 48, 327 [333]=NJW 1968, 354).

Gegen diese Grundsätze hat das ungarische Gericht nicht verstoßen. Die Zustellung der Klage und der Terminladung konnte unter der letzten bekannten Wohnanschrift des Bekl., unter der noch kurz vorher das in Deutschland anhängig gewesene Kindesherausgabeverfahren geführt worden war, nicht durchgeführt werden. Ob das Gericht noch den Versuch hätte unternehmen müssen, den Bekl. von dem Verfahren unter der anläßlich des erfolglosen Zustellungsversuchs bekannt gewordenen Postlageranschrift zu verständigen, bedarf keiner Prüfung, weil der vom Gericht bestellte Prozeßpfleger Verbindung mit dem Bekl. aufnehmen konnte und ihn unter Übersendung der Klageschrift vom Verfahren und dem bevorstehenden Termin verständigt hat. Der Bekl. hat seinerseits, wie sich aus dem Urteil des ungarischen Gerichts ergibt und auch von der Revision eingeräumt wird, dem Prozeßpfleger ein Verteidigungsvorbringen für das Verfahren übersandt, das vom Prozeßpfleger dem Gericht vorgelegt und von diesem verwertet wurde. Damit war den Erfordernissen des verfahrensrechtlichen *ordre public international* (vgl. zu diesem Begriff BGHZ 48, 327 [331]=NJW 1968, 354) entsprochen. Der Bekl. hatte vom Verfahren und vom bevorstehenden Termin Kenntnis. Sofern er sich nicht auf das schriftliche Verteidigungsvorbingen unter Einschaltung des Prozeßpflegers beschränken wollte, hätte er sich im Termin durch einen Verfahrensbevollmächtigten vertreten lassen können, dem er ergänzende Informationen und Weisungen hätte erteilen können. Es kommt nicht darauf an, ob ihm aus politischen Gründen in Ungarn Verfolgungsmaßnahmen drohten und er deshalb den Gerichtstermin nicht persönlich wahrnehmen konnte. Das Recht auf Gehör erfordert es grundsätzlich nicht, daß die Verfahrensbeteiligten Gelegenheit zu einer persönlichen Äußerung erhalten (*Dürig*, in: Maunz/Dürig, GG, Art. 103 Rdnr. 74). Dies gilt auch, wenn das Gericht aufgrund mündlicher Verhandlung entscheidet, sofern sich der am Erscheinen verhinderte Verfahrensbeteiligte im Verfahren vertreten lassen kann. Andernfalls würde dem anderen Verfahrensbeteiligten die Rechtssuche unverhältnismäßig erschwert werden. Die vom Bekl. angeführte Entscheidung des KG (MDR 1955, 616), in der die Gewährung persönlichen Gehörs für erforderlich gehalten wurde, betraf eine besondere Fallgestaltung; der Senat kann ihr jedenfalls in Fällen der vorliegenden Art nicht beitreten. Allerdings hat die Verhinderung des Bekl. am persönlichen Erscheinen vor dem ungarischen Gericht dazu geführt, daß keine volle »Waffengleichheit« der Elternteile im Verfahren gegeben war, da die Kl. von dem ungarischen Gericht persönlich angehört worden ist und dabei dem Gericht auch einen persönlichen Eindruck ihrer Glaubwürdigkeit vermitteln konnte, während der Bekl. nur schriftlich oder durch einen Bevollmächtigten im Verfahren Äußerungen abgeben und Anträge stellen konnte. Die darin liegende Beeinträchtigung berührt jedoch noch nicht den Kernbereich des Rechts auf Gehör und damit den im Rahmen des § 328 I Nr. 4 ZPO geschützten *ordre public.*

Soweit die Revision die öffentliche Zustellung des Urteils durch das ungarische Gericht beanstandet, kommt der Rüge unter dem Gesichtspunkt des rechtlichen Gehörs und des verfahrensrechtlichen *ordre public* allgemein keine entscheidende Bedeutung mehr zu. Von dem Verfahren des ungarischen Gerichts nach Erlaß des Urteils wurde das Urteil als solches und das ihm zugrunde liegende Verfahren nicht mehr berührt. Die Art und Weise der Urteilszustellung hatte nur noch Einfluß auf den Eintritt der Rechtskraft nach ungarischem Recht. Diese ist bei Urteilen der streitigen Gerichtsbarkeit eine lediglich formale Voraussetzung der Vollstreckbarerklärung nach § 723 II 1 ZPO. Für die Frage, ob die Anerkennung des Urteils gegen den deutschen *ordre public* verstößt, kommt dagegen der Verfahrensweise, in der das Urteil zugestellt und die Rechtskraft nach ausländischem Recht herbeigeführt worden ist, keine Bedeutung mehr zu.

Auch in materiellrechtlicher Hinsicht ist das Urteil nach § 328 I Nr. 4 ZPO anerkennungsfähig.

Die deutschen Vorschriften über die Übertragung der elterlichen Gewalt auf einen Elternteil bei Getrenntleben der Eltern und den daraus folgenden Herausgabeanspruch (§§ 1672, 1671 II bis IV, 1632 BGB) stellen nicht ausschließlich oder in erster Linie auf die Interessen der Eltern ab, sondern berücksichtigen vordringlich das Wohl des Kindes. Dies entspricht der verfassungsrechtlich normierten Pflichtgebundenheit der elterlichen Gewalt (Art. 6 II GG; vgl. dazu BVerfGE 37, 217 [252]=NJW 1974, 1609 m.w.N.). Die Berücksichtigung des Kindeswohls stellt ein tragendes Grundprinzip der einschlägigen deutschen Regelung dar. Eine ausländische Entscheidung könnte daher nicht anerkannt werden, wenn sie mit diesem Grundgedanken in einem so starken Widerspruch stünde, daß sie aus deutscher Sicht als untragbar angesehen werden müßte (vgl. BGHZ 50, 370 [375 f.]=NJW 1969, 369). Von einem derartigen Widerspruch zum materiellrechtlichen *ordre public* kann jedoch bei dem in Frage stehenden Urteil keine Rede sein. Das ungarische Gericht hat bei der Beurteilung der Frage, bei welchem Elternteil das Kind untergebracht werden sollte, nicht nur im Ausgangspunkt entscheidend auf das Wohl des Kindes abgestellt, sondern auch die in dem Urteil vorgenommene Würdigung der tatsächlichen Umstände, aufgrund deren das Gericht zu der Überzeugung gekommen ist, daß die Unterbringung des Kindes bei der Mutter geboten sei, durchweg am Maßstab des Kindeswohls ausgerichtet. Eine Überprüfung der tatsächlichen Feststellungen des ausländischen Urteils ist im Verfahren über die Anerkennung und Vollstreckbarerklärung der ausländischen Entscheidung nicht möglich. Vielmehr muß nach § 328 I Nr. 4 ZPO von diesen Feststellungen ausgegangen werden, soweit sie verfahrensrechtlich ohne Verletzung des deutschen *ordre public* getroffen worden sind (RGZ 72, 124 [127]; 166, 367 [373]; *Stein/Jonas/Schumann/Leipold*, ZPO, 19. Aufl., § 328 Anm. VII A; *Baumbach/Lauterbach/Hartmann*, ZPO, 37. Aufl., § 328 Anm. 5 A; *Rosenberg/Schwab*, ZPR, 12. Aufl., § 158 I 3 e).

Für die Beurteilung, ob die Anerkennung des Urteils gegen den deutschen *ordre public* verstößt, ist allerdings nicht der Zeitpunkt des Erlasses der ausländischen Entscheidung maßgebend, sondern der Zeitpunkt, in dem über die Anerkennung zu entscheiden ist (RGZ 114, 171 [172]; *Stein/Jonas/Schumann/Leipold,* § 328 Anm. VII B am Ende; *Baumbach/Lauterbach/Hartmann,* § 328 Anm. 5 A; ebenso BGHZ 30, 89 [97]=NJW 1959, 1438; BGHZ 52, 184 [192]=NJW 1969, 2093, für die Vollstreckbarerklärung von Schiedssprüchen). Im Rahmen dieser Beurteilung sind hier auch die Auswirkungen zu berücksichtigen, die der Zeitablauf seit dem Verbringen des Kindes in die Bundesrepublik und seit dem Erlaß der ausländischen Entscheidung auf die Verhältnisse des Kindes mit sich gebracht hat. Das über einen längeren Zeitraum andauernde Verbleiben des Kindes bei dem Elternteil im Inland kann im Einzelfall die Bindung des Kindes an diesen Elternteil und an den inländischen Lebenskreis in einem Maße festigen, daß die nachträgliche Lösung des Kindes aus diesen Bindungen nach den grundlegenden deutschen Rechtsvorstellungen nicht mehr hingenommen werden könnte. Ein solcher Fall ist hier jedoch nicht gegeben. Das Kind befindet sich zwar inzwischen seit mehr als vier Jahren im Inland beim Vater. Das führt jedoch nicht dazu, daß die Zurückführung des erst zehn Jahre alten Kindes zu seiner Mutter als untragbar erscheinen müßte. Dabei berücksichtigt der Senat, daß das Kind, das als ungarische Staatsangehörige zunächst in Ungarn aufgewachsen ist, durch das Verbleiben im Inland der Einbindung in den ihm nach Sprache und Herkunft zugehörigen Lebenskreis und insbesondere auch der schulischen Ausbildung in seinem Heimatstaat entzogen wird. Diese grundlegenden Umstände wiegen so schwer, daß die Rückführung des Kindes, selbst wenn einzelne tatsächliche Umstände auch für den Verbleib im Inland sprechen würden, jedenfalls hier, wo das Kind auch in Ungarn in die Fürsorge eines leiblichen Elternteils kommt, nicht gegen den *ordre public* verstoßen kann. Diese Entscheidung kann das Revisionsgericht selbst treffen, weil die feststehenden tatsächlichen Umstände für die Beurteilung ausreichen.

Die Revision macht noch geltend, die Anerkennung des ungarischen Urteils sei auch deshalb ausgeschlossen, weil die Rückführung des Kindes nach Ungarn gegen dessen Status als Asylberechtigter verstoßen würde. Auch hiermit dringt die Revision nicht durch. Das Asylrecht begründet zwar grundsätzlich ein Recht gegenüber dem Zufluchtsstaat, nicht an den Staat ausgeliefert zu werden, aus dem der Asylberechtigte geflohen ist. Die Verbringung eines Kindes in einen Staat, in dem ihm politische Verfolgung droht, würde zugleich auch dem Wohl des Kindes in einem nach § 328 I Nr. 4 ZPO untragbaren Maß widersprechen. Ein solcher Fall liegt jedoch nicht vor. Es sind keine Anhaltspunkte dafür ersichtlich, daß das Kind nach der Rückführung zu seiner Mutter in Ungarn staatlichen Verfolgungsmaßnahmen ausgesetzt wäre. Die Anerkennung des Kindes als Asylberechtigter beruht, wie der im Verfahren vorgelegte Anerkennungsbescheid zeigt, nicht darauf, daß das Kind für seine Person als politisch Verfolgter anzusehen wäre, sondern ausschließlich darauf, daß dem Kind aus Gründen des Familienschutzes die Fortsetzung der bestehenden Familiengemeinschaft mit dem asylberechtigten Vater nicht verwehrt werden sollte. Dies entspricht den in der Praxis der Ausländerbehörden und der Verwaltungsgerichte angewandten Rechtsgrundsätzen (BVerwGE 38, 87 [88]). Eine solche Anerkennung als Asylberechtigter greift jedoch nicht in das familienrechtliche Verhältnis zwischen Eltern und Kind ein. In Ermangelung eines konkreten Schutzbedürfnisses des Kindes vor politischer Verfolgung erfordern es weder das Asylrecht noch das Kindeswohl, daß eine aus Gründen des Familienrechts gerechtfertigte Rückführung des Kindes zu seiner Mutter durch die deutschen Gerichte verhindert wird . . .

Nr. 93 BVerwG 24. 4. 1979 (I C 49.77) DÖV 1979, 827

Die Kläger sind ungarische Staatsangehörige. 1972 reisten sie in die Bundesrepublik Deutschland ein. Ihr Asylantrag blieb in den behördlichen und gerichtlichen Instanzen ohne Erfolg.

Die Revision führt die Klage unter Aufhebung der angefochtenen behördlichen und gerichtlichen Vorentscheidungen zum Erfolg. Den Kl. steht das beanspruchte Asylrecht nach § 28 AuslG zu; sie halten sich aus begründeter Furcht vor politischer Verfolgung außerhalb ihres Heimatstaates auf.

Ohne Rechtsirrtum hat das Berufungsgericht zwar erkannt, daß die Kl. ihren Heimatstaat nicht schon aus begründeter Furcht vor politischer Verfolgung verlassen haben. Vorfluchtgründe (asylbegründende Tatsachen, die vor Verlassen des Heimatstaates eingetreten sind) stehen ihnen daher nicht zur Seite. Die Überlegungen aber, mit denen das Berufungsgericht die von den Kl. geltend gemachten Nachfluchtgründe verneint hat (asylbegründende Tatsachen, die sich erst nach Verlassen des Heimatstaates ergeben haben), halten der Nachprüfung nicht stand. Das Berufungsgericht hat insoweit die Voraussetzungen des Asylrechts nach Art. 16 Abs. 2 Satz 2 GG und § 28 AuslG zu eng gesehen. Es hat die den Kl. drohende Bestrafung nach § 205 des ungarischen StGB

(Verweigerung rechtzeitiger Heimkehr) nur deshalb nicht als Nachfluchtgrund anerkannt, weil diese Bestrafung nicht auf eine entsprechende abweichende politische Überzeugung der Kl. treffe. Der erkennende Senat hat demgegenüber mit Urteilen vom 29. 11. 1977 – 1 C 33.71 – (BVerwGE 55, 82=DÖV 1978, S. 447), – 1 C 30.72 und – 1 C 25.75, fortgeführt im Urteil vom 21. 11. 1978 – 1 C 5.73, in Abweichung von seiner vorangegangenen Rspr. entschieden, daß für die Frage, ob eine befürchtete Verfolgung wegen politischer Überzeugung droht, allein die Gründe maßgeblich sind, aus denen der Verfolgerstaat die Verfolgung betreibt, und daß darüber hinaus nicht zu fordern ist, der Asylbewerber müsse die vom Verfolgerstaat angenommene Überzeugung auch tatsächlich besitzen. Die Anerkennung der Kl. als Asylberechtigte hätte daher nicht daran scheitern dürfen, daß das Berufungsgericht bei ihnen eine gegen ihren Heimatstaat gerichtete politische Überzeugung vermißt hat.

Ob die Kl. asylberechtigt sind, hängt somit davon ab, ob ihnen im Falle einer Rückkehr in ihren Heimatstaat bei verständiger Würdigung der gesamten Umstände mit beachtlicher Wahrscheinlichkeit eine Verfolgung droht, vor der Art. 16 Abs. 2 Satz 2 GG und Art. 1 Buchst. A Nr. 2 GK schützen sollen, also eine Verfolgung wegen ihrer Rasse, Religion, Nationalität, Zugehörigkeit zu einer bestimmten sozialen Gruppe oder wegen ihrer politischen Überzeugung (vgl. BVerwGE 49, 202=DÖV 1976, S. 92). Die Anerkennung als Asylberechtigter setzt dabei nicht voraus, daß eine derartige Verfolgung bereits in die Wege geleitet worden ist (siehe BVerwG, Urteil vom 7. 10. 1975, DVBl. 1977, S. 197). Das Berufungsgericht hat in diesem Zusammenhang für das Revisionsgericht verbindlich festgestellt (§ 137 Abs. 2 VwGO), daß die Kl. bei einer Rückkehr nach Ungarn befürchten müssen, nach § 205 des ungarischen StGB aus dem Jahre 1961 mit einer Freiheitsstrafe von sechs Monaten bis zu fünf Jahren bestraft zu werden. Nach dieser Vorschrift wird u.a. bestraft, wer – wie die Kl. – das Land auf erlaubte Weise verlassen hat, aber trotz behördlichen Auftrags nicht zurückkehrt oder auf andere Weise den Entschluß zum Ausdruck bringt, endgültig im Ausland zu bleiben; als Nebenstrafe ist auch Vermögenseinziehung statthaft (vgl. *Jescheck/Kielwein*, Sammlung außerdeutscher Strafgesetzbücher in deutscher Übersetzung, Band LXXXIII 1964). Eine derartige Bestrafung wegen sog. Republikflucht stellt asylbegründende politische Verfolgung dar. Zu der Strafvorschrift des § 205 ungarisches StGB hat der erkennende Senat im Urteil BVerwGE 39, 27, 28/ 29=DÖV 1972, S. 318 unter Bezugnahme auf die Rspr. des BVerfG ausgeführt:

»Ob eine Bestrafung wegen Republikflucht kriminellen oder politischen Charakter hat, läßt sich nicht allgemein beantworten, sondern ist jeweils Zweck und Maß der Strafe sowie den Umständen der ›Tatbegehung‹ zu entnehmen. Dabei läßt sich der in erster Linie maßgebliche Strafzweck nicht ermitteln, ohne die Eigenart des Staates in Betracht zu ziehen, von dem die Bestrafung ausgeht. Worauf es im Hinblick auf das Asylrecht insoweit ankommt, hat das BVerfG folgendermaßen umschrieben: ›In einer Reihe von Staaten wird zur Durchsetzung und Sicherung politischer und gesellschaftlicher Umwälzungen die Staatsgewalt in einer Weise eingesetzt, die den Grundsätzen freiheitlicher Demokratie widerspricht‹ (BVerfGE 9, 174 [180]). Dies gilt insbesondere für solche weltanschaulich totalitären Staaten, bei denen die politische Herrschaft alle Lebensbereiche durchdringt und für einzelmenschliche Freiheiten keinen Raum läßt. In ihnen kann, wie es in dem Gutachten des Amtes des Hohen Kommissars der Vereinten Nationen für Flüchtlinge heißt, z. B. ›der Untertan . . ., der eine von der herrschenden Schicht abweichende politische Gesinnung hat, ... seiner persönlichen Freiheit oder körperlichen Unversehrtheit eigentlich niemals sicher sein‹ (RzW 1968, 150 [154]).

Zu dieser Art von Staaten zählt die Ungarische Volksrepublik. Die von ihr ausgehende Bestrafung des Kl. wegen Republikflucht diente dem Zweck, die politische Herrschaft des Kommunismus in Ungarn zu sichern. Sie ist nicht vergleichbar mit Strafen, durch die auch in Rechtsstaaten dem unerlaubten Grenzübertritt gewehrt wird. Die dafür maßgebenden Straftatbestände sollen nicht grundsätzlich die Ausreise oder den Aufenthalt im Ausland verhindern. Sie sollen sicherstellen, daß dabei bestimmte Ordnungsvorschriften eingehalten werden. So wird z. B. nach § 12 des deutschen Gesetzes über das Paßwesen vom 4. 3. 1952 (BGBl. I, S. 290) i. d. F. des Gesetzes vom 24. 5. 1968 (BGBl. I, S. 503) das Verlassen der Bundesrepublik Deutschland unter Mißachtung der dafür ergangenen Vorschriften als Ordnungswidrigkeit mit einer Geldbuße bis zu 5000 DM geahndet. Für die Straftatbestände der Republikflucht nach dem Strafkodex der Ungarischen Volksrepublik von 1961 ist es dagegen kennzeichnend, daß mit ihnen das Verlassen des Staatsgebietes und der Aufenthalt im Ausland grundsätzlich verhindert werden sollen. Die Ungarische Volksrepublik gestattet die Ausreise und den Aufenthalt im Ausland nur von Fall zu Fall unter politischen Gesichtspunkten. Die Bestrafung der Republikflucht hat die gleiche Aufgabe wie Mauern, Stacheldraht, Minenfelder und Schießbefehle. Sie soll eine ›Abstimmung mit den Füßen‹ verhindern. Dem entsprechen sowohl das allgemein angedrohte als auch das ... verhängte Strafmaß«.

Die den Kl. im Falle der Rückkehr nach Ungarn drohende Bestrafung aus § 205 des ungarischen StGB von 1961 ist somit ihrer Zielsetzung nach politische Verfolgung. Aus der hier maßgeblichen Sicht des Verfolgerstaates dient sie der Bekämpfung von der herrschenden Doktrin abweichender politischer Überzeugungen, die für den Verfolgerstaat durch den Entschluß, unerlaubt im Ausland zu bleiben, zum Ausdruck kommen. Auch das hat der Senat im Urteil vom 26. 10. 1971 (BVerwGE 39, 27 30]) bereits ausgesprochen. Der Klage auf Anerkennung als Asylberechtigte war danach stattzugeben.

Nr. 94 OVG Münster 14. 5. 1979 (I A 615/78) OVGE 39, 131

Der Kl. war seit 1933 »Stellvertreter des Führers der NSDAP« und »Reichsminister ohne Geschäftsbereich«. Während des 2. Weltkrieges flog er nach Großbritannien, um eine Verständigung zwischen dem damaligen Deutschen Reich und Großbritannien zu erreichen. Er wurde jedoch inhaftiert und im Oktober 1945 von der britischen Regierung dem Internationalen Militärgerichtshof in Nürnberg überstellt. Dieser verurteilte ihn am 30. 9./1. 10. 1946 wegen Planung und Vorbereitung eines Angriffskrieges zu lebenslanger Haft. Von der Anklage des Kriegsverbrechens und Verbrechens gegen die Menschlichkeit wurde er freigesprochen. Bereits vor seiner Verurteilung wurde er in das Alliierte Militär-Gefängnis in Berlin-Spandau verlegt, wo er sich seitdem – seit dem 1. 10. 1966 als einziger Gefangener – in Haft befindet.

Der Kl. hat beantragt, die Bekl. zu verpflichten,

1. zu erklären und zu veröffentlichen, daß die Fortdauer seiner bisher 36jährigen Einschließung, davon in den letzten elf Jahren in Einzelhaft, gegen die Menschenrechte verstoße;

2. bei den vier Gewahrsamsmächten alle geeigneten offiziellen Schritte zu seiner alsbaldigen Freilassung zu tun, insbesondere bei der Gewahrsamsmacht Großbritannien, die ihn dem Internationalen Militärgerichtshof ausgeliefert hat;
3. unverzüglich bei den Vereinten Nationen zu beantragen,
   a) daß die Fortdauer der 36jährigen Einschließung des Kl., davon in den letzten elf Jahren in Isolierhaft, von der Vollversammlung wegen Verstoßes gegen die Menschenrechte mißbilligt und verurteilt wird,
   b) daß die Vollversammlung die vier Gewahrsamsmächte anweist, den Kl. unverzüglich aus der Haft freizulassen. – Klage und Berufung blieben ohne Erfolg.

Die Klage ist zulässig. Durchgreifende Bedenken gegen die gerichtliche Überprüfung der Entscheidung über die Gewährung oder Versagung des Schutzes gegenüber fremden Staaten bestehen nicht. Die Entschließung des Staates darüber, ob und wie er einem Staatsbürger Schutz gewährt, ist ein anfechtbarer VA, obwohl für sie häufig außenpolitische Erwägungen und Rücksichtnahmen maßgeblich sind (vgl. OVG Nordrhein-Westfalen, Urteil vom 16. 12. 1976 – XII A 758/75 – nicht veröffentlicht; Urteil des Senats vom 12. 3. 1979 – I A 1310/76 – nicht veröffentlicht).

Diese Auffassung beruht auf der Erwägung, daß der Schutz der Deutschen gegenüber anderen Staaten nach der Verfassungstradition eine Grundpflicht des Staates ist. Bereits die von der Frankfurter Nationalversammlung beschlossene Verfassung des Deutschen Reichs vom 28. 3. 1849 sah in § 189 vor, daß jeder deutsche Staatsbürger in der Fremde unter dem Schutz des Deutschen Reiches stand. Die Verfassung des Norddeutschen Bundes vom 26. 7. 1867 und die Reichsverfassung vom 16. 4. 1871 enthielten in Art. 3 Abs. 6 und die Weimarer Reichsverfassung vom 11. 8. 1919 in Art. 112 Abs. 2 die ausdrückliche Bestimmung, daß dem Auslande gegenüber alle Bundes- bzw. Reichsangehörigen Anspruch auf den Schutz des Bundes bzw. Reiches haben. Das Grundgesetz enthält zwar eine solche Bestimmung nicht. Dem Schweigen des Grundgesetzes kann jedoch nicht entnommen werden, daß der Verfassungsgeber diesen Schutz ausschließen wollte. Die Nichterwähnung ist vielmehr auf die damalige besondere Situation Deutschlands zurückzuführen (vgl. OVG Nordrhein-Westfalen, Urteil vom 30. 10. 1961 – II A 480/61, OVGE 17, 106 [109f.]=DVBl. 1962, 139 [140]).

Dieser Schutzpflicht des Staates steht ein entsprechendes Schutzrecht des einzelnen gegenüber, dessen Verletzung gemäß Art. 19 Abs. 4 GG den Rechtsweg eröffnet. Der in dieser Vorschrift enthaltenen Rechtsweggarantie würde die Wertung der Entscheidung über die Gewährung des Auslandsschutzes als justizfreier Hoheitsakt widersprechen. Daher berühren etwaige außenpolitische Erwägungen nicht die Zulässigkeit der gerichtlichen Kontrolle, sondern nur ihren Umfang (vgl. Urteil des Senats vom 12. 3. 1979 – I A 1310/76, m. w. N.).

Der Senat vermag der Ansicht des VG nicht zu folgen, die Klage sei hinsichtlich der Anträge zu 1) und 3) deshalb unzulässig, weil ein Anspruch auf die vom Kl. begehrten Handlungen der Bekl. als unmöglich erscheine und eine Rechtsbeeinträchtigung des Kl. i. S. des § 42 Abs. 2 VwGO von vornherein ausscheide. Es ist zwar richtig, daß der auslandsschutzbegehrende Staatsbürger grundsätzlich keinen Anspruch auf ein bestimmtes Tun hat, sondern nur auf eine pflichtgemäße Prüfung, ob der Staat nach seinem Ermessen etwas für das Anliegen des Betroffenen unternehmen will (vgl. *Eyermann/Fröhler*, VwGO, 7. Aufl., Rdnr. 18 zu § 114).

Nach dem Vorbringen des Kl. hat sich angesichts seiner besonderen Situation das Ermessen der Bekl. dahin reduziert, daß nur noch die von ihm begehrten Schritte übrig bleiben. Ob diese Auffassung zutrifft, ist, zumal wenn man berücksichtigt, daß Zweck des § 42 Abs. 2 VwGO ist, die Popularklage auszuschließen, (vgl. *Eyermann/Fröhler*, a.a.O., Rdnr. 85 zu § 42), nicht eine Frage der Zulässigkeit, sondern der Begründetheit der Klage (vgl. *Eyermann/Fröhler*, a.a.O., Rdnr. 87 zu § 42).

Auch im übrigen bestehen gegen die Zulässigkeit der Klage keine Bedenken. Insbesondere bedurfte es gemäß § 68 Abs. 2 i. V. m. § 68 Abs. 1 Satz 2 Nr. 1 VwGO keines Vorverfahrens, weil der Kl. Maßnahmen einer obersten Bundesbehörde begehrt. Die Klage ist auch rechtzeitig erhoben worden, da das ablehnende Schreiben des Auswärtigen Amtes vom 7. 9. 1976 nicht mit einer Rechtsmittelbelehrung versehen ist, so daß die Klagefrist gemäß § 74 i. V. m. § 58 Abs. 1 VwGO nicht in Lauf gesetzt worden ist. – Die Klage ist jedoch nicht begründet.

Wie ausgeführt, hat jeder Deutsche aufgrund der Verfassungstradition einen Anspruch darauf, daß der Staat ihn gegenüber anderen Staaten schützt. Aus dem Völkerrecht läßt sich ein derartiger Anspruch schon deshalb nicht herleiten, weil das Völkerrecht dem Bürger eines Staates nicht das Recht gibt, vom Heimatstaat Schutz gegenüber Dritten zu verlangen (vgl. OVG Nordrhein-Westfalen, Urteil vom 30. 10. 1961 – II A 480/61, a.a.O., S. 108; Urteil des Senats vom 12. 3. 1979 – I A 825/76 – nicht veröffentlicht).

Ob sich der Anspruch auch noch auf andere Rechtsgrundlagen stützen läßt, z. B. Art. 1 GG (vgl. *Geck*, Der Anspruch des Staatsbürgers auf Schutz gegenüber dem Ausland nach deutschem Recht und Völkerrecht, ZaöRV 17, 476 (513); *Oberthür*, Der Anspruch des deutschen Staatsangehörigen auf diplomatischen und konsularischen Schutz gegenüber anderen Staaten, Diss., Köln 1965, S. 23 f.), die Verfassungsordnung allgemein (vgl. BVerfGE 40, 141 [177]), den Status des Staatsangehörigen (vgl. BVerfGE 36, 1 [30 f.]) oder Internationale Menschenrechtspakte, die in das innerstaatliche Recht transformiert sind, kann dahingestellt bleiben. In jedem Falle steht der Bekl. insoweit, ob und in welcher Weise sie Auslandsschutz gewähren will, ein weites Ermessen zu. Denn die Schutzgewährung gegenüber dem Ausland kann zugleich die Interessen der Gesamtheit berühren, insbesondere die Beziehungen der Bekl. zu auswärtigen Staaten beeinträchtigen. Der Anspruch des Deutschen auf Schutzgewährung im Auslande unterliegt somit nicht nur der Einschränkung durch die allgemeinen Regeln des Völkerrechts, weil er eine völkerrechtswidrige Maßnahme gegenüber dem auswärtigen Staat nicht verlangen kann, sondern auch dem weiteren Vorbehalt zugunsten der Allgemeinheit. Die über das Schutzbegehren entscheidende Behörde hat daher die Interessen des schutzsuchenden Deutschen und die Interessen der Allgemeinheit gegeneinander abzuwägen. Sie kann dabei gegebenenfalls auch erhebliche Verletzungen der Rechte eines Staatsbürgers hinnehmen, um höherwertige Interessen der Allgemeinheit nicht zu gefährden. Andererseits ist sie zur Schutzgewährung verpflichtet, wenn das höherwertige Interesse des Staatsbürgers die auswärtigen Beziehungen des Staates nicht oder nur geringfügig beeinträchtigt und sonstige überwiegende Gründe des Gesamtinteresses nicht entgegenstehen (vgl. OVG Nordrhein-Westfalen, Urteil vom 30. 10. 1961 – II A 480/61, a.a.O., S. 111).

Dabei müssen die Gerichte, soweit es um die Beurteilung des Ausmaßes der Belastungen geht, die die Gewährung des Auslandsschutzes im Einzelfall mit sich bringen kann, grundsätzlich den Darlegungen der zuständigen Behörden folgen, weil für diese Beurteilung naturgemäß politische und damit von den Gerichten nicht nachprüfbare Erwägungen maßgebend sind (vgl. Urteil des Senats vom 12. 3. 1979 – I A 825/76).

Der VA über die Ablehnung oder Gewährung des Auslandsschutzes kann somit von den Verwaltungsgerichten nur daraufhin überprüft werden, ob die zuständige Behörde von einem zutreffenden Sachverhalt ausgegangen ist (vgl. Urteil des Senats vom 12. 3. 1979 – I A 825/76), ob durch die behördliche Entscheidung die gesetzlichen Grenzen des Ermessens überschritten sind, von dem Ermessen in einer dem Zweck der Ermächtigung nicht entsprechenden Weise Gebrauch gemacht worden ist (vgl. OVG Nordrhein-Westfalen, Urteil vom 30. 10. 1961 – II A 480/61, a.a.O., S. 111 f.) oder sie sich bei der Ausübung des Ermessens irrigerweise im weiteren Umfang für gebunden gehalten hat, als es tatsächlich der Fall ist (vgl. OVG Hamburg, Urteil vom 27. 5. 1960 – Bf. I 61/59, DVBl. 1960, 643 [645 f.]; *Eyermann/Fröhler*, a.a.O., Rdnr. 27 zu § 113, Rdnr. 20 zu § 114; *Wolff/Bachof*, Verwaltungsrecht I, 9. Aufl., § 31 II d).

Dafür, daß die Bekl. von einem falschen Sachverhalt ausgegangen ist, fehlt jeglicher Anhaltspunkt. Die Bekl. hat auch nicht die Grenzen des ihr eingeräumten Ermessens überschritten. Dies ergibt sich bereits daraus, daß sie es abgelehnt hat, die von dem Kl. begehrten Schritte zu unternehmen. Der Senat vermag auch nicht der Auffassung des Kl. zu folgen, daß die Bekl. den Umfang des ihr eingeräumten Ermessens nicht erkannt und sich zu weitgehend gebunden gefühlt habe. Es kann dahingestellt bleiben, ob, wie das VG angenommen hat, den Gerichten verwehrt ist, eigenständig über die Rechtmäßigkeit oder Rechtswidrigkeit der Verurteilung des Kl. und die Fortdauer seiner Inhaftierung zu befinden, weil insbesondere in bezug auf die Inhaftierung des Kl. die vier Besatzungsmächte weiterhin aufgrund ihrer Besatzungsgewalt tätig seien und diese fortdauernde Besatzungsgewalt von der Beendigung des Besatzungsregimes durch den Vertrag über die Beziehung zwischen der Bundesrepublik Deutschland und den Drei Mächten vom 26. 5. 1952 i. d. F. der Bekanntmachung vom 30. 3. 1955, BGBl. II, 301 (305), unberührt geblieben sei. Insbesondere braucht der Frage der Einwirkung von zwingendem Völkerrecht auf das Recht der Besatzungsmächte nicht nachgegangen zu werden. Denn es ist nicht ersichtlich, daß sich die Bekl. aus rechtlichen Gründen gehindert gesehen hat, die Rechtmäßigkeit der Verurteilung des Kl. und seiner weiteren Inhaftierung zu überprüfen und das Ergebnis dieser Überprüfung bei ihrer Entscheidung zu berücksichtigen. Insbesondere bestehen keine Anhaltspunkte dafür, daß die Bekl., jedenfalls dann, falls sie der Überzeugung wäre, daß das Urteil des Internationalen Militärgerichtshofes in Nürnberg rechtswidrig sei, bereit ist, die von dem Kl. begehrten Schritte in Erwägung zu ziehen. Aus dem Schreiben der Bekl. vom 9. 3. 1979 ergibt sich vielmehr, daß die Bekl. die politischen Aspekte der von ihr zu treffenden Entscheidung für wesentlich gewichtiger als rechtliche Gesichtspunkte hält und Bedenken hat, die Frage der Rechtmäßigkeit des Urteils des Internationalen Militärgerichtshofes überhaupt aufzuwerfen. Denn bereits dann, wenn sich die Bekl. auf den Standpunkt stellen würde, daß das Urteil des Internationalen Militärgerichtshofes rechtswidrig sei, könnte dies weitreichende politische Folgen haben. Wenn die Bundesregierung aus politischen Gründen die Frage der Rechtmäßigkeit der Verurteilung des Kl. und der Fortdauer seiner Inhaftierung bewußt ausklammert und dahingestellt sein läßt und sich auf den Standpunkt stellt, daß für die Freilassung des Kl. nur humanitäre Gesichtspunkte in Betracht kommen, so bewegt sie sich im Rahmen des ihr eingeräumten Ermessens. Der Kl. kann sein Begehren auch nicht damit begründen, daß die bisherigen Schritte, die die Bekl. zu seiner Freilassung unternommen habe, erfolglos geblieben seien und daher spektakuläre, das Weltgewissen aufrüttelnde Schritte unternommen werden müßten. Die Prognose, ob diese Schritte größere Aussichten auf Erfolg haben oder möglicherweise zu einer Verhärtung des Standpunktes der Gewahrsamsmächte führen, ist der richterlichen Kontrolle entzogen. Es ist auch allein Sache der Bekl., abzuschätzen, ob – unabhängig von den Erfolgsaussichten derartiger Schritte – der außenpolitische Schaden, den derartige Schritte für die Allgemeinheit zur Folge haben könnten, so hoch ist, daß die Interessen des Kl. um der Allgemeinheit willen zurückstehen müssen. Daß bei einem massiven Eintreten der Bekl. für die Freilassung des Kl. die Beziehungen zu anderen Staaten nachhaltig beeinträchtigt werden könnten, weil dort noch immer eine Furcht vor dem Wiedererwachen des Nationalsozialismus in Deutschland vorhanden ist, kann nicht von der Hand gewiesen werden. In diesem Zusammenhang darf nicht außer acht gelassen werden, daß der Kl. unabhängig von seiner persönlichen Schuld, ein bedeutender Repräsentant des Hitler-Regimes gewesen ist.

Nr. 95 VG Neustadt 17. 5. 1979 (2 K 7/79) NJW 1980, 543

Der 1947 geborene Kl. ist italienischer Staatsangehöriger. Er reiste legal in die Bundesrepublik Deutschland ein. Durch Urteil vom 25. 7. 1966 wurde der Kl. unter Anwendung von Erwachsenenstrafrecht wegen eines Verbrechens des gemeinschaftlichen schweren Diebstahls, vierer Verbrechen des schweren Diebstahls, zweier Vergehen des Diebstahls, diese jeweils zusammentreffend mit Fahren ohne Fahrerlaubnis, ferner wegen eines fortgesetzten Vergehens gegen das Waffengesetz und eines Vergehens nach § 47 I Nr. 2 AuslG zu einer Gesamtgefängnisstrafe von zwei Jahren verurteilt. Der Kl. wurde Anfang Juli 1967 aus der Haft entlassen und durch Verfügung vom 28. 6. 1967 für dauernd aus dem Bundesgebiet ausgewiesen. Der Kl. legte gegen diese Verfügung keinen Widerspruch ein und verließ das Gebiet der Bundesrepublik Deutschland im Juli 1967. Er ist seit 1972 mit einer italienischen Staatsangehörigen verheiratet, Vater eines Kindes und wohnt in Italien.

Unter Vorlage eines Führungszeugnisses betrieb der Kl. seit Herbst 1977 seine Wiedereinreise in die Bundesrepublik. Er beantragt die »Aufhebung« der Ausweisung und die Erteilung einer Aufenthaltserlaubnis. Er machte geltend, er befleißige sich seither eines tadellosen Lebenswandels.

Die gegen die ablehnende Behördenentscheidung erhobene Klage mit dem Antrag, die Ausweisungsverfügung bis zum 17. 5. 1979 zu befristen, hatte Erfolg.

... Bei einer Klage auf Verpflichtung zur – nachträglichen – Befristung der Wirkung der Ausweisung handelt es sich um einen anderen Streitgegenstand als bei einer Anfechtungsklage gegen die Ausweisungsverfügung selbst (OVG Koblenz, Urteil vom 16. 6. 1976 – 2 A 7/75). Bei ihr ist auch ein anderer Beurteilungszeitpunkt – nach Ansicht der Kammer derjenige der letzten mündlichen Verhandlung, wie regelmäßig bei Verpflichtungsklagen – zugrunde zu legen (so wohl auch OVG Koblenz, a.a.O.). Unter Berücksichtigung dieses Ausgangspunktes ergibt sich, daß der Kl. mit seinem Verpflichtungsbegehren zum Erfolg gelangen muß. Zwar steht die Entscheidung über die nachträgliche Befristung einer Ausweisung – wie sich aus § 15 I 2 AuslG ergibt – grundsätzlich im pflichtgemäßen Ermessen der Ausländerbehörde. Die Kammer hat indessen bereits in ihrem ... Beschluß vom 25. 8. 1977 – 2 K 158/77 ohne Berücksichtigung des – seinerzeit nicht einschlägigen – EG-Gemeinschaftsrechts ausgeführt, daß dieser Ermessensspielraum dahin eingeschränkt sei, daß eine einmal verfügte – bestandskräftig gewordene – Ausweisungsverfügung nicht aufrechterhalten bleiben darf, wenn feststeht, daß der betreffende Ausländer unter heute geltenden Maßstäben nicht

– *mehr* – ausgewiesen werden dürfte. Unter Berücksichtigung der Freizügigkeitsverbürgung des Art. 48 III *lit.* c EWGV muß dies erst recht gelten, wenn es um die Frage der Befristung der Wirkung einer Ausweisungsverfügung gegen einen Angehörigen eines Mitgliedstaates der Europäischen Gemeinschaft geht.

Nach der Rechtsprechung des BVerwG (vgl. etwa Urteil vom 27. 10. 1978, NJW 1979, 506=DVBl. 1979, 288 m. w. N.) ist bei einer Ausweisung eines Angehörigen eines Mitgliedstaates der Europäischen Gemeinschaft die Berücksichtigung einer strafrechtlichen Verurteilung nur insoweit zulässig, »als die ihr zugrunde liegenden Umstände ein persönliches Verhalten erkennen lassen, das eine *gegenwärtige* Gefährdung der öffentlichen Ordnung darstellt«; eine solche wird regelmäßig bei einer Neigung des Ausländers, sein Verhalten künftig beizubehalten, zu bejahen sein; die Gefährdung kann sich im Einzelfall auch allein aufgrund des abgeurteilten Verhaltens ergeben (BVerwG, a.a.O., unter Hinweis auf die Rechtsprechung des EuGH). Nach dieser Rechtsprechung ist demnach in Fällen der Ausweisung eines Angehörigen eines Mitgliedstaates der Europäischen Gemeinschaft eine konkrete Gefahr neuer Störungen der öffentlichen Sicherheit oder Ordnung durch den Ausländer erforderlich (BVerwG, a.a.O.). Für das Vorliegen einer solchen *gegenwärtigen* Gefährdung sieht die Kammer im hier maßgeblichen Zeitpunkt der mündlichen Verhandlung keinen Anhalt.

Der Bekl. begründet seine gegenteilige Ansicht allein mit der durch Urteil des AG – Jugendschöffengericht – vom 25. 7. 1966 ausgesprochenen strafgerichtlichen Verurteilung. Diese vermag jedoch nach Auffassung der Kammer die Annahme einer *gegenwärtigen* Gefahr nicht zu tragen. Selbst wenn man berücksichtigt, daß der Kl. – nach den Feststellungen des Strafurteils – »innerhalb kurzer Zeit eine verbrecherische Intensität und Dreistigkeit sondergleichen entwickelte, nicht unerheblichen Schaden verursachte und seinen Lebensunterhalt weitgehend aus der Begehung von Straftaten bestritt«, so muß doch bedacht werden, daß diese Verurteilung nahezu dreizehn Jahre zurückliegt und Sachverhalte aburteilte, welche sich in einem relativ kurzen Zeitraum – die Diebstahlsdelikte einschließlich der Vergehen des Fahrens ohne Fahrerlaubnis fanden in einem Zeitraum vom 5. 1. bis 2. 3. 1966 statt, der abgeurteilte unerlaubte Waffenbesitz erstreckte sich auf eine Zeit vom Dezember 1965 bis Februar 1966 – ereigneten. Der Kl. war vorher strafrechtlich nicht in Erscheinung getreten. Weiter ist zu bedenken, daß es sich bei dem Kl. seinerzeit nicht um einen ausgereiften, in seiner Persönlichkeitsbildung abgeschlossenen Menschen, sondern um einen Heranwachsenden gehandelt hat ...

Unter all diesen Umständen kann nicht von einem Fall ausgegangen werden, in welchem sich die – zu fordernde – gegenwärtige Gefährdung allein aufgrund des abgeurteilten Verhaltens ergibt (BVerwG, a.a.O., und EuGH, NJW 1978, 479). Vielmehr wären weitere Anhaltspunkte erforderlich, welche den Schluß rechtfertigen könnten, daß des Kl. Anwesenheit in der Bundesrepublik Deutschland auch derzeit noch eine konkrete Gefahr für die öffentliche Sicherheit oder Ordnung darstellt. Hierbei kann es nach Ansicht der Kammer nicht Sache des Kl. sein, im Wege der Führung eines »Negativbeweises« das Fehlen derartiger Anhaltspunkte darzutun. Jedenfalls in einem Falle wie dem vorliegenden, in welchem es um die Fernhaltung eines Staatsangehörigen eines Mitgliedstaates der Europäischen Gemeinschaft geht, erscheint es angemessen, dem Staat, der in die durch Art. 48 III *lit.* c EWGV grundsätzlich verbürgte Freizügigkeit eingreift, die Beweislast dafür aufzubürden, daß die Voraussetzungen hierfür – noch – gegeben sind. Dies erscheint der Kammer auch deshalb gerechtfertigt, weil sie davon überzeugt ist, daß die staatsgrenzenübergreifende Zusammenarbeit der Polizeibehörden jedenfalls im Bereich der Europäischen Gemeinschaft die Gewinnung der erforderlichen Erkenntnisse ermöglicht. Derartige zusätzliche – über die seinerzeitige Verurteilung hinausgehende – Anhaltspunkte für eine durch die Anwesenheit des Kl. im Bundesgebiet verursachte konkrete Gefahr für die öffentliche Sicherheit oder Ordnung aber hat der Bekl. nicht zu nennen vermocht.

Dürfte der Kl. nach alledem allein wegen der strafrechtlichen Verurteilung aus dem Jahre 1966 *derzeit* nicht – mehr – ausgewiesen werden, so darf nach dem eingangs Gesagten die bestandskräftig gewordene – *seinerzeit* wohl rechtmäßig gewesene – Ausweisungsverfügung vom 28. 6. 1967 nicht für die Zukunft aufrechterhalten bleiben. Demgemäß war der Bekl. zu verpflichten, die Wirkung dieser Ausweisungsverfügung ... zu befristen.

Nr. 96 BVerwG 28. 5. 1979 (1 B 238.77) DÖV 1980, 828

Der Kl. hält die Frage für grundsätzlich bedeutsam, wie die Vorschriften des § 12 AufenthG/EWG und des Art. 2 Abs. 2 des Freundschafts-, Handels- und Schiffahrtsvertrages zwischen der Bundesrepublik Deutschland und der Italienischen Republik vom 21. 11. 1957 (BGBl. 1959 II, S. 949) – FV – das behördliche Ermessen bei der Ausweisung strafgerichtlich verurteilter Ausländer begrenzen. Diese Frage ist durch die Rspr. des Senats hinreichend geklärt ... Nach der bei der Anwendung dieser Vorschrift zu beachtenden Rspr. des EuGH zu den aufenthaltsrechtlichen Bestimmungen der EWG, deren Durchführung das AufenthG/EWG dient, sowie nach der Rspr. des beschließenden Senats gilt im wesentlichen folgendes: Die Ausnahmen von dem für die Staatsangehörigen der EG-Staaten geltenden Grundsatz der Freizügigkeit sind eng zu verstehen. Eine Beschränkung der Freizügigkeit setzt im Falle strafgerichtlicher Verurteilung des Ausländers voraus, daß eine tatsächliche und hinreichende schwere Gefährdung vorliegt, die ein Grundinteresse der Gesellschaft berührt. Sie muß sich im Rahmen des in einer demokratischen Gesellschaft Notwendigen halten und darf nicht zum Zwecke der Abschreckung anderer Ausländer erfolgen (EuGH Urteile vom 26. 2. 1975 [NJW 1975, 1096], vom 28. 10. 1975 [NJW 1976, 467], vom 27. 10. 1977 [NJW 1978, 479]; BVerwGE 49, 60; Beschl. vom 15. 8. 1978 – 1 B 85.78). Daraus folgt, daß eine konkrete Gefahr und damit eine nach Maßgabe des Verhältnismäßigkeitsgrundsatzes zu beurteilende Wahrscheinlichkeit zu verlangen ist, daß der Ausländer künftig die öffentliche Sicherheit oder Ordnung stören wird, und daß an die Wahrscheinlichkeit keine zu geringen Anforderungen gestellt werden dürfen (Urteil vom 27. 10. 1978 – 1 C 91.76 – [*Buchholz*, § 10 AuslG Nr. 54 = NJW 1979, 506]). Eine strafrichterliche Entscheidung über die Strafaussetzung zur Bewährung bildet dabei für die Ausländerbehörde eine wesentliche Entscheidungsgrundlage für die Beurteilung der Wiederholungsgefahr und damit für die Erforderlichkeit der Ausweisung. Sie entfaltet aber hinsichtlich der ihr zugrundeliegenden Prognose keine rechtliche Bindung. Bei Vorliegen überzeugender Gründe ist die Behörde zu einer abweichenden Beurteilung befugt (Urteil vom 27. 10. 1978, a.a.O.; Beschlüsse vom 29. 7. 1977 – 1 B 137.77 – [*Buchholz*, § 10 AuslG Nr. 45 = NJW 1977, 2037], vom 22. 2. 1979 – 1 B 99.79) ...

Nach Art. 2 Abs. 2 Satz 1 FV dürfen Staatsangehörige des einen Vertragsstaates, die im Gebiet des anderen Vertragsstaates ihren ordnungsmäßigen Aufenthalt haben, nur ausgewiesen werden, wenn Gründe der Sicherheit des Staates, der öffentlichen Sicherheit und Ordnung oder der Sittlichkeit es erforderlich machen. Diese Bestimmung läßt die Ausweisung eines strafgerichtlich verurteilten Ausländers zu, wenn die Maßnahme nach § 10 Abs. 1 Nr. 2 AuslG und § 12 AufenthG/EWG gerechtfertigt ist (Urteil vom 5. 11. 1968 – 1 C 58.67 [*Buchholz*, a.a.O. § 10 AuslG Nr. 8]).

Nach Art. 2 Abs. 2 Satz 2 FV ist nach einem ordnungsmäßigen Aufenthalt von mehr als fünf Jahren eine Ausweisung nur noch aus Gründen der Sicherheit des Staates und dann zulässig, wenn die übrigen oben angeführten Gründe besonders schwerwiegend sind. Die Frage, wann bei der Ausweisung strafgerichtlich verurteilter Ausländer die Gründe der öffentlichen Sicherheit und Ordnung im Sinne dieser Vorschrift besonders schwerwiegend sind, hat der Senat in seiner Rspr. ebenfalls geklärt (BVerwGE 55, 8 m. w. N. = DÖV 1978, S. 181; Beschl. vom 15. 8. 1978 – 1 B 85.78). Die Ausweisung muß unvermeidbar erscheinen; die maßgebenden Gründe müssen so gewichtig sein, daß die Anwesenheit des Ausländers auch bei Anwendung strenger Maßstäbe nicht länger hingenommen werden kann.

Ferner rechtfertigt die vom Kl. außerdem aufgeworfene Frage nach den Voraussetzungen für einen ordnungsmäßigen Aufenthalt nicht die Zulassung der Revision. Es ist geklärt, daß der Aufenthalt im Zeitpunkt der Ausweisung ununterbrochen mehr als fünf Jahre ordnungsgemäß gewesen sein muß (Urteil vom 11. 6. 1968 – 1 C 13.67 – [*Buchholz*, 402.24 § 10 AuslG Nr. 4]; BVerwGE 37, 227 = DÖV 1972, S. 97; Beschlüsse vom 31. 5. 1978 – 1 B 80.78 – und vom 15. 8. 1978 – 1 B 121.78 [*Buchholz*, a.a.O., § 17 AuslG Nr. 1]). Auch bedarf es keiner revisionsgerichtlichen Klarstellung, daß für die Frage, wann der Aufenthalt ordnungsmäßig ist, auf Abschnitt II des Protokolls zum Europäischen Niederlassungsabkommen vom 13. 12. 1955 (BGBl. 1959 II, 997) zurückgegriffen werden kann. Demgemäß muß den Vorschriften über die Einreise, den Aufenthalt, die Freizügigkeit der Ausländer sowie die Ausübung einer Erwerbstätigkeit durch Ausländer entsprochen worden sein. Die weitreichende Vergünstigung des Art. 2 Abs. 2 Satz 2 FV kann nur der Ausländer beanspruchen, der diesen Anforderungen während des erforderlichen Zeitraums jederzeit genügt hat.

Nach der Rspr. des EuGH stellt zwar die Nichterfüllung der für Einreise, Ortswechsel und Aufenthalt geltenden Formalitäten durch Staatsangehörige der EG-Staaten keine die Beschränkung der Freizügigkeit rechtfertigende Gefährdung der öffentlichen Sicherheit und Ordnung dar und gestattet nicht die Entfernung des Ausländers aus dem Hoheitsgebiet (Urteile vom 8. 4. 1976 [NJW 1976, 2065], vom 14. 7. 1977 [NJW 1977, 1579]). Das ändert aber nichts daran, daß auch das Fehlen der von den Angehörigen der EG-Staaten einzuholenden besonderen Aufenthaltserlaubnis (vgl. für Arbeitnehmer § 3 AufenthG/EWG; Art. 2 Richtlinie Nr. 64/221/EWG vom 25. 2. 1964 [ABl., S. 850], Art. 4 Richtlinie 68/360/EWG, vom 15. 10. 1968 [ABl. Nr. L 257, S. 13]) die Ordnungsmäßigkeit des Aufenthalts im Sinne des Art. 2 Abs. 2 Satz 2 FV ausschließt (Beschl. vom 23. 9. 1976 – 1 B 7.76). Die EG-Staaten sind nicht gehindert, einen über den gemeinschaftsrechtlichen Ausweisungsschutz hinausgehenden Schutz weiterhin davon abhängig zu machen, daß der Ausländer die für den Aufenthalt erforderlichen Formalitäten beachtet, und zwar auch dann, wenn die Nichterfüllung der Formalitäten allein eine Ausweisung nicht rechtfertigt ... Der Kl. war in der Zeit vom 19. 1. 1971 bis zum 5. 3. 1971 ohne Aufenthaltserlaubnis. Er hat sich damit vor der Ausweisung nicht fünf Jahre lang im Sinne des Art. 2 Abs. 2 Satz 2 FV ordnungsmäßig im Bundesgebiet aufgehalten und kann deswegen einen über § 12 AufenthG/EWG hinausgehenden Ausweisungsschutz aufgrund des Art. 2 Abs. 2 Satz 2 FV nicht beanspruchen ...

Nr. 97 BayVGH 7. 6. 1979 (72 XII 77) BayVBl. 1979, 691

Der am 25. 1. 1948 geborene Kläger ist tschechoslowakischer Staatsangehöriger. Die Mutter des Klägers ist deutscher Abstammung. Der Kläger wurde 1966 wegen »Angriffs auf eine Amtsperson« in der ČSSR zu einer Freiheitsstrafe von 15 Monaten und 1969 wegen Wehrdienstverweigerung zu einer Freiheitsstrafe von einem Jahr verurteilt. Nach Verbüßung der letztgenannten Strafe arbeitete der Kläger beim geologischen Forschungsinstitut in Zlate Hory als Bergmann. In der Folgezeit wurde er mit einer zehnmonatigen Freiheitsstrafe wegen Gefährdung des Straßenverkehrs und zu vier Monaten Freiheitsstrafe wegen Körperverletzung bestraft.

Der Kläger und Karel D. entführten am 18. 4. 1972 eine zweimotorige tschechoslowakische Passagiermaschine der Slov-Air auf dem Flug von Prag nach Marienbad in die Bundesrepublik Deutschland, wobei D. den Co-Piloten durch einen Schuß verletzte. Der Kläger und D. wurden deswegen durch die 5. Strafkammer des Landgerichts N. aufgrund der Hauptverhandlung vom 14., 17., 20. und 31. 7. 1972 durch rechtskräftiges Urteil wegen eines gemeinschaftlich begangenen Verbrechens der Flugzeugentführung nach den §§ 316c Abs. 1 Nr. 1, 47 StGB zu einer Freiheitsstrafe von sieben Jahren verurteilt. Der Kläger war aufgrund dessen vom 18. 4. 1972 bis 17. 12. 1976 in Haft. Die Vollstreckung der Restfreiheitsstrafe wurde durch Beschluß des Landgerichts R. vom 27. 10. 1976 ausgesetzt, wobei die Bewährungszeit auf vier Jahre festgesetzt wurde.

Der Kläger bat sofort nach seiner Festnahme in der Bundesrepublik Deutschland um politisches Asyl.

Das Bundesamt für die Anerkennung ausländischer Flüchtlinge (Bundesamt) lehnte den Antrag mit Bescheid vom 13. 3. 1973 mit folgender Begründung ab:

> »Selbst wenn der Antragsteller wegen seiner angeblichen politischen Betätigung in der ČSSR und nunmehr wegen seiner illegalen Ausreise aus der ČSSR, welche er durch Kursänderung eines Verkehrsflugzeuges erzwungen hat, bei Rückkehr in seiner Heimat Verfolgungsmaßnahmen zu befürchten hat, so kann er dennoch keinen Anspruch auf Asyl erheben. Die Entführung eines öffentlichen Verkehrsflugzeuges durch Anwendung von Waffengewalt stellt eine terroristische Handlung dar, welche auch durch die politische Motivation der Tat nicht gerechtfertigt wird. Flugzeugentführungen sind Gewaltakte, die in jedem Rechtsstaat strafrechtlich geahndet werden. Nach den Bestimmungen des Artikels 1 F (c) der Genfer Flüchtlingskonvention scheidet ein Asylanspruch schon wegen des Mangels an Rücksichtnahme gegenüber Leben und Gesundheit unbeteiligter Dritter bei diesbezüglichen Aktionen grundsätzlich von vornherein aus«.

Der Kläger legte Widerspruch ein, den das Bundesamt mit Widerspruchsbescheid vom 8. 1. 1975 aus den Gründen des vorerwähnten Bescheides zurückwies.

Der Kläger erhob daraufhin zum Verwaltungsgericht Ansbach Klage gegen die Bundesrepublik Deutschland und beantragte, die genannten Bescheide aufzuheben und die Beklagte zu verpflichten, den Kläger als Asylberechtigten anzuerkennen.

Das Verwaltungsgericht erkannte aufgrund mündlicher Verhandlung mit Urteil vom 9. 12. 1976 nach dem Klageantrag. Das Verwaltungsgericht legte unter Berufung auf das Urteil des Bundesverwaltungsgerichts vom 7. 10. 1975 (BVerwGE 49, 202) dar, das Grundrecht auf Asyl unterliege nicht den Schranken von Art. 1 F der Genfer Konvention. Der Kläger habe zwar sogenannte Vorfluchtgründe nicht glaubhaft machen können, könne sich jedoch auf Nachfluchtgründe berufen. Er müsse befürchten, bei einer Rückkehr in die ČSSR nach § 109 des tschechoslowakischen Strafgesetzbuchs vom 29. 11. 1961 wegen sogenannter Republikflucht bestraft zu werden.

Der Bundesbeauftragte für Asylangelegenheiten legte gegen das Urteil Berufung ein und beantragte, das Urteil aufzuheben und die Klage abzuweisen.

Die zulässige Berufung ist unbegründet. Die Straftat des Klägers steht seiner Anerkennung als Asylberechtigter nicht entgegen. Der Kläger war zwar vor seiner Flucht in der ČSSR in asylrechtlich erheblicher Weise nicht verfolgt worden, ihm droht jedoch nunmehr im Falle der Rückkehr eine Freiheitsstrafe wegen sogenannter Republikflucht, deretwegen ihm Asyl zu gewähren ist.

Das Grundrecht auf Asyl nach Art. 16 Abs. 2 Satz 2 GG ist nicht lediglich im Rahmen des allgemeinen Völkerrechts gewährleistet und unterliegt nicht den Schranken des Abkommens über die Rechtsstellung der Flüchtlinge vom 28. 7. 1951 (Genfer Konvention – GK). Das Grundgesetz verwehrt es dem Staat jedoch nicht schlechthin, verfassungsrechtlich geschützte Rechtsgüter auf Kosten anderer Güter, deren Bestand ebenfalls verfassungsrechtlich verbürgt ist, zu bewahren, mag es sich bei solchen Rechtsgütern um Grundrechte oder andere verfassungsrechtlichen Schutz genießende Belange handeln. Diese Abwägung ist verfassungsrechtlich unausweichlich, wenn sonst die staatlichen Organe die ihnen nach dem Grundgesetz und der verfassungsmäßigen Ordnung obliegenden Aufgaben nicht mehr sachgerecht wahrnehmen können. Dabei ist nach der ständigen Rechtsprechung des Bundesverfassungsgerichts davon auszugehen, daß die verfassungsmäßige Ordnung ein Sinnganzes bildet, ein Widerstreit zwischen verfassungsrechtlich geschützten Belangen mithin nach Maßgabe der grundgesetzlichen Wertordnung und unter Berücksichtigung der Einheit dieses grundlegenden Wertsystems zu lösen ist. In diesem Rahmen können auch uneinschränkbare Grundrechte eine Begrenzung erfahren; denn schlechthin schrankenlose Rechte kann eine wertgebundene Ordnung nicht anerkennen (vgl. BVerfGE 28, 243/261; 30, 1/10; 30, 173/193; 34, 269/287; 35, 202/225; 47, 285/389; BVerfG, Beschluß vom 1. 8. 1978, NJW 1978, 2235/2237 unter Hinweis auf BVerwGE 49, 202/209).

Wie das Bundesverwaltungsgericht in der genannten Entscheidung näher dargelegt hat, kann aus diesem Grunde die Sicherheit der Bundesrepublik Deutschland oder der in ihr lebenden Menschen Vorrang gegenüber dem Asylrechtsschutz des politisch Verfolgten beanspruchen, sofern die als *ultima ratio* zu verstehenden und einschränkend auszulegenden Abschiebungsvoraussetzungen des § 14 Abs. 1 Satz 2 AuslG, der auf Art. 33 Abs. 2 der Genfer Konvention verweist, vorliegen. Danach kann ein Ausländer, der aus schwerwiegenden Gründen als eine Gefahr für die Sicherheit anzusehen ist oder eine Gefahr für die Allgemeinheit bedeutet, weil er wegen eines besonders schweren Verbrechens rechtskräftig verurteilt wurde, in einen Staat abgeschoben werden, in dem ihm politische Verfolgung droht. Diese Gefahr für die Sicherheit der Bundesrepublik Deutschland oder für die Allgemeinheit muß eine schwerwiegende sein und es muß bei Verurteilung wegen eines besonders schweren Verbrechens Wiederholungsgefahr hinzukommen (BVerwGE 49, 202/210). Allerdings obliegt die Feststellung der Frage, ob das Asylrecht im Einzelfall gegenüber der Sicherheit der Bundesrepublik Deutschland oder der in ihr lebenden Menschen zurückzutreten hat, im Hinblick auf die Zuständigkeitsregelungen des Ausländergesetzes den für die innere Sicherheit der Bundesrepublik Deutschland verantwortlichen Stellen, nämlich den Ausländerbehörden, dem Bundesminister des Innern und der Bundesregierung (§§ 20 Abs. 2, 26 Abs. 1 Nr. 3, 25 Abs. 1 Nr. 4 AuslG) oder den für die Auslieferung zuständigen Organen (§ 45 Satz

2 AuslG). Demgemäß kann im Verfahren über den Antrag auf Anerkennung als politisch Verfolgter nicht berücksichtigt werden, ob in der Person des Asylsuchenden die Abschiebungsvoraussetzungen des § 14 Abs. 1 Satz 2 AuslG vorliegen (BVerwGE 49, 211).

Der Bundesbeauftragte für Asylangelegenheiten und die Beklagte sind ungeachtet dessen der Meinung, im Anerkennungsverfahren habe das Bundesamt darüber zu befinden, ob einer Asylgewährung Art. 1 F der Genfer Konvention entgegenstehe. Die Genfer Konvention ist jedoch durch Transformationsgesetz nach Art. 59 Abs. 2 GG Bundesrecht geworden und hat nicht Verfassungsrang, auch nicht insoweit, als sie etwa in der Bestimmung des Flüchtlings und dem Ausweisungs- und Zurückweisungsverbot des Art. 33 Abs. 1 allgemeine Regeln des Völkerrechts im Sinne von Art. 25 Satz 1 GG enthalten sollte, denn auch diese stehen im Rang unter dem Verfassungsrecht (BVerwGE 6, 309/363).

Das hindert allerdings nicht, daß in Art. 1 F GK aufgeführte Tatbestände, welche – unabdingbar nach Art. 42 Abs. 1 GK – die Anerkennung als Flüchtling ausschließen, Ausdruck von Rechtsgrundsätzen mit Verfassungsrang sein können. Diese würden dann insoweit auch der Anerkennung als politisch Verfolgter im Sinne von Art. 16 Abs. 2 Satz 2 GG entgegenstehen können.

Dazu vertritt der Senat für den vorliegenden Fall folgende Auffassung: Nach Art. 1 F Buchst. a GK finden die Bestimmungen dieses Abkommens keine Anwendung auf Personen, in bezug auf die aus schwerwiegenden Gründen die Annahme gerechtfertigt ist, daß sie ein Verbrechen gegen den Frieden, ein Kriegsverbrechen oder ein Verbrechen gegen die Menschlichkeit im Sinne der internationalen Vertragswerke begangen haben, die ausgearbeitet worden sind, um Bestimmungen bezüglich dieser Verbrechen zu treffen.

Es bedarf im vorliegenden Fall keiner Entscheidung der Frage, ob Art. 16 Abs. 2 Satz 2 GG, der, wie erwähnt, durch völkerrechtliche Abkommen nicht begrenzt wird, mit Rücksicht auf die Einheit der Verfassung und die in ihr geschützte Wertordnung kraft Verfassungsrechts in einem im Anerkennungsverfahren zu beachtenden Maße durch bestimmte völkerrechtliche Verträge, denen die Bundesrepublik Deutschland beigetreten ist, eingeschränkt werden kann. Dies würde voraussetzen, daß der Gegenstand eines völkerrechtlichen Vertrages, die Pflicht der Bundesrepublik Deutschland zur Vertragstreue, das Gebot zu völkerrechtlichem Verhalten oder andere völkerrechtliche Grundsätze Verfassungsrang haben und daß sie geeignet sind, ausnahmsweise das Asylrecht zu verdrängen. Es ist nämlich bereits nicht feststellbar, daß das vom Kläger begangene Delikt der Luftpiraterie eine Begrenzung des Asylrechts im Sinne von Art. 1 F Buchst. a GK erfordert, die über § 14 Abs. 1 Satz 2 AuslG hinaus eine Berücksichtigung auch im Anerkennungsverfahren verlangt.

Die Bundesrepublik Deutschland ist zwar wie 82 andere Staaten, darunter auch die ČSSR, dem Übereinkommen vom 16. 12. 1970 zur Bekämpfung der widerrechtlichen Inbesitznahme von Luftfahrzeugen beigetreten (BGBl. 1972 II, S. 1505) und hat aufgrund dessen den § 316c StGB geschaffen und dazu den Weltrechtsgrundsatz (§ 6 Abs. 1 Nr. 3 StGB) übernommen. Das Abkommen dient der Sicherheit des Luftverkehrs, verpflichtet die Vertragsstaaten, die Luftpiraterie mit schweren Strafen zu bedrohen und regelt näher, unter welchen Voraussetzungen diese Tat als eine der Auslieferung unterliegende strafbare Handlung anzusehen ist (Art. 2, 4 Abs. 2, 7, 8 des Übereinkommens). Es erscheint nach dem in der Präambel niedergelegten Zweck des Abkommens zweifelhaft, ob danach die Luftpiraterie als ein Verbrechen gegen die Menschlichkeit im Sinne vom Art. 1 F Buchst. a GK erachtet wird. Vor allem aber ist die Bundesrepublik Deutschland durch Art. 8 dieses Vertrages nicht verpflichtet, einen Luftpiraten, der Asyl begehrt, entgegen § 3 DAG auszuliefern (vgl. *Hailbronner*, NJW 1973, 1636/1637). Das Abkommen will den Luftpiraten zwar schwer bestrafen, läßt jedoch sein etwaiges Asylrecht unberührt. Es kann daher auch nicht in Anwendung von Art. 1 F Buchst. a GK dazu führen, einen Anspruch auf Asyl nach Art. 16 Abs. 2 Satz 2 GG von vornherein allein deshalb auszuschließen, weil sich der Asylsuchende der Luftpiraterie schuldig gemacht hat.

Diese Überlegungen gelten sinngemäß für das nur den Mitgliedstaaten des Europarates offenstehende und bisher von fünf Staaten ratifizierte Europäische Übereinkommen vom 27. 1. 1977 zur Bekämpfung des Terrorismus (BGBl. 1978 II, S. 321; vgl. auch die Entschließung des Europäischen Parlaments zur Luftpiraterie, Bundestagsdrucksache 8/2729). Nach Art. 1 dieses Übereinkommens wird zwar für Zwecke der Auslieferung zwischen den Vertragsstaaten unter anderem die widerrechtliche Inbesitznahme von Luftfahrzeugen nach dem vorgenannten Übereinkommen vom 16. 12. 1970 nicht als politische Straftat angesehen, doch stellt Art. 5 des Übereinkommens klar, daß dadurch das Recht auf Asyl für politisch Verfolgte nicht berührt wird (vgl. BT-Drs. 8/1204, S. 13; *Riedel*, NJW 1979, 27; *Gusy*, NJW 1978, 1717; *Stein*, EuGRZ 1977, 59). Sogar dieses Übereinkommen schließt somit nicht aus, daß dem Luftpiraten Asyl gewährt werden kann, weshalb auch insoweit nicht anzunehmen ist, Art. 1 F Buchst. a GK sei bei einer solchen Straftat Ausdruck einer Wertentscheidung von Verfassungsrang, welche dem Anspruch auf Asyl von vornherein entgegenstehe.

Nach Art. 1 F Buchst. b GK ist die Anerkennung als Flüchtling ausgeschlossen, wenn aus schwerwiegenden Gründen die Annahme gerechtfertigt ist, daß der Asylsuchende ein schweres nichtpolitisches Verbrechen außerhalb des Aufnahmelandes begangen hat, bevor er dort als Flüchtling aufgenommen wurde. Das Bundesverfassungsgericht hat mit Recht festgestellt, daß unter Art. 16 Abs. 2 Satz 2 GG auch wegen nichtpolitischer Straftaten Verfolgte fallen, wenn die im Falle ihrer Auslieferung an ihren Heimatstaat aus politischen Gründen Verfolgungsmaßnahmen mit Gefahr für Leib und Leben oder Beschränkungen ihrer persönlichen Freiheit ausgesetzt werden (BVerfGE 9, 174/180 f.; 15, 249/251; vgl. auch BGHSt 3, 392/395; 15, 297; Bonner Kommentar zum Grundgesetz, 1968, Art. 16 Rdnr. 195 ff.). Soweit dieser Vorschrift der Genfer Konvention der Gedanke zugrunde liegt, demjenigen, der ein schweres nichtpolitisches Verbrechen im Ausland begangen hat, auch dann kein Asyl zu gewähren, wenn er neben der Strafverfolgung eine politische Verfolgung durch den Staat befürchtet, dessen Staatsangehörigkeit er besitzt oder in dem er als Staatenloser seinen gewöhnlichen Aufenthalt hatte, kann dadurch das Grundrecht auf Asyl nach Art. 16 Abs. 2 Satz 2 GG nicht eingeschränkt werden. Zwar kann eine solche schwere nichtpolitische Straftat, auch wenn sie im Ausland begangen wurde, die Sicherheit des Zufluchtstaates oder der in ihm lebenden Menschen gefährden und damit unter den Voraussetzungen des § 14 Abs. 1 Satz 2 AuslG die für diese Sicherheit verantwortlichen Behörden berechtigen, einen solchen hier einreisenden Ausländer trotz seines Asylantrags zurückzuweisen, zurückzuschieben oder abzuschieben (§§ 18, 14 AuslG). Diese Entscheidung liegt jedoch nicht beim Bundesamt und berechtigt dieses auch nicht aufgrund des Art. 1 F Buchst. b GK zur Versagung der Anerkennung als politisch Verfolgter (a. A. BVerwGE 4, 238/242 und BVerwG, Urteil vom 26. 3. 1962, DVBl. 1963,

147 und wohl auch *Zeidler*, Grenzfragen des innerdeutschen Asylrechts, herausgegeben von der Otto Benecke Stiftung, 1975, S. 59).

Im übrigen kommt dieser Ausschlußtatbestand im vorliegenden Fall auch deshalb nicht in Betracht, weil er voraussetzt, daß das Verbrechen im Ausland begangen worden ist, während es hier in der ČSSR lediglich begonnen und erst in der Bundesrepublik Deutschland vollendet wurde. Es ist in Fällen wie dem vorliegenden nicht einzusehen, für den in der Bundesrepublik Deutschland liegenden Tatteil die Zuständigkeit des Bundesamtes zwar abzulehnen, sie für den in der ČSSR gelegenen Tatteil dagegen anzunehmen.

Schließlich sieht Art. 1 F Buchst. c GK den Ausschluß der Anerkennung als Flüchtling dann vor, wenn aus schwerwiegenden Gründen die Annahme gerechtfertigt ist, daß der Asylsuchende sich Handlungen hat zuschulden kommen lassen, die den Zielen und Grundsätzen der Vereinten Nationen zuwiderlaufen. Das Bundesverwaltungsgericht hat dazu im Urteil vom 1. 7. 1975 – I C 44.68 (*Buchholz*, Sammlung der Rechtsprechung des Bundesverwaltungsgerichts, 402, 24 § 28 AuslG Nr. 9; vgl. auch amnesty international, Bewährungsprobe für ein Grundrecht, 1978, S. 461 ff.) entschieden, daß sich die Anwendung dieser Ausschlußbestimmung nur wegen solcher Handlungen rechtfertigt, die dem zwischenstaatlichen (internationalen) Frieden und der zwischenstaatlichen Völkerverständigung zuwiderlaufen. Wie *von Pollern* (BayVBl. 1979, 200/204) unter Hinweis auf die Präambel des Grundgesetzes und auf deren Art. 1 Abs. 2, 24 Abs. 2, 26 Abs. 1 Satz 1 mit Recht hervorhebt, hat das Friedensgebot Verfassungsrang und geht die verfassungsrechtliche Pflicht zur Friedenssicherung dem Asylanspruch des einzelnen vor. Soweit ein Asylsuchender durch sein Verhalten den Frieden zwischen der Bundesrepublik Deutschland und einem anderen Staat oder die Völkerverständigung belastet, wie dies insbesondere durch Anschläge auf Leben, Freiheit oder körperliche Unversehrtheit von Diplomaten eines ausländischen Staates in der Bundesrepublik Deutschland oder durch friedengefährdende Aktionen von Emigrantenorganisationen in der Bundesrepublik Deutschland der Fall sein kann, gibt Art. 1 F Buchst. c GK ein Verfassungsgebot wieder, welches das Bundesamt zur Ablehnung des Asylantrags berechtigen kann.

Dieser Rechtsgedanke vermag jedoch im vorliegenden Fall eine Asyl versagende Entscheidung nicht zu tragen. Der Kläger und sein Mittäter haben am 18. 4. 1972 eine Passagiermaschine allein deshalb aus der ČSSR entführt, weil sie auf diese Weise in die Bundesrepublik Deutschland gelangen wollten. Ihnen lag bei ihrer Tat fern, damit den Frieden zwischen der Bundesrepublik Deutschland und der ČSSR oder die Verständigung beider Völker zu stören. Es ist auch nicht ersichtlich, daß diese Straftat derartige Folgen gehabt hat.

Steht somit die in der Bundesrepublik Deutschland geahndete und verbüßte Straftat des Klägers der Gewährung von Asyl nicht entgegen, so ist er als Asylberechtigter anzuerkennen.

Der Senat schließt sich gemäß Art. 2 § 6 des Gesetzes vom 31. 3. 1978 (BGBl. I, S. 446) den Entscheidungsgründen des angefochtenen Urteils an, daß der Kläger sogenannte Vorfluchtgründe nicht glaubhaft zu machen vermochte.

Der Senat teilt aber auch die Rechtsmeinung des Verwaltungsgerichts, daß dem Kläger im Falle seiner Rückkehr in die ČSSR gemäß § 109 des tschechoslowakischen Strafgesetzbuchs eine Freiheitsstrafe zwischen sechs Monaten und fünf Jahren droht. Es kann dahinstehen, ob der Rechtsgrundsatz *ne bis in idem* einer solchen Strafe wegen des unerlaubten Verlassens der ČSSR nach § 109 Abs. 1 Nr. 1 des tschechoslowakischen Strafgesetzbuchs entgegensteht, da insoweit Tateinheit mit der in der Bundesrepublik Deutschland bestraften Luftpiraterie besteht. Gemäß § 109 Abs. 1 Nr. 2 dieses Strafgesetzbuches wird nämlich im vorgenannten Ausmaß auch bestraft, wer als tschechoslowakischer Staatsbürger ohne Erlaubnis im Ausland bleibt. Diese Bestrafung würde auch eine abweichende politische Überzeugung treffen, wie das Verwaltungsgericht zutreffend näher dargelegt hat und der Berufungsführer nicht zu widerlegen vermochte. Im übrigen hat das Bundesverwaltungsgericht in BVerwGE 55, 82/86 entschieden, daß der Asylsuchende die vom Verfolgerstaat angenommene politische Überzeugung nicht tatsächlich besitzen müsse und dem folgend im Urteil vom 27. 3. 1979 – 1 C 61.77 auch für den Verfolgungstatbestand der Bestrafung wegen Republikflucht die Auffassung vertreten, daß nicht – mehr – rechtserheblich sei, ob diese Bestrafung auf eine abweichende politische Überzeugung des derart Verfolgten treffe.

Nr. 98 **BVerwG 7. 6. 1979 (1 CB 5.78) DÖV 1980, 829**

... Der Anspruch auf Achtung des Privat- und Familienlebens nach Art. 8 MRK reicht nicht weiter als das Schutzgebot des Art. 6 Abs. 1 GG (BVerwGE 38, 299 [302]). Ausländerbehördliche Maßnahmen, die in das Ehe- und Familienleben des Ausländers eingreifen und nach den in der Rspr. des Senats entwickelten Grundsätzen dem Schutzgebot des Art. 6 Abs. 1 GG entsprechen, sind daher aufgrund der in Art. 8 Abs. 2 MRK geregelten Schranken des Anspruchs auf Achtung des Familienlebens statthaft. Solche Maßnahmen stellen, wie sich von selbst versteht, auch keine unmenschliche und erniedrigende Behandlung im Sinne des Art. 3 MRK dar. Insbesondere machen solche Maßnahmen den Ausländer und seine Familienangehörigen nicht zu bloßen Objekten des Staates und setzen sie nicht einer Behandlung aus, die ihre Subjektqualität in Frage stellt, was mit der Würde des Menschen unvereinbar wäre (BVerfG, Beschluß vom 17. 1. 1979 [NJW 1979, 1100]).

Nr. 99 **BGH 20. 6. 1979 (IV ZR 106/78) BGHZ 75, 32**

Der Kläger wurde am 18. November 1930 im Gebiet der damaligen Tschechoslowakischen Republik (heute ČSSR) geboren. Er war nach den Feststellungen des Berufungsgerichts Angehöriger der im Sudetenland lebenden deutschen Volksgruppe. Nach dem Ende des 2. Weltkrieges verblieb er im Gebiet der ČSSR, bis er im Jahre 1965 in die Bundesrepublik übersiedelte.

Am 7. Dezember 1957 schloß der Kläger vor dem Standesamt Brünn mit einer tschechoslowakischen Staatsangehörigen die Ehe, die durch Urteil des Bezirksgerichts Kaschau vom 27. Juli 1962 wieder geschieden wurde. Während dieser Ehe gebar die Ehefrau des Klägers am 11. Februar 1960 in N. (ČSSR) den Beklagten.

Mit der am 10. Oktober 1972 eingereichten und am 24. Juli 1975 zugestellten Klage hat der Kläger die Ehelichkeit des Kindes angefochten. Er hat vorgetragen, er habe im September 1971 konkrete Anhaltspunkte dafür erhalten, daß die Mutter des Beklagten in den Jahren 1959 und 1960 außereheliche Beziehungen zu einem anderen Mann unterhalten habe.

Die Klage ist in beiden Vorinstanzen als unbegründet abgewiesen worden. Auch die vom Berufungsgericht zugelassene Revision des Klägers hatte keinen Erfolg ...

Den im Sudetenland lebenden deutschen Volkszugehörigen ist im Anschluß an die im Jahre 1938 erfolgte Eingliederung der sudetendeutschen Gebiete in das Deutsche

Reich die deutsche Staatsangehörigkeit im Wege der Sammeleinbürgerung verliehen worden, und zwar, soweit es sich um alteingesessene Sudetendeutsche und deren Abkömmlinge handelte, durch § 1 des Vertrages zwischen dem Deutschen Reich und der Tschechoslowakischen Republik über Staatsangehörigkeits- und Optionsfragen vom 20. November 1938 (RGBl. II, 895) und, soweit diese Voraussetzung nicht gegeben war, durch § 1 der Verordnung über den Erwerb der deutschen Staatsangehörigkeit durch frühere tschechoslowakische Staatsangehörige deutscher Volkszugehörigkeit vom 20. April 1939 (RGBl. I, 815). Die Wirksamkeit dieses Erwerbs der deutschen Staatsangehörigkeit ist vom Bundesgesetzgeber in § 1 des Gesetzes zur Regelung von Fragen der Staatsangehörigkeit vom 22. Februar 1955 (BGBl. I, 65) ausdrücklich bestätigt worden, und zwar unabhängig davon, ob die betroffenen deutschen Volkszugehörigen nach dem Zusammenbruch des nationalsozialistischen Staates an ihren früheren Wohnorten verblieben oder in die Bundesrepublik Deutschland übergesiedelt sind (*Ferid*, RabelsZ 1958, 498, 499 f., 512 f.; zweifelnd *Makarov*, Deutsches Staatsangehörigkeitsrecht, 2. Aufl. StAngRegG von 1955 § 1 Anm. II 2).

Gegen diese Regelung bestehen keine völkerrechtlichen und damit – über Art. 25 GG – verfassungsrechtlichen Bedenken (vgl. hierzu BVerfGE 1, 322; BayObLG, DÖV 1969, 638; *Maunz/Dürig/Herzog*, GG Art. 116 Rdnr. 6ff.). Die ČSSR als Nachfolgerin der Tschechoslowakischen Republik hat zunächst die Zwangsverleihung der deutschen Staatsangehörigkeit an ihre Staatsangehörigen deutscher Volkszugehörigkeit dadurch anerkannt, daß sie ihnen die tschechoslowakische Staatsangehörigkeit durch das Verfassungsdekret vom 2. August 1945 *ex tunc* entzogen hat (BVerfG a.a.O., S. 330 f.). Die in der ČSSR verbliebenen deutschen Volkszugehörigen konnten allerdings in der Folgezeit die tschechoslowakische Staatsangehörigkeit zunächst in Einzelfällen wiedererlangen und erhielten sie schließlich durch § 1 des Gesetzes vom 24. April 1953 (abgedruckt bei *Schmied*, Das Staatsangehörigkeitsrecht der Tschechoslowakei, 1. Aufl., S. 111) allgemein wieder verliehen. Dadurch wurde die völkerrechtliche Wirkung der vorher erfolgten Anerkennung der Verleihung der deutschen Staatsangehörigkeit an diesen Personenkreis jedoch nicht berührt. Auch durch den deutsch-tschechoslowakischen Vertrag vom 11. Dezember 1973 (BGBl. 1974 II, 1127) hat sich an der deutschen Staatsangehörigkeit der Sudetendeutschen nichts geändert (BVerfGE 43, 203, 210).

Es ist im Rechtsstreit nicht geltend gemacht oder sonst ersichtlich geworden, daß der Kläger seine deutsche Staatsangehörigkeit nach §§ 1, 3 des StAngRegG vom 22. Februar 1955 ausgeschlagen hätte mit der Wirkung, daß er sie nach Maßgabe des § 1 des Gesetzes nicht erworben hätte, oder daß im Zusammenhang mit dem Erwerb der tschechoslowakischen Staatsangehörigkeit durch den Kläger die Voraussetzungen des Verlustes der deutschen Staatsangehörigkeit nach § 25 RuStAG vorgelegen hätten.

Die Annahme des Berufungsgerichts, daß der Kläger im Zeitpunkt der Geburt des Beklagten sowohl tschechoslowakischer als auch deutscher Staatsangehöriger war, ist nach alledem rechtlich nicht zu beanstanden.

Die Frage, an welche Staatsangehörigkeit im internationalen Privatrecht bei Personen mit mehrfacher Staatsangehörigkeit anzuknüpfen ist, wenn eine Kollisionsregel auf die Staatsangehörigkeit abstellt, ist im Gesetz nicht geregelt.

In den Fällen, in denen der Mehrstaater ausschließlich Angehöriger verschiedener ausländischer Staaten und nicht auch deutscher Staatsangehöriger ist, ist nach der in Rechtsprechung und Lehre herrschenden Auffassung an die Zugehörigkeit zu demjenigen Staat anzuknüpfen, zu dem der Mehrstaater die engste persönliche Beziehung hat (Grundsatz der effektiven Staatsangehörigkeit); dabei wird in aller Regel diese Beziehung zu dem Staat angenommen, in dem der Mehrstaater seinen gewöhnlichen Aufenthalt hat (BayObLGZ 1966, 115; *Staudinger/Gamillscheg*, BGB, 10./11. Aufl., Rdnr. 167 ff. vor Art. 13 EGBGB; *Palandt/Heldrich*, BGB, 38. Aufl., Vorbem. 7a vor Art. 7 EGBGB; *Soergel/Kegel*, BGB, 10. Aufl., Art. 29 EGBGB Rdnr. 36; *Erman/Marquordt*, BGB, 6. Aufl., Vorbem. vor Art. 7 EGBGB Rdnr. 23; *Kegel*, Internationales Privatrecht, 4. Aufl. § 13 II 5; *Raape/Sturm*, Internationales Privatrecht I, 6. Aufl. § 9 B V 2; weitere Nachweise insbesondere bei *Staudinger/Gamillscheg* und *Soergel/Kegel*, a.a.O.).

Keine Einigkeit besteht dagegen in Rechtsprechung und Lehre darüber, an welche Staatsangehörigkeit anzuknüpfen ist, wenn der Mehrstaater auch die deutsche Staatsangehörigkeit besitzt. Das Reichsgericht hat in diesen Fällen ausschließlich die inländische Staatsangehörigkeit für maßgeblich erachtet (RGZ 150, 374, 382; JW 1929, 434, 435; Leipziger Zeitschrift für Deutsches Recht 1924, Sp. 741 Nr. 9). Diese Auffassung, die auch in der Rechtspraxis des Auslands weitgehend herrschend ist (Nachweise z. B. bei *Makarov*, Allgemeine Lehren des Staatsangehörigkeitsrechts, 2. Aufl., S. 295 ff., und *Samtleben*, RabelsZ 1978, 456, 457 ff.), hat sich in der deutschen Rechtsprechung und Lehre zunächst durchgesetzt und wird auch noch heute weitgehend vertreten (BayObLGZ 1964, 385, 388 f.; OLG Hamm, FamRZ 1976, 168 mit zahlreichen weiteren Nachweisen; *Otto*, FamRZ 1974, 655; *Erman/Marquordt*, Vorbem. vor Art. 7 EGBGB Rdnr. 23; *Raape/Sturm*, a.a.O., § 9 B). In den letzten Jahrzehnten ist jedoch – zunächst in der Literatur und später auch in der Rechtsprechung – in zunehmendem Maße die Ansicht vertreten worden, daß auch bei Mehrstaatern mit Inlandsstaatsangehörigkeit an die effektive Staatsangehörigkeit anzuknüpfen sei (OLG Düsseldorf, FamRZ 1974, 528, 530; OLG Köln 1976, 170, 171 f.; vgl. auch BVerfGE 37, 217, 243; BSG, FamRZ 1977, 636; OLG Düsseldorf, FamRZ 1976, 277; *Ferid*, RabelsZ 1958, 498 ff.; *Beitzke*, JZ 1959, 123, 124; *Heldrich*, NJW 1978, 2169, 2171 f.; *Kegel*, IPR § 13 II 5; *Palandt/Heldrich*, a.a.O., Vorbem. 7a vor Art. 7 EGBGB; *Soergel/Kegel*, a.a.O., Art. 29 EGBGB Rdnr. 37; differenzierend *Staudinger/Gamillscheg*, a.a.O., Vorbem. vor Art. 13 EGBGB Rdnr. 160 ff.; vgl. auch *Samtleben*, a.a.O., S. 456 ff.). In der Rechtsprechung des Bundesgerichtshofes ist zunächst vom erkennenden Senat die Maßgeblichkeit der deutschen Staatsangehörigkeit eines Mehrstaaters bei der Beurteilung der deutschen Gerichtsbarkeit unter Hinweis auf die auch im internationalen Privatrecht herrschende Auffassung bejaht worden (BGHZ 3, 178, 180 f.). Der V. Zivilsenat hat in einer Entscheidung vom 18. Oktober 1968 ausdrücklich den Vorrang der deutschen Staatsangehörigkeit für die Anknüpfung im internationalen Privatrecht bejaht (FamRZ 1969, 28, 30). Zu Art. 3 des Haager Minderjährigenschutzabkommens hat der erkennende Senat in seiner Entscheidung vom 20. Dezember 1972 ausgesprochen, daß im Falle der Doppelstaatsangehörigkeit die Staatsangehörigkeit des Aufenthaltsstaates den Vorrang habe (BGHZ 60, 68, 82); im übrigen hat er die Frage bisher offen gelassen (NJW 1976, 1028).

Im vorliegenden Fall hängt die Entscheidung über die Revision davon ab, ob der deutschen Staatsangehörigkeit des Klägers der Vorrang für die Anknüpfung nach Art. 18 EGBGB zukommt, da der Kläger nach der Entscheidung des Berufungsgerichts die Anfechtungsfrist nach tschechoslowakischem Recht versäumt hat, während die Frage, ob die Anfechtungsfrist nach deutschem Recht eingehalten wäre, erst noch der Prüfung durch den Tatrichter bedürfte.

Der Senat kann sich der früher herrschenden Ansicht, daß für die Anknüpfung an die Staatsangehörigkeit im deutschen internationalen Privatrecht bei einer Bezugsperson, die sowohl ausländischer wie deutscher Staatsangehöriger ist, *stets* die deutsche Staatsangehörigkeit maßgebend sein müsse, nicht anschließen; vielmehr kann es Fälle geben, in denen der ausländischen Staatsangehörigkeit nach den Umständen des Falles ein derartiges Übergewicht zukommt, daß sie für das anzuwendende Recht bestimmend ist.

Für die Anknüpfung an die Inlandsstaatsangehörigkeit des Mehrstaaters können allerdings gewichtige Gründe angeführt werden. Sie schafft von vornherein Klarheit über das im Einzelfall anzuwendende Recht, erleichtert dem inländischen Gericht die Rechtsfindung und trägt der Schutzfunktion der inländischen Staatsangehörigkeit Rechnung (vgl. auch *Otto*, FamRZ 1974, 655, 656f.; *Sturm*, FamRZ 1974, 617, 621 ff.). Darüber hinaus entspricht sie den im öffentlichen Recht geltenden Grundsätzen (*Makarov*, Allgemeine Lehren des Staatsangehörigkeitsrechts, 2. Aufl., S. 303 f.; *ders.*, Deutsches Staatsangehörigkeitsrecht, S. 16; *Ferid*, a.a.O., S. 506) und wird auch im Ausland wegen der dort weitgehend entsprechenden Praxis hingenommen. Andererseits soll das Kollisionsrecht der Verwirklichung der kollisionsrechtlichen Sachgerechtigkeit in dem Sinne dienen, daß Rechtsbeziehungen mit Auslandsberührung nach derjenigen materiellen Rechtsordnung beurteilt werden sollen, der sie nach der Fallgestaltung schwerpunktmäßig zugeordnet sind (vgl. *Kegel*, IPR § 2 I); Fernziel ist dabei die Erreichung eines internationalen Entscheidungseinklangs. Mit der Ausrichtung des internationalen Privatrechts an der kollisionsrechtlichen Sachgerechtigkeit wäre es aber unvereinbar, an die deutsche Staatsangehörigkeit eines Mehrstaaters selbst dann anzuknüpfen, wenn nach den Umständen des Falles die Beziehung des Mehrstaaters zu seinem ausländischen Heimatstaat wesentlich enger ist. In einem solchen Fall werden in der Regel auch die Rechtsverhältnisse, an denen der Mehrstaater beteiligt ist, großenteils ihren Schwerpunkt in dessen ausländischem Heimatstaat und nicht im Inland haben. Dann erfordert es die kollisionsrechtliche Sachgerechtigkeit, an die (effektive) Auslandsstaatsangehörigkeit des Mehrstaaters anzuknüpfen. Dies gilt auch im Falle des Art. 18 Abs. 1 EGBGB. Die Vorschrift berücksichtigt zwar ihrem Wortlaut nach als einseitige Kollisionsnorm nur die deutsche Staatsangehörigkeit. Daraus kann aber, nachdem die Vorschrift allgemein als allseitige Kollisionsnorm verstanden wird, nicht gefolgert werden, daß im Falle mehrfacher Staatsangehörigkeit die Anknüpfung an eine ausländische Staatsangehörigkeit ausgeschlossen sein sollte. Eine Rechtsunsicherheit, die nicht hingenommen werden könnte, ist durch die Anknüpfung an die effektive Staatsangehörigkeit nicht zu befürchten. Die Berücksichtigung der ausländischen Staatsangehörigkeit eines Mehrstaates im internationalen Privatrecht schließt es im übrigen nicht aus, daß im öffentlich-rechtlichen Bereich und im Verfahrensrecht die Inlandsstaatsangehörigkeit maßgeblich bleibt (OLG Köln, FamRZ 1976, 170, 172).

Nach diesen Grundsätzen ist im vorliegenden Fall an die tschechoslowakische Staatsangehörigkeit des Klägers anzuknüpfen.

Das Berufungsgericht hat festgestellt, daß der Kläger zur Zeit der Geburt des Beklagten, auf die es nach Art. 18 Abs. 1 EGBGB ankommt, die engste Beziehung nicht zur Bundesrepublik Deutschland, sondern zur ČSSR hatte. Es ist aus Rechtsgründen nicht zu beanstanden, daß es dabei wesentlich auf den Lebensmittelpunkt des Klägers abgestellt hat. Der gewöhnliche Aufenthalt einer Person in einem ihrer Heimatstaaten ist in aller Regel ein wesentliches Indiz dafür, daß sie zu diesem Heimatstaat die engste

Beziehung hat. Soweit die Revision geltend macht, das Berufungsgericht hätte aufgrund der deutschen Volkszugehörigkeit des Klägers, der Dauer seiner deutschen Staatsangehörigkeit und aufgrund des Umstands, daß der Kläger später in die Bundesrepublik ausgereist sei, das Übergewicht in der deutschen Staatsangehörigkeit sehen müssen, kann ihr nicht gefolgt werden.

Der V. Zivilsenat hat auf Anfrage erklärt, er halte nicht daran fest, daß für die Anknüpfung an die Staatsangehörigkeit im deutschen internationalen Privatrecht bei einer Bezugsperson mit sowohl ausländischer als auch deutscher Staatsangehörigkeit stets die letztere maßgebend sein müsse. Es bedarf daher im Hinblick auf BGH, FamRZ 1969, 28, 30 für die vorliegende Entscheidung nicht der Anrufung des Großen Senats für Zivilsachen nach § 136 Abs. 1 GVG.

Das tschechoslowakische Recht räumt, wie das Berufungsgericht festgestellt hat, dem Ehemann eine Anfechtungsfrist von sechs Monaten ein, die mit dem Tage beginnt, an dem er von der Geburt des Kindes erfahren hat. Die Anwendung dieser Regelung ist entgegen der Auffassung der Revision nicht nach Art. 30 EGBGB ausgeschlossen. Sie ist allerdings für den Kläger ungünstiger als die für den vorliegenden Fall eingreifende Regelung des deutschen Rechts, nach der die Anfechtungsfrist zwei Jahre beträgt und erst mit dem Zeitpunkt beginnt, in dem der Ehemann Kenntnis von den Umständen erlangt, die für die Nichtehelichkeit des Kindes sprechen, sofern diese Kenntnis erst nach der Geburt des Kindes eintritt (§ 1594 BGB i. d. F. des Familienrechtsänderungsgesetzes vom 11. August 1961 (BGBl. I, 1221) i. V. m. Art. 9 Abschnitt II Nr. 1 Abs. 2 dieses Gesetzes und § 4 des Gesetzes über die rechtliche Stellung der nichtehelichen Kinder vom 19. August 1969 (BGBl. I, 1243). Diese Verschiedenheit der beiden Regelungen rechtfertigt jedoch die Anwendung der Vorbehaltsklausel des Art. 30 EGBGB nicht. Das Verbot der Anwendung ausländischen Rechts greift nur ein, wenn das Ergebnis der Anwendung in einer besonders schwerwiegenden Weise dem Sinn und Zweck der deutschen Regelung widerspricht; das Ergebnis der Anwendung des ausländischen Rechts muß zu den Grundgedanken des deutschen Rechts und der ihm zugrunde liegenden Gerechtigkeitsvorstellungen in so starkem Widerspruch stehen, daß es aus deutscher Sicht untragbar erscheint (BGHZ 50, 370, 375 f.). Diese engen Voraussetzungen der Vorbehaltsklausel sind im vorliegenden Fall nicht gegeben.

Dies gilt zunächst für die Dauer der Anfechtungsfrist. Die nach tschechoslowakischem Recht zur Verfügung stehende Zeitspanne von sechs Monaten gibt dem Mann eine immerhin ausreichende Überlegungsfrist für die Entscheidung, ob er Anfechtungsklage erheben will. Die Frage, ob die Anfechtungsfrist im Einzelfall vom Gesetzgeber kürzer oder länger bestimmt wird, berührt die Grundprinzipien der deutschen Rechtsvorstellungen nicht, solange die Frist noch als ausreichend angesehen werden kann (vgl. auch BVerfG, NJW 1975, 203, und OLG Düsseldorf, FamRZ 1973, 211). Auch im deutschen Recht wurde die zweijährige Anfechtungsfrist erst durch das Familienrechtsänderungsgesetz von 1961 eingeführt, während bis dahin die Frist nur ein Jahr betrug (§ 1594 Abs. 1 BGB a. F.).

Die Regelung des Fristbeginns im tschechoslowakischen Recht, die lediglich auf die Kenntnis des Ehemanns von der Geburt des Kindes abstellt, steht ebenfalls mit den Grundgedanken der deutschen Regelung und der ihr zugrunde liegenden Gerechtigkeitsvorstellungen nicht in einem untragbaren Widerspruch. Auch nach deutschem Recht begann nach der ursprünglichen Fassung des § 1594 BGB die Frist für die Ehelichkeitsanfechtungsklage des Mannes mit dem Zeitpunkt, in dem der Mann die Geburt des Kindes erfuhr. Die Neufassung der Vorschrift, die auf die Kenntnis der Umstände abstellt, die für die Nichtehelichkeit sprechen, wurde erst durch das Familienrechtsänderungsgesetz vom 12. April 1938 (RGBl. I, 380) geschaffen. Der dadurch bewirkten Lockerung der Anfechtungsregelung zugunsten des Ehemannes liegen zwar Billigkeitserwägungen zugrunde (BGHZ 10, 111, 114; BGH, LM BGB § 1594 Nr. 1), jedoch nicht fundamentale Gerechtigkeitsvorstellungen. Auch in der amtlichen Begründung zum Regierungsentwurf des Familienrechtsänderungsgesetzes vom 11. August 1961, durch das § 1594 BGB neu gefaßt wurde, ist die Beibehaltung der durch das Familienrechtsänderungsgesetz von 1938 geschaffenen Neuregelung des Fristbeginns lediglich als zweckmäßig erachtet worden (BT-Drs. 3/530, S. 14). Der Regelung der Anfechtung der Ehelichkeit nach deutschem Recht und insbesondere der Befristung des Anfechtungsrechts des Ehemannes liegt der Gedanke zugrunde, daß dem Interesse des Kindes, möglichst frühzeitig endgültige Gewißheit über seinen Personenstand zu erlangen, der Vorrang vor dem Interesse des Ehemannes an der zeitlich unbeschränkten Klärung der Nichtehelichkeit des Kindes gebührt (BVerfG, NJW 1975, 203, 204). Mit dieser Grundanschauung ist auch die Regelung des Fristbeginns im tschechoslowakischen Recht, die der früher auch in Deutschland geltenden Regelung entspricht, vereinbar. Die Interessen des Ehemannes werden dadurch nicht in einer schlechthin nicht mehr tragbaren Weise beeinträchtigt. Die Anfechtungsmöglichkeit als solche wird nicht vereitelt. Der Ehemann ist allerdings gehalten, bereits nach der Geburt des Kindes etwaigen Verdachtsgründen nachzugehen und sich unabhängig vom Ausmaß der ihm bekannt gewordenen Verdachtsgründe innerhalb der Sechsmonatsfrist darüber schlüssig zu werden, ob er die Ehelichkeit des Kindes anfechten will. Dies ist jedoch mit den grundlegenden Wertvorstellungen, die der Abwägung der Interessen von Ehemann und Kind bei der Anfechtungsregelung nach deutschem Recht zugrunde liegen, noch vereinbar und kann daher auch vom deutschen Rechtsstandpunkt aus hingenommen werden.

Bei diesem Ergebnis kann es dahinstehen, ob einem Eingreifen der Vorbehaltsklausel des Art. 30 EGBGB auch die – vom Berufungsgericht nicht erörterte – Regelung in § 62 des tschechoslowakischen Familiengesetzes vom 4. Dezember 1963 (abgedruckt bei *Bergmann*, Internationales Ehe- und Kindschaftsrecht, Tschechoslowakei Abschnitt III B 3) entgegengestanden wäre, die nach Ablauf der Anfechtungsfrist des Elternteils eine im »Interesse der Gesellschaft« erforderliche Anfechtung noch durch den Generalprokurator zuläßt.

Nr. 100 BayVGH 27. 6. 1979 (391 IX 76) InfAuslR 1979, 77

Die Berufung ist zulässig und auch begründet. Der Kläger hat einen Anspruch auf Anerkennung als Asylberechtigter; denn er hat glaubhaft vorgetragen, im Libanon von der Palästinenserorganisation El Fatah entgegen seiner politischen Überzeugung und humanitären Einstellung gezwungen zu werden, die von ihm nach Zielsetzung und Art und Weise der Durchführung mißbilligte Kriegführung der Fedajin durch Einsatz seines Lebens zu unterstützen. Mit seiner Überzeugung und Einstellung mißbilligt der Kläger sinngemäß die Verletzung der völkerrechtlichen Regeln des *ius ad bellum* und des *ius in bello* durch die einen Angriffskrieg gegen Israel propagierenden und eine Guerillakriegführung bevorzugenden palästinensischen Freischärler. Angesichts der gegenwärtigen Lage und der Entschlossenheit, mit der die Fedajin ihre politischen Ziele verfolgen, ist nicht auszuschließen, daß der Kläger mit seiner gegensätzlichen politischen

Einstellung, sollte diese offenbar werden, als Verräter und Abtrünniger zur Rechenschaft gezogen wird. Im übrigen kann hier unentschieden bleiben, ob gerade die militärischen Verbände der Palästinenserorganisationen darauf verzichten können, ihre Deserteure zu bestrafen.

Allerdings spricht nach den Erfahrungen des Senats aus zahlreichen anderen Asylfällen viel dafür, daß die Mehrzahl der palästinensischen Asylbewerber aus dem Libanon nicht aus echter politischer Gegnerschaft zu ihren Organisationen, sondern aus Angst, im Kampf gegen den überlegenen israelischen Feind Leben oder Gesundheit zu verlieren, geflohen sind. Ihnen wird man im allgemeinen zumuten können, zu ihren Organisationen in den Libanon zurückzukehren und sich erneut der Wehrpflicht sowie etwaigen Sanktionen wegen ihrer Desertion zu unterwerfen.

Der Senat verkennt nicht, daß auch der Kläger Angst um das eigene Leben als einen Beweggrund für seine Desertion angegeben hat. Im Unterschied zu zahlreichen anderen Asylbewerbern hat er aber noch weitere, nach Auffassung des Senats asylrechtlich beachtliche Beweggründe genannt und dafür Erklärungen gegeben, die seinen Vortrag als glaubhaft erscheinen lassen. Es ist durchaus einleuchtend, daß sich einzelne Palästinenser – wie hier der Kläger – angesichts der persönlichen Erfahrungen des Guerillakrieges von dem politischen Fanatismus ihrer Organisationen distanzieren und mit der Friedensinitiative des ägyptischen Staatspräsidenten Sadat sympathisieren. Andererseits ist auch der Haß, mit welchem die Organisationen solche Abtrünnigen verfolgen, nach der Lebenserfahrung eine sehr naheliegende Reaktion.

Die Behandlung, die der Kläger im Falle seiner Rückkehr in den Libanon seitens der Fatah wahrscheinlich zu erwarten hätte, insbesondere der von der Fatah auf ihn ausgeübte Druck, sich erneut an rechtswidrigen militärischen Einsätzen zu beteiligen, ist auch als Verfolgungsmaßnahme einer staatlichen Gewalt anzusehen. Denn die Palästinensische Befreiungsbewegung (PLO) im Libanon übt über ihre dort überwiegend in Lagern wohnenden Landsleute eine staatsähnliche Gewalt aus, die die Heranziehung zum Wehrdienst einschließt (vgl. Gutachten des Prof. Dr. Simma vom 10. November 1976, S. 19 ff., 94, 98, 100, 106, 118, 126, 135 ff.). Abweichend von der Vorinstanz ist der Senat bereit, als asylrechtlich beachtlichen Grund für die Verweigerung des Wehrdienstes bei der PLO über den Gewissenszwang, keinen Menschen mit der Waffe zu töten, hinaus auch die sittlich fundierte Entscheidung anzuerkennen, sich an völkerrechtswidrigen, nach rechtsstaatlicher Auffassung persönlich strafwürdigen militärischen Einsätzen nicht zu beteiligen. Nach den überzeugenden Darlegungen im Gutachten des Prof. Simma muß angenommen werden, daß ein nicht geringer Teil der militärischen Aktionen der Palästinensischen Befreiungsbewegung gegen die völkerrechtlichen Grundsätze sowohl des *ius ad bellum* als auch des *ius in bello* verstößt und daß sich die Teilnehmer an solchen rechtswidrigen Aktionen persönlich strafbar machen. Ob auch der im Gutachten sowie in manchen Auskünften und Pressemeldungen geäußerten Vermutung, die PLO könne für ihre rechtswidrigen Aktionen in der Regel auf Freiwillige zurückgreifen, ohne weiteres gefolgt werden kann, erscheint zweifelhaft. Angesichts der existentiellen Notlage der staatenlosen Palästinenser im Libanon werden die Betroffenen vielfach keine andere Wahl haben, als einer Palästinenserorganisation beizutreten und sich militärisch ausbilden zu lassen. Daß ein militärisch ausgebildeter und im »Hoheitsbereich« der Palästinensischen Befreiungsbewegung lebender Palästinenser aber vor jedem von ihm geforderten Einsatz noch die freie Wahlmöglichkeit hätte, ob er sich zur Verfügung stellen will oder nicht, muß angesichts des üblicherweise auf Befehl und Gehorsam beruhenden militärischen Dienstverhältnisses fraglich erscheinen. Schon wegen der sozialen Zwänge im Palästinensermilieu dürfte ein offenes Bekenntnis, sich an völkerrechtswidrigen Handlungen nicht beteiligen zu wollen, nicht zumutbar sein.

Das vom Kläger unter anderem angegebene Motiv, nicht an völkerrechtswidrigen, strafrechtlich vorwerfbaren und sittlich verwerflichen militärischen Aktionen teilnehmen zu wollen, ist nach Auffassung des Senats auch im Hinblick auf die neuere Rechtsprechung des Bundesverwaltungsgerichts zur Republikflucht (vgl. BVerwGE 55, 82; Urteil vom 21. November 1978 – 1 C 5.73, Urteil vom 27. März 1979 – 1 C 61.77) asylrechtlich beachtlich. Diese Rechtsprechung ist nämlich nicht so zu verstehen, daß auf die Motive des Asylbewerbers für seine Flucht überhaupt nicht mehr abzustellen sei. Vielmehr sollen ausnahmsweise auch asylrechtlich an sich nicht schützenswerte Motive des Flüchtlings seinen Anspruch auf Asyl dann nicht ausschließen, wenn der Verfolgerstaat dem Flüchtling ohne Rücksicht auf dessen wahre Beweggründe eine politische Gegnerschaft unterstellt und diese mit unverhältnismäßig harten Strafen bedroht. Liegen – wie hier – asylrechtlich beachtliche Motive vor, so kann ungeprüft bleiben, ob auch die Voraussetzungen für einen solchen Ausnahmefall gegeben sind.

Gegen die Glaubwürdigkeit des Klägers spricht nicht, daß er die Beweggründe für seine Desertion im einzelnen erst in der mündlichen Verhandlung vor dem erkennenden Senat dargelegt hat. Soweit aus den Akten ersehen werden kann, sind diese Beweggründe im Laufe des Asylverfahrens weder von dem Bevollmächtigten des Klägers noch von den Behörden der Beklagten noch vom Verwaltungsgericht aufgeklärt worden. Der Kläger selbst konnte als Rechtsunkundiger nicht ohne weiteres die Bedeutung dieser Beweggründe erkennen, so daß ihm die späte Ergänzung seines Vorbringens im Zuge der Amtsermittlung durch den Senat nicht zum Nachteil gereichen darf.

Nr. 101 VGH Bad.-Württ. 28. 6. 1979 (X 702/79) BWVPr. 1979, 77

Zu Recht hat es das Verwaltungsgericht abgelehnt, die aufschiebende Wirkung des Widerspruchs des Antragstellers gegen die vom Landratsamt verfügte Entziehung der Fahrerlaubnis wiederherzustellen. Denn der genannte Bescheid ist bestandskräftig. Auch nach Auffassung des Senats hat der ASt. die Widerspruchsfrist versäumt; eine Wiedereinsetzung in den vorigen Stand kann ihm nicht gewährt werden.

Zutreffend hat das VG festgestellt, daß der mit ordnungsgemäßer Rechtsmittelbelehrung versehene Bescheid dem ASt. am 23. 8. 1978 wirksam zugestellt wurde und daß die damit in Lauf gesetzte einmonatige Widerspruchsfrist des § 70 VwGO mit Ablauf des Montag, 25. 9. 1978, verstrichen war. Aus dem Umstand, daß der türkische Antragsteller Schriftstücke in deutscher Sprache nicht lesen konnte, folgt nicht, daß er so zu stellen ist, als ob eine Rechtsmittelbelehrung überhaupt unterblieben wäre und damit die Jahresfrist des § 58 Abs. 2 VwGO gelten würde. Aus dem Beschluß des BVerfG vom 10. 6. 1975 (BVerfGE 40, 95) ist dies nicht herzuleiten. Dieser Beschluß erging zu der insoweit anders gefaßten Vorschrift des § 44 StPO a. F. Das BVerfG hat denn auch im Beschluß vom 7. 4. 1976 – BVerfGE 42, 120, 125 – klargestellt, daß aus jener Entscheidung nicht ein Anspruch des Ausländers auf eine Rechtsmittelbelehrung in seiner Heimatsprache abgeleitet werden könne. Demgemäß hat das BVerwG (Beschl. vom 14. 4. 1978, *Buchholz*, 310 § 58 VwGO Nr. 37) entschieden, daß die (nur) in deutscher Sprache ordnungsgemäß erteilte Rechtsmittelbelehrung i. S. von § 58 VwGO die Rechtsmittelfrist auch gegenüber solchen Ausländern in Lauf setzt, die der deutschen Sprache unkundig sind. Dem schließt der Senat sich an. Dies widerspricht nicht den genannten Entscheidungen des BVerfG. Denn diese befassen sich nicht mit der Frage des Beginns eines Fristenlaufs, sondern mit der Wiedereinsetzung. Hierzu hat das BVerfG (BVerfGE 42, 120 ff.) folgende Grundsätze aufgestellt:

Der Ausländer hat in der Bundesrepublik Deutschland die gleichen prozessualen Grundrechte und den gleichen Anspruch auf ein rechtsstaatliches Verfahren sowie auf umfassenden und effektiven gerichtlichen Schutz wie jeder Deutsche; mangelhafte Kenntnisse der deutschen Sprache dürfen nicht zu einer Verkürzung der verfassungsrechtlichen Rechtsschutzgarantien führen. Art. 19 Abs. 4 und 103 Abs. 1 GG verbieten, die Versäumung der (relativ kurzen) einwöchigen Einspruchsfrist gegen Strafbefehle und Bußgeldbescheide, soweit sie auf den unzureichenden Sprachkenntnissen des Ausländers beruht, als verschuldet im Sinne des Rechts auf Wiedereinsetzung in den vorigen Stand anzusehen. Das bedeutet jedoch nicht, daß seine unzureichenden Sprachkenntnisse den Ausländer jeglicher Sorgfaltspflicht in der Wahrnehmung seiner Rechte entheben. Die Wiedereinsetzung greift in die Rechtsbeständigkeit ein; ihr Verfahren drängt auf Beschleunigung. Von einem Betroffenen, der Anlaß hat und in der Lage ist, von sich aus zum »Wegfall des Hindernisses« beizutragen, können zumutbare Anstrengungen in dieser Richtung verlangt werden. Die Rechtsschutzgarantien der Art. 19 Abs. 4 und 103 Abs. 1 GG schützen nicht denjenigen, der der Wahrnehmung seiner Rechte mit vermeidbarer Gleichgültigkeit gegenübersteht. Danach kann es zulässig sein, dem der deutschen Sprache nicht hinreichend mächtigen Ausländer, obwohl ihm ein Strafbefehl oder Bußgeldbescheid ohne ihm verständliche Rechtsmittelbelehrung zugestellt wurde, die Wiedereinsetzung aus der Erwägung heraus zu versagen, er habe sich – unabhängig vom Lauf der versäumten Frist – nicht zureichend um die Verfolgung seiner Interessen gekümmert, obwohl er nach Lage des Falles dazu Anlaß hatte und in der Lage war. Ein derartiger Tatbestand kann z. B. gegeben sein, wenn der Betroffene den Inhalt eines Bußgeldbescheides oder Strafbefehls jedenfalls soweit erfaßt hat, daß es sich um ein amtliches Schriftstück handeln könnte, das eine ihn belastende Verfügung enthält, und er sich gleichwohl binnen eines Monats nicht Gewißheit über den genauen Inhalt verschafft.

Diese vom BVerfG zu der kurzen Einspruchsfrist gemäß § 44 StPO, § 67 OWiG entwickelten Grundsätze müssen ebenso und erst recht bei der einmonatigen Widerspruchsfrist des § 70 VwGO gelten. Auf dieser Linie liegt auch die Entscheidung des BayVGH (NJW 1977, 1213), wonach die mangelnde Sprachkenntnis eines Ausländers allein noch kein hinreichender Grund ist, ihm gegen die Versäumung der Widerspruchsfrist Wiedereinsetzung zu gewähren, falls er bei seinen Bemühungen um eine Übersetzung oder um Rechtshilfe nicht auf unüberwindliche Schwierigkeiten gestoßen ist (ebenso *Eyermann/Fröhler*, VwGO, 7. Aufl., § 55 Rdn. 14). Dem schließt der Senat sich mit der Modifizierung an, daß eine Wiedereinsetzung dann zu gewähren ist, wenn die Schwierigkeiten für den Ausländer, eine genaue Übersetzung des Bescheides oder Rechtshilfe zu erhalten, zwar nicht unüberwindlich, aber doch so außergewöhnlich groß waren, daß ihre Ausräumung mit einem nach den Umständen angemessenen, vernünftigen Maß an Mühe, Sorgfalt und Aufwand nicht zu bewerkstelligen war.

Bei Anlegung dieser Maßstäbe kommt der Senat ebenso wie das Verwaltungsgericht zu dem Ergebnis, daß dem Antragsteller – auch bei angemessener Berücksichtigung seiner Sprachschwierigkeiten – bei der Versäumung der Widerspruchsfrist ein Verschulden anzulasten ist. Er hat sich lediglich mit dem kurzen Hinweis seines Kollegen begnügt, daß er seinen Führerschein abzuliefern habe; dies hat er auch getan. Er wußte also, um was es ging. Er hat nicht vorgetragen, daß der Kollege ihm gesagt habe, es sei kein Rechtsmittel gegen die Entscheidung der Behörde gegeben. Wenn der ASt. den Bescheid nicht für rechtmäßig hielt, so hätte er sich hierüber zunächst vergewissern können und müssen. Es liegen keine Anhaltspunkte dafür vor, daß es dem ASt. nicht möglich gewesen wäre, bei irgendeinem deutschkundigen Landsmann rechtzeitig eine genauere Übersetzung des ganzen Bescheides einschließlich der Rechtsmittelbelehrung zu erhalten. Besondere finanzielle Aufwendungen hätte dies nicht erfordert. Eine detaillierte Übersetzung wäre aber auch nicht nötig gewesen. Falls der ASt. überhaupt den Wunsch hatte, einen eventuell möglichen Rechtsschutz in Anspruch zu nehmen, so hätte er auch gleich einen Rechtsanwalt aufsuchen können. Er hat dies letztlich auch getan. Daß dies erst am 16. 10. 1978, also fast zwei Monate nach Zustellung des Bescheides geschah, ist nicht mit Sprachschwierigkeiten zu erklären, sondern nur damit, daß der ASt. sich nicht mit der gebotenen, möglichen und zumutbaren Intensität um die Wahrnehmung seiner Interessen gekümmert hat. Die Voraussetzungen für eine Wiedereinsetzung gemäß § 32 Abs. 1 Landesverwaltungsverfahrensgesetz liegen somit nicht vor. Der ASt. war nicht ohne Verschulden verhindert, die Widerspruchsfrist einzuhalten. Damit ist die Entziehung der Fahrerlaubnis bestandskräftig . . .

Nr. 102 VGH Kassel 28. 6. 1979 (VII TH 72/79) VerwRspr. 31 (1979), 332

Der Antragst. wendet sich mit seiner am 15. 3. 1979 beim VG eingegangenen Beschwerde gegen dessen am 7. 3. 1979 zugestellten Beschl. vom 1. 3. 1979, mit dem das VG seinen Antrag abgelehnt hat, die aufschiebende Wirkung des Widerspruchs des Antragst. gegen die Versagung einer Aufenthaltserlaubnis anzuordnen.

Die zulässige Beschwerde ist nicht begründet; denn das VG hat den Antrag zu Recht abgelehnt. Der Antragst. ist ohne Aufenthaltserlaubnis in Form eines Sichtvermerks in die Bundesrepublik Deutschland eingereist, obgleich er im Bundesgebiet einer Erwerbstätigkeit nachgehen wollte. Deshalb beeinträchtigt sein Aufenthalt Belange der Bundesrepublik Deutschland, und der Antragsgeg. hat dem Antragst. mit dieser zutreffenden Begründung die Aufenthaltserlaubnis verweigert. Darüber hinaus hat sich im Laufe des Verfahrens herausgestellt, daß der Antragst. bereits mit Verfügung der Landeshauptstadt München vom 17. 8. 1972 aus dem Bundesgebiet ausgewiesen und im Zuge dieser auf drei Jahre befristeten Ausweisungsverfügung am 4. 9. 1972 abgeschoben worden ist. Nach erneuter illegaler Einreise des Antragst. in das Bundesgebiet unter einem anderen Namen verfügte die Landeshauptstadt München erneut am 10. 5. 1974 seine (befristete) Ausweisung und ließ ihn im September 1974 abschieben. Wegen der Befristung in den beiden Ausweisungsverfügungen der Landeshauptstadt München steht zwar die Vorschrift des § 15 Abs. 1 Satz 2 AuslG der Erteilung einer Aufenthaltserlaubnis an den Antragst. nicht entgegen. Wegen der hartnäckigen und wiederholten Verstöße gegen die aufenthaltsrechtlichen Bestimmungen der Bundesrepublik Deutschland beeinträchtigt sein weiterer Aufenthalt aber deren Belange in einem Maße, daß ihm keine Aufenthaltserlaubnis erteilt werden darf. In einem solchen Falle scheidet ein einstweiliger Rechtsschutz grundsätzlich aus, sofern nicht ein überwiegendes privates Interesse daran anzuerkennen ist. Ein solches ist nicht ersichtlich.

Der Antragst. kann ein vorläufiges Aufenthaltsrecht insbesondere nicht daraus herleiten, daß er am 23. 10. 1978 beim Bundesamt für die Anerkennung ausländischer Flüchtlinge einen Asylantrag gestellt hat. Denn dieser Antrag ist eindeutig aussichtslos.

Der Senat hat bislang in Übereinstimmung mit der obergerichtlichen Rechtsprechung die Ansicht vertreten, daß die Ausländerbehörden und Verwaltungsgerichte im ausländerrechtlichen Verfahren ein vorläufiges Verbleiberecht des Asylbewerbers grundsätzlich nur dann verneinen dürfen, wenn der Asylantrag offensichtlich rechtsmißbräuchlich gestellt worden ist (vgl. Nr. 6 der Verwaltungsvorschriften zu § 38 AuslG; Senatsbeschl. vom 21. 2. 1979 – VII TH 1/79 –; OVG Münster, Urteil vom 27. 9. 1978 – IV A 640/78 – DÖV 79, 298; OVG Münster, Beschl. vom 25. 1. 1979 – IV B 1544/78 –; OVG Rheinland-Pfalz, NJW 1977, S. 510; OVG Berlin, OVGE 13, S. 34; VGH München, BayVBl. 1976, S. 403; ferner VG Berlin, NJW 1979, S. 1117). Diese beschränkte Nachprüfung von Asylanträgen allein auf offensichtlichen Rechtsmißbrauch beruht auf der Annahme, daß es den Ausländerbehörden und Verwaltungsgerichten mit Rücksicht auf die Sonderbestimmungen der §§ 28 ff. AuslG verwehrt sei, die sonstigen verfahrensrechtlichen und materiell-rechtlichen Voraussetzungen eines Asylbegehrens – wenn auch nur inzidenter – zu überprüfen. Hieran hält der Senat nicht länger fest. Solange im Anerkennungsverfahren nach §§ 28 ff. AuslG keine unanfechtbare bzw. rechtsbeständige Entscheidung ergangen ist, kann von einer Verbindlichkeit i. S. von § 45 AuslG keine Rede sein. Bis zum Erlaß einer solchen Entscheidung müssen die mit der Nachprüfung einer ausländerrechtlichen Maßnahme nach den §§ 1–26 AuslG befaßten Behörden und Gerichte der allgemeinen Verwaltungsgerichtsbarkeit in eigener Zuständigkeit und Verantwortung prüfen, ob diese Maßnahme den Art. 16 Abs. 2 Satz 2 GG verletzt oder zumindest verletzen kann (so auch VG Berlin, a.a.O.). Hierbei sind ihnen allerdings mit Rücksicht darauf, daß das Ausländergesetz in den §§ 28–46 ein besonderes Anerkennungsverfahren vor ausschließlich zuständigen Behörden bzw. Verwaltungsgerichten vorsieht, Grenzen gesetzt, die im vorliegenden Fall nicht näher aufgezeigt zu werden brauchen. Erweist sich der Asylantrag bei der Inzidenter-Prüfung im allgemeinen ausländerrechtlichen Verfahren – gegebenenfalls nach Durchführung der notwendigen Aufklärungsmaßnahmen – nämlich wie hier – als eindeutig aussichtslos, dann kann er nicht die aufenthaltsrechtlichen Folgen der §§ 31, 40 AuslG haben. Denn § 40 AuslG knüpft die Aufenthaltsgestattung nicht allein an die Stellung eines Asylantrags, sondern zusätzlich an das Erfordernis, daß der Ausländer in seiner Heimat (tatsächlich) politisch verfolgt wird (nicht schon, daß er behauptet, dort politisch verfolgt zu werden). Eindeutig aussichtslos ist ein Asylantrag beispielsweise dann, wenn er offensichtlich rechtsmißbräuchlich gestellt worden ist oder wenn der Vortrag des Antragst., politisch verfolgt zu werden, nicht schlüssig ist oder sich als frei erfundene Schutzbehauptung darstellt oder mit den gesicherten Feststellungen der Asylbehörde bzw. Asylgerichte in offenem Widerspruch steht. Ein solcher Asylantrag beeinflußt die ausländerrechtliche Entscheidung nach §§ 1 bis 26 AuslG nicht. Jede andere Betrachtungsweise verkennt, daß weder das Grundgesetz noch das Ausländergesetz aufenthaltsrechtliche Folgen allein an die Stellung eines Asylantrags knüpfen.

Das Grundrecht des Art. 16 Abs. 2 Satz 2 GG wird bei dieser Verfahrensweise schon begrifflich nicht ausgehöhlt, weil sie lediglich Asylanträge betrifft, die eindeutig keinen Erfolg im Asylverfahren haben können.

Unter Beachtung dieser Grundsätze kann der Antragst. aus seinem Asylantrag kein Aufenthaltsrecht herleiten. Sein Asylantrag ist aus den folgenden Gründen eindeutig aussichtslos:

Der Antragst. kann einen Asylgrund nicht schon damit dartun – wie sein Bevollmächtigter meint –, daß er Kurde sei und nicht mehr den Schutz der Türkischen Republik in Anspruch nehmen wolle. Hieraus folgt nicht, daß der Antragst. bereits Flüchtling im Sinne der Vereinbarung vom 30. 6. 1978 (Übereinkommen über die Ausdehnung gewisser Maßnahmen zugunsten russischer und armenischer Flüchtlinge auf andere Kategorien von Flüchtlingen – abgedruckt Völkerbund – Vertragssammlung Bd. 89, Nr. 2002 – Nachweis bei *Kimminich*, Der internationale Rechtsstatus des Flüchtlings, S. 222) ist. Der Flüchtlingsstatus im Sinne der Vereinbarung besteht erst dann, wenn die Türkische Republik ihrem Staatsangehörigen den Schutz entzieht. Dies ist sowohl nach dem Wortlaut als auch dem Sinn und Zweck der Vereinbarung unzweifelhaft. Die Vereinbarung definiert einen derartigen Flüchtling wie folgt: »Jede Person assyrischer oder assyro-chaldäischer Abstammung, wie auch in Angleichung an diese jede Person syrischer oder kurdischer Abstammung, die den Schutz desjenigen Staates, dem sie angehörte, nicht oder nicht mehr genießt und die eine andere Staatsangehörigkeit weder besitzt noch erworben hat«. Bei diesem Wortlaut kann nicht zweifelhaft sein, daß die Flüchtlingseigenschaft erst dann begründet wird, wenn der Türkische Staat seinen Schutz entzogen hat. Dies folgt auch aus der geschichtlichen Entwicklung und dem Zweck der Vereinbarung vom 30. 6. 1928. Die den russischen und armenischen Flüchtlingen mit den Vereinbarungen vom 5. 7. 1922, 31. 5. 1924 und 12. 5. 1926 gewährten Vergünstigungen sollten auf andere Flüchtlingsgruppen ausgedehnt werden. Die Vereinbarungen vom 5. 7. 1922, 31. 5. 1924 und 12. 5. 1926 waren u.a. auch deshalb erforderlich geworden, weil die Verfolgerländer die geflohenen Staatsangehörigen ausgebürgert hatten. Zudem sind alle Vereinbarungen getroffen worden, um den verfolgten Minderheiten Schutz zu gewähren (vgl. *Kimminich*, Der internationale Rechtsstatus des Flüchtlings, S. 206ff. [222]).

Ein Asylgesuch setzt deshalb entgegen der Auffassung des Antragst. auch bei kurdischen Flüchtlingen türkischer Staatsangehörigkeit voraus, daß diese politisch verfolgt werden (vgl. BayObLG, Beschl. vom 23. 3. 1964, DVBl. 1964, S. 588). Eine solche Verfolgung hat der Antragst. nicht dargetan. Er hat sich bei seiner Anhörung beim Antragsgeg. im wesentlichen darauf berufen, daß es in der Türkei zwischen Türken und Kurden immer Streit gebe und daß er von einer radikalen Partei in seiner Heimat einmal bei einem Lokalbesuch mit mehreren Leuten zusammengeschlagen worden sei. In diesem Vortrag allein liegt noch nicht die Darlegung eines Sachverhalts, der den Schluß zuließe, der Antragst. werde in seinem Heimatland politisch verfolgt. Obwohl ihn das Gericht dazu aufgefordert hat, hat der Antragst. seinen Vortrag über die angebliche Verfolgung nicht präzisiert. Aus den Ausführungen im Asylantrag vom 23. 10. 1978 läßt sich eine politische Verfolgung des Antragst. gleichfalls nicht entnehmen. Auch hier hat er einen individuellen Verfolgungstatbestand nicht näher geschildert; vielmehr hat er im Hinblick auf seinen vermeintlichen Flüchtlingsstatus nach der Vereinbarung vom 30. 6. 1928 ausdrücklich davon abgesehen, den individuellen Verfolgungstatbestand weiter darzulegen. Der Hinweis auf die Vereinbarung reicht aber nicht aus, um eine politische Verfolgung darzutun.

Darüber hinaus ist das Asylgesuch offensichtlich rechtsmißbräuchlich. Der Antragst. möchte im Bundesgebiet arbeiten und Geld verdienen. Bereits zweimal mißglückte sein Versuch, illegal im Bundesgebiet zu leben und zu arbeiten. Bereits zweimal hat er, nachdem er aufgegriffen worden war, eine Haftstrafe wegen Vergehens gegen das Ausländergesetz verbüßt, und bereits zweimal ist er wieder in sein Heimatland abgeschoben worden. Sein jetziges Asylgesuch dient nur dem Zweck, ihm während des Asylverfahrens Aufenthalt und Arbeit im Bundesgebiet zu ermöglichen; einer politischen Verfolgung will der Antragst. damit nicht entgehen, was auch aus seinen dürftigen Angaben bei seiner Anhörung hervorgeht.

Nach alledem ist die Beschwerde mit der Kostenfolge des § 154 Abs. 2 VwGO zurückzuweisen.

Nr. 103 LG Ansbach 11. 7. 1979 (Qs 36/79 OWi) NJW 1979, 2484

Gegen G erging ein Bußgeldbescheid wegen eines Verkehrsunfalles, den er mitverschuldet haben sollte. Auf den Einspruch des Betroffenen beraumte das AG Termin zur Hauptverhandlung an. Zur Hauptverhandlung vom 20. 3. und 10. 4. 1978 wurde auf Antrag des G, der der deutschen Sprache nicht mächtig ist, ein Dolmetscher für die italienische Sprache zugezogen. Mit rechtskräftigem Urteil vom 10. 4. 1978 des AG wurde gegen den Betroffenen G eine Geldbuße in Höhe von 100 DM verhängt. Die Kosten des gerichtlichen Verfahrens sowie eigene Auslagen wurden ihm ebenfalls auferlegt. Am 16. 8. 1978 wurden die Kosten, darunter auch Dolmetscherkosten, festgesetzt.

G legte Erinnerung gegen den Kostenansatz ein, soweit dieser den Dolmetscher für die italienische Sprache betrifft. Der Erinnerung wurde vom Rechtspfleger nicht abgeholfen. Seine Beschwerde gegen den zurückweisenden Beschluß des AG hatte Erfolg.

Die Beschwerde ist gemäß § 5 II GKG zulässig und nach Art. 6 III e EMRK auch begründet. Art. 6 III e EMRK, dem Gesetzesrang zukommt, gibt jedem Angekl. das Recht, unentgeltlich die Beiziehung eines Dolmetschers zu verlangen, wenn er der Gerichtssprache nicht mächtig ist. Nach bisher herrschender Meinung wurde die Vorschrift dahingehend ausgelegt, es sei nur eine vorläufige Freistellung von Dolmetscherkosten gemeint, welche nach rechtskräftiger Verurteilung entfallen würden. Doch weder das französische *gratuitement* noch das englische *free*, wonach die Auslegung zu erfolgen hat, da nur der englische bzw., oder der französische Text für offiziell gültig erklärt wurden, lassen eine Deutung zu, wonach Freistellung von derartigen Kosten lediglich eine vorläufige sei. Beide Begriffe bedeuten in der deutschen Sprache soviel wie unentgeltlich. Irgendein zeitlicher Vorbehalt ist daraus nicht zu erkennen. Vielmehr bedeutet unentgeltlich ohne besonderen Zusatz im Zusammenhang mit einem Nomen, daß heute wie in Zukunft für die Sache, die das Nomen bezeichnet, nicht zu zahlen ist (vgl. AG Berlin-Tiergarten, NJW 1978, 2462; *Bussmann*, NJW 1976, 459; EKMR, NJW 1978, 479).

Entgegen der Meinung, daß Art. 6 EMRK nur das Zivil- und Strafverfahren im engeren Sinn im Auge habe (*Kleinknecht*, StPO, Art. 6 EMRK Anm. 1), ist die Beschwerdekammer der Meinung, daß Art. 6 EMRK auch für das Bußgeldverfahren gelten muß. In dieser besonderen Verfahrensart werden Rechtsverstöße geahndet, die keinen kriminellen Unrechtsgehalt haben und deshalb nicht mit Strafe bedroht sind, sondern als Ordnungsunrecht mit Geldbuße geahndet werden. Ob aber eine Handlung kriminelles Unrecht oder bloßes Ordnungsunrecht beinhaltet, unterliegt den jeweiligen gesellschaftlichen Anschauungen und wird von den Unterzeichnerstaaten auch nicht einheitlich geahndet. Der Gesetzgeber belegt, je nachdem, was gerade rechtspolitisch als opportun erscheint, ein menschliches Verhalten als bloßes Ordnungsunrecht mit Geldbuße bzw. als kriminelles Unrecht mit Strafe. Zwangsläufig ergibt sich daraus, daß die Grenzen hierin keineswegs starr, sondern fließend sind. Art. 6 EMRK will dagegen dem Beschuldigten ein faires Verfahren garantieren, unabhängig davon, ob die Handlung, deren er bezichtigt wird, gerade als kriminelles Unrecht oder als Ordnungsunrecht eingestuft wird. Art. 6 EMRK will gerade Mindesterfordernisse aufstellen, die die Unterzeichnerstaaten jedem mit einem gerichtlichen Verfahren Überzogenen zugestehen müssen, unabhängig von der in dem jeweiligen Beitrittsstaat herrschenden Rechtsauffassung, und ihm somit ein faires Verfahren garantieren. Demnach muß Art. 6 EMRK auch auf das Bußgeldverfahren Anwendung finden.

Nr. 104 **OVG Berlin 12. 7. 1979 (I B 119/77) NJW 1980, 539**

Der Kl. ist türkischer Staatsangehöriger und hält sich seit 1962 zu Arbeitszwecken im Geltungsbereich des Ausländergesetzes auf. Die ihm vom Polizeipräsidenten in Berlin unbefristet erteilte Aufenthaltserlaubnis enthielt erstmals den Stempelaufdruck: »Zuzug in die Bezirke Kreuzberg, Tiergarten und Wedding nicht gestattet.« Die allgemeine Zuzugssperre war vom Senat von Berlin mit der Begründung beschlossen worden, der hohe Anteil von Ausländern an der Bevölkerung dieser Bezirke (Ende 1974: 17%, 18,3% und 25,5%) habe zu einer zunehmenden Belastung der bezirklichen Infrastruktur geführt. Die gegen die Zuzugssperre erhobene Klage hatte vor dem VG Erfolg (VG Berlin, NJW 1978, 68). Die Berufung der Bekl. wurde zurückgewiesen.

... Rechtsgrundlage der dem Kl. erteilten Auflage ist § 7 III AuslG. Hiernach kann der Bekl. die Aufenthaltserlaubnis mit einer Auflage versehen. Diese Vorschrift verstößt nicht gegen Verfassungsrecht (BVerwG, *Buchholz*, 402.24 § 2 AuslG Nr. 11). Das Protokoll Nr. 4 vom 16. 9. 1963 zur Konvention zum Schutz der Menschenrechte und Grundfreiheiten, durch das gewisse Rechte und Freiheiten gewährleistet werden, die nicht bereits in der Konvention oder im ersten Zusatzprotokoll enthalten sind, das für die Bundesrepublik Deutschland aufgrund des Gesetzes vom 9. 5. 1968 (BGBl. 1968 II, 422) am 1. 6. 1968 (BGBl. 1968 II, 1109) in Kraft getreten ist, schließt die Anwendung des § 7 III AuslG nicht aus. Dabei kann dahinstehen, ob der Kl. sich für den beabsichtigten Zuzug nach Berlin-Kreuzberg auf die Vergünstigungen des Art. 2 Prot. Nr. 4 schon deswegen nicht berufen kann, weil Art. 2 I Prot. Nr. 4 nur für den Ausländer gilt, der sich rechtmäßig im Bundesgebiet aufhält, die Freizügigkeit also nur im Rahmen der erteilten Aufenthaltserlaubnis verbürgt ist (vgl. hierzu Explanatory reports on the Second to Fifth Protocols to the European Convention for the Protection of Human Rights and Fundamental Freedoms, Nr. 8 zu Article 2, § 1, S. 41), denn entgegen der Auffassung des VG ist die Einschränkung i.S. von Art. 2 III, IV Prot. Nr. 4 gesetzlich vorgesehen ("in accordance with law"). Nach Art. 2 III, IV Prot. Nr. 4 sollen Verwaltungsmaßnahmen dann zugelassen sein, wenn sie in Übereinstimmung mit der jeweiligen staatlichen Gesetzgebung getroffen werden (vgl. Explanatory Reports, Nr. 13 zu Article 2 § 3, S. 42), wobei das Gesetz so präzise formuliert sein muß, daß der Bürger sein Verhalten danach einrichten kann (Europäischer Gerichtshof für Menschenrechte, EuGRZ 1979, 386 [387]). In § 7 III AuslG i.V. mit § 7 I 2 AuslG ist die räumliche Beschränkung einer Aufenthaltserlaubnis ausdrücklich geregelt.

Belange der Bundesrepublik Deutschland gebieten es ... nicht, der unbefristeten Aufenthaltserlaubnis des Kl. die angefochtene Auflage beizufügen ...

Nr. 105 **BVerfG 25. 7. 1979 (2 BvL 6/77) BVerfGE 52, 187**

Die Klägerin des Ausgangsverfahrens führt aus Italien und aus verschiedenen Drittländern Zitrussaftkonzentrate ein, die für den menschlichen Verzehr nicht geeignet sind. Sie verarbeitet sie zu Grundstoffen für die Getränkeindustrie weiter. Anläßlich der Weiterverarbeitung wurde die Klägerin durch Bescheid des Bundesamts für Ernährung und Forstwirtschaft vom 20. August 1974 nach § 10 Abs. 8e) des Gesetzes über die Errichtung eines zentralen Fonds zur Absatzförderung der deutschen Land-, Forst- und Ernährungswirtschaft (Absatzfondsgesetz) vom 26. Juni 1969 (BGBl. I, S. 635) für den Zeitraum vom 1. Januar 1970 bis 30. September 1971 zu einem Beitrag in Höhe von 20 000 DM herangezogen.

§ 10 Absatzfondsgesetz lautete in der zum entscheidungserheblichen Zeitpunkt geltenden Fassung:

»§ 10: Finanzierung

(1) Dem Absatzfonds fließen als Zuschuß des Bundes die Zinseinkünfte aus dem Zweckvermögen zu, das von der Landwirtschaftlichen Rentenbank nach § 10 Abs. 3 des Gesetzes zur Abwicklung der landwirtschaftlichen Entschuldung vom 25. März 1952 (Bundesgesetzbl. I, S. 203), geändert durch das Änderungsgesetz vom 25. Juli 1968 (Bundesgesetzbl. I, S. 859), verwaltet wird. Dem Absatzfonds werden weitere Mittel durch die in den Absätzen 3 bis 8 geregelten Beiträge und durch Bundesmittel nach Absatz 2 nach Maßgabe der verfügbaren Haushaltsmittel zugeführt.

(2) . . .

(3) Die Beiträge werden von den Betrieben der Land- und Forstwirtschaft sowie den Betrieben der Ernährungswirtschaft nach Maßgabe der Absätze 4 bis 10 erhoben.

(4) bis (7) . . .

(8) Außerdem wird ein Beitrag erhoben von den

a) bis d) . . .

e) Obst und Gemüse verarbeitenden Betrieben in Höhe von 0,30 Deutsche Mark je 100 Deutsche Mark erworbenen unbearbeiteten, bearbeiteten oder vorverarbeiteten Obstes und Gemüses, soweit nicht für diese Erzeugnisse der Betrag nach Buchstabe d erhoben worden ist,

f) bis m) . . .

(9) bis (12) . . . «.

Der Absatzfonds hat nach § 2 Abs. 1 Absatzfondsgesetz den Absatz und die Verwertung von Erzeugnissen der deutschen Land-, Forst- und Ernährungswirtschaft durch Erschließung und Pflege von Märkten im In- und Ausland mit modernen Mitteln und Methoden zentral zu fördern. Zur Durchführung dieser Aufgaben bedient sich der Absatzfonds der von ihm finanzierten und kontrollierten »Centrale Marketing-Gesellschaft der deutschen Agrarwirtschaft« (CMA). Die CMA betreibt vor allem kollektive Werbung und Marktforschung.

Nachdem ihr Widerspruch zurückgewiesen worden war, erhob die Klägerin am 21. November 1974 gegen den Beitragsbescheid Anfechtungsklage beim Verwaltungsgericht Frankfurt am Main. Zur Begründung trug sie vor, der Bescheid sei vor allem deshalb rechtswidrig, weil der geforderte Beitrag zur Finanzierung einer Beihilfe diene, die mit Art. 92 des Vertrages zur Gründung der Europäischen Wirtschaftsgemeinschaft (EWGV) unvereinbar sei.

Mit Beschluß vom 20. Juni 1976 setzte das Verwaltungsgericht das Verfahren aus und legte dem Gerichtshof der Europäischen Gemeinschaften (EuGH) gemäß Art. 177 EWGV unter anderem folgende Frage vor:

Ist das nationale Gericht durch die Verfahrensregel in Art. 93 EWGV gehindert, eine den Art. 92 EWGV betreffende Vorabentscheidung einzuholen und anschließend über die Anwendung dieser Bestimmung zu entscheiden?

Der EuGH beantwortete in seinem Urteil vom 22. März 1977 (RS 78/76, Slg. 1977, S. 595 ff.) diese Frage wie folgt:

Ein staatliches Gericht ist durch die Regelung in Artikel 93 nicht gehindert, dem Gerichtshof eine Frage nach der Auslegung von Artikel 92 des Vertrages vorzulegen, wenn es eine Entscheidung hierüber für erforderlich hält, um seine eigene Entscheidung erlassen zu können; das staatliche Gericht ist jedoch – in Ermangelung von Ausführungsverordnungen im Sinne von Artikel 94 – nicht zur Entscheidung über eine Klage befugt, mit der die Feststellung begehrt wird, daß eine bestehende Beihilfe, die nicht Gegenstand einer den betreffenden Mitgliedstaat zur Aufhebung oder Umgestaltung verpflichtenden Entscheidung der Kommission gewesen ist, oder eine neue, gemäß Artikel 93 Absatz 3 des Vertrages eingeführte Beihilfe mit dem Vertrag unvereinbar ist.

Das in Art. 92 Abs. 1 EWGV aufgestellte Verbot sei weder absolut noch unbedingt, da Art. 92 Abs. 3 und Art. 93 Abs. 2 EWGV teils der Kommission einen weiten Ermessensspielraum zugestünden, teils dem Rat eine ausgedehnte Befugnis erteilten, Beihilfen unter Abweichung von dem allgemeinen Verbot des Art. 92 Abs. 1 EWGV zuzulassen. Bei der Beurteilung der Frage, ob eine staatliche Beihilfe mit dem Gemeinsamen Markt vereinbar sei, seien vielschichtige und raschen Änderungen unterliegende wirtschaftliche Gegebenheiten zu berücksichtigen und zu bewerten. Art. 93 EWGV schreibe deshalb ein besonderes Verfahren für die fortlaufende Überprüfung der Beihilfen durch die Kommission vor. Für bei Inkrafttreten des EWG-Vertrages bereits bestehende Beihilfen sehe Art. 93 Abs. 2 EWGV ein Verfahren vor, das gegebenenfalls mit einer Entscheidung der Kommission abgeschlossen werde, die den betreffenden Staat verpflichte, die Beihilfe binnen einer von ihr bestimmten Frist aufzuheben oder umzugestalten. Für neue Beihilfen, die die Mitgliedstaaten einzuführen beabsichtigten, sei ein vorab durchzuführendes Verfahren vorgeschrieben, ohne das eine Beihilfe nicht ordnungsgemäß eingeführt werden könne. Aus alledem ergebe sich, daß Art. 93 EWGV der Kommission die fortlaufende Überprüfung der Beihilfen übertragen habe und somit davon ausgehe, daß die Feststellung der Unvereinbarkeit einer Beihilfe mit dem Gemeinsamen Markt in einem geeigneten Verfahren zu erfolgen habe, dessen Durchführung vorbehaltlich der Kontrolle durch den EuGH Sache der Kommission sei. Dem Einzelnen sei es daher verwehrt, sich auf Art. 92 EWGV allein zu berufen, um die Unvereinbarkeit einer Beihilfe mit dem Gemeinschaftsrecht vor einem nationalen Gericht geltend zu machen und zu beantragen, dieses Gericht möge eine solche Unvereinbarkeit unmittelbar oder inzidenter feststellen. Dieses Recht habe er jedoch dann, wenn die Bestimmungen des Art. 92 EWGV durch die in Art. 94 EWGV vorgesehenen allgemeinen Vorschriften oder durch Einzelfallentscheidungen nach Art. 93 Abs. 2 EWGV konkretisiert worden seien.

Was die in § 2 Absatzfondsgesetz vorgesehene Beihilfe anbetrifft, stellt der EuGH in seinem Urteil fest, die Kommission sei von der Bundesrepublik Deutschland gemäß Art. 93 Abs. 3 EWGV von deren beabsichtigter Einführung unterrichtet worden und habe keine Einwände erhoben, so daß das Absatzfondsgesetz im Hinblick auf das in Art. 93 EWGV vorgesehene Verfahren ordnungsgemäß erlassen worden sei.

Mit Beschluß vom 28. Juli 1977 hat das Verwaltungsgericht das Verfahren neuerlich ausgesetzt. Es hat nunmehr gemäß Art. 100 Abs. 1 GG dem Bundesverfassungsgericht die Frage vorgelegt, ob die Art. 92 bis 94 EWGV in der vom EuGH in seinem Urteil vom 22. März 1977 getroffenen Auslegung, daß ein nationales Gericht in den vom

EuGH genannten Fällen gehindert ist, die Unvereinbarkeit eines nationalen Gesetzes mit Art. 92 EWGV festzustellen, in der Bundesrepublik Deutschland anwendbar sind.

Die Voraussetzungen einer Vorlage nach Art. 100 Abs. 1 GG seien erfüllt. Insbesondere ergäben sich aus der Tatsache, daß der vorliegende Fall zur Klärung des Verhältnisses zwischen den Grundrechtsgarantien des Grundgesetzes und den Vorschriften des *primären* Gemeinschaftsrechts zwinge, keine Zweifel an der Zuständigkeit des Bundesverfassungsgerichts. In seinem Beschluß vom 29. Mai 1974 (BVerfGE 37, 271 ff.) habe das Bundesverfassungsgericht diese Frage zwar offengelassen; dies sei aber damit zu erklären, daß es in dem damaligen Fall auf die Vereinbarkeit von Primärrecht mit den Grundrechten nicht angekommen sei.

Das vorlegende Gericht ist der Ansicht, der Bescheid des Bundesamts für Ernährung und Forstwirtschaft vom 20. August 1974 beruhe auf einer mit höherrangigem Recht, nämlich mit Art. 92 Abs. 1 EWGV, nicht zu vereinbarenden Rechtsgrundlage. Die Leistungen des Absatzfonds nach § 2 Abs. 1 Absatzfondsgesetz stellten Beihilfen für die deutsche Land-, Forst- und Ernährungswirtschaft dar, die die Voraussetzungen des Art. 92 Abs. 1 EWGV erfüllten. Sie verfälschten den Wettbewerb auf diesem Sektor oder drohten ihn zu verfälschen und beeinträchtigten damit den Handel zwischen den Mitgliedstaaten. Die staatlich betriebene Marktforschung und Marktwerbung im In- und Ausland verschaffe den dadurch geförderten nationalen Unternehmen ein erhebliches Übergewicht gegenüber gleichen Unternehmen anderer Mitgliedstaaten, die dieses System überhaupt nicht oder nicht in solcher Intensität hätten. Das Ungleichgewicht zwischen dem Vorteil des einzelnen nationalen Unternehmens durch den Erfolg der staatlichen Marktforschung und Marktwerbung und dem Nachteil für den Gemeinsamen Markt sei so bedeutend, daß es nicht mehr als in dem von jedermann hinzunehmenden Rahmen liegend angesehen werden könne. Zugunsten der aus dem Absatzfonds finanzierten Beihilfen greife auch nicht der allein in Betracht kommende Ausnahmetatbestand des Art. 92 Abs. 3c) Satz 1 EWGV ein, da diese Beihilfen in einer das gemeinsame Interesse verletzenden Weise die Handelsbedingungen veränderten. Seien aber die Beihilfen nach § 2 Abs. 1 Absatzfondsgesetz mit Art. 92 EWGV unvereinbar, so folge daraus zwingend die Rechtswidrigkeit von § 10 Abs. 3 Absatzfondsgesetz und damit auch des Bescheids des Bundesamts für Ernährung und Forstwirtschaft vom 20. August 1974.

Die an sich gebotene Aufhebung des angefochtenen Bescheids sei jedoch nach dem Urteil des EuGH vom 22. März 1977 nicht möglich. Denn danach sei ein nationales Gericht in Ermangelung von Ausführungsverordnungen im Sinne von Art. 94 EWGV und wegen der aus Art. 93 EWGV zu entnehmenden Entscheidungsprärogative der Kommission nicht befugt, die Unvereinbarkeit einer Beihilfe mit Art. 92 EWGV festzustellen; dem einzelnen Marktbürger sei es deshalb grundsätzlich verwehrt, Rechte aus Art. 92 EWGV herzuleiten. Damit habe der EuGH in der Sache die Art. 92 bis 94 EWGV nicht nur in einer bestimmten Weise ausgelegt, sondern einen Rechtssatz des primären Gemeinschaftsrechts über die Wirkungsweise der genannten Normen aufgestellt. Die in diesem Rechtssatz zum Ausdruck kommende Einschränkung der richterlichen Prüfungs- und Entscheidungskompetenz des nationalen Richters sei unvereinbar mit Art. 19 Abs. 4 GG, der dem Einzelnen einen umfassenden und lückenlosen Rechtsschutz gewährleiste und deshalb extensiv auszulegen sei. Dieser Rechtsschutz müsse um so mehr gewahrt werden, je weniger sonstige Grundsätze des Grundgesetzes Beachtung fänden. Daher sei der Rechtsschutz gegenüber Akten der Organisation der Europäischen Gemeinschaften (EG) oder gegenüber Akten, die aufgrund von EG-Normen ergingen oder in diesen ihre rechtliche Stütze fänden, schon deshalb in größerem Umfang geboten, weil die Gewaltenteilung von Legislative und Exekutive in der EG nicht den Anforderungen des Demokratiegebotes genüge. Damit aber müsse dem Prinzip der Gewaltenkontrolle, die gemäß Art. 19 Abs. 4 GG vornehmlich durch die Rechtsprechung ausgeübt werde, eine um so größere Bedeutung zukommen. Darüber hinaus finde der dem Einzelnen nach Art. 19 Abs. 4 GG zustehende Rechtsschutz im EG-Recht keine Entsprechung. Der Ausgangsrechtsstreit verdeutliche dies. Werde der Klägerin das Recht abgesprochen, sich auf Art. 92 EWGV zu berufen, habe sie keine Möglichkeit, sich gegen eine Rechtsverletzung zu wehren. Nur wenn Art. 92 EWGV in vollem Umfang unmittelbar anwendbar sei, verstoße er nicht gegen Grundsätze des nationalen deutschen Verfassungsrechts. Dies wiederum habe zur Folge, daß die nationalen Gerichte ihre Entscheidungen unter Beachtung und Anwendung des Art. 92 EWGV zu treffen hätten, soweit es in den von ihnen zu entscheidenden Fällen darauf ankomme. Es bestehe kein zwingender Anlaß, der EG-Kommission als Verwaltungsinstanz allein die unangreifbare Entscheidung über die Vereinbarkeit eines nationalen Beihilfegesetzes mit Art. 92 EWGV zu überlassen. Die immanente Rechtfertigung des richterlichen Prüfungsrechts, das ohne die unmittelbare Anwendbarkeit des Art. 92 EWGV verletzt werde, ergebe sich aus der Bindung des Richters an das Gesetz (Art. 97 Abs. 1 GG). Der Richter sei verfassungsrechtlich gehalten festzustellen, ob ein Gesetz vorliege, das gültig sei und ihn daher binde. Darüber hinaus sei das Prüfungsrecht die notwendige Folge der in Art. 1 Abs. 3 und Art. 20 Abs. 3 GG statuierten Gebundenheit der Gesetzgebung, die der Richter zu beachten habe, indem er jedes Gesetz an der höherrangigen Verfassungsnorm messe. Insofern sei das richterliche Prüfungsrecht auch Ausfluß des Rechtsstaatsprinzips.

Namens der Bundesregierung hat sich der Bundesminister für Wirtschaft geäußert. Er hält den Aussetzungs- und Vorlagebeschluß für unzulässig:

Im Normenkontrollverfahren nach Art. 100 Abs. 1 GG könnten nur Gesetze überprüft werden. Das vorlegende Gericht erstrebe indessen – wie sich aus dem Tenor und den Gründen des Vorlagebeschlusses ergebe – die Überprüfung einer gerichtlichen Entscheidung, nämlich des Urteils des EuGH vom 22. März 1977. Es vertrete die Auffassung, dieses Urteil habe Gesetzescharakter und sei deshalb vorlagefähig. Dabei verkenne es offensichtlich die Rechtswirkungen von Entscheidungen im Rahmen eines Vorabentscheidungsverfahrens gemäß Art. 177 EWGV. Die Auslegungstätigkeit des EuGH im Rahmen eines solchen Verfahrens diene lediglich der Beseitigung rechtlicher Zweifel an einer Vorschrift des Gemeinschaftsrechts im Hinblick auf einen konkreten, vor einem nationalen Gericht anhängigen Rechtsstreit. Über diesen Rechtsstreit hinaus entfalte die Vorabentscheidung des EuGH keine bindende Kraft. Sie wirke insbesondere nicht allgemeinverbindlich und könne somit nicht als Normsetzung – vergleichbar der Entscheidungstätigkeit des Bundesverfassungsgerichts – betrachtet werden. Die verfassungsrechtliche Überprüfung einer solchen Entscheidung gemäß Art. 100 Abs. 1 GG sei schon aus diesem Grunde nicht möglich.

Die Anrufung des Bundesverfassungsgerichts sei ferner deswegen unzulässig, weil das Verwaltungsgericht nach dem Stand des Ausgangsverfahrens in der Sache keine freie Entscheidungsmöglichkeit mehr besessen habe, sondern an das Urteil des EuGH gebunden gewesen sei. Nach Durchführung des Vorabentscheidungsverfahrens sei das Gericht, ohne die Möglichkeit einer erneuten Überprüfung, in vollem Umfang verpflichtet gewesen, die in der Vorabentscheidung des EuGH enthaltenen Auslegungsergebnisse auf den von ihm zu entscheidenden Ausgangsfall zu übertragen.

Darüber hinaus sei die im Vorlagebeschluß vertretene Meinung zur Anwendbarkeit von Art. 19 Abs. 4 GG, als der in erster Linie zugrunde gelegten Prüfungsnorm, eindeutig unrichtig. Dabei könne dahinstehen, ob diese Vorschrift überhaupt zur Überprüfung von Gemeinschaftsrecht herangezogen werden könne, da die Voraussetzungen ihrer Anwendung offensichtlich nicht vorlägen. Die Rechtsweggarantie gegenüber Maßnahmen der öffentlichen Gewalt betreffe zum einen nicht gerichtliche Entscheidungen. Außerdem setze sie voraus, daß der Betroffene die Verletzung eigener Rechte geltend machen könne. Der EuGH habe jedoch bindend festgestellt, daß Art. 92 EWGV dem Einzelnen kein subjektives Recht einräume, sondern nur eine Verpflichtung der Mitgliedstaaten begründe. Art. 19 Abs. 4 GG könne daher nicht berührt sein. Dies gelte auch, soweit die Bindung des nationalen Gerichts an die Auslegung des EuGH in Frage stehe.

Nach der Auffassung des Bayerischen Ministerpräsidenten verstößt der mangelnde Durchgriff des Art. 92 EWGV in die nationale Rechtsordnung entgegen der Ansicht des Verwaltungsgerichts nicht gegen Verfassungsgrundsätze des Grundgesetzes.

Art. 19 Abs. 4 GG begründe nicht selbst Rechte, sondern setze eine im Interesse des Einzelnen gewährte Rechtsposition voraus. Der EuGH habe in seinem Urteil vom 22. März 1977 aber gerade entschieden, daß Art. 92 EWGV dem Einzelnen keine derartige Rechtsposition einräume. Art. 19 Abs. 4 GG gewährleiste auch keinen Rechtsschutz gegen die Gesetzgebung. Dieser sei vielmehr in Art. 100 Abs. 1 und Art. 93 Abs. 1 Nr. 2 GG abschließend geregelt. Dasselbe gelte, soweit das Verwaltungsgericht im Vordergrund seines Bemühens um Rechtsschutz nicht das Absatzfondsgesetz, sondern die nicht erfolgte Beanstandung durch die EG-Kommission sehe. Ein Rechtsschutz gegen das Unterlassen eines europäischen Organs, das sich auf den Einzelnen zudem nur mittelbar durch den Fortbestand eines nationalen Gesetzes auswirke, könne durch nationales Verfassungsrecht nicht geboten sein.

Abschließend weist der Bayerische Ministerpräsident noch darauf hin, daß ein Durchgreifen von Art. 92 EWGV in die Rechtsordnung der Mitgliedstaaten, das es dem Einzelnen ermöglichte, dessen Verletzung vor einem nationalen Gericht geltend zu machen, zu einer erheblichen Rechtsunsicherheit führte, die nicht in Kauf genommen werden könne.

Die Klägerin des Ausgangsverfahrens, die sich im übrigen weitgehend den Ausführungen des vorlegenden Gerichts anschließt, ist der Meinung, eine dem Art. 92 EWGV für den Bereich der Bundesrepublik Deutschland unmittelbare Geltung zusprechende Entscheidung des Bundesverfassungsgerichts beeinträchtige weder die Gemeinschaftsrechtsordnung noch die Kompetenz des EuGH. Sie stärke das Gemeinschaftsrecht in seinem Bestand und in seiner Wirkung sogar, da sie Art. 92 EWGV weiter in die nationale Rechtsordnung integriere, als es der EuGH bei dem gegenwärtigen Stand des Gemeinschaftsrechts für die gesamte Gemeinschaft für gerechtfertigt halte.

Der 7. Senat des Bundesverwaltungsgerichts hat Zweifel, ob die Vorlagefrage entscheidungserheblich ist. Nach dem Urteil des EuGH vom 22. März 1977 sei es dem Einzelnen verwehrt, sich auf Art. 92 EWGV allein zu berufen, um die Unvereinbarkeit einer Beihilfe mit Gemeinschaftsrecht vor einem nationalen Gericht geltend zu machen. Dieses Recht habe er nur dann, wenn die Bestimmungen des Art. 92 EWGV durch die in Art. 94 EWGV vorgesehenen allgemeinen Vorschriften oder durch Einzelfallentscheidungen nach Art. 93 Abs. 2 EWGV konkretisiert worden seien. Nach den Feststellungen des vorlegenden Gerichts fehle es im Ausgangsrechtsstreit an einer solchen Konkretisierung, so daß Art. 92 EWGV in der Auslegung durch den EuGH der Anwendung des Absatzfondsgesetzes nicht im Wege stehe. Das gleiche sei aber auch dann der Fall, wenn Art. 92 EWGV wegen Verletzung von Grundrechten vollen Umfangs in der Bundesrepublik Deutschland nicht anwendbar sei.

Weiter ist der 7. Senat des Bundesverwaltungsgerichts der Ansicht, daß Art. 92 EWGV in der Auslegung des EuGH Grundrechtsnormen nicht verletzt. Das Gemeinschaftsrecht kenne Bestimmungen, die unmittelbare Wirkung gegenüber dem Gemeinschaftsbürger entfalteten, und solche, die sich nur an die Mitgliedstaaten wendeten. Art. 92 EWGV stelle eine Mischung zwischen beiden dar. Er bilde zusammen mit den Art. 93 und 94 EWGV den Teil eines Systems, das den Zweck habe, den Wettbewerb innerhalb des Gemeinsamen Marktes vor Verfälschungen zu schützen. Seine Wirksamkeit gegenüber dem einzelnen Bürger hänge dabei von bestimmten Maßnahmen der Organe der EWG ab. So könne z. B. nach Art. 93 Abs. 2 Satz 3 EWGV der Rat entscheiden, daß eine in Abweichung von Art. 92 EWGV von einem Mitgliedstaat gewährte Beihilfe als mit dem Gemeinsamen Markt vereinbar gelte. Im übrigen sei nach Art. 93 EWGV die Kommission berufen, Entscheidungen über die Anwendbarkeit von Art. 92 EWGV zu treffen. Art. 93 EWGV gehe davon aus, daß die Feststellung der Unvereinbarkeit der Beihilfe mit dem Gemeinsamen Markt in einem Verfahren zu erfolgen habe, dessen Durchführung Sache der Kommission sei. Nur wenn die Kommission ein Verfahren nach Art. 93 EWGV einleite oder von der beabsichtigten Einführung oder Umgestaltung einer Beihilfe nicht entsprechend Art. 93 Abs. 3 EWGV rechtzeitig unterrichtet worden sei, könne sich der Marktbürger auf eine Verletzung des Art. 92 EWGV durch die nationalstaatlichen Beihilfevorschriften berufen. Diese Regelung verstoße nicht gegen deutsche Grundrechtsbestimmungen. Zwar könne kein Gericht überprüfen, ob die Kommission zu Unrecht eine nationale Beihilfe nicht beanstandet habe. Dadurch werde aber der Marktbürger in seiner Rechtsstellung nicht beeinträchtigt; denn erst aufgrund einer Maßnahme der Kommission finde Art. 92 EWGV auf den einzelnen Marktbürger Anwendung, sofern die beabsichtigte Beihilferegelung der Kommission von dem Mitgliedstaat rechtzeitig vorgelegt worden sei. Bis dahin stelle Art. 92 EWGV nur eine Regelung dar, die ausschließlich die Mitgliedstaaten betreffe. Das verstoße auch deshalb nicht gegen das Grundgesetz, weil Art. 19 Abs. 4 GG nicht selbst Rechte gewähre, sondern die zu schützenden Rechte voraussetze. Es wäre daher – zumal angesichts der bekannten Schwierigkeiten bei der Schaffung von Gemeinschaftsrecht – nicht zu beanstanden gewesen, wenn Art. 92 EWGV in einer Weise ausgestaltet worden wäre, bei der subjektive Rechte einzelner Bürger gänzlich ausgeschlossen wären. Unter diesen Umständen sei es unbedenklich, daß die Berufung des Bürgers eines Mitgliedstaates darauf, daß der Art. 92 EWGV verletzt worden sei, von Voraussetzungen abhängig sei, die dem Einfluß des Bürgers entzogen seien. Es sei daher auch nicht zu beanstanden, daß es ausschließlich von Organen der Gemeinschaft – insbesondere von der Kommission, unter Umständen aber auch vom Rat – abhänge, ob eine Beihilfe als mit dem EWG-Vertrag vereinbar anzusehen sei oder nicht, und daß es damit letztlich von dem Verhalten der genannten Organe abhänge, ob sich aus Art. 92 EWGV subjektive Rechte ergäben.

Die Vorlage ist unzulässig.

Im Verfahren nach Art. 100 Abs. 1 GG ist eine Prüfung, ob der Anwendung von Vorschriften des EWG-Vertrages Normen oder Grundsätze des Grundgesetzes entgegenstehen, nur statthaft, wenn insoweit das deutsche Zustimmungsgesetz zum Vertrag Prüfungsgegenstand ist. Denn es ist das Zustimmungsgesetz zum Vertrag, das den Rechtsanwendungsbefehl für die Geltung des sog. primären Gemeinschaftsrechts für den Hoheitsbereich der Bundesrepublik Deutschland erteilt hat. Die Unanwendbarkeit primären Gemeinschaftsrechts aus Gründen entgegenstehenden Bundesverfassungsrechts ist nicht ohne – gegebenenfalls teilweise – Unvereinbarkeit des Zustimmungsgesetzes mit dem Grundgesetz denkbar.

Das Verwaltungsgericht hat nicht die Frage der Verfassungswidrigkeit des Zustimmungsgesetzes zum EWG-Vertrag vorgelegt. Eine Deutung des Vorlagebeschlusses in diesem Sinne erscheint ausgeschlossen; ihr widerspräche nicht nur der Entscheidungsausspruch, sondern die gesamte Zielrichtung des Vorlagebeschlusses. Der Beschluß hält nicht das Zustimmungsgesetz zum EWG-Vertrag, insoweit es den Art. 92 bis 94 EWGV zugestimmt hat, für verfassungswidrig. Er erachtet vielmehr die Anwendung dieser Bestimmungen in der Auslegung des EuGH im Hoheitsbereich der Bundesrepublik Deutschland für unvereinbar mit dem Grundgesetz. Das vorlegende Gericht will einen Ausspruch des Bundesverfassungsgerichts dahin gehend erreichen, daß die Art. 92 bis 94 EWGV für den Hoheitsbereich der Bundesrepublik Deutschland mit einem anderen Norminhalt anzuwenden sind, als der EuGH ihn in einer Vorabentscheidung gemäß Art. 177 EWGV festgestellt hat.

Dieses Ziel kann mit einer Vorlage gemäß Art. 100 Abs. 1 GG, §§ 80ff. BVerfGG nicht zulässigerweise verfolgt werden. Art. 100 Abs. 1 GG, §§ 80ff. BVerfGG verleihen dem Bundesverfassungsgericht nicht eine Gerichtsbarkeit darüber, Normen des primären Gemeinschaftsrechts im Widerspruch zu dem Inhalt, den der EuGH diesen Normen in einer Vorabentscheidung desselben Ausgangsverfahrens beigemessen hat, für den Hoheitsbereich der Bundesrepublik Deutschland als anwendbar festzustellen. Mitgliedstaatliche Rechtsordnung und Gemeinschaftsrechtsordnung stehen nicht unvermittelt und isoliert nebeneinander; sie sind in vielfältiger Weise aufeinander bezogen, miteinander verschränkt und wechselseitigen Einwirkungen (vgl. z.B. Art. 215 Abs. 2 EWGV und die dort in Bezug genommenen »allgemeinen Rechtsgrundsätze, die den Rechtsordnungen der Mitgliedstaaten gemeinsam sind«) geöffnet. Dies zeigt sich in besonders eindringlicher Weise anhand der Kompetenzzuordnungen des Art. 177 EWGV. Sie sind auf ein Zusammenwirken zwischen den Gerichten der Mitgliedstaaten und dem Gerichtshof der Gemeinschaft gerichtet. Sie dienen im Interesse des Vertragszwecks der Integration, der Rechtssicherheit und der Rechtsanwendungsgleichheit einer möglichst einheitlichen Auslegung und Anwendung des Gemeinschaftsrechts durch alle Gerichte im Geltungsbereich des EWG-Vertrages (vgl. EuGH, Urteil vom 24. Mai 1977, RS 107/76, Slg. 1977, S. 957 [972]; Urteil vom 18. Januar 1979, verb. RS 110 und 111/78, Slg. 1979, S. 35 [51]). Art. 177 EWG spricht dem Gerichtshof im Verhältnis zu den Gerichten der Mitgliedstaaten die abschließende Entscheidungsbefugnis über die Auslegung des Vertrages sowie über die Gültigkeit und die Auslegung der dort genannten abgeleiteten gemeinschaftsrechtlichen Akte zu. Hingegen entscheidet der Gerichtshof im Rahmen dieses Verfahrens nicht über die Vereinbarkeit von Normen des staatlichen Rechts mit Bestimmungen des Gemeinschaftsrechts (EuGH, Urteil vom 29. Juni 1978, RS 154/77, Slg. 1978, S. 1573 [1583]; Urteil vom 12. Oktober 1978, RS 13/78, Slg. 1978, S. 1935 [1952]); noch trifft er in diesem Rahmen für die staatlichen Gerichte verbindliche Entscheidungen über die Auslegung und Wirkung staatlichen Rechts (vgl. EuGH, Urteil vom 3. Februar 1977, RS 52/76, Slg. 1977, S. 163 [183]).

Die nach Maßgabe des Art. 177 EWGV ergangenen Urteile des Gerichtshofs sind für alle mit demselben Ausgangsverfahren befaßten staatlichen Gerichte bindend (EuGH, Urteil vom 24. Juni 1969, RS 29/68, Slg. XV (1969), S. 165 [178]). Dies folgt aus Sinn und Zweck der Art. 177 und 164 EWGV. Insoweit sind sie für das Bundesverfassungsgericht auch im Verfahren der inzidenten Normenkontrolle nach Art. 100 Abs. 1 GG bindend (für das Verfahren der Verfassungsbeschwerde vgl. BVerfGE 45, 142 [162]). Denn auch in dieser Verfahrensart ist das Bundesverfassungsgericht mit dem Ausgangsverfahren im Sinne des Art. 177 EWGV befaßt. Es entscheidet zwar nur über die in Art. 100 Abs. 1 GG umschriebenen Rechtsfragen (§ 81 BVerfGG); diese sind indes – als Voraussetzung der Zulässigkeit des Verfahrens – entscheidungserheblich für den Ausgangsrechtsstreit.

Der Senat sieht im vorliegenden Verfahren auch keinen Anlaß, die Richtigkeit oder Klarheit der im Ausgangsverfahren gefällten Vorabentscheidung des Gerichtshofs, soweit sie das Gemeinschaftsrecht betrifft, in Zweifel zu ziehen; er ist deshalb nicht gehalten, die dem Gerichtshof vom Verwaltungsgericht vorgelegten Fragen neuerlich gemäß Art. 177 Abs. 3 EWGV vorzulegen.

Die Bindung des Bundesverfassungsgerichts an die Auslegung der Art. 92 bis 94 EWGV durch die Vorabentscheidung des Gerichtshofs im vorliegenden Ausgangsverfahren schließt es jedenfalls aus, diese Vertragsvorschriften für den Hoheitsbereich der Bundesrepublik Deutschland im Widerspruch zu dieser Vorabentscheidung auszulegen oder als anwendbar festzustellen. Dies würde gegen die oben aufgezeigte Gewährleistungsfunktion der Art. 177 und 164 EWGV verstoßen; verfassungsrechtliche Bedenken gegen das Zustimmungsgesetz zum EWG-Vertrag, das diesen beiden Vertragsvorschriften zugestimmt hat, bestehen nicht.

Im übrigen ist die Vorlage – selbst wenn sie statthaft wäre – auch deshalb unzulässig, weil die Vorlagefrage für die Entscheidung des Ausgangsrechtsstreits nicht entscheidungserheblich ist. Denn für diese Entscheidung kommt es auf die Frage, ob Art. 92 bis 94 EWGV in der Auslegung des EuGH im Hoheitsbereich der Bundesrepublik Deutschland anwendbar sind, nicht an.

In der Auslegung des EuGH steht Art. 92 EWGV der Anwendung des Absatzfondsgesetzes nicht entgegen, da die Kommission von dem beabsichtigten Erlaß des Gesetzes entsprechend Art. 93 Abs. 3 EWGV unterrichtet wurde; sie hat keine Einwände erhoben. Die Rechtswidrigkeit des von der Klägerin des Ausgangsverfahrens angefochtenen Bescheids könnte danach nicht damit begründet werden, er habe in § 10 Abs. 8e) Absatzfondsgesetz keine Rechtsgrundlage, weil diese Vorschrift mit Art. 92 EWGV unvereinbar und daher unanwendbar sei.

Wären die Art. 92 bis 94 EWGV aber – wie das vorlegende Gericht meint – mit Grundsätzen des deutschen Verfassungsrechts unvereinbar und deshalb in der Bundesrepublik Deutschland nicht anwendbar, ließen sich aus ihnen gegen § 10 Abs. 8e) Absatzfondsgesetz erst recht keine Bedenken herleiten.

Das Verwaltungsgericht ist sich der mangelnden Entscheidungserheblichkeit deshalb nicht bewußt geworden, weil es von der Voraussetzung ausging, das Bundesverfassungsgericht sei befugt, für den Bereich der Bundesrepublik Deutschland dem Art. 92 Abs. 1 EWGV einen Inhalt beizumessen, der im Widerspruch zu einer in dieser Sache ergangenen Vorabentscheidung des EuGH stünde. Dies ist dem Bundesverfassungsgericht, wie dargelegt, verwehrt.

Der Senat läßt offen, ob und gegebenenfalls inwieweit – etwa angesichts mittlerweile eingetretener politischer und rechtlicher Entwicklungen im europäischen Bereich – für künftige Vorlagen von Normen des *abgeleiteten* Gemeinschaftsrechts die Grundsätze des Beschlusses vom 29. Mai 1974 (BVerfGE 37, 271 ff.) weiterhin uneingeschränkt Geltung beanspruchen können. Rechtssätze, die der EuGH im Rahmen einer Vorabentscheidung nach Art. 177 Abs. 1 a) EWGV bei der Auslegung des Vertrages als Vertragsinhalt feststellt, stehen, unbeschadet der Bindungswirkung einer Vorabentscheidung, grundsätzlich nicht auf der Stufe des abgeleiteten Gemeinschaftsrechts, sondern sind dem primären Gemeinschaftsrecht zuzurechnen.

Nr. 106 Hess.FG 27. 7. 1979 (VII 36/76) EFG 1980, 94

Die Klägerin (Klin.) führte im 1. Halbjahr 1966 aufgrund vorausfixierter Lizenzen Mais aus Italien in die Bundesrepublik Deutschland ein. Gegen den in den Lizenzen festgesetzten Abschöpfungssatz erhob sie seinerzeit keine Einwände. 1975 beantragte sie Nachträge zu diesen Lizenzen. Zur Begründung trug sie vor, die Kommission habe aufgrund eines Urteils des EuGH die Frei-Grenze-Preise für Mais aus Italien mit rückwirkender Kraft neu festgesetzt. Da der Frei-Grenze-Preis ein Besteuerungsmerkmal i. S. des § 4 Abs. 3 Nr. 2 StAnpG darstelle, habe dies zur Folge, daß die vorausfixierten Abschöpfungen rückwirkend herabzusetzen seien. – Die Beklagte (Bekl.) hat die Änderung abgelehnt.

Die Klage ist nicht begründet. Nach Art. 97 § 9 EGAO sind die Vorschriften der AO 1977 über die Aufhebung und Änderung von Verwaltungsakten (VA) erstmals anzuwenden, wenn nach dem 31. Dezember 1976 ein VA aufgehoben oder geändert wird, d. h. bei sinnvoller Auslegung, wenn hierüber nach dem 31. Dezember 1976 zu entscheiden ist. Der Einspruch der Klin. ist schon mit Einspruchsentscheidung vom 27. Februar 1976 zurückgewiesen worden, so daß eine Anwendung der AO 1977 nicht in Betracht kommt. Der Anspruch der Klin. kann somit nicht auf §§ 172 ff. AO, sondern nur auf § 4 Abs. 3 Nr. 2 StAnpG gestützt werden. Danach sind Steuerfestsetzungen zu ändern, »wenn ein Merkmal, dessen Vorliegen das Gesetz für Steuerschuld ... fordert, nachträglich mit Wirkung für die Vergangenheit weggefallen ist«.

Diese Voraussetzungen liegen im Streitfall nicht vor; denn die Entscheidung der Kommission über den Frei-Grenze-Preis stellt kein »Merkmal« i. S. des § 4 Abs. 3 Nr. 2 StAnpG dar. Nach überwiegender Auffassung ist unter »Merkmal« nicht das abstrakte Tatbestandsmerkmal eines Gesetzes, sondern ein konkretes Sachverhaltsmerkmal zu verstehen. § 4 Abs. 3 Nr. 2 StAnpG erfaßt deshalb nicht die Fälle rückwirkender Gesetzesänderung oder einer durch das BVerfG für verfassungswidrig erklärten Norm (ständige Rechtsprechung des BFH, z. B. Urteil vom 4. März 1964, II 162/62 U, BFHE 79, 210, BStBl. III 1964, 308 ff.).

Entgegen der Ansicht der Klin. sind die Entscheidungen der Kommission bezüglich der Frei-Grenze-Preise nicht den VA des deutschen Rechts vergleichbar, sondern haben, wenn sie auch keine Gesetze im formellen Sinn darstellen, Rechtsnormqualität.

Der normative Charakter dieser Entscheidungen ergibt sich einmal daraus, daß es sich nicht um die Regelung eines Einzelfalls handelt. Die Entscheidung der Kommission nach Art. 189 EWGV ist vielmehr an die Bundesrepublik Deutschland gerichtet und verpflichtet diese zum entsprechenden Handeln. Gleichzeitig begründet sie aber unmittelbare Wirkungen zwischen der Bundesrepublik Deutschland und Dritten; denn jeder Importeur kann sich vor den innerstaatlichen Gerichten auf die von der Kommission festgesetzten Frei-Grenze-Preise berufen und bei einer Abweichung zu seinen Ungunsten eine entsprechende Berichtigung verlangen (vgl. EuGH-Urteil vom 6. Oktober 1979, Rs 9/70, EuGHE 16, 825 ff.).

Weiterhin ergibt sich aus der Regelung des § 3 Abschöpfungserhebungsgesetz (AbG): »Abschöpfungen werden nach Abschöpfungssätzen erhoben, die sich aus den in § 1 bezeichneten Verordnungen und den dazu ergangenen Durchführungsvorschriften ergeben«, eindeutig, daß der deutsche Gesetzgeber den Frei-Grenze-Preis-Entscheidungen der Kommission Rechtsnormqualität beimißt; denn § 1 AbG verweist über die entsprechende VO (EWG) wieder auf die Entscheidungen der Kommission. Die Auffassung, daß die Frei-Grenze-Preis-Entscheidungen der Kommission den Charakter von Gesetzen haben, steht auch im Einklang mit der Rechtsprechung des BFH, der im Urteil vom 10. Juli 1968, VII 251/64 (BFHE 93, 248, BZBl. 1968, 1120 ff., HFR 1968, 561) ausgeführt hat, daß die Höhe der Abschöpfung als hinreichend durch Gesetz oder gesetzesgleiche Norm bestimmt anzusehen ist. Da sich die Höhe der Abschöpfung aus dem Unterschied zwischen dem Frei-Grenze-Preis und dem Schwellenpreis ergibt, sieht der BFH danach die Frei-Grenze-Preis-Entscheidungen der Kommission zumindest als gesetzesgleiche Normen an.

Im Schrifttum schließlich werden gleichfalls die an die Mitgliedstaaten gerichteten Entscheidungen als Rechtsnormen angesehen (vgl. *Wohlfarth* in: Wohlfarth/Everling/Glaesner/Sprung, Die EWG, Komm. zum Vertrag, 1960, Vorbem. 1 vor Art. 189), während an einzelne natürliche oder juristische Personen gerichtete Entscheidungen als VA gewertet werden.

Da es sich bei den hier in Betracht kommenden Entscheidungen der Kommission um solche an einen Mitgliedstaat – die Bundesrepublik Deutschland – gerichtete handelt, sind sie als »gesetzesgleiche Normen« und damit nicht als »Merkmale« im Sinne des § 4 Abs. 3 Nr. 2 StAnpG anzusehen. Damit entfällt aber die Möglichkeit einer Änderung der von der Klin. genannten Lizenzen, so daß die Bekl. die begehrte Änderung der Lizenzen zu Recht abgelehnt hat.

Nr. 107 BGH 31. 7. 1979 (1 StR 21/79) BGHSt 29, 85

Der Angeklagte, tschechoslowakischer Staatsangehöriger, lebt seit 1969 in der Bundesrepublik Deutschland. Er hat seine Ehefrau und seinen ehelichen Sohn in der Tschechoslowakei zurückgelassen. Das Amtsgericht hat den Angeklagten wegen Vergehens nach § 170b StGB zu einer zur Bewährung ausgesetzten Freiheitsstrafe verurteilt, weil er seiner rechtskräftig durch Versäumnisurteil festgestellten Unterhaltsverpflichtung gegenüber seinem Sohn in derart geringem Umfange nachgekommen ist, daß das Kind auf die Hilfe anderer angewiesen war.

Die gegen das Urteil gerichtete Revision des Angeklagten rügt u.a. die Verletzung sachlichen Rechts. Der Beschwerdeführer meint, deutsches Strafrecht sei auf den festgestellten Sachverhalt nicht anzuwenden. Das Oberlandesgericht Karlsruhe, das über die Revision zu entscheiden hat, will das Rechtsmittel verwerfen, soweit es sich gegen den Schuldspruch richtet. Es ist der Ansicht, § 170b StGB gelte in Verbindung mit §§ 3, 9 Abs. 1 StGB auch für Unterhaltspflichtverletzungen von Ausländern, die in der Bundesrepublik leben, gegenüber ihren im Ausland wohnenden Unterhaltsberechtigten nichtdeutscher Staatsangehörigkeit. An der beabsichtigten Entscheidung sieht das

Oberlandesgericht sich jedoch durch ein Urteil des Oberlandesgerichts Saarbrücken vom 3. Oktober 1974 (NJW 1975, 506 Nr. 16) gehindert. In diesem wird die Auffassung vertreten, das deutsche Strafrecht finde auf einen Ausländer, der es im Inland unterlasse, seiner Unterhaltspflicht gegenüber den im Ausland lebenden nichtdeutschen Unterhaltsberechtigten nachzukommen, keine Anwendung. Dieser Ansicht sind das Oberlandesgericht Stuttgart (NJW 1977, 1601 Nr. 22) und das Oberlandesgericht Frankfurt (NJW 1978, 2460 Nr. 19) in Armenrechtsbeschlüssen beigetreten. Das Oberlandesgericht Karlsruhe hat die Sache gemäß § 121 Abs. 2 GVG dem Bundesgerichtshof zur Entscheidung der Rechtsfrage vorgelegt:

Ist das deutsche Strafrecht (§ 170b StGB in Verbindung mit §§ 3 und 9 Abs. 1 StGB) auch dann anwendbar, wenn ein in der Bundesrepublik Deutschland lebender Ausländer die auf seinem Heimatrecht beruhende Unterhaltspflicht gegenüber einem im Ausland lebenden Unterhaltsberechtigten nichtdeutscher Staatsangehörigkeit verletzt?

Die Vorlegungsvoraussetzungen sind erfüllt.

Das Oberlandesgericht Karlsruhe kann in der vorliegenden Sache nicht in dem von ihm beabsichtigten Sinne entscheiden, ohne von der in einem Revisionsurteil zum Ausdruck gelangten Rechtsansicht des Oberlandesgerichts Saarbrücken abzuweichen.

In der Sache selbst schließt sich der Senat in Übereinstimmung mit dem Generalbundesanwalt im Ergebnis der Auffassung des Oberlandesgerichts Saarbrücken an, der die Oberlandesgerichte Stuttgart und Frankfurt gefolgt sind.

§ 170b StGB soll den gesetzlichen Unterhaltsberechtigten vor Gefährdung seines materiellen Lebensbedarfs, außerdem die Rechtsgemeinschaft, insbesondere die Sozialbehörden, vor ungerechtfertigter Inanspruchnahme schützen (BVerfG, Beschluß vom 17. Januar 1979 – 1 BvL 25/77; BGHSt 12, 166; 26, 111, 116). Die Vorschrift verstärkt den bürgerlich-rechtlichen Schutz gegen Verletzung der gesetzlichen Unterhaltspflicht und wendet sich gleichzeitig gegen den Mißbrauch der öffentlichen Fürsorge (BGHZ 28, 359, 366, 367). Ihre zweckgerichtete Auslegung ergibt, daß das Gesetz insoweit lediglich dem Schutz der deutschen Rechtsgemeinschaft und damit der deutschen Sozialbehörden vor mißbräuchlicher Inanspruchnahme dient.

Daß Unterhaltspflichtverletzungen von Ausländern mit ausschließlich ausländischer Wirkung nicht erfaßt werden sollen, folgt bereits aus der Entstehungsgeschichte der Vorschrift.

§ 361 Nr. 10 StGB a. F., ein Vorläufer des § 170b StGB, ist durch Reichsgesetz vom 12. März 1894, betreffend die Änderung des Gesetzes über den Unterstützungswohnsitz und die Ergänzung des StGB (RGBl. 259), in das Strafgesetzbuch eingefügt worden. Die Vorschrift bedrohte den Täter mit Strafe, der seiner Unterhaltspflicht in schuldhafter Weise nicht genügte und dadurch das Eingreifen der öffentlichen Armenpflege erforderlich machte. Sie ging auf eine Initiative der Armenverwaltung zurück. Das Gesetz enthielt zusätzliche Regelungen für die Unterstützung ausschließlich deutscher Staatsangehöriger. In Not geratene Ausländer hatten keine Ansprüche gegen die deutschen Sozialbehörden. Die Initiative der Armenverbände bezog sich danach nicht auf den Schutz ausländischer Behörden gegen mißbräuchliche Inanspruchnahme.

Alsbald einsetzende Reformbestrebungen führten erst im Jahre 1943 zur Ersetzung des § 361 Nr. 10 StGB a. F. durch § 170b StGB a. F., der in der Verordnung zum Schutz von Ehe, Familie und Mutterschaft vom 9. März 1943 (RGBl. I, 140) enthalten war. Eine amtliche Begründung dazu fehlt. Die Ausführungen des zuständigen Referenten im Reichsjustizministerium Rietzsch, die insoweit zur Ermittlung der gesetzgeberischen Absichten herangezogen werden können, ergeben, daß Ausländer, die sich im Inland aufhielten, wegen »unbilliger Härte« vom Straftatbestand ausgenommen werden sollten (Deutsche Justiz 1943, 244). Die Beratungen des Sonderausschusses des Bundestages für die Strafrechtsreform zur Vorbereitung des Vierten Gesetzes zur Reform des Strafrechts (4. StrRG) vom 23. November 1973 (BGBl. I, 1725) weisen keine Anhaltspunkte für eine Änderung des gesetzgeberischen Motivs aus. Am Schutzbereich des § 170b StGB n.F. hat sich danach gegenüber dem früheren Rechtszustand nichts geändert. Ohne Bedeutung ist insbesondere, daß das Merkmal »öffentliche Hilfe« im 4. StrRG gestrichen worden ist, denn es wird durch den Begriff »Hilfe anderer« mit umfaßt (*Sturm*, JZ 1974, 1).

Als innerstaatliches Ordnungsrecht dient das deutsche Strafrecht in erster Hinsicht dem Schutz inländischer Belange. Eine Tat im Sinne des § 3 StGB liegt nicht vor, wenn ein Verhalten, das sich allein gegen ausländische Rechtsgüter richtet, zwar der Tatbestandsbeschreibung eines deutschen Strafgesetzes entspricht, dieses aber ausschließlich dem Schutze inländischer Rechtsgüter dient (BGHSt 21, 277, 280). Die Unanwendbarkeit der Bestimmung auf ausländische Verhältnisse kann sich ohne weiteres aus dem Tatbestand selbst ergeben (BGHSt 22, 282, 285).

Das ist hier der Fall. Unmittelbarer Gegenstand des in § 170b StGB normierten Strafrechtsschutzes sind nicht allgemein in der zivilisierten Welt anerkannte elementare Rechtswerte wie Leib, Leben, Freiheit oder Ehre, die das deutsche Strafrecht auch bei nur ausländischer Wirkung der Tat schützen müßte (BGHSt 21, 277, 281), sondern die Erfüllung eines Unterhaltsanspruchs und die Bewahrung der deutschen Sozialbehörden vor ungerechtfertigter Inanspruchnahme.

Der gesetzliche Anspruch auf Beschaffung des notwendigen Lebensbedarfs ist keineswegs in allen zivilisierten Staaten durch strafrechtliche Sanktionen geschützt. Nicht einmal alle europäischen Länder kennen eine dem § 170b StGB vergleichbare Regelung, wie das vorlegende Gericht zutreffend hervorhebt. Dasselbe gilt für zahlreiche Staaten anderer Kontinente. Und selbst dort, wo eine etwa vergleichbare Normierung besteht, sind die Tatbestände modifiziert. Die Verurteilung wird oft von besonderen Verfahrensvoraussetzungen abhängig gemacht (OLG Saarbrücken, a.a.O., m.w.N.). Der Tatbestand des § 170b StGB, der als gesetzliche Ausnahme einen Erfüllungsdruck zur Realisierung zivilrechtlicher Ansprüche ausübt, ist gerade aus diesem Grunde im Schrifttum umstritten (*Mittelbach*, MDR 1957, 65; *Seebode*, JZ 1972, 389; *Peters*, ZStrW 77, 489). Die Verfasser des Alternativentwurfs eines Strafgesetzbuches und der Strafrechtsausschuß der Bundesrechtsanwaltskammer treten für seine Streichung ein. Bei dieser Sachlage kann nicht einmal in der Bundesrepublik von der gesicherten Anerkennung eines elementaren Rechtswertes, der zum Schutz durch Strafrechtssanktionen zwingt, gesprochen werden.

Da eine erhebliche Anzahl ausländischer Staaten keine Veranlassung sieht, schuldhaften Unterhaltspflichtverletzungen durch Strafandrohungen entgegenzutreten, kann die deutsche Rechtsordnung sich nicht für verpflichtet halten, aus Gründen elementaren Rechtsschutzes Strafe für Unterhaltspflichtverletzungen mit ausschließlicher Wirkung im Ausland anzudrohen.

Das deutsche Strafrecht ist auch nicht dazu berufen, die fiskalischen Belange anderer Staaten vor Beeinträchtigungen zu bewahren, die durch Unterhaltspflichtverletzungen der Angehörigen dieser Staaten entstehen können. Strafrechtliche Sanktionen mit diesem Ziel könnten sogar als Einmischung in die inneren Angelegenheiten dieser Staaten und als Verletzung fremder Staatshoheit angesehen werden. Es ist rechtlich unhaltbar, einen Ausländer wegen eines solchen Verhaltens zu bestrafen, wenn feststeht, daß es in seinem Heimatland nicht oder nur modifiziert unter Strafe gestellt ist oder wesentlich milder beurteilt wird. Der im Inland wohnende Ausländer wird dadurch in unerträglicher Weise gegenüber seinem im Herkunftsland lebenden Mitbürger, dem gleichartiges Verhalten anzulasten ist, benachteiligt.

Die vom vorlegenden Gericht befürchtete Störung des Rechtsfriedens durch das Fehlen einer Strafandrohung für Unterhaltspflichtverletzungen von Ausländern, die in der Bundesrepublik Kindergeld beziehen und dieses an ihre im Ausland wohnenden Kinder nicht abführen, tritt, soweit öffentliche Sozialleistungen in Betracht kommen, nicht ein. Nach § 2 Abs. 5 des Bundeskindergeldgesetzes in der Fassung des 8. Änderungsgesetzes vom 14. November 1978 (BGBl. I, 1757) bleiben Kinder, die weder einen Wohnsitz noch ihren gewöhnlichen Aufenthalt in der Bundesrepublik oder West-Berlin haben, bei der Zahlung von Kindergeld unberücksichtigt (Wohnsitzprinzip, vgl. dazu *Käss/Schroeter*, Der Wirtschaftskommentar zum Bundeskindergeldgesetz § 2 Anm. 18). Zwischenstaatliche Vereinbarungen, die abweichend davon zu Kindergeldzahlungen führen können, beugen dem vom Oberlandesgericht Karlsruhe befürchteten Mißbrauch durch Sonderregelungen vor (vgl. z. B. Art. 8 des Abkommens mit Jugoslawien vom 12. Oktober 1968 – BGBl. 1973 II, 710).

Die vom vorlegenden Gericht benannten völkerrechtlichen Verträge führen zu keiner anderen Beurteilung.

Das UN-Übereinkommen vom 20. Juni 1956 über die Geltendmachung von Unterhaltsansprüchen im Ausland (BGBl. 1959 II, 150), das Übereinkommen vom 15. April 1958 über die Anerkennung und Vollstreckung von Entscheidungen auf dem Gebiet der Unterhaltspflicht gegenüber Kindern (BGBl. 1961 II, 1006) und das Haager Übereinkommen vom 24. Oktober 1956 über das auf Unterhaltsverpflichtungen gegenüber Kindern anzuwendende Recht (BGBl. 1961 II, 1013) sind insgesamt dem internationalen privaten Unterhaltsrecht zuzuordnen. Sie wenden sich an die Zivilgerichte oder, wie das UN-Übereinkommen, nur an die Justizverwaltung. Aus der Tatsache, daß sie Verpflichtungen der Vertragsstaaten zu strafrechtlichen Regelungen nicht enthalten, ergibt sich, daß eine Pönalisierung von Unterhaltspflichtverletzungen nicht Gemeingut der zivilisierten Welt ist. Die Vorlegungsfrage ist danach, wie im Leitsatz geschehen, zu beantworten.

Nr. 108 **BGH 15. 8. 1979 (2 StR 465/79) BGHSt 29, 94**

Die Strafkammer hat den Angeklagten wegen Untreue in Tateinheit mit Urkundenfälschung (§§ 266, 267, 25, 52 StGB) zu einer Freiheitsstrafe verurteilt.

Die Revision des Angeklagten rügt die Verletzung sachlichen Rechts.

Auf die von Amts wegen vorzunehmende Prüfung der Verfahrensvoraussetzungen ist das Verfahren einzustellen, da es an einem wirksamen Eröffnungsbeschluß fehlt (§ 206a StPO).

Der Angeklagte hat die ihm zur Last gelegten Taten in der Zeit vom 17. März bis zum 2. September 1969 begangen.

Am 2. Mai 1970 ist der Angeklagte in einer anderen Strafsache in Barcelona (Spanien) festgenommen und aufgrund eines Auslieferungshaftbefehls des Landgerichts Mainz vom 11. Mai 1970 an die Bundesrepublik Deutschland ausgeliefert worden. Das

Landgericht Mainz verurteilte den Angeklagten in jenem Verfahren am 7. Dezember 1970 zur Freiheitsstrafe von fünf Jahren und zur Geldstrafe von 1000 DM; die Freiheitsstrafe wurde bis zum 20. Dezember 1974 vollstreckt, der Vollzug einer Reststrafe von 133 Tagen unter Festsetzung einer Bewährungszeit bis zum 31. Dezember 1978 zur Bewährung ausgesetzt; die Geldstrafe wurde am 26. Januar 1977 bezahlt.

Die Auslieferungsbewilligung erstreckte sich nicht auf die dem vorliegenden Verfahren zugrunde liegenden Straftaten. In diesem Verfahren ist Anklage unter dem 1. August 1972 erhoben, das Hauptverfahren am 13. Dezember 1972 eröffnet worden.

Nach Artikel 6 des Deutsch-Spanischen Auslieferungsvertrages vom 2. Mai 1878 (RGBl. 213) darf die ausgelieferte Person wegen eines Verbrechens oder Vergehens, wegen dessen die Auslieferung nicht bewilligt worden ist, ohne Nachtragsbewilligung nur dann »zur Untersuchung gezogen und bestraft werden«, wenn sie, nachdem sie wegen der zur Auslieferung führenden Taten bestraft oder endgültig freigesprochen ist, während dreier Monate im Lande bleibt oder nach Verlassen wieder dorthin zurückkehrt.

Diese Vorschrift bezieht sich zwar ihrem Wortlaut nach nur auf politische Straftaten, doch wird sie in übereinstimmender Praxis der beiden Staaten auf alle Straftaten angewendet, wegen deren die Auslieferung nicht bewilligt worden ist (*Grützner*, Internationaler Rechtshilfeverkehr in Strafsachen, Bd. III Abschn. II, S. 12 Art. 6 Fn. 3).

Eine Nachtragsbewilligung der spanischen Regierung ist nicht erholt worden, da der Angeklagte dem ausdrücklich widersprochen hat.

Demnach verbot der das Auslieferungsrecht beherrschende Grundsatz der Spezialität eine Verfolgung des Angeklagten wegen der dem jetzigen Verfahren zugrunde liegenden Straftaten jedenfalls im Jahre 1972; dabei kann unentschieden bleiben, ob die nach der Bestrafung beginnende Dreimonatsfrist schon dadurch in Gang gesetzt wird, daß der Verurteilte zur Bewährung aus der Strafhaft entlassen wird, oder ob sie erst dann beginnt, wenn ein zur Bewährung ausgesetzter Strafrest endgültig erlassen wird (vgl. *Heinrich Meyer,* Die Einlieferung, 1953, S. 139). Denn hier saß der Verurteilte noch in Strafhaft wegen der Auslieferungstaten, als am 13. Dezember 1972 das Hauptverfahren in der vorliegenden Sache gegen ihn eröffnet wurde.

Zu dieser Zeit war aber nicht nur eine Verurteilung, sondern die Durchführung des Strafverfahrens gegen den Angeklagten schlechthin unzulässig (RGSt 32, 247, 249). Mag auch die Meinung in Rechtsprechung und Schrifttum darüber geteilt sein, wie weit der Kreis der durch den Spezialitätsgrundsatz verbotenen Untersuchungshandlungen zu ziehen ist (vgl. einerseits *RG*, a.a.O., andererseits *Mettgenberg/Doerner*, DAG 2. Aufl., S. 328), so besteht jedenfalls kein Zweifel daran, daß ein Eröffnungsbeschluß in einem neuen Verfahren wegen anderer Taten, die vor der Auslieferung liegen, zu den Verfolgungshandlungen gehört, denen die beschränkte Auslieferungsbewilligung entgegensteht. Eine solche Verfahrenshandlung ist unzulässig und daher rechtsunwirksam (RG, a.a.O., S. 250).

Damit fehlt es an einem wirksamen Eröffnungsbeschluß und damit an einer Verfahrensvoraussetzung. Ein späterer Eröffnungsbeschluß ist nicht ergangen. Der Vermerk in der Sitzungsniederschrift vom 28. Februar 1979: »Es wird festgestellt, daß die Kammer durch Beschluß vom 13. 12. 1976 die Anklage zugelassen hat« beruht auf einem offensichtlichen Schreibversehen; einen Eröffnungsbeschluß von diesem Tage enthalten die Akten nicht, vielmehr ergibt sich aus der Übereinstimmung von Tag und Monat, daß damit der Eröffnungsbeschluß vom 13. Dezember 1972 gemeint ist.

Das Verfahren ist nach allem gemäß § 206a StPO einzustellen, ohne daß noch zu prüfen wäre, ob die in Rede stehenden Straftaten verjährt sind; hierzu sei nur bemerkt, daß einerseits die unter Verstoß gegen die Grundsätze des Auslieferungsrechts vorgenommenen Prozeßhandlungen nicht zur Unterbrechung der Verjährung geeignet waren, daß aber andererseits die Verjährung in der Zeit ruhte, in der wegen des Grundsatzes der Spezialität das Verfahren gegen den Angeklagten keinen Fortgang nehmen durfte (§ 78b StGB; § 69 StGB a. F.).

Da auch die Anklageerhebung in den Zeitraum fällt, während dessen die Durchführung des Verfahrens gegen den Angeklagten unzulässig war, wird, wenn das Verfahren fortgesetzt wird, auch eine neue Anklageschrift einzureichen sein.

Nr. 109 OLG Frankfurt 6. 9. 1979 (16 U 75/79) NJW 1980, 597

Die Verfügungsbekl., Verlegerin der wöchentlich erscheinenden Zeitschrift S, kündigte im Frühjahr 1979 in Heft 11 ihrer Illustrierten die Veröffentlichung einer Fortsetzungsserie über medizinische Versuche an Kindern im Konzentrationslager Neuengamme an. In dem die Veröffentlichung der Serie vorbereitenden Beitrag in Heft 11 wurde auch erwähnt, daß die Kinder, die zum Gegenstand unmenschlicher medizinischer Versuche im Lager gemacht worden waren, schließlich in einer Schule in Hamburg erhängt worden sind. In diesem Beitrag ist in bezug auf den Verfügungskl. weiter ausgeführt worden: »Einer der Täter lebt mitten unter uns. Er heißt A. Auf Befehl aus Berlin ließ er die Kinder umbringen. Deswegen wurde zwar gegen ihn ermittelt, doch die Hamburger Staatsanwaltschaft stellte das Verfahren ein. Jetzt prüft sie neues Belastungsmaterial.« An anderer Stelle heißt es: »Einer der für den Tod der Kinder Verantwortlichen lebt mitten unter uns: der ehemalige SS-Obersturmführer A.« Auf der gleichen Seite war ein Bild des Verfügungskl. abgedruckt.

Das LG hat die vom Verfügungskl. beantragte einstweilige Verfügung erlassen, sie aber auf den Widerspruch der Verfügungsbekl. aufgehoben. Die Berufung des Verfügungskl. hatte keinen Erfolg.

Der Verfügungskl. hat die Voraussetzungen, von deren Vorliegen der vorbeugende Unterlassungsanspruch aus § 823 II BGB, § 186 StGB oder § 1004 BGB abhängig ist, nicht genügend glaubhaft gemacht. Zwar hat die Verfügungsbekl. mit der veröffentlichten Behauptung, der Verfügungskl. habe am 20. 4. 1945 als Täter auf Befehl aus Berlin 20 Kinder aus dem Konzentrationslager Neuengamme in der Schule umbringen (nämlich durch Spritzen töten oder erhängen) lassen, in Beziehung auf den Verfügungskl. eine Tatsache verbreitet, die diesen in der öffentlichen Meinung herabwürdigt. Sie hat ihm durch diese Vorwürfe in ihrer auflagenstarken und weit verbreiteten Publikation besonders abstoßende und verabscheuungswürdige Greueltaten gegen unschuldige, hilflose Kinder zur Last gelegt, die sein Ansehen und seine Wertschätzung im Kreise aller billig und gerecht Denkenden vernichten und die Öffentlichkeit in starkem Maße gegen ihn einnehmen könnten. Durch die veröffentlichten Behauptungen der Verfügungsbekl. ist also die Ehre und das Ansehen des Verfügungskl. in überaus schwerwiegender Weise beeinträchtigt worden. Daran ändert, wie der BGH in einem ähnlichen Fall (BGH, NJW 1966, 647) ausgeführt hat, auch nichts, daß der Verfügungskl. sich damals als SS-Mann aktiv für die Ziele des Nationalsozialismus eingesetzt hatte. Die von der Verfügungsbekl. herbeigeführte Beeinträchtigung des Verfügungskl. ist aber im Ergebnis nicht rechtswidrig. Das ergibt sich aus folgenden Erwägungen: Das Recht der Verfügungsbekl., die nachteiligen Behauptungen über die Vergangenheit des Verfügungskl. aufzustellen, ergibt sich aus der Meinungsfreiheit und dem Recht zur Wahrung berechtigter Interessen ...

Die Umstände des für die Öffentlichkeit bedeutsamen Falles drängten demgemäß danach, den Verfügungskl. ungeschminkt als Täter zu bezeichnen. Daß er gerichtlich noch nicht überführt ist, wird in der Darstellung durch den Hinweis deutlich, es sei zwar gegen den Verfügungskl. wegen dieser Vorgänge ermittelt worden, doch habe die Hamburger Staatsanwaltschaft das Verfahren eingestellt; sie prüfe jetzt neues Belastungsmaterial.

Zu Unrecht meint der Verfügungskl., Art. 6 der Menschenrechtskonvention (EMRK) und der Pressekodex versagten der Verfügungsbekl. jedenfalls die Möglichkeit, ihn schon jetzt schlechthin als Täter zu bezeichnen. Nach Art. 6 II EMRK wird zwar bis zum gesetzlichen Nachweis der Schuld vermutet, daß der wegen einer strafbaren Handlung Angekl. unschuldig ist. Diese Bestimmung wendet sich aber unmittelbar nur an die vom Verfahren betroffenen Behörden. Privatpersonen werden durch die Menschenrechtskonvention nicht zu bestimmten Handlungen verpflichtet; der Menschenrechtskonvention kommt in diesem Zusammenhang auch keine unmittelbare Drittwirkung zu (vgl. *Kleinknecht*, StPO, Art. 1 EMRK Rdnr. 2). Zwar kann die Menschenrechtskonvention zum Prüfungsmaßstab für Handlungen Dritter verwendet werden (BVerwG, NJW 1960, 356=DÖV 1960, 65 [66]; *Kleinknecht*, Art. 1 EMRK Rdnr. 2). Auch dann können die sich aus Art. 6 EMRK ergebenden Rechte aber nicht absolut Geltung beanspruchen, sondern nur im Rahmen der oben schon erörterten Interessenabwägung unter Berücksichtigung der Rechte aus Meinungsfreiheit, Pressefreiheit und angemessener Wahrnehmung berechtigter Interessen abgewogen werden. Aus den oben dargelegten Gründen muß der Verfügungskl. bei der gegebenen Sachlage auch unter Berücksichtigung von Art. 6 EMRK hinnehmen, daß er von der Verfügungsbekl. schon als »Täter« bezeichnet worden ist. Für die sich aus dem Pressekodex ergebenden Auslegungsgesichtspunkte gilt Entsprechendes. Hat die Verfügungsbekl. nach alledem bei ihrer Veröffentlichung in angemessener Weise in Wahrnehmung berechtigter Interessen gehandelt und der Verfügungskl. die Unrichtigkeit der von ihr aufgestellten Behauptung nicht nachgewiesen, so sind, wie dargelegt wurde, die tatsächlichen Behauptungen der Verfügungsbekl. über den Kl. nicht in rechtswidriger Weise aufgestellt worden. Damit entfällt ein Unterlassungsanspruch ...

Nr. 110 OLG Stuttgart 25. 9. 1979 (1 Ws 304/79) NJW 1980, 1233

Das LG hat es mit der angefochtenen Entscheidung abgelehnt, das gegen den Angekl. ergangene Urteil, das jetzt schriftlich vorliegt, in eine dem Angekl. verständliche Sprache übersetzen zu lassen. Seine Beschwerde hiergegen hatte keinen Erfolg.

Der Angekl. hat jedenfalls im konkreten Fall keinen Anspruch auf Aushändigung einer Urteilsausfertigung in einer anderen als der deutschen Sprache. Der Verteidiger geht ersichtlich davon aus, die Entscheidung des EGMR vom 23. 10. 1978 (NJW 1979, 1091) verpflichte die Gerichte, das schriftliche Urteil stets übersetzen zu lassen, wenn der Angekl. der deutschen Sprache nicht mächtig ist. Eine so weitreichende, über den Wortlaut des Art. 6 III e EMRK hinausgehende Schlußfolgerung vermag der Senat aus dieser Entscheidung nicht zu ziehen. Weswegen und zu welcher Strafe ein des Deutschen unkundiger Angekl. verurteilt wurde, erfährt er dem Gebot der Menschenrechtskonvention entsprechend dadurch, daß in der Hauptverhandlung ein Dolmetscher den Urteilsspruch und seine mündliche Begründung in eine dem Angekl. verständliche Sprache überträgt. Ob aus der ausschließlichen Verwendung des Fachbegriffs »Dolmetscher« – im Gegensatz zum »Übersetzer«, der nur schriftliche Übersetzungen erledigt – in Art. 6 III e EMRK und der erwähnten Entscheidung zu folgern ist, dem der deutschen Sprache nicht mächtigen Angekl. stehe für das schriftliche Urteil ein Übersetzer unentgeltlich nicht zur Verfügung, kann offen bleiben. Der Senat braucht auch nicht zu entscheiden, ob und gegebenenfalls unter welchen Voraussetzungen entgegen der bisherigen Meinung in Rechtsprechung und Literatur (OLG Hamburg, NJW 1978, 2462; *Kleinknecht*, 34. Aufl. [1979], Art. 6 EMRK Rdnr. 17, und § 35 StPO Rdnr. 11 – BVerfG, NJW 1976, 1021, betrifft einen anderen Fall) die Übersetzung des schriftlichen Urteils angebracht sein könnte. Denn in der hier zu entscheidenden Sache handelt es sich bei dem schriftlichen Urteil jedenfalls nicht um ein Schriftstück, auf dessen Verständnis der Angekl. über die Mitteilung der mündlichen Urteilsgründe hinaus »angewiesen ist, um ein faires Verfahren zu haben«.

Das am 20. 7. 1979 gegen den Angekl. ergangene Urteil hat der Verteidiger mit dem allein zulässigen Rechtsmittel, der Revision, angefochten. Der Verteidiger hat das Rechtsmittel auch fristgerecht begründet. Die Frist des § 345 I StPO, innerhalb derer eventuell eine weitere Begründung in zulässiger Weise hätte nachgeschoben werden können, ist verstrichen. Selbst wenn also das schriftliche Urteil dem Angekl. übersetzt zur Verfügung gestellt würde, könnte er – praktisch – in wirksamer Weise nichts mehr zur weiteren Begründung der Revision und damit zu seiner Verteidigung beitragen. Somit ist er im konkreten Fall nicht auf die Kenntnis des schriftlichen Urteils angewiesen. Auf die Möglichkeit, daß nach eingetretener Rechtskraft, also in einem ganz anderen Verfahrensabschnitt – möglicherweise – weitere Verfahren in Gang gesetzt werden könnten (Wiederaufnahmeverfahren, Gnadengesuche, Gesuche um vorzeitige bedingte Entlassung aus der Strafhaft), und die Notwendigkeit, dann eventuell auf das schriftliche Urteil zurückgreifen zu müssen, kommt es in diesem Zusammenhang nicht an. Die Beschwerde des Angekl. war daher als unbegründet zu verwerfen.

Nr. 111 VG Ansbach 25. 9. 1979 (AN 3115-II/78) InfAuslR 1980, 62

Die miteinander verheirateten Asylbewerber (in dem Verfahren vor dem VG: Beigeladene), südafrikanische Staatsangehörige aus dem Stamm Ovambo, von Beruf Automechaniker und Verkäuferin, hielten sich von Geburt bis Ende 1976 in dem unter südafrikanischer Verwaltung stehenden Namibia/Südwestafrika auf und begaben sich Ende 1976 illegal nach Botswana. Dort erhielten sie . . . durch das Büro des Präsidenten in Gabarone je ein Reisedokument nach der Genfer Konvention mit einjähriger Rückkehrerlaubnis, gültig für Sambia, Kenya und die Bundesrepublik Deutschland. Die Beigeladenen verließen am . . . Botswana, kamen am nächsten Tag in die Bundesrepublik Deutschland und beantragten hier Anfang 1977 beim Bundesamt für die Anerkennung ausländischer Flüchtlinge, Zirndorf, Asyl. Aufgrund Abschiebung nach Botswana befinden sie sich zur Zeit in Sambia. Ihre Kinder sind in Namibia.

Der Anerkennungsausschuß des Bundesamtes lehnte die Asylanträge der Beigeladenen mit Bescheid vom 5. 9. 1977 ab, weil sie in Botswana als politische Flüchtlinge anerkannt worden seien, unter Aufhebung dieses Bescheides anerkannte sie der Widerspruchsausschuß des Bundesamtes mit Bescheid vom 15. 2. 1978, weil sie in Botswana keinen Schutz vor Verfolgung gefunden hätten.

Der Kläger, der Bundesbeauftragte für Asylangelegenheiten, Zirndorf, erhob am 10. 4. 1978 fristgerecht beim Verwaltungsgericht Ansbach Klage gegen die Bundesrepublik Deutschland mit dem Antrag, den Bescheid des Widerspruchsausschusses des Bundesamtes vom 15. 2. 1978 aufzuheben.

Die Beigeladenen hätten in Botswana nicht nur Schutz vor Verfolgung gefunden, sondern seien dort, wie die Erteilung von Konventionspässen durch die botswanischen Behörden zeige, als Asylberechtigte anerkannt worden. Es sei unerheblich, zu welchem Zweck ihnen die Pässe erteilt worden seien oder ob sie in Botswana hätten Asyl erhalten wollen. Jedenfalls hätten sie dort Reiseausweise für Flüchtlinge mit einjähriger Rückkehrberechtigung erhalten. Dadurch habe Botswana zum Ausdruck gebracht, daß es die Beigeladenen als Flüchtlinge ansehe, bereit sei, auf sie die Bestimmungen der Genfer Konvention anzuwenden und damit Abschiebungsschutz zu gewähren, es seine Verantwortung für die Beigeladenen anerkenne und bereit sei, ihnen im Rahmen der Rückkehrberechtigung die Wiedereinreise und Wiederaufnahme zu gewähren. In Sambia hätten die Beigeladenen nach ihrem Verlassen der Bundesrepublik Deutschland inzwischen anderweitig Schutz vor Verfolgung gefunden. Im übrigen werde zur Sache nicht bestritten, daß die Beigeladenen aus begründeter Furcht vor Verfolgung Namibia verlassen hätten und heute bei einer Rückkehr dorthin aus politischen Gründen bedroht wären. Die Klage hatte keinen Erfolg.

Die zulässige Klage des Bundesbeauftragten für Asylangelegenheiten ist unbegründet. Die Beigeladenen haben Anspruch auf Anerkennung als Asylberechtigte in der Bundesrepublik Deutschland.

Für ihren Asylantrag im Sinne des § 28 des Ausländergesetzes – AuslG – steht den Beigeladenen ein rechtlich geschütztes Interesse zur Seite. Ihr Aufenthalt in Sambia ist zwar hinsichtlich dieses Landes von den Beigeladenen freiwillig gewählt, beruht aber auf einer von den Behörden des Landes Nordrhein-Westfalen angeordneten Abschiebung nach Botswana, deren Reise sie in Sambia abgebrochen haben, und kann ihrem Asylbegehren ebensowenig entgegengehalten werden wie die Tatsache, daß sie in Sambia als Bibliothekar bzw. Krankenschwester tätig sind und insofern eine wirtschaftliche Existenz gefunden haben. Die Kammer vermag ihnen nicht zu widerlegen, daß sie, wie sie in der mündlichen Verhandlung vortragen ließen, in die Bundesrepublik Deutschland zurückkehren und hier bleiben wollen, wenn ihnen hier Asyl gewährt wird.

Auch steht dem Asylanspruch der Beigeladenen nicht die Einschränkung des § 28 am Ende AuslG – kein Asylanspruch in der Bundesrepublik, wenn in einem anderen Land Anerkennung nach dem Abkommen über die Rechtsstellung der Flüchtlinge (Genfer Konvention) oder anderweitig Schutz vor Verfolgung – entgegen, die sich nach Auffassung der Kammer als Frage des Rechtsschutzinteresses im Rahmen des grundrechtlich verbürgten Asylrechts des Art. 16 Abs. 2 Satz 2 des Grundgesetzes – GG – hält. Den Beigeladenen kann nicht widerlegt werden, in Botswana nicht ordnungsgemäß nach der Genfer Konvention anerkannt worden zu sein. Eine solche Anerkennung auch in Botswana setzt einen entsprechenden Antrag des Asylanten voraus; jedenfalls fordert § 28 AuslG auch insofern einen solchen, weil niemandem gegen seinen Willen ein Asyl in einem fremden Land schon wegen der möglicherweise dadurch in der Heimat entstehenden Nachteile aufgedrängt werden darf. An einem solchen Antrag fehlt es ersichtlich im vorliegenden Fall.

Aufgrund dessen kann den Beigeladenen nicht nur nicht widerlegt werden, in Botswana keinen ordnungsgemäßen Antrag auf Asyl gestellt zu haben, sondern auch dort nicht nach der Genfer Konvention anerkannt worden zu sein. An einer förmlichen, insbesondere schriftlichen Anerkennung fehlt es ohnehin. Allein in der Erteilung der

Konventionspässe kann im vorliegenden Fall eine solche nicht gesehen werden. Abgesehen davon, daß diese Pässe lediglich eine einjährige Rückkehrmöglichkeit gewähren, haben die botswanischen Behörden den Beigeladenen ersichtlich keinen dauerhaften Asylschutz gewähren wollen. Dies bestätigen die genannten, oben auch ihrem Inhalt nach wiedergegebenen Stellungnahmen der Botschaft der Bundesrepublik Deutschland in Botswana, des Hohen Flüchtlingskommissariats der Vereinten Nationen, Zweigstelle Zirndorf und seiner Vertretung in Botswana sowie des Verwaltungssekretärs des Präsidentenbüros in Botswana.

Die Beigeladenen haben auch nicht in Botswana vor ihrer Einreise in die Bundesrepublik Deutschland anderweitigen Schutz vor Verfolgung gefunden (vgl. § 28 am Ende AuslG). Ein solcher anderweitiger Schutz stellt zwar im Gegensatz zur Asylgewährung nicht auf den Willen des Flüchtlings ab, setzt indessen voraus, daß dieser nicht mehr befürchten muß, in den Verfolgerstaat abgeschoben zu werden, insbesondere in dem aufnehmenden Staat mit den Rechten aus Art. 33 Nr. 1 der Genfer Konvention für dauernd leben zu können, also die Möglichkeit des dauernden Aufenthalts zu erhalten (BVerwGE 49, 202/205; BVerwG vom 17. 2. 1977, I B 172-76; BayVGH vom 9. 12. 1977 und 7. 11. 1975, Nr. 216 III 75 bzw. 200 III 74; VG Ansbach vom 6. 6. 1978, Nr. 3653-II/76). Das ist nicht gegeben, wenn der Ausländer nur vorübergehenden Verfolgungsschutz durch einen anderen Staat gefunden hat und bei seinem Asylbegehren in der Bundesrepublik Deutschland erneut des Schutzes vor politischer Verfolgung durch den Heimatstaat bedarf; etwas anderes kann ausnahmsweise z. B. dann gelten, wenn der Asylbewerber den ihm für dauernd gewährten Verfolgungsschutz eines anderen Staates durch Auswanderung in ein erwünschteres Land freiwillig aufgegeben hat (BVerwG vom 22. 6. 1977, I B 275.76; 26. 4. 1977, I CB 3.76 und I CB 6.76; 17. 2. 1977, I B 172.76; BayVGH vom 12. 7. 1979, Nr. 921 XII 78). Diese Voraussetzungen sind im vorliegenden Falle nicht gegeben. Die Behörden Botswanas wollten den Beigeladenen ersichtlich nicht die Möglichkeit *dauernden* Aufenthalts geben, sondern haben, wie oben dargelegt, ihnen die Konventionspässe nur zwecks Weiterreise ausgestellt (vgl. Memorandum der Vertretung des Hohen Flüchtlingskommissars der Vereinten Nationen in Botswana vom 25. 2. 1977 und Schreiben des Verwaltungssekretärs des Büros des Präsidenten in Gaborone/Botswana an Pastor Groth vom 19. 4. 1977). Sie wollten ihnen also nur Schutz für die Dauer der Durchreise gewähren. Es mag sein, daß sie die Beigeladenen weder damals noch heute nach Namibia abgeschoben hätten bzw. abschieben würden. Man wird grundsätzlich auch das Schutzfinden im Sinne des § 28 am Ende AuslG nicht schon dann verneinen, wenn, vom aufnehmenden Staat mißbilligt, von dessen Gebiet aus illegal Flüchtlinge in das Verfolgungsland verschleppt werden. Jedenfalls fehlt es am Schutzfinden aber dann, wenn den Flüchtlingen nicht hinreichend widerlegt werden kann, daß sie im aufnehmenden Staat von den Sicherheitsorganen ihres Heimatlandes in besonders umfangreichem Maße beobachtet und in größerer Zahl in die Heimat verbracht würden, ohne daß die Behörden des aufnehmenden Staates in der Lage sind, sie hinreichend davor zu schützen (vgl. BVerwG vom 31. 1. 1979, 1 B 44.79; 1. 6. 1965, I C 118.62). Das trifft für die Beigeladenen hinsichtlich Botswana zu. So berichtet die dortige Botschaft der Bundesrepublik Deutschland im Schreiben vom 14. 2. 1977, daß zwar die Regierung Botswana alles hier nur mögliche tue, in Zusammenarbeit mit dem örtlichen Beauftragten des Flüchtlingskommissars der Vereinten Nationen, den Flüchtlingen behilflich zu sein, daß es aber für den Asylnehmer natürlich immer gefährlich sei, in unmittelbarer Nähe der

Grenze zu dem Land Aufenthalt zu nehmen, aus dem er gerade geflohen sei, daß es in Botswana keine gezielten Aktionen der südafrikanischen Geheimpolizei gebe, die mit Zustimmung der Regierung Botswanas erfolgten, es jedoch bekannt sei, daß südafrikanische Polizisten als normale Reisende mit normalen Pässen nach Botswana einreisten und profilierte Flüchtlinge observierten. Entsprechendes teilt der Hohe Flüchtlingskommissar der Vereinten Nationen, Zweigstelle Zirndorf, im Schreiben vom 31. 3. 1977 mit. In seiner eidesstattlichen Erklärung vom 14. 2. 1977 legt Pastor Albers im einzelnen dar, von Pastoren in Südafrika und Botswana gehört zu haben, daß in letzterem Land Flüchtlinge aus Südafrika durch südafrikanische Sicherheitsorgane aufgespürt und wieder in südafrikanische Gewalt gebracht würden; daß der Stationskommandant auf der Strecke von der Grenze nach Lobatse die Beigeladenen bei sich in der Wohnung untergebracht habe, weil ein südafrikanischer Sicherheitsbeamter sie bis in die Polizeistation verfolgt habe. Daraus ergeben sich jedenfalls hinsichtlich der Beigeladenen erhebliche Zweifel, ob, wie die Botschaft der Bundesrepublik Deutschland im Schreiben vom 14. 2. 1977 dargelegt, die Regierung Botswanas alles ihr nur Mögliche für die Flüchtlinge aus Namibia in dem Sinne tue, daß sie für deren Schutz in Botswana sorgt. Diese Zweifel werden dadurch bestärkt, daß Botswana die Größe etwa Frankreichs, aber etwa nur 800 000 Einwohner und nur relativ kleine Sicherheitskräfte hat, also zu einem hinreichenden Schutz seiner relativ langen Grenzen zu Namibia nicht in der Lage und um so weniger Willens ist, als es zwar nicht die Rassentrennungspolitik Südafrikas unterstützt, dies aber unter den Angrenzerstaaten Südafrikas nur mit »leisester« Stimme vertritt und wesentlich auf die wirtschaftliche Hilfe Südafrikas angewiesen ist (Bericht der Frankfurter Allgemeinen vom 19. 10. 1979, S. 7, und der Neuen Zürcher Zeitung vom 21./22. 1. 1979, S. 4).

Hinsichtlich der vom Kläger geltend gemachten Anerkennung der Beigeladenen in Botswana und hinsichtlich deren von ihm ebenfalls geltend gemachten Schutzes vor Verfolgung dort stehen der Kammer weitere Klärungsmöglichkeiten nicht zur Verfügung. Mag es auch wegen des Untersuchungsgrundsatzes im verwaltungsgerichtlichen Verfahren (§ 86 Abs. 1 VwGO) keine formelle Beweislast geben, so sind doch, wie hier, Sachverhalte denkbar, bei denen trotz aller Bemühungen des Gerichts entscheidungserhebliche Umstände nicht restlos aufgeklärt werden können. In einem solchen Falle einer sogenannten materiellen Beweislast geht die Unerweislichkeit einer Tatsache auch im verwaltungsgerichtlichen Verfahren zu Lasten dessen, der daraus günstige Rechtsfolgen für sich herleitet (BayVGH vom 9. 12. 1977, Nr. 1 XII 69; *Kopp*, VwGO, 4. Auflage 1978, Erlaß 5 zu § 108).

Soweit zu den genannten Fragen es an einer weiteren tatsächlichen Klärung fehlt, geht dies zu Lasten des Klägers, der die »rechtsvernichtende« Einwendung des § 28 am Ende AuslG geltend macht.

Auch kann den Beigeladenen nicht ein anderweitiger Schutz in Sambia entgegengehalten werden. Wie bereits oben zur Frage des Rechtsschutzbedürfnisses ihres Asylantrags dargelegt, beruht ihr möglicherweise nun aufenthaltsrechtlich wie wirtschaftlich gesicherter Aufenthalt in Sambia auf ihrer Abschiebung aus der Bundesrepublik Deutschland; andererseits kann ihnen nicht widerlegt werden, bei Asylgewährung in der Bundesrepublik hierher zurückkehren zu wollen. Daher entfällt hier die Einschränkung des § 28 am Ende aus dem übergeordneten rechtsstaatlichen Gebot von Treu und Glauben.

Die sachlichen Asylvoraussetzungen des Art. 16 Abs. 2 Satz 2 GG sind gegeben, was auch der Kläger nicht bestreitet. Die Beigeladenen müssen als politisch Verfolgte im Sinne dieses Grundrechts angesehen werden. Sie haben aus begründeter Furcht vor politischer Verfolgung Anfang November 1976 ihre Heimat Namibia/Südafrika, das Land ihrer Staatsangehörigkeit, verlassen und können dorthin nunmehr nicht zurückkehren, ohne dort mit politischer Verfolgung rechnen zu müssen. Es kann ihnen, wie auch der Kläger erkannt hat, nicht widerlegt werden, in Namibia als exponierte Anhänger der Südwestafrikanischen Volksorganisation (SWAPO) auch den südafrikanischen Behörden bekannt zu sein. Ersichtlich war der Beigeladene bereits dieserhalb längere Zeit in verschiedenen Gefängnissen durch die südafrikanischen Behörden inhaftiert. Auch die Beigeladene war für die SWAPO tätig. Auch hat Pastor Albers in seiner eidesstattlichen Erklärung vom 14. 2. 1977 von Beobachtungen der Beigeladenen durch südafrikanische Organe in Botswana berichtet, was unter Berücksichtigung deren Tätigkeit für die SWAPO für eine Gefahr politischer Bedrohung für sie spricht. Bis heute fehlt es an hinreichenden Anhaltspunkten, daß sich in Namibia die Situation für derart exponierte SWAPO-Anhänger zu deren Gunsten geändert hat. So berichtet die Süddeutsche Zeitung am 7./8. 7. 1979, daß SWAPO-Angehörige in Namibia gefoltert würden, am 6. 7. 1979, daß 64 SWAPO-Funktionäre weiterhin in Haft gehalten würden; die Neue Zürcher Zeitung meldet am 30. 6. 1979, daß sich der Befreiungskrieg der SWAPO in Namibia ausgedehnt habe, die Süddeutsche Zeitung am 12. 5. 1979, daß die Polizei Sondervollmachten erhalten habe, die Neue Zürcher Zeitung am 10. 5. 1979, daß sich die Haltung der Behörden Südafrikas gegen die SWAPO verhärtet habe und 40 Mitglieder dieser Organisation verhaftet seien. Von einer Guerilla-Tätigkeit der SWAPO in Namibia berichtet die Frankfurter Allgemeine am 3. 8. 1979 . . .

Nr. 112 VG Ansbach 28. 9. 1979 (AN 46-XII/79) InfAuslR 1980, 68

Darüber hinaus muß der Kläger mit politischer Verfolgung rechnen, weil er nach dem Machtantritt der jetzigen Regierung Äthiopiens sein Heimatland verlassen hat. Der Kläger ist offenbar im September 1975 aus Äthiopien ausgereist. Wegen der Tatsache dieser Ausreise muß der Kläger mit schwerster Bestrafung rechnen. Nach der Neufassung des Artikels 17 des äthiopischen Strafgesetzbuches aufgrund der Proclamation Nr. 96/76 vom 24. 7. 1976 wird mit Zuchthaus von 5–25 Jahren bestraft, wer auch immer . . . Landesverrat begeht, indem er das Land oder Volk illegal verläßt. Sofern die Begehung der Tat besonders schwerwiegend ist, wird die Strafe lebenslängliches Zuchthaus oder der Tod sein. Personen, denen die aufgeführte Straftat zur Last gelegt wird und denen die Flucht gelungen ist, müssen bei ihrer Festnahme bzw. bei Rückkehr mit der Todesstrafe rechnen (vgl. hierzu Auskunft des Auswärtigen Amtes vom 6. 12. 1977). Die Bestimmung des Art. 17 des Strafgesetzbuches wird auch auf solche Personen angewandt, die vor dem 24. 7. 1976 Äthiopien verlassen haben, zumindest dann, wenn das Verlassen Äthiopiens nach dem Ausbruch der Revolution von 1974 liegt (Auskunft des Auswärtigen Amtes vom 26. 1. 1978). Dies ist hier der Fall. Das Verlassen des Landes seitens des Klägers war illegal. Der Kläger muß deshalb mit zeitlicher oder lebenslänglicher Freiheitsstrafe rechnen. Eine Hinrichtung erscheint ebenfalls nicht ausgeschlossen, insbesondere wenn man die allgemein willkürliche Handhabung richterlicher Befugnisse durch die derzeitigen äthiopischen Sicherheitsstreitkräfte betrachtet. Nicht anders wie in den Fällen der sogenannten Republikflucht aus Ostblockstaaten wäre eine derartige Bestrafung des Klägers in Äthiopien eine politische Bestrafung. Es käme noch nicht einmal darauf an, ob der Kläger Äthiopien (was aber nach den Umständen anzunehmen wäre) aus politischer Gegnerschaft verlassen hat. Es kommt vielmehr maßgeblich auf die Strafmotivation des Staates an. Dient die Strafmotivation der Abwehr und Ahndung des auf abweichender politischer Überzeugung beruhenden Wunsches, in einem anderen Land leben zu können, so ist die hierin liegende Bestrafung als eine politische Verfolgung zu betrachten, ohne daß es darauf ankommt, ob durch die konkrete Bestrafung die politische Überzeugung des Asylbewerbers getroffen werden soll oder nicht (vgl. BVerwG, Beschl. vom 29. 6. 1977 – I B 66.77). Diese Voraussetzungen sind hier erfüllt. Die Motivation des Gesetzgebers ist im vorliegenden Fall mindestens ebenso stark wie in den Ostblockstaaten, die eine Republikfluchtstrafbestimmung haben, eine politische. Ein Unterschied, der eine abweichende Behandlung rechtfertigen würde, ist hier nicht ersichtlich. Für den Kläger würde sich somit auch insoweit eine politische Verfolgung in Äthiopien ergeben.

Der Kläger hat entgegen der Auffassung des Bundesamtes auch nicht in Ägypten Schutz vor Verfolgung gefunden. Dabei kann offen bleiben, ob das Vorbringen des Klägers zutreffend ist, daß er in Ägypten stets nur kurzfristig und unter dem Druck einer angedrohten Ausweisung jeweils Aufenthaltserlaubnis oder vorübergehende Gestattung des Aufenthalts erhalten hat oder ob der Kläger in Ägypten weiterhin eine Aufenthaltserlaubnis erhalten hätte. Nach der Auskunft des Auswärtigen Amtes vom 14. 5. 1979 gewährt Ägypten zwar nur in wenigen Fällen politisches Asyl. Die Aufenthaltserlaubnis sei jedoch hiervon nicht abhängig. Äthiopische Flüchtlinge würden nach der weiteren Äußerung des Auswärtigen Amtes vom 6. 8. 1979 nicht in ihre Heimat abgeschoben, allenfalls in das Land, aus dem der Flüchtling nach Ägypten eingereist ist. Selbst wenn man hiervon ausgeht, war der weitere Aufenthalt des Klägers in Ägypten keineswegs gesichert. Aus den Eintragungen ägyptischer Behörden in seinen Reisepaß scheint sich zu bestätigen, daß der Kläger dort jeweils nur kurzfristige »Aufenthaltserlaubnisse« hatte. Es scheint dort tatsächlich die Praxis der Behörden gewesen zu sein, den Kläger durch kurze Befristung der »Aufenthaltserlaubnisse« zu veranlassen, Ägypten wieder zu verlassen. In diesem Fall kann nicht davon gesprochen werden, daß der Kläger Schutz vor Verfolgung in Ägypten gefunden hat. Zu einem derartigen Schutzfinden gehört, daß der betreffende Flüchtling in dem Zufluchtsland eine Rechtsstellung erhält, die der nach gewährtem Asylrecht wenigstens annähernd gleichkommt. Hierzu gehört zum einen, daß der Flüchtling nicht nur vorübergehend geduldet ist, sondern die gesicherte und dauernde Möglichkeit hat, sich in dem betreffenden Land aufzuhalten. Dabei muß auch berücksichtigt werden, inwieweit nach der Praxis der Behörden des betreffenden Landes der Flüchtling gegen eine Ausweisung geschützt ist. Selbst wenn Ausländer aus einem bestimmten Herkunftsland vorübergehend geduldet werden, so bedeutet dies nicht, daß diese sich weiterhin in dem betreffenden Land aufhalten können. Je instabiler die allgemeinen politischen Verhältnisse in dem betreffenden Land sind und je schwankender möglicherweise die Beziehungen zu dem Herkunftsland des Flüchtlings, destoweniger ist er dort gegen eine Ausweisung geschützt. Daß die ägyptischen Behörden den Kläger möglicherweise nicht nach Äthiopien abgeschoben hätten, sondern lediglich in den Sudan, steht dem hier gefundenen Ergebnis nicht entgegen. Der Kläger hat sich tatsächlich nicht im Sudan aufgehalten und dort nicht Zuflucht gefunden. Daß er dort möglicherweise Zuflucht hätte finden können, ist asylrechtlich ohne Bedeutung. Dem politischen Flüchtling muß grundsätzlich die Wahl des Zufluchtslandes offenstehen.

Selbst wenn man hinsichtlich des soeben Ausgeführten zum gegenteiligen Ergebnis käme, wäre gleichwohl ein anderweitiges Schutzfinden des Klägers (in Ägypten) zu verneinen. Schutz findet ein Flüchtling in einem anderen Land nur dann, wenn ihm dort die Mindestrechte der Genfer Konvention gewährt werden. Hierzu gehört in jedem Fall die berufliche und soziale Absicherung des betreffenden Asylbewerbers. Eine solche hatte der Kläger in Ägypten nicht. Er hatte dort insbesondere keine Möglichkeit, eine Existenz zu gründen. Er war auf Unterstützung durch den UN-Flüchtlingskommissar bzw. durch seine Familie und auf die Hilfe anderer Personen angewiesen. Auch die Möglichkeit der Sozialhilfegewährung bestand offensichtlich nicht (vgl. Auskunft des Auswärtigen Amtes vom 6. 8. 1979 zu Ziff. 3). Neben der dauernden Sicherung seines Aufenthalts in Ägypten fehlte es somit auch an einer Sicherung der wirtschaftlichen Existenz des Klägers in Ägypten. Er hat dort nicht Schutz vor Verfolgung gefunden.

Die Tatsache, daß sich der Kläger durch seine Botschaft in Ägypten einen neuen äthiopischen Reisepaß hat ausstellen lassen, steht der Asylgewährung nicht entgegen. Der Kläger hatte, als er sich den Paß ausstellen ließ, keineswegs den Willen und die Vorstellung, sich dabei wieder unter den Schutz seines Heimatstaats zu stellen. Gerade das Gegenteil ist der Fall. Der Flüchtling, der das Risiko vermeiden will, wegen Fehlens ordnungsgemäßer Papiere möglicherweise in seinen Heimatstaat, in dem er Verfolgung befürchtet, abgeschoben zu werden, hat das dringende Bedürfnis, sich einen Paß zu verschaffen. Da er normalerweise einen Fremdenpaß nicht erhalten kann, ist er gezwungen, einen Paß seiner Heimatbehörden sich zu beschaffen. Auf fehlende Verfolgungsabsicht des Heimatlandes kann zumindest im vorliegenden Fall aus der Tatsache der Neuausstellung des Passes nicht geschlossen werden, da eine derartige Verfolgung, wie bereits ausgeführt, im Fall der Rückkehr nach Äthiopien als feststehend zu erachten ist.

Nr. 113 OLG Frankfurt 16. 10. 1979 (3 Ws 830/79) NJW 1980, 1238

Der Angekl., ein Israeli, ist vom LG wegen versuchten Mordes zu einer Freiheitsstrafe von zehn Jahren verurteilt worden. Mit der Behauptung, die deutsche Sprache nur mangelhaft zu beherrschen, hat er beantragt, ihm das schriftliche Urteil in hebräischer Übersetzung zur Kenntnis zu bringen. Diesen Antrag hat die StrK abgelehnt. Seine Beschwerde hiergegen hatte keinen Erfolg.

Ein Ausländer, der des Deutschen nicht oder nicht hinreichend mächtig ist, kann nicht verlangen, daß ihm das schriftliche Urteil in eine für ihn verständliche Sprache übersetzt wird (OLG Hamburg, NJW 1978, 2462=MDR 1978, 865=OLGSt § 184 GVG, S. 1; *Kleinknecht*, StPO, 34. Aufl., § 184 GVG Rdnr. 3, Art. 6 EMRK Rdnr. 17).

Nach § 184 GVG ist die Gerichtssprache deutsch. Dementsprechend ergehen schriftliche Entscheidungen des Gerichts auch dann in deutscher Sprache, wenn der davon Betroffene Ausländer ist und kein deutsch versteht (*Schäfer*, in: Löwe/Rosenberg, StPO, 23. Aufl., § 184 GVG Rdnr. 6). Auf die Herstellung einer Übersetzung hat der Betroffene keinen Anspruch. Bei Verhandlungen, die unter Beteiligung fremdsprachiger, des Deutschen nicht mächtiger Personen stattfinden, bedarf es allerdings der Zuziehung eines Dolmetschers (§ 185 I 1 GVG). Der Angekl. kann die unentgeltliche Beiziehung eines Dolmetschers verlangen, wenn er die Verhandlungssprache des Gerichts nicht versteht (Art. 6 III e EMRK; vgl. dazu EGMR, EuGRZ 1979, 34=NJW 1979, 1091). Außerhalb von Verhandlungen erwächst den Strafverfolgungsorganen jedoch nur ausnahmsweise die Pflicht, ihre Entschließungen und Entscheidungen dem fremdsprachigen Ausländer in einer anderen als der deutschen Sprache bekanntzumachen. Diese Ausnahmen beschränken sich darauf, daß jeder Festgenommene in einer ihm verständlichen Sprache über die Gründe seiner Festnahme und über die gegen ihn erhobenen Beschuldigungen zu unterrichten ist (Art. 5 II EMRK) und jeder Angekl. in einer für ihn verständlichen Sprache über die Art und den Grund der Beschuldigung in Kenntnis gesetzt werden muß (Art. 6 IIIa EMRK). Jenseits des Geltungsbereichs dieser Regelungen, die vor allem den Haftbefehl und die Anklageschrift betreffen, bewendet es dagegen bei dem Grundsatz, daß es dem Verfahrensbeteiligten selber obliegt, sich über den Erklärungsgehalt einer ihn angehenden, in deutscher Sprache abgefaßten schriftlichen Entscheidung des Gerichts zu unterrichten. Demgemäß ist es Sache des fremdsprachigen, der deutschen Sprache nicht mächtigen Ausländers, das schriftliche Urteil . . . in seine Heimatsprache oder eine andere, ihm verständliche Sprache übersetzen zu lassen . . .

Auch unter dem Blickwinkel des Verfassungsrechts erfährt dieses Ergebnis keine Veränderung. Zwar haben Ausländer in Verfahren vor Gerichten der Bundesrepublik Deutschland die gleichen prozessualen Grundrechte wie Deutsche, insbesondere den gleichen Anspruch auf ein rechtsstaatliches Verfahren sowie auf umfassenden und effektiven gerichtlichen Schutz (BVerfGE 40, 95 [98 f.] = NJW 1975, 1597; BVerfGE 42, 120 [123]=NJW 1976, 1021; vgl. dazu *Schäfer*, in: Löwe/Rosenberg, StPO, 23. Aufl., § 184 GVG Rdnr. 6). Auch dürfen mangelhafte Kenntnisse der deutschen Sprache nicht zu einer Verkürzung der verfassungsrechtlichen Rechtsschutzgarantien (Art. 19 IV, 103 I GG) führen (BVerfGE 42, 120 [123]=NJW 1976, 1021). Indessen folgt daraus nicht, daß einem Ausländer, der die deutsche Sprache nicht oder nur unzureichend beherrscht, das schriftliche Urteil in seiner Heimatsprache oder einer ihm verständlichen Sprache mitgeteilt werden müßte. Das BVerfG hat in der zuletzt angeführten Entscheidung deutlich gemacht, daß dem fremdsprachigen Ausländer kein verfassungskräftig verbürgter Anspruch auf Erteilung der Rechtsmittelbelehrung in seiner Heimatsprache zusteht (BVerfGE 42, 120 [125]=NJW 1976, 1021). Wenn der ausländische Verfahrensbeteiligte aber von Verfassungs wegen nicht einmal die Übersetzung einer Rechtsmittelbelehrung zu fordern vermag, kann er erst recht nicht verlangen, daß die schriftliche Entscheidung des Gerichts insgesamt in eine für ihn verständliche Sprache übersetzt wird. Mit der Ablehnung eines derartigen Anspruchs tritt keine Verkürzung seiner prozessualen Grundrechte ein. Der Grundsatz des rechtlichen Gehörs (Art. 103 I GG) ist gewahrt. Insoweit genügt es, daß der Angekl. von seinem Äußerungsrecht durch Vermittlung des Verteidigers Gebrauch machen kann (BVerfGE 7, 327 [329]), dem hier im übrigen gestattet worden ist, seinen Mandanten mit einem Dolmetscher in der Justizvollzugsanstalt zu besuchen. Das Recht auf ein faires Verfahren (Art. 2 I GG; vgl. BVerfGE 38, 105 [111]=NJW 1975, 103) und effektiven gerichtlichen Rechtsschutz (Art. 19 IV GG; vgl. BVerfGE 40, 272 [275]=NJW 1976, 141) wird durch die Vorenthaltung einer übersetzten Fassung des schriftlichen Urteils nicht beeinträchtigt. Der fremdsprachige Angekl. kann sich das Urteil durch einen von ihm zu beauftragenden Dolmetscher übersetzen lassen. Soweit ihm dies anzusinnen ist, liegt darin auch kein Verstoß gegen Art. 3 III GG, wonach niemand wegen seiner Sprache benachteiligt werden darf. Denn diese Bestimmung verbietet es nur, die Sprachzugehörigkeit innerhalb anderer Regelungsbereiche und -zusammenhänge als Differenzierungskriterium zu benutzen, von dem Bevorzugungen oder Benachteiligungen abhängen; indessen verleiht Art. 3 III GG, der als Ausprägung des allgemeinen Gleichheitssatzes den Schutz sprachlicher Minderheiten gewährleisten soll, dem Ausländer keinen Anspruch auf Ausgleich gerade derjenigen Nachteile, die sich unmittelbar daraus ergeben, daß er die deutsche Sprache nicht oder nur unzulänglich beherrscht.

Demgemäß fällt es in den Kreis der vom Angekl. selbst und in eigener Verantwortung wahrzunehmenden Angelegenheiten, sich um die Übersetzung des schriftlichen Urteils in eine ihm verständliche Sprache zu kümmern und hierzu einen Dolmetscher zu bemühen. Daran ändert es nichts, daß nach Nr. 181 II der Richtlinien für das Strafverfahren und das Bußgeldverfahren (RiStBV) in der ab 1. 1. 1977 (bundeseinheitlich) geltenden Fassung gerichtliche Sachentscheidungen dem Ausländer, der die deutsche Sprache nicht hinreichend beherrscht, mit einer Übersetzung in eine ihm verständliche Sprache bekanntzugeben sind. Abgesehen davon, daß die hiernach geforderte Bekanntgabe bereits durch die Übersetzung der mündlichen Urteilsgründe in der Verhandlung geschieht, sind die Richtlinien als bloße Verwaltungsvorschriften ungeeignet, zusätzliche Verfahrensrechte des Angekl. zu begründen.

Nr. 114 VGH München 26. 10. 1979 (10 Cs-1600/79) DÖV 1980, 457

... Es kann für das vorläufige Verfahren dahinstehen, ob die Abschiebungsandrohung durch den Antrag auf Wiederaufnahme des Asylverfahrens im Zeitpunkt der Widerspruchsentscheidung rechtswidrig geworden war. Denn jedenfalls hat der Ast. Anspruch auf Aussetzung der Vollziehung (Duldung), wenn nicht schon aus Art. 16 Abs. 2 Satz 2 GG oder aus § 31 Satz 1 und § 40 Abs. 1 AuslG, dann jedenfalls aus Nr. 3 AuslVwV zu § 36. Nach Satz 1 dieser Vorschrift ist bei Ausländern, die eine Wiederaufnahme des Asylverfahrens beantragt haben, von einer Abschiebung abzusehen, solange nicht der Leiter des Bundesamtes die Einleitung einer neuen Verhandlung abgelehnt hat und diese Entscheidung unanfechtbar ist. Das ist hier nicht der Fall. Nach Nr. 3 Satz 3 dieser Verwaltungsvorschrift ist über die Aussetzung der Abschiebung (Duldung) eine Bescheinigung nach Muster A 20 zu erteilen. Da diese Richtlinien das Ermessen der Behörden binden, folgt zumindest aus dem Gleichbehandlungsgrundsatz (Art. 3 Abs. 1 GG) ein Anspruch des Ast. auf Aussetzung der Abschiebung (vgl. OVG Münster, Urteil vom 27. 9. 1978, NJW 1979, 509).

Der Antrag auf Wiederaufnahme des Asylverfahrens darf nicht ausnahmsweise außer acht gelassen werden, weil er offensichtlich rechtsmißbräuchlich gestellt wäre (vgl. Nr. 3 Satz 2 AuslVwV zu § 36 i. V. mit Nr. 6 Satz 2 AuslVwV zu § 38). Das Verbot der mißbräuchlichen (funktionswidrigen) Rechtsausübung wurzelt in dem Gebot, sich so zu verhalten, wie Treu und Glauben es verlangen; dieses Gebot gilt als sog. allgemeiner Grundsatz auch im Verwaltungsrecht (BVerwGE 55, 337/339). Die rechtsmißbräuchliche Inanspruchnahme eines Asylverfahrens wird nur in besonders gelagerten Ausnahmefällen aus den gesamten Umständen des Falles festgestellt werden können (Urteil des Senats vom 25. 2. 1977, BayVBl. 1977, 404=DVBl. 1978, 891 m. w. N.). Gegen die Rspr. der meisten Oberverwaltungsgerichte, die auch Eingang in die Verwaltungsvorschriften gefunden hat (Nr. 6 Satz 2–4 AuslVwV zu § 38), sind bedenkenswerte Einwände erhoben worden (vgl. z. B. *Huber*, NJW 1977, 1557/1562; *Franz*, ZRP 1977, 269). Ob ihnen zu folgen ist, kann dahingestellt bleiben. Denn auch wenn man von den bisher entwickelten Anhaltspunkten für ein mißbräuchliches Verhalten ausgeht, hat der Antrag nach § 80 Abs. 5 VwGO Erfolg. Der Ast. begehrt die

Wiederaufnahme des Asylverfahrens nicht *offensichtlich* rechtsmißbräuchlich. Durch sein Verhalten steht nicht *eindeutig* fest, daß er mit seinem Begehren *ausschließlich* asylfremde Ziele verfolgt . . .

Der Wiederaufnahmeantrag mag offensichtlich unbegründet sein. Er ist deswegen noch nicht offensichtlich rechtsmißbräuchlich gestellt (vgl. die Antwort des Bundesministers des Innern vom 21. 7. 1977 auf eine Anfrage des Abg. Dr. Laufs, BT-Drucksache 8/793, S. 9).

Der Senat folgt nicht der neuesten Rspr. des HessVGH (DÖV 1980, S. 55), daß alle eindeutig aussichtslosen Asylanträge im allgemeinen ausländerrechtlichen Verfahren unbeachtlich seien. Art. 16 Abs. 2 Satz 2 GG verbürgt demjenigen, der Schutz vor politischer Verfolgung sucht, daß er an der Grenze nicht zurückgewiesen und nicht in einen möglichen Verfolgerstaat abgeschoben wird. Das gehört zum unverzichtbaren Kerngehalt des Grundrechts auf Asyl (BVerwGE 49, 202/205 = DÖV 1976, S. 92). Ob ein Ast. in seinem Heimatland tatsächlich politisch verfolgt wird, ist in einem besonderen Verfahren vor dem Bundesamt für die Anerkennung ausländischer Flüchtlinge zu prüfen (§§ 29 ff. AuslG). Es widerspricht der Kompetenzverteilung des AuslG, wenn die Grenz- oder Ausländerbehörden feststellen, das Asylbegehren sei offensichtlich unbegründet, und daraufhin die Grenzbehörde den Asylbewerber wegen fehlenden Sichtvermerks zurückweist oder zurückschiebt oder die Ausländerbehörde ihn ausweist und/oder abschiebt (vgl. BVerwG, Urteil vom 16. 8. 1977, NJW 1978, 507 = BayVBl. 1978, 88, zur Erteilung einer Aufenthaltserlaubnis an einen Asylbewerber, dem der Aufenthalt gestattet war).

Die allgemeinen Regeln über die Inzidentprüfung und -entscheidung von Vorfragen (vgl. *Kopp*, VwVfG, Vorbem. 6 vor § 9) können hier nicht angewendet werden. Zwar treffen die Grenz- oder Ausländerbehörden über die Asylberechtigung keine Regelung, die der Bestandskraft fähig wäre. Sie können somit zwar nicht rechtlich, aber tatsächlich das Asylrecht in seinem Kern vernichten, wenn sie einen Ausländer – in der irrigen Annahme, sein Asylbegehren sei offensichtlich unbegründet – zurückweisen bzw. in das Land, in dem ihm nach seiner Behauptung politische Verfolgung droht, abschieben. Wegen der möglichen tatsächlichen Gefährdung des Grundrechts auf Asyl darf nicht unterstellt werden, die Auffassung der Behörden, ein Asylbegehren sei offensichtlich unbegründet, sei immer richtig. Sie kann zwar verwaltungsgerichtlich überprüft werden. Ob es aber einem an der Grenze festgehaltenen Asylbewerber immer gelingt, vorläufigen Rechtsschutz zu beantragen, bevor er zurückgewiesen oder abgeschoben wird, mag mit Fug bezweifelt werden. Gelingt es ihm, sind die Behörden gleichwohl nicht gehindert, Zwangsmaßnahmen zu ergreifen, solange nicht das Verwaltungsgericht oder das Beschwerdegericht dem Antrag entsprochen hat. Hinsichtlich der Frage, ob offensichtlich rechtsmißbräuchlich Asyl beantragt worden ist, war der Senat schon öfters anderer Meinung als die Verwaltungsgerichte, und zwar zugunsten der Antragsteller. Auch zu der Frage, ob ein Asylbegehren »einfach« oder offensichtlich unbegründet ist, können in manchen Fällen mit guten Gründen verschiedene Meinungen vertreten werden (vgl. auch *Jacob*, DVBl. 1979, 569/573 f.). Zu beachten ist außerdem, daß es in den Fällen, in denen die Verwaltungsgerichte – nach nur summarischer Prüfung in Eilverfahren – vorläufigen Rechtsschutz abgelehnt haben, häufig gar nicht mehr zu einem aufenthaltsrechtlichen Hauptsacheverfahren kommt.

Nr. 115 BVerfG 14. 11. 1979 (1 BvR 654/79) BVerfGE 52, 391

Der Beschwerdeführer, ein jugoslawischer Staatsangehöriger, wendet sich unter Berufung auf das Asylrecht als politisch Verfolgter (Art. 16 Abs. 2 Satz 2 GG) gegen seine Auslieferung an die Sozialistische Föderative Republik Jugoslawien zum Zwecke der Strafverfolgung wegen Vermögens- und Urkundendelikten.

Gegen den Beschwerdeführer wurde mit Beschluß des Kreisgerichts Valjevo vom 13. 4. 1976 ein strafrechtliches Untersuchungsverfahren eingeleitet, in welchem ihm vorgeworfen wird, er habe in den Jahren 1972 bis 1976 in seiner Eigenschaft als Lagerverwalter einer chemischen Fabrik in erheblichem Umfang Veruntreuungen begangen; dabei habe er ihm anvertraute Benzingutscheine sich widerrechtlich zugeeignet und in Bestellformulare unwahre Angaben eingetragen.

Der Beschwerdeführer verließ Jugoslawien im April 1976 und begab sich zunächst nach Frankreich, wo er im Dezember 1976 festgenommen wurde und sich im Hinblick auf ein jugoslawisches Auslieferungsersuchen, das die genannten Straftaten zum Gegenstand hatte, bis zum März 1978 in Haft befand. Am 2. 3. 1978 wurde er in Frankreich als politischer Flüchtling im Sinne des Abkommens über die Rechtsstellung der Flüchtlinge vom 28. 7. 1951 (BGBl. 1953 II, S. 560) – Genfer Konvention – im folgenden: GK – anerkannt. Die Auslieferung an Jugoslawien wurde daraufhin durch das zuständige französische Gericht für unzulässig erklärt. Der Beschwerdeführer erhielt einen Reiseausweis für politische Flüchtlinge, nahm in Frankreich Wohnung und arbeitete in der Folgezeit in einem großen französischen Betrieb.

Im Frühjahr 1979 begab sich der Beschwerdeführer auf eine Besuchsreise in europäische Nachbarstaaten; dabei wurde er am 12. 2. 1979 an der deutsch-niederländischen Grenze von deutschen Beamten festgenommen. Er befindet sich seither in Auslieferungshaft.

Das OLG Düsseldorf hat die Auslieferung des Beschwerdeführers durch Beschluß vom 15. 5. 1979 für zulässig erklärt.

Die Verfassungsbeschwerde ist zulässig und begründet. Der Beschwerdeführer wird durch die angegriffene Entscheidung des OLG Düsseldorf in seinem Grundrecht aus Art. 16 Abs. 2 Satz 2 GG verletzt.

Das bisherige tatsächliche Vorbringen des Beschwerdeführers im Auslieferungsverfahren rechtfertigt allerdings noch nicht die Annahme, daß er im Falle einer Auslieferung nach Jugoslawien politische Repressalien zu erwarten hat und deshalb als politisch Verfolgter im Sinne des Art. 16 Abs. 2 Satz 2 GG anzusehen ist. Der dem Auslieferungsersuchen zugrunde liegende Schuldvorwurf bezieht sich nicht auf eine politische oder militärische Straftat im Sinne der Art. 3 und 4 des deutsch-jugoslawischen Auslieferungsvertrags, unabhängig davon, ob das Unternehmen, bei dem der Beschwerdeführer in Jugoslawien beschäftigt war, nur zivile chemische Produkte herstellte oder ob dort auch auf dem Rüstungssektor, etwa im Zusammenhang mit der Raketenfertigung, produziert wurde. Es fehlen auch die erforderlichen tatsächlichen Anhaltspunkte dafür, daß die gegen den Beschwerdeführer von jugoslawischer Seite erhobenen strafrechtlichen Vorwürfe nur fingiert wären, um seiner aus politischen Gründen habhaft zu werden. Im Beschluß des Kreisgerichts Valjevo vom 13. 4. 1976 sind die behaupteten Veruntreuungs- und Fälschungshandlungen ausführlich und im einzelnen beschrieben und die erhobenen Vorwürfe schlüssig dargetan. Auch ließ der Tatsachenvortrag des Beschwerdeführers im bisherigen Auslieferungsverfahren nicht ausreichend erkennen, daß er vor seiner Flucht aus Jugoslawien dort Verfolgungsmaßnahmen erleiden mußte oder wegen seines Verhaltens, daß er in Jugoslawien oder nach seiner Auslieferung politischen Repressalien ausgesetzt sein könnte.

Die Sache bedarf jedoch weiterer Aufklärung durch das OLG, dessen bisheriges Verfahren unter verfassungsrechtlichen Gesichtspunkten zu Bedenken Anlaß gibt.

Das OLG ist den an die Ausgestaltung des Auslieferungsverfahrens zu stellenden verfassungsrechtlichen Anforderungen insbesondere im Hinblick darauf nicht gerecht geworden, daß der Beschwerdeführer in Frankreich als politischer Flüchtling im Sinne der Genfer Konvention anerkannt und seine Auslieferung an Jugoslawien daraufhin abgelehnt worden ist.

Die französische Anerkennungsentscheidung ist für die Bundesrepublik Deutschland als Vertragsstaat der Genfer Konvention allerdings nicht in der Weise als rechtlich bindend anzusehen, daß die deutschen Behörden im Auslieferungsverfahren ohne erneute sachliche Prüfung davon ausgehen müßten, der Beschwerdeführer sei politisch Verfolgter im Sinne des Art. 16 Abs. 2 Satz 2 GG.

Eine solche Bindungswirkung läßt sich nicht aus der Regelung des § 28 zweiter Halbsatz des Ausländergesetzes vom 28. 4. 1965 (BGBl. I, S. 353) – im folgenden: AuslG – herleiten, wonach die »Zweitanerkennung« eines bereits in einem anderen Vertragsstaat der Genfer Konvention als Asylberechtigter anerkannten Flüchtlings in der Bundesrepublik Deutschland nicht vorgesehen ist. Es mag hier dahinstehen, ob und in welchem Umfang § 28 zweiter Halbsatz AuslG zur Folge hat, daß ein in Frankreich anerkannter Flüchtling ohne erneute Prüfung in der Bundesrepublik Deutschland dieselbe Rechtsstellung nach den Vorschriften des Ausländergesetzes genießt wie ein in Deutschland selbst anerkannter Asylberechtigter (vgl. dazu z.B. *Kloesel/Christ*, Deutsches Ausländerrecht, Kommentar, Stand Dezember 1978, Anm. 3 zu § 28 AuslG; ferner Allgemeine Verwaltungsvorschrift zur Ausführung des Ausländergesetzes vom 7. 7. 1967, Nr. 15 zu § 44 AuslG [GMBl., S. 231]). Jedenfalls kann ein Ausländer, der nach § 28 zweiter Halbsatz AuslG in der Bundesrepublik Deutschland nicht mehr formell in einem Asylverfahren als politisch Verfolgter anerkannt werden kann, weil er bereits in einem anderen Staat Asyl genießt, aus den Regelungen des Ausländergesetzes keine weitergehenden Rechtsfolgen ableiten als der Asylberechtigte, der im Verfahren nach § 29 AuslG in Deutschland vom Bundesamt für die Anerkennung ausländischer Flüchtlinge als politisch Verfolgter anerkannt worden ist. Dessen Anerkennung schützt ihn aber grundsätzlich als solche noch nicht im Auslieferungsverfahren. Vielmehr ist nach § 45 Satz 2 AuslG die Asylentscheidung nach dem Ausländergesetz für das Auslieferungsverfahren gerade nicht bindend; hier ist stets unabhängig vom Asylverfahren zu überprüfen, ob die betroffene Person politisch Verfolgter im Sinne des Art. 16 Abs. 2 Satz 2 GG ist und sich deshalb eine Auslieferung an den ersuchenden Staat verbietet. Dann aber kann die Regelung des § 28 zweiter Halbsatz AuslG nicht zur Folge haben, daß eine Überprüfung der Verfolgteneigenschaft des Auszuliefernden im Auslieferungsverfahren zu unterbleiben habe, weil dieser bereits in einem anderen Staat im Sinne der Genfer Konvention als politischer Flüchtling anerkannt ist.

Eine Bindungswirkung der ausländischen Anerkennungsentscheidung für das deutsche Auslieferungsverfahren ergibt sich auch nicht als völkerrechtliche Verpflichtung, welche die Bundesrepublik Deutschland als Vertragsstaat der Genfer Konvention eingegangen ist.

Die Frage, ob eine in einem Vertragsstaat erfolgte Anerkennung als politischer Flüchtling die Behörden eines anderen Konventionsstaates verpflichten kann, den Betroffenen ohne erneute Prüfung einer ihm drohenden politischen Verfolgung als Flüchtling im Sinne der Konvention zu betrachten und ihm entsprechende Rechte einzuräumen, wird in der deutschen und internationalen Literatur zumeist verneint (vgl. z. B. *Grahl/Madsen*, The Status of Refugees in International Law, Band 1, 1966, S. 353 ff.; *Weis*, Journal du Droit International 1960, S. 928 [944]; *Lieber*, Die neuere Entwicklung des Asylrechts im Völkerrecht und Staatsrecht, 1973, S. 149 f.; *Melander*, Refugees in Orbit, in: Bewährungsprobe für ein Grundrecht, 1978, S. 67; *Walter*, GA 1976, S. 312; differenzierend *Zink*, Das Asylrecht in der Bundesrepublik Deutschland nach dem Abkommen vom 28. 7. 1951 über die Rechtsstellung der Flüchtlinge unter besonderer Berücksichtigung der Rechtsprechung der Verwaltungsgerichte, 1962, S. 216 ff.; a. A. für den Fall des Auslieferungsverfahrens *Trofenik*, Recht in Ost und West 1958, S. 224 [228]).

In der deutschen verwaltungsgerichtlichen Rechtsprechung wurde die Frage im Zusammenhang mit dem vor Erlaß des Ausländergesetzes streitigen Problem der »Zweitanerkennung« eines Flüchtlings in Deutschland erörtert, der bereits in einem anderen Staat Asyl genießt. Dabei sah das VG Ansbach in verschiedenen Entscheidungen (z. B. Urteil vom 8. 7. 1958 – 3437/39 II/57; Urteil vom 26. 4. 1960 – 5264-III/59; Urteil vom 11. 5. 1960 – 5202-III/59; zu diesen Entscheidungen *Grahl/Madsen*, a.a.O., S. 336, sowie *Zink*, a.a.O., S. 215) die Anerkennung durch einen Vertragsstaat als für die anderen Staaten verbindlich an, da die Genfer Konvention ein internationaler Vertrag sei, der die Unterzeichnerstaaten zueinander in ein bestimmtes Verhältnis hinsichtlich des Vertragszwecks bringe. Hingegen vertrat der BayVGH (Urteil vom 25. 9. 1956 – 204 VIII 55; dazu *Grahl/Madsen*, a.a.O., S. 337 f.) die Auffassung, die Anerkennung durch einen Vertragsstaat sei für die anderen Staaten nicht bindend. Die Signatarstaaten der Genfer Konvention bildeten keine Gemeinschaft, in der jeder Staat auch mit Wirkung für die anderen Staaten handele; diese Annahme verbiete sich schon deshalb, weil die Signatarstaaten großenteils unter mehr oder weniger umfangreichen Vorbehalten der Konvention beigetreten seien. Auch das BVerwG (BVerwGE 7, 333 [334 f.]) hat sich gegen eine Bindungswirkung der ausländischen Anerkennung ausgesprochen.

In der Rechtsprechung zum Auslieferungsverfahren hat das OLG Karlsruhe mit Beschluß vom 3. 6. 1976 (2 AK 3/76 – Ausl. 12/76) die Auslieferung einer in Frankreich als politischer Flüchtling anerkannten Person nach Jugoslawien für zulässig erklärt, da die Genfer Konvention, insbesondere auch deren Art. 33, kein Auslieferungshindernis enthalte. Dagegen lehnte das OLG München (GA 1976, S. 311) die Anordnung der vorläufigen Auslieferungshaft gegen einen in Frankreich als politischer Flüchtling anerkannten tunesischen Staatsangehörigen ab, dessen Auslieferung zur Strafverfolgung sein Heimatland begehrt hatte; die ausländische Flüchtlingsanerkennung sei ein gewichtiges Indiz dafür, daß der Verfolgte asylberechtigt nach Art. 16 Abs. 2 Satz 2 GG sei und deshalb nicht ausgeliefert werden dürfe.

Das BVerfG hat für den Fall der Ablehnung der Flüchtlingsanerkennung in einem ausländischen Staat festgestellt, Entscheidungen anderer Vertragsstaaten der Genfer Konvention, die eine Anerkennung als politischer Flüchtling versagten, seien für die Frage der Asylgewährung an politisch Verfolgte in Deutschland nicht präjudiziell (BVerfGE 9, 174 [181]).

Mit dem aufgeworfenen Problem haben sich das "Sub-Committee of the Whole on International Protection" auf seiner Sitzung am 6. 10. 1978 und das "Executive Committee of the High Commissioner's Programme" auf seiner Sitzung vom 9. bis 17. 10. 1978 befaßt; die Konferenzen kamen zu dem Ergebnis, aus der Zielsetzung der Genfer Konvention folge, daß der von einem Vertragsstaat anerkannte Flüchtlingsstatus auch durch die anderen Konventionsstaaten anerkannt werden solle.

Im vorliegenden Fall braucht die Frage, in welchem Umfang die in einem Vertragsstaat der Genfer Konvention erfolgte Flüchtlingsanerkennung anderen Konventionsstaaten gegenüber Bindungswirkung entfaltet, nicht allgemein entschieden zu werden. Vielmehr geht es hier lediglich darum, ob aus der Konvention eine rechtliche Bindung herzuleiten ist, die eine erneute Prüfung der Verfolgteneigenschaft des Betroffenen speziell im Auslieferungsverfahren verhindert. Eine solche rechtliche Bindung ist zu verneinen.

Die Genfer Konvention enthält keine ausdrückliche Bestimmung über eine allgemeine Bindungswirkung der in einem Vertragsstaat ausgesprochenen Flüchtlingsanerkennung; eine Regelung hinsichtlich eines in einem anderen Konventionsstaat durchzuführenden Auslieferungsverfahrens fehlt. Auch aus Art. 33 GK, der sich ohnehin nicht unmittelbar auf den Fall der Auslieferung bezieht, läßt sich nicht entnehmen, daß das um die Auslieferung ersuchte Land dann nicht mehr sachlich sollte überprüfen dürfen, ob eine auszuliefernde Person als politisch Verfolgter zu betrachten ist, wenn diese in einem anderen Konventionsstaat als Flüchtling anerkannt worden ist.

Die Genfer Konvention will den von ihr erfaßten Flüchtlingen einen gesicherten internationalen Rechtsstatus verschaffen und ihnen im einzelnen aufgeführte Rechte in ihrem gewöhnlichen Aufenthaltsland, aber auch auf Reisen in andere Länder sichern. Soweit die Konvention eine grenzüberschreitende Freizügigkeit gewährleisten will, enthält sie Regelungen, welche die anderen Vertragsstaaten teilweise an die Entscheidung des Aufnahmelandes des Flüchtlings über seine Anerkennung binden. Dies ist jedenfalls in § 7 des Anhangs zur Genfer Konvention der Fall, da diese Bestimmung alle vertragschließenden Staaten verpflichtet, die Gültigkeit eines nach Art. 28 GK ausgestellten Reiseausweises anzuerkennen; will ein Flüchtling mit einem solchen Dokument in einen anderen Vertragsstaat einreisen, so dürfen die Behörden des Einreisestaates nicht vor Anerkennung des Reiseausweises ihrerseits die Flüchtlingseigenschaft des Betroffenen nochmals nachprüfen. Daraus, daß diese Anerkennung ausdrücklich geregelt ist, ergibt sich aber andererseits auch, daß die Konventionsstaaten bei Vertragsabschluß nicht davon ausgingen, eine Bindungswirkung der im einen Staat erfolgten Anerkennung verstehe sich auch für alle anderen Staaten von selbst. Vielmehr liegt der Umkehrschluß nahe, daß dort, wo weder in der Konvention noch in ihrem Anhang etwas Entsprechendes bestimmt worden ist, keine Rechtspflicht der Vertragsstaaten gegeben ist, ohne eigene Nachprüfung der Verfolgteneigenschaft die in einem der Vertragsstaaten ausgesprochene Flüchtlingsanerkennung in jeder Lage hinzunehmen.

Es kann offenbleiben, ob noch weitere Bestimmungen der Genfer Konvention dahin ausgelegt werden müssen, daß der in ein anderes Land eingereiste, von seinem regelmäßigen Aufenthaltsland anerkannte Flüchtling im Besuchsland ohne Prüfung seiner Flüchtlingseigenschaft bestimmte Rechte in Anspruch nehmen kann. Jedenfalls kann der Genfer Flüchtlingskonvention, abgesehen von Ausnahmen, kein allgemeiner Grundsatz dahin entnommen werden, daß eine erneute Prüfung einer dem – anderwärts anerkannten – Betroffenen in seinem Herkunftsland drohenden politischen Verfolgung in keinem rechtlichen Zusammenhang mehr möglich sein soll.

Es erscheint zwar als wünschenswert, daß die durch verschiedene Vertragsstaaten der Genfer Konvention vorgenommene Beurteilung, ob ein und dieselbe Person als in ihrem Heimatstaat politisch verfolgt zu betrachten ist, nicht verschieden ausfällt, sondern daß nach Möglichkeit einheitliche Entscheidungen getroffen werden. Aus dieser Zielvorstellung läßt sich jedoch mangels entsprechender vertraglicher Vereinbarungen der Konventionsstaaten eine rechtliche Bindung des einen Staates an die Entscheidung eines anderen Staates nicht herleiten. Unter den gegenwärtigen Umständen erscheint es auch kaum als möglich, daß die Vertragsstaaten der Genfer Konvention eine die eigene rechtliche Überprüfung allgemein ausschließende Bindung an die Anerkennungsentscheidung eines anderen Konventionsstaates hinnehmen können. Es ist nicht nur die Anerkennungspraxis in den Vertragsstaaten außerordentlich unterschiedlich; vielmehr haben eine Reihe von Staaten bei Abschluß der Konvention zum Teil umfangreiche Vorbehalte gemacht, welche eine völlig einheitliche Handhabung der Anerkennungspraxis und der Anwendung der Rechtsvorschriften der Konvention von vornherein verhindern. Auch dieser Umstand führt dazu, daß – jedenfalls im Regelfall – jedem Vertragsstaat eine eigene Prüfungsbefugnis darüber zugestanden werden muß, ob die Voraussetzungen für die Ausübung der Rechte der Genfer Konvention bei einer bestimmten Person im Einzelfall gegeben sind.

Dadurch wird die von der Flüchtlingskonvention gewollte Freizügigkeit im Hinblick auf Reisen in die verschiedenen Vertragsstaaten nicht unzumutbar eingeschränkt. § 7 des Anhangs zur Genfer Konvention stellt sicher, daß die einem Flüchtling in seinem Anerkennungsstaat ausgestellten Reisedokumente in den anderen Staaten ohne erneute Prüfung anerkannt werden; damit ist dem Flüchtling ein problemloser grenzüberschreitender Reiseverkehr gewährleistet. Wenn er sich in dem Besuchsstaat in besonderen Situationen eine erneute Überprüfung seiner Verfolgteneigenschaft gefallen lassen muß, so verstößt dies nicht gegen die Ziele der Genfer Konvention.

Im Falle des Auslieferungsverfahrens kommt noch hinzu, daß es nicht Sinn der Flüchtlingskonvention sein kann, den in einem anderen Vertragsstaat anerkannten politischen Flüchtling besser zu stellen als den Flüchtling, der in dem um die Auslieferung ersuchten Konventionsstaat als Asylberechtigter nach der Flüchtlingskonvention anerkannt wurde: Da die deutsche Asylanerkennung nach § 45 Satz 2 AuslG für die Auslieferungsentscheidung nicht bindend ist, muß der in der Bundesrepublik Deutschland anerkannte Flüchtling im Auslieferungsverfahren eine ihm drohende politische Verfolgung erneut am Maßstab des Art. 16 Abs. 2 Satz 2 GG sachlich prüfen lassen. Etwas anderes kann auch nicht für den Flüchtling gelten, der in einem anderen Staat als Asylberechtigter anerkannt worden ist.

Dies bedeutet jedoch nicht, daß die ausländische Anerkennung für das Auslieferungsverfahren in Deutschland ohne jeden Belang ist, wie dies ersichtlich das OLG im angegriffenen Beschluß annimmt. Vielmehr hat die Tatsache, daß eine Person, um deren Auslieferung nachgesucht wird, in einem Vertragsstaat der Genfer Konvention politisches Asyl genießt, eine erhebliche prozessuale Relevanz für das Auslieferungsverfahren; die ausländische Anerkennung stellt ein gewichtiges Indiz dafür dar, daß es sich bei dem Betroffenen in der Tat um einen politisch Verfolgten handelt (vgl. OLG München, GA 1976, S. 311 [312]).

Die Genfer Konvention als mehrseitiger völkerrechtlicher Vertrag verpflichtet die Vertragsstaaten, bei Durchführung des Vertrags dessen Ziele nicht zu gefährden, sondern im Gegenteil deren Verwirklichung soweit wie möglich zu fördern. Es ist in der

Völkerrechtslehre anerkannt, daß auch völkerrechtliche Verträge Nebenpflichten, insbesondere Verhaltenspflichten, vor allem aber die Verpflichtung entfalten, den Vertrag nach den Grundsätzen von Treu und Glauben zu erfüllen (vgl. *Dahm*, Völkerrecht, Band 3, 1961, S. 107; *Lagoni*, in: Menzel/Ipsen, Völkerrecht, 2. Aufl. 1979, S. 311; der Grundsatz von Treu und Glauben hat seinen Ausdruck auch in Art. 26 der Wiener Konvention über das Recht der Verträge vom 23. 5. 1969 [vgl. Jahrbuch für Internationales Recht, 15. Bd., 1971, S. 724] gefunden). Angesichts des Ziels der Genfer Konvention, den Flüchtlingen in allen Vertragsstaaten einen möglichst einheitlichen Rechtsstatus zu verschaffen, verbietet es schon diese völkerrechtliche Verpflichtung, die Anerkennungsentscheidung eines Partnerstaates für schlechthin unerheblich zu erachten. Vielmehr kann grundsätzlich von der Vermutung ausgegangen werden, daß der anerkennende Staat nach sorgfältiger Prüfung eine Asylberechtigung bejaht und den Flüchtling der Genfer Konvention unterstellt hat. Jede deutsche Instanz, die nunmehr auf der Grundlage des Art. 16 Abs. 2 Satz 2 GG ein Asylrecht derselben Person zu untersuchen hat, hat bei dieser Beurteilung die ausländische Anerkennungsentscheidung mit zu berücksichtigen.

Diese Pflicht ist auch verfassungsrechtlich gegenüber demjenigen, um dessen Auslieferung ersucht wird, im Hinblick auf sein Grundrecht aus Art. 16 Abs. 2 Satz 2 GG von Bedeutung.

Dem Verfolgten obliegt im Auslieferungsverfahren keine Beweislast hinsichtlich seiner politischen Verfolgung (BVerfGE 8, 81 [84]; 15, 249 [253]), wenn er auch gehalten ist, bei der Sachverhaltsaufklärung nach seinen Möglichkeiten mitzuwirken. Vielmehr haben grundsätzlich das zur Entscheidung über die Zulässigkeit der Auslieferung berufene OLG und die mit der Vorbereitung der Auslieferungsentscheidung befaßte Staatsanwaltschaft bei dem OLG ihrerseits für die erforderliche Sachverhaltsermittlung auch bezüglich der Gefahr drohender politischer Verfolgung zu sorgen.

Art. 16 Abs. 2 Satz 2 GG sichert nicht nur materiell das Asylrecht des politisch Verfolgten; der Bestimmung kommt auch verfahrensrechtliche Bedeutung zu. Allgemein beansprucht die verfassungsrechtliche Gewährleistung der Grundrechte auch im jeweiligen Verfahrensrecht Geltung (vgl. BVerfGE 42, 64 [73]; 46, 325 [333]; 49, 220 [225]; BVerfG, Beschluß vom 19. 6. 1979 – 2 BvR 1060/78, EuGRZ 1979, S. 470 [475]; Beschluß vom 18. 7. 1979 – 1 BvR 650/77, EuGRZ 1979, S. 581 [583]; Beschluß vom 25. 7. 1979 – 2 BvR 878/74, EuGRZ 1979, S. 506 [507]; Beschluß vom 3. 10. 1979 – 1 BvR 614/79, EuGRZ 1979, S. 554 [555]). Diesem Grundsatz gemäß muß auch das Grundrecht des Art. 16 Abs. 2 Satz 2 GG dort auf die Verfahrensgestaltung Einfluß haben, wo es um das grundgesetzlich garantierte Recht des Betroffenen auf politisches Asyl geht.

Das OLG muß daher bei Prüfung der Zulässigkeitsvoraussetzungen der Auslieferung insbesondere dort alle ihm möglichen Ermittlungen zur Aufklärung einer behaupteten Gefahr politischer Verfolgung des Betroffenen veranlassen, wo ohnehin bereits beachtliche Indizien gegeben sind, die für die Anerkennung einer Verfolgteneigenschaft sprechen. Dies ist jedenfalls dann der Fall, wenn der Auszuliefernde in einem anderen Vertragsstaat der Genfer Konvention als politischer Flüchtling anerkannt ist, weil ihm in seinem Herkunftsstaat, der nun die Auslieferung begehrt, politische Verfolgung drohe. In ganz besonderem Maße gilt dies, wenn in dem anderen Staat bereits ein Auslieferungsbegehren des Heimatstaates des Verfolgten wegen der Straftaten abschlägig beschieden wurde, die nun auch Gegenstand des an die Bundesrepublik

Deutschland gerichteten Auslieferungsersuchens sind, und wenn die Ablehnung der Auslieferung im anderen Staat gerade mit der Anerkennung des Betroffenen als politischer Flüchtling begründet wurde.

Die verfassungsrechtliche Pflicht, in der Verfahrensgestaltung auf einen bestmöglichen Schutz des Grundrechts des Beschwerdeführers aus Art. 16 Abs. 2 Satz 2 GG hinzuwirken, hätte das OLG Düsseldorf im vorliegenden Fall zu einer Reihe von Ermittlungsmaßnahmen veranlassen müssen, die es unterlassen hat.

Dem OLG lagen weder die Entscheidung der «Commission de Recours des Réfugiés» in Paris vom 2. 3. 1978 über die Anerkennung des Beschwerdeführers als Flüchtling im Sinne der Genfer Konvention noch die Entscheidung der «Cour d'Appel de Paris» vom 5. 4. 1978 über die Ablehnung der Auslieferung an Jugoslawien vor; es wurde im Auslieferungsverfahren kein Versuch unternommen, diese Entscheidungen beizuziehen.

Ferner wurden keine ausreichenden Bemühungen angestellt, von den zuständigen französischen Behörden Auskünfte darüber zu erlangen, aus welchen Gründen der Beschwerdeführer in Frankreich als Asylberechtigter anerkannt wurde und wie von französischer Seite nunmehr die Gefahr seiner politischen Verfolgung in Jugoslawien beurteilt wird. Das AG Geldern, das die vorläufige Festnahme des Beschwerdeführers verfügte, hat zwar auf dessen Bitte hin eine Mitteilung von der Festnahme an das Französische Generalkonsulat gesandt; diese enthielt jedoch keine Anfrage hinsichtlich der für das Auslieferungsverfahren bedeutsamen Sachverhaltsfeststellungen. Es wäre Sache des OLG gewesen, auf diplomatischem Wege die zuständigen französischen Behörden um Auskünfte über die Anerkennung des Beschwerdeführers zu ersuchen; es kann nicht von vornherein ausgeschlossen werden, daß auf diese Weise sachdienliche Informationen zu erhalten gewesen wären.

Zwar ist dem Beschwerdeführer zur Last zu legen, daß er nicht von sich aus im Auslieferungsverfahren konkretere Mitteilungen über die behauptete Verfolgung in Jugoslawien und die Umstände seiner Anerkennung in Frankreich vorgetragen hat. Das OLG hat aber auch keine Maßnahmen ergriffen, um Näheres vom Beschwerdeführer in Erfahrung zu bringen. Nach § 26 Abs. 1 des Deutschen Auslieferungsgesetzes (DAG) kann das OLG vor seiner Entscheidung den Verfolgten vernehmen und Beweise über die Zulässigkeit der Auslieferung erheben; es kann auch eine mündliche Verhandlung anordnen. Die in § 26 Abs. 1 DAG vorgesehene Vernehmung soll dazu dienen, Lücken in den durch die bisherigen Vernehmungen gewonnenen Unterlagen zu schließen und dem Verfolgten Gelegenheit zu geben, neue von ihm vorgebrachte Einwände gegen die Zulässigkeit der Auslieferung zu erläutern und Zweifelspunkte mit ihm zu erörtern, soweit die Erörterung eine Klärung verspricht (vgl. *Mettgenberg*, Deutsches Auslieferungsgesetz, 2. Aufl. 1953, S. 396). Allerdings kann das OLG die Vernehmung einem beauftragten oder ersuchten Richter überlassen. Hier wurde die Anhörung durch das AG Düsseldorf durchgeführt, wobei jedoch ersichtlich die Hintergründe der Anerkennung in Frankreich nicht erörtert wurden; das an das AG gerichtete Vernehmungsersuchen enthielt auch keinen dahin gehenden Auftrag. Möglicherweise hätte eine unmittelbare Befragung des Beschwerdeführers durch das OLG mehr Aufklärung zu erbringen vermocht, auch zu der Vorgeschichte der Flucht des Beschwerdeführers aus Jugoslawien. In Zweifelsfällen wie dem vorliegenden kann es unter den dargelegten Gesichtspunkten erforderlich sein, daß das OLG von den ihm in § 26 Abs. 1 DAG gegebenen Aufklärungsmöglichkeiten auch selbst Gebrauch macht.

Schließlich hat das OLG keine Auskünfte beim Vertreter des Hohen Flüchtlingskommissars der Vereinten Nationen in der Bundesrepublik Deutschland eingeholt, was angesichts der besonderen Umstände des Falles nahegelegen hätte.

Wenn das OLG, wie geschehen, auf jede weitere ihm mögliche Ermittlung verzichtet und die Anerkennung des Beschwerdeführers als politischer Flüchtling in Frankreich ohne nähere Erörterung mit der Feststellung beiseite geschoben hat, diese Anerkennung stehe der Zulässigkeit der Auslieferung durch die Bundesrepublik Deutschland an Jugoslawien nicht entgegen, und der Senat habe unabhängig von dem Ausgang eines an Frankreich gerichteten Auslieferungsersuchens die Zulässigkeit der Auslieferung an Jugoslawien zu prüfen, so ist das Gericht der verfahrensrechtlichen Bedeutung des Art. 16 Abs. 2 Satz 2 GG nicht gerecht geworden.

Es kann im gegenwärtigen Zeitpunkt zwar noch nicht abschließend beurteilt werden, ob dem Beschwerdeführer tatsächlich im Falle seiner Auslieferung nach Jugoslawien – auch unter Berücksichtigung des Spezialitätsprinzips – politische Verfolgung droht und deswegen sein Grundrecht aus Art. 16 Abs. 2 Satz 2 GG einer Auslieferung entgegensteht; dies wird sich erst nach einer den verfassungsrechtlichen Anforderungen genügenden erneuten Durchführung des Zulässigkeitsverfahrens vor dem OLG klären lassen. Es kann aber andererseits auch nicht ausgeschlossen werden, daß die in der angegriffenen Entscheidung ausgesprochene Zulässigkeitserklärung auf dem festgestellten Verfassungsverstoß beruht.

Die angefochtene Entscheidung war daher aufzuheben und die Sache an das OLG zurückzuverweisen.

Nr. 116 VGH Bad.-Württ. 3. 12. 1979 (I 2060/79) BWVPr. 1980, 164

Der Kl. möchte in den deutschen Staatsverband eingebürgert werden. Er wurde 1941 in Gaza (Palästina) geboren und ist im Besitz eines «document de voyage pour les Réfugiés Palestiniens»; seine Staatsangehörigkeit ist nicht geklärt. 1961 kam er zum Studium ins Bundesgebiet. Das Medizinstudium, das er zunächst aufgenommen hatte, gab er auf; eine Ausbildung am Dolmetscherinstitut der Universität H. hat er noch nicht abgeschlossen. Seit Mai 1979 ist er mit einer deutschen Staatsangehörigen verheiratet.

Das Amt für öffentliche Ordnung der Bekl. lehnte den Einbürgerungsantrag des Kl. vom April 1976 durch Bescheid vom 10. 2. 1978 ab. Widerspruch, Klage und Berufung des Kl. waren erfolglos.

Das Verwaltungsgericht hat die Klage zu Recht abgewiesen; auch nach der Überzeugung des Senats hat es das Amt für öffentliche Ordnung der bekl. Stadt zu Recht abgelehnt, den Kl. auf seinen Antrag vom 14. 4. 1976 in den deutschen Staatsverband einzubürgern.

Die Rechtsgrundlage für das mit der Klage geltend gemachte Begehren ergibt sich, nachdem der Kl. im Mai 1979 eine deutsche Staatsangehörige geheiratet hat, aus § 9 Abs. 1 RuStAG i.d.F. des Gesetzes vom 8. 9. 1969 (BGBl. I, S. 1581). Im Gegensatz zur Behörde, die ihrer vor der Heirat des Kl. ergangenen Ablehnungsentscheidung noch den § 8 RuStAG zugrunde gelegt hat, hatte der Senat deshalb zu prüfen, ob die Voraussetzungen des § 9 Abs. 1 RuStAG das Begehren des Kl. rechtfertigen (vgl. dazu auch das Urteil des Senats vom 10. 5. 1976 – I 1319/75). Auch nach dieser Vorschrift hat der Kl. jedoch einen Anspruch weder auf die begehrte Einbürgerung noch auf eine erneute Entscheidung der Behörde über seinen durch den Bescheid vom 10. 2. 1978 abgelehnten Einbürgerungsantrag vom 14. 4. 1976.

Wie in seinem Urteil vom 13. 6. 1978 (ESVGH 29, 13 ff.) konnte der Senat auch hier die Frage offen lassen, ob sich aus § 9 Abs. 1 RuStAG ein Rechtsanspruch auf die begehrte Einbürgerung oder aber nur auf ein fehlerfrei ausgeübtes Ermessen bei der Entscheidung über das Einbürgerungsbegehren ergibt (vgl. dazu *Makarov,* Deutsches Staatsangehörigkeitsrecht, 2. Aufl. § 9 RuStAG Anm. II, 3). Denn auch dann, wenn man davon ausgeht, daß beim Vorliegen der gesetzlichen Voraussetzungen für Ermessenserwägungen der Behörde kein Raum besteht (so *Makarov,* a.a.O., m.w.N.), ist die Entscheidung der Behörde rechtlich nicht zu beanstanden, weil die Erwägungen, die sie im Rahmen des § 8 RuStAG angestellt hat, um die Ablehnung des Einbürgerungsantrags zu begründen, zu den *Rechtsgründen* gehören, die einer Einbürgerung nach § 9 Abs. 1 RuStAG im Sinne der Nr. 2 dieser Bestimmung von Gesetzes wegen entgegenstehen. § 9 Abs. 1 RuStAG läßt die – gegenüber § 8 erleichterte – Einbürgerung von Ehegatten deutscher Staatsangehöriger nur dann zu, wenn ihr nicht erhebliche Belange der Bundesrepublik Deutschland entgegenstehen. Die entwicklungspolitischen Gesichtspunkte, mit denen die Behörde den Antrag des Kl. abgelehnt hat, gehören zu den Belangen der Bundesrepublik Deutschland im Sinne dieser Vorschrift (vgl. dazu auch die Nr. 5.2 der Einbürgerungsrichtlinien – Stand 1. 7. 1977, GMBl. 1978, 16). Zwar wird bei der ungeklärten Staatsangehörigkeit des Kl. nicht davon ausgegangen werden können, daß mit den von der Behörde angeführten Gesichtspunkten der Entwicklungshilfepolitik die zwischenstaatlichen Beziehungen der Bundesrepublik Deutschland zu einem ganz bestimmten Entwicklungsland angesprochen sind. Diese Beziehungen sind jedoch nur ein im § 9 Abs. 1 Nr. 2 RuStAG ausdrücklich erwähntes Beispiel von Belangen der Bundesrepublik Deutschland, die einer Einbürgerung entgegenstehen können. Zu diesen Belangen gehören die in der Nr. 5.2 der Einbürgerungsrichtlinien näher umschriebenen Gesichtspunkte der Entwicklungshilfepolitik auch dann, wenn die Entwicklungshilfe, in deren Rahmen sich die Ausbildung des Ausländers im Bundesgebiet vollzieht oder vollzogen hat, nicht einem bestimmten Entwicklungsland gegenüber geleistet wird. Dies ergibt sich – wie der Senat schon in seinem Urteil vom 13. 6. 1978 (a.a.O.) eingehend dargelegt hat – aus dem Umstand, daß mit dem Einsatz dieser Mittel der staatspolitische Zweck der beruflichen Ausbildung ausländischer Staatsangehöriger im Bundesgebiet für einen Einsatz in der Entwicklungshilfe verfolgt wird; dieser Zweck würde in sein Gegenteil verkehrt, wenn der geförderte Ausländer seine mit dieser Hilfe erworbenen Kenntnisse, statt sie in einem Entwicklungsland zu verwerten, zu einer beruflichen Tätigkeit im Bundesgebiet einsetzen würde.

Diese Auslegung des § 9 Abs. 1 RuStAG ist mit dem verfassungsrechtlichen Schutz der Ehe in Art. 6 Abs. 1 GG vereinbar. Ob dieser Schutz im Einzelfall so stark ist, daß er der Verlängerung der *Aufenthaltserlaubnis* entgegenstehen kann, wenn eine solche Maßnahme mit Gesichtspunkten der Entwicklungspolitik verweigert wird (vgl. dazu BVerwG, Urteil vom 27. 9. 1978, *Buchholz* 402.24 § 2 AuslG Nr. 10), steht hier nicht zur Entscheidung. Zwar wird die Bekl. dem Kl. wegen seiner Ehe mit einer deutschen Staatsangehörigen trotz entgegenstehender entwicklungspolitischer Gründe möglicherweise auch in Zukunft die Aufenthaltserlaubnis erteilen und damit gehindert sein, dem öffentlichen Interesse, daß er seine im Bundesgebiet erworbenen Kenntnisse in einem Entwicklungsland einsetzt, durch ausländerpolizeiliche Maßnahmen Nachdruck zu verleihen (vgl. § 12 Abs. 1 AuslG). Daraus folgt aber nicht, daß die Gesichtspunkte der

Entwicklungshilfe nun auch bei der Entscheidung über die Einbürgerung zurückzutreten hätten. Der Schutz des Art. 6 Abs. 1 GG ist dadurch gewährleistet, daß die Bekl. – was sie in der mündl. Verhandlung auch in Aussicht gestellt hat – ausländerpolizeiliche Maßnahmen unterläßt, die eine mit diesem Schutz nicht zu vereinbarende Trennung der Eheleute zur Folge haben müßten; er erfordert damit allenfalls die Verlängerung der Aufenthaltserlaubnis, nicht aber die Einbürgerung in den deutschen Staatsverband. Deshalb handelt die Bekl. im Rahmen des § 9 Abs. 1 Nr. 2 RuStAG, wenn sie dem Kl. die Einbürgerung erst nach dem Ablauf von zwei Jahren seit dem Ende seiner Ausbildung in Aussicht stellt, wie dies in der Nr. 5.2.3 der im Hinblick auf Art. 6 Abs. 1 GG verfassungrechtlich unbedenklichen Einbürgerungsrichtlinien vorgesehen ist.

Die Einwendungen, die der Kl. gegen diese von der Behörde vertretene Rechtsauffassung erhebt, sind durchweg nicht begründet.

Unerheblich ist zunächst, daß der Kl. geltend macht, keine staatlichen Gelder zur Förderung seiner Studien in Anspruch genommen zu haben. Denn die Entwicklungshilfe, die seiner Einbürgerung entgegensteht, ist ihm bereits dadurch geleistet worden, daß er Studienplätze in Anspruch genommen hat und noch in Anspruch nimmt, mit deren Bereitstellung die Bundesrepublik Deutschland einen Beitrag zu den weltweiten Maßnahmen der Entwicklungspolitik leistet; im Rahmen der Entwicklungshilfe vollzieht sich seine Berufsausbildung, auch ohne daß ihm darüber hinaus noch finanzielle Ausbildungshilfen gewährt werden (vgl. Nr. 5.2.1 a.a.O., Abs. 1).

Das Abkommen über die Rechtsstellung der Flüchtlinge (Genfer Konvention), auf das er seinen Einbürgerungsanspruch zusätzlich stützt (vgl. dazu Art. 34 der Konvention), verbessert die Rechtsstellung des Kl. in dem Einbürgerungsverfahren schon deshalb nicht, weil er 1961 nicht als Verfolgter im Sinne dieses Abkommens, sondern – im Besitz eines Ausweisdokuments des ägyptischen Staates, das sowohl die Rückkehr in dieses Land als auch dessen staatlichen Schutz sicherte – in der Absicht ins Bundesgebiet eingereist ist, hier eine Berufsausbildung zu beginnen. Der Umstand, daß er glaubhaft geltend macht, Ägypten werde in Zukunft den Aufenthalt in seinem Staatsgebiet nicht mehr erlauben, ändert an dieser Feststellung nichts, da damit noch nicht die Annahme gerechtfertigt ist, er sei *jetzt* als Verfolgter im Sinne der Genfer Konvention zu behandeln.

Auch wenn man davon ausgeht, daß der Kl. als Staatenloser anzusehen ist, verbessert sich seine Rechtsstellung nicht über das hinaus, was ihm die Bekl. an Erleichterungen in dem Einbürgerungsverfahren gemäß der Nr. 5.2.3 der Einbürgerungsrichtlinien in Aussicht gestellt hat. Denn Art. 32 des Übereinkommens vom 28. 9. 1954 über die Rechtsstellung der Staatenlosen (vgl. BGBl. 1976 II, S. 473) verpflichtet die an dem Abkommen beteiligten Staaten nur zur Erleichterung und Beschleunigung der Einbürgerung; eine darüber hinausgehende Regelung, durch welche die gesetzlichen Voraussetzungen für die Einbürgerung nach dem Reichs- und Staatsangehörigkeitsgesetz eingeschränkt werden, enthält weder diese noch eine andere Bestimmung des Abkommens. Der in Art. 32 des Abkommens geregelten Pflicht ist die Bundesrepublik Deutschland durch die in der Nr. 6.4.4 der Einbürgerungsrichtlinien getroffene Regelung in vollem Umfang nachgekommen, nach der eine Aufenthaltsdauer von sieben statt von zehn (Nr. 3.2) Jahren als ausreichend für die Einbürgerung angesehen werden kann. Entgegen der Ansicht des Kl. ergibt sich aus Art. 32 des Abkommens nicht, daß die Bundesrepublik Deutschland auch verpflichtet wäre, die einer Einbürgerung entgegenstehenden entwicklungspolitischen Belange bei Staatenlosen zurückzustellen. Der Sinn der Bestimmung liegt allein darin, dem Staatenlosen möglichst bald zu der Staatsangehörigkeit des Staates zu verhelfen, in dem er sich im Einklang mit dessen Belangen dauernd aufhält. Das bedeutet jedoch nicht, daß der Staat, dessen Staatsangehörigkeit der Staatenlose erwerben will, bei seiner Entscheidung auch alle anderen staatlichen Belange zurückzustellen hätte. Die entwicklungspolitischen Belange können auch gegenüber einem Staatenlosen bestehen, der im Bundesgebiet ausgebildet worden ist. Denn die Staatenlosigkeit schließt nicht aus, daß diese Ausbildung in der Erwartung gewährt und ermöglicht wurde, der staatenlose Ausländer werde seine Kenntnisse, wenn auch nicht in seinem Geburtsland oder in einem Staat, in dem er sich als dessen Bürger aufhalten kann, so aber doch in einem Entwicklungsland einsetzen, das ihm den Aufenthalt ebenso ermöglicht, wie das die Bundesrepublik Deutschland während seiner Ausbildung tut. Auf diesen Gesichtspunkt hat das Regierungspräsidium in dem Widerspruchsbescheid deshalb zu Recht abgehoben. Seine Ansicht steht auch im Einklang mit der Nr. 6.4.4 der Einbürgerungsrichtlinien, denn dort ist ausdrücklich hervorgehoben, daß außer der Mindestdauer von zehn Jahren alle übrigen allgemeinen Einbürgerungsvoraussetzungen des deutschen Rechts auch für die Einbürgerung Staatenloser gelten. Daß damit auch die entwicklungspolitischen Gründe gemeint sind, die einer Einbürgerung entgegenstehen, ergibt sich aus einem Vergleich der Nr. 6.4.4 mit der Nr. 5.2.2 der Einbürgerungsrichtlinien. In der Nr. 5.2.2 ist für anerkannte Asylberechtigte ausdrücklich geregelt, daß die entwicklungspolitischen Bedenken gegen eine Einbürgerung zurückgestellt werden. Dagegen fehlt in der Nr. 6.4.4 eine solche ausdrückliche Regelung. Dies läßt nur den Schluß zu, daß bei der Einbürgerung von Staatenlosen die entwicklungspolitischen Bedenken in der gleichen Weise zu den einer Einbürgerung entgegenstehenden Belangen der Bundesrepublik Deutschland im Sinne des § 9 Abs. 1 Nr. 2 RuStAG gehören, wie bei Angehörigen anderer Staaten, die sich um die deutsche Staatsangehörigkeit bemühen.

Nr. 117 BFH 18. 12. 1979 (VII R 18/77) BFHE 129, 450

Die Klägerin, Revisionsklägerin und Anschlußrevisionsbeklagte (Klägerin), ein Bankinstitut, finanzierte im Jahre 1970 bis 1972 Buttergeschäfte der Firma X, für die X Ausfuhrerstattungen und Währungsausgleichsbeträge zu beanspruchen hatte. Zur Sicherung aller Ansprüche aus diesen Kreditgeschäften der Klägerin trat X durch den Vertrag vom 6./9. Januar 1969 ihre »gegenwärtigen und künftigen Forderungen, die ihr gegen ... Behörden« zustanden, an die Klägerin ab. Diese zeigte die Abtretung dem Beklagten, Revisionsbeklagten und Anschlußrevisionskläger (Hauptzollamt – HZA) mit Schreiben vom 3. März 1971, eingegangen beim HZA am 8. März 1971, an.

In der Zeit vom 24. März 1970 bis 30. Mai 1972 reichte X 381 Anträge auf Festsetzung von Ausfuhrerstattungen und Währungsausgleichsbeträgen ein, denen das HZA mit den in der Zeit vom 16. Januar 1972 bis 19. Juni 1972 erlassenen Erstattungsbescheiden entsprach. Es ist unstreitig, daß X bzw. die Klägerin aus abgetretenem Recht insoweit gegen das HZA Ansprüche auf Erstattung eines Betrags von insgesamt 3 258 424,80 DM hat.

In der Zeit vom 24. Juli 1970 bis 18. März 1971 erließ das HZA gegenüber der X 32 Erstattungsbescheide über einen Gesamtbetrag von 3 476 268 DM. Das HZA zahlte die Erstattungen an X aus. Mit Bescheid vom 8. Februar 1972, eingegangen bei X am 9. Februar 1972, forderte das HZA den genannten Betrag von X mit der Begründung zurück, daß die Erstattungen zu Unrecht geleistet worden seien. Durch Beschluß des Finanzgerichts (FG) vom 4. Mai 1972, IV 22/72 H wurde die Vollziehung dieses Bescheids zu einem Teilbetrag von 217 843,20 DM ausgesetzt; dieser Beschluß änderte zwei Aussetzungsbeschlüsse des FG vom 25. Februar und 1. März 1972, durch die die Vollziehung »einstweilen« in Höhe von 823 311,02 DM bzw. 686 922,79 DM – jeweils ohne Begründung – ausgesetzt worden war. Der Rückforderungsbescheid ist inzwischen rechtskräftig geworden.

Mit Schreiben vom 18., 22., 23. und 25 Februar 1972 sowie vom 8., 12., 15., 16. und 25. Mai 1972 sowie vom 6., 14. und 16. Juni 1972 rechnete das HZA gegenüber der Klägerin mit seinen Rückforderungsansprüchen aufgrund des Rückforderungsbescheids vom 8. Februar 1972 gegen die Erstattungsansprüche der X über insgesamt 3 258 424,80 DM auf. Die Einzelheiten der jeweiligen Aufrechnungserklärungen ergeben sich aus deren Anlagen. Die Aufrechnungserklärung vom 18. Februar 1972 ging der Klägerin am 21. Februar 1972 zu.

Am 1. November 1972 erhob die Klägerin Klage mit dem Antrag, das HZA zur Zahlung von 3 258 424,80 DM aufgrund der von X an sie abgetretenen unstreitigen Erstattungsansprüche zu verurteilen. Durch Urteil im ersten Rechtsgang erklärte das FG Hamburg den Finanzrechtsweg für diese Klage für unzulässig. Auf die Revision hob der erkennende Senat durch Urteil vom 14. Oktober 1975, VII R 40/74 (BFHE 117, 23) die Vorentscheidung mit der Begründung auf, daß für die Klage der Finanzrechtsweg gegeben sei.

Das FG hielt die Klage für zum Teil begründet und verurteilte das HZA, an die Klägerin 417248,36 DM nebst ½ v.H. Zinsen für jeden vollen Monat seit dem 1. November 1972 zu zahlen; es wies im übrigen die Klage ab (Urteil vom 4. Januar 1977, IV 58/75 H, Entscheidungen der Finanzgerichte 1977, S. 222 – EFG 1977, 222).

Die Revision ist nicht begründet. Die Anschlußrevision führt in teilweiser Aufhebung der Vorentscheidung zur vollen Abweisung der Klage. Die Klageforderungen auf Gewährung von Ausfuhrerstattungen und Währungsausgleichsbeträgen bestanden zwar; davon ging das FG ohne Rechtsirrtum in Übereinstimmung mit den Auffassungen der Beteiligten aus. Sie sind aber durch zulässige und wirksame Aufrechnung erloschen.

Das FG ist zu Recht davon ausgegangen, daß die vom HZA im vorliegenden Fall erklärten Aufrechnungen in sinngemäßer Anwendung der §§ 387 ff. BGB zulässig waren.

Nach allgemeinen verwaltungsrechtlichen Grundsätzen ist die Aufrechnung mit und gegen öffentlich-rechtliche Forderungen zulässig. Der erkennende Senat hat in ständiger Rechtsprechung entschieden, daß mangels besonderer Vorschriften über die Aufrechnung öffentlich-rechtlicher Forderungen die Vorschriften des BGB über die Aufrechnung sinngemäß Anwendung finden, soweit sie mit dem Steuerrecht vereinbar sind (vgl. Urteil vom 19. November 1968, VII R 6/66, BFHE 94, 477, 479, BStBl. II 1969, 178, mit weiteren Nachweisen). Der Senat hat keine Bedenken, die Grundsätze dieser für das Steuerrecht geltenden Rechtsprechung auch für das Recht der Ausfuhrerstattungen und Währungsausgleichsbeträge zu übernehmen. Davon ist er bereits in seinem Urteil vom 6. März 1979, VII R 112/75 (BFHE 127, 457) ausgegangen.

Die Klageforderungen haben ihren Rechtsgrund teilweise im Gemeinschaftsrecht. Dieses steht jedoch der Zulässigkeit der Aufrechnung nicht entgegen. Wie die Klägerin in ihrer Revisionsbegründung selbst darlegt, enthält das Gemeinschaftsrecht kein generelles Aufrechnungsverbot. Das innerstaatliche Recht bleibt daher insoweit anwendbar (vgl. auch BFHE 127, 457, 460). Die Revision trägt jedoch vor, es bestehe ein spezielles Aufrechnungsverbot gegenüber gemeinschaftsrechtlichen Ausfuhrsubventionen. Dieser Auffassung ist nicht zu folgen.

Es kann dahingestellt bleiben, ob ein solches gemeinschaftsrechtliches Aufrechnungsverbot nicht schon deswegen ausscheidet, weil die Entscheidung über die Frage der Aufrechnung in den Bereich fällt, den der Gemeinschaftsgesetzgeber zur Disposition des nationalen Gesetzgebers gestellt hat (vgl. z.B. EuGHE 1970, 25, 35). Denn jedenfalls ist weder aus dem Wortlaut noch aus dem Sinn und Zweck der Verordnung (EWG) Nr. 1041/67 (VO Nr. 1041/67) der Kommission vom 21. Dezember 1967 (ABlEG Nr. 314 vom 23. Dezember 1967, S. 9, BZBl. 1968, 904) ein Aufrechnungsverbot in dem von der Klägerin genannten Sinn zu entnehmen.

Die VO Nr. 1041/67 verwendet die Begriffe »Gewährung« und »Zahlung« der Erstattung als Synonyme. Das ergibt sich nicht nur aus ihren Erwägungsgründen, in denen diese Begriffe abwechselnd verwendet werden, ohne daß der unterschiedlichen Verwendung ein unterschiedlicher Sinn entnommen werden kann. Deutlich macht das auch Art. 10 VO Nr. 1041/67; in dessen Absatz 1 wird von der Gewährung, in Absatz 2 – der nach dem Zusammenhang zweifelsfrei das Nämliche meint – von der Zahlung der Erstattung gesprochen. Es ist daher auch auszuschließen, daß der Wendung »ausgezahlt« in Art. 8 Abs. 2 VO Nr. 1041/67 ein besonderer Sinn im Hinblick auf die Frage der Aufrechnung zukommt. Dagegen spricht überdies, daß es sich bei dieser Bestimmung um eine Spezialregelung handelt. Der Gemeinschaftsgesetzgeber hat also mit der Verwendung der genannten Begriffe die Gewährung der Erstattung durch Aufrechnung nicht ausschließen wollen. Es fehlen Anhaltspunkte dafür, daß der Gemeinschaftsgesetzgeber die Frage der Aufrechnung im Rahmen der Regelung der VO Nr. 1041/67 bedacht hat.

Da demnach aus dem Wortlaut nichts für das Bestehen eines Aufrechnungsverbotes zu entnehmen ist, könnte sich die Klägerin auf ein solches Verbot nur berufen, wenn es eine entsprechende ungeschriebene Rechtsnorm gäbe. Von deren Bestehen könnte aber allenfalls dann ausgegangen werden, wenn sie sich aus Sinn und Zweck der Erstattungsregelungen eindeutig ergäbe. Das ist jedoch nicht der Fall.

Es ist schon fraglich, ob der Argumentation der Klägerin gefolgt werden kann, die Erstattungsregelungen wollten zur Ermöglichung und Erleichterung der Ausfuhren dem Ausführer allein liquide Mittel zuführen, und das geschehe nicht, wenn aufgerechnet werde. Immerhin entlastet die Aufrechnung den Ausführer von einer fälligen Gegenforderung, für deren Begleichung er als ordentlicher Kaufmann liquide Mittel bereithalten oder verfügbar machen müßte. Der Inanspruchnahme dieser liquiden Mittel wird der Ausführer durch die Aufrechnung enthoben. Das ermöglicht ihm, diese Mittel anderweitig, d.h. z.B. zur Rückführung der ihm für die Ausfuhrgeschäfte gewährten Kredite zu verwenden.

Unabhängig davon aber ergibt sich aus Sinn und Zweck der Erstattungsregelungen nicht, daß die öffentlich-rechtliche Körperschaft als Schuldner der Ausfuhrerstattungen im Falle des Bestehens von Gegenforderungen gegen den Erstattungsberechtigten für deren Begleichung grundsätzlich auf illiquide Mittel des Erstattungsberechtigten verwiesen und damit allein ihr das Insolvenzrisiko aufgebürdet werden sollte. Von einer derartigen Entscheidung des Gemeinschaftsgesetzgebers kann jedenfalls dann nicht ausgegangen werden, wenn sich wie hier sowohl die Hauptforderung als auch die Gegenforderung aus dem Erstattungsrecht ergeben.

Die zur Aufrechnung gestellten Gegenforderungen bestehen. Sie ergeben sich aus dem Rückforderungsbescheid vom 8. Februar 1972. Dieser Bescheid ist rechtskräftig. Daraus ergibt sich, daß der aufrechnenden öffentlich-rechtlichen Körperschaft diese Gegenforderung i.S. des § 406 BGB »zusteht«, daß der bisherige Gläubiger der abgetretenen Hauptforderung die entsprechenden Beträge »schuldet« (vgl. § 387 BGB). Diese Forderungen sind daher zur Aufrechnung grundsätzlich geeignet.

Die Klägerin ist der Auffassung, ihr stünden trotz der Rechtskraft des Rückforderungsbescheids noch Einwendungen gegen seine Rechtmäßigkeit zu. Dem ist nicht zu folgen. Die Klägerin kann sich nicht darauf berufen, daß die Rechtskraft des Bescheids nur zwischen den Beteiligten des Rechtsstreits wirke, aus dem sie erwachsen ist. Aus der Abtretung einer Forderung ergeben sich für den Neugläubiger hinsichtlich einer nach § 406 BGB zur Aufrechnung gestellten Gegenforderung keine weitergehenden Rechte, als sie dem bisherigen Gläubiger zustanden. Etwas anderes widerspräche Wortlaut, Sinn und Zweck der Vorschriften über die Forderungsabtretung. Die Stellung des Schuldners darf durch die Abtretung, da sie ohne seinen Willen erfolgt, nicht verschlechtert werden. Mit diesem Grundsatz wäre es nicht vereinbar, hätte die Abtretung zur Folge, daß sich der Schuldner auch hinsichtlich einer – ja nicht abgetretenen – zur Aufrechnung gestellten Gegenforderung mit Einwendungen des neuen Gläubigers auseinandersetzen müßte, die dem bisherigen Gläubiger ihm gegenüber nicht mehr zur Verfügung stehen. Hinzu kommt, daß es sich im vorliegenden Fall um Einwendungen aus dem Rechtsverhältnis handelt, das Erstattungsansprüchen zugrunde liegt. Wie der erkennende Senat durch Urteil vom 25. April 1978, VII R 2/75 (BFHE 125, 138, BStBl. II 1978, 464) entschieden hat, ist die Rechtsposition des Erstattungsberechtigten nicht abtretbar. Erst recht können daher auch bei der Aufrechnung Einwendungen aus diesem Rechtsverhältnis einem Dritten nicht zugestanden werden.

Nicht zu folgen ist dem FG insoweit, als es entschieden hat, daß der Aufrechnung teilweise mangelnde Gegenseitigkeit von Haupt- und Gegenforderungen entgegenstehe. Zwar ändert § 406 BGB nichts daran, daß grundsätzlich nur Forderungen gegeneinander aufgerechnet werden können, die zwei Personen »einander. . . schulden« (§ 387 BGB). Die Aufrechnung ist also nur zulässig, wenn jeweils der Schuldner der einen Forderung zugleich Gläubiger der anderen Forderung ist. Diese Voraussetzungen sind hier aber erfüllt, da die Bundesrepublik Deutschland sowohl Schuldner aller den Gegenstand der Hauptforderungen bildenden Ansprüche als auch Gläubiger der Rückforderungsansprüche ist.

Im Rahmen der EWG gilt der Grundsatz, daß das Gemeinschaftsrecht durch die Mitgliedstaaten durchgeführt wird. Die EWG verfügt grundsätzlich über keine eigene Exekutive. Insbesondere fehlt ihr der gemeinschaftseigene Verwaltungsunterbau. Der Vollzug des Gemeinschaftsrechts obliegt also den Behörden der Mitgliedstaaten. Diese werden insoweit kraft eigenen Rechts und im eigenen Namen tätig (vgl. *Ipsen,* Europäisches Gemeinschaftsrecht, 1972, S. 218; *Bünten,* Staatsgewalt und Gemeinschaftshoheit bei der innerstaatlichen Durchführung des Rechts der Europäischen Gemeinschaften durch die Mitgliedstaaten, 1977, S. 30, 191; *Constantinesco,* Das Recht der Europäischen Gemeinschaften I, 1977, S. 293; vgl. auch *Pescatore,* Das Zusammenwirken der Gemeinschaftsrechtsordnung mit den nationalen Rechtsordnungen, Europarecht 1970, S. 307, 312).

Dieses Tätigwerden nicht der Gemeinschaft, sondern allein der Behörden der Mitgliedstaaten zeigen die Regelungen der VO Nr. 1041/67 besonders deutlich. Nach ihrem Art. 10 Abs. 1 wird die Erstattung von dem Mitgliedstaat gewährt, auf dessen Gebiet die Ausfuhr-Zollförmlichkeiten erfüllt werden. Die Erstattungsanträge und die Beweismittel sind nach dieser Verordnung bei den zuständigen Behörden dieses Mitgliedstaates anzubringen. Diesen steht die Entscheidung über die Erstattung zu. Die Art und Weise der Gewährung der Währungsausgleichsbeträge unterscheidet sich nicht von der der Erstattungsgewährung; die Bestimmungen über die Erstattungsgewährung gelten entsprechend (das hat nachträglich Art. 7 Abs. 1 VO Nr. 648/73 der Kommission vom 1. März 1973, ABlEG Nr. L 64/1 vom 9. März 1973, bestätigt).

An dem grundsätzlichen Weiterbestehen der alleinigen Verwaltungshoheit der Mitgliedstaaten haben auch der Ratsbeschluß vom 21. April 1970 (ABlEG Nr. L 94/19 vom 28. April 1970) – in innerstaatliches Recht transformiert durch das Zustimmungsgesetz vom 4. Dezember 1970 (BGBl. 1970 II, 1261) – und die VO (EWG) Nr. 729/70 – VO Nr. 729/70 – des Rates vom 21. April 1970 (ABlEG Nr. L 94/13 vom 28. April 1970) nichts geändert. Diesen Regelungen ist lediglich zu entnehmen, daß mit Wirkung vom 1. Januar 1971 die Einnahmen aus den Agrarabschöpfungen und die Erstattungen bei der Ausfuhr nach dritten Ländern als eigene Einnahmen und Ausgaben in den Haushaltsplan der Gemeinschaften einzusetzen sind. Etwas anderes ergibt sich entgegen der Auffassung des FG auch nicht aus der VO (EWG) Nr. 2697/70 – VO Nr. 2697/70 – der Kommission vom 29. Dezember 1970 (ABlEG Nr. L 285/63 vom 31. Dezember 1970). Der Wortlaut dieser Verordnung belegt ebenfalls deutlich, daß es sich allein um haushaltsmäßige Regelungen zur Finanzierung der Agrarpolitik handelt.

Daß sich durch diese Rechtsinstrumente am Weiterbestehen der grundsätzlich alleinigen Verwaltungshoheit der Mitgliedstaaten nichts geändert hat, belegen im übrigen Art. 8 VO Nr. 729/70 und Art. 1 und 2 der Verordnung (EWG, Euratom, EGKS) Nr. 2/71 des Rates vom 2. Januar 1971 (ABlEG Nr. L 3/1 vom 5. Januar 1971). Nach Art. 8 VO Nr. 729/70 treffen die Mitgliedstaaten gemäß den einzelstaatlichen Rechts- und Verwaltungsvorschriften die erforderlichen Maßnahmen, um Unregelmäßigkeiten zu verhindern und zu verfolgen und um die infolge von Unregelmäßigkeiten und Versäumnissen abgeflossenen Beträge wieder einzuziehen. Art. 1 VO Nr. 2/71 bestimmt, daß die eigenen Mittel der Gemeinschaften von den Mitgliedstaaten gemäß ihren Rechts- und Verwaltungsvorschriften festgestellt und der Kommission zur Verfügung gestellt werden. Art. 2 VO Nr. 2/71 besagt ferner, daß für die Anwendung dieser Verordnung ein Anspruch als festgestellt gilt, wenn die entsprechende Forderung von der zuständigen Dienststelle oder Einrichtung des Mitgliedstaats ordnungsgemäß festgesetzt ist. Aus Art. 6 des Ratsbeschlusses vom 21. April 1970 ergibt sich schließlich, daß die betreffenden Gemeinschaftsmittel von den Mitgliedstaaten gemäß den einzelstaatlichen Rechts- und Verwaltungsvorschriften erhoben werden und daß die Mitgliedstaaten diese Mittel der Kommission zur Verfügung stellen.

Daß sich an den Verwaltungszuständigkeiten der Mitgliedstaaten durch die Übertragung eigener Einnahmen auf die Gemeinschaften nichts geändert hat, entspricht auch der Auffassung des EuGH. Dieser hat in seinem Urteil vom 4. April 1974, Rs. 178, 179 und 180/73 (EuGHE 1974, 383, 399, 400) unter Bezugnahme auf die zitierten Vorschriften entschieden, daß die Einsetzung eigener Einnahmen in den Haushaltsplan der Gemeinschaften nichts Näheres über die etwaigen Befugnisse der Gemeinschaftsbehörden sage, selbst die Abschöpfungen zu erheben und die Erstattungen zu gewähren oder auszuzahlen. Aus den Bestimmungen der VO Nr. 729/70 und dem Ratsbeschluß vom 21. April 1970 ergebe sich, daß die Aufgabe der Rechtsverfolgung zugunsten der Abschöpfungs- und Erstattungssysteme weiterhin den Mitgliedstaaten verbleibe und diese auch fortan zu diesem Zweck gegenüber den Rechtsunterworfenen aufträten; »sonach ist die Rechtsstellung der Mitgliedstaaten und ihrer Behörden als Parteien in Rechtsstreitigkeiten über die Nachzahlung hinterzogener Gemeinschaftseinnahmen und über die Rückerstattung zu Unrecht gewährter Beträge durch die Gewährung eigener Mittel an die Gemeinschaft nicht beeinträchtigt worden«. Durch sein Urteil vom 5. Mai 1977, Rs. 110/76 (EuGHE 1977, 851, 856) hat der EuGH diese Rechtsauffassung bestätigt; er hat dort zum Ausdruck gebracht, daß die Aufgabe der Rechtsverfolgung und Beitreibung zum Einzug der eigenen Mittel den Mitgliedstaaten verbleibe und diese auch weiterhin zu diesem Zweck den Abgabepflichtigen gegenüber tätig würden. Zum gleichen Ergebnis gelangte der EuGH im Urteil vom 26. November 1975, Rs. 99/74 (EuGHE 75, 1531, 1540); hinsichtlich von Erstattungen 1972/73 entschied der EuGH, daß die Bestimmungen des Gemeinschaftsrechts, insbesondere Art. 10 VO Nr. 1041/ 67, keinen Zweifel daran ließen, »daß es Sache der mitgliedstaatlichen Behörden ist, zu zahlen oder die Zahlung zu verweigern«.

Die Behörden der Mitgliedstaaten treten demnach sowohl bei der Gewährung der Erstattung (und der Währungsausgleichsbeträge) als auch bei deren Rückforderung dem Erstattungsbeteiligten gegenüber in eigenem Namen und kraft eigenen Rechts auf. Dem einzelnen Erstattungsgläubiger bzw. dem einzelnen Schuldner der Rückforderung stehen also nicht die EWG, sondern nur die Behörden der Mitgliedstaaten gegenüber. Letztere sind daher Träger der Erstattungs- und Rückforderungsansprüche. Nur sie können daher auch als Gläubiger bzw. als Schuldner i. S. des § 387 BGB angesehen werden.

Zu einem vergleichbaren Ergebnis ist das Reichsgericht (RG) in ständiger Rechtsprechung unter der Herrschaft der Reichsverfassung von 1871 (RV 1871) gelangt (vgl. die zusammenfassende Darstellung der damaligen Rechtslage mit Hinweisen auf die Rechtsprechung des RG und das Schrifttum im Gutachten des Reichsfinanzhofs (RFH) vom 14. Mai 1934, GrS D 6/32, RFHE 36, 138, 141). Nach dem damaligen Recht standen die Einnahmen aus den Reichsabgaben (z.B. den Zöllen und Verbrauchsteuern) dem Reich zu. Die Bundesstaaten hatten die aufgrund von Reichsgesetzen erhobenen Abgaben an die Reichskasse abzuführen (Art. 38, 39 RV 1871). Art. 36 RV 1871 bestimmte aber, daß die Erhebung und Verwaltung der Zölle und Verbrauchsteuern Sache jeden Bundesstaats innerhalb seines Gebiets war. Das gleiche galt für andere Reichssteuern, z.B. für die Reichsstempelabgabe. Auch im übrigen stand nach der RV 1871 die Verwaltungshoheit grundsätzlich den Bundesstaaten zu. Das Verhältnis zwischen Reich und Ländern unter der Herrschaft der RV 1871 entsprach also für die Frage der Ausübung der Verwaltungshoheit im wesentlichen dem Verhältnis zwischen der EWG und den Mitgliedstaaten. In Rechtsprechung und Schrifttum herrschte damals im wesentlichen Übereinstimmung darüber, daß die Bundesstaaten, weil sie bei der Erhebung der Zölle und Verbrauchsteuern als Träger der Verwaltungshoheit im eigenen Namen handelten und ihre Behörden die Verwaltung nicht als Organe des Reichs führten, Träger des Steueranspruchs und Gläubiger auch bei Reichssteuern waren.

Zu Unrecht stützt sich das FG für seine gegenteilige Auffassung auf das Urteil des erkennenden Senats vom 12. März 1963, VII 98/61 U (BFHE 76, 678, BStBl. III 1963,

247). Dort ist der Senat für die Frage der Steuergläubigerschaft im Rahmen des Aufrechnungsrechts von der allein an die Verwaltungshoheit anknüpfenden oben dargelegten Rechtsauffassung abgegangen und hat entschieden, daß für das neuere Recht die Ertragshoheit als maßgebend für die Steuergläubigerschaft anzusehen sei. Er hat sich dabei auf den Beschluß des Bundesgerichtshofs (BGH) vom 28. Oktober 1952, V ZB 15/52 (Neue Juristische Wochenschrift 1953, S. 64 – NJW 1953, 64) gestützt, der sich wiederum der Auffassung anschloß, die *Mattern* in einem Aufsatz in der NJW 1952, 1002, vertreten hatte. Aus beiden Urteilen und dem zitierten Aufsatz ergibt sich als wesentlicher Beweggrund für diese Änderung des Anknüpfungspunkts der Umstand, daß das Grundgesetz die Verwaltungshoheit auf Bund und Länder *verteilt* hatte. »Damit ist die Lage eine wesentlich andere als zu den Zeiten, da entweder nur die Länder oder nur das Reich die Verwaltungshoheit hatten. Infolgedessen können Gründe, die sich etwa aus der *einheitlichen* Verwaltung der Steuern für alle Gebietskörperschaften dafür herleiten ließen, daß die Verwaltungshoheit für die Steuergläubigerschaft maßgebend sei, nicht mehr geltend gemacht werden« (BFHE 76, 682, BStBl. III 1963, 247, 248; ähnlich *Mattern,* NJW 1952, 1002, Abschn. I Nr. 2 Buchst. c Satz 1 und BGH-Entscheidung in NJW 1953, 65, rechte Spalte Abs. 1). Daraus und aus den folgenden, meist nur praktischen Erwägungen entspringenden Entscheidungsgründen – der BGH stellte im wesentlichen auf die natürliche Betrachtungsweise ab – ergibt sich, daß die Ertragshoheit als Anknüpfungspunkt für die Frage der Steuergläubigerschaft vorwiegend deswegen den Vorzug vor der Verwaltungshoheit erhielt, weil diese nicht mehr einheitlich geregelt war und daher keinen praktikablen Maßstab für die Entscheidung dieser Frage mehr abgab.

Die Grundsätze dieser Urteile können auf die hier zu entscheidende Rechtsfrage nicht angewendet werden. Gerade hinsichtlich jenes Gesichtspunktes, der den Senat damals veranlaßt hat, von der bis dahin an die Verwaltungshoheit anknüpfenden Rechtsauffassung abzugehen, sind nämlich die Sachverhalte nicht vergleichbar. Während das Grundgesetz die Verwaltungshoheit zwischen Bund und Länder verteilt hat, liegt im Verhältnis zur EWG die Verwaltungshoheit grundsätzlich einheitlich bei den Mitgliedstaaten. Wenn überhaupt die Heranziehung bundesstaatlicher Analogien auf das Verhältnis der Europäischen Gemeinschaften (EG) zu ihren Mitgliedstaaten zulässig ist – dagegen sprechen grundsätzliche Bedenken (vgl. z. B. *Ipsen,* a.a.O., S. 220; *Bünten,* a.a.O. S. 69) –, kommt allenfalls ein Vergleich mit den Verhältnissen unter der Herrschaft der Reichsverfassung von 1871 in Betracht.

Den gegen diese Auffassung von der Klägerin vorgebrachten Argumenten ist nicht zu folgen.

Auch für die Durchführung von Gemeinschaftsrecht stellt sich zwar nach dem Grundgesetz grundsätzlich die Frage danach, wer (Bund oder Länder) jeweils dafür zuständig ist. Es kann aber keinem Zweifel unterliegen, daß – von wenigen Ausnahmen abgesehen – das Gemeinschaftsrecht von den Behörden des Bundes durchgeführt wird. Es gibt also auch insoweit keine Verteilung von Verwaltungszuständigkeiten zwischen Bund und Ländern, die allenfalls die Anwendung der Grundsätze des Urteils des erkennenden Senats (BFHE 76, 678, BStBl. III 1963, 247) rechtfertigen könnten.

Die Klägerin ist der Auffassung, daß »juristisch begründbar... als maßgebendes Kriterium nur die Ertragshoheit« sei. Das Beispiel der Umsatzsteuer belegt das Gegenteil. Was Bund und Ländern an der Umsatzsteuer zusteht, steht nämlich zumindest zum Teil im Zeitpunkt der Umsatzsteuererhebung noch nicht fest, sondern wird erst nachträglich festgestellt (vgl. Art. 107 Abs. 1 Satz 4 GG; *Maunz/Dürig/Herzog,* Grundgesetz, 1.–16. Lieferung, Art. 106 Anm. 36). Über die Frage der Gläubigerschaft muß aber im Zeitpunkt der Entstehung der Steuer Klarheit bestehen; sie kann nicht in der Schwebe bleiben. Zumindest für die Gläubigerschaft bei der Umsatzsteuer gibt also die Ertragshoheit keinen brauchbaren Anknüpfungspunkt. Ist dem aber so, so ist der von der Klägerin gezogene allgemeine Schluß nicht gerechtfertigt, daß allein das Abstellen auf dieses Kriterium »juristisch« erlaubt sei.

Zusammenfassend ist daher zu sagen: Die Mitgliedstaaten und nicht die Gemeinschaften sind i. S. der innerstaatlichen Aufrechnungsvorschriften Schuldner der bei der Ausfuhr zu gewährenden Erstattungen und Währungsausgleichsbeträge und Gläubiger etwa zurückgeforderter entsprechender Ausfuhrsubventionen. Es bedarf daher nicht der Entscheidung der Frage, wem insoweit die Ertragshoheit zusteht.

Schuldner sämtlicher Klageforderungen – gleichgültig, ob sie bei den Erstattungen entweder vor oder nach dem 1. Januar 1971 bzw. bei den Währungsausgleichsbeträgen vor oder nach dem 1. Juli 1972 entstanden sind – war somit die Bundesrepublik Deutschland. Diese war auch Gläubiger der Rückforderungsansprüche aus dem Rückforderungsbescheid vom 8. Februar 1972. Die Gegenseitigkeit der zur Aufrechnung gestellten Forderungen i.S. des § 387 BGB war daher in vollem Umfang vor der Abtretung der Hauptforderung gegeben gewesen. . .

Nr. 118 OLG Zweibrücken 19. 12. 1979 (1 Ws 377/79) NJW 1980, 2143

Frau Rechtsanwältin H war als Wahlverteidigerin in dem Strafverfahren gegen K tätig, der inzwischen rechtskräftig wegen Totschlags zu Freiheitsstrafe verurteilt worden ist und der auch die Kosten des Verfahrens zu tragen hat. Mit Schriftsatz vom 3. 4. 1979 hat sie die Erstattung von 112,36 DM für die Kosten eines Dolmetschers begehrt, den sie am 30. 1. 1979 zu einer Besprechung mit ihrem Mandanten, einem türkischen Staatsangehörigen, mit dem eine Verständigung ohne Dolmetscher nicht möglich war, hinzugezogen hatte und die sie bezahlt hat. Sie stützt sich dabei auf Art. 6 III e EMRK. Das LG hat den Antrag zurückgewiesen. Die Beschwerde der Rechtsanwältin hiergegen hatte keinen Erfolg.

Weder deutsche Gesetze noch die europäische Menschenrechtskonvention bieten die Grundlage für die Erstattung von Dolmetscherkosten, die für die Verständigung eines *Wahl*verteidigers mit seinem Mandanten anfallen, sofern nicht – wie zum Beispiel bei einem Freispruch – die Kosten des Verfahrens der Staatskasse ohnedies auferlegt werden. Die Verteidigerin hat für die Erstattung dieser Kosten lediglich einen Anspruch gegen ihren Mandanten aus dem Mandatsvertrag.

Ein Anspruch der Bf. selbst gegenüber der Staatskasse, wie er bei einem Pflichtverteidiger nach § 97 BRAGO besteht, steht dem Wahlverteidiger nicht zu. Aber auch für den Verurteilten selbst ist kein solcher Anspruch gegeben, der im Wege der Abtretung auf die Bf. übergegangen sein könnte. Weder die StPO noch das GKG enthält eine derartige Vorschrift. Auch aus Art. 6 III EMRK folgt keine Entschädigungspflicht der Staatskasse. Diese Auffassung wird in der Literatur von *Kleinknecht,* StPO, 34. Aufl., Art. 6 EMRK Rdnr. 17 und 19, sowie *Vogler,* ZStW 89 (1977), 790, vertreten. Ob sich dies allerdings – wie dort ausgeführt – daraus ergibt, daß in Art. 6 III e EMRK auf die Verhandlungssprache des Gerichts abgestellt ist, erscheint zweifelhaft. Vielmehr ist davon auszugehen, daß für die Verständigung des Angekl. mit seinem Wahlverteidiger auf die Grundsätze des Art. 6 III c EMRK zurückzugreifen ist, weil der Anspruch auf unentgeltliche Heranziehung eines Dolmetschers für die Zwecke der Verteidigung nicht weiter gehen kann als der Anspruch auf unentgeltliche Verteidigung selbst (KG, GA 1977, 278).

Die europäische Menschenrechtskonvention stellt in Art. 6 III bestimmte Mindestrechte für den Angekl. auf, die zur Durchführung eines fairen Verfahrens unerläßlich sind. Hierzu gehört auch das Recht, unentgeltlich den Beistand eines Pflichtverteidigers zu erhalten, wenn der Angekl. nicht über die Mittel zur Bezahlung eines Verteidigers verfügt und wenn dies im Interesse der Rechtspflege erforderlich ist (§ 6 III c EMRK). Zu der Verteidigung des Angekl. gehört aber auch die Verständigung mit seinem Verteidiger; diese ist Bestandteil der Verteidigung, weil der Verteidiger seine ihm gesetzlich zugewiesene Aufgabe ohne sie nicht erfüllen kann. Der Anspruch auf unentgeltliche Gewährleistung der Verständigung zwischen dem Angekl. und dem Verteidiger hat daher dieselben Voraussetzungen, wie sie in Art. 6 III c EMRK für den Anspruch des Angekl. auf unentgeltliche Bestellung des Verteidigers selbst bestimmt sind. Die gegenteilige Auffassung hätte zur Folge, daß dem Angekl. die Kosten für die Verständigung mit seinem Verteidiger selbst dann erstattet werden müßten, wenn ein Anspruch auf die unentgeltliche Beiordnung eines Pflichtverteidigers, der in Art. 6 III c EMRK in zweifacher Weise eingeschränkt ist (»nicht über die Mittel zur Bezahlung eines Verteidigers verfügt« und »wenn dies im Interesse der Rechtspflege erforderlich ist«), nicht gegeben ist. Folgerichtig werden deshalb auch nur dem *Pflicht*verteidiger nach § 97 II 1 BRAGO Dolmetscherkosten, die er für die Verständigung mit seinem Mandanten aufwendet, aus der Staatskasse ersetzt. Wer aber auf sein Recht auf Beiordnung eines Pflichtverteidigers verzichtet und stattdessen einen Wahlverteidiger beauftragt, kann für seine Verteidigung auch dann keine Erstattung aus der Staatskasse verlangen, wenn die Voraussetzungen für die unentgeltliche Beiordnung eines Pflichtverteidigers vorgelegen hätten (KG, GA 1977, 278). Dann muß er aber auch selbst für eine Verständigung mit seinem Wahlverteidiger sorgen.

Etwas anderes ergibt sich auch nicht aus den Entscheidungen der EKMR, NJW 1978, 477 und – dieselbe Sache betreffend – des EGMR, NJW 1979, 1901 = EuGRZ 1979, 34. Diese Entscheidungen betreffen keine Dolmetscherkosten, die für die Verteidigung entstanden sind. Sie behandeln vielmehr die Frage, ob gerichtliche Auslagen für Dolmetscher von dem Verurteilten zurückgefordert werden können. Wie aber schon dargelegt, lassen sich diese Grundsätze nicht ohne weiteres auf Kosten der Verteidigung übertragen. Im übrigen hat der EGMR in Nr. 49 der genannten Entscheidung zum Fall Luedicke ausgeführt, bezüglich eines Teilbetrags könne der Gerichtshof – obwohl es sich dort um gerichtliche Auslagen für Dolmetscherkosten handelte – nicht entscheiden, ob dieser Betrag unter die Garantie des Art. 6 III e EMRK falle, weil nähere Angaben hierzu nicht gemacht worden seien. Hieraus läßt sich immerhin entnehmen, daß auch der EGMR nicht alle Dolmetscherkosten ausnahmslos als unter die Garantie dieser Vorschrift fallend ansieht.

Aber selbst wenn man den vorliegenden Fall nach Art. 6 III e EMRK beurteilen wollte, käme eine Erstattung der Dolmetscherkosten nicht in Betracht. Diese Bestimmung räumt dem Angekl. lediglich das Recht ein, die unentgeltliche *Beiziehung* eines Dolmetschers zu *verlangen.* Daraus läßt sich nur ein Anspruch des Angekl. gegen das Gericht herleiten, ihm einen Dolmetscher zur Verfügung zu stellen, nicht aber das Recht des Angekl., sich auf Kosten der Staatskasse nach seinem Belieben eines Dolmetschers seiner Wahl zu bedienen. Die Vorschrift geht daher davon aus, daß es Sache des Gerichts ist, zu prüfen und zu entscheiden, ob die Beiziehung eines Dolmetschers notwendig ist, ob also der Angekl. die Verhandlungssprache des Gerichts nicht versteht oder sich nicht darin ausdrücken kann, und sie überläßt darüber hinaus die Auswahl des Dolmetschers dem Gericht. Von den Fällen abgesehen, in denen das Gericht einen Dolmetscher von Amts wegen beizieht, setzt daher der Anspruch auf Erstattung verauslagter Dolmetscherkosten wie der Anspruch auf Bestellung eines Dolmetschers, jedenfalls in der Regel, einen Antrag des Angeklagten auf Beiziehung eines Dolmetschers voraus. Wer diesen gesetzlich vorgesehenen Weg nicht beschreitet, sondern – wie hier – selbst einen Dolmetscher hinzuzieht, kann – wie auch bei der Beauftragung eines Wahlverteidigers – nicht nachträglich Ersatz für die aufgewendeten Kosten verlangen. Ob ein Erstattungsanspruch ausnahmsweise dann angenommen werden müßte, wenn eine vorherige Anrufung des Gerichts nicht möglich ist, braucht der Senat nicht zu entscheiden, da dieser Sachverhalt hier nicht gegeben ist.

Nr. 119 OLG Düsseldorf 10. 1. 1980 (1 Ws 831/79) NJW 1980, 2655

Die StrK hat gegen den Verurteilten eine Freiheitsstrafe erkannt und ausgesprochen, daß ihm die Kosten des Verfahrens und seine notwendigen Auslagen zur Last fallen. Hiergegen wendet sich der Verurteilte. Bei drei der Vorbereitung der Hauptverhandlung dienenden Gesprächen mit seinem Wahlverteidiger habe dieser sich der Hilfe eines Dolmetschers bedienen müssen. Dadurch seien Kosten in Höhe von 1148,40 DM angefallen. Der Antrag des Verurteilten, die entstandenen Dolmetscherkosten der Staatskasse aufzuerlegen, hatte keinen Erfolg.

Verleiht Art. 6 III e EMRK dem Bf., wie er meint, einen gegen die Staatskasse gerichteten Anspruch auf Erstattung entstandener Dolmetscherkosten, bedarf es zur Durchsetzung dieses Anspruchs allerdings einer Abänderung der angefochtenen Kostenentscheidung.

Hat das Gericht einen Dolmetscher hinzugezogen, mag es zweifelhaft sein, ob im Urteil auszusprechen ist, daß durch die Einschaltung des Dolmetschers entstandene Kosten von der Kostenpflicht des Verurteilten (§ 465 I 1 StPO) ausgenommen sind. Fehlt ein solcher Anspruch nämlich, bleibt es dem Verurteilten unbenommen, bei der Kostenerhebung den Kostenansatz gemäß § 5 GKG mit der Erinnerung anzugreifen und innerhalb des Erhebungsverfahrens geltend zu machen, der ihn belastende Kostenanspruch erfasse im Hinblick auf Art. 6 III e EMRK nicht auch die Dolmetscherkosten (so AG Berlin-Tiergarten, NJW 1978, 2462).

Anders verhält es sich jedoch hier. Es steht nicht die Nicht-Erhebung, sondern die Erstattung entstandener Kosten in Frage. Das Erstattungsverfahren durch den Urkundsbeamten der Geschäftsstelle – Rechtspfleger (§§ 464b StPO, 103 ff. ZPO, 21 I Nr. 1 RPflG) – setzt voraus, daß zuvor durch richterlichen Spruch die Erstattungspflicht der Staatskasse dem Grunde nach festgestellt worden ist.

Eine Abänderung der angefochtenen Kostenentscheidung ist auch nicht deshalb entbehrlich, weil dem Verurteilten andere Wege offenstehen, entstandene Kosten von der Staatskasse erstattet zu erhalten.

Er kann nicht aus abgetretenem Recht gemäß §§ 1, 171 ZuSEntschG Entschädigung beanspruchen. Denn diese Bestimmungen greifen nur ein, wenn der Dolmetscher von dem Gericht oder der StA herangezogen worden ist. Daran fehlt es. Dem Verteidiger des Verurteilten ist durch den Vorsitzenden der StrK zwar die Genehmigung erteilt worden, den hinzugezogenen Dolmetscher einzuschalten. Das steht einer gerichtlichen

Beiziehung des Dolmetschers jedoch nicht gleich und ist daher nicht geeignet, einen Vergütungsanspruch des Dolmetschers gegen die Staatskasse zu begründen. Auftraggeber des Dolmetschers ist allein der Verteidiger des Verurteilten (vgl. KG, GA 1977, 278 [279]).

Ebensowenig kann der Verteidiger des Verurteilten gemäß § 97 II 1 BRAGO Erstattung der Dolmetscherkosten verlangen. Ob notwendige Kosten der Verteidigung in Frage stehen, kann dahinstehen. Eine Kostenerstattung nach § 97 BRAGO findet nur bei einem gerichtlich bestellten Verteidiger statt.

Entgegen der Ansicht des Verurteilten ist aus Art. 6 III e EMRK nicht herzuleiten, daß im vorliegenden Falle die Staatskasse entstandene Dolmetscherkosten zu tragen hat.

Die Entscheidung des EGMR vom 23. 10. 1978 (NJW 1979, 1091 [1092]), auf die der Verurteilte sich (wohl) bezieht, betrifft ebenso wie der vorausgegangene Bericht der EKMR vom 18. 5. 1977 (NJW 1978, 477 [478]) und wie auch die bereits genannte Entscheidung des AG Berlin-Tiergarten (NJW 1978, 2462) den Fall des gerichtlich hinzugezogenen Dolmetschers: Der der deutschen Sprache nicht mächtige Ausländer könne gemäß Art. 6 III e EMRK die unentgeltliche Beiziehung eines Dolmetschers verlangen; ziehe das Gericht einen Dolmetscher hinzu, so sei es mit Art. 6 III e EMRK unvereinbar, den Ausländer im Rahmen des § 465 I 1 StPO zur Tragung der Dolmetscherkosten zu verurteilen...

Art. 6 III e EMRK verleiht dem ausländischen Angeklagten einen sich letzlich in zwei Stufen gliedernden Anspruch gegen den Staat als Träger der Gerichtsbarkeit. Beherrscht der Ausländer die Gerichtssprache nicht, erfordert es die faire Durchführung des Verfahrens, daß das Gericht einen Dolmetscher hinzuzieht (Stufe I) und daß dies (Stufe II) nicht von einer Vorschußzahlung des Ausländers abhängig gemacht wird (bisher überwiegende Meinung) oder für den Ausländer auch im Falle einer Verurteilung nicht mit Mehrkosten verbunden ist (so das Urteil des EGMR, NJW 1979, 1091).

Nr. 120 OLG Stuttgart 29. 1. 1980 (3 Ws 14/80) NJW 1980, 1240

Das Gesetz sieht eine ausdrückliche Lösung des Problems, das bei der Vollstrekkung eines Urteils entsteht, wenn ein um die Auslieferung ersuchter ausländischer Staat die Auslieferung nicht bezüglich aller in dem zu vollstreckenden Urteil erfaßten Straftatbestände bewilligt hat, nicht vor.

Der im Auslieferungsrecht gültige Grundsatz der Spezialität, der besagt, daß der Ausgelieferte nur wegen solcher Taten der Strafverfolgung oder -vollstreckung im Inland unterliegt, für die der ersuchte ausländische Staat die Auslieferung bewilligt hat (vgl. § 6 DAG), ist jedoch im inländischen Strafverfahren zwingend zu beachten (§ 54 DAG). Hieraus kann sich – wie im vorliegenden Fall – dann eine Kollision zwischen dem Gebot der Vollstreckung eines rechtskräftigen Strafurteils und einem – zumindest zeitweiligen – aus dem Spezialitätsgrundsatz resultierenden partiellen Vollstreckungsverbot ergeben, wenn in dem zu vollstreckenden Urteil einzelne tateinheitlich oder tatmehrheitlich verwirklichte Straftatbestände von der Auslieferungsbewilligung ausgenommen sind.

In Literatur und Rechtsprechung werden – soweit ersichtlich – zu der Frage, in welchem Umfang bei beschränkter Auslieferung eine Strafe zu vollstrecken sei, zwei Meinungen vertreten:

Nach der Auffassung insbesondere von *Mettgenberg/Doerner* (DAG, 2. Aufl., § 54, S. 540; vgl. ebenso *Grethlein,* NJW 1963, 945 f.; weitere Nachweise bei *Hermes,* NJW 1979, 2443) muß, wenn wegen des Grundsatzes der Spezialität eine Gesamtfreiheitsstrafe nicht in vollem Umfang vollstreckt werden kann, diese aufgelöst und aus den ausgeworfenen Einzelstrafen – soweit sich aus der Auslieferung keine Einschränkung ergibt – eine neue Gesamtstrafe gebildet werden. Dieser Meinung hat sich neuerdings das OLG Hamm (NJW 1979, 2484) angeschlossen, das sogar im Falle der Tateinheit eine entsprechende Anwendung des § 460 StPO für zulässig und damit die Zuständigkeit des erkennenden Gerichts für gegeben erachtet.

Demgegenüber wird vor allem von *Hermes* (NJW 1979, 2443) eingewandt, die Auflösung einer rechtskräftig festgesetzten Gesamtstrafe zum Zwecke der Ausscheidung der nicht von der Auslieferungsbewilligung umfaßten Einzelstrafen sei prozeßrechtlich unzulässig, da der Ausnahmecharakter des § 460 StPO eine analoge Anwendung verbiete; dies gelte erst recht für Fälle der Tateinheit. Eine Lösung des Problems könne nur die Anwendung des § 458 Abs. 1 StPO bringen (vgl. weitere Nachweise zu dieser Meinung in NJW 1979, 2443), weil »Zweifel über die Berechnung der erkannten Strafe« bestünden, so daß das Vollstreckungsgericht die Strafe auf Grund der Einschränkung durch die Entscheidung des ersuchten Staates zu berechnen habe.

Der Senat schließt sich im Ergebnis der insbesondere vom OLG Hamm und *Mettgenberg/Doerner* vertretenen Auffassung an.

Zunächst ist davon auszugehen, daß die Staatsanwaltschaft als Vollstreckungsbehörde auf Grund der Zuständigkeitsverteilung zwischen dieser und dem Gericht die Möglichkeit haben muß, eine gerichtliche Entscheidung darüber herbeizuführen, wie sich der von Amts wegen zu beachtende Spezialitätsgrundsatz auf den Umfang der zu vollstreckenden Rechtsfolge auswirkt (vgl. OLG Hamm, a.a.O.; im Ergebnis ebenso *Hermes,* a.a.O.). Dabei verkennt der Senat nicht, daß beide in Literatur und Rechtsprechung vertretenen Lösungsmöglichkeiten dieses Problems rechtsdogmatisch nicht unbedenklich erscheinen. Jedoch zwingt die gesetzlich gebotene Beachtung des Spezialitätsgrundsatzes zu dem Eingriff in eine rechtskräftige Entscheidung, was im übrigen auch – wenn auch minder schwerwiegend als bei § 460 – bei der von Hermes befürworteten Anwendung des § 458 Abs. 1 StPO der Fall ist. – Zur Durchsetzung des Spezialitätsgrundsatzes erscheint jedoch die entsprechende Anwendung des § 460 StPO das geeignetere verfahrensmäßige Hilfsmittel.

Während § 458 StPO Regelungen mehr vollstreckungstechnischer, insbesondere berechnungsmäßiger Art (z. B. Zweifel über Strafzeitberechnung oder die Urteilsauslegung) treffen will, handelt es sich bei der Ausscheidung bestimmter Straftatbestände und ihrer Rechtsfolgen auf Grund der beschränkten Auslieferungsbewilligung um ein materiell-rechtliches Problem, so daß insofern eine Parallele zu § 460 StPO naheliegender erscheint. Zutreffend stellt das OLG Hamm (a.a.O.) darauf ab, daß das erkennende Gericht aus den gleichen Erwägungen, die seine Zuständigkeit bei der nachträglichen Gesamtstrafenbildung begründen, eher dazu berufen ist, über die Frage des – noch verbliebenen – Umfanges von Schuld- und Rechtsfolgenausspruch zu befinden. Daher erscheint die Auflösung der alten Gesamtstrafe zur Bildung der neuen Strafe unter Berücksichtigung auszuscheidender Einzelstrafen in entsprechender Anwendung von § 460 StPO als der rechtsähnlichere und dogmatisch eher vertretbare Weg zur Lösung des Problems, trotz des nicht zu verkennenden Ausnahmecharakters dieser Bestimmung.

Wollte man zur Vermeidung einer neuen Gesamtstrafenbildung gemäß § 460 StPO (analog) lediglich rein rechnerisch die Einzelstrafen der auszuscheidenden Straftatbestände von der bisherigen Gesamtstrafe abziehen, so liegt es auf der Hand, daß der Verurteilte ungerechtfertigt bevorzugt würde und sogar bei Wegfall mehrerer Tatbestände unter Umständen die Einsatzstrafe unterschritten würde. In Fällen der Tateinheit schließlich würde ein rein rechnerischer Strafabzug für auszuscheidende Delikte in aller Regel jeglicher Grundlage entbehren. Auch unter diesem letztgenannten Gesichtspunkt der Praktikabilität erscheint daher eine entsprechende Anwendung von § 460 StPO sachgerecht.

Soweit *Hermes* (a.a.O.) gegen die Bildung einer neuen Gesamtstrafe einwendet, dieses Vorgehen sei mit dem vorläufigen Charakter der Spezialitätsbindung nicht zu vereinbaren, kann dem keine entscheidende Bedeutung beigemessen werden. Auch wenn nach Ablauf der Schutzfrist oder bei Nachbewilligung der ausländischen Regierung eine Vollstreckung der ausgeschiedenen Strafen wieder zulässig wird, steht diese Möglichkeit der neuen Gesamtstrafenbildung nicht entgegen. Falls die (neue) Gesamtstrafe bereits vollständig verbüßt ist, muß der seither ausgeschiedene Teil nachträglich – allerdings nur bis zur Höhe der ursprünglichen Gesamtstrafe – gesondert vollstreckt werden. Falls jedoch eine vollständige Verbüßung noch nicht erfolgt ist, so bestehen gegen die erneute Bildung einer Gesamtstrafe unter Wiedereinbeziehung der ausgeschiedenen Strafteile keine durchgreifenden Bedenken.

Nr. 121 BGH 31. 1. 1980 (III ZR 152/78) NJW 1980, 1222

Der Kläger, Vorsitzender des »Aktionskomitees für die Juden in der Sowjetunion«, gab am 16. Juli 1973 in Nürnberg 327 an jüdische Einwohner der Sowjetunion gerichtete Einschreibsendungen auf, die jeweils den Text der »Allgemeinen Erklärung der Menschenrechte« der UN in russischer Sprache oder der »Internationalen Konvention über die Beseitigung aller Formen rassischer Diskriminierung« in englischer Sprache enthielten. Die Versendung war Teil einer Aktion, bei der weit mehr als 10 000 Einschreibbriefe an einen begrenzten Kreis jüdischer Empfänger in der Sowjetunion bei verschiedenen Postämtern in der Bundesrepublik Deutschland und in West-Berlin eingeliefert wurden. Die 327 Einschreiben wurden den Empfängern nicht zugestellt und gelangten auch nicht an den Kläger zurück, ebenso der weitaus größte Teil der übrigen im Rahmen der Aktion aufgegebenen Sendungen.

Der Kläger verlangt von der beklagten Bundespost gemäß Art. 40 § 2 des Weltpostvertrags Tokio von 1969 je Sendung einen Ersatzbetrag von 40 Franken (=42,08 DM), zusammen 13 760,16 DM. Die Beklagte verweigert die Zahlung mit der Begründung, die Briefe seien in der Sowjetunion nach den dortigen Rechtsvorschriften beschlagnahmt worden. Die Klage blieb in allen Instanzen ohne Erfolg.

Für die Klageforderung als einen Haftungsanspruch auf dem Gebiet des Postwesens ist nach § 26 Abs. 2 des Postgesetzes vom 28. Juli 1969 (BGBl. I, 1006) – PostG – der ordentliche Rechtsweg gegeben. Diese Rechtswegzuweisung gilt auch, wenn sich der Haftungsanspruch nach internationalen Vorschriften beurteilt (§ 27 PostG).

Die Vorinstanzen sind davon ausgegangen, daß sich die Haftung der Beklagten für die streitigen Sendungen nach den Bestimmungen des Weltpostvertrages von Tokio vom 14. November 1969 (BGBl. 1971 II, 245, 283) – WPV-Tokio – richtet, der für die Bundesrepublik Deutschland am 1. Juli 1971 in Kraft getreten ist (Bekanntmachung vom 1. Dezember 1971, BGBl. II, 1314). Dem ist im Ergebnis zuzustimmen.

Allerdings ist die Sowjetunion diesem Vertrag nicht förmlich beigetreten. Die Satzung des Weltpostvereins vom 10. Juli 1964 (BGBl. 1965 II, 1633), die die Grundlage für die späteren Weltpostverträge bildete (Art. 22 § 3, vgl. auch die Präambel zum WPV-Tokio), ist vielmehr für die Sowjetunion erst am 18. Januar 1978, für die Ukraine am 10. Februar 1978 und für Weißrußland am 3. Februar in Kraft getreten (Bekanntmachung über den Geltungsbereich der Verträge des Weltpostvereins vom 2. Juni 1978, BGBl. II, 883), zugleich mit dem Weltpostvertrag von Lausanne vom 5. Juli 1974 (BGBl. 1975 II, 1548), der den WPV-Tokio abgelöst hat.

Gleichwohl wurde der Postverkehr zwischen der Bundesrepublik und der Sowjetunion auch schon vor deren förmlichem Beitritt tatsächlich nach den Grundsätzen des jeweiligen Weltpostvertrages abgewickelt, während des hier maßgeblichen Zeitraums (1973) also nach denjenigen des WPV-Tokio. Dies zeigt auch die Behandlung der hier in Rede stehenden Briefaktionen. Die Beklagte hat sich nicht nur im vorliegenden Rechtsstreit, sondern – wie dem Senat aus anderen Sachen bekannt ist – auch in zahlreichen Parallelprozessen auf einen Haftungsausschluß nach den Bestimmungen des WPV-Tokio berufen und vorgetragen, auch die Sowjetunion lehne unter Bezugnahme auf die Sachnormen dieses Abkommens eine Haftung ab. Daraus ist zu entnehmen, daß im Verhältnis zwischen der Beklagten und der sowjetischen Postverwaltung die Bestimmungen des WPV-Tokio als verbindlich betrachtet wurden. Eine solche »stillschweigende Ratifikation« oder »stillschweigende Anerkennung« des jeweiligen Weltpostvertrages durch faktische Handhabung («ratification tacite» oder «approbation tacite», vgl. dazu «Les Actes de l'Union postale universelle, revisés à Lausanne 1974 et annotés par le Bureau international» [sog. Code annoté], herausgegeben vom Internationalen Büro des Weltpostvereins, 1er Fascicule, Fn. 4 zu Art. 25 und Fn. 3 zu Art. 31 der Satzung des Weltpostvereins; sowie *Kämmerer,* Die Rechtsgrundlagen des Weltpostverkehrs, Jahrbuch des Postwesens 1959, S. 1 ff.) entfaltet über das Innenverhältnis der beteiligten Verwaltungen hinaus eine »Außenwirkung« zugunsten der jeweiligen Postbenutzer. Diese können sich daher auch in Haftungsfällen, die den Postverkehr mit der Sowjetunion betreffen, auf den Weltpostvertrag berufen. Auch die Beklagte stellt nicht in Abrede, daß der Anspruch des Klägers nach diesen Bestimmungen zu beurteilen ist.

Nach Art. 40 WPV-Tokio haften die Postverwaltungen für den Verlust von Einschreibsendungen auf einen Ersatzbetrag von 40 Franken je Sendung. Zur Zahlung des Ersatzbetrages ist nach Art. 44 § 1 die Einlieferungsverwaltung verpflichtet, d. h. diejenige Postverwaltung, bei der die verlorengegangene Sendung aufgegeben worden ist; sie kann unter den in Art. 43 im einzelnen aufgeführten Voraussetzungen bei der Verwaltung, in deren Bereich der Verlust eingetreten ist, Rückgriff nehmen. Der Kläger hat daher seinen Ersatzanspruch mit Recht gegen die Beklagte gerichtet.

Die Postverwaltungen haften jedoch nicht für Einschreibsendungen, die auf Grund der Rechtsvorschriften des Bestimmungslandes beschlagnahmt worden sind (Art. 41 § 2 Nr. 2 WPV-Tokio). Von den verschiedenen in Art. 41 WPV-Tokio genannten Haftungsausschlüssen kommt nur dieser hier in Betracht.

Der Haftungsausschluß bei Beschlagnahme beruht auf der Erwägung, daß diese hoheitliche Maßnahme, durch die die Sendung in amtliche Verwahrung genommen oder sonst sichergestellt, jedenfalls aber dem Postverkehr entzogen wird, sich gegen den Absender oder den Empfänger, nicht aber gegen die Post richtet. Daher kann der Absender sich bei derartigen postfremden Eingriffen nicht darauf berufen, daß die Post die ihr obliegende Leistung nicht erbracht habe. Aus diesem Grund war im älteren Schrifttum und in der Rechtsprechung zum innerdeutschen Postrecht anerkannt, daß eine Beschlagnahme keinen »Verlust« im Sinne des Postrechts darstellte (vgl. *Krohn*, Die Gewährleistung nach den Weltpostverträgen, Diss. [Erlangen] 1934, S. 30 Fn. 142; *Niggl*, Postrecht, 2. Aufl. 1931, S. 342; für Beschlagnahmen durch Dienststellen der DDR im Durchgangsverkehr zwischen der Bundesrepublik Deutschland und Berlin siehe auch BGHZ 14, 274, 277, 278; vgl. auch *Altmannsperger*, Gesetz über das Postwesen, Loseblattkommentar Stand 1976, § 13 Rdn. 18 bis 20, § 14 Rdn. 32 bis 39; *Ohnheiser*, Postrecht, 2. Aufl. 1977, § 13 PostG Rdn. 3). Die Frage, ob in solchen Fällen ein »Verlust« der Sendung überhaupt vorliegt, hat jedoch im Geltungsbereich der Weltpostverträge ihre Bedeutung dadurch verloren, daß diese Verträge nunmehr die Beschlagnahme als Tatbestand eines Haftungsausschlusses ausdrücklich aufführen (vgl. auch Art. 45 § 2 Nr. 2 des derzeit geltenden WPV-Lausanne, der mit Art. 41 § 2 Nr. 2 WPV-Tokio inhaltsgleich ist).

Das Berufungsgericht hat als erwiesen angesehen, daß die Postsendungen des Klägers durch hoheitliche Maßnahmen sowjetischer Behörden beschlagnahmt worden sind, nachdem sie ordnungsgemäß in den Gewahrsam der sowjetischen Postverwaltung gelangt waren. Es hat weiter ausgeführt, diese Beschlagnahme schließe nach Art. 41 § 2 Nr. 2 WPV-Tokio die Haftung der Beklagten aus. Unerheblich sei, daß die sowjetische Postverwaltung die dem hoheitlichen Eingriff in den Postverkehr zugrunde liegenden Rechtsvorschriften nicht mitgeteilt und auch die Beklagte hierzu eine Darlegung unterlassen habe. Ob der im fremden Hoheitsgebiet vorgenommene Eingriff in den Postverkehr nach innerstaatlichem Recht des Empfängerlandes rechtmäßig gewesen sei, könnten weder die Einlieferungsverwaltung noch die Gerichte des Einlieferungslandes nachprüfen.

Diese Ausführungen halten den Angriffen der Revision stand.

Die Feststellung, daß die Sendungen ordnungsgemäß in den Gewahrsam der sowjetischen Postverwaltung gelangt sind, ist frei von Rechtsfehlern; sie wird von der Revision auch nicht angegriffen. Diese wendet sich auch nicht gegen die weitere Feststellung, daß die Sendungen durch hoheitliche Maßnahmen sowjetischer Dienststellen angehalten worden sind. Sie macht jedoch geltend, bei diesen Eingriffen habe es sich nicht um eine »Beschlagnahme auf Grund der Rechtsvorschriften« der Sowjetunion gehandelt. Dem Berufungsgericht ist indes auch in diesem Punkt beizutreten.

Art. 144 der Vollzugsordnung zum WPV-Tokio vom 14. Novemver 1969 (BGBl. 1971 II, 490) sieht ein Verfahren für Nachfragen nach Einschreibsendungen vor. Danach müssen für solche Nachfragen und für Auskünfte über den Verbleib der Sendungen Formblätter nach dem Muster C 9 der Anlage zur Vollzugsordnung benutzt werden. Diese Bestimmungen betreffen indes das Innenverhältnis der beteiligten Postverwaltungen (vgl. auch Art. 22 § 5 der Satzung des Weltpostvereins vom 10. Juli 1964, BGBl. 1965 II, 1633, 1640); sie entfalten keine Außenwirkung dahin gehend, daß im Verhältnis zum Postbenutzer der Nachweis eines der in Art. 41 genannten Haftungsausschluß-Tatbestände nur in dieser Form geführt werden kann. Der Umstand, daß die Beklagte diese Formblätter im anhängigen Rechtsstreit nicht als Beweismittel vorgelegt hat, hinderte das Berufungsgericht daher nicht, sich vom Vorliegen einer Beschlagnahme zu überzeugen.

Das Berufungsgericht hat seine Feststellung auf Erklärungen der sowjetischen Postverwaltung gegenüber der Beklagten gestützt. Zwar handelt es sich bei diesen Unterlagen, wie die Revision zutreffend hervorhebt, nicht um vom Gericht eingeholte amtliche Auskünfte im Sinne der Grundsätze der Entscheidung des Bundesgerichtshofs vom 27. November 1963 (V ZR 6/62=LM, ZPO § 402 Nr. 16). Das schließt jedoch ihre urkundenbeweisliche Verwertung und freie Würdigung nicht aus, zumal ihre Echtheit unstreitig ist. In diesen Erklärungen hat sich die sowjetische Postverwaltung auf den Standpunkt gestellt, die Briefaktion des Klägers stelle eine gegen die Sowjetunion gerichtete Provokation dar und sei mit den inneren Rechtsvorschriften der Sowjetunion unvereinbar. Die Sendungen würden daher den Empfängern nicht zugestellt, sondern nach Art. 41 § 2 Nr. 2 WPV-Tokio und Art. 45 § 2 Nr. 2 WPV-Lausanne behandelt. Die Postverwaltung der Sowjetunion übernehme für die in Rede stehenden Einschreibsendungen keine Haftung und werde dafür keine Ersatzbeträge zahlen. Diesen Erklärungen hat das Berufungsgericht rechtsirrtumsfrei entnommen, daß die Sendungen in der Sowjetunion Maßnahmen der dortigen staatlichen Zensur unterlegen haben.

Ob diese Maßnahmen nach den in der Sowjetunion geltenden Vorschriften rechtmäßig waren, ist in diesem Zusammenhang ohne Bedeutung. Vielmehr ist dem Berufungsgericht darin beizupflichten, daß den deutschen Gerichten als den Gerichten des Einlieferungslandes eine solche Prüfung verwehrt ist. Erst recht dürfen die Maßnahmen nicht an den in der Bundesrepublik Deutschland geltenden rechtsstaatlichen Normen gemessen werden. Es entspricht nicht dem Sinn und Zweck der Haftungsbestimmungen des WPV-Tokio, Handlungen eines Mitgliedstaates einer Rechtskontrolle durch die Postverwaltung und die Gerichte eines anderen Mitgliedstaates zu unterwerfen. Der Hinweis in Art. 41 § 2 Nr. 2 WPV-Tokio auf die »Rechtsvorschriften des Bestimmungslandes« bedeutet daher nicht mehr, als daß eine Beschlagnahme durch staatliche Stellen des Bestimmungslandes die Haftung der Postverwaltungen für den Verlust der Sendung ausschließt. Daher ist es – entgegen der Auffassung der Revision – für die Entscheidung auch unerheblich, daß die Erklärungen der sowjetischen Postverwaltung Rechtsvorschriften, auf die die Maßnahmen sich hätten stützen können, nicht im einzelnen nennen. Für die Feststellung, daß die Sendungen auf Grund der Rechtsvorschriften des Bestimmungslandes beschlagnahmt worden sind, genügte vielmehr die sowjetische Erklärung, daß es sich bei der Beschlagnahme um die Abwehr einer gegen die Rechtsordnung der Sowjetunion gerichteten Provokation gehandelt habe, in Verbindung mit der ausdrücklichen Berufung auf den Haftungsausschluß nach Art. 41 § 2 Nr. 2 WPV-Tokio und Art. 45 § 2 Nr. 2 WPV-Lausanne (ebenso das am selben Tage verkündete Senatsurteil in der Sache III ZR 50/79).

Unerheblich ist, daß die Sendungen, derentwegen der Kläger Entschädigung verlangt, in den Erkältungen der sowjetischen Postverwaltung nicht im einzelnen genannt werden. Es besteht kein vernünftiger Zweifel daran, daß sie das Schicksal aller anderen in Verlust geratenen Sendungen aus der Briefaktion des Klägers geteilt haben. Aus diesem Grund ist dem Berufungsgericht auch darin beizupflichten, daß es den Beweiswert der Erklärungen nicht mindert, wenn die Unterlagen, die diese Sendungen betreffen, nach Art. 108 der Vollzugsordnung vernichtet worden sind. Denn bei dem Umfang der Briefaktion waren inhaltlich verläßliche Mitteilungen der sowjetischen Postverwaltung auch in den Jahren 1975 und 1976 noch möglich, jedenfalls insoweit, als sie die Erklärung enthielten, daß aus sowjetischer Sicht der Haftungsausschluß nach Art. 41 § 2 Nr. 2 WPV-Tokio gegeben sei.

Zu Unrecht macht die Revision geltend, eine Zahlungspflicht der Beklagten ergebe sich schon daraus, daß die Nachforschung nach den verlorengegangenen Sendungen nicht innerhalb der in Art. 44 § 2 WPV-Tokio genannten Frist abgewickelt worden sei. Die Vorschrift bestimmt, daß der Ersatzbetrag möglichst bald, spätestens binnen sechs Monaten, vom Tag der Nachfrage an gerechnet, gezahlt werden soll. Sie dient indes lediglich der beschleunigten Abwicklung des Erstattungsverfahrens; eine anspruchsbegründende Wirkung dahin gehend, daß nach Fristablauf der Verlust der Sendung fingiert und der Postverwaltung die Berufung auf einen Haftungsausschluß abgeschnitten wird, kann ihr nicht beigemessen werden. Art. 44 WPV-Tokio setzt vielmehr einen Ersatzanspruch nach Art. 40 voraus. Da er hier nicht besteht, ist die Beklagte trotz Fristablaufs nicht verpflichtet, Zahlungen zu leisten.

Die Haftung für den Verlust von Einschreibsendungen im internationalen Postverkehr ist in den Bestimmungen des Weltpostvertrages abschließend geregelt. Aus diesem Grund kann die Klageforderung – entgegen der Meinung der Revision – nicht auf die allgemeinen Vorschriften über Amtspflichtverletzungen oder unerlaubte Handlungen (§§ 839, 823 BGB) gestützt werden. Dies gilt auch, soweit die Revision geltend macht, die Beklagte habe den Kläger bei Einlieferung der Sendungen auf die Gefahr der Beschlagnahme im Bestimmungsland hinweisen müssen. Auch insoweit verbietet es die abschließende Regelung der Art. 40 ff. WPV-Tokio, eine Ersatzpflicht der Postverwaltung für einen nicht unter diese Bestimmungen fallenden Schaden unter dem Gesichtspunkt des Verschuldens zu bejahen (vgl. für den innerdeutschen Postverkehr § 11 Abs. 1 und 2 PostG, sowie für den Rechtszustand unter der Geltung des Postgesetzes vom 28. Oktober 1871 [RGBl. I, 347]: BGHZ 14, 274, 281).

Nr. 122 OLG Stuttgart 4. 2. 1980 (2 Ss [14] 802/79) NJW 1980, 1242

Die Bf. waren wegen Verstoßes gegen § 5 BäckArbZG (Nachtbackverbot) mit Bußgeld belegt worden. Ihre Beschwerden hatten keinen Erfolg.

Die nach § 79 I Nr. 1 OWiG zulässigen, mit der Sachrüge gerechtfertigten Rechtsbeschwerden der Betroffenen sind unbegründet, denn die der Verurteilung der Bf. zugrunde liegenden Vorschriften des Gesetzes über die Arbeitszeit in Bäckereien und Konditoreien (BäckArbZG) vom 29. 6. 1936 (RGBl. I, 521) i.d.F. des Gesetzes vom 23. 7. 1969 (BGBl. I, 937) stehen mit den Bestimmungen des Vertrags zur Gründung der Europäischen Wirtschaftsgemeinschaft (EWGV) vom 25. 3. 1957 (BGBl. II, 766 und 1958 II, 64) in Einklang. Das angefochtene Urteil weist auch sonst keine Rechtsfehler auf. Nach Art. 34 I EWGV sind »mengenmäßige Ausfuhrbeschränkungen sowie alle Maßnahmen gleicher Wirkung ... zwischen den Mitgliedstaaten verboten.« Die Bf. gehen fehl in ihrer Annahme, das in § 5 I BäckArbZG statuierte Nachtbackverbot stelle eine nach Gemeinschaftsrecht verbotene und damit unwirksame Maßnahme des nationalen Gesetzgebers dar.

Der Senat hat die Inzidentfrage, ob die genannte innerstaatliche Rechtsnorm mit dem vorrangigen Gemeinschaftsrecht unvereinbar und deshalb im Einzelfall nicht anwendbar ist, in eigener Zuständigkeit zu entscheiden (BVerfGE 29, 198 [209] = NJW 1970, 2155; BVerfGE 31, 145 = NJW 1971, 2122).

Der erwähnte Einwand der Bf. geht nicht schon deshalb fehl, weil sie nicht von den ausfuhrbeschränkenden Maßnahmen i. S. des Art. 34 I EWGV betroffen sein könnten. Der Senat verkennt zwar nicht, daß sich die Betroffenen im Anhörungsverfahren vor dem Gewerbeaufsichtsamt auf eine Beeinträchtigung der *Ausfuhr* von Backwaren nicht berufen haben; damals ist als Grund für die Zuwiderhandlungen gegen das Bäckerarbeitszeitgesetz der Konkurrenzdruck der *inländischen* Mitbewerber der Firma J – die angeblich laufend gegen das Nachtbackverbot verstießen – genannt worden. Daß die Ausfuhr von Backwaren in andere Mitgliedstaaten der Europäischen Gemeinschaft durch das Nachtbackverbot behindert werde, hat in diesem Bußgeldverfahren erstmals der Verteidiger des Betroffenen J gegenüber dem AG geltend gemacht.

Da jedoch nach der Rechtsprechung des EuGH unter Art. 34 I EWGV alle Maßnahmen fallen können, welche geeignet sind, Aus- und Einfuhren zwischen den Mitgliedstaaten »unmittelbar oder mittelbar, tatsächlich oder potentiell zu behindern« (EuGH, NJW 1979, 483 zu Art. 30 EWGV, welche Bestimmung entsprechende Vorschriften für die Beschränkung von Waren*einfuhren* enthält), erscheint die Berufung der Bf. auf das Gemeinschaftsrecht nicht von vornherein unerheblich: Die Betroffenen sind Mitarbeiter der Firma J und wurden wegen Zuwiderhandlung gegen § 5 I BäckArbZG mit Geldbußen belegt, ihr ordnungswidriges Verhalten war durch ihre berufliche Tätigkeit bei dieser Firma veranlaßt; bei der Firma J handelt es sich um einen großen deutschen Firmenkomplex mit zahlreichen Produktionsbetrieben und Verteilerstellen, in dem etwa 1500 Mitarbeiter beschäftigt sind; es liegt nahe, daß dieses Unternehmen Backwaren auch in Mitgliedstaaten der Europäischen Gemeinschaft – insbesondere nach Frankreich – exportiert. Hierbei können Ausfuhrbehinderungen durch das Nachtbackverbot nicht ausgeschlossen werden, da die der Bundesrepublik Deutschland benachbarten Länder der Europäischen Gemeinschaft ein Nachtbackverbot nicht kennen und infolgedessen Wettbewerbsvorteile ausländischer Bäckereibetriebe in Betracht kommen (vgl. BVerfGE 41, 360 [374] = NJW 1976, 2119).

Das in § 5 I BäckArbZG angeordnete Nachtbackverbot ist keine nach Art. 34 I EWGV *verbotene* Maßnahme, denn jedenfalls ist diese gesetzliche Regelung »zum Schutz der Gesundheit von Menschen« nach Art. 36 EWGV *gerechtfertigt.* Es braucht deshalb nicht abschließend entschieden zu werden, ob § 5 I BäckArbZG unter die »Maßnahmen gleicher Wirkung« fällt.

Die Bf. weisen mit Recht darauf hin, daß die nach Art. 36 EWGV zulässigen Ausnahmen von dem durch die Art. 30 und 34 I EWGV zu sichernden Grundsatz des freien Warenverkehrs eng auszulegen sind. Nach der Rechtsprechung des EuGH darf Art. 36 EWGV in seinen Wirkungen nicht über das hinausgehen, was zum Schutz der Interessen erforderlich ist, deren Schutz dieser Artikel gewährleisten soll (EuGH, NJW 1979, 483 [484], 2455). Diese Voraussetzungen liegen hier vor.

Das Nachtbackverbot ist geeignet, dem Schutz der Gesundheit all derjenigen Bäcker zu dienen, die in handwerklich betriebenen Bäckereien arbeiten. Diese Arbeitszeitregelung gewährleistet, daß der ständige Beginn der Arbeitszeit in Handwerksbetrieben nicht vor 4.00 Uhr vorverlegt wird und die Arbeitnehmer weitgehend vor der gesundheitsschädlichen Lage geschützt sind, in einem längeren Zeitraum vor dem ersten Anstieg der Leistungskurve gegen 6.00 Uhr arbeiten zu müssen (BVerfGE 23, 50 [59]). Noch längere Arbeitszeiten während der nächtlichen Phase niedrig liegender Leistungsbereitschaft würden zu einer noch stärkeren Belastung der Gesundheit dieser Arbeitnehmer führen (BVerfGE 41, 360 [371] = NJW 1976, 2119).

Die hiergegen vorgebrachten Einwendungen der Bf. – dem gesundheitlichen Schutz der Bäcker sei durch § 5 I BäckArbZG nicht gedient, da sie regelmäßig zu ungünstig früher Zeit mit der Arbeit beginnen müßten; ein Betrieb in drei Schichten mit der Möglichkeit, abwechselnd tags und nachts im turnusmäßigen Schichtbetrieb zu arbeiten, sei dem angestrebten Gesetzeszweck eher förderlich – sind nicht stichhaltig, da Handwerksbäckereien meist nicht über das für einen 3-Schichten-Betrieb erforderliche Personal verfügen (vgl. die zuletzt genannte Entscheidung des BVerfGE 41, 360 [371] = NJW 1976, 2119).

Das Nachtbackverbot ist auch *erforderlich,* also verhältnismäßig, um den erwünschten Zweck zu erreichen. Mit den hiergegen geltend gemachten Argumenten der Bf. – es genüge ein auf die Handwerksbäckereien beschränktes Verbot – hat sich das BVerfG ebenfalls schon auseinandergesetzt und sie für unzutreffend erachtet: Da die Backwarenfabriken im Falle ihrer Befreiung vom Nachtbackverbot gegenüber den anderen Bäckereien einen erheblichen Wettbewerbsvorsprung erhielten, wäre die Einhaltung des Nachtbackverbots in den Handwerksbetrieben nicht mehr gewährleistet (BVerfGE 23, 50 [59]); zunehmender Konkurrenzdruck zwänge die Handwerker zu mehr Nachtarbeit (BVerfGE 41, 360 [371] = NJW 1976, 2119). Der Senat schließt sich auch diesen überzeugenden Erwägungen des BVerfG an.

Diese mit der Rechtsprechung des EuGH in Einklang stehende Abwägung zwischen den Art. 34 I und 36 EWGV findet auch im Schrifttum ihre Stütze. *Seidel* weist in NJW 1967, 2081, darauf hin, aus Art. 36 EWGV ergebe sich die Berechtigung der Mitgliedstaaten, solche den freien Warenverkehr beschränkenden Verbote aufrechtzuerhalten, die das Inverkehrbringen von Erzeugnissen aus Gründen der öffentlichen Sicherheit und Ordnung, vornehmlich zum Schutz der Gesundheit, regeln. Der EWG-Vertrag erkenne, daß Vorschriften zugunsten der öffentlichen Sicherheit und Gesundheit nicht aus Gründen der Wirtschaftsbeeinflussung erlassen seien und billige den Mitgliedstaaten in Art. 36 EWGV die Befugnis zur Beibehaltung dieser Vorschriften zu. Handelshemmnisse, die durch diesbezügliche Unterschiede der Rechtsordnungen bedingt seien, könnten mangels Aufhebbarkeit der Vorschriften nur durch die in Art. 100 EWGV vorgesehene Angleichung von Rechts- und Verwaltungsvorschriften beseitigt werden (S. 2083 rechte Spalte). Ähnlich *Bleckmann,* Europarecht, 1976, 244: Dieser Autor kommt mit einer einschränkenden Auslegung des Begriffs »Maßnahmen gleicher Wirkung« zu demselben Ergebnis: Nicht jede staatliche Maßnahme, die sich auf Höhe und Art der Ein- und Ausfuhr auswirken könne, falle unter Art. 30 oder 34 I EWGV. Aus den Art. 100 und 101 EWGV gehe notwendig hervor, daß »Wettbewerbsverzerrungen durch Rechtsvorschriften – die stets die Ein- und Ausfuhr hemmen – eben nicht verboten sind, sondern durch eine Koordinierung allmählich behoben werden sollen«.

Das AG hat sich im angefochtenen Urteil zwar nicht mit der Frage der Vereinbarkeit des § 5 I BäckArbZG mit den Bestimmungen des EWG-Vertrages befaßt. Es hat diese Frage stillschweigend bejaht, indem es die Betroffenen verurteilt hat. Hierin ist ein Rechtsfehler zum Nachteil der Betroffenen nicht zu erblicken. Die von der Verteidigung angeführte Entscheidung OLG Hamm, NJW 1969, 624, besagt – da nicht einschlägig – nichts Gegenteiliges.

Eine Anrufung des EuGH zur Herbeiführung einer Vorabentscheidung über die Auslegung des EWG-Vertrages hält der Senat nicht für erforderlich; er ist insbesondere zu einer solchen Anrufung nicht verpflichtet (Art. 177 EWGV).

Der Senat für Bußgeldsachen beim OLG ist zwar i.S. des Art. 177 III EWGV ein einzelstaatliches Gericht, »dessen Entscheidungen selbst nicht mehr mit Rechtsmitteln des innerstaatlichen Rechts angefochten werden können« (vgl. *Knopp,* JZ 1961, 305; *Schumann,* ZZP 1978, 102). Der von *Bleckmann,* Europarecht 1976, 241, 242, vertretenen Auffassung, es fielen nur das BVerfG, die fünf oberen Bundesgerichte und die Verfassungsgerichte der Länder unter diese Bestimmung, vermag der Senat nicht zu folgen; Sinn und Zweck der gemeinschaftsrechtlichen Vorschrift gebieten die Vorlage grundsätzlich dann, wenn im konkreten Fall ein ordentliches Rechtsmittel nach dem innerstaatlich vorgesehenen Instanzenzug nicht mehr gegeben ist.

Die Vorlagepflicht entfällt, da das in dieser Bußgeldsache anzuwendende Gemeinschaftsrecht nicht zweifelhaft ist, eine Auslegungs*frage* i.S. des Art. 177 III EWGV sich infolgedessen nicht stellt.

Zwar könnte Art. 177 III EWGV seinem Wortlaut nach so verstanden werden, jede Frage über die Vertragsauslegung, die bei einem letztinstanzlichen einzelstaatlichen Gericht gestellt wird, führe zur Vorlegungspflicht, unabhängig von der Entscheidungserheblichkeit und ohne Rücksicht darauf, ob die »Frage« vom EuGH schon einmal entschieden worden ist. Indes wäre eine solch uferlose Vorlagepflicht sinnlos; sie wird im Schrifttum zu Recht eingeschränkt im Hinblick auf Sinn und Zweck der Vorschrift. Mit *Knopp,* JZ 1961, und *Schumann,* ZZP 1978, 108 ff., hält der Senat eine Vorlagepflicht nur dann für gegeben, wenn die entscheidungserhebliche Auslegung des Gemeinschaftsrechts bei Berücksichtigung von Sinn und Zweck der anzuwendenden Bestimmungen des EWG-Vertrags, der hierzu ergangenen Entscheidungen des EuGH und der Meinungen im Schrifttum fraglich ist. Dies alles ist vorliegend nicht der Fall. Es bestand deshalb auch keine Veranlassung, von der Vorlagemöglichkeit des Art. 177 II EWGV Gebrauch zu machen, von welcher das AG – im Ergebnis zu Recht – ebenfalls abgesehen hat.

Nr. 123 BFH 5. 2. 1980 (VII R 101/77) BFHE 130, 90

Die Klägerin und Revisionsklägerin (Klägerin) beantragte am 10. Mai 1971 unter Vorlage der entsprechenden Dokumente beim Beklagten und Revisionsbeklagten (Hauptzollamt – HZA) die Abfertigung von hundert Sack Rohkaffee zum freien Verkehr. Sie begehrte dabei, den Kaffee als sogenannte AASM-Ware zollfrei zu belassen, weil es sich um Kaffee handle, der aus Guinea stamme. Das HZA fertigte die Ware am selben Tag zum freien Verkehr ab und erhob keine Zölle, weil es glaubte, daß es sich um eine der sogenannten AASM-Ware gleichzustellende Ware handle und deshalb nach einem Erlaß des Bundesministers der Finanzen (BdF) die Voraussetzungen für die Zollfreiheit erfüllt seien.

Bei Inkrafttreten des Vertrages zur Gründung der Europäischen Wirtschaftsgemeinschaft (EWG-Vertrag – EWGV) am 1. Januar 1958 gehörte die seit dem 2. Oktober 1958 unabhängige Republik Guinea zu den Ländern und Gebieten, denen nach Anhang IV des EWG-Vertrages Zollpräferenzen eingeräumt worden waren (vgl. Art. 131, 227 Abs. 3 EWGV). Die meisten der in diesem Anhang genannten Gebiete haben nach ihrer Unabhängigkeitserklärung mit der EWG ein Assoziierungsabkommen geschlossen, nicht jedoch die Republik Guinea (vgl. Assoziierungsabkommen zwischen der Europäischen Wirtschaftsgemeinschaft und den mit dieser Gemeinschaft assoziierten afrikanischen Staaten und Madagaskar vom 29. Juli 1969 – BGBl. 1970 II, 522). Dennoch wurden Guinea von der Bundesrepublik Deutschland und von Frankreich die nach dem EWG-Vertrag vorgesehenen Vergünstigungen weiter gewährt. Grundlage war der BdF-Erlaß vom 28. Dezember 1966 an die Zollstellen, in dem es heißt: »Bei Einfuhren aus der Republik Guinea sind einstweilen die Vergünstigungen des EWG-Vertrages weiter zu gewähren. Voraussetzung ist, daß ein entsprechend den

Bestimmungen in den Nummern 27 bis 30 der EWG-Zollbestimmungen 1964 (BZBl. 1963, S. 918) ausgestelltes Ursprungszeugnis vorgelegt wird«.

Durch Änderungsbescheid vom 4. Januar 1972 forderte das HZA von der Klägerin für den am 10. Mai 1971 zollfrei gelassenen Kaffee 1 391,30 DM Zoll mit der Begründung nach, es sei festgestellt worden, daß der Kaffee nicht aus Guinea gestammt habe, sondern zwischen dem 6. und dem 9. September 1970 in dem früheren französischen Treuhandgebiet von Kamerun im Hafen von Douala geladen worden sei. Der mit der Begründung eingelegte Einspruch, der Kaffee sei in Guinea erzeugt und verladen worden, blieb ohne Erfolg. Das HZA wies ihn mit der Begründung zurück, aufgrund eingehender Ermittlungen stehe fest, daß die Klägerin in Wahrheit Kamerun-Ware eingeführt habe. Dagegen erhob die Klägerin Klage, mit der sie unter Vortrag eines umfangreichen Beweismaterials an ihren bisherigen Behauptungen festhielt.

Auf Vorabentscheidungsersuchen des Finanzgerichts (FG) entschied der Gerichtshof der Europäischen Gemeinschaften (EuGH) mit Urteil vom 11. Dezember 1973, Rs. 147/73 (EuGHE 1973, 1543), daß Art. 131 EWGV i.V.m. Anhang IV und dem genannten Assoziierungsabkommen vom 29. Juli 1969 dahin auszulegen sei, daß Einfuhren aus Guinea im Jahre 1971 nicht als Einfuhren zu behandeln gewesen seien, die aus einem mit der EWG assoziierten Staat oder Gebiet stammten, und ihnen daher die Zollfreiheit in den Mitgliedstaaten nicht habe zustatten kommen können. Daraufhin hob der BdF mit Erlaß vom 16. Januar 1974 den zitierten Erlaß vom 28. Dezember 1966 zum 1. April 1974 auf. Frankreich gewährte wegen seiner besonderen Beziehungen zu Guinea für Waren aus diesem Staat weiterhin Zollpräferenzen. Belgien und die Niederlande gewährten schon vor Erlaß der genannten Vorabentscheidung keine entsprechenden Zollfreiheiten.

Das FG Berlin wies die Klage durch Urteil vom 9. September 1977, III 502/73 (Entscheidungen der Finanzgerichte 1978, S. 29 – EFG 1978, 29) ab.

Das HZA hat mit Bescheid vom 10. Mai 1971 die eingeführte Ware zollfrei belassen (§ 36 Abs. 2 des Zollgesetzes – ZG). Das ist keine begünstigende Verfügung nach § 96 AO (vgl. Urteil des erkennenden Senats vom 13. Oktober 1970, VII R 40/68, BFHE 100, 279, Bundeszollblatt 1971, S. 237 – BZBl. 1971, 237), sondern ein Freistellungsbescheid im Sinne des § 210 Abs. 3 AO, der einem Steuerbescheid auch hinsichtlich der Berichtigungsmöglichkeit gleichsteht (vgl. BFH-Urteil vom 10. Juni 1953, II 113/53 U, BFHE 57, 558, BStBl. III 1953, 214).

Nach ständiger Rechtsprechung des BFH ist die Verwaltung zur Nachforderung von Zöllen, die zu Unrecht zu niedrig festgesetzt oder überhaupt nicht erhoben worden sind, verpflichtet (§ 223 AO i.V.m. § 94 Abs. 1 Nr. 1 AO). Im vorliegenden Fall sind – auch wenn man davon ausgeht, daß es sich um Waren mit Ursprung in Guinea handelt – zu Unrecht Zölle nach Maßgabe des Gemeinsamen Zolltarifs (GZT) nicht erhoben worden. Denn nach der in diesem Verfahren bindenden Vorabentscheidung des EuGH kamen im Jahre 1971 Einfuhren aus Guinea nicht in den Genuß der Zollfreiheit, die für Waren aus mit der EWG assoziierten Staaten galt, da Guinea nicht zu diesen Staaten zählte. Da mit der Freigabe der streitbefangenen Waren die Zollschuld in der gesetzlich (d.h. nach den Zollsätzen des GZT) vorgesehenen Höhe entstanden ist (§ 58 Abs. 1 Satz 1 ZG), ist der Nachforderungsbescheid dann rechtens, wenn nicht der Geltendmachung dieses Abgabenanspruchs der Grundsatz von Treu und Glauben entgegenstand (vgl. Urteil des erkennenden Senats vom 30. März 1971, VII R 38/68, BFHE 102, 27, BStBl. II 1971, 450).

Die Frage, ob die Nachforderung mit dem Grundsatz von Treu und Glauben vereinbar ist, richtet sich nach der Ausprägung, die dieser Grundsatz im innerstaatlichen Recht nach der Rechtsprechung erfahren hat. Im Gegensatz zur Meinung des FG ist der Grundsatz des Vertrauensschutzes des Gemeinschaftsrechts (vgl. z.B. EuGH-Urteil vom 3. Mai 1978, Rs. 112/77, EuGHE 1978, 1019, 1032) hier nicht anwendbar.

Nach dem Grundsatz des Vorrangs des Gemeinschaftsrechts wird jede dem Gemeinschaftsrecht entgegenstehende Bestimmung des innerstaatlichen Rechts ohne weiteres unanwendbar (vgl. z. B. EuGH-Urteil vom 9. März 1978, Rs. 106/77, EuGHE 1978, 629, 644). Dieser Grundsatz kann aber nur dort Wirkung entfalten, wo Gemeinschaftsrecht und innerstaatliches Recht miteinander kollidieren, im Einzelfall also sowohl eine entscheidungserhebliche Rechtsnorm des Gemeinschaftsrechts als auch eine von ihr abweichende grundsätzlich ebenfalls entscheidungserhebliche nationale Rechtsnorm bestehen (vgl. *Ipsen,* Europäisches Gemeinschaftsrecht – 1972 – S. 259). Fehlt es im Einzelfall an einer anwendbaren Norm des Gemeinschaftsrechts, so stellt sich die Frage nach dessen Vorrang nicht.

Das Gemeinschaftszollrecht besteht aus dem Gemeinsamen Zolltarif und den zu seiner Durchführung erlassenen gemeinschaftsrechtlichen Bestimmungen (gemeinschaftliches Zolltarifrecht) sowie aus dem außertariflichen Zollrecht der Gemeinschaft, das die Rechtsakte der Europäischen Gemeinschaften umfaßt, die zur Angleichung oder Vereinheitlichung der außertariflichen zollrechtlichen Bestimmungen der Mitgliedstaaten ergangen sind (vgl. *Regul,* Steuern und Zölle im Gemeinsamen Markt, 47. Lieferung, IV G/1, S. 2). Dieses außertarifliche Gemeinschaftszollrecht enthält bisher nur partielle Zollregelungen; das gilt erst recht für das Jahr 1972, dem Zeitpunkt, zu dem der angefochtene Nachforderungsbescheid erlassen wurde (vgl. zur Entwicklung der Zollrechtsangleichung innerhalb der Europäischen Gemeinschaften *Regul,* a.a.O., S. 9 ff., und das Mehrjahresprogramm der Europäischen Kommission zur Verwirklichung der Zollunion, Zeitschrift für Zölle und Verbrauchsteuern 1979, S. 184 – ZfZ 1979, 184).

Das außertarifliche Gemeinschaftszollrecht weist also offene Lücken aus. Dabei handelt es sich im Regelfall nicht um Gesetzeslücken im Sinne der rechtswissenschaftlichen Methodenlehre, die durch die gesetzesimmanente Fortbildung des Gemeinschaftsrechts geschlossen werden müßten. Vielmehr besteht, soweit sich nicht im Einzelfall durch Auslegung des Gemeinschaftsrechts etwas anderes ergibt, für die vom Gemeinschaftsrecht nicht geregelte Materie keine Regelungslücke, sondern es wird oder bleibt das entsprechende einzelstaatliche Recht anwendbar. Beim gegenwärtigen (und damaligen – 1972) Stand des außertariflichen Gemeinschaftszollrechts erhob und erhebt dieses nicht den Anspruch, allumfassend zu sein. Es konnte und kann dies schon deswegen nicht tun, weil ohne ergänzende Anwendung der Bestimmungen der einzelstaatlichen Zollrechte das Funktionieren des Gemeinsamen Marktes ernstlich gefährdet wäre. Soweit das eine unterschiedliche Behandlung der Marktbürger zur Folge hat, ist dies eine zwangsläufige Folge der noch nicht vollendeten Rechtsangleichung.

Daß das Gemeinschaftszollrecht von dieser »Arbeitsteilung« zwischen Gemeinschafts- und nationalem Gesetzgeber ausgeht, belegt z. B. Art. 36 Abs. 1 der Verordnung (EWG) Nr. 542/69 (VO Nr. 542/69) des Rates vom 18. März 1969 über das gemeinschaftliche Versandverfahren (Amtsblatt der Europäischen Gemeinschaften – ABlEG – L 77/1 vom 29. März 1969), wonach bei Zuwiderhandlungen im gemeinschaftlichen Versandverfahren fällig gewordene Zölle von dem betreffenden Mitgliedstaat »nach dessen Rechts- und Verwaltungsvorschriften« erhoben werden (vgl. auch die gleichlautende Bestimmung des Art. 36 Abs. 1 der diese Verordnung ablösenden VO Nr. 222/77 des Rates vom 13. Dezember 1976, ABlEG L 38/1 vom 9. Februar 1977). Gleiches ergeben auch die EuGH-Urteile vom 11. Februar 1971, Rs. 39/70 (EuGHE 1971, 49, 58), vom 16. Dezember 1976, Rs. 33/76 (EuGHE 1976, 1989, 1998) und vom 5. Mai 1977, Rs. 110/76 (EuGHE 1977, 851, 856).

Das Gemeinschaftszollrecht enthielt 1972 keine Vorschriften über die Nachforderung von Zöllen, die bei ihrer Entstehung zu Unrecht unerhoben geblieben sind. Solche Vorschriften sind erst mit der VO Nr. 1697/79 des Rates vom 24. Juli 1979 (ABlEG Nr. L 197/1 vom 3. August 1979) erlassen worden. Daraus ergibt sich, daß sich das Ob und das Wie der Nachforderungen von zunächst zu Unrecht unerhoben gebliebenen Zöllen damals nach nationalem Recht richtete.

Etwas anderes ist auch nicht aus den Urteilen des EuGH zur Frage des Erlasses von Währungsausgleichsbeträgen und Abschöpfungen im Billigkeitswege zu entnehmen (Urteile vom 30. November 1972, Rs. 18/72, EuGHE 1972, 1163, 1172, und vom 28. Juni 1977, Rs. 118/76, EuGHE 1977, 1177, 1188). Dort hatte der EuGH entschieden (vgl. Rs. 118/76, Absatz 5 der Gründe), daß die Berücksichtigung einer nationalen Billigkeitsvorschrift ausgeschlossen ist, »soweit sie eine Änderung der Tragweite der gemeinschaftsrechtlichen Vorschriften über die Besteuerungsgrundlage, die Voraussetzungen der Veranlagung oder die Höhe der gemeinschaftsrechtlichen Abgabe bewirken würde«, und hat daraus den Schluß gezogen, daß danach eine innerstaatliche Behörde keinen Billigkeitserlaß gewähren darf, »der auf Erwägungen gestützt ist, die der wirtschaftlichen Rechtfertigung der betreffenden Abgabe entnommen sind«. Davon ist jedoch die Frage zu unterscheiden, ob und ggf. unter welchen Voraussetzungen Zölle nachgefordert werden können, die zunächst aufgrund vom Beteiligten nicht angefochtener Bescheide zu Unrecht unerhoben geblieben waren. Diese entspricht eher dem Problem, das der EuGH in seinem Urteil in EuGHE 1976, 1989, 1998, zu entscheiden hatte. Dort hatte der EuGH erkannt, daß nationales Recht nicht mit Gemeinschaftsrecht kollidiert, das vorsieht, daß ein materiell gemeinschaftsrechtswidriger Zollbescheid deswegen bestehenbleibt, weil er wegen Versäumung der Rechtsbehelfsfristen nicht mehr angefochten werden kann. Hatte der EuGH also darin offensichtlich keine Regelungen gesehen, die die Tragweite der gemeinschaftsrechtlichen Vorschriften über die Besteuerungsgrundlage, die Veranlagungsvoraussetzungen und die Höhe der Abgabe verändert, so kann eine solche Regelung auch nicht darin liegen, daß ein einzelstaatlicher Gesetzgeber die Nachforderung von Zöllen, die aufgrund eines unanfechtbaren Erstbescheids gemeinschaftsrechtswidrig unerhoben blieben, nicht oder wenigstens unter bestimmten Umständen nicht vorsieht.

Auch das Urteil des EuGH vom 15. Juli 1970, Rs. 41/69 EuGHE 1970, 661, 687) besagt nichts anderes. Dort hatte der EuGH entschieden, daß die Vorschriften, aus denen sich die Befugnis der Kommission zur Verhängung von Geldbußen bei Zuwiderhandlungen gegen Wettbewerbsvorschriften ergibt (Art. 85 ff. EWGV), keine Verjährungsvorschriften enthalten und daher auch keine solchen anwendbar sind (Sätze 18 bis 20 der Gründe). Diese Rechtsfrage ist mit der vorliegenden nicht zu vergleichen. Die Wettbewerbsregeln des EWG-Vertrages enthalten nach dem Willen dieses Vertrages eine vollständige Regelung, so daß aus ihrem Schweigen hinsichtlich der Frage der Verjährung gefolgert werden mußte, daß eine Verjährung grundsätzlich nicht eintreten sollte. In der Frage der Nachforderung von Zöllen ist eine solche Auslegung nicht möglich. Der Gemeinschaftsgesetzgeber wollte durch sein Schweigen nicht die Anwendung der nationalen Vorschriften über die Zollnachforderung ausschließen. Ein solcher Wille scheidet schon deswegen aus, weil sonst eine Nachforderung – mangels entsprechender Gemeinschaftsvorschriften – grundsätzlich nicht möglich wäre. Eine solche, die materielle Durchsetzung des GZT beeinträchtigende Auffassung kann dem Gemeinschaftsgesetzgeber nicht unterstellt werden. Der Gemeinschaftsgesetzgeber hat vielmehr lediglich dadurch, daß er die Rechte der Mitgliedstaaten auf diesem Gebiet noch nicht angeglichen oder vereinheitlicht hat, in Kauf genommen, daß die Rechte des einen oder anderen Mitgliedstaats eine solche Nachforderungsmöglichkeit nicht vorsehen und daher grundsätzlich mögliche Nachforderungen unterbleiben.

Nach allem ergibt sich, daß gemeinschaftsrechtliche Vorschriften der Anwendung der nationalen Vorschriften über die Nachforderung von Zöllen nicht entgegenstehen. Das bedeutet aber nicht nur, daß die Bestimmungen der §§ 223, 94 Abs. 1 Nr. 1 AO im vorliegenden Fall anwendbar sind. Es ergibt sich daraus auch, daß die Frage, ob der Nachforderung der Grundsatz von Treu und Glauben entgegensteht, nach innerstaatlichem Recht zu beantworten ist. Denn dieser Grundsatz wird dabei nicht abstrakt angewendet, sondern in einer ganz bestimmten, auf die Nachforderung bezogenen Ausprägung. Er wird als gewissermaßen den Nachforderungsvorschriften der Reichsabgabenordnung immanenter Rechtsgrundsatz betrachtet. Daher kann gegen seine Anwendung im vorliegenden Fall auch nicht vorgebracht werden, zumindest insoweit liege doch eine Kollision mit Gemeinschaftsrecht vor, als dieses den gleichen Grundsatz des Vertrauensschutzes kenne. Auch der gemeinschaftsrechtliche Grundsatz gewinnt seinen konkreten Inhalt nur im Zusammenhang mit dem jeweiligen Sachverhalt und dem jeweils anwendbaren geschriebenen Recht (vgl. auch Art. 5 der VO Nr. 1697/79). Seine Existenz kann daher nicht bedeuten, daß die Anwendung des innerstaatlichen Grundsatzes von Treu und Glauben auch dort ausgeschlossen ist, wo dieser in einem unauflöslichen Zusammenhang mit – mangels entsprechenden Gemeinschaftsrechts anwendbaren – nationalen Vorschriften steht.

Da sich für den erkennenden Senat keine Zweifel bei der Auslegung gemeinschaftsrechtlicher Bestimmungen ergeben – insbesondere im Hinblick auf die zitierten einschlägigen Urteile des EuGH –, ist er nicht verpflichtet, den EuGH nach Art. 177 Abs. 3 EWGV anzurufen (vgl. Urteil des erkennenden Senats vom 22. Oktober 1975, VII R 105/73, BFHE 117, 313).

Das FG hat zu Recht entschieden, daß sich die Klägerin nicht auf den Grundsatz von Treu und Glauben berufen kann...

Nr. 124 BGH 7. 2. 1980 (4 ARs 14/79) BGHSt 29, 211

Die italienische Botschaft in der Bundesrepublik Deutschland hat um die Auslieferung des Verfolgten, des österreichischen Staatsangehörigen K., an die Republik Italien zum Zwecke der Strafvollstreckung ersucht. Dem Auslieferungsersuchen sind ein rechtskräftiges Urteil des Appellationsgerichts Florenz und ein Vollstreckungshaftbefehl des Generalstaatsanwalts in Florenz beigefügt, aus welchen sich ergibt, daß der Verfolgte in den Jahren 1966 und 1967 an der Planung, Vorbereitung und Durchführung mehrerer Sprengstoffanschläge in Südtirol beteiligt war und deshalb am 1. Dezember 1971 in Abwesenheit wegen »Straftaten des Blutbads, des Anschlags auf die

Sicherheit von Elektrizitätsanlagen, der beschimpfenden Handlungen an einer Leiche, der Sachbeschädigung und des Besitzes von Sprengstoff« zu lebenslanger Zuchthausstrafe verurteilt worden ist.

Die Staatsanwaltschaft bei dem Oberlandesgericht Nürnberg hat beantragt, gegen den Verfolgten die vorläufige Auslieferungshaft anzuordnen. Das Oberlandesgericht Nürnberg, das über den Antrag zu entscheiden hat, geht zwar davon aus, daß dem Ersuchen auslieferungsfähige Straftaten im Sinne des Artikels 2 des Europäischen Auslieferungsübereinkommens (EuAlÜbk) vom 13. Dezember 1957 (BGBl. 1964 II, 1369; 1976 II, 1778) zugrunde liegen. Es hat gleichwohl Zweifel an der Zulässigkeit der Auslieferung und hat deshalb die Entscheidung über den Antrag zurückgestellt. Diese Zweifel gründen sich darauf, daß »wegen der mit den Sprengstoffanschlägen verfolgten Beeinträchtigung der öffentlichen Sicherheit und Ordnung in Südtirol« von einem »unmittelbaren Angriff gegen den Bestand und die Sicherheit des italienischen Staates« und damit »von einem politischen Charakter der Straftaten ausgegangen werden muß«, der die Auslieferung nach Artikel 3 Abs. 1 EuAlÜbk i.V.m. § 3 Abs. 2, § 10 Abs. 1 Satz 2 DAG »als von vornherein unzulässig erscheinen lassen könnte«. Das Oberlandesgericht neigt allerdings zu der Auffassung, daß die Taten nicht als politische Handlungen gelten können, weil sie unter die Bestimmungen des Europäischen Übereinkommens zur Bekämpfung des Terrorismus (EuTerrÜbk) vom 27. Januar 1977 (BGBl. 1978 II, 322) fallen, welches jedoch von der Republik Italien bisher noch nicht ratifiziert worden ist. Es meint, die in diesem Übereinkommen »verankerten, die Bundesrepublik Deutschland bindenden Grundsätze« ließen es »bedenklich erscheinen, im Einzelfall darauf abzustellen, ob der um Auslieferung ersuchende Vertragsstaat seinerseits das Abkommen ratifiziert hat«.

Zur Klärung der »nicht eindeutigen Rechtslage« hat das Oberlandesgericht die Sache dem Bundesgerichtshof mit dem Antrag vorgelegt, folgende Rechtsfrage zu entscheiden:

Bestimmt sich bei einem Auslieferungsersuchen Italiens der Begriff der »politischen Straftat« unter Zugrundelegung des am 4. August 1978 für die Bundesrepublik Deutschland in Kraft getretenen Europäischen Übereinkommens zur Bekämpfung des Terrorismus vom 27. Januar 1977 (Art. 1, 2) einschließlich des Gesetzes zu dem Europäischen Übereinkommen zur Bekämpfung des Terrorismus vom 28. März 1978 (Art. 2) – BGBl. 1978 II, Seite 321 ff. – und besteht bejahendenfalls eine Bindungswirkung auch gegenüber denjenigen Vertragsstaaten, die das Europäische Übereinkommen zur Bekämpfung des Terrorismus (u.a. Italien) noch nicht ratifiziert haben?

Der Generalbundesanwalt vertritt die Auffassung, daß diese Rechtsfrage zu bejahen ist.

Die Vorlegung ist nach § 27 Abs. 1 DAG zulässig. Sie betrifft eine Rechtsfrage von grundsätzlicher Bedeutung.

In der Sache ist die vorgelegte Rechtsfrage dahin zu beantworten, daß Artikel 1 und 2 des Europäischen Übereinkommens zur Bekämpfung des Terrorismus und Artikel 2 des Gesetzes zu diesem Übereinkommen nur im Auslieferungsverkehr mit den Vertragsstaaten anwendbar sind, die das Übereinkommen gemäß seinem Artikel 11 Abs. 2 ratifiziert, angenommen oder genehmigt haben. Solange die Republik Italien dieses Erfordernis nicht erfüllt hat, bestimmt sich deshalb im Auslieferungsverkehr mit ihr der Begriff der politischen Straftat nicht nach diesen Bestimmungen, sondern nach Artikel 3 EuAlÜbk i.V.m. § 3 DAG.

Das Europäische Übereinkommen zur Bekämpfung des Terrorismus verfolgt den Zweck, die Bekämpfung des Terrorismus durch eine umfassendere Zusammenarbeit der Justizbehörden der Mitgliedstaaten des Europarates zu verbessern und zu gewährleisten, daß besonders schwere Straftaten ohne jede Ausnahme einer entsprechenden Bestrafung zugeführt werden. Diesem Zweck soll insbesondere die Auslieferung terroristischer Täter an den Staat, in welchem die Tat begangen wurde, dienen, die auch dann möglich sein soll, wenn die Tat nach innerstaatlichem Recht als politische, nicht auslieferungsfähige Straftat anzusehen ist (vgl. die Denkschrift zum Übereinkommen in BT-Drs. 8/1204 und BR-Drs. 456/77). Das Übereinkommen verpflichtet demzufolge die Vertragsstaaten, einander Straftäter auszuliefern, die bestimmte, dem Bereich der terroristischen Taten zuzurechnende Straftaten begangen haben, auch wenn diese nach innerstaatlichem Recht als politische, mit solchen zusammenhängende oder politisch motivierte Straftaten anzusehen sind (Art. 1), und stellt es darüber hinaus den Vertragsstaaten frei, auch bestimmte sonstige besonders schwere Straftaten nicht als politische Taten anzusehen (Art. 2).

Für das innerstaatliche Recht der Bundesrepublik bedeutet dies, daß der Begriff der politischen Straftat, der in § 3 DAG umschrieben ist und der auch im Rahmen des Europäischen Auslieferungsübereinkommens gilt (Art. 3 Abs. 1 EuAlÜbk), durch dieses Übereinkommen eingeschränkt wird. Diese durch das Gesetz vom 28. März 1978 (BGBl. 1978 II, 321) mit Gesetzesrang ausgestattete Einschränkung des Deutschen Auslieferungsgesetzes kann jedoch nur so weit reichen, wie das Übereinkommen selbst reicht. Das gilt auch für Artikel 2 des Gesetzes zu dem Übereinkommen, nach welchem bestimmte sonstige schwere Straftaten nicht als politische Taten anzusehen sind. Diese Bestimmung begründet nämlich nicht eine unabhängig von dem Übereinkommen geltende Einschränkung des § 3 DAG. Sie soll vielmehr, wie schon ihr Wortlaut zeigt, nur die Optionsklausel des Artikels 2 des Übereinkommens ausfüllen (vgl. *Stein,* ZaöRV 1977, 668, 674); ihr Geltungsbereich geht deshalb ebenfalls nur so weit wie dieses selbst.

Der Geltungsbereich des Übereinkommens und damit des genannten Gesetzes umfaßt nur den Auslieferungsverkehr mit den Vertragsstaaten, die das Übereinkommen ratifiziert, angenommen oder genehmigt haben.

Das ergibt sich aus Artikel 11 Abs. 1 Satz 2 des Übereinkommens, der vorschreibt, daß es der Ratifizierung, Annahme oder Genehmigung durch die Vertragsstaaten bedarf. Nach den allgemein anerkannten Grundsätzen des Völkerrechts besagt diese Ratifikationsklausel, daß ein Unterzeichnerstaat, solange er dieses Erfordernis nicht erfüllt hat, an das Übereinkommen nicht gebunden ist (vgl. *Menzel/Ipsen,* Völkerrecht, 2. Aufl., S. 304; *Berber,* Lehrbuch des Völkerrechts, S. 452 ff.) und somit weder die darin übernommenen Pflichten hat noch die sich aus ihm ergebenden Rechte in Anspruch nehmen kann. Daraus folgt aber, daß auf seiten der Bundesrepublik, die das Übereinkommen ratifiziert hat, eine Verpflichtung aus ihm nur gegenüber den Staaten besteht, die es ebenfalls ratifiziert, angenommen oder genehmigt haben, und daß deshalb die genannten, die Vorschrift des § 3 DAG einschränkenden Bestimmungen des Übereinkommens im Auslieferungsverkehr mit diesen Staaten nicht anwendbar sind.

Anhaltspunkte dafür, daß abweichend von diesem Grundsatz nach dem Willen der Vertragsstaaten oder auch nur des deutschen Vertragspartners das Übereinkommen auch gegenüber den Unterzeichnerstaaten gelten soll, die dieses Erfordernis nicht erfüllt haben, sind nicht ersichtlich. Eine solche Ausdehnung des Geltungsbereichs würde auch dem dargelegten Zweck des Übereinkommens widersprechen. Denn die angestrebte umfassende Zusammenarbeit der Justizbehörden der Vertragsstaaten ist nur dann gewährleistet, wenn jeder dieser Staaten grundsätzlich in gleicher Weise berechtigt und verpflichtet ist. Dieser Gegenseitigkeitsgrundsatz ergibt sich im übrigen auch aus Artikel 13 des Übereinkommens, der den Vertragsstaaten die Möglichkeit einräumt, sich das Recht vorzubehalten, im Einzelfall ein Ersuchen um Auslieferung wegen einer der in Artikel 1 genannten Straftaten abzulehnen (Art. 13 Abs. 1), zugleich aber den anderen Vertragsstaaten das Recht gibt, im Umfang dieses Vorbehalts ebenfalls die Auslieferung zu verweigern (Art. 13 Abs. 2).

Die unmittelbare Anwendung der Artikel 1 und 2 des Übereinkommens und des § 2 des genannten Gesetzes im Auslieferungsverkehr mit den Staaten, die das Übereinkommen noch nicht ratifiziert, angenommen oder genehmigt haben, ist danach ausgeschlossen.

Auch eine entsprechende Anwendung dieser Bestimmungen, die das vorlegende Oberlandesgericht möglicherweise ebenfalls ins Auge gefaßt hat, scheidet aus. Abgesehen davon, daß eine solche analoge Anwendung, weil sie das in § 3 DAG enthaltene strikte Verbot der Auslieferung politischer Täter weitgehend gegenstandslos machen würde, grundsätzlichen Bedenken begegnet, würde sie aus den vorstehend dargelegten Gründen ebenfalls im Widerspruch stehen zu dem mit dem Übereinkommen verfolgten Zweck und dem in ihm verankerten Gegenseitigkeitsgrundsatz.

Da die Republik Italien das Übereinkommen bisher nicht ratifiziert, angenommen oder genehmigt hat, sind sonach die Artikel 1 und 2 des Übereinkommens und Artikel 2 des Gesetzes zu dem Übereinkommen im Auslieferungsverkehr mit ihr nicht anwendbar. Der Begriff der politischen Straftat bestimmt sich vielmehr insoweit unverändert nach Artikel 3 EuAlÜbk i.V.m. § 3 DAG. Die Vorlegungsfrage ist deshalb wie im Leitsatz angegeben zu beantworten.

Nr. 125 BFH 12. 2. 1980 (VII R 35/77) BFHE 130, 97

Im Sommer 1973 trat eine in Berlin (Ost) ansässige Firma an die Firma A in Wien mit der Anfrage heran, ob diese gefrorene Hähnchen beschaffen könne. Am 17. Juli und 3. August 1973 schloß die Firma A im Auftrag der Firma B in Vaduz (Liechtenstein) mit der Firma C in der Bundesrepublik Deutschland (Bundesrepublik) Verträge über den Kauf von insgesamt 1000 t Brathähnchen. Bestandteil der Kaufverträge war die Klausel: »Die Ware ist für ein Drittland im Sinne der EWG-Gesetze bestimmt«. Die bestellten Brathähnchen lieferten vier in der Bundesrepublik ansässige Firmen, darunter die Klägerin und Revisionsklägerin (Klägerin).

Mit dem Transport der Waren wurde eine österreichische Speditionsfirma beauftragt. Diese holte durch Unterspediteure am 28. und 30. August 1973 103 003 kg der Waren in fünf Sendungen bei der Klägerin ab. Die Sendungen wurden am 29. und 30. August 1973 bei einem deutschen Zollamt (ZA) an der österreichischen Grenze jeweils mit Kontrollexemplaren zur Ausfuhr abgefertigt. Anschließend wurden sie im Begleitscheinverfahren (d.h. ohne Abfertigung zum freien Verkehr) durch Österreich und die Tschechoslowakei durchbefördert und anschließend an Abnehmer in der Deutschen Demokratischen Republik (DDR) geliefert. Die Waren wurden im Auftrag der Firma B an die Klägerin bezahlt.

Die Klägerin beantragte beim Beklagten und Revisionsbeklagten (Hauptzollamt – HZA) für diese Lieferungen Ausfuhrerstattung. Das HZA setzte mit Bescheiden vom

2. Oktober 1973 und vom 4. Oktober 1973 die beantragten Erstattungen und Ausgleichsbeträge fest und zahlte sie an die Klägerin aus.

Mit Bescheid vom 24. Juli 1975 forderte das HZA die Ausfuhrerstattung und die Währungsausgleichsbeträge im Gesamtbetrag von 43 386,83 DM mit der Begründung zurück, die Waren seien in die DDR gelangt, die nicht Drittland i. S. der Agrarmarktordnungen sei.

Einspruch und Klage hatten keinen Erfolg. Das Finanzgericht (FG) Hamburg begründete sein Urteil vom 8. März 1977, IV 46/75 H (Entscheidungen der Finanzgerichte 1977, S. 331 – EFG 1977, 331) im wesentlichen wie folgt:

Die Lieferung der Ware über Österreich in die DDR begründe keinen Anspruch auf die Zahlung einer Ausfuhrerstattung und von Währungsausgleichsbeträgen. Nach den maßgebenden Vorschriften des Gemeinschaftsrechts sei Voraussetzung der Erstattung, daß die Waren in einem Drittland zum freien Verkehr abgefertigt würden. Die streitbefangene Ware sei in Österreich und in der Tschechoslowakei nicht zum freien Verkehr abgefertigt worden. Für das Verbringen von Waren aus dem freien Verkehr des Geltungsbereichs des Grundgesetzes (GG) in das Gebiet der DDR würden aber Ausfuhrerstattungen und Währungsausgleichsbeträge nicht gewährt. Diese Rechtslage ergebe sich aus dem »Protokoll über den innerdeutschen Handel und die damit zusammenhängenden Fragen vom 25. März 1957«, das Bestandteil des Vertrages zur Gründung der Europäischen Wirtschaftsgemeinschaft (EWGV) sei (Art. 239), und aus den nationalen Bestimmungen des Grundgesetzes in der Auslegung des Bundesverfassungsgerichts – BVerfG – (Urteil vom 31. Juli 1973, 2 Bvf 1/73, BVerfGE 36, 1).

Das HZA habe die Ausfuhrerstattungen und die Ausgleichsbeträge zu Recht zurückgefordert (vgl. das zum gleichen Sachverhalt ergangene Urteil des FG Hamburg vom 8. März 1977, IV 48/75 H (EFG 1977, 333).

Auf das Vorabentscheidungsersuchen des erkennenden Senats vom 9. Januar 1979, VII R 35/77 entschied der Gerichtshof der Europäischen Gemeinschaften (EuGH) mit Urteil vom 27. September 1979, Rs. 23/79 wie folgt:

»Der Begriff ›Ausfuhr‹ in den gemeinschaftsrechtlichen Bestimmungen über die Erstattungen bei der Ausfuhr von landwirtschaftlichen Erzeugnissen, die einer gemeinsamen Marktorganisation unterliegen, ist dahin auszulegen, daß er Handelsgeschäfte nicht erfaßt, die zum innerdeutschen Handel im Sinne des Protokolls über den innerdeutschen Handel und die damit zusammenhängenden Fragen vom 25. März 1957 gehören«.

Zutreffend hat das FG entschieden, daß die Lieferung der Waren über Österreich und die Tschechoslowakei in die DDR keinen Anspruch auf Gewährung von Ausfuhrerstattung und Währungsausgleichsbeträgen begründete.

Die von der Klägerin zurückgeforderten Ausfuhrerstattungen und Währungsausgleichsbeträge sind aufgrund Gemeinschaftsrechts gewährt worden. Dieses machte die Gewährung von der »Ausfuhr« der Waren abhängig. Nach der Vorabentscheidung des EuGH findet dieser gemeinschaftsrechtliche Begriff der Ausfuhr auf den innerdeutschen Handel i. S. des Protokolls vom 25. März 1957 keine Anwendung (Abs. 7 der Urteilsgründe). Dafür, daß eine Ware dem innerdeutschen Handel in diesem Sinne zuzurechnen ist, ist es nach Auffassung des EuGH »erforderlich, aber auch ausreichend, daß sie in der DDR in den freien Verkehr überführt wird, ohne sich zuvor nach dem Verlassen der Bundesrepublik Deutschland in einem Drittland im freien Verkehr befunden zu haben; der Transportweg und die näheren Umstände des Handels bleiben außer Betracht« (Abs. 8 der Urteilsgründe).

Der Senat kann unentschieden lassen, ob es Sache des EuGH war, den Begriff des innerdeutschen Handels zu definieren, oder ob nach Wortlaut, Sinn und Zweck des Protokolls die Tragweite dieses Begriffs nur dem innerstaatlichen Recht der Bundesrepublik entnommen werden kann, dem er angehört. Denn jedenfalls für die vorliegende Fallgestaltung deckt sich die Begriffsbestimmung des EuGH mit dem innerstaatlichen Begriff des innerdeutschen Handels.

Zum innerdeutschen Handel gehört u.a. das Verbringen von Waren aus dem Bundesgebiet in die Währungsgebiete der Deutschen Mark der Deutschen Notenbank – DM-Ost – (vgl. § 1 Abs. 1 Nr. 2 der Verordnung über den Warenverkehr mit den Währungsgebieten der Deutschen Mark der Deutschen Notenbank [DM-Ost] – Interzonenhandelsverordnung – vom 18. Juli 1951, BGBl. 1951 I, 463). Das entsprechende Verbringen der Waren aus dem Bundesgebiet in die Währungsgebiete der DM-Ost wird auch als Lieferung bezeichnet (vgl. z. B. § 1 Abs. 2 der Dritten Verordnung zur Durchführung der Interzonenhandelsverordnung vom 16. Dezember 1970, Beilage zum Bundesanzeiger – BAnz – Nr. 239 vom 23. Dezember 1970). Dabei ist nicht nur das unmittelbare Verbringen (die unmittelbare Lieferung) in die Währungsgebiete der DM-Ost gemeint, sondern auch das Verbringen über ein drittes Land im Rahmen sog. Dreiecksgeschäfte, d. h. von Geschäften zwischen einer Person im Bundesgebiet und einer Person in einem dritten Land (§ 1 Abs. 1 der Fünften Verordnung zur Durchführung der Interzonenhandelsverordnung vom 16. Dezember 1970, Beilage zum BAnz Nr. 239 vom 23. Dezember 1970; vgl. auch die Neufassung dieser Regelung in § 16 der Verordnung zur Durchführung der Interzonenhandelsverordnung vom 1. März 1979 – IZHV-DV 1979 –, Beilage zum BAnz Nr. 47 vom 8. März 1979).

Waren sind dann im Rahmen von Dreiecksgeschäften in die DDR »verbracht« worden, wenn sie in die Wirtschaft der DDR eingegangen sind. Insoweit deckt sich der Begriff »Verbringen« i. S. des innerstaatlichen Rechts mit dem vom EuGH verwendeten Begriff der Überführung in den freien Verkehr. Denn der EuGH verwendet, wie sich z. B. aus seinem Urteil vom 27. Oktober 1971, Rs. 6/71 (EuGHE 1971, 823, 837) ergibt, den letztgenannten Begriff in diesem Sinn.

Nach den mit Revisionsrügen nicht angegriffenen Feststellungen des FG sind die Waren aus dem Bundesgebiet an Abnehmer in der DDR geliefert worden, ohne vorher in einem dritten Land zum freien Verkehr abgefertigt worden zu sein. Das schließt die Feststellung ein, daß die Waren in die Wirtschaft der DDR eingegangen sind. Sie sind also dorthin »verbracht« worden und damit Gegenstand des innerdeutschen Handels gewesen. Der Begriff »Ausfuhr« der gemeinschaftsrechtlichen Bestimmungen ist daher nach der Vorabentscheidung nicht anwendbar. Die Ausfuhrerstattungen und Währungsausgleichsbeträge sind somit zu Unrecht gewährt worden.

Der Vorentscheidung ist auch darin zu folgen, daß das HZA die Ausfuhrerstattungen und die Währungsausgleichsbeträge zu Recht zurückgefordert hat.

Mit Urteil vom 3. Mai 1977, VII R 16/74 (BFHE 123, 230) hat der erkennende Senat entschieden, daß Bedingung für die Rücknahme eines Erstattungsbescheides nach § 12 der Verordnung Ausfuhrerstattungen EWG vom 24. Januar 1968 – VO AusfErst EWG 1968 – (BAnz Nr. 18 vom 26. Januar 1968, Bundeszollblatt 1968, S. 917 – BZBl. 1968, 917) allein ist, daß die Voraussetzungen für die Gewährung der Erstattung nicht vorgelegen haben und der Grundsatz von Treu und Glauben nicht entgegensteht. Dagegen ist, wie der Senat in dieser Entscheidung ausdrücklich ausgeführt hat, nach dieser Bestimmung nicht Voraussetzung für die Rücknahme eines Erstattungsbescheides, daß die Interessen des Begünstigten an der Aufrechterhaltung des Bescheides und die Interessen der öffentlichen Hand an dessen Beseitigung gegenseitig abgewogen werden. Diese Interessenabwägung hat bereits der Verordnungsgeber vorgenommen und dahin entschieden, daß das öffentliche Interesse stets überwiegt, wenn die Erstattung zu Unrecht gewährt worden ist. Was der Senat zu der Kann-Bestimmung des § 12 VO AusfErst EWG 1968 entschieden hat, muß erst recht für § 14 der Verordnung Ausfuhrerstattung EWG vom 16. Dezember 1974 – VO AusfErst EWG 1974 – (BGBl. 1974 I, 3555, BZBl. 1974, 1182) gelten, in dem bei sonst identischem Inhalt das Wort »kann« des § 12 VO AusfErst EWG 1968 durch die Worte »sind ... zurückzunehmen oder zu ändern« ersetzt worden ist (vgl. auch BFHE 123, 234, zweitletzter Absatz). § 14 VO AusfErst EWG 1974 ist daher in gleicher Weise auszulegen. Daher kann unentschieden bleiben, welche der beiden Verordnungen im vorliegenden Fall anwendbar ist.

Danach kommt es also nicht darauf an, ob den Ausführungen des FG zu folgen ist, daß die Klägerin ein Verschulden an der Unrichtigkeit der Angaben in den Ausfuhrerklärungen trifft, sie fahrlässig die Möglichkeit der Lieferung in die DDR verkannt hat und Erkundigungen hätte einziehen müssen, sowie objektiv die Voraussetzungen für einen Subventionsbetrug vorlagen. Denn der Rückforderungsbescheid wäre nur unrechtmäßig, wenn ihm der Grundsatz von Treu und Glauben entgegenstünde. Es braucht daher auch auf die entsprechenden Einwendungen der Revision und auf deren Ausführungen nicht eingegangen zu werden, daß die unterbliebene Mitwirkung durch sie nicht kausal für den Rückforderungsbescheid gewesen sei.

Nach ständiger Rechtsprechung des erkennenden Senats verstößt die Inanspruchnahme eines Steuerpflichtigen durch einen Nachforderungsbescheid gegen den Grundsatz von Treu und Glauben, wenn sie im Widerspruch steht zu einem vorangegangenen nachhaltigen Verhalten oder einer nachdrücklichen Willensäußerung der Verwaltung, der Steuerpflichtige wegen dieses bisherigen Verhaltens der Verwaltung auf ein entsprechendes künftiges Verhalten vertraut hat und vertrauen durfte und daher die Nachforderung mit dem allgemeinen Rechtsempfinden unvereinbar ist (Urteil vom 25. Oktober 1977, VII R 5/74, BFHE 124, 105, 107, BStBl. II 1978, 274). Diese Grundsätze können entsprechend auf die Rückforderung zu Unrecht gewährter Ausfuhrerstattungen und Währungsausgleichsbeträge angewendet werden. Sie sind im vorliegenden Fall aber nicht erfüllt.

Nr. 126 BGH 28. 2. 1980 (III ZR 103/78) BGHZ 76, 11

Der Kl., von Geburt ägyptischer Staatsangehöriger, lebt seit 1959 in der Bundesrepublik Deutschland, wo er im Dezember 1972 eingebürgert wurde. Er hatte 1949 in Ägypten die Reifeprüfung abgelegt und von 1952 bis 1955 an der Universität Kairo Rechtswissenschaft studiert. In Deutschland wurde er 1961 zum Studium an der Rechtswissenschaftlichen Fakultät der Universität K. zugelassen und 1962 von Prof. Dr. A, der dort einen Lehrstuhl für bürgerliches, Handels- und Versicherungsrecht innehat und Vorlesungen und Übungen auf dem Gebiet des islamischen Rechts hält, als Doktorand angenommen. 1970 reichte der Kl. der Fakultät eine Dissertation über das Thema »Die juristische Person im islamischen Recht« ein, die von Prof. Dr. A und dem zum Zweitberichterstatter bestellten Prof. Dr. B dahin beurteilt wurde, daß eine

Annahme der Arbeit in der vorliegenden Form wegen erheblicher Mängel nicht in Frage komme. Der Kl. begehrt von dem bekl. Land Schadensersatz dafür, daß er sich so lange und ohne Erfolg um seine Promotion bemüht habe, und begründet seine Forderung mit einer Reihe von Amtspflichtverletzungen, die er den zuständigen Stellen der Universität K., insbesondere Prof. Dr. A, vorwirft. Als Schaden macht er im Rahmen einer weit höheren Forderung u.a. geltend, er sei 1968/69 auf Anraten von Prof. Dr. A und Prof. Dr. B zum Studium arabischer Quellen nach Kairo gereist, wodurch ihm 2570 DM Reisekosten entstanden seien.

Das LG hat der Klage stattgegeben, das OLG hat sie abgewiesen. Die Revision des Kl. führte zur Aufhebung und Zurückverweisung.

Das BerGer. hat die Abweisung der Klage wie folgt begründet:

Nach § 7 des preußischen Gesetzes vom 1. 8. 1909 über die Haftung des Staates für Amtspflichtverletzungen (Preußische Gesetzsammlung, S. 691) – BHaftG – könne der Kl. Schadensersatzansprüche wegen Amtspflichtverletzungen von Prof. Dr. A nicht gegen das bekl. Land richten, weil er während der Dauer des Promotionsverfahrens ägyptischer Staatsangehöriger gewesen sei und die deutschen Gesetz- und Verordnungsblätter nicht die Bekanntmachung enthielten, daß im Verhältnis zu Ägypten die Gegenseitigkeit verbürgt sei . . .

Diese Ausführungen halten den Angriffen der Revision nicht stand. Der auf § 839 BGB gestützte Anspruch des Kl. richtet sich nach Art. 34 GG gegen den Staat oder die Körperschaft, in deren Dienst der Beamte steht, der den Kl. durch Verletzung seiner Amtspflicht geschädigt hat. Die Vorschrift des § 7 BHaftG, wonach dieser Anspruch Angehörigen eines ausländischen Staates nur insoweit zusteht, als nach amtlicher Bekanntmachung die Gegenseitigkeit verbürgt ist, greift hier nicht ein. Dabei kann auf sich beruhen, ob die Vorschrift – wie die Revision meint – gegen Verfassungsrecht verstößt und daher überhaupt unanwendbar ist. Denn sie steht dem Klageanspruch jedenfalls deshalb nicht entgegen, weil der Kl. inzwischen eingebürgert worden ist.

Allerdings hat das RG die Auffassung vertreten, der Ausschluß der Staatshaftung durch die (dem § 7 BHaftG entsprechende) Vorschrift des § 7 des Gesetzes über die Haftung des Reiches für seine Beamten vom 22. 5. 1910 (RGBl., S. 798) – RHaftG – bleibe bestehen, auch wenn der Ausländer später die deutsche Staatsangehörigkeit erwerbe (JW 1936, 383). Mit der Begründung, § 7 RHaftG regele eine materielle Voraussetzung des Anspruchs, hat es in RGZ 111, 294 (295) ferner ausgeführt, ein in der Person eines Inländers entstandener Amtshaftungsanspruch falle nicht dadurch unter § 7 BHaftG, daß er an einen Ausländer abgetreten werde. Unter Berufung auf diese Rechtsprechung hat es der erkennende Senat im Urteil vom 1. 10. 1956 (NJW 1956, 1836 [1837]) für unerheblich gehalten, wenn ein in der Person eines Ausländers entstandener, nach § 7 BHaftG ausgeschlossener Anspruch nachträglich durch Erbfolge auf einen Deutschen übergeht. In einem zu Art. 188 württ. AGBGB ergangenen Urteil vom 13. 7. 1961 (LM, Art. 34 GG Nr. 60 = NJW 1961, 1811 L) hat der Senat ausgesprochen, die nachträgliche Verbürgung der Gegenseitigkeit lasse die Staatshaftung nicht aufleben.

Ob und inwieweit dieser Rechtsprechung, der eine bestimmte Auffassung von der Rechtsnatur der in § 7 BHaftG enthaltenen Haftungsvoraussetzung zugrundeliegt, in ihren einzelnen Ergebnissen noch zu folgen ist, kann hier auf sich beruhen. Jedenfalls teilt der erkennende Senat nach erneuter Prüfung nicht die in der Entscheidung RG,

JW 1936, 383, vertretene Auffassung, der Haftungsausschluß nach § 7 BHaftG bleibe unberührt, wenn der geschädigte Ausländer nachträglich die deutsche Staatsangehörigkeit erwirbt. Durch Art. 34 GG wird die durch § 839 BGB begründete Haftung des Beamten auf den Staat oder die sonstige Körperschaft übernommen. Ist diese Schuldübernahme zunächst durch § 7 BHaftG ausgeschlossen, weil der Geschädigte ein Ausländer ist, dessen Heimatstaat die Gegenseitigkeit nicht verbürgt, so tritt sie nachträglich ein, wenn der Geschädigte die deutsche Staatsangehörigkeit erwirbt. Dafür spricht auch die Erwägung, daß der Zweck der Vorschrift entfällt und daher ihre Anwendung nicht mehr gerechtfertigt ist, wenn der Geschädigte Deutscher wird. § 7 BHaftG ist Ausdruck des völkerrechtlichen Gegenseitigkeitsprinzips, das der Wahrnehmung eigener staatlicher Belange gegenüber anderen Staaten dient. Die Vorschrift gibt die Möglichkeit, anderen Staaten die Gleichstellung ihrer Staatsangehörigen als Gegenleistung dafür anzubieten, daß sie Deutschen entsprechende Rechte gewähren (vgl. BVerfGE 30, 409 [414] = NJW 1971, 1508 m.w.N.). Diesen Zweck vermag sie nicht mehr zu erfüllen, wenn der Ausländer Deutscher wird und nicht mehr der Obhut seines ursprünglichen Heimatstaates unterliegt. Denn soweit er dadurch benachteiligt würde, daß ihm die Staatshaftung nach Art. 34 GG vorenthalten wird, träfe dieser Nachteil nur noch ihn selbst, aber nicht mehr den ausländischen Staat. Ob dies unbegrenzt auch dann gilt, wenn der Ausländer die deutsche Staatsangehörigkeit erst längere Zeit nach der Amtspflichtverletzung erwirbt, braucht im vorliegenden Fall nicht entschieden zu werden. Denn gleichgültig, für welchen Zeitpunkt die behauptete Amtspflichtverletzung, deretwegen der Kl. Schadensersatz begehrt, als abgeschlossen anzusehen ist, waren seither bis zu seiner Einbürgerung allenfalls wenige Jahre, möglicherweise nur wenige Monate verstrichen.

Da das BerGer. den Klageanspruch hiernach zu Unrecht an § 7 BHaftG hat scheitern lassen, kann das angefochtene Urteil keinen Bestand haben. Denn bei den bisher betroffenen Feststellungen erweist es sich auch nicht aus anderen Gründen als richtig (§ 563 ZPO) ...

Nr. 127 **BGH 28. 2. 1980 (III ZR 165/78) BGHZ 76, 375**

Die Kl., eine Anstalt liechtensteinischen Rechts mit Sitz in Vaduz, ist Eigentümerin eines Grundstücks in M. Sie beabsichtigte, dieses Grundstück mit einem Appartementhaus zu bebauen. Zu diesem Zweck reichte sie am 1. 2. 1972 einen Bauantrag bei der Baugenehmigungsbehörde der bekl. Stadt ein. Sie trägt vor, das Vorhaben sei nach Anpassung an Änderungswünsche der Bekl. Ende September 1972 genehmigungsreif gewesen. Gleichwohl hätten die Bediensteten der Baugenehmigungsbehörde rechtswidrig und schuldhaft durch eine Reihe weiterer ungerechtfertigter und zum Teil widersprüchlicher Änderungswünsche die Genehmigung um ein volles Jahr, bis zum 25. 9. 1973, verzögert. Mit der im Mahnverfahren anhängig gewordenen Klage macht die Kl. gegen die Bekl. Amtshaftungsansprüche auf Ersatz des Verzögerungsschadens geltend. Die Kl. stützt den Klageanspruch zusätzlich auf enteignungsgleichen Eingriff wegen faktischer Bausperre. Insoweit errechnet sie als Entschädigung eine Bodenrente in Höhe von 6% des Grundstückswertes für den Verzögerungszeitraum. Die Bekl. hat das Vorliegen einer Amtspflichtverletzung bestritten und im übrigen eingewendet, einem Anspruch der Kl. stehe Art. 60 II BayAGBGB entgegen.

Das LG hat die Klage abgewiesen. Die Sprungrevision der Kl. führte zur Aufhebung des angefochtenen Urteils und zur Zurückverweisung der Sache an das LG.

Die Abweisung des *Amtshaftungsanspruchs* unter Bezugnahme auf Art. 60 II BayAGBGB vom 9. 6. 1899 (BayBS III, 89) steht in Einklang mit der bisherigen Rechtsprechung des Senats. Danach haben die vorkonstitutionellen – reichs- und landesgesetzlichen – Rechtsvorschriften, die die unmittelbare Staatshaftung gegenüber Ausländern einschränken, auch nach Inkrafttreten des Art. 34 GG ihre Geltung behalten (vgl. zuletzt Senat, VersR 1961, 857=NJW 1961, 1811 L, für Art. 188 WürttAGBGB i.d.F. vom 29. 12. 1931 [Regierungsblatt, S. 545]; sowie aus der früheren Senatsrechtsprechung BGHZ 13, 241=NJW 1954, 1283; NJW 1956, 1836=LM § 7 BeamtenhaftgsG Nr. 12 jeweils für § 7 des preußischen Staatshaftungsgesetzes vom 1. 8. 1909 [GS, S. 691] und für § 7 des Gesetzes über die Haftung des Reichs für seine Beamten vom 22. 5. 1910 [RGBl., 798]; BGH, VersR 1957, 642, für § 7 des preußischen Staatshaftungsgesetzes; vgl. ferner OLG Frankfurt, NJW 1970, 2172; zu den im Gebiet der Bundesrepublik Deutschland geltenden Regelungen vgl. die Übersicht bei *Frowein*, JZ 1964, 359 bis 361). An diesem Grundsatz hält der Senat fest.

Im Urteil vom 13. 7. 1961 (VersR 1961, 857=NJW 1961, 1811 L) hat der Senat unter den fortgeltenden Rechtsvorschriften ausdrücklich auch Art. 60 II BayAGBGB aufgeführt. Diese Vorschrift hat folgenden Wortlaut:

»Ausländern kann die Entschädigung, vorbehaltlich der Haftung des Beamten, verweigert werden, wenn nicht nachgewiesen ist, daß in dem Heimatstaat des Beschädigten eine der Vorschrift des Abs. 1 Satz 1 entsprechende Haftung Deutschen gegenüber wenigstens insoweit anerkannt wird, als der Ersatz des Schadens von dem Beamten nicht zu erlangen ist«.

Der in Bezug genommene Art. 60 I 1 lautete:

»Verletzt ein Beamter des Staates, einer Gemeinde, eines Landkreises oder eines Bezirks in Ausübung der ihm anvertrauten öffentlichen Gewalt vorsätzlich oder fahrlässig die ihm einem Dritten gegenüber obliegende Amtspflicht, so trifft dem Dritten gegenüber die in § 839 BGB bestimmte Verantwortlichkeit anstelle des Beamten den Staat oder den Verband, in dessen Dienst der Beamte steht«.

Nach Art. 60 II BayAGBGB kann – insoweit teilweise abweichend von der reichsgesetzlichen und der preußischen Regelung (vgl. zu den Unterschieden im einzelnen Senatsurteil vom 13. 7. 1961) – die nach den Grundsätzen der Staatshaftung an sich verantwortliche Körperschaft nach freiem Ermessen Ausländern den Schadensersatz vorbehaltlich der klageweisen Verfolgbarkeit des Anspruchs gegen den Beamten selbst verweigern, wenn der Geschädigte nicht nachweist, daß in seinem Heimatstaat in dem entsprechenden Fall für einen Deutschen zumindest hilfsweise die Staatshaftung verbürgt ist. Das bedeutet, daß der Ausländer mit Eintritt des Haftungstatbestandes des § 839 BGB zwar sofort einen klagbaren Anspruch gegen die anstelle des Beamten haftende Körperschaft erwirbt. Diese kann jedoch gerichtlich und außergerichtlich ein Leistungsverweigerungsrecht geltend machen, wenn die Gegenseitigkeit in dem vorbezeichneten Sinn nicht nachgewiesen ist. Dann richtet sich der Schadensersatzanspruch nicht mehr gegen die Körperschaft, sondern gegen den Amtsträger selbst. Darauf, ob die Gegenseitigkeit, wie dies § 7 des Reichsgesetzes vom 22. 5. 1910 vorsieht, *amtlich bekanntgemacht* ist, kommt es nicht an; es genügt, wenn sie sich aus dem Gesetz oder dem Gerichtsgebrauch des Heimatstaates des Ausländers oder aus einem Staatsvertrag ergibt (Senat, VersR 1961, 857=NJW 1961, 1811 L). Die Gegenseitigkeit der Amtshaftung i.S. des Art. 60 II BayAGBGB ist im Verhältnis zu Liechtenstein nicht verbürgt. Die Gegenseitigkeit verbürgende völkerrechtliche Vereinbarungen bestehen nicht. Nach den rechtsfehlerfreien Feststellungen des LG, das insoweit dem übereinstimmenden Parteivorbringen folgt, ist eine (wenigstens hilfsweise) Amtshaftung des Fürstentums Liechtenstein gegenüber Deutschen in einem vergleichbaren Fall nach liechtensteinischem Recht nicht nachgewiesen. Die Bekl. hat sich im Laufe dieses Rechtsstreits auf Art. 60 II BayAGBGB berufen; darin liegt die gerichtliche Geltendmachung des Leistungsverweigerungsrechts.

Entgegen der Auffassung der Revision ist Art. 60 II BayAGBGB nicht durch spätere Gesetzgebung aufgehoben worden.

In der amtlichen Fußnote Nr. 16 zu Art. 60 AGBGB in BayBS III, 92, heißt es, *Absatz 1* sei durch Art. 131 WRV aufgehoben, von der Streichung werde jedoch mit Rücksicht auf die Verweisungen in Absatz 2 und Art. 61 abgesehen (vgl. auch *Ostler*, Bayerische Justizgesetze, 3. Aufl. [1977], Art. 60 BayAGBGB Anm. 1). Die Revision macht geltend, mit dieser Aufhebung des Absatzes 1 habe die Verweisung in Art. 60 II ihren Bezugspunkt verloren mit der Folge, daß die gesamte Regelung des Absatzes 2 gegenstandslos geworden sei. Darin kann der Revision nicht gefolgt werden. Schon das RG hat in ständiger Rechtsprechung (vgl. RGZ 102, 166 [171]; 111, 375 [379]; 128, 238 [239, 240]) die Auffassung vertreten, daß die in früheren Gesetzen vorgesehenen Beschränkungen der Staats- und Verbandshaftung mit Art. 131 WRV vereinbar seien und – obwohl diese Bestimmung nun als alleinige Anspruchsgrundlage die entsprechenden Haftungsnormen des älteren Rechts verdrängt habe – als »eine schon vorhandene nähere Regelung« oder »eine Art vorweggenommener Ausführungsgesetzgebung« i.S. des Art. 131 II WRV ihre Gültigkeit behalten hätten (OLG Frankfurt, NJW 1970, 2172 [2173]). Diese Erwägungen treffen in vollem Umfang auch auf Art. 60 II BayAGBGB zu. Dies bedeutet, daß Art. 131 WRV in Art. 60 II BayAGBGB als Bezugsnorm an die Stelle des Absatzes 1 trat, ohne daß es erforderlich war, dies ausdrücklich auszusprechen. Eine abweichende Betrachtungsweise würde im übrigen die Folge haben, daß auch die Regelung des Art. 61 BayAGBGB – Eintreten der unmittelbaren Staatshaftung bei Schuldunfähigkeit des Beamten – unanwendbar würde, was ersichtlich nicht dem Willen des Gesetzgebers entsprach.

Diese Rechtslage hat auch durch Art. 34 GG keine Änderung erfahren. Denn Art. 34 normiert die unmittelbare Staatshaftung nur im *Grundsatz*, läßt also sachgerechte Ausnahmen von dieser Regelung zu (vgl. BGHZ 9, 289 [290]=NJW 1953, 941; Senat, NJW 1956, 1836=LM § 7 BeamtenhaftgsG Nr. 2; *Frowein*, JZ 1964, 409).

Nichts anderes ergibt sich aus Art. 97 der Verfassung des Freistaats Bayern (BayVerf.) vom 2. 12. 1946 (BayBS I, 3). Zwar enthält diese Vorschrift im Unterschied zu Art. 131 WRV und Art. 34 GG keine ausdrückliche Einschränkung der unmittelbaren Staatshaftung. Dies bedeutet indes nicht, daß der bayerische Verfassungsgeber den vorgefundenen Rechtszustand ändern und die Staatshaftung gegenüber Ausländern erweitern wollte. Näher liegt, daß mit dieser Vorschrift – nicht anders als bei der ursprünglichen Regelung des Art. 60 I AGBGB, die in sich selbst ebenfalls keine Einschränkung enthielt, aber durch Absatz 2 ergänzt wurde – die unmittelbare Staatshaftung zwar im Grundsatz festgelegt, die nähere Ausgestaltung dieser Haftung, einschließlich der auf sie Bezug nehmenden und von ihr abgeleiteten Beschränkungen, aber belassen werden sollte. Dementsprechend hat der BayVerfGH (BayVerfGHE 23, 47 [52]) entschieden, daß auch unter der Geltung des Art. 97 BayVerf. Ausnahmen vom Prinzip der Staatshaftung statthaft seien (ebenso *Meder*, Die Verfassung des Freistaats Bayern, 1971, Art. 97 Rdn. 10 unter ausdrücklicher Hervorhebung des Art. 60 II BayAGBGB).

Die Regelung des Art. 60 II BayAGBGB verstößt nach Inhalt und Rechtsfolgen nicht gegen höherrangige Rechtsnormen. Der Senat vermag die im Schrifttum mehrfach geäußerte Ansicht, die Einschränkung der unmittelbaren Staatshaftung gegenüber Ausländern sei mit dem Grundgesetz, insbesondere Art. 3 oder Art. 33, unvereinbar, nicht zu teilen (vgl. u. a. *Neufelder*, NJW 1974, 981; *Frowein*, JZ 1964, 410, 413).

Art. 60 II BayAGBGB verstößt nicht schon deshalb gegen den Gleichbehandlungsgrundsatz des Art. 3 GG, weil die Vorschrift Ausländer, für deren Heimatstaaten die Gegenseitigkeit nicht verbürgt ist, gegenüber Inländern und sonstigen Ausländern zu ihrem Nachteil unterschiedlich behandelt. Art. 3 GG verbietet es, eine Person oder Personengruppe willkürlich, d. h. ohne zureichenden Grund, schlechter zu stellen als eine vergleichbare Gruppe (vgl. *Leibholz/Rinck*, GG, 5. Aufl., Art. 3 Rdn. 2, und die dort wiedergegebene Rechtsprechung des BVerfG). Es ist indessen sachlich gerechtfertigt, den Staatshaftungsanspruch solchen Ausländern zu versagen, deren Heimatstaaten deutschen Staatsangehörigen einen vergleichbaren Anspruch ebenfalls nicht gewähren. Die Regelung ist Ausdruck des völkerrechtlichen Gegenseitigkeitsprinzips, das der Wahrnehmung eigener staatlicher Belange gegenüber anderen Staaten dient. Sie soll die Möglichkeit geben, anderen Staaten die Gleichstellung ihrer Staatsangehörigen als Gegenleistung dafür anzubieten, daß die Deutschen entsprechende Rechte gewähren (vgl. BVerfGE 30, 409 [414]= NJW 1971, 1508 m. w. N.). Ein Verstoß gegen das verfassungsrechtliche Willkürverbot kann darin nicht erblickt werden, wie der erkennende Senat bereits im Urteil vom 1. 10. 1956 (NJW 1956, 1836) ausgesprochen hat (zustimmend *Dagtoglou*, in: BK, Zweitbearb., Art. 34 Rdn. 329a; *Maunz/Dürig/Herzog*, GG, Art. 34 Rdn. 34; *Frowein*, JZ 1964, 409; *Neufelder*, NJW 1974, 980; ebenso BVerfGE 30, 409 [413]=NJW 1971, 1508, für § 12 des – inzwischen aufgehobenen – Untersuchungshaft-Entschädigungsgesetzes vom 14. 7. 1904, RGBl., S. 321).

Der Ausschluß der Staatshaftung hat zur Folge, daß der Beamte, der dem Ausländer durch Verletzung einer ihm gegenüber bestehenden Amtspflicht Schaden zugefügt hat, dafür nach § 839 BGB persönlich haftet. Dies ergibt sich bereits aus dem Wortlaut des Art. 60 II BayAGBGB. Danach ist der Ausschluß der unmittelbaren Staatshaftung unter den ausdrücklichen Vorbehalt der Eigenhaftung des Beamten gestellt.

Auf diese Weise kann das gleiche amtspflichtwidrige Verhalten für den Beamten verschiedene Rechtsfolgen auslösen, je nachdem ob seine amtliche Tätigkeit einem Ausländer gilt, für dessen Heimatstaat die Gegenseitigkeit verbürgt ist, oder einem Ausländer, bei dem es an einer solchen Verbürgung fehlt. Im ersten Fall haftet nach Art. 34 GG der Staat oder die sonstige Körperschaft – hier die Gemeinde –, in deren Dienst der Beamte steht, während eine Eigenhaftung des Beamten gegenüber dem Geschädigten ausgeschlossen ist. Eine Regreßpflicht trifft den Beamten nach den dem Art. 34, Satz 2 GG entsprechenden Beamtengesetzen – hier Art. 85 BayBG – nur in den Fällen, in denen ihm Vorsatz oder grobe Fahrlässigkeit zur Last liegt. Dagegen haftet der Beamte dem Geschädigten selbst, und zwar gem. § 839 BGB ohne Rücksicht auf den Grad seines Verschuldens, wenn die Gegenseitigkeit nicht verbürgt ist.

Die Wirksamkeit des Ausschlusses der Staatshaftung wird durch diese »Ungleichbehandlung« nicht in Frage gestellt. Die dadurch eintretende Differenzierung ist die vom Gesetz vorausgesehene und notwendige Folge einer Einschränkung der Staatshaftung, die nach noch geltendem Recht grundsätzlich eine übergeleitete Beamtenhaftung ist. Soweit der die unterschiedliche Behandlung von Inländern und Ausländern rechtfertigende Grund reicht, läßt er auch die für den einzelnen Beamten damit verbundenen Folgen nicht als willkürlich erscheinen (vgl. *W. W. Schmidt*, Grundrechte und Nationalität juristischer Personen, 1966, S. 61 Fußn. 27 m. w. N.). Davon zu unterscheiden ist die Frage, ob und inwieweit der Dienstherr im »Innenverhältnis« zum Beamten kraft seiner Fürsorgepflicht gehalten ist, das dem einzelnen Beamten im Interesse des Staates zugemutete Opfer auszugleichen. Für den Umfang dieser Fürsorge kann von Bedeutung sein, daß die Amtspflichten des einzelnen Beamten gegenüber Inländern und Ausländern regelmäßig gleich sind, ebenso wie die gegenüber Ausländern, für deren Heimatstaat die Gegenseitigkeit verbürgt ist, und anderen, bei denen dies nicht der Fall ist. Daraus ergibt sich, daß das dem einzelnen Beamten im Allgemeininteresse abverlangte Opfer ihn mehr oder minder »zufällig« trifft. Dieser Sachverhalt könnte es rechtfertigen oder gar erfordern, den so betroffenen Beamten durch Maßnahmen der Fürsorge (u.a. Gewährung von Rechtsschutz, den Freistellungs- oder Ausgleichsansprüchen, die nicht zugunsten des Geschädigten pfändbar sind) den anderen Beamten weitgehend gleichzustellen. Selbst wenn auf diesem Wege eine völlige Gleichstellung aller Beamten nicht erzielt werden könnte, würde dies von den durch den Ausschluß der Staatshaftung betroffenen Beamten nach Art. 33 V GG hingenommen werden müssen, ohne daß es die Wirksamkeit der Haftungsregelung im Verhältnis zwischen Dienstherrn und Geschädigten beeinträchtigen könnte.

Die gesetzliche Regelung des § 839 BGB geht von der persönlichen Verantwortlichkeit des Beamten aus, die auch unter der Geltung des Art. 34 GG in weiten Bereichen, insbesondere z. B. bei Amtspflichtverletzungen auf fiskalischem Gebiet, in Kraft geblieben ist (*Palandt/Thomas*, § 839 Anm. 2 C; siehe auch die sonstigen Ausnahmen Anm. 2 Aa bb bis ee). Bei Amtspflichtverletzungen gegenüber einem Ausländer, für dessen Heimatstaat die Gegenseitigkeit nicht verbürgt ist, sprechen – wie dargelegt – sachgerechte Gründe des völkerrechtlichen Gegenseitigkeitsprinzips dafür, die unmittelbare Staatshaftung auszuschließen und den verantwortlichen Beamten persönlich haften zu lassen. Die – durch die Möglichkeit eines Ausgleichs durch den Dienstherrn in ihren praktischen Auswirkungen gemilderte – Gefahr, in diesem Umfang persönlich zur Rechenschaft gezogen zu werden, muß der Beamte daher hinnehmen.

Mit der persönlichen Haftung des Beamten entspricht die gesamte Rechtslage auch dem völkerrechtlich geforderten »Mindeststandard«, nach dem der Aufenthaltsstaat Leben, Freiheit und Vermögen eines Ausländers nicht schutzlos lassen darf (vgl. hierzu *Neufelder*, NJW 1974, 981; *Frowein*, JZ 1964, 412 m. w. N.). Andererseits ist der mit der Regelung vom Gesetzgeber verfolgte Zweck im Verhältnis zu einem ausländischen Staat nicht offensichtlich unerreichbar. Auch insoweit ist die Regelung aus verfassungsrechtlichen Gründen (insbesondere der Rechtsstaatlichkeit) nicht zu beanstanden. Ob das Erfordernis der Verbürgung der Gegenseitigkeit die Erwartungen, die daran geknüpft werden, wirklich erfüllt und ob es unter den heutigen Verhältnissen noch rechtspolitisch erwünscht ist, ist eine vom Gesetzgeber zu beantwortende Frage, die auf die Rechtmäßigkeit der Regelung keinen Einfluß haben kann.

Keiner Entscheidung bedarf es, ob die Entschädigung nach der »Kann-Bestimmung« des Art. 60 II BayAGBGB verweigert werden darf, wenn der Gedanke der völkerrechtlichen Gegenseitigkeit (z. B. bei außerhalb ihres Heimatstaates und ohne Bindung zu ihm lebenden Ausländern) zurücktritt (vgl. hierzu auch die eine Anwendung des Gegenseitigkeitsprinzips ausdrücklich einschränkenden oder ausschließenden Vorschriften wie § 5 des Gesetzes über die Rechtsstellung heimatloser Ausländer vom 24. 4. 1954, BGBl. I, 269; § 44 des Ausländergesetzes vom 28. 4. 1965, BGBl. I, 353;

Art. 7 des Abkommens über die Rechtsstellung der Flüchtlinge vom 28. 7. 1951, Gesetz vom 1. 9. 1953, BGBl. II, 559).

Das LG hat nach alledem den Amtshaftungsanspruch im Ergebnis mit Recht abgewiesen.

Dagegen kann das angefochtene Urteil keinen Bestand haben, soweit es auch den Anspruch auf Entschädigung wegen enteignungsgleichen Eingriffs aberkannt hat.

Der Ausgangspunkt des LG, dieser Anspruch werde durch Art. 19 III ausgeschlossen, trifft nicht zu.

Nach der Wortfassung des Art. 19 III GG gelten die Grundrechte auch für *inländische* juristische Personen, soweit sie ihrem Wesen nach auf diese anwendbar sind. Daraus ist im Umkehrschluß zu folgern, daß das Grundgesetz sich für *ausländische* juristische Personen insoweit nicht binden wollte (*v. Mangoldt/Klein*, GG, 2. Aufl. [1957], Art. 19 Anm. VI 2). Demnach gestattet das Grundgesetz, daß der jeweils zuständige Gesetzgeber in den Grenzen der Verfassung und der allgemeinen Regeln des Völkerrechts (Art. 25 GG) die Rechtsverhältnisse ausländischer juristischer Personen im Inland ohne Grundrechtsbindung ordnet und sie insoweit auch anders behandeln darf als inländische juristische Personen und sonstige Träger von Grundrechten. Diese grundgesetzlich eröffnete Möglichkeit besagt jedoch nicht, daß eine ausländische juristische Person des Privatrechts – um eine solche handelt es sich hier – den (sekundären) Eigentumsschutz durch die in der Rechtsprechung entwickelten Entschädigungsgrundsätze des enteignungsgleichen Eingriffs für ihr Grundstückseigentum – und um dieses geht es hier – nicht beanspruchen dürfe. Der in der Rechtsprechung entwickelte Anspruch auf Entschädigung wegen enteignungsgleichen Eingriffs ist nicht allein der Grundrechtsebene zuzuordnen. Zwar ist er aus dem Eigentumsschutz des Art. 14 GG abgeleitet, aber seine Ausgestaltung nach Tatbestandsvoraussetzungen und Rechtsfolgen im einzelnen liegt auf der Ebene *einfachen* Rechts (*Lerche*, JuS 1961, 240 ff.), wobei hier dahinstehen kann, ob er einheitlich als Bundesrecht oder zumindest teilweise auch als Landesrecht zu beurteilen ist (vgl. dazu *Zuleeg*, DVBl. 1963, 322). Der jeweils zuständige Gesetzgeber hat jedenfalls im Bereich des Grundstückseigentums von den in Art. 19 III GG eröffneten Möglichkeiten einer Verschiedenbehandlung inländischer und ausländischer juristischer Personen des Privatrechts als Grundstückseigentümer grundsätzlich keinen Gebrauch gemacht. Dabei müssen die gelegentlich verwirklichten Möglichkeiten einer Erwerbsbeschränkung für ausländische juristische Personen außer Betracht bleiben. Vielmehr ist hier erheblich, wie sich die deutschen Gesetze zu dem von einer ausländischen juristischen Person des Privatrechts *erworbenen* Grundstückseigentum verhalten. Der Inhalt des Grundstückseigentums mit den daraus fließenden Berechtigungen und Verpflichtungen ist für ausländische und inländische juristische Personen des Privatrechts gleich. Die deutsche Rechtsordnung gewährt den ausländischen juristischen Personen als Grundstückseigentümern die gleichen sekundären Rechte und Rechtsbehelfe zum Schutz ihres Grundeigentums wie den inländischen (so den Schadensersatzanspruch wegen Verletzung des Grundstückseigentums, den Anspruch auf Unterlassung einer Störung usw.). Die zuständigen Gesetzgebungsorgane haben sich auch für das öffentliche Recht gegen eine Verschiedenbehandlung ausländischer und inländischer juristischer Personen als Grundstückseigentümer entschieden. Die im öffentlichen Recht den Grundstückseigentümern gewährten Schutzrechte mit den dazugehörigen Rechtsbehelfen (von der Möglichkeit der Verfassungsbeschwerde abgesehen) gelten durchgängig für das Grundstückseigentum inländischer und ausländischer juristischer Personen des Privatrechts. Den gesetzlich geordneten Materien des Bauland- und des Enteignungsrechts ist jede Differenzierung zwischen dem Grundeigentum inländischer und ausländischer juristischer Personen des Privatrechts fremd. Weder das Bundesbaugesetz noch das hier in Betracht kommende bayerische Landesrecht (hier für den Zeitraum 1972/73 vgl. das Gesetz, die Zwangsabtretung von Grundeigentum für öffentliche Zwecke betreffend, vom 17. 11. 1837, BayBS I, 203; das Gesetz über die Enteignung aus Gründen des Gemeinwohls vom 1. 8. 1933, BayBS I, 207; Art. 16 des Gesetzes zur Ausführung der Reichs-Zivilprozeßordnung und Konkursordnung vom 23. 2. 1879, BayBS III, 143; für später das Bayerische Gesetz über die entschädigungspflichtige Enteignung vom 11. 11. 1974, GVBl., S. 610, jetzt i. d. F. der Bekanntmachung vom 25. 7. 1978, GVBl., S. 625) enthalten Regelungen, die einer ausländischen juristischen Person des Privatrechts bei einer rechtmäßigen Enteignung, einem rechtmäßigen enteignenden Eingriff oder bei sonstigen Entschädigungsregelungen die vorgesehene Entschädigung versagen oder auch nur zwischen inländischen und ausländischen juristischen Personen unterscheiden. So kann eine ausländische juristische Person des Privatrechts genau wie eine inländische die Entschädigung für eine rechtmäßige Bausperre nach den Regelungen des Bundesbaugesetzes in Anspruch nehmen, falls die Anspruchsvoraussetzungen vorliegen. Diese – einfach-rechtliche – Entscheidung der zuständigen Gesetzgebungsorgane gegen eine Verschiedenbehandlung des inländischen Grundstückseigentums ausländischer juristischer Personen ist auch für den Geltungsbereich der Grundsätze für die Entschädigung eines enteignungsgleichen Eingriffs in das Grundeigentum zu beachten und maßgeblich. Auch in diesem (sekundären) Schutzbereich des Grundstückseigentums hat daher eine ausländische juristische Person als Grundstückseigentümerin, entsprechend der durchgängigen Gesamtregelung des deutschen Grundstücksrechts, die gleiche Entschädigungsberechtigung wie eine inländische juristische Person des Privatrechts. Einer ausländischen juristischen Person dieser Art steht daher als Grundstückseigentümerin, falls die sonstigen Voraussetzungen eines enteignungsgleichen Eingriffs verwirklicht sind, eine Entschädigung für eine »faktische« Bausperre zu, ebenso wie ihr im vergleichbaren Fall einer rechtmäßigen Bausperre eine Entschädigung zustünde, wenn die sonstigen Voraussetzungen hierfür gegeben wären. Zwar verleihen Art. 14, 19 III GG den ausländischen juristischen Personen des Privatrechts keinen Grundrechtsschutz ihres Grundstückseigentums. Das in Art. 14 GG verfassungsrechtlich verbürgte Institut des Eigentums wirkt jedoch mittelbar, durch die durchgängige einfach-rechtliche Entscheidung der zuständigen Gesetzgebungsorgane gegen eine Ungleichbehandlung, in der jeweiligen rechtlichen Ausprägung und Ausgestaltung des Schutzes des Grundeigentums zu ihren Gunsten. Das entspricht auch dem völkerrechtlichen Grundsatz der Achtung wohlerworbener Privatrechte (principe du respect des droits acquis: vgl. zum völkerrechtlichen Eigentumsschutz *Vaith/Böckstiegel*, Der Schutz ausländischen Vermögens im Völkerrecht, S. 141 ff., 169 ff.; *Verdross*, Völkerrecht, 5. Aufl., S. 365 f.), der auch in Art. 1 des Zusatzprotokolls zur Konvention zum Schutz der Menschenrechte und Grundfreiheiten vom 20. 3. 1952 (BGBl. 1956 II, 1880) Eingang gefunden hat. Danach hat auch jede juristische Person ein Recht auf Achtung ihres Eigentums.

Für den Anspruch auf Entschädigung wegen enteignungsgleichen Eingriffs gilt entgegen der Auffassung des LG (ähnlich auch *Frowein*, JZ 1964, 411) der Rechtsgedanke des Art. 60 II BayAGBGB auch nicht sinngemäß, weil diese Vorschrift nur die Haftung (Verantwortlichkeit) für Amtspflichtverletzungen gegenüber Ausländern regelt.

Die zulässige Geltendmachung des Leistungsverweigerungsrechts nach Art. 60 II BayAGBGB bewirkt eine »Rückverlagerung« der Amtshaftung für Amtspflichtverletzungen auf den verantwortlichen Amtsträger. Der Gedanke der »Haftungsverlagerung« oder des »Haftungsübergangs« paßt nicht auf den enteignungsgleichen Eingriff. Es geht hier nicht um die persönliche Verantwortlichkeit für Amtspflichtverletzungen (§ 839 BGB) und nicht um die Schadensersatzhaftung nach dem Recht der unerlaubten Handlungen, sondern um den Ausgleich von Sonderopfern bei rechtswidrigen Eingriffen in das Eigentum entsprechend den Grundsätzen für die Enteignungsentschädigung ...

Nr. 128 BGH 28. 2. 1980 (III ZR 131/77) BGHZ 76, 387

Die Kl. ist ein amerikanisches Charterluftfahrtunternehmen. Die Bekl. unterhält auf den inländischen Verkehrsflughäfen Flugsicherungsdienste, die organisatorisch in der dem Bundesminister für Verkehr unterstellten, nicht rechtsfähigen Bundesanstalt für Flugsicherung zusammengefaßt sind. Im Frühjahr 1973 kam es zu Kampfmaßnahmen der bei den Flugsicherungsstellen tätigen Fluglotsen (Flugleiter), die mit ihren Arbeitsbedingungen unzufrieden waren. Die Fluglotsen führten in der Zeit vom 31. 5. bis 23. 11. 1973 eine als »Dienst nach Vorschrift« bezeichnete Aktion durch. Im Verlauf dieser Aktion stiegen die Krankenquoten auf bis zu 90% des Personalbestandes ("sick out"); ein Teil der Fluglotsen setzte über einen längeren Zeitraum die bisherigen Arbeitsleistungen beträchtlich herab ("go slow"). Das führte zu erheblichen Störungen des zivilen Luftverkehrs. Die Kl. hat behauptet, infolge dieser Aktion hätten ihre Flugzeuge den Frankfurter Rhein-Main-Flughafen häufig nicht anfliegen oder nur verspätet dort landen können. Das habe Umdispositionen notwendig gemacht und Kosten verursacht, die einen – im einzelnen aufgeschlüsselten – Schaden von 533 148,20 DM ergäben. Die Kl. hat die Auffassung vertreten, die Bekl. hafte ihr unter dem Gesichtspunkt der Amtspflichtverletzung, des enteignungsgleichen Eingriffs und der Verletzung von Pflichten aus einem vertragsähnlichen Anstaltsnutzungsverhältnis auf Ersatz dieses Schadens. Die Bekl. hat ausgeführt, eine Staatshaftung (Art. 34 GG) scheitere zumindest daran, daß mit den USA für Amtshaftungsansprüche keine Gegenseitigkeit verbürgt sei. Darüber hinaus fehle es an der nach § 7 des Gesetzes über die Haftung des Reichs für seine Beamten vom 22. 5. 1910 – RGBl., S. 798 – (RBHaftG) erforderlichen Bekanntmachung. Eine Verletzung von Pflichten aus öffentlichrechtlicher Anstaltsbenutzung scheide aus, weil gegen den von dieser Anstalt zu verwirklichenden Zweck – die Sicherheit der Luftfahrt – nicht verstoßen worden sei. Auch ein enteignungsgleicher Eingriff habe nicht stattgefunden, weil der Kl. nicht im Interesse der Allgemeinheit, sondern im eigennützigen Interesse der Amtsträger ein Sonderopfer zugefügt worden sei.

Das LG hat die Klage dem Grunde nach für gerechtfertigt erklärt, das OLG hat sie abgewiesen. Die Revision der Kl. führte zur Aufhebung und Zurückverweisung.

Das BerGer. hat eine Haftung der Bekl. gemäß Art. 34 GG i.V. mit § 839 BGB verneint, weil § 7 des Gesetzes über die Haftung des Reichs für seine Beamten vom 22. 5. 1910 (RGBl., S. 798 – RBHaftG) den Ersatzanspruch gegen den Staat ausschließe. Hiergegen wendet sich die Revision ohne Erfolg.

Gemäß § 7 RBHaftG steht den Angehörigen eines ausländischen Staates ein Ersatzanspruch gegen die Bundesrepublik Deutschland (früher: das Reich) nur insoweit zu, als nach einer im Bundesgesetzblatt enthaltenen Bekanntmachung des Bundesministers der Justiz (früher: des Reichskanzlers) durch die Gesetzgebung des ausländischen Staates oder durch Staatsvertrag die Gegenseitigkeit verbürgt ist. Diese Gesetzesbestimmung ist durch Art. 34 GG, der die Haftung des Staates nur »grundsätzlich« gewährleistet, nicht verdrängt worden (BGHZ 13, 241=NJW 1954, 1283; st. Rspr.). Ihre Gültigkeit ist auch nicht deshalb zu verneinen, weil sie zu einer unterschiedlichen Staatshaftung gegenüber Inländern und Ausländern führt oder weil sie zur Folge hat, daß der amtspflichtwidrig handelnde Beamte bei Anwendung des § 7 RBHaftG ohne Verweisungsmöglichkeit persönlich haftet.

Es ist sachlich gerechtfertigt, den Staatshaftungsanspruch solchen Ausländern zu versagen, deren Heimatstaaten deutschen Staatsangehörigen einen vergleichbaren Anspruch ebenfalls nicht gewähren. Die Regelung ist Ausdruck des völkerrechtlichen Gegenseitigkeitsprinzips, das der Wahrnehmung eigener staatlicher Belange gegenüber anderen Staaten dient. Sie soll die Möglichkeit geben, anderen Staaten die Gleichstellung ihrer Staatsangehörigen als Gegenleistung dafür anzubieten, daß sie Deutschen entsprechende Rechte gewähren (vgl. BVerfGE 30, 409 [414]=NJW 1971, 1508 m.w.N.). Ein Verstoß gegen das verfassungsrechtliche Willkürverbot kann darin nicht erblickt werden, wie der erkennende Senat bereits im Urteil vom 1. 10. 1956 (NJW 1956, 1836) ausgesprochen hat (zustimmend *Dagtoglou*, in: BK, 2. Bearbtg., Art. 34 Rdn. 329a; *Maunz/Dürig/Herzog*, GG, Art. 34 Rdn. 34; *Frowein*, JZ 1964, 409; *Neufelder*, NJW 1974, 980; ebenso BVerfGE 30, 409 [413]=NJW 1971, 1508, für § 12 des – inzwischen aufgehobenen – Untersuchungshaft-Entschädigungsgesetzes vom 14. 7. 1904, RGBl., S. 321).

Der Ausschluß der Staatshaftung hat zur Folge, daß der Beamte, der dem Ausländer durch Verletzung einer ihm gegenüber bestehenden Amtspflicht Schaden zugefügt hat, nach § 839 BGB persönlich haftet. Auf diese Weise kann das gleiche amtspflichtwidrige Verhalten für den Beamten verschiedene Rechtsfolgen auslösen, je nachdem ob seine amtliche Tätigkeit einem Ausländer gilt, für dessen Heimatstaat die Gegenseitigkeit verbürgt ist, oder einem Ausländer, bei dem es an einer solchen Verbürgung fehlt. Im ersten Fall haftet nach Art. 34 GG der Staat oder die sonstige Körperschaft, in deren Dienst der Beamte steht, während eine Eigenhaftung des Beamten gegenüber dem Geschädigten ausgeschlossen ist. Eine Regreßpflicht trifft den Beamten nach den dem Art. 34 Satz 2 GG entsprechenden Beamtengesetzen nur in den Fällen, in denen ihm Vorsatz oder grobe Fahrlässigkeit zur Last liegt. Dagegen haftet der Beamte dem Geschädigten selbst, und zwar gemäß § 839 BGB ohne Rücksicht auf den Grad seines Verschuldens, wenn die Gegenseitigkeit nicht verbürgt ist. Die Wirksamkeit des Ausschlusses der Staatshaftung wird durch diese »Ungleichbehandlung« nicht in Frage gestellt: Die dadurch eintretende Differenzierung ist die vom Gesetz vorausgesehene und notwendige Folge einer Einschränkung der Staatshaftung, die nach noch geltendem Recht grundsätzlich eine übergeleitete Beamtenhaftung ist. Soweit der die unterschiedliche Behandlung von Inländern und Ausländern rechtfertigende Grund reicht, läßt er auch die für den einzelnen Beamten damit verbundenen Folgen nicht als willkürlich erscheinen (vgl. *W. W. Schmidt*, Grundrechte und Nationalität juristischer Personen, 1966, S. 61 Fn. 27 m.w.N.). Davon zu unterscheiden ist die Frage, ob und inwieweit der Dienstherr im »Innenverhältnis« zum Beamten kraft seiner Fürsorgepflicht gehalten ist, das dem einzelnen Beamten im Interesse des Staates zugemutete Opfer auszugleichen. Für den Umfang dieser Fürsorge kann von Bedeutung sein, daß die Amtspflichten des einzelnen Beamten gegenüber Inländern und Ausländern regelmäßig gleich sind, ebenso wie die gegenüber Ausländern, für deren Heimatstaat die Gegenseitigkeit verbürgt ist, und anderen, bei denen dies nicht der Fall ist. Daraus ergibt sich, daß das dem einzelnen Beamten im Allgemeininteresse abverlangte Opfer ihn mehr oder minder »zufällig« trifft. Dieser Sachverhalt könnte es rechtfertigen oder gar erfordern, den so betroffenen Beamten durch Maßnahmen der Fürsorge (u.a. Gewährung von Rechtsschutz, von Freistellungs- oder Ausgleichsansprüchen, die nicht zugunsten des Geschädigten pfändbar sind) den anderen Beamten weitgehend gleichzustellen. Selbst wenn auf diesem Wege eine völlige Gleichstellung aller Beamten nicht erzielt werden könnte, würde dies von den durch den Ausschluß der Staatshaftung betroffenen Beamten nach Art. 33 V GG hingenommen werden müssen, ohne daß es die Wirksamkeit der Haftungsregelung im Verhältnis zwischen Dienstherrn und Geschädigtem beeinträchtigen könnte.

Mit der persönlichen Haftung des Beamten entspricht die gesamte Rechtslage auch dem völkerrechtlich geforderten »Mindeststandard«, nach dem der Aufenthaltsstaat Leben, Freiheit und Vermögen eines Ausländers nicht schutzlos lassen darf (vgl. hierzu *Neufelder*, NJW 1974, 981; *Frowein*, JZ 1964, 412 m.w.N.). Andererseits ist der mit der Regelung vom Gesetzgeber verfolgte Zweck im Verhältnis zu einem ausländischen Staat nicht offensichtlich unerreichbar. Auch insoweit ist die Regelung aus verfassungsrechtlichen Gründen (insbesondere der Rechtsstaatlichkeit) nicht zu beanstanden. Ob das Erfordernis der Verbürgung der Gegenseitigkeit die Erwartungen, die daran geknüpft werden, wirklich erfüllt und ob es unter den heutigen Verhältnissen noch rechtspolitisch erwünscht ist, ist eine vom Gesetzgeber zu beantwortende Frage, die auf die Rechtmäßigkeit der Regelung keinen Einfluß haben kann (vgl. dazu auch das gleichzeitig verkündete Senatsurteil III ZR 165/78, NJW 1980, 1567).

Eine Bekanntmachung des Bundesministers der Justiz über die Verbürgung der Gegenseitigkeit im Verhältnis zu den Vereinigten Staaten von Nordamerika (USA) besteht für den Bereich der Staatshaftung nicht. Dem OLG ist darin beizutreten, daß bereits das Fehlen einer Bekanntmachung des vorgeschriebenen Inhalts die haftungsrechtliche Verantwortlichkeit der Bekl. ausschließt, ohne daß es darauf ankommt, ob durch die Gesetzgebung der USA oder durch Staatsvertrag die Gegenseitigkeit verbürgt ist. Dies entspricht der ständigen Rechtsprechung des erkennenden Senats, von der abzuweichen kein Anlaß besteht (BGHZ 13, 241 [243]=NJW 1954, 1283; BGH, NJW 1956, 1836; vgl. bereits RGZ 149, 83 [84]). Der Wortlaut der zu prüfenden Norm geht eindeutig dahin, daß die »Bekanntmachung« eine selbständige, neben die Verbürgung der Gegenseitigkeit tretende Voraussetzung des Ersatzanspruchs gegen den Staat ist. Zweck dieser »Bekanntmachung« (Fundstellen: BGBl. III, 2030-9-1 ff.) ist es, bei der Beurteilung ausländischen Rechts und der Auslegung völkerrechtlicher Verträge der Bundesrepublik Deutschland die umfassenden Erkenntnismöglichkeiten der Regierungsebene auszuschöpfen und eine einheitliche, der Rechtssicherheit dienende Verwaltungs- und Gerichtspraxis herbeizuführen. Dieses gesetzliche Anliegen hat gerade in einer Zeit zunehmender Kompliziertheit der nationalen Rechtsordnungen seine Bedeutung behalten.

Die »Bekanntmachung« kann auch nicht, wie die Revision meint, auf den die Gegenseitigkeit verbürgenden Staatsvertrag selbst bezogen werden. Das widerspricht bereits dem klaren Wortlaut der Bestimmung. Im übrigen stellt die im Bundesgesetzblatt vorzunehmende Verkündung (Art. 82 GG) des Zustimmungsgesetzes zum völkerrechtlichen Vertrag (Art. 59 II GG) einen zur Wirksamkeit des Gesetzes notwendigen Akt des Gesetzgebungsverfahrens dar. Schon deshalb kann in dieser Verkündung nicht zugleich auch ein die hierdurch eintretende Rechtslage klarstellender Akt der Regierung gesehen werden. Inwieweit das deutsche Staatsrecht zur Zeit des Inkrafttretens des § 7 RBHaftG die Wirksamkeit völkerrechtlicher Verträge des Reichs von einem Zustimmungsgesetz abhängig machte, ist in diesem Zusammenhang rechtlich nicht von Bedeutung.

Hiernach bedarf es in dem vorliegenden Rechtsstreit nicht der Klärung, ob die Gegenseitigkeit durch den Freundschafts-, Handels- und Schiffahrtsvertrag zwischen der Bundesrepublik Deutschland und den Vereinigten Staaten von Amerika vom 29. 10. 1954 (Gesetz vom 7. 5. 1956 – BGBl. II, 487) oder durch die US-Gesetzgebung verbürgt ist. Der erwähnte Vertrag enthält auch keine § 7 RBHaftG unmittelbar verdrängende Sonderregelung der Staatshaftung (vgl. RGZ 149, 83 [86]), weil er die sachlichrechtlichen Voraussetzungen für das Entstehen von Amtshaftungsansprüchen zugunsten der beiderseitigen Staatsangehörigen nicht ändert. Die in Art. VI des Vertrages enthaltene sogenannte Rechtsschutzklausel (vgl. dazu *Arnold/Hill/Kern*, Beil. zum BAnz. Nr. 141 vom 26. 7. 1955, S. 3) enthält nur eine verfahrensrechtliche Gewährleistung des Zugangs zu den einheimischen Gerichten (vgl. RGZ 149, 83 [86]), die zudem durch Nrn. 6 und 7 des Protokolls (Armenrecht; Sicherheitsleistung für die Prozeßkosten) noch eingeschränkt ist (*Schwenk*, JZ 1957, 199 f.). Auch Art. VII des Vertrages, auf den die Revision in diesem Zusammenhang hinweist, regelt sachlichrechtlich nicht den Umfang der Ersatzpflicht und die Voraussetzungen einer Haftung des Staates bei rechtswidrigen Eingriffen von behördlicher Seite. Die dort zugesagte »Inländerbehandlung von Gesellschaften jedes Vertragsteils hinsichtlich der Ausübung jeder Art von geschäftlicher, industrieller, finanzieller und sonstiger gegen Entgelt vorgenommener Tätigkeit« garantiert nur die unternehmerische Betätigung und Entfaltung selbst. Diese Klausel kann Bedeutung für die Bestimmung des Inhalts und der Reichweite einer bereits bestehenden Anspruchsnorm erlangen; sie umschreibt indessen nicht die sachlichrechtlichen Voraussetzungen für einen Ersatzanspruch des Ausländers gegen die Bundesrepublik Deutschland.

Soweit die Revision weiter auf die in dem Vertrag den beiderseitigen Staatsangehörigen und Gesellschaften grundsätzlich zugesicherte Inländerbehandlung und unbedingte Meistbegünstigung verweist, kann offenbleiben, ob dieser in die Präambel des Vertrages aufgenommene Grundsatz die in § 7 RBHaftG vorausgesetzte sachliche Gegenseitigkeit derart verbürgt, daß die beiderseitigen Staatsangehörigen in jedem der beiden Staatsgebiete sachlich wirklich gleichgestellt sind. Denn dies allein, ohne die in § 7 RBHaftG zusätzlich geforderte »Bekanntmachung«, würde für eine Begründung der Staatshaftung nicht ausreichen, wie bereits ausgeführt ist.

Das BerGer. hat auch das Vorliegen eines *enteignungsgleichen Eingriffs* verneint. Es fehle, so hat es ausgeführt, schon an der Voraussetzung, daß der Eingriff in fremde vermögenswerte Rechte im Interesse der Allgemeinheit vorgenommen worden sei. Des weiteren stelle die Erwartung der Kl., bei den von ihr veranstalteten Charterflügen durch die inländische Flugsicherung unterstützt zu werden, keine in den Schutz des Eigentums einbezogene Rechtsposition dar. Im übrigen sei die Bekl. durch die rechtswidrige Aktion der Fluglotsen selbst geschädigt worden; sie komme deshalb als »Begünstigte« im Sinne des Enteignungsrechts nicht in Betracht. Die hiergegen von der Revision erhobenen sachlichen Rügen haben im Ergebnis Erfolg.

Entgegen der Auffassung des BerGer. kann für den hier zu entscheidenden Sachverhalt ein Eingriff in den geschützten Gewerbebetrieb im Sinne des Enteignungsrechts nicht verneint werden. Als Eingriff kommt jede hoheitliche Maßnahme in Betracht, die auf eine fremde, den Eigentumsschutz genießende Rechtsposition *unmittelbar* einwirkt (BGHZ 55, 229 [231]=NJW 1971, 607; BGHZ 54, 332 [338]=NJW 1971, 32; BGH, NJW 1980, 770). Der vorausgesetzte unmittelbare Zusammenhang zwischen Maßnahme und Eingriffsfolge wird auch so umschrieben, daß das dem einzelnen auferlegte Sonderopfer eine notwendige, aus der Eigenart der hoheitlichen Maßnahme sich ergebende Folge darstellen muß (BGHZ 28, 310 [313]=NJW 1959, 384; BGHZ 37, 44 [47]=NJW 1962, 1439; BGH, NJW 1964, 104=VersR 1976, 757=MDR 1976, 826; *Steffen*, DRiZ 1967, 111). Die streikähnliche Aktion der bundesdeutschen Flugleiter (Fluglotsen) des Jahres 1973 ist in diesem Sinne als eine hoheitliche Maßnahme einzustufen, die in den geschützten Gewerbebetrieb der Kl. enteignungsgleich eingegriffen hat.

Die streikähnliche Aktion der bundesdeutschen Flugleiter (Fluglotsen) im Jahre 1973 stellte in ihrer Gesamtheit eine *hoheitliche* Maßnahme zu Lasten privater Rechtsgüter dar. Wie der Senat im Urteil BGHZ 69, 128 [132f.]=NJW 1977, 1875, näher ausgeführt hat, war das entsprechende Verhalten der Beamten derart eng mit der Dienstausübung, d.h. ihrer sonderpolizeilichen Funktion verbunden, daß sie als ihr zugehörig angesehen werden muß. Das beanstandete Vorgehen der Flugleiter (grundlose Krankmeldungen nach Verabredung; Herabsetzung der Arbeitsleistung) stand zu der unmittelbaren Verwirklichung des hoheitlichen Ziels, der Sicherung des Flugverkehrs, in einer so engen Beziehung, daß es mit dieser als ein einheitlicher Lebensvorgang anzusehen ist. Der zu bejahende innere Zusammenhang zwischen Zielsetzung der streikähnlichen Aktion und dem dadurch mißbrauchten (vgl. BGH, WM 1979, 1158) anvertrauten öffentlichen Amt sowie die Art und Weise der Ausführung dieses Vorhabens kennzeichnet diese Aktion als eine noch im Bereich der Betätigung von Hoheitsrechten liegende Maßnahme, die im Sinne des Enteignungsrechts nach ihrer Eigenart unmittelbar eine Beeinträchtigung fremden Eigentums bewirkt hat.

Entgegen der Auffassung des BerGer. ist ein »enteignungsgleicher« Eingriff auch nicht deshalb zu verneinen, weil die streikähnliche Aktion der Flugleiter als solche nicht im Interesse der Allgemeinheit lag. Eine *Beschränkung* des verfassungsrechtlichen Eigentumsschutzes auf die Fälle, in denen eine zum Wohl der Allgemeinheit vorgenommene hoheitliche Maßnahme gewissermaßen ungewollt »abgeleitet« wird und dadurch in Einzelfällen fremdes Eigentum beeinträchtigt (vgl. BGH, NJW 1964, 104; BGHZ 37, 44=NJW 1962, 1439), wäre mit Art. 14 GG nicht zu vereinbaren. Art. 14 I 1 GG schützt in erster Linie den Bestand des Eigentums in der Hand des jeweiligen Rechtsträgers (BVerfGE 24, 367 [400]=NJW 1969, 309; BVerfGE 38, 175 [181]=NJW 1975, 37; BVerfGE 42, 263 [294f.]=NJW 1976, 1783). In diese Rechtsposition soll Rechtens nur unter den Voraussetzungen des Art. 14 III (Enteignung) eingegriffen werden dürfen. Das hierin liegende »Sonderopfer« (BGHZ 6, 270 [290]=NJW 1952, 972) wird dem einzelnen ebenso abgefordert, wenn die öffentliche Hand außerhalb der Legitimation des Art. 14 III 1 GG und über die durch Art. 14 I 2, II GG dem Eigentum gesetzten Grenzen hinaus in durch Art. 14 I 1 GG geschützte Rechtspositionen *rechtswidrig* eingreift (BGHZ 13, 88 [92]=NJW 1954, 993). Das gilt auch für hoheitliche Maßnahmen, die – wie hier die Aktion der Flugleiter – »gezielt« auf geschützte Rechtspositionen einwirken, ohne die hierfür erforderliche verfassungsrechtliche Legitimation in Anspruch nehmen zu können. Andernfalls würde das Anliegen des Art. 14 I 1 GG, rechtswidrige Zugriffe von hoher Hand auf das Eigentum abzuwehren (zum öffentlichrechtlichen Abwehranspruch als Ausprägung der eigentumsrechtlichen Bestandsgarantie vgl. BVerwG, DÖV 1976, 563; *Buchholz* 310 § 113 VwGO Nr. 68, S. 34, 36; BVerwGE 44, 236 [243]), nicht verwirklicht. Ob die in Art. 14 I 1 GG enthaltene Bestandsgarantie des Eigentums den Betroffenen zunächst auf die Geltendmachung und notfalls gerichtliche Durchsetzung seines Abwehranspruchs verweist, bedarf für den zu entscheidenden Fall keiner grundsätzlichen Erörterung. Denn zur Abwehr der hier auf den Gewerbebetrieb der Kl. einwirkenden »Aktion« der Flugleiter stand der Betroffenen kein geeigneter Rechtsbehelf zur Verfügung.

Durch Art. 14 GG geschützt ist auch der eingerichtete und ausgeübte *Gewerbebetrieb* in der Substanz, die in ihrer Gesamtheit den wirtschaftlichen Wert des konkreten Gewerbebetriebes ausmacht. Jedoch genießen Ausstrahlungen und Erscheinungsformen des konkreten Betriebes nur insoweit Eigentumsschutz, wie sie einen bestimmten Gewerbebetrieb als eine von dem Inhaber geschaffene Organisation persönlicher und sachlicher Mittel, als eine bestimmte Sach- und Rechtsgesamtheit kennzeichnen. Dazu rechnen im wesentlichen alle Werte, die dem Betriebsinhaber – ebenso wie dem Sacheigentümer die ihm gehörende Sache – als ihm gehörend zuzurechnen sind. Ausgeschieden sind damit alle Umstände, denen der konkrete Bezug zu einem bestimmten Gewerbebetrieb fehlt, namentlich vorgefundene Vorteile und Chancen, auf die ein Betrieb sich einstellt (BGH, WM 1975, 834). Das BerGer. hebt ersichtlich auf solche Chancen (»Erwartungen«) ab, wenn es ausführt, die Unterstützung der Charterflüge durch die Flugsicherung sei ein außerhalb des Gewerbebetriebes liegender Umstand, der in den Eigentumsschutz des Betriebes selbst nicht einbezogen sei. Diese Betrachtungsweise wird jedoch den Besonderheiten des vorliegenden Falles nicht gerecht.

Hier handelt es sich darum, daß die hoheitliche Maßnahme nach der Willensrichtung der Amtsträger und nach den tatsächlichen Auswirkungen der »Aktion« *betriebsbezogen* war und deshalb unmittelbar auf die geschützte Sach- und Rechtsgesamtheit solcher Betriebe einwirkte, die wegen ihrer Planung und Organisation von Flugreisen auf die ordnungsmäßige Durchführung der Flugsicherung angewiesen waren. Wie der Senat in BGHZ 69, 128 (139, 140) = NJW 1977, 1875, näher dargelegt hat, beeinträchtigte diese »Aktion« das in § 823 I BGB als »sonstiges Recht« geschützte Recht am eingerichteten und ausgeübten Gewerbebetrieb. Hieran hält der Senat fest (vgl. auch Senat, WM 1979, 1158). Für den durch Art. 14 I 1 GG vermittelten Schutz des Gewerbebetriebes ergeben sich dieselben Folgerungen. Insoweit geht es nicht darum, daß die »Erwartung« in das weitere Funktionieren der Flugsicherung enttäuscht worden ist, was in der Tat nur das nicht dem Betrieb selbst zuzurechnende »Umfeld« unternehmerischer Tätigkeit betroffen hätte. Vielmehr ist der zur Entscheidung stehende Fall dadurch gekennzeichnet, daß geschäftliche Veranstaltungen, zu deren Durchführung sich die Kl. als ein Unternehmen der Charterluftfahrt gegenüber Dritten verpflichtet hatte, durch einen betriebsbezogenen Eingriff von hoher Hand erschwert oder verhindert worden sind. Ein derartiger Gebrauch polizeilicher Befugnisse zum Nachteil von Gewerbetreibenden bewegte sich nicht mehr im Bereich des allgemeinen unternehmerischen Wagnisses, sondern traf den Betrieb der Kl. in seiner geschützten Sach- und Rechtsgesamtheit (vgl. dazu auch BGHZ 69, 128 [142] = NJW 1977, 1875).

Ausländische juristische Personen nehmen allerdings, auch wenn sie im Inland anerkannt (zugelassen) sind, gemäß Art. 19 III GG am Schutz durch die verfassungsrechtliche Eigentumsgarantie (Art. 14 GG) nicht teil (BVerfGE 21, 207 [209]; *Maunz/Dürig/Herzog/Scholz*, Art. 19 III Rdn. 30; *v. Mutius*, in: BK, Art. 19 III Rdn. 50; *Rüfner*, AöR 89 [1964], 275 f.; *W. W. Schmidt*, Grundrechte und Nationalität juristischer Personen, S. 43, 168 f.; a. A. *Hendrichs*, in: v. Münch, GG, Art. 19 Rdn. 31; für im Inland anerk. ausl. jur. Personen: *v. Mangoldt/Klein*, GG, Art. 19 Anm. 2). Das würde hier der Annahme eines enteignungsgleichen Eingriffs entgegenstehen, weil auch dieser einen Eingriff in eine des Eigentumsschutzes fähige *Rechtsposition* voraussetzt (Vorlagebeschl. des Senats vom 17. 1. 1980 – III ZR 107/78).

Insoweit ist jedoch die durch den Deutsch-Amerikanischen Freundschafts-, Handels- und Schiffahrtsvertrag vom 29. 10. 1954 geschaffene Rechtslage im Bereich des Eigentumsschutzes zu beachten. Art. V enthält Bestimmungen zum Schutz und zur Sicherheit des Eigentums und Vermögens der natürlichen und juristischen Personen. Sein Absatz 1 entspricht in etwa der Garantie des Eigentums in Art. 14 I GG. Absatz 4 regelt die Enteignung. Die Bestimmung in Art. 14 III 1 GG, wonach eine Enteignung nur zum Wohle der Allgemeinheit zulässig ist, wird fast wörtlich übernommen. Sie ist danach nur gegen Entschädigung zulässig, die dem Wert des entzogenen Eigentums entsprechen muß (vgl. *Arnold/Hill/Kern*, S. 3; *Schwenk*, JZ 1957, 199).

Angesichts dieser mit unmittelbarer Geltung für das innerstaatliche Recht versehenen Regelung des Eigentumsschutzes, die in allen wesentlichen Punkten der in Art. 14 GG gewährten Garantie des Eigentums folgt, ist es nicht zweifelhaft, daß auch die Kl. Rechtsschutz für ihr Eigentum im Inland in einem Umfang beanspruchen kann, der ihr eine »Rechtsposition« im Sinne des Enteignungsrechts vermittelt (vgl. dazu auch Senat, NJW 1980, 1567; zum Deutsch-Amerikanischen Freundschaftsvertrag zustimmend *Niessen*, NJW 1968, 1019; *Maunz/Dürig/Herzog/Scholz*, Art. 14 Rdn. 11; ähnl. *Rupp/v. Brünneck*, in: Festschr. f. Arnoldt, 1969, S. 382; a. A. *Meessen*, JZ 1970, 605).

Zur Leistung der Entschädigung wegen enteignungsgleichen Eingriffs ist grundsätzlich die durch den Eingriff unmittelbar *begünstigte*, nicht die eingreifende Körperschaft verpflichtet (BGHZ 13, 81 = NJW 1954, 1160; BGHZ 11, 248 [256] = NJW 1954, 753; Senat, NJW 1980, 582 = WM 1980, 220). An einer solchen Begünstigung der Bekl. fehlt es hier, weil die rechtswidrige Aktion der Flugleiter der Bekl. weder Vorteile gebracht noch eine ihr obliegende Aufgabe erfüllt hat (vgl. BGH, NJW 1962, 1673). Das steht indessen einer Inanspruchnahme der Bekl. in diesem besonderen Fall nicht entgegen. Läßt sich eine »Begünstigung« einer bestimmten öffentlichen Körperschaft nicht feststellen, so bliebe hier nur der Ausweg, den geschädigten Eigentümer darauf zu verweisen, wegen seines Entschädigungsanspruchs Befriedigung bei den einzelnen Beamten zu suchen, die bei der Ausübung des ihnen anvertrauten öffentlichen Amtes in geschütztes Eigentum eingegriffen haben. Eine derartige Verweisung des Geschädigten auf Einzelpersonen würde jedoch der Schutzfunktion des Art. 14 I 1 GG nicht gerecht. Da der Bekl. das rechtswidrige Verhalten ihrer Organe im Sinne des Enteignungsrechts »zuzurechnen« ist, ist es in Fällen wie dem vorliegenden geboten, zur Bestimmung der entschädigungspflichtigen Körperschaft auf den *Aufgabenbereich* abzustellen, dem die rechtswidrige Handlung der staatlichen Organe zuzuordnen ist, die dem Bürger mit hoheitlicher Zwangsgewalt gegenübergetreten sind (vgl. BGHZ 13, 88 [92] = NJW 1954, 993). Eine Entschädigungspflicht der Bekl. wegen enteignungsgleichen Eingriffs kann daher nicht verneint werden.

Bei dieser Rechtslage kommt es nicht darauf an, ob die Bekl. der Kl. auch aus Verletzung eines öffentlichrechtlichen Anstaltsbenutzungs-Verhältnisses haftet.

Das BerGer. hat – von seinem Standpunkt aus folgerichtig – die geltend gemachte Forderung der Höhe nach nicht geprüft. Unter Aufhebung des Berufungsurteils ist daher die Sache an das BerGer. zurückzuverweisen. Hierbei erscheint der Hinweis geboten, daß die Entschädigung wegen enteignungsgleichen Eingriffs grundsätzlich nur den entstandenen Substanzverlust ausgleichen soll und daher nach der durch den Eingriff herbeigeführten Wertminderung der betroffenen Rechtsposition zu bestimmen ist. Die Rechtsprechung hat allerdings bei vorübergehenden Eingriffen in einen Gewerbebetrieb die Zubilligung eines Ertragsverlustes gestattet. Dies stellt indessen nur eine vereinfachte Berechnung für die Folgen einer vorübergehenden Substanzentziehung dar (BGHZ 57, 359 [368, 369]=NJW 1972, 243).

Nr. 129 BGH 3. 3. 1980 (AnwZ [B] 21/79) MDR 1980, 666

Zu Unrecht meint der ASt., die BRAO gelte in Berlin nicht. Deshalb sei auch § 226 II BRAO auf ihn nicht anzuwenden.

Gemäß ihrem § 236 gilt die BRAO nach Maßgabe des § 13 I des Dritten Überleitungsgesetzes vom 4. 1. 1952 (BGBl. I, 1) auch im Lande Berlin. Durch Landesgesetz vom 11. 9. 1959 (GVBl., S. 1103) ist die BRAO von Berlin übernommen worden. Nach Art. 87 II der Berliner Verfassung vom 1. 9. 1950 (VOBl. I, 433) ist das Abgeordnetenhaus von Berlin ermächtigt, die Gesetze des Bundes – in Abweichung von Art. 45, 46 der Berliner Verfassung – ohne Beratung und Abstimmung der einzelnen Vorschriften zu übernehmen. Das ist nicht zu beanstanden.

Berlin ist trotz des Vorbehalts der Besatzungsmächte ein Land der Bundesrepublik. Deshalb gilt das Grundgesetz grundsätzlich auch in Berlin (BVerfGE 7, 1, 7 ff., 12 ff. = NJW 1957, 1273; vgl. auch BVerfGE 37, 57, 62 = NJW 1974, 893). Wie sich u. a. aus seiner Bundespflicht ergibt, ist Berlin verpflichtet, Bundesgesetze, die nach dem Willen des Bundesgesetzgebers in Berlin gelten sollen, *unverändert* zu übernehmen (BVerfGE 19, 377, 388 = NJW 1966, 723, 725). Die nach Berlin übernommenen Bundesgesetze gelten auch dort als *Bundes*recht (BVerfG a.a.O.). In dem in der Verfassung von Berlin vorgesehenen *besonderen* Übernahmeverfahren liegt deshalb kein Verstoß gegen andere Bestimmungen der Berliner Verfassung, die sich auf das Zustandekommen von Landesgesetzen beziehen. Daß die Berliner Abgeordneten im Bundestag kein Stimmrecht haben, spielt keine Rolle. Das hindert die Übernahme eines ordnungsgemäß zustande gekommenen Bundesgesetzes nach Berlin nicht. Auch die Tatsache, daß in »Berliner Sachen« der Zugang zum BVerfG beschränkt ist (vgl. etwa BVerfGE 10, 229 = NJW 1960, 571; auch BVerfGE 37, 57) berührt die Geltung eines vom Land übernommenen *Bundes*gesetzes in Berlin nicht.

Nr. 130 OLG Düsseldorf 27. 3. 1980 (18 U 192/79) RIW/AWD 1981, 558

Der Klägerin stehen die – gemäß Art. 31 Nr. 1 b Contrat de transport international de marchandises par route (CMR) zu Recht vor dem Landgericht Mönchengladbach – geltend gemachten Ansprüche aus unstreitig teilweise ... unmittelbar, teilweise ... abgetretenen Rechten zu. Diese Rechte ergeben sich aus der Stellung dieser Firma als Empfängerin der ... auf dem Transport an der italienisch-schweizerischen Grenzstation auf italienischer Seite mit dem Lastzug entwendeten Sendungen in Verbindung mit dem zwischen der Firma A (Italien) als Absenderin und der Firma B (Schweiz) als Hauptfrachtführer geschlossenen Beförderungsvertrag nach Art. 13 Abs. 1 Satz 2; 17 Abs. 1 und 3 CMR. Sie bestehen gegenüber der Beklagten, deren Fahrer den Frachtbrief unterzeichnet hat und die entsprechend einem Auftrag als nachfolgender Unterfrachtführer Vertragspartei geworden ist (Art. 34 CMR).

Die Beklagte beruft sich zu Unrecht auf eine Haftungsbefreiung durch die Unvermeidbarkeitsklausel in Art. 17 Nr. 2 CMR. Danach wird der Frachtführer von der Haftung für Verlust des Gutes befreit, wenn dieser durch Umstände verursacht worden ist, die er nicht vermeiden und deren Folgen er nicht abwenden konnte.

Entgegen der Ansicht der Beklagten ist es unerheblich, daß nach schweizerischer und italienischer Rechtsauffassung die Entwendung eines verschlossenen, zollversiegelt im Zollbereich abgestellten Lastzuges unvermeidbar sein soll und diese tatsächlichen Voraussetzungen hier unstreitig vorgelegen haben. Für eine Anwendung ausländischen Rechts ist kein Raum.

Zutreffend hat bereits das Landgericht darauf hingewiesen, daß die CMR durch das Gesetz vom 16. August 1961 (BGBl. 1961 II, 1119) für die Bundesrepublik Deutschland gemäß Art. 59 Abs. 2 GG innerstaatliche Gesetzeskraft erlangt hat (vgl. z.B. Senatsurteil vom 18. November 1971 – 18 U 102/71 –; *Precht/Endrigkeit,* CMR – Handbuch, 3. Aufl., S. 41; *Muth,* Leitfaden zu CMR, 4. Aufl., S. 39; *Heuer,* Die Haftung des Frachtführers nach der CMR, 1975, S. 22 m.w.N. in Anm. 11). Durch das Zustimmungsgesetz nach Art. 59 Abs. 2 GG hat die CMR ihre Eigenschaft als zwischenstaatlicher Vertrag jedoch nicht verloren (BVerfG 1, 396, 410 = NJW 1952, 1209; BGH, NJW 1969, 2083, 2084; BGH, NJW 75, 1597, 1598). Dies bedingt insbesondere bei Abkommen, die – wie die CMR – privatrechtliche Beziehungen der Angehörigen von Vertragsstaaten regeln, die Anwendung besonderer Auslegungsgrundsätze, die das Völkerrecht entwickelt hat (BVerfGE 4, 157, 168 = NJW 1955, 863; BGH, a.a.O.). Daraus kann jedoch nicht gefolgert werden, die Auslegung habe nach ausländischem Recht entsprechend einem fremden Schuldstatut zu erfolgen. Vielmehr beschränkt sich die Anwendung des Völkerrechts darauf, dem Ziel der Auslegung eines solchen Abkommens, einen effektiv möglichst gleichwirkenden Schutz bei allen Vertragspartnern zu gewährleisten, zu dienen und dem Grundsatz der Harmonie der Rechtsanwendung in allen Vertragsstaaten Geltung zu verschaffen. Deshalb soll die Auslegung in erster Linie aus dem Abkommen selbst erfolgen, sich nach dem aus dem Gesamtinhalt, dem Zweck und der Entstehungsgeschichte zu ermittelnden, übereinstimmenden Willen der vertragschließenden Staaten richten und bei Zweifeln dem Wortlaut entscheidende Bedeutung beimessen (vgl. BGH, NJW 1969, 2083, 2084, auch Senatsurteil in VersR 1974, 1095, 1097).

Das Auslegungsziel harmonischer Rechtsanwendung in sämtlichen Vertragsstaaten ist insbesondere bei der Heranziehung innerstaatlicher Rechtsbegriffe zu beachten (BGH, a.a.O.). Die Frage der Anwendungen innerstaatlichen Rechts außerhalb der CMR und somit die Frage der Anwendung ausländischen Rechts durch das angerufene Gericht stellt sich nur in zwei Fällen: Die CMR weist – wie es z.B. in Art. 29 Nr. 1, 32 Nr. 1 hinsichtlich der Verweisung auf das nach dem Recht des angerufenen Gerichts dem Vorsatz gleichzuachtende Verschulden, in Art. 16 Abs. 5 durch Verweisung auf die Gesetze oder Gebräuche des Durchführungsortes eines Notverkaufs und in Art. 32 Nr. 3 hinsichtlich der Hemmung und Unterbrechung der Verjährung durch Verweisung auf das Recht des angerufenen Gerichts geschehen ist – ausdrücklich auf nationales Recht. Die CMR, die sich nur einigen Fragen internationalen Kraftwagenfrachtrechts zuwendet, enthält sich einer Regelung.

In der Verwendung unbestimmter Rechtsbegriffe, zu denen der Begriff »Unvermeidbarkeit« zählt, ist jedoch weder eine Verweisung auf örtliche Rechtsnorm noch eine Regelungslücke zu sehen. Der regelungstechnische Gehalt unbestimmter Rechtsbegriffe besteht lediglich darin, eine Festlegung im Tatsächlichen oder Rechtlichen erst bei der Rechtsanwendung auf einen gegebenen Sachverhalt im Einzelfall zu ermöglichen. Das Ziel bleibt jedoch die durch Auslegung zu ermittelnde einheitliche Lösung nämlicher Sachverhalte. Unterschiedliche Ergebnisse werden bei Anwendung einheitlicher Auslegungsregeln lediglich als zwangsläufige Folge und mithin als vertretbar hingenommen.

Anders verhielt es sich auch nicht bei der Fassung des Art. 17 Nr. 2 CMR. Durch die Wahl des unbestimmten Rechtsbegriffes »unvermeidbarer Umstände« sollten verschiedenartige Interpretationen, wie sie in den einzelnen Vertragsstaaten dem Begriff »höhere Gewalt« zuteil geworden waren, vermieden werden (vgl.: *Heuer,* a.a.O., S. 87 m. w. N. Anm. 199 f.).

Da die CMR zwingendes Recht ist (Art. 41), ist auch die Geltung eines örtlich abweichenden Handelsbrauchs unerheblich. Mithin erübrigt sich die von der Beklagten in beiden Rechtszügen erbetene Auskunft über schweizerische und italienische Rechtsprechung.

Gesamtinhalt, Zweck und Entstehungsgeschichte sowie eine Wortinterpretation zeigen, daß der Begriff »unvermeidbarer Umstand« – wie z. B. der Begriff unabwendbares Ereignis § 7 Abs. 2 StVG – die Anwendung äußerster, zumutbarer Sorgfalt voraussetzt (vgl.: BGH, NJW 1975, 1597, 1599 m. w. N. aus dem deutschen Schrifttum aus ausländischer Rechtsprechung). Unvermeidbarkeit im Sinne äußerster Sorgfalt ist in der Rechtsprechung bei dem Diebstahl eines über Nacht unbewacht auf einem Tankstellengelände an der deutsch-niederländischen Grenze (BGH, NJW 1967, 499, BGH, VRS 32, 181), bei dem Diebstahl eines in Italien eine Viertelstunde unbewacht abgestellten Lastkraftwagens (OLG Celle, VersR 1977, 860) und bei dem Diebstahl eines für zwei Stunden unbewacht abgestellten Fahrzeugs, das ohne Beifahrer unterwegs war (österreichischer OGH, ÖJZ 1978, 101 f.), verneint worden.

Auch vorliegend ist die Anwendung äußerster Sorgfalt aus den zutreffenden Gründen der angefochtenen Entscheidung zu verneinen: Die Beklagte hat nicht vorgetragen, ihr Fahrer habe ausreichende Sicherungsmaßnahmen gegen eine Entwendung des Lastkraftwagens getroffen. Daß das Fahrzeug im Zollbereich verschlossen abgestellt worden sein soll, ist allein nicht Ausdruck besonders sorgfältiger Sicherung. Dies gilt um so mehr, als nach dem unbestrittenen Vorbringen der Klägerin die Zollverwaltung bereits geschlossen gewesen sein soll und der Fahrer der Beklagten die gesamten Kraftfahrzeugpapiere und Zollunterlagen in dem Lastzug zurückgelassen hatte. Auch die Zollversiegelung des Fahrzeuges bot – wie auf der Hand liegt – keine ausreichende Diebstahlssicherung. Die weiteren tatsächlichen Verhältnisse sind ungeklärt geblieben. Das muß sich gemäß Art. 18 CMR zum Nachteil der insoweit darlegungsbelasteten Beklagten auswirken.

Nr. 131 BVerfG 15. 4. 1980 (2 BvR 842/77) BVerfGE 54, 53

Der 1913 in Kitzingen geborene Beschwerdeführer, der einer jüdischen Familie entstammt, erwarb durch Geburt die deutsche Staatsangehörigkeit. 1934 begab er sich zu Studienzwecken in die Schweiz. Aufgrund des § 2 des Gesetzes über den Widerruf von Einbürgerungen und die Aberkennung der deutschen Staatsangehörigkeit vom 14. Juli

1933 (RGBl. I, S. 480) erklärte ihn der Reichsminister des Innern im Einvernehmen mit dem Reichsminister des Auswärtigen durch Bekanntmachung vom 29. April 1940 (veröffentlicht im Deutschen Reichsanzeiger und Preußischen Staatsanzeiger Nr. 103 vom 4. Mai 1940) der deutschen Staatsangehörigkeit für verlustig. Hiergegen erhob er am 18. Januar 1941 beim Deutschen Konsulat in Genf erfolglos Beschwerde.

Nach dem 8. Mai 1945 kehrte der Beschwerdeführer nicht mehr nach Deutschland zurück. Er siedelte im Frühjahr 1946 von der Schweiz in die Vereinigten Staaten von Amerika über, deren Staatsangehörigkeit er am 3. Dezember 1951 erwarb.

Im Mai 1970 beantragte der Beschwerdeführer bei der Stadt Kitzingen festzustellen, bis zu welchem Zeitpunkt er die deutsche Staatsangehörigkeit innehatte; er benötige für ein Wiedergutmachungsverfahren die Feststellung, daß seine Ausbürgerung rechtswidrig gewesen sei und er bis zum 3. Dezember 1951 die deutsche Staatsangehörigkeit besessen habe.

Die Stadt Kitzingen erließ am 16. Juli 1970 folgenden Bescheid:

I. Es wird festgestellt, daß Herr Karl St..., geboren am 22. November 1913 in Kitzingen, wohnhaft in ..., mit Wirkung vom 4. Mai 1940 die deutsche Staatsangehörigkeit verloren hat.

II. Ein Wiedererwerb der deutschen Staatsangehörigkeit ist bislang nicht erfolgt.

Nach erfolglosem Widerspruch erhob der Beschwerdeführer Klage.

Vor dem Verwaltungsgericht beantragte er sinngemäß, den Bescheid der Stadt Kitzingen vom 16. Juli 1970 und den Widerspruchsbescheid der Regierung von Unterfranken vom 18. November 1970 aufzuheben und die Stadt Kitzingen zu verpflichten festzustellen, daß er bis zum Erwerb der amerikanischen Staatsangehörigkeit am 3. Dezember 1951 deutscher Staatsangehöriger gewesen sei.

Das Verwaltungsgericht wies die Klage ab. Die Anfechtungs- und Verpflichtungsklage sei zwar statthaft. Nachdem die Stadt Kitzingen über das Begehren des Beschwerdeführers durch einen feststellenden Verwaltungsakt entschieden und die Regierung von Unterfranken diesen bestätigt habe, müsse er die Aufhebung oder Abänderung dieser Entscheidungen durch Anfechtungs- und Verpflichtungsklage verfolgen können. Die Klage sei aber unbegründet. Die 1940 ausgesprochene Ausbürgerung sei nichtig. Gleichwohl könne der Beschwerdeführer mit seinem Begehren keinen Erfolg haben. Art. 116 Abs. 2 GG, durch den der Wiedererwerb der deutschen Staatsangehörigkeit für diejenigen Personen geregelt sei, die durch Maßnahmen des nationalsozialistischen Regimes ausgebürgert worden seien, stehe der begehrten Feststellung entgegen. Der Beschwerdeführer habe die Voraussetzungen des Art. 116 Abs. 2 GG nicht erfüllt. Er habe weder einen Einbürgerungsantrag gestellt (Art. 116 Abs. 2 Satz 1 GG) noch nach dem 8. Mai 1945 seinen Wohnsitz in Deutschland genommen (Art. 116 Abs. 2 Satz 2 GG). Andere als die nach Art. 116 Abs. 2 GG bestehenden Möglichkeiten, nationalsozialistische Maßnahmen auf dem Gebiet des Staatsangehörigkeitsrechts zu beseitigen, gebe es nicht. Die Anwendung des Art. 116 Abs. 2 GG bedeute im Falle des Beschwerdeführers möglicherweise eine Härte, weil einerseits für ihn die Begründung eines Wohnsitzes in Deutschland nicht unerhebliche körperliche Anstrengungen und finanzielle Aufwendungen mit sich brächte, er andererseits aber unter Umständen zu Recht befürchte, daß er bei Stellung eines Antrags auf Wiedereinbürgerung die amerikanische Staatsangehörigkeit verlieren könnte. Diese Härte müsse er jedoch wegen des höherrangigen Prinzips der freien Entscheidung des Ausgebürgerten über die deutsche Staatsangehörigkeit, das dem Art. 116 Abs. 2 GG zugrunde liege, hinnehmen. Der Verfassungsgeber habe bewußt davon abgesehen, die nationalsozialistischen Maßnahmen auf dem Gebiet des Staatsangehörigkeitsrechts durch eine automatische Wiedereinbürgerung wiedergutzumachen.

Im Berufungsverfahren erweiterte der Beschwerdeführer sein Klagebegehren und beantragte, die Stadt Kitzingen zu verpflichten festzustellen, daß er noch deutscher Staatsangehöriger sei, jedenfalls aber bis zum Erwerb der amerikanischen Staatsangehörigkeit Deutscher war.

Der Bayerische Verwaltungsgerichtshof änderte das erstinstanzliche Urteil. Er hob Nr. I des Bescheids der Stadt Kitzingen vom 16. Juli 1970 und den sie betreffenden Teil des Widerspruchsbescheids der Regierung von Unterfranken vom 18. November 1970 auf. Im übrigen wurde die Klage abgewiesen.

Die Ausbürgerung des Beschwerdeführers sei unter Anlegung der vom Bundesverfassungsgericht in seinem Beschluß vom 14. Februar 1968 (BVerfGE 23, 98) entwikkelten Maßstäbe als von Anfang an nichtig zu erachten, weil sie allein aufgrund der jüdischen Abstammung erfolgt sei und daher gegen das für alle Bereiche des Rechts geltende Willkürverbot verstoßen habe. Nur wegen der im Hinblick auf die Abstammung zu befürchtenden Verfolgungsmaßnahmen durch das nationalsozialistische Regime sei der Beschwerdeführer gehindert gewesen, nach Deutschland zurückzukehren und dadurch der Ausbürgerung zu entgehen. Da sich die Einzelausbürgerung des Beschwerdeführers als nichtig erweise, könne die von der Verwaltungsbehörde getroffene Feststellung, der Beschwerdeführer habe seine deutsche Staatsangehörigkeit verloren, keinen Bestand haben. Dem stehe Art. 116 Abs. 2 GG nicht entgegen. Das weitere Begehren des Beschwerdeführers, die Verwaltungsbehörde zu der Feststellung zu verpflichten, er sei bis zum Erwerb der amerikanischen Staatsangehörigkeit, durch den er nach den allgemeinen staatsangehörigkeitsrechtlichen Bestimmungen seine deutsche Staatsangehörigkeit verloren habe, deutscher Staatsangehöriger gewesen, sei dagegen unbegründet. Solange ein Betroffener von den Möglichkeiten des Art. 116 Abs. 2 GG keinen Gebrauch mache, werde er von der Bundesrepublik Deutschland nicht als Deutscher betrachtet, unbeschadet des Umstandes, daß er die deutsche Staatsangehörigkeit nicht verloren habe. Damit trage Art. 116 Abs. 2 GG dem Gedanken Rechnung, daß einem Verfolgten die deutsche Staatsangehörigkeit nicht aufgedrängt werden dürfe. Bislang habe der Beschwerdeführer sich weder durch die Stellung eines Wiedereinbürgerungsantrags noch durch die Begründung eines Wohnsitzes in Deutschland nach dem 8. Mai 1945 auf seine deutsche Staatsangehörigkeit berufen. Dieses Ergebnis bedeute für den inzwischen erblindeten Beschwerdeführer zwar eine gewisse Härte, weil er aufgrund seiner körperlichen Behinderung unter Umständen nicht mehr in der Lage sei, die Tatbestandsvoraussetzungen des Art. 116 Abs. 2 Satz 2 GG durch eine Wohnsitzbegründung in Deutschland zu erfüllen. Es sei jedoch nicht Sache des Gerichts, darüber zu entscheiden, ob die vom Grundgesetz in Art. 116 Abs. 2 GG gewählte Lösung die zweckmäßigste und den Interessen der Betroffenen angemessenste Lösung sei.

Die gegen das Berufungsurteil eingelegte Revision des Beschwerdeführers wies das Bundesverwaltungsgericht (DÖV 1978, S. 109) zurück. Das angefochtene Urteil verletze nicht Bundesrecht.

Der sachlich-rechtlichen Überprüfung durch das Revisionsgericht stehe allein das Begehren des Beschwerdeführers offen festzustellen, daß er bis zum 3. Dezember 1951 die deutsche Staatsangehörigkeit besessen habe. Der darüber hinausgehende Antrag festzustellen, er sei noch deutscher Staatsangehöriger, scheitere schon daran, daß er erst nach Ablauf der Revisionsbegründungsfrist (§ 139 Abs. 1 und 2 VwGO) gestellt worden sei. Im übrigen hätte er auch in der Sache keinen Erfolg haben können.

Dem Begehren des Beschwerdeführers festzustellen, er sei bis zum Erwerb der amerikanischen Staatsangehörigkeit am 3. Dezember 1951 deutscher Staatsangehöriger gewesen, habe das Berufungsgericht ohne Rechtsirrtum nicht stattgegeben. Der Grundgesetzgeber habe sich bei der Regelung des Art. 116 Abs. 2 GG von dem Gedanken leiten lassen, daß keinem Verfolgten die deutsche Staatsangehörigkeit gegen seinen Willen aufgedrängt werden solle. Der Beschwerdeführer hätte für die Zeit bis zum 3. Dezember 1951 nach Art. 116 Abs. 2 GG nur dann als Deutscher »betrachtet« werden können, wenn er sich durch Wohnsitzbegründung oder durch Antragstellung auf die deutsche Staatsangehörigkeit berufen hätte. Das habe er nicht getan. Daher könne für die in Frage stehende Zeit gemäß Art. 116 Abs. 2 GG auch nicht gerichtlich festgestellt werden, daß er Deutscher gewesen sei. Der Feststellungsantrag vom Mai 1970 könne als solcher die nach Art. 116 Abs. 2 GG für die »Wiedererlangung« der deutschen Staatsangehörigkeit vorausgesetzten Handlungen nicht ersetzen. Das folge schon daraus, daß er eine auf die *tatsächliche* Wiedererlangung der deutschen Staatsangehörigkeit gerichtete Erklärung nicht enthalte.

Mit seiner gegen die Entscheidungen der Verwaltungsbehörde und der Verwaltungsgerichte gerichteten Verfassungsbeschwerde macht der Beschwerdeführer eine Verletzung seines Grundrechts aus Art. 3 Abs. 1 GG geltend. Er beantragt, grundsätzlich festzustellen, daß er nach wie vor deutscher Staatsangehöriger sei.

Er sei im Jahre 1940 durch einen willkürlichen Akt des nationalsozialistischen Regimes gegen seinen Willen ausgebürgert worden. 1951 habe er sich gezwungen gesehen, die Staatsangehörigkeit der Vereinigten Staaten von Amerika zu erwerben, weil er in den Vereinigten Staaten gelebt habe und vogelfrei gewesen sei. Die Voraussetzungen des Art. 116 Abs. 2 GG könne er nicht mehr erfüllen. Eine Übersiedlung in die Bundesrepublik Deutschland sei ihm nicht zuzumuten. Er sei blind und krank und könne in seinem Zustand nicht nach Deutschland reisen. Mit einem Antrag auf Wiedereinbürgerung würde er seine amerikanische Staatsbürgerschaft gefährden. Die Regierung der Vereinigten Staaten erlaube nicht, daß ein amerikanischer Bürger einen förmlichen Antrag auf Wiedereinbürgerung stelle. Sie sehe darin einen Beweis für dessen Willen, die amerikanische Staatsbürgerschaft aufzugeben. Deshalb hage er lediglich beantragt *festzustellen,* daß er die deutsche Staatsangehörigkeit nicht verloren habe. Gegen die Feststellung, daß ein amerikanischer Staatsangehöriger die Staatsangehörigkeit eines befreundeten Staates bereits vor Erlangung der amerikanischen besessen habe, hätten die Vereinigten Staaten nichts einzuwenden.

Die Entscheidungen des Verwaltungsgerichtshofs und des Bundesverwaltungsgerichts verletzten den Gleichheitssatz des Grundgesetzes. Er werde als Ausländer behandelt, obwohl er mit seinem Feststellungsantrag einen entgegengesetzten Willen deutlich zum Ausdruck gebracht habe. Die Gerichte gingen zwar zutreffend davon aus, daß seine Ausbürgerung nichtig gewesen sei und daß ihm nach Art. 116 Abs. 2 GG grundsätzlich die freie Wahl offenstehe, die deutsche Staatsangehörigkeit wieder zu beanspruchen oder nicht. Wenn sie aber die Auffassung verträten, daß Art. 116 Abs. 2 GG nur die beiden dort genannten Wege zulasse, um sich auf die deutsche Staatsangehörigkeit berufen zu können, nicht jedoch eine Willensäußerung in der Form der beantragten Feststellung, so sei dies willkürlich. Art. 116 Abs. 2 GG diene dem Schutz der rassisch Verfolgten. Durch seine Anwendung dürften deren Rechte nicht gemindert werden. Der Verfassungsgeber habe den Verfolgten nicht die Wahl zwischen zwei Willensäußerungsformen aufzwingen wollen, erst recht nicht zwischen solchen, die der Betroffene auf keinen Fall benutzen könne oder dürfe. Art. 116 Abs. 2 GG bezwecke die Wiedergutmachung nationalsozialistischen Unrechts. Bei der Wiedergutmachung müsse der materiellen Gerechtigkeit der Vorrang vor dem formalen Recht eingeräumt werden.

Den ergänzenden Klageantrag festzustellen, daß er weiterhin deutscher Staatsangehöriger sei, habe er schon im Berufungsverfahren gestellt. Es habe sich daher erübrigt, diesen Antrag vor dem Bundesverwaltungsgericht neuerlich zu stellen.

Der Beschwerdeführer hat eine Auskunft des Justizministeriums der Vereinigten Staaten von Amerika vom 1. August 1973 vorgelegt. Darin heißt es:

"Insofar as Article 116 (2) is concerned, it is clear that the reacquisition of German nationality is not automatic and is conditioned upon affirmative action by the former national, namely, the filing of an application for German citizenship. The fact that persons who elect to regain citizenship in that manner may be considered as not having lost German citizenship during the 1933–1945 period, does not alter the fact that that result follows only through an application for German citizenship. Accordingly, it would appear that a person who reacquires German citizenship in the manner indicated has applied for naturalization upon his own application, which action is highly persuasive evidence of a purpose and intent to relinquish United States citizenship. It is our opinion that any such action on your part could jeopardize your status as a United States citizen and could result in a decision that you thereby lost your citizenship".

Im Hinblick auf die darin zum Ausdruck kommende Rechtsauffassung hat der Beschwerdeführer im vorliegenden Verfassungsbeschwerdeverfahren mehrmals ausdrücklich erklärt, daß er sich gehindert sehe, einen Antrag gemäß Art. 116 Abs. 2 GG zu stellen.

Der Beschwerdeführer, der zunächst vorgetragen hatte, er benötige die Feststellung der deutschen Staatsangehörigkeit bei der Verfolgung sozialversicherungsrechtlicher Ansprüche, hat dem Bundesverfassungsgericht mitgeteilt, daß er an seiner Verfassungsbeschwerde auch nach dem Inkrafttreten der ihn insoweit begünstigenden Regelungen in Art. 16 Abs. 1 der Vereinbarung vom 21. Juni 1978 zwischen der Bundesrepublik Deutschland und den Vereinigten Staaten von Amerika über soziale Sicherheit (BGBl. 1979 II, S. 566) festhalte...

Gegenstand der Verfassungsbeschwerde ist das Begehren des Beschwerdeführers festzustellen, daß er vor dem Erwerb der Staatsangehörigkeit der Vereinigten Staaten von Amerika am 3. Dezember 1951 deutscher Staatsangehöriger war und nach wie vor geblieben ist.

Die Verfassungsbeschwerde richtet sich ausdrücklich nur gegen das Urteil des Bundesverwaltungsgerichts vom 8. März 1977. Der Beschwerdebegründung ist aber zu entnehmen, daß der Beschwerdeführer auch den im gerichtlichen Verfahren aufrechterhaltenen Teil des Bescheids der Stadt Kitzingen vom 16. Juli 1970 in der Gestalt, die er durch den Widerspruchsbescheid der Regierung von Unterfranken vom 18. November 1970 gefunden hat, sowie die Urteile des Bayerischen Verwaltungsgerichts Würzburg vom 21. Juli 1971 und des Bayerischen Verwaltungsgerichtshofs vom 25. Juli 1975 für verfassungswidrig hält und mit der Verfassungsbeschwerde angreifen will (vgl. BVerfGE 6, 386 [387]; ferner BVerfGE 3, 377 [379]).

Die Verfassungsbeschwerde ist teilweise unzulässig und teilweise unbegründet.

Soweit die Verfassungsbeschwerde das Begehren des Beschwerdeführers betrifft festzustellen, daß er nach wie vor deutscher Staatsangehöriger sei, ist sie unzulässig, weil der Rechtsweg nicht erschöpft ist (§ 90 Abs. 2 Satz 1 BVerfGG).

Der in § 90 Abs. 2 Satz 1 BVerfGG zum Ausdruck kommende Grundsatz der Subsidiarität der Verfassungsbeschwerde erfordert es, daß Verfassungsverstöße zunächst im Instanzenzug geltend gemacht werden, um eine Abhilfe durch die Fachgerichte zu ermöglichen. Dem Erfordernis der Erschöpfung des Rechtswegs ist aber dann nicht genügt, wenn ein Verfassungsverstoß im Instanzenzug zwar gerügt wurde, jedoch deshalb nicht nachgeprüft werden konnte, weil die Rüge nach den Vorschriften des Prozeßrechts verspätet war (vgl. BVerfGE 16, 124 [127]).

Das Bundesverwaltungsgericht war gemäß § 139 Abs. 1, Abs. 2 Satz 2 VwGO gehindert, sich mit dem erweiterten Feststellungsantrag des Beschwerdeführers in der Sache zu befassen, weil der Antrag erst nach Ablauf der Frist für die Revisionsbegründung gestellt wurde. Daß der Beschwerdeführer bereits im Berufungsverfahren sein Klagebegehren erweitert hatte, vermag daran nichts zu ändern. Der Gegenstand des Revisionsverfahrens wird allein durch die in diesem Verfahren gestellten Anträge bestimmt.

Das Bundesverfassungsgericht kann im übrigen nicht nachprüfen, ob der Verwaltungsgerichtshof die Erweiterung des Klagebegehrens zur Kenntnis genommen und in Erwägung gezogen hat. Auch hinsichtlich etwaiger Verfassungsverstöße in diesem Zusammenhang ist der Rechtsweg nicht erschöpft, weil der Beschwerdeführer sie nicht mit der Revision gerügt hat.

Die Verfassungsbeschwerde ist zulässig, soweit sie das Begehren des Beschwerdeführers betrifft festzustellen, daß er bis zum 3. Dezember 1951 deutscher Staatsangehöriger war.

Der Rechtsweg ist erschöpft (§ 90 Abs. 2 Satz 1 BVerfGG). Die zunächst gegen das Urteil des Bayerischen Verwaltungsgerichtshofs vom 25. Juli 1975 gerichtete Verfassungsbeschwerde ist inzwischen jedenfalls dadurch zulässig geworden, daß der Beschwerdeführer das Revisionsverfahren beim Bundesverwaltungsgericht durchgeführt hat (BVerfGE 2, 105 [109]).

Der Beschwerdeführer hat sein Rechtsschutzbedürfnis für die Verfassungsbeschwerde hinreichend dargetan. Die von ihm angegriffene Ablehnung der beantragten behördlichen Feststellung seiner deutschen Staatsangehörigkeit ist ein Akt der öffentlichen Gewalt im Sinne des Art. 93 Abs. 1 Nr. 4a GG. Die Verwaltungsgerichte haben sein rechtliches Interesse an der Feststellung seiner Staatsangehörigkeit bejaht. Im Hinblick auf die weitreichenden Folgen, die der Besitz oder Nichtbesitz einer Staatsangehörigkeit nach sich ziehen, ist von einem solchen Interesse auch für das Verfahren der Verfassungsbeschwerde auszugehen, ohne daß es einer näheren Prüfung der Gründe bedürfte, weswegen der Beschwerdeführer die Feststellung seiner Staatsangehörigkeit beantragt hat.

Der Antrag, das Bundesverfassungsgericht selbst möge die deutsche Staatsangehörigkeit feststellen, ist allerdings unstatthaft. Mit der Verfassungsbeschwerde können nur die aus § 95 BVerfGG ersichtlichen Ziele verfolgt werden. Gemäß § 95 Abs. 2 BVerfGG ist das Bundesverfassungsgericht aber grundsätzlich nur befugt, die angegriffenen Entscheidungen aufzuheben und die Sache an ein zuständiges Gericht zurückzuverweisen.

Das Bundesverfassungsgericht ist bei der verfassungsrechtlichen Prüfung nicht darauf beschränkt zu untersuchen, ob die von dem Beschwerdeführer geltend gemachte Verletzung des Art. 3 Abs. 1 GG vorliegt. Es kann die angegriffenen Akte der öffentlichen Gewalt vielmehr von Amts wegen unter jedem in Betracht kommenden verfassungsrechtlichen Gesichtspunkt prüfen (BVerfGE 17, 252 [258]; 31, 314 [333]; 42, 312 [325 f.]). Die vorliegende Verfassungsbeschwerde gibt Veranlassung, insbesondere auch über die Vereinbarkeit der angegriffenen Entscheidungen mit Art. 116 Abs. 2 GG zu befinden.

Als weiterer Prüfungsmaßstab könnte Art. 16 Abs. 1 GG in Betracht kommen. Diese Bestimmung führt indes im vorliegenden Fall im Vergleich zu Art. 116 Abs. 2 GG nicht zu einer weitergehenden verfassungsrechtlichen Prüfung oder zu einer weiterreichenden Wirkung der Entscheidung des Bundesverfassungsgerichts. Art. 16 Abs. 1 GG setzt das Bestehen der deutschen Staatsangehörigkeit voraus. Die hier vorrangige Frage, *ob* der Beschwerdeführer bis zum 3. Dezember 1951 Deutscher war, ist allein nach Art. 116 Abs. 2 GG zu beurteilen.

Soweit sie zulässig ist, ist die Verfassungsbeschwerde unbegründet.

Die angegriffenen Entscheidungen stehen mit Art. 116 Abs. 2 GG in Einklang. Nach dieser Vorschrift sind »frühere deutsche Staatsangehörige, denen zwischen dem 30. Januar 1933 und dem 8. Mai 1945 die deutsche Staatsangehörigkeit aus politischen, rassischen oder religiösen Gründen entzogen worden ist, ... auf Antrag wieder einzubürgern. Sie gelten als nicht ausgebürgert, sofern sie nach dem 8. Mai 1945 ihren Wohnsitz in Deutschland genommen haben und nicht einen entgegengesetzten Willen zum Ausdruck gebracht haben«.

Die Verfasser des Grundgesetzes gingen bei der Abfassung des Art. 116 Abs. 2 GG von der Überzeugung aus, daß der durch Akte des nationalsozialistischen Staates aus rassenideologischen Gründen angeordnete Entzug der deutschen Staatsangehörigkeit krasses Unrecht darstellte. Das beruht auf der Einsicht, daß Geltungsanordnungen, sollen sie als Recht gelten, diese Qualität nicht lediglich dadurch erlangen, daß sie von der staatlichen Macht im jeweils vorgesehenen Verfahren gesetzt sind, sondern daß sie darüber hinaus inhaltlich nicht fundamentalen Prinzipien der Idee der Gerechtigkeit widersprechen dürfen. In diesem Sinne hat das Bundesverfassungsgericht erkannt, daß Geltungsanordnungen des nationalsozialistischen Regimes der Gültigkeit als Recht entbehren, wenn sie fundamentalen Erfordernissen der Gerechtigkeit so offensichtlich widersprachen, daß der Richter, der sie als Rechtens beachten wollte, Unrecht statt Recht spräche (vgl. BVerfGE 3, 58 [119]; 6, 132 [198]; 23, 98 [106]). So hat das Bundesverfassungsgericht festgestellt, daß die Elfte Verordnung zum Reichsbürgergesetz vom 25. November 1941 (RGBl. I, S. 722), mit der im Ausland lebenden Juden die deutsche Staatsangehörigkeit entzogen wurde, in krassem Widerspruch zu fundamentalen Prinzipien der Gerechtigkeit stand (BVerfGE 23, 98 [105 ff.]).

Das Bundesverfassungsgericht hat in der Entscheidung vom 14. Februar 1968 (BVerfGE 23, 98 [106]) aus der Erkenntnis, daß Geltungsanordnungen des nationalsozialistischen Regimes der Gültigkeit als Recht entbehren können, für die dort in Rede stehende Verordnung die Folgerung gezogen, daß sie als von Anfang an nichtig zu erachten sei. Dem liegt die Erwägung zugrunde, daß eine an der Idee der Gerechtigkeit sich ausrichtende Rechtsordnung solche Akte nicht schlechthin als rechtmäßige Akte behandeln darf und daß die Nichtigkeit als eine der möglichen Sanktionen für solche Art Unrecht geeignet ist, das Recht wiederherzustellen.

An dieser Auffassung hält das Bundesverfassungsgericht fest. Auch die aufgrund des § 2 des Gesetzes über Widerruf von Einbürgerungen und die Aberkennung der deutschen Staatsangehörigkeit vom 14. Juli 1933 (RGBl. I, S. 480) aus rassenideologischen Gründen ausgesprochene Einzelausbürgerung in Fällen wie dem des Beschwerdeführers ist unter dem Grundgesetz als nichtig, das heißt als von Anfang an unheilbar unwirksam, anzusehen. Auch sie ist im Zusammenhang mit der nationalsozialistischen Rassengesetzgebung und dem politischen Ziel des damaligen Regimes zu sehen, das deutsche und europäische Judentum zu verfolgen (BVerfGE 23, 98 [105 ff.]).

Art. 116 Abs. 2 GG dient derWiedergutmachung nationalsozialistischen Unrechts im Bereich des Staatsangehörigkeitsrechts (BVerfGE 8, 81 [86, 88]).

Die Staatsorgane der Bundesrepublik Deutschland können die Tatsachen nicht ungeschehen machen, die durch die Unrechtsmaßnahmen der Nationalsozialisten geschaffen worden sind. Die Ausbürgerung von Juden im Sinne der nationalsozialistischen Gesetzgebung bleibt ein historisches Geschehen, das als solches nicht nachträglich beseitigt werden kann. Art. 116 Abs. 2 GG will das Unrecht, das den ausgebürgerten Verfolgten angetan worden ist, im Rahmen des Möglichen ausgleichen. Die Diskriminierung, die in der willkürlichen Ausbürgerung jüdischer Mitbürger lag, sollte indes nicht dadurch wiedergutgemacht werden, daß sich der deutsche Staat neuerlich über den Willen der Betroffenen hinwegsetzte, sondern allein dadurch, daß er ihren Willen nunmehr respektierte (vgl. BVerfGE 23, 98 [107]). Es ist der Sinn des Art. 116 Abs. 2 GG, die politisch, rassisch und religiös Verfolgten nicht gegen ihren Willen an der deutschen Staatsangehörigkeit festzuhalten (vgl. BVerfGE 23, 98 [108 ff.]). Sie sollen frei entscheiden können, ob sie nach dem ihnen zugefügten Unrecht noch deutsche Staatsangehörige sein wollen. Der Verfassungsgeber hat damit auch dem Umstand Rechnung getragen, daß es wegen der tatsächlichen Folgen der Ausbürgerung für viele Betroffene nachteilig gewesen wäre, wenn sie ohne weiteres nach wie vor als deutsche Staatsangehörige betrachtet worden wären. Nachteile hätten sich insbesondere für diejenigen Verfolgten ergeben können, die in der Emigration eine andere Staatsangehörigkeit erworben haben; sie hätten in die Gefahr geraten können, diese Staatsangehörigkeit aufgrund fremden Rechts zu verlieren. Das Grundgesetz hat die Rechtsunsicherheit, die durch die Einräumung eines freien Entscheidungsrechts der Verfolgten in bezug auf ihre deutsche Staatsangehörigkeit vorübergehend eingetreten ist, aus Gründen der Wiedergutmachung in Kauf genommen.

Art. 116 Abs. 2 GG unterscheidet nicht zwischen solchen Verfolgten, die in der Folge der nationalsozialistischen Ausbürgerungen die deutsche Staatsangehörigkeit aus einem anderen Rechtsgrund, insbesondere durch den Erwerb einer fremden Staatsangehörigkeit (§§ 17 Nr. 2, 25 RuStAG) verloren haben, und solchen Verfolgten, bei denen dies nicht der Fall ist. Für diejenigen Verfolgten, die die deutsche Staatsangehörigkeit aus anderem Rechtsgrund verloren haben, liegt die Bedeutung des Art. 116 Abs. 2 GG darin, daß sie unter den (erleichterten) Voraussetzungen dieser Bestimmung die Wiedereinbürgerung herbeiführen können. Für diejenigen Verfolgten, die eine fremde Staatsangehörigkeit nicht erworben haben, liegt die Bedeutung des Art. 116 Abs. 2 GG darin, daß die Bundesrepublik Deutschland sie nicht als Deutsche betrachtet, solange sie die deutsche Staatsangehörigkeit nicht durch Wohnsitzbegründung oder Antragstellung geltend machen (BVerfGE 23, 98 [108]). Damit ist auch diesen Verfolgten eine freie Entscheidung über ihre deutsche Staatsangehörigkeit eröffnet, unbeschadet des Umstandes, daß sie die deutsche Staatsangehörigkeit durch Ausbürgerung nicht verloren haben.

Solange ein Verfolgter von der Möglichkeit, die deutsche Staatsangehörigkeit geltend zu machen, keinen Gebrauch macht, wird er von der Bundesrepublik Deutschland nicht als Deutscher betrachtet. Das bedeutet, daß seine deutsche Staatsangehörigkeit für den Hoheitsbereich der Bundesrepublik Deutschland im Rechtsverkehr nicht geltend gemacht werden kann. Die Bundesrepublik Deutschland darf den Verfolgten nicht als deutschen Staatsangehörigen behandeln. Allerdings kann in diesem Fall auch der Betroffene sich gegenüber der Bundesrepublik Deutschland auf die deutsche Staatsangehörigkeit nicht berufen. Art. 116 Abs. 2 GG versteht die deutsche Staatsangehörigkeit als ein umfassendes Rechtsverhältnis, aus dem Rechte und Pflichten erwachsen. Die Bestimmung unterscheidet nicht zwischen diesen Rechten und Pflichten. Sie kann deshalb nicht dahin ausgelegt werden, daß ohne eine Wohnsitzbegründung oder ohne eine Antragstellung die Bundesrepublik Deutschland zwar die aus der Staatsangehörigkeit folgenden Pflichten noch nicht geltend machen, der Betroffene aber seine daraus herzuleitenden Rechte bereits wahrnehmen könnte.

Seinen Willen, deutscher Staatsangehöriger zu sein, bringt der Verfolgte durch Wohnsitzbegründung (Art. 116 Abs. 2 Satz 2 GG) oder durch Antragstellung (Art. 116 Abs. 1 Satz 1 GG) zum Ausdruck. Der vorliegende Fall gibt keine Veranlassung, der Frage im einzelnen nachzugehen, wann diese Voraussetzungen erfüllt sind. Allerdings ist dem Erfordernis der Rechtssicherheit Rechnung zu tragen, der bei Staatsangehörigkeitsverhältnissen im Hinblick auf die weitreichenden Folgen, die der Besitz oder Nichtbesitz der Staatsangehörigkeit nach sich ziehen, besonderes Gewicht zukommt. Der Betroffene muß deshalb seinen Willen, Deutscher zu sein, hinreichend deutlich zum Ausdruck bringen.

Bei Erklärungen eines Verfolgten zu seiner deutschen Staatsangehörigkeit müssen die Behörden und Gerichte freilich auch berücksichtigen, daß sie möglicherweise aus Gründen, die in der Beziehung des Verfolgten zu dem Land liegen, in dem er nach der Ausbürgerung Aufnahme gefunden hat, zurückhaltend formuliert und nicht als »förmlicher« Antrag gefaßt sind. An einen Antrag im Sinne des Art. 116 Abs. 2 Satz 1 GG sind deshalb keine übermäßig strengen Anforderungen zu stellen. Die Auslegung einer Erklärung als Antrag verbietet sich allerdings dann, wenn der Verfolgte ausdrücklich bekundet, er wolle einen Antrag nicht stellen.

Daß sich die durch Art. 116 Abs. 2 GG getroffene Regelung zur Wiedergutmachung des durch nationalsozialistische Ausbürgerungen zugefügten Unrechts im Einzelfall für den Verfolgten nachteilig auswirken kann, ist nicht zu verkennen. Es ist die Folge der grundsätzlichen Entscheidung des Verfassungsgebers, die deutsche Staatsangehörigkeit nicht automatisch wiederaufleben zu lassen, daß dem Verfolgten die Last zufällt, sich entscheiden und seinen Willen bekunden zu müssen.

Die deutsche Rechtsordnung kann die Nachteile, die durch die Entscheidung eines Verfolgten für die deutsche Staatsangehörigkeit in seiner Beziehung zu dem Land eintreten können, in dem er nach der Ausbürgerung Aufnahme gefunden hat, nicht verhindern. Der Verfassungsgeber hat es als zumutbar erachtet, daß der Betroffene sie in Kauf nimmt. Die Entscheidungsfreiheit wurde ihm gerade auch wegen solcher möglicher Nachteile eingeräumt. Er kann sie nur dadurch vermeiden, daß er sich auf die deutsche Staatsangehörigkeit nicht mehr beruft.

Das Bundesverfassungsgericht hat entschieden, daß Art. 116 Abs. 2 GG nur in den Fällen anzuwenden ist, in denen der Verfolgte nach dem 8. Mai 1945 die Möglichkeit hat oder hatte, seinen Willen zu bekunden und damit den einen oder den anderen der in Art. 116 Abs. 2 GG genannten Tatbestände zu erfüllen (BVerfGE 23, 98 [111 f.]). Es hat daraus den Schluß gezogen, daß Art. 116 Abs. 2 GG keine Regelung für Verfolgte enthält, die vor dem 8. Mai 1945 verstorben sind. Für zu diesem Zeitpunkt Lebende trifft die Vorschrift hingegen eine grundsätzlich abschließende Regelung. Es erscheint allerdings denkbar, daß in Ausnahmefällen auch solchen Personen die Möglichkeit verwehrt ist und war, ihren Willen, Deutsche zu sein, zu bekunden. Dies ist freilich nicht schon dann anzunehmen, wenn eine nach dem Inkrafttreten des Grundgesetzes einmal bestehende Möglichkeit zur Willensbekundung inzwischen fortgefallen ist. Im übrigen kann im vorliegenden Verfahren dahinstehen, unter welchen Voraussetzungen ein solcher Ausnahmefall vorliegt.

Die durch die Bekanntmachung des Reichsministers des Innern vom 29. April 1940 erklärte Ausbürgerung des Beschwerdeführers hatte ihren Grund in seiner jüdischen Abstammung. Sie war von Anfang an nichtig. Der Beschwerdeführer hat dadurch die deutsche Staatsangehörigkeit nicht verloren.

Gleichwohl war die von ihm begehrte behördliche Feststellung des Fortbestehens der deutschen Staatsangehörigkeit bis zum 3. Dezember 1951 abzulehnen. Der Beschwerdeführer kann sich auf die deutsche Staatsangehörigkeit derzeit nicht berufen. Denn er hat seinen Willen, deutscher Staatsangehöriger zu sein, bislang nicht in der durch Art. 116 Abs. 2 GG bestimmten Weise bekundet. Solange dies nicht geschehen ist, ist die behördliche Feststellung verwehrt.

Der Beschwerdeführer hat nach dem 8. Mai 1945 seinen Wohnsitz nicht wieder in Deutschland genommen (Art. 116 Abs. 2 Satz 2 GG). Er hat sich auch nicht durch einen Antrag auf die deutsche Staatsangehörigkeit berufen (Art. 116 Abs. 2 Satz 1 GG). Sein 1970 bei der Stadt Kitzingen gestellter Feststellungsantrag und seine weiteren in den behördlichen und verwaltungsgerichtlichen Verfahren sowie in dem vorliegenden Verfahren abgegebenen Erklärungen können schon deshalb nicht als Antrag gemäß Art. 116 Abs. 2 Satz 1 GG verstanden werden, weil er stets ausdrücklich erklärt hat, er wolle einen solchen Antrag nicht stellen, um seine amerikanische Staatsangehörigkeit nicht zu gefährden.

Es fehlt an Anhaltspunkten dafür, daß dem Beschwerdeführer nach dem Inkrafttreten des Grundgesetzes die Möglichkeit verwehrt war, die Voraussetzungen des Art. 116 Abs. 2 GG zu erfüllen. Zwar kam wegen seiner gesundheitlichen Behinderung eine Aufenthaltsnahme in Deutschland möglicherweise nicht in Betracht. Der Beschwerdeführer war aber nicht gehindert, einen Antrag gemäß Art. 116 Abs. 2 Satz 1 GG zu stellen. Daß er dies mit Rücksicht auf seine amerikanische Staatsangehörigkeit nicht getan hat, beruht auf seiner freien Entscheidung. Art. 116 Abs. 2 GG will gerade diese Freiheit respektieren. Wenn fremde Rechtsordnungen nachteilige Folgen an die Stellung eines Antrags nach Art. 116 Abs. 2 GG knüpfen, ist das dem Einfluß der deutschen Rechtsordnung entzogen. Das allein läßt die Erfüllung des Antragserfordernisses in Art. 116 Abs. 2 GG nicht als unzumutbar oder gar die Regelung selbst als Verstoß gegen ein überverfassungsrechtliches Willkürverbot erscheinen.

Die angegriffenen Entscheidungen verletzen nicht Art. 3 Abs. 1 GG. Sie beruhen auf einer zutreffenden Auslegung und Anwendung des Art. 116 Abs. 2 GG. Zu der

Annahme, daß die Behörden oder die Gerichte sich bei ihren Entscheidungen von sachfremden Erwägungen hätten leiten lassen, besteht keine Veranlassung.

Eine Verletzung sonstiger Grundrechte oder grundrechtsgleicher Rechte des Beschwerdeführers ist nicht ersichtlich.

Gegenstand des vorliegenden Verfahrens ist allein das Begehren des Beschwerdeführers festzustellen, daß er deutscher Staatsangehöriger war und ist. Die Entscheidung in diesem Verfahren besagt nichts darüber, ob es in anderen Zusammenhängen ausgeschlossen wäre zu berücksichtigen, daß der Beschwerdeführer durch seine Ausbürgerung im Jahre 1940 die deutsche Staatsangehörigkeit nicht verloren hatte. Denn es bleibt festzuhalten: Die Ausbürgerung des Beschwerdeführers durch das nationalsozialistische Regime war willkürlich und nichtig. – Diese Entscheidung ist mit sechs Stimmen gegen eine Stimme ergangen.

Nr. 132 BGH 16. 4. 1980 (3 StR 64/68 [S]) MDR 1980, 684

Der Angekl. ist aufgrund der Auslieferungsbewilligung der jugoslawischen Regierung vom 7. 10. 1975 an die Bundesrepublik Deutschland ausgeliefert worden, und zwar unter der ausdrücklichen Bedingung, daß er wegen anderer als der in der Auslieferungsbewilligung genannten Straftaten nicht verfolgt werden dürfe. Wegen des Vergehens nach § 129 StGB ist die Auslieferung ... nicht beantragt und damit auch nicht bewilligt worden ...

Nach Art. 25 I des mit Jugoslawien bestehenden Auslieferungsvertrages vom 26. 11. 1970 darf ein Ausgelieferter wegen einer anderen vor der Übergabe begangenen Handlung als derjenigen, die der Auslieferung zugrunde liegt, nicht verfolgt und nicht verurteilt werden. Nach Art. 25 I Buchst. b sind hiervon ausdrücklich ausgenommen die Fälle, in denen der Ausgelieferte, obwohl er dazu die Möglichkeit hatte, das Gebiet der Bundesrepublik Deutschland innerhalb von 45 Tagen nach seiner endgültigen Freilassung nicht verlassen hat. Von dem Vorliegen dieser Voraussetzungen geht das LG aus, weil der gegen den Angekl. bestehende Haftbefehl außer Vollzug gesetzt sei und der Angekl. das Gebiet der Bundesrepublik Deutschland seither nicht mehr verlassen habe. Dabei hat die StrK allerdings verkannt, daß Art. 25 I Buchst. b des mit Jugoslawien bestehenden Auslieferungsvertrags die endgültige Freilassung des Ausgelieferten voraussetzt. Endgültig freigelassen wäre der Angekl., wenn der gegen ihn erlassene Haftbefehl aufgehoben worden wäre oder wenn die für die Vollstreckung zuständige Strafverfolgungsbehörde die verbindliche Erklärung abgegeben hätte, einen noch bestehenden Haftbefehl innerhalb der dem Ausgelieferten zur Ermöglichung der Ausreise gewährten Frist von 45 Tagen nicht zu vollstrecken (vgl. BGH, Beschl. vom 28. 9. 1978 – 1 BJs 89/77, StB 197/78). Ein solcher Fall liegt hier aber nicht vor. Der gegen den Angekl. am 23. 6. 1975 erlassene Haftbefehl ist lediglich gegen Auflagen, die den Angekl. unter anderem verpflichteten, seinen festen Wohnsitz in F. beizubehalten, außer Vollzug gesetzt worden. Zumindest gegen diese Anordnungen hätte der Angekl. verstoßen, wenn er das Gebiet der Bundesrepublik Deutschland verlassen hätte. Deshalb kann in der Außervollzugsetzung des Haftbefehls keine endgültige Freilassung im Sinne des mit Jugoslawien bestehenden Auslieferungsvertrages gesehen werden. Unter diesen Umständen hätte er aber nicht wegen des Vergehens nach § 129 StGB verurteilt werden dürfen.

Den Wegfall der Verurteilung nach § 129 StGB kann der Senat in entsprechender Anwendung des § 354 StPO selbst aussprechen.

Die deshalb vom Senat vorzunehmende Entscheidung in der Sache führt nicht zu einer teilweisen Einstellung des Verfahrens. Dies käme nur dann in Frage, wenn das Vergehen nach § 129 StGB, falls der Angekl. insoweit verurteilt werden könnte, in Realkonkurrenz zu den sonstigen Straftaten stehen würde. Davon geht das LG aus. Es hat dabei allerdings die Rechtsprechung des BGH unberücksichtigt gelassen. Nach den Feststellungen hat der Angekl. die in der Zeit vom 21. 10. 1974 bis zum 29. 5. 1975 begangenen Straftaten als Mitglied der kriminellen Vereinigung in Verfolgung von deren Zielen begangen. Wird aber durch einen Akt, durch den sich der Täter als Mitglied an einer solchen Vereinigung beteiligt, gleichzeitig eine weitere Strafrechtsnorm verletzt, so liegt zwischen § 129 StGB und der anderen Norm Tateinheit vor (BGH, Beschl. vom 7. 12. 1979 – 3 StR 299/79 [S], insoweit in BGHSt 29, 143 = MDR 1980, 241 = JZ 1980, 150 nicht abgedruckt, m. w. N.).

Frei von Rechtsfehlern ist die Auffassung des LG, daß die genannten Straftaten in Realkonkurrenz zueinander stehen. Näherer Begründung bedarf dies nur für die Fälle ..., weil diese Straftaten, wie bereits dargelegt, in Idealkonkurrenz zu § 129 StGB stehen würden, wenn der Angekl. insoweit verurteilt werden könnte. Es braucht hier nicht entschieden zu werden, ob eine durch die Dauerstraftat der Beteiligung als Mitglied an einer kriminellen Vereinigung (vgl. dazu BGHSt 29, 114 = MDR 1980, 153 = NJW 1980, 462) einmal geschaffene Idealkonkurrenz dadurch in Wegfall kommen kann, daß die Straftat nach § 129 StGB – wie hier – wegen eines Verfahrenshindernisses nicht verfolgt werden darf. Darauf kommt es hier deshalb nicht an, weil die hier in Frage stehenden Straftaten *zueinander* selbst dann in Realkonkurrenz stehen würden, wenn der Angekl. nach § 129 StGB verurteilt werden könnte. Mehrere an sich selbständige Handlungen können nämlich durch die Klammerwirkung einer Dauerstraftat nur dann zu einer Handlung zusammengefaßt werden, wenn die Dauerstraftat schwerer ist oder annähernd Wertgleichheit zu ihr besteht (vgl. BGHSt 3, 165; 23, 141, 149 = MDR 1970, 157 m. w. N.; BGH, NJW 1975, 985, 986; *Stree,* in: Schönke/Schröder, StGB 20. Aufl., § 52 Rdn. 16). Daran fehlt es hier ...

Nr. 133 FG Hamburg 16. 4. 1980 (IV 90/79 H) EFG 1980, 455

Das HZA hatte der Klägerin (Klin.) im April 1978 durch bestandskräftige Verwaltungsakte (VA) um den Währungskoeffizienten gekürzte Ausfuhrerstattungen gewährt. Nachdem der EuGH durch das auf den Vorlagebeschluß des FG Hamburg vom 19. August 1977, IV 63/76 H (EFG 1977, 594) ergangene Urteil vom 24. Mai 1978, Rs 108/77 (EuGHE 1978, 1187) in einer Parallelsache entschieden hatte, daß die Ausfuhrerstattung zu Unrecht um den Währungskoeffizienten gekürzt worden war, beantragte die Klin. im Juni 1979 die Berichtigung der bestandskräftigen Ausfuhrerstattungsbescheide. Das HZA lehnte dies ab. Die dagegen erhobene Klage blieb erfolglos.

Für die Durchführung des europäischen Agrarverwaltungsrechts sind die nationalstaatlichen Rechts- und Verwaltungsvorschriften heranzuziehen, soweit das Gemeinschaftsrecht selbst keine Regelung trifft und die Heranziehung nationalstaatlicher Vorschriften erforderlich ist. Die Anwendbarkeit nationalstaatlicher Rechts- und Verwaltungsvorschriften bei der Durchführung des Gemeinschaftsrechts steht allerdings unter dem Vorbehalt, daß die Durchsetzung des Gemeinschaftsrechts nicht durch Anwendung nationalstaatlicher Vorschriften unterlaufen werden darf und daß Marktbürger, die auf Gemeinschaftsrecht beruhende Ansprüche geltend machen, im Verhältnis zu Bürgern, die nationalstaatliche Ansprüche erheben, in verfahrensrechtlicher Hinsicht nicht ungünstiger behandelt werden dürfen. Von dem Nebeneinander gemeinschaftsrechtlicher und nationalstaatlicher Vorschriften geht Art. 5 EWGV aus, wonach die Mitgliedstaaten alle geeigneten Maßnahmen allgemeiner oder besonderer Art zur Erfüllung der Verpflichtungen zu treffen haben, die sich aus dem Vertrag oder aus Handlungen der Organe der Gemeinschaft ergeben.

Für den Bereich der Ausfuhrerstattungen enthält das Gemeinschaftsrecht nur in bestimmtem Umfang Regeln über das Verfahren bei der Festsetzung von Ausfuhrerstattungen ...

Nach dem somit anwendbaren deutschen Recht sind für Ausfuhrerstattungsbescheide die §§ 119 bis 132 AO sinngemäß anzuwenden (§ 14 Abs. 2 VO AusfErst EWG). § 14 VO AusfErst EWG ist entgegen seinem verunglückten Wortlaut nicht dahin zu lesen, daß die §§ 119 bis 132 AO keine Anwendung finden, wenn es sich um die Rücknahme oder Änderung von Ausfuhrerstattungsbescheiden handelt. Die Vorschrift will richtig verstanden zum Ausdruck bringen, daß für VA des HZA und der Zollstellen im Erstattungsverfahren die §§ 119 bis 132 AO sinngemäß gelten und daß abweichend hiervon Erstattungsbescheide zurückzunehmen oder zu ändern sind, soweit die Voraussetzungen für die Gewährung der Erstattung nicht vorgelegen haben und entfallen sind. Für das außergerichtliche Rechtsbehelfsverfahren gelten überdies sinngemäß die §§ 347 bis 368 AO (§ 29 Abs. 1 Satz 5 Marktorganisationsgesetz).

Die Ablehnung der Berichtigung der angefochtenen Bescheide war nicht rechtswidrig.

Über die Berichtigung entscheidet die Verwaltung nach ihrem Ermessen. Dies ergibt sich aus dem im Streitfall anwendbaren § 130 Abs. 1 AO, der bestimmt, daß ein rechtswidriger VA zurückgenommen werden kann. Das Recht zur Zurücknahme schließt das Recht zur Änderung eines Bescheids ein. Die Ablehnung der Berichtigung war nicht ermessensfehlerhaft. Der Beklagte (Bekl.) hat die Berichtigung abgelehnt, weil die Klin. von der Möglichkeit, Einspruch einzulegen, keinen Gebrauch gemacht hat, obwohl ihr dies zuzumuten war. Diese Begründung hält einer Nachprüfung stand.

Die Berufung des Bekl. auf die Bestandskraft der Erstattungsbescheide verletzt nicht das Gemeinschaftsrecht.

Der Gedanke der Bestandskraft von VA ist dem Gemeinschaftsrecht selbst immanent. Die VO (EWG) Nr. 1697/79 des Rates vom 24. Juli 1979 sieht die Nacherhebung von Eingangs- und Ausfuhrabgaben nur in dem dort bestimmten Rahmen vor, geht also im übrigen von der Bestandskraft der die Eingangs- und Ausfuhrabgaben festsetzenden VA aus.

Das Verwaltungsverfahren bei der Durchführung des Gemeinschaftsrechts richtet sich nach nationalem Recht, soweit nicht das Gemeinschaftsrecht selbst Regelungen trifft. Nach dem gegenwärtigen Stand nimmt es das Gemeinschaftsrecht deshalb hin, daß gegen das Gemeinschaftsrecht verstoßende bestandskräftige VA nicht mehr abänderbar sind, auch wenn gemeinschaftswidrige VA in verschiedenen Mitgliedstaaten nach unterschiedlichen Kriterien änderbar sind. Dieser Rechtsgrundsatz, der aus der Anwendbarkeit des nationalen Verwaltungsverfahrensrechts bei Durchführung des Gemeinschaftsrechts folgt, wird nach Ansicht des Senats durch die bisherige Rechtsprechung des EuGH zur Abänderbarkeit bestandskräftiger VA bestätigt, die die Festsetzung nationaler Abgaben betreffen. Danach verbietet es das Gemeinschaftsrecht bei fehlender eigener Regelung nicht, dem Bürger, der Ansprüche aufgrund des Gemeinschaftsrechts geltend macht, die im innerstaatlichen Recht vorgesehenen Fristen für die Rechtsverfolgung entgegenzuhalten, sofern die Ausübung der in der Gemeinschaftsrechtsordnung eingeräumten Rechte nicht unmöglich gemacht wird und das Verfahren nicht ungünstiger ausgestaltet ist als ein Verfahren, das innerstaatliches Recht betrifft (vgl. EuGH-Urteil vom 16. Dezember 1976, Rs. 33/76, EuGHE 1976, 1989; EuGH-Urteil vom 27. Februar 1980, Rs. 68/79, Tätigkeitsbericht Nr. 5/80; EuGH-Urteil vom 5. März 1980, Rs. 265/78, Tätigkeitsbericht Nr. 6/80). Es kann für die rechtliche Beurteilung keinen Unterschied machen, ob der Bürger sich gegen nationale Abgaben wehrt, die gegen Gemeinschaftsrecht verstoßen, oder ob er Rechte geltend macht, die unmittelbar im Gemeinschaftsrecht festgelegt sind, wie die Abwehr von nach dem Gemeinschaftsrecht nicht geschuldeten Abgaben oder die Geltendmachung von im Gemeinschaftsrecht begründeten Vergünstigungen. In allen Fällen ist der entscheidende Punkt, daß es wegen der Versäumung der Fristen für die Rechtsverfolgung bei dem Verstoß gegen das Gemeinschaftsrecht verbleibt, der zugleich die Chancengleichheit im Wettbewerb verletzt.

Im Streitfall wurde der Klin. die Durchsetzung des Gemeinschaftsrechts nicht unmöglich gemacht. Sie hätte, wie andere Beteiligte auch, gegen die Ausfuhrerstattungsbescheide Einspruch einlegen können. Sie wird auch nicht ungünstiger gestellt, als wenn sie Ansprüche nach nationalem Recht geltend machen würde.

Nr. 134 FG Münster 18. 4. 1980 (IV 229/80 Z-A) EFG 1980, 469

Die Antragstellerin (Astin.) exportierte nach Österreich und in die Schweiz Waren, für die ihr die deutschen Zollbehörden antragsgemäß Warenverkehrsbescheinigungen (WVB) des Musters EUR. 1 ausgestellt hatten. Aufgrund eines Ersuchens der schweizerischen Zollverwaltung überprüfte die deutsche Zollverwaltung 1977 bestimmte WVB auf ihre Echtheit und sachliche Richtigkeit und gelangte zu der Auffassung, daß nur ein geringer Teil der betreffenden Waren die Ursprungseigenschaft besitze. 1978 ersuchte das österreichische Bundesministerium für Finanzen (öBMF) den deutschen BdF, den Antragsgegner (Ag.), unter Hinweis auf Informationen, nach denen die von der Astin. gelieferten Sendungen auch Waren osteuropäischen Ursprungs enthalten haben sollten, die Richtigkeit bestimmter (beigefügter) WVB EUR. 1 zu prüfen. Die daraufhin unternommenen Versuche der deutschen Zollverwaltung, Einsicht in die betrieblichen Unterlagen der Astin. zu nehmen, blieben erfolglos. Daraufhin äußerte sich der Ag. gegenüber dem öBMF schriftlich wie folgt:

> »Die Nachprüfung der wieder beigefügten Präferenznachweise konnte nicht durchgeführt werden, weil die (Astin.) sich weigerte, die Nachprüfung durchführen zu lassen. Für gleichartige Waren der Ausführerin wurden Präferenznachweise mehrmals für Drittlanderzeugnisse ausgestellt. Deshalb und weil die im Protokoll Nr. 3 verankerte Verpflichtung zur Duldung von Kontrollmaßnahmen nicht erfüllt wurde, kann davon ausgegangen werden, daß die Warenverkehrsbescheinigungen zu Unrecht ausgestellt worden sind.
>
> Wegen der Vielzahl der Warenverkehrsbescheinigungen habe ich darauf verzichtet, das Nachprüfungsergebnis auf der Rückseite der Formblätter auszufüllen«.

Nachdem die Astin. den Ag. erfolglos aufgefordert hatte, diese Ausführungen in bestimmter Weise »richtigzustellen«, erhob sie vor dem FG Klage auf Widerruf bzw. Richtigstellung gegen den Ag. Zugleich beantragte sie, den Ag. durch einstweilige Anordnung (e. A.) zu verpflichten, sein Schreiben an das öBMF für vorläufig gegenstandslos zu erklären. Das FG lehnte diesen Antrag ab.

... Das FG ist zum Erlaß einer e. A. sachlich zuständig, weil es das Gericht der Hauptsache im ersten Rechtszug ist (§ 114 Abs. 2 Sätze 1 und 2 FGO). – Gemäß § 35 FGO entscheidet das FG im ersten Rechtszug über alle Streitigkeiten, für die der Finanzrechtsweg gegeben ist, soweit nicht nach § 37 der BFH zuständig ist. Diese Voraussetzungen liegen hier vor. Der BFH ist für die Entscheidung im Hauptverfahren nicht zuständig. – Eine erstinstanzliche Zuständigkeit des BFH könnte sich nur aus § 37 Nr. 1 FGO ergeben. Danach entscheidet der BFH im ersten und letzten Rechtszug über die Klage wegen erstinstanzlicher Verwaltungsakte (VA) des BdF auf dem Gebiet der Eingangsabgaben. Die Zuständigkeit des BFH scheidet aus, weil die Klage keinen »VA« betrifft.

§ 37 Nr. 1 FGO bezweckt, dem Kläger möglichst schnell eine abschließende gerichtliche Entscheidung über die zu erwartende Zoll- und Verbrauchsteuerbelastung als Grundlage seiner geschäftlichen Maßnahmen zu verschaffen ... Aus diesem Zweck und dem Ausnahmecharakter der Vorschrift muß gefolgert werden, daß die erstinstanzliche Zuständigkeit des BFH nicht für jede Verwaltungstätigkeit des BdF, sondern nur für solche Maßnahmen begründet werden sollte, die eine Regelung auf dem Gebiet der Eingangsabgaben enthalten und auf *unmittelbare* Rechtswirkung nach außen gerichtet sind (§ 118 Satz 1 AO). Denn nur Handlungen, die diese Voraussetzungen erfüllen, haben für die Eingangsabgabenbelastung des Importeurs unmittelbare Bedeutung.

Weder bei dem beanstandeten Schreiben des Ag. noch bei der begehrten Richtigstellung bzw. dem Widerruf dieses Schreibens handelt es sich um einen VA i. S. d. § 118 AO ...

Bei der Mitteilung des Ag. handelt es sich um eine Maßnahme im Rahmen der Amtshilfe, die nicht auf eine Regelung mit unmittelbarer Rechtswirkung nach außen gerichtet war, sondern nur Wissenserklärungen und Meinungsäußerungen enthielt und weder für den Ag. selbst noch für den Adressaten ... noch für eine sonstige Stelle rechtlich verbindlich war.

Eine Verwaltungsäußerung hat nur dann Regelungscharakter mit unmittelbarer Rechtswirkung nach außen, wenn der Adressat der Äußerung auf einen entsprechenden Willen der Behörde schließen muß. Ein solcher Schluß war hier nicht gerechtfertigt. Der Adressat der Mitteilung, das öBMF, hatte keinen Grund zu der Annahme, daß der Ag. hiermit unmittelbar Rechte einzelner, z. B. des österreichischen Importeurs oder des deutschen Exporteurs, regeln, d. h. rechtsgestaltend oder rechtsfeststellend tätig werden wollte. Vielmehr wollte er erkennbar nur seiner sich aus den Art. 16 Abs. 1 und 17 Abs. 3 des Protokolls Nr. 3 ergebenden Pflicht zur Amtshilfe gegenüber dem öBMF nachkommen, die keine Befugnis der ersuchten Zollbehörde zu einer rechtsgestaltenden oder rechtsfeststellenden Tätigkeit enthält. Gegen eine derartige Befugnis spricht schon der in Art. 16 Abs.1 gebrauchte Ausdruck der »Amtshilfe«. Gewöhnlich wird unter Amtshilfe nur eine ergänzende Tätigkeit, nicht die Übernahme des gesamten Verwaltungsverfahrens verstanden (vgl. *Tipke/Kruse,* AO, 9. Aufl. § 111 Rdn. 1). Die ersuchte Behörde unterstützt nur die ersuchende Behörde, die Herr des Verfahrens bleibt, z. B. mit Handlungen aus dem Bereich der Sachverhaltsermittlung. Weder aus den Art. 16 und 17 noch aus sonstigen Vorschriften des Protokolls Nr. 3 ergeben sich Anhaltspunkte dafür, daß der ersuchten Behörde hier ausnahmsweise weitergehende Befugnisse verliehen werden sollten. Gemäß Art. 16 Abs. 1 des Protokolls Nr. 3 leisten die Mitgliedstaaten der Gemeinschaft und Österreich, um die ordnungsgemäße Anwendung des Titels II des Protokolls zu gewährleisten, einander durch ihre Zollverwaltungen Amtshilfe u. a. bei der Überprüfung der Echtheit und Richtigkeit der Bescheinigungen EUR. 1. Im Fall der nachträglichen Prüfung einer solchen Bescheinigung hat die Zollbehörde des Ausfuhrstaats der Zollbehörde des Einfuhrstaats das Ergebnis in der Weise mitzuteilen, daß sich feststellen läßt, ob die beanstandete Bescheinigung für die tatsächlich ausgeführten Waren gilt und ob diese Waren wirklich unter die Vorzugsbehandlung fallen (vgl. Art. 17 Abs. 3). Daraus folgt, daß die Mitteilung des Nachprüfungsergebnisses durch den Ausfuhrstaat für den Einfuhrstaat rechtlich keine bindende Wirkung hat, sondern nur als Akt der Hilfeleistung bei der Sachverhaltsermittlung ausgestaltet ist. Denn wenn der Einfuhrstaat an die Mitteilung des Ausfuhrstaats rechtlich gebunden wäre, gäbe es keinen Grund dafür, ihm die eigenverantwortliche Beurteilung, ob die Waren wirklich unter die Vorzugsbehandlung fallen, zu ermöglichen. Hierfür spricht auch der Umstand, daß der Text der WVB EUR. 1, der gemäß Art. 8 Abs. 1a des Protokolls Nr. 3 Bestandteil des Protokolls ist, im Fall eines negativen Prüfungsergebnisses nicht nur eine abschließende Beurteilung, sondern auch »beigefügte Bemerkungen« des Einfuhrstaats vorsieht (vgl. Feld 14 der WVB). Solche Bemerkungen wären überflüssig, wenn der Einfuhrstaat an die abschließende Beurteilung durch den Ausfuhrstaat gebunden wäre. Gegen den Regelungscharakter der Mitteilung des Nachprüfungsergebnisses spricht schließlich auch, daß eine Bekanntgabe des Nachprüfungsergebnisses durch den Ausfuhrstaat gegenüber dem Ausführer oder dem Einführer gesetzlich nicht vorgesehen ist. Art. 17 des Protokolls Nr. 3 schreibt nur eine Mitteilung des Nachprüfungsergebnisses gegenüber der Zollbehörde des Einfuhrstaats vor. Etwas anderes ergibt sich auch nicht aus Bestimmungen des deutschen Rechts. § 117 Abs. 4 Satz 3 AO dehnt nur die Pflicht der Behörde, den Beteiligten *vor* Erlaß eines VA anzuhören, auf Verwaltungsmaßnahmen rein tatsächlicher Art, nämlich die Übermittlung von Auskünften und Unterlagen, aus.

Die Mitteilung des Nachprüfungsergebnisses kann auch nicht deshalb als rechtsgestaltende oder rechtsfeststellende Maßnahme angesehen werden, weil es sich bei der Erteilung der WVB EUR. 1 möglicherweise um eine solche Maßnahme, nämlich um einen antragsgebundenen (vgl. Art. 10 Abs. 1 Protokoll Nr. 3) rechtsbegründenden (vgl. Art. 8 Abs. 1a) VA gegenüber dem Ausführer (vgl. Art. 9 Abs. 1 Satz 2) handelt. Denn die Mitteilung eines negativen Nachprüfungsergebnisses gemäß Art. 17 Abs. 3 ist gesetzlich nicht als Widerruf dieser Vergünstigung ausgestaltet. Das ist auch nicht erforderlich, da die Vorlage der WVB EUR. 1 nur formelle Voraussetzung für die Gewährung der Vorzugsbehandlung durch den Einfuhrstaat ist; materielle Voraussetzung ist darüber hinaus, daß es sich bei der betreffenden Ware tatsächlich um ein Ursprungserzeugnis handelt (vgl. Art. 8 Abs. 1). Zwar ist die WVB EUR. 1 Beweisurkunde (vgl. Art. 10 Abs. 3), jedoch hat ihre Beweiskraft keinen bindenden Charakter. Das ergibt sich schon daraus, daß die Zollbehörden des Einfuhrstaats bis zum Eingang des Nachprüfungsergebnisses das Abkommen nicht anzuwenden brauchen (vgl. Art. 17 Abs. 2 Unterabs. 2).

Der Antrag ist jedoch nicht begründet. Nach § 114 Abs. 1 Satz 2 FGO sind e. A. zur Regelung eines vorläufigen Zustandes in bezug auf ein streitiges Rechtsverhältnis zulässig, wenn diese Regelung zur Abwendung wesentlicher Nachteile, drohender Gewalt oder aus anderen Gründen nötig erscheint. Das bedeutet, daß ein Anordnungsanspruch und ein Anordnungsgrund vorliegen müssen. Das ist hier nicht der Fall ... Denn es mangelt schon an einem Anordnungsanspruch ...

Soweit die Astin. in der Hauptsache den Widerruf der Mitteilung in ihrer Gesamtheit betreibt, ergibt sich aus ihrem Sachvortrag kein entsprechender Rechtsanspruch.

Als Rechtsanspruch kommt nur der sich aus dem Verfassungsgrundsatz des Vorbehalts des Gesetzes (vgl. Art. 20 Abs. 3 GG) ergebende Folgenbeseitigungsanspruch in Betracht (vgl. BVerwG-Urteil vom 25. August 1971, IV C 23.69, DÖV 1971, 857). Ein solcher Anspruch besteht jedoch nur, wenn die öffentliche Gewalt durch eine rechtswidrige Maßnahme in ein Recht eines einzelnen eingegriffen hat und wenn dies zu einem über den Eingriff hinausgehenden fortdauernden rechtswidrigen Zustand führt (vgl. BVerwG-Urteil IV C 23.69). Rechtswidrig ist die Maßnahme, wenn ihr eine Rechtsgrundlage fehlt (Papier, NJW 1974, 1797, 1798). Diese Voraussetzung ist hier nicht erfüllt. Es gibt eine gesetzliche Grundlage, die das Schreiben des Ag. dem Grunde und der Form nach abdeckt.

Dem *Grunde* nach wird das beanstandete Schreiben durch Art. 17 Abs. 3 Satz 1 des Protokolls Nr. 3 i. d. F. des Art. 1 des Beschlusses Nr. 1/77 des Gemischten Ausschusses vom 13. Dezember 1977 (ABl.EG Nr. L 341/28) gedeckt, die durch Art. 1 VO (EWG) Nr. 2930/77 des Rates vom 20. Dezember 1977 (ABl.EG Nr. L 341/27) in Gemeinschaftsrecht transformiert worden ist, das gemäß Art. 189 Satz 2 EWGV unmittelbar in allen EG-Mitgliedstaaten gilt. Die Vorschrift ermächtigt und verpflichtet die Zollbehörde des Ausfuhrstaats, wenn sie gemäß Art. 17 Abs. 1 und 2 von der Zollbehörde des Einfuhrstaats um nachträgliche Überprüfung bestimmter WVB EUR. 1 ersucht worden ist, das Ergebnis ihrer Prüfung dieser Zollbehörde möglichst bald mitzuteilen. Diese Bestimmung war entgegen der Ansicht der Astin. im Zeitpunkt der beanstandeten Mitteilung bereits anwendbar, ohne daß es einer weiteren Regelung über die Nachprüfungsmethoden bedurfte. Denn die Prüfungsmethoden waren bereits durch Art. 9 Abs. 9 Protokoll Nr. 3 und das durch Art. 10 Abs. 1 Protokoll Nr. 3 vorgeschriebene Antragsmuster (vgl. Anhang V zu Protokoll Nr. 3) festgelegt ... Entgegen der Auffassung der Astin. gelten diese Bestimmungen nicht nur für die Überprüfung vor Ausstellung der WVB, sondern auch für ihre nachträgliche Überprüfung. Zwar befassen sich die Art. 9 und 10 des Protokolls Nr. 3 mit den Voraussetzungen für die Erteilung der WVB. Jedoch folgt daraus, daß der Gemischte Ausschuß die Prüfungsbefugnisse der Zollbehörde für die nachträgliche Überprüfung der WVB nicht ausdrücklich festgelegt hat und es keinen sachlich einleuchtenden Grund für eine abweichende Regelung gibt, daß diese Bestimmungen nach dem Willen des Gemischten Ausschusses und des Rates der EG auch für die nachträgliche Überprüfung gelten sollen. Weder den Bestimmungen des Protokolls Nr. 3 i. d. F. des Beschlusses Nr. 1/77 des Gemischten Ausschusses noch der VO (EWG) Nr. 2930/77 des Rates kann ein Hinweis für den Willen dieser Organe entnommen werden, für das Nachprüfungsverfahren *besondere* Prüfungsmethoden festzulegen und dies einer künftigen Regelung vorzubehalten. Es ergibt sich das auch nicht aus der in Art. 16 Abs. 2 des Protokolls Nr. 3 enthaltenen Ermächtigung an den Gemischten Ausschuß, die für die Anwendung der »Methoden der Zusammenarbeit der Verwaltungen« in der Gemeinschaft und in Österreich erforderlichen Beschlüsse zu fassen. Zum einen befaßt sich diese Vorschrift nicht mit der Festlegung von Prüfungsmethoden, sondern mit den Methoden der Zusammenarbeit der Verwaltungen; zum anderen hat der Gemischte Ausschuß von dieser Ermächtigung bereits durch Beschluß Nr. 3/73 (ABl.EG Nr. L 160/2) und später durch Beschluß Nr. 1/77 Gebrauch gemacht. Gegen die Auffassung der Astin., daß das Nachprüfungsverfahren noch nicht vollständig geregelt sei, spricht auch der für die Auslegung völkerrechtlicher Vereinbarungen anerkannte Effektivitätsgrundsatz. Er besagt, daß Vertragsbestimmungen dahin auszulegen sind, daß ihr Zweck nach Möglichkeit erreicht wird, sie einen praktischen Nutzen haben und ihre Nutzwirkung sich entfalten kann (vgl. BFH-Urteil vom 20. Februar 1979, VII R 16/78, BFHE 127, 104, BStBl. II 1979, 268, 274). Wollte man annehmen, daß die Prüfungsmethoden bei der nachträglichen Überprüfung der WVB noch regelungsbedürftig seien, so hätte die für diesen Fall bestimmte ausführliche Regelung über die Zusammenarbeit zwischen den Verwaltungen der beteiligten Staaten in Art. 17 des Protokolls Nr. 3 zur Zeit keinen praktischen Nutzen.

Im Streitfall waren die Tatbestandsmerkmale des Art. 17 Abs. 3 Satz 1 erfüllt. Diese Vorschrift setzt für die Mitteilung des Ausfuhrstaats voraus, daß dieser aufgrund eines auf begründete Zweifel gestützten Ersuchens des Einfuhrstaats, das sich auf bestimmte WVB bezieht, eine »nachträgliche Prüfung« i. S. des Art. 17 Abs. 1 und 2 vorgenommen hat. Das ist hier entgegen der Ansicht der Astin., daß ein Nachprüfungsergebnis i. S. des Art. 17 in Wirklichkeit gar nicht vorliege, auch geschehen. Die wiederholten ergebnislosen Versuche des HZA, Einblick in die betrieblichen Unterlagen der Astin. zu erhalten, stellen eine »nachträgliche Prüfung« i. S. des Art. 17 dar.

Unter »nachträglicher Prüfung« in diesem Sinn sind nicht nur besonders qualifizierte Prüfungsmaßnahmen, wie z. B. die Durchführung einer Außenprüfung oder die Einsicht in betriebliche Unterlagen, zu verstehen, sondern alle Kontrollmaßnahmen, die der Zollbehörde zweckdienlich erscheinen (vgl. Art. 9 Abs. 9). Es liegt im Ermessen der Zollbehörde zu entscheiden, wie weit sie die Prüfung ausdehnt und welche Prüfungsmaßnahmen sie vornimmt. Insbesondere kann sie sich, wenn sich der Exporteur trotz Aufforderung weigert, geeignete Beweismittel für die Ursprungseigenschaft bestimmt bezeichneter Waren vorzulegen, darauf beschränken, ihm Gelegenheit zu geben, den Nachweis innerhalb angemessener Frist zu erbringen. Denn der Nachweis der Ursprungseigenschaft obliegt dem Exporteur. Das ergibt sich daraus, daß der Exporteur gemäß seiner Verpflichtung auf dem Antragsformular EUR. 1 auf Verlangen der zuständigen Behörden alle zusätzlichen »Nachweise zu erbringen« hat und daß die Zollbehörden gemäß Art. 9 Abs. 9 zur Überprüfung der Ursprungseigenschaft »alle Beweismittel verlangen« können, die ihnen zweckdienlich erscheinen.

So war es auch im Streitfall. Die Astin. hat sich unstreitig trotz wiederholter Aufforderungen geweigert, dem HZA Einblick in ihre betrieblichen Unterlagen zu gewähren, und es unterlassen, irgendwelche Beweismittel vorzulegen.

Die Mitteilung des Ag. ist auch der *Form* nach nicht zu beanstanden. Entgegen der Ansicht der Astin. war der Ag. nicht verpflichtet, das Ergebnis der Nachprüfung in dem dafür vorgesehenen Feld Nr. 14 auf der Rückseite der WVB EUR. 1 zu bescheinigen. Er war vielmehr berechtigt, das Nachprüfungsergebnis nach seinem Ermessen auch in anderer Form mitzuteilen. Es ist zwar richtig, daß das Muster der WVB EUR. 1 materieller Bestandteil des Protokolls Nr. 3 ist. Jedoch schließt dieses eine andere Form der Mitteilung nicht aus. Weder das Formblatt noch Art. 17 schreibt für die Mitteilung eine bestimmte Form vor. Das auf dem Formblatt für die Mitteilung des Nachprüfungsergebnisses vorgesehene Feld dient nur der Arbeitsvereinfachung. Eine weitergehende Bedeutung kommt ihm nicht zu. Die WVB hat ihre ursprüngliche Bedeutung, bei der Einfuhr der Waren die Grenzabfertigung zu Präferenzbedingungen zu beschleunigen, bei der Nachprüfung bereits verloren. Würde die Mitteilung des Nachprüfungsergebnisses auf der Rückseite der WVB zu einer Arbeitserschwernis führen, z. B. wenn – wie hier – für eine größere Anzahl von WVB das gleiche Ergebnis mitgeteilt werden soll, so kann die Zollbehörde es auch auf einem besonderen Blatt mitteilen.

Auch soweit die Astin. auf Richtigstellung oder Widerruf *einzelner* Formulierungen der Mitteilung des Ag. abzielt, hat sie einen entsprechenden Rechtsanspruch zum Teil nicht schlüssig dargetan, zum Teil nicht glaubhaft gemacht. Es spricht keine Wahrscheinlichkeit dafür, daß die Mitteilung inhaltlich rechtswidrig ist.

Welchen Inhalt sie der Mitteilung des Nachprüfungsergebnisses im einzelnen gibt, liegt im Ermessen der Zollbehörde des Ausfuhrstaats. Denn der Inhalt der Mitteilung ist gesetzlich nicht abschließend geregelt. Die Behörde muß sich nur an dem gesetzlichen Zweck der Mitteilung orientieren, der darin besteht, der ersuchenden Zollbehörde des Einfuhrstaats die Beurteilung zu ermöglichen, ob die Waren wirklich unter die Vorzugsbehandlung fallen (vgl. Art. 17 Abs. 3 Satz 2 des Protokolls Nr. 3). Daraus folgt, daß die Mitteilung in tatsächlicher Hinsicht zutreffend und so vollständig sein muß, daß dieser Zweck erreicht wird. Andererseits darf sie nur solche Angaben enthalten, die nach dem pflichtgemäßen Ermessen der ersuchten Zollbehörde für die Entscheidung der ersuchenden Zollbehörde erheblich sein können. Schließlich darf sie auch eine abschließende Meinungsäußerung der ersuchten Zollbehörde über die Ursprungseigenschaft der betreffenden Waren enthalten. Diesen Anforderungen entspricht die Mitteilung des Ag.

Diese Äußerung verstößt auch nicht gegen sonstige Rechtsvorschriften, insbesondere nicht gegen die des § 30 AO über das Steuergeheimnis. Nach Abs. 2 dieser Vorschrift verletzt ein Amtsträger das Steuergeheimnis nur, wenn er Verhältnisse eines anderen *unbefugt* offenbart. Die Offenbarung ist jedoch zulässig, soweit sie der Durchführung eines Verwaltungsverfahrens dient (vgl. § 30 Abs. 4 Nr. 1 i. V. m. Abs. 2 Nr. 1a AO). Das ist hier der Fall. Die Mitteilung des Ag. dient der Durchführung des Nachprüfungsverfahrens und damit letztlich des österreichischen Besteuerungsverfahrens.

Die Mitteilung ist auch nicht deshalb rechtswidrig, weil der Ag. der Astin. möglicherweise vorher keine Gelegenheit gegeben hat, sich zu den Feststellungen aufgrund des Ersuchens der schweizerischen Zollverwaltung zu äußern. Entgegen der Ansicht der Astin. liegt hierin keine Verletzung des Grundsatzes des rechtlichen Gehörs. Bei der Übermittlung von Auskünften im Rahmen der internationalen Amtshilfe hat nur der inländische »Beteiligte« Anspruch auf rechtliches Gehör (vgl. § 91 i. V. m. § 117 Abs. 4 Satz 3 AO). Die Astin. ist im Rahmen des Nachprüfungsverfahrens nach Art. 17 des Protokolls Nr. 3 jedoch nicht »Beteiligter« in diesem Sinn, da sie weder Antragsteller noch Antragsgegner noch derjenige ist, an den die Finanzbehörde einen VA richten will oder gerichtet hat (vgl. § 78 Nr. 1 und 2 AO) . . .

Nr. 135 OLG Frankfurt 23. 4. 1980 (2 Ws 90/80) NJW 1980, 2031

Am 15. 5. 1979 verhängte das AG gegen den früheren Angekl. durch Strafbefehl eine Geldstrafe, weil er der räumlichen Beschränkung der Duldung zuwidergehandelt habe. Auf seinen Einspruch wurde er vom AG mit der Begründung freigesprochen, daß ein Verstoß gegen § 47 I Nr. 5 AuslG nicht vorliege und andere als die im Strafbefehl bezeichneten Handlungen nicht Gegenstand des Verfahrens seien. Auf die Berufung der StA wurde das Verfahren in der Hauptverhandlung vor dem LG gemäß § 153 II StPO auf Kosten der Staatskasse eingestellt; die notwendigen Auslagen des früheren Angekl. wurden der Staatskasse auferlegt. Die Beschwerde der StA hiergegen hatte Erfolg.

Für die Ausübung des dem Gericht nach § 467 IV zustehenden Ermessens ist in erster Linie die Wahrscheinlichkeit der Verurteilung maßgeblich.

Es ist allgemein anerkannt, daß es dann, wenn die Schuld des Angeschuldigten nicht wenigstens in hohem Maß wahrscheinlich ist, in der Regel unbillig ist, die notwendigen Auslagen des Angeschuldigten nicht der Staatskasse aufzuerlegen (OLG Hamm, NJW 1969, 1448; OLG Celle, MDR 1970, 439; *Schäfer,* in: Löwe/Rosenberg, StPO, § 467 Rdn. 67; Kleinknecht, StPO, 34. Aufl., § 153 Rdn. 29).

Dagegen besteht keine Einigkeit darüber, ob auch der umgekehrte Grundsatz gilt, d. h. ob der Umstand, daß der Angeschuldigte nach der Überzeugung des Gerichts bereits als überführt anzusehen oder aber seine Verurteilung mit großer Wahrscheinlichkeit zu erwarten ist, für sich allein ausreicht, um die notwendigen Auslagen des Angeschuldigten nicht der Staatskasse aufzubürden (dafür z. B. LG Kassel, AnwBl. 1970, 63; dagegen OLG Schleswig, NJW 1971, 69; *Schäfer,* in: Löwe/Rosenberg, a.a.O.).

Nach *Schäfer* soll sich in diesen Fällen das richterliche Ermessen an weiteren Umständen, insbesondere an dem Grad der in Betracht kommenden »geringen« Schuld ausrichten, so daß der jeweils zur Entscheidung stehende Fall auf der Skala zwischen den beiden Grenzen der ganz geringen, fast schon an Straflosigkeit streifenden Schuld bis zu dem Schuldgrad, der gerade noch die Einstellung erlaubt, einzuordnen wäre (a.a.O., unter Verweisung auf *Naucke,* NJW 1970, 86; in dieser Richtung auch OLG Hamburg, MDR 1970, 695).

Dieser Auffassung kann der Senat nicht folgen. Für die Ermessensausübung sind nach Möglichkeit gesetzesimmanente Wertungen heranzuziehen. Nach allgemeinen kostenrechtlichen Prinzipien kann aber der Grad der Schuld kein maßgeblicher Gesichtspunkt sein. Denn nach § 465 I StPO hat der Verurteilte als solcher, d. h. unabhängig von der Größe seiner Schuld, grundsätzlich die Kosten des Verfahrens und seine eigenen notwendigen Auslagen zu tragen. Es besteht aber regelmäßig kein Grund, einen Angeschuldigten, der trotz seiner praktisch erwiesenen oder sehr wahrscheinlichen Schuld von der Ahndung freigestellt wird, und der durch seine Zustimmung zu erkennen gegeben hat, daß er sich des Prozeßrisikos bewußt ist, auch noch durch Überbürdung seiner notwendigen Auslagen auf die Staatskasse zu begünstigen.

Aus der Unschuldsvermutung des Art. 6 II EMRK lassen sich Bedenken gegen diese Auffassung nicht herleiten (a. A. *Kühl,* JR 1978, 98).

Es unterliegt zunächst keinem Zweifel, daß die Kostenentscheidung als Rechtsfolge der Einstellung des Verfahrens ebensowenig eine Bestrafung enthält wie diese selbst (BGH, NJW 1975, 1829 [1831]; insoweit zustimmend *Kühl,* JR 1978, 97; vgl. auch den Beschl. des erkennenden *Senats* vom 5. 5. 1980 – 2 Ws 100/80). Daran ändert sich aber auch dann nichts, wenn die Kostenentscheidung auf die sehr wahrscheinliche oder nach Überzeugung des Gerichts bereits feststehende Schuld gegründet wird.

Über den sachlichen Gehalt der Unschuldsvermutung des Art. 6 II EMRK bestehen erhebliche Meinungsverschiedenheiten (vgl. z. B. einerseits *Sax,* in: Bettermann/Nipperdey/Scheuner, Grundrechte III, 2. Aufl. [1959], S. 983 ff., andererseits *Krauß,* in: Strafrechtsdogmatik und Kriminalpolitik, 1971, S. 153 ff.). Der Umstand, daß diese Vorschrift – abgesehen von dem gesicherten »Kernbestand« des Satzes *in dubio pro reo* (vgl. *Roxin,* Strafverfahrensrecht, 15. Aufl., S. 56) – so verschiedene Interpretationen zuläßt, ist kennzeichnend dafür, daß es sich hier nicht um eine tatbestandsmäßig genau ausgeformte und abgegrenzte Norm, sondern um einen allgemeinen Grundsatz handelt, zu dessen Konkretisierung im Randbereich seiner möglichen Geltung in erster Linie der Gesetzgeber berufen ist. In diesem Sinne ist es zu verstehen, wenn das BVerfG zunächst die Vereinbarkeit des § 467 II a.F. mit Art. 6 II EMRK bejaht hat (BVerfGE 22, 254 [265] = NJW 1967, 2151) und nach der Neufassung durch Art. 2 Nr. 25 EGOWiG 1968 die verfassungsmäßige Unbedenklichkeit der geänderten Vorschrift unter dem Gesichtspunkt der Unschuldsvermutung mit der Begründung bestätigt hat, daß der Gesetzgeber »verfassungsrechtlich jedenfalls nicht gehindert (sei), eine dem rechtsstaatlichen Prinzip der ›Unschuldsvermutung‹ tendenziell besser gerecht werdende Neuregelung einzuführen« (BVerfGE 25, 327 [331] = NJW 1969, 1163). Um so weiter ein zu regelnder Sachverhalt von dem »Kernbestand« der Unschuldsvermutung entfernt ist, um so mehr kommt bei der Normierung auch die Berücksichtigung anderer Gesichtspunkte in Betracht; der Gesetzgeber ist nicht gehindert, diesen Gesichtspunkten vor der reinen Durchführung des Prinzips der »Unschuldsvermutung« den Vorzug zu geben. Wenn § 467 I StPO in seiner heute geltenden Fassung ausnahmslos die Erstattung der notwendigen Auslagen des Angekl. bei Freispruch vorsieht, so zwingt dies (entgegen der Meinung von *Kühl,* JR 1978, 98) nicht dazu, sich auch im Rahmen der Auslagenentscheidung nach § 467 IV StPO aller Schulderwägungen zu enthalten. Dafür spricht vor allem, daß der Gesetzgeber selbst diese Konsequenz bei der Neuregelung des § 467 StPO nicht gezogen hat. Wenn auch § 467 IV StPO selbst bezüglich der Zulässigkeit von Schulderwägungen bei dem Ermessensgebrauch nichts besagt, so zeigt sich doch in anderen Vorschriften des gleichen Paragraphen, daß der Gesetzgeber sehr wohl Schulderwägungen im Rahmen der Auslagenentscheidung Raum geben wollte. Am deutlichsten wird dies in der Regelung des Absatz 3 Nr. 2, die dem Richter bei Vorliegen eines Verfahrenshindernisses gar keine Möglichkeit gibt, ohne Schulderwägungen zu entscheiden. Aber auch der gesetzliche Ausschluß der Auslagenüberbürdung in den Fällen des Absatz 5 beruht auf Erwägungen über die Schuldwahrscheinlichkeit. Der in § 153a StPO ebenso wie in § 153 StPO vorausgesetzte Tatverdacht wird hier durch die freiwillige Übernahme einer Sanktion in einer Weise bekräftigt, die es rechtfertigt, den Angeschuldigten – ohne daß weitere gerichtliche Feststellungen hinzutreten müßten – »wie einen Verurteilten zu behandeln, der keinen Anspruch auf Auslagenerstattung gegen die Staatskasse hat« (*Schäfer,* in: Löwe/Rosenberg, StPO, § 467 Rdn. 72; siehe auch § 471 Rdn. 48).

Sieht man § 467 IV StPO im Zusammenhang mit diesen Regelungen (die nach BVerfGE 25, 327 [330] = NJW 1969, 1163, unter dem Gesichtspunkt eines Verstoßes gegen das rechtsstaatliche Prinzip der »Unschuldsvermutung« verfassungsrechtlich nicht zu beanstanden sind) und der sich in ihnen ausdrückenden gesetzlichen Wertung, so läßt sich gegen die verbreitete gerichtliche Praxis, sich bei Entscheidungen im Zusammenhang mit der Einstellung nach § 153 II StPO in erster Linie an der Wahrscheinlichkeit der Verurteilung zu orientieren, nichts einwenden.

Dem Schutzbedürfnis des Angeschuldigten ist durch die Notwendigkeit seiner Zustimmung hinreichend Rechnung getragen. Mit der Erteilung seiner Zustimmung verzichtet der Angeschuldigte auf die Durchführung des Verfahrens und damit auf die Feststellung, daß er nach der Überzeugung des Gerichts die ihm vorgeworfene Tat nicht begangen hat oder daß das Gericht sich von seiner Täterschaft nicht hat überzeugen können. Dieser Verzicht rechtfertigt es, der Auslagenentscheidung die Beurteilung der Schuldwahrscheinlichkeit nach dem gegenwärtigen Verfahrensstand zugrunde zu legen...

Nr. 136 OVG Rheinland-Pfalz 29. 4. 1980 (VII A 60/79) AS 15, 418

Der 33jährige Kläger ist jugoslawischer Staatsangehöriger. Er zog in seinem 17. Lebensjahr zusammen mit seinen Eltern, die hier um politisches Asyl nachsuchten, in die Bundesrepublik. Auf seinen Einbürgerungsantrag vom 13. November 1973 erhielt er von dem beklagten Land eine Einbürgerungszusicherung für den Fall, daß er den Nachweis der Entlassung aus der jugoslawischen Staatsangehörigkeit erbringe. Nachdem sein entsprechender Antrag durch letztinstanzliches Urteil des Bundesgerichts in Belgrad mit der Begründung abgelehnt worden war, die Nichtableistung des Wehrdienstes durch den Kläger stelle nach den einschlägigen Bestimmungen des jugoslawischen Staatsangehörigkeitsrechts ein Entlassungshindernis dar, beschied der Beklagte seinen Einbürgerungsantrag abschlägig. Die dagegen erhobene Klage hatte im ersten Rechtszug Erfolg. Auf die Berufung des beklagten Landes wurde das Urteil des Verwaltungsgerichts abgeändert und die Klage abgewiesen.

§ 8 RuStAG liegt der Leitgedanke zugrunde, Ausländern und Staatenlosen die Aufnahme in den deutschen Staatsverband zu ermöglichen, wenn sie sich als Bürger in den deutschen Staat einfügen und dies auch mit den Grundsätzen des Völkerrechts zu vereinbaren ist. Dieser Gedanke, der keine Besonderheit des deutschen Staatsrechts darstellt, sondern auch der Rechtsordnung anderer Staaten entspricht (BVerwG, Urteil vom 14. Februar 1968, DÖV 1968, 357), folgt letztlich aus der Souveränität jedes Staates, der das Recht hat, nach seinem Ermessen die Bedingungen der Staatsangehörigkeit zu ihm zu regeln und darüber zu entscheiden, wen er in das mit der Staatsangehörigkeit verbundene besondere »Rechts- und Schutzverhältnis« (*Maunz,* Deutsches Staatsrecht, 19. Aufl., § 6 Anm. I 1) übernimmt (vgl. BVerfG, Beschluß vom 21. Mai 1952, BVerfGE 1, 322, 327, sowie *Stern,* Das Staatsrecht der Bundesrepublik Deutschland, Bd. I, 1977, S. 206). Die der Einbürgerungsbehörde zukommende Ermessensentscheidung erschöpft sich allerdings nicht in der Frage, ob der Bewerber sich nach seinen persönlichen Verhältnissen in die Bundesrepublik einfügt, sondern erstreckt sich auch darauf, ob seine Einbürgerung unabhängig von seiner Person nach allgemeinen politischen, wirtschaftlichen und kulturellen Gesichtspunkten erwünscht ist. Insoweit sind in erster Linie die Interessen des einbürgernden Staates maßgebend; eine Abwägung der Interessen des Einbürgerungsbewerbers mit denen des aufnehmenden Staates tritt von daher in den Hintergrund (vgl. BVerwG, a.a.O.).

Die – ohnehin nur im Rahmen des § 114 VwGO mögliche – Überprüfung der angefochtenen Bescheide nach diesen Grundsätzen läßt keinen Rechtsfehler erkennen.

Der Beklagte hat seine ablehnende Entscheidung im wesentlichen darauf gestützt, daß eine Einbürgerung des Klägers wegen der Weigerung des jugoslawischen Staates, ihn aus seiner alten Staatsangehörigkeit zu entlassen, zu einer sog. Doppelstaatigkeit führe und deshalb unterbleiben müsse. Dies ist rechtlich nicht zu beanstanden. In der völkerrechtlichen Literatur ist nahezu unbestritten, daß eine derartige Mehrstaatigkeit wenn schon nicht völkerrechtswidrig, so doch zumindest völkerrechtlich unerwünscht ist und sowohl im Interesse der Staaten wie auch der betroffenen Bürger nach Möglichkeit vermieden oder beseitigt werden sollte (BVerfG, DVBl. 1975, 784, 787; vgl. auch die Nachweise bei *Breunig,* Problematik der mehrfachen Staatsangehörigkeit, DVBl. 1975, 758). Denn mit der doppelten Staatsangehörigkeit sind sowohl für die beteiligten Staaten als auch die betroffenen Personen zahlreiche Nachteile verbunden, wie etwa die Gefahr einer mehrfachen Inanspruchnahme zur Ableistung der Militärpflicht, die Möglichkeiten der Besteuerung durch jeden der Heimatstaaten, die Unklarheit der Anknüpfung bei Anwendung des internationalen Privatrechts oder auch die Konkurrenz der beteiligten Staaten bei der Ausübung des diplomatischen Schutzes im Ausland. Aus diesem Grund gibt es eine Reihe internationaler Konventionen auf dem Gebiet der Staatsangehörigkeit, die diesen Gegenstand betreffen und die aus dem Besitz mehrerer Staatsangehörigkeiten erwachsenden Schwierigkeiten mildern wollen (vgl. z. B. das zwischen den Staaten des Europarats getroffene Übereinkommen über die Verringerung der Mehrstaatigkeit und über die Wehrpflicht von Mehrstaatlern – BGBl. 1969 II, S. 1953 und 2232). Selbst wenn sich möglicherweise noch der Standpunkt vertreten ließe, daß die oben aufgeführten Nachteile der mehrfachen Staatsangehörigkeit zumindest in der Gegenwart weniger schwerwiegend sind und daß Mehrstaatigkeit unter bestimmten Umständen für den Bürger sogar von Vorteil sein kann (vgl. BVerfG, a.a.O.), muß gleichwohl die einfache, einmalige Staatsangehörigkeit schon wegen ihrer Ordnungsfunktion für die personale Abgrenzung der Staaten der Grundsatz und Mehrstaatigkeit die Ausnahme bleiben (*Breunig,* a.a.O.).

Deshalb bezeichnen die vorliegend der Entscheidung des Beklagten zugrunde gelegten Richtlinien für die Verleihung der deutschen Staatsangehörigkeit durch Einbürgerung – Einbürgerungsrichtlinien – vom 9. Februar 1978 (Ministerialblatt der Landesregierung Rheinland-Pfalz, S. 66 ff.) zutreffend die durch die beantragte Einbürgerung entstehende Mehrstaatigkeit als ein Einbürgerungshindernis, von welchem nur dann eine Ausnahme gemacht werden kann, wenn vorrangige Gesichtspunkte dies erfordern und wenn die Versagung der Einbürgerung eine unzumutbare Härte darstellen würde. Abgesehen davon, daß derartige Gründe vorliegend nicht ersichtlich sind – insbesondere können sie nach den oben dargelegten Rechtsgrundsätzen nicht in den vom Kläger geschilderten Schwierigkeiten beim Betrieb seiner Reparaturwerkstatt erblickt werden –, könnte der Kläger sich hierauf nicht berufen, weil die Weigerung des jugoslawischen Staates, ihn aus dieser Staatsangehörigkeit zu entlassen, in seine Sphäre fällt, bzw., wie es in Ziff. 5.3.3 der Einbürgerungsrichtlinien heißt, von ihm zu vertreten ist.

Die entgegenstehende Auffassung des Klägers, die auch das erstinstanzliche Gericht zur Aufhebung der angefochtenen Bescheide veranlaßt hat, verkennt, daß der Begriff des »Vertretenmüssens« in den Einbürgerungsrichtlinien nicht im Sinne eines Verschuldens, d. h. einer subjektiven Vorwerfbarkeit verwandt wird, sondern daß es insoweit ausreicht, daß der Einbürgerungsbewerber »eintretende Schwierigkeiten in zurechenbarer Weise selbst verursacht hat, so wenn er beispielsweise seine – . . .dienstrechtlichen – Verpflichtungen gegenüber dem Heimatstaat verletzt hat« (Ziff. 5.3.3 Satz 2 Einbürgerungsrichtlinien). Diese Voraussetzungen sind in der Person des Klägers erfüllt. Denn seine gegenüber dem jugoslawischen Staat bestehende Wehrdienstpflicht ist jedenfalls nicht dadurch erloschen, daß er zusammen mit seinen Eltern in die Bundesrepublik gereist ist und hier seinen ständigen Aufenthalt genommen hat. Selbst wenn von dem Kläger heute nicht mehr erwartet werden kann, daß er nach Jugoslawien reist, um seiner Wehrpflicht nachzukommen, so ändert dies nichts daran, daß er kraft der Staatsangehörigkeit, die er mit seiner Geburt erworben hat, zur Erfüllung dieser – an die Staatsangehörigkeit geknüpften – Pflicht an sich gehalten ist. Damit fallen die Hinderungsgründe für die Einbürgerung in den deutschen Staatsverband in seine Verantwortungssphäre und berechtigen deshalb den Beklagten zu der Feststellung, der

Kläger habe sie im Sinne der Ziffern 5.3.3 Satz 2, 5.3.3.7 und 5.3.5 der Einbürgerungsrichtlinien »zu vertreten«.

Dem kann der Kläger nicht entgegenhalten, die Weigerung des jugoslawischen Staates, ihn aus der dortigen Staatsangehörigkeit zu entlassen, sei rechtsmißbräuchlich, was der Beklagte bei seiner Ermessensentscheidung zu berücksichtigen habe. Der Einbürgerungsbewerber hat nämlich, wie die Einbürgerungsrichtlinien ausdrücklich hervorheben, grundsätzlich die sich für ihn aus den Besonderheiten des Rechts seines Heimatstaates ergebenden Bindungen hinzunehmen, wenn der Entlassung aus der bisherigen Staatsangehörigkeit Hindernisse entgegenstehen. Ein gescheiterter Versuch einer Entlassung allein stellt noch keine Rechtfertigung dar, von dem Einbürgerungshindernis entstehender Mehrstaatigkeit abzusehen. Etwas anderes würde lediglich dann gelten, wenn der Heimatstaat die Entlassung durchweg verwehrt oder von unzumutbaren Bedingungen abhängig macht und die Verweigerung dadurch den Charakter des Willkürhaften erhielte (Richtlinien Ziff. 5.3.3.2). Davon kann indessen hier keine Rede sein.

Die Weigerung des jugoslawischen Staates, seine wehrpflichtigen Bürger, die sich ohne Genehmigung im Ausland aufhalten (vgl. die Begründung des Urteils des Bundesgerichts in Belgrad vom 7. September 1977), aus der jugoslawischen Staatsangehörigkeit zu entlassen, entspricht nämlich internationalen rechtlichen Gepflogenheiten. Dies geht schon daraus hervor, daß es entsprechende Bestimmungen auch nach deutschem Recht gibt. Gemäß § 43 Abs. 1 Satz 2 des Wehrpflichtgesetzes – WPflG – bleibt nämlich die Wehrpflicht von Personen, die ohne die nach § 3 Abs. 2 WPflG erforderliche Genehmigung ihren ständigen Aufenthalt in die Bundesrepublik verlegen, bestehen, und insofern gilt das in § 22 Abs. 1 Nr. 2 RuStAG normierte Entlassungshindernis, welches allerdings nach freiem Ermessen der zuständigen Stelle beseitigt werden kann (vgl. *Makarov,* Deutsches Staatsangehörigkeitsrecht, 2. Aufl., Anm. II A 2 b BB, S. 114). Wenn der jugoslawische Staat, aus welchen Gründen auch immer, seine auf entsprechenden Rechtsvorschriften beruhende Entscheidung zum Nachteil des Klägers getroffen hat, dann kann hierin jedenfalls kein Willkürakt erblickt werden.

Der Beklagte weist in diesem Zusammenhang ferner auch zu Recht darauf hin, daß die Entscheidung über die Entlassung eines Bürgers aus der eigenen Staatsangehörigkeit und die Einbürgerung in einen anderen Staat die Personalhoheit des Heimatstaates berührt und daß es auch unter außenpolitischen Gesichtspunkten nicht opportun ist, durch eine Einbürgerung des Antragstellers unter Hinnahme der Mehrstaatigkeit diese Personalhoheit des anderen Staates zu unterlaufen. Es kann keinem Zweifel unterliegen, daß derartige außenpolitische Erwägungen bei der Ermessensentscheidung nach § 8 RuStAG legitim sind (vgl. BVerwG, Urteil vom 14. Februar 1968, a.a.O.; HessVGH, ESVGH 26, S. 183), zumal gerade das Staatsangehörigkeitsrecht naturgemäß eng mit dem Völkerrecht, d. h. mit den außenrechtlichen Beziehungen der Staaten zueinander, verknüpft ist.

Abgesehen hiervon kann die vom Kläger in der mündlichen Verhandlung im einzelnen dargelegte Situation aber auch schon deshalb nicht zu einer Ausnahme von dem grundsätzlichen Einbürgerungshindernis entstehender Mehrstaatigkeit führen, weil die Einbürgerungsrichtlinien für derartige Fälle eine ausdrückliche Regelung enthalten und die Ermessensausübung des Beklagten deshalb entsprechend binden (vgl. HessVGH, a.a.O., S. 183). Unter der Ziff. 5.3.3.6 ist nämlich bestimmt, daß dann, wenn die Entlassung aus der bisherigen Staatsangehörigkeit von der Leistung des Wehrdienstes abhängig ist, eine Einbürgerung trotz eintretender Mehrstaatigkeit ausnahmsweise möglich ist, wenn der Einbürgerungsbewerber den überwiegenden Teil seiner Schulausbildung in deutschen Schulen erhalten hat und er so bereits in jungen Jahren durch die Schulpflicht in deutsche Lebensverhältnisse und in das wehrpflichtige Alter hineingewachsen ist. Dies bedeutet aber andererseits, daß in Fällen, in denen diese Voraussetzungen nicht gegeben sind, weil der Bewerber seine Schulbildung im Ausland erhalten hat und er erst später in die Bundesrepublik eingereist ist, eine Ausnahme von dem grundsätzlichen Einbürgerungshindernis der Doppelstaatigkeit nicht gemacht werden darf.

Nr. 137 BayObLG 27. 5. 1980 (B Reg 4/St 120/80) BayObLGSt 1980, 38

Der Angeklagte ist rumänischer Staatsangehöriger. Nachdem verschiedene Ausreiseanträge erfolglos geblieben waren, beschloß er, in die Bundesrepublik einzureisen und sich nach Würzburg zu seiner dort lebenden Mutter zu begeben. Nach einem Fußmarsch durch Rumänien und nachdem er Jugoslawien passiert hatte, wechselte er über die Grenze nach Österreich und gelangte, nachdem er Österreich in einem Tag per Autostop durchquert hatte, an die deutsche Grenze beim Übergang Schwarzbach-Autobahn. Nachdem er dort am 16. 8. 1977 unkontrolliert die Grenze überschritten hatte, reiste er sofort nach Würzburg weiter, wo er am Abend des gleichen Tages eintraf. Bereits am folgenden Tag meldete er sich als Asylbewerber bei der Ausländerbehörde in Würzburg, wo er zunächst zum Durchgangslager für Aussiedler nach Nürnberg und von dort an die Grenzpolizeiinspektion Bad Reichenhall verwiesen wurde. Dort wurde er am 19. 8. 1977 vorläufig festgenommen und anschließend bis 24. 8. 1977 in Untersuchungshaft genommen. Mit unanfechtbarem Bescheid des Bundesamts für die Anerkennung ausländischer Flüchtlinge vom 2. 2. 1978 wurde der Angeklagte als Asylberechtigter im Sinne von § 28 AuslG anerkannt.

Beide Vorinstanzen haben den Angeklagten wegen zweier rechtlich zusammentreffender Vergehen nach § 47 Abs. 1 Nr. 1 (Einreise ohne die erforderliche Aufenthaltserlaubnis) und § 47 Abs. 1 Nr. 2 AuslG (Aufenthalt ohne die erforderliche Aufenthaltserlaubnis) verurteilt. Die Revision des Angeklagten führte zur Freisprechung.

Einreise und Aufenthalt des Angeklagten in der Bundesrepublik sind straffrei, da der Strafausschließungsgrund des Art. 31 Abs. 1 des Abkommens über die Rechtsstellung der Flüchtlinge vom 28. 7. 1951 (BGBl. 1953 II, S. 559) – im folgenden: Genfer Konvention – eingreift.

Das Landgericht, das die Voraussetzungen des Strafausschließungsgrundes eingehend geprüft hat, ist zu der Auffassung gelangt, daß Straffreiheit trotz Gegebenseins der übrigen Voraussetzungen daran scheitere, daß der Angeklagte weder unmittelbar aus einem Verfolgerland eingereist sei noch sich unverzüglich bei einer deutschen Behörde gemeldet habe. Es führt aus, daß von einer unmittelbaren Einreise schon deshalb nicht gesprochen werden könne, weil sich der Angeklagte vor seiner Einreise in die Bundesrepublik bereits »während eines Tages in Österreich aufgehalten hat«, wenngleich er auch von vornherein die Absicht gehabt habe, Österreich nur als Durchgangsland zu benutzen, um zu seiner in Würzburg lebenden Mutter zu gelangen. Eine unverzügliche Meldung sei nicht erfolgt, weil sich der Angeklagte nicht sogleich nach erfolgter Einreise bei der Grenzpolizei Schwarzbach-Autobahn oder dem Landratsamt Berchtesgadener Land, der grenznächsten Ausländerbehörde, gemeldet habe, sondern erst nach Würzburg weitergereist sei. Bis zur Meldung bei der Ausländerbehörde in Würzburg seien bereits ca. 24 Stunden vergangen gewesen, während deren sich der Angeklagte ohne Erlaubnis in der Bundesrepublik aufgehalten habe.

Diese Ausführungen begegnen durchgreifenden rechtlichen Bedenken.

Der Senat hat sich bereits in seinem Beschluß vom 20. 11. 1979 (BReg. 4/St 143/79) mit den hier allein noch entscheidungserheblichen Rechtsfragen befaßt und hierzu im wesentlichen ausgeführt:

Die Frage, ob der Flüchtling unmittelbar aus einem Verfolgerland einreist, ist in aller Regel auch dann zu bejahen, wenn er zwar direkt aus einem freien Drittland einreist, dieses aber nur als Durchgangsland berührt hat und kein schuldhaft verzögerter Aufenthalt vorliegt (vgl. BayVGH vom 3. 12. 1964 – Nr. 288 VIII 64; *Kanein,* AuslG – 1966 – Art. 31 GK Anm. 3). Hat der Ausländer die Flucht, wenn auch nur zum vorübergehenden Aufenthalt, in einem Drittland unterbrochen, sich dort also nicht nur zur Durchreise aufgehalten, so ist er gehalten, um seine Zulassung zur Einreise und zum Aufenthalt im Bundesgebiet auf gesetzlichem Wege nachzusuchen (Aufenthaltserlaubnis in der Form des Sichtvermerks, gültiger Reiseausweis).

Eine weitere Voraussetzung für die Straffreiheit von Ausländern, die vorschriftswidrig in den Geltungsbereich des Ausländergesetzes eingereist sind und die Anerkennung als Flüchtling im Sinne der Genfer Konvention erstreben, ist die rechtzeitige Erfüllung der Meldepflicht, die auch durch § 38 Abs. 1 AuslG vorgeschrieben ist. Im Gegensatz aber zu § 38 Abs. 1 AuslG, nach dem die Meldung entweder bei der mit der Grenzsicherung beauftragten Behörde oder bei der nächsten Ausländerbehörde zu erfolgen hat, genügt für den Strafausschließungsgrund nach Art. 31 Genfer Konvention, wie der Wortlaut ergibt, die Meldung bei jeder anderen Behörde im Geltungsbereich des Ausländergesetzes, sofern sie nur unverzüglich ist (vgl. *Kanein,* a.a.O.). Die Meldung ist unverzüglich, wenn sie ohne schuldhaftes Zögern erfolgt (vgl. Allgemeine Vorschrift zur Ausführung des Ausländergesetzes vom 7. 7. 1967 i.d.F. der Bekanntmachung vom 10. 5. 1977, GMBl., S. 202, geändert durch VwV vom 7. 7. 1978, GMBl., S. 368, zu § 38 Nr. 1; *Kanein,* a.a.O. Anm. 2).

Unter Beachtung der dargelegten Rechtsgrundsätze durfte dem Angeklagten, dessen Anerkennung als ausländischer Flüchtling auch für die Strafgerichte verbindlich ist (§ 45 AuslG), Straffreiheit nicht versagt werden. Er hat Österreich nach den Feststellungen des Landgerichts nur als Durchgangsland benutzt und dort nicht etwa seine Flucht zu vorübergehendem Aufenthalt unterbrochen. Das Ziel seiner Reise, nämlich Würzburg, stand von Anfang an fest und ist auch während der Reise nicht aufgegeben worden. Ein schuldhaft verzögerter Aufenthalt in Österreich lag nicht vor. Dabei kann dahinstehen, ob sich der Angeklagte – die Feststellungen sind insoweit nicht eindeutig – zusätzlich zu dem Tag, den er zur Durchquerung Österreichs benötigte, auch noch einen weiteren Tag vor der deutschen Grenze aufgehalten hat. In jedem Falle kam er noch »unmittelbar« aus einem Gebiet, in dem ihm, wenn dort schon sein Fluchtversuch entdeckt worden wäre, Freiheitsstrafe drohte. Aus den dargelegten Gründen hätte aber auch die Rechtzeitigkeit der Meldung des Angeklagten, die unter Angabe der zum Asyl berechtigenden Gründe erfolgt ist, nicht verneint werden dürfen. Abgesehen davon, daß hierzu die Meldung bei der – wenn auch nicht grenznächsten – Ausländerbehörde in Würzburg – 24 Stunden nach der Einreise – genügte, war sogar noch die zwei Tage später erfolgte Meldung bei der Grenzpolizeiinspektion Bad Reichenhall, an die der Angeklagte amtlicherseits verwiesen wurde, unter den gegebenen Umständen noch

»unverzüglich«, weil nicht schuldhaft verzögert. Darauf hat die Revision zutreffend hingewiesen.

Nr. 138 KG 28. 5. 1980 (18 UF 1332/80) FamRZ 1980, 821

Die Eltern der am 30. 6. 1966 geborenen Heike begehren das gemeinsame elterliche [elterl.] Sorgerecht für das Kind. Die Ehe der Eltern ist am 28. 11. 1967 auf Klage und Widerklage aus beiderseitiger Schuld geschieden worden. In einem anläßlich der Scheidung geschlossenen Vergleich beantragten die Eltern, daß die Mutter die elterl. Gewalt erhalten solle. Dies geschah, wie beide Eltern übereinstimmend erklärten, weil sie damals an die Möglichkeit, gemeinsam die elterl. Gewalt auszuüben, noch nicht dachten. Zum einen sei das Kind damals erst zwei Jahre alt gewesen, so daß es zu diesem Zeitpunkt eher in die Obhut der Mutter gehörte; zum anderen sei ihnen nicht bekannt gewesen, daß das Gesetz die Übertragung auf beide Elternteile gestattete.

Entsprechend dem Antrag der Eltern übertrug das Vormundschaftsgericht [VormG] durch Beschluß vom 12. 9. 1968 die elterl. Gewalt der Mutter.

Trotz der Scheidung hielten die Eltern ständig Kontakt zueinander und waren regelmäßig mit dem Kind zusammen und erzogen es gemeinsam. Die Sorge für die Pflege, Erziehung und Betreuung des Kindes verbindet die Eltern bis zum heutigen Tag. Heike befand sich immer wechselseitig beim Vater und bei der Mutter. Beide stimmten die Erziehung aufeinander ab. Daran änderte sich auch nichts, als der Vater 1970 seine zweite Ehefrau kennenlernte, die er 1974 heiratete. Die zweite Ehefrau – sie ist Lehrerin – wurde ohne Schwierigkeiten von Heike akzeptiert. Die enge emotionale Bindung zu beiden Eltern erlitt keine Einbuße. Vater und Mutter sind sich nach wie vor in der Erziehung völlig einig. Es besteht ein harmonisches, vertrautes Verhältnis zwischen Eltern und Kind. Die das Kind berührenden Fragen werden mit Heike gemeinsam besprochen; die wachsende Selbständigkeit des Kindes wird angemessen gefördert ...

Das FamG hat durch einen Beschluß ohne Datum, der den Eltern am 27. 2. 1980 zugestellt worden ist, die Anträge der Eltern, ihnen das gemeinsame Sorgerecht zu übertragen, abgelehnt, weil dies nach der gesetzlichen Neuregelung des § 1671 IV BGB unzulässig sei. Abgesehen davon sei eine Änderung der 1968 getroffenen Sorgerechtsregelung gemäß § 1696 BGB nur möglich, wenn dies im Interesse des Kindes angezeigt sei. Triftige, das Kindeswohl beeinträchtigende Gründe lägen aber nicht vor, da der Vater die Interessen des Kindes – insbesondere in der Schule – auch mittels Vollmacht der Mutter ausreichend wahrnehmen könne. Da er eine entsprechende Vollmacht habe, sei schon sein Rechtsschutzinteresse zweifelhaft. Im Interesse der Rechtssicherheit müsse bei geschiedenen [gesch.] Eltern das Sorgerecht auf einen Elternteil beschränkt sein, da sonst Zweifel an der Wirksamkeit der nur mit einem Elternteil geschlossenen Verträge aufkommen könnten. Schließlich ergebe sich auch aus § 1672 BGB die Notwendigkeit, daß nur ein Elternteil allein sorgeberechtigt sein könne. Denn wenn dies schon bei dauerndem Getrenntleben der Ehegatten erforderlich sei, müsse es erst recht gelten für die Zeit nach der Scheidung.

Die von den Eltern hiergegen eingelegte Beschwerde ist am 21. 3. 1980 beim KG eingegangen.

Der Senat hat im Anhörungstermin vom 28. 5. 1980 die Eltern, die zweite Ehefrau des Vaters, den Vertreter des Jugendamtes W. und Heike gehört. Heike hat erklärt, daß beide Eltern das Sorgerecht für sie haben sollten.

Die Beschwerde ist zulässig, insbesondere form- und fristgerecht eingelegt und begründet worden (§ 621 I Nr. 1 i. V. m. §§ 621 e I, III, 516, 519 I, II ZPO; § 20 I FGG). Die Beschwerde hat auch Erfolg.

Entsprechend dem übereinstimmenden Vorschlag der Eltern war unter Abänderung der 1968 ergangenen Regelung über die elterl. Gewalt auszusprechen, daß beiden Eltern die elterl. Sorge für Heike gemeinsam zusteht. Nach § 1696 I BGB können VormG und FamG »während der Dauer der elterl. Sorge ihre Anordnungen jederzeit ändern, wenn sie dies im Interesse des Kindes für angezeigt halten«. Nach ständiger Rechtsprechung rechtfertigen allerdings nur triftige, das Kindeswohl nachhaltig berührende Gründe eine Änderung der einmal getroffenen Regelung (KG, FamRZ 1959, 253; BayObLG, FamRZ 1974, 318). Solche Gründe liegen hier vor. Denn die Eltern sind übereinstimmend von ihrer anläßlich der Scheidung getroffenen Vereinbarung abgerückt und wünschen nunmehr zur Anpassung an die tatsächlichen Verhältnisse die Zuweisung der elterl. Sorge an beide Eltern. Die begehrte Entscheidung ist rechtlich auch möglich.

Allerdings hat der Gesetzgeber in dem am 1. 1. 1980 in Kraft getretenen Gesetz zur Neuregelung des Rechts der elterl. Sorge vom 18. 7. 1979 (BGBl. I, 1061) bestimmt (§ 1671 IV BGB), daß die elterl. Sorge unteilbar ist und einem Elternteil allein übertragen werden muß; nur eine Abspaltung der Vermögenssorge ist zulässig (Satz 2, a.a.O.). Diese vom Land Berlin übernommene gesetzliche Regelung verstößt nach der Überzeugung des Senats gegen das Grundgesetz und kann daher keine Anwendung finden.

Der Senat hat in eigener Zuständigkeit zu prüfen, ob § 1671 IV BGB verfassungswidrig ist.

Das »Gesetz zur Neuregelung des Rechts der elterl. Sorge« vom 18. 7. 1979 (BGBl. I, 1061) ist durch Übernahmegesetz vom 31. 7. 1979 (GVBl., S. 1290) vom Abgeordnetenhaus von Berlin durch die sog. Mantelgesetzgebung für Berlin übernommen worden. Gemäß Art. 87 II der Verfassung von Berlin kann das Abgeordnetenhaus durch Gesetz feststellen, daß ein Gesetz der Bundesrepublik Deutschland unverändert auch in Berlin Anwendung findet.

Durch Anordnung der Alliierten Kommandantur Berlin vom 29. 8. 1950 – BK/O (50) 75 – (abgedruckt als Dokument Nr. 121 in »Dokumente zur Berlinfrage 1944 bis 1966«, herausgegeben vom Forschungsinstitut der Deutschen Gesellschaft für Auswärtige Politik, 3. Aufl., München 1967, im folgenden zitiert »Berlin-Dokumente«) war klargestellt worden (unter Ziffer 2 *lit.* c), daß Bundesgesetze in Berlin erst Anwendung finden, wenn sie vom Abgeordnetenhaus als Berliner Gesetze verabschiedet worden sind. Das kann durch ein sog. Mantelgesetz geschehen; vgl. BK/O (51) 56 vom 8. 10. 1951 (Berlin-Dokumente Nr. 131), und zwar auch – wie im vorliegenden Fall bei Übernahme des Sorgerechts-ÄndG – zusammen mit mehreren anderen Gesetzen in einem einheitlichen Mantelgesetz; vgl. BK/L (52) 19 vom 23. 2. 1952 (Berlin-Dokumente Nr. 133). Nach § 13 I des in Berlin übernommenen Gesetzes über die Stellung des Landes Berlin im Finanzsystem des Bundes vom 4. 1. 1952 (3. Überleitungsgesetz, BGBl. I, S. 1, GVBl., S. 393) sind alle Bundesgesetze, deren Geltung für Berlin durch eine sog. Berlinklausel ausdrücklich vorgesehen ist – das Sorgerechts-ÄndG gehört dazu –, innerhalb eines Monats gemäß Art. 87 II der Verfassung von Berlin in Kraft zu setzen.

Das alles ist geschehen. Die Alliierte Kommandantur hat gegen die Übernahme des Sorgerechts-ÄndG in Berlin keine Einwendungen erhoben – BK/O (79) 10 vom 31. 7. 1979, GVBl., S. 1410 – und lediglich angeordnet, daß Art. 3 des Kontrollratsgesetzes Nr. 16 – Eherecht – vom 20. 2. 1946 in Berlin außer Wirkung gesetzt wird.

Nach Art. 64 der Verfassung von Berlin sind die Richter an ordnungsgemäß zustande gekommene Gesetze gebunden. Art. 64 hatte in seiner früheren Fassung noch einen Abs. II: »Die Gerichte sind nicht befugt, Gesetze und Verordnungen, die das Abgeordnetenhaus beschlossen hat, auf ihre Verfassungsmäßigkeit zu prüfen«. Das widersprach dem schon von der Rechtsprechung des Reichsgerichts anerkannten (vgl. KG, NJW 1966, 598) und auch dem Art. 100 GG zugrunde liegenden Grundsatz, daß die Gerichte Gesetze und Verordnungen auf ihre Vereinbarkeit mit Vorschriften höheren Geltungsrangs zu prüfen haben, bevor sie sie anwenden. In der Erkenntnis, daß Art. 64 II der Berliner Verfassung insoweit grundgesetzwidrig ist, wurde er durch das 17. ÄndGVvB vom 22. 11. 1974 (GVBl., S. 2741) aufgehoben.

Prüfungsrecht und Prüfungspflicht des Richters modifizieren auch den Art. 64 der Verfassung von Berlin in der jetzt geltenden Fassung. Die Bindung des Richters in seinen Entscheidungen an das materielle Recht hat seine Grenze dort, wo der Richter zur Überzeugung gelangt, daß das anzuwendende Recht gegen höherrangige Rechtsnormen, insbesondere Verfassungsrecht verstößt (*Pfennig/Neumann,* Kommentar zur Verfassung von Berlin, 1978, Rz. 4 zu Art. 64).

Das in Berlin geltende Verfassungsrecht ist nicht *nur* die Verfassung von Berlin. Auch der Grundrechtsteil des Bonner Grundgesetzes gilt in Berlin (BVerfGE 1, 70; BGHZ 20, 112 ff., 114; *Maunz,* Deutsches Staatsrecht, 22. Aufl. 1978, § 47 II). Entgegenstehende alliierte Vorbehalte bestehen insoweit nicht (BVerfG, a.a.O.). Das bedeutet, daß Art. 6 II GG, der das Grundrecht der Erziehung und Pflege der Kinder garantiert, für Berlin bindend ist.

Widerspricht ein nach Berlin übernommenes Bundesgesetz dem Grundgesetz, soweit es in Berlin anwendbar ist, so hat der Berliner Richter, für dessen Entscheidung es erheblich ist, die sog. Verwerfungskompetenz. Zwar bestimmt Art. 100 I GG, daß das Gericht das Verfahren auszusetzen hat, wenn es ein Gesetz für verfassungswidrig hält, und diese Frage dem BVerfG zur Entscheidung vorzulegen hat. Der das Verwerfungsmonopol des BVerfG normierende Art. 100 GG gilt aber nicht in Berlin. Das beruht auf dem sog. »govern«-Vorbehalt in Nr. 4 des Genehmigungsschreibens der Alliierten Militärgouverneure vom 12. 5. 1949 zum Bonner Grundgesetz (Berlin-Dokumente Nr. 94), der besagt, daß Berlin »auch nicht durch den Bund regiert werden wird« (»nor be governed by the Federation«). Dieser »govern«-Vorbehalt umfaßt nach einhelliger Meinung alle drei Staatsfunktionen, also auch die Tätigkeit der Gerichte (BVerfGE 7, 1, Leitsatz Nr. 3; *Pfennig/Neumann,* Kommentar zur Verfassung von Berlin, Rz. 37 zu Art. 1; *Hauck,* Das richterliche Prüfungsrecht in Berlin, Berlin 1969, S. 62 ff.). Dieses strenge Verbot ist zwar durch ausdrückliche oder stillschweigende Zulassung von Ausnahmen der ehemaligen Besatzungsmächte häufiger durchbrochen worden (vgl. *Knoll,* JR 1963, 361). Das gilt aber nicht für das Verwerfungsmonopol des BVerfG, so daß Art. 100 I GG wegen des »govern«-Vorbehalts in Berlin keine Anwendung findet. Aus dem gleichen Grunde ist das Gesetz über das BVerfG trotz Berlin-Klausel nicht in Berlin übernommen worden (vgl. *Zivier,* Der Rechtsstatus des Landes Berlin, Berlin-Verlag, 3. Aufl. 1977, S. 98). Die Ablehnung der Alliierten Kommandantur wurde in der BK/O (52) 35 vom 20. 12. 1952 (Berlin-Dokumente

Nr. 97) unter Nr. 2 und 4 damit begründet, daß die Bestimmungen des Gesetzes über das BVerfG eng mit denen des Grundgesetzes verknüpft seien und das BVerfG als eines der Organe betrachtet werde, in dem die oberste Regierungsgewalt in der Bundesrepublik verankert sei. Würde die vorgesehene Ausdehnung der Zuständigkeit dieses Gerichts auf Berlin angenommen, so wäre dies gleichbedeutend mit einer Verletzung des sog. »govern«-Vorbehalts.

Daraus folgt, daß in Berlin die Gerichte nicht nur befugt sind, nachkonstitutionelles Bundesrecht auf seine Vereinbarkeit mit verfassungsrechtlichen Normen zu überprüfen, sondern daß sie auch bei Unvereinbarkeit mit der höherrangigen Norm die als verfassungswidrig erkannte Vorschrift im konkreten Einzelfall nicht anwenden dürfen...

Nr. 139 **BSG 24. 6. 1980 (1 RA 83/79) RzW 1981, 56**

Die Beteiligten streiten um die Höhe des dem Kl. bewilligten Altersruhegeldes und speziell darum, ob die für die Anrechnung einer Ausfallzeit erforderliche Halbbelegung ausschließlich mit israelischen Pflichtbeiträgen hergestellt werden kann.

Der 1911 geborene Kl. ist rassisch Verfolgter i. S. des § 1 BEG. Er besuchte bis zum Bestehen der Reifeprüfung am 4. 3. 1931 das Gymnasium Tauberbischofsheim. Heute lebt er als israelischer Staatsangehöriger in Israel. Dort entrichtete er in der Zeit vom 1. 4. 1954 bis zum 31. 8. 1976 aufgrund abhängiger Beschäftigung für 269 Monate Pflichtbeiträge zur Israelischen Nationalversicherung.

Aufgrund des § 10 II des Gesetzes zur Regelung der Wiedergutmachung nationalsozialistischen Unrechts in der Sozialversicherung (WGSVG) i. d. F. des Achtzehnten Rentenanpassungsgesetzes (18. RAG) vom 28. 4. 1975 (BGBl. I, S. 1018) sowie aufgrund des Art. 2 § 49 a II des Angestelltenversicherungs-Neuregelungsgesetzes (AnVNG) i. d. F. des Rentenreformgesetzes (RRG) vom 16. 10. 1972 (BGBl. I, S. 1965) entrichtete er für die Zeiträume vom 1. 4. 1933 bis 31. 5. 1945 und vom 1. 1. 1969 bis 31. 12. 1973 Beiträge zur deutschen gesetzlichen Rentenversicherung nach.

Auf seinen Antrag bewilligte ihm die Bekl. durch Bescheid vom 12. 12. 1976 für die Zeit ab 1. 12. 1976 Altersruhegeld wegen Vollendung des 65. Lebensjahres. Der Berechnung der Leistung legte sie lediglich die mit nachentrichteten Beiträgen belegten Zeiten zugrunde. Den Widerspruch, mit welchem der Kl. die Anrechnung seiner Schulausbildung nach Vollendung des 16. Lebensjahres als Ausfallzeit begehrte, leitete sie gemäß § 85 IV des Sozialgerichtsgesetzes (SGG) dem Sozialgericht (SG) Berlin als Klage zu.

Das SG hat die Klage abgewiesen. Auf die Berufung des Kl. hat das Landessozialgericht (LSG) Berlin das Urteil des SG aufgehoben und die Bekl. unter Abänderung des Bescheides vom 22. 12. 1976 verurteilt, die Zeit vom 16. 11. 1927 bis 4. 3. 1931 bei der Rentenabrechnung als anrechenbare Ausfallzeit zu berücksichtigen ...

Die durch Zulassung statthafte Revision der Bkl. ist zulässig, aber nicht begründet.

Der Kl. hat einen Anspruch auf die Berücksichtigung seiner nach Vollendung des 16. Lebensjahres liegenden Schulausbildung als Ausfallzeit bei der Feststellung des ihm bewilligten Altersruhegeldes.

Rechtsgrundlage für das Begehren des Kl. ist § 36 I 1 Nr. 4 Buchst. b) AVG i. d. F. des RRG. Danach sind Ausfallzeiten bis zu einer bestimmten Höchstdauer u. a. Zeiten einer nach Vollendung des 16. Lebensjahres liegenden weiteren Schulausbildung. Die Zeit der Schulausbildung des Kl. vom 16. 11. 1927 bis 4. 3. 1931 ist eine solche Ausfallzeit. Das ist unter den Beteiligten nicht streitig. Umstritten ist allein, ob die Voraussetzungen des § 36 III 1 AVG für die rentensteigernde Berücksichtigung der Ausfallzeit erfüllt sind. Nach dieser Vorschrift werden die Ausfallzeiten nach § 36 I AVG nur dann angerechnet, wenn die Zeit vom Kalendermonat des Eintritts in die Versicherung bis zum Kalendermonat, in dem der Versicherungsfall eingetreten ist, mindestens zur Hälfte, jedoch nicht unter sechzig Monaten, mit Beiträgen für eine rentenversicherungspflichtige Beschäftigung oder Tätigkeit belegt ist; hierbei werden der Kalendermonat des Eintritts in die Versicherung und der Kalendermonat, in dem der Versicherungsfall eingetreten ist, nicht mitgezählt, jedoch die hierfür entrichteten Pflichtbeiträge.

Pflichtbeiträge zur gesetzlichen Rentenversicherung der Bundesrepublik Deutschland hat der Kl. nicht entrichtet. Die gemäß Art. 2 § 49 a II AnVNG nachentrichteten Beiträge sind freiwillige Beiträge. Für die nach § 10a Abs. 2 WGSVG nachentrichteten Beiträge gilt dasselbe. Die Fiktion des § 10 I 3 WGSVG, wonach bestimmte nachentrichtete Beiträge als rechtzeitig entrichtete Pflichtbeiträge gelten, ist für die gemäß § 10a WGSVG nachentrichteten Beiträge nicht anwendbar (§ 10a IV WGSVG; vgl. auch BSG, SozR 2200 § 1251 Nr. 62, S. 159).

Der Kl. hat jedoch Pflichtbeiträge zur Israelischen Nationalversicherung entrichtet. Diese sind bei der Feststellung des Altersruhegeldes im Rahmen des § 36 III 1 AVG zu berücksichtigen. Dies ergibt sich aus Art. 22 Nr. 3 Deutsch-Israelisches Sozialversicherungs-Abkommen (DISVA). Er bestimmt:

»Für die Anrechnung von Ausfallzeiten, die nicht pauschal gewährt werden, und für die Hinzurechnung einer Zurechnungszeit stehen den nach deutschen Rechtsvorschriften zu berücksichtigenden Pflichtbeiträgen die nach den israelischen Rechtsvorschriften zu berücksichtigenden Pflichtbeiträge gleich«.

Die Anwendung des Art. 22 Nr. 3 DISVA bei der Feststellung einer Rente aus der gesetzlichen Rentenversicherung der Bundesrepublik Deutschland setzt entgegen der Ansicht der Bekl. (ebenso *Klitscher/Säuberlich/Költzsch,* Sozialversicherungsabkommen Deutschland-Israel, herausgegeben im Auftag der Bundesversicherungsanstalt für Angestellte, 1976, S. 49f. und 150f.; *Säuberlich/Költzsch,* DAngVers. 1976, 181, 187; *Baumeister/Schroeter,* RVO-Gesamtkommentar, Internationales Sozialversicherungsrecht, Deutschland-Israel, Stand Juni 1978, Art. 22 DISVA, Anm. 6, S. 44) nicht voraus, daß mindestens ein Pflichtbeitrag zur gesetzlichen Rentenversicherung der Bundesrepublik Deutschland entrichtet worden ist (dies wird ebenfalls nicht gefordert vom Verband Deutscher Rentenversicherungsträger – VDR –, Rundschreiben vom 7. 5. 1975 in Mitt. der LVA Berlin 1975, 211, 214, Ziff. 3.10.4; *Schieffer/Martin,* Amtl. Mitt. der LVA Rheinprovinz 1975, 279, 287, Ziffer 8.2.2 a); Übersicht in Amtliche Mitteilung der LVA Rheinprovinz 1075, 336, 338, Ziff. 4 c); *Kania,* DRV 1975, 358, 362, Ziff. 2.7; *Schwarz,* RzW 1976, 161, 163; *Zielke/Reinhard,* DAngVers. 1977, 193, 199f., Ziff. 3.1.1).

Das hat im Ergebnis zutreffend auch das LSG erkannt. Die hierfür gegebene Begründung begegnet allerdings teilweise Bedenken. Das gilt insbesondere insoweit, als das BerGer. seine Auslegung des Art. 22 Nr. 3 DISVA maßgebend auf die »innerstaatliche Rechtslage« gestützt hat. Es hat hierbei außer Betracht gelassen, daß Bestimmungen eines zwischenstaatlichen Abkommens als Sonderrecht den innerstaatlichen Rechtsvorschriften im Range vorgehen (vgl. BSGE 23, 74, 75; *Schieffer/Martin,* a.a.O., S. 283, Ziff. 4; *Säuberlich/Költzsch,* a.a.O., S. 182, Ziff. 2.1) und somit ihren sachlichen

Gehalt nicht oder nur unter eingeschränkten Voraussetzungen aus dem innerstaatlichen Recht beziehen können. Demzufolge ist nach st. Rspr. des BSG bei der Auslegung völkerrechtlicher Verträge, insbesondere zwischenstaatlicher Sozialversicherungsabkommen, in erster Linie von dem Wortlaut des Vertragstextes auszugehen. Diesem kommt bei der Auslegung im allgemeinen größere Bedeutung zu als dem Wortlaut des Gesetzes bei der Auslegung innerstaatlichen Rechts. Damit sind die Grenzen der Auslegung eng gezogen. Das schließt allerdings die Heranziehung anderer Auslegungskriterien neben dem Vertragstext nicht aus. Mit der gebotenen Zurückhaltung können vielmehr auch andere Auslegungsmethoden als eine reine Wortinterpretation angewendet werden. So ist für die Auslegung neben dem Wortlaut des Abkommens auch der Wille der Vertragsparteien zu berücksichtigen, wie er sich aus Entstehung, Inhalt und Zweck des Vertrages und der auszulegenden Einzelbestimmung ergibt. Auch ist die Auffassung des beim Zustandekommen eines Abkommens beteiligten Fachministers wegen dessen Kenntnis der Zusammenhänge und der mit dem Abkommen verbundenen Vorstellungen beider Vertragsteile von nicht geringer Bedeutung (vgl. zu alledem BSGE 36, 125, 126 = SozR Nr. 16 zu § 1303 RVO; BSGE 39, 284, 287 = SozR 2200 § 1303 Nr. 3 S. 8; BSG, SozR 1500 § 160 Nr. 17 S. 14; 2200 § 1233 Nr. 7 S. 4; 6805 Art. 22 Nr. 3 S. 4; 6580 Art. 5 Nr. 1 S. 3).

Durch Art. 22 Nr. 3 DISVA werden den nach deutschen Rechtsvorschriften »zu berücksichtigenden« Pflichtbeiträgen die nach den israelischen Rechtsvorschriften »zu berücksichtigenden« Pflichtbeiträge gleichgestellt. Schon dieser Wortlaut der Vorschrift spricht gegen die Auffassung der Bekl. Nach deutschen bzw. nach israelischen Rechtsvorschriften »zu berücksichtigende« Beiträge sind nach natürlichem Sprachgebrauch Beiträge, die im Falle ihrer Entrichtung »zu berücksichtigen sind« oder »berücksichtigt werden müssen«. Daß sie darüber hinaus tatsächlich entrichtet worden sein müssen, ist der Formulierung »zu berücksichtigende Pflichtbeiträge« nicht zu entnehmen. Zwar ist dies bezüglich der nach israelischen Rechtsvorschriften zu berücksichtigenden Pflichtbeiträge Voraussetzung für die Anwendung des Art. 22 Nr. 3 DISVA überhaupt. Andernfalls ist für eine Gleichstellung mit den nach deutschen Rechtsvorschriften zu berücksichtigenden Pflichtbeiträgen von vornherein kein Raum. Daraus allein kann jedoch nicht hergeleitet werden, daß auch von letzteren Beiträgen mindestens einer tatsächlich entrichtet worden sein muß. Hätte dies der Absicht der Vertragsparteien entsprochen, so wäre es möglich und naheliegend gewesen, dies auch im Wortlaut des Vertragstextes zum Ausdruck zu bringen. Es hätte dann etwa statt von nach deutschen Rechtsvorschriften »zu berücksichtigenden« von nach diesen Vorschriften »berücksichtigten« Pflichtbeiträgen gesprochen werden können (vgl. Art. 20 I DISVA). Wenn trotz dieser Möglichkeit der sprachlichen Ausdrückbarkeit der von der Bekl. vertretenen Rechtsansicht gleichwohl lediglich von »zu berücksichtigenden« Pflichtbeiträgen die Rede ist, so läßt dies nicht den Schluß zu, daß zumindest einer dieser Beiträge nach deutschem Recht tatsächlich entrichtet worden sein muß.

Einer solchen Auslegung steht auch entgegen, daß die nach israelischen und nach deutschen Rechtsvorschriften zu berücksichtigenden Pflichtbeiträge »gleichstehen«. Die Bedeutung dieses Begriffs erschließt sich allerdings erst aus dem Gesamtzusammenhang des Abkommens. Von besonderer Bedeutung ist insofern Art. 20 I 1 DISVA. Hiernach werden, wenn nach den Rechtsvorschriften beider Vertragsstaaten anrechnungsfähige Versicherungszeiten vorhanden sind, für den Erwerb des Leistungsanspruchs nach den anzuwendenden Rechtsvorschriften auch die Versicherungszeiten berücksichtigt, die nach den Rechtsvorschriften des anderen Vertragsstaates anrechnungsfähig sind und nicht auf dieselbe Zeit entfallen. Bei dieser Bestimmung handelt es sich um eine Zusammenrechnungsvorschrift. Ihre Anwendung setzt u. a. voraus, daß im eigenen Rechtsbereich anrechnungsfähige Versicherungszeiten vorhanden sind (so Rundschreiben des VDR vom 7. 5. 1975, a.a.O., S. 213, Ziff. 3.9.1). Nur unter dieser Voraussetzung ist eine Zusammenrechnung begrifflich überhaupt möglich. Auch Art. 22 Nr. 3 DISVA ermöglicht eine Zusammenrechnung israelischer und deutscher Pflichtbeitragszeiten, sofern Pflichtbeiträge nach den Rechtsvorschriften beider Vertragsstaaten tatsächlich entrichtet worden sind. In der Funktion einer bloßen Zusammenrechnungsvorschrift erschöpft sich der Regelungsgehalt des Art. 22 Nr. 3 DISVA jedoch nicht. Vielmehr werden hierdurch die nach israelischen und nach deutschen Rechtsvorschriften zu berücksichtigenden Pflichtbeiträge ausdrücklich einander gleichgestellt und somit im Wege der Fiktion wie nach den Vorschriften des jeweils anderen Vertragsstaates zu berücksichtigende Pflichtbeiträge behandelt. Diese Gleichstellung setzt nicht notwendigerweise voraus, daß nach den Vorschriften des anderen Vertragsstaates zu berücksichtigende Beiträge tatsächlich entrichtet worden sind . . .

Nr. 140 BVerfG 2. 7. 1980 (1 BvR 147, 181, 182/80) BVerfGE 54, 341

Die Verfassungsbeschwerden betreffen die Frage, unter welchen Voraussetzungen die Bundesrepublik Deutschland Ausländern Asyl zu gewähren hat. Die Beschwerdeführer berufen sich darauf, ihnen drohe in ihrer Heimat Pakistan Verfolgung wegen ihrer Zugehörigkeit zur Ahmadiyya-Glaubensgemeinschaft.

Das Ausländergesetz vom 28. April 1965 (BGBl. I, S. 353), zuletzt geändert durch Art. 1 des Gesetzes zur Beschleunigung des Asylverfahrens vom 25. Juli 1978 (BGBl. I, S. 1108), – im folgenden: AuslG – sieht ebenso wie zuvor die Verordnung über die Anerkennung und die Verteilung von ausländischen Flüchtlingen (Asylverordnung) vom 6. Januar 1953 (BGBl. I, S. 3) ein besonderes Verwaltungsverfahren für die Anerkennung ausländischer Flüchtlinge und politisch Verfolgter vor. Über die materiellen Voraussetzungen der Anerkennung bestimmt das Gesetz:

§ 28 AuslG, Personenkreis:

»Als Asylberechtigte werden auf Antrag anerkannt:

1. Flüchtlinge im Sinne von Artikel 1 des Abkommens über die Rechtsstellung der Flüchtlinge,
2. sonstige Ausländer, die politisch Verfolgte nach Artikel 16 Abs. 2 Satz 2 des Grundgesetzes sind,

sofern sie nicht bereits in einem anderen Land Anerkennung nach dem Abkommen über die Rechtsstellung der Flüchtlinge oder anderweitig Schutz vor Verfolgung gefunden haben«.

Während des Anerkennungsverfahrens vor dem Bundesamt für die Anerkennung ausländischer Flüchtlinge (im folgenden: Bundesamt) und des anschließenden Verwaltungsstreitverfahrens erhalten Asylbewerber grundsätzlich eine Aufenthaltserlaubnis oder eine Duldung und außerdem eine »Bescheinigung über die Beantragung von Asyl« (vgl. §§ 31, 40 AuslG; Allgemeine Verwaltungsvorschrift zur Ausführung des Ausländergesetzes in der Fassung der Bekanntmachung vom 10. Mai 1977 [GMBl., S. 202], zuletzt geändert durch die Allgemeine Verwaltungsvorschrift vom 7. Juli 1978 [GMBl., S. 368], – AuslVwV – Nr. 1 a zu § 17, Nr. 5 zu § 38, Nrn. 5, 7, 8 zu § 40).

Anerkannte Asylberechtigte werden nach einem vom Bundesrat festgelegten Schlüssel auf die Länder verteilt (§ 42 Abs. 1 AuslG). Sie haben einen Rechtsanspruch auf eine – grundsätzlich unbefristete – Aufenthaltserlaubnis (§ 43 AuslG; AuslVwV Nr. 1 zu § 43) und erhalten einen Reiseausweis nach Art. 28 des Abkommens über die Rechtsstellung der Flüchtlinge vom 28. Juli 1951 (BGBl. 1953 II, S. 560) – Genfer Konvention – im folgenden: GK – oder einen Fremdenpaß nach § 4 AuslG (§ 44 AuslG; AuslVwV Nrn. 1, 11, 14 zu § 44). Außerdem steht ihnen eine von der Arbeitsmarktlage unabhängige und unbefristete Arbeitserlaubnis zu (§ 2 Abs. 1 Nr. 3 der Verordnung über die Arbeitserlaubnis für nichtdeutsche Arbeitnehmer [Arbeitserlaubnisverordnung] vom 2. März 1971 [BGBl. I, S. 152], zuletzt geändert durch die Fünfte Verordnung zur Änderung der Arbeitserlaubnisverordnung vom 30. Mai 1980 [BGBl. I, S. 638]). Asylberechtigte und anerkannte ausländische Flüchtlinge können, wenn sie sich rechtmäßig im Bundesgebiet aufhalten, nur aus schwerwiegenden Gründen der öffentlichen Sicherheit oder Ordnung ausgewiesen werden (§ 11 Abs. 2 AuslG). Sie dürfen nur dann in einen Staat, in dem ihr Leben oder ihre Freiheit aus Verfolgungsgründen bedroht ist, abgeschoben werden, wenn sie aus schwerwiegenden Gründen eine Gefahr für die Sicherheit darstellen oder wegen eines besonders schweren Verbrechens verurteilt sind (§ 14 Abs. 1 AuslG). Asylsuchende aus Ostblockstaaten sollen selbst dann nicht in ihre Heimat abgeschoben werden, wenn ihr Asylbegehren rechtskräftig abgewiesen ist (Beschluß der Innenministerkonferenz vom 26. August 1966; vgl. BT-Drucks. 8/4278, S. 7).

Die drei Beschwerdeführer sind pakistanische Staatsangehörige und Mitglieder der Glaubensgemeinschaft der Ahmadiyya. Diese ist aus dem sunnitischen Islam hervorgegangen. Sie wurde gegen Ende des 19. Jahrhunderts von Mirsa Ghulam Ahmad gestiftet, der sich zum Propheten nach Mohammed erklärte. Da die Ahmadis nicht an die absolute und uneingeschränkte Finalität des Prophetentums in der Person Mohammeds glauben, sondern diesen nur für den letzten »gesetzgebenden Propheten« halten, wird die Ahmadiyya von den meisten Sunniten und Schiiten nicht als islamisch anerkannt. Im Jahre 1974 waren ihre Angehörigen pogromartigen Ausschreitungen durch »rechtgläubige Moslems« ausgesetzt.

Die Anerkennung der Beschwerdeführer als Asylberechtigte wurde abgelehnt; ihre Rechtsmittel blieben erfolglos. Dabei beurteilten das Bundesamt und die Gerichte eine mögliche politische Verfolgung der Beschwerdeführer nach der Sach- und Rechtslage jeweils im Zeitpunkt ihrer Entscheidung.

Die Verfassungsbeschwerde 1 BvR 147/80:

Der 1950 geborene Beschwerdeführer zu 1) reiste im Januar 1975 mit einem gültigen pakistanischen Reisepaß in das Bundesgebiet ein. Er erhielt eine Aufenthaltserlaubnis und eine Bescheinigung über die Beantragung von Asyl sowie eine Arbeitserlaubnis. Er war zunächst als Spüler und Hausdiener in einem Hotel tätig und ist jetzt als Kaffeekoch und Konditor in einem Café angestellt. Im Juni 1978 wurde ihm ein für fünf Jahre gültiger neuer pakistanischer Reisepaß ausgestellt.

Zu seinem Antrag auf Anerkennung als Asylberechtigter vom Februar 1975 gab er an, er sei Student und sei als Angehöriger der Ahmadiyya von mohammedanischen Studenten verfolgt worden. Man habe ihn aus der Universität hinausgeprügelt und durch ernsthafte Drohungen sowie durch Stockschläge, die zu einer Wirbelsäulenverletzung geführt hätten, am Weiterstudium gehindert. Seine Bücher, Zeugnisse und Papiere seien verbrannt worden; er habe sich in seinem Heimatort nicht mehr ohne Lebensgefahr aufhalten können. Nach einem Krankenhausaufenthalt von etwa einem Monat habe er bis zu seiner Ausreise in die Bundesrepublik Deutschland bei einem Freund gelebt. Sein Vater sei wegen seiner Glaubenszugehörigkeit wochenlang inhaftiert gewesen. Bei einer Rückkehr nach Pakistan befürchte er, als Ahmadi keine Arbeit zu bekommen und wieder tätlichen Angriffen ausgeliefert zu sein.

Das Bundesamt lehnte den Anerkennungsantrag ab, weil Auskünften der deutschen Botschaft in Islamabad und des Auswärtigen Amts zufolge zumindest seit Anfang 1975 keine Ausschreitungen gegen Angehörige der Ahmadiyya mehr stattgefunden hätten und es keine Anhaltspunkte für einen generellen sozialen oder wirtschaftlichen Boykott gegen sie gebe.

Mit der Klage machte der Beschwerdeführer unter ausführlicher Darstellung der Entstehung und Entwicklung der Ahmadiyya und der derzeitigen sozialen und wirtschaftlichen Situation ihrer Mitglieder in Pakistan geltend, diese würden nach wie vor mit Billigung der pakistanischen Regierung wegen ihrer Religion von orthodoxen Mohammedanern verfolgt. Die Klage hatte keinen Erfolg. Der Verwaltungsgerichtshof wies die Berufung einstimmig als unbegründet zurück. Er nahm Bezug auf sein Grundsatzurteil vom 15. März 1979 – 158 XII 78, das auf der Auswertung zahlreicher Unterlagen – darunter eines Gutachtens des Deutschen Orient-Instituts vom 5. Juni 1978 – und dem Ergebnis der Anhörung von zwei Sachverständigen beruht. Das Urteil führt aus:

Der Glaubensunterschied zwischen den »rechtgläubigen« Moslems und den Angehörigen der Ahmadiyya habe 1953 und im Sommer 1974 einen Pogrom gegen die Ahmadis ausgelöst, bei dem 42 Menschen umgekommen sein sollen. Am 7. September 1974 habe das Zentralparlament die Artikel 106 und 260 der Verfassung Pakistans dahin geändert, daß die Ahmadis im verfassungsrechtlichen und gesetzlichen Sinn nicht mehr als Moslems gelten. Sie seien damit zu einer religiösen Minderheit wie die Christen, Hindus und Sikhs geworden. Am 18. Januar 1975 sei eine Erläuterung zur Sektion 295 A des Pakistanischen Strafgesetzbuchs zur parlamentarischen Beratung gelangt, wonach ein »Moslem«, der nicht an die Finalität des Propheten Mohammed glaube, nicht danach handele oder seine falsche Auffassung propagiere, mit Gefängnis bis zu zwei Jahren oder mit Geldstrafe oder mit beidem bestraft werden könne. Das Gericht habe nicht feststellen können, ob ein solcher Straftatbestand Gesetz geworden sei. Jedenfalls sei bisher anscheinend niemand danach bestraft worden. Der verfassungskräftige Ausschluß der Ahmadis aus dem Islam sei für die Entwicklung und den Bestand ihrer Glaubensgemeinschaft in Pakistan von sehr nachteiliger Wirkung gewesen und sei es heute noch. Für sie gelte seither das für Minderheiten maßgebende Wahlrecht. Sie seien weitgehend aus Schlüsselpositionen im Staatsdienst entfernt worden; der Eintritt in den öffentlichen Dienst und Beförderungen seien ihnen jedenfalls in Einzelfällen verweigert worden. Es seien Schwierigkeiten entstanden wegen der Bezeichnung als Ahmadi-Moslem, wegen der Beerdigung von Ahmadis auf Friedhöfen der Moslems und beim Bau und Gebrauch ihrer Moscheen. Gelegentlich scheine ein Ahmadi auch seines Glaubens wegen nicht zum Studium zugelassen worden zu sein. Gleichwohl würden die Ahmadis durch den pakistanischen Staat über diese oder ähnliche Behinderungen und Diskriminierungen als religiöse Minderheit hinaus als Glaubensgemeinschaft und in der Regel auch als einzelnes Gemeinschaftsmitglied nicht verfolgt. Sie könnten entsprechend der in Artikel 20 der Verfassung garantierten Bekenntnisfreiheit ihrem Glauben anhängen und diesen auch anderen predigen. Leben, Freiheit und Eigentum der Ahmadis würden, von Einzelfällen abgesehen, vom Staat nicht angetastet. Die Regierung habe im Oktober 1978 ausdrücklich versichert, daß sie die Rechte der Minderheiten in Pakistan achten werde; allerdings scheine der Staat für den Schutz der Moslems vor der Missionierung durch die Ahmadiyya Verständnis zu haben. Seit dem 5. Juli 1978 gehörten die Führer der einflußreichen islamischen Parteien der Militärregierung an. Auch habe Präsident Zia-ul-Haq Anfang 1979 die Einführung islamischer Grundsätze im öffentlichen Leben Pakistans angekündigt. So sei am 10. Dezember 1979 teilweise das Strafrecht des Islam in Pakistan übernommen worden; auch eine unterschiedliche steuerrechtliche Behandlung von Moslems und Nichtmoslems werde erwogen oder sei verwirklicht. Es sei jedoch nicht ersichtlich, daß Pakistan etwa die nach Meinung islamischer Gelehrter im Koran vorgesehene Todesstrafe für Abtrünnige zum Gesetz erhebe oder sonst Maßnahmen ergangen wären oder unmittelbar bevorstünden, nach denen die Ahmadis in ihrer Gesamtheit oder einzelne Gläubige für Leben, Freiheit, körperliche Unversehrtheit oder Eigentum fürchten müßten. Auch nach der Anhörung der Sachverständigen seien die zahlreichen Auskünfte des Auswärtigen Amts nicht in Zweifel zu ziehen, daß derzeit eine über die Minoritätenentscheidung hinausgehende asylrechtlich beachtliche Diskriminierung der Anhänger dieser Glaubensgemeinschaft von Staats wegen im allgemeinen nicht gegeben sei. Die Sachverständigen befürchteten allerdings eine künftige staatliche Verfolgung der Ahmadis mit Rücksicht auf die sich abzeichnende Entwicklung Pakistans über eine islamische Gesellschaftsordnung zu einer islamisch verfaßten Republik. Die Forderungen geistlicher und politischer Führer des Islam in Pakistan seien aber bis jetzt vom Staat nicht übernommen worden. Es sei bei der sich abzeichnenden Entwicklung Pakistans zu einem islamischen System möglich, daß der Staat den Forderungen der geistlichen und politischen Gegner der Ahmadiyya zunehmend Rechnung tragen und so für die Mitglieder dieser Glaubensgemeinschaft ein asylrechtlich erheblicher Verfolgungstatbestand entstehen könne. Das wäre etwa der Fall, wenn ein Ahmadi seines Glaubens wegen mit Freiheitsstrafe bestraft, wenn seine wirtschaftliche Existenz vernichtet oder wenn er vertrieben würde. Es sei auch nicht auszuschließen, daß sich aufgrund der sunnitischen Agitation gegen die Ahmadis entsprechende Verhältnisse wie bei den Pogromen von 1953 und 1974 wiederholen könnten, die der Staat nicht hindern wolle oder könne. Eine derartige Lage sei jedoch derzeit in Pakistan nicht gegeben, wie das Auswärtige Amt überzeugend dargelegt habe und die vom Gericht gehörten Sachverständigen letztlich nicht bestritten hätten. Zwar sei auf eine Reihe von Übergriffen hingewiesen worden, die sich nach dem Pogrom des Jahres 1974 gegen die Ahmadis ereignet haben sollten. Es handele sich jedoch insoweit nur um Einzelfälle, die nicht den Schluß zuließen, derzeit bestünde für einen Ahmadi in Pakistan im Hinblick auf die Agitation islamischer und politischer Führer begründeter Anlaß für eine Furcht vor politischer Verfolgung. Allerdings bedürfe es einer Prüfung jedes einzelnen Falles. Es sei möglich, daß einzelne Ahmadis ihres Glaubens wegen durch staatliche Maßnahmen oder infolge von Übergriffen Dritter, denen der Staat nicht habe entgegentreten können oder wollen, im asylrechtlichen Sinne politisch verfolgt, insbesondere ihrer wirtschaftlichen Existenz beraubt worden seien.

Beim Beschwerdeführer liege aber keiner dieser Ausnahmefälle vor. Für ihn bestehe derzeit in Pakistan keine Gefahr für Leib, Leben oder Freiheit. Auch wenn er 1974 sein Studium habe abbrechen müssen, so sei er noch jung genug, jetzt seine Ausbildung in

Pakistan fortzusetzen oder sich dort eine andere Existenz zu schaffen. Die Rückkehr nach Pakistan sei ihm auch zumutbar.

Das Bundesverwaltungsgericht wies die Beschwerde gegen die Nichtzulassung der Revision zurück, weil die Rechtssache keine grundsätzliche Bedeutung habe und auch sonst keine Gründe vorlägen, die eine Zulassung der Revision rechtfertigten.

Die Verfassungsbeschwerde 1 BvR 181/80:

Der 1955 geborene Beschwerdeführer zu 2) verließ im April 1975 seine Heimat und gelangte im Oktober 1975 nach Aufenthalten in Afghanistan und der Türkei ins Bundesgebiet. Er erhielt zunächst eine Aufenthaltserlaubnis bis April 1976 und eine Bescheinigung über die Beantragung von Asyl. Außerdem besitzt er jetzt eine Bescheinigung über die Aussetzung der Abschiebung (Duldung) und eine Arbeitserlaubnis. Während er zunächst zwei Jahre als Hausdiener in einem Hotel arbeitete, ist er seit Mai 1978 als Hilfswerker in einem Chemiebetrieb beschäftigt.

Seinen Antrag auf Anerkennung als Asylberechtigter vom Oktober 1975 begründete er damit, daß über die Mitglieder der Ahmadiyya ein totaler sozialer Boykott verhängt sei. Ahmadis könnten keine Lebensmittel kaufen, sie erhielten weder Medizin noch ärztliche Betreuung und dürften kein eigenes Geschäft führen. Er sei an seinem Wohnort von der andersgläubigen Bevölkerung beschimpft, tätlich angegriffen und mißhandelt worden und habe nicht mit dem Schutz der Polizei rechnen können. Schon im Frühjahr 1974 sei er wegen seiner Zugehörigkeit zur Ahmadiyya als Seemann entlassen worden; anschließend habe er keine geregelte Arbeit mehr finden können.

Das Bundesamt versagte ihm die begehrte Anerkennung, weil sich aus seinem Vorbringen keine konkreten Tatsachen dafür ergäben, daß er während der Unruhen im Jahre 1974 gezielten Verfolgungsmaßnahmen ausgesetzt gewesen sei und weil seine Behauptungen über den Verlust des Arbeitsplatzes und über Beschimpfungen und Mißhandlungen in örtlicher und zeitlicher Hinsicht nicht substantiiert seien. Der Hinweis auf die schwierige Lage der Ahmadis rechtfertige die Asylgewährung nicht, weil diese Benachteiligungen alle Ahmadis träfen und es an einem schwerwiegenden Einzeleingriff gegenüber dem Beschwerdeführer fehle.

Die Klage blieb erfolglos. Der Verwaltungsgerichtshof wies die Berufung im wesentlichen mit der gleichen Begründung wie im Falle des Beschwerdeführers zu 1) einstimmig als unbegründet zurück. Im übrigen führte er aus, selbst wenn Ahmadis heute noch in Pakistan wirtschaftliche Schwierigkeiten hätten und insbesondere keine gehobenen Positionen im Staatsdienst bekleiden könnten, so rechtfertige dies nicht die Anerkennung des Beschwerdeführers als politisch Verfolgter. Es bestehe kein hinreichender Grund für die Annahme, daß der Beschwerdeführer derzeit wegen seines Glaubens nicht in der Lage wäre, in Pakistan eine seiner früheren Tätigkeit vergleichbare, zumutbare Beschäftigung mit ausreichendem Verdienst zu finden.

Die Beschwerde gegen die Nichtzulassung der Revision wurde vom Bundesverwaltungsgericht zurückgewiesen.

Die Verfassungsbeschwerde 1 BvR 182/80:

Der 1949 geborene Beschwerdeführer zu 3) kam im Juni 1975 mit einem gültigen pakistanischen Reisepaß in das Bundesgebiet und erhielt eine Aufenthaltserlaubnis sowie eine Bescheinigung über die Beantragung von Asyl. Er ist seit September 1975 mit einer entsprechenden Arbeitserlaubnis als Arbeiter beschäftigt, seit Mitte 1976 ununterbrochen bei demselben Unternehmen. Sein Reisepaß wurde im Februar 1978 bis Mai 1983 verlängert.

Zu seinem Asylantrag vom Juli 1975 gab er an, sein Haus und sein Elektrogeschäft seien niedergebrannt worden. Er sei unter dem Druck von Mißhandlungen zunächst geflohen und nicht mehr in seine Heimatstadt zurückgekehrt, weil ihm ein befreundeter Radiohändler berichtet habe, die Bevölkerung habe angedroht, ihn bei einer Rückkehr umzubringen. Später erklärte er ergänzend, er habe mit seiner Familie während der Unruhen im Mai 1974 das Haus durch die Hintertür verlassen, als es Demonstranten mit Steinen beworfen und geschrieen hätten, man müsse ihn und seine Familie umbringen. Inzwischen seien seine Eltern an ihren früheren Wohnort zurückgekehrt.

Das Bundesamt begründete die Ablehnung des Asylantrags im wesentlichen ebenso wie im Falle des Beschwerdeführers zu 1).

Die Klage des Beschwerdeführers hatte keinen Erfolg. Der Verwaltungsgerichtshof wies die Berufung einstimmig zurück, wobei sich die Entscheidungsgründe weitgehend mit den Ausführungen in den Berufungsurteilen decken, die im Falle der Beschwerdeführer zu 1) und 2) ergangen sind. Im übrigen ging das Gericht von der Richtigkeit der Darlegungen des Beschwerdeführers aus und äußerte die Überzeugung, der erst 30 Jahre alte Beschwerdeführer werde sich in Pakistan eine ausreichende und zumutbare wirtschaftliche Existenz schaffen können. Auch in seinem Fall blieb die Nichtzulassungsbeschwerde erfolglos.

Die Beschwerdeführer rügen mit ihren Verfassungsbeschwerden die Verletzung ihrer Grundrechte aus Art. 1 und Art. 16 Abs. 2 Satz 2 GG. Neben der Wiedergabe der Geschichte der Ahmadiyya und der Schilderung der Ausschreitungen gegen deren Mitglieder in Pakistan im Jahre 1974 und danach machen sie geltend:

Pakistan als islamischer Staat habe die Mitglieder der Ahmadiyya durch das für sie geltende Minoritätenstatut zu Bürgern zweiter Klasse gemacht. Sie seien dadurch nicht nur aus der islamischen Religionsgemeinschaft, sondern auch aus dem islamischen Staatsvolk ausgeschlossen worden. Man habe ihnen bestimmte Bürgerrechte genommen; die sunnitische Religionsführung in Pakistan hetze in Moscheen und religiösen Zeitschriften gegen die Ahmadiyya und verlange den Tod ihrer Mitglieder. Auf dem letzten internationalen islamischen Kongreß sei eine entsprechende Entschließung gefaßt und auch die Vertreibung sowie der totale gesellschaftliche und wirtschaftliche Boykott der Ahmadis gefordert worden. Sie seien nunmehr fortdauernden Verunglimpfungen der weitaus überwiegenden sunnitischen Mehrheit der Bevölkerung ausgesetzt. Dadurch werde bei objektiver Bewertung in hohem Maße die Menschenwürde verletzt. Überdies sei angesichts der Situation in Pakistan nicht nur die wirtschaftliche Lage der Ahmadis gefährdet, sondern auch ihre Gesundheit. Ausschreitungen hätten sich häufig unter den Augen der untätig bleibenden Polizei vollzogen.

Zu Unrecht habe der Verwaltungsgerichtshof eine Asylgewährung davon abhängig gemacht, daß ihnen die Neugründung einer Existenz in Pakistan unmöglich oder nicht zumutbar sei. Es könne von ihnen nicht verlangt werden, ihre Religionszugehörigkeit in ihrer Heimat zu verschweigen, um dort leben zu können.

Für die Bundesregierung vertritt der Bundesminister des Innern die Auffassung, die Verfassungsbeschwerden seien unzulässig, soweit mit ihnen nur eine Überprüfung und Korrektur der Tatsachenfeststellungen und -würdigungen durch die Ausschüsse des Bundesamts und die Verwaltungsgerichte angestrebt werde. Im übrigen seien sie jedenfalls nicht begründet. Die Bundesregierung gehe davon aus, daß eine asylerhebliche politische Verfolgung immer dann vorliege, wenn dem Asylsuchenden wegen des geltend gemachten Verfolgungsanlasses bei verständiger Würdigung der gesamten Umstände seines Falles politische Verfolgung mit beachtlicher Wahrscheinlichkeit drohe, so daß ihm nicht zuzumuten sei, im Heimatstaat zu bleiben oder dorthin zurückzukehren. Politisch Verfolgter sei danach, wer für seine Person die durch Tatsachen begründete Furcht vor Verfolgung wegen seiner Rasse, Religion, Nationalität, Zugehörigkeit zu einer bestimmten sozialen Gruppe oder wegen seiner politischen Überzeugung haben müsse. Dies setze die Gefahr ernsthafter Benachteiligung voraus, wie sie jedenfalls bei Gefahr für Leib und Leben oder bei Beschränkungen der persönlichen Freiheit gegeben sei. Rechtliche oder wirtschaftliche Diskriminierungen der Bevölkerungsgruppe, der die Beschwerdeführer angehörten, genügten dafür nicht, wenn sie kein existenzbedrohendes Ausmaß erreichten. Die angegriffenen Entscheidungen hielten sich offensichtlich in diesem Rahmen. Es fehle an hinreichenden Tatsachen dafür, daß die Beschwerdeführer in Pakistan politische Verfolgung zu befürchten hätten.

Das Bundesverwaltungsgericht hat sich wie folgt geäußert:

Das Recht auf Asyl sei ein Grundrecht ohne immanente Schranken, das zudem einen Auftrag an den einfachen Gesetzgeber enthalte, das weitere Schicksal der Asylberechtigten entsprechend der humanitären Zielsetzung des Asylrechts zu regeln. Diesem Auftrag habe der Gesetzgeber mit der Übernahme der Genfer Konvention und der Schaffung der §§ 28 ff. AuslG entsprochen. Den Begriff des politisch Verfolgten lege das Bundesverwaltungsgericht in Anlehnung an den Flüchtlingsbegriff des Art. 1 Abschnitt A Nr. 2 GK dahin aus, daß mit ihm jede Person gemeint sei, die sich aus der begründeten Furcht vor Verfolgung wegen ihrer Rasse, Religion, Nationalität, Zugehörigkeit zu einer bestimmten sozialen Gruppe oder wegen ihrer politischen Überzeugung außerhalb des Landes befinde, dessen Staatsangehörigkeit sie besitze, und den Schutz dieses Landes nicht in Anspruch nehmen könne oder wegen dieser Befürchtungen nicht in Anspruch nehmen wolle. Diese Begriffsbestimmung umfasse bei gebotenem sachgerechten Verständnis alle denkbaren Fälle politischer Verfolgung und trage dem Erfordernis weiter Auslegung, das dem Grundrecht auf Asyl nach Entstehungsgeschichte und Zielsetzung innewohne, die gebotene Rechnung. Eine asylerhebliche politische Verfolgung sei danach immer dann zu bejahen, wenn dem Asylsuchenden wegen des geltend gemachten Verfolgungsanlasses bei verständiger Würdigung der gesamten Umstände seines Falles politische Verfolgung mit beachtlicher Wahrscheinlichkeit drohe, so daß es ihm nicht zuzumuten sei, im Heimatstaat zu bleiben oder dorthin zurückzukehren. Das Asylrecht habe nicht zur Aufgabe, vor den allgemeinen Unglücksfolgen zu bewahren, die aus Krieg, Bürgerkrieg, Revolution und aus sonstigen Unruhen hervorgingen. Soweit Schutz und Hilfe vor solchen Unglücksfolgen geboten erschienen, seien sie nicht über das dafür nicht bestimmte Asylrecht, sondern auf anderen Wegen zu gewähren.

Angesichts eines gewissen sachtypischen Beweisnotstandes habe der Asylbewerber asylbegründende Vorgänge außerhalb des Gastlandes in der Regel lediglich glaubhaft zu machen, während asylbegründende Vorgänge innerhalb des Gastlandes grundsätzlich des Nachweises bedürften. Im verwaltungsgerichtlichen Verfahren sei für die Beurteilung der Sachlage nach den allgemeinen Regeln für die Verpflichtungsklagen grundsätzlich der Zeitpunkt der letzten tatrichterlichen Entscheidung maßgebend.

Die zulässigen Verfassungsbeschwerden sind begründet. Die Beschwerdeführer sehen sich durch die angegriffenen Entscheidungen der Verwaltungsgerichte, mit denen die Ablehnung ihrer Asylanträge durch das Bundesamt bestätigt wurde, in ihren Grundrechten aus Art. 1 und Art. 16 Abs. 2 Satz 2 GG beeinträchtigt.

Grundsätzlich sind die Gestaltung des Verfahrens, die Feststellung und Würdigung des Tatbestandes sowie die Auslegung und Anwendung des Ausländerrechts im einzelnen Fall Angelegenheit der Verwaltungsgerichte und der Nachprüfung durch das Bundesverfassungsgericht entzogen; diesem obliegt lediglich, die Beachtung der grundrechtlichen Normen und Maßstäbe durch die Gerichte sicherzustellen (vgl. BVerfGE 18, 85 [92]). Bei der verfassungsrechtlichen Überprüfung von gerichtlichen Entscheidungen in Asylsachen besteht aber die Besonderheit, daß die Voraussetzungen für die grundrechtliche Gewährleistung des Art. 16 Abs. 2 Satz 2 GG sich mit denen decken, die nach § 28 AuslG für die Anerkennung als Asylberechtigte maßgeblich sind.

Die Übereinstimmung von einfachem mit Verfassungsrecht ergibt sich bereits aus der Bezugnahme in § 28 Nr. 2 AuslG auf Art. 16 Abs. 2 Satz 2 GG. Darüber hinaus ist am 5. November 1969 für die Bundesrepublik Deutschland das Protokoll vom 31. Januar 1967 über die Rechtsstellung der Flüchtlinge in Kraft getreten (BGBl. 1969 II, S. 1293; 1970 II, S. 194), in dem sich die Teilnehmerstaaten verpflichtet haben, die Genfer Konvention ohne Begrenzung auf einen Stichtag anzuwenden. Seitdem gibt es im Ergebnis keinen wesentlichen Unterschied zwischen Flüchtlingen im Sinne von § 28 Nr. 1 AuslG und sonstigen Asylberechtigten nach § 28 Nr. 2 AuslG; allerdings kann das Asylrecht des »politisch Verfolgten« im Sinne des Art. 16 Abs. 2 Satz 2 GG auch dann gegeben sein, wenn die Eigenschaft des »politischen Flüchtlings« nach der Genfer Konvention nicht vorliegt (vgl. BVerfGE 9, 174 [181]). Ob ein Ausländer ein subjektives öffentliches Recht auf Asyl hat und nach § 28 AuslG als Asylberechtigter anzuerkennen ist, hängt danach sowohl nach einfachem als auch nach Verfassungsrecht davon ab, wie der Begriff »politisch Verfolgter« zu bestimmen ist und ob die tatsächlichen Voraussetzungen hierfür im Einzelfall erfüllt sind. Im Umfang dieser Übereinstimmung obliegt es deshalb dem Bundesverfassungsgericht zu prüfen, ob die rechtliche und tatsächliche Wertung der Verwaltungsgerichte Art. 16 Abs. 2 Satz 2 GG gerecht wird. Davon ist das Bundesverfassungsgericht im übrigen bereits bei Verfassungsbeschwerden in Auslieferungsverfahren ausgegangen, in denen sich die Beschwerdeführer auf ihr Grundrecht auf Asyl berufen hatten (vgl. BVerfGE 9, 174 [178, 182 ff.]; 15, 249 [253 f.]; 18, 112 [115]; 38, 398 [401 ff.]; 52, 391 [408]).

Die angegriffenen Entscheidungen des Verwaltungsgerichtshofs werden der grundrechtlichen Gewährleistung des Art. 16 Abs. 2 Satz 2 GG nicht gerecht.

Durch Art. 16 Abs. 2 Satz 2 GG ist das Asylrecht des politisch Verfolgten zum Grundrecht erhoben. Das Grundgesetz hat damit das Asylrecht, über das Völkerrecht und das Recht anderer Staaten hinausgehend, als subjektives öffentliches Recht ausgestaltet, an das Gesetzgebung, Verwaltung und Rechtsprechung gebunden sind.

Der verfassungsrechtliche Asylanspruch ist weder von der Herkunft und der politischen Gesinnung des Verfolgten abhängig noch von der politischen Richtung, die in dem Verfolgerstaat herrscht. Ebensowenig ist eine Beschränkung auf bestimmte »asylwürdige« Rechtsgüter gerechtfertigt. Asylrechtlichen Schutz genießt vielmehr jeder, der aus politischen Gründen Verfolgungsmaßnahmen mit Gefahr für Leib und Leben oder Beschränkungen seiner persönlichen Freiheit ausgesetzt wäre (vgl. BVerfGE 9, 174 [180 f.]; 15, 249 [251]) oder – allgemein gesagt – politische Repressalien zu erwarten hätte (vgl. BVerfGE 52, 391 [398]). Voraussetzungen und Umfang des politischen Asyls sind wesentlich bestimmt von der Unverletzlichkeit der Menschenwürde, die als oberstes Verfassungsprinzip nach der geschichtlichen Entwicklung des Asylrechts die Verankerung eines weitreichenden Asylanspruchs im Grundgesetz entscheidend beeinflußt hat. Zu dem asylrechtlich geschützten Bereich der persönlichen Freiheit gehören grundsätzlich auch die Rechte auf freie Religionsausübung und ungehinderte berufliche und wirtschaftliche Betätigung, die bei den Beschwerdeführern ihren Angaben zufolge über die Unversehrtheit von Leib und Leben hinaus gefährdet sind. Soweit nicht eine unmittelbare Gefahr für Leib, Leben oder persönliche Freiheit besteht, können Beeinträchtigungen der bezeichneten Rechtsgüter allerdings ein Asylrecht nur dann begründen, wenn sie nach ihrer Intensität und Schwere die Menschenwürde verletzen und über das hinausgehen, was die Bewohner des Heimatstaats aufgrund des dort herrschenden Systems allgemein hinzunehmen haben. Das Asylrecht wegen politischer Verfolgung soll jedenfalls nicht allgemein jedem, der in seiner Heimat benachteiligt wird und etwa in materieller Not leben muß, die Möglichkeit eröffnen, seine Heimat zu verlassen, um in der Bundesrepublik Deutschland seine Lebenssituation zu verbessern.

Auch religiös motivierte Verfolgung kann politische Verfolgung sein. Wie die Geschichte lehrt und die Erwähnung der Religion in Art. 1 Abschnitt A Nr. 2 GK zeigt, gehören religiöse Beweggründe und Ziele seit jeher zu den häufigsten und wichtigsten Ursachen für die Unterdrückung und Verfolgung Andersdenkender. Daher können religiös bedingte Diskriminierungen und Beeinträchtigungen, wie sie die Beschwerdeführer geltend machen, sich als »politische« Verfolgung im Sinne des Art. 16 Abs. 2 Satz 2 GG darstellen.

Wenn der Staat Einzelne oder Gruppen zu Verfolgungsmaßnahmen anregt oder derartige Handlungen unterstützt, billigt oder tatenlos hinnimmt und damit dem Betroffenen den erforderlichen Schutz versagt, weil er hierzu nicht willens oder nicht in der Lage ist, können auch »private« Handlungen als »politische« Verfolgung im Sinne des Art. 16 Abs. 2 Satz 2 GG anzusehen sein. Insbesondere die faktische Einheit von Staat und Staatspartei oder von Staat und Staatsreligion kann es rechtfertigen, dem Staat Verfolgungsmaßnahmen von Angehörigen der Staatspartei oder der Staatsreligion gegenüber Personen zuzurechnen, die einer anderen politischen Überzeugung zuneigen oder anderen Glaubens sind. Bei den Ausschreitungen orthodoxer Moslems gegen Ahmadis während des Pogroms in Pakistan im Jahre 1974 war nach den Feststellungen der Verwaltungsgerichte eine derartige Substitutenstellung des pakistanischen Staats gegeben. Für die Asylgesuche der Beschwerdeführer ist daher nicht ausschlaggebend, daß die dort geschilderten Ereignisse nicht unmittelbar auf Anordnungen staatlicher Stellen beruhten, sondern von andersgläubigen Mitbürgern ausgelöst wurden.

Politische Verfolgung kann sich, worauf schon die Aufzählung der Fluchtgründe in Art. 1 Abschnitt A Nr. 2 GK hinweist, gegen Gruppen von Menschen richten, die durch gemeinsame Merkmale wie etwa Rasse, Religion oder politische Überzeugung verbunden sind. Handelt es sich dabei um Maßnahmen, die als asylrechtlich relevante politische Verfolgung anzusehen sind, so ist in aller Regel davon auszugehen, daß sich diese Verfolgung gegen jeden Angehörigen der verfolgten Gruppe richtet. Politische Verfolgung verliert ihre asylrechtliche Bedeutung nicht dadurch, daß von ihr nicht nur einzelne Personen, sondern mehrere Angehörige einer Gruppe betroffen werden.

Gerade bei kollektiven Verfolgungsmaßnahmen ist jedoch problematisch, mit welcher Wahrscheinlichkeit sich eine Verfolgung des Einzelnen abzeichnen muß, damit sie gemäß Art. 16 Abs. 2 Satz 2 GG als asylbegründend anerkannt werden kann. Während Art. 1 Abschnitt A Nr. 2 GK eine »begründete Furcht vor Verfolgung« voraussetzt und damit zu allererst auf das subjektive Moment der Verfolgungsangst abstellt, für die allerdings gute Gründe (*good reasons*) gegeben sein müssen, geht Art. 16 Abs. 2 Satz 2 GG von einer objektiven Beurteilung der Verfolgungsgefahr aus; der subjektive Bezug beschränkt sich hier darauf, daß die drohende politische Verfolgung für den Einzelnen der Anlaß für die Flucht sein muß. Die Beurteilung, ob sich die Gefährdung des Asylsuchenden objektiv bereits soweit konkretisiert hat, daß die Annahme einer Verfolgung gerechtfertigt ist, kann im Einzelfall äußerst schwierig sein. Auskünfte unterrichteter Stellen und Sachverständigengutachten über die politischen Verhältnisse in dem Verfolgerstaat werden vor allem in den Fällen die notwendigen Sachverhaltsfeststellungen ermöglichen, in denen die Verfolgung einer ganzen Gruppe behauptet wird, ohne daß der einzelne Asylsuchende ihn persönlich berührende Einzelmaßnahmen glaubhaft machen kann. Bei individuell konkretisierten Beeinträchtigungen wird dagegen eher die Vernehmung von Zeugen und des Asylsuchenden selbst in Betracht kommen, um die geltend gemachte Verfolgungsgefahr verläßlich überprüfen zu können. Soweit dabei einzelne Rechtsanwälte Sachverhalte unter Verletzung ihrer Berufspflichten unrichtig darstellen sollten, wird dem, auch im Interesse der Asylbewerber, durch ehrengerichtliche Verfahren zu begegnen sein.

Der maßgebliche Zeitpunkt für die Feststellung, ob einem Asylsuchenden politische Verfolgung droht, ist, wie das Bundesverwaltungsgericht zutreffend in seiner Stellungnahme ausgeführt hat, den allgemeinen Regeln für verwaltungsgerichtliche Verpflichtungsklagen entsprechend der Zeitpunkt der letzten gerichtlichen Tatsachenentscheidung. Es steht in Einklang mit der Verfassung, daß dieser Rechtslage zufolge ein ursprünglich bestehender Anspruch auf Asyl bei einer Änderung der politischen Verhältnisse im Verfolgerstaat noch während des behördlichen und des gerichtlichen Verfahrens entfallen kann; denn Art. 16 Abs. 2 Satz 2 GG setzt eine gegenwärtige Verfolgungsbetroffenheit voraus. Dementsprechend sieht § 37 Abs. 1 Satz 1 AuslG die Möglichkeit des Widerrufs der Anerkennung als Asylberechtigter vor, wenn die Voraussetzungen für die Anerkennung nicht mehr vorliegen. Dazu bedarf es der Feststellung, ob die ursprünglich das Asylrecht rechtfertigenden Tatsachen nachträglich weggefallen sind.

Soll asylrechtlicher Schutz aber allein wegen zwischenzeitlicher Änderungen in der politischen Lage im Verfolgerstaat versagt werden, darf nicht unberücksichtigt und dahingestellt bleiben, ob in der Vergangenheit liegende Ereignisse den Tatbestand der politischen Verfolgung erfüllten. Art und Ausmaß der behaupteten Verfolgungsmaßnahmen sind, auch wenn diese der Vergangenheit angehören, vor allem für die Frage von Bedeutung, ob dem Asylsuchenden eine Rückkehr in seine Heimat zugemutet werden kann. Die Zumutbarkeit einer Rückkehr wird, wenn sich Verfolgungsmaßnahmen bereits früher in der Person des Asylsuchenden verwirklicht haben, nicht zuletzt davon bestimmt, ob eine Wiederholungsgefahr besteht. Mit der Gewährleistung des Art. 16 Abs. 2 Satz 2 GG ist es nicht zu vereinbaren, einen Menschen, der schon einmal von Verfolgungsmaßnahmen betroffen war, wiederum der Zugriffsmöglichkeit des Verfolgerstaats auszusetzen, es sei denn, er kann vor erneuter Verfolgung hinreichend sicher sein. Es widerspräche dem humanitären Charakter des Asyls, einem Asylsuchenden, der das Schicksal der Verfolgung bereits einmal erlitten hat, das Risiko einer Wiederholung aufzubürden. Der allgemeine Rechtsgedanke der Zumutbarkeit einer Rückkehr in einen Verfolgerstaat kommt auch in Art. 1 Abschnitt C Nr. 5 Abs. 2 GK zum Ausdruck, der einem früher verfolgten Flüchtling, bei dem die Voraussetzungen für die Anerkennung nachträglich entfallen sind, den Schutz der Genfer Konvention beläßt, wenn er den Schutz seines Heimatstaats aus zwingenden Gründen, die auf den früheren Verfolgungen beruhen, ablehnt.

Obwohl sich die Beschwerdeführer nicht nur auf eine kollektive politische Verfolgung der Ahmadis in Pakistan berufen, sondern zur Begründung ihrer Asylgesuche sie persönlich berührende Einzelmaßnahmen vorgetragen haben, enthalten die angegriffenen Entscheidungen keine eindeutige Feststellung darüber, ob die Beschwerdeführer bei ihrer Ausreise aus Pakistan wegen der von ihnen geschilderten Beeinträchtigungen als politisch verfolgt anzusehen waren. So hat das Verwaltungsgericht für den Beschwerdeführer zu 1) angenommen, es könne ihm geglaubt werden, daß Ahmadis bei den Ausschreitungen im Jahre 1974 und möglicherweise noch im Jahre 1975 Schweres hätten erleiden müssen. Zusätzlich hat der Verwaltungsgerichtshof ausgeführt, der Beschwerdeführer zu 1) habe bei dem Pogrom 1974 sein Studium abgebrochen. Bei den Beschwerdeführern zu 2) und 3) konnte es nach Ansicht des Verwaltungsgerichts offenbleiben, ob sie Pakistan aus begründeter Furcht vor Verfolgung verlassen hätten. Auch hier ist der Verwaltungsgerichtshof von der Richtigkeit der Behauptungen der Beschwerdeführer ausgegangen, hat jedoch nicht entschieden, ob die geltend gemachten Beeinträchtigungen in den Jahren 1974 und 1975 eine politische Verfolgung darstellten.

Diese Verfahrensweise beruht zwar auf der verfassungsrechtlich grundsätzlich nicht zu beanstandenden Rechtsansicht, dem Asylsuchenden müsse noch im Zeitpunkt der letzten gerichtlichen Tatsachenentscheidung eine politische Verfolgung drohen. Sie läßt aber außer acht, daß einem Asylbewerber, der bereits einmal politisch verfolgt war, die Rückkehr nur zugemutet werden kann, wenn eine Wiederholung der Verfolgungsmaßnahmen mit hinreichender Wahrscheinlichkeit ausgeschlossen ist. Weder die Ausführungen des Verwaltungsgerichtshofs in den angegriffenen Entscheidungen und in dem Grundsatzurteil vom 15. März 1979 noch die von ihm verwerteten Beweismittel, insbesondere das Gutachten des Deutschen Orient-Instituts, rechtfertigen die Feststellung, ehemals politisch verfolgten Ahmadis habe im Jahre 1979 die Rückkehr nach Pakistan zugemutet werden können. In dem Urteil vom 15. März 1979 ist einerseits darauf hingewiesen, Ahmadis könnten entsprechend der ihnen verfassungskräftig garantierten Bekenntnisfreiheit ihrem Glauben anhängen und diesen auch anderen predigen; Leben, Freiheit und Eigentum der Ahmadis würden, von Einzelfällen abgesehen, vom Staat nicht angetastet, und die Regierung habe im Oktober 1978 ausdrücklich versichert, sie werde die Rechte der Minderheiten achten. Andererseits hat der Verwaltungsgerichtshof die Befürchtung der von ihm gehörten Sachverständigen wiedergegeben, die Ahmadis könnten künftig bei einer sich abzeichnenden Entwicklung Pakistans über eine islamische Gesellschaftsordnung zu einer islamisch verfaßten Republik staatlich verfolgt werden. Darüber hinaus hat der Verwaltungsgerichtshof die Möglichkeit angedeutet, der pakistanische Staat könne bei der sich abzeichnenden Entwicklung zu einem »islamischen System« den Forderungen der geistlichen und politischen Gegner der Ahmadiyya zunehmend Rechnung tragen und so könne für die Ahmadis ein asylrechtlich erheblicher Verfolgungstatbestand entstehen. Schließlich ist nach seiner Ansicht nicht auszuschließen, daß sich infolge der sunnitischen Agitation gegen die Ahmadiyya den Pogromen von 1953 und 1974 entsprechende Verhältnisse wiederholen könnten, die der Staat nicht hindern wolle oder könne.

Der Verwaltungsgerichtshof wird nunmehr zunächst festzustellen haben, ob die Beschwerdeführer vor ihrer Ausreise aus ihrer Heimat, wie sie geltend machen, politisch verfolgt waren. War dies der Fall, bedarf es der erneuten Prüfung, ob für sie bei einer Rückkehr in dem dann maßgeblichen Zeitpunkt eine Wiederholung von Verfolgungsmaßnahmen mit hinreichender Wahrscheinlichkeit ausgeschlossen ist.

Nr. 141 VG Berlin 7. 7. 1980 (16 A 104/80) MDR 1980, 964

Das Gericht hat den Polizeipräsidenten im Wege einer einstweiligen Anordnung verpflichtet, den auf den Namen der ASt. ausgestellten Reisepaß dieser herauszugeben.

Der Antragsgegner ist nicht berechtigt, den Paß der ASt. einzubehalten. Für diese – wie der Kammer bekannt ist – übliche – Praxis des PolPräs., bei polizeilichen Personenkontrollen den Reisepaß »verdächtiger« Ausländer gegen Ausstellung einer »Paß-Einzugsbescheinigung« »sicherzustellen«, mit der offenbar das Erscheinen des Paßinhabers vor der Ausländerbehörde erzwungen werden soll, ist eine Rechtsgrundlage nicht ersichtlich. Sie ist vielmehr ein unzulässiger Eingriff in die Paßhoheit des ausstellenden Staates und gleichzeitig eine nicht gerechtfertigte Einschränkung der subjektiven Rechte des betroffenen Ausländers. Denn diesem steht es nach § 19 Abs. 1 AuslG frei, die Bundesrepublik jederzeit zu verlassen. An diesem Recht wird er durch die Einbehaltung seines Passes gehindert, ohne daß die Voraussetzungen des § 19 Abs. 2 AuslG und ein entspr. VerwA vorliegen. Er wird ferner daran gehindert, seiner Ausweispflicht nach § 3 Abs. 1 AuslG nachzukommen. Im konkreten Fall schließlich verhindert der PolPräs. selbst, daß die ASt. ihrer Ausreisepflicht aufgrund der Ausweisungsverfügung vom 28. 5. 1980 nachkommt, wobei unerheblich ist, ob sie diese Absicht tatsächlich hat oder nicht (vgl. zur Unzulässigkeit der Paßeinziehung OVG Münster, NJW 1972, 2199; *Kloesel/Christ,* Deutsches Ausländerrecht, Anm. 3 zu § 3 AuslG; *Kanein,* Ausländergesetz, § 3 Anm. 2).

Die ASt. hat auch Anspruch darauf, daß dieser rechtswidrige Eingriff durch Erlaß einer einstw. Anordnung rückgängig gemacht wird. Zwar wird dadurch nicht ein vorläufiger Zustand geregelt, sondern die Hauptsache vorweggenommen, was nur ausnahmsweise zulässig ist. Ein solcher Ausnahmefall ist hier aber gegeben, weil der ASt. nicht zuzumuten ist, ein sich möglicherweise über Jahre hinziehendes Hauptsacheverfahren abzuwarten, ehe sie ihren Paß und damit ihre Bewegungsfreiheit wiedererlangt.

Nr. 142 Hans.OLG Bremen 11. 7. 1980 (1 W 34/80c) InfAuslR 1980, 260

Das Amtsgericht hat auf Antrag des Stadt- und Polizeiamtes in Bremen gegen den Betroffenen Abschiebungshaft nach § 16 Abs. 1 AusländerG angeordnet. Das Landgericht hat die sofortige Beschwerde des Betroffenen zurückgewiesen. Die form- und fristgerecht eingelegte weitere Beschwerde ist zulässig gemäß §§ 3 Satz 2 FreiheitsentziehungsG, 27 ff. FGG und auch begründet, da die angefochtene Entscheidung auf einer Verletzung des Gesetzes beruht. Eine Abschiebungshaft nach § 16 Abs. 1 AusländerG zur Vorbereitung der Ausweisung (sog. Vorbereitungshaft, vgl. AuslVwV Nr. 1 zu § 16) setzt zunächst voraus, daß einer der Ausweisungsgründe des § 10 Abs. 1 Nr. 1–11 AusländerG vorliegt. Das Amtsgericht hat in seinem Beschluß, auf den das Landgericht insoweit Bezug genommen hat, lediglich ausgeführt, daß der Betroffene wegen Fehlens eines festen Wohnsitzes und Mittellosigkeit auszuweisen sein werde. Fehlender fester Wohnsitz ist kein Ausweisungsgrund. Mittellosigkeit ist nur dann ein Ausweisungsgrund, wenn der Ausländer seinen Lebensunterhalt nicht ohne Inanspruchnahme der Sozialhilfe bestreiten kann oder bestreitet (vgl. § 10 Abs. 1 Nr. 10 AusländerG). Hierzu fehlen tatsächliche Feststellungen. Nach den Erklärungen des Betroffenen bei seiner persönlichen Anhörung hat er vielmehr während seines Aufenthalts im Bundesgebiet ständig bei Verwandten gewohnt und zeitweise gearbeitet. Das Landgericht hat sich insoweit auch nicht mit der eidesstattlichen Versicherung des Onkels des Betroffenen auseinandergesetzt, wonach der Onkel für den Unterhalt des Betroffenen sorgt, dem nach dem Beschwerdevorbringen auch noch über den bei ihm vorgefundenen Geldbetrag von 120,– DM hinaus ein weiterer Betrag von 600,– DM zur Verfügung steht, so daß er bis zur beabsichtigten Ausreise im Pkw seines Onkels am 17. 7. 1980 auch für seinen Unterhalt selbst hätte aufkommen können. Diese Begründung des angefochtenen Beschlusses ist daher nicht haltbar.

Das Stadt- und Polizeiamt hat als Ausweisungsgrund auch lediglich den des § 10 Abs. 1 Nr. 6 AusländerG (Verstoß gegen eine Vorschrift des Aufenthaltsrechts) angegeben, nämlich Fehlen einer Aufenthaltserlaubnis (§ 2 Abs. 1 AusländerG), weil die erlaubnisfreie Dreimonatsfrist bereits abgelaufen war, und Fehlen eines gültigen Passes (§ 3 Abs. 1 AusländerG), dessen Gültigkeitsdauer ebenfalls abgelaufen war. Bei dieser Sachlage bestand für den Betroffenen eine unverzügliche Ausreisepflicht (§ 12 Abs. 1 AusländerG), der er nicht nachgekommen war. In einem solchen Fall bedurfte es aber nicht mehr der Einleitung eines Ausweisungsverfahrens, sondern die Verwaltungsbehörde konnte sofort das Abschiebungsverfahren (§ 13 AusländerG) einleiten, wenn – wovon die Behörde ausging – die freiwillige Ausreise nicht gesichert war (vgl. AuslVwV Nr. 1 zu § 13). Im Rahmen *dieses* Verfahrens war auch ein gültiger Paß zu beschaffen (vgl. AuslVwV Nr. 11 zu § 13) und zu klären, ob gegen den Betroffenen ein Ermittlungsverfahren wegen einer Straftat lief und ob die zuständige Staatsanwaltschaft einer Abschiebung widersprach (AuslVwV Nr. 19 zu § 13). Lagen aber die Voraussetzungen einer Abschiebung nach § 13 AusländerG vor, wovon Amts- und Landgericht anscheinend ausgehen, da § 13 angeführt wird, war für eine Vorbereitungshaft nach § 16 Abs. 1 AusländerG kein Raum mehr, sondern lediglich für eine Sicherungshaft nach Abs. 2, falls die Voraussetzungen dieser Vorschrift vorlagen (vgl. AuslVwV Nr. 5 zu § 16; *Kanein,* Ausländergesetz, 3. Aufl., Anm. 2 zu § 16). Dieser rechtliche Gesichtspunkt ist in den angefochtenen Beschlüssen nicht erkannt.

Allerdings decken sich die tatbestandsmäßigen Voraussetzungen der Absätze 1 und 2 des § 16 AusländerG weitgehend. Beide setzen zunächst voraus, daß die Voraussetzungen einer Abschiebung vorliegen oder zumindest zu erwarten sind. Selbst wenn unterstellt wird, daß es im Ermessen der Behörde lag, zunächst ein Ausweisungsverfahren nach § 10 AusländerG einzuleiten, setzte die nachfolgende Abschiebung nach § 13 Abs. 1 AusländerG zunächst weiter voraus, daß Grund zur Annahme besteht, der Ausländer werde nicht freiwillig ausreisen, auch wenn eine unanfechtbare oder sofort vollziehbare Ausweisungsverfügung gegen ihn ergangen ist (vgl. AuslVwV Nr. 2a und b zu § 13). Insoweit haben Amts- und Landgericht keine konkreten Feststellungen getroffen. Das Landgericht scheint vielmehr selbst davon auszugehen, daß der Betroffene den Willen hat, am 17. 7. 1980 mit seinem Onkel in die Türkei auszureisen. Soweit das Landgericht in diesem Zusammenhang ausführt, die beabsichtigte Ausreise sei wegen der Ungültigkeit des Passes des Betroffenen nicht möglich, übersieht das Landgericht, daß die Behörde gerade in diesem Fall verpflichtet ist, *vor* einer Abschiebungsverfügung dem Ausländer eine angemessene Pflicht nach § 13 Abs. 2 AusländerG zu setzen, damit er sich um Verlängerung des Passes oder Ausstellung eines neuen Passes oder Paßersatzes bemühen kann (AuslVwV Nr. 11 zu § 13). Besondere Gründe, nach denen von einer Fristsetzung abgesehen werden kann (vgl. § 13 Abs. 2 Satz 4 AusländerG und Nr. 12 AuslVwV) sind nicht ersichtlich, jedenfalls nicht festgestellt. Dasselbe gilt für die besonderen Gründe, die trotz Bereitschaft des Ausländers zur Ausreise deren Überwachung erforderlich machen (§ 13 Abs. 1 letzter Halbsatz, Nr. 8 AuslVwV).

Auch aus dem sonstigen Akteninhalt ergibt sich nichts, was zwingend gegen eine Bereitschaft zur Ausreise spricht. Zwar ist nach Nr. 7a AuslVwV zu § 13 AusländerG die freiwillige Ausreise nicht als gesichert anzusehen, wenn der Ausländer nicht über ausreichende Mittel zur Ausreise verfügt. Dem steht hier aber schon entgegen, daß der Onkel des Betroffenen ihn im Pkw mitnehmen will und überdies weitere Geldmittel zur Verfügung stehen sollen, wie bereits erörtert worden ist. Es kann daher dahinstehen, ob diese Vorschrift möglicherweise gegen Art. 3 GG verstößt, da der zur Ausreise bereite, aber mittellose Ausländer schlechter gestellt wird als der Bemittelte, oder ob die Behörde, die die Kosten einer zwangsweisen Abschiebung ohnehin aufwenden müßte, oder das Sozialamt oder das zuständige Konsulat die Kosten zur Ausreise vorschießen müßten. Auch der Umstand, daß hier der Betroffene nach seiner Einreise zunächst einen Asylantrag gestellt und einer Erwerbstätigkeit nachgegangen ist, reicht nicht zur Annahme aus, daß er der Verpflichtung zur Ausreise nicht nachkommen werde (vgl. Nr. 7b AuslVwV zu § 13 AusländerG), da er den Asylantrag bereits zurückgenommen und die Erwerbstätigkeit aufgegeben hatte, bevor er nach Bremen zu seinem Onkel kam. – Soweit in einer gegen den Betroffenen gerichteten Strafanzeige behauptet wird, er habe durch eine beabsichtigte Heirat eine Aufenthaltserlaubnis erreichen wollen, fehlt es an nachprüfbaren Feststellungen. – Der Betroffene war nach seiner Einreise auch nicht verpflichtet, seinen Aufenthalt anzuzeigen, da sich die Anzeigepflicht des § 2 DVAuslG nicht auf den Personenkreis des § 1 Abs. 2 Nr. 1 DVAuslG erstreckt. Wenn der Betroffene die erlaubnisfreie Aufenthaltszeit von 3 Monaten überschritt, so konnte dies nach seinen unwiderlegten Angaben, die durch die eidesstattliche Versicherung seines Onkels auch glaubhaft gemacht sind, auf dem Wunsch beruhen, zusammen mit seinem Onkel in dessen Pkw kostenlos zurückzureisen. Auch die Nichtverlängerung eines abgelaufenen Passes ist eine häufig auftretende Nachlässigkeit, die keine Rückschlüsse auf die Absichten des Inhabers zuläßt. Die Beschwerde weist zutreffend darauf hin, daß der Betroffene nur seinen früheren Asylantrag hätte aufrechtzuerhalten oder zu erneuern brauchen, um im Ergebnis einen längeren Aufenthalt im Bundesgebiet zu erreichen. Die Beweislast dafür, daß eine freiwillige Ausreise nicht gesichert ist, trifft aber die Behörde (*Kanein,* a.a.O., Anm. 1 zu § 13).

Fehlt es demnach schon an hinreichenden Feststellungen dafür, daß die Voraussetzungen einer Abschiebung erfüllt sind, so gilt dies – teilweise aus denselben Gründen – für die weiter erforderliche Feststellung, daß die Abschiebung ohne Inhaftnahme wesentlich erschwert oder vereitelt würde (§ 16 Abs.1 AusländerG) oder zur Sicherung der Abschiebung erforderlich ist (Abs. 2). Weder das Amtsgericht noch das Landgericht treffen konkrete Feststellungen hierzu. Sie übernehmen für ihre Annahme, der Betroffene werde »untertauchen«, um sich den drohenden Maßnahmen der Behörde zu entziehen, anscheinend den letzten Absatz der Antragsbegründung der Behörde, welcher jedoch keine stichhaltigen Gründe enthält. Der Umstand, daß der Betroffene sich »illegal« im Bundesgebiet aufhält, ist eine der gesetzlichen Voraussetzungen für eine Ausweisung oder Abschiebung und kann ohne Hinzutreten weiterer Umstände nicht zugleich eine Abschiebungshaft begründen. Das Fehlen eines festen Wohnsitzes ist – anders als im Strafrecht – ebenfalls kein Haftgrund, zumal ein Ausländer ohne Aufenthaltserlaubnis einen festen Wohnsitz im Bundesgebiet gar nicht begründen darf. Es mag ein Haftgrund sein, wenn der Ausländer obdachlos ist oder wiederholt seinen Aufenthalt wechselt, ohne Meldeauflagen der Behörde nachzukommen. Hier hat der Betroffene zunächst bei Verwandten in Hannover gewohnt und wohnte im Zeitpunkt seiner Festnahme in Bremen bei seinem Onkel, wo er nach dessen eidesstattlicher Erklärung auch weiterhin wohnen kann. Die Annahme des Landgerichts, der Betroffene würde mangels eines gültigen Passes seine Ausreise abbrechen müssen und »untertauchen«, beruht zunächst auf der Unterstellung, daß bis dann zum geplanten Ausreisetermin eine Verlängerung des Passes durch das nächste türkische Konsulat in Hannover nicht mehr möglich sei. Eine nach den Umständen gebotene Rückfrage bei dem Rechtsanwalt des Betroffenen hätte die Unrichtigkeit dieser Unterstellung ergeben, wie der Inhalt der weiteren Beschwerdeschrift und die anwaltliche Versicherung von Rechtsanwalt (...) ergibt, wonach die sofortige Verlängerung des Passes möglich und inzwischen erfolgt ist. Im übrigen sprach im Falle eines zunächstigen Scheiterns der Ausreise wegen Paßschwierigkeiten mindestens ebensoviel dafür, daß der Betroffene, statt »unterzutauchen« (wohin?), in die Wohnung seines Onkels in Bremen oder seiner Verwandten in Hannover zurückkehrte, zumal er nach dem Beschwerdevorbringen noch über insgesamt 720,– DM verfügte, also nicht völlig mittellos war. Davon abgesehen ist Mittellosigkeit auch kein ausreichender Haftgrund. Der Mittellose wird sich, auch wenn er vorübergehend bei Verwandten oder Bekannten aufgenommen wird, in der Mehrzahl der Fälle schließlich an das Sozialamt wenden müssen, um seinen Lebensunterhalt zu fristen, oder, soweit es sich um die Kosten der Rückreise handelt, an sein Konsulat. Dafür, daß hier der Betroffene durch Straftaten seinen Unterhalt bestreiten werde, bestehen keine Anhaltspunkte.

Nach alledem beruht die angefochtene Entscheidung auf einem Rechtsverstoß. Das Oberlandesgericht kann aber statt einer Aufhebung und Zurückverweisung selbst anstelle des Landgerichts eine sachliche Änderung der Beschwerdeentscheidung vornehmen und hierbei den Sachverhalt selbst frei würdigen; es darf auch neue Tatsachen berücksichtigen, wenn diese ohne weitere Ermittlungen feststehen (vgl. BGH, NJW 55, 1070; BGHZ 35, 135; *Keidel,* FGG 11. Auflage § 27 Rdn. 59 m. w. OLG-Rechtsprechungsnachweisen, auch Rdn. 65). Als neue Tatsache kann hier die anwaltliche Versicherung von Rechtsanwalt (...) vom 11. Juli 1980 (vgl. Aktenvermerk Bl. 25 R) verwertet werden, wonach der Reisepaß des Betroffenen inzwischen vom türkischen Konsulat in Hannover bis zum 21. 8. 1980 verlängert worden ist und auf seinem Büro vorliegt. Damit entfällt der Hauptgrund, weshalb nach Ansicht der Behörde über die Ausweisung nicht sofort entschieden werden konnte. Nach Ansicht des Senats bedurfte es aber überhaupt keiner Ausweisung, wie bereits ausgeführt ist, sondern die Behörde hatte zu prüfen, ob eine Abschiebung in Betracht kam, falls die freiwillige Ausreise nicht gesichert war. Dies hätte durch Anhörung des Betroffenen und Rückfrage bei seinem Onkel schnell geklärt werden können. Hätte sich dann herausgestellt, daß der Betroffene mit seinem Onkel demnächst aus dem Bundesgebiet ausreisen wollte und bis dahin bei ihm wohnen und unterhalten werden konnte, hätte eine schriftliche Androhung der Abschiebung unter Bestimmung einer Ausreisefrist genügt (§ 13 Abs. 2 Satz 1 AusländerG), wobei diese Frist nach Nr. 11 AuslVwV zu § 13 so zu bemessen war, daß der Betroffene um die Verlängerung des alten Passes oder Ausstellung eines neuen Passes sich hätte bemühen können. Innerhalb dieser Frist hätte auch geklärt werden können, ob ein Ermittlungsverfahren anhängig war und die zuständige Staatsanwaltschaft einer etwaigen Abschiebung widersprach (AuslVwV Nr. 19 zu § 13). –

Im letzteren Fall wäre für eine Abschiebung ohnehin kein Raum mehr gewesen; es wäre allein Sache der Strafverfolgungsbehörden gewesen, einen Haftbefehl nach StPO zu erwirken, falls die gesetzlichen Voraussetzungen vorlagen. – Auf jeden Fall lagen, wie im einzelnen bereits ausgeführt, schon im Zeitpunkt der Antragstellung keine ausreichenden Haftgründe im Sinne von § 16 Abs. 1 oder 2 AusländerG vor. Das Amtsgericht hätte daher den Antrag zurückweisen bzw. das Landgericht der Beschwerde stattgeben müssen. Demgemäß waren beide Beschlüsse abzuändern.

Der Senat sieht sich zu dem Hinweis verpflichtet, daß nach dem Akteninhalt anscheinend auch zwei Verfahrensfehler des Amtsgerichts vorliegen. Aus Art. 5 Abs. 2 der Konvention zum Schutze der Menschenrechte und Grundfreiheiten vom 4. 11. 1950, die durch Bundesgesetz vom 7. 8. 1952 (BGBl. II, S. 686) innerstaatliches Recht geworden ist, hätte hier dem Betroffenen, der anscheinend der deutschen Sprache nicht ausreichend mächtig war, der Beschluß des Amtsgerichts mit einer Übersetzung in türkischer Sprache zugestellt werden müssen (vgl. *Saage-Göppinger,* Freiheitsentziehungsgesetz, 2. Auflage Rdn. 33 zu § 6). Die bloße mündliche Eröffnung, daß dem Antrag der Behörde stattgegeben würde, und die vorsorgliche mündliche Rechtsmittelbelehrung mit Hilfe des Dolmetschers genügen nicht; der Betroffene muß selbst anhand einer Übersetzung des ihm die Freiheit entziehenden Beschlusses nachprüfen können, ob die angeführten Gründe zutreffend sind und ein Rechtsmittel Erfolgsaussicht hat.

Ferner hätte das Amtsgericht gemäß § 6 Abs. 2 Buchst. c Freiheitsentziehungsgesetz seinen Beschluß auch einer Person, die das Vertrauen des Betroffenen genießt, bekanntmachen müssen, was aus den Akten nicht ersichtlich ist. Hierbei war zunächst der Betroffene selbst zu befragen. Falls er keine Vertrauensperson benannte, kam das zuständige türkische Konsulat als Adressat in Betracht (vgl. *Saage-Göppinger,* a.a.O., Rdn. 36, 37). Diese Vertrauensperson wäre auch beschwerdeberechtigt gewesen (§ 7 Abs. 2 Freiheitsentziehungsgesetz). § 6 Abs. 2 gilt übrigens auch für Entscheidungen der Rechtsmittelgerichte, wenn die Anordnung der Freiheitsentziehung bestätigt wird (BVerfGE 16, 119). Es kann dahingestellt bleiben, welche Folgen ein solcher Verfahrensverstoß hat (vgl. dazu *Kanein,* a.a.O., S. 163 unten mit Rechtsprechungsnachweisen), da die weitere Beschwerde bereits aus anderen Gründen zur Abweisung des Antrags der Behörde führte.

Nr. 143 VGH Kassel 14. 7. 1980 (VII TH 177/80) NJW 1980, 2660

Das VG hatte den Antrag des ASt. nach § 80 V VwGO auf Gewährung einstweiligen aufenthaltsrechtlichen Rechtsschutzes zurückgewiesen. Der Senat kommt im Beschwerdeverfahren zu dem Ergebnis, daß der ASt. keinen Sachverhalt vorgetragen hat, aus dem ein möglicher Anspruch auf politisches Asyl schlüssig hervorgehen könnte.

... Selbst wenn der ASt., wie er behauptet, seit Oktober 1978 als Mitglied bzw. Anhänger der MHP Drohungen von Anhängern der CHP ausgesetzt gewesen sein sollte, kann er daraus unter keinem rechtlichen Gesichtspunkt das Recht auf Gewährung von Asyl nach Art. 16 II 2 GG herleiten. Abgesehen davon, daß die CHP gegenwärtig nicht die türkische Regierung bildet, sondern in Opposition steht, während die MHP der gegenwärtigen türkischen Regierung zumindest nahesteht, hat das BVerwG zutreffend dargelegt, daß das Asylrecht nicht zur Aufgabe hat, vor den allgemeinen Unglücksfolgen zu bewahren, die aus Bürgerkrieg und sonstigen Unruhen hervorgehen (DÖV 1979, 296). Wer – wie der ASt. – seine Verfolgungsfurcht allein aus den bürgerkriegsähnlichen Unruhen und den Terrorakten der Anhänger einander bekämpfender politischer Gruppierungen in der Türkei herleitet, dessen Asylgesuch ist angesichts dieser Rechtsprechung des BVerwG eindeutig aussichtslos. Mit ähnlicher Begründung hat das Bundesamt in Zirndorf den Asylantrag des ASt. am 19. 5. 1980 – freilich noch nicht bestandskräftig – abgelehnt.

Hinzu kommt, daß der ASt. durch sein eigenes Verhalten seit der Einreise in die Bundesrepublik Deutschland (17. 2. 1979) gezeigt hat, daß er mit dem Asylgesuch in Wahrheit asylfremde Zwecke verfolgt. Wer in der Bundesrepublik Deutschland Schutz vor politischer Verfolgung sucht, der wartet nicht – wie es der ASt. getan hat – mehr als ein halbes Jahr lang seit seiner Einreise ab, bis er in der Bundesrepublik Deutschland einen Asylantrag stellt (6. 9. 1979), sondern tut dies unverzüglich nach Erreichen des Zufluchtlandes Bundesrepublik Deutschland.

Der wahre Grund der Einreise des ASt. in die Bundesrepublik Deutschland wird überdies aus der seinem ersten Bevollmächtigten erteilten Vollmacht . . . deutlich. Dort heißt es hinter dem Wort »wegen«: »Erteilung einer vorläufigen Aufenthaltserlaubnis mit Gestattung der Arbeitsaufnahme«. Das Asylgesuch sollte nach alledem nur das Mittel sein, den auf andere Weise nicht zu erreichenden Arbeitsaufenthalt in der Bundesrepublik Deutschland zu ermöglichen. Unter diesen Umständen erweist sich das Asylgesuch auch als offensichtlich rechtsmißbräuchlich und ist deshalb auch von daher im allgemeinen ausländerrechtlichen Verfahren unbeachtlich.

Soweit der ASt. durch seine Bevollmächtigten im Beschwerdeverfahren vortragen läßt, jede Prüfung des Asylgesuchs auf seine etwaige eindeutige Aussichtslosigkeit bzw. auf seine etwaige offensichtliche Rechtsmißbräuchlichkeit sei den Ausländerbehörden und der VGen im allgemeinen ausländerrechtlichen Verfahren verwehrt, weil Art. 16 II 2 GG jedem Asylbewerber bis zur rechtskräftigen Entscheidung über sein Asylgesuch durch das Bundesamt in Zirndorf bzw. die Asylgerichte ein vorläufiges Aufenthaltsrecht gewähre, vermag ihm der beschließende Senat aus den nachstehenden Gründen nicht zu folgen:

Ein Asylgesuch ist im allgemeinen ausländerrechtlichen Verfahren nur beachtlich, solange eine – wenn auch noch so geringe – Aussicht auf eine positive Entscheidung im Asylverfahren besteht. Würde ein Asylbewerber bei nicht eindeutiger Aussichtslosigkeit seines Asylgesuchs vor rechtskräftigem Abschluß des Asylverfahrens den Geltungsbereich des Ausländergesetzes verlassen müssen, so würde dies mit Art. 16 II 2 GG allerdings nicht zu vereinbaren sein. Zur Effektivität dieses Grundrechts gehört nämlich auch der Schutz vor nur »möglicher« politischer Verfolgung, solange das Asylverfahren nicht rechtskräftig mit der Bindungswirkung nach § 45 AuslG abgeschlossen ist. Dagegen kann sich trotz noch nicht rechtskräftig abgeschlossenen Asylverfahrens zur Erzwingung eines sonst nicht zu erreichenden, unter Umständen Jahre dauernden Aufenthalts in der Bundesrepublik Deutschland mit Erfolg auf ein gestelltes Asylgesuch nicht berufen, wer eindeutig kein politisch Verfolgter i. S. von Art. 16 II 2 GG ist.

Wer – wie der ASt. – aus der bloßen Stellung eines Asylantrags ein vorläufiges Aufenthaltsrecht herleiten will und sich dabei zur Rechtfertigung seiner Auffassung auf § 40 I AuslG beruft, verkennt, daß das in dieser Vorschrift normierte gesetzliche Aufenthaltsrecht – beschränkt allerdings auf eines der in § 39 AuslG vorgesehenen Sammellager – nur den Asylbewerbern zusteht, die aus einem Land, *in dem sie politisch verfolgt werden,* in den Geltungsbereich des Ausländergesetzes einreisen. Mit Rücksicht auf Art. 16 II 2 GG ist § 40 I AuslG entgegen seinem Wortlaut freilich nicht dahin auszulegen, daß die politische Verfolgung im Ausreiseland bei der Antragstellung schon feststehen müßte; diese Frage soll ja erst im Asylverfahren verbindlich geklärt und entschieden werden (§ 45 AuslG). Die Anknüpfung in § 40 I AuslG an den Tatbestand der politischen Verfolgung in dem Ausreiseland zeigt aber, daß der Gesetzgeber die Stellung eines Asylgesuchs allein nicht für das Entstehen des gesetzlich normierten Aufenthaltsrechts genügen lassen wollte. § 40 I AuslG ist daher verfassungskonform etwa wie folgt auszulegen: Ausländern, die aus einem Land, in dem sie nach ihrem nicht eindeutig unzutreffenden Vorbringen politisch verfolgt werden, in den Geltungsbereich dieses Gesetzes einreisen und die Anerkennung als Asylberechtigte begehren, wird der Aufenthalt . . . gestattet.

Eine solche Auslegung des § 40 I AuslG höhlt das Grundrecht nach Art. 16 II 2 GG entgegen der Auffassung der Gegner der Rechtsprechung des beschließenden Senats nicht aus, sondern trägt nachgerade zur Stärkung des Asylrechts und damit zum Schutz der wirklich politisch Verfolgten bei, die gegenwärtig häufig über Gebühr lange auf eine Anerkennung warten müssen, weil der weit überwiegende Teil der Arbeitskraft der Bediensteten des Bundesamts in Zirndorf und der mit Asylstreitigkeiten befaßten Richter durch die Anträge einer laufend steigenden Zahl von Scheinasylanten in Anspruch genommen wird. Wer eindeutig nicht unter Art. 16 II 2 GG fällt, der handelt rechtsmißbräuchlich, wenn er gleichwohl einen Asylantrag stellt, um dadurch eine mehr oder weniger lange Zeit die aufenthaltsrechtlichen Vergünstigungen eines Asylbewerbers mit nicht eindeutig aussichtslosem Asylbegehren in Anspruch zu nehmen.

Der Gesetzgeber hat dem Asylbewerber das vorläufige Aufenthaltsrecht nicht etwa deshalb eingeräumt, weil er ihn bis zum Zeitpunkt der rechtskräftigen Ablehnung des Asylgesuchs aufenthaltsrechtlich dem anerkannten Asylbewerber gleichstellen wollte, sondern um ihn vor *möglicher* politischer Verfolgung durch einstweilige Aufnahme in dem Zufluchtsland Bundesrepublik Deutschland zu schützen. Ein asylbegehrender Ausländer, der eindeutig kein politisch Verfolgter ist, bedarf dieses einstweiligen Schutzes ebensowenig wie der nicht um Asyl nachsuchende, nicht politisch verfolgte Ausländer, der sich aus anderen Gründen um einen Aufenthalt in der Bundesrepublik Deutschland bemüht. Wer – mit welcher Begründung auch immer – das einstweilige Aufenthaltsrecht auch an eindeutig aussichtslose Asylgesuche knüpft, der schafft dadurch nachgerade einen Anreiz, daß sich immer mehr Scheinasylanten in die Bundesrepublik Deutschland begeben und hier aussichtslose, aber im Ergebnis zu einem Monate oder gar Jahre dauernden Aufenthalt führende Asylgesuche stellen und – wie schon oben dargelegt wurde – damit die Arbeitskraft der mit Asylanträgen befaßten Stellen (Bundesamt in Zirndorf und Asylgerichte) zum Nachteil der wirklich politisch Verfolgten in Anspruch nehmen.

Freilich vermag der Senat nicht auszuschließen, daß im allgemeinen ausländerrechtlichen Verfahren im einzelnen Fall auch einmal ein nicht eindeutig aussichtsloses Asylgesuch irrigerweise als eindeutig aussichtslos bewertet und gegen den Ausländer eine ausländerrechtliche Zwangsmaßnahme ergriffen oder vom VG bestätigt wird, die bei nicht eindeutig aussichtslosem Asylgesuch unterblieben wäre. Diese Möglichkeit einer Fehlentscheidung ist grundsätzlich bei keinem Richterspruch auszuschließen. Auch der Gesetzgeber hat sie bei Schaffung des § 34 AuslG (Abweisung einer Asylklage als offensichtlich unbegründet durch einstimmigen Richterspruch unter Ausschluß der Berufung) in Kauf genommen. In der Praxis wird diese Möglichkeit indes dadurch die ganz seltene Ausnahme bleiben, daß der beschließende Senat strenge Anforderungen an den Begriff der Eindeutigkeit der Aussichtslosigkeit eines Asylgesuchs stellt und schon geringste Zweifel genügen läßt, ein derartiges Asylgesuch nicht als eindeutig aussichtslos zu bewerten.

Zum Schluß sei noch kurz auf den formellen Einwand eingegangen, mit Rücksicht auf die §§ 28ff. AuslG und das darin normierte Entscheidungsmonopol des Bundesamtes Zirndorf und der Asylgerichte sei es den Ausländerbehörden und den VGen im allgemeinen ausländerrechtlichen Verfahren verwehrt, Asylgesuche im Wege der Incident-Prüfung auf ihre eindeutige Aussichtslosigkeit unter Einschluß einer offensichtlichen Rechtsmißbräuchlichkeit zu untersuchen. Dieser Einwand ist unbegründet. Nach § 45 Satz 1 AuslG ist (nur und erst) die Entscheidung im Anerkennungsverfahren in allen Angelegenheiten verbindlich, in denen die Anerkennung rechtserheblich ist. Solange keine Entscheidung im Anerkennungsverfahren ergangen ist, kann von einer Verbindlichkeit für das allgemeine ausländerrechtliche Verfahren keine Rede sein, so daß jedenfalls § 45 AuslG einer Incident-Prüfung des Asylgesuchs auf seine etwaige eindeutige Aussichtslosigkeit nicht entgegensteht.

Ebensowenig hindern allgemeine Zuständigkeitsgesichtspunkte die Incident-Prüfung des Asylgesuchs im allgemeinen ausländerrechtlichen Verfahren auf seine etwaige eindeutige Aussichtslosigkeit. Insoweit sei beispielhaft auf die nach herrschender Ansicht zulässige und daher rechtmäßige Praxis der Gerichte der allgemeinen Verwaltungsgerichtsbarkeit verwiesen, bei der Entscheidung über eine Feststellungsklage nach § 43 VwGO oder über eine Fortsetzungsfeststellungsklage nach § 113 I 4 VwGO incidenter eine zur ausschließlichen Zuständigkeit der LGe gehörende Amtshaftungsklage (vgl. § 71 II Nr. 2 GVG), auf die sich der Kl. zur Darlegung seines berechtigten Interesses an der beantragten Feststellung berufen hat, auf eine etwaige offensichtliche Aussichtslosigkeit (z. B. wegen Verjährung) zu überprüfen (BVerwG, NJW 1973, 1014; VGH Kassel, ESVGH 21, 208; *Kopp*, VwGO, 4. Aufl., § 113 Anm. 58 m. w. N.).

Schließlich greift auch der Einwand nicht durch, die Ausländerbehörden und die nicht mit Asylsachen befaßten VGe seien infolge fehlender Sachkenntnisse überfordert, Asylgesuche incidenter auf eine etwaige eindeutige Aussichtslosigkeit zu untersuchen. Im Rahmen der Entscheidung nach § 14 I 1 AuslG müssen die Ausländerbehörden und die VGe stets prüfen, ob ein Ausländer, der keinen Asylantrag gestellt hat, in einen bestimmten Staat nicht abgeschoben werden darf, weil er dort politische Verfolgung zu erwarten hätte (vgl. Nr. 3 Satz 3 VwV zu § 14: »Unterläßt es der Ausländer, die Anerkennung als Asylberechtigter zu beantragen, so hat über das Vorliegen der Voraussetzungen des § 14 I 1 AuslG die Ausländerbehörde zu entscheiden«).

Nach alledem hält der Senat an seiner Rechtsprechung auch im vorliegenden Fall fest, daß eindeutig aussichtslose Asylgesuche trotz § 40 AuslG im allgemeinen ausländerrechtlichen Verfahren unbeachtlich sind und daß die Ausländerbehörden wie auch die Gerichte der Verwaltungsgerichtsbarkeit im allgemeinen ausländerrechtlichen Verfahren zur Prüfung der Asylgesuche auf ihre etwaige eindeutige Aussichtslosigkeit befugt sind. Für sich selbst nimmt der beschließende Senat diese Incident-Prüfungsbefugnis mit der zusätzlichen, freilich nicht entscheidenden Erwägung in Anspruch, daß ihm durch den Geschäftsverteilungsplan seit dem 1. 1. 1980 neben den allgemeinen ausländerrechtlichen Streitigkeiten auch die Asylstreitigkeiten zur Entscheidung zugeteilt worden sind.

Der Senat ist davon überzeugt, daß seine Auffassung über die Unbeachtlichkeit eines eindeutig aussichtslosen Asylgesuchs mit Rücksicht auf die strengen Anforderungen, die er an die »Eindeutigkeit« der Aussichtslosigkeit stellt, auch vom BVerfG geteilt wird, falls gegen einen seiner Beschlüsse Verfassungsbeschwerde eingelegt werden sollte. Gegen Art. 16 II 2 GG kann die Rechtsprechung des Senats nicht verstoßen, weil sie sich nur auf die Ausländer erstreckt, die eindeutig nicht politisch Verfolgte i. S. von Art. 16 II 2 GG sind. In seiner jüngsten Entscheidung zu Art. 16 II 2 GG (BVerfGE 52, 391 = NJW 1980, 516 = JZ 1980, 24 = DVBl. 1980, 191 = DÖV 1980, 447 – zur Einwirkung des Grundrechts aus Art. 16 II 2 GG auf die Gestaltung des Auslieferungsverfahrens –) hat das BVerfG darauf hingewiesen, daß Art. 16 II 2 GG nicht nur materiell das Asylrecht der politisch Verfolgten sichert, sondern daß der Bestimmung auch verfahrensrechtliche Bedeutung zukommt und daß in der Verfahrensgestaltung auf den bestmöglichen Schutz des Grundrechts aus Art. 16 II 2 GG hinzuwirken ist. Das BVerfG hat unter Berücksichtigung dieses Grundsatzes der Verfassungsbeschwerde des Ausländers gegen die vom OLG für zulässig erkannte Auslieferung nach Jugoslawien stattgegeben, weil sich im Zeitpunkt der Entscheidung des BVerfG nicht abschließend beurteilen ließ, ob dem Ausländer im Falle seiner Auslieferung nach Jugoslawien dort politische Verfolgung drohte oder nicht. In eben diesem maßgebenden Punkt unterscheidet sich der vom BVerfG entschiedene Fall von allen den Fällen, in denen der beschließende Senat ein Asylgesuch nach sorgfältiger Incident-Überprüfung wegen eindeutiger Aussichtslosigkeit als im allgemeinen ausländerrechtlichen Verfahren unbeachtlich behandelt. Das BVerfG hätte der Verfassungsbeschwerde des Ausländers gegen seine Auslieferung nicht stattgegeben, wenn es im Zeitpunkt seiner Entscheidung der Überzeugung gewesen wäre, dem Ausländer drohe im Falle seiner Auslieferung nach Jugoslawien »eindeutig« keine politische Verfolgung i. S. von Art. 16 II 2 GG.

Nur am Rande sei in diesem Zusammenhang erwähnt, daß die bisher einzige vom BVerfG beschiedene Verfassungsbeschwerde gegen einen einem Asylbewerber den einstweiligen Rechtsschutz versagenden Beschluß des VII. Senats des VGH Kassel erfolglos blieb, weil der Bf. die vom Senat festgestellte eindeutige Aussichtslosigkeit seines Asylgesuchs selbst bestätigte, indem er freiwillig in seine Heimat zurückkehrte, obwohl ihn die Ausländerbehörde nach Einlegung der Verfassungsbeschwerde für die Dauer des Verfassungsbeschwerdeverfahrens in der Bundesrepublik Deutschland geduldet hatte.

Nr. 144 BVerfG 15. 7. 1980 (1 C 45.77) BVerwGE 60, 284

Die Klägerin ist französische Staatsangehörige. Sie geht der Erwerbsunzucht nach. 1971 erteilte ihr die Beklagte eine Aufenthaltserlaubnis. Auch nachdem diese Ende Juli 1971 abgelaufen war, übte die Klägerin weiter in K. die Erwerbsunzucht aus. Etwa alle drei Monate reiste sie für einige Wochen nach Frankreich.

1974 beantragte die Klägerin erneut eine Aufenthaltserlaubnis. Die Beklagte lehnte den Antrag ab, wies die Klägerin aus und drohte ihr unter Fristsetzung die Abschiebung an. Gemäß § 15 Abs. 1 Satz 2 des Ausländergesetzes vom 28. April 1965 (BGBl. I, S. 353) – AuslG – wurde die Wirkung der Ausweisung auf fünf Jahre befristet. Auf die nach erfolglosem Vorverfahren erhobene Klage verpflichtete das Verwaltungsgericht die Beklagte zur Neubescheidung. Auf die Berufung der Beklagten änderte das Oberverwaltungsgericht das Urteil des Verwaltungsgerichts und wies die Klage ab. Die Revision der Klägerin blieb ohne Erfolg.

Soweit die Klage sich gegen die Ausweisung richtet, ist sie nicht dadurch unzulässig geworden, daß die Wirkung der Ausweisung gemäß § 15 Abs. 1 Satz 2 AuslG auf fünf Jahre befristet worden und diese Frist inzwischen abgelaufen ist. Die Beklagte hat nicht einen bestimmten Zeitpunkt für den Beginn der Frist festgelegt. Diese ist daher mit der Zustellung der Ausweisungsverfügung in Lauf gesetzt worden. Daß den Rechtsbehelfen der Klägerin gegen die Ausweisung aufschiebende Wirkung zukam, ändert daran nichts. Desgleichen ist unerheblich, daß die Klägerin bisher nicht ausgereist ist. Der Ablauf der Frist setzt die vorherige Ausreise des Ausländers nicht voraus (Urteil vom 26. Februar 1980 – BVerwG 1 C 90.76). Eine Verlängerung der Frist (§ 15 Abs. 1 Satz 3 AuslG) hat die Beklagte nicht verfügt. Trotzdem ist die Ausweisungsverfügung nicht mit Fristablauf gegenstandslos geworden. Von ihr gehen weiterhin Rechtswirkungen aus. Die Beklagte hat sich darauf beschränkt, »gemäß § 15 Abs. 1 Satz 2 AuslG« die Wirkung der Ausweisung zu befristen. Die Befristung bezieht sich folglich nur auf das Verbot des § 15 Abs. 1 Satz 1 AuslG, einem ausgewiesenen Ausländer eine Aufenthaltserlaubnis zu erteilen. Sie betrifft dagegen nicht den nach § 9 Abs. 2 Satz 1 AuslG durch die Ausweisung bewirkten Fortfall der Befreiungen von dem Erfordernis der Aufenthaltserlaubnis (§ 2 Abs. 2 und 3 AuslG), den die Behörde ebenfalls befristen darf (§ 9 Abs. 2 Satz 2 AuslG). Das hat zum Beispiel zur Folge, daß § 1 Abs. 2 Nr. 1 der Verordnung zur Durchführung des Ausländergesetzes in der Fassung vom 29. Juni 1976 (BGBl. I, S. 1717) – DVAuslG – nicht Platz greift, nach dem Staatsangehörige der in der Anlage zu dieser Verordnung aufgeführten Staaten, die Inhaber von Nationalpässen oder anerkannten Personalausweisen (§ 1 Abs. 3 DVAuslG) sind, keiner Aufenthaltserlaubnis bedürfen, wenn sie sich nicht länger als drei Monate im Geltungsbereich des Ausländergesetzes aufhalten und keine Erwerbstätigkeit ausüben wollen. Die Klägerin benötigt also – soweit sie nicht gemäß § 1 AufenthG/EWG privilegiert ist – in den sonst von einem Befreiungstatbestand erfaßten Fällen eine Aufenthaltserlaubnis nach dem Ausländergesetz, die allerdings nach Ablauf der von der Beklagten bestimmten Frist nicht mehr dem Verbot des § 15 Abs. 1 Satz 1 AuslG unterliegt, sondern nach Maßgabe des § 2 Abs. 1 Satz 2 AuslG erteilt werden kann.

Die Ausweisung der Klägerin ist nicht rechtswidrig. Die Klägerin erfüllt den Ausweisungstatbestand des § 10 Abs. 1 Nr. 8 AuslG. Danach kann ein Ausländer ausgewiesen werden, wenn er der Erwerbsunzucht nachgeht. Die Klägerin geht der Erwerbsunzucht nach und will dies nach den Feststellungen des Berufungsgerichts auch weiterhin tun. Der Ausweisungstatbestand des § 10 Abs. 1 Nr. 8 AuslG setzt nicht voraus, daß die Erwerbsunzucht in einer durch besondere Begleitumstände gekennzeichneten Weise, insbesondere unter Verletzung gesetzlicher Verbote, ausgeübt wird. Namentlich gibt das Gesetz keinen Anhalt dafür, daß nur die »wilde«, nicht aber zum Beispiel die in Dirnenwohnheimen stattfindende »kontrollierte« Erwerbsunzucht erfaßt wird, wie es die Klägerin vertritt. Das Ausländergesetz erblickt in der Erwerbsunzucht ohne Rücksicht darauf, in welcher Weise ihr der Ausländer nachgeht, grundsätzlich eine Beeinträchtigung der Belange der Bundesrepublik Deutschland. Es ermächtigt deswegen die Ausländerbehörde ohne weitere tatbestandliche Einschränkung zur Ausweisung nach pflichtgemäßem Ermessen. Ihm kann auch nicht entnommen werden, daß die Behörde bei der Betätigung des Ausweisungsermessens grundsätzlich darauf abzustellen hätte, ob besondere Begleitumstände vorliegen. Diese Regelung widerspricht nicht vorrangigem Recht, insbesondere nicht dem auch für Ausländer in der Bundesrepublik Deutschland geltenden allgemeinen Menschenrecht des Art. 2 Abs. 1 GG. Sie ist Teil der verfassungsmäßigen Ordnung im Sinne dieser Grundrechtsvorschrift.

Zu Recht haben die Behörden auch den Ausweisungstatbestand des § 10 Abs. 1 Nr. 6 AuslG bejaht. Die Klägerin hat sich seit Ende Juli 1971 ohne die nach § 2 Abs. 1 Satz 1 AuslG erforderliche Aufenthaltserlaubnis im Bundesgebiet aufgehalten und damit gegen eine Vorschrift des Aufenthaltsrechts verstoßen. Daß sie etwa alle drei Monate – nach ihren Angaben zu Urlaubszwecken – für einige Zeit nach Frankreich reiste, schloß die Erlaubnisbedürftigkeit ihres Aufenthalts nicht aus. Die Regelung des § 1 Abs. 2 Nr. 1 DVAuslG trifft schon deswegen auf die Klägerin nicht zu, weil diese sich länger als drei Monate im Bundesgebiet aufhalten wollte und aufgehalten hat. Es handelte sich nicht um wiederholte Aufenthalte bis zu drei Monaten, sondern um einen Daueraufenthalt mit kurzfristigen Unterbrechungen in regelmäßigen Abständen. Sinn und Zweck des Befreiungstatbestandes treffen auf einen solchen Sachverhalt nicht zu.

Die Ausweisung ist bei Vorliegen eines gesetzlichen Ausweisungstatbestandes keine zwingende Folge. Sie liegt nach § 10 Abs. 1 AuslG im behördlichen Ermessen, dessen Ausübung gemäß § 114 VwGO nur auf Rechtsfehler hin gerichtlich nachprüfbar ist . . .

Die Behörde hat sich von Erwägungen leiten lassen, die dem Gesetzeszweck entsprechen.

Die Ausweisung ist außerdem mit einschlägigem Völkervertragsrecht vereinbar, das vom Ausländergesetz nach dessen § 55 Abs. 3 nicht berührt wird. Das gilt insbesondere für Art. 3 Abs. 1 des Niederlassungs- und Schiffahrtsvertrages zwischen der Bundesrepublik Deutschland und der Französischen Republik vom 27. Oktober 1956 (BGBl. 1957 II, S. 1661/1959 II, S. 929), nach dem die Staatsangehörigen einer Vertragspartei, die ihren ordnungsmäßigen Aufenthalt im Gebiet der anderen Vertragspartei haben, nur ausgewiesen werden dürfen, wenn sie die Sicherheit des Staates gefährden oder gegen die öffentliche Ordnung oder Sittlichkeit verstoßen. Die Klägerin hatte nicht ihren ordnungsmäßigen Aufenthalt im Bundesgebiet, weil sie nicht im Besitz der erforderlichen Aufenthaltserlaubnis war. Darüber hinaus ist die Ausweisung aus Gründen verfügt worden, die gemäß Art. 3 Abs. 1 die Vertragsstaaten zur Ausweisung berechtigen. Aus entsprechenden Gründen greift der Ausweisungsschutz des Art. 3 Abs. 1 des Europäischen Niederlassungsabkommens vom 13. Dezember 1955 (BGBl. 1959 II, S. 997/1965 II, S. 1099) nicht Platz.

Die Klägerin kann auch nicht die aufenthaltsrechtlichen Vergünstigungen des Gesetzes über Einreise und Aufenthalt von Staatsangehörigen der Mitgliedstaaten der Europäischen Wirtschaftsgemeinschaft vom 22. Juli 1969 (BGBl. I, S. 927), dessen hier maßgebende Bestimmungen von den Änderungsgesetzen vom 17. April 1974 (BGBl. I, S. 948) und vom 31. Januar 1980 (BGBl. I, S. 113) unberührt geblieben sind, für sich beanspruchen. Nach § 1 Abs. 1 Nr. 2 AufenthG/EWG, der hier allein in Betracht kommt, wird Freizügigkeit nach diesem Gesetz Ausländern gewährt, die Staatsangehörige eines Mitgliedstaates der Europäischen Wirtschaftsgemeinschaft sind und im Geltungsbereich dieses Gesetzes sich niedergelassen haben oder niederlassen wollen, um eine selbständige Erwerbstätigkeit auszuüben. Die aufenthaltsrechtlichen

Vergünstigungen dieses Gesetzes setzen mithin einen bestimmten Aufenthaltszweck voraus. An dieser Voraussetzung fehlt es hier.

Die Erwerbsunzucht ist keine selbständige Erwerbstätigkeit, für die Staatsangehörige der Mitgliedstaaten der Europäischen Gemeinschaften Freizügigkeit genießen. Das Gesetz über Einreise und Aufenthalt von Staatsangehörigen der Mitgliedstaaten der Europäischen Wirtschaftsgemeinschaft setzt europäisches Gemeinschaftsrecht in deutsches Recht um. In dem hier maßgebenden Zusammenhang betrifft es das Niederlassungsrecht des Vertrages zur Gründung der Europäischen Wirtschaftsgemeinschaft vom 25. März 1957 (BGBl. 1957 II, S. 753/1958, II, S. 1) – EWGV, das nach Art. 52 Abs. 2 EWGV die Freiheit zur Aufnahme und Ausübung selbständiger Erwerbstätigkeiten umfaßt, sowie die dazu ergangene Richtlinie 64/220/EWG vom 25. Februar 1964 (ABl. EG 1964 Nr. 56, S. 845), die nach Art. 1 Abs. 1 a unter anderem für Staatsangehörige der Mitgliedstaaten gilt, die sich in einem anderen Mitgliedstaat niedergelassen haben oder niederlassen wollen, um eine selbständige Tätigkeit auszuüben (ebenso die inzwischen nach Maßgabe ihres Art. 10 an die Stelle dieser Richtlinie getretene Richtlinie Nr. 73/148/EWG vom 21. Mai 1973, ABl. EG 1973 Nr. L 172, S. 14). Danach ist eine selbständige Erwerbstätigkeit im Sinne des § 1 Abs. 1 Nr. 2 AufenthG/EWG nur eine solche Tätigkeit, für die nach dem Gemeinschaftsrecht (Art. 52 ff. EWGV) Niederlassungsfreiheit gegeben ist, denn es besteht kein Grund anzunehmen, daß in dem hier erörterten Zusammenhang weitergehend Freizügigkeit gewährt werden sollte, als das Gemeinschaftsrecht verlangt.

Maßgebend für die gemeinschaftsrechtliche Niederlassungsfreiheit ist die Zielsetzung des Vertrages zur Gründung der Europäischen Wirtschaftsgemeinschaft und der sich aus ihr ergebende Sinn und Zweck der in dem Vertrag enthaltenen Freizügigkeitsregelungen. Nach Art. 2 EWGV ist es Aufgabe der Gemeinschaft, durch die Errichtung eines Gemeinsamen Marktes und die schrittweise Annäherung der Wirtschaftspolitik der Mitgliedstaaten eine harmonische Entwicklung des Wirtschaftslebens innerhalb der Gemeinschaft, eine beständige und ausgewogene Wirtschaftsausweitung, eine größere Stabilität, eine beschleunigte Hebung der Lebenshaltung und engere Beziehungen zwischen den Staaten zu fördern, die in dieser Gemeinschaft zusammengeschlossen sind. Daraus folgt, daß das Niederlassungsrecht (Art. 52 ff. EWGV) sich nur auf den Aufenthalt zum Zwecke wirtschaftlicher Tätigkeit im Sinne des Art. 2 EWGV bezieht, wie auch die Freizügigkeit der Arbeitnehmer (Art. 48 ff. EWGV) und die Freiheit des Dienstleistungsverkehrs (Art. 59 ff. EWGV) nur für Betätigungen gilt, die »einen Teil des Wirtschaftslebens im Sinne von Art. 2 des Vertrages ausmachen« (EuGH, Urteil vom 12. Dezember 1974 – Rs. 36/74 – [EuGHE 1974, 1405, 1418 = NJW 1975, 1093, 1094]).

Erwerbsunzucht gilt, auch wenn sie nicht verboten und strafbar ist, als eine sittenwidrige und in verschiedener Hinsicht sozialwidrige Tätigkeit. Die Präambel zu der Konvention der Vereinten Nationen zur Unterdrückung des Menschenhandels und der Ausbeutung der Prostitution anderer (Resolution Nr. 317 IV der Generalversammlung der Vereinten Nationen, Yearbook U.N. 1948–1949, S. 613) betont, daß »die Prostitution und das damit verbundene Übel des Menschenhandels unvereinbar mit der Würde und dem Wert der menschlichen Person sind und das Wohl des einzelnen, der Familie und der Gemeinschaft gefährden«. Eine solche mit der Menschenwürde nicht zu vereinbarende Art der Erzielung von Einkünften (vgl. BGHZ 67, 119 [124 f.]) ist, wie sich von selbst versteht, nicht Gegenstand der Wirtschaftspolitik und

Teil des Wirtschaftslebens, zu dessen harmonischer Entwicklung und Ausweitung die Europäische Wirtschaftsgemeinschaft gegründet worden ist. Die Erwerbsunzucht kann Gegenstand ordnungs- und strafrechtlicher Regelungen sein mit dem Ziel, sie zum Schutz der Allgemeinheit vor Gefahren und Belästigungen einzudämmen. Öffentliche Sozialfürsorge kann darauf hinwirken, daß Gefährdete nicht in die Prostitution abgleiten und daß Prostituierte sich aus ihrem Milieu lösen. Die Erwerbsunzucht ist aber nicht Gegenstand wirtschaftsrechtlicher Regelungen der genannten Art und wird folglich von dem Anwendungsbereich des Vertrages zur Gründung der Europäischen Wirtschaftsgemeinschaft nicht erfaßt (vgl. auch *Tromm,* EuR 1980, 153 [154]). Demgemäß verletzt es auch nicht das allgemeine Diskriminierungsverbot des Art. 7 Abs. 1 EWGV, wenn Ausländern aus den Mitgliedstaaten der Europäischen Gemeinschaften der Aufenthalt zum Zwecke der Ausübung der Erwerbsunzucht verwehrt wird. Art. 7 Abs. 1 EWGV verbietet unbeschadet der besonderen Bestimmungen des Vertrages Diskriminierungen aus Gründen der Staatsangehörigkeit im Anwendungsbereich des Vertrages.

Da an der dargelegten Auffassung ein vernünftiger Zweifel nicht möglich ist, muß nicht gemäß Art. 177 Abs. 1a, 3 EWGV eine Entscheidung des Gerichtshofs der Europäischen Gemeinschaften über die gemeinschaftsrechtlichen Freizügigkeitsregelungen eingeholt werden. Solche Zweifel ergeben sich auch nicht daraus, daß das Berufungsgericht im Urteil vom 3. Mai 1977 – II A 122/75 – die Ansicht vertreten hat, die Erwerbsunzucht sei eine selbständige Erwerbstätigkeit im Sinne des § 1 Abs. 1 Nr. 2 AufenthG/EWG. Das Berufungsgericht hat sich wie zuvor das Schleswig-Holsteinische Verwaltungsgericht und das Verwaltungsgericht Frankfurt am Main (Urteil vom 5. März 1974 – IV/1 E 223/73) nicht mit dem Vertrag zur Gründung der Europäischen Wirtschaftsgemeinschaft befaßt. Es hat auf das von ihm für richtig gehaltene »Wortverständnis« des § 1 Abs. 1 Nr. 2 AufenthG/EWG abgestellt und bei seiner Beurteilung auf die finanzgerichtliche Rechtsprechung zu der – von der hier in Rede stehenden Frage verschiedenen – Problematik der einkommensteuerrechtlichen Behandlung durch Erwerbsunzucht erzielter Einkünfte zurückgegriffen. Der Bayerische Verwaltungsgerichtshof hat sowohl im Beschluß vom 5. Dezember 1975 – 319 IV 75 (BayVBl. 1976, 209) als auch im Urteil vom 22. Juli 1977 – 231 X 77 – als für seine Entscheidung unerheblich offengelassen, ob die Erwerbsunzucht eine selbständige Erwerbstätigkeit ist, für die Freizügigkeit besteht . . .

Nr. 145 OVG Hamburg 21. 7. 1980 (OVG Bf V 21/80) InfAuslR 1980, 306

Der Kläger ist türkischer Staatsangehöriger. Er hat von der zuständigen Ausländerbehörde – der Beklagten – die Erteilung einer Aufenthaltserlaubnis ohne den einschränkenden Zusatz verlangt, daß selbständige oder vergleichbare unselbständige Erwerbstätigkeit (z. B. als Geschäftsführer) nicht gestattet sei. Das Verwaltungsgericht hat die Beklagte verpflichtet, über den Antrag des Klägers erneut zu entscheiden, ihm eine Aufenthaltserlaubnis für eine selbständige Erwerbstätigkeit als Geschäftsführer der Firma (. . .) zu erteilen, und die Verpflichtungsklage im übrigen abgewiesen. Das Verwaltungsgericht ist in dem von der Beklagten angefochtenen Urteil von der Auffassung ausgegangen, daß dem deutsch-türkischen Niederlassungsabkommen eine die Ermessensbetätigung einschränkende Verpflichtung der Ausländerbehörde zu entnehmen sei, ausländerrechtliche Anträge türkischer Staatsangehöriger wohlwollend zu prüfen. Der

Antrag der Beklagten, das Urteil der Vorinstanz aufzuheben und die Klage vollen Umfangs abzuweisen, hatte in der Berufungsinstanz Erfolg.

(. . .) Die Ausländerbehörde kann grundsätzlich im Rahmen des ihr nach § 7 Abs. 3 AuslG eröffneten Ermessens durch Nebenbestimmungen regeln, ob und inwieweit der Ausländer im Geltungsbereich des Ausländergesetzes selbständig ein Gewerbe betreiben darf (BVerwG, Urteil vom 27. 9. 1978, *Buchholz* 402.24 Nr. 11 zu § 2 AuslG). Dieser Grundsatz kann auch vorliegend Geltung beanspruchen. Denn abweichende Bestimmungen in völkerrechtlichen Verträgen, die nach § 55 Abs. 3 AuslG unberührt bleiben, greifen hier nicht ein. Zwar sind vorliegend das Niederlassungsabkommen zwischen dem Deutschen Reich und der Türkischen Republik nebst Zusatzprotokoll vom 12. Januar 1927 (Gesetz vom 25. Juni 1927, RGBl. II, S.76) und die Bekanntmachung über die Wiederanwendung deutsch-türkischer Vorkriegsverträge (vom 29. Mai 1952, BGBl. II, S. 608) zu beachten. Das Niederlassungsabkommen enthält jedoch keine Bestimmung, aus der sich ein Rechtsanspruch des Klägers auf Erteilung einer Aufenthaltserlaubnis zur selbständigen Gewerbeausübung ergibt. Das hat das Verwaltungsgericht im angefochtenen Urteil unter Hinweis auf die Rechtsprechung des Bundesverwaltungsgerichts (Urteil vom 20. 8. 1970, BVerwGE Bd. 36, S. 45, 51) zutreffend ausgeführt. Ob die Beklagte bei der Ausübung ihres Ermessens aufgrund von Bestimmungen des Niederlassungsabkommens beschränkt ist, berührt nicht den Grundsatz, daß sie gemäß § 7 Abs. 3 AuslG nach Ermessen regeln kann, ob und inwieweit der Kläger selbständig ein Gewerbe betreiben darf.

Das hat die Beklagte in den angefochtenen Bescheiden auch nicht verkannt. Zu prüfen ist, ob sie ihr Ermessen fehlerfrei ausgeübt hat. Die Beklagte hätte das Ermessen nicht dem Zweck der Ermächtigung entsprechend ausgeübt, wenn sie eine Einschränkung ihres Ermessensspielraums übersehen und daher bei ihrer Entscheidung nicht berücksichtigt hätte. Eine solche Einschränkung läge vor, wenn dem Niederlassungsabkommen eine Wohlwollensklausel zu entnehmen wäre (BVerwG, Urteil vom 27. 9. 1978, *Buchholz* 402.24 Nr. 11, 13 und 14 zu § 2 AuslG). Das ist jedoch entgegen der Auffassung des Verwaltungsgerichts nicht der Fall.

Nach der Rechtsprechung des Bundesverwaltungsgerichts (a.a.O.) enthalten der deutsch-griechische Niederlassungs- und Schiffahrtsvertrag vom 18. März 1960 (BGBl. 1962 II, S. 1505) und der deutsch-spanische Niederlassungsvertrag vom 23. April 1970 (BGBl. 1972 II, S. 1041) Wohlwollensklauseln. In diesen beiden Verträgen verpflichten sich die Vertragsparteien, den Staatsangehörigen des anderen Vertragsstaates die Einreise in ihr Gebiet und den Aufenthalt zu erleichtern. Diese Vertragsbestimmung enthält nach dem Protokoll zum deutsch-griechischen Niederlassungsvertrag das Gebot wohlwollender Prüfung von aufenthaltsrechtlichen Anträgen. Dasselbe hat nach der Rechtsprechung des Bundesverwaltungsgerichts auch ohne eine gleichlautende Protokollbestimmung für den deutsch-spanischen Niederlassungsvertrag zu gelten, weil dieser Vertrag nach Inhalt und Aufbau dem deutsch-griechischen Vertrag angeglichen ist.

Dem deutsch-türkischen Niederlassungsabkommen ist demgegenüber eine Wohlwollensklausel nicht zu entnehmen. Art. 4 NAK bestimmt zwar, daß die Staatsangehörigen der vertragschließenden Teile auf dem Gebiet des anderen Vertragspartners das Recht haben, unter Beobachtung der Landesgesetze und Verordnungen jede Art von Industrie und Handel zu betreiben und jede Erwerbstätigkeit und jeden Beruf auszuüben, soweit diese nicht den eigenen Staatsangehörigen vorbehalten sind. Diese Vorschrift enthält jedoch keine aufenthaltsrechtlichen, sondern nur berufsrechtliche Bestimmungen, während für die Erteilung der Aufenthaltserlaubnis allein Art. 2 NAK einschlägig ist (BVerwG, Urteil vom 20. 8. 1970, BVerwG Bd. 36, S. 45, 52; HmbOVG, Urteil vom 24. 1. 1975 im HmbJVBl. 1975, S. 122). Dem Art. 4 NAK ist dementsprechend auch kein Gebot wohlwollender Prüfung von aufenthaltsrechtlichen Anträgen zu entnehmen.

Das Verwaltungsgericht leitet im angefochtenen Urteil die Geltung einer Wohlwollensklausel aus Art. 2 NAK sowie aus dem Abschluß eines Niederlassungsabkommens als solchem her.

Aus der Vereinbarung eines Niederlassungsabkommens als solcher ist nicht auf einen bestimmten Inhalt zu schließen. Die den Aufenthalt von Ausländern betreffenden völkerrechtlichen Verträge und Niederlassungsabkommen haben unterschiedliche Inhalte, stammen aus verschiedenen Zeiten und sind mit Rücksicht auf die in aller Regel vereinbarte Gegenseitigkeit auch davon abhängig, welchen Status der jeweilige Vertragspartner den deutschen Staatsangehörigen in seinem Lande einzuräumen bereit ist. Daß dabei nicht jeder Staat zu allen Zeiten Wohlwollen gegenüber deutschen Staatsangehörigen zusagen wollte, muß jedenfalls als eine Möglichkeit in Betracht gezogen werden, die nicht bereits durch die Tatsache eines Vertragsschlusses widerlegt wird. Angesichts dieser vielfältigen Unterschiede kann aus der Existenz eines Niederlassungsabkommens nur auf den gemeinsamen Willen der Vertragspartner geschlossen werden, ausgehend von den bei Vertragsabschluß gültigen beiderseitigen innerstaatlichen Regelungen zu einer Verbesserung des aufenthaltsrechtlichen Status der Staatsangehörigen zu gelangen. Das kann im Einzelfall für die deutschen Staatsangehörigen zu Vorteilen im Hoheitsgebiet des Vertragspartners führen, dessen innerstaatliches Recht gegenüber Ausländern vergleichsweise ablehnend ausgestaltet ist, während den Staatsangehörigen des Vertragspartners gegenüber dem deutschen Aufenthaltsrecht keine Vorteile eingeräumt werden oder nur solche auf Teilbereichen, wie etwa dem Touristenverkehr oder dem Aufenthalt zu Studien- und Ausbildungszwecken. Aus dem Abschluß eines Niederlassungsabkommens kann daher nichts dafür hergeleitet werden, wie sein Inhalt im einzelnen beschaffen ist. Auch wenn Niederlassungsabkommen häufig Wohlwollensklauseln enthielten, wäre daraus im Einzelfall ein eigenständiger rechtlicher Ansatz nicht zu gewinnen: Wahrscheinlichkeiten lassen die Möglichkeit einer abweichenden Gestaltung zu und sind daher als dogmatischer Ansatz nicht brauchbar.

Auch Art. 2 NAK enthält keine Wohlwollensklausel. Art. 2 Satz 2 NAK ist für die Geltung einer Wohlwollensklausel unergiebig. Dort heißt es lediglich: Die Staatsangehörigen sollen sich des vollständigsten und dauerndsten Schutzes der Gesetze und der Landesbehörden für ihre Person, ihr Eigentum, ihre Rechte und Interessen erfreuen. Selbst wenn man den darin enthaltenen Superlativen Bedeutung zumessen wollte, wie das Verwaltungsgericht im angefochtenen Urteil –, darf nicht außer acht bleiben, daß hiermit keine besonderen Zusicherungen und Zusagen für die Regelung der Einwanderung und des Aufenthalts gemacht, sondern nur Vereinbarungen über den Schutz des Eigentums, der persönlichen Freiheit sowie sonstiger Rechte und Interessen der Angehörigen der vertragschließenden Staaten getroffen worden sind.

Einschlägig für die Beantwortung der Frage, ob die Beklagte aufgrund des Niederlassungsabkommens zu einer wohlwollenden Behandlung aufenthaltsrechtlicher Anträge türkischer Staatsangehöriger verpflichtet ist, ist Art. 2 Satz 3 NAK. Diese Bestimmung lautet: »Vorbehaltlich der Einwanderungsbestimmungen sollen sie (die Staatsangehörigen der Vertragsparteien) völlige Freiheit zur Einreise und zur Niederlassung haben; sie werden demnach das Gebiet des anderen vertragschließenden Teils betreten, verlassen und sich dort aufhalten können, sofern sie die in diesem Lande geltenden Gesetze und Verordnungen beobachten«. Beide Staaten haben sich somit das Recht vorbehalten, die Einwanderung durch innerstaatliches Recht einzuschränken. Zwar erläutert das Zeichnungsprotokoll zum NAK den Art. 2 dahin gehend, daß seine Bestimmungen die Gesetze und Verordnungen über das Paßwesen nicht berühren. An die Stelle dieser Vorschriften sind indes inzwischen die Bestimmungen des Ausländergesetzes über die Einreise getreten, und auch § 7 Abs. 3 AuslG ist als Einwanderungsbestimmung im Sinne des Art. 2 NAK wegen des Vorbehalts in Art. 2 Satz 3 NAK ohne Einschränkung anwendbar (BVerfGE Bd. 36, S. 45, 49, 51). Für die Geltung einer Wohlwollensklausel im deutsch-türkischen Niederlassungsabkommen findet sich danach kein Anhaltspunkt. Anders als in den Niederlassungsverträgen mit Spanien und Griechenland hat sich Deutschland gegenüber der Türkei nicht verpflichtet, Einreise und Aufenthalt der Staatsangehörigen des Vertragspartners zu erleichtern, sondern sie nur nach Maßgabe und unter dem Vorbehalt der jeweils geltenden Einwanderungsbestimmungen gewährleistet. Darin kann eine Verpflichtung zur Privilegierung nicht gesehen werden. Das Verwaltungsgericht meint demgegenüber zu Unrecht, es könne kaum das Ziel eines Niederlassungsabkommens sein, daß sich die Vertragsparteien gegenseitig eine ohnehin bestehende Rechtslage bestätigen. Natürlich käme einer solchen Bestätigung für den Zeitpunkt des Vertragsschlusses keine den Vertragsschluß rechtfertigende Bedeutung zu. Aber abgesehen von der Frage, daß das Niederlassungsabkommen in anderen Regelungsbereichen über das ohnehin geltende Recht hinausgehen könnte, hat eine solche Bestimmung ihren Sinn darin, daß sie die Vertragspartner völkerrechtlich verpflichtet, die Staatsangehörigen des vertragschließenden Teils auch in Zukunft durch innerstaatliches Recht nicht schlechter zu stellen als andere nichtprivilegierte Staatsangehörige.

Aus dem deutsch-türkischen Niederlassungsabkommen folgt mithin keine das Ermessen der Ausländerbehörde nach § 7 Abs. 3 AuslG einschränkende Wohlwollensklausel (so im Ergebnis auch BVerwGE Bd. 36, S. 45, 51; HmbOVG, Urteil vom 24. 1. 1975 in HmbJVBl. 1975, S. 122). Die Bescheide der Beklagten sind mithin nicht deswegen rechtswidrig, weil die Beklagte zu Unrecht von einem uneingeschränkten Ermessen nach § 7 Abs. 3 AuslG ausgegangen ist.

Auch das Europäische Niederlassungsabkommen führt zu keinem anderen Ergebnis. Die für die Erwerbstätigkeit geltenden Bestimmungen finden nur unter den in Art. 1 und 2 ENA enthaltenen Voraussetzungen für die Einreise und den Aufenthalt Anwendung (Abschnitt V Buchst. a des Protokolls zum ENA). Sie greifen folglich nur Platz, wenn der Ausländer eine Aufenthaltserlaubnis besitzt, nach der die von ihm angestrebte Erwerbstätigkeit nicht ausgeschlossen ist. Art. 1 und 2 ENA verpflichten die Vertragsstaaten nicht zur Erteilung einer (unbeschränkten) Aufenthaltserlaubnis, sondern lediglich dazu, den Aufenthalt zu erleichtern. Die Ausländerbehörden sind daher auch im Rahmen dieses Abkommens zur Ausübung des ihnen nach §§ 2 und 7 AuslG eingeräumten Ermessens befugt (BVerwG, Urteil vom 27. 9. 1978, *Buchholz* 402.24 Nr. 13 zu § 2 AuslG; HmbOVG a.a.O.).

Nr. 146 OLG Düsseldorf 15. 9. 1980 (3 Ws 453/79) MDR 1981, 74

Die Frage, ob Unentgeltlichkeit i. S. von Art. 6 III Buchst. e EMRK lediglich das Gebot der Hinzuziehung eines Dolmetschers ohne Vorleistung des Angekl., nicht aber ein Verbot des nachträglichen Ansatzes von Dolmetscherkosten als Gerichtsauslagen bedeute, ist in Rechtsprechung und Schrifttum nicht einheitlich beantwortet worden (vgl. *Drischler/Oestreich/Haun/Haupt,* GKG 3. Aufl., Kostenverzeichnis Nr. 1904 Rdn. 5 m. w. N.). Nach Auffassung des Senats hat das Urteil des EuGH vom 23. 10. 1978 (NJW 1979, 1091) jedoch klargestellt, daß das in Art. 6 III Buchst. e EMRK gewährte Recht auf unentgeltliche Beiziehung eines Dolmetschers auch einschließt, daß die nachträgliche Zahlung der dadurch verursachten Kosten von dem Verurteilten *nicht* verlangt werden darf. Diese Bestimmung will gerade die Nachteile ausgleichen, denen ein Angekl., der die Verhandlungssprache des Gerichts nicht versteht oder sich nicht in ihr ausdrücken kann, im Vergleich zu einem Angekl., der sie beherrscht, ausgesetzt ist. Die Zulässigkeit einer nachträglichen Berechnung von Dolmetscherkosten würde gerade diese beabsichtigte Wirkung weitgehend beseitigen und darüberhinaus die Gefahr begründen, daß ein Angekl. aus Furcht vor Kostenfolgen seine prozessualen Grundrechte nicht wahrnimmt. Art. 6 III Buchst. e EMRK garantiert deshalb eine *endgültige* Freistellung von Dolmetscherkosten. Im übrigen gilt diese Vergünstigung für die gesamten durch die Fremdsprachigkeit des Betroffenen veranlaßten Dolmetscherkosten, also nicht nur für die durch die Hauptverhandlung, sondern auch für die im vorbereitenden Verfahren – etwa bei polizeilichen Ermittlungen – entstandenen Kosten für Dolmetscher. Auch das hat das Urteil des Europäischen Gerichtshofes für Menschenrechte (NJW 1979, 1092) klargestellt.

Nr. 147 OLG Karlsruhe 25. 9. 1980 (2 Ss 154/80) Die Justiz 1981, 23

Der Jugendrichter hat den Angekl. vom Vorwurf des Fahrens ohne Fahrerlaubnis nach § 21 Abs. 1 Nr. 1 StVG freigesprochen.

Der 19 Jahre alte Angekl. italienischer Staatsangehörigkeit lebt seit 11 Jahren in der Bundesrepublik Deutschland. Er fuhr nur gelegentlich im Urlaub nach Italien. Anläßlich einer solchen Urlaubsreise erhielt er am 5. 11. 1979 in Italien einen nationalen und gleichzeitig einen internationalen italienischen Führerschein. In der Bundesrepublik Deutschland kaufte er sich einen Pkw und verursachte damit als Fahrer am 1. 2. 1980 in Freiburg einen geringfügigen Verkehrsunfall.

Gegen das Urteil des Jugendrichters hat die Staatsanwaltschaft Sprungrevision eingelegt. Das Rechtsmittel ist begründet.

Der Angekl. war aufgrund seines in Italien erworbenen internationalen und nationalen Führerscheins nicht berechtigt, ein Kraftfahrzeug in der Bundesrepublik Deutschland zu führen. In der dem Senat bekannten Literatur und Rechtsprechung wird einhellig die Meinung vertreten, daß ein Deutscher oder Ausländer, der seinen ständigen Wohnsitz im Sinne von § 7 BGB im Bundesgebiet begründet hat, nicht berechtigt ist, mit einem im Ausland erst nach der Wohnsitzbegründung erworbenen Führerschein im Bundesgebiet ein Kraftfahrzeug zu führen (*Jagusch,* Straßenverkehrsrecht, 25. Aufl. 1980, § 15 Straßenverkehrs-Zulassungsordnung (StVZO) Rdnr. 13; *Müller/Rüth,* Straßenverkehrsrecht II, 22. Aufl. 1969, § 4 IntVO Anm. 1; *Full/Möhl/Rüth,* Straßenverkehrsrecht, 1980, § 15 StVZO Rdn. 5; OLG Hamm, VRS 29, 153 und NJW 1963, 1262; OVG Bremen, VRS 34, 318; OLG Stuttgart, VRS 35, 48; OLG Karlsruhe, VRS 43, 261; OLG Celle, VRS 51, 298; VG Darmstadt, Deutsches Arbeitsrecht 1979, 107).

Der Senat hält an seiner Rechtsprechung fest, wonach »außerdeutsche« Kraftfahrzeugführer im Sinne von § 4 Abs. 1 der Verordnung über internationalen Kraftverkehr vom 12. 11. 1934 (RGBl. I, 1137, IntVO) nur solche Personen sind, die unabhängig von der Staatsangehörigkeit ihren ständigen Wohnsitz im Sinne von § 7 BGB im Ausland haben oder bis vor längstens einem Jahr hatten (OLG Karlsruhe, a.a.O.). Diese Voraussetzung trifft nach den Feststellungen des AG auf den Angekl. nicht zu. Der Angekl. hat daher wie jeder andere ständig im Bundesgebiet Lebende eine Fahrerlaubnis nach § 2 StVG zu erwerben, wenn er ein führerscheinpflichtiges Kraftfahrzeug in der Bundesrepublik Deutschland führen will.

Dem AG ist nicht darin beizutreten, daß für den Angekl. als Angehörigen eines Mitgliedstaates der EWG etwas anderes gilt, weil die bisherige Rechtsprechung sich als eine unzulässige Beeinträchtigung des durch Art. 48 EWGV garantierten Freizügigkeitsrechts darstellt. Der Angekl. lebt seit seiner Kindheit ständig in Deutschland, er beherrscht offenbar auch die deutsche Sprache. Der Senat vermag daher nicht zu erkennen, inwiefern die Freizügigkeit des Angekl. durch das in jedem Land der EWG bestehende Erfordernis des Erwerbes einer Fahrerlaubnis beeinträchtigt werden könnte, wenn der Angekl. sich hierbei den Vorschriften des Landes, in dem er ständig lebt, unterwerfen muß. Da der Angekl. vor der Wohnsitzbegründung in der Bundesrepublik Deutschland noch keine ausländische Fahrerlaubnis besaß, findet auf ihn die Sonderbestimmung des § 15 StVZO keine Anwendung (VG Darmstadt, a.a.O.). Der Angekl. hat dementsprechend keine Möglichkeit, sich seinen in Italien erworbenen Führerschein in Deutschland umschreiben zu lassen. Insoweit geht auch die Begründung des AG fehl, die unter Hinweis auf § 15 StVZO den § 5 IntVO gemeinschaftskonform auslegen will. Danach soll für jeden Angehörigen eines Mitgliedstaates der europäischen Gemeinschaft die Jahresfrist, innerhalb derer mit einem ausländischen nationalen und internationalen Führerschein in der Bundesrepublik Deutschland ein Kraftfahrzeug geführt werden darf, ab dem Grenzübertritt nach Erwerb der nationalen ausländischen Fahrerlaubnis gelten, auch wenn der ständige Wohnsitz schon vorher in der Bundesrepublik Deutschland begründet wurde. Das AG sieht die Beeinträchtigung der Freizügigkeit darin, daß der Ausländer nach § 15 Abs. 1 Nr. 4 StVZO mindestens ein Jahr lang ein Kraftfahrzeug in der Bundesrepublik Deutschland geführt haben muß, um sich seine im Ausland erworbene Fahrerlaubnis ohne zusätzliche Prüfung umschreiben zu lassen. Nach der bisherigen Rechtsprechung sei aber der Ausländer mit ständigem Wohnsitz im Inland überhaupt nicht berechtigt, mit der ausländischen Fahrerlaubnis in Deutschland ein Kraftfahrzeug zu führen. Das AG hat jedoch bei dieser Argumentation verkannt, daß im vorliegenden Fall eine Umschreibung nach § 15 StVZO gar nicht möglich ist. Die Ausnahmeregelungen der §§ 4 und 5 IntVO sowie 15 StVZO dienen nicht der Erleichterung zum Erwerb einer Fahrerlaubnis für Ausländer, sondern der Erleichterung des zwischenstaatlichen Kraftfahrzeugverkehrs. Sie sind daher nicht anzuwenden, wenn es – wie vorliegend – ausschließlich um den Erwerb einer dauernden Fahrerlaubnis für die Bundesrepublik Deutschland geht. Der ständig im Inland lebende Ausländer, der noch keine Fahrerlaubnis besitzt, wird nach den deutschen Vorschriften zu Recht genau so behandelt wie ein im Inland lebender deutscher Staatsangehöriger. Anderenfalls ergäbe sich für den Ausländer eine ungerechtfertigte Wahlmöglichkeit, in welchem Land er die Fahrerlaubnis erwerben will, was er zu seinem – möglicherweise nur finanziellen – Vorteil ausnützen könnte. Solange es in den Ländern der EWG noch keine einheitliche Fahrerlaubnis gibt, hat sich deshalb jeder

Angehörige eines Mitgliedstaates an die nationalen Vorschriften des Staates zu halten, in dem er vor dem Erwerb der Fahrerlaubnis ständig lebt.

Der Senat war nicht verpflichtet, die Sache nach Art. 177 Abs. 3 EWGV an den Gerichtshof der europäischen Gemeinschaft vorzulegen. Wie bereits das AG zutreffend ausgeführt hat, ist es nach einer Entscheidung des europäischen Gerichtshofs grundsätzlich mit dem Gemeinschaftsrecht vereinbar, wenn ein Mitgliedstaat von Angehörigen anderer Mitgliedstaaten bei dauernder Niederlassung den Erwerb einer nationalen Fahrerlaubnis verlangt, selbst wenn sie eine Fahrerlaubnis ihres Herkunftslandes besitzen (EuGH, Urteil vom 28. 11. 1978, NJW 1979, 485). Dies hat um so mehr für solche Personen zu gelten, die bei dauernder Niederlassung noch keine Fahrerlaubnis ihres Herkunftslandes besessen haben. Da diese Rechtsfrage durch den europäischen Gerichtshof bereits geklärt ist, bedarf es für jeden konkreten Fall nicht einer erneuten Vorabentscheidung (so auch OLG Stuttgart, NJW 1980, 1242; OLG Karlsruhe, Beschl. vom 17. 3. 1980 – 3 Ss 322/79). Darüber hinaus liegt keine entscheidungserhebliche Rechtsfrage des Gemeinschaftsrechts vor, deren Beantwortung durch den europäischen Gerichtshof erforderlich ist. Zu einer Anwendung und damit Auslegung des Art. 48 EWGV war das AG nur gekommen, weil es § 15 StVZO hier zu Unrecht für anwendbar hielt. Nach der vom Senat und der übrigen Rechtsprechung vertretenen Ansicht sind die hier einschlägigen deutschen Rechtsvorschriften jedoch in gleicher Weise auf Ausländer und Inländer anzuwenden. Die Frage einer Einschränkung der Freizügigkeit im Sinne von Art. 48 EWGV wird nach der Auffassung des Senats in der vorliegenden Sache ebensowenig berührt wie etwa eine mögliche Diskriminierung von Ausländern im Sinne von Art. 7 EWGV.

Nr. 148 **FG Berlin 10. 10. 1980 (III 310/78) EFG 1981, 494**

Der Kläger (Kl.) wohnt in Berlin (West) und ist seit Dezember 1948 bei der Deutschen Reichsbahn (DR) in Berlin (West) beschäftigt. Er erhielt 1976 und 1977 Arbeitslohn in DM-West. Die DR, die von Berlin (Ost) verwaltet wird, behielt nach einer in Berlin (West) nicht geltenden Lohnsteuer-Tabelle Lohnsteuer ein, die sie an die Finanzverwaltung in Berlin (Ost) abführte. Der Kl. beantragte beim Beklagten (Bekl.) vergeblich die Festsetzung einer Zulage für Arbeitnehmer nach § 28 BerlinFG für 1977.

Die Klage ist begründet ... Die sachlichen Voraussetzungen für die Festsetzung von Arbeitnehmerzulage für 1977 zugunsten des Kl. liegen vor. Nach § 28 Abs. 1 Satz 1 BerlinFG erhalten Arbeitnehmer, die Arbeitslohn für eine Beschäftigung in Berlin (West) aus einem gegenwärtigen Dienstverhältnis (§ 23 Nr. 4 Buchst. a BerlinFG) beziehen, eine Vergünstigung durch Gewährung von Zulagen. Steuerfreie Einnahmen werden nicht begünstigt (§ 28 Abs. 2 Satz 4 BerlinFG). Arbeitslohn ist deshalb – von wenigen Ausnahmen abgesehen – nur insoweit begünstigt, als er steuerpflichtig ist (vgl. dazu *Sönksen/Söffing*, BerlinFG, § 28 Anm. 46; *George*, Berliner Steuerpräferenzen, 5. Aufl., §§ 28, 29 Anm. IV 2, S. 335).

Danach kann der Kl. für 1977 die Festsetzung einer Zulage beanspruchen:

Der Kl. ist als unbeschränkt steuerpflichtiger Arbeitnehmer in Berlin (West) beschäftigt. Er erhält Arbeitslohn i. S. von § 19 Abs. 1 Nr. 1 EStG i. V. mit § 2 Abs. 1, Abs. 2 LStDV.

Der Arbeitslohn, den der Kl. für seine Tätigkeit als Arbeitnehmer in Berlin (West) erhält, ist auch nicht steuerbefreit.

Eine Steuerbefreiung nach Bestimmungen des EStG, der LStDV und des BerlinFG liegt nicht vor.

§ 3 Nr. 63 EStG greift nicht ein. Steuerfrei sind danach Einkünfte der in § 49 EStG bezeichneten Art, wenn sie »in« der DDR oder in Berlin (Ost) bezogen worden sind. Der Kl. hat seine Einkünfte aus nichtselbständiger Arbeit (§ 49 Abs. 1 Nr. 4 EStG) aber nicht »in« der DDR oder Berlin (Ost) bezogen. Er hat dort nicht gearbeitet. Er ist nicht »in« der DDR oder Berlin (Ost) bezahlt worden. Selbst wenn er seinen Arbeitslohn »von« einer dort tätigen Behörde oder Dienststelle erhalten hat, hat er seinen Arbeitslohn »in« Berlin (West) bezogen. Entscheidend für die Steuerbefreiung nach § 3 Abs. 63 EStG ist nicht, wo der Arbeitgeber, für dessen Rechnung der Arbeitslohn gezahlt worden ist, seinen Verwaltungssitz hat, sondern auf welchem Gebiet der Arbeitnehmer seinen Anspruch auf Zahlung des Arbeitslohns verwirklicht. Dies war für den Kl. eine Betriebsstätte der DR in Berlin (West) (vgl. die Begründung zu § 6 Abs. 11 Regierungsentwurf, BT-Drs. 7/1470, S. 243; *Herrmann/Heuer,* Kommentar zur ESt. und KSt., 19. Aufl., § 3 Tz. 377).

Die auf dem Gebiet von Berlin (West) gelegenen Betriebsstätten der DR gehören staatsrechtlich nicht zum Gebiet der DDR oder zum Gebiet von Berlin (Ost). Das Reichsbahngelände in Berlin (West) unterliegt der Oberhoheit der westlichen Schutzmächte. Sie üben in den ihnen durch das Londoner Protokoll vom 12. September 1944 zugewiesenen Sektoren in Berlin die oberste Gewalt aus (vgl. *Kreutzer,* Berlin im Bund, Zeitschrift für Politik 1954, 139). Dies gilt auch für das Gelände der DR in Berlin (West).

Nach der Besetzung Berlins ist das Reichsbahngelände in Berlin (West) der Kontrolle, Beschlagnahme, Weisung und Verwaltung durch die jeweils örtliche Militärregierung unterstellt worden (vgl. Gesetz Nr. 52 in Verbindung mit dem Beschluß der Alliierten Kommandantur Berlin vom 23. August 1945). Dementsprechend haben die drei westlichen Schutzmächte mehrfach Regelungen für das in ihren Sektoren belegene Gelände der Deutschen Reichsbahn getroffen. In der BK/O (49) 217 vom 7. Oktober 1949 (Verordnungsblatt Berlin 1949, 368) haben sie z. B. angeordnet, daß ohne ihre Genehmigung keine auf Reichsbahngelände in Berlin befindlichen Einrichtungen oder Materialien, die zum ordnungsgemäßen Betrieb oder zur Verwaltung der Eisenbahn innerhalb eines Sektors erforderlich sind, entfernt werden dürfen.

Daß die Deutsche Reichsbahn, auch soweit sie auf dem Gebiet von Berlin (West) tätig ist, von Behörden in Berlin (Ost) betrieben wird, ändert an der Rechtslage für den Kläger nichts. Die Deutsche Reichsbahn wird unter der Oberhoheit der westlichen Schutzmächte auf dem Gebiet von Berlin (West) deshalb von Behörden in Berlin (Ost) geleitet, weil sich die technische Leitung für das einheitliche Eisenbahnverkehrswesen einschließlich der S-Bahn für Groß-Berlin bei Beendigung des 2. Weltkrieges auf dem Gebiet des späteren Berlin (Ost) befand (vgl. *Legien,* Die Viermächtevereinbarungen über Berlin, 2. Aufl. 1961, S. 16). Die Befugnisse von Dienststellen in Berlin (Ost) für in Berlin (West) belegene Betriebsstätten der Deutschen Reichsbahn beschränken sich auf die technische Betriebsführung.

Eine Steuerbefreiung für den Geltungsbereich des Einkommensteuergesetzes oder des Berlinförderungsgesetzes durch alliiertes Besatzungsrecht liegt ebenfalls nicht vor.

Alliiertes Recht geht nach Abs. 4 des Genehmigungsschreibens der Militärgouverneure zum Grundgesetz – GG – vom 12. Mai 1949 und nach Nr. 2 des Bestätigungsschreibens zur Verfassung von Berlin (BK/O (50) 75 vom 29. August 1950 (Verordnungsblatt für Groß-Berlin 1950 I, S. 440) deutschem Recht vor. Für die in Berlin (West) belegenen Betriebsstätten der Deutschen Reichsbahn haben die Amerikanische Militärregierung durch Befehl USMG/149 vom 12. November 1948 (Verordnungsblatt für Groß-Berlin 1948, S. 498), die Britische Militärregierung durch Befehl MGBS/135 vom 11. November 1948 (Verordnungsblatt für Groß-Berlin 1948, S. 499) und die Französische Militärregierung durch Befehl GMFB/140 vom 12. November 1948 (Verordnungsblatt für Groß-Berlin 1948, S. 500) alle einverständlich mit Rückwirkung vom 28. August 1948 entschieden, daß Steuerzahler und Unternehmen mit Wohnsitz oder Sitz in einem der drei Westsektoren Berlins Steuern an das in den Westsektoren zuständige Finanzamt zahlen müssen. Der Ort des Unternehmens ist maßgebend für Fälle, in denen sich ein Unternehmen in verschiedenen Sektoren befindet.

Diese Bestimmung hat z. B. die Britische Militärregierung mit Schreiben vom 5. Januar 1949 an das damalige Landesfinanzamt Berlin für den Fall des Reichsbahnausbesserungswerks Grunewald verbindlich dahin ausgelegt, daß sich die Leitung der Deutschen Reichsbahn zwar im sowjetischen Sektor befinde, daß Lohnsteuern für die Beschäftigung von Reichsbahnangestellten im Ausbesserungswerk Berlin-Grunewald aber an das im britischen Sektor gelegene Finanzamt Wilmersdorf zu zahlen seien.

Die westlichen Militärregierungen haben übereinstimmend in Nr. 2 der jeweiligen Befehle angeordnet, daß Steuern, die nach den Befehlen in den Westsektoren zu zahlen sind, nicht an Finanzämter im sowjetischen Sektor Berlins zu überweisen oder abzuführen sind.

Damit ist der später und einseitig erlassene Befehl des Chefs der Garnison und Sowjetischen Militärkommandanten der Stadt Berlin Nr. 95 vom 18. November 1948 (Verordnungsblatt für Groß-Berlin 1948, S. 494), wonach Firmen, Unternehmungen und Behörden, die im sowjetischen Sektor gelegen sind, Steuern nur bei den Steuerkassen entrichten dürfen, die sich im sowjetischen Sektor der Stadt Berlin befinden, für die Westsektoren Berlins nicht wirksam geworden.

Eine Steuerbefreiung des vom Kläger erzielten Arbeitslohns mit der Folge, daß er keinen Anspruch auf Festsetzung und Zahlung von Arbeitnehmerzulage nach § 28 Abs. 1 BerlinFG 1977 hat, liegt auch nicht deswegen vor, weil der Beklagte dem Kläger Lohnsteuer nach § 163 AO aus Billigkeitsgründen erlassen hat . . .

Nr. 149 VGH Bad.-Württ. 10. 10. 1980 (A 12 S 24/80) BWVPr. 1981, 92

Der am 4. 2. 1958 geborene Kläger, pakistanischer Staatsangehöriger, verließ Pakistan am 30. 9. 1977 mit einem am 1. 9. 1977 ausgestellten und bis zum 31. 8. 1982 gültigen pakistanischen Paß. Am 13. 10. 1977 reiste er über die DDR in die Bundesrepublik Deutschland ein. Mit Schreiben vom gleichen Tag beantragte er seine Anerkennung als Asylberechtigter. Zur Begründung machte er geltend, er werde als Mitglied der ehemaligen National Awami Party (NAP) politisch verfolgt. In seiner Heimat habe er ein Lebensmittelgeschäft besessen, das von Anhängern der Pakistan Peoples Party (PPP) beschlagnahmt worden sei. Nach der Machtübernahme durch General Zia-ul-Hag sei er unter falsche Anklage gestellt worden. Nachdem ein Haftbefehl gegen ihn ergangen sei, habe er um sein Leben gefürchtet und sei in die Bundesrepublik Deutschland geflüchtet.

Vor dem Bundesamt für die Anerkennung ausländischer Flüchtlinge gab der Kl. an, er habe bis kurz vor seiner Ausreise aus Pakistan als Packer gearbeitet. Seit 1973 sei er

»worker« der NAP. Seine Aufgabe sei es gewesen, für die Partei zu werben und bei Versammlungen Reden zu halten. Im Juli 1977 sei gegen ihn ein Haftbefehl wegen seiner Beziehungen zur NAP erlassen worden. Daraufhin habe er sich entschlossen, das Land zu verlassen. Ausreiseschwierigkeiten habe es nicht gegeben. Bei den letzten Wahlen sei er noch nicht wahlberechtigt gewesen, da er noch nicht 21 Jahre alt gewesen sei.

Das Bundesamt lehnte den Antrag ab, da jedenfalls seit der Machtübernahme durch General Zial-ul-Hag am 5. 7. 1977 Mitglieder der NAP und deren Nachfolgeorganisation NDP nicht verfolgt würden. Klage und Berufung des Kl. waren erfolglos.

Rechtsgrundlage des vom Kl. geltend gemachten Anspruchs auf Anerkennung als Asylberechtigter ist Art. 16 Abs. 2 Satz 2 GG. Nach diesem Grundrecht genießen politisch Verfolgte Asylrecht, sie sind auf Antrag nach § 28 AuslG als Asylberechtigte anzuerkennen. Politisch verfolgt in diesem Sinne ist, wer sich aus begründeter Furcht vor Verfolgung wegen seiner Rasse, Religion, Nationalität, Zugehörigkeit zu einer bestimmten sozialen Gruppe oder wegen seiner politischen Überzeugung außerhalb des Landes befindet, dessen Staatsangehörigkeit er besitzt und den Schutz dieses Landes nicht in Anspruch nehmen kann oder wegen dieser Befürchtungen nicht in Anspruch nehmen will (Art. 1 A Nr. 2 des Abkommens über die Rechtsstellung der Flüchtlinge – Genfer Konvention – vom 28. 7. 1951 – BGBl. 1953 II, S. 559, und 1954 II, S. 619 – i. d. F. vom 31. 3. 1967 – BGBl. 1969 II, S. 1293, 1970 II, S. 194). Diese den Begriff des Flüchtlings umschreibenden Gründe umfassen alle denkbaren Fälle einer politischen Verfolgung (BVerwGE 49, 202; 55, 82, 84). Eine begründete Furcht vor politischer Verfolgung ist gegeben, wenn der Asylsuchende bereits in seiner Heimat verfolgt wurde oder ihm bei verständiger Würdigung der gesamten Umstände seines Falles eine Verfolgung mit beachtlicher Wahrscheinlichkeit droht, so daß ihm nicht zuzumuten ist, im Lande seiner Staatsangehörigkeit zu bleiben oder dorthin zurückzukehren (BVerwGE 55, 82 m. w. N.). Die Verfolgung muß grundsätzlich von den Staatsorganen ausgehen und sich gegen den Asylsuchenden persönlich richten.

Diese Voraussetzungen sind im vorliegenden Verfahren nicht gegeben.

Die vom Kl. vorgetragenen Verfolgungsgründe betreffen Ereignisse, die sich in seinem Heimatland zugetragen haben. Zum Nachweis solcher Vorgänge reicht es aus, daß sie glaubhaft gemacht werden, da sich der Asylsuchende für asylbegründende Vorgänge außerhalb des Gastlandes in einem sachtypischen Beweisnotstand befindet (BVerwGE 55, 82, 86; BVerwG, Beschl. vom 20. 8. 1974 – I B 15.74 – *Buchholz* 402.24 § 28 AuslG Nr. 6). Die Glaubhaftmachung ist eine Beweisführung mit einem geringeren Wahrscheinlichkeitsgrad. Im Gegensatz zum vollen Beweis, der eine an Gewißheit grenzende Wahrscheinlichkeit erfordert, genügt für sie bereits die überwiegende Wahrscheinlichkeit (*Eyermann-Fröhler,* VwGO 8. Aufl., § 86 Rdnr. 13).

Der Kl. hat nicht glaubhaft gemacht, daß er Mitglied der National Awami Party (NAP) war und infolge dieser Mitgliedschaft staatlichen Verfolgungsmaßnahmen ausgesetzt war oder solche im Falle seiner Rückkehr nach Pakistan zu befürchten hat. Nach seinen Angaben ist er im Jahre 1973 in die Partei als »worker« eingetreten. Seine Aufgabe sei es gewesen, Reden zu halten und für die Partei zu werben. Irgendwelche Unterlagen über seine Parteimitgliedschaft und über die Art seiner Tätigkeit hat er nicht vorgelegt, obwohl ihm dies hätte möglich sein müssen, da er mit seinem Anwalt in Pakistan und dort lebenden Freunden in brieflichem Kontakt steht und er auch mit der naheliegenden Möglichkeit rechnen mußte, darüber befragt zu werden, da dieses für sein Klagebegehren entscheidungserheblich ist. Abgesehen von alledem spricht jedoch der Umstand, daß er im Jahre 1973 noch minderjährig und noch nicht wahlberechtigt war, mit überwiegender Wahrscheinlichkeit dagegen, daß er Mitglied der NAP gewesen ist.

Selbst wenn der Senat zugunsten des Kl. als richtig unterstellt, daß er Mitglied der NAP gewesen sein könnte, wäre er nicht als politisch Verfolgter anzusehen. Die erstmals im Juli 1957 gegründete und später wiederholt verbotene NAP war eine der bedeutendsten Oppositionsparteien gegen die von Bhutto und seiner Partei (Pakistan People's party – PPP –) gebildete Regierung. Ihre Anhängerschaft hat und hatte sie in den an Afghanistan grenzenden Provinzen Nordwest-Grenzprovinz und Baluchistan, für deren Autonomie sie kämpfte (vgl. hierzu das Gutachten über die pakistanische "National Awami Party" von *Munir D. Ahmed,* Deutsches Orient-Institut Hamburg, vom 10. 8. 1978, S. 30, 32, 35, im folgenden zitiert: Gutachten). Da die Regierung ihr separatistische Bestrebungen, nämlich die Gründung eines unabhängigen Staates »Pakhtunistan«, vorwarf, wurde sie am 10. 2. 1975 verboten. Anlaß, jedoch nicht Ursache, war das Attentat auf den Vorsitzenden der PPP in der Nordwest-Grenzprovinz Sherpao (Gutachten, S. 27 ff., 32, 35). Ihr Vermögen wurde beschlagnahmt und die führenden Mitglieder, einschließlich ihres Parteiführers Wali Khan, wurden verhaftet. Im Februar 1976 wurde gegen 55 Mitglieder der Parteiführung Anklage wegen Landesverrats vor einem Sondergericht im Hyderabad erhoben, dem Richter aller Provinzen zugeteilt wurden.

Am Ende der Regierungszeit von Bhutto (5. 7. 1977) bestand die Partei praktisch nicht mehr. Bereits am 6. 11. 1975 wurde als Nachfolgeorganisation die National Democratic Party – NDP – mit ähnlichem Programm gegründet, in die Mitglieder der früheren NAP geschlossen eintraten. Im Januar 1977 trat die NDP der Pakistan National Alliance – PNA – bei, zu der sich insgesamt 9 Oppositionsparteien gegen die regierende PPP vereinigten (Gutachten, S. 36) und die den Boden für die Machtübernahme durch General Zia-ul-Haq am 5. 7. 1977 bereitete (Auskunft des Auswärtigen Amtes vom 12. 9. 1979 – 510–516/2449). Nach diesem Regierungswechsel wurden das Verbot der NAP aufgehoben, das Sondergericht in Hyderabad aufgelöst und die Anklagen gegen zuletzt 52 führende Mitglieder der NAP durch Verordnung des Justizministers vom 3. 1. 1978 niedergeschlagen (Auskunft des Auswärtigen Amtes vom 13. 1. 1978 – 510–516.80 LIA/PAK – und vom 9. 5. 1980 – 510–516.80 PAK; Gutachten, S. 37). Seitdem werden keine Mitglieder der NAP wegen ihrer Parteizugehörigkeit verfolgt (Auskunft des Auswärtigen Amtes vom 13. 11. 1978 – 510–516/2271; vom 9. 1. 1980 – 510–516/2497; vom 29. 8. 1980 – 510–516.80 PAK; Gutachten, S. 39). Vielmehr erfreuen sich Mitglieder dieser Partei des Wohlwollens der heutigen Regierung (Auskunft des Auswärtigen Amtes vom 20. 6. 1978 – 510–516.80 PAK; vom 9. 1. 1980 – 510–516/2497).

Diese Feststellungen trifft der Senat aufgrund der genannten Quellen. Das Auswärtige Amt ist aufgrund seiner Sachkenntnis, seiner durch die Botschaft vermittelten Ortsnähe und seiner zahlreichen Beziehungen zu Institutionen und Bürgern des Herkunftslandes in besonderem Maße in der Lage, die politischen Verhältnisse des betreffenden Staates zu erkennen und zu beurteilen. Seine Auskünfte stimmen in den hier maßgebenden Punkten mit den Angaben in dem genannten Gutachten des Deutschen Orient-Instituts Hamburg überein. Auch aus dem Jahresbericht von Amnesty International 1979 (S. 184 ff.) und aus dem von dieser Organisation herausgegebenen »Kurzbericht über eine Mission vom 20.–25. 1. 1978« ergeben sich keine entgegenstehenden Anhaltspunkte. In der Rechtsprechung des Bundesverwaltungsgerichts ist geklärt, daß Auskünfte von Behörden der Bundesrepublik Deutschland über dem Gericht nicht bekannte politische Verhältnisse im Herkunftsland des Asylsuchenden eingeholt und verwertet werden können (BVerwGE 31. 212, 216, 217; BVerwG, Beschl. vom 9. 7. 1979 – 1 B 424.79; Beschl. vom 14. 3. 1979 – 1 B 178.79). Die vorgenannten Feststellungen des Senats begründen den zeitgeschichtlich gesicherten Erfahrungssatz (vgl. hierzu VGH Bad.-Württ., Urteil vom 11. 9. 1980 – A 12 A 6/80), daß – einfache – Mitglieder der früheren NAP seit der Machtübernahme durch General Zia-ul-Haq am 5. 7. 1977 nicht verfolgt werden (VGH Bad.-Württ., Urteil vom 10. 10. 1980 – A 12 S 42/80).

Der Kl. hat keine Tatsachen vorgetragen, die in seinem Falle ein Abweichen hiervon gebieten. Selbst wenn er im Jahre 1973 in die Partei als »worker« eingetreten war und er sich für deren Ziele einsetzte, kann dem keine entscheidungserhebliche Bedeutung zugemessen werden. Im Hinblick auf sein damaliges Alter, seine fehlende Ausbildung und die verhältnismäßig kurze Zeit seiner Parteizugehörigkeit kann er allenfalls als einfaches Mitglied der NAP angesehen werden, dem keine besonderen Aufgaben übertragen waren. Besondere Umstände, die ausnahmsweise auf eine Verfolgung wegen dieser politischen Betätigung hinweisen könnten, sind nicht erkennbar. Dafür, daß ein gegen ihn möglicherweise ergangener Haftbefehl auf seine Mitgliedschaft in der NAP gestützt sein könnte, besteht bei dieser Sachlage keine überwiegende Wahrscheinlichkeit. Aber auch die Ausstellung eines Passes am 1. 9. 1977 und die ungehinderte Ausreise am 30. 9. 1977 deuten darauf hin, daß gegen ihn kein Verfahren wegen seiner Zugehörigkeit zur NAP anhängig gewesen sein kann; denn sowohl bei der Ausreise als auch bei der Ausstellung von Pässen wirken die staatlichen Sicherheitsbehörden mit, so daß eine Festnahme des Kl. aufgrund eines bestehenden Haftbefehls ohne weiteres möglich gewesen wäre (Auskunft des Auswärtigen Amtes vom 16. 7. 1980 – 510–516/2694; von April 1979 – 510–516.80 PAK). Gegen eine Verfolgung wegen der Mitgliedschaft in der NAP spricht schließlich die Erklärung des Kl. in der mündlichen Verhandlung vor dem Verwaltungsgericht, nach der »eventuelle« Fahndungsmaßnahmen »allenfalls« noch wegen illegalen Waffenbesitzes erfolgten. Soweit nach den vom Kl. vorgelegten Schreiben seines Rechtsanwalts vom 27. 5. 1980 und seines Freundes A. auch heute noch ein Strafverfahren gegen ihn anhängig sein sollte, ist dies nach der Überzeugung des Senats mangels entgegenstehender Anhaltspunkte jedenfalls dann, wie er behauptet, auf illegalen Waffenbesitz und/oder Teilnahme an einer verbotenen Demonstration und Unruhestiftung zurückzuführen.

Eine Verfolgung wegen illegalen Waffenbesitzes und/oder wegen Teilnahme an einer verbotenen Demonstration und Unruhestiftung ist asylrechtlich jedoch ohne Bedeutung. Hierbei handelt es sich nämlich nicht um eine politische Verfolgung im Sinne des Art. 16 Abs. 2 Satz 2 GG, sondern um eine strafrechtliche Maßnahme, die allein dem Schutze der öffentlichen Sicherheit und Ordnung dient. Für die Abgrenzung einer politischen Verfolgung von strafrechtlichen Maßnahmen kommt es grundsätzlich entscheidend auf das Ziel und den Zweck der Norm an, die der Staat mit dem Gesetz verfolgt. Will er mit der Bestrafung den Betroffenen wegen seiner Rasse, Religion, Nationalität, seiner Zugehörigkeit zu einer bestimmten sozialen Gruppe oder wegen seiner politischen Überzeugung treffen, ist die Strafverfolgung asylrechtlich erheblich. Dient die Bestrafung hingegen – wie im vorliegenden Verfahren – nur der Aufrechterhaltung der öffentlichen Sicherheit und Ordnung, so hat sie keinen politischen Einschlag und ist demgemäß in der Regel asylrechtlich ohne Bedeutung. Etwas anderes gilt nur dann, wenn ausnahmsweise besondere Umstände hinzutreten, aufgrund derer zu erwarten ist, daß in die Bestrafung wegen eines nichtpolitischen Delikts asylrechtlich erhebliche Gesichtspunkte einfließen werden, so daß die Gefahr besteht, daß der Betroffene nicht nur wegen der von ihm begangenen Straftat belangt werden wird (BVerwGE 9, 174, 180; 15, 249; VGH Bad.-Württ., Urteil vom 11. 9. 1980 – A 12 S 6/80). Solche Umstände sind hier jedoch nicht erkennbar. Denn nach den obigen Ausführungen ist nicht zu erwarten, daß die insoweit allein in Betracht kommende frühere Mitgliedschaft des Kl. in der NAP eine Verschärfung der Strafe bewirken wird.

Nicht glaubhaft gemacht ist auch eine politische Verfolgung des Kl. durch einen Eingriff in seine wirtschaftliche Betätigung. Aus der Entwicklungsgeschichte des Art. 16 Abs. 2 Satz 2 GG folgt zwar, daß der Schutzbereich dieses Grundrechts neben der Integrität von Leib, Leben und persönlicher Freiheit des Betroffenen auch dessen Vermögen umfaßt, sofern es sich um einen Eingriff handelt, der zu einer Beseitigung seiner wirtschaftlichen Existenzgrundlage führt (BVerfGE 9, 174, 180; Bay. VGH, Urteil vom 15. 3. 1979 – 158 XII 78). Eine solche Beeinträchtigung hat der Kl. jedoch nicht mit überwiegender Wahrscheinlichkeit dargetan.

Eine politische Verfolgung muß der Kläger schließlich auch nicht deshalb befürchten, weil die Ausreisebestimmungen Pakistans nach seiner Ausreise erheblich verschärft wurden. Denn diese Neuregelungen und Strafverschärfungen haben keinen politischen Einschlag, sondern dienen ausschließlich ordnungsrechtlichen Zielen. Sie richten sich nicht gegen die Rasse, Religion, Nationalität, Zugehörigkeit zu einer bestimmten sozialen Gruppe oder die politische Überzeugung einzelner, sondern sollen den in den vergangenen Jahren ausgeuferten Anstieg der Auswanderung pakistanischer Arbeitskräfte zur Aufnahme einer Arbeit im Ausland in geordnete und kontrollierbare Bahnen lenken. Vor allem dem Schlepperunwesen und der betrügerischen Vermittlung von Arbeitskräften an ausländische Arbeitgeber soll auf diese Weise wirksam begegnet werden. Im Gegensatz zu den Straftatbeständen der Republikflucht osteuropäischer Staaten soll mit diesen Bestimmungen nicht schlechthin die Ausreise pakistanischer Staatsangehöriger verhindert werden; das Ziel dieser Neuregelung besteht vielmehr auch darin, die Betroffenen von der Gefahr einer Verelendung zu bewahren, der sie im Falle einer Ausreise ohne Arbeitserlaubnis und ohne Visum ausgesetzt sind. Der bis dahin geltende Emigration Act 1922 konnte diese Ziele nicht mehr erreichen. Die Strafverschärfungen wenden sich ausschließlich gegen Personen, die Pakistan zum Zwecke der Arbeitsaufnahme unter Umgehung der bestehenden Ausreisebestimmungen verlassen. Im einzelnen handelt es sich um das am 2. 4. 1978 in Kraft getretene Gesetz zur Änderung des Emigration Act 1922 und die seit dem 23. 3. 1979 geltende Emigration Ordinance 1979, die die Strafandrohungen bei illegaler Ausreise zwecks Aufnahme einer Arbeit wesentlich erhöht haben. In § 17 des zuletzt genannten Gesetzes wird die illegale Ausreise mit einer Geldstrafe oder einer Gefängnisstrafe bis zu fünf Jahren oder mit beiden Strafen geahndet. Die gleiche Strafe hat zu erwarten, wer einen anderen beim illegalen Verlassen des Landes unterstützt. Im Wiederholungsfalle erhöht sich die Freiheitsstrafe auf bis zu sieben Jahre Gefängnis. Mit einer Freiheitsstrafe bis zu 14 Jahren, einer Geldstrafe oder beiden Strafen nebeneinander wird bestraft, wer unter erschwerenden Umständen ausreist oder Dritte zur Ausreise bestimmt. Die Art dieser Strafen und deren Höhe stellen für sich allein noch keine politische Verfolgung dar (*Schütz,* DÖV 1980, 34, 36). Es ist grundsätzlich Sache eines jeden Staates, diese unter Beachtung der tatsächlichen Gegebenheiten und des Rechtsbewußtseins seiner Bürger zu bestimmen. Inwieweit etwas anderes gilt, wenn der Betroffene mit beachtlicher Wahrscheinlichkeit wegen seiner Rasse, seiner Religion, seiner Nationalität, seiner Zugehörigkeit zu einer bestimmten sozialen Gruppe oder wegen seiner politischen Überzeugung eine höhere Strafe zu erwarten hat oder wenn Strafart oder Strafmaß außer jedem Verhältnis stehen, kann hier offen bleiben. Denn im vorliegenden Verfahren ist ein solcher Fall offensichtlich nicht gegeben. Weder sind Anhaltspunkte dafür ersichtlich, daß der Kl. bei einer unterstellten Bestrafung nach diesen Bestimmungen wegen seiner früheren Mitgliedschaft in der NAP schärfer bestraft würde, noch steht die Art der angedrohten Strafe (Geld- und/oder Freiheitsstrafe) oder der Umfang des Strafrahmens außer Verhältnis zu der mit Strafe bedrohten Handlung. Die Höhe des Strafrahmens mag zwar auf den ersten Blick als ungewöhnlich hoch erscheinen; sie rechtfertigt sich aber in dem sprunghaften Anstieg des illegalen Auswanderns und vornehmlich aus dem Abschreckungseffekt gegen das betrügerische Schlepperunwesen, denen bislang durch mildere Strafandrohungen nicht wirksam begegnet werden konnte. Da Anhaltspunkte für eine nicht tat- und schuldangemessene Anwendung der Strafbestimmungen fehlen, kommt ein Ausschöpfen des vollen Strafrahmens ohnehin nur bei besonders schwerwiegenden Verstößen in Betracht. Hiervon abgesehen finden die verschärften Ausreisebestimmungen auf den Kl. auch keine Anwendung, da er Pakistan nicht verlassen hat, um im Ausland eine Arbeit aufzunehmen, sondern um dort politisches Asyl zu erhalten. Auch ist er bereits vor dem Inkrafttreten der neuen Ausreisebestimmungen aus Pakistan legal ausgereist (vgl. hierzu VGH Bad.-Württ., Urteil vom 10. 10. 1980 – A 12 S 42/80).

Nr. 150 OLG Hamburg 15. 10. 1980 (1 Ss 216/80) MDR 1981, 165

Der zu einer Geldbuße von 100 DM verurteilte Betroffene rügt, daß das AG die Hauptverhandlung in Abwesenheit seines Verteidigers durchgeführt habe, obwohl dieser kurz vor Sitzungsbeginn telefonisch mitgeteilt hatte, daß er sich wegen eines anderen Gerichtstermins um etwa 20 Minuten verspäten werde . . . Die Rechtsbeschwerde ist begründet. Das AG hat gegen das aus dem Recht auf Verteidigung (Art. 6 III c EMRK) und dem Anspruch auf ein faires Verfahren (BVerfGE 26, 66, 71) folgende Gebot der prozessualen Fürsorge verstoßen, weil es das Eintreffen des 25 Minuten nach Sitzungsbeginn erschienenen Verteidigers nicht abgewartet hat.

Die Nachricht des Verteidigers, er werde sich um etwa 20 Minuten verspäten, enthielt einen Antrag auf Terminverschiebung. Derartige Anträge dürfen entgegen § 228 II StPO selbst in Ordnungswidrigkeitsverfahren nicht ohne weiteres abgelehnt werden, weil der auch in dieser Verfahrensart zu beachtende Anspruch des Betr. auf Gewährleistung eines fairen Verfahrens der Ablehnungsmöglichkeit vorgehen kann (OLG Hamm, in: GA 1974, 346; HansOLG Hamburg – noch für den Fall der Strafverfügung –, in: MDR 1964, 524). Ob dies der Fall ist, muß vom Vorsitzenden ohne Berücksichtigung etwaiger Erklärungen des in einer Zwangssituation befindlichen Betr. an Hand der vom Verteidiger vorgetragenen Verspätungsgründe, der tatsächlichen und rechtlichen Schwierigkeiten des Einzelfalles und der weiteren für diesen Sitzungstag anberaumten Termine entschieden werden (vgl. OLG Hamm, in: AnwBl. 1980, 200). Diese Kriterien sind hier jedoch weitgehend unbeachtet geblieben. Das AG hätte dem Antrag schon deshalb stattgeben müssen, weil die erbetene Terminverschiebung von 20 Minuten nur geringfügig über der bei Fehlen eines Prozeßbeteiligten ohnehin zu beachtenden Wartezeit von etwa 15 Minuten lag (vgl. zur allg. Wartepflicht OLG Frankfurt, in: NJW 1978, 285 – LS; OLG Koblenz, in: VRS 45, 455; OLG Köln, in: VRS 42, 284; BayObLG, in: NJW 1959, 2224). Hinzu kam, daß der Verteidiger seine Verspätung nicht zu vertreten hatte, weil er davon ausgehen konnte, daß eine vor dem Einzelrichter einer Zivilkammer in einem benachbarten Gebäude für 9.30 Uhr angesetzte Beweisaufnahme bis zu der auf 10.50 Uhr anberaumten Hauptverhandlung beendet sein würde. Auch das aus einer umfangreichen Schutzschrift bekannte Verteidigungsvorbringen hätte das Amtsgericht veranlassen müssen, nicht ohne den Verteidiger zu verhandeln...

Nr. 151 OLG Frankfurt 21. 10. 1980 (5 W 24/80) RIW/AWD 1980, 874

Die Arrestklägerin erwirkte gegen die Arrestbeklagte beim Landgericht Frankfurt am Main einen Arrestbefehl und Pfändungsbeschluß vom 24. 3. 1980. Die von der Arrestklägerin geltend gemachte Forderung beläuft sich auf insgesamt US $ 6 759 755,69. Bereits zuvor hatte die Arrestklägerin gegen die Arrestbeklagte vor dem amerikanischen US-Bundesgericht für den südlichen Distrikt von New York Klage erhoben und hatte einen Arrest in Höhe von US $12 255 366 erwirkt. Außerdem beantragten weitere Gläubiger vor dem US-Bundesgericht gegen die Arrestbeklagte den dinglichen Arrest und beschlagnahmten in den USA Vermögen der Arrestbeklagten in einem Gesamtumfang von US $ 596 Millionen. Die Arrestbeklagte ist ein iranisches Wirtschaftsunternehmen, das in der Form der Aktiengesellschaft nach iranischem Recht organisiert ist. Gemäß Art. 2 der am 18. 7. 1977 veröffentlichten Statuten befindet sich der Sitz der Gesellschaft im Iran. In New York unterhält die Arrestbeklagte lediglich ein Büro. Weiter sehen die Statuten vor, daß sich die Arrestbeklagte weltweit im Bereich der Öl-, Erdgas- und petrochemischen Industrie betätigt. Sie übt die Eigentumsrechte der iranischen Nation an den Öl- und Erdgasvorkommen im Iran aus. Die Statuten räumen ihr umfangreiche Rechte ein, so unter anderem die Befugnis, Tochtergesellschaften im In- und Ausland zu errichten, mit anderen Firmen Verträge abzuschließen sowie Kredite und Darlehen zu gewähren oder selbst in Anspruch zu nehmen. Die Aktien der Arrestbeklagten werden von der Regierung des Iran gehalten und sind nicht übertragbar. In der Hauptversammlung vertritt der Premierminister mit weiteren sechs Ministern die Regierung als Alleinaktionärin. Die Reingewinne der Gesellschaft sind an das iranische Finanzministerium zu überweisen.

Gegen den dinglichen Arrest hat die Arrestbeklagte Widerspruch und gegen den Pfändungsbeschluß Erinnerung eingelegt. Über den Widerspruch ist vom Landgericht noch nicht entschieden worden. Die Erinnerung ist zurückgewiesen worden. Dagegen hat die Arrestbeklagte sofortige Beschwerde eingelegt, über die vom 20. Zivilsenat noch nicht entschieden worden ist.

Am 27. 6. 1980 hat die Arrestbeklagte beim Landgericht Frankfurt am Main beantragt, der Arrestklägerin nach § 926 ZPO eine Frist zur Erhebung der Hauptklage zu setzen. Die Arrestklägerin hat beantragt, den Fristsetzungsantrag der Arrestbeklagten zurückzuweisen, hilfsweise die Frist mindestens bis zum 30. 10. 1980 zu erstrecken. Durch Beschluß des Rechtspflegers beim Landgericht Frankfurt am Main ist der Antrag der Arrestbeklagten zurückgewiesen worden. Es hat die Zurückweisung damit begründet, daß die Hauptsache bereits vor dem US-Bundesgericht für den südlichen Distrikt von New York anhängig sei. Die Anerkennung eines vor dem US-Bundesgericht in der Hauptsache ergehenden Urteils sei nach § 328 ZPO in der Bundesrepublik

Deutschland gesichert. Die Gegenseitigkeit im Sinne vom § 328 I Nr. 5 ZPO sei zwischen den USA und der Bundesrepublik Deutschland verbürgt. Da somit die Hauptsache bereits vor dem US-Bundesgericht anhängig und die Anerkennung des Urteils dieses Gerichts gesichert sei, fehle es an den Voraussetzungen einer Anordnung nach § 926 ZPO. Auf die Frage der Zuständigkeit des US-Bundesgerichts komme es nicht an.

Gegen den Beschluß hat die Arrestbeklagte beim Landgericht Frankfurt am Main Erinnerung eingelegt. Die Arrestbeklagte macht geltend, die in New York vor dem US-Bundesgericht erhobene Klage sei nicht identisch mit der Arrestforderung, die dem Arrestbefehl vom 24. 3. 1980 zugrunde liege. Mangels Identität sei die Hauptsache noch nicht anhängig. Weiter vertritt die Arrestbeklagte die Ansicht, ein Urteil des US-Bundesgerichts in New York könne in der Bundesrepublik Deutschland keine Anerkennung finden. Auch aus diesem Grund sei die Hauptsache daher noch nicht anhängig. Die Arrestklägerin beantragt, die Erinnerung zurückzuweisen. Sie trägt u. a. vor, das US-Bundesgericht sei international zuständig im Sinne von § 328 I Nr. 1 ZPO. Das Landgericht Frankfurt a. M. hat der Erinnerung der Arrestbeklagten gegen den Beschluß des Rechtspflegers nicht abgeholfen und die Sache dem Oberlandesgericht vorgelegt. Das Oberlandesgericht Frankfurt a. M. hat die als Beschwerde zu behandelnde Erinnerung zurückgewiesen.

Der Fristsetzungsantrag der Arrestbeklagten vom 27. 6. 1980 ist zwar zulässig, aber nicht begründet (§ 926 I ZPO). Die Arrestbeklagte hat ihren Fristsetzungsantrag beim Landgericht Frankfurt am Main als zuständigem Arrestgericht eingereicht. Zuständig für den Antrag ist das Arrestgericht, das den Arrest angeordnet hat. Der Rechtspfleger beim Landgericht Frankfurt am Main hat den Antrag der Arrestbeklagten ... zu Recht zurückgewiesen. Einer Fristsetzung steht die Anhängigkeit der Hauptsache beim US-Bundesgericht für den südlichen Distrikt von New York entgegen.

Nach § 926 I ZPO darf das Arrestgericht die Klageerhebung in der Hauptsache nur dann anordnen, wenn die Hauptsache nicht bereits anhängig ist. Dem Arrestgläubiger ist es nicht zuzumuten, in der Hauptsache eine Klage zu erheben, die wegen bereits bestehender Rechtshängigkeit (§ 261 III Nr. 1 ZPO) durch Prozeßurteil abgewiesen werden müßte. Die Nichtanhängigkeit der Hauptsache ist eine Voraussetzung des § 926 I ZPO (OLG Braunschweig, JW 1925, 812 = ZZP 49, 398 ff. mit Anm. von *Reichel*; *derselbe*, Das Recht, 1908, 851; ebenso *Förster/Kann*, ZPO, 3. Aufl., § 926 Anm. 2b; *Sydow/Busch*, ZPO, 22. Aufl., § 926 Anm. 3A; *Schönke/Baur*, Zwangsvollstreckungsrecht, 10. Aufl., § 48 VII 1, S. 240; *Stein/Jonas/Grunsky*, Kommentar zur ZPO, 19. Aufl., § 926 Anm. II 3 Fn. 11; *Zöller/Scherübl*, ZPO, 12. Aufl., § 926 Anm. I 3; *Baumbach/Lauterbach/Hartmann*, ZPO, 38. Aufl., § 926 Anm. 2B; *Thomas/Putzo*, ZPO, 10. Aufl., § 926 Anm. 1b).

Einer Fristsetzung nach § 926 I ZPO steht aber nicht nur die Anhängigkeit im Inland, sondern ebenso die Anhängigkeit der Hauptsache im Ausland entgegen, wenn das ausländische Urteil im Inland anzuerkennen ist (§ 328 ZPO). Für den Fall, daß der Arrestgläubiger *nach* Fristsetzung vor einem ausländischen Gericht in der Hauptsache Klage erhebt, dessen Urteil im Inland anerkannt wird, hat er nach einhelliger Meinung der Anordnung des § 926 I ZPO entsprochen (*Baumbach/Lauterbach/Hartmann*, a.a.O., § 926 Anm. 3A; ebenso *Stein/Jonas/Grunsky*, a.a.O., § 926 Anm. III; *Wieczorek*, ZPO, Bd. IV, Teil 2, § 926 Anm. D III a). Es kann aber für die Anhängigkeit der Hauptsache *vor* Fristsetzung nichts anderes gelten. Das folgt aus Sinn und Zweck des

§ 926 I ZPO. Die Vorschrift will verhindern, daß dem Arrestgläubiger aufgegeben wird, eine wegen entgegenstehender Rechtshängigkeit (§ 261 III Nr. 1 ZPO) unzulässige Hauptsacheklage zu erheben (so *Stein/Jonas/Grunsky,* a.a.O., § 926 Anm. II 3; ebenso *Reichel,* ZZP 49, 399; *derselbe,* Das Recht, 1908, 851). Der Hauptsacheklage steht der Einwand der Rechtshängigkeit aber nicht nur bei bereits erhobener Inlandsklage entgegen, sondern auch, wenn der Arrestgläubiger vor einem ausländischen Gericht die Hauptsache bereits rechtshängig gemacht hat. Die Klageerhebung vor einem ausländischen Gericht, dessen Urteil im Inland anzuerkennen ist, begründet den Einwand der Rechtshängigkeit (*Zöller/Stephan,* a.a.O., § 261 Anm. II 1 und III 1; *Stein/Jonas/Schumann/Leipold,* ZPO, 19. Aufl., § 263 Anm. III 5; *Wieczorek,* ZPO, 2. Aufl. 1976, § 263 Anm. A IV b 2 und § 328 Anm. A V). Wenn der Arrestgläubiger vor einem ausländischen Gericht Klage erhebt und wenn ein Urteil dieses Gerichts anzuerkennen ist (§ 328 ZPO), so ist die Hauptsache anhängig, und eine Frist zur Klageerhebung darf nicht gesetzt werden (§ 926 I ZPO). Eben diese Voraussetzungen sind vorliegend gegeben.

Die Anhängigkeit der Hauptsache beim US-Bundesgericht für den südlichen Distrikt von New York ist glaubhaft gemacht. Die Nichtanhängigkeit der Hauptsache ist eine materielle Voraussetzung des § 926 I ZPO und als solche nicht von Amts wegen zu prüfen. Die Anhängigkeit der Hauptsache muß der Arrestgläubiger nachweisen, nicht der Schuldner das Gegenteil (*Baumbach/Lauterbach/Hartmann,* a.a.O., § 926 Anm. 2 A a; *Stein/Jonas/Grunsky,* a.a.O., § 926 Anm. IV 1). Die Nichtanhängigkeit gilt im Versäumnisverfahren des § 926 II ZPO beim Ausbleiben des Arrestgläubigers als zugestanden (*Sydow/Busch,* a.a.O., § 926 Anm. 7; *Stein/Jonas/Grunsky,* a.a.O., § 926 Anm. IV 1). Im Arrestverfahren (§ 920 II ZPO) genügt die Glaubhaftmachung auch für andere notwendige Tatsachen als Anspruch und Grund. Es reicht daher aus, daß der Gläubiger die Identität zwischen anhängiger Hauptsache und Arrestanspruch (§ 916 I ZPO) glaubhaft macht (*Wieczorek,* a.a.O., § 926 Anm. D III c; siehe auch *Schlüter,* ZZP 80, 447, 464).

Daß die Arrestbeklagte die Identität der Ansprüche bestreitet, steht im Gegensatz zu ihrer Widerspruchsbegründung... Darin hat sich die Beklagte auf die ... eidliche Erklärung des Rechtsanwalts P. ... bezogen, die dieser vor dem Notar im Staate New York abgegeben hat.

Aufgrund dieser notariellen Urkunde ist glaubhaft gemacht, daß der Arrestanspruch mit den vor dem US-Bundesgericht für den südlichen Distrikt von New York klageweise ... geltend gemachten Ansprüchen identisch ist. Daß sich die Arrestklägerin zur Glaubhaftmachung der von ihr behaupteten Identität der Ansprüche nicht auf diese notarielle Urkunde bezogen hat, ist unschädlich. Das Gericht kann von sich aus ohne Parteiantrag die in den Akten befindliche Urkunde verwerten (vgl. *Wieczorek,* a.a.O., § 291 Anm. A III c 4).

Zu Recht hat der Rechtspfleger ... ausgeführt, daß es für die Anhängigkeit der Hauptsache nicht auf die sachliche oder örtliche Zuständigkeit des angerufenen ausländischen Gerichts ankomme. Ob das US-Bundesgericht für den südlichen Distrikt von New York nach amerikanischem Recht zuständig ist, kann dahinstehen. Für den Fall, daß die Hauptsacheklage im Inland anhängig ist, wird allgemein anerkannt, daß das Arrestgericht nicht zu prüfen hat, ob die Prozeßvoraussetzungen des Hauptsacheverfahrens erfüllt sind (OLG Nürnberg, GRUR 1957, 296; OLG Karlsruhe, NJW 1973, 1509 f.; *Stein/Jonas/Grunsky,* a.a.O., § 926 Anm. III; *Zöller/Scherübl,* a.a.O., § 926

Anm. I 5; *Thomas/Putzo*, a.a.O., § 926 Anm. 1b a.E.). Diese Prüfung obliegt ausschließlich dem Prozeßgericht der Hauptsache. Solange die Möglichkeit besteht, daß das Verfahren zu einem Sachurteil führt, ist die Hauptsache anhängig. Das gilt auch dann, wenn vor einem unzuständigen Gericht Klage zur Hauptsache erhoben worden ist, da die Sache auf Antrag des Klägers an das zuständige Gericht verwiesen wird (§ 281 ZPO). Erst wenn die Klage wegen eines Mangels in den Prozeßvoraussetzungen durch Prozeßurteil abgewiesen ist, ist die Hauptsache nicht mehr anhängig und der Fristsetzungsantrag begründet (§ 926 I ZPO). Diese Grundsätze gelten aber nicht nur bei Anhängigkeit im Inland, sondern ebenso bei Klageerhebung im Ausland. Wenn das ausländische Prozeßrecht im Falle der sachlichen oder örtlichen Unzuständigkeit des Gerichts eine dem § 281 ZPO entsprechende Verweisungsregelung kennt, so besteht kein grundsätzlicher Unterschied zum deutschen Recht. Fehlt es an einer solchen Verweisungsmöglichkeit innerhalb des ausländischen Rechtssystems, so wird die Klage regelmäßig wegen sachlicher oder örtlicher Unzuständigkeit durch Prozeßurteil abgewiesen werden. Dann ist die Hauptsache nicht mehr anhängig und der Fristsetzungsantrag kann dann begründet sein (§ 926 I ZPO). Bei fehlender Verweisungsmöglichkeit innerhalb des ausländischen Rechtssystems entsteht dem Arrestschuldner somit kein Nachteil.

Daß es auf die Zulässigkeit der Hauptsacheklage im Ausland nicht ankommen kann, verdeutlicht noch eine weitere Überlegung: Der Einwand der Rechtshängigkeit (§ 261 III Nr. 1 ZPO) besteht unabhängig davon, ob die Klage zulässig und begründet ist, solange die Klage nur formell ordnungsgemäß erhoben ist (BGH, NJW 1967, 2304; BPatG, GRUR 1978, 42, 43; *Baumbach/Lauterbach/Hartmann*, a.a.O., § 261 Anm. 2 A; *Zöller/Stephan*, a.a.O., § 261 Anm. II 1). Auch wenn die im Ausland erhobene Hauptsacheklage unzulässig ist, begründet sie den Einwand der Rechtshängigkeit, vorausgesetzt ein Urteil des ausländischen Gerichts wäre im Inland anzuerkennen. Da es somit für die Rechtshängigkeit nicht auf die Zulässigkeit der im Ausland erhobenen Klage ankommt, der Einwand der Rechtshängigkeit aber der Grund für die Zurückweisung des Fristsetzungsantrages (§ 926 I ZPO) ist, kann es auch für die Anhängigkeit der Hauptsacheklage nicht auf deren Zulässigkeit nach ausländischem Recht ankommen.

Ohne Bedeutung für die Anhängigkeit ist auch die materielle Begründetheit der Hauptsacheklage (BGH, NJW 1974, 503 = LM, § 926 ZPO Nr. 4 Bl. 1; *Baumbach/Lauterbach/Hartmann*, a.a.O., § 926 Anm. 3 A).

Ein Urteil des US-Bundesgerichts für den südlichen Distrikt von New York in der Hauptsache ist in der Bundesrepublik Deutschland anzuerkennen (§ 328 ZPO). Die Anerkennung ist weder nach § 328 I Nr. 1 ZPO noch nach § 328 I Nr. 5 ZPO ausgeschlossen.

Ob die Arrestbeklagte im Hauptsacheverfahren vor dem US-Bundesgericht nach *amerikanischem* Recht, insbesondere nach dem US Foreign Sovereign Immunities Act von 1976 persönliche Immunität genießt, braucht hier nicht entschieden zu werden. Zwar wird in der Literatur die Ansicht vertreten, die Anerkennung eines ausländischen Urteils im Inland setze voraus, daß das Urteil nach dem ausländischen Recht des Urteilsstaates überhaupt wirksam und nicht nichtig sei (*Geimer*, JuS 1965, 475, 477; *Zöller/Geimer*, a.a.O., § 328 Anm. N I; *Stein/Jonas/Schumann/Leipold*, ZPO, a.a.O., § 328 Anm. III 3 a.E. und IV 2). Diese Voraussetzung werde im Gesetz (§ 328 ZPO) nicht ausdrücklich erwähnt. Sie folge aber aus dem Wesen der Anerkennung als einer Wirkungserstreckung. Ein Urteil, das wegen Verletzung der persönlichen Immunität nach dem ausländischen Recht des Urteilsstaates nichtig sei, könne keine materielle Rechtskraft entfalten und sei daher nicht anerkennungsfähig. Ob diese Ansicht im Rahmen des § 328 ZPO zutrifft, mag dahinstehen. Im vorliegenden Fall kann es darauf nicht ankommen, da sich die Frage der Anerkennung des ausländischen Urteils nur im Hinblick auf die Anhängigkeit der Hauptsache im Sinne von § 926 I ZPO stellt. Wie bereits ausgeführt, hat das Arrestgericht hinsichtlich der Anhängigkeit in § 926 I ZPO gerade nicht zu prüfen, ob die Hauptsacheklage nach amerikanischem Recht zulässig ist. Die Prüfung der Prozeßvoraussetzungen obliegt ausschließlich dem Prozeßgericht der Hauptsache, d. h. allein das US-Bundesgericht für den südlichen Distrikt von New York hat zu prüfen, ob die Arrestbeklagte nach amerikanischem Recht persönlich immun ist.

Die Anerkennungsvoraussetzungen des § 328 I Nr. 1 ZPO sind erfüllt. Nach *deutschem* Recht unterliegt die Arrestbeklagte im Hauptsacheverfahren der Gerichtsbarkeit der USA und ist nicht persönlich immun. Als Anerkennungsvoraussetzung wird die Gerichtsbarkeit des ausländischen Staates in § 328 I Nr. 1 ZPO zwar nicht ausdrücklich genannt. Sie ergibt sich jedoch daraus, daß § 328 I Nr. 1 ZPO auf die internationale Zuständigkeit abstellt, die ihrerseits die Gerichtsbarkeit voraussetzt. Ebenso wie die internationale Zuständigkeit in § 328 I Nr. 1 ZPO beurteilt sich die Gerichtsbarkeit des ausländischen Staates nach deutschem Recht (§§ 18 ff. GVG) (so *Stein/Jonas/Schumann/Leipold,* a.a.O., § 328 Anm. IV 2; *Zöller/Geimer,* a.a.O., § 328 Anm. N II 1; *Geimer,* JuS 1965, 475, 477 Fußn. 20).

Ein Urteil, das die Normen des Völkerrechts über die Befreiung bestimmter Personen von der Gerichtsbarkeit des ausländischen Urteilsstaates verletzt, ist völkerrechtswidrig. Das Verbot, völkerrechtswidrige Urteile anzuerkennen, ist eine allgemeine Regel des Völkerrechts, die über Art. 25, 1 GG in das deutsche Recht transformiert ist. Daher ist die Urteilsanerkennung zu verweigern, wenn die völkerrechtlichen Normen über die Befreiung von der Gerichtsbarkeit des ausländischen Urteilsstaates nicht eingehalten werden (*Stein/Jonas/Schumann/Leipold,* a.a.O., § 328 Anm. IV 2; *Zöller/Geimer,* a.a.O., § 328 Anm. N II 2).

Die Arrestbeklagte ist nach § 20 GVG in Verbindung mit den allgemeinen Regeln des Völkerrechts (Art. 25, 1 GG) nicht persönlich immun. Wirtschaftliche Unternehmen eines ausländischen Staates, denen dieser die Stellung einer selbständigen juristischen Person verliehen hat, genießen keine Immunität (RGZ 157, 389, 395; BGHZ 18, 1, 9; LG Frankfurt am Main, NJW 1976, 1044, 1045; *Baumbach/Lauterbach/Albers,* a.a.O., § 20 GVG Anm. 1 A a; *Zöller/Geimer,* a.a.O., § 20 GVG Anm. 1; *Thomas/Putzo,* a.a.O., § 20 GVG Anm.). Die Arrestbeklagte ist ein ausländisches Wirtschaftsunternehmen mit juristischer Selbständigkeit, das in Form einer Aktiengesellschaft nach iranischem Recht organisiert ist. Gemäß Art. 4 ihrer am 18. 7. 1977 veröffentlichten Statuten übt die Arrestbeklagte die Eigentumsrechte der iranischen Nation an den Öl- und Erdgasvorkommen im Iran aus. Sie betätigt sich weltweit im Bereich der Öl-, Erdgas- und petrochemischen Vorkommen, deren Ausbeutung, dem Verkauf und Absatz von Öl und Gas sowie jeder sonstigen industriellen und wirtschaftlichen Tätigkeit vorbehaltlich der Genehmigung durch die Hauptversammlung (Art. 4 g der Statuten). Die Arrestbeklagte hat das Recht (Art. 5 der Statuten), Tochtergesellschaften zu errichten, mit anderen Firmen Verträge abzuschließen, Fahrnis sowie Liegenschaften zu erwerben, zu veräußern oder zu mieten, Kredite und Darlehen zu gewähren oder selbst in Anspruch zu nehmen, technische, wissenschaftliche und wirtschaftliche Studien und Forschungen durchzuführen sowie Produktionsstätten und Transportsysteme zu unterhalten.

Als Wirtschaftsunternehmen weist die Arrestbeklagte folgende Besonderheiten auf: Nach Art. 3 ihrer Statuten werden die Aktien von der Regierung des Iran gehalten und sind nicht übertragbar. In der Hauptversammlung vertritt der Premierminister mit weiteren sechs Ministern die Regierung als Alleinaktionärin (Art. 17 der Statuten). Die Reingewinne der Arrestbeklagten sind an das Finanzministerium zu überweisen (Art. 54 der Statuten). In wirtschaftlicher Hinsicht ist die Arrestbeklagte somit mit dem iranischen Staat eng verflochten. Das ändert jedoch nichts an ihrer rechtlichen Selbständigkeit, die ihr als Aktiengesellschaft und juristischer Person nach iranischem Recht grundsätzlich zukommt. Als solche ist die Arrestbeklagte nicht persönlich immun.

Die USA sind als Urteilsstaat im Hauptsacheverfahren nach deutschem Recht international zuständig (§ 328 I Nr. 1 ZPO). Für die Bundesrepublik Deutschland wird durch die §§ 12 ff. ZPO keine ausschließliche internationale Zuständigkeit begründet, die eine internationale Zuständigkeit der USA ausschlösse. Die internationale Zuständigkeit der USA ergibt sich aus dem Gerichtsstand des Vermögens (§ 23, 1, 1. Alternative ZPO). Die Arrestklägerin macht vermögensrechtliche Ansprüche geltend. Daß die Arrestbeklagte eine ausländische juristische Person ist, steht der Anwendung des § 23 ZPO nicht entgegen (LG Frankfurt am Main, NJW 1976, 1044, 1046; *Baumbach/Lauterbach/Hartmann,* a.a.O., § 23 Anm. 1 A; vgl. auch *Zöller/Geimer,* a.a.O., Einleitung VII E 15 h). Die Arrestbeklagte hat keinen Sitz in den USA. § 23 ZPO setzt voraus, daß der Beklagte keinen Wohnsitz im Inland hat. Ist der Beklagte eine juristische Person, so tritt an die Stelle des fehlenden inländischen Wohnsitzes der fehlende Sitz im Inland (§ 17 ZPO) (Hans. OLG Hamburg, MDR 1977, 759; LG Frankfurt, VersR 1975, 993, 994; *Baumbach/Lauterbach/Hartmann,* a.a.O., § 23 Anm. 1 A; *Thomas/Putzo,* a.a.O., § 23 Anm. 1 c). Als Sitz gilt, wenn sich nichts anderes ergibt, der Ort, wo die Verwaltung geführt wird (§ 171 I 2 ZPO). Nach Art. 2 der Statuten der Arrestbeklagten befindet sich ihr Sitz in Teheran/Iran. In New York unterhält die Arrestbeklagte lediglich ein Büro, das nicht als Sitz im Sinne von § 17 I 2 ZPO zu qualifizieren ist. Unter Inland (§ 23, 1 ZPO) ist der Staat zu verstehen, dem das ausländische Gericht angehört (§ 328 I Nr. 1 ZPO), also die USA. Da sich der Sitz der Arrestbeklagten in Teheran/Iran und nicht in den USA befindet, verfügt die Beklagte über keinen Sitz im Inland.

In den USA befindet sich Vermögen der Arrestbeklagten. Dort wurde in mehreren Arrestverfahren Vermögen der Arrestbeklagten in einem Gesamtumfang von US $ 596 Millionen beschlagnahmt. Ob das Vermögen der Arrestbeklagten in den USA sachlicher Immunität unterliegt, kann dahinstehen. Auch Vermögen, das der Pfändung nicht unterliegt, vermag den Gerichtsstand des § 23, 1, 1. Alternative ZPO zu begründen (RGZ 51, 163, 165; 75, 414, 415 f.; OLG Karlsruhe, IPRspr 1973, Nr. 130; *Baumbach/Lauterbach/Hartmann,* a.a.O., § 23 Anm. 2 A; *Thomas/Putzo,* a.a.O., § 23 Anm. 2 b). Die internationale Zuständigkeit der USA im Hauptsacheverfahren ist gegeben (§ 328 I Ziff. 1 ZPO).

Die Gegenseitigkeit der Anerkennung ist für Urteile von US-Bundesgerichten verbürgt (§ 328 I Nr. 5 ZPO). Bezüglich der US-Bundesgerichte beruht die Gegenseitigkeit auf Art. VI des amerikanisch-deutschen Vertrages vom 29. 10. 1954 (BGBl. 1956

II, S. 487, 490; *Wieczorek,* a.a.O., § 328 Anm. E V b: Vereinigte Staaten von Amerika; *Zöller/Geimer,* a.a.O., Anhang V JZPR, Übersicht, S. 2086).

Nr. 152 OVG Münster 27. 10. 1980 (4 B 764/80) NJW 1981, 1173

Der Kl. ließ sich in einem ausländerrechtlichen Verfahren vor dem VG vom Leiter der spanischen Kommission für Arbeitsfragen und Berater der Sozialabteilung der spanischen Botschaft für Arbeits- und Sozialfragen vertreten.

Das OVG wies diesen als Verfahrensbevollmächtigten zurück.

Die Zurückweisung von Herrn G als Verfahrensbevollmächtigten des Ast. findet ihre Rechtsgrundlage in einer analogen Anwendung von § 67 II 3 VwGO und § 157 II ZPO (vgl. *Kopp,* VwGO, 4. Aufl., § 67 Rdn. 18; BVerwGE 19, 339 [344]). Herr G verstößt mit seinem Auftreten im vorliegenden Verfahren gegen Art. 1 § 1 I Rechtsbereinigungsgesetz (RBerG). Nach dieser Vorschrift darf geschäftsmäßig die Besorgung fremder Rechtsangelegenheiten nur von Personen betrieben werden, denen dazu von der zuständigen Behörde die Erlaubnis erteilt ist.

Das Merkmal der Geschäftsmäßigkeit ist gegeben, wenn der Betreffende in selbständiger, sich wiederholender und über den aus besonderen Gründen ausgeübten Gelegenheitsfall hinausgehender Tätigkeit fremde Rechtsangelegenheiten besorgt (vgl. *Altenhoff/Busch/Kampmann,* RBerG, 4. Aufl., Art. 1 § 1 Rdn. 15; OVG Berlin, NJW 1978, 1173 [1174]). Wie gerichtsbekannt ist, tritt Herr G, ohne an Weisungen gebunden zu sein, nicht nur im vorliegenden Verfahren als Bevollmächtigter auf, sondern vertritt spanische Staatsangehörige in zahlreichen Verfahren vor den Verwaltungs- und Sozialgerichten. Das ergibt sich auch aus seinem Schriftsatz vom 2. 6. 1980, wonach er sich berechtigt und verpflichtet fühlt, seine Landsleute u. a. gegenüber Gerichten zu vertreten.

Die Geschäftsmäßigkeit entfällt im vorliegenden Fall nicht deshalb, weil Herr G in Ausübung einer Amtspflicht vor Gericht aufträte (vgl. zur Frage der Geschäftsmäßigkeit bei Ausübung einer Amtspflicht *Stein/Jonas,* ZPO, 19. Aufl., § 157 Anm. II 1a; *Baumbach/Lauterbach,* ZPO, 36. Aufl., § 157 Anm. 2 A). Es kann dahinstehen, ob das schon deshalb nicht der Fall ist, weil nur die Tätigkeit kraft eines *deutschen* Amtes von dieser Ausnahmeregelung erfaßt wird (so ArbG Wetzlar, BB 1970, 534). Denn diese greift jedenfalls nicht ein, weil die Prozeßvertretung keine Amtspflicht für Herrn G in seiner Eigenschaft als Leiter der spanischen Kommission für Arbeitsfragen bzw. Berater der Sozialabteilung der spanischen Botschaft für Arbeits- und Sozialfragen darstellt (ebenso ArbG Ludwigsburg, BB 1972, 90).

Die Vereinbarung zwischen der Regierung der Bundesrepublik Deutschland und der Regierung des Spanischen Staates über die Wanderung, Anwerbung und Vermittlung von spanischen Arbeitnehmern nach der Bundesrepublik Deutschland vom 29. 3. 1960 (veröffentlicht durch Bekanntmachung des Bundesministers des Auswärtigen vom 23. 1. 1961, BAnz. Nr. 219 vom 14. 11. 1961), begründet keine solche Amtspflicht.

Auch der Niederlassungsvertrag zwischen der Bundesrepublik Deutschland und dem Spanischen Staat vom 23. 4. 1970, BGBl. 1972 II, 1041, enthält nur materiellrechtliche Regelungen über die Behandlung von Staatsangehörigen der einen Vertragspartei im Hoheitsgebiet der anderen Vertragspartei, trifft jedoch keine Vereinbarung über Fragen der Vertretung fremder Staatsangehöriger durch Landsleute vor Gericht.

Aus dem Wiener Übereinkommen über diplomatische Beziehungen vom 18. 4. 1961 (BGBl. 1964 II, 959) – WÜD – oder dem Wiener Übereinkommen über konsularische

Beziehungen vom 24. 4. 1963 (BGBl. 1969 II, 1589) – WÜK – kann ebenfalls nicht hergeleitet werden, daß Herr G in Ausübung von Amtspflichten als Verfahrensbevollmächtigter auftritt (a. A. *Süsse*, BB 1970, 758). Art. 3 I b WÜD, wonach es Aufgabe einer diplomatischen Mission ist, die Interessen des Entsendestaats und seiner Angehörigen im Empfangsstaat innerhalb der völkerrechtlich zulässigen Grenzen zu schützen, begründet eine solche Amtspflicht nicht, ohne daß es darauf ankommt, ob Herr G überhaupt der diplomatischen Mission angehört. Das ergibt sich aus einem Vergleich mit den entsprechenden Vorschriften des WÜK. Auch dieses Übereinkommen sieht in seinem Art. 5 *lit.* a als konsularische Aufgabe vor, die Interessen des Entsendestaats sowie seiner Angehörigen . . . im Empfangsstaat innerhalb der völkerrechtlich zulässigen Grenzen zu schützen. Daneben enthält das Übereinkommen in Art. 5 *lit.* i jedoch eine ausdrückliche Regelung betreffend die Vertretung durch Angehörige der konsularischen Vertretungen vor den Gerichten und unterwirft sie besonderen Voraussetzungen. Aus diesem Nebeneinander beider Bestimmungen ergibt sich, daß die Prozeßvertretung nicht von Art. 5 *lit.* a WÜK erfaßt sein kann, denn sonst würde sich Art. 5 *lit.* i WÜK als überflüssig erweisen bzw. würden die dort genannten Voraussetzungen für eine Prozeßvertretung umgangen werden können.

Die sich daraus ergebende Trennung von Schutz der Interessen und Prozeßvertretung muß auch bei der Auslegung des Wiener Übereinkommens über diplomatische Beziehungen angewendet werden. Beide Übereinkommen haben einen ähnlichen Gegenstand zum Inhalt. Es muß daher davon ausgegangen werden, daß gleiche Formulierungen auch in gleicher Weise zu verstehen sind. Die Heranziehung des WÜK bei der Auslegung des WÜD liegt im übrigen um so näher, als Art. 3 II WÜD ausdrücklich die Wahrnehmung konsularischer Aufgaben durch die diplomatische Mission vorsieht und ermöglichen will. Daß grundsätzlich die Vertretung vor Gerichten durch Angehörige der diplomatischen oder konsularischen Mission nach den beiden Wiener Übereinkommen nicht gestattet sein soll, es sei denn, es liegen die besonderen Voraussetzungen des Art. 5 *lit.* i WÜK vor, ergibt sich im übrigen auch aus dem Abkommen zwischen der Bundesrepublik Deutschland und dem Spanischen Staat über soziale Sicherheit vom 4. 12. 1973 (BGBl. 1977 II, 685). Art. 45 II dieses Abkommens ermächtigt die diplomatischen und berufskonsularischen Behörden nämlich ausdrücklich, die Staatsangehörigen des eigenen Staates gegenüber Gerichten der Sozialversicherung des anderen Vertragsstaates zu vertreten, ohne daß es der Vorlage einer besonderen Vollmacht bedürfte . . .

Entgegen der hier vertretenen Auffassung haben allerdings die LAGe Hamm und München Personen in der Stellung von Herrn G in Arbeitsgerichtsverfahren als Prozeßbevollmächtigte zugelassen (vgl. LAG München, BB 1970, 757; LAG Hamm, BB 1976, 555 = Betr. 1976, 1243; Betr. 1977, 2288). Der vom LAG München gegebenen Begründung vermag der Senat nicht zu folgen . . . Ebenso sieht das LAG Hamm in seinem Urteil vom 27. 2. 1976 (BB 1976, 555 = DB 1976, 1243) die Vertretung von Personen in der Stellung von Herrn G lediglich unter dem Gesichtspunkt des § 11 III ArbGG i. V. mit § 157 I ZPO und der Befugnis, in der mündlichen Verhandlung aufzutreten. Auch diese Entscheidung setzt sich mit den sonstigen einschlägigen Vorschriften nicht auseinander.

Nr. 153 OVG Münster 28. 10. 1980 (18 A 1863/79) NJW 1981, 1920

Die Beteiligten streiten darüber, ob die Kl. eingebürgert werden darf, ohne zuvor auf ihre britische Staatsangehörigkeit verzichten zu müssen.

Der Antrag der Klägerin (Kl.), als deutsche Staatsangehörige eingebürgert zu werden und gleichzeitig die britische Staatsangehörigkeit zu behalten, ist nicht nach § 9 RuStAG gerechtfertigt, denn die Kl. hat ihre bisherige Staatsangehörigkeit weder verloren noch aufgegeben.

Über den Antrag der Kl. ist nach § 8 RuStAG zu entscheiden.

In Rechtsprechung und Literatur ist umstritten, ob ein Antrag auf Einbürgerung eines mit einem deutschen Staatsangehörigen verheirateten Ausländers auch nach § 8 RuStAG zu prüfen ist.

Es werden im wesentlichen drei Ansichten vertreten: § 9 RuStAG enthalte eine abschließende Regelung für die Einbürgerung von mit deutschen Staatsangehörigen verheirateten Ausländern mit der Folge, daß § 8 RuStAG in diesen Fällen nicht anwendbar sei. (So *Kanein,* in NJW 1970, 545 [546, 547]).

§ 8 RuStAG sei ergänzend in den Fällen neben § 9 RuStAG anwendbar, in denen der ausländische Staatsangehörige seine bisherige Staatsangehörigkeit *ohne eigenes Verschulden* nicht verlieren oder aufgeben könne. (So HessVGH, Urteil vom 27. 3. 1979 – II OE 139/77 – NJW 1980, 1247 [nicht rechtskräftig], *Arndt,* in: Das Standesamt 1969, 348; in NJW 1970, 1909, [1910]; *Makarov,* Deutsches Staatsangehörigkeitsrecht, 2. Aufl. 1973, S. 78 unter Buchst. a, und in JZ 1970, 57, [58 linke Spalte]; *Reuscher,* in: Das Standesamt 1969, 345).

§ 8 RuStAG sei in allen Fällen neben § 9 RuStAG anwendbar, in denen die besonderen Voraussetzungen für die erleichterte Einbürgerung von mit deutschen Staatsangehörigen verheirateten Ausländern nicht vorliegen. (So BayVGH, Urteil vom 24. 4. 1972, Nr. 39 V 71 –, BayVBl. 1973, 157, und NJW 1972, 2198; *Schwerdtfeger,* Gutachten A zum 53. Deutschen Juristentag 1980, S. 126 und S. 127; *Zuleeg* in NJW 1980, 1185 [1186], vgl. auch BVerwG, Beschl. vom 24. 8. 1979 – 1 C 27/76 – in *Buchholz,* 130 § 8 RuStAG Nr. 9).

Nur die letztgenannte Auslegung wird dem in Art. 6 Abs. 1 GG verankerten Schutz von Ehe und Familie und dem im Rechtsstaatsprinzip wurzelnden Grundsatz der Verhältnismäßigkeit gerecht.

Nach der Wertordnung des GG beanspruchen Ehe und Familie einen hohen Rang. Art. 6 Abs. 1 GG enthält sowohl ein klassisches Grundrecht auf Schutz vor Eingriffen des Staates wie eine Institutsgarantie als auch eine wertentscheidende Grundsatznorm für den gesamten Bereich des Ehe und Familie betreffenden privaten und öffentlichen Rechts und gilt auch für Ausländer. Der Staat ist aus Art. 6 Abs. 1 GG verpflichtet, die Einheit und Selbstverantwortung der Familie zu respektieren und zu fördern. (BVerfG, Beschl. vom 18. 7. 1979 – 1 BvR 650/77 – in BVerfGE 51, 386, 396 ff., BVerwG, Urteil vom 27. 9. 1978 – 1 C 79/76 – BVerwGE 56, 246, 250 ff. und Urteil vom 20. 5. 1980 – 1 C 55/75).

Aus dieser Pflicht folgt für das Staatsangehörigkeitsrecht, daß Ausländern, die mit deutschen Staatsangehörigen verheiratet sind, auch in den Fällen die Möglichkeit eröffnet werden muß, die deutsche Staatsangehörigkeit zu erwerben, in denen sie ihre bisherige Staatsangehörigkeit beibehalten wollen.

Da es grundsätzlich allein den Ehepartnern zusteht, selbstverantwortlich und frei von staatlicher Einflußnahme den räumlichen und sozialen Mittelpunkt ihres gemeinsamen Lebens zu bestimmen, verdient der freie Entschluß beider Eheleute, gemeinsam in der Bundesrepublik Deutschland als deutsche Staatsangehörige zu leben, besonderen staatlichen Schutz, wenn einer der Ehepartner schon die deutsche Staatsangehörigkeit besitzt. Bei der Entscheidung über die Einbürgerung des ausländischen Ehegatten muß daher das in Art. 6 Abs. 1 GG verfassungsrechtlich geschützte Interesse des deutschen Ehegatten an der ehelichen Lebensgemeinschaft mit gemeinsamer Staatsangehörigkeit berücksichtigt werden.

Hinzu kommt, daß das RuStAG von dem Grundsatz der Familieneinheit ausgeht. Es ist deshalb wünschenswert, daß die Mitglieder einer Familie nach Möglichkeit die gleiche Staatsangehörigkeit besitzen. (BVerfG, Beschl. vom 21. 5. 1974 – 1 BvL 22/71 und 21/72 – in BVerfGE 37, 217, 246; *Makarov,* Deutsches Staatsangehörigkeitsrecht, a.a.O., S. 217; so auch die Entstehungsgeschichte des Dritten Gesetzes zur Regelung von Fragen der Staatsangehörigkeit vom 19. August 1957 [BGBl. 1957 I, 1251]: die Begründung zum Entwurf der Bundesregierung in Bundestags-Drucksache II/2146 Anlage 1, S. 3 linke Sp. unten sowie den schriftlichen Bericht des Ausschusses für Angelegenheiten der Inneren Verwaltung in Bundestags-Drucksache II/3572, S. 2 linke Sp. Abs. 2).

Zwar ist es ein anerkannter Grundsatz des Staatsangehörigkeitsrechts, Mehrstaatigkeit zu vermeiden. (BVerfG, Beschl. vom 21. 5. 1974 – 1 BvL 22/71 und 21/72, a.a.O., S. 254; BVerwG, Urteil vom 4. 11. 1965 – I C 127/63 – in *Buchholz,* 132.0 § 8 des Ersten Staatsangehörigkeitsregelungsgesetzes Nr. 3).

Dementsprechend bestimmt Art. 1 Abs. 1 des Übereinkommens über die Verringerung der Mehrstaatigkeit und über die Wehrpflicht von Mehrstaatern vom 6. 5. 1963, daß volljährige Staatsangehörige einer Vertragspartei, die infolge einer ausdrücklichen Willenserklärung durch Einbürgerung die Staatsangehörigkeit einer anderen Vertragspartei erwerben, ihre vorherige Staatsangehörigkeit verlieren und daß ihnen die Beibehaltung der vorigen Staatsangehörigkeit zu versagen ist. Diese Vorschriften sind jedoch im Lichte des Art. 6 Abs. 1 GG zum Schutze des deutschen Staatsangehörigen verfassungskonform im Wege der teleologischen Reduktion dahingehend auszulegen, daß der Grundsatz des Staatsangehörigkeitsrechtes, Mehrstaatigkeit zu vermeiden, der Einbürgerung von mit deutschen Staatsangehörigen verheirateten Ausländern nicht *zwingend* entgegensteht, sondern daß dieser Grundsatz von den Einbürgerungsbehörden im Rahmen des ihnen bei einer Einbürgerung nach § 8 RuStAG zustehenden Ermessens als ein in die Abwägung einzustellender Gesichtspunkt zu berücksichtigen ist.

Es kann offenbleiben, ob die durch Art. 6 Abs. 1 GG gebotene teleologische Reduktion des Art. 1 Abs. 1 des Übereinkommens über die Verringerung der Mehrstaatigkeit insbesondere im Hinblick darauf, daß die Bundesrepublik von der Vorbehaltsklausel in Abs. 2 der Anlage zu diesem Abkommen keinen Gebrauch gemacht hat, mit den vom deutschen Staat übernommenen völkerrechtlichen Verpflichtungen vereinbar ist. Selbst wenn das nicht der Fall sein sollte, wäre der Senat an der durch Art. 6 Abs. 1 GG gebotenen einschränkenden Auslegung des Art. 1 Abs. 1 des Abkommens nicht gehindert, da das Abkommen im deutschen innerstaatlichen Bereich den Rang lediglich einfachen Gesetzesrechtes besitzt und daher einer durch die Verfassung gebotenen einschränkenden Auslegung unterliegt.

Der aus dem Rechtsstaatsprinzip herzuleitende Grundsatz der Verhältnismäßigkeit im weiteren Sinne gebietet es ebenfalls, § 8 RuStAG in Fällen der vorliegenden Art neben § 9 RuStAG anzuwenden.

Der Beklagte hat bisher keine Ermessenserwägungen im Rahmen des § 8 RuStAG angestellt. Er ist deshalb verpflichtet, den Antrag der Kl. gemäß § 8 RuStAG unter Beachtung der Rechtsauffassung des Gerichts erneut zu bescheiden.

Zwar steht dem Beklagten im Rahmen des § 8 RuStAG ein weites Ermessen zu.

Im Rahmen dieses Ermessens darf er auch dem Umstand Rechnung tragen, daß die Einbürgerung der Kl. zu einer Mehrstaatigkeit führen wird, solange sie nicht auf ihre britische Staatsangehörigkeit verzichtet. (Vgl. zur Bedeutung der Mehrstaatigkeit im Rahmen des § 8 RuStAG BVerwG, Urteil vom 4. 11. 1965 – I C 127/63 – *Buchholz* 132.0 Nr. 3 zu § 8 des Ersten Staatsangehörigkeitsregelungsgesetzes).

Dieser Umstand wird jedoch gegenüber dem Grundsatz der Familieneinheit im Staatsangehörigkeitsrecht, dem Art. 6 Abs. 1 GG eine besondere verfassungsrechtliche Bedeutung verliehen hat, in der Regel nicht ausschlaggebend sein, weil dem Verbot der Mehrstaatigkeit vorwiegend Ordnungsgesichtspunkte zugrunde liegen, die grundsätzlich hinter dem Schutz von Grundrechten zurücktreten müssen.

Nr. 154 BGH 30. 10. 1980 (III ZR 174/79) NJW 1981, 518

Der Kl., jordanischer Staatsangehöriger, lebte seit dem Jahre 1960 in der Bundesrepublik Deutschland. Er war seit Mitte 1972 bei einer deutschen Firma als Statiker beschäftigt. Jetzt hat er seinen Aufenthalt in Saudi-Arabien. Der Polizeipräsident der Stadt D. wies den Kl. mit Verfügung vom 27. 9. 1972, nach dem Anschlag der El-Fatah-Bewegung auf das Olympiastadion in München, nach §§ 10 I, 11 AuslG aus der Bundesrepublik mit der Begründung aus, der Kl. habe am 25. 5. 1969 an einer Großveranstaltung der El-Fatah in F. teilgenommen. Er ordnete die sofortige Vollziehung der Verfügung an. Der Kl. wurde noch am 27. 9. 1972 aus der Bundesrepublik ausgeflogen. Nach Widerspruch und verwaltungsgerichtlichen Verfahren hob schließlich noch im Laufe der Verfahren der Polizeipräsident von D. die Ausweisungsverfügung auf. Daraufhin erklärten die Parteien des Verwaltungsprozesses den Rechtsstreit in der Hauptsache für erledigt. Das VG legte die Kosten des Verfahrens der Bekl. auf, weil die Widerspruchsbehörde bei ihrer Entscheidung aufgrund der inzwischen eingetretenen, schon vom VGH gewürdigten Umstände den angefochtenen Beschluß nicht mehr hätte aufrechterhalten dürfen. Der Kl. begehrt von der Bekl. Ersatz des ihm durch die Ausweisung entstandenen Vermögensschadens. Die Bekl. ist dem Begehren des Kl. u. a. unter Berufung auf das in Art. 80 HessAGBGB Ausführungsgesetzes zum BGB vom 17. 7. 1899 niedergelegte Erfordernis der Verbürgung der Gegenseitigkeit entgegengetreten.

Das LG hat das gegen den Kl. zunächst ergangene, auf Klageabweisung lautende Versäumnisurteil aufrechterhalten. Das BerGer. hat die Berufung des Kl. zurückgewiesen. Die – zugelassene – Revision blieb erfolglos.

Das BerGer. hat der Amtshaftungsklage den Erfolg schon deshalb versagt, weil die nach Art. 80 des Hessischen Gesetzes, die Ausführung des Bürgerlichen Gesetzbuchs betreffend, vom 17. 7. 1899 (HessRegBl., S. 133) (künftig: HessAGBGB) erforderliche Verbürgung der Gegenseitigkeit mit dem Heimatstaat des Kl., dem Haschemitischen Königreich Jordanien, fehle. Seine Ausführungen halten der rechtlichen Nachprüfung stand.

Nach Art. 80 HessAGBGB tritt die Haftung des Staates oder der sonstigen Körperschaft, in deren Dienst ein seine Amtspflicht verletzender Beamter steht, gegenüber Ausländern nur insoweit ein, als die Gegenseitigkeit verbürgt ist. Die Frage, ob diese landesrechtliche Vorschrift nach dem maßgeblichen hessischen Landesrecht trotz des Wegfalls der ursprünglichen Bezugsnorm über die Bürgschaftshaftung des Staates oder Verbandes (Art. 78 HessAGBGB) noch gültig ist, unterliegt nicht der revisionsrechtlichen Nachprüfung, weil sich ihr Anwendungsbereich auf den Bezirk eines OLG beschränkt (§ 549 I ZPO). Höherrangige Normen des hessischen Landesrechts oder dessen Normen über den zeitlichen Geltungsbereich der Gesetze stehen nach der insoweit bindenden Entscheidung des BerGer. einer Anwendung des Art. 80 HessAGBGB nicht entgegen.

Entgegen der Auffassung der Revision hat das BerGer. rechtsfehlerfrei festgestellt, daß die Staats- oder Körperschaftshaftung (Art. 34 GG) mit Jordanien *nicht* verbürgt ist. Nach der vom BerGer. ordnungsgemäß eingeholten und verwerteten Auskunft der Botschaft der Bundesrepublik Deutschland in Amman haftet der Staat im Haschemitischen Königreich Jordanien nicht für Amtspflichtverletzungen seiner Beamten oder Amtsträger. Aus der vom Kl. vorgelegten Bestätigung des Vizeministers der Justiz in Amman ergibt sich nichts anderes, wie das BerGer. gleichfalls rechtsbedenkenfrei ausgeführt hat. Danach hat ein jordanischer Amtsträger zwar auch gegenüber Ausländern persönlich für Schäden aus rechtswidrigen Anordnungen ("illegal orders") Ersatz zu leisten, ähnlich wie ein deutscher Amtsträger ohne Überleitung der Haftung auf den Staat oder die sonstige Körperschaft, in deren Dienst er steht, nach § 839 BGB persönlich zum Schadensersatz verpflichtet ist, wenn er seine Amtspflicht gegenüber einem Dritten verletzt. Die jordanische Regelung bedeutet somit nicht, daß der jordanische Staat oder seine Körperschaften gegenüber dem Verletzten auf Schadensersatz haften. Der Umstand, daß das Haschemitische Königreich Jordanien Ausländer und Inländer bei der Haftung der *Beamten* für "illegal orders" rechtlich gleichbehandelt, verbürgt nicht die Gegenseitigkeit der *Staats-* oder Körperschaftshaftung, also der Schadensersatzhaftung des Staates oder seiner öffentlichrechtlichen Körperschaften für Amtspflichtverletzungen der in ihrem Dienst stehenden Amtsträger.

Das BerGer. hat im Anschluß an Urteile des erkennenden Senats zu § 7 Preußisches Staatshaftungsgesetz (BGHZ 13, 241 = NJW 1954, 1283; BGH, NJW 1956, 1836) rechtsirrtumsfrei ausgeführt, daß die landesrechtliche Regelung mit dem Erfordernis der Verbürgung der Gegenseitigkeit dem Grundgesetz oder sonstigem Bundesrecht nicht widerspricht. Der Senat hat die Grundsätze der bisherigen Rechtsprechung in seinem Urteil vom 28. 2. 1980 zu Art. 60 II BayAGBGB bestätigt (BGHZ 76, 376 = NJW 1980, 1567 m. Anm. *Ebke/Neumann*, JZ 1980, 652). Diese sind auch für Art. 80 HessAGBGB maßgebend. Art. 34 GG legt die unmittelbare Haftung des Staates oder sonstiger Körperschaften für ihre Amtsträger nur im Grundsatz fest und läßt damit sachgerechte Ausnahmen zu.

Diese Vorschrift des Grundgesetzes hat die sich aus Art. 131 WRV ergebende Rechtslage, nach der in früheren Gesetzen vorgesehene Beschränkungen der Staats- und Körperschaftshaftung gegenüber Ausländern in Kraft bleiben, nicht verdrängt. Es verstößt weder gegen das verfassungsrechtliche Willkürverbot (Art. 3 I GG) noch gegen das Verbot, Ausländer wegen ihrer Staatsangehörigkeit zu benachteiligen (Art. 3 III GG), wenn Art. 80 HessAGBGB einen unmittelbaren Amtshaftungsanspruch gegen den Staat oder die Körperschaft, in deren Dienst der seine Amtspflicht verletzende Amtsträger steht, solchen Ausländern versagt, deren Heimatstaaten Deutschen einen vergleichbaren Staatshaftungsanspruch ebenfalls nicht gewähren. Ausländer sollen danach jedenfalls im Hinblick auf die Haftung des Staates oder sonstiger Körperschaften für Amtspflichtverletzungen ihrer Amtsträger nicht besser gestellt sein als Deutsche in den Heimatstaaten der Ausländer. Eine solche Regelung dient als Ausdruck des völkerrechtlichen Gegenseitigkeitsprinzips der Wahrnehmung eigener staatlicher Belange gegenüber anderen Staaten. Sie soll die Möglichkeit geben, anderen Staaten die Gleichstellung ihrer Staatsangehörigen als Gegenleistung dafür anzubieten, daß sie Deutschen entsprechende Rechte gewähren (vgl. BGHZ 76, 376 = NJW 1980, 1567 m. w. N.).

Die Gesamtregelung der Amtshaftung gegenüber Ausländern, mit deren Heimatstaaten die Gegenseitigkeit der Staatshaftung nicht verbürgt ist, wahrt auch den völkerrechtlich gebotenen Mindeststandard, weil es bei der persönlichen Schadensersatzhaftung des Amtsträgers für schuldhafte Amtspflichtverletzungen gegenüber solchen Ausländern nach § 839 BGB bleibt. Die Konvention zum Schutz der Menschenrechte und Grundfreiheiten vom 4. 11. 1950 (BGBl. 1952 II, 686, 953, zuletzt geändert durch Prot. Nr. 5 vom 20. 1. 1966, BGBl. 1968 II, 1120 und BGBl. 1972 II, 105) und der internationale Pakt über bürgerliche und politische Rechte vom 19. 12. 1966 (BGBl. 1973 II, 1534 und BGBl. 1976 II, 1068), denen die Bundesrepublik Deutschland beigetreten ist, bewirken gleichfalls nicht, daß Ausländer, deren Heimatstaat Deutschen keine entsprechenden Staatshaftungsansprüche zubilligt, einen Schadensersatzanspruch wegen Amtspflichtverletzung statt gegen den schuldigen Amtsträger gegen den Staat oder die Körperschaft haben, in deren Dienst der Amtsträger steht. Dabei kann es dahingestellt bleiben, ob die in dem Internationalen Pakt anerkannten Rechte unmittelbar unter Beseitigung entgegenstehenden innerstaatlichen Rechts gelten oder diese Geltung erst durch eine Umsetzung in das innerstaatliche Recht erlangen (vgl. hierzu Art. 2 II des Pakts). Die Europäische Menschenrechtskonvention und der Internationale Pakt über bürgerliche und politische Rechte verbieten zwar, ähnlich wie Art. 3 GG, jede Form der Diskriminierung. Eine Diskriminierung, also eine willkürliche Benachteiligung, liegt jedoch nicht vor, soweit deutsche Gesetze, dem völkerrechtlichen Gegenseitigkeitsprinzip folgend, die Staats- oder Körperschaftshaftung gegenüber Ausländern statt von der persönlichen Haftung des Amtsträgers von der Verbürgung der Gegenseitigkeit mit deren Heimatstaat abhängig machen.

Die Gesamtregelung verstößt aber auch im Verhältnis zu dem persönlich haftenden Amtsträger nicht gegen das Grundgesetz, wie das BerGer. gleichfalls rechtsirrtumsfrei ausgeführt hat. Es widerspricht nicht den hergebrachten Grundsätzen des Berufsbeamtentums (Art. 33 V GG), daß ein Beamter nach § 839 BGB für schuldhafte Amtspflichtverletzung gegenüber einem Ausländer persönlich haftet, mit dessen Heimatstaat die Gegenseitigkeit der Staatshaftung nicht verbürgt ist (vgl. die herkömmlichen reichs- und landesrechtlichen Beschränkungen der Staatshaftung gegenüber Ausländern). Die persönliche Haftung des Amtsträgers hängt danach allerdings von dem für ihn mehr oder weniger zufälligen Umstand ab, ob die Gegenseitigkeit der Staatshaftung mit dem Heimatstaat des geschädigten Ausländers verbürgt ist. Fürsorgemaßnahmen im Innenverhältnis zwischen dem Amtsträger und dem Staat oder der Körperschaft, in deren Dienst er steht, können jedoch die ihn im Allgemeininteresse und im Einzelfall treffende persönliche Haftung weitgehend ausgleichen. Soweit die wegen der Nichtverbürgung der Gegenseitigkeit eintretende Eigenhaftung des Amtsträgers im Vergleich zu der in sonstigen Fällen eingreifenden Staats- oder Körperschaftshaftung gegenüber In- und Ausländern im Innenverhältnis zwischen Amtsträger und Staat oder Körperschaft sachlich nicht zu rechtfertigen ist, mögen Maßnahmen dieser Art sogar verfassungsrechtlich geboten sein. Ob ausgleichende Fürsorgemaßnahmen des Staates oder der Körperschaft, in deren Dienst der Amtsträger steht, im Innenverhältnis zu diesem rechtlich möglich oder geboten sind, läßt jedoch die Wirksamkeit einer Regelung wie der des Art. 80 HessAGBGB unberührt (vgl. BGHZ 76, 376 = NJW 1980, 1567).

Der Senat hat die Frage offen gelassen, ob eine Entscheidung nach der »Kann-Bestimmung« des Art. 60 II BayAGBGB verweigert werden darf, wenn der Gedanke der völkerrechtlichen Gegenseitigkeit zurücktritt (vgl. BGHZ 76, 376 = NJW 1980, 1567). Auch im Anwendungsbereich des Art. 80 HessAGBGB kann die Frage auftreten, ob der Grundsatz des Art. 34 GG die landesrechtliche Vorschrift bei außerhalb ihres Heimatstaates und ohne Bindung an ihn lebenden Ausländern »verdrängt«. Jedenfalls in der zur Entscheidung stehenden Sache gebieten bundesrechtliche Vorschriften nicht, daß die landesrechtliche Ausnahme vom bundesverfassungsrechtlichen Grundsatz zurücktritt.

Der Kl. gehört keiner ausländischen Personengruppe an, deren Angehörige kraft besonderer gesetzlicher Vorschrift (§ 44 AuslG; § 5 des Gesetzes über die Rechtsstellung heimatloser Ausländer im Bundesgebiet vom 25. 4. 1951, BGBl. I, 269; Art. 7 des Abkommens über die Rechtsstellung der Flüchtlinge vom 28. 7. 1951, BGBl. 1953 II, 559 und BGBl. 1954 II, 619) Befreiung vom Erfordernis der Gegenseitigkeit genießen und staatshaftungsrechtlich wie Deutsche behandelt werden.

Ob das Erfordernis der Verbürgung der Gegenseitigkeit nach Art. 80 HessAGBGB auch für bestimmte sonstige in der Bundesrepublik Deutschland lebende Ausländergruppen oder bei Amtspflichtverletzungen in bestimmten Sach- und Ordnungsbereichen entfallen kann, bedarf nicht der Entscheidung.

Der Kl. gehört keiner Ausländergruppe an, bei der wegen ihrer Einfügung in das wirtschaftliche und soziale Leben der Bundesrepublik Deutschland ein Zurücktreten des Erfordernisses der Verbürgung der Gegenseitigkeit erwogen werden könnte. Der – mehrjährige – Aufenthalt des Kl. in der Bundesrepublik Deutschland war von vornherein nur vorübergehender Art. Er diente dem Studium und der anschließenden einführenden Berufstätigkeit. Auch diese zielte darauf ab, den Kl. auf eine Berufstätigkeit in arabischen Ländern vorzubereiten und ihn dort auf Auslandsbaustellen seines Arbeitgebers zu verwenden. Der Kl. hatte in dieser Zeit entsprechend nur eine jeweils befristete Aufenthaltserlaubnis, die in der Regel jährlich um ein weiteres Jahr verlängert wurde. 1972 richtete der Regierungspräsident die Auflage an die Ausländerbehörde, die Aufenthaltserlaubnis des Kl. letztmals für längstens ein Jahr zu verlängern. Der Kl. war mit der Bundesrepublik Deutschland insbesondere nicht so eng verbunden, daß ihm die Erlaubnis zum Aufenthalt als Aufenthaltsberechtigung erteilt wurde (§ 8 AuslG). Die Einschränkung der Staatshaftung bei der Anwendung der ausländerrechtlichen Regelungen über die Ausweisung und deren Vollzug entspricht dem mit Art. 80 HessAGBGB verfolgten völkerrechtlichen Zweck und der für das völkerrechtliche Gegenseitigkeitserfordernis vorausgesetzten Sachlage, so daß dieses Erfordernis nicht schon nach der Art der Amtspflichtverletzung zurücktreten kann.

Dem Kl. steht, wie das BerGer. gleichfalls ohne Rechtsirrtum ausgeführt hat, ein unmittelbar aus den allgemeinen Regeln des Völkerrechts (Art. 25 GG) abgeleiteter Schadensersatzanspruch gleichfalls schon deshalb nicht zu, weil die deutsche Regelung der Haftung für Amtspflichtverletzungen gegenüber Ausländern, deren Heimatstaat die Gegenseitigkeit der Staats- oder Körperschaftshaftung nicht verbürgt, den internationalen Mindeststandard wahrt. Den Feststellungen des BerGer. und dem der revisionsrechtlichen Beurteilung zugrunde zu legenden Vorbringen des Kl. ist auch nicht zu entnehmen, daß die Voraussetzungen eines Schadensersatzanspruchs nach Art. 5 V EMRK vorliegen, also daß dem Kl. ein Schaden erwachsen ist, weil er entgegen den Bestimmungen des Art. 5 EMRK von Festnahme oder Haft betroffen war. Ein Schadensersatzanspruch nach dieser vertraglichen Regel oder nach allgemeinen Regeln des Völkerrechts würde sich im übrigen nicht gegen die bekl. Gemeinde richten.

Das BerGer. hat dem Kl. einen öffentlichrechtlichen Schadensersatz- oder Entschädigungsanspruch nach hessischem Landesrecht nicht zuerkannt. Ein Anspruch nach §§ 30 IV, 10 II Nr. 4, 31 des Hessischen Gesetzes über die öffentliche Sicherheit und Ordnung in der hier maßgeblichen Fassung vom 27. 1. 1972 (GVBl. I, 23, 24) gegen den Träger der Polizeikosten wegen der Zurücknahme einer polizeilichen Erlaubnis scheidet aus. Die Ausweisung richtet sich nach den hierfür geltenden besonderen gesetzlichen Vorschriften (§ 10 AuslG). Die hier verfügte Ausweisung und ihr sofortiger Vollzug stellen nicht die Rücknahme einer polizeilichen Erlaubnis nach § 10 II Nr. 4 HessSOG dar. Die Revision hat insoweit Rügen auch nicht vorgebracht.

Der vom Kl. geltend gemachte Anspruch läßt sich auch nicht auf die Regeln stützen, die für die Entschädigung wegen enteignungsgleichen Eingriffs gelten. Nach den Ausführungen des BerGer. griff die Bekl. mit dem sofortigen Vollzug der Ausweisungsverfügung schon nicht in eine als Eigentum geschützte Rechtsposition des Kl. ein. Es braucht indes nicht entschieden zu werden, ob die Ausweisungsverfügung und deren sofortiger Vollzug unmittelbar auf arbeitsvertragliche Rechte des Kl. eingewirkt haben und ob damit die Voraussetzungen eines entschädigungspflichtigen Eingriffs in eine als Eigentum nach Art. 14 GG geschützte Rechtsposition vorliegen. Die bekl. Gemeinde ist jedenfalls insoweit nicht zur Entschädigung verpflichtet. Entschädigungspflichtig ist nach den Grundsätzen der Entschädigung wegen enteignungsgleichen Eingriffs nur der »Begünstigte«, also der Hoheitsträger, dessen Aufgaben die eingreifende Behörde (Stelle) wahrnahm oder dem die Vorteile des Eingriffs zuflossen, nicht die eingreifende Körperschaft. Die Ausweisungsverfügung des Polizeipräsidenten der Bekl. und deren sofortiger Vollzug dienten der Erfüllung einer der überörtlichen Gemeinschaft, also dem Staat (Land) obliegenden Verwaltungsaufgabe und sollten nach § 10 I AuslG Interessen der Bundesrepublik Deutschland, also überörtliche Interessen, wahren (vgl. RGRK, 12. Aufl., Vorb. § 839 Rdn. 78; *Ossenbühl,* Staatshaftungsrecht, 2. Aufl., § 11, jeweils m. w. N. aus der Senatsrechtsprechung).

Dem Kl. steht auch ein Anspruch auf eine Aufopferungsentschädigung wegen Eingriffs in ein immaterielles Rechtsgut nach den allgemeinen Aufopferungsgrundsätzen gegen die Bekl. nicht zu. Eine Entschädigung für Eingriffe in nichtvermögensrechtliche Rechtsgüter zum Ausgleich der dadurch bedingten Vermögensnachteile setzt gleichfalls voraus, daß dem Betroffenen ein Sonderopfer für die Allgemeinheit abgefordert wurde und daß der Eingriff ein Rechtsgut – Leben, Gesundheit, körperliche Unversehrtheit, Freiheit – in seinen rechtlich geschützten Grenzen beeinträchtigte (vgl. RGRK, Vorb. § 839 Rdn. 148 ff. m. N. aus der Senatsrechtsprechung). Es kann dahingestellt bleiben, ob nach Aufopferungsgrundsätzen auch andere als die aufgeführten immateriellen Rechtsgüter, z. B. die ... einem Ausländer verfassungsrechtlich nicht verbürgten Rechte der Freizügigkeit in der Bundesrepublik Deutschland und der Freiheit der Wahl des Berufs und des Arbeitsplatzes entschädigungsfähig sind.

Nr. 155 BVerwG 17. 11. 1980 (1 B 818. 80) BayVBl. 1981, 153

Die vom Kläger aufgeworfene Frage, ob das deutsch-türkische Niederlassungsabkommen vom 12. 1. 1927 (RGBl. II, S. 76; BGBl. 1952 II, S. 608) – NAK – die Vertragsparteien zu einer wohlwollenden Prüfung bei der Erteilung von Aufenthaltserlaubnissen verpflichtet, rechtfertigt nicht die Zulassung der Revision. Die zitierte Rechtsfrage ist im vorliegenden Rechtsstreit nur insoweit erheblich, als sie sich auf die Befugnis der Ausländerbehörde bezieht, gegenüber einem § 7 Abs. 3 AuslG der Aufenthaltserlaubnis die Auflage beizufügen, daß eine selbständige oder vergleichbare unselbständige Erwerbstätigkeit nicht gestattet ist. Hierzu hat der Senat bereits in seinem Urteil vom 20. 8. 1970 (BVerwGE 36, 45 [51]) ausgesprochen, daß »wegen des Vorbehalts in Art. 2 Satz 3 NAK die Vorschrift des § 7 Abs. 3 AuslG ohne Einschränkung anwendbar ist«. Danach enthält das deutsch-türkische Niederlassungsabkommen insoweit keine Wohlwollensklausel, die das nach § 7 Abs. 3 AuslG der Behörde zustehende Ermessen einschränken könnte. Die Beschwerde des Klägers gibt keinen Anlaß, diese Rechtsprechung in einem Revisionsverfahren zu überprüfen, wohl aber Anlaß, ihre Grundgedanken nochmals darzulegen:

Der für die Erteilung einer Aufenthaltserlaubnis maßgebliche Art. 2 Satz 3 NAK gewährleistet »vorbehaltlich der Einwanderungsbestimmungen« den Staatsangehörigen des einen Vertragsstaates völlige Freiheit zur Einreise und zur Niederlassung, sofern sie die in diesem Lande geltenden Gesetze und Verordnungen beobachten. Aufgrund des genannten Vorbehalts ist über Einwanderungen allein nach dem nationalen Recht zu entscheiden. Nach der Rechtsprechung des Senats (BVerwGE 36, 45 [51 f.]; 38, 90 [92]) liegt Einwanderung schon dann vor, wenn die Niederlassung in dem anderen Staat eine gewisse Dauerhaftigkeit hat. Durch die Vorschriften des Ausländergesetzes über Einreise und Aufenthalt wird auch die Einwanderung geregelt; diese kann dadurch, daß eine Aufenthaltserlaubnis nicht erteilt, nicht mehr verlängert oder mit einer Auflage versehen wird, verhindert, beendet oder auf andere Weise geordnet werden. Da sich der Kläger nicht nur vorübergehend, sondern bereits seit 1971 auf unbestimmte Zeit in der Bundesrepublik Deutschland aufhält, ist § 7 Abs. 3 AuslG als Einwanderungsbestimmung uneingeschränkt auf ihn anwendbar.

Ein den Vorbehalt des Art. 2 Satz 3 NAK einschränkendes Gebot, Einwanderungen wohlwollend zu fördern, läßt sich – auch dies bedarf nicht der Klärung in einem Revisionsverfahren – dem deutsch-türkischen Niederlassungsabkommen nicht entnehmen. Entgegen der Ansicht des Klägers besagt die bloße Tatsache, daß ein Niederlassungsabkommen besteht, noch nichts über dessen Inhalt; ein allgemeines Erleichterungsgebot hinsichtlich der Erteilung von Aufenthaltserlaubnissen für Einwanderungen gehört keineswegs notwendig zum Begriff eines Niederlassungsvertrages. Der vom Kläger hervorgehobene Art. 2 Satz 2 NAK enthält ebenfalls keine Wohlwollensklausel in bezug auf Einwanderungen. Nach der genannten Vertragsbestimmung sollen sich die Staatsangehörigen der einen Vertragspartei auf dem Gebiet der anderen »des vollständigsten und dauerndsten Schutzes der Gesetze und der Landesbehörden für ihre Person, ihr Eigentum, ihre Rechte und Interessen erfreuen«. Derartige Schutzpflichten sind in zwischenstaatlichen Verträgen vielfach normiert, beispielsweise in Art. 7 des Europäischen Niederlassungsabkommens vom 13. 12. 1955 (BGBl. 1959 II, S. 997), wonach »die Staatsangehörigen eines Vertragsstaates ... im Gebiet der anderen Vertragsstaaten unter den gleichen Voraussetzungen wie deren eigene Staatsangehörige uneingeschränkten gesetzlichen oder gerichtlichen Schutz ihrer Person, ihres Vermögens, ihrer

Rechte und Interessen« genießen und »daher in gleicher Weise wie die eigenen Staatsangehörigen das Recht auf Inanspruchnahme der zuständigen Gerichts- und Verwaltungsbehörden« haben. Der mit diesen Vertragsbestimmungen zugesagte Schutz bezieht sich auf Gefahren, denen Ausländer wie Inländer auf dem Gebiet des Vertragsstaates ausgesetzt sein können. Er bezieht sich aber – anders als die in den Senatsurteilen vom 27. 9. 1978 (BVerwGE 56, 254 [266 f.] und 56, 273 [279]) erörterten Erleichterungs- und Wohlwollensgebote in Art. 1 Abs. 1 des deutsch-griechischen Niederlassungs- und Schiffahrtsvertrags und Art. 2 Abs. 1 des deutsch-spanischen Niederlassungsvertrags – nicht auf die Ermessensausübung bei der Erteilung von Aufenthaltserlaubnissen.

Durch die Rechtsprechung des Senats ist außerdem geklärt, daß auch Art. 4 NAK einer die selbständige Erwerbstätigkeit verbietenden Auflage nicht entgegensteht. In Art. 4 NAK ist den Staatsangehörigen der Vertragsstaaten im Gebiet des jeweils anderen Vertragsstaates das Recht zugesichert, jede Erwerbstätigkeit und jeden Beruf auszuüben, soweit diese nicht den eigenen Staatsangehörigen vorbehalten sind. Diese Vorschrift ist berufsrechtlicher Art und hat zur Voraussetzung, daß sich der türkische Staatsangehörige zu der von ihm beabsichtigten Tätigkeit im Geltungsbereich des Ausländergesetzes aufhalten darf (BVerwGE 36, 45 [52 f.]). Damit stimmt die Rechtsprechung des Senats zu Art. 7 des deutsch-griechischen und Art. 9 des deutsch-spanischen Niederlassungsvertrags überein, die den Staatsangehörigen der Vertragsstaaten im Gebiet des jeweils anderen Vertragsstaates – anders als Art. 4 NAK – sogar *Inländer*behandlung hinsichtlich der wirtschaftlichen und beruflichen Tätigkeiten gewähren (BVerwGE 56, 254 [262]; 56, 273 [275]).

Allerdings hat der Senat ausgesprochen, daß die genannten berufsrechtlichen Bestimmungen des deutsch-griechischen und deutsch-spanischen Niederlassungsvertrags als Ausdruck einer der Vertragszwecke auf das ausländerbehördliche Ermessen begrenzend einwirken können (BVerwGE 56, 254 [267]; 56, 273 [282]). Soweit Art. 4 NAK eine entsprechende Begrenzung der Ermessensfreiheit der Behörde entnommen werden kann, ist diese hier jedenfalls nicht überschritten. Insbesondere liegt nach den für den Senat bindenden tatsächlichen Feststellungen des Berufungsgerichts § 137 Abs. 2 VwGO) der tragende Grund für die angefochtenen Behördenbescheide nicht etwa in einer generellen Ablehnung einer selbständigen Erwerbstätigkeit türkischer Staatsangehöriger.

Nr. 156 Niedersächsisches FG 17. 11. 1980 (V 235/80 V) EFG 1981, 209

Die Antragstellerin (Astin.) betreibt eine Kredit- und Hypothekenagentur. U. a. erzielte sie aus Kreditvermittlungsgeschäften 1979 Umsätze, für die sie die Steuerbefreiung nach § 4 Nr. 8a UStG 1980 i. V. m. Art. 1 und Art. 13 Bd. 1 6. EG-Richtlinie (ABlEG Nr. L 145/1 vom 13. Juni 1977) in Anspruch nahm. Das FA lehnte die Befreiung unter Hinweis darauf ab, daß die Umsätze erst ab 1. Januar 1980 steuerfrei seien. Gegen den USt.-Bescheid für 1979 erhob die Astin. Sprungklage.

Gleichzeitig beantragte die Astin. die Aussetzung der Vollziehung (A. d. V.) der auf die Kreditvermittlung vom FA festgesetzten USt.

Nach § 69 Abs. 3 i. V. m. Abs. 2 FGO soll die A. d. V. erfolgen, wenn ernstliche Zweifel an der Rechtmäßigkeit des angefochtenen Verwaltungsakts (VA) bestehen oder wenn die Vollziehung für den Stpfl. eine unbillige, nicht durch überwiegende öffentliche Interessen gebotene Härte zur Folge hätte. Ernstliche Zweifel bestehen, wenn eine summarische Prüfung ergibt, daß neben den für die Rechtmäßigkeit sprechenden

Umständen gewichtige gegen die Rechtmäßigkeit sprechende Gründe zutage treten, die Unentschiedenheit oder Unsicherheit in der Beurteilung der Rechtsfragen oder Unklarheit in der Beurteilung der Tatfragen auslösen, wobei die für die Rechtswidrigkeit des VA sprechenden Bedenken nicht zu überwiegen brauchen (BFH-Beschlüsse vom 10. Februar 1967, III B 9/66. BFHE 87, 447, BStBl. III 1967, 182 und vom 30. Juni 1967, III B 21/66 BFHE 89, 92, BStBl. II 1967, 533). Eine Aussetzung der Vollziehung kommt daher auch dann in Betracht, wenn die Rechtslage unklar, die streitige Rechtsfrage noch nicht vom BFH entschieden und im Schrifttum Bedenken gegen die Entscheidung des FA erhoben werden (BFH-Beschluß vom 28. November 1974, V B 52/73, BFHE 114, 169, BStBl. II 1975, 239). So liegt der Fall hier, denn die zu entscheidende Rechtsfrage wird uneinheitlich beurteilt.

Zu Recht weist die Astin. darauf hin, daß nach der Ansicht des EuGH auch Richtlinien unmittelbar gelten, wenn die Gemeinschaftsbehörden die Mitgliedstaaten durch die Richtlinien zu einem bestimmten Verhalten verpflichten. In solchen Fällen sollen die Stpfl. sich auf die Richtlinien-Bestimmungen vor den innerstaatlichen Gerichten berufen und die Verletzung von Gemeinschaftsrecht durch nationales Recht rügen können (EuGH-Urteil vom 1. Februar 1977, RS 51/76, UStR 1977, 90 mit Anm. *Weiss*). Diese Auffassung wird von der EG-Kommission geteilt, wie sich aus den Antworten vom 19. Dezember 1978 (ABlEG Nr. C 28/10 vom 31. Januar 1979) und vom 7. August 1979 (ABlEG Nr. C 230/7 vom 12. November 1979) auf die Anfragen des Abgeordneten Notenboom vom 27. September 1978 (ABlEG Nr. C 28/9 vom 31. Januar 1979) und vom 23. April 1979 (ABlEG Nr. C 230/7) ergibt. Am 13. August 1979 hat deshalb die EG-Kommission Klage beim EuGH (Rs. 132/79, UStR 1979, 196) gegen die Bundesrepublik Deutschland erhoben, mit der die Feststellung begehrt wird, daß die Bundesrepublik ihre Verpflichtung aus dem EWG-Vertrag dadurch verletzt hat, daß sie die 6. EG-Richtlinie nicht bis zum 1. Januar 1979 in nationales Recht umgesetzt hat.

Auch im Schrifttum wird teilweise den Richtlinien, sofern sie detailregelnden Charakter haben, unmittelbare Bedeutung für das nationale Recht zuerkannt (*Miller,* DB 1979, 2051; 1980, 1662; *Tomuschat,* EuGRZ 1979, 257; *Rau/Dürrwächter/Flick,* Einführung UStG 1980 III, S. 73; *Riegel,* Recht der Internationalen Wirtschaft 1980, 695). Demgegenüber ist vor allem die Finanzverwaltung der Auffassung, daß Art. 13 Teil B kein unmittelbar geltendes Recht sei. Der BdF will durch geeignete Maßnahmen sicherzustellen versuchen, daß die EG-Kommission von derartigen Eingriffen in die Steuerverwaltungen der Mitgliedstaaten absieht. Die Ansicht der Verwaltung wird gestützt durch die Entscheidung des französischen Conseil d'Etat vom 22. Dezember 1978 Nr. 11604 (EuGRZ 1979, 251). In dieser Entscheidung hat der Conseil d'Etat ausgeführt, aus Art. 189 EWGV ergebe sich eindeutig, daß die Richtlinien zwar für die Mitgliedstaaten hinsichtlich des zu erreichenden Ziels verbindlich und die innerstaatlichen Stellen zur Erreichung damit gesetzter Ziele gehalten seien, ihre Gesetze und Verwaltungsvorschriften den an sie ergehenden Richtlinien anzupassen. Die Mitgliedstaaten blieben aber allein dafür zuständig, diese Richtlinien als innerstaatliches Recht wirksam werden zu lassen. Die Staatsangehörigen der Mitgliedstaaten könnten sich daher zur Begründung einer Klage gegen einen einzelnen VA nicht auf diese Richtlinien berufen, welche Angaben diese Richtlinien im einzelnen auch immer enthielten. Selbst *Tomuschat,* der dem EuGH trotz einiger Bedenken folgt und das Urteil des Conseil d'Etat als Kampfansage an den EuGH wertet, räumt unter Hinweis auf die

Verkündungsvorschrift des § 191 Abs. 2 EWGV ein, daß die ursprüngliche Konzeption der Verfasser des EWGV darin lag, mit Hilfe der Richtlinien Verpflichtungen gleichsam völkerrechtlicher Art im Außenverhältnis zu schaffen, die im internen Rechtsraum keinerlei Rechtswirkungen entfalten (a.a.O.). Auch *Weiss*, der einer detailregelnden Richtlinie zumindest nicht unbedingt Normcharakter i. S. des nationalen Rechtsverständnisses zuerkennen will, sieht keine Begründung für die Ansicht, daß entgegen Art. 189 und 191 des EWGV der Richtlinienadressat verändert wird (Anm. zum EuGH-Urteil vom 12. Juni 1979, Rs. 181 und 229/78, UStR 1980, 5).

Welche Rechtsansicht sich im Endergebnis durchsetzen wird, ist noch offen. Bei der im Aussetzungsverfahren gebotenen summarischen Betrachtung kann daher nicht ausgeschlossen werden, daß die von der Astin. eingelegte Klage zur Hauptsache Erfolg haben wird. Die Vollziehung des streitigen Betrages war daher auszusetzen.

Nr. 157 **BGH 26. 11. 1980 (3 StR 393/80) BGHSt 30, 1**

Das LG hat gegen den Angekl. P wegen dreier Vergehen der politischen Verdächtigung auf Geldstrafen und wegen Vortäuschung einer Straftat auf eine Freiheitsstrafe von drei Monaten erkannt; es hat ihn sodann unter Einbeziehung einer rechtskräftigen Freiheitsstrafe von sechs Monaten zu einer Gesamtfreiheitsstrafe von neun Monaten verurteilt, deren Vollstreckung es zur Bewährung ausgesetzt hat. Den Angekl. S hat es schuldig gesprochen, drei Vergehen der Beihilfe zur politischen Verdächtigung begangen zu haben; es hat ihm auferlegt, einen Geldbetrag von 400 DM an eine gemeinnützige Einrichtung zu zahlen. Die auf die Sachrüge gestützte Revision des Angekl. P, die zulässigerweise auf die Verurteilung wegen politischer Verdächtigung beschränkt ist, hatte keinen Erfolg; die Revision des Angekl. S führte auf die Sachrüge lediglich zur Änderung des Schuldspruchs.

Nach den Feststellungen hat sich der Angekl. P während seiner Inhaftierung in der Deutschen Demokratischen Republik verpflichtet, für das Ministerium für Staatssicherheit der DDR zu arbeiten. Zwischen Herbst 1975 und Mai 1976 teilte er in einem Bericht mit, der Mitgefangene B habe den Mitgefangenen K zu überreden versucht, einen Ausreiseantrag aus der DDR zu stellen. In einem weiteren Bericht führte er aus, die Mitgefangenen A und B bezeichneten Gefangene, die nach ihrer Haftentlassung nicht in die Bundesrepublik Deutschland überwechseln wollten, als minderwertig. In einem dritten Bericht bezichtigte er den Mitgefangenen C, über seine Eltern versucht zu haben, Kontakte zu einer amerikanischen Schwimmfunktionärin aufzunehmen, um auf diese Weise seine Haftentlassung zu erreichen. Die Berichte setzten, wie das LG festgestellt hat, die Mitgefangenen der Gefahr aus, in der Vollzugsanstalt C., die als »Abschiebeanstalt« bekannt war, weiter festgehalten und nicht in die Bundesrepublik Deutschland abgeschoben zu werden oder wegen »subversiver Tätigkeit« oder »staatsfeindlicher Hetze« Haftverschärfungen oder Haftverlängerungen zu erleiden. Der Angekl. S trug dazu bei, daß P die Berichte ungestört abfassen konnte. Er ließ sich zusammen mit P in eine Sonderzelle einschließen. Während dieser die genannten Berichte verfaßte, arbeitete er Verbesserungsvorschläge für seinen Arbeitsbereich in der Haftanstalt aus, um diese Aufzeichnungen den Zellengenossen als Begründung für den gemeinsamen Einschluß vorweisen zu können. Er wußte, daß er dadurch P in seiner »wirklichen Tätigkeit« unterstützte und war damit einverstanden, weil die Unterstützung des P für ihn mit persönlichen Vorteilen verbunden war.

... Der Strafbarkeit steht nicht entgegen, daß die Taten in der Deutschen Demokratischen Republik gegen deren Bürger begangen worden sind.

§ 241 a StGB ist – zusammen mit § 234 a StGB – durch das Gesetz zum Schutze der persönlichen Freiheit vom 15. 7. 1951 (BGBl. I, S. 448) in das StGB eingefügt worden. Entsprechende Vorschriften sind für das Land Berlin durch das Gesetz zum Schutze der persönlichen Freiheit vom 14. 6. 1951 (GVBl., S. 417) erlassen worden. Anlaß für die Einführung der Strafbestimmungen waren Verschleppungen in den kommunistischen Machtbereich und Fälle von politischer Verdächtigung, die zu rechtsstaatswidriger Verfolgung in diesem Bereich geführt hatten (vgl. *Wagner,* MDR 1967, 629 und die Resolution des Deutschen Bundestages vom 14. 9. 1950 – Prot. der 85. Sitzung des Deutschen Bundestags, S. 3187, 3193). Bei Berücksichtigung des daraus folgenden, auf das Schutzprinzip abstellenden Willens des Gesetzgebers, Taten der politischen Verdächtigung ausnahmslos, gleichviel von wem und wo sie begangen sind, zu bestrafen, hat die Rechtsprechung den § 241 a StGB in der Folgezeit auch auf in der DDR begangene Taten angewendet, und zwar unabhängig vom Recht des Tatortes (BGH, bei: *Wagner,* GA 1962, 202 Nr. 3; vgl. auch *Wagner,* MDR 1967, 629 mit weiteren Rechtsprechungsnachweisen). Nach der Rechtsprechung des BGH (BGHSt 7, 53 [55] = NJW 1955, 271) waren zwar im Verhältnis von Bundesrepublik Deutschland und Deutscher Demokratischer Republik die Regeln des »innerdeutschen (interlokalen) Strafrechts« – mit der Folge grundsätzlicher Anwendbarkeit des Tatortrechts – maßgebend. Daß bei § 241 a StGB – entsprechendes wurde für § 234 a StGB angenommen – für die Anwendung dieser Regel kein Raum sei, wurde aus dem Wesen der Vorschriften hergeleitet, die zum Teil nur außerhalb der Bundesrepublik Deutschland verwirklicht werden konnten (KG, NJW 1956, 1570). Die Rechtsprechung kam also auch ohne Rückgriff auf die Vorschriften über den Geltungsbereich des Strafrechts zu einer Anwendung des § 241 a StGB auf die in der Deutschen Demokratischen Republik gegenüber deren Bürgern begangenen Straftaten.

Die mit dem 2. Gesetz zur Reform des Strafrechts (2. StrRG) vom 4. 7. 1969 (BGBl. I, 717) vorgenommene Änderung der §§ 3 ff. StGB, die – nach zwischenzeitlichen, aber die hier in Frage stehende Problematik nicht berührenden Ergänzungen – mit dem EGStGB vom 2. 3. 1974 (BGBl. I, 469) am 1. 1. 1975 in Kraft getreten ist, hat insoweit an der Rechtslage nichts geändert. Die Geltung des deutschen Strafrechts für die in Frage stehenden Fälle ergibt sich jetzt aus § 5 Nr. 6 StGB.

Nach § 5 StGB gilt das deutsche Strafrecht, um den Schutz des Staates und wichtiger Rechtsgüter des Volkes (Schutzprinzip) sowie den Schutz Deutscher (passives Personalprinzip) sicherzustellen (vgl. den Entwurf eines StGB – E 1962, S. 109), unabhängig vom Recht des Tatortes – hier also unabhängig von dem in der Deutschen Demokratischen Republik geltenden Recht – für eine Reihe von Taten, die im Ausland begangen werden. Die Fassung der Vorschrift geht im wesentlichen auf den Entwurf eines StGB – E 1962 – zurück, nach dem der Begriff »Inland« (§ 3 StGB) entsprechend der damaligen Rechtsprechung (vgl. noch BGHSt 20, 5 [7] = NJW 1964, 2169) nicht nur die Gebiete im Geltungsbereich des Strafgesetzbuches, sondern auch die Deutsche Demokratische Republik und die übrigen Gebiete des Deutschen Reiches in den Grenzen vom 31. 12. 1937 umfaßte (E 1962, S. 106). Bei einem solchen Verständnis vom Inlandsbegriff würde die Regelung des § 5 StGB nicht für die in der DDR begangenen Straftaten gelten, da sie nur Auslandstaten betrifft. Die Anwendung des deutschen Strafrechts auf Taten, die zwar im Inland, aber nicht im räumlichen Geltungsbereich des StGB begangen werden, sollte deshalb nach den Vorstellungen des E 1962 im EGStGB geregelt werden (E 1962, § 3 Fn. 2). Die dem zugrunde liegende Auslegung, daß der Inlandsbegriff des § 3 StGB die Deutsche Demokratische Republik mit umfaßt, ist jedenfalls seit dem Abschluß des Vertrages über die Grundlagen der Beziehungen der Bundesrepublik Deutschland und der Deutschen Demokratischen Republik (im folgenden Grundlagenvertrag) vom 21. 12. 1972 (BGBl. 1973 II, 421, 423) nicht mehr vertretbar.

Das EGStGB spricht diese Frage – entgegen den im E 1962 zum Ausdruck gebrachten Vorstellungen – nicht an. Das 2. Strafrechtsreformgesetz hat es der Rechtsprechung überlassen zu entscheiden, was Inland ist (Corves und Güde in den Beratungen zum 2. StrRG, Prot. des Sonderausschusses des Deutschen Bundestags für die Strafrechtsreform, 5. Wahlperiode – im folgenden Prot. –, S. 2346; Zweiter Schriftlicher Bericht des Sonderausschusses für die Strafrechtsreform – BT-Drs. V/4095, S. 4). Der BGH hat die Problematik in den in NJW 1975, 1610 und BGHSt 27, 5 = NJW 1976, 2354 abgedruckten Entscheidungen offengelassen; in dem in NJW 1978, 113 (115) abgedruckten Urteil ist er von der Unanwendbarkeit des § 3 StGB ausgegangen, was sich aus dem Hinweis ergibt, daß gegen eine entsprechende Anwendung des § 7 II Nr. 1 StGB keine Bedenken bestünden. Mit einer den tatsächlichen Gegebenheiten entsprechenden Auslegung ist dem in § 3 StGB verwendeten Begriff Inland eine funktionsgerechte Bedeutung dahin zu geben, daß er an das Funktionieren der Staatsgewalt anknüpft (*Jescheck,* Lehrb. Strafrecht AT, 3. Aufl., S. 153; *Tröndle,* in: Leipziger Kommentar, 10. Aufl., Vorb. § 3 Rdn. 46; *Eser,* in: Schönke-Schröder, StGB, 20. Aufl., Vorb. §§ 3–7, Rdnrn. 29, 30; *Lackner,* StGB, 13. Aufl., Vorb. §§ 3–7 Anm. 4a; *Samson,* in: SKStGB, § 3 Rdn. 5; weitergehend *Krey,* JR 1980, 45 ff., der das entsprechende Ergebnis aus völker- und staatsrechtlichen Grundsätzen herleitet). Die Bundesrepublik Deutschland übt auf dem Gebiet der Deutschen Demokratischen Republik keine Staatsgewalt aus.

Diese Auffassung steht nicht im Widerspruch zu der rechtsverbindlichen Auslegung des Grundlagenvertrages durch das BVerfG, nach der die Deutsche Demokratische Republik zu Deutschland gehört und deshalb im Verhältnis zur Bundesrepublik Deutschland nicht als Ausland angesehen werden kann (BVerfGE 36, 1 [17]). Denn das BVerfG hat hervorgehoben, daß sich die beiden deutschen Staaten als Teilstaaten neu organisiert haben, daß infolgedessen die Deutsche Demokratische Republik im Sinne des Völkerrechts ein Staat ist (BVerfGE 36, 1 [22]) und daß sich die Staatsgewalt der Bundesrepublik Deutschland nur auf den Bereich der in Art. 23 GG genannten Länder, einschließlich Berlin, erstreckt (BVerfGE 36, 1 [16, 17]). Dem entspricht eine Beschränkung des Geltungsbereichs des in der Bundesrepublik Deutschland geltenden Strafrechts auf deren Gebiet mit der Folge, daß in der DDR begangene Taten entsprechend den Regeln des internationalen Strafrechts so zu behandeln sind, als wären sie Auslandstaten.

Die aus der Einschränkung des Inlandsbegriffs des § 3 StGB folgende Ausdehnung des Anwendungsbereichs des § 5 StGB auf in der Deutschen Demokratischen Republik begangene Straftaten führt nicht zu Änderungen, die den durch § 5 Nr. 6 StGB geschützten Personenkreis betreffen. Dem Schutzbereich des deutschen Strafrechts unterliegen auch Bürger der DDR als Opfer von Straftaten der politischen Verdächtigung. Daran hat der Grundlagenvertrag nichts geändert. Denn die Bundesrepublik Deutschland wollte mit dem Grundlagenvertrag keineswegs ihren Anspruch aufgeben, allen Deutschen, auch soweit sie in der DDR ansässig sind, Schutz zu gewähren. Das ergibt sich deutlich aus der von ihr im Zusatzprotokoll abgegebenen Erklärung, wonach Staatsangehörigkeitsfragen durch den Vertrag nicht geregelt worden sind. Sie geht danach weiterhin von einer einheitlichen deutschen Staatsangehörigkeit mit den daraus folgenden, sie treffenden Schutzpflichten aus. Der bei Einführung des § 241 a StGB eindeutig gewollte Schutz auch der Bürger der DDR besteht deshalb nach wie vor fort. Der in § 5 Nr. 6 StGB verwendete Begriff »Inland« hat infolgedessen eine andere Bedeutung als der gleichlautende Begriff in § 3 StGB. Im einzelnen ist dazu folgendes auszuführen:

Nach § 5 Nr. 6 StGB gilt das deutsche Strafrecht unabhängig vom Recht des Tatorts auch für Auslandstaten der Verschleppung und politischen Verdächtigung, wenn sich die Tat gegen einen Deutschen richtet, der im Inland seinen Wohnsitz oder gewöhnlichen Aufenthalt hat. Der Gesetzgeber bezweckte mit dieser Fassung »praktisch eine Kodifizierung dessen, was die Rechtsprechung bisher in § 234 a und § 241 a angenommen« hatte (Corves in den Beratungen zum 2. StrRG, Prot., S. 2347), somit auch die Strafbarkeit desjenigen, der eine der genannten Taten an einem Bürger der DDR, der dort seinen Wohnsitz oder gewöhnlichen Aufenthalt hat, begeht, und zwar auch bei einem strafbaren Verhalten »außerhalb des Geltungsbereichs des Grundgesetzes« (Corves, a.a.O., S. 2348). Die im Gebiet der Deutschen Demokratischen Republik begangenen Straftaten sollten nicht von der Strafbarkeit ausgenommen werden. Zwar ist die im E 1962 für § 167 – der inhaltlich dem § 241 a StGB entspricht – enthaltene Ankündigung nicht verwirklicht worden, im Einführungsgesetz mit Vorschriften über das interlokale Strafrecht dafür zu sorgen, daß die politische Verdächtigung im Geltungsbereich dieses Gesetzes auch dann strafbar ist, wenn sie in der DDR begangen wird (E 1962, S. 307). Dies ist aber nicht auf eine andere Zielsetzung des Gesetzgebers, sondern darauf zurückzuführen, daß das Einführungsgesetz, wie dargelegt, die Frage des Anwendungsbereichs der §§ 3 ff. StGB auf die in der Deutschen Demokratischen Republik begangenen Straftaten nicht angesprochen, sondern der Auslegung durch die Rechtsprechung überlassen hat. Der aus den Art. 16, 116 I GG sich ergebenden Verpflichtung zum Schutz Deutscher entspricht es, § 5 Nr. 6 StGB dahin auszulegen, daß er – unbeschadet jeder Regelung der Staatsangehörigkeit in der Deutschen Demokratischen Republik – auch Bürger der DDR, die dort wohnen oder ihren gewöhnlichen Aufenthalt haben, vor Taten nach den §§ 234 a, 241 a StGB schützt.

Bürger der Deutschen Demokratischen Republik sind Deutsche (vgl. Art. 116 GG). Der mit der Deutschen Demokratischen Republik geschlossene Grundlagenvertrag hat diese Rechtslage nicht geändert. Dies folgt aus dem von den Vertragsparteien dem Vertrag beigefügten Zusatzprotokoll. Für die Deutsche Demokratische Republik ist zu Protokoll erklärt: »Die Deutsche Demokratische Republik geht davon aus, daß der Vertrag eine Regelung der Staatsangehörigkeitsfragen erleichtern wird«. Die von der Bundesrepublik Deutschland zu Protokoll gegebene Erklärung lautet: »Staatsangehörigkeitsfragen sind durch den Vertrag nicht geregelt worden« (vgl. BVerfGE 36, 1 [5]). Ob dennoch aus der Tatsache, daß sich auf dem Gebiet des Deutschen Reiches zwei Staaten organisiert haben (BVerfGE 36, 1 [16]), Konsequenzen für die Auslegung des § 7 StGB zu ziehen sind, bedarf hier nicht der Entscheidung. In den Fällen des § 5 Nr. 6 StGB, der den Begriff des »Deutschen« nicht verwendet, um die darunter fallenden Personen besonders in Pflicht zu nehmen, sondern um sie zu schützen, würde eine einengende Auslegung dem Ziel der Vorschrift, Deutsche als Opfer von Straftaten nach den §§ 234a, 241a StGB unter besonderen Schutz zu stellen, nicht gerecht werden.

Voraussetzung für die Anwendbarkeit des § 5 Nr. 6 StGB ist allerdings, daß der Deutsche, gegen den sich die Tat der Verschleppung oder politischen Verdächtigung richtet, im Inland seinen Wohnsitz oder seinen gewöhnlichen Aufenthaltsort hat. Bezeichnete der Begriff des Inlands in dieser Vorschrift ebenso wie in § 3 StGB allein den Geltungsbereich des StGB, so wären DDR-Bürger nur dann geschützt, wenn sie, etwa als Korrespondenten, ihren Wohnsitz oder gewöhnlichen Aufenthaltsort in der Bundesrepublik Deutschland haben (so *Eser,* in: Schönke-Schröder, a.a.O., § 5 Rdn. 12). Eine solche den Anwendungsbereich des § 5 Nr. 6 StGB einschränkende Interpretation ist jedoch nicht geboten (vgl. dazu auch Tröndle, in: LK, Vorb. § 3 Rdn. 47, § 5 Rdn. 7; Prot., S. 3201; a. A. *Samson,* in: SKStGB, § 5 Rdn. 15). Sie würde, wie dargelegt, den Absichten des Gesetzgebers zuwiderlaufen. Diese gesetzgeberischen Ziele haben im Wortlaut des Gesetzes dadurch Ausdruck gefunden, daß dieses sowohl in dem in Bezug genommenen § 234a StGB als auch in § 5 StGB selbst (Nrn. 3a, 5b, 7, 8, 9, 10 StGB) anstelle des Begriffs »Inland« das Merkmal »im räumlichen Geltungsbereich dieses Gesetzes« verwendet, wenn nach gesetzgeberischer Absicht das Staatsgebiet der DDR nicht mehr bezeichnet werden soll. Die verschiedene Auslegung des Begriffs Inland in § 3 und in § 5 Nr. 6 StGB findet ihre sachliche Rechtfertigung in der Verschiedenheit des Regelungszusammenhangs, in dem er hier und dort verwendet wird. In § 3 StGB, der den räumlichen Geltungsbereich des Strafrechts bestimmt, führen die räumlich begrenzte Ausübung der Staatsgewalt der Bundesrepublik Deutschland sowie der Abschluß des Grundlagenvertrags dazu, den Inlandsbegriff dahin auszulegen, daß er das Staatsgebiet der DDR nicht mit umfaßt. In § 5 Nr. 6 StGB dient der gleiche Begriff nicht dem Zweck, den Anwendungsbereich des deutschen Strafrechts räumlich ein- und abzugrenzen, sondern dazu, den strafrechtlichen Schutz auf einen durch Anknüpfung an den Begriff mit gekennzeichneten Personenkreis auszudehnen.

Der Ausdehnung des Schutzbereiches des § 241a StGB auf Deutsche, die in der DDR ihren Wohnsitz oder gewöhnlichen Aufenthalt haben, steht der Grundlagenvertrag nicht entgegen. Sie berührt die territoriale Integrität der DDR (Art. 3 Satz 2 des Vertrags) nicht und führt weder zu einem Handeln in Vertretung oder im Namen der DDR (Art. 4) noch zu einem Eingriff in deren Unabhängigkeit und Selbständigkeit (Art. 6 Satz 2). Auch eine Ausdehnung der Hoheitsgewalt der Bundesrepublik Deutschland über ihr Staatsgebiet hinaus i. S. des Art. 6 Satz 1 des Vertrages ist damit nicht verbunden. Fragen der deutschen Staatsangehörigkeit und damit auch des an sie anknüpfenden Schutzes der Deutschen durch das Recht der Bundesrepublik Deutschland sollten nach dem übereinstimmenden Willen der Vertragsparteien, die diese mit unterschiedlicher Gewichtung zum Ausdruck gebracht haben, mit dem Vertrag nicht geregelt werden. Der Gesetzgeber hätte danach den Anwendungsbereich des § 241a StGB generell auf gegen deutsche Staatsangehörige gerichtete Auslandstaten erstrecken können. Darin, daß er den strafrechtlichen Schutz nur für Deutsche gewährleistet, deren Beziehungen zu einem der deutschen Staaten durch ihren Wohnsitz oder gewöhnlichen Aufenthalt gekennzeichnet ist, liegt deshalb eine im gesetzgeberischen Ermessen liegende Begrenzung des geschützten Personenkreises. Der Grundlagenvertrag läßt den Regelungsgehalt des § 5 Nr. 6 StGB, der entgegen der Auffassung der Verteidigung nicht zu verfassungswidrigen Ergebnissen führt, demnach unberührt.

Nicht gefolgt werden kann dem OLG Düsseldorf, das – im Hinblick auf die Rechtsprechung des BVerfG (BVerfGE 36, 1 [31]) – § 5 Nr. 6 StGB nur dann für anwendbar hält, wenn ein früherer DDR-Bürger deutscher Volkszugehörigkeit seine Bindungen zur Deutschen Demokratischen Republik löst und Bürger der Bundesrepublik Deutschland wird (NJW 1979, 59 [62]; so auch *Tröndle,* in: LK, § 5 Rdn. 7; *Lackner,* a.a.O., § 5 Anm. 3). Gegen eine solche Auslegung spricht schon, daß die materiellen Strafbarkeitsvoraussetzungen bereits zur Tatzeit vorliegen müssen und daß es eine der »Neubürgerklausel« des § 7 II Nr. 1 Alternative 2 StGB vergleichbare Vorschrift auf der Opferseite nicht gibt (*Eser,* in: Schönke-Schröder, § 5 Rdn. 12). Das BVerfG, das nur die Verfassungsmäßigkeit des Grundlagenvertrages zu prüfen hatte, hat zudem lediglich auf das sich aus dem Grundgesetz ergebende Mindestmaß für den Schutz Deutscher abgestellt. Es hat insoweit zum Ausdruck gebracht, daß den Art. 16, 116 GG Genüge getan ist, wenn deutsche Bürger der DDR, falls sie sich in den Schutzbereich der Bundesrepublik Deutschland begeben, als Deutsche behandelt werden. Das bedeutet nicht, daß der mit den §§ 234a, 241a, 5 Nr. 6 StGB vom Gesetzgeber beabsichtigte Schutz auch der DDR-Bürger vor Verschleppung und politischer Verdächtigung damit von Vertrags wegen in den – besonders gravierenden – Fällen weggefallen sei, in denen es den Opfern einer Verschleppung oder politischen Verdächtigung nicht gelingt, in den Schutzbereich der Bundesrepublik Deutschland zu gelangen.

Nr. 158 KG 26. 11. 1980 (Kart. 18/80) RIW/AWD 1981, 403

... Anlaß für eine einstweilige Anordnung, durch die ... gestattet wird, den angemeldeten Erwerb zu vollziehen, sind die in der Beschwerdeentscheidung Kart. 17/80 festgestellten förmlichen Mängel des Untersagungsverfahrens, nämlich die Verletzung des Grundsatzes des rechtlichen Gehörs, die nicht erfolgte Zustellung an ... und die hinsichtlich einer wichtigen Frage (§ 98 Abs. 2 GWB) fehlende Begründung, daneben aber auch erhebliche Zweifel an der materiellen Begründetheit des Untersagungsbeschlusses. Sie ergeben sich daraus, daß auch nach Ansicht des Bundeskartellamtes das Schwergewicht des *insgesamt* untersagten Zusammenschlußvorhabens im Ausland liegt, während im Inland eine demgegenüber relativ unbedeutende weitere Wettbewerbsbeschränkung durch Verstärkung einer marktbeherrschenden Stellung ... eintreten würde. Die zuständige französische Rechtsordnung billigt dagegen den Zusammenschluß, und die zuständigen französischen Behörden begrüßen ihn unter wirtschafts- und sozialpolitischen Gesichtspunkten. Bei dieser Sachlage ergibt sich durch die Untersagung des Zusammenschlußvorhabens auch gegenüber den beteiligten ausländischen Unternehmen ein Konflikt zwischen der Kollisionsnorm des § 98 Abs. 2 Satz 1 GWB, nach der das Gesetz gegen Wettbewerbsbeschränkungen – und damit auch die Sachnormen der §§ 24 Abs. 1, 24a Abs. 2 – Anwendung auf alle Wettbewerbsbeschränkungen findet, die sich in seinem Geltungsbereich auswirken, und allgemein anerkannten Grundsätzen des Völkerrechts, nämlich dem Grundsatz der sinnvollen Anknüpfung im internationalen Verwaltungsrecht und dem völkerrechtlichen Nichteinmischungsprinzip (vgl. *Meessen,* Völkerrechtliche Grundsätze des internationalen Kartellrechts, 1975, S. 173f., 219f.; *ders.,* Zeitschrift für das gesamte Handelsrecht 143 (1979), S. 273, 280f.; *Kersten,* Zur Anwendbarkeit des GWB auf ausländische Unternehmenszusammenschlüsse mit Inlandswirkungen, WuW 1979, S. 721, 725). Zwar erfaßt § 98 Abs. 2 Satz 1 GWB nicht jede Inlandswirkung; sie muß vielmehr den Schutzbereich der jeweiligen Sachnorm im Inland verletzen (vgl. BGH, WuW/E 1276,

1279 *Ölfeldrohre;* 1613, 1614 *Organische Pigmente*). Angesichts der durch eine inländische marktbeherrschende Stellung gekennzeichneten Marktstruktur ist aber eine Verstärkung einer solchen Stellung als eine Verletzung des durch §§ 24 Abs. 1, 24a Abs. 2 GWB geschaffenen Schutzbereiches anzusehen, so daß für eine Anwendung dieser Sachnormen auf den vorliegenden Fall an sich Raum gegeben ist. Da die Untersagung aber – jedenfalls in ihrer konkreten Fassung – das Zusammenschlußvorhaben insgesamt ergreift und damit auch für die in erster Linie betroffenen ausländischen Beteiligten nach der Vertragslage, die eine Zustimmung aller zuständigen Behörden zur Bedingung macht, die Durchführung ausschließt, bedeutet das eine Verletzung der erwähnten anerkannten Regeln des Völkerrechts, die gemäß Art. 25 Satz 2 GG den einfachen Gesetzen der Bundesrepublik Deutschland und also auch dem GWB vorgehen, ohne jedoch Verfassungsrang zu erreichen (vgl. *Maunz/Dürig,* Grundgesetz, Rdn. 25 zu Art. 25; *Schmidt-Bleibtreu/ Klein,* GG, 5. Aufl., Stichwort »Allgemeines« zu Art. 25; Grundgesetzkommentar, Herausgeber *Ingo v. Münch,* Rdn. 36 zu Art. 25). Das hat in einem besonderen Fall wie dem vorliegenden, in dem der Zusammenschluß durch Vermögenserwerb unmittelbar nur zwischen ausländischen Beteiligten stattfindet, der veräußerte Vermögensteil im Ausland gelegen ist und dessen Produktion dem inländischen Beteiligten nur zu einem geringen Teil zur Verfügung steht, zur Folge, daß eine Untersagung nicht erfolgen kann . . .

Nr. 159 VG Berlin 10. 12. 1980 (VG 19 A 252/80) NJW 1981, 540

Der im Jahre 1951 geborene Kl. zu 1 ist wie sein Sohn, der 1978 geborene Kl. zu 2, staatenloser Palästinenser aus Syrien. Er reiste 1979 aus Syrien kommend über den Flughafen Schönefeld und den Bahnhof Berlin-Friedrichstraße erstmals in den Geltungsbereich des Ausländergesetzes nach Berlin (West) ein und beantragte bei der Bekl., ihm Asyl zu gewähren. Zur Begründung ließ er vortragen: Er habe in den Jahren 1973 bis 1976 seinen Wehrdienst abgeleistet. Zwei Wochen vor Stellung seines Antrages auf Aufenthaltserlaubnis für die Bundesrepublik Deutschland sei er erneut aufgefordert worden, zur Armee zu kommen. Syrien und der Irak hätten eine gemeinsame Armee gebildet, um gegen Israel und Ägypten zu kämpfen. Er begrüße jedoch die Politik Sadats und sei deshalb nicht bereit, sich an einem neuen Krieg in den arabischen Ländern zu beteiligen. Kurz vor seiner Flucht seien zwei Armeeangehörige zu ihm nach Hause gekommen und hätten versucht, ihn mitzunehmen. Er habe sich jedoch versteckt und sei schließlich aus Syrien geflohen. Da seit einem Einberufungstermin noch nicht lange Zeit verstrichen gewesen sei, sei sein Name auf den Fahndungslisten am Flughafen nicht vermerkt gewesen, so daß er ohne Schwierigkeiten habe ausreisen können. Bei einer Rückkehr nach Syrien werde er durch die syrische Regierung wegen Nichtbefolgung der Einberufung bestraft. Dabei käme hinzu, daß seine Flucht politisch motiviert gewesen sei. Bei der Vorprüfung seines Begehrens durch das Bundesamt für die Anerkennung ausländischer Flüchtlinge berief sich der Kl. abweichend u. a. darauf, daß er 1975 bei einem Manöver verletzt und vorzeitig entlassen worden sei. Die Militärbehörde habe trotz seines Hinweises auf die während des Wehrdienstes erlittenen Verletzungen ihn zur Ableistung des Reservedienstes aufgefordert. Das Bundesamt lehnte die Anerkennung der Kl. als Asylberechtigte ab. Dieser Bescheid wurde den Kl. zusammen mit dem Bescheid der Ausländerbehörde, der eine Ausreiseaufforderung, eine Abschiebungsandrohung und eine Ausreisefrist von zehn Tagen nach Unanfechtbarkeit beider Bescheide enthält, zugestellt.

Die hiergegen gerichtete Klage hatte keinen Erfolg.

Nach Art. 16 II 2 GG genießen politisch Verfolgte Asylrecht. Sie werden gemäß § 28 AuslG auf Antrag als Asylberechtigte anerkannt. Politisch Verfolgter im Sinne dieser Bestimmungen ist ein Nicht-Deutscher (ausländischer Staatsangehöriger oder Staatenloser), der die begründete Furcht hegen muß, daß er in seinem Heimatstaat oder im Lande seines gewöhnlichen Aufenthalts wegen seiner Rasse, Religion, Nationalität, Zugehörigkeit zu einer bestimmten sozialen Gruppe oder wegen seiner politischen Überzeugung aufgrund bestimmter Tatsachen mit beachtlicher Wahrscheinlichkeit staatliche Verfolgungsmaßnahmen – und zwar mit unmittelbarer Gefahr für Leib und Leben, persönliche Freiheit, wirtschaftliche Existenz oder andere fundamentale Menschenrechte und Grundfreiheiten – erleidet, so daß es ihm nicht zuzumuten ist, in seinen Heimatstaat zurückzukehren (vgl. BVerwGE 49, 202 = NJW 1976, 490 und BVerwGE 55, 82 m. w. N.).

Voraussetzung für die Anerkennung als Asylberechtigter ist, daß der Asylbewerber für seine Person unter Angabe genauer Einzelheiten *schlüssig* einen Sachverhalt schildert, der seine Verfolgungsfurcht für den Fall der Rückkehr begründet (vgl. BVerwG, DVBl. 1963, 145). Außerdem sind die Fluchtgründe *glaubhaft* zu machen, nämlich widerspruchsfrei und in der Weise darzulegen, daß das Gericht die für seine Entscheidung notwendige Überzeugungsgewißheit erhält (vgl. BVerwGE 55, 82 [86]).

Diesen Anforderungen genügt der unter Einbeziehung des sonst ermittelten Sachverhalts zu würdigende Vortrag der Kl. nicht. Das Vorbringen der Kl. ist bereits unschlüssig. Denn selbst wenn die von ihnen mitgeteilten Tatsachen als zutreffend unterstellt werden, ergibt sich daraus – mangels genauer Einzelheiten – noch keine den Asylanspruch begründende Furcht vor politischer Verfolgung. Soweit der Kl. zu 1 vorgetragen hat, ihm drohe bei einer Rückkehr nach Syrien eine Bestrafung wegen Nichtbefolgung der Aufforderung, Reservedienst in der syrischen Armee zu leisten, erfüllt dieses Vorbringen nicht die Voraussetzungen für eine Anerkennung als politischer Flüchtling. Dem Kl. zu 1 droht lediglich eine Bestrafung wegen Verletzung staatsbürgerlicher Pflichten, deren Erfüllung der syrische Staat auch von Palästinensern, die in seinem Hoheitsgebiet leben, verlangt. Das Vorbringen des Kl. zu 1, ihm drohe auch deswegen eine Bestrafung, weil seine Flucht politisch motiviert gewesen sei, ist unsubstantiiert. Er hat nicht im einzelnen dargelegt, in welcher Weise den syrischen Behörden seine politische Meinung bekanntgeworden ist und woher er weiß, daß ihm wegen seiner politischen Einstellung eine Bestrafung droht. Aus alledem folgt, daß schon nach dem eigenen Vorbringen des Kl. zu 1 nicht ersichtlich ist, warum er bei einer Rückkehr nach Syrien politische Verfolgung zu befürchten hat.

Für den Kl. zu 2 sind keine eigenen Gründe vorgetragen worden, so daß seine Verpflichtungsklage schon aus diesem Grund keinen Erfolg hat. Zwar ist das Verwaltungsverfahren der Bekl. zu 1 hinsichtlich des Kl. zu 2 wegen Verstoßes gegen § 28 AuslG fehlerhaft, denn das Bundesamt für die Anerkennung ausländischer Flüchtlinge hat den minderjährigen Sohn des Kl. zu 1 beschieden, obwohl für ihn kein Asylantrag gestellt worden ist. Dieser Verfahrensfehler ist jedoch durch die Klageschrift geheilt worden, denn in der Klageerhebung liegt konkludent der nachträglich gestellte Antrag, den Kl. zu 2 als Asylberechtigten anzuerkennen (§ 45 I Nr. 1 i. V. mit § 45 II VwVfG)...

Nr. 160 BVerfG 16. 12. 1980 (2 BvR 419/80) BVerfGE 55, 349

Der 1894 geborene Beschwerdeführer war seit 1933 »Stellvertreter des Führers der NSDAP« und Reichsminister ohne Geschäftsbereich. Im Mai 1941 flog er als »Parlamentär aus eigenem Entschluß« nach Großbritannien, um eine Verständigung zum Frieden zwischen dem Deutschen Reich und dem Vereinigten Königreich herbeizuführen. Er wurde dort inhaftiert, im Oktober 1945 von der britischen Regierung nach Nürnberg überstellt und einem Internationalen Militärtribunal als Angeklagter vorgeführt. Dieses Tribunal war von den Hauptsiegermächten des Zweiten Weltkriegs gemäß Art. 1 des Londoner Abkommens zwischen den Vereinigten Staaten von Amerika, der Französischen Republik, dem Vereinigten Königreich von Großbritannien und Nordirland und der Union der Sozialistischen Sowjet-Republiken vom 8. August 1945, dem weitere 19 Parteien beigetreten waren, gebildet worden (vgl. Trial of the Major War Criminals before the International Military Tribunal, Vol. I, p. 8 ff. [1947]). Es sollte über diejenigen als Kriegsverbrecher der Achsenmächte beschuldigten Personen urteilen, für deren vorgeworfenes Verhalten ein geographisch bestimmter Tatort nicht vorhanden war (Art. 1 des Abkommens). Organisation, Kompetenzen und Aufgaben des Tribunals waren in dem dem Londoner Abkommen angefügten Statut für das Internationale Militärtribunal (Charter of the International Military Tribunal, a.a.O., p. 10 ff.; im folgenden: Statut) näher festgelegt (Art. 2 des Abkommens).

Durch Entscheidung vom 30. September und 1. Oktober 1946 sprach das Tribunal den Beschwerdeführer der Verbrechen gegen den Frieden (Art. 6 Buchst. a des Statuts) für schuldig und verurteilte ihn zu lebenslangem Freiheitsentzug. Von der Anklage der Kriegsverbrechen (Art. 6 Buchst. b des Statuts) und der Verbrechen gegen die Menschlichkeit (Art. 6 Buchst. c des Statuts) wurde er freigesprochen (vgl. Trial of the Major War Criminals before the International Military Tribunal, Vol. XXII, p. 411 ff., 527 ff., 588).

Zur Vollstreckung der Entscheidungen des Tribunals stellte die Alliierte Kommandantur für Berlin auf Anordnung des Kontrollrates für Deutschland das Gefängnis in Berlin-Spandau als Alliiertes Gefängnis bereit (vgl. Art. 29 des Statuts). Die oberste Exekutivgewalt über das Gefängnis lag zunächst bei der Alliierten Kommandantur. Nach dem Auszug des sowjetischen Vertreters aus der Kommandantur am 1. Juli 1948 blieb die Viermächteverwaltung und -beaufsichtigung des Gefängnisses bestehen, die sowjetischen Behörden nahmen insoweit ihre Stellung weiterhin wahr. Nach wie vor obliegt einer aus vier Direktoren bestehenden Exekutivbehörde der Besatzungsmächte in Berlin die Verwaltung des Gefängnisses.

Ihre Ausgaben für das Alliierte Gefängnis in Spandau machen die westlichen Besatzungsmächte gegenüber Berlin als Besatzungskosten geltend. Die Ausgaben werden auf der Grundlage der alliierten Haushaltsansätze veranschlagt. Die Bundesrepublik Deutschland übernimmt die Aufwendungen für Besatzungskosten in Berlin gemäß § 1 Satz 1 des Gesetzes über die Stellung des Landes Berlin im Finanzsystem des Bundes (Drittes Überleitungsgesetz) vom 4. Januar 1952 (BGBl. I, S. 1) in Verbindung mit Art. 120 Abs. 1 Satz 1 GG und § 1 Abs. 1 Nr. 1 und § 5 des Ersten Gesetzes zur Überleitung von Lasten und Deckungsmitteln auf den Bund (Erstes Überleitungsgesetz) vom 21. August 1951 (BGBl. I, S. 779). Die entsprechenden Ausgaben sind jeweils im Bundeshaushaltsplan ausgewiesen. Auszahlungen erfolgen laufend gegen Vorlage von Zahlungsdokumenten der Besatzungsmächte durch das Landesamt für Besatzungslasten in Berlin, dem die Bundesmittel über den Senator für Finanzen in Berlin zur Bewirtschaftung zugewiesen sind.

Der Beschwerdeführer wurde im Juli 1947 in das Alliierte Gefängnis in Spandau übergeführt und befindet sich seither dort in Haft. Nach der Entlassung der letzten Mitgefangenen am 1. Oktober 1966 ist der Beschwerdeführer der einzige Insasse des Gefängnisses. Seine Familienangehörigen, sein Prozeßbevollmächtigter und die 1967 gegründete »Hilfsgemeinschaft Freiheit für Rudolf Hess« haben sich durch zahlreiche Eingaben bislang ohne Erfolg bemüht, seine Freilassung zu erwirken.

Eine Beschwerde der Ehefrau des Beschwerdeführers gegen das Vereinigte Königreich bei der Europäischen Kommission für Menschenrechte wurde für unzulässig erklärt.

Über eine vom Beschwerdeführer im eigenen Namen am 23. Juli 1979 erhobene Beschwerde hat die Kommission – soweit ersichtlich – bislang nicht entschieden.

Mit Schreiben vom 16. Juli 1979 bat der Prozeßbevollmächtigte des Beschwerdeführers den Generalsekretär der Organisation der Vereinten Nationen, den Fall des Beschwerdeführers der Menschenrechtskommission der Vereinten Nationen vorzulegen. Der Generalsekretär ließ mit Schreiben vom 7. November 1979 mitteilen, daß dem Ersuchen nicht entsprochen werden könne; ihm stehe Art. 107 der Satzung der Vereinten Nationen (SVN) vom 26. Juni 1945 entgegen. Die Generalversammlung habe die in dem Statut des Internationalen Militärtribunals anerkannten Grundsätze des internationalen Rechts und das Urteil des Tribunals gebilligt. Die Versammlung befürworte im übrigen ausdrücklich die Bestrafung von Personen, die für Kriegsverbrechen und Verbrechen gegen die Menschlichkeit verantwortlich seien. Hiergegen hat sich der Prozeßbevollmächtigte nochmals mit Schreiben vom 4. August 1980 an den Generalsekretär der Organisation der Vereinten Nationen gewandt, dem ein völkerrechtliches Gutachten von Professor Dr. Blumenwitz beigefügt ist.

Eingaben des Prozeßbevollmächtigten des Beschwerdeführers bei den Präsidenten des Rechnungshofs von Berlin und des Bundesrechnungshofs wegen der Übernahme der Kosten für das Alliierte Gefängnis in Spandau wurden unter Hinweis auf die Hoheitsgewalt der Besatzungsmächte abschlägig beschieden. Auf eine entsprechende Klage beim Verwaltungsgericht Berlin teilte das Gericht mit, daß die Alliierte Kommandantur die Ausübung der Gerichtsbarkeit in diesem Fall untersagt habe.

Auf Eingaben des Prozeßbevollmächtigten des Beschwerdeführers beim Bundeskanzler und beim Bundesminister des Auswärtigen teilte dieser ihm mit Schreiben vom 9. März 1979 mit, daß das hohe Alter und die angegriffene Gesundheit des Beschwerdeführers nach Auffassung der Bundesregierung seit langem seine Freilassung rechtfertigten. Der Bundespräsident und die Bundesregierung setzten sich dafür – ebenso wie die Staats- und Regierungschefs der Drei Mächte – seit langem ein. Sie würden dies auch weiterhin tun. Allerdings sei darauf hinzuweisen, daß die Drei Mächte Bedenken dagegen hätten, daß die Frage der Rechtmäßigkeit des Urteils des Internationalen Militärgerichtshofs aufgeworfen werde. Sie seien der Auffassung, daß für eine Freilassung des Beschwerdeführers nur humanitäre Gründe in Betracht kämen. Die Bundesregierung teile diese Auffassung.

Mit Schreiben vom 30. Juni 1980 teilte der Staatssekretär des Auswärtigen Amts dem Prozeßbevollmächtigten des Beschwerdeführers mit, die Bundesregierung vertrete die Rechtsauffassung, daß die Verurteilung und Inhaftierung ihren Rechtsgrund in Maßnahmen der Siegermächte hätten, die sich auf Deutschland als Ganzes (im Sinne des Art. 2 Satz 1 des Vertrages über die Beziehungen zwischen der Bundesrepublik Deutschland und den Drei Mächten vom 26. Mai 1952 [BGBl. 1955 II, S. 305] – Deutschlandvertrag) bezögen und die der Zuständigkeit der Bundesrepublik Deutschland folglich entzogen seien. Die Siegermächte könnten sich gegenüber einem Antrag auf Überprüfung ihrer Maßnahmen durch die Organe der Vereinten Nationen nach wie vor auf Art. 107 SVN berufen.

Im Juni 1977 erhob der Beschwerdeführer beim Verwaltungsgericht Köln Klage gegen die Bundesrepublik Deutschland. Er begehrte, die Verpflichtung der Bundesrepublik Deutschland auszusprechen, bestimmte diplomatische Schritte zu seiner alsbaldigen Freilassung zu unternehmen. Das Verwaltungsgericht wies die Klage durch Urteil vom 19. Dezember 1977 ab. Eine dagegen eingelegte Verfassungsbeschwerde (1 BvR 70/78) nahm der gemäß § 93a Abs. 2 BVerfGG berufene Ausschuß mangels hinreichender Aussicht auf Erfolg nicht zur Entscheidung an. Die Bundesregierung habe überzeugend dargelegt, daß sie in den vergangenen Jahren mehrmals von ihr als geeignet angesehene Schritte zugunsten des Beschwerdeführers unternommen habe. Ein Anspruch auf eine oder bestimmte von ihr zu treffende Maßnahmen stehe dem Beschwerdeführer nicht zu.

Gegen das Urteil des Verwaltungsgerichts legte der Beschwerdeführer Berufung ein. Durch Urteil vom 14. Mai 1979 (I A 615/78) wies das Oberverwaltungsgericht für das Land Nordrhein-Westfalen die Berufung zurück; die Revision wurde zugelassen. Die Klage sei zulässig, aber unbegründet. Zwar habe jeder Deutsche einen Anspruch darauf, daß der Staat ihn gegenüber anderen Staaten schütze. Dieser Anspruch ergebe sich aus der Verfassungstradition, wobei seine rechtliche Begründung im einzelnen dahinstehen könne. Der Bundesrepublik Deutschland stehe bei der Entscheidung, ob und in welcher Weise sie Auslandsschutz gewähren wolle, indes ein weites Ermessen zu. Denn die Schutzgewährung gegenüber dem Ausland könne zugleich die Interessen der Gesamtheit berühren, insbesondere die Beziehungen zu auswärtigen Staaten beeinträchtigen. Der Anspruch auf Auslandsschutz unterliege somit nicht nur der Einschränkung durch die allgemeinen Regeln des Völkerrechts, weil eine völkerrechtswidrige Maßnahme gegenüber dem auswärtigen Staat nicht verlangt werden könne, sondern auch dem weiteren Vorbehalt der Interessen der Allgemeinheit. Die über das Schutzbegehren entscheidende Behörde habe daher die Interessen des schutzsuchenden Deutschen und die Interessen der Allgemeinheit gegeneinander abzuwägen. Sie könne dabei gegebenenfalls auch erhebliche Verletzungen der Rechte eines Staatsbürgers hinnehmen, um höherwertige Interessen der Allgemeinheit nicht zu gefährden. Andererseits sei sie zur Schutzgewährung verpflichtet, wenn das höherwertige Interesse des Staatsbürgers die auswärtigen Beziehungen des Staates nicht oder nur geringfügig beeinträchtige und sonstige überwiegende Gründe des Gesamtinteresses nicht entgegenstünden. Die insoweit anzustellende politische Beurteilung sei gerichtlich nicht nachprüfbar. Die Gerichte seien darauf beschränkt zu prüfen, ob die zuständige Behörde von einem zutreffenden Sachverhalt ausgegangen sei, ob durch die behördliche Entscheidung die gesetzlichen Grenzen des Ermessens überschritten seien, von dem Ermessen in einer dem Zweck der Ermächtigung nicht entsprechenden Weise Gebrauch gemacht worden sei oder die Behörde sich bei der Ausübung des Ermessens irrigerweise in weiterem Umfang für gebunden gehalten habe, als es tatsächlich der Fall sei.

Nach diesen Grundsätzen sei das Verhalten der Bundesregierung nicht zu beanstanden. Insbesondere verkenne sie nicht den Umfang des ihr eingeräumten Ermessens; sie fühle sich auch nicht zu weitgehend gebunden. Es könne dahinstehen, ob es den Gerichten im Hinblick auf die Vorbehalte der Besatzungsmächte verwehrt sei, über die Rechtswidrigkeit der Verurteilung des Beschwerdeführers und die Fortdauer seiner Inhaftierung zu befinden. Insbesondere brauche der Frage der Einwirkung von zwingendem Völkerrecht auf das Recht der Besatzungsmächte nicht nachgegangen zu werden. Es sei nicht ersichtlich, daß sich die Bundesrepublik Deutschland aus rechtlichen Gründen gehindert gesehen habe, die Rechtmäßigkeit der Verurteilung des Beschwerdeführers und seiner weiteren Inhaftierung zu überprüfen und das Ergebnis dieser Überprüfung bei ihrer Entscheidung zu berücksichtigen. Aus ihrem Schreiben vom 9. März 1979 ergebe sich vielmehr, daß die Bundesregierung die politischen Aspekte der von ihr zu treffenden Entscheidung für wesentlich gewichtiger halte als die rechtlichen Gesichtspunkte und Bedenken habe, die Frage der Rechtmäßigkeit des Urteils des Internationalen Militärgerichtshofs überhaupt aufzuwerfen. Damit bewege sie sich im Rahmen des ihr eingeräumten Ermessens. Der Beschwerdeführer könne sein Begehren auch nicht damit begründen, daß die bisherigen Schritte der Bundesregierung erfolglos geblieben seien und daher andere Schritte unternommen werden müßten. Auch insoweit habe die Bundesregierung nicht ermessensfehlerhaft entschieden. Sie müsse den möglichen Schaden für die Allgemeinheit abschätzen, der durch spektakuläre Schritte zugunsten des Beschwerdeführers entstehen könnte.

Über die gegen das Berufungsurteil eingelegte Revision hat das Bundesverwaltungsgericht bislang nicht entschieden. Auf Anfrage hat der Vorsitzende des zuständigen Senats dem Prozeßbevollmächtigten des Beschwerdeführers mitgeteilt, daß mit einer Terminierung »jedenfalls vor den Ferien in diesem Jahr« (1980) nicht mehr zu rechnen sei.

Mit seiner Verfassungsbeschwerde beantragt der Beschwerdeführer,

I. das Urteil des Oberverwaltungsgerichts für das Land Nordrhein-Westfalen vom 14. Mai 1979 aufzuheben und die Bundesrepublik Deutschland zu verurteilen, durch ihre Organe: den Bundespräsidenten, den Bundeskanzler, den Bundesminister des Auswärtigen, den Bundesminister der Justiz

1. zu erklären und zu veröffentlichen, daß die Fortdauer der bisher 38jährigen Einschließung des im 86. Lebensjahr stehenden Klägers Rudolf Hess, davon in den letzten 13 Jahren in Isolierhaft, gegen zwingendes Völkerrecht und fundamentale Menschenrechte verstößt;

2. bei den vier Gewahrsamsmächten alle geeigneten offiziellen Schritte zu seiner alsbaldigen Freilassung zu tun, insbesondere bei der Gewahrsamsmacht Großbritannien, die Rudolf Hess dem Internationalen Militärtribunal in Nürnberg ausgeliefert hat;

3. insbesondere unverzüglich bei den Vereinten Nationen (UNO) zu beantragen,

a) daß die Fortdauer der 38jährigen Einschließung des Klägers, davon in den letzten 13 Jahren in Isolierhaft, von der Vollversammlung wegen Verstoßes gegen zwingendes Völkerrecht und fundamentale Menschenrechte mißbilligt und verurteilt wird,

b) daß die Vollversammlung die vier Gewahrsamsmächte anweist, den Kläger unverzüglich aus der Haft freizulassen;

4. beim Europäischen Gerichtshof für Menschenrechte in Straßburg zu beantragen, daß die 38jährige Einschließung des Klägers, davon in den letzten 13 Jahren in Isolierhaft, wegen Verstoßes gegen die Konvention zum Schutz der Menschenrechte und Grundfreiheiten mißbilligt und verurteilt wird;

5. den Fall des Beschwerdeführers dem Internationalen Gerichtshof in Den Haag mit dem Antrag vorzulegen, festzustellen, daß die Einschließung des Beschwerdeführers mit Art. 107 der Charta der Vereinten Nationen nicht gerechtfertigt werden kann und ferner zu beantragen, daß die vier Gewahrsamsmächte, also die Vereinigten Staaten von Amerika, die Republik Frankreich, das Vereinigte Königreich von Großbritannien und Nordirland und die Union der Sozialistischen Sowjetrepubliken, verurteilt werden, den ehemaligen Reichsminister Rudolf Hess unverzüglich aus dem Militärgefängnis in Berlin-Spandau zu entlassen;

II. der Bundesrepublik Deutschland wird verboten, weiterhin Zahlungen an die vier Gewahrsamsmächte (Vereinigte Staaten von Amerika, Republik Frankreich, Vereinigtes Königreich von Großbritannien und Nordirland, Union der Sozialistischen Sowjetrepubliken) für Zwecke der Vollstreckung des Urteils des Internationalen Militärtribunals vom 1. Oktober 1946, insbesondere für die Unterhaltung des Spandau Allied Prison in Berlin zu leisten;

III. festzustellen, daß das Gesetz über die Feststellung des Bundeshaushaltsplans für das Haushaltsjahr 1980 vom 21. Dezember 1979 (BGBl. 1979 I, S. 2308) nichtig ist, soweit in ihm Staatsausgaben für die Verwaltung und die Unterhaltung des Alliierten Militärgefängnisses in Berlin-Spandau ausgewiesen sind;

IV. festzustellen, daß die bisherige Nichtanberaumung eines Termins zur mündlichen Verhandlung über die Revision gegen das Urteil des Oberverwaltungsgerichts vom 14. Mai 1979 durch das Bundesverwaltungsgericht gegen das Grundrecht auf gerichtlichen Rechtsschutz verstößt.

Der Beschwerdeführer rügt eine Verletzung der Art. 1, 2, 19 Abs. 4, 101, 103 und 104 GG.

Er hält seine Verurteilung durch das Internationale Militärtribunal und den Vollzug des gegen ihn ergangenen Spruchs für rechtswidrig. Das Völkerrecht kenne keinen Rechtssatz, wonach ein staatlicher Organträger wegen eines Verbrechens gegen den Frieden persönlich verantwortlich gemacht werden könne. Die Verurteilung stelle somit eine fundamentale Verletzung der Menschenrechte dar; sie verstoße insbesondere auch gegen Art. 103 Abs. 2 GG. Offenbar habe auch die UdSSR bei Ausbruch des Zweiten Weltkriegs die Verfolgung nationaler Ziele durch Anwendung militärischer Gewalt nicht als völkerrechtliches Delikt des einzelnen Organträgers angesehen. Sie selbst habe mit Deutschland am 23. August 1939 einen Nichtangriffspakt mit einem geheimen Zusatzprotokoll über das weitere Schicksal Polens und am 28. September 1939 einen Grenz- und Freundschaftsvertrag mit weiteren geheimen Absprachen abgeschlossen. Die UdSSR sei damit in dem Prozeß vor dem Internationalen Militärgerichtshof Ankläger und Richter auch in eigener Sache gewesen. Es habe deshalb auch schon bald Zweifel an der Legitimität des Gerichtshofs gegeben. Die Ausführungen des Verteidigers des Beschwerdeführers hierzu seien von dem Gerichtshof nicht zugelassen worden. Eine solche Beschränkung der Verteidigung sei in der Rechtsgeschichte einmalig. Das Verfahren vor dem Internationalen Militärgerichtshof sei kein Prozeß, seine Entscheidung kein Urteil im Rechtssinne gewesen. Bei dem Gerichtshof habe es sich um ein Ausnahmegericht gehandelt. Damit sei der Grundgedanke des Art. 101 Abs. 1 Satz 1 GG verletzt. Die weitere Vollstreckung des Urteils verstoße wegen des gegenwärtigen Gesundheitszustands des Beschwerdeführers und der Haftbedingungen gegen zwingendes Völkerrecht. Sein Gesundheitszustand sei besorgniserregend; mit seinem baldigen Ableben sei zu rechnen. Eine Operation sei dringend erforderlich. Ein

Antrag auf Gewährung einer Strafunterbrechung für die medizinische Behandlung sei abgelehnt worden. Seit 1966 sei der Beschwerdeführer der einzige Häftling des Alliierten Gefängnisses in Spandau. Ihm sei es im übrigen verboten, mit Besuchern über das Urteil des Internationalen Militärgerichtshofs und über das diesem Urteil zugrundeliegende Verfahren zu sprechen. Ihm dürfe kein Schriftstück ausgehändigt werden, das sich auf sein Verfahren beziehe. All dies verstoße gegen seine Menschenrechte, insbesondere auch gegen Art. 104 Abs. 1 Satz 1 GG. Die Regeln des Strafvollzugs, insbesondere soweit sie sich unmittelbar auf Gesundheit und Leben des Inhaftierten auswirkten, seien Bestandteil eines internationalen menschenrechtlichen Mindeststandards, der heute zu den Regeln des allgemeinen universellen Völkerrechts zähle. Kein Mitglied der Vereinten Nationen und keine Signatarmacht der Konvention zum Schutze der Menschenrechte und Grundfreiheiten vom 4. November 1950 könne sich diesem menschenrechtlichen Mindeststandard dadurch entziehen, daß völkerrechtlich die Entscheidung und das weitere Vorgehen von der Zustimmung anderer Staaten abhängig gemacht werde. Der Strafvollzug gegen den Beschwerdeführer könne nicht auf die »Feindstaatenklausel« in Art. 107 SVN gestützt werden, weil diese Bestimmung nur Maßnahmen »in bezug auf Staaten« zulasse. Die Bestrafung von Verbrechen gegen den Frieden, Verbrechen gegen die Menschlichkeit und Kriegsverbrechen nach Kriegsende sei zu einer einseitigen Bestrafung der Besiegten durch die Sieger geworden. Dies bedeute eine Verletzung des Grundsatzes der Gleichheit und der Gegenseitigkeit im Völkerrecht (*tu quoque* – Prinzip). Die Bundesregierung habe sich bei ihren Vorstößen zugunsten des Beschwerdeführers bislang lediglich auf humanitäre Gründe berufen; damit sei eine Freilassung des Beschwerdeführers nicht bewirkt worden. Nunmehr sei die Bundesregierung verpflichtet, gegenüber den Gewahrsamsmächten auch rechtliche Argumente vorzubringen und die Entscheidung des Internationalen Militärgerichtshofs und das ihr zugrundeliegende Verfahren selbst anzugreifen. Die in dem Schreiben des Bundesministers des Auswärtigen vom 9. März 1979 geäußerte Rechtsauffassung sei unhaltbar. Sie verletze die der Bundesregierung dem Beschwerdeführer gegenüber obliegende Pflicht zur Gewährung von Auslandsschutz. Durch die Gefangenhaltung des Beschwerdeführers werde Art. 2 Abs. 2 Satz 2 GG verletzt. Die Reduzierung des behördlichen Ermessens auf die im verwaltungsgerichtlichen Verfahren beantragten Maßnahmen ergebe sich daraus, daß es um höchste Verfassungsgüter gehe und alle vorangegangenen Schutzmaßnahmen sich als untauglich erwiesen hätten; es könne insoweit nicht allein um eine politische Wertung gehen.

Das Gesetz über die Feststellung des Bundeshaushaltsplans für das Haushaltsjahr 1980 (Haushaltsgesetz 1980) vom 21. Dezember 1979 (BGBl. I, S. 2308) sei nichtig, soweit in dem Bundeshaushaltsplan Ausgaben für die Verwaltung und die Unterhaltung des Alliierten Gefängnisses in Spandau enthalten sind (vgl. Einzelplan 35, Kapitel 3502, Titel 429 01, 518 03 und 812 02). Die in dem Haushaltsplan ausgewiesenen Mittel dienten einer rechts- und verfassungswidrigen Freiheitsbeschränkung des Beschwerdeführers; damit sei die Ausweisung der Mittel selbst rechts- und verfassungswidrig. Mit der Übernahme der Kosten müsse sich die Bundesrepublik Deutschland (ebenso wie das Land Berlin) die Rechtsfehler zurechnen lassen, mit denen das gegen den Beschwerdeführer verhängte Urteil und dessen Vollstreckung behaftet seien. Sie sei für die unmenschlichen Haftbedingungen verantwortlich.

Der Beschwerdeführer hält es für verfassungswidrig, daß das Bundesverwaltungsgericht in dem Verfahren über seine am 15. Mai 1979 eingelegte Revision gegen das Urteil des Oberverwaltungsgerichts noch keinen Termin zur mündlichen Verhandlung bestimmt habe. Auf die besondere Dringlichkeit des Verfahrens angesichts des hohen Alters und des schlechten Gesundheitszustands des Beschwerdeführers sei das Bundesverwaltungsgericht mehrfach nachdrücklich hingewiesen worden. Die Sachbehandlung durch das Revisionsgericht komme in Anbetracht der besonderen Umstände des vorliegenden Falles einer Rechtsverweigerung gleich. Der zu entscheidende Fall sei in rechtlicher und in tatsächlicher Hinsicht einfach gelagert.

Zur weiteren Begründung seiner Verfassungsbeschwerde hat der Beschwerdeführer eine Reihe von Dokumenten zu seiner Verurteilung und seiner Inhaftierung und zu den damit zusammenhängenden völkerrechtlichen Fragen vorgelegt.

Namens der Bundesregierung hat sich der Bundesminister des Auswärtigen geäußert.

Die Bundesregierung bezieht sich auf ihre Stellungnahme vom 22. Mai 1980 in der Sache 1 BvR 70/78. Die seinerzeit dargelegten rechtlichen und tatsächlichen Gründe gälten auch für die vorliegende Verfassungsbeschwerde. Es besteht keine Veranlassung zu einer abweichenden Beurteilung. Die Bundesregierung lasse dabei dahinstehen, ob für die neuerliche Verfassungsbeschwerde die Voraussetzung für eine Entscheidung des Bundesverfassungsgerichts bestehe. Sie weise in Ergänzung der seinerzeitigen Stellungnahme darauf hin, daß sie auch seither alle geeigneten Schritte zur Freilassung des Beschwerdeführers bei den Vier Mächten unternommen habe; sie werde dies auch weiterhin tun. Über die bereits vorgetragenen Bemühungen hinaus habe die Bundesregierung in der Zwischenzeit verschiedene Initiativen ergriffen. In Januar 1979 habe sich der Bundesminister der Justiz bei einem Besuch seines sowjetischen Amtskollegen für die Freilassung eingesetzt. Im März 1979 habe der Bundespräsident in einem Schreiben an die vier Staatsoberhäupter der Gewahrsamsmächte um die Freilassung aus humanitären Gründen nachgesucht. Im Oktober 1979 habe der Bundesminister des Auswärtigen dieselbe Bitte in einem Schreiben an seinen sowjetischen Amtskollegen geäußert. Die drei westlichen Gewahrsamsmächte verschlössen sich der menschlichen Seite des Falles Hess nicht und hätten ihrerseits versucht, die Zustimmung der Sowjetunion zur Freilassung zu erlangen. Angesichts des Viermächte-Abkommens hätten sie sich aber außerstande gesehen, die sofortige Entlassung des Beschwerdeführers gegen den Willen der Sowjetunion zu erwirken. Allein die Sowjetunion widersetze sich den Bemühungen um eine Freilassung hartnäckig mit der Begründung, daß es ein falsches Verständnis von Menschlichkeit sei, den Beschwerdeführer freizulassen, da er bisher keine Reue für die von ihm begangenen Verbrechen gezeigt habe. Ansatzpunkte für eine Veränderung der sowjetischen Haltung seien bislang nicht ersichtlich. Die Bundesregierung werde sich dennoch für eine Freilassung des Beschwerdeführers einsetzen.

Die Verfassungsbeschwerde ist teilweise unzulässig und teilweise unbegründet.

Die Verfassungsbeschwerde ist unzulässig, soweit sie sich gegen das Gesetz über die Feststellung des Bundeshaushaltsplans für das Haushaltsjahr 1980 (Haushaltsgesetz 1980) vom 21. Dezember 1979 (BGBl. I, S. 2308) richtet. Der Beschwerdeführer ist insofern nicht beschwerdebefugt.

Voraussetzung für die Zulässigkeit einer Verfassungsbeschwerde gegen ein Gesetz ist grundsätzlich, daß der Beschwerdeführer selbst, gegenwärtig und unmittelbar durch das Gesetz in Grundrechten betroffen ist. Setzt das Gesetz für seinen Vollzug rechtsnotwendig einen besonderen, vom Willen der vollziehenden Gewalt beeinflußten Vollziehungsakt voraus, so fehlt es an der unmittelbaren Betroffenheit (BVerfGE 1, 97 [101 ff.]; ständige Rechtsprechung).

Der Beschwerdeführer ist durch die gemäß § 1 des Haushaltsgesetzes 1980 in dem Bundeshaushaltsplan für das Haushaltsjahr 1980 getroffene Feststellung einzelner Ausgaben für Besatzungskosten in Berlin (Einzelplan 35, Kapitel 3502, Titel 429 01, 518 03 und 812 02) nicht unmittelbar in Grundrechten betroffen. Es mag dahinstehen, ob ein Einzelner durch die Feststellung von Ausgaben in dem Haushaltsplan überhaupt jemals unmittelbar in Rechten betroffen sein kann. Ihm gegenüber entfaltet der Haushaltsplan in der Regel keine rechtlichen Wirkungen. Er ermächtigt lediglich die Exekutive, Ausgaben zu leisten und Verpflichtungen einzugehen (vgl. § 3 Abs. 1 der Bundeshaushaltsordnung); Ansprüche oder Verbindlichkeiten werden durch ihn weder begründet noch aufgehoben (§ 3 Abs. 2 der Bundeshaushaltsordnung).

Die Bundesrepublik Deutschland ist für den gegen den Beschwerdeführer verhängten Freiheitsentzug weder in seinem Ursprung noch für seine Fortdauer oder die Art und Weise seines Vollzugs verfassungsrechtlich oder völkerrechtlich verantwortlich; sie wirkt an dieser Maßnahme auch nicht in zurechenbarer Weise durch die Übernahme von Besatzungskosten in Berlin mit.

Die Gewahrsamsmächte nahmen ihre im Hinblick auf den Vollzug der gegen den Beschwerdeführer verhängten Maßnahme ausgeübte Gewalt jedenfalls nicht kraft einer von der Bundesrepublik Deutschland abgeleiteten Gewalt wahr. Dementsprechend haben sich auch die Drei Mächte gemäß Art. 2 Satz 1 des Vertrages über die Beziehungen zwischen der Bundesrepublik Deutschland und den Drei Mächten vom 26. Mai 1952 in der Fassung vom 23. Oktober 1954 (BGBl. 1955 II, S. 305) ausdrücklich »die bisher von ihnen ausgeübten oder innegehabten Rechte und Verantwortlichkeiten in bezug auf Berlin und auf Deutschland als Ganzes« vorbehalten. Die Bundesrepublik Deutschland nimmt die von dem Tribunal verhängte Maßnahme, deren Vollzug und die insoweit geltend gemachten Besatzungskosten als Folge der Niederlage Deutschlands zwar hin; sie wirkt dadurch aber weder an der Fortdauer des Freiheitsentzugs noch an den Haftbedingungen, denen der Beschwerdeführer ausgesetzt wird, mit. In dieser Hinnahme liegt jedoch keine völkerrechtliche Anerkennung dieser Maßnahme oder ihres Vollzugs. Eine Ablehnung der Übernahme der Kosten für das Alliierte Gefängnis in Spandau durch den Bund würde mit an Sicherheit grenzender Wahrscheinlichkeit insoweit nichts ändern.

Das Bundesverfassungsgericht kann deshalb in diesem Zusammenhang auch nicht über die Frage befinden, ob – zumal im Hinblick auf den Gesundheitszustand des Beschwerdeführers und die sonstigen Umstände – die Fortdauer des Freiheitsentzugs gegen völkerrechtliches Besatzungsrecht oder gegen den als zwingendes Völkerrecht verbindlichen menschenrechtlichen Mindeststandard verstößt, wie der Beschwerdeführer ausführt.

Soweit das Verhalten von Berliner Organen und Behörden in Rede steht, übt das Bundesverfassungsgericht seine Gerichtsbarkeit im Hinblick auf die Vorbehalte der Drei Mächte in Art. 2 Satz 1 des Generalvertrags derzeit nicht aus (vgl. BVerfGE 1, 70 [73]; 2, 181 [201]; 7, 190 [192]; 19, 377 [385]; 20, 257 [266]).

Soweit sich die Verfassungsbeschwerde gegen das Urteil des Oberverwaltungsgerichts wendet, ist sie – ihre Zulässigkeit unterstellt – unbegründet.

Insoweit kann der Beschwerdeführer allerdings nur die aus § 95 BVerfGG ersichtlichen Ziele verfolgen. Gemäß § 95 Abs. 2 BVerfGG ist das Bundesverfassungsgericht nur befugt, die angegriffene Entscheidung aufzuheben und die Sache an das zuständige Gericht zurückzuverweisen. Dem Bundesverfassungsgericht ist es hingegen verwehrt, entsprechend den vom Beschwerdeführer im verwaltungsgerichtlichen Verfahren gestellten Anträgen selbst die Verpflichtung der Bundesrepublik Deutschland zu bestimmten Erklärungen und Handlungen auszusprechen. Dies gilt – jedenfalls im vorliegenden Zusammenhang – auch für den Antrag, der Bundesrepublik Deutschland zu verbieten, weiterhin Zahlungen an die vier Gewahrsamsmächte zu leisten. Die hierauf gerichteten Anträge des Beschwerdeführers sind unstatthaft.

Das Urteil des Oberverwaltungsgerichts verletzt nicht Grundrechte des Beschwerdeführers.

Das Oberverwaltungsgericht hat nicht verkannt, daß den Organen der Bundesrepublik Deutschland, insbesondere der Bundesregierung, von Verfassungs wegen die Pflicht zum Schutz deutscher Staatsangehöriger und ihrer Interessen gegenüber fremden Staaten obliegt (vgl. BVerfGE 6, 290 [299]; 40, 141 [177 ff.]; 41, 126 [182]; OVG Münster, OVGE 17, 106; vgl. zur Schutzpflicht *Geck*, ZaöRV 17 [1956/57], S. 476 ff.; *Doehring*, Die Pflicht des Staates zur Gewährung diplomatischen Schutzes, 1959; *Klein*, DÖV 1977, S. 704 ff. m. w. N.). Es ist ferner zutreffend davon ausgegangen, daß der Bundesregierung hinsichtlich der Frage, ob und in welcher Weise sie Auslandsschutz gewährt, ein weites Ermessen zusteht und daß die Verwaltungsgerichte folglich darauf beschränkt sind, die Handlungen und Unterlassungen der Bundesregierung auf Ermessensfehler hin nachzuprüfen. Diese Auffassung entspricht der Rechtsprechung des Bundesverfassungsgerichts, wonach namentlich im außenpolitischen Bereich der Bundesregierung wie allen anderen insoweit zum politischen Handeln berufenen staatlichen Organen allgemein ein breiter Raum politischen Ermessens eingeräumt ist (vgl. BVerfGE 40, 141 [178]).

Die Weite des Ermessens im auswärtigen Bereich hat ihren Grund darin, daß die Gestaltung auswärtiger Verhältnisse und Geschehensabläufe nicht allein vom Willen der Bundesrepublik Deutschland bestimmt werden kann, sondern vielfach von Umständen abhängig ist, die sich ihrer Bestimmung entziehen. Um es zu ermöglichen, die jeweiligen politischen Ziele der Bundesrepublik Deutschland im Rahmen des völkerrechtlich und verfassungsrechtlich Zulässigen durchzusetzen, gewährt das Grundgesetz den Organen der auswärtigen Gewalt einen sehr weiten Spielraum in der Einschätzung außenpolitisch erheblicher Sachverhalte wie der Zweckmäßigkeit möglichen Verhaltens.

Das Oberverwaltungsgericht hat bei seiner Entscheidung, derzufolge die Bundesregierung das ihr zustehende Ermessen nicht fehlerhaft ausgeübt habe, die Tragweite der Grundrechte des Beschwerdeführers nicht verkannt. Von Verfassungs wegen ist es nicht geboten, daß die Bundesregierung gerade die vom Beschwerdeführer beantragten Maßnahmen zu seinem Schutz ergreift. Die im Berufungsurteil hierzu im einzelnen angestellten Erwägungen begegnen keinen verfassungsrechtlichen Bedenken.

Die Bundesregierung hat in dem verwaltungsgerichtlichen Verfahren und in dem Verfahren der Verfassungsbeschwerde dargelegt, daß sie bereits wesentliche Schritte unternommen hat, um die Freilassung des Beschwerdeführers, dessen Inhaftierung ihrem Machtbereich entzogen ist, zu erwirken; sie will auch weiterhin entsprechende Vorstöße gegenüber den Gewahrsamsmächten unternehmen. Dabei ist sie sich der persönlichen Lage des Beschwerdeführers und der Bedeutung der in bezug auf seine Person auf dem Spiel stehenden Verfassungsgüter offensichtlich bewußt; wegen seines hohen Alters und seines Gesundheitszustands hält sie die weitere Inhaftierung nicht für richtig (vgl. ihre Antwort auf die Kleine Anfrage der Abgeordneten Dr. Wittmann u. a. vom 30. März 1979, BT Drucks. 8/2719). Allein aus dem Umstand, daß die bisherigen Schritte der Bundesregierung die Freilassung des Beschwerdeführers nicht haben bewirken können, ergibt sich freilich noch nicht ohne weiteres die verfassungsrechtliche Pflicht der Bundesregierung, nunmehr bestimmte andere Maßnahmen von möglicherweise größerer Tragweite zu ergreifen. Es muß ihrer außenpolitischen Einschätzung und Abwägung überlassen bleiben, inwieweit sie andere Maßnahmen für geeignet und – gerade auch mit Rücksicht auf die Interessen des Beschwerdeführers selbst wie auf die Belange der Allgemeinheit – für angebracht hält. Auch von Verfassungs wegen kann es im übrigen nicht beanstandet werden, daß sich die Bundesregierung gegenüber den Gewahrsamsmächten allein auf humanitäre und nicht auch auf rechtliche Gründe für die Freilassung des Beschwerdeführers beruft. Sie geht dabei offensichtlich davon aus, daß die Gewahrsamsmächte und zwar auch die drei westlichen Mächte, nur humanitären Erwägungen zugänglich sind und grundsätzliche Einwände dagegen haben, daß die Frage der Rechtmäßigkeit der Verurteilung und der Inhaftierung des Beschwerdeführers aufgeworfen wird (vgl. insbesondere das Schreiben des Bundesministers des Auswärtigen an den Prozeßbevollmächtigten des Beschwerdeführers vom 9. März 1979). Es mag deshalb in der Tat auch dahinstehen, wie diese Frage rechtlich zu beurteilen ist und ob sie von der Bundesregierung zutreffend beurteilt wird. Daß die Haltung der Bundesregierung auf einem offensichtlichen Rechtsirrtum oder willkürlicher Einschätzung der politischen Wirkung rechtlicher Argumente auf die Gewahrsamsmächte oder die Weltöffentlichkeit beruht, läßt sich nicht feststellen. Insbesondere ist nicht ersichtlich, daß sich die Bundesregierung aufgrund besatzungsrechtlicher Vorbehalte grundsätzlich gehindert sähe, sich für die Freilassung des Beschwerdeführers zu verwenden. Das Oberverwaltungsgericht hat in verfassungsrechtlich nicht zu beanstandender Weise festgestellt, daß die Bundesregierung die politische Tragweite der von ihr zu treffenden Entscheidung für wesentlich gewichtiger hält als die Wirkung rechtlicher Argumente auf die Haltung der Gewahrsamsmächte. Im Hinblick auf das ihr eingeräumte weite Ermessen begegnet es keinen verfassungsrechtlichen Bedenken, daß die Bundesregierung die vom Beschwerdeführer im Berufungsverfahren beantragten Schritte bei der Organisation der Vereinten Nationen zu unternehmen nicht für ratsam hält. Ihre Einschätzung, daß solche Schritte nicht erfolgversprechend wären, kann – gerade auch bei Berücksichtigung der Haltung der Vereinten Nationen selbst – nicht als ermessensfehlerhaft angesehen werden.

Dabei mag dahinstehen, ob die Rechtsauffassung der Bundesregierung zur Anwendbarkeit des Art. 107 SVN auf den vorliegenden Sachverhalt zutreffend ist. Selbst eine nach Auffassung eines deutschen Gerichts völkerrechtlich unzutreffende Rechtsauffassung, von der die Bundesregierung bei Prüfung der Ermessensvoraussetzungen und der Ausübung ihres Ermessens im Bereich des Auslandsschutzes im Einzelfall ausginge, vermöchte nicht schon die Fehlerhaftigkeit der Ermessensausübung zu begründen. Der gegenwärtigen Völkerrechtsordnung gebricht es weithin an institutionellen Vorkehrungen, etwa einer obligatorischen internationalen Gerichtsbarkeit (vgl. Art. 36 des Statuts des Internationalen Gerichtshofs; *Waldock,* Decline of the optional clause, The British Year Book of International Law, Vol. 32, 1955–56, p. 244 ff.), vermittels deren die Richtigkeit von Rechtsauffassungen im Streitfall verbindlich festgestellt werden könnte. Der Behauptung des eigenen Rechtsstandpunktes durch einen Staat kommt daher auf internationaler Ebene eine sehr viel größere Tragweite zu als in einer innerstaatlichen Rechtsordnung, in der Gerichte das Recht auch für den Staat verbindlich feststellen. Angesichts dieser Sachlage ist es für die Wahrung der Interessen der Bundesrepublik Deutschland von erheblicher Bedeutung, daß sie auf internationaler Ebene mit einer einheitlichen Stimme auftritt, wahrgenommen von den zuständigen Organen der auswärtigen Gewalt. Im Hinblick darauf obliegt den Gerichten größte Zurückhaltung, etwaige völkerrechtlich fehlerhafte Rechtsauffassungen dieser Organe als Ermessensfehler zu bewerten. Dies wäre allenfalls dann in Betracht zu ziehen, wenn sich die Einnahme der fraglichen Rechtsauffassung als Willkür gegenüber dem Bürger darstellte, also unter keinem – auch außenpolitischen – vernünftigen Gesichtspunkt mehr zu verstehen wäre. Dies ist hier nicht der Fall. Selbst wenn die Rechtsauffassung, die in dem Schreiben des Staatssekretärs des Auswärtigen Amts vom 30. Juni 1980 insoweit vertreten wird, nicht zuträfe, führte das im vorliegenden Fall nicht dazu, daß das Verhalten der Bundesregierung, die vom Beschwerdeführer begehrten Schritte bei den Vereinten Nationen nicht einzuleiten, als Willkür im Sinne des Art. 3 Abs. 1 GG erschiene. Die Bundesregierung hat erwogen, ob rechtliche Argumente insoweit überhaupt eine Erfolgsaussicht im vorliegenden Fall versprechen, und welche Auswirkungen sich daraus für die Belange des Beschwerdeführers wie der Bundesrepublik Deutschland ergeben könnten. Es ist nicht Sache der Gerichte, ihre Einschätzung möglicher Wirkungen solcher Schritte auf internationaler Ebene an die Stelle der Einschätzung durch die Organe der auswärtigen Gewalt zu setzen. Daß die Einschätzung seitens der Bundesregierung auch im Hinblick auf die für den Beschwerdeführer auf dem Spiel stehenden Verfassungsgüter unter keinem vernünftigen Gesichtspunkt mehr verständlich erschiene, läßt sich nicht feststellen.

Die Verfassungsbeschwerde ist auch im übrigen unbegründet. Das Bundesverwaltungsgericht hat nicht dadurch die Grundrechte des Beschwerdeführers verletzt, daß es in dem Verfahren der Revision des Beschwerdeführers gegen das Urteil des Oberverwaltungsgerichts noch keinen Termin zur mündlichen Verhandlung anberaumt hat. Das Vorgehen des Bundesverwaltungsgerichts verstößt nicht gegen Art. 19 Abs. 4 Satz 1 GG.

Die Entscheidung darüber, wann im einzelnen Verfahren ein Termin zur mündlichen Verhandlung anberaumt wird, obliegt in erster Linie dem mit der Sache befaßten Gericht im Rahmen des ihm im Hinblick auf die Verfahrensführung durch die einschlägige Prozeßordnung eingeräumten Ermessens. Sofern der Arbeitsanfall die alsbaldige Bearbeitung und Terminierung sämtlicher zur Entscheidung anstehender Fälle nicht zuläßt, muß das Gericht hierfür zwangsläufig eine zeitliche Reihenfolge festlegen. Dabei darf es freilich das aus Art. 19 Abs. 4 Satz 1 GG folgende Gebot eines wirkungsvollen Rechtsschutzes nicht außer acht lassen. Der Bürger hat einen substantiellen Anspruch auf eine möglichst wirksame gerichtliche Kontrolle bezüglich des ihn betreffenden Handelns oder Unterlassens der öffentlichen Gewalt (vgl. BVerfGE 40, 272 [275]; ständige Rechtsprechung). Wirksamer Rechtsschutz bedeutet zumal auch Rechtsschutz innerhalb der Zeit. Die Angemessenheit der Dauer eines Verfahrens ist nach den besonderen Umständen des einzelnen Falles zu bestimmen.

Die Dauer des Revisionsverfahrens des Beschwerdeführers ist – auch unter Berücksichtigung der besonderen Gegebenheiten dieses Verfahrens – derzeit noch nicht unangemessen lang. Der zuständige Senat des Bundesverwaltungsgerichts hat dem Beschwerdeführer mitgeteilt, daß sich die Terminierung des Verfahrens verzögere, weil der Senat mit Revisionssachen stark überlastet sei; insofern erscheint die bisherige Verfahrensdauer nicht ungewöhnlich. Es ist auch nicht erkennbar, daß die Anberaumung eines Termins zur mündlichen Verhandlung aus sachwidrigen Erwägungen bislang unterblieben wäre. Ohnehin steht dem Beschwerdeführer die Möglichkeit offen, hinsichtlich etwaiger Rechtsbeeinträchtigungen vorläufigen Rechtsschutz zu begehren. Es liegt freilich auf der Hand, daß das mit der verwaltungsgerichtlichen Klage verfolgte Anliegen des Beschwerdeführers, sein hohes Alter und sein Gesundheitszustand es als dringend geboten erscheinen lassen, alsbald eine Entscheidung über seine bereits am 15. Mai 1979 eingelegte Revision herbeizuführen. Eine weitere erhebliche, im Hinblick auf Erfordernisse des Verfahrens nicht begründete Verzögerung der Anberaumung eines Termins zur mündlichen Verhandlung und der Entscheidung über die Revision wäre im Hinblick auf die Rechtsschutzgarantie des Art. 19 Abs. 4 Satz 1 GG schwerlich noch angemessen.

Entscheidungsverzeichnis
Table of Cases
Tableau des arrêts

No.	Datum Date Date	Gericht Court Tribunal	Aktenzeichen File number Indice de classement	Fundstelle Source Source	Seiten[1] Pages[2] Pages[3]
1	6. 1. 1975	KG	19 U 2242/74	RzW 1979, 16	**87**, 25, 71
2	2. 12. 1975	LG Frankfurt	3/8 O 186/75	NJW 1976, 1044	**91**, 13, 14, 15, 16
3	13. 1. 1976	BVerfG	1 BvR 631/69, 24/70	BVerfGE 41, 126	**94**, 4, 6, 50, 72, 73
4	7. 4. 1976	BVerfG	2 BvR 728/75	BVerfGE 42, 120	**123**, 29
5	16. 6. 1976	OVG Rheinl.-Pfalz	2 A 7/75	AS 17, 298	**126**, 66
6	19. 7. 1976	OLG Stuttgart	3 Ws 9/76	NJW 1977, 1019	**129**, 83
7	26. 7. 1976	OLG Köln	16 Wx 85/76	StAZ 1977, 15	**133**, 78
8	23. 9. 1976	BGH	IX ZR 170/71	RzW 1977, 35	**134**, 12
9	30. 9. 1976	BSG	4 RJ 87/74	BSGE 42, 249	**136**, 82
10	6. 10. 1976	KG	(2) Ss 315/76 (70/76)	JR 1977, 129	**138**, 30, 53
11	20. 10. 1976	BGH	3 StR 298/76	BGHSt 27, 30	**140**,4, 6, 18
12	25. 10. 1976	OLG Hamm	(2) 4 Ausl. 20/74	GA 1978, 18	**142**, 44
13	12. 11. 1976	OVG Rheinl.-Pfalz	2 B 73/76	AS 16, 334	**143**, 38
14	9. 12. 1976	VG Ansbach	3220 II (IV)/73	DÖV 1977, 637	**146**, 32, 33, 34
15	10. 12. 1976	BVerwG	VII B 163.76	VerwRspr. 28 (1976), 775	**151**, 6
16	14. 12. 1976	BVerwG	VII A 4.75	VerwRspr. 29 (1977/78), 1024	**152**, 78
17	15. 12. 1976	VG Stuttgart	VRS VII 226/76	NJW 1977, 1604	**153**, 41
18	21. 12. 1976	BGH	4 ARs 41/76	BGHSt 27, 81	**156**, 46
19	5. 1. 1977	OLG Stuttgart	1 Ws 327/76	NJW 1977, 1601	**158**, 18
20	24. 1. 1977	KG	11 WM 4072/76	NJW 1977, 1694	**161**, 80, 81
21	25. 1. 1977	BFH	VII R 11/74	ZfZ 1977, 308	**163**, 79
22	1. 2. 1977	OLG Karlsruhe	3 W 64/76	Die Justiz 1977, 275	**165**, 75
23	2. 2. 1977	BGH	2 ARs 26/76	(nicht veröffentlicht)	**166**, 74
24	4. 2. 1977	BayObLG	BReg. 3 Z 12/77	BayVBl. 1977, 284	**167**, 30
25	8. 3. 1977	BSG	11 RA 72/76	BSGE 43, 218	**170**, 71
26	8. 3. 1977	FG Hamburg	IV 46/75 H	RIW 1977, 438	**171**, 68, 73, 79
27	10. 3. 1977	OLG Hamburg	3 U 9/76	GRUR Int. 1978, 139	**174**, 67
28	31. 3. 1977	BGH	4 ARs 8/77	BGHSt 27, 168	**176**, 49
29	24. 5. 1977	BGH	4 ARs 6/77	BGHSt 27, 191	**180**, 45
30	8. 6. 1977	BVerfG	2 BvR 499/74, 1042/75	BVerfGE 45, 142	**182**, 57, 68

[1] Die **fettgedruckten Zahlen** beziehen sich auf den zweiten, die folgenden auf den ersten Teil.
[2] The **black face numbers** refer to the second part, the numbers following to the first part.
[3] Les **chiffres en gras** renvoient à la deuxième partie, les chiffres suivants à la première partie.

No.	Datum Date Date	Gericht Court Tribunal	Aktenzeichen File number Indice de classement	Fundstelle Source Source	Seiten[1] Pages[2] Pages[3]
31	23. 6. 1977	BGH	4 ARs 7/77	BGHSt 27, 222	**203**, 43
32	30. 6. 1977	OLG Frankfurt	6 U 184/74	RIW/AWD 1977, 720	**206**, 4, 14
33	29. 7. 1977	AG Reutlingen	9 Cs 331/77	EuGRZ 1977, 415	**209**, 61, 62
34	26. 8. 1977	BVerwG	VII C 71.74	NJW 1978, 508	**214**, 59
35	12. 9. 1977	OLG Saarbrücken	Ws 345/77	NJW 1978, 2460	**215**, 19
36	16. 9. 1977	BVerwG	VII C 72.75	BVerwGE 54, 291	**219**, 7
37	16. 9. 1977	OVG Münster	VIII A 469/76	DVBl. 1978, 506	**227**, 61
38	26. 9. 1977	KG	Ar (B) 207/ 77 – 2 Ws (B) 282/77	RIW 1978, 55	**229**, 60
39	27. 9. 1977	BFH	VII K 1/76	DVBl. 1978, 501	**231**, 59
40	29. 9. 1977	BGH	4 ARs 16/77	BGHSt 27, 266	**233**, 46
41	29. 9. 1977	BGH	III ZR 164/75	BGHZ 69, 295	**235**, 20, 77, 78
42	30. 9. 1977	OVG Hamburg	OVG Bf I 43/75	GewA 1978, 242	**237**, 27
43	5. 10. 1977	BFH	I R 250/75	BFHE 123, 341	**242**, 69
44	7. 10. 1977	FG Berlin	III 912/77	EFG 1978, 102	**246**, 79, 82
45	12. 10. 1977	BGH	3 StR 287/77	BGHSt 27, 274	**251**, 51
46	20. 10. 1977	BVerfG	2 BvR 631/77	BVerfGE 46, 214	**252**, 42, 43, 47
47	21. 11. 1977	VGH Bad.-Württ.	I 1498/77	BWVPr. 1978, 60	**255**, 26
48	22. 11. 1977	BayObLG	BReg 4 St 51/77	BayObLGSt 1977, 183	**261**, 62, 67
49	29. 11. 1977	BVerwG	1 C 33.71	BVerwGE 55, 82	**265**, 35, 36, 37
50	13. 12. 1977	BVerfG	2 BvM 1/76	BVerfGE 46, 342	**267**, 3, 5, 9, 13, 15, 16, 17
51	16. 1. 1978	LAG Berlin	9 Sa 77/77	DVBl. 1978, 220	**300**, 79
52	1. 2. 1978	VG Stuttgart	VII 196/76	NJW 1978, 2465	**302**, 75
53	2. 2. 1978	OLG Oldenburg	Ausl. 3/77	NJW 1978, 1120	**307**, 44
54	2. 2. 1978	VG Ansbach	XII (XI)/77	DÖV 1979, 63	**309**, 31, 33, 34
55	14. 4. 1978	BVerwG	1 B 113.78	HFR 1979, 112	**312**, 29
56	3. 5. 1978	VG Köln	9 K 2565/77	DVBl. 1978, 510	**312**, 12
57	19. 5. 1978	OLG Stuttgart	4 Ss 903/77	NJW 1978, 1758	**316**, 63
58	27. 6. 1978	BSG	4 RJ 89/77	BSGE 46, 293	**319**, 78
59	29. 6. 1978	BayObLG	1. Zs BReg 1 Zs 50/77	BayObLGZ 1978, 162	**320**, 23
60	8. 8. 1978	BGH	1 StR 275/78	BGHSt 28, 96	**325**, 84
61	11. 8. 1978	OLG Köln	Ausl. 36/78	DRiZ 1978, 372	**328**, 43, 44, 47
62	17. 8. 1978	BGH	4 ARs 8/78	BGHSt 28, 110	**333**, 48
63	21. 8. 1978	OLG Düsseldorf	5 Ws 76/78	NJW 1979, 59	**336**, 76, 77
64	29. 8. 1978	BFH	VII R 56/75	BFHE 126, 341	**348**, 56
65	31. 8. 1978	OLG Frankfurt	2 ARs 184/78	NJW 1978, 2460	**349**, 19
66	1. 9. 1978	OVG Hamburg	OVG Bs I 90/78	VerwRspr. 30 (1980), 476	**351**, 39
67	5. 9. 1978	OVG Münster	XV A 592/76	JZ 1979, 136	**352**, 75
68	26. 9. 1978	BGH	VI ZR 267/76	NJW 1979, 1101	**355**, 14
69	26. 9. 1978	BVerfG	I BvR 525/77	BVerfGE 49, 168	**359**, 26

No.	Datum Date Date	Gericht Court Tribunal	Aktenzeichen File number Indice de classement	Fundstelle Source Source	Seiten[1] Pages[2] Pages[3]
70	27. 9. 1978	BVerwG	1 C 48.77	BVerwGE 56, 254	**367**, 26
71	27. 9. 1978	OVG Münster	IV A 640/78	NJW 1978, 509	**375**, 39
72	11. 10. 1978	BVerfG	2 BvR 1055/76	BVerfGE 49, 329	**377**, 81
73	27. 10. 1978	BVerwG	1 C 47.74	BVerwGE 57, 40	**379**, 72
74	27. 10. 1978	BVerwG	1 C 91.76	BVerwGE 57, 61	**381**, 64
75	30. 10. 1978	FG Hamburg	IV 41/77 S-H	EFG 1979, 239	**386**, 59
76	30. 10. 1978	FG Hamburg	IV 14/78 N	RIW/AWD 1979, 269	**388**, 55
77	2. 11. 1978	OLG Hamburg	3 U 120/78	NJW 1980, 842	**391**, 52
78	24. 11. 1978	OLG Hamm	1 Ws 264/78	NJW 1979, 2484	**394**, 43
79	28. 11. 1978	OVG Münster	XV A 589/77	MDR 1979, 608	**397**, 21
80	29. 11. 1978	OLG Nürnberg	4 U 147/77	OLGZ 12, 217	**399**, 10, 84
81	11. 12. 1978	VGH Bad.-Württ.	I 3093/78	ESVGH 29, 15	**401**, 39
82	14. 12. 1978	BSG	1 RA 73/77	BSGE 47, 263	**403**, 70, 71
83	9. 1. 1979	OVG Münster	IV B 40/79	OVGE 34, 18	**407**, 42, 51
84	10. 1. 1979	BGH	IV B 19/77	StAZ 1979, 119	**409**, 74
85	22. 1. 1979	ArbG Berlin	31 BV 2/78	NJW 1979, 1678	**412**, 82
86	23. 1. 1979	OVG Rheinl.-Pfalz	2 B 274/78	DÖV 1979, 836	**416**, 63, 65, 66
87	14. 2. 1979	BVerfG	1 BvR 924/78	BVerfGE 50, 244	**419**, 42
88	15. 2. 1979	BayVGH	81 XII 78	BayVBl. 1979, 677	**424**, 31, 34
89	15. 2. 1979	VG Köln	1 K 3320/77	DVBl. 1980, 383	**426**, 64, 84
90	20. 2. 1979	BFH	VII R 16/78	RIW/AWD 1979, 351	**430**, 9, 11
91	15. 3. 1979	BayVGH	158 XII 78	DÖV 1980, 50	**441**, 33, 34, 38
92	11. 4. 1979	BGH	IV ZR 93/78	NJW 1980, 529	**441**, 20
93	24. 4. 1979	BVerwG	I C 49.77	DÖV 1979, 827	**445**, 35, 36
94	14. 5. 1979	OVG Münster	I A 615/78	OVGE 39, 131	**447**, 24
95	17. 5. 1979	VG Neustadt	2 K 7/79	NJW 1980, 543	**451**, 64
96	28. 5. 1979	BVerwG	1 B 238.77	DÖV 1980, 828	**453**, 63
97	7. 6. 1979	BayVGH	72 XII 77	BayVBl. 1979, 691	**455**, 4, 5, 6, 49
98	7. 6. 1979	BVerwG	1 CB 5.78	DÖV 1980, 829	**460**, 54
99	20. 6. 1979	BGH	IV ZR 106/78	BGHZ 75, 32	**460**, 22
100	27. 6. 1979	BayVGH	391 IX 76	InfAuslR 1979, 77	**465**, 35, 36, 38
101	28. 6. 1979	VGH Bad.-Württ.	X 702/79	BWVPr. 1979, 254	**467**, 29
102	28. 6. 1979	VGH Kassel	VII TH 72/79	VerwRspr. 31 (1979), 332	**469**, 39
103	11. 7. 1979	LG Ansbach	Qs 36/79 OWi	NJW 1979, 2484	**472**, 54
104	12. 7. 1979	OVG Berlin	I B 119/77	NJW 1980, 539	**473**, 27, 55
105	25. 7. 1979	BVerfG	2 BvL 6/77	BVerfGE 52, 187	**473**, 56, 57, 67
106	27. 7. 1979	Hess. FG	VII 36/76	EFG 1980, 94	**482**, 56
107	31. 7. 1979	BGH	1 StR 21/79	BGHSt 29, 85	**483**, 18

No.	Datum Date Date	Gericht Court Tribunal	Aktenzeichen File number Indice de classement	Fundstelle Source Source	Seiten[1] Pages[2] Pages[3]
108	15. 8. 1979	BGH	2 StR 465/79	BGHSt 29, 94	**486**, 45
109	6. 9. 1979	OLG Frankfurt	16 U 75/79	NJW 1980, 597	**488**, 51
110	25. 9. 1979	OLG Stuttgart	1 Ws 304/79	NJW 1980, 1233	**489**, 53
111	25. 9. 1979	VG Ansbach	AN 3115-II/78	InfAuslR 1980, 62	**490**, 40
112	28. 9. 1979	VG Ansbach	AN 46-XII/79	InfAuslR 1980, 68	**494**, 35, 40
113	16. 10. 1979	OLG Frankfurt	3 Ws 830/79	NJW 1980, 1238	**496**, 53
114	26. 10. 1979	VGH München	10 Cs-1600/79	DÖV 1980, 457	**498**, 40
115	14. 11. 1979	BVerfG	1 BvR 654/79	BVerfGE 52, 391	**500**, 41, 48
116	3. 12. 1979	VGH Bad.-Württ.	I 2060/79	BWVPr. 1980, 164	**507**, 23
117	18. 12. 1979	BFH	VII R 18/77	BFHE 129, 450	**510**, 58, 60
118	19. 12. 1979	OLG Zweibrücken	1 Ws 377/79	NJW 1980, 2143	**517**, 52
119	10. 1. 1980	OLG Düsseldorf	1 Ws 831/79	NJW 1980, 2655	**519**, 53
120	29. 1. 1980	OLG Stuttgart	3 Ws 14/80	NJW 1980, 1240	**520**, 46
121	31. 1. 1980	BGH	III ZR 152/78	NJW 1980, 1222	**522**, 8
122	4. 2. 1980	OLG Stuttgart	2 Ss (14) 802/79	NJW 1980, 1242	**526**, 67
123	5. 2. 1980	BFH	VII R 101/77	BFHE 130, 90	**529**, 59
124	7. 2. 1980	BGH	4 ARs 14/79	BGHSt 29, 211	**533**, 8, 48
125	12. 2. 1980	BFH	VII R 35/77	BFHE 130, 97	**536**, 68
126	28. 2. 1980	BGH	III ZR 103/78	BGHZ 76, 11	**539**, 29
127	28. 2. 1980	BGH	III ZR 165/78	BGHZ 76, 375	**541**, 28, 55
128	28. 2. 1980	BGH	III ZR 131/77	BGHZ 76, 387	**548**, 28, 30
129	3. 3. 1980	BGH	AnwZ (B) 21/79	MDR 1980, 666	**555**, 80
130	27. 3. 1980	OLG Düsseldorf	18 U 192/79	RIW/AWD 1981, 558	**555**, 10, 11
131	15. 4. 1980	BVerfG	2 BvR 842/77	BVerfGE 54, 53	**557**, 21
132	16. 4. 1980	BGH	3 StR 64/68 (S)	MDR 1980, 684	**567**, 45
133	16. 4. 1980	FG Hamburg	IV 90/79 H	EFG 1980, 455	**568**, 58
134	18. 4. 1980	FG Münster	IV 229/80 Z-A	EFG 1980, 469	**570**, 9
135	23. 4. 1980	OLG Frankfurt	2 Ws 90/80	NJW 1980, 2031	**575**, 52
136	29. 4. 1980	OVG Rheinl.-Pfalz	VII A 60/79	AS 15, 418	**578**, 21, 22
137	27. 5. 1980	BayObLG	BReg 4/St 120/80	BayObLGSt 1980, 38	**581**, 41
138	28. 5. 1980	KG	18 UF 1332/80	FamRZ 1980, 821	**583**, 80, 81
139	24. 6. 1980	BSG	1RA 83/79	RzW 1981, 56	**586**, 9
140	2. 7. 1980	BVerfG	1 BvR 147, 181, 182/80	BVerfGE 54, 341	**589**, 31, 33, 36, 37
141	7. 7. 1980	VG Berlin	16 A 104/80	MDR 1980, 964	**600**, 19, 31
142	11. 7. 1980	Hans. OLG Bremen	1 W 34/80c	InfAuslR 1980, 260	**600**, 50
143	14. 7. 1980	VGH Kassel	VII TH 177/80	NJW 1980, 2660	**604**, 38
144	15. 7. 1980	BVerwG	1 C 45.77	BVerwGE 60, 284	**608**, 65, 66
145	21. 7. 1980	OVG Hamburg	OVGBf V 21/80	InfAuslR 1980, 306	**612**, 27
146	15. 9. 1980	OLG Düsseldorf	3 Ws 453/79	MDR 1981, 74	**616**, 54

No.	Datum Date Date	Gericht Court Tribunal	Aktenzeichen File number Indice de classement	Fundstelle Source Source	Seiten[1] Pages[2] Pages[3]
147	25. 9. 1980	OLG Karlsruhe	2 Ss 154/80	Die Justiz 1981, 23	**616**, 67
148	10. 10. 1980	FG Berlin	III 310/78	EFG 1981, 494	**618**, 82
149	10. 10. 1980	VGH Bad.-Württ.	A 12, S 24/80	BWVPr. 1981, 92	**620**, 32
150	15. 10. 1980	OLG Hamburg	1 Ss 216/80	MDR 1981, 165	**625**, 52
151	21. 10. 1980	OLG Frankfurt	5 W 24/80	RIW/AWD 1980, 874	**626**, 5, 15, 19
152	27. 10. 1980	OVG Münster	4 B 764/80	NJW 1981, 1173	**632**, 25
153	28. 10. 1980	OVG Münster	18 A 1863/79	NJW 1981, 1920	**634**, 11, 23
154	30. 10. 1980	BGH	III ZR 174/79	NJW 1981, 518	**636**, 28
155	17. 11. 1980	BVerwG	1 B 818.80	BayVBl. 1981, 153	**641**, 27
156	17. 11. 1980	Niedersächsisches FG	V 235/80 V	EFG 1981, 209	**642**, 61
157	26. 11. 1980	BGH	3 StR 393/80	BGHST 30, 1	**644**, 74, 75, 76
158	26. 11. 1980	KG	Kart. 18/80	RIW/AWD 1981, 403	**649**, 5, 20
159	10. 12. 1980	VG Berlin	VG 19 A 252/80	NJW 1981, 540	**650**, 32
160	16. 12. 1980	BVerfG	2 BvR 419/80	BVerfGE 55, 349	**652**, 24

Sachregister

bearbeitet von ANNELIESE NEUREITHER

General Index

prepared by ANNELIESE NEUREITHER

Index général

préparé par ANNELIESE NEUREITHER

GPSR Compliance

The European Union's (EU) General Product Safety Regulation (GPSR) is a set of rules that requires consumer products to be safe and our obligations to ensure this.

If you have any concerns about our products, you can contact us on ProductSafety@springernature.com

In case Publisher is established outside the EU, the EU authorized representative is:

Springer Nature Customer Service Center GmbH
Europaplatz 3
69115 Heidelberg, Germany

Batch number: 10853999

Printed by Printforce, the Netherlands